워렌 위어스비의 말씀 묵상 365

With The Word:
Chapter-by-Chapter Bible Handbook
by Warren W. Wiersbe

Copyright ⓒ 1991 by Warren W. Wiersbe
Originally published in English under the title:
With The Word
by Thomas Nelson, Inc. 501 Nelson Place,
Nashville, TN 37214, U.S.A.
All rights reserved.

Korean Edition Copyright ⓒ 2008 by Timothy Publishing House Inc.,
Seoul, Republic of Korea.

이 책의 한국어판 저작권은 Thomas Nelson, Inc.와의 독점판권 계약에 의해
(주)도서출판 디모데에 있습니다. 신저작권법에 의하여 한국 내에서 보호를 받는 저작물이므로
무단 전재와 무단 복제를 금합니다.

With the Word

워렌 위어스비의 말씀 묵상 365

The Chapter-by-Chapter Bible Handbook

Timothy Publishing House

이 책을 가장 잘 활용하려면   6

창세기	11
출애굽기	55
레위기	85
민수기	105
신명기	131
여호수아	159
사사기	175
룻기	191
사무엘상	199
사무엘하	223
열왕기상	243
열왕기하	259
역대상	279
역대하	293
에스라	317
느헤미야	325
에스더	335
욥기	343
시편	375
잠언	507
전도서	535
아가	547
이사야	555
예레미야	607
예레미야애가	649
에스겔	655
다니엘	685
호세아	699
요엘	707
아모스	711
오바댜	719
요나	721
미가	725
나훔	733

하박국	737
스바냐	741
학개	745
스가랴	749
말라기	763
마태복음	771
마가복음	801
누가복음	817
요한복음	843
사도행전	865
로마서	893
고린도전서	911
고린도후서	925
갈라디아서	937
에베소서	945
빌립보서	951
골로새서	957
데살로니가전서	965
데살로니가후서	971
디모데전서	975
디모데후서	981
디도서	985
빌레몬서	989
히브리서	991
야고보서	1005
베드로전서	1011
베드로후서	1017
요한일서	1021
요한이서	1027
요한삼서	1029
유다서	1031
요한계시록	1033

이 책을 가장 잘 활용하려면

이 책은 성경을 대신하기 위해서가 아니라 보충하기 위해서 기획되었다. 이 책의 주된 목적은 성경에서 찾을 수 있는 기본적인 영적 교훈들을 발견하고, 그 교훈들을 삶에 적용할 수 있도록 돕는 것이다. 필요한 곳에서는 어려운 본문에 대해 설명하고 있다. 그러나 이 책은 '설명하고 해석하는 주석서' 와 같은 책이 아니다.

성경은 하나님의 진리이며(요 17:17), 그 진리는 몇 단계에 걸쳐 주어져 있다. 실제 인물들과 사건들이 포함된 사실들과 담화들을 기록한 역사적 사실들이 그 진리의 근간을 이루고 있다. 그리고 그 역사적 사실들을 통해 우리는 하나님과 인간, 죄와 구원 그리고 다른 많은 주제들에 관련된 교리들을 배우게 된다. 물론 최종적인 결과는 실천적인 교훈이 되어야 한다. 왜냐하면 우리는 하나님의 말씀을 단순히 배움으로써가 아니라, 그 말씀대로 행함으로써 하나님이 주시는 복을 받기 때문이다(약 1:22-25). 배움이 실천으로 이어져야 한다.

성경은 생각과 의지를 위해서뿐 아니라 마음을 위해 기록되었다. 그렇기 때문에 신앙적인 진리가 되는 것이다. 성령을 통해 성경을 배우게 되는 것처럼(요 14:26, 15:26, 16:13-15), 성경이 우리에게 인격적으로 이야기할 수 있도록 허락해줄 때 우리는 성경을 신앙적으로 사용하는 것이다. 모든 성경은 우리를 위해 기록되었다(딤후 3:16-17). 그래서 성경은 우리가 허락하기만 한다면 우리를 깨우쳐주고 풍성하게 하며, 힘을 부여해주고 격려해줄 수 있다.

유명한 영국의 설교가 찰스 해돈 스펄전(Charles Haddon Spurgeon)은 "성경을 사사롭게 해석해서는 안 된다. 그 어떤 본문도 그것을 가장 먼저 받은 그 한 사람으로 끝나는 것이 아니다. 하나님의 위로는 한 사람이나 또는 몇 사람이 - 그들의 갈증이 아무리 심하다 할지라도 - 결코 다 마셔버릴 수 없는 마르지 않는 우물과 같다"고 말했다.

경건한 마음으로 성경을 읽을 때 우리는 비본질적인 역사적, 지리적 사건들이 아니라 본질적인 영적 요소들에 초점을 맞출 수 있다. 하나님은 여호수아서 1장을 통해 종종 나를 격려해주신다. 그렇다고 해서 요단 강이 내 앞에서 갈라지고, 내가 그 강을 걸어서 건널 수 있다는 것을 의미하지는 않는다. 그러나 내가 하나님을 신뢰하는 동안 어려운 일들을 요단 강처럼 갈라지게 하시는 하나님을 경험할 수 있는 것이다.

하나님은 우리에게 경고하시고(고전 10:1-12) 소망을 주시기 위해(롬 15:4) 자신의 말씀을 주셨다. 우리가 말씀을 인격적으로 받아들이고, 그 말씀이 우리 삶 속에서 살아 움직일 수 있도록(살전 2:13) 우리가 허락할 때에만 성경은 우리를 위해 그런 일들을 할 수 있다.

기독교 전기에는 하나님이 자신의 종들에게 성경을 통해 '말씀하시고', 어려운 문제를 해결하거나 어려운 결정을 내려야 할 때 필요한 진리를 그들에게 주시는 예들로 가득 차 있다. 나도 아내와 함께 그런 경험들을 해왔다. 우리가 매일 규칙적으로 읽는 성경 본문을 통해 하나님은 우리에게 꼭 필요한 때에 그분의 마음을 우리에게 알려주셨다. 성경을 그저 아무 데나 펴고 하나님의 도우심을 구하는 것은 하나님의 말씀을 마술책으로 만드는 것이며, 하나님을 신뢰하는 것이 아니라 하나님을 시험하는 것이다.

"하나님이 이 일을 하라고 말씀하셨다"고 말하는 것을 매우 조심해야 한다. 하나님이 모세나 여호수아나 바울에게 말씀하셨던 것처럼 그렇게 오늘날 우리에게도 말씀하시는 것은 아니다. 따라서 "이것이 말씀을 통해 성령이 내게 알려주신 것이다. 그리고 나는 하나님이 내가 무엇을 하기 원하시는지 기도하고 있다"고 말하는 것이 훨씬 더 낫다. 사탄도 성경을 어떻게 사용해야 하는지 알고 있다(마 4:5 7). '기록되었으되'라는 말은 '또 기록되었으되'라는 말에 의해 균형을 이루어야 한다.

이 책을 가장 잘 활용하려면 다음의 몇 가지 사항들을 지켜야 한다.

1. 성경을 읽을 구체적인 시간과 장소를 정하고 계획을 세우라. 성경을 되는 대로 아무렇게나 읽는 것이 성경을 전혀 읽지 않는 것보다는 나을 것이다.

그러나 별 도움이 되지는 않을 것이다.
2. 성령이 가르쳐주시기를 기도하면서 성경 본문을 주의 깊게 읽은 다음 그 본문을 묵상하고, 하나님이 당신에게 주시는 진리를 찾아내라. 말씀 속에서 발견한 진리들을 묵상 일지에 기록하는 것도 좋다.
3. 이 책에 제시되어 있는 설명을 읽고 그 내용을 생각해본 다음, 하나님이 마음에 감동을 주시는 진리를 - 그것이 어떤 것이건 간에 - 자신의 것으로 소화하라. 관련 구절들을 찾고, 본문을 성경의 다른 구절들과 비교해보고, 한 구절이 다른 구절의 의미를 얼마나 명백하게 해주고 있는지를 살펴보라.
4. 진리를 내면화하는 기도를 드리고, 그 진리를 삶 속에서 실천할 수 있도록 도와주시기를 성령께 간구하라. 자신의 것으로 적절하게 소화된 진정한 성경 지식은 과시하고 싶은 '자만심'(고전 8:1)이 아니라, 순종하고 싶은 '뜨거운 마음'(눅 24:32)을 불러일으킬 것이다.

이 책을 통해 유익을 얻기 위해 내가 쓴 모든 말에 동의해야 하는 것은 아니다. 하나님의 말씀에 대한 내 설명은 식사가 아니라 그 식사를 보여주는 식단표라 할 수 있다. 길이 아니라 길을 가리켜 보여주기 위한 표시등이다. 이 책이 성경의 자리를 대신하게 되거나, 성경에 대한 당신의 개인적인 묵상을 대신하게 된다면 당신의 성장은 멈추게 될 것이다. 성경에 대한 지식만이 영적 영양물은 아니기 때문이다. 그리스도인이 된 1945년 이후 나는 성실하게 성경을 읽어왔다. 이 책에 설명해놓은 많은 내용들은 지난 20년 동안 내가 계속 기록해온 노트에서 나온 것들이다. 내 좋은 친구이자 편집자인 빅터 올리버(Victor Oliver) 박사로부터 묵상을 위한 주석서를 써보라는 제안을 받고 나는 그 노트를 다시 살펴보면서 인생이라는 길을 가고 있는 동료 순례자들에게 도움이 될 수 있을 것이라 생각되는 진리들을 채굴해내는 기회를 갖게 되었다. 그 진리들은 나에게 도움이 되었다. 그리고 그 때문에 나는 하나님께 깊은 감사를 드린다.

워렌 위어스비(Warren Wiersbe)

모세 오경

The Pentateuch

모세 오경은 성경에 있는 첫 다섯 권의 책을 뜻한다. 모세 오경의 다섯 권은 모두 모세가 쓴 것이다. 이 다섯 권의 책은 이스라엘 민족의 역사, 곧 아브라함의 소명과 야곱의 열두 아들의 탄생으로부터 시작해서(창세기), 시나이 반도에서 하나의 국가를 형성하게 되고(출애굽기), 구별된 민족으로 살아가면서(출애굽기, 레위기) 그들이 보여준 불신과 불순종(민수기) 그리고 약속의 땅을 정복하기 위한 그들의 준비(신명기) 등을 보여주고 있다.

이스라엘 백성들의 경험을 통해 오늘날 우리 그리스도인들은 하나님과 믿음의 삶에 대해 배울 수 있다(고전 10:1-13). 이스라엘의 역사는 우리에게 경고가 되는 동시에 또 격려가 된다. 그리고 우리에게는 그 경고와 격려 둘 다 필요하다(롬 15:4). 모세 오경을 아는 것은 성경 전체를 이해할 수 있는 토대가 된다. 아브라함과 이삭과 야곱과 여호수아와 모세의 하나님이 우리의 하나님이시다. 그리고 우리는 자신이 약속하신 것을 반드시 이행하시는 하나님을 신뢰할 수 있다.

창세기

Genesis

창세기는 기원에 관한 책으로 창조(1장), 결혼을 포함한 인류 역사(2장)와 죄와 죽음(3장), 구세주에 대한 약속(3:15), 인류의 문명화(4:16 이하), 바벨론(11장), 유대 민족(12장) 등의 시작을 보여준다. 창세기에서 시작된 일들이 성경 이야기를 통해 이어지다가 요한계시록에서 완성된다.

창세기는 또 아담으로부터 이스라엘이라는 국가가 건립되기까지의 계보를 보여주는 출산의 책이다. 창세기에는 10개의 다른 계보가 기록되어 있다. 창세기의 이야기는 여섯 사람, 곧 아담(1-5장), 노아(6-10장), 아브라함(11:1-25:18), 이삭(25:19-27:46), 야곱(28-36장), 요셉(37-50장)과 그들의 가족들에게 초점이 맞추어져 있다. 이 계보들이 우리들에게는 따분하게 느껴질 수도 있지만, 구세주의 조상을 찾아 거슬러 올라가는 데는 매우 중요한 역할을 한다.

창세기는 믿음의 책이다. 노아는 하나님을 믿고 방주를 지었다. 아브라함은 하나님을 믿고 고향을 떠나 약속의 땅을 향해 나아갔다. 아브라함과 사라는 하나님을 믿었고, 하나님은 그들에게 아들을 주셨다. 하나님은 오늘날 그렇게 하시는 것처럼 약속을 주셨고, 하나님을 신뢰하는 사람들을 위해 일하셨다(히 11:1-22).

창세기는 생성의 책이다. 하나님은 그분의 백성들을 하나님이 원하시는 사람들로 만들기 위해 오래 참으시며, 그들과 함께 일하신다. 그들은 종종 하나님이 기대에 어긋났지만 하나님은 그들을 포기하지 않으셨다. 하나님은 지금도 여전히 아브라함과 이삭과 야곱의 하나님이시다. 그리고 우리를 위해 계획하신 모든 일들을 우리의 삶 속에서 이루어나갈 수 있는 분이시다.

○ 창세기 1장

우리는 매일 우리 눈에 보이는 주변 세상을 의식하며 살아간다. 이 세상은 하나님과 하나님의 존재와 하나님의 지혜와 하나님의 능력에 대해 우리에게 말해 주고 있다는 사실을 기억해야 한다(롬 1:20, 시 19:1-3).

하나님은 창조하신다(God creates). 모든 것은 하나님으로부터 시작된다. 그리고 하나님의 영광을 위해 그분이 목적하신 바를 성취한다(골 1:16-17, 계 4:11). 하나님은 자신의 말씀의 능력으로 일하시고(시 33:6-9), 그와 똑같은 말씀이 우리 삶 속에서 역사하신다(살전 2:13). 하나님은 먼저 만드신 다음 채우시는 원리에 따라 일하신다. 하나님은 땅을 만드시고 식물과 동물로 그 땅을 채우셨다. 하늘을 만드시고 별들과 행성들로 그 하늘을 채우셨다. 바다를 만드시고 살아 있는 생물체로 그 바다를 채우셨다. 지금도 우리가 하나님을 따를 때 하나님이 우리 삶을 만드시고 채우실 수 있다. 예수 그리스도를 신뢰하는 사람들은 새로운 피조물이다(고후 4:6, 5:17, 엡 2:8-10).

하나님은 명명하신다(God names). 하나님이 만드신 것들의 이름을 하나님이 지으셨다. 그리고 우리에게는 그 이름을 바꿀 권리가 없다. "악을 선하다 하며 선을 악하다 하며 흑암으로 광명을 삼으며 광명으로 흑암을 삼으며 쓴 것으로 단 것을 삼으며 단 것으로 쓴 것을 삼는 그들은 화 있을진저"(사 5:20). 하나님은 적합한 이름을 사용하신다. 우리가 하나님의 용어를 사용하고 있다면 사전도 하나님의 사전을 사용해야 한다(잠 17:15 참조).

하나님은 나누신다(God divides). 하나님은 빛과 어두움을 나누셨고, 마른땅과 물을 나누셨으며, 물을 궁창 위의 물과 궁창 아래의 물로 나누셨다. 나누는 이 원리가 성경의 기초가 되고 있다. 하나님은 아브라함을 우르에서 구별해내셨고, 이스라엘 민족과 이방 족속들을 구별하셨으며, 교회와 세상을 구별하셨다(요 17:14-16). 지금도 하나님은 자신의 백성들이 부정한 모든 것들로부터 구별되기를 원하신다(고후 6:14-7:1).

하나님은 복을 주신다(God blesses). 인류 최초의 남자와 여자는 하나님이 특별히 복을 주신 창조 세계의 일부였을 뿐이었다. 인간은 하나님의 형상을 따라 지음받았기 때문에 하나님이 만드신 다른 피조물들과 다르다. 그래서 우리는 서로를 존중해야 한다(창 9:6, 약 3:9). 죄는 하나님의 형상을 훼손했지만, 모든 신자들이 그리스도의 형상을 입게 될 날이 올 것이다(롬 8:29). 그리스도를 점점 더 많이 닮아갈수록 우리는 그분이 주시는 복을 점점 더 많이 누리게 될 것이다(고후 3:18).

창세기 2장

이 장에는 첫 번째 남자와 여자의 창조 그리고 하나님의 계획 속에 들어 있는 그들의 위치에 관한 내용이 상세하게 기록되어 있다. 창세기 2장의 내용은 1장의 내용과 상반되지 않는다. 오히려 1장을 보완해주고 있다. 여기에서는 다음 몇 가지 활동에 참여하고 있는 인간을 볼 수 있다.

안식(Resting, 1-3절). 하나님의 안식은 일을 마치셨기 때문에 가진 휴식이었지, 피곤하셨기 때문에는 아니었다. 왜냐하면 하나님은 피곤에 지치는 분이 아니시기 때문이다(시 121:4). 아담도 하나님과 교제를 나누고 하나님을 예배하면서 안식해야 했다. 일곱째 날, 즉 안식일은 이스라엘 백성들이 하나님의 특별한 백성이라는 사실을 그들에게 말해주는 하나의 표시였다(출 31:13-17). 그리고 그 날은 또 하나님의 백성들이 그분과 함께 누리게 될 영원한 안식을 상징하는 것이기도 하다(히 4:9-11).

일(Working, 4-15절). 안식과 일이 조화를 이루어야 한다. 인간의 역사에 관련된 세 개의 동산이 있다. 첫 번째 동산은 인간이 나무 실과를 따먹고 죄를 범한 에덴 동산이다. 두 번째 동산은 구세주가 진노의 잔을 받으시고 우리 죄를 대신해 십자가에 달려 돌아가시기 위해 나아가셨던 겟세마네 동산이다. 그리고 세 번째는 모든 하나님의 자녀들이 영원히 살 수 있도록 하나님이 그들을 받으시게 될 영광의 '성'으로 이루어진 동산이다(계 21-22장).

일은 저주가 아니다. 하나님은 동산을 지키고 경작하는 일을 아담에게 맡기셨다. 그 일은 그에게 성취감을 주었다. 수확물을 추수하기 위해서는 하나님과 인간이 함께 일해야 한다. 성 어거스틴(St. Augustine)은 말했다. "모든 것이 하나님께 달려 있는 것처럼 기도하라. 그리고 모든 것이 당신에게 달려 있는 것처럼 일하라."

복종(Submitting, 16-17절). 창조주에게는 그가 창조한 세계를 다스릴 권리가 있다. 사랑은 인간의 유익을 위해 경계를 설정한다. 하나님은 우리가 순종해야 하기 때문에 순종하는 것이 아니라, 순종하고 싶기 때문에 순종하도록 우리를 부르신다. 하나님은 기계가 아니라 자녀들을 원하신다. 16절에 '임의로' 라는 말이 사용된 것에 특별히 주목하라.

명명(Naming, 18-25절). 인간이 동물들의 이름을 지은 것은 만물의 영장인 인간에게 주어진 '지배권' 의 일부였다(1:26-28). 그런데 죄 때문에 인간은 그 지배권을 상실했다(시 8편). 그러나 그리스도를 통해 구원받은 사람들은 그 지배권을 다시 얻게 되었다(히 2:5 이하).

아담은 또 그의 짝에게도 이름을 지어주고 그녀를 '여자' 라 불렀다. 그리고 나중에는 그녀를 '이브' 라고 불렀다. 하나님이 돕는 배필을 필요로 하는 남자의 필요를 채워주시고(2:18), 생육하고 번성할 수 있도록(1:28) 결혼이라는 제도를 수립하셨다. 결혼은 그리스도와 그의 교회를 보여주는 그림과 같은 역할을 한다(엡 5:25-32). 아담은 그의 신부를 위해 자신을 내어주었다. 예수님도 그분의 신부를 위해 자신을 내어주셨다(요 19:31-37).

◉ 창세기 3장

속이는 소리(The voice of deception, 1-6절). 지금까지 하나님의 말씀은 창조하고 명령하는 일을 수행하는 말씀이었다. 그리고 이제 다른 '말', 즉 속이는 자, 사탄의 말이 등장한다. 사탄은 미혹케 하는 뱀이고(고후 11:1-3), 거짓말쟁이며 살인자다(요 8:44). 그는 하나님의 말씀과 하나님의 선하심에 이의를 제기하고(1절), 하나님의 경고를 무시하며(4절), 거짓으로 하나님의 진리를 대신했다(5절). "하나님처럼 될 것이다"는 주장은 그가 노련하게 사용하는 거짓말이다(사

14:12-14, 롬 1:21-25). 그런데도 사람들은 지금도 그 말을 믿고 있다.

이브는 그 말에 속아 실과를 먹었다. 그러나 아담은 달랐다. 그는 잘 알고 있으면서도 죄를 범했다(딤전 2:14). 아내와 갈라지느니 차라리 자신의 지배력을 잃는 것이 더 낫다고 생각했을 것이다.

사랑의 소리(The voice of love, 7-13절). 죄책감은 두려움을 낳고 두려움은 달아나 숨게 만든다. 아담과 이브는 원래 하나님을 만나기 위해 달려가곤 했다. 그러나 두 사람은 죄인이 되었다(롬 3:10-12). 죄인은 스스로 자신의 죄를 덮을 수도 없고, 하나님을 피해 숨을 수도 없다.

예수님이 이 세상에서 하셨던 것처럼(눅 19:10) 그리고 성령이 하나님의 백성들을 통해 오늘날 하시는 것처럼(행 8:29), 하나님 아버지는 달아나 숨은 그 죄인들을 찾으셨다. 하나님은 사람들을 구원하시기 위해 우리를 사용하기 원하신다(행 1:8).

◆ 유혹을 이기려면 ◆

하나님은 우리 안에 있는 최선을 드러내기 위해 우리를 시험하신다. 그러나 사탄은 우리 안에 있는 최악을 드러내기 위해 우리를 유혹한다(약 1:1-15). 사탄은 좋아 보이는 것으로 미끼를 삼는다. 그 미끼를 물게 되면 우리는 결국 죄를 범하게 될 것이다. 믿음을 가지고 하나님이 공급해주시는 전신 갑주를 입고(엡 6:10-18), 하나님의 말씀을 사용하며, 기도하라. 피할 길을 내시는 하나님을 신뢰하며(고전 10:13), 성령의 능력을 의지함으로 사탄의 유혹을 이겨낼 수 있다.

심판의 소리(The voice of judgment, 14, 16-19절). 하나님이 뱀과 땅을 저주하셨다. 그러나 아담과 이브는 저주하지 않으셨다. 인간의 타락으로 인한 결과들이 사방에서 나타나고 있으며, 그로 인해 우리는 고통을 받고 있다. 최후의 심판은 죽음이다. 인간은 어려운 환경을 어느 정도까지는 극복할 수 있다. 그러나 '맨 나중에 멸망받을 원수'인 사망(고전 15:26)에 대해서는 속수무책이다. 인간이 죽음을 이길 수 있는 유일한 길은 예수 그리스도를 신뢰하는 믿음뿐이다(요

11:25-26, 고전 15:57-58).

은혜의 소리(The voice of grace, 15, 20-24절). 15절에서 하나님은 사탄과의 전쟁을 선포하셨다. 그리고 처음으로 구속자에 대한 약속의 말씀을 하셨다. 사탄은 그리스도의 발꿈치를 상하게 할 것이다. 그러나 그리스도는 사탄의 머리를 상하게 하시고 그를 패배시키실 것이다(요 12:31, 골 2:15).

아담은 그의 아내가 자녀들을 출산하게 될 것을 믿었고, 그 믿음이 그를 구원하였다. 그는 아내를 이브라 불렀는데 이브란 '생명을 주는 자' 라는 뜻이다. 그들의 믿음에 대한 응답으로 하나님은 동물을 잡아 무고한 피를 흘리게 하셨고, 두 사람에게는 옷을 입혀주셨다. 죄인이 구원받을 수 있는 유일한 길은 그리스도가 흘리신 보혈을 믿는 것뿐이다(히 9:22, 참조 - 사 61:10, 엡 2:8-9).

예수 그리스도는 '마지막 아담' (고전 15:45-49)이시다. 첫 아담의 불순종이 우리를 죄에 빠지게 했다. 그러나 마지막 아담의 순종이 구원을 가져다주었다(롬 5:12-21). 첫 아담은 도둑이었고 낙원에서 쫓겨났다. 그러나 마지막 아담은 강도에게 낙원에 들어가게 될 것이라고 약속하셨다(눅 23:43). 아담 안에서 우리는 죽었다. 그러나 그리스도 안에서 우리는 영생을 얻을 수 있게 되었다.

● 창세기 4장

사탄은 속이는 뱀이고 삼키는 사자다(벧전 5:8-9). 그는 아담을 유혹하기 위해 이브를 이용하였고, 아벨을 죽이기 위해 가인을 이용하였다. 창세기 3장 15절에 나오는 두 '후손' 이 다툼을 일으키게 되는데, 그것은 가인이 사탄의 자식인 반면(요일 3:10-12), 아벨은 하나님의 자녀였기 때문이다(마 23:35). 가인은 그의 아비 사탄처럼 거짓말쟁이였고 살인자였다(요 8:44).

믿음과 소망과 사랑은 하나님의 자녀들에게서 볼 수 있는 특징이다(고전 13:13, 살전 1:3-4). 반면에 불신과 절망과 미움은 사탄의 후손에게서 볼 수 있는 특징이다. 그런데 가인에게서 그 특징들이 분명하게 드러났다.

불신(Unbelief, 1-7절). 하나님이 동물을 죽여 아담과 이브에게 옷을 지어 입혀주셨을 때(3:21) 그것은 피 제사의 중요성을 가르치신 것이었다(히 9:22). 가인의 경우 손에는 잘못된 제물을 들고 있었고, 마음에는 잘못된 자세를 품고 있었다. 그는 제물을 믿음으로 드리지 않았고, 하나님은 그의 제물을 거부하셨다. 하나님은 또 죄가 그에게 달려들어 움켜잡기 위해 기다리며 문에 엎드려 있다고 경고하셨다.

미움(Hatred, 8절). 가인의 분노는 서서히 시기와 미움으로 변해갔고, 결국에는 살인까지 하게 되었다(마 5:21-26). 유혹과 장난을 치기 시작하면 곧 그 유혹에 걸려들게 된다(약 1:13-16). 가인은 하나님이 미워하시는 모든 죄를 범했다(잠 6:16-19).

절망(Despair, 9-24절). 하나님은 아담과 이브에게 "어디 있느냐?"고 물으셨다. 그리고 가인에게는 "네 아우 아벨이 어디 있느냐?"고 물으셨다. 우리는 우리의 형제자매가 어디 있는지 알고 있는가? 그들을 돌보고 있는가? 아니면 가인처럼 핑계를 대고 있는가?

이제 하나님이 인간을 저주하신다! 그러나 가인은 자신의 죄를 깨닫지 못하고 있었다. 그는 오로지 자신이 받게 될 형벌에만 마음을 쓰고 있었다. 가인의 불신과 미움과 기만은 그가 맺고 있던 모든 관계를 - 그의 동생과 하나님과 자기 자신과 주변 세상과 맺고 있던 관계를 - 망쳐놓았다. 이 세상에서 우리 모두는 나그네다. 그러나 가인은 도망자와 유리하는 자가 되었다. 성 어거스틴은 "하나님, 하나님은 당신을 위해 우리를 지으셨습니다. 그래서 하나님 안에서 안식하게 될 때까지 우리 마음은 쉬지 못합니다"고 말했다.

소망(Hope, 25-26절). 가인은 놋('유리하는')이라는 땅에서 '문명국'을 건설함으로써 사신의 절망감을 보상받으려 했다. 아남과 이브에게 많은 자녀가 있었기 때문에 가인은 친척 중 한 사람과 결혼한 것이 분명하다. 그는 자신이 살던 성에서 멋진 일들을 많이 했다. 그러나 하나님은 그 모든 것을 다 거부하시고, 아담에게 아벨을 대신해 경건한 계보를 이어갈 셋('정해진')이라는 다른 아들을 주셨다.

◆ 분노를 다스리려면 ◆

죄에 맞서는 의로운 분노를 표현할 수도 있기는 하지만(막 3:5, 엡 4:26), 보통 우리의 분노는 그 자체로 죄가 될 경우가 많다. 예수님은 분노가 살인으로 이어지는 첫 단계가 될 수 있다고 경고하셨다(마 5:21-26). 우리는 분노를 제어하고(잠 15:18, 16:32), 우리에게 해를 가한 사람에게 사랑을 베풀며(마 5:43-48), 용서하는 것을 배울 수 있도록(엡 4:25-32) 성령이 도와주시기를 기도해야 한다.

창세기 5장

구약 성경은 '아담 자손의 계보'(1장)다. 구약 성경은 우리에게 아담의 후손들에 대해 말해주고 있는데, 그 이야기가 그리 행복한 것은 아니다. 실제로 구약 성경은 "두렵건대 내가 와서 저주로 그 땅을 칠까 하노라"는 말로 끝나고 있다(말 4:6).

신약 성경은 '예수 그리스도의 세계'(마 1:1)다. 그리고 신약 성경은 그 이야기를 마치기 전에 '다시 저주가 없으며'라고 선포하고 있다(계 22:3). 첫 아담은 저주를 불러왔다. 그러나 마지막 아담은 그 저주를 담당했다(갈 3:18). 아담의 죄는 가시덤불을 자라게 했다(창 3:18) 그러나 예수님은 그 가시로 만든 관을 머리에 쓰셨다(마 27:29).

하나님은 자신의 형상대로 사람을 지으셨다. 그러나 죄를 범한 사람은 이제 자신의 형상과 같은 자녀를 낳게 되었다(3절). 그래서 인간은 모두 죄인으로 태어난다(시 51:5). 그러나 죄인이 그리스도를 믿는 믿음으로 거듭나게 되면 마지막 아담과 같은 형상으로 자라게 되는 것이다(롬 8:29, 고후 3:18).

5장에서 우리는 '죽었더라'는 말이 아무 수식 없이 말 그대로 여덟 번이나 나오는 것을 볼 수 있다. 죽음은 우연이 아니라 필연이다. 죄가 다스리고 있기 때문에 죽음 역시 그 세도를 부리고 있었던 것이다(롬 5:14, 17). 그러나 에녹의 삶에서는 하나님의 은혜가 다스리고 있었다(롬 5:20-21). 그는 하나님을 믿었고(히

11:5-6), 경건치 않은 사람들 속에서 하나님과 동행하며 하나님을 증언했다(유 14-15절). 에녹은 죽지 않았다. 대신 하나님이 그를 하늘로 데려가셨다. 그것이 모든 그리스도인들의 '복된 소망' (딛 2:11-14, 참조 - 살전 4:13-18)이다.

노아라는 이름은 '안식' 이라는 뜻이다. 인간은 불행에 빠져 있었고, 약속된 구속자가 오기를 갈망했다. 그리고 그분이 오셨다. 그래서 우리는 그분 앞에 나아가 진정한 안식을 얻을 수 있게 되었다(마 11:28-30).

○ 창세기 6-8장

홍수 이야기는 많은 고대인들의 역사 속에 기록되어 있다. 그리고 그 결과가 이 세상의 많은 곳에서 나타나고 있다. 예수님은 노아 당시에 홍수가 일어났던 것을 사실로 인정하셨다(마 24:37-39). 베드로도 그랬고(벧전 3:20), 히브리서를 쓴 기자도 그랬다(히 11:7).

하나님의 거룩하심(The holiness of God, 6:1-7). 하나님은 내적으로 부패하고, 외적으로 광포하며, 위를 향해서는 반역적인 사람들의 세상을 보셨다. 노아는 아담 이후 열 번째 세대였다. 인류에게 죄가 퍼지기까지는 그리 오랜 세월이 걸리지 않았다. 세상이 다시 노아의 때와 같이 될 때 주님의 재림을 기다리라(마 24:37-39).

하나님의 은혜로우심(The grace of God, 6:8-7:10). 노아는 다른 죄인들이 하나님의 은혜로(창 6:8) 믿음을 통해(히 11:7) 구원된 것과 똑같이 구원되었다(엡 2:8-9 참조). 그는 하나님의 말씀을 들었고, 보호해주실 것이라는 하나님의 약속을 믿었으며, 행동을 통해 자신의 믿음을 입증했다. 멸망으로부터 구원될 수 있는 방법은 오직 하나뿐이었다. 그것은 방주에 들어가는 것이었고, 방주에는 문이 하나밖에 없었다. 그것은 그리스도 안에서 우리가 얻게 되는 구원을 보여주는 그림이다.

하나님의 진노하심(The wrath of God, 7:11-24). 하나님은 오래 참으셨고, 최소한 120년이라는 세월 동안 세상이 구원받을 수 있는 기회를 허락해주셨다(창 6:3, 벧전 3:20, 벧후 2:5). 그러나 세상은 노아의 증언을 거부했고, 노아와 그의 가족들이 방주로 들어가는 그날까지도 하나님의 은혜를 거부했다. 그후에도 하나님은 한 주를 더 기다리셨다(노아의 이웃들이 노아를 보고 분명히 크게 비웃었을 것이다). 그리고 심판이 임했다. 다윗이 "여호와께서 홍수 때에 좌정하셨음이여"(시 29:10)라고 선언한 것처럼 그렇게 심판이 임했다. 하나님은 모든 일의 주권자시다! 다음에는 물이 아니라 불로 세상을 심판하실 것이다(벧후 3:1-12).

하나님의 신실하심(The faithfulness of God, 8:1-22). 노아는 하나님의 약속을 믿었고, 하나님은 그를 실망시키지 않으셨다(왕상 8:56 참조). 참 믿음은 급조되는 것이 아니다(사 28:16). 노아는 하나님이 지시하실 때까지 기다렸다. 씻겨진 세상에서 노아와 그의 가족들이 가장 먼저 한 일은 그들을 신실하게 보살펴주신 하나님을 경배한 것이었다(시 116:12-19, 롬 12:1-2). 하나님은 그들에게 인간의 사악한 마음에도 불구하고 이 세상이 계속될 것이라는 약속을 주셨다. 이 땅에서 생명이 유지될 수 있게 해주시겠다는 것이 바로 하나님의 약속이었다. 그리고 하나님은 자신의 약속을 신실하게 지켜오셨다. 그러나 인간은 세상을 관리해야 하는 청지기 직분을 충실하게 이행하지 못했다(계 11:18 참조).

◆ 하나님을 향한 충성 ◆

이 땅에서 노아와 그의 가족들만이 하나님을 믿는 유일한 사람들이었다. 그러나 그들은 담대하게 하나님을 증언했고, 그 당시 사람들의 악행에 저항했다. 모든 것이 그들을 적대시하는 것처럼 보일 때에도 그들은 하나님께 충성했다. 하나님은 필요하다면 기꺼이 홀로 설 것을 지금도 자기 백성들에게 요구하신다. 그리고 그들을 결코 버리지 않으실 것이라고 약속하신다(히 13:5-6). 하나님은 우리가 얻고 있는 인기가 아니라, 그분을 향한 우리의 충성을 기초로 우리를 심판하실 것이다(고전 4:2). 지금도 하나님은 담대한 증인들을 필요로 하신다.

○ 창세기 9장

통치 체제(Government, 1-7절). 씻겨진 세상에서 지켜야 할 새로운 규정들을 하나님이 정해주셨다. 하나님은 구원받은 자기 백성들을 언제나 인도하시며, 자신의 뜻을 그들에게 보여주신다. 노아와 그의 가족들은 고기를 먹을 수 있게 되었다(창 1:29). 그러나 피를 먹는 것은 금지되었다(레 17:11-14). 인간의 삶이 존엄하다는 사실은 국가 제도의 수립을 통해 확인되었다(롬 13장). 하나님이 정부라는 제도를 제정하신 것은 인간이 근본적으로 죄인이며 통제를 받아야 하기 때문이다. 살인이 끔찍한 범죄인 것은 인간이 하나님의 형상대로 만들어졌기 때문이며, 사람을 죽이는 것은 하나님의 형상을 해치는 것이 되기 때문이다. 모든 사람이 다 하나님의 자녀는 아니다. 그러나 모든 사람은 다 한 인간 가족에 속해 있는데, 그것은 하나님이 모든 족속을 한 혈통으로 만드셨기 때문이다(행 17:26).

은혜(Grace, 8-17절). 하나님이 다시는 홍수로 세상을 멸하지 않으실 것을 약속하셨다. 그 약속에는 인류뿐 아니라 새와 가축과 들짐승까지 모두 포함되었다(겔 1:10, 계 4:7). 그리고 하늘과 땅을 연결하는 아름다운 다리, 곧 무지개로 그 약속을 확증해주셨다. 우리 눈에 무지개가 보이건 보이지 않건 간에, 하나님은 무지개를 보시고 자신의 약속을 기억하신다. 노아는 홍수 후에 무지개를 보았다. 에스겔은 폭풍우 속에서 무지개를 보았고(겔 1:4), 요한은 심판이라는 폭풍우가 몰아치기 전에 무지개를 보았다(계 4:1-3).

범죄(Guilt, 18-29절). 6백 살이 넘은 '의를 전파하는 목사'(벧후 2:5)가 술에 취해 있는(참조 - 창 6:5, 8:21, 고전 10:12) 모습을 상상해보라. 함은 아버지의 죄를 흡족한 듯이 바라보는 대신 슬퍼해야 했다(잠 14:9). 그의 형제들은 사랑이 언제나 하는 일인 '허다한 죄를 덮는'(잠 10:12, 12:16, 17:9, 벧전 4:8) 일을 했어야 했다.

노아가 한 말을 특정 족속들이 다른 족속들보다 열등하고 종으로 살아가게 될 것이라는 뜻으로 해석해서는 안 된다. 실제로 역사는 가나안의 자손들 중에 거대한 제국을 이룬 막강한 나라들이 있었음을 보여주고 있다. 또한 셈의 자손인 유대인들도 유배 생활을 피할 수 없었다. 노아가 한 말은 어떤 식으로든 함과 동참했던 것이 분명한 그의 아들 가나안에게로 함의 죄가 돌아가게 될 것이며, 셈은 하나님의 복을 받게 될 것이고(롬 9:1-5), 야벳(이방인들)은 번창하게 되어 셈의 하나님을 찬송하게 되리라는 하나의 예언이었다. "구원은 유대인에게서 난다"(요 4:22)고 요한은 썼다. 구원을 얻기 위해 그리스도를 영접하는 사람들은 그리스도 안에서 모두 하나다(갈 3:28, 골 3:11).

창세기 10-11장

하나님은 노아의 세 아들로부터 인간의 역사를 새롭게 시작하셨다. 하나님의 복이 전달되는 그분의 특별한 통로가 되도록 셈을 구별하셨다. 그리고 바로 이 셈을 통해 유대인의 조상이 된 아브라함이 태어나게 되었다(11:10 이하).

죄는 언제나 분열시킨다. 하나님과 인간(3장)을, 형제와 형제(4장)를, 가족과 가족(9장)을 그리고 나라와 나라를 분열시킨다.

니므롯이라는 이름에 주목하라(10:8-10). '특이한 사냥꾼'이라는 뜻인 그 이름에는 그가 하나님을 거역하고 사람들을 압제하는 자라는 의미가 내포되어 있다. 그는 성경 역사 속에서 중요한 두 도시인 바벨론과 니느웨를 건설했다.

인간은 뭉쳐서 자신들의 이름을 높이려 했다. 그리고 자신들의 지혜와 힘으로 그 일을 하려 했다. 사탄은 하나님처럼 되고 싶어했다(사 14:14). 그리고 인간은 자신의 이름을 떨치고 싶어했다. 그러나 하나님만이 사람의 이름을 정말로 위대하게 만드실 수 있다(창 12:2, 수 3:7).

바벨은 '혼란'을 뜻한다. 그러나 "하나님은 어지러움의 하나님이 아니시다"(고전 14:33, 참조 - 약 3:16). 성경에서 바벨론은 하나님의 백성들을 대적하는 원수로 자주 나타나고 있다. 혼란이 있는 곳에서는 어디에서나 바벨론의 영이, 곧 세상과 육체가 작용하고 있다. 그러나 '바벨론'은 결국 멸망하게 될 것이다(계 17-18장).

바벨에서 시작된 언어의 혼잡은 오순절에 번복되었다(행 2:7-8). 함의 자손인 에디오피아 사람이 사도행전 8장에서 구원되었다. 셈의 자손인 바울은 9장에서 구원되었다. 그리고 야벳의 이방인 자손들은 10장에서 구원되었다. 연합은 인간이 노력해서 얻을 수 있는 것이 아니다. 하나님이 내려주시는 것이다(시 133편, 엡 4:1-6). 다른 사람들과 복음을 나눌 때 우리는 죄가 분열시켜놓은 것이 연합될 수 있도록 돕는 것이다(엡 1:10-11). 그리스도인들은 세상을 화평케 하는 사람들이 되어야 한다.

○ 창세기 12장

믿음으로 이끄는 하나님의 말씀(God's Word leads to faith, 1-3절). 하나님이 아브라함을 부르시고, 그에게 하나님의 영광을 보여주시며(행 7:2) 말씀하셨을 때 그는 우상을 숭배하던 사람이었다(수 24:2). 그러나 아브라함은 하나님과 동행하기 위해 헛된 우상들을 버렸다. 그 모든 것은 하나님의 은혜로 된 일이었다. 하나님의 말씀을 들음으로써 믿음이 생기게 된다(요 5:24, 롬 10:17). 창조하시는 하나님의 말씀이 역사하기 때문이다.

순종으로 이끄는 믿음(Faith leads to obedience, 4-6절). 신약 성경은 "믿음으로 아브라함은… 순종하여"(히 11:8)라고 말하고 있다. 하나님은 "내가 너에게 보여주고, 내가 너를 만들고, 내가 너에게 복을 줄 것이다!'고 약속하셨다. 그리고 아브라함은 그 약속을 믿었다. 증거가 없음에도 불구하고 믿는 것이 믿음이 아니라, 어떤 결과가 따른다 해도 순종하는 것이 믿음이라는 말이 있다. 믿음을 보여주는 증거는 순종이다. 왜냐하면 참 믿음은 언제나 행위로 이어지기 때문이다(약 2:14 이하). 들음은 행함으로 이어진다.

복으로 이끄는 순종(Obedience leads to blessing, 7-9절). 우리는 매우 힘들었을 것이 틀림없는 아브라함의 여행에 대해 아무것도 알 수 없다. 그러나 아브라함이 도착했을 때 하나님이 그를 만나시고, 새로운 약속을 해주시는 것을 볼 수 있다. 하나님은 언제나 우리 앞서 가신다. 그리고 우리를 격려해주시기 위해 말씀을 준비해두신다. 이제부터는 장막(나그네임을 보여주는)과 제단(하늘에 속한 시민임을 보여주는)이 아브라함의 삶을 보여주는 특징이 될 것이다.

◆ 믿음으로 살아가고 있는가? ◆

믿음으로 살 때 우리는 하나님의 말씀을 기초로 의사를 결정하고(롬 10:17), 하나님께만 영광을 돌리려고 한다(롬 4:19-20). 참 믿음은 서두르지 않는다. 대신 기꺼이 기다린다(사 28:16, 히 6:12).
믿음은 환경이나 결과에도 불구하고 하나님께 순종하며, 다른 사람들이 하는 말이나 행동을 두려워하지 않는다(히 11:29-30).

시험으로 이끄는 축복(Blessing leads to testing, 10-20절). 믿음은 적어도 세 가지 목적을 위해, 곧 우리의 믿음이 참된 것임을 입증하기 위해, 우리의 믿음이 자라도록 돕기 위해, 하나님께 영광을 돌리기 위해(벧전 1:6-9, 약 1:1-8) 언제나 시험을 받게 된다. 하나님이 아브라함을 인도하신 바로 그 땅에 기근이 든 것을 생각해보라. 우리는 하나님의 뜻 안에 있으면서도 여전히 고난받을 수 있다. "믿음으로 사는 사람은 일을 꾸미지 않는다"는 말이 있다. 그러나 아브라함은 일을 꾸미기 시작했다. 믿음을 따르지 않고 눈에 보이는 것을 따랐다. 그리고 그 때문에 하나님을 증언할 수 있는 기회를 상실했고, 아내까지 잃을 뻔했다. 애굽에서는 아브라함에게 장막도 제단도 없었다는 사실에 주목하라. '애굽으로 내려가는 것'은 하나님의 뜻에서 벗어나는 것을 보여주기 위해 성경이 사용하고 있는 한 표현 방식이다.

하나님은 아브라함에게 복의 근원이 되는 복을 주셨다. 아브라함과 그의 자손들을 통해 온 세상이 복을 받게 되었다. 그와 마찬가지로 하나님이 우리에게 복을 주실 때마다, 그것은 우리를 통해 다른 사람들이 복을 받을 수 있게 하시기 위해서다. 하나님이 주시는 복은 사치가 아니라 기회다.

◦ 창세기 13장

새로운 시작(A new beginning, 1-4절). 하나님이 애굽에 있는 아브라함을 찾아가셨다. 그리고 아브라함은 그가 떠나지 말아야 했던 땅으로 되돌아오게 되었다. 아브라함은 큰 부자였다. 그러나 그의 장막과 제단은 그가 소유한 것들 중 가장 소중한 것이었다. 우리가 실패할 때 하나님은 기꺼이 용서해주시고 회복시켜주고 싶어하신다(요일 1:5-2:2). 알렉산더 화이테(Alexander Whyte)는 "승리하는 그리스도인의 삶은 새로운 시작의 연속이다"라고 말했다.

새로운 부담(A new burden, 5-13절). 애굽에 있는 동안 롯은 많은 재물을 얻었고, 또 세상맛을 보게 되었다. 그가 세속적인 사욕을 품게 된 데는 어느 정도 아브라함의 잘못도 있었다. 하나님이 아브라함의 죄를 용서해주셨다. 그러나 그 비참한 결과까지 막아주지는 않으셨다. 우리는 용서를 받은 후에도 우리가 뿌린 대로 거두게 된다. 아브라함의 믿음에 대한 첫 번째 시험은 기근과 함께 찾아왔다. 그리고 두 번째 시험은 그의 가족을 통해 왔다. 가족을 통한 시험은 그 어느 시험보다 우리가 감당하기 어렵다.

아브라함은 믿음으로 살았기 때문에 화평케 하는 사람이었다. 반면에 롯은 눈에 보이는 것을 좇으며 살았기 때문에 분쟁을 야기하는 사람이었다. 아브라함은 하늘의 도성을 선택했다(히 11:13-16). 반면에 롯은 땅의 도성을, 그것도 악한 도성을 선택했다. 그 도성은 이상적으로 보였지만 멸망을 향해 나아가고 있었다. 우리는 우리의 장막을 죄가 있는 곳으로 점점 더 가까이 옮겨갈 수 있다. 그러나 그렇게 할 경우 제단까지 함께 가져갈 수는 없다. 롯은 하나님을 뒤로하고 자신의 가정을 몰락시켰다.

새로운 축복(A new blessing, 14-18절). 믿음의 사람은 시험을 통과한 후 언제나 하나님의 특별한 말씀을 받게 된다. 다른 사람들에게는 그들이 원하는 것을 취하게 하라. 우리 하나님은 그들이 상상조차 할 수 없는 훨씬 더 좋은 것을 우리에게 주신다(시 16:5, 33:12). 아브라함은 눈을 들어 땅을 바라보았다. 그런 다음 믿음으로 발걸음을 옮기며 그가 밟는 땅을 점유했다(수 1:3). 그리고 마음을 다해 하나님을 경배했다. 롯은 아브라함의 마음을 찢어지게 했지만, 하나님이 아브라함의 마음에 복을 주시고 그를 복의 근원이 되게 하셨다.

◦ 창세기 14장

아브라함은 세 번의 승리를 거두었다.

롯을 이긴 승리(A victory over Lot). 아브라함은 롯이 결정한 그의 어리석은 선택에 따르는 비참한 결과들을 맞이하고 고통을 받게 할 수도 있었을 것이다. 그러나 믿음의 사람은 '복의 근원이 되기 위해' 하나님의 부르심을 받았다. 그래서 아브라함은 롯을 구하러 갔다. 롯은 그리 헌신된 신자는 아니었다. 그러나 여전히 형제였고, 도움을 필요로 하고 있었다. 그리스도 안에 있는 형제나 자매가 문제를 야기할 때 아브라함과 로마서 12장 21절 말씀을 기억하라. 롯은 소돔으로 곧바로 돌아갔다. 그러나 아브라함은 하나님을 위해 그의 일을 했다. 그리고 그것은 정말로 중요한 것이었다.

왕들을 이긴 승리(A victory over the kings). 나그네 아브라함은 롯을 구하기 위해 싸운 것 외에는 달리 전쟁을 치른 적이 없었다. 아브라함에게는 큰 군대가 없었다. 그러나 그는 믿음으로 싸웠다. 그리고 그 믿음 때문에 그는 큰 승리를 거두었다(삼상 14:6, 요일 5:4-5).

자신을 이긴 승리(A victory over himself). "승리를 거둔 후 전쟁 전에 경계했던 것처럼 그렇게 경계하자"고 앤드류 보나르(Andrew Bonar)는 말했다. 아브라함은 사적인 이익을 위해 하나님의 승리를 사용하라는 유혹을 받았다. 그러나 그는 그 제안을 물리쳤다. 소돔 왕은 흥정을 위해 그를 찾아왔다. 그러나 살렘 왕[주 예수 그리스도의 모형(히 7:1-3)]은 축복하기 위해 그를 찾아왔다. 아브라함이 소돔 왕의 흥정을 받아들였다면 소돔의 신발 끈조차도 아브라함의 경건한 삶을 부정하게 만들 수 있었다. 싸움이 끝날 때마다 하나님께 영광을 돌리라. 그리고 사탄의 흥정을 경계하라. 조심하지 않으면 전쟁에 이기고도 승리를 놓칠 수 있다.

◦ 창세기 15장

아브라함이 받은 보상은 그가 구출한 사람들의 칭찬이 아니라 그가 섬기는 하나님의 인정이었다. 이 장은 성경에 많이 나오는 '두려워 말라'는 구절을 가장 먼저 볼 수 있는 장이다. 전쟁이 끝난 후 두려움을 느끼는 것은 이상한 일이 아니다. 그러나 두려움과 믿음이 오랫동안 마음속에 공존할 수는 없다(마 8:26). 하나님이 보여주신 다음 세 가지 계시를 통해 아브라함의 두려움은 가라앉게 되었다.

하나님이 말씀하신 하나님 자신(What God is, 1절). 하나님은 우리를 보호하시고 우리의 필요를 채워주는 분이시다. 그래서 우리는 밖에 있는 적들이나, 마음으로 느끼는 공포감을 두려워하지 않아도 된다. 하나님은 스스로 존재하는 분이시며, 모든 필요를 채워줄 수 있는 분이시다. 하나님과 함께할 때 우리에게는 부족함이 없다. 그러나 하나님과 함께하지 않는다면 우리가 가진 그 어떤 것도 우리를 풍족하게 할 수 없다.

하나님이 하신 말씀(What God says, 2-7절). 아브라함은 자신의 나이가 너무 많다는 사실을 잘 알고 있었다. 그리고 그의 청지기였던 엘리에셀을 보고 하나님이 아마도 엘리에셀을 사용하실 수 있을 것이라 생각했다. 그러나 하나님은 아브라함에게 그 자신이나 다른 사람들을 바라보지 말고 하나님만 바라보라고 말씀하셨다. 아브라함이 눈을 들어 하나님이 그를 위해 마련하신 것을 바라보게 된 두 번째 사건이 이 장에 기록되어 있다(창세기 13:14, 참조 - 13:10). 6절은 아브라함이 하나님의 말씀을 믿었고, 그 믿음을 통해 구원받았으며(롬 4:3, 갈 3:6, 약 2:23), 그렇게 하는 것만이 구원받을 수 있는 유일한 길이라는 사실을 분명하게 보여주고 있다.

하나님이 하신 일(What God does, 8-21절). 하나님이 언약을 세워 자신의 약속을 보증하셨다. 그 당시 쪼갠 동물의 사체 사이를 지나가는 것은 합의한 내용을 확실하게 하기 위한 방법이었다. 그러나 하나님만이 그 사이를 지나가셨다! 아브라함은 잠이 들어 있었다. 하나님의 언약은 전적인 은혜이며(엡 2:8-9), 우리의 선행은 믿음의 증거일 뿐이다.

하나님의 뜻이 두렵게 느껴지거나 하나님의 뜻을 갈망할 때 하늘을 바라보고 그분의 약속을 기억하라. 하나님께 드릴 때는 원수가 그것을 훔쳐가지 못하게 하라. 아무것도 할 수 없을 때는 하나님이 일하신다는 사실을 확신하고 안심하라.

> ◆ 두려움 ◆
>
> 경건한 두려움, 즉 하나님을 경외하는 마음이 있다. 그리고 그 마음은 누구에게나 있어야 하는 마음이다(벧전 1:17, 2:17). 하나님을 경외한다면 우리는 아무것도 두려워할 필요가 없다(시 112편, 사 8:13). 사람을 두려워하는 것은 우리에게 올무가 된다(잠 29:25). 그러나 하나님을 경외하면 그들이 하는 말이나 사람들이 가하는 위협을 두려워할 필요가 없다(마 10:26-33).

ㅇ 창세기 16장

믿음과 인내는 서로 떼어놓을 수 없다(히 6:12, 약 1:1-5). 이사야는 "믿는 자는 급절하게 되지 아니하리로다"(28:16)고 말했다. 우리는 하나님의 계획뿐 아니라 하나님의 때에 대해서도 그분을 신뢰해야 한다. 약속된 아들을 보내시기 전에 하나님은 아브라함과 사래가 그들의 몸이 죽은 것같이 될 때까지 기다렸던 것처럼 기다리셨다(롬 4:19-21, 히 11:11-12). 사래는 하나님의 약속대신 사람의 명철을 의지했다(잠 3:5-6). 그녀는 하나님 대신 애굽 출신의 한 여인을 더 신뢰했다.

사래에게는 강한 믿음이 없었다. 대신 다른 사람들을 비난하는 속성이 있었다. 그녀는 잉태하지 못하는 것을 하나님의 탓으로 돌렸고, 하갈로 인해 가정에 생긴 문제를 아브라함의 탓으로 돌렸다. 하나님께로부터 오는 지혜는 성결하고 화평하지만, 인간의 정욕에서 나오는 지혜는 언제나 다툼을 일으킨다(약 3:13-18). 아브라함은 가장으로서의 영적 지도력을 포기했다. 그리고 그 결과 혼란이 생겼다.

믿음을 저버리고 눈에 보이는 것을 따라 살 때, 우리는 오래 참지 못하게 되고 술책을 강구하면서 다른 사람들을 비난하게 된다. 그리고 일이 잘 돌아가지 않게 되면 우리의 실수들을 가리려 한다. 하나님은 하갈과 이스마엘을 아브라함과 사래에게 돌려보내셨고, 아브라함과 사래는 적어도 17년 동안 다시 그들의 실수로 인한 결과를 안고 살아야 했다.

아브라함과 사래는 하갈에게 크게 잘못했다. 그리고 그 때문에 그들은 고통을 당해야 했다. 그러나 하나님이 개입하셨고, 하갈과 그녀의 아들을 돌보셨다. 아브라함은 하나님께 순종하고 그의 아들에게 '이스마엘 - 하나님이 들으심' 이라는 이름을 지어주었다. 아브라함과 사래가 하나님보다 앞서 달려가지 않고 인내하며 하나님을 기다렸더라면 그 모든 고통을 피할 수 있었을 것이다.

○ 창세기 17장

새로운 계시(New revelations). 기록된 바에 의하면 하나님이 아브라함에게 다시 자신을 계시해주시기 전까지 13년을 더 기다리셨다. 그 침묵의 세월 동안 아브라함은 계속해서 하나님과 동행하는 삶을 살며 하나님을 섬겼다. 하나님의 뜻을 행하기 위해 그분의 특별한 계시가 계속 있어야 했던 것은 아니었다. 그것은 우리에게도 마찬가지다. 하나님이 자신의 언약을 재확인시켜주시고, 그 언약의 표시로 할례를 행하게 하셨다. 그런데 하나님을 신뢰하는 대신 그 표시를 신뢰하는 유대인들이 많았다는 것은 참으로 애석한 일이다(행 15:5, 롬 4:10, 갈 5:6). 하나님은 몸에 행한 외과적 수술이 아니라 내적인 마음의 변화를 원하신다 (신 10:16, 렘 4:4).

새로운 이름(New names). 성경 역사 속에서 새로운 이름은 새로운 시작, 즉 믿음을 향해 나아가는 발걸음을 뜻한다(참조 - 창 32:28, 요 1:40-42). '숭고한 조상'이라는 뜻을 가진 아브람이 '많은 사람들의 조상'이라는 뜻의 아브라함이 되었다. 사래('다투기 좋아하는')는 '열국의 어미'라는 뜻의 사라가 되었다. 그리고 하나님은 '전능한 하나님'이라는 하나님의 새로운 이름도 계시해주셨다. 이름이 바뀌지 않은 사람은 이스마엘뿐이었다. 그 이유는 육으로 난 것은 육으로 남게 되고, 변화될 수 없기 때문이다(요 3:6).

새로운 기쁨(New joy). 마침내 오래 기다려온 아들이 태어났다. 그의 이름은 '이삭 - 웃음'이었다. 아브라함이 웃은 것은 당연한 일이었다(요 8:56). 아브라함은 하나님이 행하실 미래의 기적을 바라보는 대신 자신의 과거 잘못에 집착하고 있었다. 아브라함과 사라의 불신으로 인한 조급함이 그 가정에 슬픔과 분열을 가져왔다(18절). 그러나 믿음으로 인한 하나님의 기적은 기쁨과 평안을 가져다주었다(롬 15:13). 하나님의 방법을 신뢰하고 하나님의 때를 기다릴 때 언제나 그 보상이 있다.

◆ **전능하신 하나님** ◆

우리는 하나님을 의지해야 하는데, 그 이유는 하나님께서는 불가능한 일이 없기 때문이라고 성경은 단언하고 있다(눅 1:37). "여호와께 능치 못한 일이 있겠느냐"(창 18:14). "주에게는 능치 못한 일이 없으시니이다"(렘 32:17). 하나님은 "우리의 온갖 구하는 것이나 생각하는 것에 더 넘치도록 능히 하실 이"(엡 3:20)시다. 그래서 우리는 "내게 능력 주시는 자 안에서 내가 모든 것을 할 수 있느니라"(빌 4:13)고 말할 수 있는 것이다. 하나님의 능력을 의지하라.

○ 창세기 18장

휴식(Resting, 1절). 근동 지방 사람들은 흔히 오후 한때를 쉬면서 보낸다. 그리고 그때 아브라함은 거의 백 세 가량 되었다는 사실을 기억하라. 때때로 우리가 할 수 있는 가장 영적인 일은 낮잠을 자는 것이다. 신자의 몸은 하나님의 성전이다. 따라서 잘 관리하고 보살펴야 한다(고전 6:19-20, 참조 - 막 6:31).

섬김(Serving, 2-8절). 아브라함은 나그네들을 쉽게 알아보았다. 왜냐하면 한낮의 뜨거운 열기 속에서 여행한다는 것은 흔치 않은 일이었기 때문이다. 손님들은 두 천사와 성육신하시기 전에 그 모습을 나타내셨던 주 예수 그리스도였다. 아브라함에게는 318명의 종들이 있었다. 그러나 그는 자신이 직접 주님을 섬겼고, '주'라는 말을 14번이나 사용했다. 아브라함은 최고의 식사를 대접하기 위해 음식이 준비되는 것을 확인하며 이리저리 뛰어다녔다.

경청(Listening, 9-15절). 아브라함은 손님들이 식사를 하는 동안 그들 가까이 서서 그들이 원하는 것을 대접하기 위해 준비를 하고 있었다. 그러나 주님은 아브라함에게 음식보다 더 좋은 것을 주셨다. 주님은 약속된 아들이 기한이 이를 때에 태어나게 될 것이라고 말씀하셨다. "네 아내 사라가 어디 있느냐?"는 창세기에 나오는 세 개의 중요한 질문 가운데 마지막 질문이었다(3:9, 4:9, 18:9). "여호와께 능치 못할 일이 있겠느냐?"는 질문은 욥(욥 42:2)과 예레미야(렘 32:17)와 가브리엘(눅 1:37)을 통해 대답되었다.

중보 기도(Interceding, 16-33절). 아브라함은 하나님의 친구였고, 또 하나님의 종이었기 때문에 하나님은 자신이 하실 일을 그에게 숨기지 않으셨다(시 25:14, 요 15:15, 약 2:23). 롯은 아브라함의 개입을 통해 구출되었다(14장). 그리고 이 장에서는 아브라함의 중보 기도를 통해 구출되었다. 아브라함은 하나님의 공의를 근거로 롯이 살고 있는 성을 위해 기도했다. 그러나 하나님은 자신의 인자하심을 기초로 롯을 구원하셨다(19:16, 19). 구원받지 못한 사람들과 도움을 필요로 하는 성도들을 위한 중보 기도는 우리가 소홀히 하지 말아야 할 우리의 큰 특권이며, 또한 거룩한 특권이다.

● 창세기 19장

롯이 소돔에 거하게 된 것 때문에 마음이 불편하셨던 하나님은 상황을 알아보도록 두 천사를 보내셨다. 두 천사는 길거리를 걸어다니거나, 오락을 즐길 수 있는 공공 장소들을 찾아다니거나 하지 않았다. 대신 그들은 신자라고 고백하는 사람이 어떻게 살고 있는지 살펴보기 위해 롯의 집을 방문했다. 롯의 아내와 가족들은 하나님을 멀리 떠나 있었다. 소금이 그 맛을 잃은 것과 같은 상태였다(마 5:13). 그러니 그 성에 무슨 소망이 있었겠는가?

아브라함은 낮에 손님들을 맞이했다. 그러나 롯은 밤중에 천사들을 맞이했다(요일 1:5-10). 아브라함의 식솔들은 아브라함이 주님을 섬기는 동안 그의 말을 따랐다. 그러나 롯의 가족들은 롯의 말을 그저 농담으로만 여겼다. 아브라함은 서둘렀지만, 롯은 지체하며 성 밖으로 끌려나갔다. 소돔 성 밖에 살았던 아브라함이 그 성 안에 살았던 롯보다 그 성에 훨씬 더 큰 영향을 미쳤다.

롯은 먼저 그의 집 앞에 몰려온 사람들의 기분을 맞추려 하면서 그들과 흥정을 했다. 하나님은 그들을 심판하기 위해 그들에게 가셨다. 그들은 빛보다 어둠을 더 사랑했다(요 3:19).

하나님은 의인 열 사람도 찾을 수 없으셨다. 그러나 아브라함을 위해 롯과 그의 아내와 딸들을 살려주셨다. 우리는 소돔의 죄를 미워하면서, 그 모든 사람들이 영원한 심판을 받게 되었다는 사실을 기억해야 한다(유 23절 참조).

롯에게는 장막도 제단도 없었다. 그리고 그는 동굴 속에서 끔찍한 죄를 범하게 되었다. 베드로후서 2장 7-8절이 없었더라면 우리는 아마도 그가 신자였는지 조차 의심하지 않을 수 없었을 것이다(시 1:1 참조).

● 창세기 20장

퇴보(Relapse). 믿음의 사람이 두려움 때문에(잠 29:25) 다시 눈에 보이는 것을 따르며(11절) 일을 꾸미기 시작했다(창 12:10 이하). 이번에는 사라까지도 거짓말을 했다(5절). 옛 삶의 방식 중 우리가 버리지 못한 것들이(13절) 우리의 새로운 삶 속에서 문제를 일으키게 될 것이다. 우리의 죄를 자백하는 것과 하나님 앞에서 죄에 대한 유죄 판결을 내리고 그 죄를 버리는 것은(잠 28:13) 별개의 문제다. 거짓말로 결혼 생활을 보호하고 유지하려 할 때 가정은 심각한 위험에 빠지게 된다.

계시(Revelation). 하나님이 하나님의 친구 아브라함이 아니라 이방 족속의 왕에게 말씀하셨다. 그 왕이 죄를 범하지 않도록 하나님이 막으셨다. 그러나 아브라함이 거짓말하는 것은 허용하셨다! 하나님은 아브라함을 복의 근원으로 부르셨다. 그러나 지금 그는 그 땅에 화를 불러오는 저주가 되어 있었다. 이 개입으로 하나님은 사라와 이삭과 자신의 위대한 구원 계획을 보호하셨다.

책망(Rebuke). 이방 족속의 왕에게 공개적으로 책망을 받아야 한다는 것은 정말 부끄러운 일이었다. 하나님은 때때로 구원받은 사람들을 징계하시기 위해 구원받지 않은 사람들을 사용하신다. 아브라함이 신자라는 사실이 그에게 죄를 범할 수 있는 면허증을 부여해주는 것은 아니었다. 애석하게도 몇 년 후 아브라함의 아들 이삭이 그의 아버지가 범한 죄를 그대로 따라하는 것을 볼 수 있다(창 26장).

회복(Restoration). 그 당시 사람들은 죄를 공개적으로 '보상' 하기 위해 큰돈을 지불했다. 죄는 결코 유익이 되지 않는다. 하나님은 자신의 친구를 버리지 않으셨다(시 105:15, 딤후 2:12-13). 대신 그의 체면을 세워주시고, 그의 기도를 들어주셨다. 경제적으로 아브라함은 더 큰 부자가 되었다. 그러나 영적으로는 더 가난해졌다. 그는 하나님을 증거하고 하나님께 영광을 돌릴 수 있는 기회뿐 아니라, 자신의 성품마저도 잃게 되었다.

◉ 창세기 21장

가정의 기쁨(Family joys, 1-7절). 하나님이 약속을 지키시고 자신의 계획을 수행하셨다. 그리고 실패하지 않으셨다. 이번에 사라가 웃은 웃음은 숨기고 의심하는 웃음(18:12)이 아니라 솔직하고 숨기지 않는 웃음이었다. 이삭이라는 이름의 뜻은 '웃음' 이었다. 그리고 이삭은 나이든 부부에게 큰 기쁨이 되었다. 그를 통해 하나님이 "모든 것을 지으시되 때를 따라 아름답게"(전 3:11) 지으신 세상에 기쁨이 찾아오게 되었다.

가정의 슬픔(Family sorrows, 8-21절). 아브라함은 용서받은 죄가 불러온 슬픈 결과들을 맞이하게 되었다. 그는 17년 동안 이스마엘과 함께 살아오면서 그 아들을 사랑했다. 그래서 그와의 이별은 고통스러운 것이었다. 우리의 과거를 '끊어버리고' 새롭게 시작해야 하는 때가 있다. 바울 사도는 그것을 율법과 은혜를 보여주는 그림으로 보았다(갈 4:21-31). 아브라함을 위해 하나님은 이스마엘에게 복을 주시고 큰 나라를 이루게 하셨다.

가정의 증거(Family testimony, 22–34절). 구원받지 못한 아브라함의 이웃들은 그가 하나님께 복받은 사람이라는 것을 알 수 있었다. 아브라함은 거짓으로 그 사실을 숨기려 하지 않았다. 그는 담대하게 그 사실을 알렸고, 일하시는 하나님을 신뢰했다. 고대 근동 사회에서 우물을 소유하는 것은 매우 중요한 일이었고, 사람들은 우물을 차지하기 위해 기꺼이 싸움을 벌이기도 했다. 하나님의 백성들은 믿음 '밖에 있는 사람들'을 조심스럽게 대해야 한다(골 4:5, 살전 4:12).

삶 속에는 기쁨과 슬픔, 축복과 어려움이 조화를 이루고 있다. 우리는 하나님이 우리에게 주시는 것들을 받아들이고, 믿음으로 사는 것을 배워야 한다.

◦ 창세기 22장

이삭을 제단에 바치는 것은 아브라함에게 가장 어려운 시험이었다. 그러나 그는 하나님을 신뢰했기 때문에 그 시험을 무사히 통과할 수 있었다(히 11:17-19). 그는 자기 몸 속에서 부활의 능력을 경험했다(롬 4:19-21). 그래서 그는 하나님이 그렇게 하실 수 있다는 것을 알고 있었다. 그것은 롯과 이스마엘이 연루되었던 이전의 시험들보다 훨씬 더 힘든 믿음의 시험이었다.

그것은 또 소망을 시험하는 것이기도 했다. 세상을 구원하실 하나님의 계획은 이삭 안에 들어 있었다. 이삭이 죽었다면 어떻게 유대 민족이 세워지고, 그 속에서 구세주가 태어나실 수 있었겠는가? 아브라함은 살아 계신 하나님을 믿었기 때문에 산 소망을 가질 수 있었다(벧전 1:3).

그것은 분명히 사랑을 시험하는 것이기도 했다. 2절에서 우리는 성경에 사랑이라는 단어가 처음 나오는 것을 볼 수 있다. 아브라함은 그의 아들을 사랑했다. 그러나 하나님을 더 사랑했다. 이삭은 하나님이 아브라함에게 주신 선물이었다. 하지만 그 선물을 하나님께 제물로 드려야 하는 상황이 되었다. 선물이 그것을 주신 하나님보다 더 중요한 것이 된다면 우상이 될 뿐이다.

하나님은 우리를 시험하신 후 우리에게 새로운 방법으로 하나님을 알려주신다(요 14:21-23). 여호와 이레라는 하나님의 이름은 '하나님이 주선하실 것이다'

또는 '하나님이 예비하실 것이다' 라는 뜻을 가지고 있다. 숫양은 이삭을 대신하기 위해 하나님이 예비하신 것이었고, 예수 그리스도는 온 세상의 죄를 대속하기 위해 하나님이 예비하신 분이셨다. 이 경험을 통해 아브라함은 믿음으로 그리스도를 보았고, 즐거워하였다(요 8:56).

'친척들에 관한 소식' 이 20-24절에 기록된 이유는 무엇인가? 이삭의 신부가 될 리브가(24장)를 우리에게 소개해주기 위해서다. 이삭은 '산 제물' (롬 12:1-2)이었고, 하나님은 그를 위해 자신의 완전한 뜻을 성취해나가고 계셨다.

○ 창세기 23장

슬퍼하는 아브라함(Abraham the mourner). 사라는 성경에 나오는 여성들 중 몇 살에 어떻게 장사되었는지가 기록된 유일한 여성이다. 그녀의 죽음은 열국의 어미이자 믿음의 여인이었던 사람의 죽음이었다(히 11:11-13, 벧전 3:6 이하). 아브라함은 그녀를 잃은 고통을 느꼈고, 자신의 슬픔을 숨기지 않았다. 믿음과 눈물은 서로 적이 아니다. 왜냐하면 우리는 소망을 가진 사람들로서 슬퍼하기 때문이다(살전 4:13-18). 예수님은 죽은 친구를 다시 살리실 수 있다는 것을 아시면서도 눈물을 흘리셨다(요 11:35).

나그네로 살았던 아브라함(Abraham the sojourner). 에브론은 아브라함에게 값진 땅을 줄 마음이 없었다. 그러나 고대 근동 지역에서는 일반적으로 그렇게 흥정이 이루어졌다. 그 땅은 이미 아브라함에게 속해 있었지만(15:7), 믿지 않는 이웃들에게 그 사실을 설명할 수 없었다. 아브라함은 나그네였고, 그 어떤 땅도 자신의 땅이라고 주장하지 않았다.

주인이 된 아브라함(Abraham the owner). 아브라함은 성경 역사 속에서 가장 유명한 무덤이 된 땅을 얻기 위해 많은 돈을 치렀다. 그리고 그 땅에 결국 여섯 사람이 묻히게 되었다(49:31-32). 아브라함은 평생 무덤이 된 그 땅만을 소유했다. 창세기는 채워진 무덤 이야기로 끝이 나지만, 복음서는 빈 무덤으로 끝이 난다! 그리고 예수 그리스도가 살아 계시기 때문에 그분을 신뢰하는 우리도 결코 죽음을 두려워할 필요가 없다.

◦ 창세기 24장

이 장은 창세기에서 가장 길다. 그리고 믿음과 소망과 사랑에 초점을 맞추고 있다.

아버지(The father, 1-9절). 아버지는 아들을 사랑했고, 아들을 위한 신부를 찾고 싶었다. 아버지는 하나님이 그분의 약속을 지키시고(창 12:2) 신부를 예비해 두셨다고 믿었다(고전 7:39). 이 일 전체는 하나님의 아들을 위해 신부를 찾으시는 하나님 아버지를 보여주는 그림이다.

종(The servant, 10-49절). 아브라함의 종은 주인의 아들을 사랑했고, 하나님이 인도해주시기를 기도했다. 그는 어떻게 '보고 기도해야' 하는지 그리고 하나님의 인도하심을 어떻게 분별해야 하는지를 알고 있었다. 그는 실망하지 않았다. 왜냐하면 하나님이 그의 믿음을 보상해주셨기 때문이었다. 리브가는 자신이 베푼 작은 친절을 통해 새로운 삶이 멋지게 시작되리라고는 전혀 생각하지 못했다. "모든 일을 중요하게 여기라. 누군가가 그런 당신의 사람됨을 보고 더 큰일을 맡기게 될지 아무도 모르기 때문이다"고 마스덴(Marsden)은 조언했다. 아브라함의 종은 자신이 아니라 자신의 주인에 대해 이야기했다. 그리고 주인의 메시지를 전하기 전까지는 먹으려고도 하지 않았다(요 4:31-32).

신부(The bride, 50-60절). 신부는 종이 가져온 보석을 보았고, 종이 전하는 말만 들었을 뿐이었다. 좀 더 머물다 떠날 것을 권하는 사람들이 있었음에도 불구하고 그녀는 믿음의 결정을 내리고 "가겠나이다!"고 말했다. 그것은 개인의 구원을 보여주는 한 예다. 성령이 그리스도에 관해 우리에게 말씀하시고, 그분의 보화를 우리에게 보여주신다. 그리고 우리는 그리스도를 한 번도 본 적이 없지만 그분을 믿고 신뢰한다(벧전 1:8).

신랑(The bridegroom, 61-67절). 신랑은 아버지와 함께 산 위에서 마지막으로 등장했었다(22장). 그러나 이제 신부를 만나기 위해 저녁 무렵에 다시 나타나는 것을 볼 수 있다. 예수 그리스도가 교회를 맞이하기 위해 다시 돌아오실 때에도 그렇게 나타나실 것이다. 그때 우리는 그분을 뵙고 그분처럼 될 것이다(요일 3:1-2).

○ 창세기 25장

이제 관심의 초점은 아브라함에서 이삭에게로 옮겨진다.

후사 이삭(Issac the heir). 하나님의 부활의 능력은 아브라함의 삶 속에서 계속되었다. 그는 다시 결혼을 했고, 여섯 명의 아들들을 더 얻게 되었다. 그러나 하나님은 오늘날에는 그렇게 하실 것같지 않다. 단, 영적인 교훈은 분명하다. 우리는 노년에도 하나님께 신실해야 한다는 것이다(시 92:14). 아브라함은 이삭과 다른 아들들을 구분했다. 하지만 그들에게도 선물을 관대하게 나누어주었다. 그러나 이삭을 후사로 삼았다(5절, 24:35). 하나님은 구원받지 않은 사람들에게도 좋은 것들을 주신다(마 5:45, 행 14:17, 17:25). 그러나 그리스도를 믿는 믿음을 통해 하나님의 자녀가 된 사람들만이 그들의 유업을 주장할 수 있다(참조 - 롬 8:17, 엡 3:6, 히 1:2).

고아 이삭(Issac the orphan). 아브라함은 믿음으로 살다 믿음으로 죽었다(히 11:13). 그리고 하나님은 자신의 말씀을 지키셨다(창 15:15). 이삭과 이스마엘은 함께 아버지의 죽음을 슬퍼했는데, 그것은 죽음이 모든 인간을 하나로 묶어주는 경험이기 때문이다. 구원받지 못한 친척들도 슬픔을 함께 나누지만, 그들의 슬픔은 예수 그리스도가 없는 질밍직인 슬픔이다. 이스마엘의 죽음(17절)과 아브라함의 죽음을 비교해보라.

중재자 이삭(Issac the intercessor). 리브가와 결혼하게 되었을 때 이삭의 나이는 40세였다. 두 사람은 20년 동안 자녀를 기다렸다. 하나님이 모든 면에서 이삭에게 복을 주셨다. 그러나 그가 가장 원하는 것만은 제외되었다. 이삭과 리브가는 하나님이 자손을 주기로 약속하셨다는 것을 알고 있었다(창 15:5). 그래서 이삭은 그 약속을 붙잡고 기도했다. 참된 기도는 하나님의 말씀을 붙들고(요 15:7)

하나님의 목적이 이루어지도록 힘쓰는 것이다.

아버지 이삭(Issac the father). 하나님이 이삭과 리브가에게 모든 면에서 서로 아주 다른 쌍둥이 아들을 주셨다. 그리고 그 둘 중 작은아들 야곱이 메시아의 계보를 이어가게 될 것을 계시해주셨다. 그 때문에 이삭이 야곱을 편애했을 것이라 생각할 수도 있다. 그러나 세속적인 것이 영적인 것보다 앞섰다. 에서는 영원한 삶을 무시하고 일시적인 삶을 위해 사는 세속적인 사람을 보여주는 전형이었다.

○ 창세기 26장

고난 없는 믿음은 없다. 이 장은 이삭이 감내했던 몇 가지 고난들을 기록하고 있으며, 그가 그 고난들에 어떻게 대처했는지를 보여주고 있다.

도피(Escape, 1-6절). 아브라함처럼 이삭도 애굽을 향해 출발했다(12:10 이하). 그러나 하나님이 국경 지역에서 그를 멈추게 하시고(10:19) 다시 용기를 내게 하셨다. 이삭은 아브라함 때문에 복을 받았다(5, 24절). 우리는 우리보다 앞서 간 우리의 영적 지도자들에게 진 빚을 잊지 말아야 한다.

기만(Deception, 7-14절). 적의 영토에서 이삭은 두 번씩이나 아브라함을 곤경에 빠지게 만들었던(12:10 이하, 20:1 이하) '거짓말'이라는 수단을 의지하려 했다. 새 세대가 구세대의 죄를 그대로 따라하는 것은 안타까운 일이다. 우리는 하나님이 이삭에게 물질적인 복을 주셨다는 것을 알고 있다. 그러나 그가 영적으로 어떤 삶을 살았을지에 대해서는 의구심을 갖게 된다. 그가 거짓말을 했다는 사실을 알게 된 이웃들이 그를 신뢰했을 것인가?

양보(Surrender, 15-25절). 사막 지대에서 우물은 매우 소중한 필수품이었다. 그리고 우물을 소유한다는 것은 실제로 그 우물이 있는 땅을 소유하는 것과 다를 바 없었다. 이삭은 그의 종들이 행한 일을 변호하면서 우물에 대한 권리를 주장하는 대신 다른 곳으로 옮겨갔다. 그는 아마도 로마서 12장 18절을 실천하고 있었을 것이다.

대결(Confrontation, 26-35절). 담대하게 전쟁을 선포했던 아버지 아브라함과 달리 이삭은 다툼을 피하려 했던 온화하고 사색적인 사람이었다. 그러나 이웃의 잘못된 행동에 대해서는 담대하게 맞섰고 승리를 거두었다. 이삭이 그를 찾아온 사람들을 위해 잔치를 베풀며 자신이 해야 할 이상의 친절을 베풀었던 것에 주목하라(롬 12:18-21 참조).

○ 창세기 27장

잘못된 결정(A wrong decision). 분열된 가정이 스스로 몰락하게 되기까지는 단지 시간이 좀 걸릴 뿐이었다. 그리고 그 가정의 분열은 모두 이삭으로부터 시작되었다. 이삭은 하나님이 작은아들 야곱을 선택하시고, 그에게 복을 주기로 하셨다는 사실을 알고 있었다(창 25:23-26). 그러나 그는 그 복을 에서에게 주겠다는 자신의 뜻을 표명했다. 그런 점에서 볼 때 이삭은 영적인 것보다는 육적인 것에 더 많은 관심을 두었던 것처럼 보인다. 그는 한때 영적이지만, 더 이상 그렇게 영적인 사람은 아니었다.

잘못된 해결 방법(A wrong solution). 하나님이 야곱에게 하신 약속을 알고 있었던 리브가는 하나님이 그분의 방법으로 그 일을 이루실 수 있도록 해드리기 위해 자신이 나서야 한다고 생각했다. "믿음으로 사는 사람은 일을 꾸미지 않는다." 그리고 하나님의 목적을 이루지 못하도록 그분을 막을 수 있는 사람이 어디 있겠는가(단 4:35)? 그런데 리브가는 그렇게 하는 대신 아들을 거짓말쟁이로 만들었고, 남편을 속였다. 이삭이 그의 세속적인 방식을 따르지 않고(21-22, 25, 27절) 하나님을 신뢰했더라면, 그런 식의 우롱은 당하지 않았을 것이다.

잘못된 마음가짐(A wrong attitude). 에서는 오래전부터 영적인 일에는 관심이 없음을 분명히 했고(창 25:29-34), 그럼에도 복에 대한 하나님의 말씀을 알고 있었던 것이 분명하다. 그는 울며(히 12:17) 복을 구했다. 그리고 동생을 죽이기로 작정했다. 그의 그런 마음가짐은 하나님이 보시기에나 사람이 보기에나 옳지 않은 것이었다. 그는 우리에게 가인을 생각나게 한다(창 4장).

리브가가 말한 '몇 날 동안'(44절)이 결국은 20년을 넘게 되었다. 그녀의 모사에도 불구하고 그녀는 이 땅에서 사는 동안 다시는 그 아들을 보지 못하게 되었다.

● 창세기 28장

실망의 날(A day of disappointment, 1-9절). 야곱은 집에서 도망치지 않을 수 없는 외로운 도망자 신세가 되었다. 아버지의 축복을 받고 떠나기는 했지만(그리고 자신이 무슨 일을 하고 있는지 알고 있었지만), 야곱은 알 수 없는 미래를 앞에 두고 있었다. 그리고 그의 형은 여전히 그를 죽이려고 했다. 새롭게 시작하는 그의 삶은 그리 밝아 보이지 않았다. 그러나 하나님이 여전히 다스리고 계셨다(롬 8:28).

깨달음의 밤(A night of discovery, 10-15절). 야곱은 딱딱한 맨땅 위에 돌을 베개 삼아 누웠다. 그러나 그날 밤 야곱은 그의 삶을 변화시키는 몇 가지 사실을 깨닫게 되었다. 그는 하나님이 그와 함께하시며, 그를 위해 일하시고, 그를 위한 완벽한 계획을 가지고 계신다는 사실을 알게 되었다. 야곱은 가족들과는 헤어질 수도 있었지만, 하늘과는 분리되지 않았다(요 1:51 참조). 하나님의 천사가 그를 돌보고 있었다(히 1:13-14). "밤이 어두울수록 별들이 더 밝게 빛나는 것을 볼 수 있다."

헌신의 아침(A morning of dedication, 16-22절). 야곱은 딱딱한 베개를 거룩한 제단으로 바꾸고 하나님을 경배하는 일로 하루를 시작했다. 그리고 그곳에 '하나님의 집'이라는 새 이름을 붙였다. 하나님이 우리를 만나시는 곳은 그곳이 어디이건 간에 거룩한 곳이 된다. 야곱의 믿음은 아직 약했지만 그리고 비록 하나님께 십일조를 드리기로 한 그의 서약에 약간의 흥정이 있기는 했지만, 그는 하나님의 약속을 붙잡았다. 야곱은 새로운 출발을 하게 되었고, 20년 후 그는 좀 더 성숙한 신자가 되어 벧엘로 돌아오게 될 것이었다.

창세기 29장

이삭의 아내를 찾는 일은 아브라함의 신실한 종이 맡았다. 그러나 그의 아들 야곱은 본인이 직접 아내를 찾아야 했다. 우리 각자를 위한 하나님의 계획은 각기 다 다르다. 그리고 우리는 그 하나님의 뜻을 받아들여야 한다(빌 2:12-13).

손님(The guest, 1-14절). 야곱은 하나님의 섭리로 라헬이 막 도달한 우물가로 가게 되었다(창 24:27 참조). 야곱은 교활한 그의 속성대로 그녀를 독차지하기 위해 목동들을 따돌리려 했다. 그것은 첫눈에 반한 사랑이었다. 라반 삼촌의 집에서 보낸 첫 한 달 동안 야곱은 마치 지상 천국에서 살고 있는 것처럼 느꼈을 것이다. 그러나 상황이 달라지기까지는 그리 오랜 시간이 걸리지 않았다.

일꾼(The worker, 15-30절). 야곱이 아내를 맞이했을 때는 이삭처럼 부자가 아니었다(창 24:36, 53). 그래서 그가 사랑하는 여인을 얻기까지 삼촌을 위해 일하지 않을 수 없었다. 그러나 사랑의 힘이 고된 노동의 짐을 덜어주었고, 세월을 빨리 지나게 했다. 교활한 책략가인 야곱은 만만치 않은 라반을 상대하게 되었고, 곧 자신이 뿌린 씨앗의 열매를 거두게 되었다. 야곱은 그의 아버지를 속였고, 그는 장인에게 속임을 당했다.

아버지(The father, 31-35절). 야곱의 가정이 형성되는 것은 하나님의 구원 계획에 매우 중요한 일이었다. 왜냐하면 하나님이 이 세상에 성경과 구원자를 주시기 위해 이스라엘이라는 국가를 사용하실 것이기 때문이었다. 라헬은 매우 아름답기는 했지만 아기를 잉태할 수 없었다. 반면에 레아는 네 아들, 곧 르우벤('보라, 아들이라!'), 시므온('듣다'), 레위('연합'), 유다('찬송히리로다!')를 낳았다. 하나님이 다스리셨다. 그리고 각각의 아들을 위한 특별한 계획을 가지고 계셨다(시 139:14-16, 전 3:2).

창세기 30장

이 장에는 두 개의 중요한 주제가 있다. 하나는 야곱이 이끄는 가정의 형성이고(1-24절), 또 하나는 야곱이 축적한 재산의 형성이다(25-43절). 다양한 사람들이(야곱을 포함한) 자신들에게 주어진 상황을 그들이 통제하고 있다고 생각했다. 그러나 모든 것은 하나님의 손 안에 있었다.

어머니의 편애를 받고 자란 아들이었던(25:28) 야곱은 그에게 무엇을 해야 하는지를 말해주는 여인에게 익숙해 있었다. 그러나 이제 그의 인생에는 네 명의 여성들이 그와 함께하고 있었다. 들에서 일을 마치고 집으로 돌아오면 그는 누구와 함께 지내야 하는지 도무지 알 수 없었다. 잔꾀를 부리던 그가 다른 사람들에 의해 이기적으로 조종되는 삶을 살아가는 사람들이 느끼는 고통이 어떤 것인지를 알게 되었다.

라헬은 요셉과 베냐민 두 아들만을 낳게 될 것이다. 그리고 요셉이 파멸에서 그의 가족 전체를 구하게 될 것이다.

라반은 야곱을 속여 그를 가난하게 만들려 했다. 그러나 하나님이 그를 막으시고 야곱을 큰 부자로 만드셨다. 실제로 하나님이 야곱 때문에 라반까지 복을 받게 하셨고, 라반까지도 그 사실을 인정하게 되었다(27절). 가축의 수가 늘어나게 된 것은 야곱의 계획이 성공했기 때문이 아니라 하나님이 복을 주셨기 때문이었다. 하나님은 벧엘에서 야곱에게 하신 약속(28:13-15)을 지키셨다. 상황이 어려울 때 우리도 우리를 돌보시는 하나님을 신뢰할 수 있다.

○ 창세기 31장

도피(Escape). 가정의 분위기는 야곱에게나 그의 아내들에게나 전혀 편안함을 주지 못했다. 그러나 야곱은 행동을 취하기 전에 하나님의 지시를 참을성 있게 기다렸다. 기대하고 기다리면 결정을 내려야 할 때 하나님께로부터 오는 말씀을 언제나 받을 수 있다. 야곱이 처한 상황을 생각하면서 시편 25편을 읽어보라. 야곱은 그의 어머니처럼 옳은 일을 잘못된 방법으로 처리했고, 그런 그를 보호하시기 위해 하나님이 개입하셔야 했다(24절).

만남(Encounter). 야곱이 출발한 지 사흘만에 라반이 추격을 시작했고, 결국 야곱은 그의 장인에게 붙잡히게 되었다. 뒤엉킨 문제에서 성공적으로 도망칠 수 있는 사람은 아무도 없다. 라반은 사회적 관습을 어긴 것에 대해 야곱을 비난했다. 반면에 야곱은 20년 동안 약속을 어긴 라반을 비난했다. 그리고 또 가정에서 보관하던 우상에 관한 문제도 있었다. 왜냐하면 그 우상을 가지고 있는 사람은 누구든지 라반의 재산에 대한 소유권을 주장할 수 있기 때문이었다.

방편(Expedience). 두 사람은 동의하지 않았다. 그리고 그들의 문제도 해결되지 않았다. 대신 그들은 휴전을 선언하고 경계를 정한 후, 서로의 경계를 침범하지 않기로 한 약속의 표시로 돌무더기를 쌓아올렸다. 그리고 하나님이 두 사람의 증인이 되신다는 사실을 기억하기 위해 그 돌무더기를 '증거의 무더기'라고 불렀다('미스바'라는 말은 '망대'라는 뜻이다). 소위 사람들이 말하는 '미스바 축복'이라는 말은 이 구절을 잘못 해석하고 적용한 것이다.

전쟁을 하는 것보다는 휴전을 선언하는 것이 더 낫다. 그러나 가장 좋은 결정은 형제가 '연합하여 동거'(시 133:1)하는 것이다. 보다 자세한 내용을 보기 위해서는 에베소서 4장 25-32절을 참조하라.

● 창세기 32장

야곱은 싸움이 벌어질 것을 예상했다. 그리고 그는 화해하기보다는 피할 생각을 하고 있었다(8절). 그는 그를 보호하는 천사들의 무리를 보았다. 그러나 그럼에도 불구하고 믿음의 용기를 내지 못하고 있었다. 마하나임이란 '두 군대', 곧 야곱의 군대와 하나님의 천사들로 이루어진 군대를 뜻한다. 야곱이 벧엘에서 하나님을 만났던 경험을 기억했다면 에서를 그렇게까지 두려워할 필요는 없었을 것이다(28:13-15).

야곱이 하나님의 도우심을 구하는 기도를 하지 않았던 것은 아니다. 그러나 그 다음 순간 화가 난 형을 달랠 새로운 방법들을 찾아냈다. 그는 하나님께 그 분이 해주신 약속들을 상기시켜드렸다. 그런 다음 마치 하나님이 아무 말씀도 하지 않으셨던 것처럼 행동했다. 그것은 하나님 앞에서 깨져야 할 필요가 있는 신자의 행동이다. 야곱은 에서가 가하는 위협으로부터 구출해주시기를 기도했다(11절). 그러나 무엇보다 그에게 가장 필요한 것은 자기 자신으로부터 구출되는 것이었다.

야곱은 치유되기 위해 깨어져야 했고, 강해지기 위해 약해져야 했다. 그가 항복했을 때 그는 승리를 거두고 '하나님의 왕자'가 되었다. 절룩거리게 된 다리는 그에게 하나님이 그의 삶을 다스리고 계신다는 사실을 끊임없이 상기시켜주었을 것이다. "하나님은 우리와 싸우실 때는 왼손을 사용하시고, 우리를 위해 싸우실 때는 오른손을 사용하신다"고 존 칼빈(John Calvin)은 말한다. 하나님이 그분의 방법대로 하실 수 있게 해드릴 때 우리는 밝아오는 새날을 맞이하게 될 것이다(31절).

● 창세기 33장

야곱은 하나님을 보았고, 새로운 이름을 얻었다. 그러나 그 경험으로 인한 유익이 곧바로 나타난 것은 아니었다. 그는 때로는 야곱('발꿈치를 잡은 자')처럼 행동했고, 또 때로는 이스라엘('하나님의 왕자')처럼 행동했다. 하나님의 백성들 중 많은 사람들이 그리스도 안에서 얻은 새로운 삶을 살지 못하고 있는데, 그것은 믿음으로 그들이 얻은 것을 주장하지 않기 때문이다. 야곱이 믿음으로 살아갈 수 있도록 격려해주시기 위해 하나님은 그의 다리를 절게 만드셔야 했다.

야곱은 에서를 달래기 위해 몇 가지 방법들을 준비했다. 먼저 절을 하고(1-7절) 뇌물을 바친 다음(8-11절), 뻔한 거짓말을 한 후(12-16절) 다른 곳을 향해 나아가는 것이었다(17-20절). 에서는 남쪽으로 갔고 야곱은 동쪽으로 갔다. 왕자들은 절을 하지 않는 것이다. 그리고 창세기 25장 23절과 27장 29절에 있는 하나님의 약속은 또 어떻게 된 것인가?

종종 하나의 실수가 다른 실수들을 야기한다. 야곱은 나그네가 되기를 멈추고, 하나님이 이미 그에게 주신 땅을 돈을 주고 샀다. 그리고 그곳에 집을 짓고 정착했다. 제단을 쌓고 '이스라엘의 하나님'(이 새로운 이름에 주목하라)을 불렀다. 그러나 그렇게 했다고 해서 이웃과의 말썽에서 피할 수 있었던 것은 아니었다. 벧엘을 향해 계속 나아갔더라면 훨씬 더 좋았을 것이다.

o 창세기 34장

더럽힘(Defilement). 롯은 그의 장막을 소돔에 내던지고 딸들을 잃었다(19:30 이하). 그리고 야곱은 세겜에 너무 가까이 다가갔다가 디나를 잃었다. 디나는 레아의 딸이었다(30:21). 그래서 시므온과 레위가 그렇게도 분노했던 것이다(35:23). 아무도 디나에게 경고해주지 않았던 것인가? 아니면 그녀가 죄를 지을 수 있는 기회를 찾아 돌아다녔던 것인가? 그것도 아니면 세겜 왕자에게 전적으로 겁탈을 당한 것인가? 첫눈에 반한 사랑일 수도 있었지만, 그렇다고 해서 죄책감이나 죄로 인한 비극을 줄일 수는 없었다.

기만(Deception). 서로를 속이려는 시도에 주목하라. 시므온과 레위는 하몰을 속였다. 그러나 하몰은 자신이 그들을 속였다고 생각했다. 야곱의 아들들은 그들의 아버지를 보면서 많은 것을 배웠다. 디나의 두 오빠는 전쟁도 불사할 각오가 되어 있었던 반면, 세겜의 남자들은 재물을 취할 준비를 하고 있었다. 세겜 성의 남자들이 싸울 수 없는 상태가 되자 시므온과 레위가 그들을 모두 죽이고 성의 재물들을 약탈했다. 이 일은 거룩한 목적을 위해 거룩하지 못한 방법을 취했던 그리고 진리를 사랑하는 대신 원수를 미워했기 때문에 일어났던 또 하나의 비극적인 사건이었다.

치욕(Disgrace). 야곱은 무자비한 아들들의 성품과 행위보다 자신의 안전과 평판에 더 마음을 쓰고 있었다. 야곱의 잘못으로 일어난 일은 아니었지만, 그가 세겜 근처에 정착하지 않았더라면 그 비극적인 일은 일어나지 않았을 것이다. 임종 자리에서 야곱은 이 문제를 다시 거론했다(49:5-7). 레위 족속을 제사장으로 삼으신 하나님은 얼마나 은혜로운 분이신가(롬 5:20 참조)!

창세기 35-36장

새로운 시작(New beginnings). 하나님이 다시 찾아오셔서 야곱이 해야 할 일을 말씀하셨다. 그 말씀은 벧엘에서 하신 약속의 일부였다(28:13-15). 어려운 환경이나 결과에도 불구하고 하나님께 순종한다면 그것이 믿음으로 행하는 것이다. 그러나 지역적인 변화가 삶의 변화를 보장해주는 것은 아니다. 그래서 야곱은 가족 모두에게 과거를 묻어버리고 이방의 부적들과 우상들을 모두 제거할 것을 지시했다. 벧엘에서 야곱은 새로운 단을 쌓고 '벧엘(하나님의 집)의 하나님'을 경배했다.

새로운 슬픔(New sorrows). 35장에는 세 사람의 죽음이 기록되어 있다. 죽음은 우리 인생의 피할 수 없는 현실 가운데 하나다. 야곱이 하나님께 순종했다고 고난을 피할 수는 없었다. 야곱은 친구 드보라와 사랑하는 아내 라헬과 친애하는 아버지 이삭을 잃었다(이삭은 창세기 27장 2절에서 그가 한 말에도 불구하고 그 이후 43년을 더 살았다). 그러나 야곱의 가장 큰 슬픔은 장남 르우벤이 범한 죄 때문이었을 것이다. 죄는 값비싼 대가를 요구한다. 르우벤은 그 죄로 인하여 그의 장자 상속권을 빼앗겼다(49:3-4, 대상 5:1).

새로운 기쁨(New joys). 베냐민의 출생은 라헬의 생명을 대가로 한 것이었다(30:1). 야곱은 지혜롭게 '슬픔의 아들'이라는 이름을 '내 우편(명예의 상징)의 아들'이라는 이름으로 바꾸었다. 그것은 야곱의 마음이 슬픔으로 찢어지던 때에 그가 보여준 믿음의 행동이었다. 베냐민처럼 우리 주 예수님도 슬픔의 아들이셨고(사 53:3), 우편의 아들이셨다(시 110:1, 막 16:19). 바울 사도는 베냐민 지파였다(빌 3:5). 이처럼 라헬의 희생은 온 세상을 위한 풍성한 결실을 맺었다(요 12:24-25).

가족이 완성되었기 때문에 아들들과 어머니들의 이름이 열거되었다. 에서의 계보가 야곱의 계보보다 훨씬 더 인상적이다. 그러나 에서의 계보는 여기서 끝이 나게 된다. 이스라엘의 아들들은 그들의 실패에도 불구하고 이 땅에서 하나님의 뜻을 완수하기 위해 선택된 하나님의 도구였다.

◦ 창세기 37장

요셉의 삶에 대한 기록을 읽다보면 요셉 안에서 주 예수 그리스도의 모습을 보게 된다. 요셉은 그의 아버지로부터 깊은 사랑을 받았다(3절, 마 3:17). 그리고 형들로부터 미움을 받고 시기의 대상이 되었다(요 15:25, 막 15:10). 또 그는 모함을 받았고, 노예로 팔렸으며, 부당하게 갇히는 등 많은 고초를 겪었다. 그러나 그는 그 모든 고난을 이기고 영광의 자리에 올라, 그를 거부했던 사람들의 구원자가 되었다.

하나님의 백성들을 향한 그분의 목표는 그들이 하나님의 아들처럼 되는 것이다(롬 8:29). 그 목표는 영광스럽지만 과정은 고통스러운 것이다. 예수님은 영광을 얻으시기 전에 먼저 고난을 당하셔야 했고, 요셉도 그랬다(눅 24:26, 벧전 5:10). 요셉이 집에 머물러 있었다면 그의 아버지는 아마도 그를 응석받이로 키웠을 것이고, 결국 그의 성품은 망가지게 되었을 것이다. 하나님은 무엇이 최선인지를 잘 알고 계셨다.

요셉과 그의 꿈의 관계는 하나님의 말씀과 우리의 관계와 같다. 요셉의 꿈은 고통 속에서 요셉에게 필요했던 확신을 주었다.

야곱은 그가 뿌린 대로 거두었다. 그는 가축을 죽이고 아버지에게 거짓말을 했다(27:9 이하). 그리고 그의 아들들은 그에게 거짓말을 하고 그를 속였다.

◦ 창세기 38장

유나가 가나안 여인과 결혼한 것은 불순종이었다(24:3, 고후 6:14-7:1). 만약 누군가 하나님의 가족으로부터 멀어지게 되면 그가 유혹을 받고 죄를 범하는 것은 너무 쉬운 일이다(시 1:1). 하나님이 유다의 두 아들을 죽이셨다. 그리고 그의 아내도 죽었다. 이 얼마나 큰 비극인가!

세 번째 아들이 미망인이 된 그의 형수와 결혼해 가문을 보존해야 할 상황이 되었지만, 유다는 그의 약속(11절)을 지킬 생각이 없었던 것으로 보인다. 다말의 의도는 좋았지만 그녀의 계획은 부도덕한 것이었다. 도장과 지팡이를 남기는 것은 지문을 남기는 것과 같은 것이었다. 왜냐하면 각 사람의 도장과 지팡이는 각기 다 달랐기 때문이었다. 유다는 다말의 죄를 신속하게 지적했다. 그러나 요셉과 다말에게 범한 그 자신의 죄에 대해서는 도대체 어떻게 된 것인가?

이 야비한 이야기가 성경에 기록된 이유는 무엇일까? 매우 대조적인 유다의 죄와 요셉의 승리(39장)를 보면서 순전함의 중요성을 깨달을 수 있기 때문이다. 그러나 그보다 더 중요한 이유는 구세주의 계보에 다른 한 고리를 더 추가하기 위해서다(29절, 룻 4:18-22, 마 1:3). 구세주의 계보에 다말과 같은 창기를 언급하게 하신 하나님은 얼마나 자비로운 분이신가!

○ 창세기 39-40장

요셉이 한 행동의 열쇠는 믿음이 깊은 사람의 성품이었고, 그 성품의 기초가 된 것은 자신이 하나님께 속한 사람으로 하나님을 섬기고 있다는 사실을 인식한 것이었다(39:9). "여호와께서 요셉과 함께 하시므로"라는 말이 반복해서 나오고 있다(39:2, 3, 21, 23).

우리가 일하는 동안 하나님이 우리와 함께하신다. 그러므로 하나님께 하듯 우리의 일을 해야 한다(엡 6:5-8). 우리가 유혹을 받을 때도 하나님이 우리와 함께하시며 피할 길을 내신다(고전 10:13). 그러므로 유혹이 가까이 다가올 때 우리는 유혹을 피해 달아나야 한다(롬 13:14, 딤후 2:22). 피해 도망치다 겉옷이 벗겨지는 것이 우리의 경건한 성품을 잃게 되는 것보다 훨씬 더 낫다.

우리가 기다리는 동안에도 하나님이 함께하신다. 요셉은 2년 동안 감옥에서 힘든 세월을 보냈다. 그러나 그는 믿음을 잃지 않고 다른 사람들을 섬기기 위해 자신이 해야 할 일을 했다. 그 경험이 그를 '단련하는데' 도움이 되었다(시 105:17-22). 하나님이 우리를 다스리신다면 누가 우리에게 명령을 내리건 그것은 별 문제가 되지 않는다.

요셉이 술 맡은 관원과 떡 굽는 관원의 꿈을 해석할 수 있었다는 사실은 그가 자신의 꿈이 갖는 의미를 이해하고 있었음을 암시해준다. 그는 언젠가 열한 형제가 자신에게 절을 하게 되리라는 것을 알고 있었고, 그것은 그의 믿음을 크게 격려해주었을 것이다.

○ 창세기 41장

설명(Explanation). 술 맡은 관원은 2년 동안 요셉을 잊고 있었다. 그러나 하나님은 요셉을 잊지 않으셨다. 사람들을 의지하려 할 때 우리는 쉽게 실망하게 될 것이다. 왜냐하면 그들의 도움을 받을 수 없을 때가 많기 때문이다(시 60:11, 146:3). 세상에서 가장 강력한 통치자 앞에서 이야기하면서도 요셉은 신중하게 모든 영광을 하나님께 돌렸다(16, 25, 28, 32절).

높임(Exaltation). 하나님은 '때가 되면' 겸손한 사람들을 언제나 높여주신다(벧전 5:6). 요셉은 종으로 시작했지만, 하나님은 그를 통치자의 자리에 앉히셨다(마 25:21). 하나님이 그에게 영광을 얻게 하시기 전까지 그는 고난을 당했다(벧전 5:10). 하나님이 요셉을 단련하시기 위해 13년이라는 세월을 투자하셨다. 우리의 인격을 다듬으시는 동안 하나님은 결코 서두르지 않으신다.

기대(Expectation). 요셉의 새로운 이름은 아마도 '땅에 자양물을 공급하는 사람' 이라는 뜻일 것이다. 그는 애굽 여인을 아내로 맞았고, 그녀는 두 아들을 낳았다. 요셉은 그 두 아들에게 므낫세('잊게 하는 자')와 에브라임('갑절의 열매')이라는 뜻깊은 이름을 지어주었다. 요셉은 과거를 잊고 미래를 위해 살기로 결심했다. 성경에서 무언가를 잊는다는 것은 "다른 사람들을 대적하기 위해 그것을 마음에 품지 않는다"는 것을 의미한다. 요셉은 형들이 그에게 했던 일을 잊지 않고 있었다. 그러나 그들을 대적하기 위해 지난 일들을 마음에 품지 않았다. 대신 그는 하나님의 영광을 위해 열매맺는 삶을 사는 데 전념했다.

○ 창세기 42-44장

이 장들에는 요셉이 그의 형들을 대하는 장면과 그후 그의 형들이 아버지를 대하는 장면이 기록되어 있다. 열 명의 형들은 야곱과 요셉에게 잘못을 범했다. 그러나 그들은 요셉이 죽었을 것이라 생각했다. 때문에 자신들의 죄가 안전하게 은폐될 수 있을 것이라 생각했다. 요셉은 우리가 우리의 죄를 숨기려 할 때 하나님이 우리를 다루시는 것처럼 인내하며, 솔직하고 분명하게 그의 형들을 다루어야 했다.

요셉의 첫 번째 목적은 열한 형제 모두가 애굽으로 내려와 그에게 절하게 함으로써 하나님이 20여 년 전 그에게 주셨던 꿈이 이루어지게 하는 것이었다. 그리고 형들이 그들의 죄를 자백하고 요셉과는 물론 아버지 야곱과도 화해하게 하려는 것이 그의 최종 목표였다. 그들은 아무 말도 할 수 없는 자리에 설 수밖에 없었다(44:16, 롬 3:19).

요셉은 형들에게 거칠게 말하며 그들의 범죄를 지적하고, 베냐민을 애굽으로 데려와야 한다고 주장하면서 그 두 가지 목적을 능수능란하게 잘 엮어나갔다. 겉으로 보기에 그는 단호한 통치자였다. 그러나 그는 남몰래 눈물을 흘렸다.

야곱의 반응은 하나님의 징계 앞에서 우리가 보이는 반응을 잘 반영해주고 있다. "이는 다 나를 해롭게 함이로다"(42:36), "어찌하여… 나를 해롭게 하였느냐"(43:6), "이 땅의 아름다운 소산을 그릇에 담아 가지고 내려가서 그 사람에게 예물을 삼을지니"(43:11, 늘 일을 꾸미는 사람답다), "내가 자식을 잃게 되면 잃으리로다"(43:14). 비관론이 숙명론으로 발전하고 있을 뿐 믿음은 거의 찾아볼 수 없다.

● 창세기 45장

인정(Recognition). 요셉은 형들의 마음이 겸손해진 것을 보았다. 그리고 그들이 죄를 자백하는 것을 본 요셉은 자신이 누구인지를 밝히는 것이 안전하다는 사실을 알게 되었다. 요셉이 그 이전에 자신의 신분을 밝혔다면 형들은 요셉이 그들을 위해 준비한 축복을 받을 준비가 전혀 되지 않았을 것이다. 그리고 요셉이 더 오래 기다렸다면 형들은 절망에 빠지게 되었을 것이다. 하나님은 우리를 복종시키기 위해 어떻게 하셔야 하는지를 잘 알고 계신다. 요셉은 그 긴 과정을 거치지 않고도 형들과 아버지에게 식량을 공급해줄 수도 있었다. 그러나 그렇게 했다면 그것은 그들의 성품을 더 망가뜨리고 말았을 것이다.

화해(Reconciliation). 요셉은 형들에게 "내게로 가까이 오소서"(4절)라고 말했다. 요셉은 형들을 용서했다. 그러나 형들은 여전히 요셉을 두려워하고 있었다. 실제로 그들은 17년이 더 지난 후에도 여전히 그를 두려워했다(50:15-21). 예수 그리스도 안에서 우리는 하나님과 화목하게 되었고, 하나님의 심판을 두려워하지 않아도 된다(롬 8:1, 고후 5:18, 골 1:20). 하나님은 우리가 하나님을 가까이 하기 원하신다(히 10:19-25, 약 4:8).

안심(Reassurance). 요셉은 형들에게 이스라엘이 온 세상의 축복이 될 수 있도록 하나님이 이스라엘을 보존하기 위해(12:1-3) 자신을 앞서 보내신 것이라고 설명했다. 물론 하나님의 목적이 그들의 죄를 무마시키거나, 그들의 책임을 무효화시키는 것은 아니었다(행 2:23, 3:13-18). 그러나 그들의 두려움과 슬픔을 해소하는 데는 도움이 되었다. 요셉은 더 나아가 그들에게 풍성한 선물을 주고, 온 가족을 돌볼 것이라고 약속함으로써 그들을 안심시켰다. 그가 집으로 보낸 선물은 요셉이 정말로 살아 있다는 사실을 알아야 할 필요가 있는 야곱에게도 안도감을 주었다.

요셉은 그의 형들을 알고 있었다. 그래서 그들에게 "한탄하지 마소서"(5절)라고 부드럽게 권했다. 그리고 "노중에서 다투지 말라"(24절)는 부탁까지 했다. 그리스도의 용서를 받고도 서로를 사랑하지 못한다면 우리는 하나님이 주신 복을 쉽게 잃게 될 것이다(요일 4:7 이하).

● 창세기 46-47장

130세가 된 야곱이 하나님이 그에게 주신 땅을 떠나 애굽으로 내려간다는 것은 그리 쉬운 일이 아니었을 것이다. 삶의 터전을 옮긴다는 것은 일반적으로 어려운 일이고, 나이가 들면 들수록 더욱 그렇다. 그뿐 아니라 애굽에 내려갔던 아브라함은 그곳에서 어려움을 만났고(12:10 이하), 하나님이 애굽으로 내려가는 이삭을 막기도 하셨다(26:2 이하).

그러나 야곱은 함께하시는 하나님과 그분의 약속을 믿고 있었기 때문에 확신을 가지고 편안한 마음으로 갈 수 있었다(46:1-4). 위기 속에서 하나님은 우리에게 말씀하시고, 하나님을 예배할 때 우리에게 확신을 주신다. 더 나아가 야곱은 하나님이 앞서 가신다는 사실을 알고 있었고, 또 요셉이 그를 위해 모든 것을 준비하고 있음도 알고 있었다. 예수님이 우리의 주님이 되시고 우리가 주님을 따를 때 미래는 우리의 친구가 된다.

애굽에서 야곱은 복의 근원이 되었다. 야곱은 바로(47:7, 10)와 요셉과 요셉의 두 아들(48:15, 20)과 이스라엘의 열두 아들(49:1 이하)을 축복했다. 하나님이 우리에게 복 주실 때 우리도 복의 근원이 될 수 있다. 환경은 변하지만 하나님은 결코 변하지 않으신다.

애굽은 야곱과 그의 가족들을 위한 천국이었다. 그곳에서 하나님은 그들을 보호하시고 그들이 큰 민족을 이루게 하셨다. 그러나 야곱은 애굽이 아니라 가나안이 자신의 고향이라는 사실을 잘 알고 있었고, 믿음의 순례길을 걸었던 사람들과 함께 가나안에 묻히고 싶었다. 그는 증인의 삶을 살았고, 죽음을 통해서도 증인이 되고 싶었다. 그의 실수와 실패에도 불구하고 야곱은 자신의 삶을 잘 마무리했다.

◦ 창세기 48-49장

하나님이 신자들을 데려가시기 전에 그들은 가족들을 위해 무엇을 어떻게 해야 하는가? 야곱처럼 하면 된다.

그는 과거를 돌아보며 하나님을 찬양했다(He praised God for the past). 야곱은 하나님이 그를 위해 해주신 일들과, 또 그에게 주신 복을 가족들에게 이야기했다. 하나님은 그를 구원하시고, 평생 그를 돌보아주셨다(48:15-16). 야곱은 힘든 환경 가운데 처하기도 했었다. 그러나 '이스라엘의 반석' 이 그의 피난처와 보호처가 되어주셨다(49:24). 삶을 마감하면서 우리도 아마 "너희 소자들아 와서 내게 들으라 내가 여호와를 경외함을 너희에게 가르치리로다"(시 34:11)고 말할 수 있을 것이다.

그는 그가 할 수 있을 때 축복했다(He gave a blessing while he could). 르우벤은 자신의 죄로 인해 장자 상속권을 박탈당했다. 그 장자 상속권은 요셉의 아들들에게로 돌아갔다(창 35:22, 대상 5:1-2). 야곱이 므낫세보다 에브라임을 앞세웠을 때 하나님은 또다시 출생 순서를 바꾸셨다. 요셉은 그 일로 마음이 불편했지만, 야곱은 옳은 일을 한 것이었다. 하나님이 다른 사람들에게 어떻게 복을 주셔야 하는지를 우리가 하나님께 말씀드려서는 안 된다. 야곱이 그의 팔을 어긋맞게 얹었던 것에 주목하라. 그것은 우리의 첫 번째 출생을 제쳐놓고 우리를 거듭나게 한 십자가를 보여주는 그림이 될 수 있다.

그는 미래에 대해 경고했다(He warned about the future). 49장은 아들들에 대한 아버지의 축복이 아니었다. 그보다는 아들들이 그들의 성품과 그들이 내린 결정들 때문에 그들이 미래에 무엇을 기대할 수 있는지에 대한 예언이었다. 르우벤은 정욕적인 탕자였고, 레위와 시므온은 쉽게 분노하는 형들이었다. 유다는 메시아(실로, '평화를 가져오는 사람')가 유다 지파에서 나올 것이므로 왕족의 지파가 될 것이었다. 요셉은 유대인과 이방인을 분리하는 담을 넘는 무성한 가지였다. 그는 형들의 표적이 되었는데, 그것은 하나님이 특별히 복 주신 사람들에게 종종 일어나는 일이다. 그러나 하나님이 그와 함께하시며 그를 강하게 하셨고, 그의 경계를 넓혀주셨다(26절). 요셉은 고난을 받았다. 그러나 그의 아들들은 하나님의 복을 받았다. 반면에 르우벤은 죄를 범하였고, 그의 아들들은 하나님의 복을 잃게 되었다.

● 창세기 50장

창세기의 마지막 장인 이 장에는 세 번의 매장이 언급되어 있다. 그리고 그 세 번의 매장은 각기 의미 있는 것이었다.

사랑하는 아버지의 장례(Burying a beloved father). 유대인들의 단순한 장례 풍습과 애굽 사람들의 화려한 장례 풍습을 대조해봄으로써 교훈을 얻을 수 있다. 올바른 관점을 가지고 있는 한, 시체를 잘 처리하고 슬픔을 표현하는 것은 전혀 잘못된 것이 아니다. 야곱은 믿음을 가지고 숨을 거두었고, 마지막까지 나그네였다(히 11:21). 그는 지팡이와 함께 시작했고, 지팡이와 함께 그의 생을 마쳤다(32:10, 딤전 6:7).

과거에 대한 장례(Burying the past). 요셉의 형들은 요셉이 하는 말을 듣고, 그가 흘리는 눈물을 보고, 그의 입맞춤을 몸으로 느끼고, 그가 주는 선물을 받았음에도 불구하고 요셉이 자신들을 용서했으리라고는 실제로 믿지 않았다(45:1-15). 그래서 탕자처럼 그들은 요셉의 호의를 사기 위해 노력했다(눅 15:19). 그들의 그런 태도는 마치 우리가 주님의 용서와 사랑을 의심하면서(롬 8:31-39) 주님을 슬프시게 하는 것처럼, 그들을 위해 많은 것을 견뎌야 했던 요셉을 슬프게 했다.

헌신된 형제의 장례(Burying a devoted brother). 요셉은 그의 아버지처럼 자신이 어디에 속해 있고, 무엇을 믿고 있는지를 잘 알고 있었다. 요셉이 살면서 겪은 모든 어려움을 생각해볼 때 그에게 믿음이 있었다는 것, 그 자체만으로도 놀라운 일이었다. 그는 이스라엘이 애굽으로부터 해방될 것이라고 아브라함에게 말씀하신 하나님의 약속을 알고 있었다(15:12-16). 그리고 가족들에게 그 약속을 여러 번 반복해서 말했다. 요셉은 그들을 애굽으로 데려왔고 그들을 돌보았다. 그의 관은 하나님이 그들을 애굽에서 이끌어내실 것을 그들에게 상기시켜 주었다. 그들이 억압받으며 살아야 했던 암울한 때에 그 관은 그들에게 커다란 격려가 되었을 것이다. 오늘날 우리에게는 관이 아니라 빈 무덤이 큰 격려가 되고 있다(벧전 1:3 이하).

출애굽기

Exodus

출애굽은 애굽에서 '나가다' 라는 뜻이다. 출애굽기는 세 개의 주된 주제로 나눌 수 있다.

해방(Liberation, 1-18장). 이 부분은 애굽의 신들을 물리치신 여호와의 승리와 하나님의 백성들을 억압에서 벗어나게 하신 사건을 묘사하고 있으며, 하나님의 손을 강조하고 있다(참조 - 3:20, 7:4-5, 9:3, 15, 13:3, 9, 14, 16). 출애굽은 예수 그리스도를 믿는 믿음을 통해 우리가 얻게 된 구원을 보여주는 하나의 모형이다(요 1:29, 고전 5:7, 벧전 1:18-21).

구별(Separation, 19-24장). 하나님과 이스라엘은 시내 산에서 언약 관계를 맺었다. 하나님은 이스라엘에게 다른 나라들과 그들을 구별하고, 그들이 하나님께 전적으로 헌신하도록 율법을 주셨다. 이 부분에서는 하나님의 거룩하심을 강조하고 있다. 오늘날 하나님의 백성들이 율법의 규정을 모두 다 지켜야 하는 것은 아니지만, 거룩한 삶을 살아가기 위해서는 오늘날에도 율법의 기본적인 원리들을 실천해야 한다.

거주(Habitation, 25-40장). 창세기에서 하나님은 그분의 백성들과 함께 동행하셨다. 그러나 이제는 그들과 함께 거하고 싶어하신다. 이 부분에서는 하나님의 집과 하나님의 집에서 섬기는 제사장들이 강조되고 있다. 신약 성경의 히브리서는 성막에서의 사역이 예수 그리스도가 하신 일과 하늘에서 현재 대제사장으로 섬기시는 그리스도의 사역을 예시하는 것이라고 설명하고 있다. 오늘날 하나님의 성전은 하나님의 백성들을 말한다(고전 6:19-20, 엡 2:20-22).

● 출애굽기 1장

강대해지는 민족(The nation growing). 하나님은 아브라함의 자손들이 크게 번성할 것이라고 약속하셨다(창 13:16, 15:5). 그리고 그들은 그렇게 되었다. 하나님은 약속을 지키시고 하나님의 때에 자신의 계획을 이루신다. 많은 나라들이 오랫동안 이스라엘을 멸망시키려 해왔지만 성공하지 못했다. 하나님은 창세기 12장 3절에서 이스라엘 백성들에게 특별한 약속을 해주셨다. 오늘날 하나님의 자녀들은 이스라엘을 위해 기도하고(시 122:6), 그들에게 복음을 전하며(롬 1:16), 실제적인 방법으로 그들을 섬겨야 한다(롬 15:25-27).

신음하는 민족(The nation groaning). 하나님은 아브라함에게 하나님의 백성들이 괴로움을 겪게 될 것이라고 말씀하셨다(창 15:13-14). 국가와 교회는 과거의 영웅들을 잊기 쉽다(히 13:7-8). 과거를 영원히 잊지 말아야 하는 것은 아니다. 그러나 우리의 미래가 가능할 수 있도록 도와준 사람들에 대해서는 잊지 말아야 한다.

새로 왕위에 오른 바로는 인간의 존엄함보다는 나라의 안보에 더 마음을 썼다. 사람들을 목적 달성을 위한 수단으로 삼을 때 우리는 하나님이 우리에게 원하시는 대로 사람들을 대우하는 것이 아니다. 사람을 노예로 삼고 남자 아기들을 죽인 것은 '유대인이라는 문제'를 해결하기 위해 애굽이 취한 방법이었다.

산파들은 사람보다 하나님께 순종해야 한다고 믿었다(행 5:29). 그들처럼 용감하게 어린 아기들을 보호하는 사람들이 있었던 것을 하나님께 감사하라! 하나님은 산파들에게 불임이 아니라(보다 안전했을) 자녀들을 주심으로 그 여인들의 헌신을 보상해주셨다. 그것은 하나님이 아이들을 얼마나 소중하게 여기시는지를 잘 보여준다(시 127:3-5). 마태복음 18장 1-6절에 기록된 우리 주님의 말씀을 묵상하라.

◆ **하나님께 순종함** ◆

모세의 부모와 유대인 산파들처럼 인간의 법보다 하나님의 뜻을 앞세울 수 있는 용기를 가졌던 또 다른 성경의 인물들이 있다. 바로 다니엘과 그의 친구들(단 1장), 세 사람의 히브리 남자들(단 3장) 그리고 사도들(행 4:19-20, 5:29)을 비롯한 많은 다른 사람들이 있었다. 잘못된 법을 거스르는 것이 그들의 의도는 아니었다. 다만 그들은 하나님의 진리를 붙들고 하나님을 영화롭게 하려는 목적을 가지고 있었을 뿐이었다.

○ 출애굽기 2장

모세의 부모 아므람과 요게벳(출 6:20)은 어려운 때라는 것을 잘 알고 있었다. 그러나 결혼을 해서 가정을 이룰 만한 믿음을 가지고 있었다(행 7:20, 히 11:23). 모세가 태어났을 때 아론과 미리암은 이미 한 가족이 되어 있었다. 또 자녀를 키우는 것이 쉬운 일은 아니었지만, 하나님이 오늘날 부모들이 자녀를 키울 수 있게 하시는 것처럼 그들에게도 그 일을 감당할 수 있게 하셨다.

부모가 어쩔 수 없이 애굽의 법을 따르며 아들을 강물에 띄워 보내는데도 믿음이 요구되었다. 그리고 하나님이 그들의 믿음을 헛되게 하지 않으셨다. 요게벳은 아들을 되찾았을 뿐 아니라 그를 돌보며 키울 수 있게 되었다.

모세는 많은 교육을 받았다(행 7:22). 그러나 믿음은 없었다. 그는 잘못된 무기를 가지고 적절치 않은 때에 적절치 않은 적과 싸웠다. 주위를 돌아보며 "이렇게 하는 것이 옳은 것인가?"라고 묻지 않고, "이렇게 하는 것이 안전한가?"라고 묻는다면 그 사람은 믿음으로 사는 것이 아니다. 하나님은 우리가 알아야 할 것들을 가르치시기 위해 그리고 세속적인 방식을 잊을 수 있도록 우리를 도와주시기 위해 때때로 우리를 '물러나 있게 하신다.' 모세의 충동적인 행동은 그를 광야로 내보냈고, 40년 동안 그곳에 물러나 있게 했다. 또한 그가 충동적으로 내뱉은 말 때문에 약속의 땅에 들어갈 수 없게 되었다(민 20:9-13). 성급한 마음은 위험한 것이다.

성급한 사람들 - 잠언 19:2

모세	출애굽기 2:11-14, 민수기 20:9-13
다윗	사무엘상 25:1-13
엘리야	열왕기상 19:1-3
베드로	요한복음 18:10
막달라 마리아	요한복음 20:1-2

○ 출애굽기 3장

우리는 앞으로 어떤 미래를 맞이할지 알 수 없다. 그러므로 눈을 뜨고 귀를 열어 하나님의 인도하심에 주의를 기울여야 한다. 어린아이 같은 호기심이 모세의 삶을 완전히 바꾸어놓았다. 하나님은 자신을 섬기도록 바쁜 사람들을 부르시고, 그들에게 자신을 알려주신다.

하나님은 신실하시다(God is faithful). 하나님은 아브라함을 부르시고, 이삭을 돌보시며, 야곱을 인도하시고, 보호해주셨다. 그리고 모세에게도 그렇게 하실 것이었다. 하나님은 한 민족의 하나님이실 뿐 아니라 한 개인의 하나님이시기도 하다. 그리고 하나님은 시대에 따라 변하는 분이 아니시다.

하나님은 관심을 가지시며 긍휼히 여기신다(God is concerned and compassionate). 하나님은 자신의 백성들이 겪고 있는 괴로움을 보시고 그들의 탄식 소리를 들으신다. 그렇다면 왜 즉시 행동을 취하지 않으시는 것인가? 왜냐하면 하나님은 자신의 완전한 시간표대로 일하시기 때문이다(창 15:13-16). 우리는 주님을 기다리는 것을 배워야 한다(시 37편 참조).

하나님은 오래 참으신다(God is long-suffering). 하나님은 모세가 제기한 모든 이의에 대답해주시고 그를 격려해주시려고 거듭거듭 보증해주셨다. 모세가 "저는 아닙니다!"라고 말하자, 하나님은 "나는 스스로 있는 자다"라고 말씀하셨다. 믿음은 하나님이 어떤 분이신지 알고, 그분이 하신 말씀에 순종하는 것이다. 불신은 장애물을 본다. 하지만 믿음은 기회를 본다. 하나님이 당신이 하기를 원하시는 어떤 일에 대해 하나님과 논쟁하고 있는가?

● 출애굽기 4장

모세가 백성들의 문제를 자신이 해결할 수 있다는 확신을 갖게 되기까지 40년이 걸렸다. 하나님이 그를 부르셨다. 그런데도 그는 자신이 실패할 것이라 확신했다. 그가 하나님께 불순종할 어떤 이유도 없었다. 그러나 그는 많은 핑계들을 댔다. 빌리 선데이(Billy Sunday)는 "핑계는 거짓말로 속이 채워진 변명이다"고 말했다. 하나님은 모세가 성공하는 데 필요한 모든 것을 그에게 다 주셨다. 그가 해야 할 일은 '스스로 있는 자'이신 위대한 하나님을 신뢰하는 것뿐이었다.

자격(Credentials). 우리가 가진 것을 하나님께 드린다면 그것이 지팡이든, 물매든(삼상 17:40), 아니면 그물이든(눅 5:1-11), 작은 도시락이든(요 6:9) 간에 하나님은 자신의 영광을 위해 그것들을 사용하실 수 있다. 손에 든 것이 아무것도 없다면 우리가 내미는 빈손이라도 사용하실 수 있다.

동료(Companion). 하나님은 아론을 미리 준비시키신 후 모세를 만나게 하셨다. 그 당시 아론은 모세를 힘들게 하는 문제를 일으키기는 했지만, 그는 여전히 소중한 도움을 주는 사람이었다. 아론은 말하는 사람이었고, 모세는 행동하는 사람이었다. 그러나 때가 되자 모세는 탁월한 웅변가가 되었다.

위임(Commission). 하나님이 모세에게 말씀하시고 그에게 필요한 지시와 격려를 주셨다(19-23절). 애굽에 도착하기 전에 모세는 자신이 해야 할 일이 어려운 일이라는 것과 바로가 그를 대적할 것이라는 사실을 알고 있었다.

징벌(Chastening). 하나님이 모세에게 벌을 내리셨다. 그의 자녀를 언약의 아들이 되게 하지 못한 것 때문에 모세는 거의 죽을 뻔했다(창 17:10). 모세가 그의 가족조차 하나님께 헌신하도록 인도하지 못했다면 어떻게 이스라엘 백성을 인도할 수 있었겠는가(딤전 3:5 참조)?

확신(Conviction). 모세는 아무도 자신을 믿지 않을 것이라 생각했다. 그러나 표적을 보고 메시지를 들은 장로들은 하나님을 믿고 경배하기 위해 무릎을 꿇었다.

힘든 일을 맡게 되고, 그 일이 실패하게 될 것이라는 두려움을 느낄 때 모세를 기억하라. 하나님은 우리가 어떻게 느끼든, 또 사람들이 어떻게 반응하든 간에 자신의 약속을 지키신다.

○ 출애굽기 5-6장

모세와 아론이 애굽에서 그들이 해야 할 일을 시작하면서 부딪히게 된 첫 번째 문제는 바로였다(5:1-9). 바로는 이스라엘 백성들이 애굽을 떠나지 못하게 했을 뿐 아니라, 그들의 노역을 더 힘들게 만들었다. 그 일로 모세는 자신의 동족이라는 또 다른 문제에 부딪히게 되었다. 백성들은 그들이 당한 곤경을 모세의 탓으로 돌렸다(5:20-21). 모세는 40년 동안 그가 경험하게 될 백성들의 비난과 반역을 미리 맛보았다. 우리가 가장 많이 도와준 사람들이 가장 고마워하지 않는 사람들일 경우가 종종 있다.

모세가 부딪힌 세 번째 문제는 하나님이었다(5:22-23). 하나님은 성공을 약속하셨다. 그러나 모세는 실패했다. 유대인들조차도 모세를 믿지 않았다. 잔느 귀용(Jeanne Guyon)은 그런 어려움에 대해 이렇게 말했다. "영적인 생활을 시작하면서 가장 힘든 일은 우리의 이웃을 참아내는 것이다. 그러나 세월이 흐르면서 우리 자신을 참아내는 일이 가장 힘든 일이 되고, 마지막으로 하나님을 참아내는 일이 가장 힘든 일이 된다."

하나님은 모세에게 필요한 확신을 주시고(6:1-8), 그의 일을 계속 하라고 말씀하셨다. 하나님은 모든 문제를 즉각 해결해주지 않으신다. 또 우리의 시간표대로 따라주지도 않으신다. 하나님의 뜻에 순종했음에도 실패했다는 생각이 들 때는 이사야 55장 8-9절과 예레미야 29장 11절을 묵상하라.

○ 출애굽기 7-8장

사람들이 경고하시는 하나님의 말씀을 따르지 않는다면 하나님은 심판을 통해 말씀하신다. 하나님이 말씀하실 때 사람들은 순종하면서 따르거나, 아니면 불순종하면서 마음을 강퍅하게 한다(히 3:7-13). 인간의 관점으로 보면 바로는 하나님의 뜻을 거부하고 자신의 마음을 강퍅하게 했다. 그러나 하나님의 관점으로 보면 하나님이 심판하시고 그의 마음을 강퍅하게 하셨다. 태양은 얼음을 녹인다. 그러나 또 그 태양이 진흙을 굳게 한다.

애굽 왕실의 술객들은 아론이 행한 기적을 모방할 수 있었다. 사탄은 흉내내는 자다. 그리고 지금도 그렇게 함으로써 하나님의 일을 저지하려 하고 있다(딤후 3:8-9). 거짓 기적들도 있다(살후 2:9-10). 그런 기적들은 반드시 분별할 수 있어야 한다(요일 2:18-27, 4:1-6).

하나님이 애굽에 내린 재앙들은 애굽의 거짓 신들에게 전쟁을 선포하신 것이었다(12:12). 하나님은 자신을 '여호와'라고 선포하셨다(7:5). 그것은 또한 하나님은 유대인과 애굽 사람들을 구별하신다는 선포이기도 했다(8:23).

이스라엘 백성들이 애굽에서 행하신 하나님의 기적을 보고도 그분을 신뢰하지 않았다는 것은 매우 애석한 일이었다(시 106:6-7). 그들은 애굽에서 벗어난 후에도 다시 애굽으로 돌아가고 싶어했다. 놀라운 일들을 경험했다고 해서 그것이 영적인 성숙을 보장해주는 것은 아니다. 영적인 성숙은 마음속에서 어떤 일이 일어나고 있는지에 따라 달라진다.

○ 출애굽기 9-10장

모세가 바로에게 원했던 것은 백성들을 이끌고 하나님을 예배할 수 있는 곳까지 사흘 길쯤 갈 수 있도록 허락해달라는 것뿐이었다. 하나님이 자신의 백성들과 애굽 사람들을 구별하셨다. 그것은 오늘날에도 하나님의 백성들과 세상 사람들을 구분하시는 것과 같은 것이었다(고후 6:14-18).

그러나 세상 사람들은 그리스도인들이 철저하게 세상 방식과 다르게 행동하는 것을 달가워하지 않는다. 그래서 다양한 절충안들을 제시한다. "이 땅에서 너희 하나님께 희생을 드리라"(8:25). "너무 멀리는 가지 말라"(8:28). "너희 남정만 가서 여호와를 섬기라"(10:8-11). "너희는 가서 여호와를 섬기되 너희 양과 소는 머물러 두라"(10:24-26). 최근에 이와 비슷한 절충안으로 타협하자는 유혹을 받은 적이 있는가?

하나님의 심판은 땅을 황폐케 했다. 그러나 바로는 포기하지 않았다. 그렇게 함으로 바로는 자신의 거대한 힘을 과시할 수 있다고 생각했다. 그러나 실제로는 하나님이 자신의 주권을 드러내시기 위해 그를 사용하고 계셨던 것이다(9:16, 참조 - 롬 9:17-18). 하나님은 그 어떤 통치자보다 위대한 분이시다. 그러므로 우리는 두려워할 필요가 없다(단 4:34-37).

바로가 자신의 범죄를 자백한 것은(9:27) 진심이 아니었다. 그는 그저 모세를 통해 재앙이 멈추길 바랐을 뿐이었다. 참된 회개에는 삶의 변화를 불러오는 마음의 변화가 수반된다. 발람(민 22:34)과 사울(삼상 15:24)과 유다(마 27:4)에게는 모두 진심으로 자백하지 않은 죄가 있었다.

● 출애굽기 11-12장

생명(Life). "한 가지 재앙을 더!" 그 말은 불길하게 들렸고 실제로 불길한 것이었다. 왜냐하면 그 마지막 재앙은 장자의 죽음이었기 때문이다. 하나님을 신뢰할 때 그것은 빛과 흑암의 차이를 뜻하고(10:21-23), 삶과 죽음의 차이를 의미한다. 하나님이 그 차이를 만드셨고(11:7), 하나님의 백성들은 그 차이를 유지해야 한다(롬 12:1-2).

어린양(Lamb). 일련의 변화에 주목하라. '어린 양' (12:3), '그 어린 양' (12:4), '너희 어린 양' (12:5). 유월절 어린양은 세상 죄를 위해 돌아가신 예수 그리스도의 모형이다(요 1:29, 고전 5:6-7). 그분을 '구세주', '그 구세주' 라 부르는가? 아니면 '내 구주' (눅 1:47)라고 부르는가?

예수님은 우리를 구원하기 위해 돌아가셔야 했던 흠 없는 어린양이셨다(벧전

1:18-19). 우리는 모범이 되신 예수님을 동경하거나, 예수님의 가르침을 공부함으로써 구원받는 것이 아니라, 믿음으로 그분의 보혈을 우리 마음에 적용하여 구원받게 된다. 어린양은 유대인들을 구원했고, 또 광야를 지나는 동안 그들을 지켜주었다. 하나님의 말씀을 묵상하고, 그 진리가 우리 속사람의 일부가 되게 할 때 우리는 예수 그리스도를 먹고사는 것이다.

누룩(Leaven). 누룩은 죄를 보여주는 하나의 그림이다. 처음에는 작게 시작하지만 빠르게 퍼진다. 눈에 보이지 않게 작용하며 부풀어오르게 만든다. 그리스도의 보혈로 구원받을 때 우리는 순전하고, 죄와는 무관한 삶을 살고 싶은 마음을 갖게 된다. 유대인들이 누룩을 제거함으로써 구원받은 것이 아니었다. 그들은 하나님이 그들을 구원하셨기 때문에 누룩을 제거할 수 있었다(고후 7:1, 딤후 2:19). 바울 사도가 이 진리를 고린도전서 5장에서 어떻게 적용하고 있는지 주목해보라.

◦ 출애굽기 13장

기억함(Remembering). 하나님은 이스라엘 백성들이 하나님을 신뢰하고 그분을 섬기는 것을 잊지 않도록 하나님의 손이 그들을 위해 어떻게 일하셨는지 기억하기 바라셨다(3, 9, 14, 16절). 장자를 구별하는 것은 그들에게 이스라엘의 장자가 하나님의 의해 구원되었음을 생각나게 해줄 것이었다. 해마다 돌아오는 유월절은 순전한 삶을 살아가야 한다는 사실을 그들에게 깨우쳐줄 것이었다. 예수 그리스도가 그분의 보혈로 우리를 구원하신 일을 생각하면서 우리는 우리 자신을 그분께 드리고, 그분의 말씀에 순종해야 한다.

가르침(Instructing). 자녀 세대는 부모 세대가 알려주지 않는 한 하나님이 그들을 위해 하신 일에 대해 알 수 없다. 우리의 입(9절)과 우리의 눈과 우리의 손(16절)은 하나님의 말씀으로 통제되어야 한다. 그리고 우리는 다른 사람들에게 하나님의 말씀을 알려야 한다. 유대인들은 율법의 일부를 실제로 이마와 손에 붙이고 다녔다. 그러나 하나님은 비유적으로 말씀하신 것이 분명하다.

따름(Following). 하나님은 우리를 억압에서 풀어주시고, 우리를 위해 예비하신 곳으로 우리를 인도하신다. 하나님의 말씀은 구름기둥과 불기둥과 같다. 그리고 우리가 하나님을 신뢰한다면 하나님이 우리에게 나아갈 길을 보여주신다.

○ 출애굽기 14장

미리 보시는 하나님(God sees before, 1-18절). 하나님은 바로의 계획을 알고 계셨다. 그리고 이스라엘 백성들이 보호받을 수 있게 하셨다. 그것이 '미리 보고 아는 것'을 뜻하는 선견지명이다. 하나님은 여호와 이레시다(창 22:14). 즉, "여호와가 준비하실 것이다." 원수가 우리를 향해 어떤 계획을 세우건 간에 하나님은 미리 준비하시고, 우리에게 어떻게 해야 할 것인지를 말씀하실 것이다.

가운데 서시는 하나님(God comes between, 19-20절). 이스라엘에게 빛을 비추어주는 기둥이 적들에게는 어둠을 가져다주었다. 세상 사람들은 어둠 속에서 살아가고 있지만, 하나님의 백성들에게는 '생명의 빛'이 있다(요 8:12). 원수가 하나님을 먼저 만나지 않고는 우리를 건드릴 수 없다.

앞서 가시는 하나님(God goes ahead, 21-25절). 하나님은 길을 여시고 불가능한 일을 가능케 하신다. 불가능한 것처럼 보이는 상황 속에 처하게 될 때 하나님이 홍해 앞에서 이스라엘 백성들을 위해 하신 일을 기억하라. 이스라엘 백성들은 그 승리를 결코 잊지 못했다(시 66:6, 106:9, 136:13-14). 과거에 하나님이 도와주셨던 일을 기억하는 것은 우리 믿음에 시련이 닥칠 때 우리를 격려해주는 힘이 될 수 있다.

뒤에서 호위하시는 하나님(God comes behind, 26-31절). 이사야는 "이스라엘의 하나님이 너희 뒤에 호위하시리니"라고 말했다(사 52:12). 애굽의 완전한 패배였다. 애굽 군대는 더 이상 찾아볼 수 없었다. "세상을 이긴 이김은 이것이니 우리의 믿음이니라"(요일 5:4).

출애굽기 15장

승리하시는 하나님(The Lord who triumphs, 1-21절). 믿음으로 살지 않을 때 이스라엘 백성들은 불평을 늘어놓았다(14:10-12). 그러나 그들이 하나님을 믿고, 하나님의 능한 손이 일하시는 것을 보게 되었을 때는 하나님을 찬양했다. 구원은 기쁨으로 이어져야 한다(눅 15:1-24).

성경에 기록된 첫 번째 노래는 참 예배의 한 모범을 보여준다. 왜냐하면 그 노래는 하나님의 성품과 그분이 자신의 백성들을 위해 하신 일을 이야기하며 하나님을 강조하고 있기 때문이다. 하나님은 자신의 백성들을 구원하시고(1-10절), 그들을 인도하시며(11-13절), 자신의 이름을 영화롭게 하시고(14-17절), 영원 무궁히 다스리는 분이시다(18절). 오늘 하나님이 당신의 힘과 노래와 구원이 되시게 하라(2절, 참조 - 시 118:14, 사 12:2).

치유하시는 하나님(The Lord who heals, 22-26절). 기뻐하던 사람들이 다시 불평하기 시작했다. 편안한 환경 속에서 노래하기는 쉽다. 그러나 고난 속에서 노래하려면 믿음이 요구된다. 하나님은 우리가 하나님께 순종하는지를 보기 위해 일상생활 속에서 우리를 시험하신다. 하나님은 우리의 환경을 바꿀 수 있는 분이시다. 그러나 하나님은 그렇게 하시기보다는 우리를 변화시키고 싶어하신다(빌 4:10-13).

새 힘을 주시는 하나님(The Lord who refreshes, 27절). 언제나 전쟁을 치르고 쓴 물만 마시며 살아가야 하는 것은 아니다. 하나님은 때때로 우리에게 신선한 오아시스를 만나게 하신다. 그때 우리는 하나님을 찬양해야 한다. 그러나 엘림에 남아 꾸물거린다면 우리의 기업을 주장할 수 없게 될 것이다. 우리는 거주자들이 아니라 나그네들인 것이다.

◆ 노래로 하나님을 찬양하라 ◆

노래는 그리스도인의 삶을 이루고 있는 중요한 부분이다. 왜냐하면 노래함으로써 우리는 하나님을 찬양하고, 다른 사람들에게 증인이 될 수 있기 때문이다. 우리의 찬양은 우리 안에 거하시는 성령으로부터 나와야 한다(엡 5:18-20). 그리고 성경을 기초로 한 것이어야 한다(골 3:16). 그렇게 할 때 우리는 '신령과 진정으로' 하나님을 예배할 수 있다(요 4:24).

● 출애굽기 16장

구원받은 유대인들이 구원받지 못한 이방인들처럼 행동했다. 그들은 "무엇을 먹을까? 무엇을 마실까?"(마 6:25-34)라고 물었다. 하나님이 그들을 굶어 죽게 하시려고 그들을 억압에서 구해내신 것이 아니었다(롬 8:31-32 참조). 그들의 문제는 여전히 과거의 식욕을 가지고 있다는 것이었다. 그들에게는 하나님이 그들을 위해 마련하신 새로운 양식을 즐겨 먹는 것을 배워야 할 필요가 있었다.

만나는 예수 그리스도를 보여주는 모형이다(요 6:30 이하). 만나는 이스라엘 백성들에게만 주어진 것이었고, 만나가 할 수 있는 것은 육체적인 생명을 유지시켜주는 것뿐이었다. 그러나 구세주는 온 세상을 위해 오셨고, 영적인 생명을 주신다. 유대인들이 만나를 먹지 않았다면 그들은 죽었을 것이다. 죄인들은 생명을 얻기 위해 예수 그리스도를 믿어야 한다.

만나를 먹는 것은 또한 하나님의 말씀을 통해 매일 그리스도와 만나는 것을 보여주는 하나의 그림이다. 우리가 먹는 양식이 우리의 일부가 되는 것처럼, 우리가 하나님의 말씀을 읽고 묵상하며 순종할 때 그 말씀이 우리의 속사람을 강건하게 해준다. 유대인들이 하루 전날 거둔 만나를 먹고 살 수 없었던 것처럼, 우리도 어제의 영적 양식을 먹으며 오늘을 살 수 없다. 매일 주님과 함께 하루를 시작하라. 그러면 그분은 삶 속에서 부딪히는 어려운 문제나 전투를 감당하는 데 필요한 것들을 공급해주실 것이다.

◆ 영적 양식 ◆

하나님의 말씀은 속사람을 위한 양식이다. 하나님의 말씀은 우유(벧전 2:2)와 떡(마 4:4)과 고기(고전 3:1-2, 히 5:11-14)와 꿀(시 119:103)이다. 하나님의 말씀을 먹는 것은 우리 마음에 기쁨을 줄 것이다(렘 15:16). 우리는 육의 양식보다 영의 양식을 먹기를 더 갈망해야 한다(욥 23:12, 눅 10:38-42).

● 출애굽기 17장

또 하나의 시험(Another test, 1-7절). 다른 사람들을 비난하는 것으로는 우리의 문제를 결코 해결할 수 없다. 이스라엘 백성들의 진짜 문제는 불신과 과거의 생활로 돌아가고 싶어하는 마음이었다. 우리가 만나는 모든 어려움은 우리를 시험하고 하나님을 신뢰하는 기회가 되고, 앞으로 나아가거나 아니면 뒤로 물러서게 되는 기회가 된다. 반석은 우리를 위해 돌아가심으로 우리 안에 성령이라는 생수의 강(요 7:37-39)이 흐르게 하신 예수 그리스도를 보여주는 그림이다(고전 10:4).

또 다른 적(Another enemy, 8-13절). 애굽의 군대는 익사당했다. 그러나 아말렉 군대는 여전히 살아 있었고, 이스라엘이 그들의 지경으로 들어오는 것을 원치 않았다. 그것은 에서가 다시 야곱과 싸우는 것이었다(창 36:12). 하나님의 백성들이 승리를 거두기 위해서는 골짜기에서 싸워야 했을 뿐 아니라, 산꼭대기에 올라 중보 기도에 힘을 기울여야 했다. 이스라엘 백성들은 하나님이 애굽을 물리치시는 것을 보았다. 그러나 이번에는 전투에 직접 참여하면서 승리를 거두기 위해 하나님을 신뢰해야 했다. 우리의 대제사장이 하늘에서 우리를 위해 중보하신다(히 4:14-16). 성경에서 여호수아가 가장 먼저 언급된 곳이 바로 이 구절이다. 여호수아는 자신이 하나님의 백성들을 인도할 지도자로 모세를 대신하게 되리라는 사실을 전혀 모르고 있었다.

또 한 번의 확신(Another assurance, 14-16절). 각각의 시험을 통해 우리는 우리 자신과 하나님에 대한 새로운 사실들을 알 수 있다(창 22:14, 출 15:26). 살아가면서 전투를 피할 수 없을 때 하나님이 우리의 깃발이 되시고, 우리에게 승리를 주실 수 있다는 사실을 잊지 말라(요 16:33, 요일 5:4-5).

출애굽기 18장

균형(Balance). 모세는 애굽을 떠난 후 놀라운 일들을 경험했다. 그러나 이제 그는 다시 일상생활로 돌아오게 되었다. 하나님은 우리를 겸손하게 낮추시기에 충분한 짐을 지게 하시고, 또 우리를 행복하게 하시기에 충분한 복을 주시면서 우리의 삶이 균형을 이룰 수 있게 하신다. 모세는 가족에게로 돌아가 하나님이 하신 모든 일을 다 이야기했고, 가족과 함께 하나님을 경배했다.

조언(Counsel). 때로는 일을 하고 있는 사람보다 제삼자가 상황을 보다 분명하게 파악할 수도 있다. 우리는 언제나 열린 마음으로 조언에 귀 기울여야 한다(잠 12:15, 13:10). 모세는 자신이 모든 일을 다 하려 했다. 그리고 중요한 일들과 사소한 일들을 구분하지 않았다. 그에게는 그를 도울 사람들이 필요했고, 또 우선순위를 정할 필요도 있었다. 그런 모세에게 조언한 이드로는 모세가 하나님의 뜻을 구할 것을 기대했다(23절). 사람들의 조언이 우리에게는 좋게 들릴 수도 있지만, 하나님이 보실 때는 그렇지 않을 수 있다. 그러므로 우리는 언제나 하나님의 지시를 구해야 한다(행 27:9-14).

지도권(Leadership). 21절은 하나님이 필요로 하시는 지도자, 곧 재덕을 겸비하고, 하나님을 경외하며, 진실무망하고, 불의한 이를 미워하는 사람을 묘사하고 있다(지도자가 갖추어야 할 추가적인 자질들을 알고 싶다면 사도행전 6장 3절을 보라). 모세는 훌륭한 사람이었다. 그렇다고 혼자 모든 일을 다 할 수는 없었다. 하나님은 우리를 지도자로 부르지 않으시고, 대신 지도자가 그의 역할을 더 잘 할 수 있도록 지도자를 돕는 사람으로 부르실 수도 있다.

출애굽기 19장

특별한 백성(A special people). 홍해에서 하나님은 자신의 백성들을 과거의 삶에서 벗어나게 하셨다. 그리고 시내 산에서 그들과 언약 관계를 맺으시고 새로운 삶을 살게 하셨다. 그것은 하나님이 신랑이 되시고 이스라엘 백성들이 신부가 된 결혼식과 같은 것이었다. 이스라엘 백성들이 하나님을 떠나 우상을 섬길 때마다 하나님은 그들이 간음을 행했다고 책망하셨다(사 1:21, 렘 3:1-5). 오늘날 신자들도 그와 같은 죄를 경계해야 한다(약 4:4). 교회는 하나님께 영광을 돌리도록 부름받은 왕들과 제사장들의 나라다(벧전 2:5, 9).

성결케 된 백성(A sanctified people). 우리는 하나님께 속한 사람들이기 때문에 죄와 분리되어야 한다(10, 14, 22절). 하나님의 백성들은 세상과 구별되어 하나님 편에 서야 한다.

순종하는 백성(A submissive people). 이스라엘 백성들이 하나님을 경외하게 하시려고 하나님은 시내 산에서 자신의 능력을 드러내시면서 그들에게 가까이 다가오지 말라고 경고하셨다. 이스라엘 백성들은 국가로서 아직 초기 단계에 있었고, 어린아이들처럼 상과 벌을 통해 배우고 있었다. 히브리서 12장 18-29절은 그 경험을 신약 성경의 신자들의 경험과 비교하고 있다. 우리도 하나님을 경외하고 하나님이 정하신 경계를 존중해야 한다. 그러나 우리는 하나님께 "가까이 나아가라"는 초대를 받고 있다(히 10:19-25). 이스라엘 백성들이 율법에 순종했기 때문에 애굽에서 벗어날 수 있었던 것이 아니었다. 그러나 그들은 순종했기 때문에 하나님이 그들을 위해 준비하신 복들을 누릴 수 있었다.

◆ 구별된 사람들 ◆

성결케 되었다는 것은 하나님의 독점적인 사용과 기쁨을 위해 구별되었음을 의미한다. 그리스도인들은 그리스도의 죽음(히 10:10)과 우리 안에 거하시는 성령(롬 15:16)과 하나님의 말씀(요 17:17, 엡 5:26)을 통해 구별되었다.

◦ 출애굽기 20장

율법이 죄인들을 구원하는 것이 아니다(갈 2:21, 3:21). 율법은 하나님의 거룩하심을 드러내고, 구원받아야 할 필요가 있는 인간의 상태를 보여준다(롬 3:20). 율법은 우리가 얼마나 더러운지를 보여주는 하나의 거울이다(약 1:22-2장). 그러나 깨끗하게 되어야 할 우리의 필요를 채워주지는 못한다. 그리스도만이 그렇게 해주실 수 있다.

옛 언약 아래에서 하나님의 율법은 돌판에 기록되었다(출 24:12). 그러나 새 언약 아래에서는 하나님이 자신의 말씀을 우리 마음에 새기신다(고후 3:1-3). 우리가 하나님의 말씀을 묵상할 때 성령이 하나님의 말씀을 우리 속사람의 일부가 되게 하신다. 그래서 우리는 점점 더 주 예수 그리스도를 닮아가게 된다(고후 3:18). 성령은 우리가 하나님이 주신 율법의 정당한 요구를 충족시킬 수 있게 해 주신다(롬 8:1-4).

십계명의 앞부분에 나오는 4개의 계명은 하나님과 우리의 관계를 다루고 있는 반면, 나머지 6개의 계명은 다른 사람들과 우리의 관계를 다루고 있다. 하나님을 사랑하고 하나님께 순종한다면, 다른 사람들도 사랑하고 섬길 수 있게 될 것이다(마 22:34-40 참조).

하나님이 두렵기 때문에 하나님께 순종하는 사람들이 있다(18-21절). 또 하나님의 복을 받고 싶기 때문에 하나님께 순종하는 사람들도 있다. 그러나 하나님께 순종하는 최선의 동기는 하나님을 사랑하는 마음이다. 만일 하나님께 불순종하면 어떻게 되는 것인가? 하나님은 이스라엘 백성들을 위해 제사라는 방법을 마련해주셨다(22-26절). 그리고 오늘날 신자들을 위해 예수 그리스도의 대속이라는 방법을 마련해주셨다(요일 1:9-2:2). 신자들은 율법 아래 있지 않고 은혜 아래 있다. 그렇다고 해서 죄를 지어도 된다는 뜻은 아니다. 그보다는 하나님의 뜻에 충성스럽게 순종해야 한다는 격려가 된다. 로마서 6장을 묵상하라.

○ 출애굽기 21장

하나님은 자신의 기본적인 율법을 말씀하신 후, 모든 사람이 22-25절에 기록된 원리대로 누구에게나 공평할 수 있도록 그 율법을 구체적인 상황 속에서 어떻게 적용해야 하는지 모세에게 말씀하셨다. 그 누구도 율법을 사사로이 다룰 수 없었다. 개인적인 보복의 경우에는 반드시 마태복음 5장 38-48절 말씀을 따라야 한다.

하나님의 율법은 하나님이 모든 생명, 곧 남자, 여자, 아이들, 태아, 재산, 심지어는 동물에 이르기까지 중요하게 다루신다는 사실을 보여준다. 이 세상은 하나님이 창조하신 하나님의 것이다. 그리고 하나님께서는 이 세상을 어떻게 관리해야 하는지를 우리에게 말씀하실 권리가 있다. 율법이 사람들의 마음을 변화시키는 것은 아니다. 그러나 그들의 행동을 통제하고, 국가의 질서를 유지하는 데 도움이 된다. 율법과 정부는 하나님이 제정하신 것이다. 그러므로 우리는 그 둘 다 존중해야 한다(롬 13장).

이 장에 기록된 형벌들 가운데는 우리가 보기에 가혹해 보이는 것들도 있다. 그러나 그 당시 이스라엘은 초기 단계의 국가였으며, 아이들은 상과 벌을 통해 배운다는 사실을 기억하라(갈 4:1-7). 40년 후 새로운 세대가 등장했을 때 모세는 그가 율법에서 거듭 반복했던 사랑을 강조했다(신 4:37, 6:4-6, 7:6-13). 사랑은 율법의 완성이다(롬 13:8-10).

○ 출애굽기 22장

재산(Property, 1-15절). 하나님은 우리가 각 사람의 재산을 존중해주기 바라신다. 때문에 이 부분에서 배상이라는 개념이 중심을 이루고 있다(3, 5-6, 12절). 범죄를 인정하고 애통해하는 것만으로는 충분하지 않다. 해를 당한 사람들에게 배상해줄 준비가 되어 있어야 한다(잠 6:30-31, 눅 19:8). 다윗은 1절의 규정을 알고 있었고, 다른 사람들에게 그 규정을 적용할 수 있었다(삼하 12:1-6). 그러나 그는 출애굽기 20장 13-14절의 규정을 지키지 못했다.

사람(Persons, 16-27절). 이 구절들에 기록된 많은 규정들은 하나님의 거룩하심과 우리가 거룩한 사람들이 되기를 바라시는 하나님의 열망을 보여주고 있다(31절). 이 규정들을 따르는 사람들은 폭력과 강탈과 억압과 고통에서 보호받을 수 있었다. 하나님은 과부와 고아와 가난한 일꾼들(약 5:1-4)과, 나그네들을 불쌍히 여기셨다. 우리도 그렇게 하고 있는가?

원칙(Principles, 28-31절). 하나님을 존경하고 모든 일에서 하나님을 가장 먼저 생각하라. 예수님은 마태복음 6장 33절에서 이 원리를 잘 요약해주셨다. 전심으로 하나님을 사랑한다면, 우리는 다른 사람들에게 해를 가하고 싶은 마음을 갖지 않을 것이다. 그러나 하나님을 먼저 생각하지 않는다면, 우리는 우리가 원하는 것을 얻기 위해 다른 사람들을 착취하기 시작할 것이다.

○ 출애굽기 23장

숙고(Consideration, 1-9절). 사람들을 공정하게 대하는 것은 쉽게 할 수 있는 일처럼 보일 수도 있다. 그러나 사악한 인간의 마음은 우리를 소문(고후 13:1)과 거짓 증언과 악한 무리와 돈에 휩쓸려 타락하게 만들 수 있다. 한 사람이 부하거나 가난하다는 사실에, 또는 친구이거나 적이라는 사실에 현혹되어 진리를 보지 못하게 되는 일이 없도록 해야 한다. 순전함은 팔려고 내놓아서는 안 되는 것이다.

보존(Conservation, 10-13절). 안식일은 하나님이 이스라엘 백성들에게 그들이 하나님의 거룩한 백성임을 표시하기 위해 주신 하나님의 특별한 선물이었다(출 31:13-17). 안식일은 또 사람들과 가축들에게 휴식을 주기 위한 하나님의 선물이기도 했다. 안식년은 토지와 가난한 사람들을 배려하시는 하나님의 마음을 보여주는 것이었다. 오늘날 사람들이 이런 교훈을 기억하지 않고 자원을 남용하며, 창조 세계를 파괴하는 것은 불행한 일이다.

축하(Celebration, 14-19절). 하나님은 하나님의 백성들이 그분의 선하심을 찬양하며 기뻐하길 바라신다. 잔치를 벌이며 하나님을 무시한다면 우리는 우상 숭배라는 죄를 범하는 것이다(딤전 6:17 참조).

성화(Consecration, 20-33절). 적지에 들어간 이스라엘 백성들은 그 땅에 살고 있던 부도덕한 사람들과 타협하려는 유혹을 받을 수 있었다. 이스라엘 백성들은 거짓 신들을 섬기면서 그들에게 절하고(24절), 그들과 언약을 맺는 일이 없도록(32절) 거짓 신들의 이름은 부르지도 못하게 되어 있었다(13절). 하나님께 불순종하도록 자신을 설득시키지 말라.

◦ 출애굽기 24장

하나님을 가까이 하는 정도는 사람마다 다르다. 이스라엘 백성들은 하나님을 두려워했기 때문에 하나님과 거리를 유지하고 있었다. 모세와 여호수아와 나답과 아비후와 아론과 70명의 장로들은 하나님을 만나기 위해 산으로 올라갔다. 그런 다음 모세와 여호수아는 좀 더 높이 올라갔고, 마침내 모세 홀로 하나님의 영광이 머무는 구름 속으로 들어갔다.

J. 오스왈드 샌더스(J. Oswald Sanders)는 "우리가 지금 이 순간 하나님을 가까이 하기로 선택하는 정도만큼 우리는 하나님과 가까이 있는 것이다"고 말했다. 하나님은 가까이 오라고 우리를 초대하신다(약 4:8). 그러나 우리는 하나님을 만나기 위해 우리가 해야 하는 일들을 종종 하지 않으려 한다. 산 아래에 있던 이스라엘 사람들은 언약서와 언약의 피를 가지고 있었고, 하나님께 순종하기로 약속했던 사람들이었다. 그러나 그들은 모세가 산 위에서 보았던 하나님의 영광을 모세처럼 보지는 못했다.

11절을 "그들은 하나님을 보고 엎드려 절하고 기도하였더라"고 읽고 싶을 것이다. 그러나 11절은 "그들은 하나님을 보고 먹고 마셨더라"고 기록하고 있다. 하나님의 영광을 본 것이 우리를 부주의하게 만들거나, 비현실적인 사람들이 되게 해서는 안 된다. 하나님을 영화롭게 하기 위해 먹고 마실 수는 있다(고전 10:31). 그러나 하나님을 가까이하는 것이 조심성 없는 무엄함이 되지 않도록 조심해야 한다. 왜냐하면 우리 하나님은 '소멸하는 불' 이시기 때문이다(히 12:28-

29). 나답과 아비후는 하나님이 그런 분이시라는 사실을 직접 경험했다(레 10:1 이하).

○ 출애굽기 25장

예물(An offering). 하나님은 그분의 창조 능력으로 성막 전체를 한순간에 만드실 수도 있다. 그러나 그렇게 하시는 대신 하나님은 백성들에게 예물을 가져올 것을 명하셨다. 그렇게 함으로써 그들은 하나님을 위해 거룩한 처소를 만드는 특권을 누릴 수 있었다. 오늘날 우리도 하나님의 교회를 세우는 일을 돕고 있다. 그때 우리는 그 일에 가장 좋은 것들만을 사용해야 한다(고전 3:9-23). 당신은 하나님이 주신 것들을 기꺼이 하나님께 돌려드리고 있는가?

양식(A pattern). 하나님이 다윗에게 성전을 어떻게 지어야 할 것인지를 알려주셨던 것처럼(대상 28:19), 모세에게도 어떻게 성막을 지어야 하는지를 말씀해주셨다. 하나님은 이 땅에서 어떤 일을 이루려고 하실 때, 그분의 백성들이 따라야 할 계획을 가지고 계신다. 하나님의 계획을 저버리고 세상의 지혜를 따르는 것은 위험한 일이다(고전 3:18-20).

증거궤는 지성소 안에 있는 하나님의 보좌였고, 속죄소 위에 있는 그룹들 사이에 하나님의 영광이 임했다(시 99:1). 우리의 속죄소는 하늘에 있고(히 4:11-16), 그 길로 나아가는 길은 언제나 열려 있다.

진설병을 두는 상은 우리에게 하나님이 우리 양식의 근원이 되신다는 사실을 상기시켜준다(마 6:11). 진설병은 하나님의 말씀 속에서 우리가 섭취하게 되는 영적 양식을 말한다(신 8:3, 마 4:4). 금으로 된 등잔대는 '하나님은 빛'(요일 1:5)이시며, 우리도 어두운 세상에서 빛이 되어야 한다는 사실을 말해준다(마 5:14-16). 등잔에 기름이 채워져야 하듯이 주님을 위한 효과적인 증인이 되기 위해 우리도 성령의 능력으로 채워져야 한다(행 1:8).

○ 출애굽기 26장

성막은 10폭의 양장과 50개의 갈고리와 갈고리를 꿰는 50개의 고(걸쇠)와 40개의 은 받침과 20개의 널판과 2장의 휘장으로 이루어졌지만, 여전히 하나의 성소였다. "연합하여 한 성막을 이룰지며"(6절), "연합하여 한 막이 되게 하고"(11절). 다양성을 갖추고 있었지만, 그 다양성은 하나로 연합되어 있었다.

성막을 위한 식양은 하나뿐이었고, 그 식양은 하나님께로부터 온 것이었다(30절). 인간은 그의 영리함과 지혜로 세상에서 많은 성공을 거두기도 하지만(눅 16:8), 그 영리함과 지혜 때문에 하나님의 일을 훼손하게 될 것이다(고전 3:16-23). 당신이 계획하는 일이 세상이 아니라 하늘로부터 온 것인지를 확인하라.

건물의 치수를 재는 특정 단위들이 있다(2절). 우리의 사역을 하나님의 기준에 따라 측정할 때는 연합을 이룰 수 있지만, 우리의 기준을 사용한다면 분열될 것이다.

이스라엘 백성들은 하나님이 사용하라고 말씀하신 재료들만을 사용했다. 고린도전서 3장 10-16절에는 불에서도 견딜 수 있는 적절한 재료로 지은 집을 언급하고 있다. 출애굽기 37장에는 금이, 38장에는 은이 그리고 39장에는 보석들이 강조되어 있음에 주목하라.

성막은 하나님의 영광이 머무는 곳이었다. 사람이 하나님의 영광을 취할 때 분열이 일어나게 된다.

예수님은 하나님의 백성들이 하나가 되도록 기도하셨다(요 17:20-23). 당신은 그 기도가 응답되도록 돕고 있는가?

○ 출애굽기 27장

성막은 예배드리기 위해 모이는 장소가 아니라 제사를 드리고 섬기는 곳이었다.

제사(Sacrifice). 가장 먼저 볼 수 있는 것은 놋으로 만든 제단이었다. 왜냐하면 죄의 문제를 다루지 않고는 그 누구도 하나님 앞에 나아갈 수 없었기 때문이었다(레 17:11).

구분(Separation). 성막은 휘장으로 둘러싸여 있었는데, 그것은 제사장들과 레위인들만이 신성한 성막 뜰 안에 들어갈 수 있었기 때문이었다. 백성들은 성막 뜰 밖에 머물러야 했고, 제사장들도 지성소에는 들어갈 수 없었다. 하나님은 자신의 백성 모두가 제사장이 되길 원하셨다(출 19:5-6). 그러나 그 일은 그리스도의 사역이 십자가에서 이루어지기 전까지는 일어나지 않았다(벧전 2:5, 9). 오늘날 우리는 예수 그리스도를 통해 하나님께 바로 나아갈 수 있다(히 10:19-25).

빛남(Shining). 성소에는 등잔이 서 있었고, 등불은 그곳에서 섬기는 제사장들에게 도움이 되었다. 등불이 성막을 밝게 한 것은 아니었다. 성막을 밝게 한 것은 하나님의 영광이었다(출 40:38). 하나님의 백성들(빌 2:15)과 하나님의 교회들(계 1:12, 20)은 어두운 세상을 비추는 빛이다. 자신의 등불을 잘 관리하면서 빛을 발할 수 있게 하라(마 5:16).

◦ 출애굽기 28장

제사장 직분은 특권인 동시에 또한 책임이 따르는 일이기도 했다. 제사장의 옷을 입고 성막 뜰에서 섬기는 것은 영광스러운 일이었다. 그러나 제사장에게는 방심할 수 없는 책임도 따랐다.

제사장들은 먼저 하나님을 섬겼다(They ministered first to the Lord). 이 장에서 하나님은 이 사실을 네 번이나 강조하셨다(1, 3, 4, 41절). 하나님의 종은 하나님만 기쁘시게 해드려야 한다(고전 4:1-7). 우리는 '예수 그리스도를 위한 종'이다(고후 4:5).

제사장들은 백성들을 섬겼다(They ministered to the people). 하나님의 백성들은 하나님께 보석과 같다(말 3:17). 우리의 대제사장은 우리가 '사랑하시는 자 안에서' (엡 1:6) 받아들여질 수 있도록 우리를 그 품에 품으시고, 우리를 그 어깨에 태워 하나님의 보좌 앞으로 데려가신다.

제사장들은 함께 섬겼다(They ministered together). 제사장들이 백성을 섬기는 동안 하나님이 그들의 필요를 공급해주셨다. 거룩한 성막에서는 경쟁이나 혼란이 없었다. 왜냐하면 제사장들은 같은 하나님을 섬겼고, 같은 말씀에 순종했기 때문이었다. 하나님은 우리 각자에게 사역을 맡기시고, 그 일을 할 수 있도록 우리를 준비시켜주신다.

◎ 출애굽기 29장

우리는 하나님께 헌신하지만, 하나님은 우리를 성결케 하신다. 우리는 하나님께 굴복하지만, 하나님은 우리를 독점적으로 사용하시려고 우리를 거룩하게 구별하신다. 하나님의 백성들은 그분의 제사장으로서 아론과 그의 아들들이 육체적으로 경험했던 것들을 영적으로 경험한다.

우리는 씻음을 받았다(We have been washed). 그리스도의 보혈이 우리를 깨끗케 하셨고(계 1:5-6), 우리의 과거는 지나간 것이 되었다(고전 6:9-11). 죄로 얼룩진 마음은 종교적인 의식으로가 아니라, 그리스도를 믿는 믿음으로 깨끗하게 되었다(행 15:9, 딛 3:5).

우리는 옷을 입게 되었다(We have been clothed). 우리는 그리스도의 의를 덧입고(사 61:10, 고후 5:21), 하나님 은혜라는 옷을 입고 있다(골 3:1 이하).

우리는 기름부음을 받았다(We have been anointed). 우리 안에 성령이 살아 계신다(고후 1:21, 요일 2:27). 그리고 우리에게 섬길 수 있는 힘을 주신다.

우리는 하나님께 속한 사람들이다(We belong to God). 제사장들은 귀(하나님께 귀 기울이고)와 손(하나님을 섬기고)과 발(하나님과 동행하도록)에 피를 발라 표시를 했다. 매일 아침과 저녁에 드리는 번제는 하나님께 대한 지속적이고 온전한 헌신을 상기시켜주는 것이었다. 매일 하나님 앞에 자신을 드리는 일을 잊지 말라(롬 12:1-2).

출애굽기 30장

기도할 것을 기억하라(Remember to pray). 휘장 밖에 둔 금으로 만든 분향단은 기도 사역을 상징하는 것이었다(시 141:1-3, 계 5:8). 오늘날 하나님의 백성들은 휘장 밖에 서 있지 않는다. 그들은 하나님께 나아간다. 열정을 가지고 기도하기 위해 우리에게는 성령의 '불'이 필요하다(롬 8:23-27). 기도는 특별한 것이다. 기도를 평범한 것으로 취급하려 해서는 안 된다(34-38절).

속죄받은 것을 기억하라(Remember you are ransomed). 하나님이 돈을 지불하시고 이스라엘 백성들이나 우리를 구속하신 것이 아니다(벧전 1:18 이하). 그러나 이스라엘 백성들이 해마다 드리는 반 세겔의 속전은 하나님이 그들을 위해 하신 일을 상기시켜주었다. 은전은 성막의 기둥 갈고리를 만드는 데 사용되었다(38:25-28). 구속이 이 모든 것의 기초가 된다.

깨끗함을 유지할 것을 기억하라(Remember to keep clean). 제사장들처럼 우리도 속죄로 깨끗함을 입었다. 그러나 매일의 생활 속에서 깨끗함을 계속 유지해야 한다. 제사장들이 성막 안에서 하나님을 섬기는 동안에도 부정해질 수 있었다면, 세상 속에서 살아가는 우리는 얼마나 더하겠는가?

성령을 높일 것을 기억하라(Remember to honor the Holy Spirit). 거룩한 기름부음은 하나님의 성령을 상징한다. 우리는 인간의 노력을 통해 성령이 하시는 일을 복제하려 하거나, 또 성령을 평범하게 대하고자 하는 자세를 경계해야 한다(32-33절, 참조 - 엡 4:30-32).

출애굽기 31장

일(Work). 할 일이 있을 때 하나님은 일꾼들을 부르시고 그들을 준비시키신다. 그리고 그 일에 대한 계획을 알려주신다. 하나님은 또 그들을 도울 사람들을 부르시고 필요한 자원들도 공급해주신다. 브살렐과 오홀리압은 뛰어난 재능을 가진 장인들이었다. 그러나 그들이 하나님을 기쁘시게 하는 일을 할 수 있기 전에 먼저 하나님이 그들을 부르시고 능력을 주셔야 했다.

휴식(Rest). 하나님이 이 시점에서 안식일을 언급하신 이유는 무엇인가? 아마도 하나님의 백성들에게 성막을 세우는 일조차도 안식일 계명을 어길 수 있는 이유가 될 수 없다는 사실을 상기시켜주고 싶으셨을 것이다. 그들에게는 안식하는 날이 필요했고, 안식일은 하나님과 그분의 백성들 사이에 있는 하나의 표징이었기 때문에 그들은 안식일을 통해 하나님을 높여야 했다. 하나님은 우리가 일과 휴식과 예배를 잘 조화시키기를 바라신다.

율법(Law). 누가복음 11장 20절은 '하나님의 손'을 하나님의 말씀을 기록한 성령을 의미하는 것으로 암시하고 있다(딤후 3:16, 벧후 1:21). 성령은 지금도 그리스도를 신뢰하고 그분을 예배하는 사람들의 마음에 하나님의 말씀을 기록하신다(고후 3:1 이하).

● 출애굽기 32장

불신앙(Unbelief). 하나님이 말씀하시고 행하신 모든 것과 이스라엘 백성들이 행하기로 약속한 모든 것에도 불구하고(19:8) 백성들은 믿음으로 살아가지 못했다. 모세는 40일 동안 자리를 비웠고(신 9:11 이하), 백성들은 더 이상 참지 못했다. 그들과 함께하시는 하나님을 확신시켜주는 구름기둥과 불기둥이 여전히 그들과 함께 있었지만, 그것만으로는 그들에게 충분하지 않았다. 그들은 여호와를 대신해 그들을 격려해줄 수 있는 눈에 보이는 다른 대리인을 원했다. 그것은 불신앙이었다. 믿는 사람들은 서두르지 않는다(사 28:16).

타협(Compromise). 모세가 없는 동안 아론이 영적 지도자의 역할을 했어야 했다. 그러나 그는 그 역할을 하지 못했고, 백성들이 그들 마음대로 하도록 내버려두었다. 그리고 자신의 잘못을 지적받게 된 아론은 모세와 백성들에게 그 책임을 돌렸다(22-24절).

중보 기도(Intercession). 모세가 이기적인 사람이었다면 새로운 나라를 세울 수도 있었을 것이다. 그러나 그는 백성들을 사랑했고, 그들이 용서받을 수 있도록 그들을 위해 기도했다(참조 - 눅 23:34, 롬 9:1-3). 그는 하나님께 그분이 해주신 언약과 이스라엘을 멸하실 경우 잃게 될 그분의 영광을 상기시켜드렸다. 기도할 때 하나님의 약속을 하나님께 상기시켜드리고 하나님의 영광을 찬미하라.

징계(Discipline). 우리 모두 시편 기자의 지혜로운 말에 귀를 기울여야 한다. "여호와를 사랑하는 너희여 악을 미워하라"(시 97:10). 하나님은 은혜로 죄인들을 용서하신다. 그러나 죄에 대해서는 벌하셔야 한다. 이스라엘 백성들에게 내린 하나님의 심판이 우리에게는 가혹하게 보일 수도 있지만, 그들은 우상 숭배에 대한 경고를 이미 받았고, 고의적으로 하나님께 불순종했다. 하나님은 그들 주변에 있는 이방 나라들처럼 행동하지 말 것을 미리 가르치셔야 했다. 이스라엘은 구별된 백성으로 남아 있어야 했다. 그렇지 않으면 하나님은 그들을 통해 이루시려는 그분의 위대한 목적들을 성취하실 수 없었다.

○ 출애굽기 33장

하나님의 우정(God's friendship). 성막은 아직 다 완성되지 않은 상태였다. 그러므로 이 장에 기록된 회막은 모세가 하나님을 만났고 구름이 그 위에 머물러 있었던 장막이었을 것이다. 모세가 하나님께 순종했기 때문에(신 34:10, 요 15:14-16) 하나님은 친구를 대하듯 모세에게 말씀하셨다. 하나님은 반역하는 사람들과는 함께 거하실 수 없었다. 그러나 모세와는 교제하실 수 있었다(고후 6:14-18).

◆ 하나님의 영광 ◆

하나님의 성품과 특성 그리고 하나님이 하신 말씀과 행하신 일들이 하나님의 영광으로 나타난다. 하나님에 관한 것은 모두 영광스러운 것이다. 그리고 인간이 할 수 있는 가장 뛰어난 일은 하나님을 영화롭게 하는 것이다(마 5:16, 고전 10:31). 그리스도를 신뢰하는 사람들은 하나님의 영광에 참여하는 것이며, 천국에서 하나님의 영광을 보게 될 것이다(요 17:22-24).

하나님의 임재(God's presence). 유대인들은 일들이 일어나는 것을 보았지만, 모세는 일들이 일어나게 했다. 그는 하나님의 행사를 알았고(시 103:7), 하나님이 이스라엘과 함께하시기를 기도했다. 모세는 율법을 따르는 이스라엘 백성들의 순종을 기초로 기도할 수는 없었다. 그러나 하나님의 은혜를 간청할 수는 있었다. 신자들은 함께하시는 하나님을 확신할 수 있다. 왜냐하면 하나님이 우리와 함께하겠다고 약속하셨기 때문이다(히 13:5-6).

하나님의 영광(God's glory). "하나님의 길을 보여주십시오"라고 기도하는 사람들이 많다. 그러나 "하나님의 영광을 보여주십시오"라고 기도하는 사람들은 그리 많지 않다. 하나님을 있는 그대로 다 보고도 살아 남을 수 있는 사람은 아무도 없다. 그러나 하나님이 그분의 영광의 일부를 보여주실 수 있다. 하나님이 '지존자의 은밀한 곳에서' 모세를 위해 그렇게 하셨다(시 91:1-4). 오늘날 우리가 경험하는 영광은 고린도후서 3장 18절에 설명되어 있다.

● 출애굽기 34장

자비로우신 하나님(A gracious God, 1-9절). 하나님은 자비로우시고 오래 참으시기 때문에 자신의 백성들에게 또 한 번의 기회를 주셨다(요일 2:1-2). 하나님은 아브라함(창 13:1 이하)과 요나(욘 3:1)와 베드로(요 21:15 이하)에게 새로운 기회를 주셨다. 원수는 우리를 비난하며 우리가 넘어지길 바란다. 그러나 하나님은 우리가 하나님께로 돌이킬 때 기꺼이 우리를 용서하신다(시 103:10-14, 130:3-4).

질투하시는 하나님(A jealous God, 10-29절). 하나님은 우리를 위해 일하신다. 그리고 우리가 하나님과 동행할 것을 기대하신다. 하나님은 언약을 지키실 것이다. 우리는 악과 타협하지 않도록 조심해야 한다. 죄는 서서히 우리를 빠져들게 한다. 처음에는 우상을 섬기기로 동의할 수 있다(12-13절). 그런 다음 제사에 함께 참여하기로 하고(15절), 결국 결혼도 하게 된다(16절). 그 결과 거짓 신에게 자녀를 빼앗기는 일이 벌어진다. 무슨 일에 있어서나 하나님을 가장 먼저 섬겨야 할 것을 강조하고 있다는 사실에 주목하라(19-22, 26절).

영광스러운 하나님(A glorious God, 30-35절). 모세는 하나님의 영광을 구했을 뿐 아니라 산 위에서 그 영광을 보았다. 그리고 그의 얼굴에 하나님의 영광이 반영되었다. 그러나 그의 얼굴에 반영된 그 영광은 율법의 영광이 희미해진 것처럼 희미해져갔다. 그렇지만 하나님의 말씀 속에서 그리스도를 보고 성령이 우리를 그리스도처럼 만들어가실 때 우리는 '영광에서 영광에' 이르게 된다(고후 3:12-18, 참조 - 잠 4:18, 마 17:1-8, 행 6:15).

○ 출애굽기 35-39장

성막을 이루고 있는 모든 요소들이 자세하게 묘사되어 있는데 그것은 그 각각의 요소가 모두 다 하나님께 중요하기 때문이었다. 가장 작은 쐐기 못도 하나님이 산 위에서 모세에게 지시하신 것과 똑같아야 했다. 하나님이 우리 삶의 작은 부분에까지 관심을 가지시기를 기대한다면, 하나님의 상세한 지시에 주의를 기울여야 한다.

하나님이 제공해주신 양식과 사람들이 제공한 재료로 성막이 지어졌다. 이스라엘 백성들은 애굽에서 취한 물건들을 가지고 있었고(12:35-36), 기꺼이 그 물건들을 하나님께 드렸다. 그것은 자발적인 관대함에서 나온 행동이었고, 누군가의 강요 때문에 마지못해 한 행동이 아니었다(35:5, 21-22, 26, 29). 오늘날 그리스도인들도 그렇게 헌금해야 한다(고후 8:1-12).

하나님은 일하는 사람들에게 자신의 계획을 보여주시고, 그 일을 잘 하기 위해 필요한 지혜를 공급해주셨다(35:10, 25, 34-35). 하나님께 봉헌된 성막의 아름다움에는 아무런 흠도 없었다. 왜냐하면 하나님이 자신의 장막을 아름답게 만드셨기 때문이었다. 하나님은 헌신된 마음뿐 아니라 숙련된 손도 원하신다(시 78:72).

모세는 하나님이 명하신 대로 성막이 지어졌는지를 점검하기 위해 조심스럽게 살펴보았다(영어 성경 신흠정역(NKJV)에는 '명하신 대로(commanded)' 라는 말이 출애굽기 35장에서 39장 사이에 무려 17번이나 나온다). 모세는 하나님의 종이 하나님이 그에게 말씀하신 대로 행하는 것처럼 그렇게 신실했다(히 3:5).

39장은 모세가 "그들에게 축복하였더라"는 말로 끝이 난다(43절). 당신을 섬기면서 하나님의 뜻을 행하고 있는 사람들을 가장 최근에 축복해주었던 때는 언제인가(룻 2:4 참조)?

○ 출애굽기 40장

완성되다(Finished). 얼개와 휘장과 기구들과 제사장의 옷까지 모두 완성되었다. 그러나 모세는 하나님이 다음 일을 지시하실 때까지 기다렸다. 하나님의 지시를 받고 따르는 지도자는 지혜로운 사람이다.

갖추어지다(Furnished). 하나님이 모세에게 해야 할 일과 그 일을 언제 해야 하는지를 말씀해주셨다. 먼저 장막을 세우고 지성소에 둘 증거궤를 비롯한 여섯 가지의 특별한 기구들을 배치하게 하셨다. 기구를 배치하는 순서 역시 합당한 기구를 배치하는 것만큼 중요했다. 모세는 장막과 기구들을 다 만든 다음, 그 주위에 성막 뜰을 만들고, 그곳을 진영의 다른 부분들과 구분하였다.

향기로움(Fragrant). 성막에 있는 모든 것들에는 거룩한 기름을 부어 하나님이 사용하시도록 따로 구분하였다. 사람들에게 천국을 생각하게 만드는 향기로움이 우리 삶 속에 있는가?

채워지다(Filled). 성막을 특별하게 만드는 두 가지 요소가 있었다. 하나는 하나님이 주신 양식이었고, 또 하나는 하나님이 자신의 백성들과 함께 거하기 위해 오실 때 성막을 채운 하나님의 영광이었다. 그토록 반역적인 백성들과 함께 거하기로 하신 하나님은 얼마나 자비로운 분이신가!

♦ 하나님의 처소 ♦

먼저, 하나님은 사람과 동행하셨다(창 5:24, 6:9). 그런 다음 그와 함께 거하고 싶어하셨다(출 25:8). 하나님의 영광이 장막에 임했지만(출 40:34), 이스라엘 백성들이 죄를 범했을 때 그 영광이 그곳에서 떠났다(삼상 4:21-22). 하나님의 영광이 성전에 머물렀지만(왕상 8:10-11), 백성들의 죄 때문에 다시 떠났다(겔 11:22-23). 하나님의 영광이 예수 그리스도와 함께 임했다(요 1:14). 그리고 지금 각 신자들 속에 거하며(고전 6:19-20) 교회로 모일 때 함께한다(엡 2:20-22). 어느 날 하나님의 영광이 새 하늘과 새 땅과 하나님의 백성들이 영원히 거하게 될 완전한 성에 임하게 될 것이다(계 21-22장).

레위기

Leviticus

레위기라는 이 책의 이름은 '레위인과 관계가 있는' 이라는 뜻이다. 출애굽기와 레위기는 제사장들을 위한 직무 지침서였다. 오늘날 이스라엘에는 제사장이나 성전이 없다. 따라서 이스라엘은 레위기의 규정들을 따를 수 없다(호 3:4). 그러나 레위기는 그리스도인들에게 매우 소중한 책이다. 레위기는 예수 그리스도의 희생을 예증하고 있으며, 구별된 삶과 순종의 중요성을 강조하고 있다.

제사 속에서 볼 수 있는 예수 그리스도

1. 번제	하나님을 향한 완전한 헌신을 보여주셨다.	요한복음 10:17, 로마서 5:19, 히브리서 10:10
2. 소제	하나님께 향기가 되셨으며, 완전한 성품을 지니셨다.	에베소서 5:2
3. 화목제	하나님과 사람을, 유대인과 이방인을 화목케 하셨다.	로마서 5:1, 에베소서 2:14, 17, 골로새서 1:20
4. 속죄제	십자가에서 우리의 죄를 담당하셨다.	고린도후서 5:17, 베드로전서 2:24
5. 속건제	우리 죄의 빚을 대신 지불하셨다.	누가복음 7:36-50

레위기는 제사를 강조하고 있는데(1-10장) 그 이유는, 사람이 거룩하신 하나님과 교제하기를 기대한다면 반드시 죄의 문제를 다루어야 하기 때문이다. 다섯 가지의 제사는 예수 그리스도 안에서 완성되었고, 예수 그리스도의 완전한 삶과 십자가에서 이루신 구속 사역을 보여준다(히 10:1-14).

레위기는 또 구별을 강조하고 있는데(11-24장) 그 이유는, 구속받은 백성은 하나님의 거룩하신 뜻을 따라야 하기 때문이다. 레위기의 다양한 규정들은 일상생활의 많은 부분들을 다루고 있으며, 오늘날 하나님의 자녀들이 따라야 할 거룩한 삶의 원리들을 보여준다.

마지막으로 하나님은 이스라엘 백성들이 약속의 땅에 들어가게 될 것을 기대하셨기 때문에 그들에게 그곳에서 성공할 수 있는 몇 가지 규정들을 정해주셨다(25-27장). 하나님의 언약이 있었기 때문에 그 땅은 그들의 땅이 될 것이다. 그러나 그들이 하나님의 뜻에 순종할 때에만 그 땅에서의 삶을 누릴 수 있을 것이다. 믿음을 근거로 한 순종은 언제나 복을 불러온다.

● 레위기 1장

'전부를 단 위에' (9절) 올리는 것이 이 제사의 핵심이다. 왜냐하면 그것은 하나님께 대한 온전한 헌신을 뜻하기 때문이다. 동물은 의식이 없는 죽은 제물이었다. 그러나 하나님의 백성들은 기꺼이 산 제물이 되어야 한다(롬 12:1-2). 날마다 하루를 시작하면서 자신의 '전부를 단 위에' 올리고 있는가(레 6:8-13)?

예물은 하나님께 가져가야 하며, 그것의 목적은 '향기로운 냄새'로 하나님을 기쁘시게 하는 것이었다(9, 13, 17절). 하나님을 기쁘시게 하려는 우리를 다른 사람들은 이해하지 못할 수도 있다. 그러나 하나님은 그런 우리의 예물을 받으실 것이다(벧전 2:5).

우리가 우리 자신을 얼마나 가난한 사람으로 느끼건, 또 하나님께 드리는 것이 얼마나 보잘것없는 것이라 생각하건 하나님은 우리가 드리는 것을 받으시고 그것을 복되게 하실 것이다(14-17절). 중요한 것은 매일 우리의 전부를 하나님께 드리는 것이다.

제사장은 번제를 드리는 것으로 하루를 시작했다. 번제는 제단에 올리는 모든 다른 제물들의 근간이 되었다(출 29:38-42, 레 3:5). 우리의 '전부를 다 단에' 올리지 않는다면, 다른 모든 예물은 하나님께 별 의미가 없게 될 것이다.

◦ 레위기 2장

소제에는 피 흘림이 없었다. 왜냐하면 소제는 예수 그리스도의 죽음보다 그분의 생명과 성품에 초점을 맞추고 있기 때문이다. 그리스도 안에는 모든 것이 완벽한 균형을 이루고 있다. 지나친 것이 하나도 없다. 이 땅에서 예수 그리스도는 하나님을 기쁘시게 하는 삶을 사셨다(마 17:5). 그분을 더 닮아갈수록 우리의 성품도 점점 더 조화와 균형을 이루게 될 것이다.

기름은 각 신자에게 부어주시는 성령을 상징한다(고후 1:21-22). 가루와 섞인 기름(4절)은 우리 주님이 성령을 통해 흠 없이 태어나신 분이라는 사실을 상기시켜준다(눅 1:35). 소제 제물에 부은 기름(6절)은 구세주에게 임하신 성령의 능력을 말한다(행 10:38). 우리의 성품과 섬김을 통해 하나님을 기쁘시게 하려면 성령의 열매(갈 5:22-23)와 성령의 능력(행 1:8)이 우리에게 필요하다.

하나님이 누룩(죄의 묘사 - 고전 5:6-8)이나 꿀(하나님의 영광이 아닌 인간의 영광 - 잠 25:27)을 조금도 원하지 않으셨다는 점에 주목하라. 대신 하나님은 순전함을 뜻하는(골 4:6) 소금과 하나님께 드리는 찬양을 뜻하는 유향을 원하셨다. 하나님께 영광을 돌리는 그리스도인의 삶을 살아간다는 것은 너무나 놀라운 특권이다.

◦ 레위기 3장

종교는 인간의 방식으로 하나님과 화해하려는 인간의 노력이다. 구원은 예수 그리스도를 통해 하나님이 평화를 베푸시는 것이나. 그러나 그 평화는 '십자가에서 흘리신 보혈을 통한 평화' (골 1:20 참조)이다. 제물이 된 동물은 죽어야 했고, 그 피가 제단에 뿌려진 후에야 하나님은 평화를 선포하실 수 있었다.

하나님과 화목을 이루는 것은 우리가 당연한 것으로 받아들여서는 안 될 소중한 복이다. "우리가 믿음으로 의롭다 하심을 얻었은즉 우리 주 예수 그리스도로 말미암아 하나님으로 더불어 화평을 누리자"(롬 5:1).

제사를 드린 다음 예배를 드린 사람과 그의 가족들은 제사장이 그의 정당한 몫을 취한 후 남은 고기와 예물을 먹었다(7:11-18). 그것은 즐거운 교제의 잔치가 되어야 했다. 실제로 유대인들은 음식으로 먹기 위해 동물을 잡을 때마다 그것을 화목제로 여겨야 했다(17:1-9). 모든 식사 시간을 하나님을 찬양하고 그분과 교제하는 행사로 만들려고 노력하고 있는가? 우리 자신과 음식을 예배의 행위로써 하나님께 드린다면 우리의 식사 시간은 훨씬 더 즐거운 시간이 될 것이다.

레위기 4장

속제죄는 불순종과 같은 의도적인 죄가 아니라 부지중에 무심코 범한 죄를 속하기 위한 것이다. 의도적인 죄에 대해서는 하나님이 그 어떤 제사도 제정해주지 않으셨다(민 15:30-31). 죄를 범한 사람은 누구를 막론하고 하나님의 자비만을 구할 수 있을 뿐이다(시 51:16-17).

그러나 몰랐다는 것이 핑계가 될 수는 없다. 일단 죄를 범했다는 사실을 알게 되면 우리는 하나님께 나아가 용서를 받아야 한다. 예수 그리스도가 무지한 이스라엘을 포함한 온 세상의 죄를 속하시기 위한 제물이 되셨다(눅 23:34, 행 3:17). 갈보리에서 하신 우리 주님의 기도로 이스라엘의 죄가 자동적으로 용서된 것은 아니었다. 왜냐하면 그들이 회개하지 않았기 때문이었다. 그러나 그 기도 때문에 하나님의 진노가 40년 동안 연기되었다.

제사장의 제물도 백성들의 제물과 같았다(3, 14절). 특권이 크면 클수록 책임도 그만큼 커진다(눅 12:48). 그러나 믿음으로 제물을 드릴 때 하나님은 용서해 주시기로 약속하셨다(20, 26, 31, 35절). 물론 완전하고 최종적인 속죄는 십자가에서 예수님이 하신 일을 통해 이루어졌다(히 10:1-14).

죄를 범하면 기도 생활이 영향을 받게 된다. 그렇기 때문에 제사장은 분향단을 깨끗하게 해야 했다(7절, 참조 - 시 66:18).

● 레위기 5장

속건죄에는 제물과 보상이 포함되었다. 그것은 죄는 다른 사람들에게 해를 가하고(16절), 진정한 회개는 우리가 잘못한 것을 바로잡는 결과를 불러와야 한다는 사실을 상기시켜준다.

속죄제는 우리가 본래 죄인이라는 문제를 다루는 반면, 속건제는 각각의 범죄를 다룬다. 우리는 우리 자신과 우리가 한 일 모두에 대해 하나님께 솔직해야 한다(요일 1:8, 10).

때때로 우리는 침묵하면서 죄를 범하기도 하고(1절), 죄를 은폐하려 하기도 하며(2-3절), 말을 해서 죄를 범하기도 한다(4절). 우리는 부지중에 죄를 짓고 그 사실을 모를 수도 있다. 그러나 일단 그 사실을 알게 되면 그 죄를 씻기 위해 반드시 하나님께 나아가야 한다. '이미 알고 있는 법을 고의적으로 범하는 것' 만이 죄가 아니다. 우리가 하나님께 불순종한다면 불순종한 사실을 깨닫건 깨닫지 못하건 간에 우리는 죄를 범한 것이다.

최근에 요한일서 1장 9절의 약속을 주장한 적이 있는가?

● 레위기 6-7장

매일 아침 재를 치우고, 불이 타오르게 하며, 하나님께 번제를 드렸던 제사장의 본보기를 따르자(롬 12:1-2). 디모데후서 1장 6절에 사용된 '불일듯하게 하다' 는 말은 '불꽃이 다시 크게 타오르게 하다' 는 뜻이다. 당신의 마음속에 있는 제단의 불꽃은 활활 타오르고 있는가(눅 24:32)? 아니면 미지근해 있거나(계 3:15-16), 이미 차갑게 식어버렸는가(마 24:12)?

우리 삶 속에서 위선(눅 12:1)과 거짓 가르침(갈 5:8-9)과 부도덕한 삶(고전 5:6 이하)이 포함된 누룩을 제거해버리자(6:14-18).

속죄 제물은 부정한 진영 안에 머물러 있을 수 없을 만큼 거룩한 것이었다. 진영 밖 정결한 곳으로 가져가야 했다(6:11-12, 참조 - 히 13:10-13). 제사장들은 그들의 몫을 먹을 수 있었다. 그러나 성막 뜰 안에서만 먹을 수 있었다. 그 이유는 제물로 드려진 것은 무엇이든 거룩하기 때문이었다. 하나님과 다른 사람들과 나누는 교제의 핵심은 순전함에 달려 있다(7:19-21).

○ 레위기 8-9장

이 두 장에서는 '단(altar)' 이 핵심 단어이고, 23번이나 사용되었다. 단이 없으면 합당한 제사가 될 수 없었다. 그리고 제사가 없으면 사람은 거룩하신 하나님 앞에 나아갈 수 없었다. 그러나 또 단에서 섬기는 제사장 역시 없어서는 안 되었다. 구약 성경에서 하나님의 백성들에게는 제사장이 있었다. 그러나 신약 성경에서는 하나님의 백성들이 제사장이다(벧전 2:5, 9).

제사장을 하나님께 합당하게 만드는 것은 무엇이었는가? 물(8:6)과 기름(8:10-12)과 피(8:14-29)와 옷(8:7-9)이었다. 우리는 정결케 되었고(고전 6:11), 성령의 기름부음을 받았으며(요일 2:20, 27), 그리스도의 보혈로 구속되었고(벧전 1:18 이하), 그리스도의 의를 덧입고 있다(사 61:10).

제사장의 위임식은 7일 동안 행해졌고(8:31-36), 마지막 날 아론이 백성들을 축복하고 하나님이 제사를 받으시는 것으로 끝이 났다(9:22-24). 그 가운데 하나님의 영광이 나타났는데(9:6, 23) 그것이 제사와 섬김의 목적이었다. 우리의 예배를 지켜본 사람들이 "하나님이 참으로 너희 가운데 계시다"(고전 14:25)고 말할 수 있을 것인가?

○ 레위기 10장

제사장의 가정에 죄가 들어오기까지는 그리 오래 걸리지 않았다. 하나님을 놀랍게 경험했다면, 그 이후 원수의 공격을 경계해야 한다. 엘리야는 갈멜 산에서 큰 승리를 거둔 후 도망을 쳤고(왕상 19장), 예수님도 요단 강에서 세례를 받으신 후 시험을 받으셨다(마 3:13-4:11). 큰 축복이 때로는 큰 유혹이 될 수도 있다.

8-9장에서 '여호와께서 명하신(the Lord commanded, NKJV)'이라는 표현이 11번 나오는 것을 볼 수 있다. 나답과 아비후는 여호와가 명하지 않으신 것을 행했고, 그 때문에 하나님의 불이 그들을 죽였다(히 12:29). 구원 역사의 새 시대를 시작하면서 하나님은 이스라엘 백성들이 하나님을 두려워하는 것을 배울 수 있도록 죄를 극적인 방법으로 심판하셨다(수 7장, 행 5:1-11).

그들이 죄를 지은 것이 독한 술로 인한 것이었는가(8-11절)? 이 대목에서 에베소서 5장 18절에 기록된 바울의 훈계를 기억해보는 것이 적절할 것으로 보인다. 왜냐하면 사역에서 성령의 능력을 대신할 만한 것이 없기 때문이다.

아론은 명령의 자구(字句)가 아니라 그 정신을 따랐다. 그가 명령의 자구를 따랐더라면 그는 하나님 앞에서 성실하지 못했을 것이고, 하나님은 그의 마음이 진정으로 함께하지 않는다는 것을 아셨을 것이다. 모세는 외적인 것을 보았지만, 하나님은 마음을 보셨다(삼상 16:7). 다른 사람들이 우리를 비난할 때에도 하나님은 우리의 마음을 아시고 우리를 이해하신다(요일 3:20-21).

● 레위기 11장

오염(Defilement). 레위기 11-15장은 음식(11장)과 출생(12장)과 질병(13-14장)과 몸의 정상적인 기능(15장)이라는 각각의 영역에서 '정한 것'과 '부정한 것'이 어떤 것인지에 초점을 맞추고 있다. 율법의 규정들이 실제적으로 위생을 관리하는 데 도움이 되는 것은 분명하다. 그러나 거기에는 영적인 원리들도 포함되어 있다. 하나님의 백성으로서 이스라엘 백성들은 하나님이 부정하다고 말씀하신 모든 것들을 멀리 해야 했다. 다른 나라들은 그렇게 할 수 있었지만, 유대인들은 할 수 없었다(44-45절). 오염은 전염될 수 있었고, 한 사람의 부주의가 많은 사람들에게 영향을 미칠 수 있었다.

분별(Discernment). 이스라엘 백성들이 하나님을 기쁘시게 하고 싶었다면 그들은 분별력을 가져야 했다(46-47절). 제사장들은 백성들에게 하나님의 뜻을 가르치도록 되어 있었다(겔 44:23). 음식에 관한 규정들은 일시적인 것이었지만(막

7:14-23, 행 10:9-18, 딤전 4:1-5), 그 원리는 영구적인 것이다. 신자들은 부정한 것을 분별해서 멀리해야 한다(고후 7:1, 빌 1:9-11, 히 5:14).

○ 레위기 12장

출생(Birth). 임신이나 출산이 죄라는 개념은 여기에서 찾아볼 수 없다. 하나님이 남자와 여자를 지으신 후 생육하고 번성하라고 말씀하셨다(창 1:28). 하나님은 우리가 죄악 중에 출생하였기 때문에(시 51:5, 58:3) 하나님의 자비가 필요하다는 사실을 우리에게 상기시켜주신다.

동정(Compassion). 남자 아기보다 여자 아기가 두 배나 더 부정한 것인가? 물론 아니다. 왜냐하면 부정함에는 그 정도가 없기 때문이다. 하나님은 아들을 선호하는 남성 중심적인 사회에서 어머니들이 딸을 돌보는 일에 더 많은 시간을 갖게 하셨다. 또 어머니들이 다음 임신 전까지 회복할 수 있는 시간도 가질 수 있게 하셨다. 왜냐하면 딸을 낳은 여자의 남편이 아들을 얻으려 조급하게 서두를 수 있었기 때문이었다.

은혜(Grace). 가장 가난한 사람도 합당한 제물을 드릴 수 있었고, 하나님은 그 제물을 받으셨다(8절). 요셉과 마리아가 예수님을 위해 드린 제물이 바로 가난한 사람들이 드리는 것이었다(눅 2:22-24). 하나님은 우리를 부요케 하시려고 친히 가난해지셨다(고후 8:9).

○ 레위기 13장

배려(Concern). 문둥병은 알려진 치료 방법이 없었던 무서운 질병이었다. 하나님은 문둥병에 걸린 사람들을 배려하시고 그들이 인간다운 대우를 받을 수 있게 하셨다. 하나님은 제사장들에게 그 병을 발견해서 병이 퍼지지 않도록 조처하는 데 필요한 모든 정보를 주셨다. 실제로는 감염되지도 않은 사람을 격리시킨다거나, 실제로 부정하게 된 사람을 정하다고 선언했다면 그 얼마나 비참한 일이 되었겠는가!

특징(Characteristics). 이 규정에는 병의 조짐에 대한 지시 그 이상이 포함되어 있다. 성경에서 문둥병은 죄를 상징하는 것이었다(사 1:4-6). 죄처럼 그 병은 피부 표면에 생기지 않고 '피부보다 우묵하게'(이 장에서 이 표현이 10번이나 사용되었다, NKJV의 경우) 된다. 문둥병은 조직에 퍼져 사람을 부정하게 만들었다. 따라서 그 사람은 격리되어야 했다. "그가 부정한즉 혼자 살되 진 밖에 살지니라"(46절). 죄와 매우 흡사하지 않은가!

동정(Compassion). 우리 주님은 문둥병자를 불쌍히 여기셔서 그에게 손을 대시고, 그를 낫게 해주셨다(막 1:40-45). 그리고 제자들에게 문둥병자를 낫게 하는 능력을 부여해주셨다(마 10:8). 예수님이 우리 모두를 위해 하신 일이 다음 장에 아름답게 묘사되어 있다.

● 레위기 14장

치유된 문둥병자의 회복을 축하하는 의식은 우리 주님의 구원 사역을 보여준다. 예수님은 우리를 만나시고, 우리를 위해 돌아가시기 위해 진 밖으로 나가셨다(눅 19:10, 히 13:10-13). 예수님은 버림받은 사람들과 자신을 동일시하셨다(마 9:10-13). 문둥병에 오염된 것은 무엇이든 불에 태워야 했다(13:52). 그러나 예수님이 우리를 구하셨다.

새들은 질그릇 속에서 살지 않는다. 새들은 공중을 날아야 한다. 새를 질그릇 속에서 잡게 한 것은 인간의 육체를 입으시고, 우리 죄를 대신해서 돌아가신 우리 주님의 성육신을 보여주는 그림이다. 산새를 들에 놓아주게 한 것은 죽음에서 살아나신 주님의 부활을 보여주는 그림이다. 문둥병에서 정결케 된 사람은 제사장이 위임되는 것과 같은 절차를 밟았다(14-20절과 8장 22-24절을 비교해보라). 하나님은 그리스도의 보혈을 통해 우리를 '왕과 제사장'으로 만드셨다(계 1:6). 하나님을 찬양하라!

○ 레위기 15장

이 장의 핵심이 되는 단어들은 유출(24번 나옴), 부정함(29번 나옴), 물에 씻음(11번 나옴, 이상 모두 NKJV의 경우)이다. 1-15절은 감염으로 인한 유출을 언급하고 있는 반면, 16-30절은 몸의 정상적인 기능으로 인한 유출을 언급하고 있다. 위생과 건강이 이 규정의 일부인 것은 분명하다. 그러나 근본적으로 하나님은 자신의 백성들이 어떻게 부정해지는 것에서 벗어날 수 있는지를 가르치고 계셨다(13-33절).

몸은 악한 것이 아니다. 그리고 정상적인 몸의 기능도 부정한 것이 아니다. 그러나 인간의 본성(성경이 '육체' 라고 부르는 것)은 악하다. 그리고 악하고 부정한 것들을 만들어낸다(막 7:20-23, 갈 5:19-21). 조심하지 않으면 우리의 말과 행동으로 다른 사람들을 부정하게 만들 것이다(5-12절, 마 23:25-28).

하나님은 이스라엘의 의식적인 부정함을 해결할 수 있는 방법을 제시해주셨고, 우리를 위해서도 그렇게 하신다. 우리가 회개하고 자백할 때 하늘에서 우리를 대변하시는 분이 우리를 깨끗케 하신다(요일 1:5-2:2, 참조 - 요 13:1-11). 그분은 자신의 보혈(요일 1:7)과 깨끗케 하시는 하나님 말씀의 능력(요 15:3, 엡 5:25-27)으로 우리를 깨끗케 하신다.

○ 레위기 16장

가장 중요한 날(The most important day). 속죄일은 이스라엘의 특별한 날들 가운데 가장 중요한 날이었다. 왜냐하면 그날 그들의 죄가 속해졌기 때문이었다. 속죄일은 대제사장이 지성소 안으로 들어갈 수 있는 날이었다. 나답과 아비후는 제멋대로 지성소 안에 들어가려다 심판을 받았다(레 10장). 그러므로 지성소 안에 들어가는 것은 삶과 죽음이 걸린 일이었다.

가장 중요한 사람(The most important person). 대제사장에게서 우리는 주 예수님을 볼 수 있다. 예수님도 혼자 일하셨다. 영광의 옷을 벗어두시고(빌 2:5-8) 우리를 위해 자신을 거룩하게 하셨다(요 17:19). 다른 점은 예수님은 자신을 위해 제사를 드리지 않으셨다는 사실이다. 그 이유는 그분에게는 죄가 없으셨기 때문이었다. 예수님 자신이 세상 죄를 위한 완전한 그리고 최종적인 제물이 되셨다(히 7:23-28).

가장 중요한 이유(The most important reason). 대제사장은 지성소에 세 번 들어갔다. (1) 향을 가지고(12-14절), (2) 자신의 죄를 속하기 위한 피를 가지고, (3) 백성들의 죄를 속하기 위한 피를 가지고 들어갔다. 향의 연기는 하나님의 영광을 말해주는 것이다. 그리고 하나님의 영광이 바로 구원의 목적이다(요 17:1, 엡 1:6, 12, 14).

속죄 염소는 '제거하다'는 뜻을 가진 아람어에서 나온 것으로 보인다. 산 염소를 놓아주는 것은 우리의 죄를 사해주시는 하나님의 용서를 보여주는 그림이다(시 103:10-13). 그러나 그렇게 하기 위해서는 다른 염소가 죽임을 당해야 했다. 구원은 값없이 주어지지만, 그렇다고 해서 값싼 것은 결코 아니다.

● 레위기 17장

유일한 대가(One price). 하나님이 인정하시는 죄에 대한 대가는 피밖에 없는데, 그 이유는 피가 생물의 생명이기 때문이다. 피 제사는 한 생명을 위해 다른 생명을 바친다는 뜻이다. 우리는 모든 생명을 존중하고 피를 평범한 것으로 취급하지 말아야 한다. 유대인들은 사냥한 짐승을 제물로 사용할 수 없었는데(13절), 그것은 사냥한 짐승은 값을 주고 산 것이 아니었기 때문이다(삼하 24:24 참조). 동물들은 그들의 의지와 상관없이 피를 흘렸지만, 예수님은 세상 죄를 위해 기꺼이 자신의 생명을 내어주셨다.

유일한 장소(One place). 광야를 지나던 유대인들은 놋 제단에서 그들의 가축을 잡아야 했다. 그리고 각 동물은 하나님께 드리는 화목제가 되어야 했다[이 규정은 그들이 가나안 땅에 들어가게 되었을 때 일부 변경되었다(신 12:20-28)]. 그 외 다른 곳은 하나님께 합당한 곳이 아니었다. 갈보리에서 흘리신 예수 그리스도의 보혈은 죄를 속하기 위해 하나님이 받으시기에 합당한 유일한 것이었다.

식사를 할 때마다 그 식사를 하나님께 드리는 제사로 여기고 있는가? 그리고 하나님의 영광을 위해 먹고 마시는가(고전 10:31)?

○ 레위기 18장

기준(Standards). 애굽이나 가나안 족속들의 도덕적 기준은 하나님이 용납하실 수 없는 것이었다. 유대인들은 애굽이나 가나안 족속들의 기준을 따르지 못하게 되어 있었다. 대신 그들은 하나님의 율법에 순종해야 했다. 18장과 19장에는 "나는 여호와 너희 하나님이라"는 말씀이 21번이나 나온다(NKJV의 경우). 그리고 그 말씀은 하나님이 우리를 다스리신다는 사실을 상기시켜준다(롬 12:2 참조).

성(Sexuality). 성은 하나님이 가정에 주신 놀라운 선물이다. 하나님의 뜻에 따라 성을 사용할 때 성은 창의적인 것으로서 풍성한 복을 가져다준다. 그러나 하나님의 뜻에서 벗어나게 되면 파괴적인 것으로 바뀌어 비극적인 결과를 불러온다. 부정한 성행위는 그런 성행위를 하는 사람뿐 아니라(20-30절), 온 나라(24절)와 땅(25, 27절)까지 부정하게 만든다.

질병(Sickness). 성의 남용과 오용은 하나님이 혐오하시는 것이며, 나라를 병들게 하는 것이다. 가나안에 있는 나라들은 그런 일을 일삼았고, 그 땅은 하나님의 백성들을 위한 자리를 만들기 위해 '그들을 토해냈다.' 성적인 범죄도 하나님이 용서하실 수 있다(고전 6:9-11). 그러나 하나님은 자신의 백성들에게 그런 죄를 범하지 말라고 경고하셨다(살전 4:1-8, 히 13:4).

○ 레위기 19장

자신의 백성들에게 거룩하라고 하신 하나님의 명령은 지금 우리에게도 적용된다(벧전 1:16). 이 장에 14번 나오는 "나는 여호와 너희 하나님이라"는 선포는 하나님이 우리 삶의 모든 영역을 통치하셔야 한다는 사실을 상기시켜준다.

가정(The home, 3 상반절). 거룩은 부모를 공경해야 하는 우리 가정에서 시작되어야 한다(엡 6:1-3).

시간(Time, 3 하반절). 우리의 모든 시간은 하나님께 속한 것이다. 따라서 시간을 낭비해서는 안 된다(엡 5:15-17). 그리고 하나님을 찬양하고 예배하기 위한 특별한 시간을 내는 일에 마음을 써야 한다.

음식(Food, 5-8절). 우리는 하나님의 영광을 위해 먹고 마셔야 한다(고전 10:31). 우리의 식탁은 화목제를 드리는 제단이 되어야 한다. 그런데 전쟁터로 변할 때가 너무 많다.

일(Labor, 9-10절). 하나님이 우리에게 주신 것들을 누릴 때 다른 사람들을 배려해야 한다. 우리의 일터에서도 하나님이 주인이시라면 우리는 이기적으로 행동할 수 없다.

거래(Business, 11-13절). 하나님이 우리의 주인이시라면 거래를 부정직하게 하고, 거짓말을 하며, 부당한 이익을 취하고, 사기 행위를 가리기 위해 하나님의 이름을 사용하는 일은 우리와 상관없는 것이 되어야 한다.

이웃(Neighbors, 14-18절). 몰인정, 불공평, 헛소문, 불평불만, 미움 등은 악한 것이다. "네 이웃을 네 몸과 같이 사랑하라"(막 12:31)는 것이 두 번째로 큰 계명이다.

19장 전체를 잘 읽고, 실제로 실천해야 할 다른 영역들도 찾아보라.

● 레위기 20장

"반드시 죽이라"는 험악한 표현이 이 장에 9번이나 나오는데, 그것은 '죄의 삯은 사망'(롬 6:23)이기 때문이다. 그러나 죽음에 대한 두려움이 거룩한 삶을 살아가는 주된 동기는 아니다. "나는 너희를 거룩케 하는 여호와라"(8절). 이 말씀이 우리가 거룩한 삶을 살아가야 할 충분한 동기가 되어야 한다(빌 2:12-13).

우상 숭배(Idolatry, 1-5절). 몰렉은 암몬의 신이었고, 그를 섬기기 위해 사람들은 그들의 자녀들을 제물로 삼거나 신전 매춘에 바쳐야 했다. 돈이나 재물, 성공이나 지위라는 현대의 우상들 때문에 부모들은 자녀들을 희생시키고 있다.

심령술(Spiritism, 6-8절). 우상 숭배와 심령술은 공존한다(고전 10:19-22). 오늘날 사람들이 악마 숭배에 점점 더 많은 관심을 보이는 것은 두려운 일이다. 그리고 그리스도인은 사탄에 대한 농담을 해서는 안 된다. 그리고 악마 숭배와는 무관해야 한다.

부모를 모욕함(Dishonoring parents, 9절). 이 구절은 십계명의 다섯 번째 계명을 (출 20:12) 강조하고 있으며, 출애굽기 21장 17절에 기록된 율법을 반복하고 있다(참조 - 잠 20:20, 30:11, 17, 딤후 3:1-4).

부도덕(Immorality, 10-21절). 간음, 근친상간, 동성애, 수간 등에 대해 유죄 선고를 내리고 있는데, 그 이유는 그런 것들이 순리에 어긋나는 것이기 때문이다(롬 1:24-27). 하나님이 성과 결혼을 만드셨다. 따라서 우리는 그것에 대한 하나님의 율법을 따라야 한다.

이스라엘 백성들이 이런 죄들을 허용한다면 그들이 약속받은 기업을 상실하게 될 것이다(엡 5:5 참조).

○ 레위기 21장

특권에는 언제나 책임이 따른다. 이스라엘 백성들이 구별되었다면, 그들의 영적 지도자들은 본보기가 되어야 했다. 하나님이 제사장들(1-9절)과 대제사장(10-15절)과 제사장이 될 수 없는 사람들(16-24절)에게 지시하신 말씀이 있었다. 이 장에 기록된 훈계의 말씀들에 주목하라.

"자신을 더럽히지 말라!"(Don't defile yourself, 1, 3, 4, 11절) 죽은 시체를 만진 사람은 누구나 의식적으로 부정하게 되었다. 따라서 제사장들은 특히 조심해야 했다. 그들도 슬퍼할 수는 있었지만, 소망이 없는 이방인들처럼 슬퍼해서는 안 되었다(5절, 참조 - 살전 4:13-18).

"하나님의 이름을 욕되게 하지 말라!"(Don't profane God's name, 6절) 우리가 이방인들의 풍습을 받아들인다면 사람들이 우리가 이방인의 신들을 섬긴다고 생각하게 될 것이고, 그것은 결국 하나님의 이름을 욕되게 하는 것이다. 예수님은 주기도문에서 무엇보다 먼저 "하늘에 계신 우리 아버지여 이름이 거룩히 여김을 받으시오며"(마 6:9)라고 기도하셨다.

"하나님의 성소를 더럽히지 말라!"(Don't profane My sanctuary, 12, 23절) 부정하게 된 또는 더럽혀진 제사장은 하나님의 거룩한 성소를 욕되게 했고, 하나님의 심판을 피할 수 없었다. 거룩한 뜰에서는 거룩한 사람들이 섬겨야 한다.

"자손들을 더럽히지 말라!"(Don't profane your posterity, 15절) 대제사장은 아론의 진정한 자손들만이 장자가 될 수 있다는 사실을 백성들에게 알리기 위해 처녀 외에는 그 어떤 여인도 아내로 맞이할 수 없을 만큼 특별한 사람이었다. 육체적인 결함을 가지고 태어난 아들은 제사장이 될 수 없었다. 그러나 그들은 성물 중 그들의 몫을 받을 수는 있었다. 흠이 없는 제물을 바쳐야 하는 제사장(레 22:20-25)에게도 흠이 없어야 했다. 오늘날에도 하나님은 책망할 것이 없는 일꾼을 원하신다(딤전 3:2, 10).

● 레위기 22장

이 장은 "내 성호를 욕되게 함이 없게 하라"(2, 32절)는 근엄한 훈계로 시작해서 같은 훈계로 끝이 난다. 21장에서 하나님은 제사장들에게 부정한 것으로 그들을 더럽게 해서는 안 된다고 경고하셨다. 이 장에서는 부정한 것으로 정한 것을 더럽게 해서는 안 된다고 그들에게 경고하신다.

흠 있는 봉사(Defective serving, 1-9절). 제사장들이 자신들이 부정하다는 것을 알면서도 하나님께 제사를 느리는 깃은 위험한 일이었다. 그렇게 하는 것은 모든 것을 아시는 하나님을 모독하는 것이며, 제물을 하나님께 드리기 위해 제사장들을 의존하는 백성들을 속이는 것이었다. 이사야 선지자는 "여호와의 기구를 메는 자여 스스로 정결케 할지어다"(사 52:11)고 조언했다.

흠 있는 분배(Defective sharing, 10-16절). 제사장들은 백성들이 가져온 제물로 가족을 부양했다. 그리고 그 거룩한 음식은 외부 사람들은 물론 집에 찾아온 손님들에게도 줄 수 없도록 되어 있었다. 관대한 것은 좋은 것이다. 그러나 하나님이 주신 선물의 명예를 손상시킨다면 그것은 좋은 것이 될 수 없다(마 7:6).

흠 있는 제물(Defective sacrificing, 17-33절). 우리는 가장 좋은 것을 받으시기에 합당하신 하나님께 가장 좋은 것을 드려야 한다. 제물은 오실 구세주를 보여주는 것이기 때문에 완전해야 했다. 하나님께 우리가 더 이상 원치 않는 것을 드리기가 얼마나 쉬운지 모른다. 말라기 1장 6-8절을 묵상하라.

○ 레위기 23장

히브리 달력은 7을 중심으로 편성되었다. 한 주의 일곱 번째 날은 안식일이다. 그들은 해마다 일곱 개의 절기를 지킨다. 그 중 세 개는 일곱 번째 달에 속해 있다. 그리고 매 칠 년마다 안식년을 지키고, 49년(칠 년이 일곱 번)이 지난 후 맞이하는 해를 희년으로 지켰다.

구원의 내용을 보여주는 7가지 절기

절기	의미	성경 구절
유월절	우리를 위해 죽은 어린양, 그리스도	요한복음 1:29, 고린도전서 5:7
무교절	죄와 결별하고 그리스도와 연합하여 교제하는 그리스도인의 삶	고린도전서 5:6-8
초실절	그리스도의 부활	고린도전서 15:20-23
오순절	성령의 임하심	사도행전 2:1
나팔절	하나님의 백성들의 모임	이사야 27:12-13, 마태복음 24:29-31, 데살로니가전서 4:13-18
속죄일	장래에 하나님의 백성들이 얻게 될 깨끗함	스가랴 13:1-2, 로마서 14:10
초막절	하나님의 나라에서 그분의 백성들이 누리게 될 장래의 기쁨	스가랴 14:16-21

하나님은 기억하도록 우리를 초대하신다(God invites us to remember). 유월절과 무교절 떡은 하나님의 능하신 손에 의해 애굽에서 기적적으로 해방된 이스라엘 백성들의 구원을 그들에게 상기시켜주었다. 초막절은 광야를 지나며 초막에서 생활했던 그들의 조상들을 상기시켜주었다. 하나님의 백성들은 하나님이 그들을 위해 행하신 일들을 새로운 세대에게 가르쳐야 했다. 그렇게 하지 않는다면 새 세대들은 그들이 누리는 축복을 당연한 것으로 여길 수도 있었다. 그날을 기억하고 기념하기 위해 구체적인 때를 정해두는 것은 우리 모두에게 유익하다.

하나님은 기뻐하도록 우리를 초대하신다(God invites us to rejoice). 최소한 일곱 가지의 절기 중 세 가지(첫 이삭을 바치는 절기와 오순절과 초막절)는 농경 사회와 관련된 것이었고, 하나님이 그들에게 필요하고 그들이 누릴 수 있는 모든 것을 주시는 분이라는 사실을 상기시켜주는 것이었다.

하나님은 회개하도록 우리를 초대하신다(God invites us to repent). 속죄일(16장)에는 백성들이 그들의 죄를 자백하고 깨끗케 하시는 하나님을 신뢰할 것이 요구되었다. 속죄일은 일주일 동안 기뻐하고 잔치를 즐기는 초막절 뒤에 이어졌다. 진정한 기쁨은 우리가 하나님과 올바른 관계를 맺고 있다는 사실을 알 때만이 누릴 수 있다(시 51:8, 12).

◦ 레위기 24장

이 장에는 '여호와 앞'에서 행해야 할 중요한 직무 세 가지가 기록되어 있다(3, 6, 8절).

기름을 공급함(Providing the oil, 1-4절). 하나님과 제사장만이 등잔불을 보았다. 그러나 등잔불은 언제나 밝혀 있어야 했다. 왜냐하면 성막 안에는 다른 빛이 없었기 때문이었다. 순전한 감람유가 사용되었고, 백성들이 그 기름을 공급했다. 오늘날 우리도 하나님의 백성들로서 교회의 등불이 계속 그 빛을 발할 수 있도록 돕고 있는가(계 1:20)?

떡을 진설함(Presenting the bread, 5-9절). 매 안식일마다 떡 열두 덩이를 상에 올리고, 상에 있던 떡은 제사장들이 먹도록 되어 있었다. 그 떡들은 하나님이 열두 지파를 육체적으로 그리고 영적으로 먹이신다는 사실과, 따라서 그들은 주님에 관한 진리로 세상을 먹여주어야 한다는 사실을 상기시켜주는 것이었다.

이름을 보호함(Protecting the name, 10-23절). 사람은 자신의 태생에 대해 비난받을 수 없다. 그러나 불경스러운 말을 한 것에 대해서는 비난받을 수 있다. 애굽 사람을 조상으로 둔 사람이 이스라엘의 하나님께 영광을 돌릴 수 있었는가(출 5:2 참조)? 모세처럼 우리도 하나님이 지시하신 대로 하나님을 섬겨야 한다(약 1:5). 하나님의 이름을 훼방하는 것은 중대한 범죄였고, 그렇게 한 사람은 돌에 맞아 죽는 형벌을 받아야 했다. 하나님은 공평하게 판단하고 사사로이 복수해서는 안 된다는 원리를 - 출애굽기 21장에서 말씀하신 기본적인 원리를 - 다시 강조하셨다.

● 레위기 25장

자원(Resources). 안식년(1-7절)과 희년(8-55절, '나팔을 불다'라는 뜻을 가진)은 "토지는 다 내 것이라"(23절) 그리고 "이스라엘 백성은 나의 품꾼이다"(42, 55절)고 선포하신 하나님의 말씀을 기초로 하고 있다. 하나님이 땅을 소유하신다. 우리는 하나님이 우리와 공유하시는 것들을 관리하는 청지기다. 우리는 하나님의 영광을 위해 그분의 자원들을 지혜롭게 사용해야 한다. 왜냐하면 어느 날 우리가 수행한 청지기 직무에 대한 책임을 져야 하기 때문이다(눅 16:1 이하).

휴식(Rest). 이 규정들 뒤에는 생태학적 목적이 있다. 이 규정들을 따를 때 토지와 토지를 경작하는 데 사용된 가축들과 사람들에게 휴식을 줄 수 있었기 때문이다. 안식일과 함께 안식년과 희년은 이스라엘 백성들에게 노동과 휴식이 조화를 이루어야 하며, 하나님이 주신 자원들과 사람들을 착취해서는 안 된다는 사실을 상기시켜주었다.

풍요(Riches). 이 규정들에는 경제적인 목적도 있다. 하나님은 가난하고 고통받는 사람들을 배려하셨다(25, 35, 39, 47절). 이스라엘 백성들이 희년의 규정을 따른다면 경제 질서의 균형을 이루는 데 기여하게 되고, 부자들이 가난한 사람들을 착취하는 것이 어려워질 것이었다.

책임(Responsibility). 그러나 가장 중요한 목적은 영적인 것이었다. 하나님은 땅과 사람들 모두의 주가 되시며, 이스라엘 백성들은 모든 것을 위해 그분을 신뢰해야 할 책임이 있다는 사실을 상기시켜주는 것이었다. 그들은 49년째가 되는 해나 또는 50년째가 되는 해에는 씨를 뿌릴 수 없었다. 그리고 51년째 되는 해에 추수할 수 있을 때까지 기다려야 했다. 믿음이 없이는 그렇게 할 수 없었다(18-22절).

구원(Redemption). 예수님은 구원을 보여주는 그림으로 희년을 사용하셨다(눅 4:16-21). 오늘날 예수님은 예수님을 신뢰하는 사람들에게 자유와 안식을 주신다. 우리는 지금 희년을 누리고 있다!

● 레위기 26장

언약(Covenant, 1-13절). 하나님은 이 장에서 '언약(covenant)'이라는 단어를 8번 사용하셨다(NKJV). 그 말은 이스라엘 백성들에게 하나님과 그들이 맺고 있는 특별한 관계와 그 관계에 따르는 책임을 상기시켜주었다. 그들이 언약을 지키면 약속의 땅에서 하나님이 주시는 복을 누리게 될 것이다. 하나님은 오늘날 하나님과 새 언약을 맺은 우리들에게 물질적인 성공을 약속하지는 않으셨다. 그러나 우리와 함께하시며, 우리의 모든 필요를 채워주실 것이라고 약속하셨다.

징벌(Chastening, 14-39절). 하나님의 인약에는 복과 징벌이 모두 포함되어 있었다. 왜냐하면 하나님은 반역적인 백성들에게도 자신의 선하심을 보이실 것이기 때문이었다. 선물을 주신 분을 모욕하면서 선물만을 향유한다는 것은 이기적인 것이며 우상 숭배와 다를 바 없다. 우리는 하나님이 주시는 복을 받기 위해서, 또는 하나님의 벌을 피하기 위해서가 아니라 하나님의 마음을 기쁘시게 해 드리고 싶은 열망으로 하나님께 순종해야 한다.

자백(Confession, 40-46절). 은혜로우신 하나님은 회복을 위해 언제나 문을 열어놓고 계신다. 하나님이 벌하시는 중요한 목적도 바로 회복을 위한 것이다(히 12:1-13). 사람들은 하나님과 맺은 약속을 파기할 수도 있지만(15절), 하나님은 자신의 백성들에게 하신 약속을 결코 파기하지 않으신다(44절). 하나님은 우리의 죄에 대해서는 잊으시지만, 자신의 언약에 대해서는 잊지 않으신다! 그렇다고 해서 우리가 죄를 지어도 되는 것은 아니다. 오히려 그 사실은 우리에게 죄를 회개하고 하나님께 돌아갈 수 있는 격려가 되어야 한다.

● 레위기 27장

약속을 지키기가 어렵거나, 지킬 수 없다면 이 장의 메시지가 도움이 될 것이다.

큰 기쁨이나 시련의 순간에 유대인들은 하나님께 서원하고 하나님이 주신 복에 대한 반응으로 자신의 소중한 것들을 하나님께 드렸다(참조 - 삿 11:29-40, 요 2:9). 서원에는 사람(1-8절)과 짐승(9-13, 26-27절)과 재물(14-25절)과 소산물(30-33절)이 포함될 수 있었다.

서원은 되돌릴 수 없었고, 값싼 대체물로 바꿀 수도 없었다. 대신 제사장에게 서원한 것에 대한 대가를 돈으로 지불하고, 그 대가의 5분의 일을 추가로 더해야 했다. 이 장은 하나님이 합당한 금액을 받으시고, 그 돈을 성전 사역에 사용할 수 있도록 예물을 어떻게 돈으로 환산할 수 있는지 제사장에게 알려주고 있다. '정가하다(valuation)' 라는 단어가 19번 사용되었다(NKJV).

말은 '값싼' 것이 아니다. 성급한 약속으로 값비싼 대가를 치를 수도 있다. 큰 기쁨이나 슬픔을 경험할 때 우리가 지킬 수 없는 약속을 하나님께 하는 일이 없도록 조심해야 한다(참조 - 잠 20:25, 전 5:4-5). 다른 것으로 하나님께 드릴 수도 있다. 그러나 원래 드리기로 했던 것에 상당하는 것을 드려야 한다. 그리고 하나님이 평가하시게 해야 한다.

민수기

Numbers

　민수기라는 책의 제목은 전쟁에 나갈 이스라엘 남자들의 수를 계수한 데서 비롯되었다. 시내 산에서 첫 세대의 인원수가 계수되었다(1-4장). 그리고 새로운 세대의 인원수는 모압 평지에서 계수되었다(26-27장). 민수기는 변환기의 책이다. 첫 세대의 반역 때문에 하나님은 그들을 내버려두시고(1-20장), 약속의 땅을 기업으로 얻게 될 새 세대를 준비시키셨다(21-36장).

　민수기는 또 방랑의 책이다. 하나님이 20세 이상 된 이스라엘의 첫 세대가 다 죽을 때까지 그들을 광야에서 40년 동안 방랑하게 하셨기 때문이다. 그들은 하나님을 믿지 않았고, 그 결과 그들의 기업을 잃었다. 그 일에 대한 신약 성경의 해석은 히브리서에서 볼 수 있다. 믿음으로 그리스도 안에 있는 영적 기업을 얻지 못한다면(엡 1:3), 불신앙 속에서 '방랑'하면서 하나님이 주시기로 계획하신 복을 빼앗기게 될 것이다(엡 2:10).

　성경의 지형은 교육적이다. 애굽 땅에 있었던 이스라엘 백성들은 세상에 얽매인 우리의 상태를 보여준다. 가나안 땅에 들어간 이스라엘 백성들은 믿음으로 우리의 기업을 주장하고, 하나님이 주시는 것들을 풍족하게 누리는 우리의 모습을 보여준다. 광야에서 방랑하던 이스라엘 백성들은 불신앙과 불순종 때문에 하나님이 예비하신 것들을 얻지 못하는 세속적인 그리스도인들을 보여준다.

○ 민수기 1-2장

　창세기에서 하나님의 백성들은 기업을 찾아가는 나그네와 순례자로 묘사되어 있다. 출애굽기와 레위기에서는 하나님을 섬기는 거룩한 제사장의 나라로 묘사되어 있다. 민수기에는 하나님의 백성들이 적을 무찌르고 약속된 기업을 주장하는 용사로 강조되어 있다.

이스라엘 백성들은 전쟁터에 나갈 수 있는 20세 이상 된 남자들의 수를 계수했다. 자원병을 모집하지 않았다. 예수 그리스도를 믿는 믿음으로 하나님의 가족이 되면 자동적으로 하나님 군대의 일원이 되는 것이다(딤후 2:3-4). 모든 신자는 충성된 군사이건 그렇지 못한 군사이건 간에 모두 군사다.

각 지파마다 지도자와 따라야 할 기준이 있는 군대를 조직했다. 다양함 속에 일체감이 있었다. 이스라엘 진영은 교회를 보여주는 그림이라 할 수 있다. 각기 다른 '지파들'과 기준들과 지도자들이 있었지만, 그들은 같은 사령관을 따르며 같은 적에 맞서 싸우는 하나의 군대였다. "세상을 이긴 이김은 이것이니 우리의 믿음이니라"(요일 5:4).

● 민수기 3-4장

제사장들도 교전의 한 부분을 맡고 있었는데, 그 이유는 하나님이 복 주시지 않는 승리는 있을 수 없기 때문이었다. 하나님의 백성들 중에는 전투의 최전선에서 싸우는 사람들도 있고, 후방에서 하나님께 드리는 중보 기도를 통해 싸우는 사람들도 있다.

하나님의 성막이 백성들과 함께 진행하는 것이 중요했다. 그래서 하나님이 제사장들과 레위인들에게 성막을 어떻게 해체해서 운반해야 하는지를 지시하셨다. 세부적인 하나님의 지시들은 모두 다 중요한 것이었고, 인간의 지혜에 맡겨서는 안 되었다.

하나님의 일을 하는 사람들에게도 그들에게 하나님이 어떤 일을 맡기셨건 그 모두가 매우 중요하다. 하찮은 일은 하나도 없다. 말뚝들을 취급하는 일도 소홀히 해서는 안 되었다(3:37). 레위인들 중에는 다른 사람들보다 더 힘든 일을 맡은 사람들도 있었다. 그러나 하나님이 그들에게 일을 맡기셨고, 맡은 일을 감당할 수 있도록 그들을 준비시키셨다.

성막을 세우고 해체하는 일은 제물을 드리는 것이나 향을 피우는 것 못지않게 중요한 일이었다. 영적 사역은 삶과 죽음이 걸린 문제다. 따라서 나태한 방관자나 조심성 없는 일꾼들이 설 수 있는 자리는 없다(4:17-20).

○ 민수기 5장

부정케 됨(Defiling, 1-4절). 이스라엘 백성 모두가 다 군사나 제사장이 되는 것은 아니었다. 그러나 각 개인에게는 하나님을 기쁘시게 하고 부정한 것을 멀리해야 할 책임이 있었다. 이스라엘 백성은 하나님께 거룩해야 했다. 그렇지 않으면 하나님이 승리를 주실 수 없었다. 오늘날 진행되고 있는 영적 전투에서 자신은 그리 중요한 사람이 아니라고 생각할 수도 있을 것이다. 그러나 그렇지 않다. 우리 모두는 정결함을 유지해야 한다.

횡령(Defrauding, 5-10절). 군사들이 서로에게 충성하지 않으면 어떻게 적을 물리칠 수 있겠는가? 죄를 자백하는 것만으로는 충분하지 않다. 배상도 따라야 한다. 제사장들의 사역 역시 승리에 기여하는 것이기 때문에 백성들은 제사장들을 돌봐야 할 책임이 있다는 사실을 기억해야 했다. 각 개인은 자신이 하나님께 온전히 순종하고 있는지를 확인해야 할 필요가 있었다.

죄를 밝힘(Discovering, 11-31절). 이 흔치 않은 규정은 부부 관계를 성결하게 해 줄 뿐 아니라 여자들을 보호해주었다. 남편과 아내는 서로에게 신실해야 한다. 결혼은 친밀한 관계이며, 숨겨진 부정은 시기와 의심을 불러오게 된다. 아내에게 죄가 있다면 그 사실은 드러나게 될 것이다. 그러나 그렇지 않다면 남편은 아내를 신뢰할 수 있고, 함께 살며 가정을 유지해나갈 수 있었다. 오늘날 우리에게는 그런 법이 없다. 그러나 우리에게는 모든 것을 보시는 하나님이 계시고, 그분 앞에서 책임을 지는 날이 오게 될 것이다.

○ 민수기 6장

구별(Separation, 1-12절). 나실인은 '헌신하다'는 뜻을 가진 단어에서 파생되었다. 나실인은 일시적으로 또는 평생 동안 하나님께 헌신한 사람들이다(삿 13:1-

5). 그들은 하나님을 위해 구별되고(2절), 또 부정한 것으로부터 분리된(3-8절) 사람들이었다. 포도의 씨나 껍질처럼 작은 것이라도 부정하게 만들 수 있었다. 하나님이 어떤 것이 잘못된 것이라고 말씀하신다면, 그것은 아무리 작게 보이는 것일지라도 잘못된 것이다.

종결(Termination, 13-21절). 나실인은 처음에 얼마 동안 서원이 계속될 것인지를 말한다. 하지만 하나님을 위한 구별은 평생 동안 계속되어야 한다. 그리고 때때로 나실인이 했던 것처럼 하나님께 특별하게 헌신하기 위해 일정 기간을 따로 떼어놓는 것은 잘못된 일이 아니다. 나실인이 부정하게 되면 나실인으로 보낸 지나간 날들은 무효가 된다(12절). 하나님께 불순종하면 큰 대가를 치르게 될 것이다. 나실인은 비록 헌신된 삶을 살았음에도 불구하고 하나님께 제사를 드리지 않을 수 없었다. 왜냐하면 하나님 앞에서 완전한 사람은 아무도 없기 때문이다.

축복(Benediction, 22-27절). 제사장이 백성들을 축복할 수 있다는 것은 큰 특권이었다. 또 우리가 하나님의 은혜를 다른 사람들과 나눌 수 있다는 것 역시 큰 특권이다(창 12:1-3). 이스라엘 백성들은 곧 전투에 임하게 될 것이었다. 그러나 하나님이 어떻게 평안할 수 있는지를 말씀해주셨다. 우리의 환경이 아무리 힘들더라도 미소짓는 하나님의 은혜 아래서 살아간다면 하나님의 평안을 누릴 수 있다.

○ 민수기 7장

민수기에서 가장 긴 이 장은 성막이 세워진 후 각 지파의 지도자들이 가져온 풍성한 예물에 대해 언급하고 있다. 지도자들은 관대함의 본보기를 보여야 하는데 그들이 그렇게 했다.

12일 동안 계속해서 똑같은 예물을 드렸지만 하나님이 보시기에는 그것은 각기 개별적인 것이었다. 우리가 하나님의 영광을 위해 마음에서 우러나온 선물을 드린다면, 하나님은 그것을 보시고 하나님의 때에 보상해주실 것이다. 열두 지파의 지도자들은 모두 하나님께 소중한 사람들이었고, 하나님은 그들의 예물을 각각 개별적으로 받으셨다.

예물은 성막에서 섬기는 일을 위해 사용될 수 있는 실제적인 것이었다. 우리가 하나님의 종들에게 사역에 필요한 도구들을 제공하는 것 역시 하나님께 예물을 드리는 것이다.

고핫 자손을 제외한 모든 사람에게는 수레가 주어졌다. 고핫 자손은 어깨로 성막의 기구들을 옮겨야 했다(3:30-31, 4:15). 우리가 진 짐을 다른 사람들이 조금은 덜어줄 수는 있겠지만, "각각 자기의 짐을 져야 한다"(갈 6:1-5). 다윗은 이 율법을 어겼기 때문에 하나님의 심판을 받았다(삼하 6:1-15). 짐을 거부하지 말라. 하나님이 그 짐을 감당할 수 있는 힘을 주신다.

ㅇ 민수기 8장

모든 사람이 다 제사장이나 지도자가 되는 것은 아니다. 어떤 사람들은 레위인들처럼 돕는 사람이 되어야 한다. 돕는 은사(고전 12:28)는 하나님의 일에 있어서 중요한 것이고, 그 은사를 무시해서는 결코 안 된다. 하나님은 레위 지파를 아론에게 주신 선물로 여기셨다(19절). 우리를 돕도록 우리에게 사람들을 보내주시는 하나님께 감사해야 한다.

대리(Substitutes). 레위 지파는 무엇보다 이스라엘의 모든 처음 난 자를 대신하기 위해 하나님이 택하신 지파였다(16-18절, 3:11-13). 처음 난 자는 하나님께 속하였다. 그리고 하나님이 그들을 구속하셨다(출 13:1, 11-13절). 그리스도를 위해 우리 각자 해야 할 일이 있다. 그러나 당신 대신 다른 곳에서 하나님을 섬기고 있는 사람들이 있다는 사실을 잊지 말라.

종(Servants). 아론에게 레위 지파를 일꾼으로 주셨다(11, 19절). 그들은 제사장이 하는 모든 일을 다 할 수는 없었다. 그러나 그들이 해야 할 일이 있었고, 그 일을 신실하게 행해야 했다.

제물(Sacrifices). 레위 사람들은 하나님께 요제로 바쳐진 '산 제물'이었다(11,

13, 15, 21절). 우리가 주님을 위해 어떤 일을 하건 그 일은 하나님께 드려지는 제물과 같은 것이 되어야 한다(빌 4:10-20).

○ 민수기 9장

하나님은 우리를 여러 가지 방법으로 가르치신다. 우리가 순종해야 할 명령들이 있다(1-5절). 우리는 그 명령들을 잘 알고 그대로 따라야 한다. 유월절은 해마다 하나님이 이스라엘을 억압에서 구원하셨고, 그들은 하나님께 속한 백성이라는 사실을 상기시켜주었다. 그들이 하나님께 순종하기 위해 수천 마리의 양들이 도살된 것을 생각해보라. 온 세상을 위해 죽임을 당하신 하나님의 어린양을 생각해보라(요 1:29).

고려해야 할 예외도 있다(6-14절). 율법주의자는 예외를 인정하지 않고, 무정부주의자는 모든 것을 예외로 만든다. 그러나 하나님의 자녀들은 하나님의 명령에 따라 하나님을 섬긴다. 살아가면서 부딪히는 문제들은 하나님을 어떻게 섬기고 하나님의 뜻을 어떻게 발견해야 하는지를 배울 수 있는 기회다. 예외를 두려워하지 말라. 우리가 해야 할 일은 우리가 하는 일이 언제나 일관성 있는 것처럼 보이지 않을지라도 하나님께 순종하는 것이다.

◆ 하나님의 뜻 ◆

하나님의 뜻을 두려워하지 말라. 하나님의 뜻은 하나님의 사랑을 표현하는 것으로, 하나님의 마음에서 나온 것이다(시 33:11). 하나님의 뜻은 약이 아니라 음식이고(요 4:31-34), 우리가 순종하는 동안 우리에게 영양분이 된다. 오스왈드 챔버스(Oswald Chambers)는 "하나님의 뜻을 행하는 것은 결코 어려운 일이 아니다. 유일하게 어려운 일 한 가지는 하나님의 뜻을 행하지 않는 것이다"고 말했다. 당신은 지금 하나님의 뜻을 행하고 있는가?

따라야 할 선두가 있다(15-23절). 하나님께 순종하고, 하나님을 섬기고, 하나님을 따르는 순서에 주목하라. 하나님의 때와 노정이 있으며, 우리는 앞서 가시는 하나님을 주시해야 한다. 우리에게 가장 어려운 때는 아마도 늑장을 부리시는 것처럼 보이는 하나님을 기다려야 할 때일 것이다(19절). 그리고 그때는 가장 위험한 때이기도 하다. 왜냐하면 우리에게는 급히 행동하려는 성향이 있기 때문이다. 우리는 "여호와 앞에 잠잠하고 참아 기다려야 한다"(시 37:7).

민수기 10장

이스라엘 백성들은 하나님이 정해주신 기업을 향해 출발했다. 그들은 위험하지만 하나님이 그들에게 필요한 도움을 베풀어주시는 미지의 땅을 지나게 될 것이다.

하나님의 명령(His command, 1-13절). 제사장들은 하나님의 뜻을 백성들에게 전달하기 위해 두 개의 은 나팔을 사용하였다. 백성들을 모으거나, 앞으로 나아가거나, 전투를 위해 소집하거나, 잔치하거나, 절기를 지킬 때 은 나팔을 불었다. 은 나팔 소리를 듣고 구름을 바라보면 백성들은 안전할 수 있었다.

하나님의 말씀(His word, 14-28절). 하나님이 어떻게 행진 대열을 조직해야 하는지에 대해서는 이미 말씀하셨다. 그들이 해야 할 일은 그 지시를 따르는 것뿐이었다. 하나님이 우리에게 말씀하신 것들에 순종하지 않는다면 하나님은 새로운 것을 보여주지 않으실 것이다(요 7:17).

경험(Experience, 29-32절). 호밥은 모세의 아내 십보라의 오라비였다. 모세가 그에게 이스라엘 백성들과 '광야 생활'을 함께하자고 청했다. 호밥의 지혜로 하나님의 인도하심을 대신한 것은 아니었다. 그는 광야 생활에 익숙하지 않은 사람들이 일상생활 속에서 부딪히게 되는 문제들을 해결할 수 있도록 도와주는 역할을 했다. 하나님이 우리를 인도하겠다고 약속하셨다. 그러나 그렇다고 해서 경험 있는 사람들의 지혜에 귀를 막아야 하는 것은 아니다. 호밥은 이스라엘 백성들에게 유익을 끼쳤고, 이스라엘 백성들은 그를 선대했다(사 1:16, 4:11).

기도(Prayer, 33-36절). 증거궤는 이스라엘 백성과 함께하시는 하나님과 그분의 보좌를 대표했다. 모세는 백성들이 앞으로 행진할 때 그리고 하나님이 그들에게 멈추라고 지시하실 때 하나님께 기도했다. 그것은 우리가 날마다 살아가면서 본받아야 할 좋은 예다.

o 민수기 11장

이 장은 불평의 장이다!

떡에 대한 불평(Complaining about bread, 1-9절). 하나님이 이스라엘 백성들을 인도하셨기 때문에 그들에게는 부족한 것이 없었다. 그러나 그들은 다시 불평하기 시작했다(빌 2:14-15 참조). 그들의 투덜거림은 약속의 땅에 들어가지 못하게 되는 그들의 불신앙을 보여주는 증거였다. 그들이 하나님의 선하심에 감사하고 하나님의 인도하심을 따랐더라면, 그들이 겪었던 수많은 어려움을 피할 수 있었을 것이다. 하나님의 섭리에 불평하고 싶은 유혹을 받을 때 "죄의 종은 자신의 노예 상태에 대해서는 불평하지 않는 반면, 하나님께 속하게 된 것에 대해서는 불평을 늘어놓는다"는 사실을 기억하자.

책임에 대한 불평(Complaining about burdens, 10-25절). 모세는 백성들이 자신과 하나님을 비난하는 것에 마음이 상했다. 그들은 하늘에서 내려오는 만나를 먹을 수 없었던 것인가? 그들은 왜 애굽에서 먹던 음식을 갈망했던 것인가? 그 땅에서 그들이 겪었던 억압을 다 잊은 것인가? 모세는 사람들이 우리를 실망시킬 때 우리가 마땅히 취해야 하는 반응을 보였다. 그는 하나님께 나아가 그가 느끼는 것들을 말씀드렸다. 하나님은 자신의 종의 필요를 채워주시고 그를 격려해주셨다. 그리고 반역한 사람들을 벌하셨다.

은혜에 대한 불평(Complaining about blessing, 26-35절). 모세와 모세의 지위에 열광했던 여호수아는 두 사람이 예언하는 것을 보고 그들을 막아야 한다고 모세에게 말했다. 야고보와 요한도 그와 비슷한 실수를 했고, 예수님은 그들을 꾸짖으셨다(눅 9:49-50). 하나님의 백성들이 모두 하나님을 찬양한다면 불평하는 일은 없을 것이다. 유대인들은 그들이 요구한 것을 얻을 수 있었다. 그러나 믿음으로 살 때 얻을 수 있는 영적인 풍요는 잃게 되었다(시 106:15). 기도가 응답되지 않을 때에도 감사하는 것을 배우고 있는가?

○ 민수기 12장

비난받는 지도자(The leader denounced, 1-3절). 지도자의 자리에 있다면 사람들의 비난을 예상하라. 심지어는 가족들의 비난을 받을 수도 있다. 그것은 모세와 다윗(삼하 6:20-23)과 주 예수님(막 3:20-21)도 경험한 일이었다. 아론과 그의 누이가 모세를 비난하게 된 진짜 이유는 모세의 아내 때문이 아니었다. 그들은 하나님이 모세에게 주신 권위를 시기했고, 그 권위를 나누어 갖고 싶어했다. 아마도 그들은 하나님이 칠십 인의 장로들을 위해 하신 일에 대한 반응으로 그렇게 했을 것이다(11장).

성난 하나님(The Lord displeased, 4-10절). 모세는 자신을 방어하지 않았다. 그는 하나님이 일하시기를 기다렸다. 우리가 우리 자신을 방어한다면 우리를 방어해주시는 하나님을 방해하게 될 수도 있다. 문둥병자가 된다는 것은 죽음을 제외하고 미리암에게 일어날 수 있는 최악의 일이었다.

지체하는 백성들(The nation delayed, 11-16절). 사람들은 자신들이 비난했던 사람들에게 도움을 청할 때가 많다. 온유한 모세는 벌을 받게 된 누이를 보고 기뻐할 수 없었다. 대신 그는 그녀를 위해 기도했다(마 5:43-48). 아론과 미리암의 죄 때문에 백성들의 행진은 일주일이나 지연되었다. 비난이라는 죄는 사람들이 생각하는 것보다 훨씬 더 심각한 것이다(마 7:1-5, 약 4:12).

○ 민수기 13장

기회를 살핌(Seeing the opportunities, 1-25절). 백성들은 땅을 정복하기 전에 먼저 그 땅을 정탐해야 한다고 생각했다. 그리고 모세는 그 일을 허락했다(신 1:19-25). 하나님은 약속의 땅에 대한 정보를 이미 그들에게 말씀해주셨다. 그런데 왜 정탐을 해야 하는 것인가? 믿음은 하나님이 하신 말씀을 필요로 할 뿐 다른 그 어떤 증거도 필요로 하지 않는다(히 11:1). 정탐꾼들은 그 땅이 정말로 하나님이 약속하신 그대로라는 것을 알게 되었다.

장애물을 봄(Seeing the obstacles, 26-33절). 열 명의 정탐꾼은 기회보다는 장애물을 강조하며, 적을 정복하기에 이스라엘은 너무 약하다는 결론을 내렸다. 그들은 믿음으로 행치 않고 눈에 보이는 것을 따라 판단하며 행동했다. 가나안 거민들은 강하고, 성읍은 견고하며 심히 컸다. 그래서 그들은 자신들이 메뚜기처럼 느껴졌다. 불신앙은 하나님의 위대하심을 보지 못하게 하고, 우리의 약함을 실제보다 확대해서 보게 만든다.

하나님을 바라봄(Seeing the Lord, 30절). 갈렙은 위대하신 하나님을 신뢰했기 때문에 문제의 심각성에 좌우되어 염려하지 않는 믿음의 사람이었다. 살아가면서 우리가 던져야 할 중요한 질문은 "문제가 얼마나 큰가?" 또는 "나는 얼마나 큰가?"라는 질문이 아니다. 대신 "나의 하나님은 얼마나 크신 분인가?"라고 물어야 한다. 하나님은 가나안 거민들을 메뚜기처럼 보셨다(사 40:22). 그러나 믿음이 없었던 정탐꾼들은 하나님의 관점으로 상황을 보지 않았다. 믿음으로 살아갈 때 미래는 우리의 친구가 될 것이다. 그리고 모든 적들은 패배하게 될 것이다.

● 민수기 14장

정탐꾼들의 보고는 이스라엘 진영에 파괴적인 연쇄 반응을 불러 일으켰다.

반역을 불러온 불신앙(Unbelief led to rebellion, 1-10절). 백성들은 울며 불평하면서 애굽을 되돌아보았다. 그들은 새로운 지도자를 원하면서 갈렙과 여호수아를 돌로 치려고까지 했다. 그런 그들의 행동은 불신앙을 보여주는 증거였다. 믿음은 용기를 가지고 앞을 내다본다. 반면에 불신앙은 불평하며 뒤를 돌아본다. 믿음은 하나님의 백성들을 연합하게 하지만, 불신앙은 비난할 사람을 찾으려 한다. 그들에게는 여전히 회개하고 하나님의 얼굴을 구할 시간이 있었다. 그러나 그들은 갈렙과 여호수아의 말을 들으려 하지 않았다.

중보 기도를 필요로 하게 된 반역(Rebellion led to intercession, 11-19절). 모세는 또다시 하나님의 백성들과 하나님의 심판 사이에 서게 되었고, 그를 새로운 나라의 창시자로 삼으시겠다는 하나님의 제의를 거절했다(출 32장). 모세는 하나님의 성품과 영광을 근거로 백성들을 위해 대신 기도했다.

사면을 불러온 중보 기도(Intercession led to pardon, 20-38절). 하나님은 백성들을 용서하셨다. 그러나 동시에 그들의 죄를 심판하셨다(갈 6:7-8). 열 명의 정탐꾼들은 재앙으로 죽었고, 백성들은 20세 이상 된 성인들이 모두 죽게 될 때까지 40년 동안 광야에서 방황하게 되었다. 믿음은 생명을 불러오지만, 불신앙은 패배와 죽음을 불러온다.

무례함으로 이어진 사면(Pardon led to presumption, 39-45절). 완고하게 행동했던 사람들이 충동적으로 행동하는 것을 볼 수 있다(시 32:9). 하나님이 우리를 용서하시는 것은 우리로 하여금 하나님을 시험하게 하기 위해서가 아니라 하나님을 경외하게 하기 위해서다(시 130:4). 육체는 믿음으로 할 수 있는 일을 결코 이룰 수 없다(신 1:41-44 참조).

◆ 수적으로 열세한 입장에 서게 되었을 때 ◆

갈렙과 여호수아는 정탐꾼 가운데 소수에 불과했지만 포기하지 않았다. 백성들이 그들을 적대시하고 그들의 목숨이 위험에 처하게 되었을 때에도 그들은 포기하지 않았다. 그들은 하나님을 믿었고, 백성들을 향한 그분의 뜻을 알았으며, 자신들의 주장을 분명히 했다. 다른 사람들을 기쁘게 하는 것은 그리 중요하지 않다. 그러나 하나님을 기쁘시게 하는 것은 중요하다. 갈렙과 여호수아처럼 우리도 다른 사람들의 죄 때문에 고통을 당해야 할 때가 있다. 그러나 결국 하나님을 신뢰하는 사람들의 정당성을 하나님이 입증해주실 것이다(행 20:24, 고전 15:58).

○ 민수기 15장

확신(Assurance, 1-21절). 하나님이 "내가 주어 거하게 할 땅에 들어가서"라고 말씀하시며 백성들에게 확신을 주셨다. 그들의 죄에도 불구하고 새로운 세대가 가나안 땅에 들어가 그 땅을 소유하게 될 것이다(딤후 2:11-13 참조). 그때 그들은 하나님께 감사드리며 하나님을 예배하는 시간을 가져야 했다. 하나님이 주신 복을 나누게 하신 하나님께 감사하기 위해 잠시 시간을 내고 있는가?

순종(Obedience, 22-29절). 하나님은 무심코 범한 죄를 용서받을 수 있는 방법을 알려주셨다. 물론 용서받기 위해 죄 없는 동물이 희생되어야 했다. 그것은 우리가 깨끗함을 받을 수 있도록 예수님이 돌아가신 것과 같은 것이었다.

오만불손(Arrogance, 30-36절). 뻔뻔스러운 죄를 범한 사람들은 하나님의 말씀을 멸시하고 하나님의 권위를 무시한 것이기 때문에, 하나님은 그들의 죄를 용서받을 수 있는 방법을 율법에 제시해주지 않으셨다. 물론 자비로우신 하나님은 다윗을 용서하셨던 것처럼(삼하 12장) 그런 죄도 용서하실 수 있다. 그러나 그렇게 하셔야 할 의무가 하나님께 있는 것은 아니다. 의도적으로 안식일을 범한 사람은 하나님이 조롱받으실 분이 아니시라는 사실을 알게 되었다.

기억(Remembrance, 37-41절). 옷단 귀에 만든 술은 작은 것이었다. 그러나 그것은 이스라엘 백성들이 하나님께 속한 백성이며, 하나님의 명령을 존중하고 순종해야 한다는 중요한 메시지를 담고 있었다. 우리에게 하나님을 상기시켜주는 것들이 하나님이나 그분의 말씀을 대신하지 않는다면, 그런 것들을 가지고 있는 것이 나쁘지 않다. 우리는 '위에 있는 것들을' (골 3:1) 찾아야 한다.

● 민수기 16장

성공적인 지도자는 종종 그가 자신을 높인다는 비난을 받는다. 특히 그를 시기하고, 그의 자리를 취하고 싶어하는 사람들에 의해 그런 비난을 받는다. 하나님의 백성들이 모두 하나님을 위해 구별된 사람들인 것은 사실이다. 그러나 하나님이 특정한 사람들을 특별한 자리에서 일하도록 부르시는 것도 사실이다. 지도자가 없으면 우리는 혼란에 빠질 것이다.

지도자들은 또 종종 그들이 하지 않은 일 때문에 비난을 받는다(12-14절). 모세는 백성들을 약속의 땅으로 이끌어가고 싶어했지만, 그들의 불신앙이 방해가 되었다. 반역하는 사람들은 보통 자신들의 죄를 자백하기보다는 희생양을 찾으려 하기가 훨씬 더 쉽다. 그들은 애굽을 '젖과 꿀이 흐르는 땅'이었다고 말했다. 그 말은 그들의 마음이 실제로 어디에 가 있는지를 잘 보여주는 것이었다.

거센 반대였다. 250명의 지도자들이 모두 합세해서 모세를 대적했다. 그러나 모세는 두려워하지 않았다. 그는 그 문제를 하나님께 들고 가 하나님이 심판하시게 했다. 하나님이 자신의 종들의 정당성을 그들이 스스로 입증하는 것보다 더 잘 입증해주실 것이다. 또다시 모세의 사랑과 중보 기도가 그에게 문제를 일으켰던 백성들을 구해주었다(롬 12:14-21 참조).

자신을 높이려 했던 네 사람 때문에 거의 만 5천 명이나 되는 사람들이 죽임을 당했다. 그런 위험은 우리에게도 있다. 우리는 잠언 16장 18절과 18장 12절, 베드로전서 5장 5-6절의 말씀에 귀를 기울여야 한다.

○ 민수기 17장

하나님이 이스라엘 백성들의 불평과 반역 때문에 그들을 징계하셨다. 그러나 문제는 아직 해결되지 않았다. 그들이 끊임없이 범하는 죄 중의 하나가 바로 오늘날 우리도 피해야 하는 불평이었다(고전 10:10, 빌 2:14).

◆ 불평 ◆

하나님의 백성들은 불평하지 말라는 명령을 받고 있다(빌 2:14). 그러므로 불평은 죄다. 불평할 때 우리는 우리 마음속에 있는 불신앙과 하나님을 향한 감사가 부족하다는 사실을 드러내는 것이다. 정말로 모든 일에 언제나 감사한다면(엡 5:20) 우리는 불평하지 않을 것이다. 불평하는 마음을 정복할 수 있는 가장 좋은 방법은 믿음으로 하나님의 뜻을 받아들이고, 좋은 일이 일어나는 것을 볼 수 없다 할지라도 하나님의 선하심에 감사하는 것이다. 우리는 로마서 8장 28절을 기뻐하며 주장할 수 있다.

레위 지파의 고라는 하나님의 뜻에 따라 성막에서 섬기는 일에 만족하지 못했다. 그는 제사장들이 누리는 모든 특권을 누릴 수 있도록 '승진'하고 싶었다. 영적 성장과 진보를 바라는 것은 좋은 것이다. 그러나 주인이 아니라 종이 영광을 취하려는 이기적인 야망을 경계해야 한다(빌 2:3-4). '이기적인 야망'은 파멸을 불러오는 육체의 일이다(갈 5:20).

하나님이 자신의 종들을 대적한 사람들을 죽게 하시고, 아론의 지팡에 싹이 돋게 하심으로 하나님의 종들의 정당성을 인정해주셨다. 하나님의 능력으로 죽은 지팡이에서 꽃이 피고 열매가 맺혔다. 영적인 지도자는 지성소에서 하나님과 함께함으로써 나오는 생명력과 열매로 인정을 받게 될 것이다.

인간의 속성은 정말 예측할 수 없다. 하루는 성막에서 섬기고 싶어하다가 그 다음 날은 성막에 가까이 다가가는 것조차 두려워했다. 그들은 하나님을 진심으로 경외하지 않았다. 그저 하나님의 심판을 두려워했을 뿐이었다. 그들에게는 지도자가 그들이 생각하는 것보다 훨씬 더 절실하게 필요했다.

● 민수기 18장

이 장은 선물을 강조하고 있다. 하나님은 우리를 도와줄 사람들을 주신다(6절). 우리는 그들을 받아들이고 감사해야 한다. 레위인들 중에는 모세와 아론에게 대적한 사람들이 있었다. 그러나 하나님은 그들에게 여전히 하나님을 섬기고 제사장들을 도울 수 있는 특권을 주셨다.

하나님은 우리에게 할 일을 주신다(7절). 우리가 하나님의 뜻 안에 있다면 우리의 일은 하나님이 주신 소명이고, 우리는 하나님의 영광을 위해 그 일을 해야 한다.

하나님은 우리에게 필요한 것들을 주신다(8절 이하). 하나님은 제단에 드린 제물과 십일조를 통해 제사장들의 필요를 채워주셨다(21절). 그것은 우리에게 "일군이 그 삯을 받는 것이 마땅하다"는 사실을 상기시켜준다(눅 10:7, 고전 9:14, 딤전 5:18).

하나님은 우리에게 하나님 자신을 주신다(20절). 제사장들과 레위인들에게는 살 곳이 배정되었다. 그러나 수입을 벌어들일 수 있는 땅은 할당받지 못했다(수 13:14). 그들은 그들의 필요를 채움받기 위해 하나님을 신뢰해야 했다. 하나님이 우리의 기업이 되신다면 무엇이 더 필요하겠는가(시 16:5-6 참조)?

민수기 19장

유대인들은 거룩하게 구별된 백성으로서 모든 부정한 것을 피하고, 특히 죽은 시체를 접촉함으로써 부정해지는 것을 피해야 했다. 그 규정에 위생적인 목적이 있었던 것은 의심의 여지가 없다. 그러나 그 규정은 또한 죄가 불러오는 오염 때문에 죄를 피해야 한다는 사실을 상기시켜주었다. 하나님이 진영 안에 계셨다. 그러므로 그 누구도 진영을 부정하게 해서는 안 되었다. 이 규정을 오늘날 적용하는 것에 대해서는 고린도후서 6장 14-7장 1절에서 볼 수 있다.

하나님은 부정하게 된 사람들이 그 부정함에서 회복될 수 있는 방법을 마련해 주셨다. 암송아지는 속죄 제물이었기 때문에 피가 흘려져야 했다(9절). 제물을 태우고 남은 재는 정한 것이었고, '깨끗케 하는 물'을 만드는 데 사용되었다. 부정하게 된 사람은 하나님의 지시를 따르고 깨끗케 하는 물을 사용함으로써 깨끗하게 될 수 있었다.

깨끗케 하는 물은 하나님의 말씀을 보여주는 하나의 그림이다(요 15:3, 엡 5:25-27). 하나님의 말씀은 우리를 깨끗케 하실 것을 약속하고 있는데, 그것은 하나님의 아들의 피가 십자가에서 우리를 위해 흘렸기 때문이다(요일 1:5-2:2). 하나님의 말씀은 그 말씀을 읽고, 묵상하며, 생활 속에서 그 말씀을 실천하는 동안 우리의 속사람을 깨끗하게 해준다.

우리를 깨끗케 해주실 수 있는 하나님의 은혜가 있는데 왜 우리 자신을 더럽히고, 또 다른 사람들을 더럽히는 것인가?

민수기 20장

지도자들이라도 계속되는 시련을 겪으면 낙심하게 된다. 첫째, 미리암이 죽었고, 모세와 아론은 하나밖에 없는 누이의 죽음을 슬퍼했다. 그리고 아직도 애굽을 생각하고 있는 백성들이 다시 불평하기 시작했다. 하나님의 뜻 안에 있을 때는 그 어떤 곳도 '나쁜 곳'이 되지 않는다. 그러나 내적 열망이 세속적인 것일 때는 애굽을 제외하고는 그 어떤 곳도 '좋은 곳'이 될 수 없다!

모세가 백성들 때문에 화를 냈을 때처럼 지도자들도 때때로 하나님께 불순종한다(시 106:32-33). 마실 물은 성령을 보여주는 하나의 그림이고(요 7:37-39), 바위는 그리스도를 상징하는 것이었다(고전 10:4). 우리가 성령을 받을 수 있도록 그리스도가 십자가에서 죽임을 당하셨다. 그리스도가 한 번 돌아가셨다. 그러므로 모세도 바위를 다시 쳐서는 안 되었다. 대신 그는 바위를 향해 말해야 했다.

하나님은 지도자들을 징계하신다. 왜냐하면 특권에는 책임이 따르기 때문이다. 모세는 멀리서 약속의 땅을 바라볼 수는 있었지만, 아론과 함께 그 약속의 땅에 들어갈 수 없게 되었다(신 3:21-29).

지도자들도 때때로 낙심한다. 에돔 족속은 모세의 약속에도 불구하고 이스라엘 백성들이 그들의 땅을 지나는 것을 허락하지 않았다. 그들은 야곱의 형, 에서의 후손들이었고, 이스라엘 백성들과는 피를 나눈 혈족이었다. 그럼에도 그들은 형제처럼 행동하지 않았다.

지도자로 살아간다는 것은 쉬운 일이 아니다. 우리는 하나님이 지도자로 세우신 사람들을 위해 기도해야 한다.

민수기 21장

살아가는 동안 하나님이 우리의 필요를 채워주신다.

하나님이 승리를 주신다(God gives victory). 이스라엘 백성들은 하나님이 강력한 왕들과 군대들을 이기고 승리하게 하시는 동안 계속 앞으로 나아갔다. 그들이 하나님을 신뢰하고 가나안 땅에 들어간다면, 그 땅에서도 같은 경험을 하게 될 것이다. 그들이 경험한 전쟁은 가나안을 정복해야 할 때를 위해 젊은 사람들을 훈련시키는 일에 도움이 되었다.

하나님이 치유하신다(God gives healing). 이스라엘 백성들은 광야에서 전쟁에 대해 불평한 것이 아니라, 먹을 것과 마실 것에 대해 불평했다. 옛 '애굽에서의 입맛'이 또다시 고개를 치켜들었다. 하나님은 그 필요를 즉시 채워주시는 대신 그들이 도움을 구할 때까지 그들을 훈련하셨다. 예수님은 십자가에서 돌아가시게 될 자신의 죽음을 보여주시기 위해 높이 들어올린 놋뱀을 사용하셨다(요 3:14-16). 하나님은 예수님을 우리를 죽이는 바로 그것, 곧 죄로 삼으셨다(고후 5:21). 그리고 구원받을 수 있는 유일한 길은 믿음으로 그리스도를 바라보는 것이었다.

하나님이 물을 주신다(God gives water). 이번에는 물이 바위에서 나지 않았다. 왜냐하면 하나님이 우리의 필요를 채워주시는 방법이 한 가지로 한정되어 있지 않기 때문이다. 하나님은 기적적인 방법으로 그들에게 한 샘을 공급해주셨다. 그것은 하나님의 은혜와 선하심을 보여주는 것이었다. 왜냐하면 바로 그 직전에도 백성들은 그들을 인도하시는 하나님의 방법에 불만을 표시했었기 때문이었다. 시편 103편 10절과 빌립보서 4장 19절을 읽고 하나님께 감사하라!

◐ 민수기 22장

이스라엘의 승리 소식은 발락을 두렵게 만들었다. 그는 인간의 방법으로는 이스라엘의 군대를 결코 이길 수 없다는 사실을 잘 알고 있었다. 그 이유는 유대인들이 하나님의 백성이었고, 전투는 영적인 것이었기 때문이다. 그래서 그는 발람에게 이스라엘을 저주해달라고 요청했다. 오늘날 우리도 혈과 육이 아니라 영적인 어두움에 맞서 싸우고 있다. 그리고 영적인 무기들을 사용할 때만이 승리를 거두게 될 것이다(엡 6:10-18, 고후 10:3-6).

발람은 더 높은 명예와 더 많은 돈의 압력에 결국 굴복하고 말았던 돈만 밝히는 선지자였다. 그는 계시된 하나님의 뜻에서 허점을 찾을 수 있을 것이라는 희망을 안고 기꺼이 '다른 관점으로' 바라보려 했다. 하나님의 뜻을 놓고 협상을 하는 것은 위험한 일이다. 돈을 벌기 위해 은사를 사용하는 것은 하나님이 책망하신 '발람의 길' (벧후 2:15-16)을 따르는 것이다.

토마스 머튼(Thomas Merton)은 "최선이 타락한 곳에서 최악이 발견된다"고 말했다. 그리고 바울 사도는 "돈을 사랑함이 일만 악의 뿌리가 된다"고 경고했다(딤전 6:10). 발람과 가룟 유다는 그 말이 사실임을 잘 알게 되었을 것이다.

● 민수기 23장

하나님은 발람의 입을 막지 않으셨다. 말하게 내버려두셨다. 대신 저주를 축복으로 바꾸셨다(느 13:2). 사람들과 환경이 우리를 저주하는 것처럼 느껴질 때마다 하나님이 이스라엘을 위해 하셨던 일을 기억하고 하나님을 신뢰하라(롬 8:28).

이스라엘에 대한 발람의 묘사는 하나님의 자녀로서 우리가 누리고 있는 특권을 상기시켜준다. 우리는 안전하다(8절, 롬 8:31-39). 왜냐하면 우리는 세상과 구별되어(9절, 요 17:14-16) 결코 식언치 않으시는 하나님께 속해 있기 때문이다(19절). 우리에게는 들소와 또 암사자와 같은 힘이 있다(22, 24절).

발람은 의인의 죽음처럼 죽기를 간절히 바랐다(10절). 그러나 그는 의인처럼 살기를 바라지는 않았다. 시편 37편 37절과 잠언 14장 32절과 요한계시록 14장 13절을 읽고, 빌립보서 1장 19-23절에 있는 바울의 고백과 비교해보라.

● 민수기 24장

발락은 아무리 노력해도 발람이 말하는 것을 막을 수 없었다. 발람은 그의 세 번째 예언(1-9절)에서 가나안에서 적을 정복하고 그들의 기업을 누리고 있는 이스라엘을 이야기했다. 이 장에 기록된 축복과 저주에 대한 그의 진술은 아브라함과 맺으신 하나님의 언약을 우리에게 상기시켜준다(창 12:3). 발람은 말하면서 실제로 자신을 책망했다. 하나님은 자신의 백성들의 죄를 변호하지 않으신다. 그러나 하나님은 언제나 그 백성들을 변호하신다. 그것은 그들이 하나님께 소중하기 때문이다.

네 번째 예언에서(15-24절) 발람은 메시아가 오시게 되는 이스라엘의 장래 영광을 이야기했다(17절). 하나님이 구세주와 그분이 거두실 승리에 대한 아름다운 그림을 보여주시기 위해 탐욕스러운 선지자를 사용하셨다.

사탄과 그의 추종자들은 지금도 하나님의 백성들을 저주하기 위해 최선을 다하고 있다. 그러나 그 모든 시도 속에서도 하나님의 은혜는 여전히 나타나고 있다. 그리고 하나님의 백성들은 여전히 복을 받고 있으며, 하나님의 이름이 영광을 받고 있는데, 그것은 하나님이 저주를 축복으로 바꾸실 수 있는 분이시기 때문이다.

● 민수기 25-26장

발람은 그의 저주로 이스라엘을 멸망시킬 수 없었다. 그러나 그는 자신의 조언으로 이스라엘을 부정하게 만들 수 있었다. 그는 발락이 모압을 섬기는 종교 행사에 이스라엘을 초청했다고 제안함으로써 하나님께 불순종하도록 유대인들을 유인했다(31:16). 그리고 유대인들은 곧 죄에 빠지게 되었다.

모세는 이스라엘 백성들에게 주변 나라들을 본받지 말고, 그들의 혐오스러운 종교적 악습을 피하라고 명령했다(출 34:10-17). 그러나 이스라엘은 그들의 특별한 지위를 저버리고(민 23:9) 죄와 타협했다. 그 결과 하나님이 보내신 재앙으로 2만 4천 명의 유대인이 목숨을 잃었다.

재앙을 멈추게 한 것은 모세도, 장로들도, 엘르아살도, 대제사장도 아닌, 엘르아살의 아들 비느하스였다. 하나님을 향한 그의 헌신으로 그는 하나님이 주시는 특별한 칭찬과 보상을 받게 되었다(시 106:28-31 참조).

하나님의 백성들은 적과 타협하지 않도록 조심해야 한다(고후 6:14-18). 사탄이 삼키는 사자로 성공하지 못할 경우에는(벧전 5:8) 속이는 뱀으로 나타나게 될 것이다(고후 11:3). 두 번째 인구 조사는 광야에서의 생활이 곧 끝나게 될 것을 보여주는 하나의 표시였다. 열거된 사람들 중 하나님을 대적한 다단과 아비람(26:9-11)과 하나님을 무시한 나답과 아비후(26:61)와 하나님을 믿은 여호수아와 갈렙(26:65)을 특별히 언급하고 있는 것에 주목하라.

● 민수기 27장

땅을 요구함(Claiming the land, 1-11절). 새로운 문제는 우리에게 하나님의 지혜를 구하고 새로운 진리를 배울 수 있는 새로운 기회를 준다. 야고보는 "너희가 얻지 못함은 구하지 아니함이요"(약 4:2)라고 말하고 있다. 다섯 명의 딸들에게는 자신들의 기업을 요구할 수 있는 용기와 믿음이 있었다. 그들은 또한 이스라엘의 다른 가정들이 그들의 기업을 취하는 데 도움이 되는 규정이 세워지는 일에 일조했다.

땅을 봄(Seeing the land, 12-14절). 모세는 약속의 땅을 바라보았다. 그러나 (우리가 알고 있는 한) 변화산 위에서 엘리야와 함께 나타나기 전까지(마 17:1-8) 그는 그 땅에 들어가지 못했다. 가나안은 천국이 아니라 천국에서 그리스도 안에 있는 신자들이 얻게 될 기업을 보여주는 그림이다(엡 1:3). 한 세대 전체가 광야에서 죽고 약속의 땅을 보지 못했다. 열 명의 정탐꾼들은 40일 동안 그 땅을 보았지만, 불신앙 때문에 광야에서 죽었다. 모세도 땅을 보기는 했지만 그 땅에 들어가지 못했다. 새로운 세대가 갈렙과 여호수아와 함께 그 땅에 들어가 그들에게 약속된 기업을 요구했다. 당신은 어느 편에 속하는가?

땅을 정복함(Conquering the land, 15-23절). 늘 그랬듯이 모세의 가장 큰 관심사는 자신이 아니라 백성들이었다. 그런 그에게 하나님은 그의 후계자가 될 여호수아를 주시고 그를 돕게 하셨다(마 25:21). 여호수아는 땅을 정복하고 백성들에게 그들의 기업을 분배하게 될 하나님의 사령관이었다. 그는 우리를 위해 우리의 적을 정복하시고, 하나님이 우리에게 주신 모든 복을 주장할 수 있는 길을 열어주신 예수 그리스도의 모형이었다(여호수아는 '여호와는 구원이시다' 라는 뜻이다).

○ 민수기 28-29장

새로운 세대는 가나안 땅에 들어간 후 그들의 생활을 좌우하게 될 '종교적 연중 행사들'에 대해 배워야 할 필요가 있었다. 구세대는 새 세대가 전통을 알고 이해하고 있는지를 확인해야 했다. 새 세대는 정기적인 예물과 해마다 지키는 절기들에 대해 배워야 했다(레 23장 참조).

모든 시간은 하나님께 속한 것이다. 그러나 하나님이 우리를 위해 하신 일들을 기억하기 위해 특별한 시간을 따로 정해놓는 것은 유익하다. 유대인들은 매일 하루를 시작하면서(28:1-8) 예배를 드렸다. 또 한 주를 시작하면서(28:9-10) 그리고 또 한 달을 시작하면서(28:11-15) 예배를 드렸다. 우리는 동물을 제물로 드리지 않는다. 대신 우리 자신을 '산 제물'로 하나님께 드린다(롬 12:1-2).

해마다 지키는 절기로 정기적으로 드리는 예물을 대신할 수는 없었다. 매일 정기적으로 드리는 예배를 강화할 때 특별한 예배 시간들이 우리에게 보다 더 유익하게 될 것이다. '상번제'(28:3)를 소홀히 여기지 말라. 민수기 28장과 29장에서 '상번제'라는 말이 17번이나 사용되었다. 그것은 매일의 일상이 하나님과 우리에게 중요하다는 사실을 상기시켜준다.

○ 민수기 30장

말의 힘(The power of words). 하나님은 우리가 드린 약속과 서원을 심각하게 받아들이신다. 그러므로 우리도 신중해야 한다(시 50:14, 전 5:4-5). 하나님께 무언가를 하겠다고 또는 하지 않겠다고 약속한다면 그 약속을 지켜야 한다. 또 마음으로 하고자 결심하는 것과 실제로 행하는 것은 서로 다른 것이라는 사실을 알아야 한다(롬 7:18-25). 약속을 할 때 우리에게는 하나님의 지혜가 필요하고,

그 약속을 지키기 위해서는 하나님의 능력이 필요하다(빌 2:12-13). 말에는 힘이 있다. 따라서 조심해서 사용해야 한다. 퀘이커 교도들은 "우리는 하지 않은 말에 대해서는 주인이 될 수 있지만, 일단 한 말에 대해서는 그 말의 종이 되고, 글로 써서 한 말에 대해서는 그 말의 노예가 된다"고 말한다.

권위의 힘(The power of authority). 하나님은 권위를 인정하신다. 아내의 서원은 남편에 의해 취소될 수 있고, 딸의 서원은 아버지에 의해 취소될 수 있었다. 아내와 딸은 하나님께 약속하기 전에 그 사실을 염두에 두고 해야 했다. 모세가 가장들에게 남편과 아버지는 하나님께 약속하기 전에 온 가족을 고려해야 한다고 지시하지는 않았지만, 그들은 분명히 그렇게 하고 싶었을 것이다.

침묵의 힘(The power of silence). 아버지나 남편이 아무 말도 하지 않는다면 그것은 서원을 인정하는 것으로 여겨졌다. 침묵에는 때때로 말보다 더 강한 힘이 있고, 침묵이 말보다 훨씬 더 심각한 결과를 불러오기도 한다(시 141:3 참조).

● 민수기 31장

모세가 지휘한 마지막 전쟁은 발람의 제안대로 이스라엘 백성들을 우상 숭배와 부도덕으로 유인했던 모압 사람들과의 싸움이었다(25장). 각 지파마다 천 명의 군대를 파병했고, 대제사장이 증거궤를 가지고 군대 앞에서 행진했다. 그것은 하나님의 전투였고, 하나님이 이스라엘에게 승리를 주셨다.

발람은 발락으로부터 받은 보상이 무엇이었건 간에 그것을 누릴 수 있는 시간을 별로 갖지 못했다. 왜냐하면 그는 전쟁터에서 목숨을 잃었기 때문이다(8절). 애석하게도 그는 '의인의 죽음같이' (23:10) 죽지 못했다. 마가는 "온 천하를 얻고도 제 목숨을 잃으면 무엇이 유익하리요"(막 8:36)라고 했다.

이스라엘은 전쟁에서 승리하고도 그 승리를 잃을 뻔했다. 그 이유는 지도자들이 미디안 여인들을 약탈품들과 함께 진중으로 데려왔기 때문이었다. 불완전한 순종은 언제나 유혹을 불러온다(삼상 15장 참조). 우리가 적을 물리치지 않으면 적이 우리를 물리치게 될 것이다.

그들은 '거룩한 전쟁'을 치렀지만, 군대는 미디안 사람들을 살해하며 부정하게 되었다. 따라서 그들은 하나님 앞에서 자신들과 전리품들을 정결하게 해야 했다(19장). 전리품들은 불로 정화되었다. 하나님은 정복하는 군대를 원하실 뿐 아니라 깨끗한 군대를 원하신다.

● 민수기 32장

하나님이 주시는 축복의 가장자리에서 살아가려는 사람들이 있다. 그들은 영적인 축복이 아니라 물질적인 이익을 기초로 결정을 내린다. 두 지파와 반 지파는 가나안에 가까이 다가가기는 했지만, 가나안 땅 안에 있는 그들의 지경을 주장하지 않았다.

그들은 모세에게 그 땅을 정복하는 일을 돕겠다고 약속했지만, 여전히 이스라엘을 분열시켜놓았다. 실제로 땅이 완전히 정복되었을 때 그 두 지파와 반 지파는 사람들에게 "우리는 이스라엘에 속한 백성이다!"라는 사실을 알리기 위해 제단을 쌓아야 했다(수 22장 참조). 그들이 요단 강 건너편에서 그들의 기업을 주장했다면, 그들이 이스라엘 백성이라는 사실을 누구나 다 알게 되었을 것이다.

"우리로 요단을 건너지 않게 하소서"(5절)라는 말은 "우리를 애굽 땅으로 돌아가게 하소서!"라고 말하거나, "우리로 광야에서 죽게 하소서!"라고 말하는 것이나 다를 바 없는 것으로 실패를 자인하는 것이었다. 하나님의 영광이 아닌 물질적인 이익이 우리의 결정을 지배하게 되면 우리는 잘못된 결정을 내릴 수밖에 없다(시 47:4 참조).

● 민수기 33장

과거에 대한 회고(Reviewing the past, 1-49절). A. T. 피어슨(A. T. Pierson) 박사는 "역사(history)는 그(his)의 이야기(story)다"고 말했다. 과거를 돌아보며 일하시는 하나님의 손길을 확인해보는 것은 유익하다. 하나님은 이스라엘을 애굽에서 이끌어내시고 그들과 언약을 맺으신 시내 반도로 그들을 인도하셨다(1-15절). 그런 다음 그들이 들어가기를 거절한 약속의 땅 경계까지 그들을 데려가셨다(16-36절). 그들은 40년 동안 광야를 떠돌다 결국 모압 평지에 이르게 되었다(37-49절). 불신앙은 시간을 낭비하고, 삶과 기회를 허비하게 만든다. 그러나 하나님은 자신의 백성들에게 자비를 베푸시고 오래 참으신다.

미래에 대한 기대(Anticipating the future, 50-56절). "너희가 요단을 건너 가나안 땅에 들어가거든"이라고 하신 말씀은 믿음의 새로운 모험을 앞둔 이스라엘 백성들을 격려해주시는 약속과 확신의 말씀이었다. 하나님이 주신 기업을 주장할 수 있다는 것은 얼마나 놀라운 특권인가! 그러나 하나님은 또 그들이 감당해야 할 일을 - 적을 물리치고, 적의 우상을 파괴하며, 그 거민들을 몰아내고, 땅을 분배하는 일을 - 맡기셨다. 먼저 정복하고 그 다음에 주장할 수 있다. 먼저 순종하고 그 다음에 복을 누리게 되는 것이다.

● 민수기 34장

하나님이 각 지파에게 그들의 기업을 할당해주시고 그 경계를 정해주셨다. 그러나 그 일을 위해 지도자들을 사용하셨다. 백성들이 하나님이 그들에게 주신 기업을 주장할 수 있도록 도울 수 있다는 것은 큰 특권이다.

우리는 하나님이 우리에게 할당해주신 것들을 받아들여야 하며, 다른 사람들의 소유를 탐내거나 불평해서는 안 된다. 광야에 근접한 땅도 있었고(3절), 대해를 마주한 지역도 있었다(6절). 산간 지역을 기업으로 받은 지파도 있었다. 그리스도인의 삶은 가나안처럼 '산과 골짜기가 있는'(신 11:11) 땅이다. 그리고 우리 하나님은 산과 골짜기 둘 다의 하나님이시다(왕상 20:23 이하). 하나님은 우리의 최선을 아신다. 그리고 언제나 우리와 함께하신다.

하나님이 할당해주신 것에 대해 불평하고 싶은 유혹을 받을 때, 요한복음 3장 27절과 고린도전서 4장 7절, 12장 4-7절과 11절을 묵상하라. 그리스도께 대한 믿음을 통해 우리는 우리에게 주어진 몫에 만족할 수 있다(빌 4:11-13).

민수기 35장

거주(Residence). 하나님의 종이라는 사실이 레위인들을 열등한 시민으로 만드는 것은 아니었다. 그들에게도 성막에서 섬기지 않을 때 거주하면서 가족들을 돌볼 곳이 필요했다. 공평한 방법을 통해 그들에게도 48개의 성읍이 주어졌다(8절). 하나님의 백성들은 하나님의 일을 돌보고, 하나님이 그들에게 주신 것들을 나누어야 한다(고후 8:1-15).

도피(Refuge). 레위인들에게 주어진 성읍 중 6개는 도피성으로 정해졌다. 하나님은 의도적인 살인과 우연히 발생한 과실 치사를 구분하셨다. 그 당시에는 범죄를 수사하고 범인을 기소할 경찰이 없었기 때문에 직접 원수를 갚아 정의를 이루고 싶어하는 성난 피해자의 가족들로부터 죄가 없는 사람이 보호되어야 할 필요가 있었다. 도피성으로 피한 도망자는 그에게 살인죄가 있는지 없는지를 회중이 결정할 때까지 그곳에 안전하게 거할 수 있었다(신 19:11-13).

구원(Redemption). 예수 그리스도가 우리의 '도피성'이 되신다(히 6:18). 그분을 신뢰할 때 우리의 죄는 용서받게 되고 우리는 심판을 면하게 된다(롬 8:1). 구원은 집행 유예가 아니다. 도망자가 성을 떠나면 그는 죽음이라는 위험에 처할 수 있었다. 예수 그리스도 안에서 우리는 영원한 생명을 얻었다(요 5:24). 우리의 대제사장은 결코 죽지 않으실 것이다. 따라서 우리도 영원히 구원되었다(히 7:23-28).

민수기 36장

아들이 없을 경우 기업은 딸들에게 돌아가야 한다고 모세는 이미 선포했다(27:1-11). 그러나 그것으로 문제가 다 해결된 것은 아니었다. 그 문제를 의논하고 곰곰이 생각하던 므낫세 지파(슬로브핫 지파)의 일부 사람들이 '만약 그들의 딸들이 다른 지파의 남자와 결혼을 하게 되면 어떻게 되는 것인가?' '기업으로 받은 땅에 혼란이 생기고 결국은 기업을 잃게 되는 것은 아닌가? 라는 문제를 제기하며 땅 분배를 염려했다.

일상생활 속에서 우리가 내린 결정들에 대해 생각해보고 그 결과를 살펴보는 것은 좋은 일이다. 장래를 생각하면서 "어떤 일이 일어날 것인가?"라고 묻는 것은 필요하다.

그 문제에 대한 간단한 해결책은 기업을 물려받은 여자들은 같은 씨족의 남자와만 결혼하게 하는 것이었다. 재산을 물려받는 것은 좋은 일이지만, 그 유산과 함께 책임과 제한도 따르게 되는 것이다. 전자를 원한다면 후자도 받아들여야 한다. 슬로브핫의 딸들은 기업을 유지하기 위해 그들의 사촌들과 결혼하였다.

신명기
Deuteronomy

신명기라는 말은 '두 번째 율법'이라는 뜻이다. 신명기는 모세가 약속된 기업의 땅으로 들어가기 위해 백성들을 준비시키며 그들에게 다시 명한 율법을 기록한 것이다. 그러나 모세는 새로운 세대에게 율법을 재차 반복해서 적용시키는 것 이상의 일을 했다. 그는 약속의 땅에서 시작될 새로운 삶에 율법을 적용시켰고, 그들이 하나님을 사랑하고 전심으로 하나님께 순종하는 것이 얼마나 중요한지를 강조하였다.

신명기의 핵심 단어는 땅(land, 190번 나옴, 이하 모두 NKJV의 경우), 듣다(hear, 54번 나옴), 소유(possess, possession, 57번 나옴), 마음(heart, 53번 나옴), 사랑(love, 25번 나옴)이다.

이스라엘 백성들은 하나님의 은혜와 능력으로 땅을 소유하고 점유하게 되었다. 그러나 하나님의 말씀에 순종하지 않는다면 그들은 그 땅을 향유할 수 없었다. 그들이 불순종했을 때 하나님이 그들을 그 땅에서 징계하셨고(사사기), 그 땅에서 바벨론의 포로로 잡혀가게 하셨다.

모세는 연설하면서 먼저 과거에 이스라엘 백성들을 인도하신 하나님을 그들에게 상기시켜주었다(1-4장). '기억하다(remember)'는 말이 신명기에서 14번 사용되었다(NKJV의 경우). 그런 다음 그는 율법을 다시 말하면서 적용시켰다(5-26장). 그리고 경고와 축복의 말로 메시지를 마쳤다(27-33장). 34장에서는 모세가 무대에서 사라지고 여호수아가 그의 뒤를 이어 전면에 등장한다.

○ 신명기 1장

가데스 바네아 사건은 민수기 14장에 기록되어 있고, 그 사건에 대한 신약 성경의 해석은 히브리서 3-4장에 기록되어 있다. 하나님은 '믿지 아니하는 악심'

(히 3:12)을 경고하셨다. 악심! 믿지 않는 죄가 왜 그렇게도 악한 것인가?

먼저, 불신앙은 하나님을 거짓말쟁이로 만들고, 하나님 말씀의 신빙성에 이의를 제기하는 것이기 때문이다. 우리가 해야 할 일은 하나님을 의심하는 것이 아니라 하나님을 믿고 그분의 명령을 따르는 것이다.

불신앙은 또 시간을 낭비하게 만든다. 열하루면 되는 길을 40년 동안 방황하며 목숨을 잃어야 하는 길로 만들었다. 불신앙은 하나님이 주시는 가장 좋은 복을 우리에게서 빼앗아간다. 하나님은 자신의 백성들을 40년 동안 돌보셨다. 그러나 만약 그들이 자신들에게 주어진 기업을 주장했더라면 하나님은 훨씬 더 많은 일을 해주셨을 것이다.

순례의 길을 가다가 가데스 바네아 같은 곳에 이르게 되면 문제들과 위험들을 바라보지 말고, 고개를 들어 당신을 인도하시는 하나님을 바라보며 믿음으로 나아가라.

● 신명기 2장

하나님은 우리가 싸워야 할 전투를 할당하신다(God assigns our battles). 하나님은 이스라엘 백성들에게 에돔이나 모압이나 암몬 족속들을 건드리지 말라고 지시하셨다. 이스라엘 백성들은 경건한 순례자답게 처신하고 문제를 일으키는 일이 없도록 해야 했다. 그런데 그들은 이미 전투에서 큰 승리를 거둔 기억이 있기 때문에 하나님의 지시를 받아들이기가 쉽지 않았을 것이다. 그러나 하나님은 자신의 백성들을 위해 그들이 취할 수 있는 전리품보다 훨씬 더 좋은 것을 예비해두셨다(참조 - 롬 12:18, 골 4:5). 하나님이 피하라고 하신 것들을 만지작거리는 것은 지혜롭지 못한 처신이다.

하나님은 우리의 승리를 보장하신다(God assures our victory). 하나님이 우리를 전쟁터로 이끄실 때 우리는 두려워할 필요가 없다. 왜냐하면 하나님의 명령은 곧 하나님의 능력이기 때문이다. 이스라엘 백성들은 시혼을 물리쳤고, 하나님의 백성들이 '취하지 못한 성읍은 하나도 없었다' (36절, 참조 - 요일 5:1-4).

하나님은 우리의 기업을 정해주신다(God assigns our inheritance). 하나님이 요단 강 동쪽 지역을 르우벤과 갓 지파에게 주기로 약속하셨다(민 32장). 그리고 그 약속을 지키셨다(참조 - 시 47:4, 행 20:32, 벧전 1:3-5). 하나님은 약속하신다. 그리고 우리는 믿음으로 그 약속을 소유하게 된다!

○ 신명기 3장

주장해야 할 소유(A possession to claim, 1-11절). 하나님의 뜻에 따라 인도함을 받고 하나님의 약속으로 강해진 백성들은 승리에 승리를 거두었다. 불순종하지 않았더라면 애굽을 떠난 세대도 40년 전에 가나안 땅에서 승리를 거둘 수 있었을 것이다. 하나님께 높은 성벽들과 성문들은 문제가 되지 않았다(민 13:26-33). 하나님은 우리의 불순종에 의해서만 제한을 받으신다.

지켜야 할 약속(A promise to keep, 12-22절). 요단 강 동편 지역에 정착한 지파들은 요단 강을 건너 가나안 정복을 돕기로 약속했다(민 32:16-23). 그들이 거할 땅을 이미 정복했기 때문에 르우벤 지파와 갓 지파는 그곳에 정착해 다른 위험을 피할 수도 있었을 것이다. 그러나 그들은 약속을 지켰다. 하나님은 우리의 약속을 들으시고, 그 약속을 심각하게 받아들이신다(민 30:2, 전 5:1-5).

견뎌야 할 징벌(A penalty to endure, 23-29절). 모세는 하나님의 마음이 누그러지시도록 간절히 기도했음에도 불구하고 가데스에서 보인 그의 교만 때문에 가나안 땅에 들어갈 수 없게 되었다(민 20:1-13). 그는 그 땅을 바라보며 백성들을 그곳으로 인도할 기도자를 세웠다. 그리고 나중에 예수님은 변화산 위에 오르셨을 때 그 땅을 방문하셨다(마 17:1-3). 우리가 살아가면서 경험하는 실망들은 영광이 이를 때 그 보상을 받게 될 것이다. 그러므로 인내하라!

○ 신명기 4장

모세는 율법을 백성들에게 반복해서 일러주기 전에 그들이 하나님과 맺고 있는 거룩한 관계와 하나님의 선택된 백성으로서 그들에게 주어진 특권을 상기시켜주었다. 하나님의 음성을 듣고, 하나님의 능력과 영광을 보며, 하나님의 말씀을 삶의 지혜와 생명 그 자체로 받은 민족이 그들 외에 또 어디 있겠는가(1, 4, 25, 40절)? 하나님의 은총을 당연한 것으로 받아들일 때 우리는 하나님께 불순종하는 위험에 빠지게 된다.

그 특권들을 기초로 모세는 그들에게 하나님이 그들을 위해 하신 일들(9절)과 하나님이 그들에게 임하신 것(15절)과 하나님이 그들에게 하신 말씀(19절)과 하나님의 언약을 바탕으로 하나님이 그들에게 기대하시는 것들(23절)을 잊지 않도록 주의해야 한다고 경고했다. 많이 받은 자에게 많은 것이 기대되는 것이다.

모세는 또 불순종이 징벌을 불러오게 된다는 사실을 경고해주었다. 하나님의 백성들이 회개할 때 하나님이 그들을 용서하신다(29-31절). 그러나 하나님께 불순종하려 하기 전에 히브리서 12장 25-29절을 읽어보라. 하나님은 자비로운 분이시다(31절). 그러나 또 질투하는 분이시다(24절). 하나님의 자녀들이 성공적으로 죄를 범하도록 내버려두지 않으실 것이다.

○ 신명기 5장

하나님의 백성들에게는 하나님의 명령과 관련해 지켜야 할 세 가지 의무가 있다. 그들은 하나님의 명령을 듣고, 배우며, 행해야 한다(1절). 하나님의 말씀을 읽을 때 우리는 성령이 우리에게 개인적으로 말씀하시는 하나님의 음성을 들어야 한다. 성령이 하나님의 진리를 우리에게 가르치시고, 우리가 그 말씀에 순종할 수 있는 힘을 부여해주시도록 허락해드려야 한다. 말씀을 배움으로써가 아니라 말씀을 실천함으로써 복을 받는다(약 1:21-25).

신명기의 대부분은 이 장에 반복된 명령들을 설명하고 적용하는 것으로 이루어져 있다. 하나님의 율법은 단순 명료한 반면, 인간의 법은 복잡하다. 사랑으로 행할 때 우리는 성령의 능력 안에서 하나님의 율법을 이룰 수 있다(롬 8:1-4, 13:8-10).

하나님의 율법을 그저 외형적으로만 따르지 않도록 주의하라(마 5:20 이하). 우리는 하나님을 사랑할 뿐 아니라 진심으로 하나님을 경외해야 한다(28-29절). '들어라' 와 '경외하라' 는 서로 상반되는 명령이 아니다. 그 둘은 서로에게 속해 있다(신 4:10).

○ 신명기 6장

4절에는 '듣다' 라는 히브리 단어에서 파생된 '쉐마(the Shema)' 라는 제목이 붙어 있다. 헌신된 유대인들은 여호와께 대한 자신의 믿음을 확실하게 하기 위해 하루에 몇 차례씩 이 구절을 암송한다. 이방 신을 섬기는 것이 이스라엘 백성들에게 언제나 위협이 되었고, 이 믿음의 진술은 여호와는 살아 계신 참 하나님이시며, 예배와 순종을 받으시기에 합당한 유일하신 분이라는 사실을 그들에게 상기시켜주었다(요일 5:21 참조).

우리는 평생 하나님의 말씀에 순종함으로써 전심으로 하나님을 사랑해야 한다(2절). 하나님은 마지못해 어쩔 수 없이 하는 순종과 예배를 받으실 수 없다(엡 6:6, 요일 5:3).

하나님을 향한 우리의 사랑을 어떻게 보여드릴 수 있는가? 하나님의 말씀을 듣고, 순종하며, 다른 사람들과 나눔으로써 할 수 있다. 우리가 하나님을 사랑한다면 하나님의 진리가 일상적인 우리 대화의 한 부분이 될 것이다. 또 하나님이 주시는 복에 감사함으로써 하나님께 대한 우리의 사랑을 표현할 수 있다. 선물을 받고 선물을 주신 분께 감사하지 않는다면 번창하는 때가 바로 유혹의 때가 될 것이다(10-15절, 참조 - 빌 4:11-13, 약 1:17).

○ 신명기 7장

이스라엘 백성들은 모압 사람들에게 유인당한 후 하나님의 진노를 경험했다(민 25장). 그런데 이제 그들은 이방 신을 섬기는 사람들에게 둘러싸이게 될 땅으로 들어가게 될 것이다. 타협은 있을 수 없는 일이었다. 가나안 사람들의 가증한 죄로 이스라엘 백성들이 부정하게 된다면, 그것은 하나님이 약속하신 구세주에 대한 성취를 위태롭게 하는 것이 될 것이다. 온 세상을 위한 복의 근원이 되기 위해 이스라엘 백성들은 구별된 백성이 되어야 했다(창 12:1-3).

모세는 백성들이 개인적으로 순종해야 하는 이유를 밝혀주고 있다. 먼저 하나님이 그들에게 명령하셨기 때문이다(1-5절). 그리고 그들은 하나님께 속해 있고(6-8절), 하나님은 신실한 분이시기 때문이다(9-11절). 하나님은 자신이 약속하신 것을 이루실 것이다(12-26절).

오늘날 신자들도 구별된 신분을 유지해야 한다(고후 6:14-18, 요일 2:15-17). 그리고 동시에 길을 잃은 사람들을 사랑하고, 그들을 그리스도께로 인도할 수 있는 길을 모색해야 한다. 적의 요새를 어떻게 파괴해야 하는가? 고린도후서 10장 1-6절과 에베소서 6장 10-20절을 읽어보라.

● 신명기 8장

우리가 하나님을 신뢰하면 하나님이 우리를 이끌어내시고(14절), 인도하시며(15절), 약속한 곳에 이르게 해주실 것이다(7절). 하나님은 어떤 일이건 시작하신 일을 끝마치실 것이다(시 138:8, 빌 1:6).

하나님은 우리를 인도하시며 우리를 시험하신다. 하나님의 말씀으로 우리를 시험하신다(1절). 하나님이 말씀하시는 것을 모두 듣고 순종할 것인가? 또한 우리가 우리의 마음을 아는 데 도움이 되는 상황 속에 우리를 두심으로써 시험하신다(2-9절). 우리가 교만하게 되면 하나님은 우리를 낮추신다. 그리고 하나님의 말씀을 무시하면 그 말씀이 곧 우리의 생명이라는 사실을 반드시 우리에게 상기시켜주신다.

하나님은 자신의 풍성하심으로 우리를 시험하신다(10-20절). 우리가 하나님을 사랑하고 하나님의 말씀을 먹고산다면 우리는 하나님이 주시는 선물 때문이 아니라 하나님 때문에 기뻐하게 될 것이다. 형통할 때 우리는 이 땅에서 일하면서 재물을 얻을 수 있게 하신 하나님을 잊어버리기 쉽다.

그리스도인들은 음식을 먹기 전에 그 음식에 하나님이 복 주시기를 기도한다. 그러나 10절은 음식을 먹은 후 하나님을 찬송하라고 우리에게 말씀하고 있다. 그것은 '모든 것을 후히 주사 누리게 하시는' (딤전 6:17) 하나님을 기억하는 하나의 방법이다.

◉ 신명기 9장

모세는 하나님의 백성들이 반드시 피해야 할 위험, 곧 하나님의 선하심을 잊어버리게 될 위험(6장), 적과 타협하게 될 위험(7장), 큰 성공을 거둔 후 자기만족과 독선에 빠지게 될 위험(8장) 등을 지적했다. 이 장에서는 모든 신자들이 끊임없이 부딪히는 위험, 즉 과거에 지은 죄를 다시 범하게 되는 위험을 경고하고 있다. 이스라엘의 경우 그 죄는 하나님을 기억하는 것이었다.

이스라엘 백성들은 "그렇지만 우리는 새로운 세대다! 광야에서 죽은 옛 세대는 반역이라는 죄를 범했지만 우리는 다르다!"고 주장할 수도 있었을 것이다.

그러나 모세는 곧바로 그들에게 경고했다. 그는 인간의 본성은 어느 세대나 다 똑같으며, 그 백성들은 다른 사람들의 실수를 통해 거의 아무것도 배우지 못하고 있다는 사실을 잘 알고 있었다. 우리가 이미 정복했다고 생각하는 죄가 우리를 정복하게 될 바로 그 죄인 것이다(고전 10:12 참조).

우리는 전쟁 앞에서 큰 두려움을 느낀다(1-3절). 그러나 가장 큰 위험은 전쟁이 끝난 후에 찾아온다(4-6절). 승리로 교만해진다면 우리는 실패할 것이다. 그러나 하나님의 은총이 우리를 겸손하게 만든다면 우리는 성공할 것이다. 하나님은 우리를 넘어지지 않게 해주실 수 있다(롬 14:4).

◆ **자기 확신에 찬 실패한 사람들** ◆

부자 농부(눅 12:13-21), 용감했던 사도(마 26:31-35), 강력한 힘을 가진 통치자(단 4장), 자기 만족에 빠진 교회(계 3:14-22), 성공한 사업가(약 4:13-17). 이들은 모두 실패한 사람들이었다. 그들은 "네가 스스로 지혜롭게 여기는 자를 보느냐 그보다 미련한 자에게 오히려 바랄 것이 있느니라"(잠 26:12)고 하신 말씀을 마음으로 깨닫지 못한 것이 분명하다.

신명기 10장

모세는 율법(1-11절)과 사랑(12-22절)이라는 중요한 두 주제의 균형을 잘 맞추고 있다. 하나님은 자신의 백성들을 사랑하시기 때문에 그들을 보호하고 인도할 말씀을 백성들에게 주신다. 하나님의 뜻에 순종하지 않으면 우리는 우리를 향한 하나님의 사랑을 온전히 경험할 수 없다. 하나님의 뜻은 하나님의 사랑이 표현된 것이다(시 33:11).

하나님이 자신의 백성들을 사랑하신다는 사실에는 의심의 여지가 없다(15-18절). 하나님은 자신의 말씀으로 그것을 분명히 진술하셨고, 여러 가지 방법으로, 특히 세상 죄를 위해 자신의 아들을 주심으로써 증명하셨다(롬 5:8). 우리는 하나님을 사랑해야 하고(12-14절), 우리의 순종과 예배를 통해 그 사랑을 증명해야 한다. 하나님을 사랑한다면 우리는 다른 사람들도 사랑할 것이다(19절, 요일 4:7-12).

하나님은 자신의 말씀을 우리 마음에 새기시고, 그 말씀이 우리 속사람의 일부가 되길 원하신다(고후 3:1-3). 하나님의 말씀을 사랑하고, 매일 묵상하며, 순종한다면 성령이 우리를 변화시키는 놀라운 일을 수행하실 것이다.

신명기 11장

하나님이 행하신 일(What God did, 1-7절). 모세는 여호와가 '행하신 일(what He did)'이라는 표현을 5번이나 사용함으로써 하나님이 보여주신 자비를 이스라엘 백성들에게 상기시켜주고 있다. 그들은 자신들의 힘으로 전쟁에서 승리한 것이 아니었다. 하나님이 그들에게 승리를 주셨던 것이었다. 모세가 하나님이 내리신 심판의 예로 든 두 가지에 주목하라. 그 중 하나는 이스라엘 밖(애굽)에 내리신 심판이었고, 또 하나는 이스라엘(다단과 아비람의 반역)에 내리신 심판이었다. 그 중 두 번째가 첫 번째보다 더 위험한 것이었다(행 20:28-30).

하나님이 요구하신 것(What God asks, 8-21절). 하나님은 자신의 백성들이 순종할 것을 요구하셨는데, 그 이유는 그들의 순종이 바로 그들에게 힘과 생명이 되기 때문이었다(8-9절). 그들은 하나님의 지속적인 돌보심과 축복 없이는 형통할 수 없었다(마 6:33). 마음속에 있는 하나님의 말씀이 그들의 손과 눈과 혀를 통제하고, 그들의 집을 보호하고 인도할 것이다(18-19절).

하나님이 약속하신 것(What God promises, 22-32절). "내가 할 것이다"라는 하나님의 약속이 우리에게 필요한 전부다. 하나님께 순종하기로 선택하면, 비록 시련과 고난을 당할지라도 하나님이 복을 주실 것이다. 그러나 불순종하기로 선택하면, 하나님은 약속을 지키시고 우리를 징벌하실 것이다. 하나님을 사랑하면(1, 13, 22절) 우리는 하나님께 순종할 수밖에 없다. 그리고 그 순종 속에 생명이 들어 있다.

● 신명기 12장

때때로 우리는 자리를 옮기면 우리의 모든 문제가 해결될 것이라고 생각한다. 그래서 직업을 바꾸고 이사를 한다. 그러나 지리적인 변화가 성품의 결함을 이길 수 없다. 외적인 변화는 우리의 최선을 이끌어낼 수도 있지만, 또 우리의 최악을 이끌어낼 수도 있다.

모세는 백성들이 하나님께 순종하지 않으면 새로운 땅이 분규의 땅이 될 수도 있다고 경고했다(1-4, 29-32절). 다원론적인 현대 사회는 모든 종교를 다 똑같은 것으로 취급하는 경향이 있다. 그러나 하나님은 하나님만을 섬기고 하나님만을 예배할 것을 우리에게 요구하신다.

백성들이 하나님을 따른다면 그 땅은 기쁨의 땅이 될 것이다(5-19절). 왜냐하면 하나님이 안전과 안식과 복을 주실 것이기 때문이다. 우리는 하나님의 은혜로 우리의 영적 기업을 상속받았고(엡 1:3), 믿음으로 그 기업을 주장할 수 있다. 그러나 하나님의 뜻에 순종할 때에만 그 복락을 누릴 수 있다.

그 땅은 백성들이 그들에게 승리를 주시는 하나님을 신뢰할 때 확장될 것이다(26-28절). 하나님은 우리의 지경을 넓혀주고 싶어하신다. 그러나 그 확장이 하나님을 떠나는 결과를 불러오지 않도록 조심해야 한다. 물질적인 터를 얻고 영적인 터를 잃어버리는 것은 어리석은 일이다.

○ 신명기 13장

모세 당시에도 지금 우리 시대처럼 기적을 행하는 은사를 가졌다고 주장하면서 하나님께 신실하지 못한 사람들이 있었다. 중요한 것은 기적을 행하는 능력이 아니라 하나님의 진리에 충성하는 자세다. 왜냐하면 사탄도 기적을 행할 수 있기 때문이다(고후 11:13-15, 살후 2:9-12). 우리를 하나님과 그분의 말씀에서 멀어지게 유혹하는 지도자는 누구를 막론하고 우리의 적이다. 그리고 우리는 그 적을 반드시 거절해야 한다.

성공에 따라 진리가 결정되는 것도, 개인적인 선호도가 결정되는 것도 아니다(6-11절). 진리와 우리 사이의 차이가 아무리 고통스럽더라도 사람들을 사랑하는 것보다 진리를 사랑하는 것이 더 커야 한다(잠 1:10 이하).

숫자에 따라 진리가 결정되는 것도 아니다(12-18절). 도시 전체가 하나님을 버린다고 해서 우리도 그렇게 해야 할 아무런 이유가 없다. 하나님이 우리 편에 서실 것이다(마 10:28-42). 우리는 '율법과 증거의 말씀'에 충실해야 한다(사 8:20).

○ 신명기 14장

하나님의 자녀들이 세상 사람들과 같아서는 안 된다. '거룩하다' 라고 번역된 히브리 단어의 기본적인 의미는 '다르다' 이다. 하나님의 백성들은 다르다.

유대인의 음식 규정이 오늘날 하나님의 백성들에게도 적용되는 것은 아니지만(딤전 4:1-5), 우리가 구별되고 순종하는 백성이 되어야 한다는 영적인 원리에는 변함이 없다. '정한' 음식과 '부정한' 음식은 하나님이 받으시는 것과 하나님이 거부하시는 것을 분별할 줄 알아야 한다는 사실을 상기시켜준다. 레위기 11장 41-47절을 복습하라.

우리는 우리가 받는 것과 주는 것을 통해 하나님을 영화롭게 해야 한다(22-29절). 십일조는 하나님 앞에서 즐거운 절기를 지키기 위한 제물로 사용될 수 있도록 바치는 소산물의 십분의 일을 말하는 것이었다. 3년마다 한 번씩 드리는 특별한 십일조는 레위인들을 지원하고 가난한 사람들을 돕는 데 사용되었다.

우리는 받는 것과 주는 것을 통해 하나님을 영화롭게 하고, 또 즐겁게 하나님을 섬겨야 한다(고전 10:31 참조).

○ 신명기 15장

하나님이 주시는 복은 우리가 다른 사람들에게 복이 되고, 다른 사람들을 돕고자 하는 마음을 갖게 해주는 것이 되어야 한다. 모세가 복이라는 말을 자주 사용하고 있음에 주목하라(4, 6, 10, 14, 18절). 하나님은 우리에게 자신의 손을 아낌없이 펴주신다. 따라서 우리도 다른 사람들에게 우리의 손을 아낌없이 펴주어야 한다(8절). 우리가 다른 사람들에게 복이 될 수 있도록 하나님이 우리에게 복을 주신다(창 12:2).

우리는 아낌없이 내어주어야 할 뿐 아니라, 다른 사람들과 함께 나누며 즐거운 마음을 가져야 한다(10절). 헌금은 인색한 마음이 아니라(9절) 즐거운 마음으로 드려야 한다! 바울 사도가 "인색함으로나 억지로 하지 말지니 하나님은 즐겨 내는 자를 사랑하시느니라"(고후 9:7)고 쓰면서 아마도 이 구절을 생각하고 있었을 것이다.

모든 선물 중 가장 큰 선물은 우리 자신이다. 왜냐하면 우리는 서로 사랑하기 때문이다(16-17절). 우리는 먼저 우리 자신을 하나님께 드리고(롬 12:1-2), 그 다음 서로를 사랑으로 섬긴다(고후 8:1-5). '송곳으로 귀를 뚫는 교제'에는 많은 여지가 있다.

○ 신명기 16장

모세는 유대인이 지키는 일곱 가지의 종교 절기(레 23장) 중 특별히 강조하기 위해 그 중 세 가지를 선택했고, 그 절기들은 오늘날 신자들을 위한 메시지도 담고 있다.

유월절(Passover, 1-8절). 유월절은 과거를 돌아보고, 하나님의 어린양의 보혈로 우리가 구원받았다는 사실을 되새겨준다(요 1:29, 벧전 1:18-19). 구원에는 책임이 따른다. 우리는 어린양으로 인하여 살면서, 잘못된 모든 것으로부터 떠나야 한다(고전 5:1-8 참조).

칠칠절(Pentecost, 9-12절). 칠칠절은 부흥과 하나님의 성령이 하나님의 백성들에게 임하는 것을 말해준다(행 2장). 칠칠절은 하나님의 사역에 참여해 수확물을 거두어들이는 것을 돕도록 우리를 부르는 추수 절기다(눅 10:2, 요 4:33-38, 행 1:8).

초막절(Tabernacles, 13-17절). 초막절은 유대인들에게 그들이 광야에서 나그네로 지내며 초막에서 살았던 민족이었음을 상기시켜주었다. 우리는 이 세상에서 나그네와 행인 같은 사람들이다(벧전 2:11). 따라서 이 세상에 너무 정착해 살려 해서는 안 된다. 초막은 또 하나님의 백성들이 나그넷길을 마치게 될 때 그들에게 주시기로 하나님이 약속하신 장래의 나라를 바라보게 한다.

우리에게도 우리의 책임을 잊지 않도록 상기시켜주는 이 세 가지 절기가 필요하다.

○ 신명기 17장

무례(Presumption). 하나님의 말씀은 하나님의 뜻을 보여준다. 우리는 하나님이 허락하시는 것 이상으로 넘어가서는 안 된다. 2절의 '어기고'라는 말은 '선을 넘어서다'라는 뜻으로 뻔뻔스러운 죄를 말한다. 하나님이 "그 이상은 안 된다!"라고 말씀하실 때 우리는 그 말씀에 순종해야 한다. 그 순종은 형을 선고하는 일에도 적용되어야 했다(8-13절). 하나님이 세우신 지도자들의 판결에 이의를 제기하는 죄인은 죽임을 당하게 되어 있었다. "듣고 두려워하라!"

교만(Pride). 이스라엘은 왕을 요구했다. 그래서 하나님이 사울을 그들에게 왕으로 주셨다(삼상 8-10장). 우리는 그가 18-20절 말씀대로 순종했는지, 아닌지에 대해서는 알 수 없지만, 그가 하나님의 뜻을 따르지 않았던 것에 대해서는 알고 있다(삼상 15장). 그의 뒤를 이은 다윗은 하나님의 말씀을 따랐지만, 다윗의 아들 솔로몬은 16-17절이 언급하고 있는 모든 죄를 범했다(왕상 10-11장). 이스라엘은 한동안 크게 번성했지만, 그후 나라가 분열되고 하나님을 저버렸다.

백성들과 제사장들과 사사들과 왕들은 모두 하나님의 말씀에 복종하고 순종해야 할 의무가 있었다. 지위가 높으면 높을수록 책임은 그만큼 더 막중했다. "듣고 두려워하라!"

○ 신명기 18장

하나님의 백성들은 그들의 소유를 그들이 섬기는 사람들과 나누는(고전 9:1-14, 요삼 5-8절) 관대한 사람들이어야 한다(1-8절). 제사장들과 레위인들은 제물과 십일조에 의지해 그들의 생계를 유지했다. 신실하지 못한 백성들은 그들을 섬기는 종들의 필요를 경시하려 했다(느 13:10-14 참조).

하나님의 백성은 구별된 사람들이어야 한다(9-14절). 이 명령은 이단에 대해 성경이 경고하는 가장 강력한 명령이다. 그리고 이 명령은 지금도 지켜져야 한다. 이스라엘은 이 명령에 순종하지 않았기 때문에 땅이 더럽혀졌고, 나라가 징계를 받게 되었다.

하나님의 백성은 하나님의 말씀을 듣고, 받아들이며, 순종하는 분별력을 가진 사람들이어야 한다(15-22절). 여기에서 말하고 있는 선지자는 예수 그리스도시다(행 3:18-23). 그러나 예수님이 오셨을 때 그들은 예수님을 알아보지도 못했고, 영접하지도 않았다(요 1:10-11, 5:43). 참 선지자는 그가 예언한 모든 것이 이루어지는 것을 통해 알 수 있다. 선지자는 75퍼센트가 아니라 100퍼센트 정확해야 한다!

◦ 신명기 19장

이스라엘에는 재판 제도가 있었다. 그러나 경찰력은 없었다. 그래서 죄가 없는 사람은 피해자의 가족들이 복수하기 전에 보호받아야 할 필요가 있었다. 도피성은 발생한 죽음이 살인인지, 아니면 과실 치사인지를 판단할 수 있을 때까지 살인 혐의를 받는 사람의 피난처가 되어주었다.

도피성은 우리를 추격하고 있는 죽음을 피해 '도망칠 수 있는' 분인 예수 그리스도 안에서 우리가 얻게 된 구원을 보여준다(히 6:18, 롬 6:23). 도피성은 하나님이 지정하셨고, 다른 성읍은 도피성이 될 수 없었다(행 4:12). 도피성은 누구나 갈 수 있는 곳이었다(수 20:9, 요 6:37). 그러나 그곳으로 도피한 사람은 하나님의 말씀을 믿고 그 말씀에 따라 행동해야 했다. 도피성에 이르는 길은 분명하게 표시되어 있었고, 잘 관리되어 있었다. 그곳으로 가는 길은 열려 있었고, 자유로이 갈 수 있었다.

그러나 그리스도 안에서 우리는 도피성보다 훨씬 더 나은 것을 가지고 있다. 사람을 죽인 사람은 자신이 살인을 한 것인지 아닌지 재판을 받아야 했지만, 그리스도를 믿는 사람들은 그런 재판을 받을 필요가 없다(요 5:24, 롬 8:1). 우리의 대제사장은 영원히 사시며, 우리를 중재해주신다. 그러므로 우리는 결코 거부당하지 않는다(히 7:23-28). 우리에게는 실제로 죄가 있다. 그러나 하나님은 은혜로 우리를 용서하신다. 그리고 예수님이 우리를 위해 우리가 받아야 할 형벌을 받으셨다!

◦ 신명기 20장

우리의 영적 기업을 주장하는 것에는 복이 따를 뿐 아니라 전투도 따르게 된다. 왜냐하면 악의 무리가 우리를 대적하기 때문이다(엡 6:10-13). 이스라엘 백성들에게 하신 하나님의 말씀은 오늘 우리가 맞서야 하는 적을 어떻게 물리칠 수 있는지에 대한 좋은 정보가 된다.

전투 전: 용기(Before the battle: courage). 우리는 눈에 보이는 것에 따라 살지 않고 믿음으로 살아간다(1절). 그러므로 승리가 우리 자신의 자원이나 적의 자원에 있는 것으로 판단해서는 안 된다. 하나님이 우리에게 이길 힘을 주신다. 따라서 하나님이 함께하시며 우리를 위해 싸우신다는 사실을 깨닫고 용기를 가질 수 있다. 그 사실을 잘 보여주는 한 예가 기록된 역대하 20장 1-23절을 읽어보라.

전투 중: 순종(During the battle: obedience). 전투에서 승리하려면 전적으로 하나님께 헌신해야 한다(딤후 2:4). 전쟁터는 두려워하거나, 겁을 내거나, 결단을 내리지 못하는 사람들을 위한 곳이 아니다. 우리는 하나님이 우리에게 어떤 전투 계획을 맡기시건 그 계획에 순종해야 한다. 왜냐하면 적은 때때로 다른 전략을 사용하기 때문이다.

전투 후: 완전한 정복(After the battle: complete conquest). 실패했더라도 적은 여전히 적이고, 우리를 죄로 유인할 수 있다. 아간(수 7장)과 사울 왕(삼상 15장)에게 일어났던 일을 기억하라.

◦ 신명기 21장

인간은 하나님의 형상대로 지어졌고, 인간의 생명은 하나님께 소중한 것이다. 사람은 동물이나 물건처럼 다루어져서는 안 된다. 이 장에 기록된 율법의 규정들은 그 사실을 잘 보여주고 있다.

살인(Murder, 1-9절). 불법으로 사람의 목숨을 취하는 것은 시체를 매장하는 것으로 단순히 해결될 수 없는 참사다. 범죄자 대신 암송아지가 죽임을 당했다(창 9:5-6). 그러나 그 제물이 살인자의 죄를 속죄하는 것은 아니었다. 그 제물은 무죄한 피로 땅이 더럽게 되는 것을 막았다(신 10:10-13). 그리고 사람들에게 생명은 소중한 것이라는 사실을 상기시켜주었다.

결혼(Marriage, 10-17절). 유대인들에게는 가나안 사람들과의 혼인이 금지되어 있었다(신 7:1-4). 그래서 이 구절에 언급된 포로로 잡혀와 유대인의 아내가 된 사람은 다른 나라에서 온 사람이어야 했다. 그 당시 여자들, 특히 포로가 된 여자들에게는 아무런 지위도 없었다. 그러나 하나님이 능욕을 당하지 않도록 여자들을 보호하셨다. 우리에게 얼마나 많은 권세가 주어져 있건, 우리는 다른 사람들을 학대하거나 이용해서는 안 된다.

반역(Rebellion, 18-23절). 패역한 아들은 그 부모를 슬프게 하고, 마을의 수치가 되며, 다른 젊은이들에게 좋지 못한 본보기가 된다. 죽음에 대한 두려움이 그들의 패역을 저지할 수 있었다. 아니면 탕자처럼 집을 떠나버리는 경우도 있을 것이다(눅 15:11 이하). 우리에게는 가혹한 규정처럼 보일 수도 있지만, 하나님은 패역을 너그럽게 다루지 않으신다.

이 장에 묘사된 우리 주님을 보라. 주님은 죄를 범한 죄인을 위해 돌아가셨다. 주님은 이방 여인을 사랑하시고 그녀를 신부로 맞이하셨다(엡 5:25 이하). 또 반역한 죄인들을 위해 나무에 달려 돌아가셨다(갈 3:13).

● 신명기 22장

잃어버린 소유(Lost possessions, 1-4절). 하나님은 개인의 소유권을 존중하시고, 다른 사람들의 물건을 다루는 일이 비록 귀찮고 불편할 때에도 정직하게 다룰 것을 요구하신다. 또 하나님은 동물들을 불쌍히 여기신다(출 23:5). 우리는 하나님이 우리에게 주신 모든 것들을 관리해야 하는 청지기다. 그러므로 우리는 신실해야 한다.

잃어버린 구별(Lost distinctions, 5-12절). 성경은 "하나님은 어지러움의 하나님이 아니시다"(고전 14:33)는 사실을 분명하게 보여주고 있다. 그리고 하나님이 정하신 남자와 여자, 동물 그리고 심지어는 씨와 베실의 특징들을 무시할 때 혼란과 어지러움이 일어나게 된다는 것도 분명하게 보여주고 있다. 음식 규정처럼 이 장의 규정들은 유대인들이 구별된 백성이라는 사실을 그들에게 상기시켜 주었고, 그들의 옷에 달린 술 역시 그 사실을 상기시켜주는 도구였다.

잃어버린 명성(Lost reputations, 13-30절). 여기서 우리는 의지할 데 없는 불쌍한 사람들을 보호하시는 하나님을 볼 수 있다. 거짓 증언을 하는 것은, 특히 성적인 순결의 문제에 대해 거짓으로 증언하는 것은 심각한 결과를 불러온다. 거짓된 비난을 하는 사람들에 의해 명성을 잃을 수도 있다. 선을 사랑하는 것만으로는 충분하지 않다. 때때로 우리는 '악을 제하고' (21절) 죄를 다루어야 한다.

● 신명기 23장

'총회에 들어가다' 는 표현이 이 장에서 6번 사용되었다. 그것은 한 나라의 시민으로서 참여하는 것을 뜻하는 것이 아니라, 종교적인 활동에 참여하는 것을 의미한다. 예배를 통해 하나님께 나아갈 수 있는 사람이 누구인지를 결정할 수 있는 권한은 하나님께 있다(참조 - 시 15편, 요 4:19-24). 물론 이제는 예수 그리스도 안에서 그런 구별은 제거되었다(갈 3:26-29). 그리고 복음은 '누구든지' 오라고 초청한다(계 22:17).

이 규정들이 필요한 것은 하나님이 진영 안에 거하셨고, 따라서 진영이 깨끗해야 했기 때문이었다(14절). 심지어는 개인적인 위생도 중요하게 다루어졌다(9-14절). 그리스도가 교회 안에 거하시며(계 1:13, 2:1), 거룩한 백성들을 보고 싶어하신다.

4절은 부작위의 죄(이스라엘 백성들을 돕지 않은 것)와 작위의 죄(발람을 고용한 것)로 인한 슬픈 결과를 보여주고 있다. 우리가 다른 사람들에게 친절을 베풀 때 그것은 곧 그리스도께 친절을 베푸는 것이다(마 25:31-46). 한 번 불친절함으로 인하여 여러 해 동안 슬픔 가운데 보내게 될 수도 있다.

하나님은 우리가 어떻게 돈을 버는지에 대해서도 간과하지 않으신다(17-18절). 이방인의 신전에서는 남자('개 같은 자')와 여자의 매춘이 벌어졌는데, 하나님은 그런 가증한 수단으로 번 돈을 받지 않으셨다.

이 잡다한 규정들은 하나님이 우리 삶의 세밀한 부분에까지 관심을 가지신다는 사실을 상기시켜준다. 하나님은 우리가 하나님과 교제할 수 있도록 거룩한 사람들이 되길 바라신다(고후 6:14-18).

● 신명기 24장

인간 마음의 악함을 아시는 하나님이 즐거움을 더해주시고(5절), 학대(14절)와 율법의 남용(17절)을 방지하기 위해 이 규정들을 만드셨다.

남편과 아내(Husbands and wives, 1-5절). 하나님은 이혼한 사람들의 재혼을 허락하셨다. 그러나 그것은 용인해주신 것이지 계명으로 명하신 것은 아니었다(마 19:1-12). 이 규정에 의해 보호를 받는 이혼한 아내는 새로운 가정을 이룰 수 있었고, 버림받지 않았다. 하나님은 우리 가정이 행복하고 거룩하기 원하신다. 하나님께 순종하고 서로 사랑할 때 우리는 그 행복을 누리게 될 것이다.

주인과 종(Masters and servants, 6-18절). 하나님은 생계를 위해 우리를 의존하는 사람들을 우리가 어떻게 대하는지 보신다. 다른 사람들이 돈이나 권력을 우리보다 적게 가졌다고 해서 그들이 굴욕감을 느끼게 해서는 결코 안 된다. 교만해지고 냉담해지기 시작할 때, 우리는 하나님이 우리를 구원하시기 전에 우리가 어떤 사람들이었는지를 기억해야 한다(18, 22절, 딛 3:3-8).

> ◆ **다른 사람들을 돕기** ◆
>
> 도움을 필요로 하는 사람들이 있을 때 눈을 감거나(잠 28:27), 귀를 막거나(잠 21:13), 손이나 마음을 닫지 말라(신 15:7, 요일 3:17). 선한 말로 선한 행동을 대신할 수는 없다(약 2:14-17, 요일 3:18). 가난한 사람들과 나눌 때 그것이 곧 하나님께 드리는 것이다. 그리고 하나님이 그 선행을 갚아주실 것이다(잠 19:17).

부자와 가난한 사람(Rich and poor, 19-22절). 하나님은 가난한 사람들에게 특별한 관심을 보이신다. 그리고 그들의 필요를 채워주시려고 하나님의 백성들이 보이는 관대함을 의지하신다. 하나님은 나그네와 과부와 고아에게 동정을 베푼 사람들 모두에게 복을 주겠다고 약속하셨다. 우리가 다른 사람들을 돕는 정도만큼 다른 사람들이 우리를 돕는다면 우리는 어떻게 되었을지 자문해보아야 한다.

◦ 신명기 25장

이 장은 사람들을 존중하고, 하나님의 형상대로 지어진 그들을 동등한 인간으로 대우하는 것을 강조하고 있다. 다른 사람들에게 굴욕감을 느끼게 하거나 그들을 이용하는 것은 잘못이다(1-3, 11-12절).

우리는 또 동물들도 존중해야 한다(4절, 참조 - 잠 12:10). 먹을 것이 많은 곳에서 먹을 수 없다면 황소에게는 힘든 일이 될 것이다. 바울 사도는 이 구절을 훨씬 더 광범위하게 적용했다(고전 9:1-14, 딤전 5:17-18).

우리는 가정을 존중해야 한다(5-10절). 이 규정은 가족과 지파의 기업 때문에 이스라엘 백성들에게는 특히 중요한 것이었다. 오늘날에는 적용되지 않는 규정이지만, 가정에 나라의 운명이 걸려 있고, 가정은 보호되어야 한다는 원리만은 지금도 변함이 없다.

우리는 진실을 존중하고(13-16절) 속임수를 쓰는 일이 없어야 한다. 잠언 11장 1절과 20장 10절을 읽고, 21장 6절의 경고에 주의를 기울이라.

◦ 신명기 26장

이스라엘 백성들은 가나안 땅에 들어가 농경 사회를 이룬 후 이 두 의식을 지켜야 했다. 첫 수확물을 거둔 백성들은 하나님이 이스라엘의 구원자이심을 인정하기 위해 첫 소산의 맏물을 하나님께 드려야 했다. 하나님은 그분이 우리에게 값없이 주신 복들을 기억하며 하나님께 영광을 돌리고, 우리 삶 속에서 하나님을 가장 중요하게 여기기를 지금도 바라신다(잠 3:5-10).

이스라엘 백성들은 또 레위인과 가난한 사람들을 돕기 위해 '3년마다 십일조'를 내야 했다. 만물을 하나님께 드리는 행사와 함께 백성들은 땅에 복을 주시고 수확을 얻게 하신 하나님의 선하심을 고백해야 했다.

축하하고 행사를 갖기 위해 특별한 시간을 정해놓고 지키는 것은 잘못된 것이 아니다. 특히 새롭게 시작할 때는 더욱 그렇다. 그러나 그저 행사를 지키는 것이 아니라, 하나님을 예배하는 일에 초점을 맞추어야 한다.

이 두 의식은 하나님을 사랑하고 이웃을 사랑하라는 가장 큰 두 계명을 우리에게 상기시켜준다. 감사하고 순종하는 것은 하나님의 특별한 백성들의 특징이다(16-19절).

○ 신명기 27장

이 의식은 이스라엘 백성들이 가나안 땅에 들어가 그 땅을 정복하기 시작한 후 단 한 번 행해졌다(수 8:30-35). 그것은 하나님께 순종하는 것이 성공의 비결이라는 사실을 엄숙하게 상기시켜주는 것이었다(수 1:8).

율법은 모든 사람이 다 읽을 수 있도록 커다란 돌에 새겨졌다. 오늘날 우리가 하나님의 말씀을 읽고 묵상할 때 성령이 그 말씀을 우리 마음에 새겨 넣으시고, 우리를 내면으로부터 변화시키신다(고후 3:1-3, 18).

새로운 시작에는 새로운 헌신에서 나오는 행동이 합당한 것이었기 때문에 이 의식은 하나님과 맺은 이스라엘의 언약을 새롭게 갱신하는 것이었다. 번제는 하나님께 드리는 전적인 헌신을 의미하는 것이었다. 또 화목제와 그 이후 이어지는 식사는 하나님과의 즐거운 교제를 의미하는 것이었다.

저주들은 십계명에서 이미 언급된 율법과 관련이 있고, 사생활의 많은 부분을 포함하고 있다. 율법에 대한 이스라엘 백성들의 순종이 그들을 애굽에서 구원한 것도, 가나안 땅으로 그들을 인도한 것도 아니었다. 그러나 그 순종은 그들에게 하나님의 복을 누릴 수 있게 해주었다.

하나님의 율법을 다 지키거나, 하나님의 의로운 요구를 다 만족시킬 수 있는 사람은 아무도 없다. 우리는 그리스도가 우리를 위해 십자가에서 하신 일(갈 3:10-14)과 성령이 우리 삶 속에서 하시는 일(롬 8:1-4)에 감사해야 한다.

● 신명기 28장

하나님은 복을 먼저 언급하셨지만(1-14절), 나머지 대부분은 심판에 할애되었다. 그래서 균형이 맞지 않는 것처럼 보인다면 하나님이 이스라엘 백성들의 마음을 알고 계셨다는 사실을 기억하라(신 5:29).

하나님은 정치적 시도(7, 13절)와 농사(8, 11-12절)와 이방인들을 대상으로 한 그들의 증거(9-10절)를 포함해 그들 삶의 모든 영역에서 그들에게 복을 주겠다고 약속하셨다(2-6절). 구별된 거룩한 백성으로 그들은 이방인들에게 빛이 되어야 했지만(사 49:6), 그들은 그 일에 실패했다. 10절과 25절을 비교해보라.

순종은 그들을 높이 들어올리며(1, 13절), 그들을 부유하고(3-6, 8절) 안전하게 해줄 것이다(7절). 영적인 관점에서 볼 때 오늘날 우리도 이런 약속들을 주장할 수 있다.

저주는 두려운 것이다. 그리고 결국은 그들이 하나님을 저버리고 우상을 섬기면서 하나님의 말씀을 거역할 때 저주가 그들에게 임했다. 그들은 하나님께 성실하게 순종하지 않았고, 하나님의 율법을 조심스럽게 지키지도 않았으며, 하나님의 뜻을 기쁘게 따르지도 않았다(1, 47절). '기쁨으로 하나님을 섬기지'(시 100:2) 않는다면 우리도 슬퍼하며 원수를 섬기게 될 것이다.

● 신명기 29장

하나님과 언약 관계를 맺는다는 것은 심각한 일이다. 하나님은 자신의 약속을 지키실 것이다. 그러나 우리는 불순종하기 쉽다. 신실해지려면 우리 눈과 귀와 마음이 영적으로 새로워져야 한다(4절). 일하시는 하나님의 손길을 보고, 하나님의 말씀을 들으며, 온 마음으로 하나님을 사랑해야 한다.

40년 동안 이스라엘 백성들은 기적을 보고 말씀을 들었다. 그러나 그들은 하나님이 하시는 일을 깨닫지 못했다. 그들은 하나님이 하시는 일을 보았지만 하나님의 길을 알지 못했다(시 103:7). 하나님이 애굽의 우상들을 물리치시는 것을 보았지만, 여전히 마음으로 우상을 섬기고 있었다. 그들이 주님께 초점을 맞추지 않았기 때문에, 영적인 경험이 될 수도 있었던 일들이 그저 역사적인 사건들로 끝나고 말았다.

우리의 책임은 우리가 알고 있는 것에 순종하고, 우리가 모르는 것의 동정을 살피려 하지 않는 것이다(29절). 마태복음 13장 10-17절을 묵상하고 자신의 영적인 지각을 점검해보라.

● 신명기 30장

파멸시키려는 것이 아니라 회복시키려는 것이 징벌의 목적이다. 하나님은 자신의 백성들이 어떻게 할지 알고 계셨다. 그래서 회개하고 돌아설 수 있는 방법을 제공해주셨다. 그리고 이 시대를 살고 있는 하나님의 백성들을 위해서도 그렇게 하셨다(요일 1:5-2:2).

'모든'이라는 단어가 반복되어 나타나는 것에 주목하라. 하나님은 모든 나라 가운데서 하나님의 백성들에게 하나님의 모든 심판을 내리실 것이다(1절). 그래서 그들은 온 마음과 성품을 다하여 하나님이 명하신 모든 말씀에 순종하게 될 것이다(2절). 어떤 죄라도 다루지 않는다면 그리고 하나님께로부터 온 어떤 말씀이라도 무시한다면, 우리의 회개는 불완전한 것이 될 것이다.

하나님을 사랑하고 그분께 순종하려면 마음에 '영적 수술'이 이루어져야 한다(6절, 신 10:16, 레 4:4, 롬 2:25-29). 모든 하나님의 자녀는 그 경험을 했다(골 2:11). 그래서 믿음으로 승리하는 삶을 살 수 있는 것이다. 마음으로 하나님의 말씀을 받아들일 때(11-14절) 우리는 하나님께 순종하게 되고, 하나님께 영광을 돌리려는 열망과 그렇게 할 수 있는 힘을 갖게 된다. 승리의 핵심은 마음이다!

◦ 신명기 31장

모세는 낙심이라는 어두운 구름 아래서 자신의 생을 마감할 수도 있었다. 그러나 그렇게 하는 대신 그는 새로운 지도자를 따라 새로운 땅에서 새로운 삶을 살아야 하는 도전을 앞두고 있는 백성들에게 용기를 심어주었다.

그는 백성들에게 하나님이 앞서 가시며, 그들에게 승리를 주실 것이므로 적을 두려워하지 말라고 격려했다(1-6절). 그리고 여호수아에게도 비슷한 격려의 말을 해주었다(7-8절). 모세와 같은 위대한 사람을 대신하는 것이 여호수아에게 쉬운 일은 아니었을 것이다. 그러나 모세의 하나님이 그의 힘이 되어주셨다.

모세는 레위인들에게 하나님의 말씀을 보호하고 선포할 것과 그 말씀을 온 백성에게 가르치도록 격려했다(9-13, 24-29절). 이스라엘이 하나님의 말씀을 즐거워하지 않는다면, 그들의 기업에서 하나님이 주시는 복을 누리지 못하게 될 것이다.

하나님은 자신의 종들을 교체하신다. 그러나 하나님의 일은 계속된다. 누가 우리의 영적 지도자가 되건 우리는 하나님을 사랑하고, 하나님의 말씀을 따라 살아야 한다. 그것이 복을 받고 성공하는 삶을 살 수 있는 비결이다. 그리고 다른 사람들을 격려해주는 사람이 되는 비결이기도 하다.

◦ 신명기 32장

하나님은 백성들이 하나님을 사랑하고 하나님께 순종하는 것을 배울 수 있도록 백성들에게 가르칠 이 노래를 모세에게 주셨다(신 31:19-30). 오늘날 우리의 노래도 하나님의 위대하심과 선하심을 보여줌으로써 하나님을 위해 살아갈 수 있도록 격려해주는 이 형식을 따라야 한다(3절).

'반석'은 하나님을 보여주는 중요한 이미지다. 반석은 변화무쌍한 세상에서 신뢰할 수 있는 견고하신 하나님과 수고와 애씀이 많은 세상에서 의지할 수 있는 하나님을 보여준다(4절). 반석이신 하나님은 우리의 구세주(15절)와 아버지(18절)와 구원자(30-31절)이시다. 그분은 우리에게 필요한 전부이시다.

이스라엘은 둥지를 떠나서 나는 것을 배워야 하는 어린 독수리에 비교되어 있다(11-12절). 그러나 이스라엘은 또한 하나님의 보화다. 그리고 하나님이 자신의 백성들을 보호하실 것이다(34-35절). 모세는 그들의 시작을 잊지 말고(18절), 그들의 '종말'을 무시하지 말 것(29절)을 상기시켜주고 있다.

모세는 하나님의 말씀을 하늘에서 내려와 땅에 생명과 신선함을 주는 비와 이슬에 비유했다(2절). 하나님의 말씀을 나누는 일이 시간 낭비처럼 보일 때가 많지만, 하나님의 말씀은 우리에게 보이건 보이지 않건 간에 하나님의 목적을 이루실 것이다(사 55:10-11).

이 노래의 대부분은 하나님이 이스라엘 백성들을 위해 하신 일을 그들이 잊고, 하나님을 떠나 우상을 섬기려는 성향이 그들에게 있음을 경고하고 있다. 우리는 그들이 이 노래를 얼마나 자주 불렀는지 알 수 없다. 그러나 그들이 이 노래를 진심으로 받아들이지 않았다는 것은 알고 있다. 오늘날 하나님의 백성들은 그들이 부르는 노래에 주의를 기울이고 있는가?

● 신명기 33장

땅을 보기 전에 모세는 미래를 내다보았고, 각 지파 앞에 놓인 것들을 이야기했다. 야곱은 죽기 전에 축복하면서 자기 아들들의 죄를 폭로했다(창 49장). 그러나 모세는 그렇게 하지 않았다. 대신 그는 각 지파와 하나님과의 관계에 주로 초점을 맞추고, 각 지파가 어떤 특성을 가지고 어떤 사역을 하며, 어떤 복을 받게 될 것인지를 이야기했다.

하나님의 백성들은 하나님의 손 안에서 안전하게 거하며(요 10:28-29), 하나님의 발 앞에서 배우고 순종하는 특권을 누리고 있다(3절). 우리는 하나님의 심장에서 가까운 하나님의 '어깨 사이'에 거한다(12절). 그리고 하나님의 '영원하신 팔'이 우리 아래에 있다(27절). 더 이상 무엇을 바랄 수 있겠는가?

25절은 모든 창조물처럼 우리도 하루하루 살아간다는 사실을 상기시켜주고 있다(마 6:25-34). 오늘을 망치는 가장 좋은 방법은 어제 일을 후회하고, 내일 일을 염려하는 것이다. 이스라엘 백성들은 어려운 날들을 맞이하기도 했다. 그러나 하나님이 그들과 함께하시며 하루하루 살아갈 수 있도록 도와주셨다.

● 신명기 34장

임종시 중요한 것은 얼마나 화려한 장례식을 치를 것인가가 아니라, 얼마나 훌륭한 삶을 살았는가다. 실제로 지금 우리가 어떻게 살아가는지가 어떻게 죽게 될 것인지를 결정한다.

모세는 높은 곳에서 살다가 높은 곳에서 죽었다. 그는 종종 산에서 하나님을 만나 하나님의 영광을 보고, 하나님의 은혜를 경험했다. 우리도 이 땅에서 살아가는 동안 우리의 마음과 생각을 '높은 곳'에 두어야 한다(골 3:1 이하).

모세는 하나님의 뜻에 따라 살다 하나님의 뜻에 따라 죽었다. 하나님께 순종하며 살아간다면 삶과 죽음을 두려워할 필요가 없다. 모세는 의인의 삶을 살았기 때문에 '의인의 죽음 같은' 죽음을 맞이했다(민 23:10).

마지막으로 모세는 앞을 내다보며 살았고, 약속의 땅을 바라보면서 앞을 내다보며 죽었다. 이스라엘 백성들은 너무나 자주 애굽으로 돌아가고 싶어했다. 그러나 모세는 하나님이 그들을 위해 예비하신 기업을 향해 나아가라고 도전했다.

자신의 장례식을 미리 계획하는 것은 좋은 일이다. 그러나 세상을 떠난 후 사람들이 그리워하게 될 사람으로 살아가는 것은 훨씬 더 좋은 일이다.

역사서

The Books of History

여호수아에서 에스더까지는 이스라엘 역사 속에서 일어난 중요한 사건들, 곧 가나안 정복(여호수아)과 적과의 타협(사사기), 왕국의 수립과 분열(사무엘상하, 열왕기상하, 역대상하), 포로기와 귀환(에스라, 느헤미야, 에스더)을 기록하고 있다.

이스라엘 백성들은 우상 숭배라는 죄를 끊임없이 달고 다녔다. 그리고 역사서로 분류된 책들은 이스라엘 백성들이 하나님과 하나님의 말씀에서 떠났기 때문에 정치적으로나 영적으로 몰락하고 붕괴하는 나라의 모습을 기록하고 있다. 격동의 역사 속에서도 하나님은 백성들을 회개하도록 각성시키고, 위기에 빠진 그들을 돕기 위해 선지자들을 보내시며, 그들에게 신실하셨다. 그러나 그들은 거듭 이방의 우상을 섬기기 위해 하나님을 저버렸고, 결국 하나님은 그들을 징벌하시고 포로로 잡혀가게 하셨다. 하지만 하나님은 약속된 구원자를 보내시고, 이스라엘을 통해 모든 나라가 복을 받게 하실 것이라고 아브라함에게 약속하신 언약을 이루시기 위해 하나님의 백성들을 보존하셨다.

전쟁 방법이나 국제 외교가 바뀌듯이 정치 제도도 바뀐다. 그러나 인간의 본성은 여호수아나 다윗이나 솔로몬이나 히스기야 당시나 지금이나 그대로다. 이스라엘의 역사를 읽어보면 그 역사가 실제로 우리 시대와 얼마나 흡사한지를 알게 될 것이다. "의는 나라로 영화롭게 하고 죄는 백성을 욕되게 하느니라"(잠 14:34).

여호수아

Joshua

여호수아서는 이스라엘 백성들의 헌신(1-5장)과 적의 타파(6-12장)와 땅의 분배(13-24장)를 기록하고 있다. 여호수아는 하나님을 따르며 그들에게 약속된 기업을 주장하는 이스라엘 백성들을 이끌고 승리에 승리를 거두었다.

여호수아는 죄와 사탄을 물리치고, 자신을 신뢰하는 사람들에게 안식을 주시는 우리 주 예수 그리스도를 보여주는 한 모형이다(히 4장, 마 11:28-30). 그는 자신이 제2사령관이라는 사실을 잘 알고 있었고(수 5:13-15), 그의 성공은 믿음을 통해 우리가 얻게 되는 승리를 보여주는 본보기다(요일 5:1-5). 우리 각자에게는 주장할 수 있는 영적 기업, 즉 정복해야 할 '땅' 이 있다. 여호수아서는 그 일을 어떻게 해야 하는지를 우리에게 말해주고 있다. 여호수아서에는 '기업(inheritance)' 이라는 단어가 58번(NKJV의 경우) 사용되었다(참조 - 엡 1:11, 골 1:12).

● 여호수아 1장

하나님이 우리를 준비시키신다(God equips us). 모세와 같은 위대한 지도자를 대신해 어려운 일을 감당해야 하는 것이 여호수아에게 쉬운 일은 아니었을 것이다. 그러나 하나님이 그 일을 할 수 있도록 그를 준비시키셨다. 여호수아는 모세와 함께 하나님을 신실하게 섬겨왔고, 백성들을 이끌 수 있는 자질을 갖추고 있었다. 오늘 우리가 맡은 일을 신실하게 감당하는 것은 하나님이 우리를 위해 마련해놓으신 일을 할 수 있도록 준비하는 것이 된다(마 25:21).

하나님이 우리를 격려하신다(God encourages us). 기업은 믿음의 순종을 통해서만 주장할 수 있다(3절). 그러나 믿음과 순종에는 용기가 요구된다. 하나님이 여호수아에게 약속하시고(6절), 함께하실 것이라는 확신을 심어주시며(9절), 그의 성공은 말씀을 통해 오게 될 것이라는 사실을 상기시켜주심으로(7-8절) 그를 격려해주셨다. 하나님은 또 백성들을 통해서도 그를 격려해주셨다(16-18절). 당신은 당신을 인도하는 지도자에게 격려를 주는 사람인가?

하나님이 우리에게 힘을 주신다(God enables us). "마음을 강하게 하고 담대히 하라"(6, 7, 18절). 이 말은 훈계 그 이상이었다. 왜냐하면 하나님은 명령과 함께 하나님의 명령을 수행할 수 있는 힘도 주시기 때문이다. 승리를 거둔 것은 여호수아의 경험과 기술 때문이 아니었다. 승리는 하나님의 백성들이 믿음으로 하나님께 순종할 때 나오는 하나님의 능력을 통해 왔다. 하나님은 지금도 여전히 불가능한 일을 가능케 하는 분이시다(눅 1:37).

◆ 여호수아 – 지도자 훈련 ◆

여호수아는 지도자의 자리에 오르고 싶어하지 않았다. 그러나 하나님의 부르심을 받고 모세의 후계자가 되도록 훈련을 받았다. 여호수아는 애굽에서의 종살이가 얼마나 혹독한 것이었는지를 잘 알고 있었다. 그는 또 모세와 함께 섬기며 어떻게 명령에 순종해야 하는지도 잘 알게 되었다(출 24:13). 그에게는 적과 맞설 수 있는 용기(출 17:8-16)와 승리를 주시는 하나님을 신뢰하는 믿음(민 14:1-10)이 있었다. 여호수아의 원래 이름은 호세아('구원')였다. 그러나 모세가 그의 이름을 여호수아('여호와는 구원이시다')로 바꾸었다. 여호수아라는 그의 이름까지도 그가 하나님을 믿었다는 사실을 백성들에게 상기시켜주었다.

● 여호수아 2장

여호수아가 정탐꾼들을 여리고로 보낸 것은 불신앙이 아니라 지혜로운 행동이었다(잠 20:18). 두 사람의 보고는 이스라엘 백성들에게 공격할 수 있는 힘을 갖도록 격려해주는 것이었고(24절), 하나님이 그들에게 하신 약속을 성취해 나가고 계신다는 사실을 상기시켜주는 것이었다(신 2:25).

그러나 그것은 또한 라합과 그 가족들의 구원을 의미하는 것이었다. 성경이 라합이 거짓말을 한 것에 대해 칭찬하고 있는 것은 아니지만, 행함으로 입증된

(약 2:25) 그녀의 믿음에 대해서는 칭찬하고 있다(히 11:31). 그녀의 믿음은 그녀 자신과 그녀의 가족을 멸망으로부터 구했다(수 6:17-19). 그리고 그녀가 메시아의 조상이 되는 결과를 낳았다(마 1:5). 하나님을 신뢰하고 순종할 때 하나님이 우리를 위해 어떤 일을 하실지 우리는 감히 상상조차 할 수 없다!

○ 여호수아 3장

여호수아는 아침 일찍 일어나는 사람이었다(1절, 6:12, 7:16, 8:10). 그는 아마도 하나님의 말씀을 묵상하고 기도하는 경건의 시간을 통해 하나님께 헌신했을 것이다(수 1:8, 시 63:1). 그것은 오늘날 우리가 따라야 할 좋은 본보기다(막 1:35 참조).

우리는 알 수 없는 미래를 맞이하게 된다(4절). 그래서 날마다 하루를 시작하면서 우리와 함께하시는 하나님과 동행해야 한다. 하나님은 우리보다 앞서 가신다. 우리는 하나님이 지시하시는 대로 따라야 한다. 하나님은 가야 할 길을 아시고, 그 길로 우리를 인도하시며, 또 길을 여신다. 하나님은 '온 땅의 주'이시다(11절). 따라서 우리가 두려워할 것은 아무것도 없다.

제사장들은 백성들이 강을 건너기 전에 먼저 강으로 들어가 그들의 발을 적셔야 했다. 그것은 믿음이 요구되는 일이었다. 우리의 믿음이 하나님과 동행하는 다른 사람들에게 격려가 될 수 있다. 물 속으로 걸어 들어가기 위해서는 상당한 믿음이 있어야 한다. 그러나 물 위로 걷기 위해서는 그보다 더 큰 믿음이 요구된다(마 14:23-33). 아직도 강둑에서 또는 배 위에서 망설이고 있는가?

하나님을 따르고 하나님의 약속을 신뢰할 때 미래는 우리의 친구가 될 것이다.

○ 여호수아 4장

기념 자체를 우상화하지 않는다면, 하나님이 행하신 놀라운 일들을 기념하는 것은 우리에게 유익하다. 모든 새로운 세대가 하나님의 말씀에 순종하고 하나님을 신뢰하기 위해서는 하나님이 백성들을 위해 하신 일들에 대해 듣고 배워야 한다(시 78:1-8). 살아 계신 하나님께 대한 강한 믿음을 가질 때 과거는 '죽은 역사'가 된다. 그 믿음은 살아 있는 실체와 함께 고동친다.

'요단 강 도강'을 죽어서 천국에 가는 것으로 묘사하는 노래들도 있기는 하지만, 실제로 그런 것은 아니다. 요단 강 도강은 로마서 6장에서 가르치고 있는 내용, 곧 옛 사람은 죽고 그리스도와 함께 부활의 능력에 참여하는 것을 보여준다. 하나님 외에는 아무도 요단 강 한가운데 있는 돌들을 볼 수 없다. 그러나 이 기록은 그 돌들이 그곳에 있다는 사실을 증언하고 있다. 그리스도의 죽음과 부활도 마찬가지다. 우리가 그 기록을 믿고 따를 때 그 기적을 경험하게 될 것이다.

강가에 있는 돌들은 옛 사람은 장사되었고, "새 생명 가운데서 살아야" 한다는 사실을 이스라엘 백성들에게 상기시켜주었다(롬 6:4, 골 3:1 이하). 당신은 요단 강을 건넌 후 믿음의 기념비를 세웠는가?

● 여호수아 5장

이스라엘 백성들은 큰 기적을 경험했고, 적들은 두려움에 빠졌으며, 하나님은 일하셨다. 이제 행동을 취할 때였다! 그러나 하나님이 기다리라고 말씀하셨다. 그것은 그들이 땅을 정복할 수 있도록 하나님이 그들을 준비시키기 위해서였다.

과거를 다루어야 한다(We must deal with the past, 1-9절). 새로운 세대는 아직 언약의 표징(창 17장)을 받지 못했다. 그래서 이 의식은 하나님과 그들의 관계를 재확인하는 것이었다. 할례는 악한 육체에 속한 것을 버리고(롬 8:13, 골 2:11-12) 하나님께 마음을 온전히 헌신하는 것(신 10:16, 렘 4:4)을 상징한다. 이스라엘 백성들은 요단 강을 건너며 이 일을 함께 경험했다. 그러나 그것은 또한 개인적인 경험이 되어야 했다.

현재를 위해 신뢰해야 한다(We must trust for the present, 10-12절). 이스라엘 백

성들은 만나를 먹는 일을 그치고, 하나님이 자연을 통해 공급해주시는 양식을 먹기 시작했다. 기적이 일어날 여지는 언제나 있지만, 하나님은 결코 기적을 낭비하지 않으신다. 우리가 가능한 일들을 한다면 하나님이 불가능한 일들을 하실 것이다. 여자들은 유월절을 위해 무교병을 구웠고, 백성들은 하나님이 그들을 애굽 땅에서 어떻게 구원하셨는지를 기억했다.

장래를 위해 복종해야 한다(We must submit for the future, 13-15절). 여호수아는 예수 그리스도를 만났고, 여리고를 정복할 계획이 이미 주님께 있다는 사실을 알게 되었다. 여호수아가 해야 할 일은 순종하고 자신이 '거룩한 땅'에 있다는 사실을 기억하는 것뿐이었다. 그 이후 여호수아는 신발을 벗을 때마다 자신이 제2의 사령관이라는 사실을 기억했다. 그것이 그가 승리를 거둘 수 있었던 비결이었다(대하 20:15).

● 여호수아 6장

하나님이 그분의 일을 하도록 우리를 부르신다면 그 일을 어떻게 해야 할지를 말씀해주실 것이다. 우리가 보기에는 하나님의 계획이 어리석은 것처럼 보일 수도 있을 것이다. 그러나 우리가 믿음으로 순종하면 하나님의 계획은 언제나 이루어진다(사 55:8-11).

하나님을 위한 지경을 정복하려 할 때 우리는 여호수아가 했던 과정을 그대로 따르지는 않을 것이다. 그러나 믿음과 순종이라는 똑같은 원리를 따라야 한다. 사람들의 마음속에 있는 장벽을 무너뜨리고, 그리스도를 위하여 그들을 주장하기 위해 영적 무기를 사용해야 한다(고후 10:1-6).

거룩하신 사랑의 하나님이 어떻게 한 성읍에 살고 있는 사람들을 모두 다 죽이라고 명하실 수 있는 것인가? 하나님이 참아오신 사람들은 악한 죄인들이었다(창 15:16-21). 그들은 심판이 있으리라는 사실을 알고 있었다(수 2:9-11). 때문에 라합의 본보기를 따를 수도 있었다. 그렇게 믿음을 따랐더라면 그들도 구원받을 수 있었을 것이다.

하나님이 땅을 깨끗하게 쓸어내심으로 자신의 백성들이 부정하게 되어 하나님의 위대한 구원 계획을 좌절시키지 않게 하려고 하셨다(신 7:1-11). 가나안 사람들은 오늘날 이 시대를 살고 있는 사람들처럼 빛을 거부했다! 그리스도가 세상 죄를 위해 돌아가셨다. 그리스도를 신뢰하지 않는 사람들은 그들의 죄 속에서 죽게 될 것이다. 당신은 복음의 좋은 소식을 그들과 나누고 있는가?

○ 여호수아 7장

승리 속에서도 유혹에 빠질 수 있다(We can be tempted in the midst of victory). 정탐꾼들은 뻔뻔해지고 아간처럼 탐욕을 부리려는 유혹을 받았다. 아간은 군사로서의 의무에 충실해야 했지만, 그의 눈은 주위를 살피고 있었고, 그의 발은 죄 속으로 걸어 들어갔다(21절, 참조 - 창 3:6). 그는 하나님께 대한 순종의 중요성 못지 않게 전리품을 소중하게 여겼다(시 119:162). 사울 왕도 같은 실수를 범했다(삼상 15장).

혼자만의 죄로 끝나지 않는다(We never sin alone). 하나님은 자신의 백성들을 하나로 보셨다. 따라서 아간의 죄는 백성 모두의 죄였다(고전 12:12-27 참조). 한 사람의 죄 때문에 36명의 군인이 죽게 되었다.

죄는 결국 패배를 불러온다(Sin ultimately brings defeat). 성공의 비결은 하나님의 말씀을 알고 순종하는 것이다(수 1:8). 아간도 그 사실을 알고 있었다. 그러나 그는 의도적으로 하나님께 불순종했고, 군대에는 패배를 안겨주었으며, 하나님의 명예를 떨어뜨리고, 그의 사령관을 당황하게 만들었다. 그 일로 여호수아는 앞을 내다보는 대신 뒤를 돌아보기 시작했다(7절).

죄는 영원히 감출 수 없다(Sin cannot be hidden forever). 문제를 놓고 기도해야 할 때가 있고, 일어나서 그 문제를 다루어야 할 때가 있다. 우리가 보기에는 형벌이 가혹하게 보일 수도 있지만, 아간은 자신이 받아야 할 형벌에 대한 규정을 잘 알고 있었다. 중요한 것은 하나님의 영광이다(9절).

유대인들은 다시 돌을 쌓았다. 그것은 죄가 불러온 괴로움('아골')을 증거하는 것이었다. 그러나 호세아 2장 15절을 읽고 기뻐하라.

○ 여호수아 8장

　장래의 승리를 빼앗아갈 실패는 결코 허락하지 말라. 우리가 하나님의 말씀에 순종하면서 죄를 정직하게 다루는 것을 보실 때 하나님은 우리를 격려해주시고 다음 단계로 인도해주실 것이다. 성공적인 그리스도인의 삶은 새로운 시작의 연속이라 말해도 과언이 아니다(시 37:23-24 참조).
　기다리기만 했더라면 아간은 그가 원했던 모든 전리품을 가질 수 있었을 것이다. 그러나 그는 하나님보다 앞서 달리며 모든 것을 잃고 말았다(마 6:3 참조).
　여호수아는 아이 성 거민들을 속이기 위한 원래의 전투 계획을 사용했기 때문에 패배 속에서도 어떻게 승리를 거두어야 하는지를 알고 있었다. 아이 성 거민들은 뻔뻔해졌고, 그 때문에 그들은 목숨을 잃게 되었다. 26절에 기록된 전략은 모세에게 배운 것이었다(출 17:8-13).
　새로운 승리는 새로운 헌신이라는 결과를 낳아야 했다(30-35절). 말씀에 순종하는 것이 성공의 비결이었기 때문에(수 1:8) 여호수아는 모세가 명한 대로 순종했다(신 27장).

○ 여호수아 9장

　기브온 족속들은 주변 족속들이 패배할 싸움을 싸우고 있다는 사실을 알고 있었다. 왜냐하면 하나님이 이스라엘을 위해 싸우셨고, 그 어떤 군대도 하나님을 이길 수 없다는 사실을 깨달았기 때문이었다. 그래서 그들은 무력을 사용하는 대신 교활한 꾀를 쓰기로 했다. 사탄이 우는 사자처럼 달려와 우리를 삼키지 못한다면(벧전 5:8-9) 속이는 뱀이 되어 다시 시도할 것이다(고후 11:3). 그는 결코 포기하지 않는다.
　여호수아와 이스라엘의 지도자들은 아이 성에서의 굴욕적인 패배를 통해 기도하며 하나님의 마음을 구하는 시간을 가져야 한다는 사실을 깨달아야 했다. 하나님이 군대의 사령관이셨기 때문이었다(수 5:13-15). 그러나 그들은 믿음으로 행치 않고 눈에 보이는 대로 행동했다. 그리고 그 불신앙 때문에 기다림이라는 힘든 시련의 시기를 만났다(사 28:16, 30:1-2).

또 한 번의 패배! 하나님은 영광을 잃으셨고, 지도자들은 위업을 달성하지 못했으며, 백성들은 가능했던 승리를 잃었다. "하나님의 성전과 우상이 어찌 일치가 되리요"(고후 6:16). 그러나 여호수아는 포기하지 않았다. 오히려 자신의 실수를 딛고 일어섰다(21-27절). 그것은 위대한 지도자를 보여주는 표시다.

● 여호수아 10장

적과 협약을 맺을 경우 문제는 끝이 없게 된다. 이스라엘은 그들이 물리쳤어야 할 사람들을 보호해주지 않을 수 없게 되었다. 주인에게 명령하는 종을 상상해보라(6절).

하나님은 "너희가 자초한 일이니 너희가 알아서 해라!"고 말씀하실 수도 있었다. 그러나 그렇게 하는 대신 하나님은 자신의 백성들을 격려해주시고(8절), 그들을 위해 하늘에서 싸우셨다(10-11절). 전쟁을 끝내기 위해 여호수아에게 시간이 좀 더 필요하게 되자 하나님은 그의 기도를 들으시고 해와 달을 멈추어주셨다. 가나안 사람들은 천체를 섬겼다. 때문에 그 기적을 보고 그들은 매우 놀랐을 것이다. 우리가 하나님의 뜻을 행하면 우리의 기도는 막대한 힘을 갖게 된다.

다섯 왕을 이기고 거둔 승리는 온 지역을 다 정복할 때까지 가나안 남부 지역을 공격할 수 있는 길을 여호수아에게 열어주었다. 그 일은 연속적인 영광스러운 승리로 끝나게 된 굴욕적인 방어 작전으로부터 시작된다. "만일 하나님이 우리를 위하시면 누가 우리를 대적하리요"(롬 8:31).

● 여호수아 11-12장

이스라엘의 전진을 막기 위해 가나안 북쪽 지역의 족속들이 연합했는데 그들의 군사력은 막강했다. 그러나 하나님이 전쟁에 승리할 것을 여호수아에게 확신시켜주셨고, 결국 승리하게 하셨다. 하나님은 전투 앞에 서 있는 우리에게도 확신을 주시고(11:6), 전투가 벌어지는 동안 우리를 위해 싸우시며(11:8), 전투가 끝난 후에는 우리를 칭찬해주신다(11:9, 15). 명령을 따르는 것은 전쟁을 하기 전이나 전쟁이 시작된 후 못지않게 승리를 거두고 난 후에도 중요하다.

여호수아는 땅을 모두 정복하고 각 지파에게 그들의 기업으로 땅을 분배해주었다(11:23). 하나님이 여호수아를 도와 31명의 왕을 물리치게 하시고, 하나님과 백성들을 위해 땅과 그 땅에 속한 것들을 주장할 수 있도록 하셨다. 하나님의 아들이신 우리의 여호수아가 영적인 모든 적들을 물리치시고, 지금 하늘에서 통치하신다(엡 1:15-23, 골 2:9-15). 그분을 통해 우리는 '생명 안에서 왕 노릇'(롬 5:17)하며 우리의 승리를 주장할 수 있다.

● 여호수아 13장

노년이 된 다른 사람들과 달리 여호수아는 과거가 아니라 미래를 내다보며 살았다. 그에게는 해야 할 일이 있었고, 죽기 전에 그 일을 마치고 싶었다. 그는 31명의 왕들을 물리치는 것으로 만족하지 않았다. 그는 각 지파들에게 그들이 정복한 땅을 소유하고, 하나님을 위해 그 땅을 주장하라고 강력하게 촉구했다.

하나님이 우리 삶 속에서 얼마나 많은 업적을 이룰 수 있게 하셨건 여전히 소유해야 할 더 많은 땅이 남아 있다. 그리스도인으로서 우리에게는 결코 멈추어 서 있는 상태란 있을 수 없다. 앞으로 나아가거나 아니면 뒤로 물러서는 것이다. "나아갈지니라"고 한 히브리서 6장 2절 말씀은 신자들이 감당해야 할 도전이다.

여호수아는 모든 일에서 모세가 정한 규정들을 신중하게 따랐다. 말씀에 대한 순종이 그의 성공을 보장해주었다(수 1:8).

레위인들은 소외된 느낌을 받았을까? 하나님이 그들의 기업이 되시는데 어떻게 그렇게 느낄 수 있었겠는가(33절)!

● 여호수아 14장

갈렙은 "믿음과 오래 참음으로 말미암아 약속들을 기업으로 받게"(히 6:12) 된다는 진리를 보여주는 좋은 본보기다. 여호수아와 함께 그는 40년 이상 자신의 기업을 주장하게 될 날을 열망해왔다. 그러나 이스라엘 백성들은 불신앙으로 하나님을 거역했다. 갈렙은 인내하며 광야에서의 시련을 견뎠다. 미래가 확실하다는 사실을 그는 알고 있었다(민 14:24). 믿지 않던 세대에게는 소망이 없었다. 그들은 모두 광야에서 죽었다. 그러나 갈렙은 그의 믿음에 근거한 '산 소망'(벧전 1:3 이하)을 가지고 있었다.

갈렙은 우리가 본받아야 할 좋은 본보기가 된다. 그는 나이에 구애되지 않았고, 기대에 어긋난 과거 때문에 비통해하지도 않았으며, 거인들 때문에 두려워하지도 않았다! 다른 사람들이 안전과 안락함을 구하고 있을 때 갈렙은 "이 산지를 내게 주소서!"(12절)라고 말했다. 그렇게 할 수 있었던 비결은 다음 말씀에 있다. "그가 이스라엘의 하나님 여호와를 온전히 좇았음이었더라"(14절).

● 여호수아 15장

이스라엘 백성들에게 그들의 기업을 선택하게 했더라면 경쟁과 분쟁을 피할 수 없었을 것이다. 그러나 하나님이 지경을 정해주셨고, 각 지파는 하나님의 뜻에 복종했다.

바울 사도는 "누가 너를 구별하였느뇨 네게 있는 것 중에 받지 아니한 것이 무엇이뇨"(고전 4:7)라고 물었다. 세례 요한은 "만일 하늘에서 주신 바 아니면 사람이 아무것도 받을 수 없느니라"(요 3:27)고 말했다.

다른 사람의 업적이나 능력을 시기할 때 우리는 이 기본적인 영적 진리를 잊고 있는 것이다. 자족하며 하나님을 찬양하는 대신 다른 사람들을 바라보며 하나님께 불평할 때마다, 우리는 바울과 세례 요한에게 다시 귀를 기울일 필요가 있다.

그렇다고 자기 만족에 빠져 있으라는 말은 아니다. 갈렙은 하나님이 주신 기업을 주장하기 위해 용감하게 싸웠다. 그리고 그의 사위 옷니엘도 그랬다. 갈렙의 딸에게는 더 많은 축복을 요구할 수 있는 믿음이 있었다. 그리고 그녀는 요구한 대로 받았다. 하나님이 주신다. 그리고 우리는 믿음으로 소유한다. 우리는 하나님이 우리에게 주신 기업이 무엇이건 그것을 받아들여야 한다.

사람들은 시편 47편 4절에 대하여 만족할 수 있고, 레위인들은 시편 16편 5절에 대하여 만족할 수 있다. 당신은 하나님이 준비해놓으신 완벽한 선택들을 기뻐하고 있는가?

● 여호수아 16-17장

에브라임과 므낫세는 애굽에서 태어난 요셉의 두 아들이었다. 야곱은 그들을 자신의 아들로 입양하고, 하나님이 주신 특별한 복으로 그들을 축복했다(창 48장). 그것은 가나안 중부 지역의 매우 귀중한 땅이 왜 그 두 지파에게 분배되었는지를 설명해주는 것이다. 요셉은 7년 동안 이어진 기근 속에서도 가족들이 살아 남을 수 있게 했고, 그 자손들은 그 혜택을 보게 되었다. 그들은 요셉의 믿음과 사랑 그리고 야곱의 특별한 축복 때문에 부유하게 되었다.

그러나 조상들이 물려준 것들에만 의존해 살아가서는 안 된다. 우리도 우리 자신과 우리 자녀들을 위해 우리에게 주어진 기업을 주장해야 한다(17:14-18). 에브라임과 므낫세 지파는 불평은 많이 했지만, 정복한 것은 별로 없었다. 슬로브핫의 딸들의 경우는(17:3-6) 구하지 않았기 때문에 받을 수 없었다(약 4:2). 그리고 두 지파의 경우에는 주장하지 않았기 때문에 가질 수 없었다. 당신도 가책을 느끼는가?

○ 여호수아 18-19장

실로는 중심지에 위치해 있었기 때문에 성막을 세우기에 이상적인 곳이었다. 광야를 지나는 동안 성막은 이스라엘 진영의 중심에 있었다. 그것은 모든 사람이 찾아가기 쉬운 땅의 중심부에 있었고, 하나님을 경외하는 것이 나라의 중심이 되어야 한다는 사실을 상기시켜주었다.

경시하는 죄를 경계하라! 각 지파들에게 그들의 기업을 주장하지 못하게 만드는 것은 적들이 아니었다. 그들 스스로의 무관심과 게으름이었다(약 4:17 참조).

땅을 그리러 간 사람들은 여러 정보들을 수집했다. 그러나 하나님이 땅 분배에 필요한 안내를 해주셨다(18:8-10). 하나님의 뜻을 알고 싶다면 하나님과 협력해야 한다. 우리 자신의 명철을 의지해서는 안 된다 할지라도(잠 3:6), 하나님이 우리에게 지시하실 수 있도록 분별력을 가지고 있어야 한다.

여호수아는 자신의 기업을 받기 전에 각 지파에 대한 분배가 끝날 수 있게 했다(19:49-50). 딤낫 세라는 생활하기 쉽지 않은 산간 지역에 위치해 있었다. 여호수아는 가장 좋은 땅을 선택할 수도 있었다. 그러나 그는 다른 사람들을 먼저 생각하고 그들이 좋은 것을 취할 수 있게 해주었다(고전 10:24, 빌 2:1-4).

○ 여호수아 20장

출애굽기 21장 12-13절과 민수기 35장 그리고 신명기 19장에 도피성에 대한 언급이 나온다. 그러므로 그 구절들을 복습해보는 것도 좋을 것이다.

예수 그리스도는 우리의 '도피성'이시다(히 6:18-20). 그러나 그리스도가 주시는 구원은 살인자에게 제공된 도피성과는 현저하게 다르다. 죄인들은 그리스도께로 나아가야 한다(마 11:28-30). 그러나 그리스도가 죄인들을 먼저 찾으신다(눅 19:10). 하지만 도피성이 있는 여섯 성읍의 장로들은 그들이 도와주어야 할 사람들을 찾아다니지 않았다.

우리가 그리스도께 나아갈 때, 우리를 정죄하는 재판은 없을 것이다. 우리는 우리에게 죄가 있다는 사실을 알고 있다! 그래서 그리스도께로 도망치는 것이다. 우리는 문 앞에 서서 기다리지 않는다. 결코 정죄함을 받지 않으리라는 것을 알고 열린 문으로 들어가(요 10:9) 구세주의 환영을 받는다(요 5:24, 롬 8:1). 살인한 사람은 도피성에 머물러 있어야 했다. 그러나 우리는 '들어가 꼴을 얻게'(요 10:9) 될 것이다.

○ 여호수아 21장

땅 분배가 끝난 후 여호수아서를 쓴 기자는 지난날을 되돌아보며 "여호와께서 이스라엘 족속에게 말씀하신 선한 일이 하나도 남음이 없이 다 응하였더라"(45절)고 요약해서 말했다.

하나님은 약속을 지키셨고, 이스라엘 백성들에게 땅을 주셨다(43절). 하나님은 아브라함에게 먼저 약속하셨고(창 13:14-17), 그후에 그의 자손들에게 약속하셨다(창 17:8). 그 약속을 기초로 여호수아는 가나안에 들어가서 적을 물리치고 이스라엘 백성들을 위해 땅을 주장했다.

하나님이 약속을 지키셨고, 모든 적을 정복하고 그들의 기업을 얻을 수 있게 하심으로 전쟁을 마치고 안식할 수 있게 하셨다(44절, 참조 - 신 12:10, 25:19, 수 1:13). 오늘날 우리도 그리스도를 통한 영적 안식을 누리고 있다(히 3-4장). 그리고 영원한 안식에 들어가게 될 날이 올 것이다.

하나님이 약속을 지키셨고, 레위인들을 이스라엘 전역으로 흩으셨다(창 49:7). 하나님은 그들에게 도피성을 포함해서 48개의 성읍을 주셨다. 하나님의 종들이 각처에 살면서 백성들과 하나님 말씀의 진리를 나눌 수 있게 된 것은 이스라엘 백성들에게 큰 축복이 되었을 것이다(신 33:10).

하나님이 약속하신 것은 하나도 남음이 없이 다 응하였다(45절, 수 23:14, 왕상 8:56). 우리는 하나님의 말씀을 신뢰할 수 있다.

여호수아 22장

하나님이 이스라엘에게 하신 약속을 지키셨을 뿐 아니라, 르우벤과 갓과 므낫세 반 지파도 그들의 약속을 지켰다(민 32:25-32). 이제 그들은 요단 강을 건너가 가족들을 만날 때가 되었다.

여호수아는 그들의 충성스런 봉사를 칭찬했다. 그런 봉사는 사역을 잘 감당한 사람들을 위해 우리 모두가 해야 하는 것이다(살전 5:12-13). 그는 또 그들이 하나님께 순종하고 하나님을 신실하게 섬긴 것을 칭찬했다. 그리고 이기적이 되지 말고 형제들과 전리품을 나누도록 경계했다. 그렇게 말하면서 여호수아는 아간을 떠올렸을 것이다.

땅은 평온해졌지만 요단 동편에 정착한 지파들은 요단 강을 사이에 두고 형제들과 떨어져 있었기 때문에 불안했다. 자녀들이 자란 후 자신들을 정말 이스라엘 백성이라 생각할 것인가? 그들은 지경을 선택하기 전에 그런 문제들을 미리 고려했어야 했다!

제단을 쌓는 일이 처음에는 전쟁을 선포하는 것으로 오해되었다. 그러나 결국 평화와 연합을 증거하는 것이 되었다. 하나님의 백성들이 자신들의 연합을 입증하기 위해 증거물을 제작하지 않을 수 없다는 것은 매우 애석한 일이다. 형제와 전쟁을 선포하기 전에 먼저 무슨 일이 어떻게 돌아가고 있는지를 알아보기 위해 멈추어야 한다. 어쩌면 서로 동의하게 될 수도 있을 것이다! 잠언 18장 13절과 야고보서 3장 13-18절을 읽고 묵상하라.

여호수아 23장

지도자들이 아무리 훌륭하다 할지라도 그리고 그들이 이룬 업적이 사라지지 않는다 할지라도 그들은 영원할 수 없다(요일 2:17). 여호수아는 그의 선임자였던 모세처럼 고별사를 먼저 지도자들(23장)에게 그리고 백성들 전체(24장)에게 했다.

그는 자신이 아니라 하나님을 찬양했다. 여호수아가 탁월한 지도자였으며 뛰어난 장군이었다는 사실을 부인할 사람은 아무도 없었을 것이다. 그러나 그는 하나님께 그 영광을 돌렸다.

그는 백성들에게 계속해서 하나님을 신뢰하고 그들에게 주어진 기업을 주장하라고 도전했다. 사사기에서 우리는 그들의 불완전한 순종이 타협을 불러왔고, 결과적으로 하나님의 엄한 징계를 받게 되는 것을 볼 수 있다. 여호수아는 그들에게 경고했다(16절). 그러나 그들은 그의 경고를 잊었다. 그리고 승리는 비극으로 바뀌게 되었다.

그는 백성들에게 하나님의 말씀은 하나도 틀리지 않는다는 사실을 상기시켜 주며, 하나님이 계속 땅에 복을 주실 수 있도록 온전히 순종해야 한다고 말했다. 7절은 하나님을 떠나게 될 수 있는 일들을 묘사하고 있는데, 백성들은 여호수아가 해서는 안 된다고 경고한 그 일들을 그대로 행했다!

우리는 지금 우리 각자의 '고별사'를 쓰고 있다. 당신의 고별사는 사람들에게 어떻게 들릴 것인가?

◆ 가문의 믿음 ◆

여호수아는 위대한 지도자였고 용감한 장군이었다. 그리고 하나님을 섬기도록 가족들을 인도한 훌륭한 가장이었다. 그는 아브라함의 본보기(창 18:19)와 모세의 지시(신 6:4-9)를 심각하게 받아들였다. 오늘날 부모들도 그래야 한다. 그리고 에베소서 5장 22절-6장 4절에 기록된 바울 사도의 말을 진지하게 받아들여야 한다.

● 여호수아 24장

지리(Geography). 여호수아는 그의 마지막 메시지를 전하기 위해 의미 있는 장소를 선택했다. 세겜은 이스라엘 백성들의 추억을 많이 담고 있는 곳이었다. 그곳은 하나님이 아브라함에게 나타나셨던 곳이었고(창 12:6-7), 벧엘로 가던 야곱이 '가족의 신앙 부흥'을 일으킨 곳이었다(창 35:1-4). 세겜은 이스라엘 백성들이 가나안 땅에 들어간 후 하나님께 재헌신했던 에발산 근처에 있었다(수 8:30-35). 우리는 때로 특별한 장소에 있음으로써 하나님을 보다 쉽게 만날 수 있다.

역사(History). 여호수아는 이스라엘의 역사를 회고하면서, 아브라함을 부르시고, 애굽에서 그들을 인도해내시며, 그들에게 땅을 주신 하나님의 은혜와 선하심을 상기시켜주었다. 과거를 돌아보고 하나님의 자비를 기억하는 것은 유익하다.

성실(Sincerity). 우리 하나님은 '질투하는 하나님'이시다. 즉, 자신의 경쟁자를 허용하지 않으실 것이다. 하나님은 우리 삶 속에 있는 여러 신 가운데 한 분이 되지 않으실 것이다. 하나님은 모든 것의 하나님이 되셔야 한다. 누구나 신을 섬기고 있다. 그런데 그 신이 예수 그리스도를 통해 계시해주신 참 하나님이 아니라면 그 신은 거짓이다.

여호수아는 "너희 섬길 자를 오늘날 택하라"(15절)고 도전했다. 당신은 지혜로운 선택을 했는가?

◆ 돌들 ◆

돌들은 이스라엘 백성들이 가나안을 행군하는 데 중요한 역할을 했다. 요단 강에서 취한 돌들은(4:1-9) 하나님이 강을 열어 행하신 기적을 상기시켜주었다. 돌들은 또 옛 사람들의 죽음을 생각나게 해주었다. 아골 골짜기에 쌓인 돌무더기는 아간의 죄와 불순종과 탐욕이 불러온 참사를 말해주었다(7:25-26). 율법을 새겨 에발 산에 세운 돌들은(8:31-32) 하나님의 말씀에 순종하기로 다짐한 이스라엘 백성들의 헌신을 말해주었다. 요단 강 동편에 쌓은 돌 제단은 연합을 증거하는 것이었고(22:10 이하), 여호수아가 세운 돌은 백성들이 하나님만을 섬기기로 한 약속을 증거하는 것이었다(24:26-27). 세월이 흐르면서 그 돌들은 그저 기념물이 되었고, 백성들은 그 의미를 잊었다. 하나님은 그분과 우리의 관계에 대해 우리가 기억하기를 바라시는 것이 있다. 그러나 우리도 이스라엘 백성들처럼 그것을 쉽게 잊어버리는 경향이 있다.

사사기

Judges

사사기는 '왕이 없는' 책이다(17:6, 18:1, 19:1, 21:25). 하나님이 이스라엘의 왕이셨다. 그러나 이스라엘은 하나님께 순종하기를 거부했다. 그들의 불순종은 패배(1-2장)와 징계(3-16장)와 붕괴(17-21장)를 불러왔다. 백성들이 하나님 앞에서 '악을 행했다'는 말을 우리는 8번이나 듣게 된다. 그래서 그들은 징벌을 피할 수 없었다. 하나님이 그들을 징계하실 때 그들은 자비를 구했고 구원되었다. 그러나 그들은 다시 악한 길로 되돌아갔고, 그래서 또다시 징계를 받지 않을 수 없었다.

여호수아서에서 하나님은 이스라엘 백성들이 가나안 땅을 정복하는 동안 그들과 함께하셨다. 그러나 사사기에서는 하나님이 각 개인에게 승리를 주셨다. 하나님이 하나님의 영으로 그들을 부르시고 능력을 부여해주셨다(3:10, 6:34, 11:29 등). 13명의 사사가 사사기에 등장한다. 사사기 2장 16-19절은 그 기간 동안의 이스라엘의 역사, 곧 슬픈 역사를 가장 잘 요약하고 있다.

우리도 오늘날 그와 비슷한 때를 살아가고 있다. 일반적으로는 하나님의 백성들이 승리에 승리를 거듭하고 있는 것처럼 보이지 않는다. 그러나 여기저기서 하나님은 자신의 영광을 드러낼 수 있는 놀라운 일들을 이루시기 위해 성령을 통해 선택된 일꾼들을 준비시키신다. 왕이 있게 될 때까지 이스라엘에는 평화가 없을 것이다.

● 사사기 1장

여호수아가 죽고, 두 지파와 반 지파가 요단 동편으로 돌아가고 난 뒤, 이스라엘은 더 이상 하나의 위대한 군대로 그 기능을 수행하지 않았다. 각 지파들은 자신들의 기업을 주장하기 위해 싸웠고, 종종 지파들은 함께 일하기도 했다. 그러나 그 과정 속에서 분명하게 잃어버린 것이 있었다. 하나님의 백성들은 "평안의 매는 줄로 성령의 하나 되게 하신 것을 힘써 지켜야 한다"(엡 4:3).

패한 지파들이 적에게 굴복하면서 정복과 함께 시작한 것들을(1-26절) 곧 양보하고 타협하게 되었다. 적을 완전히 무너뜨리지 않으면 결국 적이 우리를 무너뜨릴 것이다. 이스라엘은 적들이 하는 방식을 배웠고, 적들이 섬기는 신들을 섬겼다. 그래서 돌아서게 하시려고 하나님이 그들을 징계하셨다. 그들은 모세(신 7장)와 여호수아(수 23장)의 경고를 잊었다.

"역사를 통해 우리가 알게 된 한 가지는 우리가 역사를 통해 배우지 못한다는 사실이다"고 말해도 과언이 아닐 것이다. 고린도후서 6장 14절-7장 1절을 읽고 마음에 새기라.

○ 사사기 2장

기회를 잃어버리는 비극!

새롭게 헌신할 수 있는 기회(Opportunity for rededication, 1-6절). 이스라엘 백성들이 요단 강을 건넌 후 가장 먼저 진을 친 곳이 바로 길갈이었다(수 4:19). 그리고 그곳에서 그들은 과거의 수치를 굴려버렸다(수 5장). 그러나 이번에 그들이 한 것은 그저 우는 것이었다. 그러나 그 울음은 진정한 회개의 표시가 아니었다. 그들의 마음속에 아무 변화도 없는 지나가는 감정의 표현일 뿐이었다.

> ◆ **하나님의 천사** ◆
>
> 구약 성경에서 하나님의 천사는 일반적으로 특별한 메시지를 전달하거나, 특별한 일을 성취하기 위해 일시적으로 이 땅에 오신 우리 주 예수 그리스도와 일치한다. 천사는 하갈(창 16장)과 아브라함(22장)과 야곱(창 31:11)과 모세(출 3장)와 여호수아(수 5:13-15)에게 나타났다. 우리는 잘 인지하지 못하지만, 천사들은 지금도 하나님의 백성들을 섬기고 있다(히 1:14). 그리고 우리가 주님과 동행하는 삶을 살 때 주 예수님이 우리와 함께하신다(마 28:20, 히 13:5-6).

훈련받을 수 있는 기회(Opportunity for training, 7-10절). 옛 세대는 하나님의 진리를 새로운 세대에게 가르치라고 지시한 모세의 명령을 따르지 않았다(신 6:1-9). 그들이 그들의 위대한 두 번째 지도자 여호수아를 잊어버린 것, 그 자체 만으로도 충분히 좋지 않은 일이었다. 그런데 그들은 하나님마저 잊고 있었다. 어떻게 그런 일이 벌어질 수 있었던 것인가? 그 설명은 신명기 8장에서 찾아볼 수 있다.

증거할 수 있는 기회(Opportunity for witness, 11-23절). 가나안 족속들은 무지와 우상 숭배와 부도덕이라는 무서운 속박에 얽매여 있었다. 때문에 그들은 이스라엘의 참 하나님을 알아야 했다. 그러나 유대인들은 그들에게 빛을 비추어주는 대신(사 49:6) 그들을 모방하고, 그들과 함께 죄를 범했다. 이스라엘 백성들은 소중한 기회를 잃어버렸고, 그 대가를 치러야 했다.

이스라엘 백성들은 하나님과 다음 세대와 이웃과의 관계에서 모두 실패했다. 우리 역시 그렇게 실패하고 있는 것은 아닌가?

● 사사기 3장

가나안 땅에 있는 적들은 가르치고, 시험하고, 신뢰할 수 있는 하나의 기회였다. 새로운 세대는 어떻게 싸워야 하는지를 배울 수 있었고, 때문에 그들은 자신들의 기업을 당연하게 여기지 않게 되었다. 하나님은 자신의 백성들을 시험하시고, 하나님을 신뢰하도록 격려하실 수 있었다. 이스라엘 지파들이 적들을 몰아내는 데 실패했다 할지라도 하나님은 여전히 하나님의 백성들과 함께하셨고, 그들을 돕고 싶어하셨다.

◆ 징계 ◆

중심 구절은 히브리서 12장 1-11절이다. 징계라는 말은 '자녀 훈련' 이라는 뜻으로, 우리가 성숙하고 좀 더 예수 그리스도를 닮게 하시려고 하나님이 사용하시는 과정을 언급한다. 하나님은 우리에게서 최선을 이끌어내시기 위해 우리를 시험하신다. 그러나 사탄은 우리에게서 최악을 이끌어내기 위해 우리를 유혹한다. 하나님께 끝까지 불순종한다면 하나님은 우리를 굴복시키시려고 우리를 징계하실 것이다. 그것은 범죄자를 벌하는 심판이 아니라 사랑의 행동이며, 자녀를 성숙시키는 아버지가 하시는 일이다(잠 3:11-12).

하나님의 백성들은 이 세상 속에서 살아야 한다. 그러나 세상 사람들처럼 살아서는 안 된다. 이스라엘 백성들은 하나님을 잊고 적들의 방식을 택했다. 그것은 우상 숭배를 불러온 그들과의 결혼으로 시작되었다. 배우자의 가족을 방문할 때마다 그들이 섬기는 신에게 예의를 갖추어야 했던 것이다.

이스라엘이 모방한 이방 국가들이 하나님이 징계하시는 수단으로 사용되었다는 것은 얼마나 굴욕적인 일인가! 정복자들이 정복을 당하게 되었다. 그들은 자신들의 고통을 한탄하면서도 죄를 회개하지 않았다. 그래서 결국 불순종과 징계와 절망과 구원 그리고 다시 불순종으로 돌아가는 고통스러운 순환을 반복해서 경험하게 되었다.

● 사사기 4장

그 당시 사회는 매우 남성 중심적이었다. 그래서 여성이 지도자가 된다는 것을 그들은 굴욕적으로 받아들였다(사 3:12). 그러나 교회 역사는 하나님의 뜻을 알고, 하나님의 백성들을 규합하며, 하나님의 승리를 이끌어낸 드보라와 같은 경건한 여성들을 기록하고 있다. 그리고 우리는 그들을 고마워한다.

히브리서 11장 32절에 바락이라는 믿음의 사람이 나온다. 그는 드보라가 곤경에 빠진 백성들을 구하기 위해 선택한 사람이었다. 그 승리는 참으로 이상한 것이었다. 하나님은 적을 물리치기 위해 두 여성과 젖 부대와 방망이와 말뚝을 사용하셨다(삿 5:4-5, 20-21, 참조 - 고전 1:26-29).

한 사람의 믿음과 순종이 역사를 바꿀 수 있다. 드보라와 같은 지도자이건 바락과 같은 부하이건 하나님을 믿는 자여야 한다. 왜냐하면 승리와 패배를 결정 짓는 것은 믿음이기 때문이다.

● 사사기 5장

드보라와 바락은 협력해서 싸웠고, 함께 하나님을 찬양했다(시 149:6). 그들의 노래를 통해 우리는 이 세상에서 벌어지는 영적 전투에 관한 몇 가지 사실을 알 수 있다.

기꺼이 싸우라(Be willing to fight, 2, 9절). 군사들이 기꺼이 순종하지 않는 한 지도자는 그들을 인도할 수 없다. 당신은 기꺼이 싸우는 군사인가?

하나님이 앞장서신다는 사실을 알라(Know that the Lord goes before you, 4-5, 31절). 우리가 역사를 주관하시는 하나님을 신뢰하고 그분의 뜻을 행한다면, 우리가 하나님을 위한 위업을 이룰 수 있도록 우리를 도우실 것이다.

다른 사람들 때문에 낙심하지 말라(Do not let others discourage you, 13-15, 23절). 모든 지파가 다 믿음과 용기를 가지고 반응했던 것은 아니었다. 전투에 참여하기를 거부한 지파들도 있었다. 반면 다른 사람들이 집에 머물러 있는 동안 자신들의 생명을 희생한 사람들도 있었다.

승리자는 어둠을 빛으로 바꾼다(Victors turn darkness into light, 31절). 드보라가 지도력을 발휘하기 전 이스라엘은 절망과 어둠 속에 있었다(6-8절). 그러나 드보라가 새 아침을 밝혔다. 당신은 이 세상에 변화를 일으키는 군사인가?

● 사사기 6장

기드온은 하나님의 '명예의 전당'에 오를 수 있는 후보자들 가운데 한 사람처럼 보이지 않았다(히 11:32). 하나님이 부르실 때 그는 숨었다. 그리고 하나님이 말씀하시자 하나님의 약속을 신뢰하는 대신 문제를 제기했다. 그는 '만일(if)'이라는 말을 좋아했던 사람이었다(13, 17, 36절, 막 9:22-23). 하나님께 순종하기 시작했을 때에도 그는 밤에 일을 했고(27절), 하나님이 그와 함께하실 것이라는 사실을 거듭 확인받아야 했다.

> ◆ '양털을 밖에 내다놓음' ◆
>
> '양털을 밖에 내다놓은(하나님의 뜻을 확증하기 위해 하나님이 특별한 일을 하시도록 요구하는)' 것은 불신앙의 증거다. 하나님은 기드온의 연약함을 감안하시고 그의 요청을 들어주셨다. 그리고 아마 우리를 위해서도 그렇게 하실 것이다. 그러나 그것이 하나님이 보고 싶어하시는 우리의 수준은 아니다. 성숙하지 못한 믿음은 확신을 위한 증표를 요구한다. 그러나 성숙한 믿음은 하나님의 말씀을 받아들이고 그대로 순종한다.

그러나 하나님은 기드온의 잠재력을 보시고 그를 '큰 용사'(12절)라고 부르기까지 하셨다. 하나님은 우리 속에 있는 잠재력을 보시고 시몬 베드로에게 "지금은… 이지만 장차… 가 될 것이다"고 말씀하신 것처럼 우리에게도 그렇게 말씀하신다(요 1:42). 하나님은 우리의 약점들을 아시고, 우리의 필요들을 채워주시며, 우리의 믿음을 키워주신다.

염려하는 마음을 가진 사람에게 필요한 것은 '하나님은 평안'을 주시는 분이라는 사실이다(24절). 우리는 전투 속에서도 하나님의 평안을 누릴 수 있다(빌 4:4-9).

● 사사기 7장

135,000명의 미디안 군대와 마주하고 있는 32,000명의 이스라엘 군대를 상상해보라(삿 8:10). 그러나 그것은 하나님이 자신의 이름을 영화롭게 하기 위해 사용하시는 상황이었다. 하나님이 우리 편에 계시다면 적의 크기는 아무 문제가 되지 않는다. 그러므로 하나님께 시선을 고정시키라.

정말 위험한 적들은 이스라엘 군사들의 마음속에 있었다. 두려움이 그 적들 중 하나였다(1-3절). 그 두려움 때문에 22,000명의 군사가 집으로 돌아갔다(신 20:1-9). 과신이 또 하나의 적이었다(4-8절). 하나님이 10,000명의 군대를 300명으로 줄이셨다. 그래서 그 '군대'는 하나님을 전적으로 의지하지 않을 수 없었다. 하나님이 우리의 자원들을 제거하실 때 그것은 우리의 삶을 가난하게 만든다. 그러나 대신 우리의 믿음은 풍성해진다.

여호수아처럼 기드온은 전쟁터에 나가기 전 하나님을 경배했다(15절, 수 5:13-15). 그것은 그가 자기 능력의 원천이 어디에 있는지를 알고 있었기 때문이었다. 기드온과 그의 군사들이 믿음으로 행했기 때문에 하나님이 약한 무기를 가지고 거대한 무리를 물리치셨다. "여호와의 구원은 사람의 많고 적음에 달리지 아니하였느니라"(삼상 14:6).

❖ 시험 ❖

하나님이 우리의 믿음을 시험하시기 위해 어떤 방법을 사용하실지 우리는 전혀 알 수 없다. 기드온의 군사들은 물을 마시는 방법이라는 시험을 통과해야 했다. 롯은 땅에 대한 의견 차이로 시험을 받았다(창 13:6 이하). 이스라엘은 갈증으로 시험을 받았고(출 15:22-27), 모세는 백성들의 불평으로 시험을 받았다(민 20:1-13). 우리는 종종 시험 앞에서 실패할 때까지 교훈을 얻지 못하기 때문에 항상 조심해야 한다.

⊙ 사사기 8장

한 나라(또는 교회)가 서기까지는 온갖 일이 다 벌어진다. 그러므로 지도자는 그 일들을 각각 어떻게 다루어야 하는지 알아야 한다. 특히 큰 승리를 거둔 후에는 더욱 그렇다.

비난(The critical, 1-3절). 에브라임 사람들은 기드온이 싸우러 갈 때 그들을 부르지 않았기 때문에 승리의 영광에 참여할 수 없게 되었다고 기드온을 비난했다. 기드온은 재치 있게 상처를 치유하고 분열을 막을 수 있는 '부드러운 대답'

을 해주었다(잠 15:1, 엡 4:1-3). 다시 또 전쟁을 치르느니 그렇게 하는 것이 훨씬 더 낫다.

냉소(The cynical, 4-9절). 숙곳 사람들은 "아직 전쟁에 이긴 것이 아니니 우리가 도와주면 어떻겠는가?"라고 말했다. 그들은 하나님께 대한 믿음이 없었고, 기드온과 그의 군사들에게 감사하는 마음도 없었다. 그리고 사랑이 없는 그들의 그런 자세 때문에 비싼 대가를 치르게 되었다.

비겁(The cowardly, 10-21절). 이름난 두 왕을 처형한 것은 군인으로 성공하기에 좋은 시작이 될 수 있었지만, 그 일을 수행하기에 소년은 아직 너무 어렸다. 기드온은 아마도 두려움으로 움츠렸던 자신의 과거 모습과 그런 그를 인내하며 참아주셨던 하나님을 기억했을 것이다.

타협(The compromising, 22-35절). 아브라함과 달리 기드온은 탐욕스럽게 전리품들을 요구했다(창 14:18-24). 그것은 우상 숭배와 변절로 이어졌다. 인간의 마음은 늘 죄에 빠질 준비가 되어 있다.

ο 사사기 9장

기드온은 하나님이 부르신 지도자였다. 그러나 아비멜렉은 자기 힘으로 지도자가 되기 위해 형제들을 살해했다. 압살롬과 아도니야도 그와 같은 실수를 범하고 혹독한 대가를 치렀다(삼하 15장, 왕상 1:5 이하).

요담의 비유는 참 지도자가 치러야 할 대가가 있다는 사실을 보여준다. 다른 사람들은 아비멜렉의 통치를 위해 희생했다. 그러나 그는 아무 대가도 치르지 않았다. 참 지도자는 백성들을 섬기기 위해 종종 부(기름)와 즐거움과 안락함을 희생해야 한다. 만일 지도자가 그런 대가를 지불하려 하지 않는다면 백성들이 가시나무를 감수해야 한다.

아비멜렉은 죄의 대가를 치렀다. 그리고 가족과 백성들에게 큰 손해를 입혔다(시 34:21, 잠 11:3, 19).

사사기 10장

돌라와 야일의 큰 공적이 구체적으로 기록된 것은 없다. 그러나 그들은 45년 동안 나라의 평화를 유지했다. 외세의 침입도 기록된 것이 없다. 따라서 그 두 사사는 국내 문제들을 해결하며 백성들을 섬겼다. 그들은 장군이라기보다는 행정가였다. 우리에게는 장군과 행정가 모두 필요하다.

전쟁이 없을 때 우리는 우리가 받은 복을 당연한 것으로 여기기 쉽고, 그것은 죄로 이어질 수 있다(신 8:7-20). 백성들은 하나님을 저버리고 이방의 신들을 섬겼고, 하나님은 암몬의 공격을 통해 그들을 징계하셔야 했다.

10절에 기록된 자백은 고통에서 나온 것으로 진심이 아니었다. 그러나 15절에 기록된 자백에는 죄에서 돌아서는 회개가 따랐기 때문에 진심이었다(고후 7:8-11 참조). 후회와 자책이 회개와 같은 것은 아니다. 하나님은 위선적인 눈물에 감동하지 않으신다.

사사기 11장

그 누구도 자신의 출생을 둘러싼 환경을 탓해서는 안 된다. 왜 우리가 통제할 수 없는 그런 것들이 삶을 짓누르도록 허용하는가? 자신의 환경을 받아들이는 것을 배우라. 하나님이 그분의 때에 그분의 목적을 이루실 것이다(시 139:13-16). 방해가 기회에게 길을 양보하는 날이 오게 될 것이다.

입다가 진심으로 하나님을 섬기는 사람이었다는 것을 보여주는 많은 증거들이 있다. 그는 하나님의 말씀을 듣기로 장로들과 협정을 맺었고, 또 성경을 알고 있었다. 그는 승리를 위해 하나님의 능력을 의지했던(29절) 믿음과 용기의 사람이었다(히 11:32).

입다는 하나님의 율법이 사람을 제물로 바치는 것을 금하고 있다는 것과 그런 제물을 기초로 해서는 하나님이 결코 승리를 주시지 않는다는 사실을 잘 알고 있었다. 입다의 딸은 성막에서 하나님을 섬기는 일에 드려졌기 때문에 혼인을 하지 않은 상태였다. 따라서 입다에게는 그의 이름을 이어갈 자손이 없었다. 만약 입다의 딸이 번제로 드려졌다면, 처녀들이 그 사건을 해마다 기념하는 것은 허락되지 않았을 것이다. 왜냐하면 그것은 그들 주변에 있는 이방인들을 모방하는 것이었기 때문이었다.

○ 사사기 12장

에브라임 사람들은 자신들이 배제되어 있는 한 다른 사람들의 승리를 결코 기뻐할 수 없었다(삿 8장). 입다는 기드온처럼 재치가 있거나 오래 참지 못했다. 그 결과 내전이 일어났고 42,000명이 목숨을 잃었다. "작은 불이 어떻게 많은 나무를 태우는가 보라"(약 3:5). 잠언 17장 14절도 좋은 조언을 해주고 있다.

영어 사전에도 나오는 십볼렛(shibboleth)이라는 말은 '어느 편에 속하는지를 알아보기 위한 시험'이라는 뜻이다. 자신들이 요구하는 대로 정확하게 따라주지 않는 사람을 그 집단으로부터 따돌리는 사람들이 있다. 그리스도인들 중에서도 그런 방법으로 영성과 교제를 시험하면서 교회 안에서 분열을 야기하는 사람들이 있다.

우리는 입다가 어디에 묻혔는지조차 모른다. 그러나 하나님이 그의 사적을 기록하시고, 용감했던 그 사람은 자신의 상급을 받게 될 것이다.

○ 사사기 13장

삼손은 '태양 같은'이라는 뜻이다. 초기에 그는 어두운 역사의 한 자락을 지나고 있던 그의 가정과 이스라엘 민족에게 빛을 비추어주었다. 그러나 하나님께 온전히 순종하지 않았기 때문에 그는 어둠 속에서 생을 마감했다. 그가 블레셋으로부터 이스라엘을 구원하기 시작했고(5절), 사무엘과 다윗이 그 일을 마쳤다.

그렇게 유리한 조건 속에서 그는 왜 실패하게 되었는가? 그는 하나님을 경외하고, 그분께 지혜를 구하며, 그분의 뜻에 순종하는 경건한 부모에게서 태어났다. 삼손의 부모들은 그를 나실인으로 하나님께 드렸다(민 6장). 만일 자녀들이 영적인 영향을 거부한다면 경건한 부모라고 해서 경건한 자녀를 배출할 수 있다는 보장은 없다. 삼손의 부모들에게는 잘못이 없었다. 잘못은 삼손에게 있었다.

그는 하나님이 복 주신 사역을 시작했다. 그러나 이방 군중들에게 조롱당하며 생을 마감했다. 삼손이 죽으면서 수많은 적을 죽인 것은 사실이다. 그러나 그가 죽은 제물이 아니라 산 제물(롬 12:1-2)이 되었더라면 얼마나 더 좋았겠는가!

● 사사기 14장

부모가 반대했던 삼손의 결정(신 7:1-4)은 블레셋을 상대로 한 하나님의 전쟁을 통해 사용되었다. 하나님이 통치하시는 것이 허락되지 않는다면 하나님은 위압적인 방법으로 다스리실 것이다(잠 16:33). 그러나 그것이 죄의 핑계가 될 수는 없다(롬 3:8).

삼손은 과거의 승리를 깊이 생각하지 않았다(잠 4:27). 꿀은 시체로 인해 부정하게 되었다. 따라서 그 꿀을 먹은 삼손도 부정하게 되었다(민 6:6). 아무리 달콤하게 보여도 부정해진 꿀은 경계해야 한다.

그리고 삼손은 그 꿀을 부모에게 가져가서 그들을 부정하게 만들었다. 게다가 결혼식장에서 그 모든 일들을 농담 삼아 이야기했다. 하나님께 순종하는 것을 경시함으로 그는 결국 파멸에 이르게 되었다. 삼손은 자신의 모든 계획이 무너졌을 때 하나님의 인도하심을 구하기 위해 하나님을 찾아야 했다. 그러나 그는 계속해서 자신이 정한 길로 나아갔다.

우리는 우리 자신의 죄를 외면할 수도 있다. 그러나 우리의 죄는 우리를 외면하지 않는다. 결국 우리가 뿌린 대로 거두게 될 것이다.

● 사사기 15장

보복할 기회를 찾으며 살아가는 사람들은 일반적으로 고통스러운 결과를 맞이하게 된다. 삼손에 대한 보복으로 그의 장인이 될 사람이 자신의 딸을 삼손의 친구에게 주어버렸다. 이에 삼손은 블레셋 사람들이 추수한 곡식을 태워버렸다. 그러자 블레셋 사람들이 삼손의 신부와 그녀의 아버지를 불에 태웠다. 결국 이긴 사람은 누구인가?

그 일로 두려움을 느낀 유다 사람들은 삼손을 제거하려 했다. 그들은 전쟁을 선포하느니 차라리 적들과 타협하려 했다. 삼손이 단순한 투사가 아니라 영적인 사람이었다면 그들을 이끌고 승리를 거두었을 것이다. 그러나 그는 거룩한 전투의 지도자가 되기보다 혼자 일하는 것을 택했다.

삼손에게 그의 약점과 하나님을 전적으로 의지해야 한다는 사실을 상기시켜 주기 위해 필요했던 일은 그에게 갈증을 느끼게 하는 것뿐이었다. 그가 육체적인 도움을 위해 기도했던 것처럼 그렇게 간절하게 자신의 성품을 위해 기도했더라면 그는 보다 나은 사람이 되었을 것이고, 보다 훌륭한 사사가 되었을 것이다. 탕자처럼 그는 "내게 주소서!"라고 기도했다. 그러나 "나를… 으로 삼아주십시오"라고는 결코 기도하지 않았다(눅 15:12, 19).

사사기 16장

오염(Defilement). 하나님은 삼손이 그의 힘으로 이겨낼 수 없다는 것을 그가 잘 알고 있는 곤란한 상황 속에서 그를 여러 차례 구해주셨다. 그럼에도 그는 계속 죄와 장난을 치며 자신을 오염시켰다. 하나님의 부르심을 받고 성령으로 충만한 지도자에게는 삼손이 저질렀던 그런 일들을 할 권리가 없다. 그의 몸은 하나님께 속한 것이기 때문이다(고전 6:12-20).

속임(Deception). 가사에 사는 창기가 삼손을 속였고 들릴라도 그를 속였다. 그쯤 되면 삼손이 위험을 감지하고 경계했을 것이라 생각할 것이다. 그러나 그의 양심은 더러워졌고, 그의 도덕적 감각은 훼손되어 있었다. 삼손은 자신이 무엇이든 원하는 대로 다 할 수 있다고 생각하면서 자기 자신까지도 속였다(20절). 그러나 그것은 잘못된 생각이었다.

파멸(Destruction). 21절에 대해 '눈을 멀게 하고, 손발을 묶고, 고통스럽게 하는 죄의 영향'이라고 설명하는 사람들도 있다. 삼손은 어둠 속에서 살다 어둠 속에서 죽었다. 하나님이 그를 용서하셨고 그의 힘을 회복시켜주셨다. 그러나 그의 시력과 사역은 회복시켜주지 않으셨다. 삼손은 죽으면서 승리를 거두었다고 할 수도 있다. 그러나 그는 영적, 도덕적 패배 속에서 살았다. 그는 하나님의 원수들을 죽이기는 했지만 하나님의 친구처럼 살지는 못했다(요 15:14). 얼마나 비참한 일인가!

◦ 사사기 17장

"가정의 흥망성쇠가 곧 나라의 흥망성쇠다"는 말이 있다. 그 말이 사실이라면 이스라엘은 곤경에 빠져 있었다. 이 장에 나오는 가정은 모든 면에서 하나님의 율법을 어기고 있었기 때문이다.

그 가정은 우상을 숭배했다. 아들은 제사장을 자처하는 도둑이었고, 어머니는 한 입으로 복과 저주를 동시에 말하는 죄를 범하고 있었다(약 3:9-10). 그녀는 아들의 성품보다 돈에 더 많은 신경을 쓰고 있었다.

그 가정의 레위인은 그들보다 훨씬 더 심각했다. 그는 특별히 하나님의 부르심을 받고 율법에 따라 훈련받은 사람이었다. 그러나 그는 하나님의 종이 아니었다. 그는 돈을 받고 일하는 삯군이었다. 단 지파가 좀 더 좋은 조건을 제시하자 그의 제안을 받아들였다.

그 가정은 사람이 스스로 만든 종교를 생생하게 보여주는 한 예다. 그러나 오늘날은 상황이 다르다고 말할 수 있겠는가? 오늘날에도 사람들은 여전히 이사야 8장 20절의 말씀을 무시하고 자기 소견에 옳은 대로 행하고 있다.

◦ 사사기 18장

가정의 부패는 결국 사회로 번지게 되어 있다. 이 경우에는 온 지파로 퍼졌다. 거짓 교리는 누룩과 같다. 은밀하게 서서히 퍼지지만, 그것이 닿는 모든 것에 영향을 미친다(갈 5:7-9).

단 지파는 자신들의 기업을 주장했다(수 19:40-48). 그러나 적의 침략으로 그들의 터전을 옮기지 않을 수 없었다. 그 지파가 하나님께 충실했다면 적들이 그들을 쫓아낼 수 없었을 것이다. 그리고 그들은 자신들의 기업을 누릴 수 있었을 것이다.

단 지파는 돈만 밝히는 거짓 종교의 제사장을 납치하고 우상들을 훔쳤다. 그런 다음 아무것도 모른 채 고립되어 살고 있던 무고한 사람들을 죽였다. 그들이 하나님의 말씀에 공공연하게 불순종하면서 우상을 숭배하기 위한 처소를 만들었을 때, 그들의 반역은 절정에 달했다.

그들은 '세상에 있는 것이 하나도 부족함이 없는'(10절) 좋은 환경에서 살았다. 그러나 하나님이 하늘로부터 그들에게 주고 싶어하시는 것은 하나도 가질 수 없는 삶을 살았다. 그들의 거짓된 풍요가 결코 오래 지속될 수 없는 거짓된 안전 의식을 그들에게 심어주었다.

○ 사사기 19장

이스라엘의 슬픈 역사는 이제 우상 숭배에서 부도덕과 내란으로 옮겨가고 있었다. 죄를 다루지 않으면 죄가 역병처럼 퍼지면서 파멸을 불러온다. 이스라엘이 처한 곤경은 기본적으로 하나님을 떠난 독자적 행보와 하나님의 율법에 대한 무관심 때문이었다. 모든 사람이 자기 소견에 좋은 대로 행한다면 그 어떤 것도 옳은 것이 될 수 없다. 그 시기는 이스라엘의 도덕적, 영적 암흑기였다(사 8:20).

이 장에 나오는 레위 사람은 영적 지도자의 좋은 본보기가 아니다. 그는 첩을 두고 있었다. 그것은 율법이 허락하고 규정하고 있는 것이었지만, 하나님이 좋다고 인정하시는 것은 아니었다. 그의 주된 관심사는 먹고 마시며 인생을 즐기는 것이었다. 영적 지혜를 가진 훈련된 사람이었다면 그는 자신이 야기한 그 모든 문제들을 일으키지 않았을 것이다. 그는 그가 만나는 사람들에게 그 어떤 경건한 영향도 미치지 못했다. 그리고 그의 첩을 학대한 것은 변명의 여지가 없는 것이었다.

영적 지도자가 하나님께 순종하지 않으면서 경건한 본을 보이지 않을 때 교회와 사회가 고통을 받게 되고, 결국 온 나라가 쇠퇴하게 된다. 한 번의 불법적인 사건으로 나라가 위기에 처할 수도 있다. 썩어가는 어두운 사회 속에서 하나님의 백성들이 참된 빛과 소금이 될 때 변화가 일어날 수 있다(마 5:13-16).

◎ 사사기 20장

이 장은 야고보서 3장 13-18절 말씀의 좋은 예가 될 수 있다. 인간의 지혜를 근간으로 할 때 우리는 계속해서 문제를 일으키게 된다. 그러나 기도하고 하나님의 마음을 구하기 위해 멈출 때 하나님은 우리가 해야 할 일을 보여주신다.

베냐민 지파는 하나님의 얼굴을 구하지도, 그들의 죄를 인정하지도, 회개하지도 않았다. 죄를 해결하지 않는다면 평안은 있을 수 없다. 베냐민 지파 사람들은 또 기브아에 있는 자기 지파 사람들을 심판하지 않았다. 신명기에는 "너희 중에 악을 제할지니라"는 명령이 9번이나 나온다. 그리고 하나님은 자신의 백성들이 순종하기를 기대하셨다.

오늘날 하나님의 백성들도 각자의 삶 속에 있는(고후 7:1) 그리고 교회 안에 있는(고전 5장) 죄를 다루어야 한다. 자백하지 않은 죄는 방치된 병과 같이 퍼진다. 그리고 사람을 죽인다. 찰스 스펄전(Charles Spurgeon)은 "죄는 모든 악의 어머니와 유모이고, 모든 해악의 뿌리며, 모든 비통함의 원천이고, 모든 불행의 시초다"고 말했다.

◎ 사사기 21장

모든 혼란과 소요가 가라앉은 후, 이스라엘 백성들은 그들의 성급한 맹세가 새로운 문제를 야기했다는 사실을 알게 되었다. 한 지파가 단절될 위기에 놓여 있었기 때문이었다. 기브아 사람들이 모세가 명령한 대로 죄를 다루기만 했더라면 그 모든 문제들은 피할 수 있었을 것이다. 쉬운 길은 결국 언제나 어려운 길이 된다.

이스라엘의 지도자들은 평화를 선포했다(13절). 그리고 각 지파들은 문제를 해결하기 위해 협력하기 시작했다. 그들의 해결 방법은 의미론적인 것이었다. 이스라엘은 베냐민 지파에게 딸들을 아내로 주지 않기로 맹세했지만, 그들이 나와서 아내를 취하는 것까지 막지는 않기로 했다.

바울 사도는 베냐민 지파의 후손이었다. 그는 야베스 길르앗에서 온 400명의 여자들과 실로에서 납치된 200명의 여자들에게 감사했을 것이다(12절). 그들을 통해 베냐민 지파가 유지될 수 있었기 때문이다.

룻기

Ruth

어두운 사사 시대에 이 아름다운 사랑 이야기가 생겨날 수 있었다는 것이 잘 믿어지지 않는다. 그러나 하나님의 은혜가 그런 것이다. 우리는 괴로운 시대를 살고 있다. 그러나 하나님이 아들의 신부를 취하시고, 하나님의 영원한 목적을 수행해나가시며, 이 세상에서 일하고 계신다. 인간의 죄로 인한 흉한 소식들이 하나님의 사랑과 은혜에 관한 좋은 소식을 우리에게서 빼앗아가도록 허용해서는 결코 안 된다.

나오미와 룻과 보아스의 삶 속에서 그리고 구세주의 계보 속에 들어 있는 다른 중요한 연결 고리들 속에서 일해오신 하나님의 섭리를 보라. 룻기 4장 17절은 성경에서 다윗의 이름이 처음으로 언급된 곳이다.

룻기를 이루고 있는 네 개의 장은 한 드라마를 이루고 있는 네 개의 막을 - (1) 눈물(tears), (2) 수고(toil), (3) 신뢰(trust), (4) 승리(triumph)를 - 보여준다. 룻기는 장례 이야기로 시작해서 결혼 이야기로 끝난다. 나오미는 쓰라림에서 행복을 향해 나아가고, 룻은 외로움에서 사랑을 향해 나아간다. 하나님의 은혜를 보여주는 놀라운 그림이다!

○ 룻기 1장

나오미와 그녀의 남편이 유다를 떠나 적의 땅으로 갔을 때, 그것은 죄를 범한 것이었다. 배를 불리면서 하나님의 뜻에서 벗어나는 것보다는 하나님의 뜻 안에서 배고프게 사는 것이 더 낫다. 그들은 모압에서 잠시 머물려 했다. 그러나 그들의 '체류'는 아들들이 결혼할 때까지 오래 계속되었다. 그리고 아들들과 아버지가 세상을 떠났다. 우리는 기근을 피해 도망칠 수는 있지만, 죽음을 피해 달아날 수는 없다.

나오미는 자부들에게 친정으로 돌아가라고 설득하는 죄를 범했다. 그녀는 두 모압 여인을 데리고 베들레헴으로 돌아감으로써 하나님을 거역한 자기 가정의 불순종이 누설되는 것을 원하지 않았다(신 23:3). 자부들을 이방 신을 섬기는 곳으로 되돌려 보내려는 유대인 여자를 상상해보라! 그러나 이스라엘의 하나님을 믿게 되었던 룻은 돌아가기를 거부했다(16-17절, 2:12).

나오미는 비통해하면서 자신의 곤경을 하나님의 탓으로 돌리는 죄를 범했다. 나오미는 '즐거운'이라는 뜻이었고, 마라는 '쓴'이라는 뜻이었다. 모압으로 가기로 한 것은 그녀의 결정이었다. 그런데 왜 하나님의 탓으로 돌리려 하는 것인가? '쓴 마음'은 우리 자신과 주위에 있는 사람들의 삶에 해를 가할 수 있다(신 29:18, 히 12:15). 그러므로 원망을 품지 말라.

하나님이 우리 죄의 고통스런 결과들을 막아주지는 않으신다 할지라도 하나님의 목적이 이루어질 수 있도록 다스리신다. 하나님의 은혜로 텅 비었던 나오미는 채워지게 될 것이다. 그리고 그녀의 슬픔은 기쁨으로 바뀔 것이다.

ㅇ 룻기 2장

룻은 어린 신자였다. 그러나 추수 기간 동안 밭에서 이삭 줍는 것이 허용되어 있다는 사실을 알고 있을 만큼 하나님의 말씀을 잘 알고 있었다(레 19:9-10). 그녀는 과부와 가난한 사람들을 돌보시는 하나님을 신뢰했다(출 22:22, 신 10:18). 그리고 하나님은 그녀를 실망시키지 않으셨다. 우리가 하나님을 신뢰하고 순종할 때 하나님이 우리를 대신해 일하기 시작하신다(잠 3:5-6).

◆ 여호와의 날개 아래(룻 2:12) ◆

룻기 2장 12절은 그룹들의 날개가 속죄소 위를 덮고 있는 성막의 지성소에 주의를 집중시킨다(출 25:17-22). 하나님의 날개 아래 있다는 것은 하나님과 교제할 수 있는 안전한 곳에 있다는 것을 말한다(시 36:7-8, 61:4, 91:1-4). 신자들은

> 하나님 안에 거해야 한다(요 15:1-10). 그리고 지성소 안으로 들어가야 한다(히 10:19-25). 하나님의 사람들은 '진 밖'에 있지만(히 13:13), 지성소 안에 있는 '휘장 안'에서 산다.

베들레헴에는 룻과 나오미를 가난과 외로움에서 벗어나게 해줄 수 있는 사람이 최소한 두 명이 있었다. 그런데 하나님이 자신의 뜻에 따라 그 둘 중 하나인 보아스의 밭으로 룻을 인도하셨다(참조 - 시 25:9, 사 42:16). 그림에 변화를 준 것은 나오미의 쓰라림이 아니라 룻의 신실함이었다.

보아스는 룻을 보호했고, 룻이 그가 누구인지를 알기 전부터 룻의 필요를 채워주었다.(그의 편에서 그것은 아마도 첫눈에 반한 사랑이었을 것이다!) 추수하고 남은 곡식에 의존해 사는 대신 룻은 그녀에게 관대하게 베푸는 '추수 주인'의 친구가 되었다. 이 이야기 속에서 그리스도가 자신에게 속한 사람들을 위해 하신 일들을 볼 수 있겠는가?

◦ 룻기 3장

나오미는 비통함을 떨쳐버리고 다른 사람들에게 감사하기 시작했다. 그녀는 그들의 기업을 무를 사람인 보아스에게 어떻게 다가가야 하는지를 룻에게 말해주었다(레 25:23-55). 그는 그들을 구속할 가까운 친척이었다. 그러나 그들을 기꺼이 구속하려 할 것인가? 그날 밤 룻은 알게 될 것이었다.

> ◆ **기업 무를 자**(레 25:23-55) ◆
>
> 이 규정은 가난한 사람들이 착취당하는 것을 막고 부자들이 다른 지파의 재산을 취하지 못하도록 막기 위한 것이었다. 기업 무를 자는 구속할 수 있고, 또 기꺼이 구속하고자 하는 가까운 친척이어야 했다. 그에게 그렇게 해야 할 의무는 없었다. 그러나 그렇게 할 것이 기대되었다. 그렇게 하지 않기로 거부하는 것은 자

신의 명성뿐 아니라 가문과 지파에 손상을 입히는 것이었다. 예수 그리스도는 베들레헴에서 태어나심으로 우리의 기업을 무를 우리의 가까운 친척이 되셨다. 그리스도는 우리를 구원할 수 있는 분이었고, 또 기꺼이 구원하고자 하셨다. 그리고 그분을 신뢰하는 모든 사람들을 구원하실 것이다.

룻은 이미 하나님의 날개 아래 있었다(2:12). 그러나 그녀는 보아스의 날개 아래 있기를 청했다(9절). 보아스는 그렇게 할 수 있다는 것을 기뻐했다! 그때까지는 룻이 모든 일을 다 했다. 그러나 그후부터는 보아스가 룻을 위해 일했다(18절). 룻은 기업 무를 자를 신뢰하면서 안식하며 기다려야 할 때가 되었다.

룻은 우리에게 채워져야 할 필요가 있을 때 우리가 따라야 할 좋은 본보기다. 그녀는 지시를 듣고(1-4절), 순종하고(5-9절), 기업 무를 자가 하는 말을 믿고(10-14절), 그의 선물을 받아들이고(15-17절), 그가 남은 일을 하도록 인내하며 기다렸다(18절). 구세주의 발 아래 있을 때 우리가 두려워할 것은 아무것도 없다.

● 룻기 4장

1절과 2절에서 우리는 '앉아 있는(sitting down)' 사람들에 대해 언급하는 것을 다섯 번이나 듣게 된다. 그것은 신중하고 결정적인 집행이 되어야 했다. 보아스는 룻을 구속하기 위해 값을 지불해야 했다. 구속 사역을 마치신 후 우리의 구세주께서도 자리에 앉으셨다(막 16:19, 히 1:3, 참조 - 요 19:30).

보아스는 사적으로 결혼을 준비했다. 그러나 값을 치르는 일은 공개적으로 했다. 다른 기업 무를 친척은 구속할 수 있었지만, 그렇게 하려 하지 않았다. 그는 자신의 기업에 해가 될 것을 두려워했다. 예수님은 우리를 그의 기업의 일부로 삼으셨다(엡 1:11-14). 룻기 1-2장과 4장은 참으로 대조적이다. 눈물에서 기쁨으로, 힘든 수고에서 안식으로, 텅 빈 공허에서 꽉 채워진 만족으로 바뀌었다. 그리고 그 변화를 가져온 것은 하나님의 말씀에 대한 순종이었다. 룻이 기업 무를 자의 발 아래서 자신을 의탁했을 때 그가 그녀를 받아들였고, 그로 인해 모든 것이 달라졌다.

  1장에서 룻에게는 믿음 외에 아무것도 없었다. 2장에서 그녀는 추수하고 남은 이삭에 의지해서 살았다. 그리고 3장에서는 풍성한 선물을 받았다. 그러나 보아스에게 속하게 된 이후에는 그가 소유한 모든 것이 그녀의 것이 되었다. 에베소서 1장 3절과 고린도후서 8장 9절을 묵상하라.

사무엘상·하
The Books of Samuel

이 두 권의 책 속에서 관심의 초점이 되고 있는 세 사람이 있다. 사무엘(삼상 1-7장)과 사울(삼상 8-15장)과 다윗(삼상 16장-삼하 24장)이다. 이스라엘의 군주 정치 이야기가 펼쳐지면서 그들의 이력이 부분적으로 겹치고 있다.

사무엘은 이스라엘의 마지막 사사였고, 사울은 첫 번째 왕이었다. 사울은 왕이 되기에 적합치 않은 지파 출신이었기 때문에 왕조를 이루지 못하게 되어 있었다(창 49:10). 하나님은 유다 지파에서 다윗을 선택하시고 자신의 통치자로 세우셨다. 이스라엘 백성들이 다른 나라들처럼 왕을 갖기 위해 하나님을 거부했기 때문에 사울은 징계를 위해 그들에게 주어진 왕이었다(호 13:11).

이 두 권의 책은 사람들과 나라들 속에서 일하시는 하나님의 손을 보여준다. 인간에게는 결정할 수 있는 자유가 있다. 그러나 하나님이 인도하시며 자신의 목적이 이루어지게 하신다.

사무엘상

1 Samuel

● 사무엘상 1장

은혜(Grace). 한나(Hannah)라는 이름에는 '은혜' 라는 뜻이 있다. 그녀가 지고 있는 짐을 해결하기 위해 한나에게는 하나님의 은혜가 필요했다. 애석하게도 한나의 가정은 분열되었고, 그녀와 경쟁하던 여인은 그녀를 애통하게 만들었다. 그녀에게는 아이가 없었다. 그런 슬픔과 낙심 속에서 하나님은 종종 큰 믿음을 갖게 하시고, 특별한 복을 허락하신다(벧전 5:10 참조).

믿음(Faith). 가정에서 그녀가 처한 입장과 그녀를 대하는 엘리 제사장을 감안해볼 때 한나에게 믿음이 있었다는 것은 놀라운 일이다. 그녀는 나오미와는 달리 하나님을 원망하거나(룻 1:19-22), 가정에서 문제를 일으키지 않았다. 그녀는 하나님께 아들을 구했고, 하나님은 그 기도를 들어주셨다. 사무엘('여호와께 그를 구하였다')이 위대한 기도의 사람이 된 것은 그리 이상한 일이 아니다. 하나님이 그에게 주신 어머니를 보라!

순종(Obedience). 한나의 맹세는 하나님과 한 '홍정' 이 아니라 하나님을 향한 헌신의 표현이었다. 그녀는 첫 아들을 하나님께 드렸다. 다른 희생 제물로 그 아이를 대신하지 않았다(출 13:11-16). 한 어머니의 기도와 아버지의 격려가(21-23, 28절) 나라의 운명을 바꾸어놓았다. 기도의 능력이나 경건한 가정의 가치를 결코 과소평가하지 말라.

● 사무엘상 2장

노래(Singing, 1-11절). 대부분의 사람들은 아들을 가질 수 있게 된 것 때문에 노래할 것이다. 그러나 한나는 아들을 하나님의 일에 드릴 수 있었기 때문에 노래했다. 그녀는 자신의 백성들을 위해 놀라운 일을 하시는 하나님께 영광을 돌렸다. 마리아의 노래는 한나의 노래와 흡사한데(눅 1:46-55), 그 이유는 마리아 역시 하나님을 위해 희생했기 때문이다(눅 1:38). 먼저 예물을 드리고 그리고 노래를 드렸다(대하 29:27).

범죄(Sinning, 12-17, 22-36절). 엘리는 아들들에게 영향을 미치지 못했다. 그 결과 그의 가정은 제사장직을 잃게 되었다(왕상 2:26-27, 35, 참조 - 딤전 3:4-5). 가장 선한 것이 타락할 때 가장 큰 악이 된다는 말은 과언이 아니다. 엘리의 아들들이 그것을 잘 보여주고 있다.

섬김(Serving, 18-21절). 자녀들이 자라면서 새로운 필요와 고민에 부딪히게 된다는 사실을 인식하고 있는 부모와 '하나님 앞에서' (눅 2:52) 자녀들이 자라는 부모는 복이 있다. 하나님은 오염된 환경 속에서 사무엘이 순수하도록 지켜주셨다. 왜냐하면 그에게는 그를 사랑하고 그를 위해 기도하는 부모가 있었기 때문이었다. 예수님은 아이들을 특별히 사랑하신다. 우리도 그래야 한다.

◆ **자녀** ◆

자녀는 하나님의 선물이고(창 48:8-9), 기업이며, 상급이고(시 127:3), 적과 싸우는 데 사용하는 무기이며(시 127:4-5), 기쁨의 원천이고(시 113:9), 노년에 이른 부모의 면류관이다(잠 17:6). 자녀들을 학대하거나(마 18:1-6), 자녀들의 영적 훈련을 경시하는 것은(엡 6:1-4) 심각한 문제다. 그리스도인의 증거는 언제나 다음 세대로 이어져야 한다. 그리스도를 위해 자녀들을 훈련시키지 않는다면 우리는 미래를 잃게 될 것이다.

○ 사무엘상 3장

거룩(Sanctity). 불경스러운 주변 환경에도 불구하고 경건한 삶을 살아갈 수 있다. 애굽에서 살았던 모세와 바벨론에서 살았던 다니엘이 그랬고, 나사렛에서 사셨던 우리 주님도 그러셨다. 사무엘이 고립된 삶을 산 것은 아니었다. 그러나 구별된 삶을 살았다. 그는 하나님께 속해 있었다. 그는 매일 죄를 접했지만 그 죄에 오염되지 않았다. 그는 '산 제물'로 살았고, 변화시키시는 하나님의 능력을 경험했다(롬 12:1-2).

권위(Authority). 엘리가 가장 경건한 본보기나 멘토는 아니었지만, 어린 사무엘은 엘리의 권위에 순종했다. 우리는 사람이 아니라 하나님을 섬기기 때문에 '하나님을 위해' 사람들의 권위에 순종해야 한다(벧전 2:13-25). 우리는 우리를 보호해주시고, 경건하지 못한 사람들 속에서도 그분의 뜻을 이루어가시는 하나님을 신뢰한다.

충성(Fidelity). 하나님은 사무엘이 신실하다는 것을 아시고 사무엘에게 메시지를 전하셨다. 어린 소년이었던 사무엘은 엘리의 목소리를 잘 알고 있었고 즉각 순종했다. 그래서 하나님이 말씀하셨을 때 사무엘은 준비되어 있었다. 작은 일에 충성하는 것이 큰 일을 맡을 수 있는 준비를 하는 것이다(마 25:21). 하나님의 음성을 들은 것 때문에 사무엘은 하나님의 일을 중단하지 않았다(15절). 그는 곧바로 자신이 하던 일로 되돌아갔다. 이스라엘 백성들은 사무엘의 말에 귀를 기울이게 되었는데, 그것이 그가 하나님의 대변인이라는 사실을 그들도 알게 되었기 때문이다.

● 사무엘상 4장

이 장에는 세 차례의 참사가 기록되어 있다.

패배(Defeat). 엘리의 두 아들은 도우시는 하나님을 원했지만, 거룩하신 하나님은 원하지 않았다. 그들은 위기 속에서는 하나님을 원했지만, 삶 속에서는 하나님을 원치 않았다(삼상 2:12-17). 그들은 언약궤가 승리를 보장해줄 것이라 생각했다. 그러나 그것은 근거 없는 미신적인 신앙이었다. 하나님께 복종하는 삶을 살고 있지 않다면 자신의 문제를 해결하기 위해 하나님을 '이용'하려는 잘못을 경계해야 한다.

◆ 아기의 이름 ◆

이가봇('영광이 떠났다')이라는 이름이나 베노니('슬픔의 아들')라는 이름을 갖고 싶은가? 또는 야베스['내가 수고로이 낳았다'(대상 4:9-10)]나 브리아['재앙'(대상 7:23)]라는 이름을 갖고 싶은가? 우리의 첫 번째 출생은 우리를 패배자로 취급하지만, 새로운 탄생은 우리를 승리자로 여긴다(요일 5:1-5). 예수 그리스도를 신뢰할 때 우리의 삶은 놀랍게 변화된다.

죽음(Death). 전쟁터에서 온 좋지 않은 소식으로 인해 엘리와 그의 며느리는 죽게 되었다. 엘리의 경우는 하나님의 심판 때문이었고, 며느리의 경우는 하나님의 영광에 대한 그녀의 부담 때문이었다. 비느하스는 불경한 사람이었다. 그러나 그의 아내는 경건한 여인이었다.

떠남(Departure). 하나님의 영광이 이스라엘 백성들과 함께했다(출 40:34-35, 롬 9:4). 그러나 그들의 죄 때문에 그들이 하나님을 가장 필요로 할 때 하나님은 그들에게서 떠나지 않으실 수 없었다(시 78:56-64). 이스라엘은 언약궤를 잃었고, 하나님의 영광도 그들을 떠났다. 그래서 그들은 적 앞에서 무방비 상태였다. 그들이 하나님의 영광에 마음을 썼더라면 그들은 죄를 회개하고 하나님께 순종했을 것이다. 그러나 그것은 때늦은 일이 되고 말았다.

○ 사무엘상 5장

하나님의 영광은 이스라엘을 떠났지만, 하나님은 여전히 통치하시며, 자신의 이름을 방어하실 수 있었다. 적에게 영광을 '빼앗긴' 것처럼 보이기 때문에 의기소침해질 때, 하나님이 여전히 보좌 위에 계신다는 사실을 확신하고 안심하라.

하나님은 이방인의 신전에서도 자신의 영광을 드러낼 수 있는 분이시다. 그리고 모든 거짓 신들은 하나님 앞에 엎드려야 한다. 전쟁터에서 하나님의 영광이 함께한다면 얼마나 좋을 것인가! 그러나 하나님이 불순종하는 백성들에게 승리를 주실 수는 없는 일이었다. 그렇게 한다면 죄를 더욱 범하도록 그들을 부추기게 될 뿐이었다.

블레셋 사람들은 죄를 회개하고 이스라엘의 참 하나님을 신뢰하는 대신 언약궤를 제거하려 했다. 그것은 그들이 변화할 수 있는 정말 좋은 기회였다! 그러나 패배한 적국의 하나님을 누가 신뢰하고 싶어하겠는가? 이스라엘은 다른 나라들에게 좋은 증인이 되지 못했다. 그래서 다른 나라들이 이스라엘의 하나님을 거부했던 것이다.

● 사무엘상 6장

하나님은 언약궤를 취한 블레셋 사람들을 벌하셨다. 그러나 언약궤를 들여다본 하나님의 백성들은 죽이셨다(19절). 이스라엘 백성들은 율법을 알고 있었다(민 4:15, 20). 따라서 그들에게는 블레셋 사람들보다 더 큰 책임이 따랐다. 호기심은 배우는 과정에서 중요한 역할을 한다. 그러나 거룩한 것에 대해 부당하게 호기심을 갖는 것은 지혜롭지 못하다.

벧세메스 사람들은 추수를 하다가 언약궤를 실은 수레가 오는 것을 보았다. 언약궤는 6개월 동안 이스라엘을 떠나 있었지만, 사람들은 일손을 멈추지 않고 있었다. 비록 패배했을지라도 해야 할 일들과 부양해야 할 사람들이 있다.

아비나답의 집은 하나님의 성막이 될 것이었다. 이처럼 모든 가정이 하나님이 거하시는 거룩한 처소가 되어야 하지 않겠는가(사 4:4-5 참조)?

● 사무엘상 7장

깨끗이 함(Cleaning up). 언약궤는 이스라엘로 돌아왔지만 이스라엘 백성들은 하나님께 돌아오지 않았다. 그래서 사무엘은 회개를 촉구했다. 이방 신들을 버리고 하나님과의 언약을 새롭게 하기 위해 백성들을 미스바에 모이게 했다. 하나님은 오랫동안 이 전략적인 사역을 위해 사무엘을 준비시켜오셨고, 사무엘은 나라를 구하게 되었다.

위를 봄(Looking up). 블레셋은 이스라엘이 전쟁을 준비하기 위해 미스바에 모였을 것이라 생각했지만, 이스라엘은 전쟁을 치를 준비가 되어 있지 않았다. 그러나 하나님의 백성들은 적을 물리치기 위해 영적인 무기를 사용한다. 사무엘은 기도했다. 그리고 하나님이 이스라엘의 적들을 혼란에 빠지게 하셨다. 사무엘은 기도의 응답으로 태어났고, 기도에 의지해서 살았다.

세움(Setting up). 에벤에셀은 '도움의 돌'이라는 뜻이다. 그것은 처음부터 오늘까지 하나님의 백성들을 도와주신 하나님을 기념하는 돌이었다. 허드슨 테일러(J. Hudson Taylor)는 '에벤에셀과 여호와 이레'라고 적힌 액자를 간직하고 있었다. 그것은 '지금까지 하나님이 우리를 도우셨고 앞으로도 하나님이 준비하실 것이다'는 뜻으로, 나님이 과거와 미래를 책임지신다는 의미다. 그렇다면 왜 현재에 대해 염려해야 하는 것인가? 하나님이 다스리신다!

● 사무엘상 8장

사역을 충실하게 수행한 후에도 실망하면서 삶을 마감하는 일이 일어날 수 있다. 사무엘에게 그런 일이 일어났다.

그는 아들들에게 실망했다. 그들은 아버지의 경건한 본보기를 따르지 않았기 때문에 아버지의 사역을 이어받을 수 없었다. 엘리의 아들들은 육체의 욕심에 굴복한 반면(삼상 2:12-17), 사무엘의 아들들은 돈을 사랑했다.

사무엘은 이스라엘 백성들에게도 실망했다. 왜냐하면 그들이 왕을 원했기 때문이었다. 그들은 사무엘의 아들들을 핑계로 삼았지만, 진짜 이유는 그들에게 하나님께 대한 믿음이 없었기 때문이었다. 그들은 다른 나라들처럼 되고 싶었고, 자신들을 이끌고 전쟁터에 나갈 왕을 갖고 싶어했다. 그들이 원하는 왕이 어떤 일을 하게 될 것인지에 대해 사무엘이 경고했지만, 그것은 백성들에게 아무 영향을 미치지 못했다. '왕이 취할 것이다'는 말이 계속 반복해서 나오는 것에 주목하라.

사무엘은 하나님을 거역하고 왕관을 빼앗긴 사울에게 실망했다. 사무엘이 기도하고 수고했던 일들의 대부분이 그가 기대했던 것과는 다르게 나타나는 것처럼 보였다. 그러나 그는 끝까지 하나님께 신실했다. 하나님께 신실한 지도자들이라도 언제나 성공한 것처럼 보이지 않을 수 있다.

● 사무엘상 9장

나귀는 귀중한 동물이었고(욥 1:3), 왕족들이 주로 사용했다(왕상 1:33-34). 그러나 한 나라의 초대 왕이 잃어버린 나귀를 찾으러 다니는 모습을 상상할 수 있겠는가? 자기 아버지에 대한 사울의 순종과 배려(5절)와 힘든 일을 기꺼이 감수하려는 그의 마음자세는 그의 성품과 장래의 성공을 예시하고 있는 것처럼 보인다.

사울이 사무엘을 알지 못했다는 것은 참으로 이상한 일이었다. 그리고 그가 사무엘을 방문한 이유가 단지 잃어버린 동물을 찾기 위해서였다는 것 역시 우리 기대에 상당히 어긋나는 일이다. 성품을 개발하고 죄를 극복하기 위해서가 아니라 문제를 해결하기 위해 '종교'를 이용하려는 사람들이 종종 있다.

그럼에도 불구하고, 하나님은 사울을 사무엘에게로 이끄시기 위해 그 모든 것들을 다 사용하셨다. 작은 일에 충성한 것이 사울에게 새로운 친구와 새로운 사명과 하나님을 섬길 수 있는 새로운 기회를 가져다주었다. 그가 겸손한 종으로 남아 있었더라면, 그 자신의 삶과 이스라엘 백성들의 삶이 상당히 달라졌을 것이다(21절, 삼상 15:17). 그러나 좋은 시작이 좋은 결말을 보장해주는 것은 아니다.

● 사무엘상 10장

사울은 자신과 같은 사람이 어떻게 이스라엘을 이끌 수 있는지 이해할 수가 없었다. 그래서 하나님이 그의 새로운 책임을 확신시켜주시려고 몇 가지 '징조들'을 그에게 알려주셨다.

지도자는 문제를 해결하기 위해(1-2절), 사람들의 필요를 채워주기 위해(3-4절) 그리고 섬기는 데 필요한 힘을 얻기 위해(5-7절) 하나님을 신뢰해야 한다. 그는 어떻게 하나님의 말씀을 듣고, 어떻게 하나님을 순종하며 섬겨야 하는지를 알고 있어야 한다(8절). 사울은 확신 속에서 시작했지만, 시간이 지남에 따라 점점 더 자기 자신을 신뢰하고, 하나님의 말씀을 거역했다.

왕조에 대해 아무 언급도 하지 않은 그의 겸손(16절)과 그를 비난하는 사람들에게 맞서지 않은 그의 자제력(27절)은 칭찬할 만한 것이다. 그러나 자신의 대관식 날 몸을 숨긴 이유는 무엇 때문이었을까? 그가 정말 겸손했기 때문이었을까? 아니면 책임을 맡고 싶지 않아서였을까? 확실한 것은 그가 왕이 된 후에도 자신을 많이 숨겼지만, 하나님이 그를 찾아내셨다는 사실이다. 잠언은 '자기의 죄를 숨기는 자는 형통치 못할'(잠 28:13) 것이라고 경고하고 있다.

○ 사무엘상 11장

권위와 능력이 있다는 것과 지도자로서 자신을 입증하는 것은 별개의 문제다. 위기가 닥치면 사람들은 각기 다른 반응을 보인다. 굴복하는 사람들도 있고(1-3절), 단념하는 사람들도 있다(4절). 사울은 화를 내며 행동을 취했다. 그는 전쟁을 감행하기 위해 군대를 소집했다.

하나님은 사울에게 싸워서 이길 수 있는 힘을 주셨다(6절). 그는 권세도 가지고 있었을 뿐 아니라 위업도 이루었다. 그는 자신을 지도자로 입증했다. 그러나 싸울 때보다 승리를 거두고 난 다음이 더 위험할 수 있다. 왜냐하면 사울은 자신을 비난하는 사람들을 제거하고 싶은 유혹을 받았기 때문이었다(12-13절, 참조 - 삼상 10:27). 그러나 그는 하나님께 영광을 돌렸고, 자신의 권세나 성공을 백성들을 공격하기 위한 무기로 사용하지 않았다.

사무엘은 하나님과의 언약을 새롭게 해야 할 때라 생각하고 다시 백성들을 그 유명한 길갈로 모이게 했다. 하나님이 허락하신 위기 때문에 믿음이 더 강해지고 있는가? 하나님이 주신 승리를 하나님을 영화롭게 하고, 다른 사람들을 돕는 일에 사용하고 있는가?

● 사무엘상 12장

사무엘의 메시지는 대관식 연설과 부흥을 위한 설교와 고별사가 결합된 것이었다. 그는 왕을 원했던 백성들의 죄의 심각성을 지적했고, 새로운 헌신을 요구했다. 그가 한 연설의 핵심 주제는 증거였다(3, 5절).

경건한 지도자의 증거(The witness of a godly leader, 1-5절). 백성들은 단지 한 번의 승리를 거두었을 뿐 하나님께 대한 헌신이 검증되지 않은 사람을 맞이하기 위해 이미 입증된 경건한 지도자를 거부했다. 사무엘은 실망했지만, 자신의 양심이 깨끗하다는 사실을 알고 자리에서 물러났다.

역사의 증거(The witness of history, 6-15절). 이스라엘 백성들이 순종할 때는 하나님의 손이 그들과 함께했지만, 거역할 때는 그들에게 대항했다. 14절은 하나님이 여호수아에게 주신 성공의 비결(수 1:8)과 같은 비결을 강조하고 있다. 반역은 사울을 늘 따라다니는 죄가 되었고, 그 결과 그는 왕위를 잃게 되었다(삼상 15:23).

하나님 능력의 증거(The witness of God's power, 16-18절). 그 계절에 천둥이 치고 비가 온다는 것은 매우 이상한 일이었다. 사무엘은 정말 놀라운 기도의 사람이었다!

언약의 증거(The witness of the covenant, 19-25절). 백성들은 하나님을 버렸지만, 하나님은 그들을 버리지 않으셨다. 그 이유는 하나님은 자신의 말씀을 지키는 분이시기 때문이다. 그들에게는 사무엘의 기도와 사역뿐 아니라 신실하신 하나님이 주시는 확신도 있었다. 왕이 사무엘과의 우정을 유지하면서 하나님 말씀에 순종했다면 나라를 승리로 이끌 수 있었을 것이다.

◎ 사무엘상 13장

사울의 두 번째 위기는 그가 상비군을 조직하기 시작한 후에 찾아왔다. 그리고 그는 그 위기 속에서 네 가지 잘못을 범했다.

먼저 사울은 결단력 있게 행동하지 못했다(1-4절). 블레셋의 수비대를 공격함으로써 전쟁을 선포한 사람은 사울이 아니라 요나단이었다. 그런데 사울은 요나단이 세운 공적을 자신이 취하고 백성들을 소집하기 위해 나팔을 불었다.

> ◆ **핑계** ◆
>
> 전도자 빌리 선데이(Billy Sunday)는 핑계를 '거짓말로 채워진 이유라는 껍데기'라고 규정했다. 벤자민 프랭클린(Benjamin Franklin)은 "핑계를 잘 대는 사람들 중에서 일 잘하는 사람을 나는 보지 못했다"고 말했다. 아담은 죄에 대한 핑계를 가장 먼저 댄 사람이었다(창 3:12). 그리고 많은 사람들이 그가 보여준 좋지 않은 본보기를 따랐다. 핑계는 상황을 더 엉망으로 만들 뿐이다.

사울은 백성들을 감동시키지 못했다(5-7절). 도망친 사람들과 숨은 사람들이 있었고, 심지어는 나라를 떠나버린 사람들도 있었다(사람들은 지금도 같은 방법으로 국방의 의무를 회피하고 있다). 충실했던 사람들도 두려움을 느끼고 있었고, 장래는 어두웠다.

사울은 기다리지 못했다(8-9절, 참조 - 삼상 10:8). 그것은 사무엘과의 불화를 불러오고 하나님을 반역하게 되는 첫걸음이었다. 인내는 성품을 보여주는 한 특징이었고, 사울의 성품은 허약했다(약 1:1-8).

사울은 진실을 말하지 못했다(10-15절). 다윗은 죄를 범한 후 자백했다. 그러나 사울은 핑계를 대려고만 했다. 그는 가장 친한 친구에게 거짓말을 했고, 그 일로 결국 왕위를 잃게 되었다. 그 이후에도 그는 또 거짓말을 했다(삼상 15:15). 그리고 그때부터 그는 내리막길을 걷게 되었다.

◦ 사무엘상 14장

사울이 아니라 요나단이 이스라엘의 참 지도자였다. 그 두 사람의 차이는 현저했다. 요나단이 적을 공격하는 동안 사울은 앉아 있었다. 사울은 그 수가 점점 늘어나는 군대를 의지했지만, 요나단은 하나님을 신뢰했고, 늘어나는 사람의 숫자를 의지하지 않았다(6절). 사울은 일이 벌어지는 것을 지켜보았고, 요나단은 일이 일어나게 만들었다.

사울은 맹세로 사람들을 감동시키려 했지만, 요나단은 싸우는 데 필요한 일들을 수행했다. 사울은 군대를 약하게 만들었지만, 요나단은 군대를 강하게 만들고 새로운 승리를 거둘 수 있도록 격려했다.

사울은 말에는 능숙했지만 행동에는 약했다(마 7:21-29 참조).

◦ 사무엘상 15장

하나님의 명령은 분명했다. 그러나 사울의 마음은 복잡했다(약 1:8). 사울이 하나님께 불순종했기 때문에 자초한 손해들을 보라.

그는 성품을 잃어버렸다. 그래서 그는 사무엘에게 거짓말을 하고 백성들을 탓하려 했다. 사울은 핑계를 대는 데 아주 능숙했다.

사울은 그에게 기름을 붓고, 그를 가르치고, 그를 위해 기도한 친구 사무엘을 잃었다(35절). 그리고 왕위를 잃었다. 하나님이 다윗에게 왕권을 넘기셨다.

사울이 통치를 시작했을 때 그에게는 많은 이점들이 있었다. 그러나 영적인 삶을 계발하지 못했기 때문에 하나님과 사람들을 실망시켰다. 교만하게 되었고(12, 17절), 하나님보다 사람들을 더 두려워했으며(24절), 자신의 죄를 다른 사람들의 탓으로 돌렸고(21절), 자신의 성품보다 명성에 더 많은 신경을 썼다(30절). 그는 제사로 순종을 대신하려 했지만, 하나님은 그를 거부하셨다.

당신의 삶 속에도 아각 왕이 있는 것은 아닌지 확인해보라.

◆ 제사가 아니라 순종 ◆

하나님의 백성들은 영적인 실체를 종교적인 의식으로 대신하려는 유혹에 끊임없이 부딪히고 있다. 사무엘의 말은(삼상 15:22-23) 제사를 가볍게 여기려는 것이 아니었다. 그보다는 마음의 상태가 제사의 가치를 결정한다는 사실을 지적한 것이었다(시 51:16-17). 우리의 선물로 하나님이 부자가 되시는 것이 아니다(시 50:12-14). 그러나 하나님께 드린 우리의 선물에 순종하는 마음이 뒷받침된다면 그 선물을 통해 우리가 부유하게 된다(호 6:6, 미 6:7-8). 예배자가 하나님께 합당할 때에만 하나님은 그의 예배도 받으신다(사 1:10 이하).

○ 사무엘상 16장

하나님이 거부하시는 것을 거부하라(Reject what God rejects). 우리는 사무엘이 사울과 그의 죄 때문에 슬퍼했을 것이라 생각한다(고전 5:1-2). 그러나 슬퍼하는 것만으로는 문제가 해결되지 않는다. 행동을 취해야 할 때가 있다(수 7:10 이하).

하나님이 보시는 것처럼 보라(See as God sees). 사울이 실패한 후에 사무엘이 교훈을 받지 못했다는 것은 정말 이상한 일이었다(삼상 9:2, 10:23-24). 하나님은 사무엘에게 하나님이 택한 사람을 알려줄 것이라고 말씀하셨다(3절). 그러나 노인 사무엘은 하나님보다 앞서 달려가려는 유혹을 받았다. 마음이 생명을 결정한다(잠 4:23). 그리고 하나님만이 마음을 보실 수 있다(행 1:24-25).

하나님이 남은 일을 하시게 하라(Let God do the rest). 사무엘은 왕이 될 다윗에게 기름을 부은 후 베들레헴을 떠났다. 그곳에서 그가 해야 할 일이 끝났기 때문이었다. 양을 치던 소년이 어떻게 왕위에 오를 수 있을 것인가? 그것은 사무엘이 할 일이 아니었다. 하나님이 하실 일이었다. 하나님은 다윗의 음악적 재능을 사용해 그를 왕 앞으로 인도하셨다. 하나님의 신에 감동된 다윗에게는(13절) 두려워할 것이 아무것도 없었다.

(14절의 불길한 진술은 시편 51편 11절에 기록된 다윗의 기도와 비교해보아

야 한다.)

> ### ✦ 마음을 보시는 하나님 ✦
>
> 하나님은 우리의 마음을 보실 뿐 아니라 마음을 찾으신다(대상 28:9). 그리고 우리의 마음과 뜻을 아신다(히 4:12-13). 우리 마음은 우리가 안다고 생각한다. 그러나 사실은 그렇지 않다(렘 17:9). 그러므로 하나님의 판단을 받아들이는 것이 좋다. 우리는 다른 사람들의 마음을 알 수 없다. 때문에 다른 사람들을 판단하지 않도록 조심해야 한다(요 7:24, 고전 4:5).

● 사무엘상 17장

기회(Opportunities). 개인적인 승리가 공적인 승리를 가능케 하기 때문에 하나님은 이 일을 위해 다윗을 준비시키셨다(34-37절). 사소하게 보이는 심부름이 하나님께 영광을 돌리고, 다윗이 인정을 받게 되는 상황으로 이어졌다. 우리에게도 언제 기회가 올지 전혀 알 수 없기 때문에 늘 준비하고 있어야 한다.

사울은 점점 더 힘을 잃고 있었지만, 다윗은 점점 더 강해지고 있었다. 그리고 사울은 비극적인 죽음을 맞이할 때까지 계속해서 왜소해져갔다. 사울은 다른 사람들보다 키가 컸다. 그러나 그는 골리앗을 감당할 수 없었다. 다윗은 믿음의 사람이었고, 하나님이 그에게 영적인 힘을 부어주셨다. 위대한 믿음이 위대한 사람을 만든다. 다윗에게는 이스라엘의 하나님을 영화롭게 하려는 열망밖에 없었다(45-47절).

장애(Obstacles). 우리가 믿음에서 벗어날 때마다 다른 사람들이 우리 앞에 장애물을 놓아둘 것이다. 다윗의 형들은 그를 비웃었고(28절), 사울은 무뚝뚝하게 "너는 능치 못할 것이다"고 말했다(33절). 그런 다음 사울은 "꼭 해야겠다면 내 방식대로 하라"고 말하며, 자신의 갑옷과 투구로 다윗을 거추장스럽게 만들었다. 다윗은 장애물들을 무시하고 하나님께 대한 믿음을 지켜야 했다. 그는 하나님이 원하시는 대로 하나님의 일을 해야 했다.

◆ 다윗과 주 예수님 ◆

다윗은 다윗의 자손, 주 예수 그리스도를 보여주는 그림이다. 그는 베들레헴에서 태어났고 가족들의 오해를 받았다. 그는 순종하는 아들이었고, 정복하는 영웅이었다. 다윗이라는 이름은 '사랑받는 자'라는 뜻이다. 예수님은 하나님 아버지가 사랑하시는 아들이었다(마 3:17). 다윗은 왕위에 올라 통치하기 오래전부터 기름 부음 받은 왕으로 지명되었다. 우리 주님이 아직 이 땅에서 다스리지는 않으시지만, 그분은 왕 중의 왕이시다. 다윗처럼 우리 주님도 다스리시기 전에 거부당하시고, 유배당하셨다.

○ 사무엘상 18장

사울의 일대기를 읽으면서 우리는 종종 그가 손에 창을 들고 있는 것을 보게 된다. 그것은 그의 권세와 권력의 상징이었다. 그리고 그는 자신이 다스리고 있다는 사실을 그 누구도 잊지 않기를 바랐다. 다윗은 그 손에 수금을 들고 있었다. 아니면 목동의 지팡이나 물매나 검을 들고 있었다. 하나님이 그에게 원하시는 일이 무엇이었건 간에 다윗은 그 일을 할 준비가 되어 있었다. 그리고 하나님이 그를 통해 영광을 받으셨다.

사울처럼 자신의 지위와 권세를 놓지 않으려고 할 때 우리는 다른 사람들을 시기하게 되고, 사람들이 하는 말에 예민해지게 된다. 사울은 다윗에 대해 거의 과대망상적이었다. 먼저 그는 다윗을 시기했고, 다음에는 의심하고 두려워하면서 화를 냈다. 그리고 마침내 다윗을 죽이고 싶어할 만큼 분노로 가득 차게 되었다.

그런 힘든 상황 속에서 다윗은 하나님으로부터 오는 지혜로 행동했고, 그를 도우시는 하나님을 신뢰했다. 다윗은 결코 사울을 적으로 여기지 않았다. 그런 태도 때문에 그는 하나님이 복 주시는 자리에 설 수 있었다. 다윗은 큰 승리에도 불구하고 겸손한 종으로 남아 있었는데, 그것은 자신이 하나님의 기름부음 받은 자라는 사실을 알고 있었기 때문이었다. 하나님은 다윗을 위대한 믿음의 사람으로 만드시려고 그런 힘든 환경들을 사용하셨다.

○ 사무엘상 19장

다윗은 계속 위험에 처했다. 그러나 하나님이 보호해주셨다. 때로는 직접 그를 보호하셨고(10절), 때로는 다른 사람들을 통해 보호해주셨다. 전쟁이 다 끝난 후 다윗은 "나를 기뻐하심으로 구원하셨도다"(시 18:19)고 고백했다. 하나님 앞에서 온전했던 것이 사울의 핍박 속에서 다윗을 구해준 그의 가장 큰 무기였다. 사람들이 우리에게 어떻게 할 것인지에 대해서는 우리가 결정할 수 없다. 그러나 하나님 앞에서 어떻게 할 것인지는 우리가 결정할 수 있다.

요나단은 다윗의 절친한 친구였다. 그는 사울의 계획을 다윗에게 계속 알려주었다. 하나님께 대한 믿음은 인생을 대하는 상식적인 방법들을 배제하지 않는다. 사울의 딸 미갈은 남편을 보호하기 위해 자신의 생명까지 걸었다. 그리고 사무엘은 죽는 날까지 다윗 옆에 서 있었다.

신자의 '결정적인 무기'는 영적인 것이다. 사람을 변화시키는 하나님의 능력이다(18-24절, 고후 10:3-6). 사울이 회개하고 하나님께 복종했더라면 자신과 가정을 큰 슬픔과 고통으로부터 구할 수 있었을 것이다.

○ 사무엘상 20장

믿음으로 사는 사람은 계략을 꾸미지 않는다. 인생의 고난 속에서 믿음이 약해져서 하나님을 신뢰하지 않고 일을 꾸미기 시작하는 일이 없도록 조심해야 한다. 우리에게는 다윗을 비난하고 싶은 마음이 있을 것이다. 그러나 우리도 때때로 계략을 꾸미려는 유혹을 받는다.

다윗과 요나단은 사울을 속였다. 그리고 그 일로 요나단은 생명을 잃을 뻔했다. 요나단은 자신의 아버지를 너무 긍정적으로 생각하고 있었다. 그러나 그 일을 통해 요나단은 눈을 뜨게 되었다. 요나단은 다윗과 사울이 하나님의 기름부음 받은 자신들의 입장을 주장하는 대신 화해할 수 있도록 노력했다. 어쨌든 사울은 '하나님이 함께해' 오신 사람이었다(13절).

요나단은 또 가문의 장래에 대해서도 깊이 생각했다(15, 42절). 다윗은 요나단의 가정을 사면해주기로 약속했고, 이 때문에 므비보셋은 삶을 유지할 수 있게 되었다(삼하 9장).

○ 사무엘상 21장

떠남(Departure). 다윗은 약 10년 동안 망명자로 살았다. 그 기간 동안 사울은 그를 죽이려 했고, 사울의 신하들은 다윗에 대해 거짓말을 했다. 이스라엘의 많은 사람들은 실제로 다윗이 반역을 도모하고 사울을 없애려 한다고 믿었다. 다윗은 그의 평판을 하나님께 의탁하고, 그를 비난하는 사람들을 잠잠케 하실 하나님을 신뢰해야 했다.

속임(Deception). 보호받기 위해 거짓말을 하는 다윗을 보는 것은 안타까운 일이다. 그는 제사장과 왕에게 거짓을 말했다. 그러나 도엑을 속일 수는 없었는데, 그것은 "이 세대의 아들들이 자기 시대에 있어서는 빛의 아들들보다 더 지혜롭기" 때문이었다(눅 16:8). 영리한 거래를 '훌륭히 해냈다'고 생각할 때마다 우리를 곤란하게 만들려고 준비하고 있는 도엑을 발견하게 될 것이다(삼상 22:9 이하, 참조 - 시 52편).

"거짓 입술은 여호와께 미움을 받아도 진실히 행하는 자는 그의 기뻐하심을 받느니라"(잠 12:22).

◆ **거짓말이 정당화될 수 있는가?** ◆

성경은 진실을 말하라고 명령하면서 거짓말이 불러오는 결과를 경고하고 있다. 우리는 그 입에 궤사가 없으셨던 예수님을 본받아야 한다(벧전 2:22). 그리고 사랑 안에서 참된 것을 말해야 한다(엡 4:15). 진실을 말하는 것이 다른 사람을 위험하게 할 수 있다면, 침묵하는 것이 우리가 취할 수 있는 최선이다. 다윗이 하나님보다 앞서 달렸을 때 그는 곤경에 처하게 되었고, 거짓말을 하게 되었다. 가장 안전한 것은 그런 상황을 피하고 "우리를 시험에 들게 하지 마옵시며"라고 기도하는 것이다.

● 사무엘상 22장

유배된 왕을 중심으로 모인 사람들은 말 그대로 오합지졸이었다(고전 1:26-30). A. W. 토저(A. W. Tozer)는 "이마에 있는 기름 표시를 확인할 때까지는 지도자로 믿고 따르지 말라"고 말했다. 다윗은 하나님의 기름부음을 받았다. 그는 이스라엘의 미래를 대표했다. 그렇다, 그도 실수를 범했다. 그리고 때때로 낙심하기도 했다. 그러나 그는 하나님의 사람이었고, 하나님이 그를 사용하셨다.

리더십에 대해 사울이 취했던 자세와 비교해보라. 사울은 거룩한 목적을 가지고 그의 신하들에게 도전하는 일을 하지 못했다. 그래서 그는 그들을 매수했다(7절). 그리고 그들의 동정심을 자극했다(8절). 그는 또 도엑과 같은 첩자를 의지했고, 백성들에게 권력을 쥐고 있는 사람이 자신이라는 것을 알리기 위해 두려움 없이 무고한 제사장들을 죽이기도 했다. 사울은 사악한 아말렉 사람들을 죽이려 하지 않았다. 반면에 하나님의 제사장들을 살해했다. 사울은 이길 수 없는 싸움을 하며 필사적으로 버텼다.

하나님은 다윗에게 두 개의 선물을 주셨다. 하나는 에봇이었고(삼상 23:6), 다른 하나는 제사장이었다. 그는 전략을 짜면서 언제나 하나님의 뜻을 구할 수 있었다. 우리에게는 하나님의 말씀이 있고, 또 하늘에서 우리를 위해 중보하시는 대제사장이 계신다. 어떤 일에 결정을 내리면서 하나님의 마음을 구하는가?

● 사무엘상 23장

인도(Guidance). 다윗처럼 타고난 지도자는 자신의 경험을 의지하려는 유혹을 받을 수 있다. 그러나 다윗은 자신에게 필요한 인도를 받기 위해 하나님을 찾았다. 다윗이 일단 하나님의 마음을 알게 되면 신하들의 충고도 그의 마음을 흔들 수 없었다.

변절(Treachery). 다윗은 그일라 사람들을 구출해주었다. 그러나 그들은 다윗과 그의 신하들을 사울에게 넘기려는 계획을 세우고 있었다! 우리가 도와준 사람들이 모두 우리가 해준 일을 고맙게 여길 것이라 기대하지 말아야 한다. 당신은 다른 사람들이 당신을 위해 한 일에 감사하는가?

사랑(Love). 요나단은 아버지가 다윗을 죽이려 했음에도 불구하고, 다윗을 찾아 그를 격려할 만큼 용감했다. 그것이 바로 우정이다(잠 17:17). 장래에 대한 요나단의 소망이 그의 아버지의 죄 때문에 무산된 것은 정말 애석한 일이었다. 그러나 적어도 요나단은 자신을 제2인자로 기꺼이 낮추었다.

섭리(Providence). 십 광야는 유다에 속한 땅이었다(수 15:24). 그래서 그곳 사람들은 다윗에게 충성을 다해야 했다. 그러나 그들은 사울의 비위를 맞추려 했고, 다윗이 그들의 왕이 되리라고는 생각하지 않았다. 사울의 군대가 승리를 목전에 둔 상황에서 하나님은 다윗을 구하기 위해 블레셋의 침략이라는 변수를 사용하셨다. 사람들이 어떤 일을 하건 하나님은 자신의 목적을 이루어가신다. 하나님의 섭리는 실패하지 않는다.

사무엘상 24장

환경(Circumstances). 사람들이 어떤 생각을 하고 있는가에 따라 사건들에 대한 해석이 달라진다. 사울은 안전하다고 생각했다. 그래서 창을 놓아둔 채 동굴 속으로 들어갔다. 다윗의 부하들은 사울에게 복수할 수 있는 좋은 기회가 왔다고 생각했다. 그러나 다윗은 그것을 자비를 베풀 수 있는 기회로 보았다(마 5:10-12, 롬 12:17-21). 사울은 다윗을 적으로 여겼을 수 있다. 그러나 다윗은 사울을 적으로 보지 않았다(19절). 5절을 사무엘상 15장 27절과 비교해보라. 찢어진 또 다른 옷자락이었다.

양심(Conscience). 사울의 옷을 벤 것에 대해서도 신경을 쓸 정도로 다윗의 양심은 섬세했다. 그는 왕에게 굴욕감을 안겨주었다. 그리고 그는 권세를 가진 사람들을 존중해야 한다는 것을 알고 있었다. 민감한 양심은 큰 재산이고 소중한 안내자다. 그런 양심을 잃지 말라!

비겁(Cowardice). 사울의 눈물은 피상적이었고, 그의 뉘우침은 일시적이었다. 그렇지 않았다면 그는 다윗을 환영하고 나라를 다윗에게 넘겨주었을 것이다. 그는 다윗이 왕이 되리라는 사실을 알고 있었다. 그러나 그는 할 수 있는 한 그 일을 막으려 했다. 그는 다윗이 약속한 대로 자신의 후손들을 살려둘 것인지에 큰 관심을 두고 있었다. 그러나 그의 집을 멸망케 한 것은 다윗의 복수가 아니라 그 자신의 죄였다.

사무엘상 25장

이 사건들은 우리가 각기 다른 수준의 삶을 살 수 있다는 사실을 상기시켜 준다.

선을 악으로 갚을 수 있다(We can return evil for good). 나발이 다윗의 병사들에게 먹을 것을 주지 않으려 했을 때 그는 선을 악으로 갚은 것이었다. 그의 이름은 '어리석다'는 뜻이었는데, 그는 이름처럼 어리석었다(잠 17:13).

악을 악으로 갚을 수 있다(We can return evil for evil). 다윗은 저지를 당하기 전까지는 악을 악으로 갚으려 했다. 대부분의 사람들이 그렇게 살아가고 있기 때문에 그리고 우리의 상한 마음이 복수를 외치기 때문에 그것은 자연스럽게 보인다. 그러나 다윗은 나발보다 그를 훨씬 더 괴롭혔던 사울에게는 자비를 보일 수 있었다! 분노 속에서는 우리의 시각을 잃기 쉽다.

선으로 악을 이길 수 있다(We can overcome evil with good). 하나님은 다윗이 살인자가 되는 것을 막기 위해 아비가일을 사용하셨다. 그녀는 다윗에게 나발이 실제로 어떤 사람인지를 알려주었고(23-25절), 하나님의 일을 하려는 다윗의 노력을 상기시켜주었다(26-29절). 또한 다윗이 나중에 이 일을 생각할 때 고통을 받게 될 것이라는 사실도 지적해주었다(30-31절). 그것은 우리가 언젠가 복수할 기회를 찾게 될 때 기억해야 할 좋은 조언이다. 잠언 20장 22절과 24장 29절을 묵상하라.

사무엘상 26장

눈물 섞인 사울의 말은 별 의미가 없었다. 왜냐하면 그는 계속 다윗을 추격했기 때문이다. 하나님이 사울에게 회개할 수 있는 또 한 번의 기회를 주셨지만, 왕의 마음은 너무 굳어 있었다. 심지어 그는 자는 동안에도, 모든 사람들에게 자신이 왕이라는 사실을 상기시켜주기 위해 창을 손에서 놓지 않았다. 그런데 다윗이 그의 손에서 그 창을 취하였다. 그것은 의미심장한 행동이었다.

다윗의 조카 아비새는 용감한 사람이었다. 그렇다고 용감한 사람들이 언제나 지혜로운 것은 아니다. 그는 다윗에게 "지난번에는 기회를 놓쳤지만 이번에는 놓치지 말라!"고 말했다. 그러나 다윗은 자신의 손이 아니라 하나님의 손이 사울을 치셔야 한다는 사실을 잘 알고 있었다.

다윗의 말은 사울에게 그의 마음을 점검해보도록 하기 위한 것이었다. 사울은 하나님이 다윗을 추격하라고 말씀하셨기 때문에 그를 추격한 것인가? 아니면 아첨하는 신하들이 다윗에 대해 한 거짓말을 믿었기 때문이었는가? 사울은 앞서 두 번이나 "내가 범죄하였나이다"고 말했다(삼상 15:24, 30). 그러나 그 당시에 또는 그 상황에서 그 말은 진심이 아니었다. 그가 "내가 어리석은 일을 하였으니"라고 말했을 때 그것은 맞는 말이었다. 그는 요나단과 다윗과 사무엘과 그의 군대와 나라와 하나님을 향해 어리석은 일을 했다. 그는 어리석은 자처럼 살았고, 어리석은 자처럼 죽었다(잠 26:11-12 참조).

◆ "내가 범죄하였나이다!" ◆

이 고백을 했던 사람이 사울 한 사람만은 아니다. 바로도 그렇게 말했고(출

9:27), 발람(민 22:34)과 아간(수 7:20)과 다윗(삼하 12:13, 24:10, 17, 시 51:4)과 유다(마 27:4)와 탕자(눅 15:18, 21)도 그렇게 말했다. 이들 중 누가 진심으로 뉘우쳤다고 생각하는가?

○ 사무엘상 27장

사울을 크게 이긴 다윗은 절망에 사로잡혔다. 그것은 그리 이상한 일이 아니었다. 골짜기가 없다면 어떻게 산꼭대기가 있겠는가? 그러나 그런 기분을 느낄 때 '혼자' 중요한 결정을 내리는 것은 매우 위험하다. 다윗은 하나님께 말씀드려야 했다. 다윗은 아비아달과 함께 하나님의 마음을 구할 수 있었다.

그러나 하나님의 뜻을 구하기 위해 잠시 멈추지 않았기 때문에 다윗은 어리석은 결정들을 내렸다. 하나님을 섬기는 대신 어떻게 살아남을 것인지를 생각하기 시작했다. "누구든지 제 목숨을 구원코자 하면 잃을 것이요"(막 8:35). 그는 보호받기 위해 적을 의지했고, 하나님을 신뢰하지 않았다. 그 결과 살아남기 위해 일을 꾸미고, 죽이고, 거짓말을 했다.

낙심될 때는 믿을 만한 그리스도인 친구에게 함께 기도해달라고 요청하고, 하나님의 인도하심을 구하라. 친구에게 전화를 걸어 어떤 기분인지를 알리라. 중요한 문제들에 대해 충동적으로 결정을 내리지 말라. "너는 여호와를 바랄지어다 강하고 담대하며 여호와를 바랄지어다"(시 27:14).

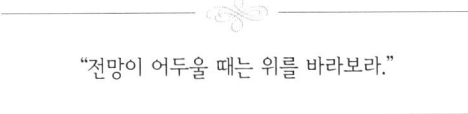

"전망이 어두울 때는 위를 바라보라."

○ 사무엘상 28장

사울은 너무나 오랫동안 엉뚱한 적과 싸웠기 때문에 진짜 적이 나타났을 때는 무방비 상태였다. 하나님이 그와 함께하지 않으셨고, 그의 기도는 응답되지 않았다(잠 1:20-33). 사울이 통치를 시작했을 때는 '동틀 때' 였다(삼상 9:26). 그러나 이제 그는 어둠 속을 걷고 있었다. 사울은 위장하지 않고(8절) 자신을 드러냈다. 통치 기간 내내 그는 속여왔다. 그러나 진실이 드러나고 있었다.

악령의 힘에 의존하는 무당이 사무엘을 흉내내려 했지만, 하나님은 사무엘이 나타나는 것을 허락하셨다. 사울은 생전에 그로 인해 슬퍼했던 친구를 사후에 다시 불러냈다. 우리를 도우려 했던 친구들에게 감사하는 것을 우리는 너무 늦게 배운다. 그리고 너무 늦게 겸손해지는 것을 배운다.

불순종했던 사울의 과거가 현재를 암울하게 만들었고, 미래의 실패와 죽음을 불러왔다. 하나님이 회개할 기회들을 주셨을 때 그는 그 기회들을 무시했다. 그는 하나님을 '만날 만한 때에' 하나님을 찾지 않았다(사 55:6).

◆ 그리스도인과 심령술 ◆

하나님은 이스라엘 백성들에게 심령술을 금하셨다(출 22:18, 레 19:31, 20:6, 신 18:9-14). 그것은 오늘날에도 귀담아 들어야 할 경고다. 요술은 육체에 속한 일이므로 거부되어야 한다(갈 5:20). 베드로(행 8:9 이하)와 바울(행 13:6 이하)은 마술사들을 엄하게 대했다. 단순한 놀이처럼 보이지만 심령술에 가까운 것들은 심각한 문제를 야기시킬 수 있다. 이사야 8장 19절이 강신회 같은 집회에 대해 어떻게 말하고 있는지 살펴보라.

● 사무엘상 29장

다윗은 탈선했지만 자비로우신 하나님은 그를 계속 돌보셨다. 그것은 우리가 죄를 지었을 때 격려가 된다. 그러나 그렇다고 해서 하나님의 자비를 죄를 짓기 위한 핑계로 삼아서는 안 된다. 그렇게 하는 것은 하나님을 시험하는 것이다.

사울 왕은 무슨 일이 어떻게 돌아가고 있는지 전혀 간파하지 못하고 있었다.

그런 것을 볼 때 다윗은 타고난 연기자였던 것이 분명하다. 그러나 속임수를 써서 성공한들 그 성공에 무슨 의미가 있겠는가? 위선과 거짓이 사울 왕을 망쳐놓았다.

하나님은 노래를 사용하셔서 다윗이 사울과의 관계 속에서 곤경에 처하게 하셨고(삼상 18:7-9), 블레셋과의 문제에서 벗어날 수 있게 하셨다. 사울은 다윗의 적이 아니었고, 다윗은 그와 전쟁을 치르며 동족끼리 싸우는 일이 벌어지게 하고 싶지 않았다. 그러나 적과 화목하게 되면 심각한 문제가 생기게 된다. 시편 103편 10-14절에 감사하자.

사무엘상 30장

전쟁에서 해방되었다는 사실을 알고 안심하게 된 다윗은 시글락으로 갔다. 그러나 참사가 그를 기다리고 있었다. 때로는 문제에 문제가 이어지기도 한다. 사울이 하나님이 명령하신 대로 아말렉 족속을 근절했다면(삼상 15장), 이 장에 기록된 습격은 일어나지 않았을 것이다. 우리의 불순종이 다른 사람들에게 문제를 일으키는 원인이 될 수 있다.

위기가 사람을 만드는 것은 아니다. 위기는 그 사람이 어떤 사람인지를 드러내준다. 다윗은 그의 부하들과 함께 울며 슬퍼했다. 그러나 다른 사람들과는 달리 희생양을 찾으려 하지 않았다. 위기를 만났을 때 감정을 솔직하게 표현하라. 탓할 누군가를 찾으려 하지 말라. 대신 하나님의 위로를 얻고(6절) 하나님의 뜻을 구하라(7-8절). 하나님이 다스리신다.

하나님은 세상의 약한 것들을 사용하신다. 심지어는 죽게 버려진 병든 소년까지도 사용하신다. 우리가 할 수 있는 일들을 할 때 하나님이 불가능한 일들을 하신다. 그 참사는 모든 사람에게 유익한 승리가 되었다.

사무엘상 31장

패배(Defeat). 다윗은 전쟁에서 승리한 후 전리품들을 나누어주었다. 사울은 전쟁에서 패하고 적에게 약탈당했다. 미디안을 물리치고 큰 승리를 거두기 전에 기드온은 길보아 근처에 진을 쳤다(삿 7:1). 그러나 길보아는 영원히 사울의 패배와 함께 기억될 것이다. 당신은 승리의 유물을 남기고 있는가? 아니면 패배의 유물을 남기고 있는가?

죽음(Death). 죽음이 이스라엘을 덮쳤다. 군사들이 죽었고, 사울과 그의 병기 든 자가 죽었으며, 사울의 아들이 죽었다. 그것은 한 사람의 반역이 불러온 값비싼 대가였다. "육신의 생각은 사망이요"(롬 8:6).

치욕(Disgrace). 이스라엘이 승리했다면 하나님이 영광을 받으셨을 것이다. 그런데 이방의 우상들이 명성을 얻고 죽은 자들이 신성을 더럽혔다. 전쟁에서 패배하여 죽는 것은 큰 치욕이다. 그러나 무덤에 묻히지 못한 것은 그보다 더 큰 치욕이었다.

헌신(Devotion). 야베스 길르앗의 용감한 사람들은 사울과 그의 아들들에게 합당한 장례를 치러주기 위해 그들의 목숨이 걸린 모험을 감행했다. 사울은 40년 전 그들의 성읍을 구해주었고, 그들은 그 감사를 표현한 것이었다(삼상 11:1-11). 나중에 다윗이 그들의 용맹을 치하했다(삼하 2:4-7).

사무엘하

2 Samuel

다윗의 국가적인 승리(1-10장)와 그의 개인적인 실패들(11-24장)을 기록하고 있는 이 책에서는 다윗 왕이 중심 인물이다. 다윗의 가정과 나라에 비극적인 영향을 미치게 된 그의 간통이 전환점을 이루고 있다(11장). 다윗은 그의 죄를 자백하고 하나님의 징계에 자신을 맡겼다. 그리고 성전 건축을 준비하면서 그의 통치 말년을 보냈다. 이 책은 잠언 14장 34절과 28장 13절 말씀을 잘 보여주고 있다.

○ 사무엘하 1장

인생을 서서(삼상 10:23) 시작한 사울은 엎드려서(4, 10, 12, 19, 25, 27절) 그 끝을 맺었다. "그런즉 선 줄로 생각하는 자는 넘어질까 조심하라"(고전 10:12). 타고난 능력이나 좋은 기회들이 성공을 보장해주지 않는다. 사울은 다른 사람들보다 키가 머리 하나 정도나 더 컸다. 그러나 그는 하나님께 복종하는 마음과 영혼이 없었다. 로버트 머레이 맥체인(Robert Murray M' Cheyne)은 "하나님이 큰 재능이라는 은혜를 베푸신다. 그러나 그 은혜는 예수님을 닮아가게 하시는 은혜에는 미치지 못한다"고 말했다.

이말렉 족속은 다윗의 마음에 들려 노력하면서 그를 속이려 했다. 왜냐하면 다윗의 말이 영감으로 쓰여진 기록(삼상 31장)과 상반되었기 때문이다. 그리고 그들은 다윗을 알지 못했다! 다윗은 사울을 적으로 여기지 않았다. 따라서 다윗은 이스라엘의 수치스러운 패배를 기뻐할 수 없었다. 적의 불행을 보고 기뻐하는가? 그렇다면 잠언 24장 17절과 로마서 12장 14-15절을 잘 생각해보라.

다윗은 사울에 대해 좋은 말만 했고, 그를 대단한 용사라고 칭송했다. 사울은 다윗을 극악무도하게 대하였다. 그러나 다윗은 언제나 친절하고 정중하게 사울을 대했다(레 19:18, 잠 20:22, 24:29). 사람들의 거짓말에 귀를 기울인 사울은 왕관을 잃었다. 그러나 하나님 말씀에 순종한 다윗은 나라를 얻었다.

● 사무엘하 2장

유다 지파는 다윗을 왕으로 추대하고 헤브론에 그의 본거지를 세웠다. 그러나 사울의 삼촌이었던 아브넬(삼상 14:50)과 그의 군대 장관이 하나님의 뜻에 공공연하게 도전하면서 사울의 아들을 왕으로 세우려 했다. 우리가 하나님의 뜻에 복종하지 않을 때마다 분열과 파멸이 있을 뿐이다(약 3:13-4:1).

다윗이 모든 백성들의 왕으로 등극하기 전까지 세 번의 살인 사건이 일어났다. 그 사건으로 아사헬(2장)과 아브넬(3장)과 이스보셋(4장)이 살해되었다. 지도자들이 자신들의 이익을 추구하지 않아도 하나님이 선택하신 왕에게 복종하기만 했더라면, 그 모든 피는 흘리지 않아도 되었을 것이다. 요압과 아사헬은 다윗의 가계에 속한 사람들이었다(대상 2:16). 따라서 그들은 가문으로나 국가적으로 중요한 사람들이었다. 모든 사람이 하나님의 영광과 나라의 유익을 먼저 생각했다면, 그 모든 비극을 피할 수 있었을 것이다.

● 사무엘하 3장

다윗은 하나님을 신뢰하면서 "힘을 얻고 더 얻었다"(시 84:7). 그는 하나님의 기름부음을 받았고, 하나님이 자신의 약속을 지키시고, 그를 이스라엘의 왕으로 세우실 것이라는 사실을 알고 있었다. 믿음으로 살아갈 때 우리는 하나님을 기다릴 수 있다.

아브넬 역시 점점 힘을 얻어갔다(6절). 그러나 그의 권세는 하나님이 주신 힘이 아니라 정치적인 것이었다. 그는 이스보셋을 왕으로 세웠기 때문에 왕보다 더 큰 권세를 가지고 있었다. 아브넬은 자신을 만족시키기 위해 그 권세를 사용하다가 몰락하고 말았다.

다윗은 화해하는 삶을 살았다. 그는 화평케 하는 사람이었다. 그러나 아브넬과 요압은 복수하기 위해 살았다. "검을 가지는 자는 다 검으로 망하느니라"(마 26:52). 아브넬은 아사헬을 죽였지만, 자신의 죄를 인정했다. 그러나 요압은 사악하게 행동했고, 다윗은 그런 일에 동조하지 않았다. 도피성인 헤브론에서 자기 형제가 흘린 피에 대한 복수를 하고 있는 요압을 상상해보라!

다윗은 강했다. 그러나 또 약했다(39절). 우리가 약할 때 하나님이 우리를 통해 강해지실 수 있다(고후 12:7-10). 환경이나 사람들은 우리가 통제할 수 없다. 그러나 우리의 말과 행동은 우리가 통제할 수 있다.

사무엘하 4장

다윗의 마음을 모르는 두 사람이 세 번째 살인을 저질렀다. 아브넬이 죽었다는 소식을 들은 그들은 이스보셋이 왕으로 그리 오래 가지 못할 것이라는 결론을 내리고 이스보셋을 살해했다. 그들은 다윗이 그 일을 기뻐할 것이라 생각하며 중요한 지위를 얻게 될 것이라 기대했다.

8절은 군대 장관의 어리석음을 보여준다. 사울은 다윗의 적이 아니었다. 하나님도 다윗을 위해 사울에게 복수하지 않으셨다. 다윗은 그들이 한 일을 조금도 기뻐하지 않았다. 사람들은 하나님을 기쁘시게 할 것이라 생각하며 하나님의 이름으로 무시무시한 일들을 한다! 하나님의 마음을 아프게 하고 하나님의 이름을 욕되게 하는 '반역적인' 전쟁들과 교회 분열들이 그 동안 얼마나 많았던가!

복수하고 싶은 유혹을 받을 때 하나님의 백성들은 "선을 이루기 위하여 악을 행하지 않고"(롬 3:8) 오히려 "선으로 악을 이겨야 한다"(롬 12:21)는 사실을 기억하라.

사무엘하 5장

하나님이 세우신 왕이 하나님의 백성들을 다스릴 때 분쟁이나 내전이 벌어지는 대신 연합이 이루어진다. 모든 이스라엘 백성들은 하나님과 다윗에게 복종했고, 지파들은 서로 평화를 유지하고 있었다.

우리는 여러 가지 이유들 때문에 다윗의 자손 예수 그리스도께 복종해야 한다. 그분은 하나님이 택하신 분이고(2절), 우리는 그 몸의 지체이기 때문이다(엡 5:30). 그분은 하나님이 기름부으신 자이고(그리스도라는 이름은 '기름부음 받은 자' 라는 뜻이다), 그분에게만 다스릴 권세가 있기 때문이다. 그분은 전투에서 우리의 적들을 물리치시고 승리를 거두시며, 자신을 입증해오셨다.

신자들이 주 예수 그리스도 외에 다른 누군가에게 복종하는 한 하나님의 백성들 사이에는 분열과 불화가 있을 수밖에 없다. 연합은 우리에게 공공의 적이 없기 때문에 오는 것이 아니라, 우리가 공공의 왕에게 순종하기 때문에 오는 것이다(고전 1:10-13 참조).

● 사무엘하 6장

열정(Fervor). 다윗은 언약궤를 새 수도 예루살렘으로 옮겨 하나님께 영광을 돌리고 싶었다(마 6:33). 그 계획에는 성공을 예견해주는 모든 흔적들이 포함되어 있었다. 선택된 3만 명이 그를 보좌했고, 백성들은 크게 기뻐했다. 다윗은 블레셋의 방법을 무의식적으로 채택하고(삼상 6장), 하나님의 율법을 무시할(민 4:15, 10:21) 만큼 그렇게 오랫동안 블레셋에서 살았다. 다윗은 왜 자신에게 필요한 인도를 받기 위해 하나님의 조언을 구해야 한다는 사실을 잊고 있었던 것일까?

두려움(Fear). 언약궤가 레위인들의 어깨에 있었다면 하나님이 웃사를 심판하지 않으셨을 것이다. 그리고 다윗도 두려워할 필요가 없었을 것이다. 하나님의 보좌를 안전하고 안정된 상태로 유지하기 위해 필요한 것은 사람의 손이 아니었다.

믿음(Faith). 다윗은 실수 때문에 포기하는 사람이 아니었다. 그는 하나님의 방법으로 다시 추진했다. 그는 부끄러워하지 않고 예배와 찬양을 공개적으로 표현했고, 하나님은 그것을 받으셨다. 사도행전 3장 1-10절은 하나님을 뜨겁게 찬미하는 또 하나의 예를 보여주고 있다.

어리석음(Folly). 기쁨에 찬 다윗은 가족들을 축복하기 위해 집으로 갔지만 아내 미갈이 그를 조롱했다. 누구나 다 복을 받는 것은 아니다. 다른 사람들이 복 받는 것을 보고 분개하는 사람들도 있다. 미갈은 영적인 사람이 아니었으며 무정했다. 그 결과 그녀는 죽는 날까지 자식을 낳지 못했다. 미갈은 다윗의 첫째 아내였다. 그녀는 분명히 다윗의 다른 아내들을 원망하며 살았을 것이다(신 17:17).

모든 일에 다 실패했을 때 하나님의 가르침을 읽는 시간을 가지라.

◆ 비난 ◆

정직한 비난을 두려워하지 말라. 옳은 비난이라면 우리에게 도움이 되고, 옳지 않은 비난이라면 그 비난을 가하는 사람을 도울 수 있다. 어느 편이건 누군가에게 도움이 된다. 미갈의 비난처럼 무정한 비난을 받게 될 때는 비난 그 너머를 바라보고 그것을 하나님께 맡기라(시 37편). 엘버트 허바드(Elbert Hubbard)는 "비난을 받지 않으려면 아무것도 하지 않고, 아무 말도 하지 않고, 하찮은 사람이 되라"고 말했다.

○ 사무엘하 7장

자신이 가장 열망하고, 하나님이 분명 기뻐하시리라고 확신하는 것을 하나님이 허락하지 않으실 때 우리는 어떤 반응을 보이는가? 다윗은 하나님을 위한 집을 짓고 싶었다(시 132편). 그러나 하나님이 허락하지 않으셨다. 다윗은 실망했다. 그리고 그가 보인 반응은 우리가 살아가면서 경험하게 되는 실망을 어떻게 다루어야 하는지를 보여준다.

그는 하나님의 뜻에 복종했다(He submitted to God's will). 다윗은 겸손하게 하나님의 계획을 받아들였고, 그분의 마음을 바꾸려 하지 않았다. 그는 하나님이 최선을 알고 계신다는 사실을 신뢰하고 있었다.

그는 하나님의 말씀에 귀를 기울였다(He listened to God's word). 하나님이 다윗을 위해 집을 지으실 것이다! 그것은 가깝게는 솔로몬을 뜻하는 것이었지만, 궁극적으로는 다윗의 자손, 예수 그리스도를 뜻하는 약속이었다. 하나님이 어떤 것을 허락하지 않으신다면, 그것은 그보다 더 나은 다른 것을 허락하신다는 뜻이 될 수 있다.

그는 예배로 자신을 드렸다(He gave himself to worship). 18-29절에 기록된 다윗의 말은 하나님의 광대하심과 은혜를 강조하고 있다. 다윗이 누구이기에 하나님이 그를 부르시고 그에게 복을 주신 것인가? 이스라엘 백성이 무엇이기에 하나님이 그들을 선택하신 것인가? 그리고 우리가 누구이기에 하나님이 우리를 구원하시고 우리에게 복을 주시는 것인가?

"우리의 실망은 하나님의 약속이다"라고 말해도 과언은 아닐 것이다. 다윗은 그렇게 생각했다. 응답되지 않은 기도가 은혜가 될 수 있다는 사실을 경험을 통해 알고 있는가?

◆ 영원히! ◆

사무엘하 7장에서 영원하게 될 것이라 언급하고 있는 것들에 - 왕위(13절), 나라(16절), 주의 백성(24절), 약속(25절), 복(29절) - 주목하라.

○ 사무엘하 8장

8장에 다윗이라는 이름이 21번 나온다(NKJV의 경우). 다윗이 하나님의 뜻을 행했기 때문에 하나님이 다윗의 이름을 떨치게 하셨다(13절). 자신을 높이라. 그러면 하나님이 낮추실 것이다. 자신을 낮추라. 그러면 하나님이 높여주실 것이다(벧전 5:5-6).

하나님은 다윗에게 승리를 주셨고, 다윗은 하나님을 섬기기 위해 그 각각의 승리를 사용하였다(11절). 다윗은 자신이 성전을 건축하지 못하게 될 것을 알고 있었다. 그러나 솔로몬이 성전을 건축하는 데 필요할 재물을 모으기 위해 자신의 남은 생애를 걸었다. 하나님이 당신의 꿈을 다른 사람에게 주신다면, 그 사람이 그 꿈을 이룰 수 있도록 그를 도와주라.

다윗은 잃어버린 영토를 회복하고 확장해나갔다. 그것은 영적인 삶과 전투 속에서 우리가 따라야 할 좋은 본보기다.

사무엘하 9장

이 장의 중심 주제는 자비다(1, 3, 7절). 자비는 성령의 열매이고(갈 5:22) 사랑의 증거다(고전 13:4). 다윗은 에베소서 4장 32절에서 가르치고 있는 내용을 실천하고 있었다.

이 사건은 그리스도 안에서 우리에게 베푸신 하나님의 자비를 보여준다(엡 2:7, 딛 3:4). 사울의 한 가족이었던 므비보셋은 왕실과는 아무 관계가 없었다. 그러나 다윗은 그를 자신의 아들처럼 대했다. 그가 그렇게 했던 것은 요나단을 위하여(7절) 그와 맺은 약속을 지키기 위해서였다(삼상 20:12-16). 하나님이 자신의 아들을 위해 영원한 구원 약속의 한 부분으로 우리를 구원하셨다(엡 4:32, 히 13:20-21).

다윗이 그의 약속을 지킬 것이었기 때문에 므비보셋은 두려워할 필요가 없었다(7절). 두 다리를 모두 절었던 므비보셋은 그의 모든 필요를 채울 수 있었고, 매일 왕의 상에서 먹었다. 걱정할 것이 아무것도 없었다. 에베소서 1장 3절과 2장 4-10절에 비추어볼 때 우리 역시 염려할 필요가 없다. 헨리 드럼몬드(Henry Drummond)는 "하나님 아버지를 위해 사람이 할 수 있는 가장 위대한 일은 하나님의 자녀들에게 자비를 베푸는 것"이라고 말했다.

사무엘하 10장

므비보셋은 다윗이 베푼 자비를 받아들였지만, 하눈은 다윗의 자비를 거절했고, 그 결과 거의 5만 명에 달하는 사람들이 죽게 되었다. 하눈의 신복들은 다윗을 의심하면서 그의 동기에 의문을 제기했다. 왜냐하면 그들은 자신들이 했음직한 일을 근거로 다윗을 판단했기 때문이다.

왕의 종들은 때때로 부당한 대우를 받기도 한다(마 10:16 이하). 그러나 염려할 필요는 없다. 그들의 왕이 모든 것을 다스리고 있고, 시간이 흐르면서 상처는 치유되기 때문이다. 하나님이 그분의 백성들을 보살피신다.

12절은 하나님의 섭리와 인간의 책임에 대해 성경이 말하고 있는 조화를 보여 주는 좋은 예다. 하나님이 결과(전쟁에서의 승리)를 정하시듯이, 그 결과에 이르는 수단들(자신에게 맡겨진 일을 잘 해내는 용감한 사람들)도 정하신다. 믿음과 행위는 언제나 공존해야 한다.

사무엘하 11장

'헷 사람 우리아의 일'(왕상 15:5)이 성경에 기록되지 않았다면 좋았을 것이다. 그러나 우리에게 경고를 주고 우리를 가르치기 위해 그 일은 성경에 기록되어 있다. 신자들은 그들이 범한 죄를 모든 사람이 다 읽을 수 있도록 하나님이 기록하지 않으시는 것에 감사하지 않을 수 없다.

불순종(Disobedience). 우리는 본분을 지키지 않을 때 죄의 길로 나아가게 된다. 다윗은 군대와 함께 전쟁터에 있을 때보다 예루살렘에 있을 때 더 위험했다. 그는 무기를 내려놓고(엡 6:10) 산만하게 여기저기 기웃거리다가 정욕에 사로잡히게 되었다(약 1:14-15).

속임수(Deception). 우리의 첫 조상처럼 우리도 우리의 죄를 숨기려 한다. 그러나 하나님이 우리의 죄를 찾아내신다(창 3:7, 잠 28:13). 간통한 다윗은 거짓을 말하고 일을 꾸몄다. 그리고 살인자가 되었다. 우리아는 다윗의 용사였다(삼하 23:39). 다윗이 죄를 범하는 동안 우리아와 그의 병사들은 다윗을 위해 전쟁터에서 목숨을 걸고 싸웠다.

불쾌함(Displeasure). 인간의 관점에서 보면 다윗이 꾸민 일은 성공적이었다. 그러나 하나님이 그 일을 기뻐하지 않으셨다. 다윗이 시편 5편 4절과 11편 5절에 기록한 것을 보라. 그리고 잠언 6장 16-19절과 데살로니가전서 4장 1-8절에 주목하라.

유혹에 굴복하기 전에 과거를 돌아보고 하나님의 선하심을 기억하라. 앞을 바라보고 '죄의 삯' 은 죽음이라는 사실을 기억하라. 주위를 돌아보고 영향을 받게 될 사람들을 생각하라. 위를 보고 유혹을 거부할 수 있는 힘을 달라고 하나님께 기도하라(고전 10:13).

● 사무엘하 12장

징계(Chastening). 약 1년 동안 다윗은 자신의 죄를 숨기고 징계하시는 하나님의 손 아래서 고통을 당했다(시 32편, 히 12:1-11). 하나님이 회개할 기회를 주셨지만, 다윗은 그렇게 하려 하지 않았다. 징계는 우리를 향한 하나님의 사랑을 입증해주는 것이다. 그리고 우리의 복종은 하나님을 향한 우리의 사랑을 입증하는 것이다.

유죄 판결(Conviction). 다른 사람들을 비판하기는 매우 쉽다. 그러나 조심하라. 다른 사람들에 대한 비판이 자신에게 돌아오게 될 것이다(마 7:1-5). 다윗은 그가 범한 죄 때문에 아들이 죽고, 딸 다말이 강간을 당하고, 아들 압살롬과 암논이 살해당하는 사중의 벌을 받았다.

자백(Confession). 율법에 따르면 다윗과 밧세바 모두 죽임을 당해야 했다(레 20:10). 그러나 하나님이 그들의 죄를 용서하시는 은혜를 베푸셨다(시 51편). 그러나 그들이 뿌린 대로 거두게 하셨다. 요한일서 1장 9절은 놀라운 약속이다. 그러나 그 구절을 죄를 짓기 위한 핑계로 삼아서는 안 된다. 용서받은 죄에도 비참한 결과가 따른다는 사실을 기억하라.

위로(Comfort). 하나님이 다윗에게 다른 아들과 다른 왕관을 주셨다. 사울은 회개하지 않았기 때문에 그의 왕관을 잃었다. 그러나 다윗은 언제나 자신의 죄를 회개했고, 하나님의 자비를 의지했다(롬 5:20).

● 사무엘하 13장

이제 다윗은 육체로 심은 것들, 곧 죄를 용서받기는 했지만 그 죄에 따르는 고통스러운 결과들을 거두어들이기 시작한다(삼하 12:10, 갈 6:7-8). 우리가 살면서 겪는 고난 중 가장 견디기 힘든 것은 우리의 실패로 인해 우리 가정에 일어나는 일들이다.

강한 욕망에 사로잡힌 암논은 죄와 타협했다. 그는 그와 결혼할 수 없는 처녀를 범하는 것이 하나님의 율법을 어기는 것이라는 사실을 잘 알고 있었다(신 22:28-29, 레 20:17). 정욕은 미움으로 발전했는데 그 이유는 둘 다 폭력에서 나오는 것이기 때문이다. 그 미움은 이스라엘에서 다말을 추방하는 결과를 불러왔다.

다윗의 양심이 그의 분노를 억눌렀던 것으로 보인다. 왜냐하면 그가 암논을 벌하지 못했기 때문이다. 압살롬은 계획을 세우고 기다렸다가 암논을 죽이는 것으로 자기 누이의 원수를 갚았다(약 1:15). 다윗은 세 아들을 잃었다. 두 아들은 죽었고, 한 아들은 추방되었다. 그리고 상황은 점점 더 악화되었다. 죄가 매혹적으로 보일 때 다윗이 겪은 시련을 기억하라.

● 사무엘하 14장

나단은 다윗이 옳은 일을 하도록 돕기 위해, 즉 그가 죄를 회개하도록 돕기 위해 한 이야기를 들려주었다(삼하 12:1-6). 반면에 다윗을 찾아온 여인은 다윗이 잘못된 일을 하도록, 즉 압살롬에게 회개할 것을 먼저 요구하지 않고 그를 돌아오게 하도록 부추기기 위해 한 이야기를 했다.

공의를 무시한 용서는 허구일 뿐이다. 하나님은 자신의 법을 유지하기 위해

'내어쫓긴 자'(13절)에게 그가 지불해야 할 대가를 먼저 치르지 않고는 그를 돌아오게 하지 않으셨다. 용서는 값싼 것이 아니다. 값비싼 것이다(롬 3:21-26). 하나님은 우리가 회개하고 죄에서 돌아설 것을 요구하신다. 예수 그리스도가 우리가 용서받을 수 있도록 목숨을 내어놓으셔야 했는데, 그것은 그 외에는 다른 방법이 없었기 때문이었다.

하나님의 용서는 완전한 것이다. 우리는 하나님 앞에 나아가 그분의 얼굴을 볼 수 있다(요일 1:9-2:2). 다윗은 압살롬의 지위를 회복시켜주었다. 그러나 그의 성품을 개선시키지는 못했다. 그 청년은 자신의 악한 길로 되돌아갔다. 압살롬에게 있어서 유일하게 무거운 것은 그의 머리카락뿐이었다. 그 외에는 모두 왕겨처럼 가벼웠다. 그는 자신의 악한 마음을 뛰어난 외모로 위장하고 있었다.

● 사무엘하 15장

유혹(Enticement). 압살롬은 하나님이 미워하시는 모든 것의 전형이었다(잠 6:16-19). 애석하게도 이스라엘에는 그에게 속아 그의 거짓말과 감언을 믿은 사람들이 많이 있었다. 그들은 하나님과 다윗에게 충실해야 했다. 그러나 그와는 정반대로 했고, 그들은 군중들이 다윗의 자손(예수 그리스도)에게 했던 일을 생각나게 한다(마 27:15-26, 행 3:14).

도망(Escape). 우리는 위기 때 누가 진정한 친구인지를 확인할 수 있다. 다윗의 종들은 순종할 준비기 되이 있었고(15절), 죽을 준비까지 되어 있었다(21절). 잇대는 외국인이었다. 그러나 그는 왕에게 충실했다. 제사장들과 왕의 신복들은 위험한 자리로 되돌아갔다. 다윗은 기도의 사람이었지만, 또 지혜로운 전략을 사용했다. 아히도벨은 다윗을 버리고 반역에 가담했다. 그는 밧세바의 할아버지였다(삼하 11:3, 23:34). 그래서 복수할 기회를 잡았던 것이다.

성경을 연구하는 많은 사람들이 압살롬이 반역을 일으켰을 당시 다윗이 쓴 것이라 생각하는 시편 3-4편, 39편, 41편, 55편, 61-63편, 143편을 읽어보라.

◎ 사무엘하 16장

위기 앞에서 사람들은 다양한 반응을 보인다. 다음의 경우들을 예상하라.

거짓말하는 사람(The liar). 시바는 다윗과 므비보셋을 이용한 기회주의자였다. 그런 사람의 경우에는 잠언 18장 13절을 기억하라.

비난하는 사람(The accuser). 시므이는 사울의 친척이었고, 다윗이 사울의 가문과 왕조를 멸망시켰다고 주장하며 그를 비난했다. 다윗은 그런 그를 '참아주었고' 그 문제를 하나님께 맡겼다. 침묵과 의탁이 우리가 취할 수 있는 최선의 반응일 때가 있다(벧전 2:18-25).

복수하는 사람(The avenger). 아비새는 보통 급하게 전쟁을 선포했다(삼상 26:1-11). 그러나 다윗은 그보다 나은 방법을 취했다(눅 22:47-53 참조).

반역하는 사람(The traitor). 아히도벨은 다윗의 신복이었다. 그러나 배신자가 되어 압살롬 편에 섰다. 그는 진영 안에 있는 '가룟 유다'였다(시 55:12-14). 다윗은 그 문제에 관해 기도하면서(삼하 15:31) 일하시는 하나님을 신뢰했다(빌 4:6-9). 그리고 하나님은 자신의 일을 하셨다.

◎ 사무엘하 17장

후새는 은유의 달인이었다. 그리고 하나님이 언어를 다루는 그의 탁월한 재능을 사용해 압살롬을 패배시키셨다. 그는 다윗을 성난 곰(8절)과 용감한 사자(10절)에 비유하면서 압살롬에게 큰 군대('많은 모래같이', 11절)를 이끌고 나가 '땅에 내리는 이슬처럼'(12절) 다윗과 다윗의 신하들을 덮치라고 말하면서 압살롬의 자존심을 자극했다. 압살롬은 승리한 장군이 된 자신의 모습을 그려 보았고, 그는 교만해진 마음으로 남은 일들을 수행했다(잠 16:18).

다윗은 예루살렘에 머물면서 왕에게 압살롬의 계획을 계속 알려준 용감한 사람들과 사자들을 보호해준 익명의 여인에게 은혜를 입고 있었다. 마하나임에서 그를 도왔던 사람들은 하나님이 주신 선물이었다. 야곱은 마하나임에서 천사들을 보았다(창 32:1-2). 그러나 다윗의 '천사들은' 그를 배려하고 사랑을 베풀어준 사람들이었다. 모든 위대한 지도자들 뒤에는 그들의 이름은 곧 잊혀졌지만, 하나님이 보상해주신 헌신된 사람들이 있었다.

아히도벨은 압살롬이 전쟁에서 지는 것을 보고 가룟 유다처럼 스스로 목숨을 끊었다(마 27:1-5). 그는 다른 사람들에게 충고할 수 있었지만, 정작 자신은 지혜롭게 처신하지 못했다.

● 사무엘하 18장

두 군대(Two armies). 하나님의 나라를 지지하고 방어하는 일에서 중립 상태란 있을 수 없다(수 24:14-15, 마 12:30). 우리는 아들을 염려하는 아버지를 이해할 수 있다. 그러나 죄를 다루는 일에 온화함이란 있을 수 없다. 다윗은 공의보다 사랑을 원했다. 그러나 요압을 다루는 일에 있어서는 사랑보다 공의를 앞세웠다. 십자가 위에서만 사랑과 공의 둘 다 만족시킬 수 있다. 하나님은 "자기 아들을 아끼지 아니하셨다"(롬 8:32).

두 기념비(Two monuments). 사울(삼상 15:12)과 압살롬은 둘 다 자신들을 기념하기 위한 비를 세웠다. 그러나 그 두 사람에 대해 우리가 기억하고 있는 것은 무엇인가? 요압과 그의 부하들은 교만한 반역을 꾀하다 목숨을 잃은 사람 위에 돌무더기를 쌓아 기념비를 세웠다. 우리의 삶이 우리가 세우는 기념비가 된다. 그리고 마침내 진실이 밝혀지게 될 것이다.

두 메시지(Two messages). 아히마아스에게는 능력과 야망이 있었다. 그러나 그에게는 왕을 섬기는 데 필요한 성숙함이 없었다. 달리기 전에 자신이 메시지를 전해야 할 적절한 사람인지를 먼저 확인하라(잠 25:13).

● 사무엘하 19장

상처를 줌(Making wounds, 1-8절). 요압은 다윗을 돕기 위해 그에게 상처를 주어야 했다. "친구의 통책은 충성에서 말미암은 것"(잠 27:6)이다. 죽은 아들에 대한 슬픔으로 다윗은 나라를 잃을 뻔했다. 슬퍼할 수는 있지만 그것이 지나쳐 현실을 도외시할 정도가 되어서는 안 된다.

상처를 치유함(Healing wounds, 9-15절). 하나님이 선택한 왕에게 온 백성이 충성을 맹세하고, 다윗은 특정한 경우를 제외하고 특별 사면을 선포할 때가 되었다. 지파들은 다윗을 귀환시켰고, 다윗은 시므이와 므비보셋을 용서하고 바르실래에게 보답했다.

상처를 드러냄(Opening wounds, 40-43절). 지파들 사이의 시기가 다시 나타나기 시작했다(삿 8:1, 12:1). 그리고 다윗은 새로운 반역 앞에 서게 되었다(잠 13:10). 유다 사람들은 유순하게 대답하는 대신(잠 15:1) 자신들의 권리를 주장하며 사태를 악화시켰다. 로마서 12장 10절과 빌립보서 2장 1-4절은 우리에게 필요한 조언을 해주고 있다.

● 사무엘하 20장

사건들은 기회들을 만들고, 사람들은 그 기회들을 각기 다르게 사용한다.

세바는 지파 간의 갈등을 자신을 높일 수 있는 기회로 보았다. 그는 베냐민 지파였기 때문에 사울의 친구들과 다윗의 적들로부터 폭넓은 지지를 받을 수 있을 것이라 생각했다. 그리고 거의 성공할 뻔했다. 백성들은 또다시 기회주의자를 위해 하나님이 선택하신 왕을 버렸다.

아마사는 다윗의 군대를 승리로 이끌기 위해 선택되었다(삼하 19:13). 그러나 그는 지체하다가 자신에게 주어진 기회를 잃었다. 대신 요압이 그 기회를 잡아 그를 대신했던 사람을 제거하고, 전쟁을 승리로 이끈 다음 자신의 지위를 되찾았다. 요압은 아브넬과 압살롬과 아마사를 죽였다. 그러나 다윗은 그를 징계하기 위해 아무런 조처도 취하지 않았다. 아마도 요압은 다윗에 관해 너무 많이 알고 있었던 것 같다(삼하 11:6 이하).

지혜로운 여인은 전쟁을 끝내고 무고한 사람들이 목숨을 잃지 않도록 막을 수 있는 기회를 살렸다. 화평케 하는 사람은 복된 사람이다!

오늘날 우리에게도 여러 기회가 찾아올 것이다. 그 기회들을 어떻게 사용할 것인가?

○ 사무엘하 21장

경솔하게 약속하거나, 대가를 치르지 않고 약속을 깨서는 안 된다.

하나님은 약속을 지키셨다(God kept His promise). 이스라엘이 하나님의 율법에 순종한다면 하나님이 그들에게 비와 풍작이라는 복을 내리실 것이라고 약속하셨다. 그러나 그들이 불순종한다면 하나님이 그들을 징계하실 것이다. 하나님은 자신의 백성들을 징계하기 위해 종종 기근을 보내신다(신 28:23-24).

사울은 약속을 어겼다(Saul broke a promise). 이스라엘과 기브온이 맺은 협정(수 9장)이 오랫동안 지켜져오고 있었다. 그런데 사울이 그 약속을 깨뜨렸다. 해묵은 죄들은 그 당사자들이 죽은 후 새로운 문제들을 야기할 수 있다.

다윗은 약속을 지켰다(David kept a promise). 율법은 각각의 범죄에 대한 공정하고 공평한 벌을 요구하고 있다(출 21:23-25). 사울은 무고한 사람들을 죽였고, 무죄한 피로 더럽혀진 땅을 깨끗케 하기 위해 그의 가족들이 그 대가를 지불해야 했다(신 19:11-13). 다윗은 므비보셋에게 한 자신의 약속을 지켰고(삼하 9:7), 그를 살려주어 요나단에게 한 약속을 지켰다(삼상 20:15-16). 다윗은 또 죽은 사울의 가족들을 적절하게 묻어주었다.

다윗은 약속을 했다(David made a promise). 위인들에게는 강대해지는 방법이 있다. 그런데 다윗은 자신이 젊은 시절처럼 거인을 잡을 수 있는 그런 사람이 더 이상 아니라는 사실을 알게 되었다. 가장 중요한 것을 지키기 위해 그보다 덜 중요한 것들을 포기해야 할 때가 있다. 무기를 내려놓는 것이 다윗에게는 힘든 일이었지만, 그것이 현명한 일이었다.

사무엘하 22장

이 승리의 시편은 시편 18편과 거의 동일하다. 다윗이 사울을 자신의 적으로 그 이름을 올리지 않았다는 사실에 주목하라(1절). 그 얼마나 자비로운 일인가!

다윗은 승리를 자신의 공로로 여기지 않았다. 대신 하나님께 영광을 돌렸다. 또 힘을 주시고 구원해주실 것을 하나님께 간청했다는 사실을 부끄러워하지 않고 그대로 인정했다. 우리가 시련과 고난의 시기를 지날 때 그의 말이 격려가 되어야 한다.

21-24절은 죄가 없는 완전함을 선포한 것이 아니다. 왜냐하면 다윗도 다른 사람들처럼 죄인이었기 때문이다. 그 구절들은 온전한 다윗의 마음을 묘사한 것이다(시 78:70-72). 다윗은 하나님의 말씀에 순종했다. 그리고 약속을 지키시고 그를 이스라엘의 왕위에 오르게 하신 하나님을 신뢰했다.

위험하고 어려웠던 시절들을 돌아보며 다윗은 인생의 가혹함을 보지 않았다. 대신 그는 하나님의 온유하심을 보았다(36절). 다윗은 멍에는 쉽고 짐은 가벼웠다고 말하고 있다(마 11:28-30). 살아가는 것이 힘들게 느껴질 수 있다. 그러나 계속 신뢰하고 순종하라. 하나님이 승리의 노래를 부르게 하실 것이다. 하나님의 친절한 손길을 통해 놀라운 일들을 경험하게 될 날이 반드시 올 것이다.

사무엘하 23장

지도자(Leaders, 1-7절). 통치 초기에 다윗은 승리에 관한 긴 시편을 썼다(삼하 22장). 그러나 삶을 마감하면서 그는 지도자에 관한 간단하고 아름다운 노래를 썼다. 지도자들은 하나님의 부르심을 받고 하나님의 능력을 힘입어야 한다(1절). 그들은 하나님의 영을 통해 하나님의 말씀을 배워야 한다(2절). 그리고 하나님을 경외하는 인격자여야 하며(3-4절), 자신이 아니라 하나님을 위해 다스려야 한다.

> ### ✦ 물 한 컵 ✦
>
> 다윗은 그 손에 검과 창과 비파를 들고 많은 업적을 이루었다. 그러나 그 중 가장 훌륭한 일은 물 한 컵을 가지고 한 일이었다. 그는 그 물을 하나님께 드리는 제주(祭酒)로 삼았고, 그 일을 통해 그의 진정한 성품을 드러냈다. 마더 테레사(Mother Teresa)는 "우리는 위대한 일을 할 수 없다. 단지 위대한 사랑으로 작은 일들을 할 수 있을 뿐이다"라고 말했다.

돋는 해와 비온 뒤 움이 돋는 새 풀이 영적인 지도자를 묘사하는 두 가지 비유로 사용되었다(4절). 사울은 나라에 어둠이 내리게 했지만, 다윗은 빛을 비추었다. 사울은 폭풍우를 일으켰지만, 다윗은 폭풍우를 가라앉히고 열매를 맺게 했다. 그것이 참된 지도자의 역할이다.

따르는 사람들(Followers, 8-39절). 참된 지도자는 능력을 갖춘 사람들에게 둘러싸이는 것을 두려워하지 않고, 그들이 위대한 일을 할 수 있는 기회를 만들어준다. 속삭이는 다윗의 열망을 행군 명령으로 받아들일 만큼 다윗과 그를 따르는 사람들 사이는 매우 돈독했다(15-17절). 다윗은 신하들의 희생을 통해 얻은 것을 이기적으로 혼자 누리지 않을 만큼 그들을 사랑했다. 그들은 예수 그리스도를 따르는 우리들에게 훌륭한 귀감이 된다!

● 사무엘하 24장

완고한 마음(A stubborn heart, 1-9절). 육신적인 죄뿐 아니라 영적인 죄도 있다(고후 7:1). 다윗은 인구 조사를 실시했다. 그러나 인구 조사를 속전과 연결시키지 않았고(출 30:11-16), 그것을 통해 하나님을 높이려 하지도 않았다. 하나님이 다윗에게 그의 마음을 바꿀 수 있도록 9개월이라는 시간을 주셨다. 그 기간은 죽음을 불러오는 '죄를 품고 있는 임신 기간'이 되기에 충분히 긴 시간이었다(약 1:13-15).

통회하는 마음(A smitten heart, 10-14절). 다윗의 죄는 의지적인 것이었다. 그래서 하나님은 그에게 몇 가지를 선택하게 하셨다. 그는 자신의 죄를 자백하고 ("큰 죄를 범하였나이다") 용서를 받았다. 그러나 여전히 죄가 불러온 결과 때문에 고통받아야 했다.

고통받는 마음(A suffering heart, 15-17절). 다윗은 목자의 마음을 가지고 백성들을 구원하고 싶어했다. 사랑하는 사람들이 고통받는 것을 지켜보는 것은 우리가 고통받는 것보다 더 힘든 일이다.

희생하는 마음(A sacrificing heart, 18-25절). 다윗은 쉬운 길을 택하려 하지 않았다. 그의 회개는 정직한 것이었고, 그것을 입증하기 위해 그 대가를 충분히 치렀다. 우리가 지불해야 할 대가는 누가 지불했는가? 놀라운 은혜일 뿐이다! 솔로몬은 다윗이 제단을 쌓기 위해 돈을 지불하고 산 땅 위에 성전을 건축했다. 솔로몬은 밧세바의 아들이었다. 다윗이 범한 두 가지 큰 죄를 용서하시고, 그 일을 통해 성전을 짓게 하신 하나님은 얼마나 은혜로운 분이신가(롬 5:20 참조)!

열왕기상·하

1 and 2 Kings

제목에서 알 수 있듯이 이 두 권의 책은 솔로몬으로부터 시작해서 시드기야에 이르는 유대 왕들의 역사를 기록하고 있다. 이야기가 시작될 때는 통일된 나라였다(왕상 1-11장). 그러나 솔로몬이 죽은 후 나라는 분열되었다(왕상 12-22장). 그후 두 왕조 모두 포로 생활을 하게 되었다(열왕기하). 북 왕조의 지파들은 앗수르에게 포로로 잡혀가고(왕하 1-17장), 남 왕조의 지파들은 바벨론에게 포로로 잡혀갔다(왕하 18-25장).

이스라엘은 하나님이 크게 복 주신 나라였다. 그러나 패배와 치욕으로 끝이 났다. 그 원인은 죄였다. 솔로몬은 이방 나라의 우상들을 섬겼고, 백성들도 그를 따랐다. 거짓 선지자들과 세속적인 제사장들이 백성들을 타락시키는 동안 나라가 쇠퇴하면서 분열하기까지는 한 세대밖에 걸리지 않았다. 지도자들과 백성들은 하나님이 보내신 선지자들에게 귀를 기울이려 하지 않았고, 여호와를 섬기는 참 예배를 드리려 하지도 않았다. 그래서 하나님이 경고하신 대로 하나님의 백성들을 징계하시는 것 외에는 그분이 하실 수 있는 일이 더 이상 남아 있지 않았다(신 28장).

열왕기상

1 Kings

○ 열왕기상 1장

쉽게 속고, 과거를 통해 배우려 하지 않는 사람들이 있다. 압살롬처럼 아도니야는 잘생겼고, 인기가 있었으며, 거만했다. "내가 왕이 되리라!"는 그의 말은 심판으로 끝나게 된 또 하나의 오만이었다(사 14:12-15). 요압과 아비아달은 어리석게도 아도니야와 손을 잡고 하나님의 사람 솔로몬을 대적하다가 결국 그 대가를 치렀다. 그들은 "다수를 따라 악을 행하지 말며"(출 23:2)라고 한 선언에 주의를 기울였어야 했다.

때때로 지도자들도 인도를 받아야 할 필요가 있는데, 나단과 밧세바가 그 역할을 지혜롭게 해주었다. 다윗은 검을 내려놓았고(삼하 21:15-17), 이제 왕위도 내려놓아야 했다. 물러나야 할 때를 아는 지도자는 현명한 사람이다. 솔로몬은 왕위를 위해 하나님이 선택하신 사람이었다(삼하 12:24-25).

아도니야는 거룩해지기 위해서가 아니라 목숨을 구하기 위해 제단으로 도망을 쳤다. 그에게 종교는 개인적인 이익을 위해 사용할 수 있는 수단에 불과했다. 오늘날에도 신실하지 못한 사람들은 그와 마찬가지다.

○ 열왕기상 2장

왕의 죽음(The king died). 하나님이 우리를 본향으로 데려가시지 않는 한(고전 15:51 이하) 죽음은 그 누구도 피할 수 없다(히 9:27). 다윗은 죽기 전에 솔로몬에게 왕위에 위협을 가하는 사람들을 어떻게 대할 것인지에 대한 지혜로운 조언을 해주었다. 적들이 어디에 숨는지를 아는 것은 좋은 일이다. 다윗은 자기 세대를 잘 섬겼다(행 13:36).

강탈자의 죽음(The usurper died). 아도니야는 여전히 왕위를 원했고, 밧세바를 속여 자신을 돕게 만드는 일에 성공할 뻔했다. 아비삭은 다윗의 첩이었기 때문에 그녀를 요구하는 것은 왕위를 요구하는 것과 다를 바 없었다. 아도니야는 결혼식을 준비했지만, 그 결혼식은 그의 장례식으로 끝이 났다.

살인자의 죽음(The murderer died). 아비아달과 요압은 둘 다 반역자였다. 그러나 아비아달은 제사장이었기 때문에 목숨을 구할 수 있었다. 그러나 그가 추방됨으로써 이미 예언되었던 것처럼 엘리의 자손들이 제사장 직분에서 제거되었다(삼상 2:30-35). 요압은 세 사람을 죽이고 다윗을 배신한 것에 대한 대가를 치러야 했다. 브나야는 제사장이었다(대상 27:5). 그러나 그는 다윗의 용사들 가운데 한 사람이었고, 군대 장관으로 요압의 뒤를 이었다.

비난자의 죽음(The accuser died). (참조 - 삼하 16:5-14, 19:18-23). 명령에 복종했다면 시므이는 살게 되었을 것이다. 그러나 그는 왕을 능멸하고 목숨을 잃었다. "의와 공평이 그 보좌의 기초로다"(시 97:2)라고 선포한 것은 정확히 맞는 말이었다.

열왕기상 3장

정치(Politics). 유대인들에게는 애굽인들과의 결혼이 금지되어 있었다. 바로의 딸과 결혼한 솔로몬의 혼인은 하나님의 법을 어기고, 자신과 백성들에게 비극적인 결과를 불러오는 길로 나아가는 첫걸음이 되었다(왕상 11:1-8, 참조 - 신 7:1-4). 그것은 나라의 평화를 위해 계획된 순전히 정치적인 행보였다. 그리고 효과가 있었다.

기도(Prayer). "무엇을 주기 원하느냐?"는 하나님의 질문에 당신은 어떻게 대답할 것인가? 당신의 대답은 당신 자신과 하나님이 당신에게 맡기신 일에 대해 당신이 어떻게 생각하고 있는지를 보여줄 것이다. 솔로몬은 자신에게 그 무엇보다 지혜가 필요하다는 사실을 알고 있었다. 그리고 하나님이 그에게 지혜를 주셨고, 지혜와 함께 많은 것을 더하여 주셨다(마 6:33, 엡 3:20-21). 기도는 단순히 하나님으로부터 무언가를 받기 위한 것이 아니다. 기도는 다른 사람들에게 줄 수 있기 위해 하나님께로부터 받는 것이다. 솔로몬이 원했던 것은 자기 백성들을 잘 섬기기 위한 능력이었다.

지력(Perception). 창기가 왕에게 나아갈 수 있었다(마 9:10-11). 하나님이 주시는 지혜는 실제적인 것이다. 그리고 우리의 의사 결정을 돕는다(잠 1:1-7, 약 1:5).

● 열왕기상 4장

사무엘의 무시무시한 예언이 이루어졌다(삼상 8:10-18). 왜냐하면 솔로몬이 많은 것을 취하였기 때문이다. 그는 나라를 열두 구역으로 나눈 다음 각 구역에 관장을 두어 다스리게 하였고, 왕실에서 사용하는 물품들을 일 년에 한 번씩 공급하도록 각 구역에 요구했다. 솔로몬의 식단표를 읽어보면 그 요구를 따른다는 것이 백성들에게 얼마나 힘든 일이었는지를 알 수 있다(왕상 12:4).

20절은 번성하는 백성들을 묘사하고 있다. 그러나 그들은 영적인 사람들이 아니었다. 평화와 번영이 언제나 고결한 인품을 만드는 것은 아니다. 그리고 무책임하게 먹고 마시는 것은 언제나 몰락으로 이어진다. 솔로몬의 말들에 대해서는 신명기 17장 17절을 읽어보라.

예수 그리스도는 지혜(골 2:3)나 부요함(골 1:19, 2:9)에 있어서 솔로몬보다 더 큰 분이셨다(마 12:42). 그리고 그 풍성함을 하나님의 백성들과 나누셨다(엡 3:20-21). 그분은 '먹고 마시며 즐거워하는'(20절) 삶을 우리에게 약속하지 않으셨다. 그러나 우리의 모든 필요를 채워주시고(빌 4:19), 우리를 떠나지 않으실 것을 약속하셨다(마 28:19-20, 히 13:5). 주님의 천국 본향에서 주님과 영원히 함께 살게 될 날이 올 것이다(요 14:1-6).

● 열왕기상 5-7장

협력(Cooperation). 하나님은 다윗에게 성전의 설계도를 주셨다(대상 28:11-

19). 그리고 다윗과 백성들이 성전 건축에 필요한 자재들을 거의 다 마련하였다 (대상 29장). 이방의 왕이었던 히람이 목재를 제공해주었고, 가나안 사람들이 유대인들을 도와 노역을 했다(왕상 9:20-22). 솔로몬 왕의 지휘 아래 이루어진 협조적인 노력으로 성전 건축이 진행되었다. 지금도 하나님이 자신의 '거룩한 성전'을 건축하신다(엡 2:19-22). 그리고 그 일에 모든 사람들을 다 사용하신다. 하나님의 교회를 세우는 일에 참여하여 돕고 있는가?

> ◆ **기둥들** ◆
>
> 성전의 거대한 두 개의 기둥을 야긴('저가 세우리라')과 보아스('그에게 능력이 있다')라고 불렀다.
> 하나님의 백성들이 하나님을 섬겼기 때문에 하나님이 그들에게 영원성과 능력을 주셨다. 하나님의 집은 호화스럽고 아름다웠다. 그러나 또 영원성과 능력이 필요했다(시 96:6).

건축(Construction). 그들은 금과 은과 값비싼 돌들로 성전을 지었다. 그것은 하나님이 자신의 교회를 짓는 데 사용하고 싶어하시는 자재들이다(고전 3:10-23, 참조 - 잠 2:1-9, 3:13-15, 8:10-11). 모든 세부 사항들이 자세하게 설명되었고, 솔로몬은 그 설명대로 완벽하게 따르도록 지휘했다.

관심(Concern). 성전 건축에 소요된 물자는 엄청난 것이었다. 그러나 중요한 것은 하나님께 대한 순종이었다(왕상 6:11-13). 하나님은 우리의 건물을 보고 감동하시지 않는다. 왜냐하면 우리가 그 건물에 사용한 모든 물자는 하나님이 공급해주신 것이기 때문이다(사 66:1-2). 하나님은 우리가 순종하는 삶을 살기 원하신다. 그렇게 할 때 하나님이 그 삶을 복되게 만들어주실 수 있다.

○ 열왕기상 8장

솔로몬의 성전은 영광스러운 곳이었다(1-12절). 그러나 그 엄청난 아름다움에도 불구하고 하나님이 임하셔서 신성하게 하시기 전까지는 그저 하나의 건물일 뿐이었다(출 40:34-38). 우리의 삶도 마찬가지다(고전 6:19-20, 엡 5:18). 그리고 우리의 교회도 마찬가지다(고전 14:23-25). 하나님이 함께하시는 것이 중요하다. A. W. 토저(A. W. Tozer)는 "하나님이 이 세상에서 성령을 데려가신다 해도 교회에서 하는 대부분의 일들은 계속될 것이다. 그리고 아무도 그 차이를 모를 것이다"라고 말했다.

성전은 하나님이 자신의 말씀을 지키신다는 증거를 간직하고 있는 곳이었다(14-21, 56절). 성전은 기도하는 곳이 되어야 했다(22-53절). 솔로몬은 특히 하나님이 나그네와 외국인의 기도뿐 아니라, 하나님의 백성들의 기도를 들어주시는 것에 특별한 관심을 보였다. 나중에 종교 지도자들은 기도하는 집을 도둑의 소굴로 만들 것이었다(마 21:12-13).

◆ 의롭다 하심을 받는 자는 누구인가? ◆

솔로몬은 하나님이 악한 자를 벌하시고, 의로운 자를 의롭다 해주시기를 기도했다(왕상 8:32). 그러나 예수 그리스도를 통해 하나님은 악한 자를 의롭다 하신다(롬 4:5). 선행이 아니라 은혜를 기초로 그렇게 하신다. 의인은 하나도 없기 때문에(롬 3:10) 하나님이 의인을 의롭다고 하실 수가 없는 것이다.

성전은 축복하는 곳이었고(54-61절), 제사를 드리는 곳이었다(62-66절). 이 둘은 같이 움직인다. 우리는 하나님께 우리의 가장 좋은 것을 드린다. 그리고 우리의 가장 좋은 것을 다른 사람들과 나눈다. 솔로몬이 백성들에게 기억하도록 강력하게 권했던 바로 그것, 즉 충성된 마음을 자기 스스로는 지키지 못했다(61절). 그것은 매우 애석한 일이었다.

마지막으로 성전은 세상을 향해 증거하는 곳이었다(41-43, 60절). 솔로몬은 이방 나라들을 향한 '선교의 비전'을 가지고 있었다. 그것은 이스라엘 백성들이 주변 사람들을 하나님께로 이끌 수 있는 매우 좋은 기회였다!

> ♦ 문제의 핵심 ♦
>
> 솔로몬은 마음을 강조했다. 각 사람은 자신의 마음을 알고 있다(왕상 8:38). 하나님은 우리의 마음을 아신다(39절). 우리는 온 마음과 온 뜻으로 하나님께 나아간다(48절). 하나님이 우리의 마음을 순종케 하셔야 한다(58절). 하나님은 우리 모두가 충성된 마음을 갖기 원하신다(61절).

● 열왕기상 9장

확신(Assurance). 우리가 헌신하기는 하지만, 하나님만이 우리가 하나님께 드린 것을 신성하게 하실 수 있다. 일을 마친 후 실망하고 낙심하는 일이 없도록 하나님께 귀를 기울이는 것이 중요하다(왕상 19장). "나의 이름… 나의 눈… 나의 마음"(3절)은 하나님의 백성들을 가까이 하시는 하나님을 보여준다. 하나님은 우리와 그분 자신을 동일시하시고, 우리를 돌보시며, 우리를 사랑하신다.

훈계(Admonition). 하나님은 우리를 사랑하시기 때문에 불순종하지 말라고 경고하신다. 솔로몬은 그 경고를 경시했다. 그러자 하나님은 그를 징계하시며 자신의 약속을 지키셨다. 하나님은 자신의 백성들이 죄를 지으며 하나님의 성전을 더럽히도록 허용하시느니 차라리 하나님의 거룩한 성전을 파괴하신다.

합의(Agreement). 솔로몬은 이방인들과 성공적인 협약을 맺었다. 그리고 그 능력은 이스라엘이 전쟁에 휘말리지 않는 데 도움이 되었다. 그러나 지불해야 할 대가와 끊임없이 피해야 할 위험이 따랐다. 결국 솔로몬은 그 나라들이 받드는 신들의 통제를 받게 되었다(왕상 11장).

성취(Achievement). 솔로몬이 성전과 성벽과 배들을 건축하고, 나라의 부를 증가시키는 동안에는 모든 것이 다 훌륭해 보였다. 그들에게는 요한계시록 3장 17-18절의 경고가 필요했다. 나라의 영적인 생명은 번영이라는 겉치장 뒤에서 서서히 쇠퇴해가고 있었다.

◦ 열왕기상 10장

우리의 명예와 하나님의 이름은 함께 가야 한다(1절). 하나님이 우리의 이름을 크게 하실 때(수 3:7, 6:27) 그 영광이 하나님께 돌아가도록 해야 한다(시 135:13). 명예는 무거운 짐이다. 그리고 하나님만이 지혜롭게 그 짐을 질 수 있도록 우리를 도와주실 수 있다.

스바 여왕은 솔로몬을 만나 그의 지혜로운 말을 듣기 위해 약 2천 킬로미터를 여행했다. 그녀의 목적은 개인적인 것인 동시에 또 정치적인 것이었다. 그녀는 솔로몬과 통상 협정을 맺고 싶었다. 예수님 당시의 사람들은 그들과 함께 사셨던 '솔로몬보다 큰 이'를 거부했다(마 12:42). 그리고 그 때문에 심판을 받았다.

우리도 우리가 받은 복을 당연한 것으로 생각하는 것은 아닌가? 스바 여왕의 열의에도 불구하고, 솔로몬의 종들조차도 그의 지혜로운 말을 듣고 그의 엄청난 부를 바라보는 것에 너무 익숙해져 있었을 것이다(8절). 이스라엘은 만나의 기적에 익숙해졌고(민 11장), 에베소 교회는 그리스도의 사랑에 익숙해졌다(계 2:1-7).

말과 병거(26-29절)는 쇠퇴를 보여주는 또 하나의 표시였다(신 17:17). 예수님이 솔로몬의 모든 영광에 대해 말씀하신 것을 잊지 말라(마 6:29).

◦ 열왕기상 11장

배교(Apostasy). 솔로몬은 다른 사람들에게는 지혜를 베풀었지만, 자기 자신에게는 지혜를 적용하지 않았다(롬 2:21-24). 잠언 4장 23절을 쓴 사람이 그 말에 순종하지 않았다(4절, 왕상 8:61). 이스라엘의 왕들은 개인적으로 신명기를 쓰고 공부해야 했다(신 17:18-20). 그러므로 솔로몬은 신명기 7장 1-11절과 17장 17절을 잘 알고 있었을 것이다. 말씀을 아는 것과 그 말씀대로 행하는 것은 전혀 별개의 문제다(약 1:22-25).

분노(Anger). 하나님이 주시는 복은 은혜로 주시는 것이다. 그러나 순종을 통해서만 그 복을 누릴 수 있다. 솔로몬은 불순종했다. 그는 언약에는 불순종에 대한 경고가 포함되어 있다는 사실을 누구보다 잘 알고 있었을 것이다(삼하 7:14, 왕상 3:14, 9:4-9).

대적(Adversaries). 하나님은 솔로몬을 특별히 사랑하셨다(삼하 12:24-25). 그래서 그를 징계하셔야 했다(잠 3:11-12). 이스라엘이 유지하고 있는 '평화'의 허약한 조직들이 산산조각 나기 시작하면서 하닷과 르손과 여로보암이 모든 문제들을 야기했다. 솔로몬은 그의 대적 여로보암을 죽이려는 계획까지 세웠다! 하나님은 다윗을 위해 솔로몬에게 호의를 베푸셨다(32절). 그러나 조상들의 희생과 순종의 영적 유산에만 의존하는 나라가(교회나 가정이) 얼마나 오래 갈 수 있겠는가?

● 열왕기상 12장

르호보암은 그의 아버지와는 달리 하나님의 지혜를 구하지 않았다(왕상 3장). 대신 그는 사람들을 찾아가 조언을 부탁했다. 하지만 올바른 조언조차 들으려 하지 않았다. 그는 자신이 이미 결정한 것을 지지해주는 사람들을 원했다. 새 왕은 풍요롭게 자랐다. 그런 그가 보통 사람들이 감당하고 있는 무거운 부담을 얼마나 알고 있었겠는가?

우리는 섬김을 통해 사람들을 이끈다(마 20:20-28). 그리고 참된 지도자는 사람들의 짐을 가볍게 해주고 싶어한다(마태복음 11장 28-30절과 23장 4절을 비교해보라). 그런데 르호보암은 백성들을 세워주기 위해 자신의 권세를 사용하는 대신 자신의 권위를 세우기 위해 사람들을 사용했다. 그 결과 아히야가 예언했던 대로(왕상 11:29 이하) 나라는 분열되었다. 우리는 연합을 원한다. 그러나 하나님이 허락하시는 분열도 있다는 사실을 받아들여야 한다.

백성들이 예배드리기 위해 예루살렘으로 돌아갈 것을 두려워하게 된 여로보암은 '편리한 종교'를 만들었다(28절). 그리고 백성들이 쉽게 죄를 지을 수 있게 만들었다. 여호와를 섬기는 참 예배를 버린 그는 아론의 죄를 반복했다(출 32장). 모세가 세운 제도를 본받은 그의 종교는 사람들에게 인기를 얻었다. 그러나 하나님의 인정을 받지는 못했다(호 13:2).

○ 열왕기상 13장

용기(Courage). 익명의 선지자가 하나님께 메시지를 받고 왕에게 그 메시지를 전했다. 그 메시지는 거의 3백 년 후에 요시야 왕에 의해 성취되었다(왕하 23:15-20). 선지자는 왕의 위협을 두려워하거나 왕의 뇌물에 굴복하지 않았다. 위협이나 뇌물로는 그의 마음을 바꿀 수 없었다.

타협(Compromise). 선지자가 끝까지 하나님의 지시에 순종했다면 그는 살해당하지 않았을 것이다. 그러나 그는 점차 하나님의 뜻에서 벗어났다. 서둘러 집으로 돌아가는 대신 그는 앉아 있었다(14절). 하나님이 주신 임무를 따라 순종하는 대신 늙은 선지자의 거짓말을 믿었다. 그는 결국 친구로 가장한 적과 함께 먹고 마시게 되었다.

다른 사람들이 당신을 향한 하나님의 뜻을 알고 있다고 말할 때 그들의 말이 하나님의 말씀으로 뒷받침된 것이 아니라면 먼저 경계하라. 신호등 불빛은 우리에게 좋은 교훈을 준다. '네 자신만의 고유한 신호에 순종하라.'

○ 열왕기상 14장

변장(Disguise). 왕이 그가 섬기는 거짓 신들에게 조언을 구하지 않은 이유는 무엇인가? 그리고 하나님의 선지자에게 직접 공개석으로 가지 않은 이유는 무엇인가? 왜냐하면 여로보암은 겁쟁이였고, 자신이 만든 '종교 제도'를 약화시키고 싶지 않았기 때문이었다. 그는 자신의 종교 지도자들이 자신을 도울 수 없다는 사실을 알고 있었지만, 자신이 여호와를 참되게 섬기는 자라는 사실을 공개적으로 인정할 수도 없었다.

죽음(Death). 아히야는 여로보암의 아들에 관하여는 좋은 소식을 가지고 있었지만, 그 외 모든 왕족들에 관하여는 좋지 않은 소식을 가지고 있었다. 하나님이 여로보암의 아들에게서 진정한 헌신을 보시고 그가 악한 가정에서 자라는 것을 허락하지 않으셨다. 소년은 적절하게 매장되고 사람들이 그 죽음에 애도를 표현한 그 집안의 유일한 남자였다. 예언의 성취에 대해서는 18절과 열왕기상 15장 25-30절을 보라.

쇠퇴(Decay). 르호보암 당시 솔로몬 왕조는 질적으로나(보물) 양적으로(지파들) 그 위대함을 잃었다. 값비싼 금 방패는(왕상 10:16-17) 놋 방패로 바뀌었다. 그러나 호위대와 왕은 그들의 의식을 그대로 거행했다. 모든 것이 똑같아 보여도 사실 그 가치는 사라져버린 채 살아가는 오늘날의 삶과 사역을 잘 보여주는 그림이다. 우리는 그저 외형만을 유지하고 있다(마 23장).

◦ 열왕기상 15장

깜박거리는 등불(A flickering lamp). 하나님이 자신의 사랑하는 아들을 위해 그리고 우리보다 앞서 간 사람들의 신실함 때문에 우리에게 복을 주시는 것처럼 (엡 1:3) '헷 사람 우리아의 일 외에는' - 그것은 비싼 대가를 치른 예외적인 일이었다 - 정직했던 다윗을 위해 유다에게 복을 주셨다. 큰 죄를 범한 사람도 회복될 수 있고, 다른 사람에게 복이 될 수 있다. 그러나 진리의 등불이 깜박거리고 있었고, 유다의 죄가 심판받게 될 날이 올 것이었다.

일관성 없는 통치자(An inconsistent ruler). 아사는 훌륭하게 시작했지만 그 끝은 기대에 어긋났다. 그는 우상을 제거하고 남색하는 자들을 제거해 성전을 깨끗이 할 만큼 용감했다. 그리고 할머니를 폐위시키기까지 했다. 그러나 승리를 위해 하나님을 신뢰하는 대신 성전의 금과 은을 취하여 전쟁에서 그를 도울 이방 왕을 매수했다.

확실한 심판(A certain judgment). 하나님이 여로보암의 집을 멸망시킬 것이라고 약속하셨다. 그리고 바아사가 그 심판을 행하는 도구가 되었다. 그러나 바아사도 여로보암이 범한 죄를 반복했다. 그는 자신이 벌을 피할 수 있을 것이라 생각했을까? F. 폰 로가우(F. von Logau)는 "하나님의 제분기는 천천히 돌지만 굉장히 곱게 갈아낸다"라고 말했다.

● 열왕기상 16장

왕이나 제사장이 백성들을 죄로 이끌 때마다 하나님이 그들에게 경고하시고, 여호와를 섬기는 참 예배로 돌아오게 하시기 위해 신실한 선지자들을 보내셨다. 예후는 그런 선지자 가운데 한 사람이었다. 그는 악한 왕 바아사에게 하나님이 말씀하신 심판의 메시지를 두려움 없이 전달하였다. 오늘날 우리는 기꺼이 악에 맞서려 하는가? 아니면, 그저 군중 속에 휩쓸려가고 있는가?

바아사는 여로보암의 죄를 따라 행했다. 따라서 그는 여로보암이 받았던 심판의 고통을 받게 될 것이다(왕상 14:7-11). 하나님은 바아사에 대해 하셨던 자신의 말씀을 이루기 위해 시므리를 사용하셨다. 하나님의 말씀에 유의하지 않는다면 하나님의 심판이라는 고통을 받아야 한다.

시므리는 잠시 동안 통치했다. 그는 오므리와 그의 도당들의 수중에 들어가는 대신 자살을 택했다. 오므리 역시 하나님께 불순종했고, '그 전의 모든 사람보다 더욱 악하게' 행하였다(25절). 그리고 그가 행한 최악의 일은 그의 아들 아합에게 통치권을 넘겨준 것이었다.

아합은 이방의 공주와 결혼하고, 이방 신을 섬기면서 하나님의 노를 크게 불러일으켰다. 그 때문에 이스라엘에서 바알 숭배가 인기를 얻게 되었다. 바알은 폭풍우를 다스리는 것으로 알려진 가나안의 신이었다. 따라서 바알 숭배는 비를 의존해야 하는 나라에게는 상당히 매력적인 것이었다. 그뿐 아니라 바알 숭배에는 신전에서의 매춘이 포함되어 있었고, 그것은 사람들의 천한 욕망에 호소하는 것이었다.

● 열왕기상 17장

사무엘은 자라면서 하나님의 선지자로 인정되었다(삼상 3:19-21). 그러나 엘리야는 갑자기 아합 앞에 나타나 하나님의 메시지를 선포했다. 그가 기도한 결과 발생한 가뭄은(약 5:17) 아합과 이세벨과 폭풍우의 신 바알에게 전쟁을 선포하는 것이었다. 왕과 백성들이 하나님 앞에서 스스로를 낮추었다면 하나님이 이스라엘에 비를 보내주셨을 것이다(신 11:13-17, 대하 7:12-15). 그러나 그들 대부분은 여호와가 아니라 바알을 신뢰했다.

가뭄은 3년 이상 계속되었다(왕상 18:1, 눅 4:25). 하나님은 긴 가뭄 속에서 자신의 신실한 종을 돌보셨다(시 37:3-6). 엘리야가 '물러나 있는' 동안 하나님이 그를 인도하시고 먹이셨으며, 이방인인 과부를 포함해 다른 사람들을 도울 수 있게 해주셨다(눅 4:25-26). 우리가 믿음으로 살 때 하나님이 우리의 필요를 공급해주시고, 우리를 위한 기회의 문을 열어주신다.

공급된 물건들이 아니라 공급해주시는 분을 신뢰하라. 시냇물은 마르지만, 하나님은 절대 실패하지 않으신다.

● 열왕기상 18장

물을 찾음(Searching for water). 아합이 통치하는 도성은 큰 고통을 받았다. 그러나 불경한 통치자는 회개하지 않았다. 교만한 마음을 깨기 위해서는 고통 그 이상이 필요하다. 하나님의 말씀을 듣고 지키는 것이 필요하다. 그러나 아합과 이세벨은 하나님의 선지자를 죽임으로 하나님의 말씀을 침묵하게 만들려 했다. 그들은 백성보다 그들의 가축들에게 더 많은 신경을 썼다. 한 나라의 지도자가 우선순위를 혼동하게 되면 온 백성이 큰 고통을 받게 된다.

엘리야를 찾음(Searching for Elijah). 아합은 엘리야를 죽이고 싶어했다(10절). 그러나 하나님이 자신의 종을 보호하셨다. 아합에게 엘리야는 적이었다(왕상 21:20). 그러나 아합의 가장 큰 적은 바로 자기 자신이었다. 우리는 선지자들을 보호했던 오바댜를 칭찬할 수 있다. 그러나 그것이 최종적인 해결책은 아니었다. 이스라엘은 바알과 여호와 중 어느 쪽에 속할 것인지를 결정해야 했다(수 24:14-21).

하나님을 찾음(Searching for God). 바알은 폭풍우의 신이었기 때문에 비를 보낼 수 있어야 했다. 그러나 그렇게 하지 못했다. 엘리야는 백성들을 책망하고(21절), 제단을 수축하며(30절), 하나님을 신뢰했다(36-37절). 그리고 하나님은 불을 보내심으로 자신을 보여주셨다(38절). 하나님은 엘리야의 기도에 대한 응답으로 비를 보내셨다. 엘리야는 하나님을 높였고, 하나님은 그를 높여주셨다.

"엘리야의 하나님은 어디 계시는 것인가?"라고 묻고 싶은 사람들도 있을 것이다(왕하 2:14). 그런데 그보다는 "엘리야는 어디 있는 것인가?"라고 묻는 것이 더 좋은 질문일 것이다.

● 열왕기하 19장

'엘리야 콤플렉스'는 우리에게서 능력과 기쁨을 앗아갈 수 있다. 그러므로 주의하라! 승리를 거둔 후 엘리야는 좌절했다. 그것은 그가 믿음이 아니라 눈에 보이는 것을 따라 행동하기 시작했기 때문이었다(3절). 그는 하나님의 말씀이 아니라 왕비의 말에 귀를 기울였다. 그리고 하나님이 3년 반 동안 자신을 어떻게 돌봐주셨는지 잊어버렸다. 두려움이 믿음을 대신하게 되자 그는 목숨을 구하기 위해 도망치기 시작했다.

그는 자신을 부인하는 대신 자신을 구하는 일에 열중했다(막 8:34-38, 요 12:23-28). '네 생명'(2절), '그 생명'(3절), '내 생명'(4절), 이 셋의 순서에 주목하라. 그가 하나님께 복종하는 의미에서 "내 생명을 취하옵소서"라고 말했다면 하나님이 힘 있게 일하셨을 것이다. 그러나 그가 "내 생명을 취하옵소서"라고 말한 것은 그의 교만과 좌절감을 자인한 것이었다. 신실한 사람들 중 자신만이 유일하게 남았다고 생각될 때 조심하라!

◆ 그들은 죽고 싶어했다! ◆

하나님이 본향으로 데려가주시기를 바랄 만큼 우리 자신과 우리가 한 일들에 크게 실망할 때가 있다. 엘리야가 정말 죽고 싶었다면 이세벨이 기꺼이 그렇게 해 주었을 것이다. 그러나 엘리야는 그저 그렇게 느꼈던 것뿐이었다. 모세도 죽고 싶어했고(민 11:15), 욥도 그랬으며(욥 3:20-21), 예레미야(렘 8:3)와 요나(욘 4:3)도 그랬다. 그러나 죽고 싶어하는 것이 실망에 대한 해결책이 될 수 없다. 그것은 이기적인 것이며 하나님을 영화롭게 하는 것이 아니기 때문이다. 진정한 해결책은 자신을 부인하고 일을 풀어나가시는 하나님을 신뢰하는 것이다. "예수님이 우리의 주님이 되실 때 미래는 우리의 친구가 된다."

하나님이 언제나 갈멜 산 사건처럼 크고 극적인 일들을 통해서만 일하시는 것은 아니라는 사실을 엘리야에게 가르치셨다. 하나님은 '세미한 음성', 즉 크지도 화려하지도 않은 일들을 통해서도 일하는 분이시다. 하나님이 엘리야와 함께하셨다. 때문에 그는 버림받은 것이 아니었다. 바울에게는 절하지 않은 7천 명의 사람들이 있었다. 때문에 그는 혼자도 아니었다. 하나님은 그의 뒤를 이을 젊은이를 준비시키셨다. 때문에 그의 일은 계속될 것이었다.

우리는 "두려워 말고 믿기만 하라"(막 5:36)고 하신 주님의 말씀에 순종해야 한다.

열왕기상 20장

승리(Victory). 하나님이 은혜를 베푸셔서 악한 아합 왕이 두 번의 승리를 거둘 수 있게 해주셨다. 첫 번째 승리는 여호와가 참된 하나님이라는 사실을 아합에게 가르치시기 위한 것이었고(13절), 두 번째 승리는 여호와는 이방의 우상들처럼 약하거나 제한받는 신이 아니라는 사실을 적들에게 보여주시기 위한 것이었다(28절). 우리는 우리가 복받을 만하기 때문에 복을 받는 것이라고 생각해서는 결코 안 된다.

타협(Compromise). 완전한 승리를 주장하고 벤하닷을 죽이는 대신(42절) 아합은 그와 조약을 맺었다! 사울 왕도 아말렉 족속의 왕을 상대로 똑같은 실수를 했다(삼상 15:8-9). 그리고 두 왕은 모두 그들의 불순종 때문에 왕위를 잃었다. 싸움이 끝났다고 생각할 때 가장 큰 위험을 맞이하고 가장 큰 패배를 당할 수 있다.

패배(Defeat). 하나님이 왕에게 자신이 하나님이라는 사실을 충분히 보여주셨다. 그러나 아합은 고집스럽게 완고했다. 선지자가 누구인지, 또 자신이 무슨 말을 하고 있는지 모를 만큼 영적인 눈이 어두워진 아합은 스스로 자신에게 사형을 선고했다(40절). 그의 뿌루퉁함으로는 아무것도 바꿀 수 없었다(잠 19:3). 그러나 그는 하나님께 돌아오기를 거부했다.

열왕기상 21장

탐욕(Covetousness). 아합은 나봇에게 율법을 어길 것을 요구했지만, 나봇은 그 요구를 거절했다(민 36:7). 왕은 모든 사람에게 매겨진 값이 있다고 생각했다. 그러나 나봇은 비매품이었다. "탐내지 말지니라"는 십계명의 마지막 계명이다(출 20:17). 아합은 그 계명을 어기면서 나머지 아홉 개의 계명 중 몇 가지를 함께 어겼다. 아합과 이세벨은 하나님보다 다른 것을 앞세웠다. 그들은 거짓말을 했고, 사람을 죽였으며, 다른 사람의 재산을 훔쳤고, 그 사실을 감추려 했다. 하나님 앞에서 범죄가 인정되려면 계명을 몇 개나 어겨야 한다고 생각하는가?

음모(Conspiracy). 부당한 명령을 따르는 연약한 사람들이 없다면 악한 지도자들은 결코 성공할 수 없을 것이다. 이세벨은 하나님의 이름을 두려워하지 않았고, 금식을 믿지도 않았다. 그러나 그녀는 자신이 원하는 것을 얻기 위해 그 둘을 어떻게 사용해야 하는지 알고 있었다. 무죄한 사람들이 죽었다. 그러나 하나님이 그 일이 벌어지는 것을 보셨다. 엘리야는 아합을 찾아냈고, 아합의 죄가 발각되었다(민 32:23). 그리고 심판이 선언되었다.

관용(Clemency). 아합은 하나님 앞에서 자신을 낮추었다. 그러나 그것은 그가 범한 죄의 대한 책임을 느꼈기 때문이 아니라 죽음의 공포를 직시했기 때문이었다. 하나님이 사형 선고를 늦추셨다. 그러나 달라진 것은 없었다. 아합은 자신을 악에 팔아 넘겼고, 그의 주인인 죄가 결국 그 삯을 지불했다(롬 6:23).

열왕기상 22장

싸워야 할 싸움을 싸우라(Fight your own battles). 여호사밧은 아합의 전쟁에 관여할 아무 이유가 없었다. 그는 아합의 딸과 결혼하는 실수를 했고(대하 18:1, 고후 6:14-18), 따라서 가족으로서 이행해야 할 의무가 있었다.

전해야 할 메시지를 전하라(Deliver your own message). 거짓 선지자들은 보통 성공과 영광이라는 메시지를 전달한다. 그들은 미가야가 자신들을 모방하도록 만들려 했다. 그러나 미가야는 하나님의 참 메시지를 전했다. 그 당시 이스라엘에서 선지자가 된다는 것은 쉬운 일이 아니었다. 그러나 미가야는 자신의 역할에 충실했다.

적이 누구인지를 알라(Know your own enemy). 아합은 여호사밧을 꾀어 그를 죽이려 했다(눅 16:8). 그러나 하나님이 다스리셨고 대신 아합이 살해되었다. 열왕기상 21장 19절의 예언이 성취되었다(38절). 바울 사도는 에베소서 6장 12절 이하의 말씀을 쓰면서 아마도 31절을 생각하고 있었을 것이다. 우리의 적은 정사와 권세와 이 어두움의 세상 주관자들이다. 그러므로 그보다 못한 적들에게 시간과 탄약을 낭비하지 말자.

실수를 통해 배우라(Learn from your own mistakes). 이스라엘의 새 왕이 된 여호사밧의 매형이 새로운 동맹을 요청했지만, 여호사밧은 그 요청을 거절했다. 그는 어렵게 교훈을 배웠다. 그러나 최소한 그는 배웠고, 자신의 실수를 통해 유익을 얻었다. 그는 경건하고 훌륭한 사람이었다. 한 번의 실수 때문에 하나님을 섬긴 그의 공적들까지 모두 나쁘게 평가해서는 안 된다.

열왕기하

2 Kings

이 책은 이스라엘(1-17장)과 유다(18-25장)의 붕괴와 포로로 잡혀간 사건을 기록하고 있다. 영적 쇠퇴는 정치적, 사회적 퇴보로 이어졌다. 선지자들의 사역과 하나님의 계속된 징계에도 불구하고 이스라엘과 유다는 하나님을 거역했고, 결국 심판을 면할 수 없었다. 이 책은 개인(잠 29:1)과 나라(잠 14:34)가 하나님의 말씀에 귀를 기울이고, 그 말씀에 순종해야 한다는 하나의 경고다.

○ 열왕기하 1장

"그 사람의 모양이 어떠하더냐?"(7절) 소식을 전하는 사자들은 엘리야의 외모를 설명하기는 했지만, 가장 중요한 것에 대해서는 언급하지 않았다. 엘리야는 '우리와 성정이 같은 사람'이었다(약 5:17). 그러나 그는 또 '하나님의 사람'이었다(9-13절). 외모에 대한 8절의 묘사는 지엽적인 것이었다. 대부분의 사람들은 그렇게 지엽적인 것을 강조한다.

그는 하나님의 인도하심을 받았다(He was guided by the Lord). 엘리야는 하나님의 음성에 귀 기울였기 때문에 무슨 일이 일어나고 있는지 알고 있었다(시 25:4-5, 14). 오늘날 귀로 들을 수 있는 음성이 우리에게 들리는 것은 아니다. 그러나 성령이 우리 안에 계시고, 하나님의 말씀이 우리 앞에 있다.

그는 하나님을 영화롭게 했다(He glorified the Lord). 왕은 거짓 신에게 도움을 청하려 했다! 엘리야는 아하시야에게 여호와만이 참 하나님이시며, 이스라엘은 하나님 앞에서 겸손히 엎드려야 한다는 사실을 알리고 싶었다.

그는 하나님의 돌보심을 신뢰했다(He trusted the Lord to care for him). 엘리야는 혼자서 51명의 군사들과 맞섰다. 그러나 하나님이 그를 보호하셨다. 군사들은 갈멜 산에 내렸던 불을 까맣게 잊고 있었던 것인가? 세 번째 오십 부장은 자신을 낮추었고, 하나님은 그와 그의 부하들을 살려주셨다.

그는 하나님의 뜻을 행했다(He did the Lord's will). 그는 명령받은 대로 왕에게 메시지를 전달했다.

오늘날에도 하나님의 백성들이 하나님의 사람들이 될 수 있는가? 물론이다! 디모데전서 6장 10-12절과 디모데후서 3장 14-17절을 묵상해보라.

◆ **하나님의 사람** ◆

'하나님의 사람'이라는 칭호로 불린 첫 번째 사람은 모세였다(신 33:1). 그리고 사무엘(삼상 9:6-7)과 엘리야(왕하 1:9-13)와 엘리사(왕하 4:9)와 다윗(대하 8:14)과 디모데(딤전 6:11)에게 그 칭호가 주어졌다. 경건한 사람이 되기 위해 선지자가 되어야 할 필요는 없다. 또 하늘에서 불이 내리게 함으로써 우리의 경건함을 드러내야 할 필요도 없다(눅 9:51-56). 하나님은 우리가 '숯불'을 사용해 적을 친구로 만들기 원하신다(롬 12:14-21).

● 열왕기하 2장

동료(Companions). 엘리사의 사역은 "돌아가라!"는 엘리야의 말로 시작되었다(왕상 19:20). 그리고 엘리야는 이제 엘리사에게 "너는 여기 머물라!"고 말한다. 엘리사는 돌아가지 않았다. 그리고 10년 동안 엘리야를 신실하게 섬겼다. 엘리사는 벧엘이나 여리고에 머물지도 않았고, 끝까지 엘리야와 동행했다. 엘리사가 머뭇거렸다면 어떤 것들을 놓치게 되었을지 생각해보라!

방관자(Spectators). 생도들에게는 경험 없는 지식이 있었을 뿐이었다. 그들은 방관자들일 뿐이었지만, 선지자에게 무슨 일이 일어나고 있는지를 말해주려 했다! 엘리사는 방관자가 아니라 하나님이 하시는 일 한가운데 있었다. 우리의 영적 지식이 우리 삶에 아무런 변화도 주지 않는다면, 그 지식을 가지고 있다는 것이 무슨 유익이 되겠는가?

실행가(Doers). 엘리사는 엘리야를 위한 기념비를 세우지 않았다. 대신 그는 엘리야의 하나님을 신뢰하고 기적을 행했다. 우리는 과거에 묻혀 과거를 위해 살아갈 수 없다. 과거의 유산을 받아들이고 오늘 필요한 능력을 위해 살아 계신 하나님을 신뢰해야 한다. 해결해야 할 문제들과 채워야 할 필요들이 있었다. 엘리사는 그를 도우시는 하나님을 신뢰했다. 하나님의 종들은 우리를 떠날 수도 있지만, 하나님의 성령은 계속해서 일하신다.

조롱하는 자들(Mockers). 그들은 어린아이들이 아니었다. 그들이 행동했던 것보다 좀 더 잘 알 수 있을 만큼 충분히 자란 젊은이들이었다. 그들은 엘리야의 승천("올라가라!")과 엘리사의 외모를 조롱했다. 그 때문에 하나님이 그들을 정당하게 심판하셨다. 지금도 하나님은 조롱하는 자들을 인내하며 오래 참고 계신다(벧후 3장). 그러나 하나님의 심판이 그들에게 임할 날이 올 것이다.

○ 열왕기하 3장

여호사밧 왕은 이스라엘 왕과 동맹을 맺는 잘못을 범했다(왕상 22장). 그러나 그 때문에 엘리사가 그를 떠나지는 않았다. 엘리사는 그가 유다의 왕이라는 사실 때문에 곤경에 처한 그를 돕고자 했다. 하나님이 여전히 다윗을 위해 유다에 등불을 남겨두셨다.

물의 부족은 세 왕 모두에게 하나님이 통치하시며, 동맹한 그들의 힘은 아무것도 아니라는 사실을 상기시켜주었다. 삼손도 비슷한 경험을 했다(삿 15:18-20). 그 물은 또 세 군대가 자기 확신에 차 있던 모압을 무너뜨리게 되는 구원을 뜻하는 것이었다(참조 - 출 10:21-23, 고후 2:14-16).

전쟁을 통해 이익을 얻고자 했던 모압 왕은 에돔만을 공격했다. 그러나 정복에 실패했다. 궁지에 처한 그는 왕세자를 제물로 바치기까지 했다. 그것은 유다와 모압 사람들에게 큰 혐오감을 일으켰다. 그래서 그들은 자신들을 전쟁에 끌어들인 이스라엘에게 분노하며 전쟁터를 떠났다. 우리가 하나님을 사랑하지 않는 사람들과 동맹을 맺게 되면, 우리를 당황하게 만들거나 기분을 상하게 만드는 일이 또는 하나님의 이름을 욕되게 하는 일이 언제 어떻게 벌어질지 알 수 없다.

○ 열왕기하 4장

엘리사는 사람들을 섬겼고, 친구들의 환대를 받았다. 그런 점에서 볼 때 혼자였고, 세련되지 못했던 전도자 엘리야가 세례 요한 쪽에 가까웠다면, 엘리사는 예수 그리스도 쪽에 가까웠다. 하나님이 각기 다른 사람들에게 각기 다른 방법으로 일하게 하시지만, 여전히 하나님이 모두의 주님이시다(고전 12:1-11). 사람들이 이 사실을 깨닫지 못하고, 그들을 섬기는 사람이 누구이건 간에 그 섬김을 받아들이지 못하는 것은 매우 안타까운 일이다(눅 7:31-35, 고전 1:10-17).

남편은 죽었지만, 하나님이 그 가정의 필요를 채워주셨다(1-7절). 아들이 죽었지만, 하나님이 그를 다시 살리시고 가정을 회복시켜주셨다(8-37절). 독이 든 죽 때문에 선지자들이 죽을 뻔했지만, 하나님이 위험을 제거해주셨다(38-41절). 기아로 인해 신자들이 죽을 뻔했지만, 하나님이 떡을 풍성하게 하셔서 그들을 다 먹이셨다(42-44절). 이 모든 기적들은 우리에게 있는 것을 하나님께 드리고, 하나님이 그분의 뜻대로 행하실 수 있게 해드려야 한다는 사실을 상기시켜준다.

게하시는 영적으로 기울어져가고 있었고, 그 결과들이 나타나고 있었다. 그는 수넴 여인에게 몰인정했고(27절, 참조 - 마 15:23, 막 10:13, 눅 9:49), 또 그녀를 도울 수 있는 힘도 없었다. 그는 선지자의 시늉을 하기는 했지만 생명은 돌아오지 않았다. 엘리사처럼 능력 있는 사람들과 매일 교제하면서도 타락할 수 있다. 조심하라!

◆ 중요한 세 질문 ◆

선지자가 수넴 여인에게 던진 다음 세 가지 질문에 대한 당신의 대답은 무엇인가? "너는 평안하냐?" "네 남편이 평안하냐?" "아이가 평안하냐?"(왕하 4:26)

열왕기하 5장

종들(Servants). 이 기적을 행하는 데 종들이 중요한 역할을 했다. 어린 유대인 소녀는 충실하게 하나님에 관한 증언을 했고, 나아만이 엘리사를 방문할 수 있도록 하나님이 그 증언을 사용하셨다. 나아만의 종들은 선지자에게 순종하도록 그를 격려했다. 그리고 그의 순종은 병 고침과 여호와에 대한 믿음으로 이어졌다. 우리가 누구이건 그리고 어디에 있건 간에 하나님은 우리의 섬김을 사용할 수 있는 분이시다(요 15:15 참조).

추정(Suppositions). 수리아 왕은 이스라엘 왕이 기적을 행할 수 있을 것이라 생각했다. 그리고 그 추정은 전쟁으로 이어질 뻔했다. 나아만은 그의 문둥병을 낫게 하기 위해 엘리사가 종교적인 의식을 행할 것이라 생각했다. 그리고 그 추정 때문에 그는 문둥병을 그대로 안고 집으로 돌아갈 뻔했다. 게하시는 죄를 짓고도 무사할 것이라 생각했다. 그러나 하나님이 그를 심판하셨다.

이기주의(Selfishness). 나아만은 하나님의 은혜로 깨끗하게 나았다. 그러나 게하시가 나아만에게 선물을 요구함으로써 하나님의 영광을 가로챘다. 그 일로 수리아 사람들은 하나님의 도우심을 얻기 위해서는 하나님께 그 대가를 지불해야 한다고 생각할 수 있었다. 게하시는 나아만과 엘리사와 자기 자신을 속였다. 그러나 하나님까지 속일 수는 없었다. 게하시는 부자가 되려다가 가난하게 되었다.

◆ 문둥병자가 된 사람들 ◆

성경에서 문둥병은 죄를 보여주는 하나의 그림으로 사용되었다(레 13장). 게하시는 그의 탐욕과 거짓 때문에 문둥병자가 되었다. 미리암은 그녀의 시기와 비난 때문에 문둥병자가 되었다(민 12장). 웃시야 왕은 그의 교만 때문에 문둥병자가 되었다(대하 26:16-23). 오늘날에도 하나님이 그렇게 하신다면 아마 우리들 중에서도 문둥병에 걸리는 사람들이 있을 것이다. 숨겨진 영혼의 죄는 위험한 것이다(고후 7:1).

열왕기하 6장

불가능한 일을 함(Doing the impossible, 1-7절). 우리에게 있는 모든 것은 하나님이 그분의 일을 하시기 위해 우리에게 '빌려주신' 것이다(요 3:27). 하나님을 섬기는 동안에도 칼날이 무뎌질 수 있다. 그 사실을 솔직하게 인정하라. 그리고 도끼 머리 없이 나무를 패려 하지 말고, 그 머리를 찾을 수 있도록 하나님께 도움을 청하라. 우리가 하나님을 신뢰할 때 하나님만이 불가능한 일을 하실 수 있다.

알 수 없는 것을 앎(Knowing the unknowable, 8-12절). 엘리사는 적이 어떻게 할 것인지를 알고 있었다. 그래서 이스라엘은 갑작스러운 공격을 피할 수 있었다. 하나님의 말씀을 공부하면 사탄의 전략을 알 수 있고, 그를 물리칠 수 있다.

보이지 않는 것을 봄(Seeing the invisible, 13-17절). 믿음으로 행치 않고 눈에 보이는 대로 행하기 때문에 적을 두려워할 때가 많다. 하나님과 그분의 군대가 우리를 위하신다면 누가 우리를 대적할 수 있겠는가?

생각도 할 수 없는 것을 이룸(Accomplishing the unthinkable, 18-23절). 엘리사가 자신의 적이라는 것을 알게 된 아람 왕은 그를 잡으려 했다. 그러나 엘리사가 기도와 친절로 그를 사로잡았다(롬 12:19-21, 고후 10:3-6). 동방에서는 함께 먹는 것을 조약을 맺는 것으로 여겼다. 그러므로 그 군사들은 이스라엘을 다시 공격할 수 없게 되었다.

열왕기하 7장

어려울 때 사람들은 다음과 같은 반응을 보일 수 있다.

탓하기(Blaming). 요람 왕은 자신에게 닥친 재앙을 엘리야의 탓으로 돌리려 했던 그의 악한 아버지 아합처럼, 자신의 잘못으로 도성에 닥친 곤경을 엘리사의 탓으로 돌리려 했다(왕상 18:17, 왕하 6:31). 그는 옷을 찢고 베옷을 입었다. 그러나 그의 마음이 굳어 있는 한 그런 행동으로 하나님의 마음을 감동시킬 수는 없었다(왕하 6:30, 욜 2:12-14).

의심하기(Doubting, 1-2절). 왕 곁에 있던 장관은 하나님의 말씀을 믿지 않았고, 그 불신앙 때문에 그는 죽게 되었다(17-20절). 우리가 하나님께 순종할 때 하나님이 창문들을 여실 것이다(말 3:10).

합리화하기(Reasoning, 3-8절). 네 사람의 문둥병자들은 논리적이었다. 그들은 "포기하면 죽을 것이다. 적에게 항복한다면 죽을 수도 있고 살아남을 수도 있다. 그러니 항복하자"라고 생각했다. 그러나 적이 없었다! 하나님이 소음으로 그들을 흩으셨기 때문이었다!

나누기(Sharing, 9-16절). 그 문둥병자들은 그들이 얻은 것을 나누었다. 좋은 소식을 나눈 것이 도성을 구하는 데 도움이 되었다. 우리는 복음의 시대를 살고 있다. 복음을 나누고 있는가? 우리가 이 땅에 살고 있는 것은 포기하거나 항복하기 위해서가 아니라, 나누기 위해서다.

● 열왕기하 8장

하나님은 미래를 아신다(God knows the future). 수넴 여인은 아들의 죽음과 가정이 뿌리 채 뽑히는 어려움 그리고 재산을 잃는 세 가지 재난을 당했다. 그러나 그녀는 여전히 하나님을 굳게 신뢰했고, 하나님의 종들에게 친절을 베풀었다(왕하 4:8 이하). 하나님이 그녀가 기근을 피할 수 있게 도와주셨고, 그녀의 아들을 다시 살리시는 기적으로 그녀가 재산을 되찾을 수 있도록 도와주셨다. 로마서 8장 28절이 그녀의 삶 속에서 사실로 입증되었다! 당신은 어쩌면 '하나님이 왜 이런 고난을 허락하시는 것일까?'라고 생각하고 있을지도 모른다. 그러나 기다리라. 그리고 하나님이 그 고난을 어떻게 사용하시는지 보라!

하나님은 마음을 보신다(God sees the heart). 필사적이 된 벤하닷은 엘리사의 도움을 받고 싶었다. 그러나 그는 엘리사의 하나님은 원치 않았다. 선지자는 하사엘의 마음속에 있는 살의를 보았다. 그러나 하사엘은 그 사실을 부인했다. 우리는 우리 마음이 정말로 얼마나 악한지를 잘 모른다(렘 17:9). 때문에 우리는 하나님의 도우심을 구하기 위해 하나님께 부르짖어야 한다(시 51:5-6, 10).

하나님은 약속을 지키신다(God keeps His promises). 여호사밧은 경건한 사람이었지만 아합의 딸과 혼인했다(대하 18:1). 그리고 그의 아들이 그 잘못을 그대로 본받았다. 여호람은 또 그의 장인이었던 아합의 잘못을 그대로 본받으며 악한 아내가 큰 죄로 그를 이끌어가도록 허락했다. 그러나 하나님이 다윗에게 하신 약속을 지키시고(19절) 유다를 멸망시키지 않으셨다. 하나님께는 남겨진 경건한 자를 통해 이루셔야 할 목적이 있었다. 유다 지파를 통해 구세주를 세상에 보내실 것이다.

● 열왕기하 9-10장

이 두 장에 기록된 이야기들을 읽는 것은 그리 즐거운 일이 아니다. 그러나 우리는 결국 죄는 심판을 받게 되고, 하나님의 말씀은 이루어진다는 메시지를 들어야 할 필요가 있다. 하나님은 예후를 세우셔서(왕상 19:26) 아합 가문을 멸하게 하실 것이라고(왕상 21:21-26) 하신 말씀을 이루셨다.

이스라엘의 요람 왕과 유다의 아하시야 왕은 살해되었고, 그의 어머니 이세벨 왕비는 선지자가 예언한 대로 죽임을 당했다. 그후 예후는 아합의 남은 일가와 아하시야의 친척들(요압의 친척들이기도 한)과 바알을 섬기던 자들을 제거했다.

> "죄는 하나님이 혐오하시는 유일한 것이다. 죄 때문에 그리스도가 십자가를 지셨고, 영혼들이 저주를 받는다. 죄는 하늘의 문을 닫고 지옥의 기초를 놓는다."
>
>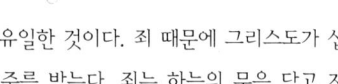
> 토마스 브룩스(Thomas Brooks)

하나님이 그들을 그렇게 혹독하게 심판하신 이유는 무엇인가? 지도자들이었던 그들이 백성들로 하여금 하나님을 떠나게 만들었고, 나라를 오염시켰기 때문이었다. 하나님의 백성들이 해야 할 특별한 일들이 있었다(창 12:1-3). 그리고 그 일들은 그들이 하나님께 충성스러울 때에만 가능한 것이었다.

열의를 다 보인 후 예후는 여호와께 대한 헌신을 보여주는 본보기가 되어야 했다. 그러나 그는 그렇게 하지 못했다. 그저 죄를 제거한다고 해서 한 나라가 의롭게 되는 것은 아니다. 비어 있는 집은 더 악한 거주자를 불러들이는 초대장과도 같다(마 12:43-45). 결국 그들이 왔고, 나라는 심판을 피할 수 없었다.

◎ 열왕기하 11장

왕비가 모든 후사들을 다 학살했을 때 다윗 왕가의 미래가 위태롭게 되었다. 그리고 그녀의 악한 행위는 또 메시아에 대한 약속의 성취에도 위협을 가하고 있었다. 사탄의 씨와 하나님의 씨가 전쟁을 벌이고 있었다(창 3:15). 그러나 하나님이 승리하셨다. 미래는 하나님이 성전에서 보호하신 한 어린 소년에게 달려 있었다.

주위에서 일어나는 일들이 의심과 두려움을 불러일으키고, 이 일들을 하나님이 정말 알고 계시는 것인지, 아니면 하나님이 정말 돌보시는 것인지 의아하게 여길 수도 있다. 하나님은 아시고 돌보실 뿐 아니라, 악한 사람들의 악한 행위에도 불구하고 그분의 목적을 이루기 위해 일하고 계신다는 사실을 확신하고 안심하라. 하나님의 계획을 이루기 위해 하나님께 큰 군대가 있어야 하는 것은 아니다. 하나님은 한 나라의 진로를 바꾸시기 위해 7살짜리 소년까지도 사용할 수 있는 분이시다. 하나님이 특별한 승리로 우리를 놀라게 하실 때는 종종 환경이 가장 어려울 때다. 하나님을 신뢰하라!

◎ 열왕기하 12장

어린 요아스에게는 다행스럽게도 왕의 생명을 구한 여인의 남편인 제사장 여호야다가 그를 돕는 고문으로 있었다(대하 22:11). 여호야다는 왕에게 하나님의 말씀을 주고(왕하 11:12), 그 말씀에 어떻게 순종해야 하는지를 가르쳤다. 하나님을 위한 모험에서 성공할 수 있는 비결은 하나님의 말씀을 높이는 것이다(수 1:8). 다른 사람들이 당신의 믿음을 강하게 세워주도록 허락하고 있는가? 그리고 당신을 섬기는 그들의 사역에 감사하는가?

우상을 섬기던 나라는 성전이 폐허가 되도록 방치했다. 하나님을 사랑하지 않을 때 우리는 하나님이 중요하게 여기시는 것들을 경시하게 된다. 성전 옆에 있는 궤는 헌금을 받는 이상적인 곳이었다. 제물은 하나님의 은혜로 인한 구원 사역을 말해주는 것이며, 그것이 우리가 헌금하는 동기가 될 수 없다면 그 어떤 것도 헌금의 동기가 될 수 없을 것이다(고후 8:9).

여호야다의 죽음으로 요아스는 혼자 남게 되었고, 그는 나라를 죄에 빠지게 했다(대하 24:15 이하). 그의 신앙적인 열정은 그리 참된 것이 아니었다. 왕은 대제사장이 그에게 베푼 호의를 잊고, 그의 아들을 살해하기까지 했다. 예수님은 마태복음 23장 34-35절에서 이 사건을 언급하셨다. 종교적인 일을 장려하는 것만으로는 충분하지 않다. 참된 마음으로 하나님께 헌신해야 한다. 다른 사람들이 우리의 믿음을 떠받치고 있다면, 그 버팀목이 사라지게 될 때 어떤 일이 벌어질 것인가?

● 열왕기하 13장

압제의 손(Hands of oppression). 여호아하스는 잘못된 본보기를 따랐고(2절), 이스라엘은 이방 나라의 속박을 받게 되었다. 그러나 하나님이 불순종한 왕과 고통받는 하나님의 백성들에게 자비를 베푸셨다. 다윗은 하나님은 "우리의 죄를 따라 처치하지 아니하시며 우리의 죄악을 따라 갚지 아니하셨으니"(시 103:10)라고 고백했다. 그 하나님께 감사하라!

능력의 손(Hands of power). 엘리사는 임종을 맞이하고 있었지만, 하나님의 능력을 왕에게 전할 수 있었다. 하나님의 사람 한 사람의 능력은 이스라엘 군대 전체의 힘과 맞먹는 것이었다(14절).

기회의 손(Hands of opportunity). 영적 분별력이 없었던 왕은 선지자의 명령을 따르면서도 하나님의 뜻을 이해하지 못했다. 요아스는 그저 시늉만 했을 뿐이었다. 그 결과 그는 몇 번의 승리만을 거둘 수 있었다. 그는 자신에게 주어진 기회를 놓쳤고, 다시는 그 기회를 살릴 수 없었다. 하나님이 오늘 우리에게 다시는 가질 수 없는 어떤 기회를 주시는가?

"하나님이 주시는 기회는 자고 있는 사람을 깨우지 않는다."

세네갈 잠언

○ 열왕기하 14장

아마샤 왕은 좋은 본보기를 따르며, 나라에 공의를 세우고, 하나님의 말씀에 순종하면서 훌륭하게 시작했다(신 24:16) 그러나 에돔을 크게 이기고 승리한 후 교만해졌고, 그 교만은 패배로 이어졌다.

하나님이 주신 믿음의 분량대로 자족하라(롬 12:3). 주님을 계속 바라보면 우리가 거둔 승리들이 우리를 겸손하게 만들 것이다. 그리고 하나님이 영광을 받으실 것이다. 그러나 주님을 잊게 되면 우리가 거둔 승리들이 우리를 교만하게 하고, 패배하게 만들 것이다.

참견하고 싶은 유혹을 경계하라. 하나님이 주시는 것을 받아들이고, 하나님이 맡기신 일에 충성하는 것을 배우라. 아마샤 왕은 잠언 16장 18절과 26장 17절에 귀를 기울였어야 했다.

○ 열왕기하 15장

응보의 때가 다가오는 동안 이스라엘과 유다는 불경한 삶을 살면서 점점 더 큰 어려움을 불러오는 사람들의 지배 아래서 고통받고 있었다. 하나님의 율법이 경시되면서 음모가 점점 더 판을 쳤다.

그러나 예외적인 두 사람이 있었다. 아버지의 본보기를 따르는 아사랴(웃시야)와 그의 아들 요담이었다. 그런데 애석하게도 웃시야는 교만해졌고, 제사장의 일을 대신하려 했다. 결국 하나님이 그를 벌하셔서 문둥이로 만드셨다(대하 26:16 이하). 그것은 열왕기하 14장 10절의 교훈을 반복하는 것이었다. 하나님이 주신 믿음의 분량대로 받고, 그 분량을 넘어서는 일에 참견하려 하지 말라(시 131편 참조).

열왕기하 16장

행함에서 실패한 아하스(Ahaz was a failure in his walk). 그는 이스라엘 왕들의 악한 길을 따랐다. 그는 다윗의 후손으로서 하나님의 말씀에 순종하고, 말씀하시는 하나님을 신뢰해야 했다. 의식적으로나 무의식적으로 우리 각자는 다양한 실례들을 따르게 된다. 따라서 그 실례들이 하나님이 우리가 따르기 원하시는 것인지를 확인해야 한다.

전쟁에서 패배한 아하스(Ahaz was a failure in his warfare). 하나님을 믿지 않았기 때문에 그는 적에게 패배를 당했다(요일 5:4-5). 그는 보호받기 위해 하나님의 성전을 사취했다. 그리고 도움을 받기 위해 자기 아들을 이방 신에게 바쳤다.

예배에서 실패한 아하스(Ahaz also failed in his worship). 제단 규정을 따르는 대신 그는 이방 신전의 방식을 빌려왔다(출 25:40, 26:30). 세상의 진귀함이 아무리 매력적이라 해도 하나님의 백성들에게는 그런 것들이 필요하지 않다(롬 12:2). 하나님의 방식이 아닌 세상 방식대로 하나님을 섬기는 것은 비극이다. 다른 제단을 쌓은 것이 아하스를 더 좋은 사람으로 만들어주지 않았다. 당신은 '종교적인 새로운 경험'을 찾고 있는가? 아니면 하나님이 그분의 말씀으로 알려주신 방식을 따르고 있는가?

◉ 열왕기하 17장

하나님의 인내가 다하셨다. 하나님은 이스라엘을 붙잡아가도록 앗수르를 부르셨다. 하나님은 이스라엘에게 하신 일을 오늘 우리 개인이나 그룹에게도 하실 수 있다. 그들이 범한 죄들을 생각해보라.

그들은 하나님의 자비를 잊었다(They forgot God's mercy, 7절). 하나님께 충실할 수 있는 가장 좋은 방법은 하나님이 우리를 위해 행하신 모든 일들을 스스로 상기하는 것이다(시 103편).

그들은 불경한 것들을 모방했다(They imitated the ungodly, 8절). 그래서 여호와를 향한 참 예배를 세속적인 것으로 오염시켰다. 처음에는 은밀하게 따라 했다. 그러나 나중에는 하나님을 섬기는 일에 이방인들의 방식을 공공연하게 추가시켰다.

그들은 선지자들의 말을 귀담아 듣지 않았다(They turned a deaf ear to the preaching of the prophets, 13-18절). 그리고 하나님의 율법을 거부했다. 하나님이 그들을 징계하시자 그들의 마음은 점점 더 완고해졌다.

그들은 "하나님이 두렵다"고 말하면서 자신들의 종교를 만들어냈다("They feared the LORD" but manufactured their own religion, 25, 28, 32-34, 41절). 여호와는 '그 땅 신'이었다(27절). 그러나 그들은 다른 신들도 섬겼다. 하나님이 오늘날 '신령과 진정으로' 드리지 않는 모든 예배를 거부하시듯이 사마리아인들의 종교도 거부하셨다(요 4:19-24).

◉ 열왕기하 18-19장

안에 있는 우상(An idol within). 히스기야는 모세가 만든 놋뱀(민 21:5-9)을 포함한 모든 우상들을 제거했다. 하나님의 백성들이 필요 이상으로 유용하고 좋은 것들로부터 우상을 만들어내기가 쉽다.

밖에 있는 대적(An enemy without). 이스라엘을 정복한 앗수르는 유다도 점령하고 싶었다. 유다는 앗수르에게 항복하고 싶어하는 사람들과 애굽에 도움을 청하러 가려는 사람들과 소수지만 하나님의 구원을 신뢰하고 싶어하는 사람들로 갈라졌다. 18장 19-25절에 나오는 '의뢰'라는 단어가 강조되어 있는 사실에 주목하라. 그리고 적에게는 언제나 제시할 흥정거리가 있다는 사실에도 주목하라(18:23). 그러나 그들이 제시하는 흥정에는 '장차'라는 치명적인 조건이 첨부되어 있다(18:31-32).

> "기도는 꺼려하시는 하나님을 정복하는 것이 아니라, 자발적인 하나님의 의향을 붙잡는 것이다."
>
> 필립스 브룩스(Phillips Brooks)

위에서 오는 격려(An encouragement above). 히스기야는 하나님의 말씀과 기도에 의존했다. 그는 당면한 문제를 하나님 앞에 펼쳐놓았다. 그에게는 이방의 군대 앞에서 하나님을 영화롭게 하려는 열망만이 있었을 뿐이었다(19:19). 하나님이 그에게 평화와 승리의 메시지를 보내주셨다(19:6-7). 그리고 그의 적들은 패배했다. 하나님은 싸워야 할 전투를 알고 계신다. 그리고 우리에게 필요한 도움을 주실 것이다. 하나님 앞에 믿음으로 문제를 펼쳐놓고, 하나님의 이름을 영화롭게 할 수 있는 길을 찾으라.

● 열왕기하 20장

6절은 앗수르가 예루살렘을 포위하고 있을 때 이 사건이 일어났다는 것을 말해준다. 유다가 위험에 처해 있다는 것 자체만으로도 충분히 힘든 일이었다. 그런데 왕이 죽기 직전이었다. 때때로 어려운 일들은 한꺼번에 닥치기도 한다! 죽음은 우리가 맞이해야 할 최후의 적이다(고전 15:26). 그리고 하나님만이 우리를 죽음에서 승리하게 하실 수 있다.

히스기야는 기도했고, 또 하나님이 그에게 알려주신 치료 방법을 사용했기 때문에 목숨을 구할 수 있었다. 기도는 우리의 필요를 채워주시기 위해 우주 안에 있는 것들까지도 바꾸시도록 하나님을 움직일 수 있다.

히스기야는 사자를 피했다(벧전 5:8). 그러나 뱀에게 굴복하고 말았다(12-19절). 그는 적들에게 자신의 비밀을 공개했다! 문제는 교만이었다. "내 궁, 나의 내탕고." 앗수르를 이긴 그의 놀라운 승리 때문에 그는 잘못된 확신을 갖게 되었고, 바벨론을 환대하게 되었다. 그는 그 일을 통해 백성들의 미래를 저당잡혔다. 그리고 자기 당대에 패배를 경험하지 않게 된 것을 감사했다.

오늘 당신이 내린 결정은 다른 사람들의 미래에 영향을 끼칠 것이다. 올바른 결정을 내리라!

열왕기하 21장

악한 왕 아하스는 경건한 히스기야의 아버지였고, 히스기야는 하나님이 55년이라는 통치 기간을 허락해주신 악한 왕 므낫세의 아버지였다. 므낫세 왕은 경건한 요시야의 할아버지였다. 므낫세는 악한 일을 하면서 통치를 시작했지만, 말년에는 회개했다(대하 33:12). 요시야는 일찍 하나님을 찾았지만, 하나님께 불순종하면서 자신의 삶을 마쳤다(대하 35:20 이하).

하나님의 길은 우리의 길과 다르다. 하나님은 자신이 선택하신 대로 자유롭게 일하실 수 있다. 역사 속에서 분명한 패턴들을 볼 수 있다고 주장하는 사람들이나, 하나님의 섭리를 정해진 방식 속에 맞추려는 사람들은 이 사실을 기억해야 한다. 하나님은 불순종하는 사람들을 벌하시고, 자기 백성들의 정당성을 입증해주신다. 그러나 언제나 그런 것이 아니다. 또 우리가 기대할 때마다 늘 그런 것도 아니다. 시편 73편을 묵상하라.

때때로 하나님은 자신의 백성들을 시험하시거나 징계하시기 위해 악한 사람들이 그들을 통치하는 것을 허락하신다. 세상사에 관해 우리가 할 수 있는 일이 거의 없을 때도 있지만, 권세 있는 사람들을 위해 기도하고(딤전 2:1-8), 신실하게 하나님께 순종할 수는 있다(롬 13장).

열왕기하 22장

16살에 요시야는 하나님을 찾고 하나님을 위해 살기 시작했다. 그의 어머니가 그의 삶에 경건한 영향을 미쳤던 것일까? 그의 이름은 '사랑받는'이라는 뜻으로, 하나님이 솔로몬을 부르신 애칭과 매우 비슷했다(삼하 12:25). 대제사장 힐기야는 어린 왕이 하나님을 높일 수 있도록 주의를 기울였다. 경건한 사람들이 미칠 수 있는 영향력을 결코 과소 평가하지 말라.

므낫세는 그의 아버지가 헐어버린 모든 것들을 다시 세웠지만(왕하 21:3), 요시야는 므낫세가 세운 것들을 헐어버렸다(대하 34:3-7). 그러나 그 개혁만으로 백성들이 변화되는 것은 아니다. 회개와 마음의 변화가 있어야 한다. 회개와 마음의 변화는 성전에서 율법을 발견함으로써 시작되었다. (하나님의 말씀을 하나님의 집에서 잃어버린 아이러니를 생각해보라!)

하나님의 말씀이 있는 것은 좋은 일이다. 그러나 하나님의 말씀을 듣는 것이 그보다 더 낫다. 그리고 그보다 더 좋은 것은 하나님의 말씀을 지키는 것이다(약 1:19-25). 왕은 하나님 앞에서 자신을 낮추었고, 하나님은 나라를 보존해주셨다.

신앙 생활을 하면서도 하나님의 말씀을 어딘가에 '잃어버리고' 살아가는 것은 아닌가? 하나님이 여전히 말씀하시는가? 그리고 그 말씀에 순종하고 있는가?

열왕기하 23장

요시야가 개혁을 시작했을 때 성전은 형편없는 상태였다. 제사장들은 하나님의 말씀을 성전에서 잃어버렸고(22:8), 우상 숭배와 관련된 것들이 성전에 쌓여 있었다. 하나님의 진리를 외면할 때 거짓된 것들이 들어와 진리를 대신하는 일이 벌어지기 쉽다. 우리도 때때로 우리의 집과 교회를 깨끗하게 '대청소' 할 필요가 있다!

요시야가 했던 일은 오래전에 선포되었던 예언이 성취된 것이었다(왕상 13:1-5). 하나님의 말씀에 순종하면서 그는 악을 제거하고 선을 실천했다. 유월절을 지킨 것은 백성들에게 그들이 하나님께 속한 백성이며, 악을 그들의 삶 속에서 제거해야 한다는 사실을 상기시켜주었다.

요시야는 교만해졌고, 바로와 맞서 싸웠다(대하 35:20-25). 그 결과 그는 죽임을 당하였고, 결국 유다 왕조의 몰락을 불러왔다. 아마샤도 똑같은 실수를 범했다(왕하 14:9-20).

● 열왕기하 24-25장

므낫세의 죄가 심판을 받게 되었을 때 유다의 악하고 경건하지 못한 지도자들이 유다를 파멸로 이끌어가고 있었다. 결정의 결과들이 즉각 나타나는 것은 아니지만, 결국은 나타나게 된다. 지도자들은 자신들이 내린 결정들에 대해 잊고 있을지 모르지만, 그 결정들은 그들을 잊지 않을 것이다. "너희 죄가 정녕 너희를 찾아낼 줄 알라"(민 32:23). 이것은 분명한 하나님의 말씀이다.

유다는 오랫동안 속에서부터 썩어가고 있었고, 강력한 바벨론 군대와 맞설 힘이 없었다. 왕은 사로잡혔고, 도성과 성전은 파괴되었다. 그리고 백성들은 포로로 잡혀가게 되었다. 사사기 당시에는 하나님이 그들을 그 땅에서 징계하셨다. 그러나 이제 그 땅 밖에서 그들을 징계하실 것이다. 그들이 우상 숭배자처럼 살고 싶어했기 때문에 우상을 숭배하는 사람들과 함께 살게 하실 것이다.

포로로 잡혀갔던 사람들 중에서 솔로몬이 하나님께 드린 기도(왕상 8:46-53)나, 하나님이 솔로몬에게 주신 메시지(왕상 9:1-9)를 기억한 사람이 있었을 것이라 생각하는가?

◆ 하나님께 복종하라 ◆

총독은 유대인들에게 바벨론에서 하나님의 징계에 복종하고 선한 시민이 되어야 한다고 역설했다(왕하 25:24). 선지자 예레미야도 같은 내용의 편지를 그들에게 보냈다(렘 29장). 하나님이 징계하실 때 그 징계에 분개하면서 거부한다면 그것은 사태를 더 악화시킬 뿐이다. 사랑하시는 하나님 아버지의 뜻에 굴복하고, 그분의 목적을 이루실 수 있게 해드려야 한다(히 12:1-11).

역대상·하

1 and 2 Chronicles

이 두 권의 책에 기록된 내용은 사무엘상·하와 열왕기상·하의 내용과 비슷하다. 초점은 다윗과 유다 왕조에 있고, 선지자의 관점에서 역사를 바라보고 있다. 책 서두에서 시작되는 계보는 아담에서 사울까지를 보여주고(대상 1-10장), 다윗의 통치에 관한 이야기가 그 뒤에 이어진다(대상 11-29장). 역대하는 솔로몬의 통치로 시작해서(1-9장), 왕조의 분열과 바벨론 유배에 이르기까지 이어지는 유다 왕조의 왕들을 묘사하고 있다(10-36장).

역대상·하는 포로 생활 이후 귀환한 유대인들에게 중요한 책이었다. 계보는 제사장들에게 특별히 중요했던 지파 간의 관계를 확립해주었다(스 2:59-62). 사람들에게는 경건하게 산 다윗의 본보기가 필요했고, 성전에 대한 강조는 성전을 재건축해야 할 시기가 되었을 때 그들에게 필요한 것이었다. 역대상·하는 변화와 고통의 시기에 다시 일어서려는 사람들을 격려하고 있다.

역대상·하를 읽으면서 사무엘상·하와 열왕기상·하의 참조 구절들에 주목하며, 서로 보완이 되는 구절들을 비교해보는 것도 좋을 것이다.

역대상

1 Chronicles

○ 역대상 1-9장

발음하기도 힘든 생소한 이름들이 아홉 장에 걸쳐 나열된다. 그래서 이야기가 시작되는 곳으로 그냥 뛰어넘고 싶은 유혹을 받기가 쉽다. 그러나 이 장들의 중요성을 잠시 생각해보자.

여기에 기록된 이름들은 이 땅에서 살았던 실제 사람들의 이름이다. 지금은 대부분 다 잊혀졌고, 그들의 이름은 고대 기록 속에 묻혀 있다. 언젠가 우리의 이름들도 문서 어딘가에 기록될 것이다. 역사 속에서는 우리의 이름이 잊혀질 수도 있겠지만, 하늘에서는 결코 잊혀지지 않을 것이다. 당신은 영원이라는 관점을 가지고 살아가고 있는가(요일 2:15-17)? 오늘의 삶을 가치 있게 만들어 가라.

이 이름들이 기록된 것은 그들이 이 땅에 태어났기 때문이다. 예수 그리스도를 믿는 믿음으로 거듭난 사람들의 이름이 기록된 가장 중요한 명부는 하늘에 있다(눅 10:20, 빌 4:3). 당신의 이름도 그 명부에 기록되어 있는가?

이 이름들은 우리가 '평범한 사람들'이라 부르는 사람들의 것이다. 그들 모두가 다 아브라함과 다윗처럼 위대한 믿음의 사람들은 아니었다. 그러나 그들은 모두 이 세상에서 하나님의 계획이 이루어지는 데 중요한 역할을 했다. 우리는 우리 자신을 중요하다고 생각하지 않을 수도 있지만 사실은 그렇지 않다. 하나님의 자녀는 모두 하나님의 마음과 하나님의 계획 속에 자리잡고 있다. 하나님이 우리에게 원하시는 일이 아무리 보잘것없고, 우리 자신이나 다른 사람들에게 인정받을 만한 일이 아니라 할지라도 하나님이 그 일을 맡기실 수 있도록 우리는 준비하고 있어야 한다.

이 이름들은 하나님이 어둡고 악한 세상에 하나님을 증거하기 위해 하나님이 부르신 나라, 유다에 속한 사람들의 이름이다. 그들이 언제나 신실했던 것은 아니다. 그러나 그들을 통해 세상은 살아 계신 유일하신 참 하나님에 대한 증거를 보았다. 그들은 우리에게 하나님의 기록된 말씀을 주었고, 구세주를 주었다. 잠시 멈추어 이스라엘을 인하여 하나님께 감사드리고, "예루살렘을 위하여 평안을 구하라"(시 122:6).

각기 다른 이유들로 인하여 두드러지는 몇몇 이름들이 있다. 아브라함은 이름이 바뀌었다(1:27). 아간은 이스라엘을 괴롭게 한 사람으로 여겨졌다(2:7). 야베스는 슬픈 이름을 가졌지만["내가 수고로이 낳았다"(대상 4:9)], 하나님을 신뢰했기 때문에 그 오명을 극복했다. 르우벤은 죄를 저질러서 장자권을 잃었고, 그 장자권은 요셉의 아들들에게 넘어갔다(5:1). 요셉은 죄를 멀리했기 때문에 하나님을 영화롭게 했다(창 39장). 아버지의 죄는 그 가정의 미래를 바꿀 수 있다.

이 장들을 잘 읽어보라. 우리에게 경고하고, 도전하며, 격려해주는 사람들을 여기저기서 만날 수 있을 것이다.

"(위대한 사람) 같은 것은 없다! 위대한 사람은 우리와 99퍼센트 같은 사람일 뿐이다."

조지 버나드 쇼(George Bernard Shaw)

● 역대상 10장

저자가 사울 왕의 죽음에 초점을 맞추고 있는 동안 그의 삶은 도외시되고 있다. 그는 좋은 출발을 했지만 비극적인 결말을 맞이했다. 그 이유가 13-14절에 기록되어 있다. 그는 하나님께 충실하지 않았고, 하나님의 말씀에 불순종했다.

사무엘상 13-31장에는 점진적인 사울의 퇴보가 기록되어 있다. 그는 하나님보다 앞서 달려나가 제사를 드렸다. 또 아각 왕을 살려두었고, 그 일에 대해 하나님을 속이려 했다. 하나님이 그를 버렸음에도 불구하고, 그는 사무엘과 백성들의 인정을 받고 싶어했다. 다윗을 시기하고 그를 죽이려 했다. 그리고 회개할 수 있도록 하나님이 주신 기회들을 허비해버렸다. 결국 사탄에게 도움을 청했고, 자살로 그의 삶을 마쳤다.

유다 지파가 아니었던 사울은 결코 왕조를 확립할 수 있는 사람이 아니었다(창 49:10). 그러나 그것이 그가 범죄한 이유는 아니었다. 그는 경건한 지도자가 되어 다윗의 길을 준비할 수도 있었다. 그러나 그는 순종하지 않았다. 알렉산더 화이트(Alexander Whyte)는 사울에 대해 언급하면서 "아, 훌륭했지만 참혹하게 난파되어버린 배! 우리에게는 낮은 물가 진흙탕 속에 널려 있는 판자들과 널빤지들만이 보일 뿐이다"라고 묘사했던 토마스 쉐퍼드(Thomas Shepherd)의 말을 인용했다.

○ 역대상 11장

하나님이 특별하게 선택하시고, 특별한 일을 위해 기름을 부으셔서 지도자가 되는 사람들이 있다. 다윗은 그렇게 해서 왕위에 올랐다. 그리고 사울과는 달리 하나님께 충실했다.

또 다윗과 같은 사람들이 최선을 다하도록 격려해주었기 때문에 지도자가 되는 사람들도 있다. 요압은 요새를 점령했기 때문에 군대 장관이 되었고, 다윗의 모든 '용사들'은 장애물을 물리치고 영웅들의 핵심 그룹을 향해 나아갔다. 다윗은 뛰어난 지도자였다. 그러나 혼자서는 아무것도 할 수 없었을 것이다. 우리는 모두 서로를 필요로 한다.

위대함은 종종 큰일보다 작은 일들 속에서 더 많이 드러난다. 참된 지도자는 다른 사람들이 작은 것을 보거나, 또는 아무것도 보지 못하는 곳에서 큰 것을 본다. 다윗은 그릇 속에서 물을 보지 않았다. 대신 그의 갈증을 해소해주기 위해 목숨을 걸었던 사람들의 피를 보았다. 지도자를 감동시키는 것은 어떤 성과나 업적이 아니라 그를 따르는 사람들이 치른 대가다. D. L 무디(D. L. Moody)는 "하나님을 위해 위대한 일을 기꺼이 하려는 사람들은 많다. 그러나 하나님을 위해 작은 일을 하려는 사람들은 거의 없다"라고 말했다. 하나님만이 '작은 일'을 큰일이 되게 할 수 있는 분이시다.

● 역대상 12장

다윗이 그의 성품과 지도력으로 사람들을 끌어당겼던 반면, 사울은 군사로 징병함으로써 사람들을 모았다(삼상 14:52). 실제로 다윗과 가장 가까웠던 사람들 중에는 사울의 지파에 속한 사람들도 있었다! 다윗은 사람들에게서 최선을 끌어냈던 반면, 사울은 최악을 끌어냈다.

예수 그리스도가 오늘날 이 땅에서 군사를 모집하신다면 자격을 갖춘 사람이 얼마나 될 것이라 생각하는가? 예수님은 숙련된 사람들을 찾으신다(2절). 훈련된 사람들(8절)과 물에 들어가기를 두려워하지 않는 사람들(15절)을 찾으신다. 질서를 지키면서 적을 마주 대할 줄 알고(33, 38절), 충성된 마음을 가진 군사들(16-18절)을 원하신다. 그리고 시대를 이해하는 사람들을 필요로 하신다(32절).

당신은 자원하는 지원자인가? 하나님을 위해 기꺼이 자격을 구비하고자 하는가? 승리하는 군대는 하나님의 군대뿐이다. 길버트 K. 체스터튼(Gilbert K. Chesterton)에 의하면 "정말 위대한 사람은 모든 사람이 자신을 위대한 사람이라고 느끼게 만드는 사람이다."

● 역대상 13장

만장일치로 내린 결정이라고 해서 언제나 옳은 것은 아니다. 또 열정이 진리를 확인하는 최고의 기준도 아니다. 언약궤를 되찾아오는 동안 다윗은 복잡한 생각을 하고 있었던 것일까? 하나님을 영화롭게 하면서 동시에 자신을 은근히 높이고 있었던 것일까(3절)? 그럴 수도 있었을 것이다.

한 가지 분명한 것은 다윗이 하나님의 인도하심을 구하기 위해 멈추지 않았다는 사실이다. 행동하기 전에 하나님의 뜻을 구하는 것이 그의 습관이었다. 그러나 이번에는 그렇게 하지 않았다. 레위인이라면 누구라도 그 일을 어떻게 해야 하는지 그에게 말해줄 수 있었을 것이다!

언약궤는 하나님의 보좌였다(시 99:1). 그리고 하나님의 보좌는 사람의 손을 의지하여 보호를 받거나 지원을 받지 않는다. 언약궤가 원래 있어야 하는 대로 레위인들의 어깨 위에 있었다면 웃사는 죽지 않았을 것이다. 처음에 아무리 성공적이라 해도 하나님이 배제된 인간의 방법은 결국 실패하게 될 것이다. 하나님의 일을 어떻게 해야 하는지 알아보아야 하는 때는 장례를 치른 후가 아니라, 그 일을 시작하기 전이다.

ο 역대상 14장

다윗은 실망했다. 그러나 그는 실망 때문에 해야 할 일을 하지 못하게 되는 것을 경계했다. '조금도 실수하지 않는 사람들은 아무것도 이룰 수 없는 사람들뿐이다'라는 말이 있다. 과거의 실수 때문에 현재 해야 할 일들을 하지 못하는 것은 그 실수를 더 부각시킬 뿐이다.

하나님을 섬기고자 할 때 친구들이 도와주고(1절), 하나님이 세워주시며(2절), 적들이 맞서 싸우려 하는 것을(8-17절) 보게 될 것이다. 세우는 것과 싸우는 것은 믿음으로 살아가면서 경험하는 정상적인 일들이다(눅 14:25-33). 성벽을 쌓던 느헤미야의 일꾼들처럼 한 손으로는 일을 하고, 한 손에는 병기를 들고 있어야 한다(느 4:17).

오래된 적을 마주 대하면서 다윗은 두 번 하나님의 뜻을 구했다. 아이 성을 공격할 때의 여호수아와는 달리(수 7장) 다윗은 한 번 효력이 있었다고 해서 또다시 효력이 있을 것이라 생각하지 않았다. 과거의 승리에 의존하는 것은 미래의 패배를 보장하는 확실한 방법이다. 사사기 16장 20-22절을 묵상하라.

ο 역대상 15장

하나님의 일은 성경이 지시하는 대로 하라(Do God's work biblically, 1-15절). 다

윗은 레위인들에게 일을 맡겼다. 그리고 언약궤를 예루살렘으로 옮기기 위해 870명의 레위인들이 하나로 뭉쳤다. 하나님의 방법대로 그 일을 했기 때문에 그들에게는 아무 문제도 없었다.

하나님의 일은 기쁘게 하라(Do God's work joyfully, 16-24절). 그들은 '기쁨으로 여호와를' (시 100:2) 섬겼다. 노래하는 사람들과 악기를 연주하는 사람들이 하나님을 기쁘게 찬양하는 일에 그들의 재능을 모았다(16, 24절). 감사와 찬양을 노래로 표현하는 사람들을 위해 수금과 나팔과 비파와 제금까지 함께 반주에 참여했다.

하나님의 일은 희생적으로 하라(Do God's work sacrificially, 25-26절). 하나님이 받으시기에 합당한 예배와 섬김은 값을 지불한 제단으로부터 나오는 것이어야 한다. 값싼 사역은 하나님을 영화롭게 할 수 없고, 사람들에게 복이 될 수 없는 힘없는 사역이다.

하나님의 일은 열정적으로 하라(Do God's work fervently, 27-29절). 그것은 레위인들이 노래하고, 악기가 연주되고, 사람들이 외치고, 다윗이 하나님을 찬양하도록 백성들을 인도하는 열정적인 행렬이었다. 하나님 앞에서 침묵해야 할 때가 있다. 그러나 하나님이 우리의 찬양을 듣고 싶어하시는 때도 있다. 밴스 해브너(Vance Havner)는 "11시 정각에 예배를 시작해서 12시가 채 되기 전에 예배를 마치는 교회들이 너무 많다"라고 말했다.

● 역대상 16장

찬양하고 축하하는 특별한 시간을 갖는 것은 좋은 일이다. 그러나 그런 경험에 의존해서 살아갈 수는 없다. 하나님과의 만족스런 동행은 매일 하나님께 드리는 예배에 따라 달라진다. 그래서 다윗은 매일 해야 하는 일처럼 항상 예배드릴 수 있도록 아삽과 레위인들에게 그 일을 맡겼다(37절). 제사와 찬양은 그들이 매일 드리는 예배의 일부였다. 그리고 우리도 그래야 한다.

하나님께 초점을 맞추는 것이 중요하다. 다윗은 그가 쓴 특별한 시편들을 통해 그렇게 했다(참조 - 시 96편, 105편). 다윗이 하나님의 일과(8-13절), 하나님의 말씀과(14-22절), 하나님의 경이로움을 - 하나님의 영광과 위대하심과 선하심(23-36절)을 - 백성들에게 상기시키며 '여호와' 라는 이름을 14번이나 사용하였다. 그날의 흥분은 사라졌지만, 감동적인 찬양의 노래는 모든 세대가 하나님을 예배하는 일에 사용할 수 있도록 남아 있게 되었다.

그러나 예배 후 구원을 사람들에게 알리고(23절), 복음이 온 세상에 전파되기 위해 우리 각자의 역할들을 해야 한다는 사실을 기억하라(24, 31절). 윌리엄 템플(William Temple) 대주교는 예배의 본질에 대해 "예배는 하나님의 거룩하심으로 양심을 불러일으키고, 하나님의 진리로 마음을 채우며, 하나님의 아름다우심으로 상상력을 정화하고, 하나님의 사랑에 마음을 열며, 하나님의 목적에 의지를 헌신하는 것이다" 라고 말했다.

● 역대상 17장

나단은 망설임 없이 하나님을 위해 집을 짓는 고귀한 일을 하도록 다윗을 격려했다(삼하 7:3). 나단은 어떻게 그것이 다윗을 향한 하나님의 뜻이라는 것을 알았을까? 선지자의 귀는 하나님의 목소리에 열려 있었고(암 3:7), 다음 날 다윗에게 전달할 말씀을 하나님으로부터 들었다.

이 장에서 10번이나 다윗은 종이라고 불렀다. 종이 주인에게 명령하는 것이 아니라 주인이 종에게 명령한다. 그리고 우리 주님은 얼마나 놀라운 주인이신가! 과거를 돌아보건["내기 너를 취하여"(7절), "너와 함께 있어"(8절)] 또는 미래를 내다보건(하나님이 "내가… 하리니" 라고 10번 말씀하셨다) 우리는 하나님의 선하심과 은혜를 볼 수 있다. 다윗은 하나님의 선하심 앞에서 자신을 낮추고 겸손해졌다.

하나님의 약속들을 아는 것과 그 약속들을 믿음으로 주장하는 것은 별개의 문제다. 어린아이처럼 다윗은 "여호와 앞에 들어가 앉아서" 하나님이 약속하신 자비에 감사를 드리고, "하옵소서!" 라고 말했다. 믿음은 하나님의 약속을 실체로 바꾼다. 그러나 기도하기 전에 하나님을 찬양하는 시간을 먼저 가지라.

○ 역대상 18장

하나님이 함께하셨기 때문에 다윗은 막강한 적들을 물리쳤다. 그러나 다윗은 그것을 전쟁 이상으로 보았다. 하나님을 위해 더 많은 지경을 주장하고, 하나님의 보고(寶庫)를 위해 더 많은 재물을 모을 수 있는 기회로 보았다. 그는 전쟁 너머에 있는 성전을 바라보았다.

다윗은 "내가 하나님의 성전을 건축할 수는 없다 할지라도 적어도 내 아들이 건축할 수 있도록 도울 수는 있을 것이다"라고 생각했다. 한 세대의 승리가 다음 세대의 성전 건축에 도움이 되었다. 다윗은 그가 승리해서 얻은 전리품들과 그가 받은 선물들과 조공들을 하나님께 바쳤다(대상 28장 참조).

이 땅에서 하나님의 일을 세우는 데 도움이 되는 것들을 적들이 우리에게 줄 수 있다. 먼저 전쟁에 이기지 않고도 보물을 얻을 수 있는 기회는 유혹일 뿐이다. 믿음은 적을 이기고 하나님을 위해 전리품을 주장하는 것이다.

◆ 브나야 ◆

구약 성경에 브나야라는 이름을 가진 사람이 최소한 12명은 나온다. 그러나 그 중 가장 매력적인 사람은 역대상 18장 17절이 언급하고 있는 사람이다. 그는 제사장으로 태어났지만(대상 27:5) 군사가 되었고, 다윗의 용사들 중의 한 사람으로 그의 경력을 시작했으며(삼하 23:20-23), 다윗을 개인적으로 경호하는 일을 맡게 되었다. 결국 그는 다윗 군대의 수장이 되었다(왕상 2:35). 비교적 안전하고 편안한 삶을 누릴 수 있었지만, 그는 왕을 섬기기 위해 위험한 군인의 삶을 선택했다. 그는 "눈 올 때에 함정에 내려가서 한 사자를 죽였다"(삼하 23:20). 프랭크 보햄(Frank Boreham)은 "그는 최악의 장소와 최악의 조건 속에서 최악의 적을 만났지만 승리를 거두었다. 얼마나 대단한 사람인가!"라고 말했다.

● 역대하 19장

어떤 사람을 두려워하면서 그 사람을 적으로 생각한다면, 그가 하는 일은 그 무엇도 마음에 들지 않을 것이다. 그 사람의 말이나 행동을 있는 그대로 받아들이는 대신 의심하게 될 것이다. 그래서 그 사람이 무슨 말을 하고 무슨 일을 하건 간에 좋은 것은 아무것도 듣지 못하고, 좋은 것은 아무것도 볼 수 없을 만큼 해로운 독소가 우리 안에 퍼지게 된다(벧전 2:1-3 참조).

하눈은 다윗에게 공공연하게 맞서는 행동을 했다. 암몬 족속이 전쟁 준비를 하고 있는 것을 보았을 때 특히 더 그랬다. 선을 악으로 갚는 사람들의 수중에 있을 때 그리스도인들은 어떻게 해야 하는가?

어떤 행동을 취할 것인지 결정하기 전에 다음 구절들을 먼저 생각하라. "사랑은… 자기의 유익을 구치 아니하며 성내지 아니하며 악한 것을 생각지 아니하며"(고전 13:5), "나는 사랑하나 저희는 도리어 나를 대적하니 나는 기도할 뿐이라"(시 109:4). "아버지여 저희를 사하여 주옵소서 자기의 하는 것을 알지 못함이니이다"(눅 23:34). 마태복음 5장 10-12절과 43-48절도 묵상하라. 그런 다음 그 구절들을 실천할 수 있도록 도와주시기를 하나님께 기도하라. 프란시스 베이컨(Francis Bacon)은 그런 상황에 대해 "복수를 한다면 상대방과 똑같아질 뿐이다. 그러나 너그럽게 넘어가면 그보다 뛰어난 사람이 될 수 있다"라고 말했다.

● 역대상 20장

이 장은 예루살렘을 기웃거리다가 그의 용사 가운데 한 사람이었던 우리아의 아내를 범한 다윗의 범죄에 대해 한 마디도 언급하지 않고 있다. 그러나 그 이야기는 이미 사무엘하에 기록되어 있고, 다시 반복할 필요가 없었다. 그러나 인구 조사를 한 다윗의 죄에 대해서는 21장이 언급하고 있다. 마음의 죄는 육체의 죄보다 더 교활한 것이 될 수 있다(고후 7:1). 육체의 정욕보다 교만 때문에 더 많은 유혹을 받을 수 있다.

요압과 그의 군대가 전쟁에서 승리를 거두기는 했지만, 마지막 승리를 지휘하기 위해 다윗이 적시에 싸움터로 나가 왕관을 요구했다. 그 왕관은 무게가 34킬로그램이나 되는 금관으로 매우 무거웠다. 그러나 모든 금관은 다 무겁다. 지도자가 된다는 것이 쉬운 일이 아니기 때문이다.

다윗은 골리앗을 죽였지만 다른 거인들이 남아 있었다. 그리고 하나님이 그들을 물리칠 수 있도록 하나님의 종을 준비시키셨다. 우리는 다윗과 골리앗의 이야기를 기억하면서 다른 영웅들에 대해서는 잊어버리는 경향이 있다. 그러나 하나님이 그들을 기억하신다.

● 역대상 21장

교만: 다윗과 요압(Pride: David and Joab, 1-6절). 사탄이 지도자들을 공격한다. 지도자들을 위해 기도하는 것은 우리가 마땅히 해야 할 의무다. 사탄은 다윗에게 왕조의 크기를 알아보도록 부추기면서 그의 교만을 자극했다. 다윗은 교만했을 뿐 아니라 고집스러웠다. 그의 그런 태도는 이스라엘을 큰 어려움에 빠지게 했다.

겸손: 다윗과 하나님(Humility: David and the Lord, 7-17절). 자신의 죄를 깨닫게 되었을 때 다윗은 그 죄를 하나님께 자백하고 용서를 받았다. 그러나 그는 여전히 그 죄가 불러온 결과에 대해 책임을 져야 했다(갈 6:7-8). 다윗은 베옷을 입고 재앙을 멈추어주시기를 하나님께 간청했다. 겸손을 보여주는 놀라운 그림이다!

순종: 다윗과 오르난(Obedience: David and Ornan, 18-30절). 참회하고 기도하는 시간에 우리는 하나님의 말씀을 듣게 될 것이다. 갓이 다윗에게 그 말씀을 전했다. 다윗은 재산과 재물을 요구할 수도 있었다. 그러나 그것은 하나님이 기뻐하지 않으실 것이었다. 다윗은 "내가 결단코 상당한 값으로 사리라 내가 여호와께 드리려고 네 물건을 취하지 아니하겠고 값 없이는 번제를 드리지도 아니하리라"(24절)고 말했다. 죄가 발각될 때 빠져나갈 수 있는 쉬운 길을 찾으려 하는가? 십자가에서 우리 죄의 대가를 대신 지불하신 구세주가 그 일을 결코 쉽게 행

하신 것이 아니었다.

역대상 22장

준비(Preparation). 다윗은 "죽기 전에 많이 준비하였다"(5절). 죽을 준비를 한 것이 아니라 성전을 건축할 수 있는 준비를 했다(이 장에서 준비라는 개념이 5번 나타나는 것을 볼 수 있다). 다윗은 오랫동안 그 큰 사업을 준비하면서 건축 자재들을 모았다(3-4절). 그는 전쟁터에서 목숨을 걸고 싸우며 하나님을 위해 전리품들을 요구했다. 그의 명성은 군사로서의 명성이었다. 그러나 그의 마음은 집을 짓는 사람의 마음이었다.

약속(Promise). 다윗은 하나님의 약속을 주장했고, 실제적인 경험이 거의 없는 어린 아들을 격려하기 위해 그 약속을 사용했다. 우리가 하는 일은 하나님을 위한 것이 되어야 한다. 그리고 최선을 다해야 한다.

형통(Prosperity). 여호수아 1장 8절에 기록된 기본적인 원리를 피할 수 없다(11-13절). 하나님의 말씀에 순종하면 하나님이 우리의 일을 형통케 하실 것이다. 다윗은 금과 은을 4천만 톤 이상 모았다. 그러나 하나님의 은총이 없다면 그 모든 재물도 별 가치가 없는 것이었다.

협력자(Partners). 하나님의 일을 혼자 할 수는 없다. 우리에게는 돕는 사람들이 있어야 한다(2, 15, 17-19절). 지도자들과 석수들과 목수들이 모두 성전 건축의 한 부분씩을 맡고 있었고, 그들 모두가 중요했다.

역대상 23-27장

아름답고 호화로운 성전이지만, 그 성전에서 하나님을 영화롭게 하고 하나님의 백성들에게 유익을 주는 사역이 계속 되지 않는다면, 그 성전은 돈을 낭비한 것에 불과하다. 그래서 죽기 전에 다윗은 성전에서 일할 사람들을 조직하고 적절한 지도자들을 세웠다. "모든 것을 적당하게 하고 질서대로 하라"(고전

14:40).

하나님의 일에는 제사장들과 레위인들과 음악하는 사람들과 출납을 담당하는 사람들과 성문지기와 군사들과 관리 등 여러 다양한 사람들의 헌신된 봉사가 요구되었다. 우리 각자는 하나님의 부르심을 받았다. 따라서 우리가 맡은 자리와 우리가 해야 할 일에 충실해야 한다. 교회를 세우는 일에 동참하고, 가장 좋은 것을 하나님께 드려야 한다(마 16:18, 엡 2:19-22).

음악가였던 다윗은 성전 음악이 잘 마련될 수 있도록 특별히 마음을 많이 썼던 것이 분명하다. 하나님이 그에게 훈련되고 숙련된 기술을 가진 사람들을 보내주셨다(25:7). 그러나 그들이 해야 할 일은 그들의 재능을 과시하는 것이 아니라 하나님을 영화롭게 하는 것이었다(25:3). 당신은 하나님을 찬양하면서 하루를 시작하고, 또 하루를 마무리하고 있는가(23:30)?

● 역대상 28-29장

실망한 마음(A disappointed heart, 28:2). 다윗은 하나님의 집을 지을 수 없게 된 것을 불평하는 대신 솔로몬이 그 일을 할 수 있도록 도울 준비를 하기 시작했다. 다윗은 자기 당대를 섬겼고, 또 다음 세대를 섬겼다. 왜냐하면 그는 사리사욕 없이 하나님을 섬겼기 때문이었다. 삶 속에서 실망스러운 일을 만날 때 당신은 그 실망을 어떻게 다루는가?

충성된 마음(A loyal heart, 28:9). 솔로몬은 성전 건축에 필요한 모든 것을 다 가지고 있었다. 그러나 그만이 드릴 수 있는 가장 중요한 것은 하나님을 향한 충성된 마음이었다. 그의 동기는 올바른 것이어야 했다. 그렇지 않으면 그의 일은 복된 것이 될 수 없었다.

관대한 마음(A generous heart, 29:9, 17). 백성들은 왕과 함께 하나님께 아낌없이 드렸다. 물론 우리가 어떤 것을 드린다 해도 그것은 하나님이 먼저 우리에게 주신 것이다(29:11-15). 과거로부터 - 사무엘과 사울과 아브넬로부터 - 온 선물들도 있었다(26:28).

헌신된 마음(A devoted heart, 29:17-18). "심중에 영원히 두어 생각하게 하시고"라는 말은 "충성되고 헌신되게 하시고"라는 뜻이다. 후에 솔로몬의 마음이 하나님을 떠났다(왕상 11:3). 그런 일은 누구에게나 일어날 수 있다. 그러므로 잠언 4장 23절의 말씀에 귀 기울여야 한다. 우리가 하나님께 아낌없이 드려야 하는 이유는 무엇인가? 29장 10-15절에 있는 다윗의 찬양이 그 몇 가지 이유를 말해주고 있다. 하나님은 광대한 분이시기 때문이다(10-12절). 하나님은 영광을 받으시기에 합당한 분이시며(13절), 우리에게 많은 것을 주는 분이시기 때문이다(14절). 또 인생은 짧고 우리는 우리의 삶을 가치 있게 만들어야 하기 때문이다(15절). "하나님의 뜻을 행하는 이는 영원히 거하느니라"(요일 2:17). 이 진리의 말씀 속에서 위로를 얻으라.

역대하

2 Chronicles

○ 역대하 1장

통치자(The ruler). 하나님이 솔로몬을 '심히 창대케' 하셨다(1절). 솔로몬은 나라를 부강하게 할 수 있었다. 그러나 하나님만이 그의 이름을 창대케 하실 수 있는 분이었다. 솔로몬이 자신을 높이려 했다면 하나님이 그를 징계하셨을 것이다(벧전 5:5).

예배자(The worshiper). 솔로몬의 손에는 하나님께 드리는 제물이 가득했다. 그의 귀는 하나님의 말씀을 향해 열려 있었고, 그의 마음은 하나님을 섬기는 일에 헌신되어 있었다. 그의 가장 큰 열망은 백성들을 지혜롭게 섬기는 것이었고, 하나님이 그 열망을 들어주셨다. 하나님께 지혜를 구하고 있는가(약 1:5)?

무역업자(The trader). 솔로몬은 무역에 재능이 있었다. 신명기 17장 16-17절의 경고에도 불구하고 그는 금과 은을 축적했고, 말들의 수를 늘렸다. 다윗은 100대의 병거를 소유했지만(대상 18:4), 그의 아들은 1,300대 이상을 소유했다. 무역은 나라에 부를 가져다주었다. 그러나 그로 인해 솔로몬의 몰락이 시작되었다(왕상 11장). 올리버 골드스미스(Oliver Goldsmith)는 "부가 축적되고 인간이 부패한 곳에서는 병이 떠돌아다니며 쌓인 것을 병들게 한다"고 말했다.

○ 역대하 2-4장

성전과 성막의 설계도는 하나님이 마련해주셨다. 그리고 그 두 사업 모두에 백성들은 그들이 가진 재능으로 기여할 수 있게 되었다. 다만 한 가지 차이점이 있었다. 성막을 짓고 그 기명들을 만들 수 있도록 하나님의 영이 유대인들을 준비시키셨다(출 31장). 그러나 이스라엘 밖에서 온 장인들이 성전 건축을 감독했다. 하나님의 영이 어떤 일을 위해 누구든 준비시키는 일에 실패하신 적이 있는가? 아니면 다른 나라 사람들이 성전 건축에 참여하게 된 것은 이웃 나라들과 강력한 유대를 형성하기 위해 솔로몬이 취한 방법 가운데 하나였는가?

적어도 솔로몬의 동기는 순수했다. 그는 '여호와의 이름을 위하여'(2:1) 성전을 건축했다. 그는 가장 좋은 자재들('순금'과 '정금')을 사용했고, 기초를 튼튼히 했다(3:3). 바울 사도는 고린도전서 3장 10-17절을 쓰면서 솔로몬의 성전을 생각했을 것이다.

하나님 전의 기둥들은(3:17), 다시 말해서 교회들은 하나님을 열심히 섬기는 헌신된 사람들이다(갈 2:9). 당신은 기둥인가? 아니면 다른 사람들을 의지해야 하는 사람인가?

● 역대하 5장

하나님의 보좌가 자리를 잡고(2-10절), 하나님의 영광이 성전을 채울 때까지(13-14절) 아름다운 건물은 비어 있었다. 모세가 성막을 봉헌했을 때 하나님의 영광이 내려왔다(출 40:33-38). 하나님의 영광을 성전으로 불러온 것은 찬양의 노래였다. 하나님의 백성들과 함께 예배드릴 때, 당신이 부르는 찬양이 그 모임에 하나님의 영광을 더 드러나게 하는가?

율법을 기록한 돌판은 여전히 언약궤 속에 들어 있었다(10절). 그러나 만나를 담은 항아리와 아론의 지팡이는 더 이상 그 곳에 없었다(히 9:4). 하나님이 어떤 것들은 일시적인 것이 되게 하신다. 하나님이 일시적인 것으로 만드신 것을 우리가 영원한 것으로 만들려 해서는 안 된다.

다윗은 제사장들과 레위인들을 잘 조직했다. 그러나 거룩한 날에 그들이 예배를 인도할 때는 그 조직 체계가 무시되었다(11절). 하나님의 성령이 우리의 계획과 절차를 무시하시고 하나님의 영광을 새로운 방법으로 드러내시는 때가 있다. 하나님이 그렇게 하실 수 있게 해드리자! 조직 체계를 숭배하려 해서는 안 된다. 우리는 하나님을 예배해야 한다.

역대하 6장

봉헌 연설을 하면서 솔로몬 왕은 다음의 다섯 방향을 바라보았다.

뒤를 돌아보았다(He looked back, 1-11절). 그는 하나님이 성전을 건축하기 위해 그를 선택하셨다는 사실을 상기했다.

위를 바라보았다(He looked up, 12-21절). 그는 다윗과 하신 언약을 하나님이 이루시기를 기도했다. 언약에는 다윗의 자손 예수 그리스도가 다윗의 집을 통해 이 땅에 오시게 될 약속이 포함되어 있었다.

앞을 내다보았다(He looked ahead, 22-31절). 그는 하나님의 백성들이 여러 가지 곤경에 처하게 될 경우 하나님이 그들을 도와주시기를, 특히 그들이 죄를 범하게 될 때 용서해주시기를 기도했다. 성전을 찾거나, 성전을 바라보고 하나님께 기도함으로써 용서를 받게 될 것이다. 이 장에는 기도에 대해 우리가 참조할 내용들이 많이 들어 있다.

주위를 돌아보았다(He looked around, 32-35절). 그는 이방인들을 도와주실 것을 하나님께 부탁했다. 성전은 '만민의 기도하는 집'(사 56:7)이 되어야 했다. 이스라엘이 온 세상을 위한 복의 근원이 되기를 하나님은 바라셨다(창 12:1-3).

내면을 들여다보았다(He looked within, 36-40절). 그는 죄를 범한 이스라엘을 용서해주실 것을 간구하며 그의 기도를 마쳤다. 그의 이 기도는 4세기 후 바벨론으로 끌려가게 된 유대인들에게 매우 뜻깊은 기도가 되었을 것이다.

성전은 사라졌지만 성전을 봉헌한 그날에 대한 기록은 하나님의 백성들을 격려하고, 그들에게 복이 될 수 있도록 남아 있다. 이 장을 다시 읽고 오늘날 우리가 주장할 수 있는 약속들을 살펴보라. 기도를 마무리하면서(41-42절) 솔로몬은 그 자리에 있는 모든 사람들에게, 곧 제사장들과 백성들과 하나님의 기름부음 받은 왕인 자기 자신에게 하나님이 복 주시기를 간청했다. 그러나 하나님이 주시는 복은 그것이 무엇이든 하나님의 자비와 다윗에게 하신 약속으로부터 나오게 될 것이다. 다윗은 성전을 건축하거나 봉헌 예배에 참석할 수 없었다. 그러나 그 자리에 있는 것이나 다를 바 없었다!

● 역대하 7장

불과 영광(Fire and glory). 불은 삼키기 위해 내려왔고, 영광은 거하기 위해 내려왔다. 예배의 시작(대하 5:14)과 끝에 영광이 임했다! 그러나 백성들의 죄를 속하기 위한 제사 없이는 영광도 있을 수 없었다. 이사야는 하나님의 영광을 보았다. 그러나 그가 섬길 수 있기 전에 불을 경험해야 했다(사 6:1-8). 우리들 대부분은 영광을 원한다. 그러나 불은 거부하려 한다.

엎드림과 잔치(Falling and feasting). 하나님의 영광과 능력은 백성들의 무릎을 꿇게 했다. 그러나 예배가 끝났을 때 그들은 잔치를 하며 즐거워했다. 상반된 반응이라 생각하는가? 전혀 그렇지 않다. 우리는 "여호와를 경외함으로 섬기고 떨며 즐거워하게"(시 2:11) 되어 있다. 모세와 존귀한 자들은 "하나님을 보고 먹고 마셨더라"(출 24:11)고 기록되어 있다.

약속과 경고(Promise and warning). 하나님이 우리의 기도를 들으신다는 것을 아는 것은 우리에게 큰 힘이 된다. 하나님은 왕이 구한 것들을 자비롭게 허락해 주셨다. 그러나 "내 자녀들이 순종할 때 이 복을 받게 될 것이다"라는 경고도 덧붙이셨다. 불순종은 징계를 불러오는데, 그것은 하나님이 우리를 미워하시기 때문이 아니라 우리를 사랑하시고, 우리에게 더 많은 복을 주시기 위해서다.

기도는 올라가고 불은 내려온다. 그리고 영광은 거한다. 그 이상 더 무엇을 구할 수 있겠는가?

● 역대하 8장

다윗은 전쟁으로 명성을 얻었고, 솔로몬은 성전 건축으로 명성을 얻었다. 평화의 때가 되었다. 그러므로 성전을 건축할 기회와 자원이 충분했다.

솔로몬이 하나님의 보좌 앞에서 동류로 인정받을 수 없는 이방 여인들과 결혼한 것은 기대에 어긋나는 것이었다. 하나님은 각 가정이 성막이 되길 바라신다(사 4:5-6). 그리고 하나님의 자녀들이 그들과 함께하시는 하나님을 즐거워하길 바라신다(고후 6:14-7:1). 이방 여인들과 결혼하기로 결정하면서 솔로몬은 경건함보다는 정치에 더 많은 마음을 쓰고 있었던 것이 분명하다.

솔로몬이 비록 이런 모순을 보이기는 했지만 그는 공적 예배에 충실했다. 그리고 나라의 부를 계속 증가시켰다. 그러나 백성들은 영적으로 성숙하지 못했다. 알렉산더 화이트(Alexander Whyte)는 "눈에 보이지 않는 벌레 한 마리가 솔로몬이 기대고 있는 왕의 지팡이를 쉬지 않고 갉아먹고 있었다"라고 말했다.

삶에서 가장 중요한 부분은 하나님만이 보시는 부분이다. 당신은 성품을 개발하는 일을 중요하게 생각하는가? 아니면 사람들의 평판에 더 신경을 쓰는가?

● 역대하 9장

부와 지혜가 이 장의 중심 주제다. 금은 16번 언급되었고, 지혜는 6번 언급되었다(NKJV의 경우). 오늘날 대부분의 사람들은 아마도 돈을 더 바라겠지만, 솔로몬 왕에 의하면 지혜가 재물보다 낫다(잠 3:13-15, 8:10-11). 오늘날 사람들은 인생을 가치가 아니라 가격표로 평가하고 있다.

금과 은과 보석을 원한다면 그것들을 찾기 위해 땅을 파야 한다. 쉽게 집어 올릴 수 있도록 땅 위에 놓여 있는 보석은 없다. 지혜를 원한다면 "은을 구하는 것같이 그것을 구하며 감추인 보배를 찾는 것같이 그것을 찾아야 한다"(잠 2:4). 그것은 수고해야 한다는 것을 의미한다! 읽고 묵상하고 기도하고 진리를 실천하기 위해 시간을 내야 한다는 것을 의미한다.

우리가 쉽게 찾을 수 있는 유일한 재료는 나무와 풀과 짚들이다. 그러나 그런 것들은 오래가지 못할 것이다(고전 3:10-15). 일시적인 것을 위해 영원한 것을 희생시키는 것은 어리석은 일이다.

● 역대하 10-11장

연대기 작가는 솔로몬의 배교나 하나님의 경고에 대해(왕상 11-13장) 언급하지 않았다. 그러나 르호보암의 어리석은 행동에 대해서는 기록하고 있다. 당신은 보통 젊은 사람들이라면 왕에게 백성들의 삶을 가볍게 해주라는 조언을 했을 것이라 생각할 수 있다. 왜냐하면 젊은 사람들이란 일반적으로 태평스럽고 무책임하기 때문이다. 그러나 왕의 친구들인 그 젊은 사람들은 그 어떤 짐도 질 필요가 없었다. 그리고 그들의 어리석은 결정은 그들을 더 강한 사람으로 보이도록 만들었다. 그들은 백성들을 돕기 위해 자신들의 권세를 사용하는 대신 그들의 권세를 강화하기 위해 백성들을 이용했다(참조 - 마 23:4, 갈 6:2).

그들이 문제를 일으키고 고통을 야기하기는 했지만, 하나님께로부터 온 분열도 있었다(11:4). 그 이유는 분열 앞에서 백성들은 결정을 내리지 않을 수 없고, 그들이 내린 결정은 그들이 어떤 사람들인지를 드러내주기 때문이다. 제사장들과 레위인들은 이스라엘을 떠나 유다로 갔다. 왜냐하면 그들은 참 성전에서 섬기고 싶었고, 다윗 왕의 계보를 이은 왕의 통치를 받고 싶었기 때문이었다.

그리스도 안에서 이 세상을 통일되게 하는 것이 하나님의 계획이다(엡 1:10). 그리고 그 계획은 인간의 반역에도 불구하고 성공할 것이다. 사탄의 계획은 교란시키는 것이다. 당신은 어느 편을 돕고 있는가?

● 역대하 12장

르호보암은 하나님이나 백성들을 섬기려 하지 않았다. 그래서 그는 결국 애굽을 섬기게 되었다. 하나님은 그가 하나님의 가벼운 멍에와 죄의 무거운 멍에가 어떻게 다른지 알기를 바라셨다(8절, 신 28:47-48). 어렵게 배우는 사람들이 있다. 당신도 그런 사람인가?

우리가 우리 자신을 아무리 강하다고 생각해도 하나님을 저버린다면 우리의 강점은 약점이 될 것이다. 르호보암은 보호받기 위해 방어 공사를 한 그의 성읍들을 의지했다. 그러나 애굽 사람들이 그 성읍들을 모두 빼앗았다. 그의 아들 아비야는 하나님을 의지하고 대승을 거두었다(대하 13:18). 오늘 당신은 무엇을 의지하고 있는가?

그들이 하나님을 버렸기 때문에 솔로몬의 보화는 애굽의 전리품이 되었다.

왕과 장로들은 하나님 앞에서 자신들을 낮추었다. 그러나 그들이 범한 죄의 결과까지 피할 수는 없었다. 하나님이 진노 가운데서 그들의 목숨을 살려주시기는 했지만, 그들이 고통받는 것은 허락하셨다. 알렉산더 맥클라렌(Alexander Maclaren)은 "모든 죄는 잘못일 뿐 아니라 또한 실수다. 그리고 죄인의 비석에는 '너 어리석은 사람아!' 라는 비문이 새겨지는 것이 마땅하다"라고 말했다.

● 역대하 13장

이스라엘 군대에는 전략과 많은 군사가 있었다. 그러나 하나님이 계시지 않았다. 그들은 유다의 군대보다 두 배나 컸다(눅 14:31-32). 그러나 전쟁이 끝났을 때 이스라엘은 50만 명의 군사를 잃었다.

아비야 왕은 "하나님이 우리와 함께하사 우리의 머리가 되시고"(12절)라고 선포했다. 그는 "하나님이 우리를 위하시면 누가 우리를 대적하리요?"(롬 8:31)라고 생각했던 것이 분명하다. 그는 언제나 약속을 지키시는 언약의 하나님을 믿었다(5절). 그는 믿음으로 살았고, 눈에 보이는 것에 좌우되지 않았다.

잠깐 동안 이스라엘이 이기는 것처럼 보였다. 그러나 하나님이 유다에게 승리를 주셨다. 그들의 '비밀 병기'는 - 신실하게 하나님을 섬기는 것은 - 예루살렘으로 돌아갔다(8-11절). 그들은 하나님의 명령을 따랐고, 하나님은 자신의 약속을 지키셨다. 공적인 승리들은 하나님을 섬기는 개인적인 사역들의 결과다. 하나님 앞에서 즐거워하는 사람들은 하나님을 의지할 수 있다.

● 역대하 14-16장

아사는 화려하게 시작했지만, 비참하게 막을 내린 사람들 가운데 한 사람이 되었다. 통치 초기 그는 하나님을 의지했고, 하나님은 그에게 큰 승리를 주셨다. 그후 그는 선지자들의 메시지를 따라 우상들을 제거했고, 백성들에게 하나님을 향한 충성을 새롭게 할 것을 촉구했다. 또 우상을 숭배하는 그의 어머니인 왕비를 폐위시키기까지 했다.

그러나 왕위에서 36년을 보낸 후 그는 하나님을 더 이상 의지하지 않았다. 그는 안전을 보장받기 위해 하나님의 보화를 취해 이방인의 왕에게 주었다! 하나니 선지자가 그의 잘못을 지적했다. 그는 전심으로 하나님을 향하지 않았던 것이다(16:9). 그러나 그는 예전처럼 자신을 낮추고 순종하는 대신 분노하면서 하나님의 말씀과 하나님의 종을 거부했다(약 1:19). 잘못했을 때 우리는 하나님께 저항하는 대신 우리의 잘못을 인정해야 한다. 하나님은 우리의 완고함보다 훨씬 더 강한 분이시다.

하나님이 우리와 함께하신다. 하나님을 찾으라(15:2). 하나님은 기도에 응답하신다. 하나님을 신뢰하라(15:4). 하나님은 신실함을 보상해주신다. 하나님께 순종하라(15:7). 성숙했다고 해서 죄의 힘에서 벗어날 수 있는 것은 아니다. 노아가 술에 취했을 때 그는 성숙한 사람이었다(창 9:20-23). 아브라함이 자기 아내를 누이라고 속이고 거짓말했을 때 그 역시 성숙한 사람이었다(창 12:10 이하). 모세가 화를 냈을 때(민 20장) 그리고 다윗이 간음하고 사람을 죽게 만들었을 때 두 사람 다 경험 많은 지도자였다. 아사의 시체는 각종 향 재료를 가득 채운 상 위에 눕혀졌지만, 그의 이름은 처음처럼 그렇게 향기롭지 못하게 되었다. 잠언 10장 7절과 전도서 7장 1절과 고린도전서 10장 12절을 묵상하라.

○ 역대하 17-18장

여호사밧의 삶은 시편 1편 1-3절에 묘사되어 있다. 그는 옳은 길로 행했고(17:3), 하나님의 도를 즐거워했으며(17:6), 하나님의 말씀을 백성들에게 가르치면서(17:7-9) 그의 직무에 충실했다. 그는 하나님을 경외했다. 그리고 하나님을 경외함으로 인해 보호를 받았다. 하나님을 경외할 때 우리는 아무것도 두려워할 필요가 없다(시 112편).

그러나 여호사밧은 부당한 여인과 결혼했고, 부당한 전쟁에 참여했으며, 그의 삶을 좋지 않게 마무리할 뻔했다. '불경한 사람들의 조언을 따르고' 악인과 자리를 함께하면서(18:9, 시 1:1) 왕은 심각한 어려움에 처한 자신을 보게 되었다. 그는 거짓 선지자들의 말을 듣지 않을 수 없었고, 잘못된 확신을 의지하는 왕과 함께 전쟁에 참여하지 않을 수 없었다.

세상에 순응할 것을 요구하는 압력은 오늘날 더 심하다. 그런 압력에 저항할 수 있는가? 거짓 선지자와 그 메시지를 분별하고 거부하는가? 아니면 그의 '시청각 자료들'과 귀를 즐겁게 하는 그의 메시지에 감동하는가(18:10)? 시편 1편의 마지막 세 구절을 읽으라. 그리고 조심하라!

● 역대하 19장

여호사밧은 하나님이 그에게 자비를 베푸시고 전쟁터에서 그를 보호해주셨기 때문에 안전하게 집으로 돌아오게 되었다. 하나님의 뜻에서 벗어나 위험한 곳에 빠지게 되면 우리는 하나님을 시험한다. 하나님을 시험하고, 우리를 대신해 기적을 행하시도록 강요하는 것은 죄다. 사탄은 주 예수님을 그렇게 시험하려 했다(마 4:5-7).

여호사밧은 하나님의 말씀에 순종하고 하나님의 백성들을 섬기는 일로 되돌아갔다. 그가 다른 사람들의 전쟁에 휩싸여 있는 동안, 그의 백성들은 외면당하고 있었다(아 1:6). 선한 목자처럼 그는 잃어버린 사람들을 찾아 그들을 하나님께로 인도했다(겔 34:1-10). 그리고 정직한 재판관들을 통해 백성들이 보호를 받고, 경건한 제사장들을 통해 섬김을 받을 수 있게 했다.

하나님을 경외하는 것이 강조되어 있음에 주목하라(7, 9절). 여호사밧은 죄를 범했지만 하나님은 그를 용서하셨다. 용서받은 결과는 하나님을 경외하는 것으로 이어져야 한다(시 130:4). 존 칼빈(John Calvin)은 "진정한 경건은… 하나님을 사랑하는 순수하고 참된 열정을 가지고 하나님을 주님으로 존경하고, 하나님의 공의를 따르며, 하나님을 거역하는 것을 죽는 것보다 더 두려워하는 것이다"라고 말했다.

역대하 20장

하나님을 찾으라(Seek the Lord). 큰 문제가 분명하게 드러나는 것을 보게 되면 무엇보다 먼저 하나님을 찾으라. 무슨 뜻인가? 여호사밧과 유다가 했던 것처럼 하라는 뜻이다. 그들은 하나님이 어떤 분이신지(6절), 또 하나님이 과거에 어떤 일을 하셨는지(7절) 그리고 미래에 어떤 일을 하겠다고 말씀하셨는지를(8-9절) 기억했다. 그것은 하나님을 신뢰하고 믿음으로 하나님께 시선을 고정시켰다는 뜻이다(12절).

하나님의 음성에 귀 기울이라(Hear the Lord). 하나님은 도움을 구하며 하나님을 찾는 사람들을 위한 특별한 말씀을 언제나 가지고 계신다. 싸움을 피할 수 없을 때 하나님의 말씀을 읽고 기도하며 많은 시간을 보내라. 하나님이 필요한 격려의 말씀을 주실 것이기 때문이다.

하나님을 찬양하라(Praise the Lord). 그 전쟁은 가장 위험한 곳에 - 두 군대 사이에 - 서서 노래하는 사람들을 통해 승리할 수 있었다. 그들은 하나님을 찬양하는 노래를 부르며 적을 패주시켰다. 합창단은 하나님이 말씀을 주신 후에 노래를 불렀다(19절). 그리고 전투에 나가기 전(21절)과 전투에서 승리를 거둔 후(26-28절)에 노래를 불렀는데, 그것은 우리가 따라야 할 좋은 본보기가 된다.

히브리어로 브라가(Berachah)는 '송축'이라는 뜻이다(26절). 하나님을 어떻게 찬양해야 하는지를 알게 되면 골짜기까지도 축복의 장소가 된다. "기도가 모든 것을 바꾼다"라는 유명한 말은 분명한 사실이다. 그러나 "찬양이 모든 것을 바꾼다"라는 말도 사실이다. 그것은 왜냐하면 참된 찬양은 사람들을 바꾸기 때문이다. 그리고 하나님은 찬양을 통해 또 하나님을 찬양하는 사람들을 통해 일하실 수 있기 때문이다. 참된 찬양에는 기독교 병기고에서 가장 강력한 무기인 믿음과 소망과 사랑이 모두 포함되어 있다.

역대하 21장

하나님은 다윗의 자손들이 유다의 왕위를 계속 유지할 것이라고 하신 약속을 지키셨다. 또 그들이 순종하지 않는다면 그들을 징계하실 것이라고 하신 약속도 지키셨다(삼하 7:12-17). 하나님은 여러 가지 방법으로 여호람을 징계하셨다.

먼저 여호람의 통치는 에돔 족속이 반란을 일으키고, 블레셋 족속이 침입하면서 붕괴하기 시작했다. 립나라는 레위인들의 성읍조차 반란을 일으켰다(10절, 수 21:13). 하나님께 순종하기를 멈출 때부터 인생은 무너지기 시작한다.

엘리야의 편지는 왕에게 경고하고 회개할 기회를 주기 위한 것이었다. 그러나 여호람은 자신의 길을 갔다. 유명한 선지자로부터 편지를 받는다는 것은 얼마나 놀라운 특권인가! 그리고 그 편지를 무가치하게 여긴다는 것은 또 얼마나 비극적인 일인가! 왕은 심한 고통 속에서 죽음을 맞이했고, 아무도 그의 죽음을 슬퍼하지 않았다. 그럼에도 불구하고 그는 위대한 여호사밧의 아들이었다.

사랑으로 경고하는 편지를 받게 된다면 당신은 어떻게 반응할 것인가?

● 역대하 22-23장

타락(Corruption). 영국 시인 새뮤얼 테일러 콜리지(Samuel Taylor Coleridge)는 어머니들을 '살아 있는 가장 거룩한 존재'라고 불렀다. 그러나 아달랴에게는 그 말이 맞지 않을 것이다. 죄를 지으려면 어떻게 해야 하는지를 아들에게 가르치는 어머니를 상상해보라! 그녀는 신약 성경에 나오는 헤로디아의 구약판이었고(마 14:1-12), 경건한 한나와는 정반대였다(삼상 1-2장). 이세벨과 아합의 딸에게서 무엇을 기대할 수 있겠는가? 아달랴는 유다를 통치한 유일한 여성이었고, 그녀의 통치는 악했다.

대관식(Coronation). 그러나 하나님이 다른 여성을, 대제사장의 경건한 아내를 등장시키셨다. 그녀는 갓난아기였던 요아스의 목숨을 구하며 하나님의 뜻을 행했다. 때가 되자 그녀의 남편이 요아스의 대관식을 주관하였고, 아달랴에게 유죄 판결을 내리게 되었다. 군대(23:1)와 왕(23:3)과 하나님(23:16)과 세운 세 언약에 주목하라.

공헌(Contribution). 우리는 다윗을 피해 갈 수 없다! 그는 왕(23:3)과 무기(23:9)

와 성전 조직과 음악(23:18)을 제공해주었다. 그러나 유다가 이전 세대에 살았던 경건한 사람들의 영적 투자로 인한 유익에 의존하면서 얼마나 오랫동안 유지될 수 있었겠는가? 오늘날 하나님의 교회들은 또 얼마나 오랫동안 유지될 수 있겠는가?

ο 역대하 24장

요아스는 훌륭한 일들을 많이 했고, '배우는 사람'이었다. 경건한 여호야다가 곁에 있는 동안 그는 하나님께 순종했고, 성전은 번영을 이루었다. 그러나 대제사장이 죽은 후 왕은 다른 조언자들의 말에 귀를 기울이기 시작했고, 곧 나라는 죄로 물들게 되었다.

우리는 메시지를 전하는 사람에 상관없이 하나님의 말씀에 순종해야 한다. 다른 사람들을 의지한 채 영적으로 깊어지지 못하면 그들이 떠남과 동시에 우리의 영적 생명력도 사라지게 될 것이다. 요아스는 선지자들의 말을 듣지 않았고, 심지어는 선지자 가운데 한 사람을 죽이기까지 했다(19-21절). 하나님이 자신의 백성들을 버리셨고, 군대는 패했으며(24절, 참조 - 신 32:30), 왕은 암살되었다.

경건했던 제사장은 왕들과 함께 묻혔다(16절). 그러나 불경했던 왕은 그렇지 못했다(25절). 요아스는 친구들에게 충실하지 않았고 그들을 마치 원수처럼 대했다(잠 27:6, 10, 17). 그는 하나님께 귀 기울이기를 거부했고, 시작은 좋았다가 비참하게 생을 마친 사람이 되었다. 헨리 포드(Henry Ford)는 "내 가장 친한 친구는 내게서 최선을 이끌어내는 사람이다"라고 말했다.

ο 역대하 25장

아마샤는 신앙 생활에 냉담했고, 하나님께 충성하지 않았다. 승리를 위해 하나님을 신뢰하는 대신 그는 이스라엘 사람들을 고용했다. 그리고 만약 하나님께 순종한다면 돈을 잃을 수도 있을 것이라 생각하며 염려했다! 이익과 손실로 순종을 평가한다면 그것은 믿음으로 사는 것이 아니다(마 6:33). "옳은 것인가?"라고 묻는 대신 "이익이 될까?"라고 묻기 시작한다면 빌립보서 2장 1-11절과 히브리서 11장 24-26절을 읽어보라.

아마샤는 하나님의 뜻에 대해 논쟁했지만 결국은 순종했다. 그러자 군대가 그에게 분노하며 전쟁을 선포했다! 그들은 돈을 받았기 때문에 기뻐하면서 집으로 돌아가야 했다. 그러나 그들은 싸울 기회를 엿보아 전리품까지 획득하고 싶었다. 그런 것이 악한 인간의 마음이다. 아마샤는 돈을 잃었고 당황했다. 군인들은 돈을 벌고도 화를 냈다. 돈은 사람의 마음을 만족시켜주지 않는다.

왕은 하나님의 종을 거부했고, 그를 죽이겠다고 협박했다(15-16절). 그러나 죽은 것은 아마샤 자신이었다. 그는 잘못된 가치를 위해 잘못된 조언을 따르다가 실패하고 죽었다. 하나님은 전심으로 하나님을 섬기고자 하는 일꾼들을 찾으신다(마 6:19-24).

역대하 26장

웃시야가 성공하기 시작한 시점은 그가 하나님을 찾고 하나님의 뜻을 행하고 싶어했을 때였다(5절). 그의 아버지와는 달리 웃시야는 온전히 하나님을 위해 헌신된 사람이었다. 그는 여호수아 1장 8절과 시편 1편 1-3절을 믿고 실천했다.

그러나 그의 교만 때문에 전환기를 맞이하게 되었다(16절). 그의 이름은 널리 알려졌고 강성해졌다(8, 15절). 그리고 하나님이 그를 놀랍게 도와주셨다(7, 15절). 그러나 그는 성공을 잘 다루지 못했다. 하나님의 은총 앞에서 우리 자신을 낮추지 않는다면 결국은 그 은총 때문에 파멸을 피할 수 없게 될 것이다. "사람이 교만하면 낮아지게 되겠고"(잠 29:23, 참조 - 잠 11:2, 16:18).

웃시야는 문둥병에 걸려 격리된 채 살다가 삶을 마쳤다(19-21절). 왕이 된 것만으로는 만족하지 못했던 그는 제사장도 되고 싶었다. 그는 하나님이 설정하신 경계를 존중하지 않았다. 그래서 하나님은 그를 좁은 곳에 갇힌 채 문둥병자로 살게 하셨다. 하나님은 자유를 맡길 수 있는 사람들에게 넓은 곳을 주신다(시

18:16-19).

웃시야는 정욕이라는 불쾌한 죄를 짓지는 않았다. 그러나 그는 영적인 영역에서 죄를 범했다. 손에 향로를 들고 성전 안에서 하나님께 불순종해서는 안 된다. 그러나 만일 그렇게 한다면 엄하게 다루실 하나님을 기대해야 할 것이다.

◆ 교만이라는 위험 ◆

교만 때문에 모세는 화를 냈고, 약속의 땅에 들어갈 수 없었다(민 20:1-13). 교만 때문에 여호수아는 아이 성에서 하나님의 뜻을 구하지 않았고, 결국 전쟁에 패했다(수 7장). 느부갓네살 왕은 교만 때문에 동물처럼 살게 되었다(단 4장). 그리고 베드로는 교만 때문에 그리스도를 부인하였다(눅 22:31-34). 찰스 해돈 스펄전(Charles Haddon Spurgeon)은 "우리가 하나님께 아무리 소중하다 해도 우리 마음에 교만이 자리를 잡게 되면, 하나님이 그 교만을 끄집어내실 것이다. 스스로 높아진 사람들은 하나님의 징계로 다시 낮아져야 한다."

○ 역대하 27장

웃시야는 죄를 범하고 하나님의 징계를 받았다. 그러나 그 한 사건으로 그가 끼친 경건한 영향이 다 무산된 것은 아니었다. 그의 아들 요담은 그의 아버지를 본받기는 했지만, 아버지의 죄는 피했다. 그리고 하나님이 그를 높여주셨다.

요담은 단명하면서 잠깐 통치했지만, 하나님께 신실했다. 중요한 것은 우리가 얼마나 오래 사는지가 아니라 어떻게 사는지다. 역대기에서 요담의 이야기는 아주 짧게 기록되었지만, 요한일서 2장 17절 말씀은 여전히 변함없다.

○ 역대하 28장

웃시야로부터 시작해서 요담으로 이어진 영적 지도력은 아하스에 이르러 사라지게 되었다. 그의 아버지와 할아버지가 보여준 경건한 본보기가 그에게 왜 아무런 유익이 되지 않았는지 의아하다. 아하스는 16살 때부터 왕세자로서 그의 아버지와 함께 4년 동안 섭정했다고 역사가들은 말한다. 아하스는 교만해졌던 것인가? 잘못된 조언을 따랐던 것인가?

아하스는 힌놈의 아들 골짜기에서 암몬 족속의 신 몰렉을 숭배했다. 그는 그 이방인의 제단에 자기 아들을 바치기까지 했다. 아버지가 하나님께 불순종하면 종종 그 자녀들이 가장 심한 고통을 받게 된다. 요시야 왕은 그곳을 쓰레기 더미로 만들었다(왕하 23:10). '게헨나(gehenna)'라는 말은 영원한 심판의 장소, 곧 지옥을 부르는 말에서 파생되었다.

유다는 이스라엘에게 수치스럽게 패배하는 경험을 했다. 그러나 하나님이 간섭하시고, 백성들을 구원하시는 은혜를 베푸셨다. 그날 그 일을 감당한 사람은 왕도 장군도 아니었고, 선지자였다.

회개하고 아버지와 할아버지의 하나님께로 돌아오는 대신 아하스는 승리를 거두는 적국의 신들을 받아들였다. 적이 승리하고 있었기 때문에 그렇게 하는 것이 그에게는 논리적인 것처럼 보였다. 하나님의 말씀을 따르는 대신 그는 실용적인 방식을 따랐다(잠 3:5-6). 당신도 그렇게 하고 있는가? 그것은 위험한 것이다!

역대하 29장

히스기야가 왕이 되었을 때 성전의 상황은 오늘날 교회의 상황들과 별반 다를 바 없었다(7절). 닫힌 문은 하나님께 나아갈 수 없으며 하나님을 예배할 수 없음을 말해주는 것이었다. 히스기야는 우리에게 닫힌 문을 여는 본보기를 보여주었다(계 3:8). 그러나 우리는 그 문을 닫고 있다.

등불은 꺼졌고, 그것은 증인이 없음을 뜻했다(마 5:16). 그리고 향단은 식어 있었다. 그것은 하나님께 올라가는 기도가 없었음을 뜻했다(시 141:2). 제단에는 희생 제물이 없었다(롬 12:1-2). 대신 성전에는 쓰레기가 넘쳐나고 있었다. 나라가 하나님의 은혜 대신 하나님의 진노를 경험하고 있었던 것은 당연한 일이었다.

히스기야의 개혁은 간단했다. 깨끗하게 만들고, 제사를 드리고, 찬양하는 것이었다. 그는 제사장들과 레위인들로부터 시작했다. 왜냐하면 하나님의 종들이 깨끗하지 않다면 하나님이 그들이 하는 일에 복을 주실 수 없기 때문이었다. 그런 다음 제사장들이 성전을 청결케 하고, 제사를 드리며, 하나님을 찬양하는 노래를 불렀다.

그 일은 갑자기 일어났다(36절). 그러나 그 일은 새롭거나 진기한 것은 아니었다. 그저 하나님의 방법으로 돌아가는 것일 뿐이었다(렘 6:16).

역대하 30장

하나님의 성령이 일하실 때 예수 그리스도가 찬양을 받으실 것이다. 그리고 하나님의 백성들이 연합하게 될 것이다. 히스기야는 유월절 절기를 - 하나님의 어린양 예수 그리스도를 묘사하고 있는 절기를 - 다시 지키기 위해 백성들을 불러모았고, 많은 백성들이 한 마음으로 참여했다(12절). 그 얼마나 복된 행사였는가!

영적 지도자들에게 유월절 행사를 지연시킨 책임이 있다는 것은 비극적인 일이었다(3절). 초대를 무시하고 경멸한 백성들이 있었다는 것 또한 너무나 비극적인 일이었다(10절, 마 22:1-14). 그러나 하나님이 풍성한 복을 주시고, 백성들을 치유하시며, 기쁘게 집으로 돌아갈 수 있게 해주신 것은 참으로 놀라운 일이었다(21, 23, 25, 26절). 초대를 거부한 사람들은 특별한 기회를 잃었다!

하나님은 마음을 보신다. 그리고 하나님의 은혜에 참여하기 위한 행사나 의식을 용납하지 않으신다(삼상 15:22, 시 50:7-15, 51:16-17, 호 6:6). 히스기야는 백성들에게 하나님의 말씀을 배우게 했다(22절). 왜냐하면 말씀은 거대한 행사들에 대한 기억이 사라진 후에도 오랫동안 사람들의 마음에 양식이 되고, 삶을 정결하게 만들기 때문이었다. 백성들은 유월절 행사에 참여한 결과 큰 기쁨을 경험했다(26절). 유대인들은 또 예루살렘 성벽을 봉헌하는 예식에서 큰 기쁨을 경험했다(느 12:43). 하나님께로부터 오는 큰 기쁨을 경험한 또 다른 사람들은 동방 박사들(마 2:10)과 사도들(눅 24:52)과 사마리아의 새 신자들(행 8:8)이었다. 복음은 큰 기쁨의 좋은 소식이다(눅 2:10). 그 복음을 다른 사람들에게 전하고 있는가?

● 역대하 31장

하나님과 동행하는 삶을 살게 되면 다음과 같은 새로운 삶의 증거들이 나타난다.

청소(Cleansing). 여호와를 섬기는 삶이 이방 신들을 섬기는 삶과 너무나 오랫동안 혼합되어 있었다. 이제 그런 삶을 청산할 때가 되었다. 백성들은 이방 제단들과 역겨운 우상들을 제거하려는 왕을 거들었다. 결국 나라는 유월절을 지켰고, 유월절 후에 이어지는 한 주는 각 가정을 '대청소'하는 기간으로 삼아야 했다(출 12:15-20).

섬김(Serving). 악을 제거하는 것만으로는 충분하지 않다. 선에 대한 기준을 세우고 강화해야 한다. 왕은 제사장들이 하나님의 율법에 순종하고 성전에서 섬길 수 있도록 했다. 처음부터 제사장들이 충실하게 섬겼다면 백성들이 배교하는 일은 벌어지지 않았을 것이다.

헌금(Giving). 제사장들이 섬겨야 한다면 백성들은 그들을 후원해야 한다. 영적 각성을 보여주는 첫 번째 특징은 하나님이 감동시키신 사람들에게서 나타나는 아량이다. 누구도 강요하거나 설득할 필요도 없다. 헌금은 하나님과 올바른 관계를 맺고 있는 사람들의 마음에서 나오는 것이기 때문이다.

● 역대하 32장

큰 축복 뒤에는 보통 시험이 따른다. 히스기야는 세 번의 시험을 맞이했다.

전쟁(War). 각성기 후에는 나라가 보호를 받았고, 적과의 전쟁을 쉴 수 있었다

(대하 15:15, 20:29-30). 그러나 이번에는 하나님이 적의 침입을 허락하셨다. 하나님이 왕과 백성들의 믿음이 얼마나 깊은지를 확인하기 위해 그들을 시험하셨다. 거대한 신앙 집회에 참석하는 것과 나라가 외세의 침입을 받고 수도가 위협을 당하게 되는 것은 전혀 별개의 문제였다.

질병(Sickness). 히스기야의 병은 개인적인 위기인 동시에 국가적인 위기이기도 했다. 그에게는 왕위를 물려받을 아들이 없었기 때문이었다. 다윗의 집에 왕위에 앉을 사람이 끊어지는 일은 없을 것이라고 하나님이 약속하셨다. 그래서 히스기야는 더 살면서 아들을 얻을 수 있기를 기도했다.

명예(Honor). 히스기야는 외세의 침입과 질병을 견뎌냈다. 그러나 교만에 굴복했다. 그의 생명을 구해주신 하나님께 감사하지 않으면서 그의 교만은 시작되었고, 하나님의 징계조차도 그의 교만을 치유할 수 없었다. 그의 많은 재물과 방문객들의 찬사가 히스기야를 교만하게 만들었고, 하나님은 그의 교만을 다루셔야 했다.

우리는 사탄이 사자로 와서 우리를 삼킬 수 없다면(벧전 5:8) 뱀이 되어 다시 찾아온다는 사실(고후 11:1-3)을 배웠다. 싸우고 있을 때보다 모든 일이 잘 돌아가고 있을 때가 더 위험할 수 있다. 그러므로 깨어 있으라.

● 역대하 33장

므낫세는 그의 아버지가 허물었던 것들을 다시 세웠다. 그리고 다시 세우기 위해 그가 세운 것들을 다시 헐었다(창세기 26장 18절과 비교해보라). 그는 과거를 통해 교훈을 얻지 못했고, 선지자들에게 귀를 기울이지도 않았다. 그래서 그는 하나님이 그에게 보내신 형벌과 함께 살아야 했다. 고통을 경험하면서 힘들게 배우는 사람들이 있다.

므낫세의 회개를 보시고, 그의 기도를 들으시며, 그를 예루살렘으로 다시 돌아가게 하신 하나님은 얼마나 자비로운 분이신가! 그러나 하나님의 용서도 왕의 잘못된 본보기와 그가 나라에 가한 끔찍한 손해를 자동적으로 무효화할 수는 없었다. 죄인이 용서받은 후에도 죄의 결과는 오랫동안 계속될 수 있다(왕하 23:26, 24:3).

하나님은 기꺼이 용서하신다. 그리고 우리는 신속하게 용서를 구해야 한다. 오래 끌면 끌수록 더 많은 손상을 입게 된다. 더 많은 손상을 입게 되면 우리의 죄 때문에 우리 자신뿐만 아니라 다른 사람들이 더 많은 고통을 받게 될 것이다.

● 역대하 34장

성경을 찾으라(Find the Book). 우리에게 있는 가장 큰 보화는 돈이 아니라 하나님의 말씀이다. 그런데 그 말씀이 우리가 쉽게 모을 수 있는 '쓰레기 더미' 속에 버려져 있을 때가 너무 많다. 하나님의 말씀을 소중하게 여기는가(참조 - 시 119:14, 72, 127, 162)? 아니면 어딘가에 '묻어두고' 있는가?

성경을 읽으라(Read the Book). 하나님의 말씀은 박물관에서 사람들의 탄복을 자아내기 위해 전시해두는 유물이 아니다. 이스라엘 백성들은 하나님의 율법을 성전 다락방에 다시 보관해두지 않았다. 대신 그들은 공개적으로 읽고, 하나님의 살아 있는 말씀으로 예우했다.

성경에 순종하라(Obey the Book). 왕은 하나님의 말씀 앞에서 떨며(사 66:2) 즉시 하나님의 메시지를 알렸다. 우리가 성경을 읽고 하나님의 뜻을 구한다면, 언제나 하나님으로부터 오는 새로운 말씀을 들을 수 있다.

성경을 다른 사람들과 나누라(Share the Book). 왕은 백성들이 하나님의 말씀을 들을 수 있도록 그들을 성전에 불러모았다(29-30절). 하나님의 말씀을 받는 사람이 되는 것은 좋은 일이다. 그러나 그 말씀을 다른 사람들에게 전달하고 나누는 사람이 되는 것 역시 좋은 일이다(살전 1:6-10).

성경을 지지하라(Stand for the Word). 왕과 백성들은 하나님과 언약을 세우고 그들의 입장을 공개적으로 밝혔다. 성경의 지식을 배운 결과는 순종과 섬김으로, 즉 말씀하신 하나님을 향한 힘찬 헌신으로 나타나야 한다.

◦ 역대하 35장

과거를 기억함(Remembering the past, 1-19절). 유월절은 애굽에서 구원받은 것을 기억하면서(출 13:1-10) 유대인의 해방을 기념하는 큰 절기다. 요시야는 경건한 히스기야의 본보기를 따르며(대하 30장) 절기를 지켰고, 백성들에게 하나님을 찬양하게 했다. 히스기야 당시처럼 영적 지도자들은 그들에게 맡겨진 일을 하도록 격려받아야 했다. 앞서 나아가야 할 사람들이 길을 막고 서 있는 경우가 너무 많다.

미래를 저당잡힘(Mortgaging the future, 20-27절). 모세 당시 하나님이 애굽인들을 패배시키셨다면 요시야를 위해서도 분명히 그렇게 하실 수 있었다. 그러나 요시야는 하나님의 마음을 구하지 않은 채 유다와는 아무 관계도 없는 전쟁에 끼어들었고, 그 결과 죽음을 맞게 되었다. 하나님께 불순종한다면 변장으로도 보호받을 수 없다(22절, 대하 18:29). 유다는 애굽의 속박으로 되돌아갔다!

요시야가 하나님의 경고에 주의를 기울였다면 유다의 미래가 어떻게 되었을지 궁금하다. 이상하게 들리겠지만, 하나님은 하나님을 알지도 못하는 사람들을 통해서도 말씀하실 수 있다(요 11:49-52).

◦ 역대하 36장

역대하는 성전이 어떻게 건축되었는지를 보여주면서 시작한다. 그리고 하나님의 성전이 왜, 어떻게 파괴되었는지를 보여주면서 끝이 난다.

먼저 적들이 성전 기구들을 약탈해 바벨론에 있는 이방 신전으로 옮겨갔다(7, 19절). 우리는 적들이 그렇게 할 수도 있다고 생각할 수 있다. 그러나 제사장들과 백성들이 성전을 더럽혔을 것이라고는 생각하기가 쉽지 않다(14절)! 느부갓네살이 예루살렘을 바벨론으로 옮겨가는 동안 유다의 지도자들은 바벨론을 예루살렘으로 옮겨왔다!

그리고 성전에서 사람을 죽였다(17절). 하나님은 자신의 백성들을 아끼셨다(15절). 그러나 적들은 조금도 그들을 아끼지 않았다. 백성들은 하나님의 보호하심을 기대하며 성전으로 도망쳤다. 그러나 때는 이미 너무 늦었다. 기도하는 집이 도둑의 소굴이 되어 있었다.

마지막으로 성전은 예레미야가 경고한 대로 파괴되었다(렘 25-26장). 백성들은 안식년을 지키지 않는 것을 비롯해 여러 가지 방법으로 하나님의 말씀에 불순종했다(레 25:1-7, 26:27-35). 남은 것은 심판뿐이었다.

그러나 역대하는 예레미야가 예언했던 대로(렘 29:10) 성전 재건축을 알리며 끝난다. 진노 속에서도 하나님은 자비를 베푸신다(합 3:2).

에스라 & 느헤미야

Ezra & Nehemiah

　기원전 606-605년에 바벨론이 예루살렘 정복을 시작하면서 유다 백성들을 추방시키고, 결국 587-586년에 예루살렘 성과 성전을 파괴했다. 고레스는 538년에 유대인들의 귀환과 성전 재건축을 허락하는 조서를 내렸다. 스룹바벨의 지도 아래에서 거의 5만 명이 귀환했다(스 1-6장). 70년 동안의 포로 생활은 끝이 났고, 어려움과 방해가 있었음에도 불구하고 결국 515년에 성전이 재건축되었다.

　에스라 학사는 458년에 성전 사역을 돕게 될 레위인들을 포함해 약 2천 명의 유대인들과 함께 예루살렘으로 돌아갔다(스 7-10장). 444년 평민이었던 느헤미야가 성벽을 재건하고(느 1-6장) 백성들을 재헌신시키기 위해 예루살렘으로 갔다(느 7-13장).

　귀환한 유대인들은 고난과 치욕의 시기를 경험했다. 그러나 하나님이 그들과 함께하셨다. 에스라서와 느헤미야서는 하나님의 일을 새로 시작하고 수행해나가는 동안, 어떤 반대와 장애에 부딪힌다 해도 하나님을 신뢰해야 한다는 사실을 강조하고 있다. 암울한 시기일 수도 있었지만 하나님은 그들을 인도하시고, 보호하시며, 도우시기 위해 그들과 함께하셨다.

에스라

Ezra

○ 에스라 1-2장

에스라서는 역대하를 마무리하고 있는 내용과 같은 내용으로 시작된다. 그 이유는 하나님의 계획이 끝나지 않았기 때문이었다. 유다는 예레미야의 경고를 무시했다. 그러나 선지자의 말은 현실이 되었다. 하나님은 인간 역사 속에서 일하신다. 나라들이 어떤 일을 하건 하나님의 목적은 이루어질 것이다. 예레미야는 다가올 심판을 경고했다. 그러나 그는 또 회복을 약속했고, 그 약속도 이루어졌다(렘 29:10).

하나님의 말씀에서 왕의 선포로! 고레스는 한 세기 반 전에 예언된 내용을 성취했다(사 44:28). 하나님은 자신의 목적을 이루시기 위해 이방의 왕까지도 사용할 수 있는 분이시다. 세상 지도자들의 말과 행동이 우리를 어지럽게 할 때 하나님이 보좌 위에서 모든 것을 다스리신다는 사실을 기억해야 한다.

포로로 잡혀간 유대인들이 모두 다 파괴된 고향으로 돌아오고 싶어했던 것은 아니었다. 그러나 그들도 바벨론 이웃들이 그랬던 것처럼 다른 사람들이 귀환할 수 있도록 격려하고, 그들의 비용을 분담해주었다(1:4, 6).

귀환 여행은 힘들었고, 돌아온 땅에서의 생활은 고달팠다. 그러나 용감한 유대인들은 하나님의 뜻을 행하기 위해 대가를 지불했다. 과거에 얼마나 비참하게 실패했건 하나님은 다시 시작할 수 있는 기회를 우리에게 주신다.

○ 에스라 3장

하나님이 징계하시는 손을 거두신 후 우리는 어떻게 회복해야 하는가?

예배를 중시하라(Put worship first). 아직 성전이 없었다. 그러나 그렇다고 해서 그들이 제단을 세우고 하나님께 예배드리는 일을 할 수 없었던 것은 아니었다.

그것은 마태복음 6장 33절을 보여주는 한 예다. 그들은 자신들을 위해 그리고 주변에 있는 사람들에게 증거하기 위해 하나님을 섬겨야 했다.

하나님의 선하심을 송축하라(Celebrate God's goodness). 즐거운 감사 축제인 초막절 절기를 드리는 때였다. 생활이 어렵기는 했지만 백성들은 하나님의 말씀에 순종하고 하나님을 찬양했다. 그렇게 하는 것 자체가 이방인들에게 하나의 증거가 되었고, 그들의 마음에도 유익이 되었다. 하나님을 찬양하는 것은 언제나 가능하다.

기초를 세우라(Establish the foundations). 성경은 그들이 성전을 재건하기 위해 알아야 할 필요가 있는 모든 것을 말해주었다. 그리고 그들은 하나님의 계획을 따랐다. 기초는 건축에 있어서 가장 중요한 부분이다. 그것에 의해 규모와 모양, 구조적인 강도까지 결정되기 때문이다. 당신은 삶의 올바른 기초를 가지고 있는가?

미래를 바라보라(Look to the future). 나이든 사람들은 과거를 돌아보며 슬퍼했다. 그러나 젊은이들은 앞을 내다보며 즐거워했다. 눈물과 환호, 오늘날 가정과 교회에서 벌어지는 현상과 크게 다르지 않다. 사람들은 힘을 모아 협력할 수 있었다. 그러나 함께 하나님을 찬양하지는 못했다. 과거에 초점을 맞추고 있다면, 그것은 영광스러운 미래를 스스로 잃어버리는 것이다(빌 3:12-14).

◆ **미래** ◆

우리가 과거를 바꿀 수는 없지만, 과거가 우리를 바꿀 수는 있다. 그리고 좋게 바꿀 수도 있고 나쁘게 바꿀 수도 있다. 그것은 우리가 과거를 어떻게 바라보는지에 따라 달라진다. 과거는 우리의 방향을 바꾸는 방향키가 될 수도 있고, 우리의 항해를 방해하는 닻이 될 수도 있다. 과거의 실수들을 하나님께 맡기고 믿음으로 미래를 바라보라.

○ 에스라 4장

하나님이 복을 주시자마자 적들이 싸움을 걸기 시작했다. 사탄은 파괴자다. 그리고 하나님의 백성들이 연합하면 사탄은 노를 발한다. 사탄에게는 그가 좋아하는 다음 세 개의 무기가 있다.

협력(Cooperation, 1-3절). 그들은 앗수르가 이스라엘에 이주시킨 이방인들과 결혼한 유대인들의 후손들이었다(왕하 17:24 이하). '중다한 잡족'은 유대인들을 타락시켰고, 그들의 일을 방해했다(출 12:38, 민 11:4). 자원하는 사람들을 경계하라. 그들은 적을 위해 일하는 사람들일 수도 있기 때문이다!

협박(Intimidation, 4-5절). 낙심과 두려움은 사탄이 효과적으로 사용하는 무기다. 특히 상황이 어려울 때는 더욱 그렇다. 두려움을 느끼게 된다면 이사야 12장 2절을 의지하라.

법(Legislation, 6-24절). 세상 사람들은 하나님의 일을 방해하기 위해 '공권력'을 사용하려 할 것이다. 그들의 관점에서 예루살렘은 반역하는 도시였고, 왕은 분명히 세금에 관심이 많았을 것이다. 그 전술은 효과가 있었고, 건축은 중단되었다.

그러나 여전히 하나님이 일하셨다!

"두려워할 필요가 없다. 하나님이 정하신 윤리적 경계를 지킨다면, 우리는 '하나님이 나의 도움이시다'라고 담대하게 말할 수 있다."

오스왈드 챔버스(Oswald Chambers)

○ 에스라 5-6장

4장 24절과 5장 1절 사이에는 약 15년 정도의 간격이 있다. 그 동안 하나님이 성전 재건을 다시 시작하게 하시고, 힘을 더해주시기 위해 선지자 두 사람을 준비시키셨다. 하나님의 말씀으로 시작된 일이었고(스 1:1), 하나님의 말씀만이 그 일을 계속하게 하며, 마칠 수 있었다(갈 3:3). 일을 이루고자 하실 때 하나님은 말씀과 함께 자신의 종들을 보내시는데, 그것은 하나님 말씀의 능력을 방해할 수 있는 것은 우리의 불신앙 외에는 없기 때문이다. 이방 나라의 왕이라 할지라도 하나님의 말씀 앞에서는 엎드려야 한다!

하나님의 말씀이 우리와 함께하고, 하나님의 눈이 우리를 지켜보실 때(5:5) 우리가 하는 일은 형통할 것이다(6:14, 참조 - 수 1:8, 시 1:1-3). 하나님의 백성들이 하나님의 말씀에 유의하고, 하나님이 그들에게 하라고 말씀하신 일을 할 때 부흥이 일어난다. 격려하고 책망하는 학개 선지자의 설교들을 읽고, 부흥을 위한 진정한 설교가 어떤 것인지를 살펴보라. 그 설교들이 지금 우리들에게도 격려와 책망이 되고 있는가?

성전 재건은 기쁨과 눈물이 뒤섞여 시작되었다(3:8-13). 그러나 마칠 때는 모든 백성들이 기뻐했다(6:16-22). 전통적인 절기들은 새로운 기쁨을 가져다주었다. 왜냐하면 그것은 하나님이 그분의 백성들을 위해 해주신 일들을 상기시켜주었기 때문이었다.

● 에스라 7-8장

성전이 완성된 시기와 에스라가 돌아온 시기 사이에는 약 57년이라는 간격이 있었다. 애석하게도 백성들은 죄에 빠졌고, 그들을 하나님께로 되돌리는 것이 에스라가 할 일이었다. 이 두 장에서는 손이 강조되어 있다.

하나님의 손(God's hand). 에스라는 천부적인 재능이 있는 사람이었다(7:10). 그러나 그는 하나님의 손이 그와 그리고 그와 함께 귀환하는 사람들에게 임하기 전까지는 아무것도 할 수 없었다. 하나님의 손은 돕는 손이고(7:6, 8:18), 보호하는 손이며(8:22, 31), 힘을 주는 손이고(7:28), 인도하는 손이다(7:9).

에스라의 손(Ezra's hand, 7:14). 하나님의 말씀이 에스라의 손뿐 아니라 에스라의 마음에도 있었다(7:10). 그리고 백성들에게 필요한 것도 하나님의 말씀이었다. 하나님의 말씀이 없이는 정결케 되는 것도, 회복함도 있을 수 없었다.

✦ 균형 잡힌 삶 ✦

에스라 7장 10절에 의하면 에스라는 하나님의 말씀을 공부하고, 그 말씀에 순종하며, 그 말씀을 가르쳤다. 그는 예수님이 마태복음 13장 52절에서 말씀하신 사람과 같은 사람이었다. 그는 학생이었고(배우고), 제자였으며(실천하고), 가장(나누는)이었다. 균형 잡힌 삶을 사는 것은 매우 중요하다.

유대인의 손(The Jew's hands, 8:26, 33). 귀환하면서 백성들의 손은 하나님의 보화를 성전까지 성실하게 옮겼다. 하나님을 만날 때 우리는 하나님이 우리에게 주신 것들을 얼마나 신실하게 다루었는지 평가받게 될 것이다. "삼가 지키라"고 한 8장 29절을 마음에 새기라.

○ 에스라 9장

충격(Astonished, 1-4절). 남은 유대인들은 적어도 세 가지 이유 때문에 결혼에 대한 하나님의 말씀에 순종해야 했다. 무엇보다 하나님이 귀환이라는 선을 베푸셨기 때문이었다. 그리고 바벨론에서 하나님의 징계를 받으며 그들은 과거를 통해 타협이 불러오는 결과가 어떤 것인지를 알게 되었기 때문이었다. 에스라가 슬퍼하며 기막혀 한 것은 당연한 것이었다.

수치(Ashamed, 5-9절). 에스라는 백성들의 곤경을 보여주기 위해 몇 가지 형상들을 사용하였다. 그들은 그들의 죄 때문에 물에 익사하는 사람들과 같았다(6절). 그러면서도 그들은 계속 죄를 범하고 있었다. 그들은 또 죄의 끔찍한 침략에 맞서는 성벽처럼 섬겨야 하는 남은 자들로서(9절), 마치 큰 미래가 걸려 있는 작은 못과 같았다(8절). 그들이 오염된다면 어떻게 메시아가 그들을 통해 탄생하실 수 있겠는가(2절)?

경고(Alarmed, 10-15절). 하나님이 말씀하셨지만, 그들은 순종하지 않았다. 하나님이 은혜를 베푸셨지만(8절), 그들은 감사하지 않았다. 하나님이 징벌을 거두셨지만(13절, 시 103:10), 그들은 그것을 이용하려 했다. 이제 하나님이 하실 수 있는 것은 그들을 더 엄하게 벌하시는 것뿐이었다.

에스라는 떨며(4절), 무릎을 꿇고(5절), 머리를 숙이며(6절) 기도했다. 하나님 앞에 설 수 있는 사람은 아무도 없기 때문이었다(15절, 시 130:3).

○ 에스라 10장

상황이 암담해 보일 때에도 언제나 희망의 광선은 있다. 스가냐는 백성들에게 그들의 죄를 자백하고 하나님의 말씀에 순종할 것을 격려했다. 그는 아마도 출애굽기 34장 6-7절과 이사야 55장 6-7절 그리고 예레미야 3장 11-13절에 기록된 하나님의 약속들을 기억했을 것이다. 오늘날 신자들은 요한일서 1장 9절 말씀을 의지한다.

그러나 자백이 입에서만 나오는 습관적인 것이 되어서는 안 된다. 우리는 하나님의 말씀 앞에서 떨며(스 9:4, 10:3, 사 66:2), 진심으로 통회하는 마음을 가지고 하나님께 나아가야 한다(시 51:16-17). 에스라는 죄를 범한 백성들과 자신을 동일시했기 때문에 금식하며 기도했다. 에스라 9장 6-15절에 나오는 대명사들에 주목하라.

모든 사람이 다 순종하기로 동의한 것은 아니었다(15절). 그러나 에스라를 따르기로 한 사람들은 그들의 죄를 공개적으로 자백하고, 제물을 드리며, 이방인 아내와 자녀들을 내쫓았다. 그것은 고통스러운 일이었다. 그러나 나라를 순수하게 지키기 위해서는 그렇게 하는 수밖에 없었다(마 18:7-9). 죄를 다룰 수 있는 쉬운 방법은 없다.

◆ 우리의 소망 ◆

하나님의 백성들은 구원(롬 5:1-2)과 고난(롬 5:3)과 하나님의 말씀(롬 15:4)과 하나님의 성령(롬 15:13) 때문에 소망을 가질 수 있다. 물론 예수 그리스도의 부활이 없다면 그 어떤 소망도 없을 것이다(벧전 1:3). 예수 그리스도가 우리의 소망이시다(딤전 1:1).

느헤미야

Nehemiah

○ 느헤미야 1장

커다란 곤궁(Great distress, 1-3절). 느헤미야는 왕의 술 관원으로서 안전한 삶과 명성을 누리고 있었다. 그래서 수백 킬로미터나 떨어진 곳에 살고 있는 사람들의 필요에 대해 그가 굳이 알아야 할 필요는 없었다. 그러나 그는 예루살렘을 사랑했고, 동족들의 복리에 관심을 가지고 있었다(렘 15:5). 다른 사람들이 고통받고 있다는 사실을 알게 될 때 당신은 어떤 반응을 보이는가?

크신 하나님(A great God, 4-9절). 느헤미야는 기도의 사람이었다. 이 책에서 그의 기도가 10번이나 나오는 것을 볼 수 있다(1:4 이하, 2:4, 4:4, 5:19, 6:9, 14, 13:14, 22, 29, 31). 그는 약속을 지키시고, 죄를 용서하시며, 백성들이 그분을 부를 때 도우시는 크신 하나님을 믿었다(1:5, 4:14, 8:6, 9:32). 에스라처럼 그도 동족들의 죄와 슬픔을 자신의 것으로 삼았다(스 9:5 이하).

> ### ◆ 변화를 일으킬 수 있다 ◆
>
> 하나님의 백성들이 곤경에 빠져 있었다(느 1:3, 2:17, 5:9, 6:13). 예루살렘 성은 더 이상 아름답지 않았고(시 50:2), 유대인들에게는 더 이상 아무 힘도 없었다. 그러나 한 사람이 변화를 일으켰다! 느헤미야는 큰 환난에 처한 유대인들이(느 1:3) 크게 기뻐할 수 있도록 그들을 이끌었다(12:43). 하나님은 하나님의 일을 하기 위해 기꺼이 희생하려는 사람들을 지금도 찾고 계신다. 당신도 하나님이 찾으시는 그런 사람인가?

큰 능력(Great power, 10-11절). 느헤미야는 울고 기도만 한 것이 아니었다. 그는 하나님이 그를 사용하실 수 있도록 해드렸다. 그는 자신을 통해 그리고 자신 안에서 일하시는 하나님의 큰 능력을 의지했다(엡 3:20-21). 그는 기도가 응답되는 것만으로 만족하지 않았다. 그는 자신이 기도에 대한 응답이 되고자 했다. 하나님이 최근에 어떤 사람의 기도 응답이 될 수 있도록 당신을 사용하신 적이 있는가?

느헤미야 2장

기다림(Waiting). 느헤미야는 하던 일을 갑자기 그만두고 예루살렘으로 급히 달려가지 않았다. 그는 하나님의 때에 왕에게 나아갈 수 있기를 기다리면서 4개월 동안 성실하게 일하면서 기도했다. 기다리는 것이 일하는 것보다 훨씬 더 어려운 일이 될 수도 있다. 그러나 하나님보다 앞서 급히 달려나가는 것은 위험한 일이다.

기도(Praying). 느헤미야의 '전보 기도(telegraph prayers)'가 효과가 있었던 것은 그가 그 동안 혼자 하나님과 많은 시간을 보냈기 때문이다. 하늘에 있는 은혜의 보좌는 땅에 있는 그 어떤 보좌보다 더 큰 권세를 가지고 있다(엡 1:15-23). 일상생활 속에서 하나님과 이야기하는 습관을 가지고 있는가?

설명(Explaining). 느헤미야는 자신의 일을 신중하게 계획했다. 그래서 그는 왕이 만족할 수 있는 대답을 할 수 있었다. 기도와 관심으로만 멈추지 말고 분명한 생각과 적절한 계획을 준비해야 한다.

준비(Preparing). 느헤미야는 "믿는 자는 누구라도 급하게 행동하지 않을 것이다"는 조언에 유의했다(사 28:16 참조). 그는 지도자들을 세우기 전에 먼저 어떤 필요들이 있는지를 직접 알아보았다(11절, 스 8:32). 헌신된 지도자들은 다른 사람들이 자고 있을 때에도 자지 않는다. 그리고 그들은 어두운 곳에서도 다른 사람들이 밝은 곳에서 보는 것보다 더 많이 본다(잠 20:18).

느헤미야 3장

일꾼들은 건축하고 중수하는(이 단어는 40번 사용되었음, NKJV의 경우) 일을 했는데(8절), 그것은 오늘날 교회에서도 해야 할 일들이다. 성벽과 성문들은 백성들과 도성의 아름다움을 지키고 보호하기 위해 중요한 것이었다.

일할 마음을 가진 모든 사람들이 - 제사장들(1절)과 통치자들(12-19절)과 장인들(8절)과 헌신된 여성들(12절)이 - 각기 맡아 할 일들이 있었다. 하나님은 때때로 우리를 도와주시려고 외부에서 사람들을 데려오기도 하신다(2, 5, 7절) 또 기꺼이 맡은 일 이상을 하려는 사람들도 생겨나게 된다(11, 19, 21절). 중요한 것은 그들이 하나님을 섬기면서 서로 협력했다는 사실이다. 그러나 몇몇 지도자들을 포함해서 아무 일도 하지 않으려는 사람들이 있다 해도(5절) 놀라지 말라. 계속 일을 진행해 나아가라!

일을 시작하기 가장 좋은 곳은 우리 각자의 가정이다(10, 23, 28절). 우리가 가정에서 먼저 하나님을 섬긴다면, 하나님의 사역에서 큰 변화를 일으킬 수 있다!

◆ 누가 일하는가? ◆

일이 잘 진행되도록 돕는 건설적인 사람들도 있고, 또 허물어내리기에 바쁜 파괴적인 사람들도 있다. 또 일하는 사람들에게 문제를 일으키며 방해하는 사람들도 있다. 당신은 어떤 부류에 속한 사람인가?

● 느헤미야 4장

적은 우리가 무엇을 하고 있는지 알고 있다 그리고 망설이지 않고 우리와 씨우려 할 것이다. 반대를 예상하고 준비하라. 적이 사용하는 그리고 사용하게 될 다음 무기들에 주목하라.

조롱(Mockery, 1-6절). 적은 우리가 하는 일이 중요하지 않다고 우리가 생각하기를 바란다. 그리고 그 일을 할 만한 힘이 우리에게는 없다고 생각하거나, 일을 마친다 해도 그리 오래 가지 못할 것이라고 생각하기를 바란다. 다시 말해서 그는 우리가 하는 일은 아무 가치도 없는 것이라고 생각하면서 우리가 포기하기를 바란다. 그러므로 우리가 하는 일은 하나님의 일이며, 따라서 중요한 일이라는 사실을 기억하라(19절, 6:3). 지극히 크신 하나님을 항상 바라보라(14절, 1:5, 10).

협박(Threats, 7-9절). 우리를 놀리는 데 실패한 원수는 우리를 놀래주려고 할 것이다. 유대인들은 에베소서 6장 10-18절을 실천했다. 그들은 무장을 했다. 그리고 기도하면서 일을 계속 진행했다.

두려움(Fear, 10-23절). 성 밖에 사는 유대인들은 적의 계획에 관한 무시무시한 이야기들을 가지고 성 안으로 들어왔다. 하나님의 위대하심은 우리가 다른 사람으로 인한 두려움을 극복하도록 도와주신다(14절). 이에 더하여 희생을 치른다 할지라도 일을 계속하려는 우리 자신의 의지 또한 필요하다.

> ◆ **"경계하며 기도하라!"** ◆
>
> 이 말은 적의 동태를 살피는 동시에 하나님을 신뢰하라는 뜻이다. 그렇게 하는 것이 그리스도의 재림을 준비하고(막 13:33), 유혹(막 14:38)과 사탄(엡 6:18)을 물리치고 승리할 수 있는 방법이다. 그리고 사역의 문을 열고 그 기회를 가장 잘 활용하는 방법이 되기도 한다(골 4:2-6).

● 느헤미야 5장

이제 적은 내부로부터 공격을 가하기 시작했고, 느헤미야는 자기 동족들의 이기심과 탐심을 다루어야 했다. 부유한 유대인들이 기근과 경제적 위기를 이용해 자기 동족을 착취했다(학 1:7-11). 느헤미야는 그런 그들에게 어떤 반응을 보였는가?

분노(Anger, 6절). 죄에 대한 의분 그 자체는 죄가 되지 않는다(엡 4:26). 비록 사람들에게 화를 내지 않는 것이 어렵지만, 그럼에도 우리는 그들이 어떤 사람들인지보다는 그들이 무슨 일을 했는지에 초점을 맞추어야 한다(참조 - 출 32:19, 막 3:5). 분노하지 않는 사람은 용기와 확신이 없는 사람일 수도 있다.

"벌컥 화를 내기는 쉽다. 누구나 그렇게 할 수 있다. 그러나 적절한 때에 적절한 사람이나 적절한 대상에게 적절한 방법으로 적당하게 화를 낸다는 것은 쉬운 일이 아니다. 그것은 누구나 할 수 있는 일이 아니다."

아리스토텔레스(Aristotle)

신중(Deliberation, 7절). 먼저 깊이 생각하지 않은 채 지휘하고 통솔하는 것은 느헤미야의 방식이 아니었다(잠 18:13, 29:22). 그가 하나님의 지혜를 구하기 위해 기도한 것은 의심의 여지가 없다.

결단(Resolution, 7-13절). 느헤미야는 일단 할 일을 정한 후에는 반드시 그렇게 했다! 그는 그들의 사랑(7절에서 '형제'라는 말을 사용)과 하나님의 말씀에 대한 그들의 헌신에 호소했다(출 22:25). 그는 그들에게 하나님을 경외할 것과 적에게 증인이 되어야 할 것을 상기시켜주었다(9절).

귀감(Example, 14-19절). 느헤미야가 이타적이고 희생적인 사람이 아니었다면 그는 그렇게 호소할 수 없었을 것이다(마 7:1-5). 그는 아낌없이 백성들을 도왔고, 총독이라는 그의 지위를 이용하려 하지 않았다. 깨끗한 양심은 하나님의 손에 들려 있는 강력한 무기다.

● 느헤미야 6장

하나님의 백성들이 서로에게 죄를 범하고 있는 한 적들은 안심한다. 그러나 죄를 다루기 시작하면 곧바로 적들이 다시 공격을 시작한다. 적들이 사용하는 무기에는 다음과 같은 것들이 있다.

교활(Guile, 1-4절). 적이 미소를 지으며 포옹하려고 두 팔을 벌릴 때 조심하라! 우리의 증거를 손상시키고(고후 6:14-7:1), 하나님이 우리를 부르시고 맡기신 큰 일을 두고 떠나게 만드는 초대에 결코 응해서는 안 된다.

> ### ✦ 가야 할 길을 계속 가라 ✦
>
> 참된 지도자는 자신이 맡은 일을 유기하지 않는다. 그러나 삯꾼은 어려움이 닥치면 줄행랑을 친다(잠 28:1). 적은 예수님을 도망치게 만들려 했다. 그러나 예수님은 진로를 변경하지 않으셨다(눅 13:31-33). 바울 사도는 고난을 받게 될 것을 알고도(행 20:22-24, 21:13) 자신의 길을 계속 갔다. 죄와 유혹으로부터는 항상 도망쳐야 하지만(창 39:12, 고전 6:18, 딤전 6:11, 딤후 2:22), 맡은 자리에서는 결코 도망치지 말아야 한다.

고발(Accusation, 5-9절). 사탄은 거짓말쟁이고 또 참소하는 자다(계 12:10). 그는 하나님의 종들을 중상모략하려 한다(욥 1:6 이하). 우리가 깨끗한 양심을 가지고(행 24:16) 어떻게 기도해야 하는지 알 때 사탄의 이 무기는 우리를 두렵게 하거나, 우리의 일을 중단시키지 못할 것이다.

두려움(Fear, 10-19절). 예수님께 가룟 유다가 있었듯이, 느헤미야에게는 스마야가 있었다. 스마야는 느헤미야를 섬뜩하게 하는 소식을 전하려 했다. 또 가족들 중에서도 느헤미야의 일에 반대하기 위한 정보를 제공하는 사람들도 있었다(17-19절). 그러나 느헤미야는 참 목자였고, 고용된 삯꾼이 아니었다(13절, 요 10:11-15). 그는 도망치지 않았다. 성벽 재건은 52일 만에 완성되었고, 하나님이 영광을 받으셨다.

○ 느헤미야 7-8장

하나님의 성(The city of God). 모든 가정과 사역에는 문지기와 파수꾼이 필요하다. 왜냐하면 모든 일을 마친 후 적으로부터 보호를 받아야 할 필요가 있기 때문이다(요이 8절). 우리에게도 용기와 충성된 마음을 가진 지도자들이 필요하다. 왜냐하면 계속 싸워야 할 전투가 있기 때문이다!

하나님의 백성(The people of God). 처음에 귀환한 사람들에 대한 기록은 느헤미야가 예루살렘 도성의 시민을 결정하는 데 도움이 되었다. 왜냐하면 그는 '중다한 잡족'이 들어와 문제를 야기하는 것을 원하지 않았기 때문이었다. 그리스도인의 삶 속에서 가장 힘든 일 가운데 하나는 믿음과 교제의 순수성을 유지하는 것이다.

하나님의 말씀(The Word of God). 느헤미야가 기원전 444년 예루살렘에 도착했을 때 에스라는 이미 그곳에서 하나님의 율법을 백성들에게 가르치고 있었다. 재건 사업이 완성되자 에스라는 초막절에 대대적인 '성경 총회'를 열었다. 8장에는 '율법책'(1, 3, 5, 8, 18절)이 강조되어 있다. 하나님의 말씀을 펴자 백성들은 자리에서 일어나(5절) 낭독되는 말씀에 귀를 기울이고, 그 설명을 이해하고 깨닫기 위해 노력하면서(2-3, 7-8, 12-13절) 하나님의 말씀에 대한 경의를 표했다. 그들은 말씀을 깨닫고(12절) 순종하면서(17절, 약 1:25) 기뻐했다.

○ 느헤미야 9장

초막절은 기쁜 축제의 기간이었다. 초막절이 끝난 후에도 백성들은 하나님의 말씀을 듣고, 죄를 자백하며, 하나님을 찬양하기 위해 하루를 더 머물렀다. 하나님의 말씀이 우리의 죄와 하나님의 용서하심을 보여주고, 자백은 용서를 불러오며, 용서는 찬양으로 이어지는 것이 바로 균형 잡힌 사역이다.

백성들은 말씀을 듣기 위해 일어섰고(8:5), 합창단은 일어나서 하나님을 송축하도록 백성들을 격려했다(5절). 하나님은 창조의 하나님이시고(6절), 언약의 하나님이시며(7-8절), 구원의 하나님이시다(9-15절). 하나님은 자신의 백성들을 오래 참으시고, 그들이 자신의 명령에 불순종할 때에도 그들의 필요를 채워주는 분이시다(16-31절). 찬양은 하나님과 언약을 맺는 백성들로 끝이 났다(32-38절).

찬양은 이스라엘 백성들을 위해 하나님이 행하신 일들을 아름답게 요약하고 있다. 하나님이 그들을 인도하여 내시고(7절), 통과하게 하시며(11절), 약속하신 곳에 이르게 하시고(23절), 대적의 손에서 구원하셨다(27절). 또한 이스라엘의 죄에 대해서도 분명하게 기록하고 있다! 그러나 하나님은 과거를 물어주실 수 있도록 그리고 새로 시작할 수 있도록 그분의 백성들을 초대하신다.

● 느헤미야 10-11장

절기 행사에 참여하고, 하나님을 찬양하며, 낭독되고 해설되는 성경 말씀을 듣는 것과 하나님의 뜻에 순종하기 위해 자신을 헌신하는 것은 별개의 문제다. 언약에 날인한 84명은 자신들이 순종을 진지하게 여기고 있다는 사실을 하나님과 백성들에게 알리고 싶었다. 그들의 이름은 그들의 온 가족을 대표하는 것이었다(10:28). 그러므로 10장에 기록된 사람들보다 더 많은 수의 사람들이 이 엄숙한 헌신에 동참하고 있었다.

> "대부분의 교인들이 기준에 전혀 미치지 못하는 삶을 살아가고 있기 때문에 그들과 교제하기 위해서는 그 수준에 맞추어 퇴보하는 위험을 감수해야 한다. 사실 우리 가운데 자신이 표준이라고 말할 수 있는 사람은 없다."
>
> 밴스 해브너(Vance Havner)

그들의 헌신은 공개적이었다. 또 구체적이었으며, 결혼(10:30)과 안식일과 안식년(10:31)과 성전에 대한 지원(10:32)과 성전 사역을 위한 예물과 제물(10:33-39)에 대한 규정들을 따르는 순종이 포함되었다. 그들의 헌신은 값비싼 것이었다. 그러나 하나님이 그들을 위해 해주신 모든 일들에 비추어볼 때 그것은 합당한 것이었다. 하나님과 올바른 관계를 맺고 있을 때 우리는 하나님의 일과 하나님의 집을 지원할 것이다. "우리가 우리 하나님의 전을 버리지 아니하리라"(10:39).

◦ 느헤미야 12장

완공(Completion). 하나님을 위한 우리의 일이 성공할 수 있는 것은 하나님이 우리 안에서 일하시기 때문이다(빌 2:12-13). 그러므로 그 일은 하나님의 영광을 위해 하나님께 봉헌되어야 한다. 그렇지 않으면 우리는 교만해지고, 그 일은 우리 삶 속에서 하나님이 합당하게 차지하셔야 할 자리를 대신 차지하는 우상이 된다(신 8:11-20).

축하(Celebration). 하나님께 드리는 감사와 기쁨이 강조되어 있다. 일은 끝났고, 적은 수치를 당했으며, 하나님은 영광을 받으셨다. 그러니 어떻게 기뻐하지 않을 수 있겠는가? 느헤미야와 에스라는 각각 성가대를 이끌고 노래하면서 성벽을 돌아 성전 뜰에서 만났다. 먼 곳에서도 즐거워하는 소리가 들렸다(43절, 스 3:12-13).

정화(Cleansing). 헌신된 사람들이 없는 성벽 봉헌이 무슨 의미가 있겠는가? 30절은 이사야 1장 16절과 고린도후서 7장 1절과 비슷하다. 찬양하는 백성들은 정결케 된 백성들이어야 한다.

◦ 느헤미야 13장

큰 축하가 끝난 다음 어떻게 해야 하는가? 영적 지도자의 일은 결코 끝나지 않는다. 왜냐하면 적이 결코 물러나려 하지 않기 때문이다. 느헤미야가 성을 떠나 있는 동안 유대인들이 하나님과 맺은 언약을 서서히 지키지 않게 되었다는 기록을 읽는 것은 얼마나 애석한 일인가(10:28-39)! 느헤미야가 돌아올 스음 백성들은 몹시 타락해 있었다.

구별(Separation). 백성들은 이방인들과 섞여 지냈고, 제사장들은 적을 성전으로 끌어들였으며, 부모들은 자녀들이 이방인들과 결혼하는 것을 허락하고 있었다(23-27절). 성벽은 튼튼했지만, 거룩이라는 구별되어야 할 영적 벽은 허물어지고 있었다.

청지기 정신(Stewardship). 백성들은 성전 사역을 후원하기로 약속했지만, 십일조와 예물을 신실하게 드리지 않았다. 헌금이 줄어드는 것은 종종 영적 생명력이 떨어지는 것을 보여주는 한 신호가 될 수 있다.

제물(Sacrifice). 하나님은 엿새 동안 일하시고 자신을 위해 하루를 구별하게 하셨다. 그러나 그 하루를 훔쳐가는 사람들이 있었다(15-22절). 그들은 그들 주변에 있는 이방인들에게 증인이 될 수 있는 기회와 축복을 스스로 빼앗기고 있었다.

느헤미야는 단호했다. 그리고 그 용기의 비결은 기도에 있었다(14, 22, 29, 31절). 하나님께 영광 돌리기 위해 기꺼이 다른 사람들과 다르게 행동하는가?

◆ 가치 있는 역할 모델 ◆

느헤미야는 예루살렘과 성전을 사랑했고, 하나님을 영화롭게 하기 위해 그 도성이 회복되기를 바랐던 평신도였다. 그는 우리가 따라야 할 모든 좋은 본보기, 곧 맡은 일에 충실하고, 일의 계획과 실천에 잘 훈련되어 있으며, 하나님의 말씀을 따르는 일에 헌신하고, 기도에 의지하는 본보기를 보여준 사람이었다. 그는 자신의 권위를 이기적으로 사용하지 않았고, 희생적으로 겸손하게 하나님과 백성들을 섬겼다. 그는 어려움이나 위험을 피해 달아나지 않았고, 대신 그것들을 정직하게 마주 대하며, 성공적으로 해결해나가기 위해 하나님을 신뢰하며 도움을 구했다.

에스더

Esther

　에스더서와 룻기는 성경에서 여성의 이름으로 책 제목이 붙은 유일한 두 권의 책이다. 룻은 유대인과 결혼한 이방 여성이었던 반면, 에스더는 이방인과 결혼한 유대 여성이었다. 두 사람 모두 믿음과 용기를 지녔고, 이스라엘 민족을 구하는 데 기여했다. 룻은 아들을 출산함으로 그리고 에스더는 적의 계획을 무너뜨리고, 죽음에 이르게 함으로써 나라를 구하였다.

　바사가 기원전 539년에 바벨론을 정복했다. 에스더서에 나오는 사건들은 왕의 겨울 궁전이 있었던 수사에서 일어났고(수산 궁, 에 1:2, 참조 - 느 1:1), 에스라 6장과 7장 사이의 시기에 속한 사건들이다. 에스더와 결혼한 왕은 크세르크세스 1세('아하수에로' 라는 이름은 바알과 같은 하나의 칭호다)였다. 에스더서에 기록된 사건들은 그가 즉위한 지 3년째 되는 해부터(1:3) 12년째 되는 해까지(3:7) 약 10년에 걸쳐 일어난 일들이다.

　이 책에서는 하나님의 이름이 언급되지 않았지만, 이야기 전체에서 하나님의 손을 볼 수 있다. 이 책의 중요한 교훈은 하나님이 세상 나라들을 다스리시는 주권자시며, 하나님의 백성들은 그분의 뜻에 복종하고, 그 뜻을 따라야 한다는 것이다. 예루살렘과 유다에서 고통당하던 유대인들에게는 하나님은 언약을 지키는 분이시라는 사실을 상기시켜주면서 그들을 격려해주는 이 책의 메시지가 필요했다(창 12:1-3).

○ 에스더 1장

　6개월 만에 모든 부와 영광이 바닥난다면 그 사람은 정말 불쌍한 사람이다! 우리가 하나님의 은혜와 영광이 얼마나 풍성한지를 깨닫기 시작하는 것만에도 영원한 세월이 걸릴 것이다(엡 1:18). 오늘날 크세르크세스의 영광은 다 어디로 간 것인가?

'한없이 많은 술'로 특정한 손님들을 대접해야 하는 사람이라면(7절) 그는 불쌍한 사람이다. 왕궁의 연회로 시작된 잔치가 술 취한 사람들의 난장판으로 변질되었다(잠 20:1, 23:29-31). 와스디 왕비가 그런 잔치에 참석하기를 거부한 것은 현명한 일이었다(잠 23:20). 그 일로 그녀는 왕비의 자리를 잃게 되었지만, 자신의 고결함을 지켰다.

분노로 일을 망치는 사람은 불쌍한 사람이다(잠 14:17, 16:32). 크세르크세스는 어리석은 결정을 내렸는데, 그것은 분에 이기지 못하는 사람들에게서 일반적으로 일어난다. 그러나 하나님은 교만한 이방의 군주를 통해서도 하나님의 계획을 이루어가시며 통치하셨다(잠 21:1).

○ 에스더 2장

에스더가 선택된 것(1-18절)과 음모자들이 발각된 것(19-23절)은 서로 아무 관계 없는 것처럼 보일 수도 있는 사건들이었다. 그러나 그 두 사건은 모두 하나님의 백성들을 구하시려는 하나님 계획의 일부였다. 에스더를 왕후로 맞이하는 행사는 대대적인 화려한 행사였던 반면, 왕의 목숨을 구한 모르드개의 활약은 사람들에게 드러나지 않은 비공개적인 일이었다. 그러나 하나님이 자신의 목적을 이루시기 위해 에스더의 지위와 모르드개의 노고를 함께 사용하셨다.

우리는 하나님이 '중요한 사건들' 속에서만 일하신다고 생각하기 쉽다. 그러나 하나님의 뜻 안에서 살아간다면 모든 사건이 다 중요하다. 모르드개는 왕의 목숨을 구했지만, 그 일에 대한 보상을 즉각 받게 된 것은 아니었다. 하나님이 적절한 때에 그 문제를 다루셨다(6장). 오늘 해야 할 일을 하라. 그리고 그 결과는 하나님께 맡기라.

에스더 3장

왕은 악한 사람을 승진시키면서 악한 일을 인정했다. "하나님이 왜 이런 일을 허락하시는 것인가?"라고 질문하는 유대인들이 많았을 것이다. 하나님이 이 세상의 악을 허락하신다고 해서 그것이 악이 선한 것이라거나, 하나님이 도우실 수 없다거나, 아니면 상관하지 않으신다는 의미는 아니다. 인간이 하나님의 통치를 인정하지 않을 때 하나님은 그들을 압도하시고, 언제나 하나님의 목적을 이루신다.

어떻게 보더라도 하만은 사악한 사람이었다. 그를 승진시키라. 그러면 교만해질 것이다. 그를 무시하라. 그러면 화를 내며 한 민족 전체에게 분풀이를 하려 할 것이다(편견은 일반적으로 그렇게 나타난다). 부자가 되면 그는 세우는 일이 아니라 파괴하는 일에 그 돈을 사용할 것이다.

하만의 모든 것은 하나님이 역겨워하시는 것들이었다(잠 6:16-19). 그러나 하나님은 하만의 악한 행실을 내버려두셨다. 하만의 죄가 결국 그를 몰락시키게 될 것이다. 이스라엘의 유익을 위해 하나님이 그의 죄를 사용하실 것이다.

◆ 편견 ◆

시온주의자들의 지도자이며 작가인 이스라엘 장윌(Israel Zangwill)은 "편견은 다른 것이라면 무엇이든 싫어하는 것이다"라고 말했다. 하만이 유대인들은 다르다고 말했을 때(3:8) 그것은 맞는 말이었다. 그리고 그들이 다르다는 것은, 곧 세상의 구원을 뜻하는 것이었다. 마크 트웨인(Mark Twain)은 반유대 정책에 대해 '작은 마음의 부어오른 질투'라고 말했다. 바로에서부터 히틀러까지 유대인을 전멸시키려 했던 모든 지도자들은 하나님의 진노를 맛보았다. 유대인을 포함해 완전한 민족은 없다. 그리고 어떤 민족도 유대인들이 받았던 것과 같은 학대를 받아서는 안 된다. 아브라함과 맺으신 하나님의 언약은 아직도 유효하다(창 12:1-3).

◦ 에스더 4장

견딜 수 없는 슬픔(A irrepressible grief). 위기가 사람을 만드는 것은 아니다. 위기는 우리가 어떤 사람인지를 보여준다. 모르드개는 위험을 감수하고서 공개적으로 자신의 슬픔을 드러내고, 백성들에게 자신의 입장을 알렸다. 그는 권세를 가진 사람들이 어린아이들을 포함해 죄 없는 사람들을 죽이려 하는데, 아무것도 하지 않고 그냥 보고만 있을 수 없었다.

만날 수 없는 왕(An inaccessible king). 동방의 군주들은 좋은 소식만을 들었고, 현실과 격리된 착각의 세계 속에서 통치하고 있었다. 왕비조차도 왕을 만나기 위해서는 허락을 받아야 했다! 그들은 왕 중의 왕이신 분과 얼마나 다른가! 그분은 슬픔을 표현하는 베옷을 입으셨고, 우리가 어떻게 느끼는지를 아시며, 그분의 보좌 앞에 나아갈 수 있는 자유를 우리에게 주셨다(히 10:19-22).

비할 데 없는 기회(An incomparable opportunity). 하나님은 그분의 목적을 이루시기 위해 사람들을 사용하신다. 에스더는 그 당시 준비된 하나님의 종이었다(14절, 엡 2:10). 우리가 하나님의 부르심에 불순종한다 해도 하나님은 그분의 목적을 이루신다. 그러나 우리는 패배자가 될 것이다. 모르드개는 에스더의 선물을 원했던 것이 아니라 하나님께 복종하는 그녀의 삶을 원했다. 그리고 그녀는 하나님의 일을 이루기 위해 산 제물이 되었다(롬 12:1).

◦ 에스더 5장

우리는 하나님을 홀로 섬기는 것이 아니라는 사실을 기억하기 위해 우리에게는 때로 위기가 필요하다. 에스더는 궁전에서 안락하고 편안한 삶을 살았다. 그러나 이제 감당해야 할 힘든 일이 생겼다. 백성들은 금식하며 하나님이 에스더를 도와주시기를 기도했다. 그녀는 혼자 힘으로 성공할 수 없었다.

불쌍한 하만은 일시적인 재물을 자랑하고, 거짓된 즐거움을 누리며, 잘못된 확신을 의지하면서 헛된 영광을 누리고 있었다. 그는 죽음의 그림자가 그를 덮치고 있다는 사실을 깨닫지 못했다. 착각 속에서 이 시대를 살아가고 있는 교만한 신자들이 그와 크게 다르다고 생각하는가?

에스더는 자신의 국적을 드러낼 적절한 때가 아니라고 생각했다. 그녀가 하루를 지연한 것은 하만에게 그 자신이 매달리게 될 형틀을 만들 수 있는 시간을 주었다. 승진을 하고, 왕비에게 칭찬을 듣고, 자기 아내의 조언을 들은 하만에게는 모든 문제가 다 해결된 것처럼 보였다. 그러나 시편 37편을 읽어보라.

에스더 6장

섭리(Providence). 에스더서에서 하나님의 섭리를 보여주는 장이 있다면 그것은 바로 이 장이다. 하나님은 왕에게 잠이 오지 않게 하셨고, 책을 읽는 사람이 모르드개에 관한 기록을 읽도록 인도하셨으며, 적시에 하만이 도착할 수 있게 섭리하셨다. 그 모든 일들은 무대 뒤에서 일어나고 있었다. 그러므로 에스더와 모르드개와 유대인들은 그 사실을 전혀 모르고 있었다. 지금도 하나님이 우리를 위해 일하고 계신다. 그러므로 하나님을 신뢰하라(롬 8:28).

자만(Conceit). 하만은 모르드개를 너무 미워했기 때문에 그의 죽음을 요구하기 위해 아침 일찍 일어났다. 그리고 그는 자신을 너무 사랑했기 때문에 왕이 자기 외에 다른 사람을 높이리라고는 상상조차 할 수 없었다! 교만한 사람은 거울 속에 비친 자신의 모습을 보고, 겸손한 사람은 창문을 통해 다른 사람들을 본다(롬 12:10, 빌 2:3-4). 하만의 교만이 그를 죽음으로 이끌었다(잠 16:18, 18:12).

치욕(Disgrace). 얼마나 수치스러운 일인가! 하만은 자신이 입고 싶었던 옷을 모르드개에게 입혀주고, 자신이 타고 싶었던 말에 모르드개를 태운 채 도성의 분주한 시가지를 걸어가야 했다. 그는 그것을 자신의 계략이 실패했다는 사실을 깨닫는 경고로 삼았어야 했다. 하만의 아내의 말은 그저 그 사실을 확인시켜 주는 것에 불과했다. 하만이 경고에 주의를 기울이고 자신을 낮추었더라면 그는 목숨을 구할 수 있었을 것이다. 그러나 교만은 진리 앞에서도 쉽게 항복하지 않는다.

> "겸손은 참으로 위대한 모든 사람들의 자원이다. 교만한 사람은 성급하고 쉽게 화를 낸다. 아무것도 당연한 것으로 받아들이지 않는 겸손한 사람은 자신이 냉대받고 있다고 결코 생각하지 않는다."
>
> 페넬론(Fenelon)

○ 에스더 7장

지혜로운 사람은 무슨 말을 언제 어떻게 해야 하는지를 안다(잠 15:28, 16:23). 왕의 질문에 대한 간단한 대답 속에서 에스더는 자신의 국적(에 2:10, 20)과 자신에게 닥친 위험과 궁궐 안에 있는 적들의 존재를 알렸다. 그녀는 아무 이름도 언급하지 않은 채 왕의 반응을 기다렸다. 우리에게 지혜가 필요할 때 하나님이 그 필요한 지혜를 우리에게 주신다(약 1:5).

자신이 높여주고 승진시켜준 사람이 바로 이기적인 반역자라는 사실을 알게 된 왕의 자존심이 얼마나 상했겠는가! "왕의 진노는 살육의 사자와 같다"(잠 16:14). 하만은 모르드개를 달려고 만들었던 형틀에 달렸고, 왕의 분노는 가라앉았다. "의인은 환난에서 구원을 얻고 악인은 와서 그를 대신 하느니라"(잠 11:8).

적을 위한 구덩이를 파고 있다면 조심하라. 그 자리에 자신이 빠질 수도 있기 때문이다(시 7:14-16). 적이란 유지하는 데 비용이 많이 드는 비싸고 사치스러운 것이다.

◆ 악인의 형통함 ◆

오늘날은 악인이 형통하고 의인이 고통을 받는 것처럼 보인다. 그러나 전세가 바뀔 날이 올 것이다(잠 11:8). 바로가 유대인 아기들을 익사시켰다. 그리고 하나님이 그의 군대를 홍해에 빠뜨리셨다(출 14:19 이하). 다니엘은 사자굴에서 구출되었고, 그를 비난하던 사람들이 대신 사자굴에 던져져 죽임을 당했다(단 6장). 베드로는 감옥에서 구출되었고, 그를 지키던 간수는 처형되었다(행 12장). 헤롯 왕이 야고보를 죽였다. 그러나 그는 하나님께 죽임을 당했다(행 12장). 시편 73편을 읽고 묵상하라.

ㅇ 에스더 8장

에스더는 적을 밝혀내고 자신의 생명을 구했다. 그러나 그녀의 동족은 어떻게 되었는가? 왕은 이미 내린 조서를 취소할 수 없었다. 단, 새로운 조서를 내릴 수는 있었다. 왕은 유대인들에게 그들을 보호하고 무장할 수 있는 권리를 주었고, 떠날 준비를 할 수 있도록 아홉 달이라는 시간을 주었다. 그 나라 사람들은 유대인들이 해를 당하는 것을 왕이 원치 않는다는 메시지를 분명히 알게 되었다.

하나님이 죄인의 곤경을 어떻게 해결하시는지 여기서 볼 수 있겠는가? 죄와 사망의 법 때문에 우리는 정죄함을 받았다(롬 3:23, 6:23). 하나님은 율법을 취소하시지 않았다. 오히려 그 율법을 따르셨다! 그리고 우리 죄를 위해 목숨을 바치시고, '생명의 성령의 법'을 전할 하나님의 아들을 보내셨다(롬 8:2). 그 메시지를 믿고 구세주를 믿는 죄인은 영생을 얻게 될 것이다(요 3:15-16).

그러나 그것이 끝이 아니다. 우리는 정죄함을 받은 죄인들이 죽지 않아도 된다는 좋은 소식을 전하기 위해 하나님의 권세를 가지고 세상으로 가도록 보내심을 받은 하나님의 특사들이다. 우리는 '준마를 타고 빨리 나가' 왕의 조서가 반포되게 한 역졸들과 같다(14절). 그러므로 우리는 복음이 세상 끝날까지 가능한 한 빨리 전해질 수 있게 해야 한다. 사람들에게 우리가 복음을 전하지 않는다면 그들은 멸망하게 될 것이다.

에스더 9-10장

우리는 왕이 살고 있던 성에 유대인들의 적이 많이 있었다는 것을 알 수 있다. 만약 하만의 계획이 성공했다면 유대인들은 전멸되었을 것이다. 그 적들이 하나님의 백성들을 어떻게 핍박했는지는 기록되어 있지 않지만, 심판의 날이 드디어 오고야 말았다. 하나님이 아브라함에게 하신 약속을 지키셨다(창 12:1-3).

기억하고 축하하기 위해 기념일을 따로 정해두는 것은 유익하다. 우리는 하나님이 하신 일들을 기억하고, 하나님을 향한 우리의 감사를 표현해야 할 필요가 있다. 부림절은[부림은 '많은'이라는 뜻이다(3:7, 9:26)] 크게 즐거워하며 잔치를 베푸는 절기다(시 30편 참조).

하나님이 패배를 승리로 바꾸셨고(9:1-3), 슬픔을 기쁨으로 바꾸셨다(9:22). 물론 하나님이 이 땅에서 일어나는 모든 이야기를 즐거운 결말로 끝나게 하시지는 않는다. 하나님의 가장 탁월한 성자들 중에서도 믿음 때문에 고난을 당하고 죽임을 당한 사람들이 있다(히 11:36-40). 그러나 하나님은 비록 우리에게는 실패처럼 보이는 이야기라 할지라도 여전히 마지막 장을 써내려가고 계신다. 고린도후서 4장 7-18절을 묵상하고, 하나님이 우리를 위해 예비하신 미래를 기쁨으로 기대하라(고전 2:9-10).

◆ 하나님을 신뢰함 ◆

"알려지지 않은 미래를 알려진 하나님께 맡기기를 두려워하지 말라"고 코리 텐 붐(Corrie ten Boom)은 말했다. 그리고 밥 존스 박사(Dr. Bob Jones)는 "밝은 곳에서 하나님이 말씀하신 것을 어두운 곳에서 의심하지 말라"고 조언했다.

욥기

Job

욥기의 대부분은 시가 형식으로 되어 있다. 그러나 허구가 아니다. 욥은 실제 장소에서 실제로 고난을 받았던 실제 인물이었다(겔 14:14-20). 야고보는 욥을 인내한 사람, 즉 고난 속에서도 신실했던 사람의 본보기로 들었다(약 5:11). 욥도 자기 자신과 환경과 친구들에게 조바심을 내기도 했다. 그러나 하나님을 믿는 믿음에서 떠나지 않았다.

욥기에는 세 번의 대립, 곧 욥과 사탄의 대립(1-2장), 욥과 친구들의 대립(3-37장), 욥과 하나님의 대립(38-42장)이 나온다. 욥의 친구들은 욥이 고난을 받는 것은 그가 죄인이기 때문이라는 그들의 주장을 설득시키기 위해 최선을 다했다. 그러나 욥은 자신의 온전함을 부인하려 하지 않았다. 몇 차례 무모하게 말하기는 했지만 욥은 진리를 말했다. 그러나 그의 친구들은 그렇지 않았다(욥 42:7).

욥기는 "의인이 고난을 받는 이유는 무엇인가?"라는 질문을 다루고 있는 책이라고 일반적으로 말한다. 그러나 욥기는 그보다 더 깊은 주제를 다루고 있다. 사탄은 욥이 하나님을 섬기는 것은 단지 하나님이 그에게 복을 주셨기 때문이라고 욥을 비난했다. 애석하게도 "하나님이 제게 복을 주시면 하나님을 섬길 것입니다!"라고 말하는 '상업적 신앙'을 가진 사람들이 지금도 있다(마태복음 4장 8-10절에서 그리스도를 시험하는 사탄을 보라).

근본적인 질문은 "왜 의인이 고통을 받는 것인가?"라는 것이 아니라(그 질문에는 많은 대답을 할 수 있다), "우리 하나님은 예배와 섬김을 받기에 합당하신 분인가, 아니면 하나님의 복을 주고 우리를 '사서야' 하는 분인가?"라는 것이다. 사탄은 욥의 명예를 훼손했을 뿐 아니라 하나님의 명예까지도 훼손했다! 왜냐하면 그는 "하나님이 보상해주지 않으시면 하나님을 따를 사람이 아무도 없을 것이다"라고 말했기 때문이다.

욥기를 읽으면서 등장하는 사람들이 사용하고 있는 다양한 이미지들에 주목하라. 그런 직유와 은유는 우리 자신과 자연 세계와 삶과 죽음 그리고 무엇보다 전능하신 하나님을 바라보는 데 도움이 된다. [욥기에서는 31번이나 하나님을 '전능자(Almighty)'로 부르고 있다, NKJV의 경우.] 욥은 우리에게 하나님을 신뢰한다는 것이 과연 무엇인지에 대한 소중한 교훈들을 줄 수 있을 만큼 많은 고난을 당했다.

○ 욥기 1장

욥은 하나님께 도전하는 사탄에 대해 아무것도 모르고 있었다. 그리고 하나님의 명예를 훼손하기 위해 사탄이 자신을 이용하고 있다는 사실도 전혀 모르고 있었다. 더구나 하나님이 사탄을 물리치시기 위해 그의 고난을 사용하실 것이라는 사실은 더더욱 모르고 있었다. 하나님의 백성들은 전쟁터에서 싸우는 군사들이다. 그러나 그들 자신이 전쟁터가 될 때도 있다.

우리가 하나님께 순종하는 것이 단지 하나님이 복을 주시기 때문이라면, 시험 앞에서 그 믿음은 피상적인 것에 불과하다는 사실이 드러나게 될 것이다(마 7:24-27, 13:20-21). 시험을 견디지 못하는 믿음은 신뢰할 만한 믿음이 될 수 없다(약 1:1-8, 벧전 1:3-9).

사탄이 하나님 앞에서(또는 우리 자신에게) 우리를 참소할 때 우리는 예수 그리스도가 하늘에서 우리를 변호해주시는 대변인이라는 사실을 기억해야 한다. 그러므로 우리의 재판을 그리스도께 맡겨야 한다(슥 3장, 롬 8:31-39, 요일 2:1-2, 계 12:10).

◆ 사탄 ◆

기원. 사탄은 하나님의 심판을 받고 거룩한 존재에서 부도덕한 존재로 타락한 반역적인 천사다(사 14:12-15). 그와 함께 타락한 천사들이 하나님과 하나님의 백성들을 대적하는 군대를 이루었다(엡 6:10-13, 눅 11:18). 사탄은 창조된 존재이기 때문에 하나님과 같을 수 없다. 사탄에게 엄청난 지혜와 능력이 있기는 하지만, 하나님의 뜻에 언제나 복종하도록 되어 있다.

속성. 사탄은 거짓말쟁이고 살인자이며(요 8:44), 대적이고(벧전 5:8-9) 이 세상 신이며(고후 4:4), 이 세상 임금이고(요 12:31, 14:30, 16:11, 요일 5:19) 사기꾼이며(고후 11:3), 파괴자이고(계 9:11, 아바돈은 '파괴'를 뜻하는 말이다) 하나님으로 가장하는 자다(마 13:24-30, 36-43, 고후 11:13-15). 사탄이라는 말은 '훼방자'라는 뜻이고, 마귀는 '중상자, 비방하는 자'라는 뜻이다(슥 3:1-5).

역할. 사탄은 사람의 마음을 속이고(창 3:1 이하, 마 16:21-23, 고후 11:3), 하나님의 말씀을 빼앗아가며(마 13:19), 신체적인 공격을 가하고(욥 2:4-7, 고후 12:7), 의지를 조종하며(대상 21:1 이하, 딤후 2:26), 재산을 빼앗고(욥 1:13 이하), 주님을 위한 사역을 방해하며(살전 2:18), 교만하게 만들고(딤전 3:6-7), 핍박을 당하게 하며(계 2:10), 죄를 범하도록 유혹할(마 4:1 이하) 수 있다. 그리고 우리가 죄를 범하게 되면 사탄은 우리를 비난하고 낙심하게 만들 수 있다(고후 2:6-11). 우리는 믿음으로 하나님의 용서를 주장해야 한다(요일 1:9).

패배. 그리스도가 삶과 죽음과 부활과 승천을 통해 사탄과 그를 추종하는 악한 무리들을 패배시키셨다(요 12:31-33, 엡 1:15-2:10, 골 2:13-15). 하나님의 백성들은 사탄의 존재를 인정하고 그가 언제 일하는지를 알아야 한다(고후 2:11). 그는 강하고 치밀하기 때문에 그를 무시해서는 안 된다(벧전 5:8). 하나님의 말씀과 기도로 그를 물리쳐야 한다(마 4:1-11, 약 4:7, 엡 6:17-18). 신자들은 하나님의 전신 갑주를 입고(엡 6:10 이하) 영적 무기를 갖추어야 한다. 그리스도의 보혈에는 승리하는 힘(계 12:11)과 영적인 힘이 있다(요일 4:4).

"마귀로 틈을 타지 못하게 하라"(엡 4:27). 에베소서 4장 17-32절에서 바울 사도는 사탄에게 발판을 마련해줄 수 있는 죄늘, 곧 정욕, 거짓, 분냄, 도적질, 더러운 말, 악한 말, 용서하지 않는 마음, 증오, 악독 등등을 열거하고 있다. 사탄은 우리의 새로운 삶을 망치기 위해 우리의 옛 삶에 있던 악한 것들을 무엇이든 사용할 수 있다. 그러므로 하나님 앞에서 마음을 늘 깨끗하게 유지하라.

미래. 사탄은 계속 하늘에 접근하려 하고 있다(욥 1-2장, 슥 3장). 그러나 내팽개쳐질 날이 올 것이다(계 12:7-12). 주 예수님이 오셔서 그를 지옥에, 영원히 고통 받게 될 불바다에 던지실 것이다(계 19:11-20:3). 지옥은 사탄과 그의 악마들을 위해 준비된 곳이다. 그리스도를 거부하고, 사탄의 거짓말을 믿고 따른 사람들은 지옥에서 그들과 함께 고통받게 될 것이다(마 25:41, 계 20:11-15).

욥기 2장

욥에 대한 사탄의 예언은 어긋났다. 그것은 그가 하나님처럼 미래를 예견할 수 없다는 사실을 보여준다. 그는 욥이 "여호와의 이름을 저주하라"고 말하는 대신 "여호와의 이름을 송축하라"고 말하는 것을 들어야 했다. 욥은 자녀와 재산을 다 잃었다. 그러나 그는 하나님을 비난하지 않았다(참조 - 약 1:2-12, 벧전 1:3-9).

사탄은 포기하지 않는다(눅 4:13). 그는 하나님께 욥의 육체에 고통을 가하는 것으로 그를 다시 시험해보자고 제안했다(고후 12:1-10). 고통은 우리의 저항을 약화시키고, 모든 것을 실제보다 더 나쁘게 느끼고 보게 만든다. 비극적인 참사 속에서 당당하게 승리한 사람들이라도 고통이라는 맹공격 앞에서는 안절부절 못하게 될 수 있다.

◆ 하나님의 공급 ◆

건강과 부가 반드시 하나님이 주신 복을 뜻하는 것인가? 질병과 가난은 우리가 하나님의 뜻에서 벗어나 있음을 입증해주는 것인가? 구약 당시의 유대인들이라면 이 두 질문에 "그렇다"라고 대답했을 것이다. 하나님은 그들이 하나님의 율법에 순종한다면 신체적인 복과 물질적인 복을 주기로 약속하셨다(신 28장). 이스라엘은 보상과 징벌을 통해 배워야 하는 어린아이와 같은 상태였다. 그러나 그 약속이 새 언약 아래에 있는 하나님의 백성들에게도 보장되는 것은 아니다. 예수 그리스도가 세상에 오심으로 이스라엘 역사의 '어린 시절'은 끝이 났다(갈 4:1-7). 우리 주님은 가난하셨다. 사도들과 다른 많은 믿음의 거장들도 가난했다(고후 8:9, 6:4-10, 히 11:36-40). 바울 사도는 신체적인 괴로움을 안고 살았다

(고후 12:7-10). 그리고 그가 가장 사랑했던 일꾼들 중의 한 사람은 병에 걸려 거의 죽을 뻔했다(빌 2:25-30, 참조 - 딤후 4:20). 오늘날 형통한 삶을 사는 사람들도 의인들이 아니라 악인들인 것처럼 보인다. 그러나 하나님이 바로잡으실 날이 올 것이다(시 73편). 하나님은 우리의 필요를 채워주실 것이라고 약속하셨다(마 6:25-34, 빌 4:19). 그러므로 초조해하지 말고 하나님이 공급해주실 것을 신뢰하라.

욥이 포기하지 않을 수 있었던 것은 하나님과 자신의 순전함에 대한 그의 믿음 때문이었다. 하나님이 욥에게 고통을 주셔야 할 아무런 이유가 없었다(3절). 욥은 자신이 하나님과 올바른 관계를 맺고 있다는 사실을 알고 있었다(욥 23:10-12, 27:1-6). 하나님은 욥의 친구들의 설명을 반박하시고, 사탄의 비난을 잠재우시며, 하나님의 뜻에 따라 고통받게 될 모든 사람들의 결의를 강화해주기 위해 욥을 사용하실 것이다. 삶 속에서 이해할 수 없는 일이 벌어진다 해도 계속 하나님을 섬기며, 감추어진 하나님의 목적을 그분이 친히 이루실 수 있게 해드려야 한다.

● 욥기 3장

욥은 하나님을 저주하지 않았다. 그러나 자신이 수태된 밤과 태어난 날을 저주했다. 예레미야 선지자도 참담한 날에 대해 그와 비슷하게 저주했다(렘 20:14-18). 육체적으로 또는 감성적으로 고통스러울 때 우리는 균형 감각을 잃고, 과거에 누렸던 기쁨을 잊기 쉽다. 고난의 때를 하나님의 선하심을 기억하고, 하나님의 손으로부터 받은 모든 것들로 인해 감사하는 시간으로 만들 수 있다. 시편 77편을 묵상하라.

욥은 혼자 여러 차례 "왜?"라고 물었다(11, 12, 16, 20, 23절). "왜?"라는 질문을 하기는 매우 쉽다. 그러나 그 질문에 답하기는 매우 어렵다. 하나님이 욥에게 그가 고난받는 이유를 설명해주셨다고 생각해보라. 그 설명으로 그의 문제가 해결될 수 있었겠는가? 하나님의 백성들은 설명이 아니라 약속을 근거로 살아가는 사람들이다.

> ◆ **특별한 식이 요법** ◆
>
> 욥기 3장 24절에 의하면 욥은 '먹기 전에 탄식이 나서' 먹을 수가 없었다. 눈물이 주야로 음식이 된 사람들도 있고(시 42:3), 죄를 먹고사는 사람들도 있다(욥 20:12-19). 하나님의 말씀(렘 15:16, 마 4:4)과 하나님의 뜻(요 4:34)과 하나님의 신실하심(시 37:3)을 먹고사는 것은 더할 나위 없이 좋은 일이다.

욥의 세 친구가 욥의 기분과 감정을 배려하는 대신 욥의 말에만 귀를 기울였다는 것은 애석한 일이었다. 그들은 욥이 왜 고통을 받고 있는지를 그에게 설명해주기로 마음을 정했다. 그러나 그들은 욥의 상황을 더 악화시켜놓았을 뿐이었다. 고난받는 사람들에게 필요한 것은 논쟁이나 비난이 아니라, 사랑과 인정과 끈기 있는 격려다.

● 욥기 4-5장

세 친구는 욥을 진심으로 위로하려 했다. 그러나 그들은 결국 욥을 비난하면서 사탄의 역할을 대신하고 있었다! 그것은 그들이 욥이 처한 곤경을 각자 자신의 좁은 관점으로 바라보면서, 욥이 느끼는 고통과 혼란을 공감하지 못했기 때문이었다. 우리는 모두 로마서 12장 9-16절에 순종할 필요가 있다.

엘리바스는 욥에게 왜 그가 설교한 대로 실천하지 않는 것인가라고 물었다(4:1-6). 그것은 상처를 입고 있는 친구를 격려하기에 그리 손색이 없는 질문이었다! 그는 욥에게 욥이 지금 부유하고 건강한 대신 가난하고 병든 것은 다 욥의 잘못 때문이라는 그의 주장을 펼치면서 죄인들은 언제나 그들이 뿌린 대로 거둔다고 말했다(4:7-11). 대단한 격려다!

그런 다음 그는 인생에 대한 자기 해석의 기초가 된 '자신의 경험'을 이야기했다(4:12-21). 자신의 경험을 진리를 판단하는 유일한 시금석으로 삼는 사람들을 피하라. 하나님의 말씀은 변하지 않는다. 그러나 사람들의 경험은 그렇지 않다. 우리는 모두 다 다르다. 그리고 하나님이 우리의 필요와 성격과 성숙도에 맞는 방법으로 우리 각자를 다루신다.

엘리바스는 욥에게 하나님을 찾고, 하나님께 의탁하며(5:8), 하나님의 징계를 받아들이면(5:17) 하나님이 다시 그에게 복을 주실 것이라고 말하면서 자신의 이야기를 마무리했다. 그러나 그의 제안은 "욥이 어찌 까닭 없이 하나님을 경외하리이까?"(1:9)라고 주장하는 사탄을 이롭게 하는 것이었다. 엘리바스는 사탄과 같은 신학을 가지고 있으면서 그렇다는 사실을 모르고 있었다!

다른 사람들을 도와주고 싶다면 귀를 기울일 뿐 아니라 마음으로도 들어주라. 자신의 경험을 진리를 판단하는 유일한 시금석으로 삼지 말라. 우리는 모두 '부분적으로 알고' 있을 뿐이다(고전 13:9).

● 욥기 6-7장

욥은 자신이 성급하게 말했다는 사실을 인정하고(6:3) 그 이유를 설명했다. 그의 슬픔은 친구들이 함께 느끼거나, 그가 감당할 수 있도록 그들이 도와줄 수 있는 그런 짐이 아니었다. 하나님이 독화살을 욥에게 쏘시는데도, 친구들은 그의 아픈 상처에 약을 발라주지 않았다. 하나님이 우리의 짐을 영광으로 바꾸실 날이 올 것이다(고후 4:16-18). 그러나 그때까지 우리는 서로의 짐을 함께 지고(갈 6:2) 서로의 상처를 치유해주어야 한다(눅 10:25-37, 행 16:33).

욥의 친구들은 가장 필요할 때 말라버리는 사막의 시내와 같았다. 목마른 여행객들은 원기를 회복하고 싶어하지만, 메말라버린 시내 앞에서 실망하게 된다(6:14-23). 우리는 다른 사람들을 비판하고 배려하지 않으면서, 상처와 실망을 주는 그런 사람들은 아닌가?

7장에서 욥은 쓸데없어 보이는 자신의 삶에 대해 하나님께 이야기한다. 하나님이 왜 그를 살려두셔야 하는 것인가? 그 모든 고난이 무슨 소용이란 말인가?

욥은 자신이 아무 삯도 받지 못하는 지친 삯꾼과도 같다고 느꼈다(7:1-5). 그의 날은 베틀의 북보다 빠르게 지났고, 마치 한 호흡같았으며, 사라져 없어지는 구름같았다(7:6-10, 약 4:13-17). 욥이 표적이다(6:4, 7:20). 그런데 하나님은 무엇을 겨냥하시는 것인가?

욥은 "내가 큰 죄인이라면 나의 죄를 용서해주시던가, 아니면 내 생명을 취해 가시거나 하십시오. 그럼 좀 편히 쉴 수 있겠습니다"라고 말했다(6:9-10, 7:15, 20-21). 논리적인 주장처럼 보인다. 그러나 하나님의 생각은 우리의 생각과 다르다. 우리에게는 아무 의미 없는 것처럼 보이는 것이 하나님이 보시기에는 도리에 맞는 것이다(사 55:8-9). 때문에 우리는 믿음으로 살아야 한다.

상처를 받은 사람에게는 논쟁이 아니라 격려가 필요하다. 우리가 하는 말이 치유하는 약(잠 12:18)과 같고, 시원하게 하는 물(잠 18:4)과 같이 될 수 있게 해주시기를 하나님께 기도해야 한다. 적당한 때에 적절한 말을 할 수 있는 지혜를 구하는 기도로 하루를 시작하라(사 50:4).

○ 욥기 8장

신학(Theology, 1–7절). 엘리바스는 인간의 죄를 강조했고, 빌닷은 하나님의 공의를 주장했다. 교리라는 면에서는 두 사람 다 옳았다. 그러나 그들의 결론은 모두 잘못되었다. 그들은 하나님을 하나의 틀 속에 둔 채, 하나님이 원하시는 일을 하실 수 있는 하나님의 자유를 인정하지 않았다. 욥기가 끝나기 전에 욥과 그의 친구들은 하나님에 대해 묘사하기 위해 그들이 사용하는 말보다 하나님이 훨씬 더 크신 분이라는 사실을 깨닫게 될 것이다. 우리도 이처럼 하나님을 제한하고 있는 것은 아닌가? 살아 계신 하나님을 알고 있는가? 혹 하나님에 대한 신학적인 설명들만 알고 있는 것은 아닌가?

역사(History, 8–10절). 빌닷은 과거를 증거로 삼는 전통주의자였다. 현재를 박물관으로 만들고 미래를 묘지로 만드는 것이 아니라면, 과거를 통해 교훈을 얻는 것은 전혀 잘못이 아니다. "전통은 죽은 사람들의 살아 있는 얼굴이다. 반면에 전통주의는 산 사람들의 죽은 얼굴이다"라고 말하는 사람들이 있다. 과거를 통해 격려를 받고 있는가? 아니면 과거가 우리를 미라로 만들고 있는가?

과학(Science, 11-22절). 빌닷은 자연을 논했다. 모든 일에는 인과 관계가 있다는 주장이었다. 욥이 고난을 받는다면 틀림없이 그 원인이 있을 것이라는 말이었다. 그런데 하나님은 의로우신 분이시므로 욥의 죄가 그 원인일 수밖에 없다는 것이다. 그러나 하나님이 자신의 백성들을 다루시는 방법은 실험실 안에서 관찰될 수 있는 것이 아니다. 과학은 과학의 역할이 있다. 그러나 과학이 하나님을 설명해주지는 못한다. 하나님은 인간의 허약한 도구들로는 설명할 수 없을 만큼 크고 광대한 분이시다.

욥기 9-10장

욥은 하나님이 의로우신 분이라는 빌닷의 주장을 인정했다. 그러나 그렇게 했다고 해서 문제가 해결된 것은 아니었다. 욥은 "나는 순전하다"(9:21), "그런데 하나님이 왜 나를 벌하셔야 하는 것인가?"라고 말하며 다음 세 가지 불평을 했다.

"**나는 하나님과 논쟁할 수 없다**"(I cannot contend with Him, 9:1-13). 하나님은 우리보다 훨씬 더 크고 강한 분이시다. 누가 감히 하나님과의 전쟁을 선포할 수 있겠는가? 하나님은 강하고 지혜로운 분이시고, 우리는 약하고 무지하다.

"**나는 하나님께 대답할 수 없다**"(I cannot answer Him, 9:14-35). 하나님과 욥이 법정에 선다면 욥에게는 제시할 만한 주장이 없게 될 것이다. 하나님은 재판관이시고, 전능한 분이시며, 그 누구도 그분과 맞설 수 없기 때문이다. 인생은 빨리 달리는 사람처럼, 또는 배나 독수리처럼 신속하게 지나간다. 욥이 즐거운 표정을 짓는다 해도(27절) 그의 환경을 바꿀 수는 없을 것이다. 오히려 그것은 위선이 되고 말 것이다.

"**나는 하나님을 이해할 수 없다**"(I cannot understand Him, 10:1-22). 하나님이 욥을 지으셨다. 그런데 하나님이 그 지으신 것을 파괴하시려는 것처럼 보인다. 그렇다면 왜 처음부터 욥을 지으신 것인가? 하나님은 그를 곤경에서 구하실 수도 있었을 것이다!

이런 불평들에 대한 대답은 9장 33절에 있다. 욥과 하나님을 함께 부를 수 있는 판결자가 있어야 한다. 우리는 하나님의 아들 예수 그리스도 안에서 그 판결자를 찾을 수 있다(딤전 2:5, 히 12:24). 하나님으로서 그리고 인간으로서 예수님은 우리의 필요를 이해하시고, 그 필요를 채워주실 수 있는 분이시다. 불평하고 있는가? 아니면 그분을 신뢰하고 있는가?

○ 욥기 11장

욥은 친구들로부터 두 가지 논점을 들었다. 인간은 죄인이라는(엘리바스) 것과 하나님은 의로운 분이시라는 것이었다(빌닷). 이제 소발이 하나님은 죄를 심판하시고, 우리가 받아야 하는 것보다 가벼운 벌을 주신다는 세 번째 논점을 이야기한다(6절). 모든 것을 다 잃어버린 사람에게 "이보다 훨씬 더 심할 수도 있었다"라고 말하는 것은 잔인한 처사다.

고통 속에 있는 사람들은 그들의 고통이 다른 누구의 고통보다 더한 것이라고 생각한다. 그러므로 그들과 논쟁하려 들지 말라. 소발은 욥의 기분이 아니라 욥의 말에 반응을 보였는데, 그것은 실수였다. 그는 하나님이 욥에게 귀를 기울이실 것이라고 약속하면서, 회개하고 하나님을 찾으라고 권고했다. 그리고 회개하지 않는다면 욥은 죽게 될 것이라고 경고했다(20절).

고통이나 하나님의 위대하심을 우리가 판단할 수는 없다(7-9절). 대신 하나님의 지혜와 무한한 사랑에 우리를 맡겨야 한다(엡 3:14-21). 하나님은 논쟁 끝에 찾을 수 있는 분이 아니시다. 하나님은 하나님을 부르는 사람들을 가까이 하신다.

욥기 12-14장

"**내 생명**"(My life, 12장). 욥은 세 친구 모두에게 대답하며 자신에게도 그들 못지 않은 지혜가 있음을 상기시켜주었다. 실제로 그들이 욥에게 이야기한 것은 모든 창조 세계가 다 알고 있는 것이다. 하나님은 위대한 분이시다. 하나님의 손이 모든 것을 만들었다(6절). 그리고 하나님의 손이 모든 것의 생명을 보존한다(10절). 욥은 죽어서라도 고통을 피하고 싶었다. 그러나 하나님이 그 손으로 욥의 생명을 보존하셨다(행 17:24-28, 골 1:16-17). 우리의 생명이 하나님의 손 안에 있다면 우리는 아무것도 두려워할 필요가 없다.

◆ 자살은? ◆

모든 생명체의 생명은 하나님의 손 안에 있다(욥 12:10). 하나님이 우리의 날수를 계수하시고(욥 14:5), 우리가 넘어갈 수 없는 경계를 설정하셨다(시 139:16). 그런데 우리가 하나님이 계획하신 경계를 앞당길 수 있겠는가? 자살은 허용될 수 있는 것인가? 욥의 아내는 자기 남편에게 하나님을 저주하고 하나님의 심판을 받으라고 말했다. 그러나 욥은 그런 어리석은 제안을 거부했다(욥 2:9-10). 욥은 죽고 싶었다(욥 6:8-10, 7:15-16). 그러나 그는 자기 목숨을 끊을 수 있는 권리가 자신에게 있다고 생각하지 않았다. 우리의 생명은 하나님의 손 안에 있다. 그리고 우리의 때도 하나님의 손 안에 있다(시 31:15). 성경에서 경건한 사람이 자살한 경우는 한 번도 없다. 사울은 하나님을 거역했다(삼상 31:3-5). 아히도벨은 왕을 배반했다(삼하 17:23). 시므리는 반역자였고 음모자였다(왕상 16:8-20). 가룟 유다는 주님을 팔았다(마 27:4-5). 삼손의 죽음(삿 16:23 이하)은 자살이라기보다는 순교처럼 보인다. 십계명의 여섯 번째 계명은 살인을 금하고 있다(출 20:13). 사람은 하나님의 형상대로 지어졌고, 우리가 비록 큰 고통을 당한다 할지라도 그 형상을 공격할 권리가 우리에게는 없다. 성경에 나오는 모세와 엘리야와 요나와 같은 사람들은 낙심하고 죽고 싶어했다. 그러나 그들이 자신들의 목숨을 끊으려 한 적은 한 번도 없었다. 아리스토텔레스는 "곤경을 피해 달아나는 것은 비겁한 것이다. 그리고 자살이 죽음에 용감히 맞서는 것이기는 하지만, 자살을 하는 사람은 고결한 목적을 위해 그러는 것이 아니라 불행을 피하기 위해 자살하는 것이다"라고 말했다. 디모데후서 4장 6-8절을 묵상하라.

"내 믿음"(My faith, 13장). 앞 장에서 욥은 하나님을 창조주로 보았다. 그러나 이 장에서 그는 하나님을 '재판관'으로 보고 있다. "하나님과 변론하려 하노라"(3절)고 말한 것은 "법정에서 하나님을 만나고 싶다"라는 뜻이다. 욥은 그의 친구들과 같은 '무익한 치료자들' 보다 차라리 의로우신 하나님을 만나고 싶었다. 다른 사람들을 도와주려 할 때 우리는 증인이지 검찰관이 아니라는 사실을 기억해야 한다. 하나님이 욥을 비난하신다 할지라도 욥은 여전히 하나님을 신뢰할 것이다(15절). 이 얼마나 신실한 믿음인가!

"내 소망"(My hope, 14장). 사람은 꽃처럼 죽기 위해 태어난다. 사람은 그림자처럼(2절) 또는 수중기처럼(11절) 쉽게 사라진다. 사람의 날수는 정해져 있다(5-6절). 그렇다면 사람에게 미래가 있는 것인가? 심지어 베었던 나무도 다시 자랄 것이다(7절). 그러나 사람은 어떤가? 구약 성경 당시에는 부활에 대한 진리가 온전히 밝혀져 있지 않았지만, 욥은 여전히 그의 소망을 하나님께 두고 있었다. 하나님은 예수 그리스도에 대한 믿음 때문에 하나님의 백성들이 가질 수 있는 복된 소망을 우리에게 보여주셨다(요 11:25-26, 고전 15:2, 딤후 1:9-10).

욥은 "내 고난에도 불구하고 내 생명과 내 믿음과 내 소망은 하나님 안에 있다"라고 말했다. 당신도 그와 같은 고백과 증언을 하고 있는가?

○ 욥기 15장

지혜로운 사람(The wise man, 1-13절). 엘리바스는 자신을 지혜로운 사람이라 생각했다. 그래서 욥의 죄를 책망했다. 욥의 말에는 '자기 자랑'이 너무 많고, 욥의 말은 그가 하나님을 두려워하지 않는다는 사실을 드러내고 있으며, 욥은 자신을 지혜롭다고 말하지만 실제로 욥보다 나이가 많은 세 친구들에게는 미칠 수 없다고 그는 주장했다.(나이가 지혜를 보장해주는 것인가?) 무엇보다 욥은 하나님이 세 친구를 통해 보내주신 위로를 거부하는 잘못을 범하고 있다고 말했다(11절). 세 사람이 욥에게 한 말이 친절한 말이었다면, 그들이 친절하지 않게 하는 말은 얼마나 가혹했을 것인가! 자신을 정확하게 보고, 자신의 소리를 정확하게 듣는다는 것은 결코 쉬운 일이 아니다.

사악한 사람(The wicked man, 14-35절). 엘리바스는 욥을 가증하고 부패한 사람으로 묘사하고 있다. 그는 모든 사람은 죄를 타고나지만(14-16절, 롬 3:9-23) 다른 사람들보다 더 심한 사람들이 있다고 주장한다. 그리고 악인의 운명을 고통과 두려움과 무시무시한 소음과 배고픔과 가난과 어두움과 죽음으로 묘사하고 있다. 그는 왜 이 세상에서 의인들은 고통을 받는 반면, 악인들은 형통하는 것처럼 보이는지에 대해서는 설명하지 않았다. 그의 신학은 '진부한' 것이었다. 그는 모든 것에 대한 대답을 다 가지고 있었다. 그러나 욥에게는 아무 도움도 주지 못했다.

● 욥기 16-17장

위로가 되지 않는(No comfort, 16:1-8). 욥의 세 친구는 사실 '형편없는 위로자들'이었다. 그들은 욥에게 고통만 더할 뿐이었다. 서로의 입장이 바뀌었더라면 욥은 고통받는 그들에게 도움이 되고, 힘이 되는 말을 했을 것이다. 그런데 그들의 말은 마치 사막에 부는 바람처럼 욥을 지치게 만들고, 더 움츠러들게 만들었다. 다른 사람들에게 새 생명을 불어넣기 위해 하나님이 당신의 말을 사용하시는가(잠 15:4)?

방어할 수 없는(No defense, 16:9-22). 욥은 하나님이 그에게 하신 일들을 이야기했다. 하나님은 욥이 감당할 수 없는 상대였다. 하나님은 욥과 관계 있는 사람들이 욥을 놀라게 하고, 욥에게 화살을 쏘며, 욥을 경멸하도록 허락하셨다. 욥은 전쟁을 치르고 있었다! 그리고 그는 하늘에서 그를 대신해 공의를 행할 중재자가 있기만을 바랄 뿐이었다(18-22절, 참조 - 욥 9:33).

소망이 없는(No hope, 17:1-16). 욥은 자신이 죽은 후에라도 하나님이 자신의 정당성을 입증해주실 것이라는 소망을 표현했었다(14:14). 그러나 그 소망이 무너져내리고 있었다(15절, 6:11, 7:6, 14:19). 그가 내다볼 수 있는 것은 그저 쇠약해져가는 몸과 죽음과 무덤뿐이었다(1, 13절). 욥은 다시 하나님 앞에서 그를 보호해주고('손을 칠') 자신의 사건을 해결해줄 대리자를 소리쳐 요구하고 있다(3절).

예수 그리스도는 하나님의 백성들의 대변인이시고, 중재자이시며, 그들의 소망이시다(딤전 1:1). 그리스도는 우리의 안전을 위해 자신의 피로 우리의 죄를 속하셨다(히 9:12 이하). 그리고 그분을 신뢰하는 사람들에게는 언제나 산 소망이 있다(벧전 1:3 이하).

● 욥기 18장

욥이 죽음과 무덤이라는 문제를 들고 나오자 빌닷은 그 주제에 대해 부연 설명을 하기로 했다. 그리고 악인의 죽음을 보여주는 그림을 다음과 같이 생생하게 묘사했다.

악인의 죽음은 꺼진 등불과 같다(It is like a light put out, 5-6절). 구원받지 못한 죄인에게 죽음은 실제로 어둠을 뜻한다. 그러나 그리스도를 믿는 사람들에게는 그렇지 않다(잠 4:18). 신자들은 어둠이 없는 천국으로 가게 될 것이다(계 21:25). 그러나 믿지 않는 사람들은 빛이 없는 지옥으로 가게 될 것이다(마 22:13).

악인의 죽음은 올무에 걸린 짐승과 같다(It is like an animal trapped, 7-10절). 악인은 도망치려 하지만, 길에는 그를 잡기 위해 장치해놓은 도구들이 널려 있다. 빌닷은 6개의 각기 다른 도구들을 열거하고 있지만, 모두 하나의 목적을 위한 것이다. 때가 되면 피할 길이 없다는 주장이다.

악인의 죽음은 쫓기는 범죄자와 같다(It is like a criminal pursued, 11-14절). 범죄자는 '무서움의 왕'을 피해 도망가려고 달리다 넘어지고 지치고, 결국에는 잡히게 된다(히 9:27 참조).

악인의 죽음은 뿌리가 뽑힌 나무와 같다(It is like a tree rooted up, 15-21절). 강하고 견고해 보이는 나무라도 뿌리가 말라 있으면 쉽게 뽑힌다. 그리고 사람들은 그 나무가 거기 있었다는 사실조차 곧 잊어버린다!

그러나 의인의 죽음은 그렇지 않다. 예수 그리스도를 믿는 사람들에게 죽음은 "몸을 떠나 주와 함께 거하는 것"을 뜻한다(고후 5:1-8). 당신도 그런 확신을 가지고 있는가?

○ 욥기 19장

위로하는 사람들에게 수모를 당함(Wronged by his comforters, 1-4절). 그들의 무정한 말이 욥을 괴롭혔고, 번뇌케 했으며, 비난했다. 그들은 왜 그래야 했던 것인가? 결국 하나님이 벌하시는 것은 그들의 죄가 아니라 그의 죄였다. 그들은 상황을 더 악화시킬 뿐이었다.

하나님께 수모를 당함(Wronged by God, 5-12절). 한 죄인이 왜 그렇게도 심한 벌을 받아야 하는 것인가? 빌닷이 묘사한 죽음(18장)은 바로 욥이 묘사한 자신의 삶이었다(7-12절). 그는 살아 있는 죽은 사람이었다. 그리고 그의 소망은 사라졌다.

가족들과 친구들에게 수모를 당함(Wronged by his family and friends, 13-22절). 욥과 가장 가까운 사람들이 그를 가장 멀리했고, 그를 존경해야 할 사람들이 그를 조롱했다. 욥은 동정을 소리쳐 구하지만 아무도 대답하지 않는 외로운 사람이었다. 고통 가운데서 도움을 구하는 사람들에게 민감할 수 있도록 - 다른 사람들은 어떻게 하건 간에 - 하나님이 도와주시기를 기도하라.

욥은 여전히 하나님을 믿었다(25-27절). 그가 죽는다면 하나님을 보게 될 것이다. 그리고 어느 날 하나님이 주시는 새로운 몸을 갖게 될 것이다. 이것은 하나님의 백성들에게 큰 확신을 주는 약속이다(요 11:25-26, 고전 15:50-58).

> ◆ 믿음의 사람들 ◆
>
> 욥기 19장 25-27절은 성경에서 찾을 수 있는 믿음에 대한 위대한 선언 가운데 하나다. 룻(룻 1:16-17)과 예레미야(애 3:22-24)와 세 사람의 히브리인들(단 3:16-18)과 하박국(합 3:17-19)과 로마인 백부장(마 8:5-13)과 가나안 여인(마 15:21-28)과 베드로(마 16:13-20)와 바울(행 20:24)도 믿음에 대한 중요한 진술을 한 사람들이다.

○ 욥기 20장

악인의 운명에 대한 소발의 주장은 빌닷의 말을 반복한 것이었다(18장). 그의 말은 욥에게는 해당되지 않는 것이었다. 그러나 하나님을 자신의 삶 속에서 배제하고 자기 확신에 차 있는 성공한 사람들은 새겨들어야 한다.

성공은 일시적인 것이다(Sucess is temporary, 1-11절). 아무리 부유하고, 아무리 유명하고, 아무리 안전하다 할지라도 악인은 결국 멸망하게 될 것이다. 소발은 생생한 비유를 사용했다. 악인은 자기 똥처럼(7절), 또는 꿈이나 환상처럼(8절) 사라지게 될 것이다. 오늘 있다 내일 없어질 것이다! 야고보서 4장 13-17절과 요한일서 2장 17절을 묵상하라.

악인의 인생은 쓰다(Life is bitter, 12-19절). 맛있는 음식은 죄인에게 독이 되고, 재물은 그를 병들게 만들 것이다. 즐거움을 줄 것이라 생각했던 것들이 고통만을 줄 것이다. 하나님 없이 쌓은 재물은 결코 누구에게도 진정한 기쁨을 줄 수 없다(딤전 6:1-10).

악인의 인생은 고통스럽다(Life is painful, 20-29절). 그에게 맹렬한 진노를 퍼붓는 하나님을 포함해 모든 사람이 그에게 전쟁을 선포하기 때문에 그에게는 평화가 없다. 화살(6:4)과 공포와 어두움과 불이 그의 몫이다.

소발은 욥이 그의 죄를 자백하고 하나님과 올바른 관계를 회복하도록 그를 협박하려 했으나, 그의 방법은 아무 소용이 없었다. 하나님을 두려워하는 것은 하나님께 순종하게 만드는 합법적인 동기다(마 10:28). 그러나 그것이 유일한 동기는 아니며, 또 그것은 사랑으로 조절된 것이어야 한다(고후 5:10-11, 14).

○ 욥기 21장

빌닷과 소발은 욥의 입을 막기 위해 논리를 사용하려 했다. 그리고 그들의 논리는 (a) 하나님은 의인에게 복을 주시고, 악인을 고통스럽게 하신다, (b) 욥은 고통을 받고 있다, (c) 그러므로 욥은 악인이다라는 결론을 내렸다. 얼마나 논리적인가!

그러나 욥은 그런 기본 전제에 의문을 제기했다. 그는 악한 사람들도 큰 복을 누리는 것을 종종 보았다. 그들은 장수하며, 많은 자녀를 두고, 안전과 평화와 재물과 성공을 누리며 기쁘게 살아간다. 물론 악인도 죽는다. 그러나 그들은 죽을 때에도 큰 고통 없이 편하게 죽는다(시 73:1-4).

욥의 친구들은 마음은 외면한 채 외적인 것들만을 보고 있었다(요 7:24). 경건한 성품을 시험하는 시금석은 성공이 아니라 하나님을 어떻게 생각하는가다(14-15절). 악인은 "하나님께 순종한다면 무엇을 얻을 수 있을 것인가?"라고 묻는다. 그러나 그것은 사탄의 방식이고(욥 1:6-11), 욥의 세 친구는 사탄에게 동의하고 있었다!

안락함과 재물이 거룩함을 보여주는 증거라면, 우리 주님은 거룩한 분이 아니었다. 왜냐하면 주님은 이 땅에서 안락한 삶을 살지 않으셨고, 재물도 없으셨기 때문이다. 게다가 십자가에서 처참하게 돌아가셨다. 우리 모두 우리 각자의 '논리'를 짐검해보고 하나님처럼 생각하는지, 아니면 사탄처럼 생각하는지를 잘 살펴보아야 한다(시 1:1, 마 16:21-28).

◆ **착각이다** ◆

이제 우리는 욥의 세 친구가 욥에게 왜 그렇게 무정했는지를 좀 더 잘 이해할 수 있다. 그들은 욥에게 고난이 닥친 것처럼 그들에게도 닥치게 될 것을 두려워하고 있었다. 그들은 "우리가 하나님께 순종한다면 하나님이 우리에게 복을 주시고, 고난으로부터 우리를 보호해주실 것이다"라는 지옥 구덩이에서 나온 거짓 신학으로 자신들을 보호하고 있었다. 욥은 그들의 두려움을 간파했고(6:21), 그들의 논리를 거부했다. 그리고 욥이 거부하자 그들은 화가 났다. 세 친구는 하나님과 믿음과 삶에 대해 매우 피상적인 견해를 가지고 있었다. 반면에 욥은 하나님의 깊은 것들을 꿰뚫어보고 있었다. 거짓 신학을 의지하는 사람들은 어느 날 사라지게 될 착각 속에서 살아가고 있는 것이다.

욥기 22장

사탄과 욥의 친구들은 욥이 죄인이라는 주장과 욥이 하나님께 순종하는 것은 단지 하나님이 그에게 복을 주셨기 때문이라는 주장에 모두 동의했다. 그러나 욥이 그의 자녀들과 재산이 다 사라진 후에도 하나님을 여전히 신뢰했다는 사실은 그들에게 욥의 믿음이 '상업적인' 것이 아니었다는 사실을 입증해주는 것이었다.

그러자 엘리바스는 욥에게 욥의 의가 하나님께 조금이라도 유익한 것이 될 수 있겠느냐는 질문을 던지는 새로운 접근 방법을 시도했다(2절과 욥기 21장 15절을 비교해보라). 엘리바스는 하나님은 의로운 분이시며 의를 행하시는 분이므로 인간의 선행에 영향을 받지 않으신다고 주장하면서, 욥이 범했을 죄들(4-11절)과 하나님이 보실 수 없었을 것이라고 욥이 생각하고 있는 죄들(12-20절)과 욥이 회개하기만 하면 하나님이 용서하실 그의 죄들(21-30절)을 열거했다. 그것은 옷만 새로 갈아입은 똑같은 주장이었다. 그리고 사탄도 그보다 더 잘 해내지는 못했을 것이다.

자녀를 사랑하는 부모처럼 우리 하나님 아버지는 자녀들의 순종에 기뻐하시고, 자녀들의 성장과 그들이 드리는 예배 속에서 즐거움을 찾으신다. 우리가 부유하건, 가난하건, 건강하건, 병이 들었건 간에 우리의 가장 큰 기쁨은 하나님을 기쁘시게 하는 것이 되어야 한다(시 40:8, 요 8:29).

> ◆ **하나님을 기쁘시게 함** ◆
>
> 우리는 거룩한 삶을 살고(골 1:10, 살전 4:1 이하), 군사로서 하나님께 온전히 충성하며(딤후 2:4), 믿음으로 살고(히 11:5-6), 아낌없이 주며(빌 4:18), 부모님께 순종하고(골 3:20), 우리의 영적 은사들을 받아들이고 사용함으로써(고전 12:18) 하나님을 기쁘시게 한다. 하나님은 자신의 아들을 기뻐하신다(마 3:17, 17:5). 그러므로 우리가 하나님의 아들을 높일 때 그것은 하나님을 기쁘시게 하는 것이다. 하나님은 자신의 뜻에 순종하는 신자들의 삶 속에서 기쁨을 찾으신다(시 37:23).

○ 욥기 23-24장

법정에서(In the courtroom, 23:1-9). 욥은 여전히 하나님을 만나 공정한 재판을 받고 싶었다. 그러나 어디에서 하나님을 찾아야 할지 몰랐다. 드디어 하나님이 오셔서 욥에게 그의 소송 사건을 제출하라고 요구하셨을 때 욥은 할 말이 없었다. 그것은 하나님의 위엄을 보게 되자 그의 모든 논쟁은 쓸데없는 것이 되고 말았기 때문이었다. 욥은 하나님을 보았고, 하나님을 보았다는 그 사실이 무엇보다 중요한 것이었다!

풀무 속에서(In the furnace, 23:10-17). 중요한 것은 하나님과의 논쟁에서 승리하는 것이 아니라 좀 더 하나님을 닮아가는 것이다. 그렇게 되기 위해 우리에게는 종종 고난이라는 풀무가 - 불순물을 제거하고 보다 나은 사람이 되게 만드는 - 필요하다(벧전 1:6-9). 시험받는 기간이나 풀무의 온도는 우리가 조절할 수 없다. 그러나 하나님께 순종하면서(23:11) 하나님의 말씀으로 살아갈 수는 있다(23:12).

망대 위에서(On the watchtower, 24:1-25). 욥은 다시 모든 죄인이 즉각 하나님의 심판을 받는 것은 아니라는 사실을 보여주는 증거를 제시했다. 그렇게 하기 위해 그는 친구들을 망대 위로 데려가 악을 행하면서도 아무 일 없이 잘 지내고 있는 것처럼 보이는 다양한 죄인들을 가리켰다. 욥은 하나님의 심판을 부인하지 않았다(22-24절). 그러나 하나님이 어떻게 일하시는지를 인간이 다 설명할 수 없다고 주장했다.

대답보다 질문이 더 많을 때, 풀무가 뜨거울 때 "세상을 심판하시는 이가 공의를 행하실 것이 아니니이까?"라고 주장했던 아브라함의 위대한 믿음의 고백을 기억하라(창 18:25, 참조 - 딤후 4:8).

○ 욥기 25-26장

빌닷의 간단한 담화는(욥기에서 가장 짧은) 하나님의 위대하심(25:1-3)과 인간의 보잘것없음을(25:4-6) 강조하고 있다. 하나님은 천사들을 포함해 하나님이 만드신 그 어떤 것에서도 의를 볼 수 없으셨다. 그런데 어떻게 욥에게서 그 의를 찾을 수 있겠는가? 빌닷은 다시 욥을 자백하게 만들려 했지만 실패했다. 빌닷이 하나님의 사랑과 자비와 은혜 같은 하나님의 다른 성품들로 욥을 격려하려 하지 않았던 것은 애석한 일이었다.

욥의 대답(26-31장)은 변호사의 변론을 '요약한' 것과 거의 같다. 26장 1-4절에서 그는 자신에게 아무런 도움도 주지 않은 빌닷을 꾸짖었다. 그 구절은 오늘날 우리가 다른 사람들을 도울 수 있는 방법들을 제안해주고 있다. 그러므로 빌닷처럼 실패하지 않도록 하자. 우리의 말은 소망과 도움을 절실히 필요로 하는 사람들에게 그것을 줄 수 있어야 한다.

하나님의 눈을 피할 수 있는 사람은 아무도 없다. 죽은 사람도 하나님의 눈을 피할 수 없다(26:5-6). 우리가 어디에 있건 - 하늘에 있건(26:7-9, 13), 땅에 있건(26:10-11), 바다에 있건(26:12) - 하나님은 우리를 보신다. 그러나 하나님의 음성은 세미하고, 우리는 하나님이 하시는 일의 한 자락만 볼 수 있을 뿐이다(26:14). 창조 세계는 하나님의 능력과 지혜를 분명히 드러내고 있다. 그러나 하나님의 은혜와 자비는 어렴풋하게 보일 뿐이다.

다른 사람들을 도와주려 할 때 '우리는 부분적으로만 알' 뿐이라는 사실을 기억하라(고전 13:9). 그것은 우리를 겸손하게 하고, 보다 유익한 사람이 될 수 있게 도와줄 것이다.

◦ 욥기 27-28장

공의(Justice, 27장). 욥은 여전히 하나님을 법정으로 모셔 와 자신의 소송 문제를 해결하고 싶어했다. 그는 하나님이 자신이 바라는 대로 문제를 해결해주시지 않았기 때문에 괴로웠다(2절, 3:20). 고난은 우리를 비통한 사람이 되게 할 수도 있고, 보다 나은 사람이 되게 할 수도 있는데, 그것은 우리가 하나님을 어떻게 대하는지에 따라 달라진다. 하나님을 무정한 재판관으로 본다면, 비통한 사람이 될 것이다. 그러나 하나님을 사랑하시는 아버지로 본다면, 우리는 더 나은 사람이 될 것이다.

욥이 자신의 온전함을 끝까지 주장한 것은 옳은 것이었다(2:9-10). 욥의 친구들은 욥에게 그가 죄를 짓지 않았다 할지라도 그의 죄를 인정할 것을 요구했는데, 그것은 그렇게 할 때 하나님의 호의를 살 수 있기 때문이라는 이유에서였다(그들은 또다시 사탄의 논리를 따랐다). 욥은 악한 사람이 받을 심판을 이야기했다. 그러나 자신은 그런 심판을 받아야 한다고 말하지 않았다.

지혜(Wisdom, 28장). "지혜를 어디서 찾아야 하는가?" 이것이 욥이 던진 핵심 질문이었다(12, 20절). 금이나 은처럼 캐내야 하는 것인가(잠 2:1-9)? 어떤 면에서는 그렇다. 왜냐하면 지혜는 표면에서 찾을 수 있는 것이 아니기 때문이다. 하나님의 지혜를 얻으려면 하나님의 말씀과 삶 속으로 파고 들어가야 한다(잠 8:10-11). 참된 지혜는 하나님을 경외하는 것으로부터 시작된다(28절, 잠 1:7, 9:10, 15:33, 19:23). 우리가 하나님을 경외하고 하나님을 기쁘시게 하려 할 때, 하나님이 우리에게 그분의 지혜와 그분의 길을 가르쳐주신다(사 33:6, 약 1:5).

"지식이 있다는 것은 많은 것을 안다고 말하는 교만이고, 지혜롭다는 것은 아는 것이 더 이상 없다고 말하는 겸손이다."

윌리엄 카우퍼(William Cowper)

○ 욥기 29-30장

과거를 그리워함(Longing for the past, 29장). 힘든 날을 지날 때 '과거의 좋았던 때'를 돌아보며 시계를 거꾸로 돌리고 싶어하는 것은 자연스런 일이다. 그러나 그것은 이기적인 것이고(욥이 '나', '내'라는 말을 얼마나 많이 하고 있는지 보라), 고통만 더할 뿐이다. 그것은 행복한 것을 거룩해지는 것보다 더 중요한 것으로 만드는 것이다. 욥은 그가 누렸던 행복과 다른 사람들을 위해 그가 했던 일들을 열거하고 있다. 그 모든 것들은 그가 확신을 가지고 고난에 대처할 수 있도록 그를 준비시켜주었어야 했다.

과거는 기억 그 이상이다. 과거는 하나의 사역이 되어야 한다. 오늘은 곧 어제가 될 것이다. 주님 안에서 성숙해가면서 내일을 준비하기 위해 오늘을 사용하고 있는가? 삶을 투자하고 있는가? 아니면 그저 향유하고 있는가?

현재를 슬퍼함(Lamenting the present, 30장). 욥은 "그러나 이제는"(1, 16절)이라고 말하며 자신의 고난에 대해 불평하기 시작한다. 그의 친구들이 그를 조롱하고(1-15절), 그의 몸이 그를 괴롭게 하며(16-19절), 그의 하나님이 그를 버렸고(20-23), 그의 소망은 그에게서 날아갔다(24-31절). 그는 과거로 돌아갈 수도, 현재를 감당할 수도, 미래를 내다볼 수도 없었다!

우리가 '티끌과 재' 속에 있는 욥과 같은 처지가 될 때마다 주 예수님도 같은 경험을 하셨다(19절). 그래서 그분은 그와 같은 처지에 있는 사람의 마음을 아신다는 사실을 기억하라(시 22:15). 주님은 우리의 오늘뿐 아니라 우리의 과거와 미래를 위해서도 부족함이 없는 분이시다(히 13:8). 즐거웠던 과거만을 기억하려 하지 말라. 과거에 베풀어주신 하나님의 은혜를 기억하라(시 77:1-2). 그리고 미래를 위해 하나님을 신뢰하라.

"좋았던 과거에 대한 추억에는 좋지 않은 것들에 대한 기억과 좋은 것들에 대한 상상이 결합되어 있는 경우가 많다."

○ 욥기 31장

욥은 자신의 마지막 변호를 마무리하면서 구체적인 죄들을 열거하고, 자신은 그런 죄들을 범하지 않았다고 주장했다. 그는 하나님이 그를 감찰하셨고(4절), 그를 저울에 달아보셨다는(6절) 것을 알고 있었다. 그리고 말하기를 두려워하지 않았다. 그는 무엇보다 하나님이 말씀하시고, 자신을 비난하시거나 아니면 변호해주시기를 바랐다(35절).

이 장은 우리의 영적 생활을 평가해보는 데 도움이 된다. 정욕을 찾아 헤매는 눈을 가지고 있는가(1-4절)? 아니면 속이며 돌아다니는 발을 가지고 있는가(5-8절)? 공공연하게 죄를 지으며 정욕을 채우고 있는가(9-12절)? 하나님이 다른 사람을 대하시는 것처럼 그들을 대했는가(13-23절)? 재물을 탐내거나 자랑하며 교만하게 행동하는가(24-28절)? 고통받고 있는 적이나(29-30절) 도움을 필요로 하는 나그네에게(31-34절) 어떤 반응을 보이는가? 하나님이 주신 자연 자원들을 신실하게 관리하는 청지기의 역할을 하고 있는가(38-40절)?

욥은 자신을 점검해보고 만족했다. 그러나 아직 하나님을 보지 못했다. 하나님을 보게 될 때 그는 자신에 대한 그 생각을 바꾸게 될 것이다. 그리고 승리를 향해 나아가기 시작할 것이다.

욥기 32-33장

분노(Anger). 엘리후는 공손하게 기다렸다가 친절하게 말했다. 그러나 그는 노를 발하는 젊은이었다(32:1-5). 그는 하나님을 비난한 욥과 욥에게 그의 죄를 확신시켜주지 못한 세 친구들에게 화를 냈다. 그는 욥이 죄인이라는 그들의 견해에 동의했다. 그러나 그들의 논리에는 동의하지 않았다. 우리가 하는 말이 우리의 독선적인 분노에서 기인하는 일이 없도록 조심해야 한다.

교만(Pride). 가장 어린 엘리후는 자신의 위치를 잘 알고 있었다. 그러나 그는 여전히 자신을 믿고 있었다. 그 논의에는 자신의 의견이 필요하다고 생각했다(32:6, 10, 17). 왜냐하면 그가 보기에 다른 사람들은 다 틀린 주장을 하고 있었기 때문이었다. 그는 말이 가득 차서(32:18-20) 말을 하지 않고는 더 이상 참을 수가 없었다. 그럴 때가 바로 말을 해서 유익을 끼치기보다는 해를 끼치는 일이 없도록 하나님이 우리에게 지혜와 자제력을 요구하시는 때다.

지식(Knowledge). 엘리후는 자신이 옳다고 확신했고, 욥에게 자신을 반박해보라고 도전했다(33:1-8). 그는 욥에게 필요한 것은 비난과 논쟁이 아니라 이해와 사랑이라는 사실을 아직 모르고 있었다. 세 친구처럼 그도 머리 속에 매우 많은 지식을 가지고 있었지만, 마음에는 아무런 지혜도 없었다.

그는 욥의 말을 인용해(33:9-11) 하나님께는 그분이 하시는 일에 대해 욥에게 설명할 의무가 없다고 설명했다(33:13). 그는 하나님이 꿈을 통해(33:14-18), 고난을 통해(33:19-30) 그리고 사람들을 통해(33:31-33) 말씀하시고, 욥의 삶 속에서 그 세 가지를 다 사용하셨는데 욥이 그 모두를 거부했다고 말했다. 그러므로 욥이 비참하게 된 것은 당연한 결과라는 것이었다!

실제로 하나님은 어둠 속에서, 고통의 때에 소중한 교훈들을 가르치신다. 그 교훈에 귀 기울이고 있는가?

욥기 34-35장

하나님은 의로운 분이시다(God is just, 34장). 엘리후가 욥의 말을 인용할 수 있었던 것을 보면 그는 잘 듣는 사람이었던 것이 분명하다. 그러나 그는 마음으로 듣지 않고 귀로만 들었다. 그래서 그의 말은 무정하고 몰인정했다. 그는 자신을 너무나 믿고 있었기 때문에 욥과 그의 친구들에게 자신의 말에 귀 기울일 것을 계속 요구했다(2, 10, 16, 34절). 그들의 마음이 빗나가고 있던 것일까?

그도 똑같은 주장을 했다. 하나님은 의로운 분이시다. 그러므로 죄나 편견에 대한 비난을 하나님께 돌릴 수 없다. 그리고 하나님은 우리가 하는 모든 것을 보시고 죄를 공정하게 심판하신다. 욥은 그런 하나님을 거역했으므로 자백하고 하나님과의 관계를 바로잡아야 한다는 것이었다!

하나님은 위대한 분이시다(God is great, 35장). 욥이 자신은 하나님의 시야 안에 있다고 생각하는 것은 얼마나 중요한 것인가? 그의 죄나 그의 의가 하나님께 영향을 미칠 수 있는 것인가? 그것은 욥의 교만일 뿐이라고 엘리후는 주장한다(12-13절). 그러나 하늘에서 하나님과 사탄이 욥에 대해 논쟁할 만큼 욥은 하나님께 그렇게 중요한 존재였다!

하나님이 위대한 분이시라는 사실이 하나님이 우리와 멀리 떨어져 계시며, 우리에게 무관심하시다는 의미는 아니다. 하나님은 사랑(엡 2:4)과 자비(시 86:13)와 인자하심(시 117:2)이 탁월한 분이시다. 하나님이 우리의 고난을 즉각 제거해 주지 않으실 수도 있다. 그러나 그분은 우리를 밤중에도 노래하게 해주시는 분이다(10절, 시 42:8, 77:6, 119:62).

> "낮에는 누구나 노래할 수 있다… 밝은 빛 아래서 악보를 읽을 수 있을 때 노래하기는 쉽다. 그러나 그는 악보를 비춰주는 빛이 전혀 없을 때에도 노래할 수 있는 숙련된 가수였다… 밤중에 부르는 노래는 오직 하나님으로부터만 온다. 밤중에 노래하는 것은 인간의 능력 안에 있는 것이 아니다."
>
> 찰스 해돈 스펄전(Charles Haddon Spurgeon)

◦ 욥기 36-37장

엘리후는 하나님께 질문한 욥을 비난했다. 그러나 '하나님을 대신해' 말하는 자신에 대해서는 아무 비난도 하지 않았다. '완전한 지식'을 가지고 있으며, 하나님의 대변인과 변호인으로 일할 수 있다고 주장하는 사람은 정말 교만한 사람이다! 셋째 하늘에 올라 큰 비밀을 보고 온 바울 사도도 그런 주장을 하지 않았다(롬 11:33-36). 우리가 우리 자신을 아무리 영리하다고 생각해도 누군가의 삶 속에서 '하나님의 역할'을 대신할 수 있을 만큼 그렇게 총명할 수는 없다.

"보라, 하나님은 전능하시다"(Behold, God is mighty, 36:5-21). 하나님은 지혜와 능력이 뛰어난 전능한 분이시다. 하나님은 순종하는 자에게 복을 주시고, 악인과 외식하는 자들을 심판하신다(앞에서도 들은 이야기다).

"보라, 하나님은 권능으로 큰 일을 행하신다"(Behold, God is exalted, 36:22-25). 하나님께 교훈을 베풀거나 하나님의 잘못을 비난할 수 있는 사람은 아무도 없다. 하나님은 그가 하시는 모든 일의 주권자이시다.

"보라, 하나님은 크신 분이시다"(Behold, God is great, 36:26-37:24). 그리고 우리는 하나님을 알 수 없다(그러나 엘리후는 자신이 하나님의 대변인이라고 주장했다). 그때 폭풍우가 일어나려 하고 있었던 것으로 보인다. 엘리후는 그것을 - 비가 만들어지는 과정(36:27-28)과 구름과 천둥과 번개를 - 크신 하나님을 보여주는 한 예로 사용했다. 그는 천둥을 하나님의 음성으로(37:2-5) 그리고 날씨를 하나님의 종으로 묘사했다.

자연 속에서 볼 수 있는 하나님의 위대하심에 우리는 어떻게 반응해야 하는가? 우리는 하나님의 위엄을 보고, 하나님의 공급하심에 감사하며, 하나님을 경외하고, 하나님께 순종해야 한다. 그러나 욥은 그런 것들에 대해 엘리후가 태어나기 전부터 알고 있었다! 자연은 하나님의 위대하심을 보여준다. 그러나 우리가 하나님의 은혜를 볼 수 있는 곳은 예수 그리스도 안이다. 그리고 그 은혜가 우리의 필요를 채워준다.

◆ 창조주와 창조 세계 ◆

예수님이 자연에 대해 말씀하실 때는 일반적으로 가까이 계시는 하나님과 하나님의 백성들을 돌보시는 하나님에 대해 강조하셨다. 하나님 아버지는 참새의 가격을 아신다. 그리고 그 참새가 땅에 떨어지는 것까지 알고 계신다(마 10:29-30). 씨를 뿌리지도 거두지도 않는 새들을 먹이신다(마 6:25-27). 그리고 잠깐 있다 사라지는 들풀들도 아름답게 하신다(마 6:28-34). 하나님은 우리를 참새보다 더 소중하게 여기신다. 그리고 우리는 꽃보다 훨씬 더 오래 산다. 그러므로 하나님이 틀림없이 우리를 돌보실 것이다. 지금 하나님의 창조 세계는 죄 때문에 신음하고 있다(롬 8:22). 그러나 창조주가 우리의 아버지가 되신다. 그리고 우리는 우리를 돌보시는 그분을 신뢰할 수 있다.

● 욥기 38-39장

드디어 폭풍우가 잿더미 위에 앉아 있던 다섯 사람에게 몰아쳤고, 하나님이 그 폭풍우 속에서 욥에게 말씀하셨다. 폭풍우가 칠 때 우리는 즐거워할 수 없다. 그러나 하나님의 음성에 귀를 기울인다면 폭풍우는 우리의 삶 속에서 선한 일들을 이룰 것이다. 폭풍우가 끝난 후 욥은 하나님을 만날 준비가 되었고, 그의 친구들을 도울 준비도 되었다.

하나님의 말씀은 빛이다(시 119:105, 130). 그러나 우리의 말은 어두움이 될 때가 너무 많다. 지식이 없는 말은 빛 대신 어둠을 드리우면서 상황을 더 악화시키는 꺼져가는 등과 같다. 엘리후는 욥의 말에서 그 사실을 깨달았지만(34:35, 35:16), 욥은 깨닫지 못했다. 참된 말을 하라. 그렇지 않으면 어둠 속에 있는 자신을 보게 될 것이다(요일 1:5-10 참조).

욥은 하나님에 대해 많은 것을 알고 있다고 주장했다(27:11). 그래서 하나님이 몇 가지 주제에 대해 - 창조(38:4-11)와 자연 질서(38:12-30)와 하늘에 있는 별들과 구름들(38:31-38)과 동물들과 새들이 사는 방식(38:39-39:30)에 대해 - 그에게 질문하셨다. 물론 욥은 아무 대답도 하지 못했다. 우리도 마찬가지다.

삶의 문제들은 이치가 아니라 관계를 통해 해결된다. 욥은 하나님과 이치를 따지고 싶어했다. 그러나 그에게 정말 필요했던 것은 하나님 앞에서 안식하는 것이었다. 욥은 하나님의 위대하심과 자신의 보잘것없음을 보았다. 그리고 그것이 전환점이 되었다. 우리 눈에 우리가 작아 보이면 보일수록, 하나님은 하나님의 시야 속에서 우리를 그만큼 더 크게 만드신다.

"하나님께 묻고 싶은 수백만 개의 질문들이 있었다. 그러나 하나님을 만나자 그 모든 질문들이 다 달아났다. 그리고 더 이상 아무 문제가 되지 않았다."

크리스토퍼 몰리(Christopher Morley)

● 욥기 40-41장

하나님은 욥에게 그가 가장 원하는 것을 - 하나님을 법정에서 만나 그를 변호할 수 있는 기회를 - 주셨다. 하나님이 당신에게도 똑같은 기회를 주셨다고 생각해보라. 하나님께 무슨 말을 하고 싶은가? 하나님을 법정에서 만나고 싶은가? 아니면 은혜의 보좌 앞에서 만나고 싶은가? 은혜의 보좌 앞에서 하나님을 만나면 만날수록, 법정에서 하나님을 만나고 싶은 마음은 점점 더 없어지게 될 것이다.

욥은 할 말이 별로 없었다! 그는 보잘것없고, 무지하며, 하나님을 대면할 수 없는 자신을 보았다. 하나님을 본 그는 입을 조금도 열 수가 없었다. 입을 다물고 있을 때, 우리는 폭풍우 속에 있다 할지라도 하나님의 음성을 더 잘 들을 수 있다.

하나님이 욥에게 그를 겸손하게 만드는 질문들을 하셨다. 그 질문은 세 부류로 요약될 수 있다. (1) "네가 나와 대등하냐?" (40:6-14), (2) "베헤못을 설명할 수 있겠느냐?" (40:5-24), (3) "리워야단을 길들일 수 있겠느냐?" (41장) 욥은 아마도 그 동물들과 싸우는 것을 두려워했을 것이다. 그러나 그는 그 동물들을 만드신 하나님께 겁 없이 도전하면서 두려워하지 않았다! 그는 그 동물들도 다스리지 못하면서 하나님이 하셔야 할 일들을 자신이 지시하고 싶어했다.

하나님은 사람을 포함해 모든 생명체를 그들이 처한 환경과 그들이 해야 할 일에 잘 맞도록 만드셨다. 그러나 인간은 피조물이 된 것에 만족하지 못하고 창조주가 되고 싶어했다(롬 1:25). 그것이 사탄이 인간에게 하나님을 거역한다면 될 수 있다고 한 약속이었다(창 3:5). 다시 사탄의 그 초대를 받게 된다면 하나님이 창조하신 세계를 바라보며, 우리 인간은 하나님이 아니라는 사실을 기억하라.

> **◆ 침묵의 가치 ◆**
>
> 하나님이 하셔야 할 일들을 우리가 계속 지시하는 한 하나님이 우리를 위해 하실 수 있는 일들은 별로 없을 것이다. 하나님은 욥(욥 40:4)과 모세(신 3:26)와 다윗(시 39:9)에게 하셨던 것처럼 우리의 입을 막으셔야 한다. 구원받지 못한 죄인들의 입도 가려져야 한다(마 22:12, 롬 3:19). 하나님의 영광 앞에서 온 세상이 침묵하게 될 날이 올 것이다(합 2:20).

○ 욥기 42장

죄인 욥(Job the sinner). 욥은 논쟁 중에 급하게 말했다. 그러나 그의 친구들과는 달리 하나님에 관한 진리를 말했다(7절). 욥은 하나님의 능력과 목적을 새롭게 이해하게 되었고(2절), 회개해야 한다는 사실도 깨닫게 되었다. 욥은 고난을 통해 자신과 하나님의 영광과 위대하심에 대한 새로운 시각을 갖게 되었다(히 12:11).

종 욥(Job the servant). 7절과 8절에서 하나님은 네 번이나 욥을 '내 종'이라고 부르셨다. 욥에게 실패와 약점이 있기는 했지만, 욥은 고난 중에도 하나님을 섬졌다. 고난에도 불구하고 하나님을 믿은 욥은 자신도 모르는 사이에 사탄의 입을 막았고, 하나님이 우리에게 아무리 많은 고난을 허락하신다 할지라도 하나님은 우리가 섬기고 신뢰하기에 합당한 분이시라는 사실을 온 세상에 드러냈다. 하나님의 뜻 안에서 고난은 우리에게 해가 되는 것이 아니라 유익이 된다(롬 8:28, 고후 4:16-18). 그러므로 우리는 고난 중에서도 하나님을 위해 일할 수 있다. 고난이 사역이 될 수 있다.

중재자 욥(Job the intercessor). 욥의 친구들은 그에게 무정한 말을 했고, 욥에 관해서도 혹독한 말을 했다. 그러나 욥은 그들을 용서하고, 그들을 위해 기도했다. 친구들은 욥에게 그들이 훈계했던 대로 죄를 자백하고 회개해야 했다. 당신은 당신에게 잘못한 사람들을 위해 기도하는가(마 5:43-48)? 죄의 선고를 위해 기도하는가, 아니면 회복을 위해 기도하는가?

받는 사람 욥(Job the receiver). 욥은 법정에 가서 법대로 따지고 싶었다. 그러나 대신 그는 제단 앞에서 은혜를 경험했다. 그는 용서를 받았고, 친구와 가족과 재물과 명예를 고난받기 전보다 갑절이나 더 받았다. 하나님은 고난받는 모든 사람들에게 그들이 살아 있는 동안 이런 행복한 결말을 맞도록 보장해주시지는 않는다(히 11:36-40). 그러나 하나님을 신뢰하는 모든 사람들에게 상주실 것을 약속하셨다(계 2:10). 욥은 더 나은 사람이 되어 풀무에서 나왔다(욥 23:10). 하나님을 신뢰하고, 하나님이 그분의 방법대로 하실 수 있게 해드린다면 우리도 그렇게 될 수 있다.

◆ 욥의 고난 ◆

당신이 그 누가 경험한 것보다 더 처절한 고난을 받고 있다고 느낀다면, 욥의 고난을 생각하라. 그는 마치 적처럼 겨냥을 당했고(6:4, 16:12-13), 들짐승처럼 쫓겼으며(10:16), 어둠에 휩싸였고(19:8), 나무처럼 뿌리 채 뽑혔으며(19:10), 풀무에 던져졌다(23:10). 그의 아내가 그를 단념시키려 했고, 그의 세 친구가 그를 공격했으며, 하나님이 그를 마치 버리신 것처럼 보였다. 그러나 고난을 감당한 가장 탁월한 본보기는 주 예수님이시다(히 12:1-3). 예수님은 아버지에게도 버림을 받으셨고, 십자가 위에서 수치스러운 죽임을 당하셨다. 죄가 없는 분이셨지만 우리 죄를 대신 담당하셨다. 고난을 받거나 목숨을 잃으셔야 할 아무런 이유가 없었지만, 아버지의 뜻에 기꺼이 순종하셨다. 예수님은 인내하셨고 정복하셨다. 우리도 예수님을 통해 그리고 예수님 안에서 정복할 수 있다. 욥의 고난은 순종함으로써 우리가 어떤 '이익'이나 '손해'를 본다 할지라도 하나님은 우리가 순종하기에 합당한 분이시라는 사실을 분명하게 보여준다. 의인을 건강하고 부유하게 해주시고, 악인을 병들고 가난하게 하셔야 할 의무가 하나님께 있는 것은 아니다. 우리 주님의 죽음과 부활은 하나님이 우리의 고난을 영광으로 바꾸시는 것을 가능케 했다. 욥의 고난은 이 땅에서의 영광으로 바뀌었다. 그러나 신자들의 고난은 천국의 영광으로 바뀌게 될 것이다. 그러므로 우리의 고난은 헛된 것이 아니다. 하나님이 그분의 영광스러운 목적을 위해 일하신다.

시편

Psalms

시편은 성경 속에 있는 성가집이다. 시편이라는 말은 '악기의 반주에 맞추어 불리운 시'라는 뜻이다. 많은 시편은 유대인의 성전에서 찬송으로 불리웠고, 신약 성경 시대의 교회 역시 예배에 시편을 사용했다(고전 14:26, 엡 5:19, 골 3:16). 오늘날 교회에서 사용되는 찬송가와 찬양곡들도 영감으로 쓰여진 이 시편을 기초로 하고 있다.

시편은 하나님과 하나님이 하신 일들에 대한 인간의 찬양을 표현하고 있다. 또한 고난 속에서 하나님을 필요로 하는 인간의 곤궁과 하나님이 도와주실 것이라는 확신을 표현하고 있다. 시편 속에서 우리는 황홀한 기쁨으로부터 절망과 회오에 이르기까지 인간이 느끼는 모든 감정들을 볼 수 있다. 또 하나님을 신뢰할 때 위로와 격려를 주시는 하나님의 계시도 볼 수 있다.

그 때문에 시편은 하나님의 백성들로부터 큰 사랑을 받고 있다. 우리 각자의 경험 속에서 하나님의 은혜가 족하다는 사실을 깨달은 시편 기자들과 동감할 수 있기 때문이다. 어떤 환경에 처해 있건 그리고 어떤 느낌을 받고 있건 그런 상황에 딱 맞는 시편이 있다.

시편은 다섯 부분으로 나누어지고, 각 부분은 송영으로 끝이 난다. (1) 시편 1-41편, (2) 시편 42-72편, (3) 시편 73-89편, (4) 시편 90-106편, (5) 시편 107-150편.

상황에 맞추어 찾아볼 수 있는 시편

잠을 이룰 수 없을 때	시편 3-4편
죄를 범했을 때	시편 32, 51편
병들었을 때	시편 31편

하나님의 인도하심이 필요할 때	시편 25편
여행할 때	시편 121편
사람들이 문제를 일으킬 때	시편 37편
우울할 때	시편 42-43편
죄인들이 성공하는 것처럼 보일 때	시편 73편
두려울 때	시편 27, 91편
'나이 들었다'고 느낄 때	시편 102편
미래가 걱정될 때	시편 34편
죽음을 생각할 때	시편 116편
위험에 빠졌을 때	시편 124, 130편
문제가 하나님보다 더 커 보일 때	시편 139편
하나님을 찬양하고 싶을 때	시편 103편

시편 속에서 볼 수 있는 예수 그리스도 (누가복음 24:44)

왕	시편 2편과 사도행전 4:25-26, 13:33, 시편 118:26과 마태복음 21:9
인자	시편 8편, 히브리서 2:6-11
부활	시편 16편과 사도행전 2:25-31, 시편 22:21-31과 히브리서 2:12
십자가 죽음	시편 22:1-21, 마태복음 27:35-46
목자	시편 23편, 요한복음 10장
우리 죄를 대신한 희생	시편 40:6-8, 히브리서 10:1-10
가룟 유다의 배신	시편 41:9, 요한복음 13:18-19
왕실의 신랑	시편 45편, 히브리서 1:8-9
승천	시편 68:18, 에베소서 4:7-16

거부당함	시편 69:4과 요한복음 15:25, 시편 69:8과 요한복음 7:3-5 시편 69:9과 요한복음 2:17 그리고 로마서 15:3
영원한 아들	시편 102:25-27, 히브리서 1:10-12
신성을 가진 왕 – 제사장	시편 110편, 마태복음 22:41-45, 사도행전 2:34-35, 히브리서 1:13, 7:17-21, 10:12-13
반석	시편 118:22-23과 마태복음 21:42

○ 시편 1편

복(Blessing, 1-3절). 하나님은 우리의 삶에 복 주기를 즐거워하신다. 그러나 우리도 '복받을 만' 해야 한다. 그것은 분별력을 가져야 한다는 뜻이다(1절). 즉, 죄를 생각하지(서지) 않고, 죄를 고려하지(쫓지) 않으며, 죄 속에서 편안해하지(앉지) 않고, 죄로 향하는 발걸음을 피해야 한다. 이 첫 번째 단계에서 조심하라!

복에는 즐거움이 따른다(2절). 하나님의 말씀은 우리의 길을 인도하고, 우리의 마음을 즐겁게 한다(렘 15:16). 묵상과 우리 속사람의 관계는 소화와 우리 몸의 관계와 같다. 하나님의 말씀을 우리 삶의 한 부분으로 삼을 때 우리는 성장하게 된다.

복에는 의존이 포함된다(3절). 우리의 영적인 뿌리가 하나님의 은혜라는 자원 속에 깊이 내리면 우리는 열매를 맺게 되는데, 그것은 하나님의 생명이 우리 안에서 일하시기 때문이다.

멸망(Perishing, 4-6절). 예수님이 풍성한 삶을 주실 때 누군가가 멸망한다면 그 얼마나 비극적인 일인가! 의인과 악인의 차이점을 보고 싶다면, 뿌리깊은 나무와 바람에 나는 겨를 비교해보라. 의인은 복을 받고 형통하지만, 악인은 심판을 받게 된다.

시편 1편은 '복 있는' 이라는 말로 시작해서 '망하리로다' 라는 말로 끝이 난다. 그 선택은 우리에게 달려 있다.

시편과 찬송가

우리가 사랑하는 찬송가들 중에는 시편을 기초로 한 것들이 많이 있다.

제목	작사자	시편
'내 주는 강한 성이요'	루터	시편 46편
'예부터 도움 되시고'	와츠	시편 90편
'구주여 광풍이 일어'	베이커	시편 23편
'기쁘다 구주 오셨네'	와츠	시편 98편
'내 주님 입으신 그 옷은'	바라클라프	시편 45편
'영광의 왕께 다 경배하며'	그랜트	시편 104편
'이 천지간 만물들아'	케츠	시편 100편
'내 영혼아 찬양하라'	라이트	시편 103편
'시온성과 같은 교회'	뉴튼	시편 87편
'주 날개 밑 내가 편안히 쉬네'	커싱	시편 91편

● 시편 2편

들으시는 하나님(God hears, 1-3절). 하나님은 음모를 꾸미는 통치자들과 소란을 피우는 나라들의 소리를 들으신다. 그들이 원하는 것은 무엇인가? 그들은 하나님으로부터 독립하고 싶어한다! 그러나 우리는 반역이 아니라 복종을 통해 진정한 자유에 이르게 된다. 하나님의 뜻에서 벗어나는 것은 억압과 파멸을 불러올 뿐이다.

비웃으시는 하나님(God laughs, 4절). 하나님은 보잘것없는 인간의 소란과 협밖에 염려하지 않으신다. 하나님은 보좌 위에서 모든 것을 다스리고 계신다. 세상의 요란함에 두려움을 느낄 때 하나님을 바라보고, 하나님께 맡기라(행 4:23-31).

말씀하시는 하나님(God speaks, 5-12절). 아버지 하나님은 열방들이 건드릴 수 없는 거룩한 산 시온에 그분의 왕을 세우셨다고 선포하신다. 아들 하나님은 열방들이 자신에게 속해 있으며, 따라서 그들의 반역은 무익한 것이라고 선포하신다(7-9절). 마지막으로 성령 하나님은 반역자들에게 굴복하고 멸망하는 대신 복을 받으라고 초청하신다(10-12절).

열방들의 소란을 넘어서서 확신을 주시는 하나님의 음성에 귀를 기울이라.

○ 시편 3편

걱정 때문에 밤잠을 이루지 못한다면 시편 3편과 4편이 필요할 것이다. 두 시편은 아마도 다윗이 압살롬이 일으킨 반역 때문에 예루살렘을 떠나 있어야 했던 동안에 썼을 것이다(삼하 15-18장). 시편 3편은 아침의 시편(5절)이고, 시편 4편은 밤의 시편(8절)이다.

그런 위험 속에서 다윗은 어떻게 잠을 잘 수 있었을까? 적들이 그를 둘러치고 있었지만(1, 6절), 다윗은 하나님이 그의 편에 계시다는 사실을 알고 있었다. 하나님이 그를 둘러 에우시고(3절), 그를 지키시며(5절), 그를 구원하신다(7절). 사람들이 우리를 낙심시킬 때(2절) 하나님이 우리의 머리를 들고 나아가게 하신다(3절).

하나님은 주무시지 않는다(시 121:3-4). 그런데 우리가 왜 걱정하며 잠들지 못해야 하는 것인가?

"잠을 잘 수 없다면 양의 수를 세려 하지 말고, 목자와 이야기하라!"

◦ 시편 4편

다윗은 잠자리에 들기 바로 전에 이 시편을 썼다(8절). 그는 자기 주변에서 벌어지고 있는 싸움에 대해서는 아무것도 할 수 없었다. 그러나 자기 안에서 일어나고 있는 싸움에 대해서는 그렇지 않았다. 그는 걱정하면서 잠자리에 들고 싶지 않았다. 그래서 자신과 자신이 처한 상황을 하나님께 맡겼다.

그는 도움을 구했다(He asked, 1-3절). 하나님을 향해 도움을 구하는 것은 지금도 여전히 내면의 혼란을 다루는 좋은 방법이다(빌 4:6-7).

그는 믿었다(He believed, 4-5절). 그는 분노를 솔직하게 인정하고, 그 분노를 하나님께 맡겼다(엡 4:26). 자리에 누워 자신의 문제를 생각하는 대신 하나님을 묵상하고, 하나님께 찬양의 제사를 드리라.

그는 받았다(He received, 6-8절). 어둠 속에서 그는 하나님의 얼굴을 뵙고 빛을 받았다. 슬픔 속에서 기쁨이라는 선물을 발견했다. 전투 속에서 평안을 얻었다. 하나님이 상황을 즉각 변화시켜주신 것은 아니었다. 대신 다윗을 변화시키셨다. 하나님은 우리를 위해서도 그렇게 하실 수 있다.

◦ 시편 5편

사울 왕을 섬기는 동안 다윗은 종종 왕에게 아첨하고, 그에 대해 거짓말을 하는 신하들의 공격을 받았다(4-6, 9절). 사울은 정말로 다윗이 왕위를 훔치려 한다고 믿게 되었다. 사람들이 당신에 대해 거짓말을 할 때 다윗의 경우를 본받고, 그 문제에 대해 기도하라. 그가 하나님께 구했던 내용에 주목하라.

나의 말에 귀를 기울이소서(Hear me, 1-6절). 다윗은 하나님을 향해 마음을 들어올리며 하루를 시작했다. 하나님은 거짓말하는 사람들의 악한 말을 알고 계신다. 그러나 또 하나님의 종이 믿음으로 드리는 기도에 귀를 기울이신다.

나를 인도하소서(Lead me, 7-8절). 다윗은 사울과 그의 신하들이 그를 주시하고 있었고, 그의 목숨이 위태로웠기 때문에 조심하지 않을 수 없었다. 그는 하나님께 예배드리며, 날마다 하나님의 인도하심을 구했다.

나를 보호하소서(Protect me, 9-10절). 다윗은 사울이나 그의 신하들과 싸우지 않았다. 그는 그 싸움을 하나님께 맡겼다. 그는 하나님이 그를 돌보실 것을 신뢰했고, 하나님은 그를 실망시키지 않으셨다.

내게 복을 주소서(Bless me, 11-12절). 그가 마지막으로 언급한 것은 보호였다(12절). 그러나 그것을 넘어서서 다윗은 기쁨과 확신과 하나님을 향한 깊은 사랑이라는 복을 누리고 있었다. 하나님이 그분의 방법대로 행하실 수 있게 해드릴 때 고난의 때는 성숙의 때가 될 수 있다.

○ 시편 6편

이 시편은 다윗으로 하여금 그가 곧 죽게 될 것이라 절망하게 만들었던 질병과 고통 속에서 나왔다. 그뿐 아니라 그 당시 그는 그가 죽기를 바라는 적들의 공격을 참고 견뎌야 했다. 다윗에게는 큰 고통의 때였다. 그러나 그의 믿음은 흔들리지 않았다.

> **◆ 참회의 시편 ◆**
>
> 시편 6편, 32편, 38편, 51편, 102편, 130편, 143편은 '참회의 시편'으로 알려져 있다. 죄를 자백하고 하나님의 용서를 구하고 싶을 때 이 시편들을 사용할 수 있다(요일 1:9).

다윗은 몸(1-2절)과 마음(3-5절)에 자비를 베풀어주시기를 구했다. 자비는 하나님이 우리가 받아 마땅한 것을 우리에게 가하시지 않는 것을 뜻한다. 그리고 은혜는 우리에게 받을 자격이 없는 것을 주시는 것을 뜻한다. 하나님의 사랑은 얼마나 놀라운가!

다윗은 하나님께 자신의 자백과 회개의 눈물을 상기시켜드렸다(6-7절). 그의 침상은 안식하는 곳이 되어야 했지만, 하나님이 그를 징계하시는 동안 고통스러운 곳이 되었다.

그러나 그의 결말은 행복했다. 다윗은 위로를 받았고, 그의 적들은 수치를 당했다(8-10절). 하나님이 그의 기도를 들으시고 응답해주셨다! 밤이 어둡고 길 때 끝까지 하나님을 신뢰하라. 하나님의 때가 되면 새벽이 밝아올 것이다.

○ 시편 7편

우리는 구시가 다윗에 대해 무슨 말을 했는지 알 수 없다. 그러나 그는 사울에게 아첨하는 '궁정 안의 거짓말쟁이'였으며, 다윗을 몹시 힘들게 만들었던 사람이었던 것은 분명하다(삼상 24:9). 살아가면서 구시와 같은 사람을 만나게 된다면 다윗처럼 다음과 같이 하라.

하나님께 정직하라(Be honest with God, 1-5절). 다윗은 그의 대적이 진실을 말하고 있다고 하지 않았다. 대신 다윗은 하나님이 자신을 살피시고 잘못이 있다면 벌주시기를 기꺼이 자청했다. 그에게는 숨기는 것이 아무것도 없었다.

하나님이 심판하시게 하라(Let God be the judge, 6-13절). 하나님의 판단은 언제나 옳기 때문에 하나님께 심판을 맡기는 것은 언제나 현명하다(고전 4:3-5). 우리는 하나님이 보시는 것처럼 우리 자신이나 다른 사람들을 보지 못한다. 그러므로 판단은 하나님께 맡기는 것이 최선이다. 다윗은 온전함을 유지하기 위해 조심했다(8절). 그리고 하나님이 자신의 변호자가 되실 수 있게 해드렸다(10절).

하나님을 기다리라(Wait on the Lord, 14-16절). 오래 기다린다면 죄는 스스로 벌을 불러온다. 죄는 고통과 곤경을 불러오고(14절, 약 1:14-15), 함정에 빠지게 만들며(15절), 다른 사람들에게 가하려 했던 해악이 자신에게 돌아오게 만든다(16절).

하나님께 감사하라(Give God thanks, 17절). 하나님의 의가 승리하고 하나님의 이름이 영광을 받게 된다면, 다른 사람들이 우리의 명예를 훼손한다 해도 그것은 그리 큰 문제가 되지 않는다!

○ 시편 8편

우주는 크고 웅장함으로 가득 차 있다. 그런데 왜 하나님이 약하고 하찮은 인간에게 주의를 기울이셔야 하는 것인가? 그런데도 하나님은 그렇게 하신다! 하나님은 자신의 놀라운 능력을 알리시기 위해 그리고 적을 물리치시기 위해(다윗이 골리앗을 이겼던 것처럼, 삼상 17장) 아기들의 연약함(마 21:16)을 사용하실 수 있다. 갓난아기를 사용하실 수 있는 분이라면 누구라도 사용하실 수 있는 것은 분명하다.

하나님이 자신의 형상대로 우리를 지으셨기 때문에(5절, 창 1:26-28) 우리는 중요한 존재다. 죄가 그 형상에 손상을 입혔다. 그러나 예수 그리스도 안에서 그 형상은 회복될 수 있다(고후 3:18, 골 3:10).

또 하나님이 자신의 통제권을 우리와 나누셨기 때문에(6-8절) 우리는 중요한 존재다. 죄를 범했을 때 인간은 그 통제권을 상실했다. 그러나 예수 그리스도가 그 통제권을 되찾아주셨다(히 2:6-8). 예수 그리스도께 들짐승들과 새들과 물고기들을 다스릴 수 있는 통제권이 있다는 사실이 입증되었던 경우들을 생각할 수 있겠는가?

맞다. 우리는 하나님께 중요한 존재다. 그리고 하나님은 우리가 성취해야 할 목적을 가지고 계신다. 하나님은 우리가 하나님의 아들을 통해 '삶을 통제' 하기 원하신다(롬 5:17). 왜냐하면 우리는 하늘에서 하나님과 함께 보좌에 앉아 있기 때문이다(엡 2:6). 왕처럼 살 수 있는데 왜 노예처럼 살아가려 하는가?

○ 시편 9편

찬양(Praise, 1-6절). 하나님은 다윗을 위해 승리를 거두셨다. 그래서 다윗은 하나님을 찬양했다. 그것은 개인적인 싸움이 아니었다. 다윗은 하나님의 뜻을 행하고 있었기 때문에 하나님이 그의 입장을 지지하셨다. 은혜로 당신에게 승리를 주시는 하나님을 찬양하라.

약속(Promise, 7-12절). 다윗은 하나님이 죄를 심판하시고 하나님의 의로운 나라를 세우시게 될 때를 내다보았다. 하나님의 백성들은 걱정할 필요가 없다. 하나님이 그들의 피난처가 되시고 그들을 결코 버리지 않으실 것이기 때문이다(히 13:5). 하나님 아버지는 십자가에서 아들을 버리셨다. 그러나 그분은 결코 우리를 버리지 않으실 것이다.

기도(Prayer, 13-20절). 과거와 미래를 생각하던 다윗은 현재를 바라보며 하나님의 도우심을 구했다. 그에게는 하나님의 긍휼이 필요했다. 그는 하나님을 찬양하고 다른 사람들에게 하나님의 구원을 이야기하고 싶었다. 그것은 왜냐하면 지옥이라 불리는 곳이 있기 때문이었고(17절), 하나님의 구원을 통해서만이 그 끔찍한 곳을 피할 수 있기 때문이었다.

바울 사도는 "우리가 주의 두려우심을 알므로 사람을 권하노니"(고후 5:11)라고 말했다.

"지옥에 이르는 가장 안전한 길은 갑자기 꺾이는 모퉁이나 이정표 그리고 길잡이가 필요하지 않은 편안하고 가파르지 않은 순탄한 길이다."

C. S. 루이스(C. S. Lewis)

◎ 시편 10편

하나님은 숨으시는가?(Does God hide?, 1-4절) "악인이 형통하는 이유는 무엇인가?" 이것은 시대를 불문하고 하나님의 백성들이 던지는 질문이다. 경건한 사람들이 고난을 받고, 악한 사람들이 편안하게 사는 것을 보면서 그들은 하나님이 자신의 백성들을 잊으시고 버리셨다고 느낀다. 하나님이 숨으신다고 느낀다.

하나님은 들으시는가?(Does God hear?, 5-13절) '그 마음에 이르기를'이라는 표현이 반복되고 있음에 주목하라(6, 11, 13절). 하나님은 악인이 하는 말을 들으시고 그의 교만과 반역을 인정해주지 않으신다. 악인은 "나는 요동하지 않을 것이다! 하나님은 내가 무엇을 하는지 보지 못한다! 설사 본다 해도 나를 결코 심판하지 않을 것이다!"라고 말한다. 이 얼마나 오만불손한 태도인가!

하나님은 도우시는가?(Does God help?, 14-18) 물론이다! 하나님은 자신의 백성들이 처한 곤경을 보시고, 그들의 슬픔을 느끼시며, 가장 적절한 때에 가장 적당한 방법으로 그들을 도우신다. 하나님은 왕이시다! 악인이 이기는 것처럼 보일 수도 있다. 그러나 결국 하나님이 승리를 거두실 것이다.

● 시편 11편

다윗은 큰 곤경에 처해 있었다. 활을 쏘는 사람들이 대기하고 있었고, 나라의 기초가 흔들리고 있었다. 그는 어떻게 해야 하는 것인가? 당신이라면 어떻게 했겠는가?

우리는 아마도 가능한 한 빨리 그 상황 속에서 벗어나려 애를 썼을 것이다. 다윗의 친구들도 새처럼 빨리 날아갈 것을 조언했다. 유혹을 피해 달아나는 것은 옳은 일이다(창 39:11-13). 그러나 의무를 피해 달아나는 것은 옳은 일이 아니다(느 6:10-11, 눅 13:31, 요 10:12-13)). 놀란 새처럼 날아 도망치는 대신 하나님을 신뢰하고, '독수리의 날개 치며 올라감같이' 솟아올라야 한다(사 40:31).

기초가 무너지면 기초를 다시 쌓으라. 에스라가 그렇게 했다(스 3:8 이하), 그리고 모든 세대가 그렇게 해야 한다. 다윗은 이스라엘의 왕이 되어 경건한 사회를 만들기 위한 기초를 놓았다. 하나님은 여전히 보좌 위에 게시고(4절), 악인들을 심판하실 날이 올 것이다(5-6절). 우리가 의를 사랑하면 하나님이 우리 편이 되신다(7절).

"포기하는 것은 언제나 너무 이르다."

V. 레이몬드 에드먼(V. Raymond Edman)

○ 시편 12편

다윗의 말(David's words, 1-2절). 앞의 시편에서 다윗은 기초가 무너지는 것을 보았다. 그리고 이 시편에서는 신실한 자들이 땅에서 사라지는 것을 보았다(1절). 경건한 남은 자들의 수는 점점 줄어들고 있었고, 다윗은 마치 혼자 남은 듯한 느낌을 받았다. 그가 "여호와여 도우소서"라고 외친 것도 그리 놀랄 일이 아니다.

사람의 말(Man's words, 3-5절). 다윗이 경건한 사람들이 쇠퇴해가고 있다는 결론을 내리게 된 근거는 무엇인가? 사람들의 말이었다. 다윗은 아첨하는 말, 교만한 말, 억압하는 말을 들었고, 하나님은 그런 말들을 기뻐하지 않으신다는 사실을 알고 있었다. '의사소통'의 시대라 말할 수 있는 지금, 우리에게 옳고 진실한 말을 분별할 수 있는 능력이 있는가? 의사를 전달하기 위해 말하는가? 아니면 다른 사람들을 조종하기 위해 말하는가?

하나님의 말씀(God's words, 6-8절). 하나님의 말씀은 순전하고, 입증되었으며, 보존되어왔다. 우리는 하나님의 말씀을 의지할 수 있다. 인간의 말에는 값싸고 일시적인 것들이 많은 반면, 하나님의 말씀은 귀하고 오래 보존되는 단련된 은과 같다. 하나님의 말씀에 근거한 말을 하라. 하나님이 그 말을 값진 것이 되게 하실 것이다(잠 10:20, 25:11).

○ 시편 13편

질문(Asking, 1-2절). 다윗은 "어느 때까지니이까?"라고 네 번이나 물었다. 기도했지만, 하나님이 얼굴을 가리시고 대답하지 않으셨다. 다윗은 자신의 마음을 살펴보았지만, 하나님이 그를 버리셔야 할 이유를 찾을 수 없었다. 하나님이 오래 기다리면 기다리실수록 적이 그만큼 더 승리를 거둘 것이다. 이런 기분을 느낄 때 다윗처럼 하라. 정직하고 겸손한 마음으로 하나님께 이야기하라.

" 하나님의 모든 격한 말씀 속에서도 하나님의 인자하심을 주장하고 도전할 수 있는 것이 바로 믿음이다."

사무엘 루더포드(Samuel Rutherford)

논쟁(Arguing, 3-4절). 다윗의 패배를 통해 하나님이 영광을 받으실 것인가? 다윗의 죽음이 하나님의 목적을 이루는 데 도움이 될 것인가? 대적들은 즐거워하는 반면, 하나님의 백성들은 왜 고난을 받아야 하는 것인가? 다윗은 하나님과 논쟁을 벌였다. 그러나 하나님이 어떻게 하셔야 한다고 말하지는 않았다. 때때로 기도가 씨름을 의미할 때가 있다.

확정(Affirming, 5-6절). 믿음이 언제나 답을 찾아내는 것은 아니다. 그러나 우리에게 격려를 준다. 적들이 아무리 승리하는 것처럼 보인다 할지라도 우리는 하나님을 신뢰하고, 하나님 안에서 기뻐하며, 하나님을 찬양할 수 있다. 그리고 하나님이 언제나 우리를 관대하게 다루신다는 사실을 알 수 있다.

✦ 낙심하지 말라 ✦

시편에는 "어느 때까지이니까?"라는 질문이 자주 나온다(6:3, 35:17, 74:10, 79:5, 80:4, 82:2, 89:46, 90:13, 94:3). 우리가 삶을 향유할 때는 시간이 급히 지나는 것처럼 느껴진다. 그러나 고난을 받을 때는 좀처럼 시간이 가지 않는 것처럼 보인다. 하나님은 우리의 고난이 얼마나 오래 지속되어야 하는지를 알고 계시다. 왜냐하면 하나님은 우리에게 필요한 것이 무엇인지를 정확하게 알고 계시기 때문이다(벧전 1:6-8).

○ 시편 14편

의인의 세대와 악인의 세대가 대조되어 있다(5절). 의인의 세대는 하나님을 의뢰하고, 하나님과 하나님의 뜻을 구하는 사람들로 구성되어 있다(시 24:6).

악인의 세대는 '실제적인 무신론자'들로 구성되어 있다. 그들이 무슨 말을 하고 어떻게 행동하건, 그들 마음속에는 하나님이 없다. 그들은 하나님 없이 살 수 있다! 그들은 하나님께 불순종하고 하나님의 형상대로 지어진 사람들을 착취한다. 그들은 부패했고(1절), 그래서 가증한 일을 행한다.

의인의 세대는 하나님을 찾는다. 그리고 하나님은 그들에게 응답하신다(4절). 하나님이 그들과 함께 거하시며(5절), 그들을 보호하시고(6절), 그들에게 즐거운 소망을 갖게 하신다(7절). 그들의 수가 많지 않을 수도 있지만, 그들은 하나님께 소중한 사람들이다. 그리고 하나님이 계획하신 미래는 그들에게 달려 있다.

당신은 어느 세대에 속한 사람인가? 어느 쪽에 헌신하고 있는지를 드러내고 있는가?

시편 15편

다윗은 하나님의 집을 사랑했고, 그곳에 거하며 하나님과 교제하고 싶어했다(시 27:4-5). 그는 성막에서 사는 제사장처럼 되고 싶어했고, 늘 거룩한 것들을 가까이 했다. 다윗은 손님이 되어서라도 하나님을 방문하고 싶어했다. 그러나 그럴 자격이 그에게 있었는가? 그럴 자격을 갖춘 사람이 있는가?

하나님의 자녀들은 예수 그리스도가 하신 일을 통해 하나님께 나아갈 수 있다(히 10:19-25). 예수 그리스도는 우리의 대제사장이시며, 하늘에서 우리를 환영하시고 변호해주는 분이시다. 우리는 우리의 의가 아니라 예수 그리스도의 의를 의지해 나아간다. 그러나 하나님 앞에 급히 나아가기 전에 히브리서 10장 22절이 말하는 깨끗함을 먼저 경험해야 한다.

이 시편은 우리의 삶과 우리의 말과 행동을 점검해보는 데 도움이 된다(2절). 그 점검에는 다른 사람들과의 관계(3-4절)와 약속을 지키는 것과 돈을 사용하는 것(5절)도 포함되어 있다. 이 시편에 나타난 '자질들'을 묵상하는 것이 하나님과의 관계를 더 깊게 하는 데 도움이 될 것이다.

○ 시편 16편

하나님께 "주밖에는 나의 복이 없다 하였나이다"(2절)라고 말할 수 있고, 또 그것이 진실이라면 그리스도인으로서 진정으로 성숙할 수 있는 큰 발걸음을 내딛은 것이다.

좋은 교제(Good fellowship, 3-4절). 하나님의 백성들은 완전하지 않다. 그러나 우리는 세상 사람들과의 교제가 아니라 성도들과의 교제를 즐거워해야 한다(고후 6:14-18). 세상 사람들에게는 우리의 증거가 필요하다. 그러나 우리는 세상을 사랑하지 않도록 조심해야 한다(요일 2:15-17).

좋은 기업(Good heritage, 5-6절). 하나님의 선물뿐 아니라 하나님이 친히 우리의 기업이 되신다! 세상 사람들처럼 행동하면서 '좋은 자리'를 얻어내기 위해 싸우는 대신, 하나님이 우리를 위해 우리의 기업을 선택해주신다는 사실은 얼마나 큰 기쁨인가!

좋은 조언(Good counsel, 7-8절). 하나님께 구하면 하나님은 우리에게 지혜를 주신다(약 1:5). 하나님은 밝은 곳에서뿐 아니라 어두운 곳에서도 우리를 가르치신다. 마태복음 6장 33절은 이 두 구절을 잘 요약하고 있다.

좋은 소망(Good hope, 9-11절). 이 구절들은 구약 성경에서 부활을 말하고 있는 흔치 않은 구절들 가운데 하나로, 예수 그리스도의 부활을 다루고 있다(행 2:22-32). 그리고 그것이 바로 우리에게 소망을 준다(벧전 1:3).

○ 시편 17편

"하나님은 영이시다"(요 4:24). 그러므로 육체가 없으시다. 성경은 하나님의 백성들과 관련된 하나님의 활동을 묘사하기 위해 때때로 인간 육체의 일부를 사용하기도 한다. 하나님께는 눈이 없다. 그러나 하나님은 우리를 보신다. 하나님께는 귀가 없지만 우리가 부르짖는 소리를 들으신다. 다윗은 이 시편에서 그와 비슷한 경우들을 다음과 같이 언급하고 있다.

하나님의 귀(God's ears, 1-2절). 대적은 다윗의 정당한 주장에 이의를 제기했다. 그래서 다윗은 자신의 정당성을 입증해주시도록 하나님께 부르짖었다. 다윗은 전심으로 기도했고, 하나님이 공정하게 심판해주시기를 바랐다.

하나님의 눈(God's eyes, 3-5절). 다윗은 아무것도 숨기지 않았다. 그는 진실한 마음으로 의롭게 살았다. 하나님이 우리의 기도에 응답해주시기를 기도한다면, 우리도 진실한 마음으로 의롭게 살아간다고 말할 수 있어야 한다(시 66:18).

하나님의 손(God's hand, 6-14절). 다윗은 자신을 보호하고 적을 물리치기 위해 자신의 손이 아니라 하나님의 손을 의지했다. 대적의 교만은 다윗을 슬프게 했는데, 그것은 다윗이 하나님만이 영광을 받으시길 바랐기 때문이었다.

하나님의 형상(God's likeness, 15절). 하나님이 우리에게 고난을 허락하실 때 하나님은 우리가 좀 더 하나님의 아들을 닮아가기를 바라신다. 그것이 하나님이 의도하시는 목표다(롬 8:29, 고후 3:18). 이 구절은 미래의 부활을 언급하는 것이지만(요일 3:1-3, 참조 - 고전 15:49), 오늘 우리의 삶에도 적용될 수 있다. 우리 주님은 우리가 풀무에서 나올 때 주님을 좀 더 닮은 모습으로 나오게 하시려고 우리와 함께 풀무에 들어가신다(단 3:19-25).

○ 시편 18편

다윗은 그의 대적으로부터 구원해주시고, 그를 이스라엘의 왕으로 세워주신 하나님께 이 노래를 불렀다(사무엘하 22장에 나오는 설명을 보라). 그러나 그는 종종 고난 속에서도 하나님을 찬양하는 노래를 불렀다. 승리를 거둔 후 노래하기는 쉽다. 그러나 전쟁 중에 노래하기 위해서는 믿음이 있어야 한다. 다윗은 힘들었던 시절을 회상하면서 무엇을 보았는가?

하나님의 신실하심(God's faithfulness, 1-3절). 사울과 그의 신하들이 다윗을 죽이려 했을 때 하나님은 다윗을 구원하시고 보호해주셨다. 그리고 그에게 힘을 주셨다. 당신은 하나님을 당신의 힘과 피난처로 삼고 있는가(시 46:1)?

하나님의 의로우심(God's righteousness, 4-27절). 다윗에게는 시련의 시기였지만, 하나님은 자신의 헌신된 종을 구하시고 그를 높이셨다. 다윗은 하나님의 말씀에 순종했고, 하나님의 뜻을 이루어드렸다. 그래서 하나님이 그에게 상급을 주셨다. 폭풍우가 몰아칠 때 하나님이 그 폭풍우보다 더 큰 분이시며, 무지개를 볼 수 있도록 우리를 도와주시는 분이라는 사실을 기억하라.

하나님의 온유하심(God's gentleness, 28-36절). 하나님은 다윗을 위대한 군인으로 만들기 위해 여러 가지 일을 하셨다. 그러나 다윗을 큰 사람으로 만든 것은 하나님의 온유하심이었다(35절). 하나님은 다윗이 전쟁에서 승리하게 하시는 것 그 이상의 일을 하셨다. 그의 성품을 다듬으셨다. 다윗은 하나님이 자신을 부르시고, 준비시키시고, 도우시기 위해 친히 낮아지셨다고 생각했고, 그것은 그를 겸손하게 만들었다(시 8:3-5, 참조 - 시 113:6, 사 57:15-16).

하나님의 고귀하심(God's exaltedness, 37-50절). 다윗은 승리를 자신의 공으로 삼지 않았다. 그는 모든 영광을 하나님께 돌렸다. 그가 무엇을 가지고 있건, 그것은 하나님이 주신 것이었다. 그가 어떤 사람이건, 그것은 하나님이 그를 그렇게 만드신 것이었다. 또 그가 무엇을 하건, 그것은 하나님이 그 일을 할 수 있게 해주신 것이었다. 그래서 그는 "주의 이름을 찬송하리이다!"라고 노래했다.

◉ 시편 19편

하나님은 자연 속에(1-6절), 성경 속에(7-11절) 그리고 하나님을 예배하는 우리 마음속에(12-14절) 하나님을 계시하신다. 영적인 것들을 적절하게 '알려면' 자연이라는 책과 성경과 인간이라는 책을 잘 공부해야 한다. 과학자들은 자연이라는 책을 연구하고, 심리학자는 인간의 본성이라는 책을 연구한다. 그러나 그들이 하나님의 책을 도외시한다면 잘못된 결론을 내리게 될 것이다. 균형을 잘 유지하라. 모든 진리는 하나님의 진리다.

모든 연구의 목표는 예수 그리스도와 우리 자신을 아는 것이다. 7-11절은 우리가 성경을 읽고, 묵상하며, 성경에 순종하기만 한다면 성경이 우리를 위해 할 수 있는 것들에 대해 말하고 있다. 성경을 더 잘 이해하고, 성경에 더 잘 순종하면 할수록 우리는 우리 자신과 다른 사람들을 더 잘 이해할 수 있다. 하나님의 말씀은 모든 것의 근본이 되는 책이다.

매일 아침 예수 그리스도 안에 있는 하나님의 영광을 바라보라(1절). 신랑의 헌신과 경주하는 사람의 결의(4-5절)로 하루를 시작하라. 하루를 마친 후 우리가 한 일들이 하나님을 기쁘시게 할 것이다(14절).

○ 시편 20편

환난의 날(A day of trouble, 1-3절). 다윗은 전투에 나가 그를 따르는 사람들과 함께 기도했다. 그가 거둔 승리의 비결은 그가 전심으로 그리고 희생적으로 섬기는 하나님, 그분의 이름이었다(1절).

승리의 날(A day of triumph, 4-6절). 우리는 하나님의 이름으로 악의 군대와 싸운다(5절). 하나님은 기도를 들으시고, 응답하시며, 우리에게 필요한 도움을 보내주신다.

신뢰의 날(A day of trust, 7-9절). 다윗의 이름은 위대한 이름이었지만, 하나님의 이름은 그보다 훨씬 더 위대한 이름이다. 믿을 수 없는 이름을 가진 사람들도 있다. 그러나 하나님의 이름은 결코 우리를 실망시키지 않는다. 우리가 하나님의 이름을 신뢰할 때 환난의 날이 승리의 날이 될 것이다.

◆ 이름의 의미? ◆

성경에서 이름은 그 사람을 대표하는 것이기 때문에 매우 중요한 것이다. 삶을 변화시키는 경험을 했던 사람들은 종종 그 이름이 달라졌다. 예를 들면 아브람은 아브라함이 되었고, 사래는 사라가 되었다(창 17장). 그리고 시몬에게는 베드로라는 이름이 주어졌다(요 1:42). 성경에는 하나님의 다양한 이름들이 많이 기

> 록되어 있다. 그리고 그 이름들은 모두 신뢰할 수 있다(참조 - 시 9:10, 33:21, 44:5).

○ 시편 21편

시편 20편이 전투 전에 드리는 기도라면, 21편은 승리를 거둔 후에 부르는 찬양이다. 하나님이 기도에 응답해주시고 우리가 구한 것들을 주신 후에 하나님을 찬양하는 일을 우리는 너무 자주 잊는다(눅 17:11-19 참조).

하나님과 왕(God and the king, 1-7절). 하나님은 다윗이 전쟁에서 이길 수 있는 힘을 주셨고, 승리를 통해 명예를 얻고 위업을 이룰 수 있게 해주셨다. 전쟁 전 다윗은 하나님이 그의 목숨을 구해주시기를 기도했고, 하나님이 그의 기도에 응답해주셨다. 하나님은 다윗을 보호해주심으로 그의 믿음에 반응하셨고, 다윗은 하나님을 찬양함으로 하나님이 주신 복에 반응했다. 다윗은 하나님의 능력과 구원을 즐거워했고(1절), 하나님과 동행하는 것을 기뻐했다(6절).

하나님과 대적(God and the enemy, 8-12절). 하나님의 백성 이스라엘을 파멸시키고 싶어했던 사람들은 하나님의 대적들이었다. 다윗은 하나님의 싸움을 싸웠고, 하나님은 그에게 승리를 주셨다. 하나님은 아브라함에게 하신 약속을 지키셨다(창 12:1-3).

하나님과 백성(God and the nation, 13절). 모든 회중은 이제 하나님을 찬양한다. 개인적인 찬양은 중요하다. 그러나 우리는 다른 사람들과 기쁨을 나누고, 그들도 우리와 함께 하나님을 찬양하게 해야 한다. 우리가 주의 권능을 노래하고 칭송하겠나이다!

◆ 목자 시편 ◆

시편 22, 23, 24편은 때때로 '목자 시편'이라 불리는데, 그 이유는 그 시편들이

> 목자로 일하시는 예수 그리스도를 이야기하고 있기 때문이다. 시편 22편에서 볼 수 있는 선한 목자는 양 떼를 구하기 위해 자신의 목숨을 바치셨다(요 10:11). 시편 23편에서 볼 수 있는 위대한 목자는 양 떼들을 돌보신다(히 13:20-21). 시편 24편에서 볼 수 있는 목자장은 양들을 위해 영광 중에 돌아오실 것이다(벧전 5:4). 만일 우리가 그분의 양 떼라면 그분을 신뢰하고 그분의 인도하심을 따를 때 우리의 모든 필요는 채워지게 된다.

○ 시편 22편

십자가 죽음(Crucifixion, 1-21절). 다윗은 선지자였기 때문에(행 2:30) 메시아가 오시기 오래전부터 메시아에 관한 시를 쓸 수 있었다. 십자가 죽음은 유대인들이 사용했던 주된 형벌의 한 형태였고, 다윗은 그것을 정확하게 묘사했다. 이 시편을 읽는 동안 갈보리에서 아버지를 향해 부르짖으시는 예수님(1절, 마 27:46), 어둠이 덮였던 때(2절, 마 27:45), 사람들의 조롱(6-8절, 마 27:39-44), 예수님의 목마름과 고통(14-15절, 요 19:28), 못에 찔린 손과 발(16절, 눅 24:39), 예수님의 옷을 두고 제비를 뽑는 사람들(18절, 요 19:23-24)을 볼 수 있을 것이다. 예수님이 우리를 위해 이 모든 고난을 견디셨다는 사실을 기억하라.

부활(Resurrection, 22-26절). 구세주는 이제 더 이상 십자가에 달려 있지 않고 살아나셔서, 하나님의 백성들 한가운데서 하나님이 이기신 놀라운 승리를 찬양하도록 그들을 인도하신다(히 2:11-12). 한 주의 첫날은 주님의 부활을 기념하는 날이다. 그날 우리는 하나님의 백성들을 만나 하나님을 찬양함으로써 주님이 보여주신 본보기를 따르고 있다. 부활의 날은 승리의 날이다!

대관식(Coronation, 27-31절). 그리스도가 갈보리의 은총을 하나님의 교회(22절)와 이스라엘(23절)과 모든 열방(27-31절)과 나누신다. 우리는 예수 그리스도가 구세주와 왕이시라는 이 메시지를 온 나라에 전해야 한다(27절). "아버지가 아들을 세상의 구주로 보내신 것을 우리가 보았고 또 증거하노니"(요일 4:14).

○ 시편 23편

시편 23편은 장례식에서 종종 낭독되곤 하지만, 그 메시지는 지금 우리의 삶에도 적용될 수 있다(6절). 우리를 위해 돌아가신 구세주는 양 떼를 돌보는 목자처럼 우리를 위해 사시며 우리를 돌보신다(요 10:1-18). "여호와는 나의 목자시니"라고 말할 수 있다면 "내게 부족함이 없으리로다"라고도 고백할 수 있다.

우리의 목자는 우리를 먹이시고 인도하신다. 양 떼에게는 풀과 물이 필요하고, 목자는 양 떼를 위해 없어서는 안 될 그것들을 찾는다. 우리가 하나님을 따를 때 그분은 우리가 살아가는 데 필요한 것들을 날마다 공급해주신다(시 37:25, 빌 4:18). 그러므로 염려하지 말라!

우리가 길을 잃고 헤매면 다윗과 요나와 베드로에게 하셨던 것처럼 우리의 목자가 우리를 찾으시고 회복시키신다. 우리가 어느 길로 가야 할지 갈림길에 서 있을 때 목자는 가야 할 길을 보여주시고, 그 길로 인도하시기 위해 우리의 앞에서 가신다. 위험한 곳에서도 우리는 두려워할 필요가 없다(1-3절의 '그'가 4-5절에서 '주'로 바뀐 것에 주목하라). 주님이 우리와 함께하신다!

어두운 골짜기 끝에 주님이 우리에게 주실 특별한 복이 있다. 시원한 생수를 마시고 성령의 기름부음을 받게 될 것이다. 모든 상처를 치유해주시는 목자가 거기 계신다.

우리도 우리의 삶을 돌아보며 '선하심과 인자하심'이 정녕 우리를 따랐던 것을 보게 될 날이 올 것이다. 그 선하심과 인자하심에는 골짜기의 경험도 포함될 것이다. 오늘 살아가는 것이 비록 힘들다 할지라도 계속 목자를 따라가라. 우리를 돌보실 수 없는 곳으로 결코 이끄시지 않을 것이다.

○ 시편 24편

시편 22편은 우리를 위해 목숨을 버리신 주님의 은혜를 보여주고, 시편 23편은 우리를 돌보시는 주님의 선하심을 설명하고 있다. 그리고 시편 24편은 우리를 위해 오시는 주님의 영광을 보여준다.

창조 속에 나타난 하나님의 영광(Glory in creation, 1-2절). 이 두 구절은 시편 8편과 19편을 생각나게 한다. 지금 세상은 죄 때문에 탄식하고 있다. 그러나 창조주가 창조 세계를 자유롭게 하실 날이 올 것이다(롬 8:18-23).

구원 속에 나타난 하나님의 영광(Glory in salvation, 3-6절). 이 부분은 시편 15편과 비슷한데, 주 예수 그리스도 외에는 하나님의 거룩한 곳에 거할 수 있는 자격을 갖출 수 있는 사람이 아무도 없다는 사실을 강조하고 있다. 우리는 모두 야곱과 같다. 그러나 하나님은 '야곱의 하나님'이시다(시 46:7). 그리고 우리를 용서하시고, 하나님과 영원히 함께 살게 하신다!

나라 속에 나타난 하나님의 영광(Glory in the kingdom, 7-10절). 이 부분은 큰 승리를 거두고 예루살렘으로 돌아오는 다윗을 축하하기 위한 것으로 보인다. 그러나 또한 영광의 왕을 우리에게 말해준다. 예수님이 예루살렘으로 입성하실 때는 눈물을 흘리시며 겸손하게 입성하셨다(눅 19:29-44). 그러나 다시 오실 때에는 능력과 큰 영광으로 오실 것이다(마 24:29 이하).

우리의 목자는 영광의 왕이시다!

○ 시편 25편

이 시편은 어떤 결정을 내리거나 하나님의 뜻을 구할 때 도움이 된다. 하나님이 인도하시는 사람들은 어떤 사람들인가?

하나님을 영화롭게 하는 사람들(Those who glorify Him, 1-2절). 하나님의 영광을 위해 하나님의 뜻을 구한다면 하나님이 바른 길을 보여주실 것이다. 이기적인 목적을 가지고 있다면 그 길로 가게 하실 것이다. 그러나 그 길은 후회의 길이 될 것이다.

기다리는 사람들(Those who wait, 3절). 기도하며 하나님을 기다리는 것은 시간 낭비가 아니다.

구하는 사람들(Those who ask, 4-5절). 하나님은 자신의 방법을 보여주시고, 자신의 길을 가르쳐주시며, 자신의 진로로 우리를 인도하고 싶어하신다. 하나님의 말씀과 기도, 이 둘은 언제나 함께해야 한다. 그러므로 하나님의 말씀에 시간을 투자하라. 하나님께 전심으로 구한다면 하나님이 분명하게 응답해주실 것이다.

깨끗한 사람들(Those who are clean, 6-7, 16-22절). 시편 66편 18절과 요한일서 1장 9절에 이 부분이 적용될 수 있다.

복종하는 사람들(Those who submit, 8-15절). 하나님은 반역하는 사람들을 인도하지 않으신다. 그러나 하나님을 경외하고 하나님의 뜻에 복종하는 사람들은 기쁘게 인도하신다(시 32:8-9). 주님을 바라보고 주님이 가시는 길을 따라가라. 주님은 자신이 어디로 가고 계신지를 아시고, 무슨 일을 하고 계신지를 친히 아신다. 그러므로 믿음으로 주님을 따라가라.

대적이 다시 다윗을 중상하고 있었다. 다윗에게는 자신의 정당성을 입증할 수 있는 방법이 없었다. 사무엘 존슨(Samuel Johnson)은 중상을 '비겁한 자의 복수'라고 했다. 당신에 대한 거짓말을 퍼뜨리는 사람들이 있을 때 당신은 어떻게 해야 하는가?

> "집안일로부터 기도에 이르는 인생의 모든 면면 가운데 그 일들을 이루기 위해 노력하고 판단하는 과정 속에서 서두르고 참지 못하는 것은 미숙한 사람이라는 사실을 보여주는 확실한 표시다."
>
> 이블린 언더힐(Evelyn Underhill)

시편 26편

자신을 점검하라(Examine yourself, 1-5절). 마땅히 살아야 하는 대로 살아가고 있는가? 하나님이 마음과 생각을 살펴보시게 하라(시 139:23-24). 서고, 걷고(12절), 앉는 모든 일에서 자신을 깨끗하게 하고 있는가(시 1:1)? 하나님은 때때로 우리가 우리 자신을 살펴보는 시간을 갖게 하시려고 적들의 공격을 허락하신다.

주님께 초점을 맞추라(Focus on the Lord, 6-10절). 다른 사람들을 바라보면 화가 날 것이다. 자신을 너무 오랫동안 들여다보고 있으면 실망하게 될 것이다. 그러므로 주님께 초점을 맞추라. 자신의 부족함을 주님의 완전하심과 결합시키고, 주님께로부터 와야 할 필요가 있는 것들을 주장하라.

계속 주님을 섬기라(Keep serving the Lord, 11-12절). 우리를 당황하게 만들고 우회하게 하는 것보다 적이 더 원하는 것은 없다(느 6:1-14). 무슨 일이 있어도 계속 주님과 동행하며, 주님을 섬기는 삶을 살아가라. 주님을 찬양하고 불평하지 말라. 하나님이 그분의 때에 그분의 방법으로 우리의 정당성을 입증해주실 것이다.

"다른 사람들을 바라보라. 고뇌하게 될 것이다. 자신을 바라보라. 실망하게 될 것이다. 예수님을 바라보라. 복을 받게 될 것이다."
무명

● 시편 27편

무엇이 두려운가? 어두움? 주님이 우리의 빛이시다. 위험? 주님이 우리의 구원이시다. 결점? 주님이 우리의 힘이시다. 그런데 왜 두려워하는가? 주님이 우리를 위해 하시는 다음 일들을 보라.

우리를 구원하신다(God saves you, 4-6절). 다윗은 제사장이 아니었기 때문에 성막 안에 들어갈 수 없었다. 그러나 그는 여전히 하나님 안에서 안식을 누렸고, 하나님을 자신의 피난처로 신뢰했다. 이에 해당하는 신약 성경 구절은 "내 안에 거하라"(요 15:1-11)고 하신 주님의 말씀이다. 완전한 안전은 주님 안에 있다.

우리를 보고 웃으신다(God smiles on you, 7-10절). 하나님의 도우심을 구하는 것만으로 끝나서는 안 된다. 주님의 얼굴을 구하라(민 6:22-27). 사람들의 찡그린 얼굴에 짓눌리지 않기 위해 우리에게 필요한 것은 하나님의 미소뿐이다.

우리에게 길을 보여주신다(God shows you the way, 11-13절). 사탄은 우리가 올

무에 걸리기를 바란다. 그러나 주님이 우리에게 안전한 길을 보여주실 것이다. 하나님의 약속을 믿고 믿음으로 살아가라. 하나님의 선하심이 함께할 것이다.

우리에게 힘을 주신다(God strengthens you, 1, 14절). 전투하기 위해, 여행길을 가기 위해 우리에게는 힘이 필요하다. 그리고 하나님이 그 힘을 풍성하게 공급해주신다. 주님을 기다리기 위한 시간을 가지라(사 40:31). 하나님보다 앞서 달리거나 뒤에서 꾸물거린다면 적의 확실한 목표가 될 것이다.

○ 시편 28편

요청(Requesting, 1-5절). 다윗의 적들은 그의 명성과 업적을 훼손시켰다. 그래서 다윗은 하나님께 두 가지를 요청했다. 하나님이 자신에게 말씀해주시고(1-2절), 하나님이 그를 구원해주시기를(3-5절) 요청했다. 하나님은 응답된 기도를 통해 우리에게 말씀하신다. 다윗은 "주께서 침묵하신다면 저는 죽은 자와 다를 바 없습니다! 주님이 구원해주시지 않으신다면 그것은 저를 원수처럼 대하시는 것입니다!"라고 말했다.

기쁨(Rejoicing, 6-9절). 하나님은 다윗의 요청을 들으시고 그를 도우셨다. 우리가 주님을 신뢰한다면 지금도 우리를 위해 그렇게 하실 것이다. 우리 자신이나 환경 때문에 즐거워할 수 없을 때에도 우리는 주님 안에서 기뻐할 수 있다. 우리의 힘과 노래와 구원이 되시는 하나님을 신뢰하라(사 12:2). 주님은 우리와 우리의 짐을 모두 지고 가실 수 있는 신실한 목자시다.

○ 시편 29편

폭풍우 전에 드리는 찬양(Praise before the storm, 1-2절). 다윗은 하늘의 천사들에게 하나님께 영광을 돌리라고 말했다. 언제 폭풍우가 몰아칠지 우리는 알 수 없다. 그러므로 하나님을 섬기고 모든 영광을 하나님께 돌리라. 무엇보다 좋은 것은 거룩함이라는 아름다움이다. 그리고 그 아름다움은 하나님을 섬기고 예배함으로써 나온다.

폭풍우 속에 있는 힘(Power in the storm, 3-9절). 먼저 천둥이 지중해 너머에서 울려 퍼졌다. 그리고 폭풍우가 치며 온 땅을 휩쓸었다. 시편 기자는 7번이나 우레를 '여호와의 소리'라고 불렀다(계 10:3-4 참조). 폭풍우 속에 있는 놀라운 힘이다! 그 권능을 본 천사들도 "영광!"이라고 외쳤다!

폭풍우 후의 평화(Peace after the storm, 10-11절). 다윗은 아마도 무지개를 보고 홍수 후에 주신 하나님의 약속을 기억했을 것이다(창 9:8-17). 하나님이 홍수 위에 왕으로 앉아 계셨다. 그리고 지금도 왕이시다! 하나님보다 더 큰 폭풍우는 없다. 하나님을 신뢰한다면 폭풍우 속에서도 하나님께 영광을 돌릴 수 있다. 지금 폭풍우 속에 있는 것처럼 힘겨운 삶을 살고 있다면, 하나님께 경배하고 하나님을 기다리라. 폭풍우는 지나갈 것이다. 그리고 하나님이 평화를 주실 것이다.

"하나님은 신비롭게 움직이신다."

하나님은 신비롭게 움직이신다. 경이로운 일들을 행하신다.
바다 위를 걸으시고, 폭풍우를 타고 달리신다.
하나님을 경외하는 성도들아, 용기를 가져라.
너희 구름들아, 두려워하라.
하나님이 큰 자비를 베푸시며, 은혜를 내리신다.

윌리엄 카우퍼(William Cowper)

● 시편 30편

이 찬양의 시에서(1, 4, 11-12절) 다윗은 하나님이 그의 삶 속에서 일으키신 변화들에 대하여 감사하고 있다.

병을 고치시고 건강하게 하심(From sickness to health, 1-3절). 하나님이 다윗을 고치시고 무덤에서 그를 들어올리셨다. 그 병은 그의 교만과 자만을 치유하기 위한 하나님의 징계였다(6-7절). 그 징계는 아마도 인구 조사를 감행한 죄와 관계가 있었을 것이다(대상 21장).

눈물을 기쁨으로 바꾸심(From weeping to joy, 4-5절). 하나님의 일시적인 진노와 영원한 기쁨이라는 하나님의 선물, 눈물과 기쁨, 밤과 아침이 대조되어 있다. 지금 당신 눈에 보이는 상황이 어두운가? 그렇다면 하나님의 아침이 밝아오기를 기다리라. 하나님은 모든 것을 신속하게 변화시킬 수 있는 분이시다!

슬픔을 노래로 바꾸심(From mourning to singing, 8-12절). 다윗은 하나님 앞에서 자신을 낮추고 자비와 도우심을 구했다. 징계의 목적이 이루어진 것을 보신 하나님은 다윗을 치유하시고 그의 죄를 용서하셨다. 다윗은 옷을 갈아입고 비파를 들고, 하나님을 찬양하는 노래를 부르기 시작했다.

밤이 아무리 어두워도 새벽은 밝아올 것이다. 아무리 마음이 무거워도 노래하게 될 날이 올 것이다. 인내하고 기다리며 하나님을 신뢰하라. "(하나님의) 은총은 평생이로다"(5절).

"기쁨은 언제나 우리를 향해 오고 있다. 밤의 어두움을 통해 언제나 우리를 찾아오고 있다. 기쁨이 찾아오지 않는 밤은 결코 없다."

에이미 카마이클(Amy Carmichael)

시편 31편

대적(Foes). 다윗의 대적들은 그를 핍박하고, 그에 대해 거짓말을 하며, 그를 잡기 위해 그물을 던졌다. 다윗이 어디에서 도움을 구할 수 있겠는가? 오직 여호와를 향할 뿐이었다! 대적의 손이 그를 치려할 때(8, 15절) 그는 하나님의 손 안에서 안전을 찾았다(5, 15절, 요 10:27-29). 예수님은 십자가에서 5절을 인용하셨다(눅 23:46).

감정(Feelings). 다윗은 아마도 자신의 불순종이 불러온 결과 때문에 병을 앓고 있었을 것이다(9-13절). 하나님은 우리를 징계하시고 순종하는 자리에 설 수 있도록 질병과 적들을 사용하실 수 있다. 다윗의 대적들은 그를 비웃고, 친구들은 그를 외면했다. 다윗은 그저 하나님의 도우심을 구할 수밖에 없었다. 그리고 하나님은 그를 실망시키지 않으셨다.

믿음(Faith). 하나님께 대한 다윗의 믿음이 강조되어 있다. 그의 믿음 때문에 다윗은 부끄러움을 당하지 않았다(1절). 대신 하나님 안에서 즐거워했다(6-7절). 그리고 그를 향해 미소 지으시는 하나님을 기뻐했다(14-16절, 민 6:22-27). 그는 하나님의 선하심이 평생 그와 함께할 것을 알고 있었다(19절).

참 믿음은 언제나 사랑과 소망을 불러온다(23-24절). 그리고 사랑과 소망은 우리 안에 있는 적이건, 우리 밖에 있는 적이건 그 적과 싸워 이기는 데 필요한 용기를 준다.

○ 시편 32편

이 참회의 시편은 다윗이 간음을 행하고, 그 죄를 감추려 한 후 하나님을 경험하면서 나온 시편이다(삼하 11-12장). 우리가 죄를 자백하지 않으려 할 때 하나님은 그 죄를 회개하도록 우리를 다루실 것이다(잠 28:13). 다윗의 경험에서 볼 수 있듯이 버티면 버틸수록 우리는 그만큼 더 비참해질 것이다. 그리고 다음 일들을 피할 수 없게 될 것이다.

빚(The debt against you, 1-2절). 하나님은 우리의 행함을 모두 보시고 기록해 두신다. 다윗은 이 땅에서 그의 죄를 숨길 수 있었다. 그러나 하늘에 보관된 기록까지 숨길 수는 없었다. 우리가 자백할 때 하나님이 그 기록을 깨끗하게 지우신다(요일 1:9).

고통(The pain within you, 3-5절). 죄는 몸에도 영향을 미친다. 그리고 하나님의 징계는 필요한 것이지만, 또 고통스러운 것이다(히 12:1-11). 다윗은 무거운 짐을 짊어지고 가는 노인과 같이 되었다.

홍수(The flood around you, 6-7절). 하나님이 우리를 되돌리시기 위해 힘든 환경들을 사용하신다. 실제로 다윗은 그의 죄 때문에 가족과 함께 여러 차례 깊은 물 속을 지나야 했다.

힘든 길(The road before you, 8-9절). 다윗은 길들여져야 하는 고집스러운 동물과 같았다. 하나님의 뜻에서 벗어나 있을 때 우리의 결정은 문제를 해결하는 대신 오히려 문제를 야기한다. 그래서 길을 가기가 점점 더 힘들어진다.

마침내 다윗은 하나님 앞에서 솔직하게 자신의 죄를 자백했기 때문에 침묵(3절)을 깨고 노래하게(7절) 되었다.

◦ 시편 33편

예배 안에 있는 하나님의 말씀(God's Word in worship, 1-5절). 우리는 예배에서 하나님의 말씀을 배제해서는 안 된다. 왜냐하면 '진리 안에서' 예배해야 하기 때문이다(요 4:24). 성경을 더 잘 알면 알수록 우리는 하나님을 더 온전히 찬양할 수 있다(골 3:16 이하).

창조 세계 안에 있는 하나님의 말씀(God's Word in creation, 6-9절). 하나님은 말씀으로 우주를 창조하셨다(창 1장, 요일 1:1-3). 그리고 하나님의 말씀이 우주를 관리하시고 있다(시 147:15-18). 얼마나 놀라운 하나님의 말씀인가!

역사 안에 있는 하나님의 말씀(God's Word in history, 10-17절). 열방들이 공모해 하나님을 거역할 수도 있다. 그러나 하나님의 말씀이 승리를 거둘 것이다(시 2편). 군사력이 성공을 보장해주는 것은 아니다. 하나님이 열방들을 향한 자신의 계획을 이루어가실 것이다(행 17:24-28).

우리의 삶 안에 있는 하나님의 말씀(God's Word in your life, 18-22절). 우주를 창조하고 다스리시는 말씀은 우리의 삶도 다스리실 수 있다. 하나님의 말씀을 신뢰하고 순종할 때 만물이 우리 편에 서서 일한다. 그러나 하나님의 말씀을 저버릴 때 만물이 우리를 대항하게 될 것이다(욘 1장).

하나님의 뜻은 하나님의 마음에서 나오는 것이다. 그러므로 하나님의 뜻을 결코 두려워하지 말라(11절).

"한 마음을 가진 사람들은 복이 있다. 왜냐하면 그들은 평안을 누리기 때문이다… 서두름과 압박을 거절한다면 그리고 하나님 안에 거한다면, 우리에게 생명과 평안을 주는 깨끗한 영을 막을 수 있는 것은 아무것도 없다. 그 평온함 속에서 하나님의 뜻을 알게 될 것이다."

에이미 카마이클(Amy Carmichael)

◦ 시편 34편

다윗은 사울이 자신을 죽일 것을 두려워하며 가드로 도망쳐 적의 보호를 받으려 했다(삼상 21:10-22:2). 그러나 하나님의 뜻에서 벗어나 있을 때 우리는 결코 안전할 수 없다. 다윗은 도망치기 위해 거짓말을 해야 했다. 이 시편은 하나님이 다윗을 위해 하신 일들을 고백하는 개인적인 간증시다.

"내가 여호와를 항상 송축함이여"(I will bless, 1-10절). 다윗에게는 하나님을 찬양할 충분한 이유가 있었다. 하나님이 죽음에서 그를 구하셨기 때문이었다. 믿음으로 하나님을 의뢰할 때 하나님이 구원하시고(4-6절), 지키시며(7절), 만족함을 얻게 하신다(8-10절). 주님께 달려가 안전하게 보호받을 수 있는데 왜 적에게로 달려가는 것인가?

"내가 여호와를 경외함을 너희에게 가르치리로다"(I will teach, 11-22절). 다윗은 다음 세대가 하나님을 알고 신뢰하게 되길 바랐다. 그는 장수하며 복 받을 수 있는 현명한 조언들을 해주고 있다(12-14절, 벧전 3:8-12). 그리고 곤경에 처했을 때 하나님을 찾도록 권하고 있다. 하나님의 눈은 우리의 필요를 보시고, 하나님의 귀는 우리의 기도를 들으신다. 그리고 우리가 낙심할 때 하나님은 우리 가까이에 계신다.

하나님이 행하신 특별한 일들을 누군가에게 이야기하라. 다음 세대들도 하나님이 살아 계시다는 사실을 알아야 한다.

시편 35편

다윗처럼 우리도 다음의 두 적으로부터 구해주시는 하나님의 구원이 필요하다.

우리를 공격하는 사람들(Those who attack you, 1-10절). 그리스도인이 된다는 것 자체가 위험한 곳들이 있다. 그리고 그런 곳이 점점 더 많아지게 될 수도 있다. 사탄은 살인자이고(요 8:44), 할 수만 있다면 하나님의 백성들을 모두 파멸시키려 할 것이다. 그러나 하나님이 우리를 위해 싸우신다. 하나님은 적의 계략을 알고 계시고(4절), 효과적인 무기를 가지고 계신다(2-3절). 하나님은 하나님께 속한 사람들을 책임지고 돌보는 분이시다.

우리를 비난하는 사람들(Those who accuse you, 11-28절). 사탄은 살인자일 뿐 아니라 또 참소하는 자다(계 12:10). 그래서 다윗은 전쟁터에서 떠나 그에 대해 거짓말을 하는 적들이 있는 법정으로 가야 했다(23-24절). 그러나 다윗의 관심은 자신의 이름이 아니라 하나님의 이름이 높아지는 데 있었다(27절). 우리 이름의 명예를 훼손하려 하는 적들은 하나님의 이름에도 공격을 가한다.

결과를 주목하라. "내 영혼이 여호와를 즐거워함이여"(9절). "나의 혀가 주의 의를 말하며 종일토록 주를 찬송하리이다"(28절). 안으로는 즐거워하고 밖으로는 증거하라!

시편 36편

악을 행하는 인간(Man's wickedness, 1-4절). 다윗은 악행을 보아왔고, 인간의 심성이 어떤지를 잘 알고 있었다. 그는 자신의 마음도 잘 알고 있었다! 그러나 이 시편에서 그는 하나님이 그에게 주신 특별한 계시를 알리고 있다. 죄인들은 죄를 범해도 아무 일 없을 것이라 생각하며 우쭐한다. 그들은 경건한 사람들을 대적하는 음모를 꾸미며 거짓말을 한다. 그들은 악한 말을 하고 악을 행하면서도 아무렇지도 않게 생각한다.

신실하신 하나님(God's failthfulness, 5-7절). 신실하지 못한 죄인들과 얼마나 생생하게 대조되는 모습인가! 하나님은 언제나 옳은 일만 행하시며, 우리가 신뢰할 수 있는 분이시다. 그리고 지성소 안에 있는 주의 날개 그늘 아래가 이 세상에서 가장 안전한 곳이다(7절).

복된 신자들(The believer's blessedness, 8-12절). 하나님이 생수와 광명으로 하나님의 백성들을 만족하게 하신다. 그들을 적들로부터 보호하시고 그들의 모든 필요를 채워주신다. 8절에 나오는 '복락'이라는 단어는 히브리어로 낙원을 뜻하는 에덴(Eden)을 번역한 것이다. 하나님 안에 거할 때 우리는 낙원에 있는 것이다!

◉ 시편 37편

이 시편은 하나님과 동행하는 삶을 살았던 한 노인의 지혜를 보여준다(25절). 그는 악인과 싸웠고, 악인이 형통하고 의인이 고난을 받는 것을 목격해야 하는 좌절감이 어떤 것인지를 잘 알고 있었다. 그는 과거를 돌아보면서 우리가 원하는 대로 잘 되지 않을 때 속을 태우며 하나님을 거역하지 말라는 지혜로운 조언을 해주고 있다.

"여호와를 의뢰하라"(Trust in the LORD, 3절). 믿음으로 행치 않고 눈에 보이는 대로 행할 때 우리는 안달하기 쉽다(시 73편 참조). 악인이 형통하는 것처럼 보이지만 그 형통함은 그리 오래 가지 못한다(35-36절). 하나님이 성경에 말씀하신 것들을 믿으라. 그것이 바로 삶의 실체를 찾을 수 있는 길이기 때문이다.

"여호와를 기뻐하라"(Delight in the LORD, 4절). 하나님의 뜻 안에서 모든 기쁨과 즐거움을 찾으라. 하나님을 기쁨으로 삼으라. 그러면 모든 갈망은 하나님의 뜻 안에 있게 될 것이다. 하나님을 기쁘시게 하는 삶을 살아갈 때 우리는 사람들이 하는 일들로 인한 초조함에서 자유로울 수 있다.

"여호와께 맡기라"(Commit your way to the LORD, 5절). 하나님을 신뢰하고 기뻐한다면 어떻게 하나님께 우리의 길을 맡기지 않을 수 있겠는가? 하나님이 우리의 발걸음을 인도하시고, 우리의 기쁨을 선택하시며, 우리의 이름을 보호하시고, 우리가 하는 일에 복을 주실 수 있게 해드리라.

> " '주님 안에서 안식하라. 인내하며 주님을 기다리라.' 이 말을 히브리어로 하면 '하나님 앞에서 잠잠하고 하나님이 너를 빚어가시게 하라'가 된다. 계속 잠잠하라. 그분이 원하시는 바로 그 모습이 될 때까지 하나님이 당신을 빚어가실 것이다."
>
> 마틴 루터(Martin Luther)

"하나님 안에서 안식하라"(Rest in the LORD, 7절). 불안해하는 것은 믿음이 없음을 보여주는 것이다. 믿음은 하나님 안에서 안식하며 모든 지각에 뛰어나신 하나님의 평강을 누리는 것이다(빌 4:7). 때때로 하나님은 우리의 인내를 키워주시기 위해 기도의 응답을 늦추신다(약 1:2-8).

"주님을 기다리라"(Wait on the LORD, 34절). 우리가 기다리는 것은 무엇인가? 하나님이 우리를 위해 예비하신 기업이다(11, 18, 22, 29, 34절). 악인은 이 땅에서 일시적인 즐거움만을 누릴 뿐이다. 그러나 하나님의 백성들은 천국에서 영원한 보물을 갖게 될 것이다. 우리의 기업을 받게 될 날이 올 것이다. 그러므로 인내하라.

● 시편 38편

이 시편은 다윗의 세 번째 참회의 시다(6편과 비교해보라). 그리고 우리가 죄를 범할 때 일어나는 다음의 일들을 보여주고 있다.

하나님이 하시는 일(What God does, 1-2절). 하나님은 우리가 죄를 짓고도 아무

일 없었다는 듯 넘어가는 것을 허락하지 않으실 만큼 우리를 깊이 사랑하신다. 우리가 불순종하면 하나님은 먼저 우리를 책망하시고 그리고 징계하실 것이다. 멀리서 화살을 쏘시거나, 가까이 다가오셔서 손으로 우리를 치실 것이다. 그리고 하나님이 진노하셨다는 사실을 알게 하실 것이다.

죄가 하는 일(What sin does, 3-10절). 다윗은 그의 죄 때문에 병을 앓게 되었다(시 32:3-5). 그는 무거운 짐을 지고 그 밑에서 짓눌렸다. 그는 한숨을 내쉬고, 숨을 헐떡이며, 곧 포기할 상태가 되었다. 죄는 우리를 유혹하기 위해 친구처럼 다가온다. 그러나 결국 우리를 노예로 부리는 주인이 된다.

사람들이 하는 일(What people do, 11-14절). 죄는 우리와 우리를 도울 수 있는 사람들 사이에 벽을 쌓는다. 그리고 우리를 착취하고 해치고 싶어하는 사람들과 우리를 잇는 다리를 놓는다.

◆ 죄를 지을 때 일어나는 일 ◆

그리스도를 신뢰하는 사람이 죄를 범할 때 하나님은 그의 죄를 어떻게 다루시는가? 하나님이 그의 죄를 담당하시고(요 1:29), 잊으시며(히 10:17), 씻어내시고(사 1:18), 기억하지 않으시며(사 43:25), 도말하시고(사 44:22), 용서하시며(사 55:7), 깊은 바다에 던지신다(미 7:19).

죄를 범한 사람이 해야 하는 일(What the sinner must do, 15-22절). 죄를 회개하고 하나님의 자비를 구하는 것만이 죄를 범한 사람의 유일한 희망이다. 하나님은 용서해주기로 약속하셨다. 그러므로 하나님의 약속을 주장하라.

○ 시편 39편

다윗을 향한 하나님의 침묵(God's silence to David). 다윗은 죄를 범했고, 하나님은 그를 바로잡으셨다. 징계는 하나님의 사랑을 보여주는 것이다(히 12:5-11). 그러므로 하나님의 뜻에 순종하고, 하나님이 그분의 방법대로 하실 수 있게 해드리라. 하나님이 다윗에게 침묵하셨다(12절). 그리고 다윗은 그 침묵을 염려했다. 그는 죽게 될 것인가(시 28:1)?

하나님을 향한 다윗의 침묵(David's silence to God). 다윗은 하나님 앞에서 입을 다물고 하나님과 논쟁하지 않았다(9절, 참조 - 레 10:3, 삼상 3:18). 다윗은 하나님의 뜻을 받아들이고 겸손하게 복종했다. 그는 하나님이 그를 용서해주시고 도와주시기를 기도했고, 하나님은 자비를 베푸시며 그의 기도에 응답하셨다.

악인 앞에서 침묵하는 다윗(David's silence before the wicked). 악인들이 병든 다윗을 찾아오자 다윗은 그들 앞에서 침묵하려 했다(마 7:6). 그러나 결국 그는 입을 열고 자기 자신과 그들에게 인간은 약하고 인생은 짧다는 사실을 상기시켜 주었다. 인생은 한 뼘 길이에 불과하고, 쉬이 사라지는 안개와 같으며(약 4:14), 그림자에 불과하다. 우리는 객과 거류자들이다(12절). 그리고 우리의 여정은 그리 길지 않다. 떠날 때 가지고 갈 수 없는 재물을 왜 모으려 하는 것인가?

침묵은 때때로 말보다 더 큰 소리로 말한다. 언제 말하고 언제 침묵해야 하는지를 배우라.

● 시편 40편

기다리기(Waiting, 1-3절). 대적들에게 시련을 당하는 동안 다윗은 하나님의 도우심을 구했다. 그러나 하나님의 응답은 즉각 오지 않았다. 다윗은 기다렸다. 그리고 하나님이 일하셨다! 얼마나 놀라운 변화인가! 다윗은 웅덩이에서 대로로, 수렁에서 반석으로 들어 올려졌고, 그의 눈물은 찬송으로 바뀌었다.

증거하기(Witnessing, 4-10절). 하나님이 하신 놀라운 일들을 다른 사람들에게 이야기하라. 하나님의 일과 생각이 우리 일상의 대화가 되어야 한다. 말과 행동을 통해 복음을 전하라. 하나님이 다른 사람들을 부르시기 위해 우리의 증거를 사용하실 수 있다(3절).

싸우기(Warring, 11-15절). 다윗은 자주 위험에 둘러싸였다. 그리고 그가 할 수 있는 것은 하나님의 도우심을 구하는 것뿐이었다. 우리가 군대와 직접 맞서 싸위야 하는 것은 아닐지라도, 헌신과 근면이 요구되는 영적 전투에 참여하고 있음을 기억해야 한다(엡 6:10 이하).

예배하기(Worshiping, 16-17절). 어떤 문제가 있더라도 다윗은 시간을 내어 하나님을 예배했다. 그렇게 할 때 바른 관점을 가지고 하나님이 하시는 일들을 볼 수 있다. 중요한 것은 하나님이 크게 부각되시는 것이다. 우리는 조급해할 수도 있지만, 하나님은 우리를 생각하시고 우리의 유익을 위해 모든 일을 행하신다(렘 29:11).

◆ 완전한 제사 ◆

히브리서 10장 1-14절은 예수 그리스도를 언급하기 위해 시편 40편 6-8절을 인용했다. 예수 그리스도는 하나님의 뜻에 귀를 기울이시고(열린 귀, 사 50:4-6) 하나님의 일을 하시기 위해(준비된 몸) 이 땅에 오셨다. 그리스도의 몸은 성령으로 마리아의 태에서 준비되었다(눅 1:26-38, 참조 - 사 7:14). 예수님은 아버지의 뜻을 행하기를 기뻐하셨다. 그것은 하나님의 말씀이 그 마음에 있었기 때문이었다(요 4:34, 8:29). 하나님의 말씀을 기뻐하면 우리도 하나님의 뜻 안에서 즐거워하게 될 것이다(시 1:1-3). 예수 그리스도는 하나님이 죄를 해결하시려고 정한 제물이셨다. 그리스도의 죽음을 통해 하나님은 구약 성경의 제사를 완성하셨다. 예수 그리스도가 드린 제사로 죄의 문제가 단번에 그리고 영원히 해결되었다.

○ 시편 41편

다윗은 병상에 누워 과거를 돌아보며, 자신이 다른 사람들에게 자비를 베풀고 가난한 사람들을 도와온 것을 기억했다. 그 기억들은 그에게 격려가 되었다. 왜냐하면 그는 하나님이 자신을 도우시리라는 것을 알았기 때문이었다(신 15:1-11). 하나님은 다른 사람들에게 긍휼을 베푸는 사람들에게 긍휼을 베푸신다(마 5:7). 고통 중에 있을 때 힘을 얻기 위해서 깨끗한 양심을 가지는 것이 중요하다.

그런 다음 다윗은 주위를 돌아보며, 그를 험담하는 대적들을 보았다. 그들은 다윗이 죽기를 바랐다. 친한 친구들조차도 다윗에게 등을 돌렸다. 당신에게 그런 일이 일어난다면 예수님께도 그런 일이 일어났다는 사실을 기억하라(요 13:18). 질병으로 인한 고통보다 배신한 '친구'로 인한 고통이 훨씬 더 큰 것이다.

마지막으로 다윗은 위를 바라보며 자신의 문제를 해결했다. 다른 사람들이 무슨 말을 하건 하나님은 다윗을 기뻐하셨다. 그리고 그것만이 중요할 뿐이다. 다윗의 적들이 그를 험담하도록 내버려두라. 하나님은 다윗을 들어올리시고, 그를 안으시며, 하나님의 얼굴빛을 그에게 비추어주실 것이다.

우리가 어떻게 느끼는지는 우리가 어디를 바라보는지에 따라 달라진다.

● 시편 42-43편

"내 영혼아, 네가 어찌하여 낙망하며 어찌하여 내 속에서 불안하여 하는고?"라는 후렴구가 이 두 시편을 하나로 이어주고 있다(42:5, 11, 43:5). 시편 기자는 왜 그렇게 낙심했던 것일까?

한 가지 이유는 그에게 하나님이 필요할 때 하나님이 그를 멀리하시는 것처럼 보였기 때문이었다(42:1-3). 그는 자신을 사막에서 물을 찾으며 목말라하는 사슴처럼 느꼈다. 그러나 하나님은 멀리 계시지 않았다. 하나님은 우리가 하나님을 인식하지 못할 때에도 우리 가까이에 계신다(사 41:10, 히 13:5, 시 46:7).

시편 기자가 '좋았던 옛날'을 기억하는 동안 그의 낙심은 더 커졌다(42:4-6). 그는 예루살렘으로 돌아가 성전에서 섬길 수 있게 되기를 열망했다. 주거지가 바뀌거나 집에서 떠나 있을 때, 사람들은 의기소침해질 수 있다. 그리고 나이가 들수록 우리는 변화를 받아들이기가 점점 더 어려워진다.

"낙심할 때 우리의 생각은 결코 우리를 낙심에서 놓아주려 하지 않을 것이다. 우리는 하나님의 창의적인 노력을 통해서만 낙심에서 벗어날 수 있다. 때문에 우리는 우리 힘으로 얻을 수 없는 것을 하나님으로부터 받아들이는 올바른 태도를 가져야 한다.

오스왈드 챔버스(Oswald Chambers)

다른 사람들의 낙심시키는 말이 그가 낙심하게 된 세 번째 이유였다(42:3, 9-10). "하나님이 너를 잊으셨는가? 네 하나님이 어디 있느뇨?" 이 질문에 대한 대답은 시편 115편에 있다. 하나님의 말씀에 귀를 기울이고 사람들의 어리석은 말에 휩쓸리지 말라.

낙심에 빠지기 시작할 때 어떻게 해야 하는가? "하나님을 바라라"(42:5, 11, 43:5). 미래를 바라보라. 과거를 돌아보지 말라. 환경에 떠밀려 익사할 것처럼 느껴질 때 그것이 하나님의 파도와 물결이라는 사실을 기억하라(42:7). 하나님은 우리에게 무엇이 최선인지를 잘 알고 계신다. 자신의 감정을 키우지 말고(42:3), 하나님의 말씀을 먹기 시작하라(43:3). 우리가 아무리 비참하게 느낄지라도 하나님이 지켜주시고 인도해주실 것이다. 하나님은 우리의 감정보다 훨씬 더 큰 분이시다. 믿음으로 행하라. 하나님이 보상해주실 것이다.

○ 시편 44편

나라는 위기에 처해 있었고, 하나님이 그분의 백성들을 버리시고 적들을 도우시는 것처럼 보이는 상황이었다(9-16절). 이스라엘은 흩어진 백성이 되어 수치와 조롱을 당했다. 하나님이 적의 편을 드시는 것처럼 보일 때는 어떻게 해야 하는 것인가?

하나님이 하신 일을 기억하라(You remember what God did, 1-3절). 과거 속에서 살라는 말이 아니라 과거를 통해 배우라는 말이다. 우리가 고통스러운 상황에 처하는 일이 벌어질 수도 있지만, 하나님은 변함이 없으시다. 그 속에서도 하나님은 여전히 놀라운 일들을 행하시고, 자신의 이름을 영화롭게 할 수 있으시다.

하나님을 의뢰하라(You trust in Him, 4-8절). 우리의 자원을 의지하면 실패할 것이다. 때때로 하나님은 우리가 하나님만을 신뢰해야 한다는 사실을 상기시켜주시려고 우리의 실패를 허락하신다.

무슨 일이 있어도 하나님께 충실하라(You remain faithful to Him, come what may, 17-26절). 욥에 대한 사탄의 거짓말을 기억하는가(욥 1:6-12)? 당신의 믿음은 '상업적인' 믿음인가? 하나님이 당신을 위해 좋은 일을 해주신다는 단지 그 이유 때문에 하나님께 충실한 것인가? 하나님은 우리의 믿음이 참된 것인지를 알아보시려고 우리의 믿음을 시험하신다(벧전 1:6-9). 하나님이 하시는 일을 다 이해할 수 없다 할지라도 하나님을 신뢰하라(욥 13:15).

● 시편 45편

왕실 결혼을 위해 쓴 이 시편은 메시아에 관한 시이며(6-7절, 히 1:8-9), 우리의 왕과 신랑이 되신 그리스도를 보여주고 있다.

왕의 아름다움(His beauty, 1-2절). 예수님께는 이 땅에서 사셨던 동안 사람들의 주목을 끌 수 있는 특별한 아름다움이 없으셨다(사 53:2). 예수님의 아름다운 성품과 말씀과 예수님이 행하신 일들 때문에 우리는 예수님을 사랑하는 것이다(벧전 1:8).

왕의 전투(His battles, 3-5절). 그리스도는 구세주로 오셨다. 또 용사로 사탄을 물리치셨다(마 12:25-29, 골 2:15). 오늘날 주님은 그분께 순종하고, 진리와 겸손과 의를 실천하는 자신의 백성들을 통해 승리를 거두신다. 이 세상 모든 나라를 정복하기 위해 그리스도가 오실 날이 있을 것이다(계 11:15, 19:11-21).

왕의 풍요(His bounties, 6-9절). 영원한 보좌와 의로운 홀과 기쁨과 은혜와 영광의 향기를 지닌 분이 우리 주님 외에 또 누가 있겠는가? 왕을 안다면 왕의 모든 풍요를 함께 나누게 될 것이다.

왕의 신부(His bride, 10-17절). 이 신부는 그리스도를 믿는 믿음을 통해 구원받은 모든 사람, 즉 교회를 보여주는 그림이다(엡 5:25 이하). 신랑은 모든 준비를 마쳤고(8절), 동석한 사람들도 모두 준비를 마쳤다(9절). 그리고 기쁨 속에서 신부가 왕 앞으로 나아간다. 얼마나 놀라운 혼인 예식이 될 것인가(계 19:1-10)! 당신은 그 자리에 서게 될 날을 간절히 바라고 있는가?

○ 시편 46편

이 시편은 앗수르의 침략으로부터 예루살렘이 극적으로 보호받았던 사건을 배경으로 쓰인 시편이라고 생각하는 성경학자들도 있다(왕하 18-20장). 마틴 루터는 이 시편의 영감을 받아 찬송가 '내 주는 강한 성이요'를 작시했다. 그리고 이 시편은 오늘날 우리에게도 영감을 준다.

주변에서 변화의 소용돌이가 몰아치고 위협적인 일들이 일어날 때 하나님께 초점을 맞추라. 하나님은 우리와 함께하시며 우리를 보호하시는 피난처가 되신다. 하나님이 능력으로 우리를 도우신다. 세상은 이변을 일으키며 요동칠 수 있지만(2-3절), 하나님은 우리에게 평안을 주는 강물을 흐르게 하신다(4절). 당신이 비록 전쟁의 한가운데 있을지라도, 하나님이 그 전쟁을 승리로 끝내실 것이다(8-9절).

'가만히 있어'(10절)라는 말은 '손을 놓고 편안하게 있어'라는 뜻이다. 하나님은 자신이 하시는 일을 잘 알고 계신다. 그리고 하나님의 때는 완전하다(5절). 모든 것이 끝난 후 하나님이 영광을 받으실 것이다(10절). 그리고 우리에게 복을 주실 것이다.

◆ 지혜로운 조언 ◆

하나님의 계획을 방해하고 싶은 마음으로 조바심이 나고 불안할 때 "잠잠히 있어라!"(시 46:10), "가만히 서 있어라!"(출 14:13), "가만히 앉아 있어라!"(룻 3:18)는 세 명령을 기억하라.

시편 47편

조용하게 묵상하는 예배를 선호한다면 이 시편이 도전이 될 것이다. 왜냐하면 이 시편은 손뼉을 치고, 소리 높여 크게 노래하며 축하하는 찬양 의식을 묘사하고 있기 때문이다. 우리에게 그런 흥분을 일으킬 수 있는 것은 그리스도 우리 왕의 위대하심이다. (그것이 우리를 흥분시키지 못한다면 무엇이 우리를 흥분시킬 수 있겠는가?) 그 위대하심에 열광하라.

하나님의 위대한 승리(His great victory, 1-4절). 시편 기자가 어떤 군사적 승리를 축하하고 있는지 우리는 알 수 없다. 그러나 신자로서 우리는 그리스도의 영적 승리를 축하할 수 있다(고후 2:14). 여호수아처럼 우리도 우리 대장께 복종하고, 그분이 전투에 승리하실 것을 신뢰할 수 있다(수 5:13-15). 그것이 우리가 즐겁게 외칠 수 있는 이유다!

하나님의 위대한 보좌(His great throne, 5-7절). 하늘로 올라가 하나님 우편 보좌에 앉으신 우리 주님의 승천을 잘 보여주는 그림이다! 사탄이 이 시대의 신이 될 수는 있을 것이다. 그러나 예수님은 영원 무궁한 왕이시다. 이것 역시 우리가 즐겁게 외칠 수 있는 이유다!

하나님의 위대한 통치(His great reign, 8-9절). 하나님의 나라는 영적인 나라다. 그러나 하나님은 여전히 인간사 속에서 다스리신다. 그리스도가 다시 오시고, 하나님의 백성들이 그리스도와 함께 다스리게 될 날이 올 것이다(계 1:5-6, 5:9-10, 11:15-18). 이것 역시 우리가 즐겁게 외칠 수 있는 이유다!

시편 48편

시편 46편처럼 이 시편은 침략하는 적군으로부터 예루살렘을 구하신 하나님의 구원을 축하하고 있다(4-7절). 우리 그리스도인들에게 예루살렘과 시온 산은 우리의 시민권이 기록되어 있는(빌 3:20) '위에 있는 예루살렘'(갈 4:26)이고, 하늘의 시온이다(히 12:18-24).

성을 바라보라(Look at the city, 1-8절). 하나님의 도성, 거룩한 성은 아름답고 즐거운 곳이다. 그러나 하나님을 모르는 적에게는 심판이 선포되는 두려운 곳이다. 보다 행복하고 보다 거룩한 삶을 살기 위해 하늘에 있는 본향을 생각하라.

성을 즐거워하라(Enjoy the city, 9-11절). 그 성은 하나님의 이름이 찬양을 받고, 하나님의 백성들이 기뻐하는 하나님의 사랑과 의가 있는 곳이다. 우리는 아직 천성에 있지 않지만, 내세의 능력을 맛볼 수 있다(히 6:5). 찰스 스펄전은 "작은 믿음은 영혼을 천국으로 데려갈 것이다. 그러나 큰 믿음은 천국을 영혼 속으로 가져올 것이다!"라고 말했다.

성을 축하하라(Celebrate the city, 12-14절). 하나님이 자신의 백성들을 위해 예비하셨다는 사실을 사람들에게 알리고, 그들도 그리스도를 믿는 믿음으로 시온의 시민이 될 수 있도록 초대하라(눅 10:20). 영광의 하나님을 아는 것은 우리를 돌보시고 우리를 시온 산으로 데려가시는 신실한 안내자를 아는 것이다. 그 이상 더 무엇을 바랄 수 있겠는가?

> "역사를 읽어보면 이 세상을 위해 많은 일을 한 그리스도인들은 내세를 가장 많이 생각했던 사람들이었다. 그리스도인들이 이 세상에서 무능하게 된 것은 그들이 내세를 거의 생각하지 않게 되면서부터다."
>
> C. S. 루이스(C. S. Lewis)

○ 시편 49편

이 시편은 죽음과 돈이라는 두 가지 중요한 주제를 다루고 있기 때문에 부자와 가난한 사람 모두를 위한 것이다(2절). 시편 기자는 "자기의 재물을 의지하지 말고 풍부함으로 자긍하지 말라"고 쓰고 있다. 그리고 그 이유를 다음과 같이 설명하고 있다.

재물로 죽음을 막을 수 없기 때문이다(Your wealth cannot prevent death, 5-9절). 엘리자베스 1세 여왕은 임종을 앞두고 "내 모든 재물은 한 순간을 위한 것"

이라고 말했다. 돈으로 약을 살 수 있고 의학적인 도움을 받을 수 있지만, 죽음의 천사가 목숨을 주장할 때 돈으로 하나님까지 살 수는 없다.

죽을 때 재물을 가져갈 수 없기 때문이다(Your wealth cannot go with you, 10-15절). 죽은 사람의 시체와 동물의 시체는 무덤에서 흙으로 돌아간다. 부자들도 예외는 아니다. 신자가 죽으면 그 영혼은 주님과 함께 거할 곳으로 간다(고후 5:1-8). 그러나 재물까지 가지고 갈 수는 없다(17절). 그러나 주님의 이름으로 다른 사람들과 나누면서 미리 재물을 그곳에 보낼 수는 있다(마 6:19-34).

재물로 영원한 명성을 살 수 없기 때문이다(Your wealth cannot buy permanent fame, 16-20절). 사람들은 부자들이 살아 있는 동안 그들을 칭찬하고, 그들이 죽을 때 경의를 표하지만(아마도 유산을 좀 얻을 수 있을 것이라는 기대를 가지고) 그후에는 그들을 잊어버린다. 부자는 일시적으로 자신을 높일 수 있기는 하지만, 사람들에게 그를 영원히 기억하게 만들 수는 없다.

15절은 미래의 부활에 대한 신자들의 확신을 보여준다(살전 4:13-18). 그 확신이 죽음을 정복하고 삶을 살 만한 가치가 있는 것으로 만들어준다(고전 15:58, 벧전 1:3).

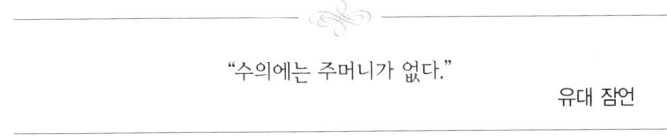

"수의에는 주머니가 없다."

유대 잠언

시편 50편

이 시편은 법정의 모습을 보여준다. 하나님이 재판관과 증인과 배심원이 되신다. 그리고 두 종류의 '종교적 죄인들'을 고발하기 시작하신다.

정직하지 못한 예배자들(Insincere worshipers, 1-15절). 하나님은 의사봉을 두드리시는 것이 아니라 하나님의 영광을 계시하심으로 재판의 개회를 선언하신다(1-3절). 그리고 정직하지 못한 마음으로 제사를 드리며 하나님의 복을 '얻어내고자' 하는 백성들을 고발하신다. 그들의 예배는 그저 기계적인 일과에 불과했다. 하나님은 우리가 하나님께 드리는 것들을 필요로 하는 분이 아니시다(행 17:24-25). 그러나 우리는 감사와 찬양과 순종의 영적 제사로 하나님께 드릴 필요가 있다(14-15, 23절).

> "예배란 하나님의 거룩하심으로 우리의 양심을 일깨우고, 하나님의 진리로 우리의 마음을 채우며, 하나님의 아름다우심으로 우리의 창의력을 정화하고, 하나님의 사랑에 우리의 마음을 열며, 하나님의 목적에 우리의 의지를 헌신하는 것이다."
>
> 윌리엄 템플(William Temple)

위선적인 예배자들(Hypocritical worshipers, 16-22절). 이 부분에서 문제가 되는 것은 제사가 아니라 하나님의 백성들과 하나님이 맺은 언약이다. 그들은 말과 행동이 일치하지 않았다(딛 1:16). 그들은 도적질과 간음과 속임수와 거짓을 말하는 죄를 범했다. 그들은 하나님이 침묵하셨기 때문에 죄를 짓고도 아무 일 없을 것이라 생각했다. 그러나 그 생각은 잘못된 것이었다(전 8:11).

하나님은 타락한 세상이 아니라 하나님의 백성들을 먼저 심판하신다(벧전 4:17). 이 시편 22절의 경고를 마음에 새기고, 23절의 훈계를 받아들이라.

○ 시편 51편

이 시편은 네 번째 참회의 시다. 이 시편은 시편 32편처럼 다윗이 밧세바를 범한 죄를 지은 후, 그 죄를 감추려고 헛되게 시도한 경험을 통해 나왔다(삼하 11-12장). 이 시편은 성경에서 값비싼 죄의 대가를 잘 보여주고 있는 부분이다.

죄는 죄를 범한 사람에게 해를 가한다(Sin hurts the sinner). 다윗이 범한 죄가 그의 인격 전체에 영향을 미쳤다. 그의 눈(3절)과 중심(6절)과 귀(8절)와 마음

(10절)과 영혼(10절)과 입(13-15절)에 영향을 미쳤다. 하나님과 나누던 교제가 끊어졌고(11절), 하나님으로부터 오는 기쁨을 상실했다(12절). 죄를 범하는 즐거움이 이런 엄청난 대가를 지불할 만한 가치가 있는 것인가?

죄는 다른 사람들에게 해를 가한다(Sin hurts others). 죄는 다른 사람들(약 1:13-16), 특히 가족들의 삶에 비참한 결과를 불러올 수 있다. 다윗의 죄는 우리아의 죽음을 불러왔고, 밧세바가 낳은 아기의 목숨을 빼앗아갔다. 다윗의 사랑스런 딸 다말은 그녀의 이복 오라비에게 겁탈을 당했고, 그는 압살롬에게 죽임을 당했다. 그리고 압살롬은 요압에게 죽임을 당했다. 죄를 범하며 누릴 수 있는 순간적인 즐거움이 이런 인생의 고통과 맞바꿀 만큼 그렇게 가치 있는 것인가?

죄는 하나님께 해를 가한다(Sin hurts God). 우리는 죄를 범하며 우리 자신과 다른 사람들에게 해를 가한다. 그러나 무엇보다 우리의 죄는 하나님께 죄를 범하는 것이다(4절). 죄는 우리를 더럽힌다(2, 7절). 죄는 하나님의 거룩한 율법을 거스르는 것이다. 죄가 하나님께 얼마나 큰 손상을 가하게 되는지 알고 싶다면 갈보리로 가서 세상 죄를 대신 지고 돌아가신 하나님의 아들을 보라. 하나님은 사랑이시다. 그리고 우리의 악한 죄가 하나님의 마음을 찢어지게 한다.

"용서받은 죄의 결과를 안고 살아야 한다는 것은 매우 슬픈 일이다."

윌리엄 컬버트슨(William Cullbertson)

하나님은 자비롭고 은혜로운 분이시다. 그리고 우리가 회개하고 믿음으로 나아갈 때 우리를 용서하신다(요일 1:9). 다윗은 '값싼' 회개를 하고 싶지 않았다. 그는 통회하는 마음으로 하나님께 나아갔다.

◆ 다윗의 기도 ◆

다윗은 "내 죄과를 도말하소서"라고 기도했다(시 51:1). 그 기도에 하나님이 어떻게 응답하시는지를 보기 위해 이사야 43장 25절과 44장 22절과 미가서 7장 18-19절과 사도행전 3장 19절과 히브리서 10장 14-18절을 보라.

○ 시편 52편

도엑은 다윗을 염탐하면서 사울 왕의 비위를 맞추었던 악한 사람이었다(삼상 21-22장). 도엑이 행한 일들을 알게 된 다윗은 하나님의 도우심을 구했다. 왜냐하면 하나님만이 우리의 적들을 공정하게 다루실 수 있는 유일한 분이시기 때문이다.

혀는 선한 힘이 될 수도 있고, 악한 힘이 될 수도 있다. 도엑의 혀는 날카로운 삭도같이 허풍을 떨고, 간사를 행하고, 해를 가했다(1-4절). 다윗은 인간의 악함이 아니라 하나님의 선하심에 초점을 맞추었다. 왜냐하면 그는 결국 하나님의 공의가 승리할 것을 알고 있었기 때문이었다.

도엑은 튼튼하고 무성한 나무처럼 보였다. 그러나 다윗이 새 힘을 얻고 열매를 맺는 동안(8절, 시 37:34-38) 그는 뿌리 채 뽑힐 것이다(5-7절). 하나님이 다윗의 이름을 보호하셨는데, 그것은 다윗이 하나님의 이름을 의뢰했기 때문이다(9절). 아들에게 '도엑'이라는 이름을 지어주는 사람들보다는 '다윗'이라는 이름을 지어주는 사람들이 훨씬 더 많다.

○ 시편 53편

시편 14편을 개작한 이 시편에서는 '여호와' 대신 '하나님(엘로힘)'이 사용되었다. 5절은 길어졌고 6절은 짧아졌다. 성전 예배에서 다양하게 사용하기 위해 음악가들에 의해 개작된 시편들이 있다. 성경의 놀라운 점은 모든 상황에 적용될 수 있다는 것이다.

하나님에 대해 우리가 생각하는 것이 우리의 성품과 행동을 결정하는 데 영향을 미친다. 어리석은 사람들은 하나님을 무시하고, 하나님의 형상대로 지어진 사람들을 착취한다. '실제적인 무신론자'인 사람들이 많이 있다. 그들은 하나님의 존재를 믿는다고 주장할 것이다. 그러나 마치 하나님이 계시지 않는 것처럼 살아간다. 당신도 그들 가운데 한 사람은 아닌가? 하나님이 판단하실 것이다.

시편 54편

다윗은 십 사람들을 괴롭히지 않았다. 그러나 그들은 사울 왕의 호의를 사기 위해 다윗을 적대시했다(삼상 23:15-23). 세상은 하나님의 백성들을 사랑하지 않는다. 우리가 하나님을 섬기려 할 때 심지어는 전혀 모르는 낯선 사람들까지도 문제를 일으킬 것이다.

다윗이 한 것처럼 하라. 하나님이 그 일을 맡으시고, 보호해주시고, 적들 앞에서 당신의 정당성을 입증해주시도록 기도하라. 하나님이 들으시고(2절) 도우신다(4절). 하나님이 응답하실 때 잊지 말고 하나님을 찬양하는 시간을 가지라(6절).

시편 55편

다윗은 궁지에 처한 상태에서(1-3절) 두려움을 느꼈을 뿐 아니라(4-5절), 주변 사람들에게서 변절을 당하는 상황에(12-15, 21절) 처해 있었다. 그리고 그 모든 것에서 벗어날 수 있기를 원했다(6절). 하나님의 기름부음을 받은 왕이 된다는 것은 쉬운 일이 아니었다. 왜냐하면 그 특권과 함께 많은 부담과 책임이 따랐을 뿐 아니라, 하나님의 적들이 그의 적들이 되었기 때문이었다. 지도자가 된다는 것은 쉬운 일이 아니다.

다윗은 폭풍우를 피해 날아갈 수 있도록 자신에게도 비둘기처럼 날개가 있었으면 좋겠다고 생각했다. 그러나 그에게 필요한 것은 폭풍우 위로 치솟아 오를 수 있는 독수리의 날개 같은 것이었다(사 40:31). 어떻게 그런 날개를 가질 수 있는가? 지성소 안으로 들어가 하나님의 날개 그늘 아래로 나아가야 한다(시 57:1, 91:1-4). 하나님께 부르짖고(16절), 하나님께 짐을 맡길 때(22절) 하나님이 이길 수 있는 힘을 주신다.

우리는 폭풍우 너머로 날아갈 수 없다. 왜냐하면 어느 곳에서나 문제에 부딪힐 것이기 때문이다. 그러나 폭풍우 위로 날아 올라갈 수는 있다. 하나님은 '우리가 날개를 얻도록' 돕기 위해 오늘 우리가 감당해야 할 짐들을 허락하시는 것이다. 22절과 베드로전서 5장 7절을 주장하라.

● 시편 56편

적국에 있던 다윗이 위기 상황에서 이 기도를 드렸다(삼상 21:10-15). 하나님께 구원받은 후, 그는 하나님을 찬양하는 시로 시편 34편을 썼다. 곤경에 처해 있을 때 하나님에 관한 다음 사실들을 기억하라.

하나님은 우리가 어디에 있는지를 아신다(God sees where you are, 8 상반절). 다윗은 처음부터 가드에 가지 말았어야 했다. 그러나 하나님이 그와 함께하시며 그를 도우셨다. 하나님은 우리의 처지를 우리보다 훨씬 더 잘 아신다!

하나님은 우리의 감정을 아신다(God knows how you feel, 8 하반절). 하나님은 우리의 눈물을 아실 뿐 아니라 그 눈물들을 기록하시고 간직하신다! 그것은 어느 날 그 눈물을 기쁨과 영광의 보석으로 바꾸시기 위해서다. 하나님을 따르면서 흘리는 우리의 눈물은 결코 헛되지 않다.

하나님은 우리가 부르짖을 때 들으신다(God hears when you call, 9절). 공포와 눈물은 신뢰로 이어져야 한다(3-4, 10-11절). 그러나 그저 구원받기만을 바라서는 안 된다. 하나님이 우리를 구원하시는 것은 하나님 안에서 기뻐하며 하나님을 섬기게 하시기 위해서다(12-13절). 기도의 가장 중요한 목적은 하나님의 영광이다.

시편 57편

이 시편과 시편 142편은 우리에게 큰 격려를 주는 '동굴' 시편이다. 우리 각자의 '동굴'은 병실이나 사역하기 힘든 어떤 곳일 수 있다. 심지어는 문제가 있고 긴장감이 흐르는 가정일 수도 있다. 우리가 만일 다윗처럼 한다면 동굴 속에서도 평안과 승리를 경험하게 될 것이다.

다윗의 믿음은 그의 동굴을 지성소로 바꾸었다(1절)! 그의 확신은 바위 속이 아니라 '하나님의 날개 아래'에 있었다(룻 2:12 참조). 날카로운 칼(4절)과 그물과 웅덩이(6절)에도 불구하고 다윗은 하나님의 도우심을 확신했다.

그가 바라는 것은 그저 피하는 것이 아니라 하나님을 높이는 것이었다(5, 11절). 실제로 다음 날 잠에서 깨어난 그는 비파를 손에 들고 하나님을 찬양하는 노래를 불렀다!

하나님을 신뢰하고 높이고 찬양하라. 그것이 다윗에게 효과가 있었던 것처럼 우리에게도 동굴 속에서 힘을 얻게 해줄 것이다.

시편 58편

다윗은 의인에게 유죄 판결을 내리고 악인을 변호하는 그 당시의 불의한 통치자들을 신앙인의 말처럼 보이지 않는 말로 고발했다. 오늘날 교회들이 '아멘'이라고 동의하지 않을 그런 기도로 그는 하나님이 죄인들을 심판하시고, 이 땅 위에 공의를 이루어주실 것을 간청하고 있다.

다윗은 그들의 심판을 위해 기도하면서 여러 가지 형상들을 사용하였다. "그들을 이빨 빠진 사자처럼 되게 하옵소서! 그들을 급히 흐르는 물처럼 또는 소멸하여 가는 달팽이같이 사라지게 하옵소서! 꺾인 화살처럼 되게 하옵소서. 사산아처럼 되게 하옵소서! 가마 밑에서 타는 장작처럼 되게 하옵소서! 회오리바람에 휩쓸려 가게 하옵소서!"

시편 35편 1-8절과 26절, 59편 11-15절, 69편 22-28절, 109편 6-20절, 139편 19-22절 등과 같은 시편들에서도 비슷한 표현들을 볼 수 있을 것이다. 이 구절들은 마태복음 5장 43-48절의 진술과 누가복음 23장 34절과 사도행전 7장 60절에서 볼 수 있는 본보기들과는 상반되는 것처럼 보인다. 이런 상반되어 보이는 차이에 오늘날 그리스도인들은 어떻게 반응해야 하는 것인가?

다윗은 하나님이 택하신 왕이었기 때문에 그의 적은 하나님의 적이었다(시 139:21-22). 그의 개인적인 감정들이 이런 기도들 속에 포함되어 있는 것은 의심의 여지가 없다. 그러나 그의 가장 큰 관심사는 하나님의 의와 하나님의 백성들의 선행이었다. 다윗에게는 나라의 적들을 탄핵할 권위가 있었다. 우리에게는 개인적인 적들을 용서할 수 있는 특권이 있다.

그러나 적들의 말과 행동이 얼마나 사악한지를 분명히 파악할 때까지는 그들을 용서할 수 없다. 죄에 대한 거룩한 분노와 죄인들을 용서하는 마음이 하나님의 참된 자녀임을 보여주는 표시다. 이 세상의 악에 맞서려 하지 않는 사람은 죄의 악함이나, 하나님의 거룩하심을 모르는 사람이다.

> "유대인들이 이방인들보다 더 심하게 저주하는 것은 그들이 옳고 그른 것을 적어도 부분적으로는 보다 진지하게 생각했기 때문이라고 나는 생각한다. 그들의 폭언을 잘 살펴보면 그런 일들이 자신들에게 행해졌기 때문만이 아니었다. 그런 일들은 희생자들뿐 아니라 하나님에게도 해가 되고 가증한 것으로 드러났기 때문이었다."
>
> C. S. 루이스(C. S. Lewis)

하나님이 악인을 심판하실 날이 올 것이다. 주기도문의 앞부분에 나오는 세 가지 기도 제목은 다윗이 생생하고 자세하게 기록한 내용을 간결하게 표현하고 있다. 다윗은 모든 심판을 하나님께 맡겼다. 그리고 이 땅에서 하나님의 거룩하신 뜻이 이루어질 수 있도록 자신이 해야 할 일을 했다. 오늘날 죄에 대한 거룩한 분노를 느끼는 성도들이 더 많아진다면(시 4:4, 엡 4:26) 교회는 이 세상을 위한 빛과 소금으로서의 역할을 보다 효과적으로 감당하게 될 것이다.

● 시편 59편

나는 기도할 것이다(I will pray, 1-7절). 다윗은 자신의 적들을 길거리를 어슬렁거리며 쓰레기를 향해 으르렁거리는 개들에 비유하고 있다. 사울이 다윗을 추격하고 있었다(삼상 19:1-11). 하나님만이 그를 구할 수 있는 분이었다.

나는 기다릴 것이다(I will wait, 8-15절). 다윗이 도망칠 수 있도록 다윗의 아내가 그를 도왔다. 그러나 왕권을 얻게 될 때까지 그는 수년 간 유랑하며 위험을 감수해야 했다. 사울을 죽일 수 있는 기회가 두 번이나 있었지만 그는 사울을 죽이려 하지 않았다. 그는 하나님이 하나님의 때에 하나님이 방법으로 그의 적들을 다루시리라는 사실을 알고 있었다(삼상 26:8-11).

나는 노래할 것이다(I will sing, 16-17절). 다윗은 아침에 노래했다. 하나님이 아침에 그에게 기쁨을 주셨기 때문이다(시 30:5). 밤에는 상황이 더 악화되는 것처럼 느껴질 때가 많다. 그러므로 아침을 기다리라. 하나님이 찬양의 노래를 부르게 하실 것이다.

● 시편 60편

깨진(Broken, 1-3절). 남쪽에서 적이 침입해오고 있을 때 다윗과 요압은 북쪽에서 두 적을 맞이해 싸우고 있었다. 하나의 문제가 해결되면 다른 문제가 생긴다! 하나님이 자신의 백성들을 버리신 것처럼 보였다. 그리고 마지막이 다가오고 있었다.

용감한(Bold, 4절). 그러나 다윗은 도망치지 않았다. 대신 그는 용감하게 하나님의 진리의 깃발을 높이 들고, 확신을 주시는 하나님의 말씀에 귀를 기울였다(4-8절). 주님은 우리의 깃발이시다(출 17:8-16). 우리는 승리를 주시는 주님을 신뢰할 수 있다.

사랑받는(Beloved, 5절). 우리 위에 들린 주님의 깃발은 사랑이다(아 2:4, 롬 8:37). 다윗이라는 이름은 '사랑받는'이라는 뜻이다. 하나님의 백성들은 예수 그리스도 안에서 사랑받는 사람들이다(마 3:17, 엡 1:6). 삶 속에서 벌어지는 전투 한가운데서 하나님이 우리를 사랑하신다는 사실을 기억하라.

믿는(Believing, 6-12절). 하나님은 자신이 친히 나라들을 다스리신다는 사실을 다윗에게 확신시켜주셨다. 그래서 다윗과 요압은 믿음으로 나아가 두 전쟁을 모두 승리로 이끌었다. 우리 자신이 깨진 것처럼 느껴질 때에도 우리는 여전히 하나님이 사랑하시는 사람들이다. 믿음으로 살아간다면 용감하게 전쟁을 승리로 이끌 수 있다. 하나님의 진리의 깃발을 높이 들고 행군하라!

○ 시편 61편

거리(Distance). 우리가 아무리 멀리 있어도 하나님은 우리의 기도를 들으신다. 하나님의 귀가 하나님의 백성들이 부르짖는 소리에 열려 있기 때문이다(시 34:15). 다윗은 하나님의 집에서 멀리 떨어져 있었지만, 하나님이 그의 기도를 들으시고 응답하셨다.

깊이(Depth). 우리가 아무리 깊이 가라앉아도 하나님은 우리를 들어올리실 수 있다. 삶에 짓눌릴 때 기도하는 시간을 가지자. 하나님이 들어올리시고, 결코 가라앉지 않을 반석 위에 세워주실 것이다.

위험(Danger). 기도는 우리를 하나님의 영광이 머무는 지성소 안으로, 하나님의 날개 그늘 아래로 우리를 데려간다(출 25:20). 하나님은 하나님의 사람들을 자신에게로 부르실 때까지 그들을 지키고 보호하신다.

기쁨(Delight). 기도하면서 기쁨을 누리는가? 기도가 곤경에서 벗어나기 위한 유일한 '비상 훈련'인가? 다윗은 순종할 것을 단언하고 찬양하면서 시편을 마무리했다. 기도는 변화를 일으킨다. 그러나 기도는 또한 기도하는 바로 그 사람으로부터 시작해서 사람들을 변화시킨다.

◆ 날마다 얻는 유익 ◆

매일 하나님께 순종하고(시 61:8), 하나님의 이름을 찬양하며(시 72:15), 기도하면(시 88:9) 하나님이 날마다 우리의 짐을 지시는 은혜를 베풀어주신다(시 68:19).

● 시편 62편

하나님만 바라는 것은(1, 5절) 나태하거나 무관심한 것이 아니다. 때때로 기다리는 것이 일하는 것보다 더 힘들 수 있다. 기다림을 의미 있고 영적으로 생산적인 것이 되게 하려면 다윗처럼 하라.

잠잠히 기다리라(Wait silently, 1, 5절). 이것은 들어줄 모든 사람들에게 자신의 어려움을 이야기하거나, 또는 하나님께 거듭거듭 그 어려움을 알리는 것을 의미하지 않는다. 아기가 어머니나 아버지의 품에 안겨 있을 때는 울면서 소리를 지를 필요가 없다. 말이 많은 것은 종종 믿음이 작다는 것을 보여주는 표시가 되곤 한다.

기대하며 기다리라(Wait expectantly, 5절). 우리가 하나님을 신뢰하고 하나님이 그분의 방법으로 행하실 수 있게 해드리는 동안 하나님이 친히 일하실 것이다. 우리의 소망은 사람들이나 물질적인 자원에 있는 것이 아니라(9-10절) 하나님의 능력에 있다(11절).

계속 기다리라(Wait continually, 8절). '시시로' 기다린다는 것은 쉬운 일이 아니다. 특히 하나님이 우리의 일정을 따라주시지 않는 것처럼 보일 때 더욱 그렇다. 우리의 일정이 모두 하나님의 손 안에 있다면(시 31:15), 하나님이 일하시기를 기다리는 동안 평안을 누리게 될 것이다(사 26:3).

● 시편 63편

이 시편은 아마도 압살롬이 주도한 반역으로 다윗이 경험하게 된 고통을 통해 나오게 되었을 것이다(삼하 15:13-23). 왕이 자신의 안락한 궁궐을 떠나 숨기 위해 광야로 도망쳐야 했던 일을 생각해보라! '광야' 와 같은 상황에 처하게 된다면 점검해야 할 정말 중요한 것들이 있다. 다윗은 다음과 같이 말했다.

"하나님은 여전히 나의 하나님이시다"(I still have God, 1-2절). 교회에서 우리가 예배드리는 하나님은 곤경에 처했을 때도 우리와 함께하신다. 하나님을 향한 갈증과 배고픔이 있을 때 하나님이 그 갈증과 배고픔을 만족시켜주실 것이다(마 5:6).

"나는 여전히 노래한다"(I still have a song, 3-4절). 다윗은 제단으로 나아가 하나님께 제사를 드릴 수 없었다. 그러나 그는 손을 들고 그의 목소리로 '영적 제사'를 드렸다(히 13:15). 우리가 하나님을 찬양할 때 우리의 속사람은 만족함을 누린다(5절).

"주님 안에서 나는 여전히 기뻐한다"(I still have joy in the Lord, 6-11절). 주어진 환경 속에서는 기뻐할 수 없다 할지라도, 우리 주님 안에서는 기뻐할 수 있다. 과거에 베풀어주신 도움(6절)과 현재 지켜주시는 보호하심(7절)과 이끌어주실 미래의 인도하심(8절)이 있기 때문이다. 하나님은 우리를 숨기시고 우리를 품에 안아주신다. 그러므로 아무것도 두려워할 필요가 없다.

시편 64편

적에 대한 다윗의 두려움(David's fear of the enemy). 왕은 적이 아니라 적을 향한 두려움으로부터 보호해주실 것을 기도했다. 두려움과 믿음은 공존할 수 없다(막 4:40). 적이 우리를 두렵게 만들 수 있다면 그 적은 전쟁을 거의 다 이긴 것이다. 평온한 마음이 담대한 군인을 만든다.

아무것도 두려워하지 않는 적(The enemy's fear of nothing). 그들은 은밀한 계략을 꾸미고 공공연하게 반란을(아마도 압살롬의 반역을 말할 것이다) 도모하면서도 두려워하지 않았다(4절). 그들의 말은 날카로운 칼과 화살과 같았다. 그리고 그들은 보이지 않게 올가미를 설치해놓았다. 다윗이 패배할 것처럼 보인다!

하나님에 대한 두려움(The fear of the Lord). '그러나 하나님이' 이야기의 반전을 이루신다. 적들이 전혀 예상치 않고 있을 때 하나님이 그들에게 화살을 쏘신다. 그리고 그들이 설치한 올가미에 그들이 빠진다. 그러므로 '모든 사람이 두려워' (9절) 하고 의인은 즐거워할 것이다.

◆ 두려움을 정복하기 ◆

1933년 3월 4일 의기소침해진 암울한 밤 "우리가 두려워해야 할 것은 두려움 그 자체뿐이다"라고 말하는 프랭클린 루즈벨트(Franklin D. Roosevelt) 대통령의 연설이 라디오를 타고 흘러나왔다. 1851년 9월 7일 자연주의자 헨리 데이빗 소로우(Henry David Thoreau)는 그의 일기장에 "두려움만큼 그렇게 두려워해야 할 것은 아무것도 없다"라고 썼다. 그리고 그보다 3세기 전에 프랑스 평론가 몽테뉴는 "내가 가장 두려워하는 것은 두려움이다"라고 썼다. 온 역사를 통틀어 사람들은 이런저런 방법으로 두려움과 싸웠다. 그러나 두려움을 정말로 정복할 수 있는 방법은 주님을 믿는 믿음뿐이다. "보라 하나님은 나의 구원이시라 내가 의뢰하고 두려움이 없으리니"(사 12:2).

○ 시편 65편

위로 향하는 예배(The worship goes up, 1-4절). 이 시는 지난 한 해 동안 보여주신 하나님의 선하심과 돌보심에 감사드리는 신자들을 위한 추수의 시다. 감사하는 사람들의 마음에서 우러나오는 찬양과 기도가 하나님을 향해 올라간다. 성경은 "범사에 감사하라"(살전 5:18)고 권하고 있다.

밖으로 향하는 증거(The witness reaches out, 5-8절). 온 세상 사람 모두가 은혜와 영광의 하나님에 대해 들을 필요가 있다. 하나님은 창조 세계를 통해 그들에게 하나님을 계시하신다. 그러나 그들은 또한 하나님이 우리의 죄를 사하신다는(3절) 구원의 좋은 소식을 들어야 할 필요가 있다. 하나님이 우리에게 복을 주시는 것은 우리가 다른 사람들에게 복이 될 수 있도록 하시기 위해서다.

아래로 내리는 부유함(The wealth comes down, 9-13절). 비를 내려주심으로 강을 채우시고 들판을 적셔주시는 하나님은 얼마나 좋은 분이신가! 들판은 동물들에게 먹을 것을 공급해주며 하나님의 호의에 즐거워한다. 우리는 비가 오지 않아 가뭄이 들 때까지는 비를 당연한 것으로 여긴다. 그리고 가뭄이 들어서야 우리에게 비가 얼마나 필요한 것인지를 알게 된다.

하루를 시작하면서 그리고 하루를 마치면서 우리는 하나님의 선하심 속에서 기쁨을 찾을 수 있다(8절). 그러므로 하나님을 찬양하기 위해 더할 나위 없이 좋은 때가 오기를 기다리려 하지 말라(11절).

○ 시편 66편

와서 찬양하라(Come and praise, 1-4절). 하나님은 세상을 사랑하시고, 세상의 구세주가 되도록 자신의 아들을 보내셨기 때문에 하나님을 찬양하도록 온 세상을 초청하신다. 예수님을 구세주로 알게 될 때 우리는 찬양할 수 있는 노래를 갖게 된다. 그러나 그 노래를 혼자 부르려 하지 말고 다른 사람들과 함께하라!

와서 보라(Come and see, 5-12절). 이스라엘의 역사를 간단히 돌아보면서 출애굽(6절)과 가나안 정복(7절)과 시련의 때(10-12절)를 언급하고 있다. 하나님의 뜻 안에서 시험을 받게 될 때 우리를 풀무 속에 넣으신 하나님이 그 속에서 우리가 더 나은 사람이 되어 나올 수 있게 하신다는 사실을 기억하라.

와서 제사하라(Come and sacrifice, 13-15절). 고난이라는 풀무 속에서 하나님께 어떤 약속을 한 것이 있는가? 그리고 그 약속을 지켰는가? 시험이 지난 후 그 시험을 통해 배운 것들을 감사하며 하나님을 찬양했는가?

와서 들으라(Come and hear, 16-20절). 다윗은 하나님이 기도에 응답하신다는 사실을 사람들에게 말하고 싶었다. 예배는 하나님의 영광을 알리는 증거로 이어져야 한다.

하나님과 다윗은 "오라!"고 우리를 초청한다.

시편 67편

이 선교의 시는 우리에게 세상 온 나라에 메시지를 전하라고 강력하게 권하고 있다. 왜 그렇게 해야 하는가?

왜냐하면 그들에게 빛이 필요하기 때문이다(1-2절). 그들은 어둠 속에서 살고 있으며, 그들에게 비치는 하나님의 얼굴빛을 필요로 하고 있다(고후 4:3-6). 그들은 길을 잃고 영원한 어둠을 향해 가고 있다. 그런 그들에게 책임감을 느끼지 않는가?

왜냐하면 그들에게 기쁨이 필요하기 때문이다(3-4 상반절). 죄는 잠시 동안 우리를 즐겁게 한다. 그러나 그리스도 안에는 '영원한 즐거움'이 있다(시 16:11). 예수님이 주시는 기쁨을 어떻게 우리만 간직하고 있을 수 있겠는가?

왜냐하면 그들에게 의가 필요하기 때문이다(4 하반절). 그 의는 예수 그리스도를 믿는 믿음을 통해서만 얻을 수 있다(롬 3:21-31). 인간의 의로는 하나님의 거룩한 율법의 요구를 만족시킬 수 없다.

왜냐하면 그들에게 생명이 필요하기 때문이다(5-7절). "밭은 세상이다"(마 13:38). 그런데 그 밭이 하나님의 영광을 위한 열매를 생산하지 못하고 있다. 오직 하나님의 생명과 복을 통해서만 의의 추수를 할 수 있다.

모든 신자가 복음을 전하기 위해 당신처럼 한다면, 세상 사람들 모두가 하나님을 찬양드리는 날이 올 수 있겠는가?

시편 68편

이 승리의 시는 하나님이 어떻게 적들을 연기처럼 날려보내시고, 밀이 녹는 것처럼 녹여버리셨는지를(2절) 축하하고 있다. 이 시편은 승리를 축하하는 행렬을 보여주고 있다.

승리한 나라(The victorious nation, 1-16절). 이스라엘 백성들에게 큰 승리는 생소한 것이 아니었다. 왜냐하면 하나님이 처음부터 그들과 함께 승리해오셨기 때문이었다. 하나님이 그들을 애굽에서 이끌어내시고 광야를 거쳐 약속의 땅으로 인도하셨다. 그들에게 시온 산을 주시고 그들과 함께 그곳에 거하셨다. 얼마나 놀라운 승리의 역사인가! 하나님이 당신을 위해 하신 모든 일들을 최근에 되돌아본 적이 있는가?

승리한 구세주(The victorious Savior, 17-18절). 바울 사도는 에베소서 4장 8절에서 이 시편 18절을 인용하면서 예수 그리스도의 승천에 적용했다. 오늘날 신자들은 승리를 축하하는 행렬에 참여하면서 자신들의 기업을 주장하는 영적 군사들이다(고후 2:14, 골 2:15). 그들은 땅에서 그리스도를 섬기기 위해 그들의 영적인 은사들을 사용하면서 하늘에서 그리스도와 함께 앉아 있다(엡 2:4-6). 놀라운 승리가 아닌가!

승리한 찬양대들(The victorious singer, 19-35절). 행복에 겨운 행렬은 하나님께 찬양의 제사를 드리고, 새로운 적들이 그들을 공격했을 때 하나님의 힘을 보여 달라고 요청했던 성전에 도착했다(2, 34-35절). 지난 전쟁에서 승리하게 하셨던 하나님은 그들이 하나님을 신뢰하고 그분의 뜻에 순종하는 한, 그들을 저버리지 않으실 것이다(고후 1:8-11).

승리를 축하하는 행렬에 참가한 정복자처럼 행진하고 있는가? 아니면 장례식 행렬을 따라가며 슬퍼하는 사람처럼 걷고 있는가?

○ 시편 69편

시편 69편은 수렁에 빠져 들어가면서 시작된다(1-3, 14-15절). 그러나 노래하면서 끝이 난다(30-36). 기도로 시작해서 찬양으로 이어지고, 책망으로 시작해서(7, 9, 10, 19, 20절) 기쁨으로 이어지는데, 그 이유는 다윗이 그의 마음을 하나님께 쏟아놓고 있기 때문이다. 지금 몹시 고통스러운 상황에 처해 있다면 하나님께 느끼는 그대로 말씀드리라.

이 시편은 메시아에 관한 시다. 다윗의 고통을 통해 하나님이 자신의 아들을 계시하셨다(4절과 요한복음 15장 25절을 비교하고, 8절은 요한복음 7장 3-5절, 9절은 요한복음 2장 17절, 21절은 마태복음 27장 48절, 25절은 사도행전 1장 20절과 비교해보라). 하나님이 자신의 백성들에게 고난을 허락하시는 것은 그들이 좀 더 예수 그리스도를 닮게 하시려는 것이다. 그 목적을 위해서라면 고난은 받을 만한 가치가 있다.

이 시편은 또 저주의 시다(22-28절, 시편 58편의 설명을 복습해보라). 바울 사도는 이 구절을 로마서 11장 9-10절에 인용하면서 믿지 않는 이스라엘 백성들에게 적용했다. 다윗 왕을 공격한 적들은 하나님을 거역하고 반역하면서 심판을 자초했다.

우리는 다른 사람들에게 인정받고 싶어하고 받아들여지고 싶어한다. 그래서 비난을 받는다는 것은 쉬운 일이 아니다. 그러나 죄와 맞서 싸우는 하나님의 군사들은 종종 부당하게 비난을 받게 되고, 그들에 대한 부당한 거짓말 때문에 고통을 받게 된다. 그런 일을 겪을 때 예수님과 다윗도 그와 동일한 일을 겪으셨다는 사실을 기억하라. 당신만 그런 것이 아니다! 이사야 54장 17절을 묵상하라.

> "그리스도의 종을 적대시하며 무모한 말을 한다거나, 수많은 그리스도인들이 다른 사람들에게 상처를 주며 무익하게 비방하고 있는 말들을 따라 하느니, 차라리 갈라진 번개와 장난을 치거나 고압 전기가 흐르는 전선에 손을 대는 것이 더 나을 것이다."
>
> A. B. 심슨(A. B. Simpson)

○ 시편 70편

이 짧은 시편을 쓰는 다윗은 다급했다. 하나님이 서두르지 않으셨기 때문이다! 그는 "속히"라는 말을 두 번이나 했다. 그리고 "지체치 마소서"라는 말로 시를 마쳤다! 물 속에 빠져 들어가던 베드로처럼 그 또한 길게 기도할 시간이 없었다. 그가 할 수 있는 전부는 "주여 나를 구원하소서"(마 14:30 참조)라고 외치는 것뿐이었다.

하나님이 기도의 응답을 늦추시는 이유는 무엇인가? 하나님은 분명히 우리의 절박한 상황을 보실 수 있다. 그리고 '때를 따라 돕는 은혜'를 약속하셨다(히 4:16). 우리 하나님 아버지의 때는 결코 어긋나는 일이 없다.

하나님이 기다리실 때 그것은 우리가 구하는 것보다 더 좋은 선물을 주시기 위해서일 수도 있다(사 30:18). 하나님이 지연시키시는 것은 거부를 뜻하는 것도, 또 우리를 좌절시키기 위한 것도 아니다. 그러므로 하나님께 맡기고 하나님의 때를 기다리라(시 31:15).

✦ 하나님의 완전한 때 ✦

감옥에 갇혀 있던 요셉은 하나님이 그를 자유롭게 해주시고, 형들과 화해할 수 있게 해주시기를 기다려야 했다. 이스라엘은 애굽에서 벗어나게 될 때까지 기다려야 했고, 모세는 바로가 백성들을 보낼 때까지 열 가지 재앙을 감수하며 기다려야 했다. 여호수아와 갈렙은 그들의 기업을 주장할 수 있을 때까지 40년을 기다려야 했다. 그리고 그런 지연은 그들의 잘못 때문이 아니었다. 다윗은 왕권을 받게 될 때까지 기다려야 했다. 마리아와 마르다는 예수님이 베다니에 오실 때까지 기다려야 했다. 그리고 그렇게 기다리는 동안 그들의 오라비가 숨을 거두었다(요 11장). 우리가 다급할 때에도 하나님은 서두르지 않으신다. 그리고 하나님의 시간표가 우리의 시간표보다 더 맞다.

○ 시편 71편

시편 기자는 하나님을 의뢰하는 삶을 되돌아보았다. 그가 태어날 때 주님이 그를 돌보셨고, 그는 어릴 때부터 주님을 의지했다(5-6절). 그가 어렸을 때 하나님이 그를 가르치셨고(17절), 그가 성장하는 동안 그와 함께하셨다. 이제 그는 노년이 되었고, 하나님이 그를 버리지 않으시기를 기도하고 있다(9, 18절).

이 시편은 우리에게 그리스도인으로서 노년을 이상적으로 보낼 수 있는 방법을 알려준다. 기도하면서 도우시는 하나님을 신뢰하라. 잘못된 것들에 대해 불평하기보다는 하나님의 선하심과 의로우심을 찬양하라. 무시로 기도하고(3절), 종일토록 찬양하며(6, 8절), 항상 소망을 가지라(14절).

하나님의 능력을 의지하고 하나님을 증거할 수 있는 모든 기회를 활용하라(15-16절). 사람들에게 그리스도를 보여줄 수 있는 놀라운 삶을 살아갈 수 있게 해주시기를 하나님께 구하라(7절). 마음과 입술에 늘 찬송이 가득하게 하라. 최상의 날은 아직 오지 않았다!

시편 72편

솔로몬은 다윗의 뒤를 잇게 된 그의 통치에 복주시기를 하나님께 기도했다. 젊은 솔로몬은 하나님의 도우심 없이는 성공할 수 없다는 사실을 잘 알고 있었다. 이 시편은 만왕의 왕, 만주의 주로서 다스리시는 우리 주 예수님을 보여주고 있다.

솔로몬은 백성들에게 공의를 베풀 수 있는 지혜를 구했다(1-7절). 그리고 하나님이 그 기도에 응답해주셨다(왕상 3장). 그의 통치는 땅을 아름답게 하고 열매를 맺게 해주는 시원한 소나기와 같았다(삼하 23:1-7). 하나님은 우리의 일을 감당할 수 있도록 우리에게 지혜를 주시고(약 1:5), 우리로 하여금 다른 사람들에게 복이 되게 하실 수 있다. 당신은 시원한 소나기를 몰고오는 사람인가? 아니면 폭풍우를 몰고오는 사람인가?

> ◆ 어둠을 정복하는 영광 ◆
>
> 상황이 암울해 보일 때 하나님이 그분의 영광으로 이 땅을 채우실 날이 오리라는 사실을 기억하라(민 14:21, 시 22:27-28, 86:9, 사 6:3, 합 2:14). 우리를 끝까지 지키시는 하나님을 신뢰하라(유 24-25절).

솔로몬의 통치 기간 동안 나라는 안전하고 평온했다. 그리고 이스라엘의 영토도 확장되었다. 8-11절은 주 예수님과 그분의 영광스러운 장래의 통치에 특별히 적용되는 것이다. 그러나 예수님은 지금도 우리가 주님께 순종할 때 우리에게 평안을 주시고 우리를 안전하게 지켜주신다. 주님은 우리가 지금 이 땅에서도 '왕 노릇 하기를' 원하신다(롬 5:17).

그리스도 안에서 모든 것을 하나 되게 하시고(엡 1:10), 온 땅을 하나님의 영광으로 채우시는 것이 하나님의 목적이다(19절). 하나님의 영광이 온 땅에 퍼지도록 돕고 있는가?

◦ 시편 73편

이 시편은 "하나님은 선을 행하신다"는 말로 시작해서 "하나님께 가까이 함이 내게 복이라"(28절)는 말로 끝나고 있지만, 이 두 진술 사이에 벌어진 상황은 그리 좋지 않았다.

현자(The philoshopher). "하나님은 선하시다"는 아삽의 기본적인 전제는 옳은 것이었다. 그러나 악인의 성공과 의인의 슬픔을 생각하는 동안 그의 믿음이 주춤하기 시작했다. 불의한 사람들이 모든 복을 누리고 있었기 때문에 하나님을 신실하게 섬기는 것이 시간과 에너지를 낭비하는 일처럼 보였던 것이다. 그는 자신이 "좋다"고 한 것이 하나님이 "좋다"고 하신 것이 아니라는 사실을 깨닫지 못하고 있었다. 그는 믿음으로 행치 않고, 눈에 보이는 것을 따라 행하고 있었다.

예배자(The worshiper). 그가 성전에 들어가 하나님의 관점으로 바라보기 시작하면서 모든 것이 달라지게 되었다. 중요한 것은 우리가 가진 것이나 누리는 것이 아니라 우리가 어디를 향해 가고 있는지다. 고통 없이 죽는 죽음이(4절) 결국은 고통을 불러오는 것이라면, 그 죽음을 복된 것이라 할 수 있겠는가? 인생이 불공평한 것처럼 보일 때 하나님을 예배하고, 영적인 시각의 초점을 바로 맞추기 위한 시간을 가지라.

친구(The friend). 아삽은 자신에게 친구가 되시는 하나님이 계시기 때문에 그 이상 아무것도 더 필요하지 않다는 사실을 깨달았다. 그는 악인보다 더 많은 것을 가지고 있었고, 또 그에게 있는 것은 영원한 것이었다. 하나님이 그를 안으시고, 인도하시며, 힘을 주시고, 그의 영적 열망을 만족시켜주실 것이다. 그리고 어느 날 그를 천국으로 데려가실 것이다!

우리는 사람들의 설명을 근거로 살아가는 현자들이 아니다. 우리는 하나님의 약속을 근거로 살아가는 순례자들이다. 그리고 하나님의 약속은 반드시 이루어진다.

시편 74편

우리가 보는 것(What we see, 1-8절). 아마도 성전이 파괴된 후 쓰여졌을 이 시편은 하나님을 깊이 사랑하지만, 왜 하나님이 성전 파괴와 같은 일을 허락하셨는지를 이해할 수 없어 고민하는 한 사람의 고뇌를 보여주고 있다. 이스라엘은 하나님의 양 떼였고 하나님의 기업이었다. 그리고 시온 산은 하나님이 거하시는 곳이었다. 그런데 악인들이 하나님의 백성들과 하나님의 집을 파괴하도록 하나님이 허락하셨다. 주님, 어떻게 이런 일이!

우리가 보지 못하는 것(What we do not see, 9-17절). 하나님은 왕이시다. 그러나 우리는 지난 세기 동안 일하신 하나님의 손을 보지 못한다. 우리에게는 보이는 징조도 없고, 때를 해석하고 하나님의 메시지를 전해주는 선지자들도 없다. 하나님의 백성들이 하나님의 뜻에 순종하기를 거부하기 때문에 그들을 인도하는 말씀을 주지 않으시는 것이 그들을 심판하시는 하나님의 방법 가운데 하나다.

우리가 보고 싶어하는 것(What we want to see, 18-23절). 아삽은 백성들의 죄가 적들의 침입과 성전의 파괴를 불러왔다는 사실을 잘 알고 있었다. 신실한 유대인으로서 그는 도성과 백성들이 구조되고 적이 패배하는 것을 보고 싶었다. 때가 되면 - 백성들을 향한 하나님의 징계가 끝나고, 그들의 반역이 진압되고나면 - 그렇게 될 것이다(히 12:9-11). 그 동안 그가 할 수 있는 일은 눈물로 기도하며 하나님을 신뢰하고 기다리는 것뿐이었다.

시편 75편

하나님은 재판관이시고, 하나님의 백성들은 그분의 증인일 뿐이다. 우리는 다른 사람들에게 하나님이 하신 놀라운 일들(1절)과 하나님의 자비로운 경고(4-5절)를 알릴 수 있다. 그러나 하나님의 심판이 언제 내릴지에 대해서는 말할 수 없다. 하나님이 그 적절한 때를 정하실 것이다. 그리고 하나님의 심판은 공의로운 심판이 될 것이다.

교만한 통치자들은 자신들이 안전하다고 생각한다. 그러나 그들을 통치자로 세우신 하나님이 그들을 끌어내리실 수도 있다(삼상 2:7-8, 단 4:25). 악한 사람들은 자신들이 악을 행하고도 무사할 것이라 생각한다. 그러나 하나님의 진노의 잔을 피할 수 없게 될 날이 올 것이다.

그때까지 하나님의 백성들은 하나님이 친히 그 하시는 일을 알고 계신다는 사실을 확신하기 때문에 계속해서 하나님을 찬양할 수 있다. 세상 사람들에게는 우리의 증거가 필요하다. 그리고 예배는 가장 훌륭한 증거가 될 수 있다. 세상에서 일어나는 악한 일들을 보고 고민하게 될 때 잠시 멈추어 하나님을 찬양하라.

시편 76편

찬양받기에 합당하신 하나님(God is to be praised, 1-6절). 이 시편에서 축하하고 있는 군사적 승리가 어떤 것인지 우리는 알 수 없다. 그러나 그 승리로 하나님께 큰 영광을 돌릴 수 있었음을 알 수 있다. 적들의 요새(4절)와 군사들(5절)과 장비들(6절)은 하나님의 군대를 감당할 수 없었다. 인생이라는 전쟁터에서 하나님이 우리 편에 계신다는 사실을 아는 것은 큰 격려가 된다.

경외해야 할 하나님(God is to be feared, 7-12절). 하나님은 인간의 격노를 두려워하지 않으신다(시 2:1-4). 오히려 그들의 격노를 사용하셔서 영광을 받으신다(10절). 하나님은 오래 참으신다. 그러나 악인을 심판하기 위해 일어서실 날이 올 것이다. 그때까지 하나님의 백성들은 하나님을 경외하고 두려워하며, 하나님께 서원한 것들을 신실하게 지켜야 한다(11절). 하나님을 경시해서는 결코 안 된다.

> "악에 대한 심판이 하루 이틀, 또는 한 세기 내지 두 세기 동안 미루어졌던 경우가 많이 있었다. 그러나 악에 대한 심판은 살고 죽는 일처럼 확실하다."
>
> 토마스 칼라일(Thomas Carlyle)

○ 시편 77편

어려움 속에서 기뻐할 수 없는 날들과 낙심으로 잠 못 이루는 밤들이 시편 기자를 괴롭혔다. 그것은 그의 불신앙 때문이 아니라 신앙 때문이었다. 그는 하나님을 믿었기 때문에 자기 자신과 또 하나님과 씨름했다. 그는 하나님이 약속을 지키지 않으시는 이유와 하나님의 백성들을 억압에서 구원해주시지 않는 이유를 이해할 수 없었다. 이런 상황에서 우리는 어떻게 하는가?

물론 기도할 것이다(1절). 그리고 어떤 기분인지를 하나님께 말씀드릴 것이다. 환난날에 하나님을 찾고(2절), 하나님이 보내주시는 위로를 거부하지 말라. 하나님이 과거에 행하셨던 일들과 이적들을 상기시켜주실 것이다. 그것들을 더 많이 묵상하면 할수록 그만큼 더 잘 회복될 것이다.

아삽은 이스라엘의 출애굽을 묵상했고, 하나님이 홍해 앞에서 백성들을 기다리게 하셨던 일을 기억했다. 밤이었고, 구원은 꼭 알맞은 때에 이루어졌다. 백성들은 두려워했고, 하나님이 자신들을 잊으셨다고 생각했다. 그러나 하나님은 자신의 능력을 드러내 보이시고, 적들을 부끄럽게 하셨다.

하나님의 방법은 거룩하다(13절). 그리고 그 종적을 알 수 없다(19절). 그러므로 우리가 꼭 이해해야 하는 것은 아니다. 그저 하나님이 인도하시는 대로 따라가면 된다.

◦ 시편 78편

이 긴 시편은 이스라엘의 역사를 - 출애굽(12-16, 42-53절), 광야 생활(17-41절), 가나안 정복(54-55절), 하나님이 가나안에서 행하신 징계(56-64절)를 - 회상하고 있다. 한 나라의 진정한 역사는 그들이 다른 나라 사람들을 어떻게 다루었는지에 대한 기록이 아니라, 그들이 하나님을 어떻게 대했는지에 대한 기록이다.

그렇다면 왜 긴 역사 수업이 필요한 것인가? 다음 세대를 위해서다(1-8절). 유대인들은 그들의 모든 세대가 하나님을 알고 신뢰하도록 자녀들에게 하나님이 하신 일들과 하나님의 길을 가르치라는 명령을 받았다(신 6:1-9). 오늘날 우리에게도 같은 의무가 있다. 이스라엘 백성들이 그렇게 하지 않았을 때 백성들은 하나님을 저버렸고, 하나님은 그들을 징계하셔야 했다(삿 2:7-10).

이스라엘은 거역하는 백성이었다. 그러나 은혜로우신 하나님은 그들에게 다시 시작할 수 있는 기회를 주셨다. 그렇다고 해서 우리가 죄를 지으며 하나님을 시험해도 되는 것은 결코 아니다. 다만, 죄를 범했을 때 회개할 수 있는 격려가 되는 것이다.

이스라엘의 필요에 대한 하나님의 응답은 그들에게 영적 지도자인 목자 다윗을 주는 것이었다. 그에게는 충실함(마음)과 능력(손)이 있었다. 그는 하나님을 섬기고 이스라엘이라는 양 떼를 돌보려 노력했다. 그러나 백성들은 달라지지 않았다. 그들은 여전히 하나님을 거역했다. 가정에는 여전히 신실하게 하나님의 말씀을 가르칠 사람들이 필요하고(1-8절), 나라에는 지도자들이 필요하다(70-72절). 다음 세대가 하나님을 합당하게 섬기도록 돕기 위해 우리가 할 수 있는 모든 일을 다 해야 한다.

"모든 역사는 결국 하나님이 자신을 명백히 드러내시는 것이다."

올리버 크롬웰(Oliver Cromwell)

시편 79편

아삽은 또다시 적의 침략을 슬퍼하고 있다(74편과 비교해보라). 그는 다음의 일들을 염려했다.

하나님의 기업(God's inheritance). 성전이 더럽혀지고, 도시가 파괴되고, 백성들이 죽임을 당했다. 하나님이 그분의 기업에 이런 일이 일어나도록 허락하셨다! 하나님은 하나님의 백성들이 죄를 범하고 반역하는 일을 허락하느니 차라리 하나님의 기업이 파괴되는 쪽을 택하셨다.

하나님의 이름(God's name). 이방 나라들이 이스라엘과 이스라엘의 하나님에 대해 무슨 말을 할 것인가? 시체와 잔해들은 세상이 알아야 할 사실을 - 하나님은 거룩한 분이시며, 불순종을 용납하지 않으신다는 사실을 - 입증하는 것이었다. 아삽은 이스라엘의 죄를 자백했고, 이방 나라들 앞에서 하나님의 이름을 영예롭게 하시기를 기도했다(8-10, 13절).

하나님의 진노(God's wrath). 아삽은 "주의 노를 쏟으소서!"(6절), "피 흘림 당한 것을 보수하소서!"(10절)라고 강력하게 주장했다. 그의 이 기도는 나중에 응답되었고, 바벨론이 이스라엘에게 했던 대로 하나님이 바벨론을 징벌하셨다.

하나님의 백성(God's people). 그들은 '주의 백성'이고, '주의 성도들'(2절)이며, '주의 기르시는 양'이오니(13절) 주여, 그들을 돌보소서! 그들을 구원하소서! 하나님이 그들을 돌보셨다. 그러나 또 그들을 징계하심으로 하나님의 뜻을 따르는 것을 배우게 하실 것이다.

하나님이 우리보다 다른 사람들을 더 엄하게 다루시기를 원하고 있다면, 그것은 하나님이 그들을 보시듯이 우리의 죄를 보셔야 할 때가 되었음을 뜻한다.

시편 80편

아삽은 하나님이 그분의 얼굴빛을 백성들에게 비추시고 회복시켜주시기를 기도했다(3, 7, 19절, 민 6:22-27). 그는 백성들의 모습을 다음 두 가지로 묘사했다.

양 떼(A flock, 1-7절). 이스라엘은 하나님이 인도하시는 양 떼와 같았다(시 77:20, 78:52). "우리는 그의 것이니 그의 백성이요 그의 기르시는 양이로다"(시 100:3). 그러나 그들은 목자를 따르려 하지 않는 고집 센 양 떼였다. 그래서 푸른 초장과 잔잔한 물가에서 부족함 없이 먹고 마시는 대신(시 23:2) 적들로부터 받는 치욕과 눈물을 감수하고 있었다(5절).

포도나무(A vine, 8-19절). 이 그림은 이사야 5장과 마태복음 21장 28-46절에 기록된 우리 주님의 비유와 흡사하다. 이스라엘이 하나님을 떠나 이방 신을 섬기기 전까지 그들은 열매맺는 포도나무였다. 하나님이 자신의 백성들을 징계하시고 포도원을 망가뜨리기 위해 그들이 모방한 이방 나라들을 사용하셨다. 17-18절의 기도는 포로로 잡혀갔다 귀환하게 되었을 때 부분적으로 응답되었다. 하지만 그것은 예수 그리스도 안에서 완전히 이루어졌다.

오늘날 하나님의 백성들 역시 양 떼이며(요 10장), 포도나무 가지다(요 15장). 그 복을 당연한 것으로 여기지 말라. 하나님은 신실한 사람들과 열매맺는 사람들을 찾으신다.

○ 시편 81편

과거에 일어났던 일들(The things that were, 1-10절). 이 부분은 즐거운 절기에 - 아마도 유월절이었을 것이다 - 참여하도록 백성들을 부르고 있는 초청이다. 아삽은 백성들이 참여해야 할 두 가지 이유, 곧 순종(그 절기는 하나님이 명하신 것이었다)과 감사(하나님이 그들을 위해 하신 모든 일들에 대한)를 제시했다. 주님이 우리에게 해주신 일들을 묵상하기 위해 특별한 시간을 따로 할애하는 것은 유익하다.

현재 일어나고 있는 일들(The things that are, 11-12절). 하나님이 그 백성들을 위해 하신 모든 일들에도 불구하고 그들은 하나님의 말씀이나 하나님의 뜻에 귀를 기울이지 않았다. 하나님이 내리시는 가장 고통스러운 심판 가운데 하나는 우리 마음대로 행하도록 내버려두시는 것이다. 얼마 동안은 그 상태를 즐길 수도 있을 것이다. 그러나 그렇게 함으로써 얼마나 많은 것들을 잃을 수 있는지 나중에 알게 될 것이다.

일어났을 수도 있었던 일들(The things that might have been, 13-16절). 이스라엘 백성들이 순종했더라면 패배 대신 승리를 맛보았을 것이다. 텅 비게 되는 대신 꽉 차게 되었을 것이다. 최악 대신 최선을 경험할 수 있었을 것이다. 후회하며 과거를 기억하는 대신, 즐거워하며 과거를 돌아볼 수 있게 되었을 것이다.

주님이 이끄시는 대로 따른다면 일어날 수도 있었던 그 일들이 일어날 것이다.

○ 시편 82편

하늘의 보좌(The throne in heaven, 1-4절). 주님이 재판관으로 서셨다. 그리고 가난하고 도움을 필요로 하는 사람들을 변호하지 않고, 악인에게 형벌을 가하지 않은 재판관들을 고발하신다. 그들의 불공평함이 하나님이 제정하신 이스라엘의 법 제도를 우스운 것으로 만들어놓았다(레 19:15, 잠 24:23-25). 하나님은 오늘날 우리의 사법 제도에 대해서는 어떻게 생각하시겠는가?

세상의 근간(The foundations on earth, 5절). 사회의 평화와 질서를 위한 근간은 공의와 공평이다(시 89:14, 97:2). 가정이나 교회나 정부가 공의와 공평을 저버리는 것은 세상의 근간을 흔드는 것이다(시 11:3). 그리고 빛이 있어야 할 곳에 어둠을 불러오는 것이다.

땅 속 무덤(The graves under the earth, 6-8절). 엘로힘(elohim)이라는 히브리 단어는 '강력한 사람들'이라는 뜻이었기 때문에(하나님의 이름 가운데 하나이기도 하다) 그들은 재판하는 사람들을 '신들'이라 불렀다. 지도자들이 하나님 앞에 서서 책임을 져야 할 날이 올 것이다. 따라서 지도자가 된다는 것은 심각하게 생각해야 한다. 이기적인 재판관들은 그들의 삶을 즐길 수도 있을 것이다. 그러나 언젠가 죽게 될 것이다. 그때는 어떻게 될 것인가? 재판관들은 온 세상을 다 심판하시는 분의 의로운 심판을 받게 될 것이다. 그리고 피할 길이 없을 것이다.

시편 83편

아삽은 당황하고 있었다(1-8절). 이스라엘이 위험에 처해 있었지만, 하나님은 침묵하시며 움직이지 않고 계셨기 때문이다. 이방 나라들은 유대인들을 치기 위해 요란스럽게 서로 동맹을 맺고 있었다. 그러나 하나님은 침묵하시며 아무 것도 하지 않으시는 것처럼 보였다. 적들은 이스라엘을 무너뜨리고(4절) 땅을 빼앗고(12절) 싶어했고, 하나님은 그들이 그렇게 하도록 허락하시는 것처럼 보였다.

그래서 아삽은 기도하면서(9-18절) 사사 시대 당시 하나님이 이스라엘의 적들에게 하셨던 일들을 상기시켜드렸다(9-12절). 그리고 역사에서 자연으로 넘어가 적들을 쓸어낼 수 있는 폭풍우를 보내주시기를 간청했다(13-15절).

아삽은 이스라엘의 안전뿐 아니라 하나님의 영광을 구하고 있었다(16-18절). 적들 중에서도 이스라엘의 하나님을 신뢰하는 사람들이 나올 수도 있었다! 이스라엘의 이름이 보존되는 것은 중요하지 않았다(4절). 하나님의 이름이 영화롭게 되는 것만이 중요한 것이었다.

하나님이 아무 말씀도 하지 않으시고, 아무 일도 하지 않으시는 것처럼 보일 때에도 하나님은 여전히 우리를 위해 일하신다는 확신을 가지고 안심하라. 하나님은 적들처럼 요란스럽게 움직이지 않으신다. 그러나 보다 강력하게 일하신다. 그리고 승리하실 것이다.

시편 84편

유대인들은 매년 세 차례씩 예루살렘으로 가야 했다. 유월절과 오순절과 초막절 절기를 지키기 위해서였다. 이 시편을 쓴 기자는 간절히 원했음에도 불구하고 그 순례에 참여할 수 없었다. 우리는 살면서 많은 실망들을 경험한다. 그러나 이 시편에 나오는 다음 세 가지 지복은 그런 실망들을 어떻게 다루어야 하는지 잘 말해주고 있다.

거하는 복(The blessing of dwelling, 4절). 제사장들과 레위인들은 아마도 하나님의 뜰에 거하는 특권을 당연하게 여겼을 것이다. 그러나 시편 기자는 그렇지 않았다. 그에게 하나님의 제단은 새들에게 둥지와 같은 것이었다. 안전하고 만족스러운 곳이었다. 주님 안에 거하는 것은 지리상의 문제가 아니다. 왜냐하면 우리는 어디에서나 하나님을 예배하고 사랑할 수 있기 때문이다. 삶이 실망스러울 때 주님 안에 거하라.

바라는 복(The blessing of desiring, 5절). 중요한 것은 마음의 문제다. 그는 그 어느 곳보다 성전에서 섬기고 싶어했다. 우리가 바라는 것들이 경건한 것들일 때 하나님은 우리에게 필요한 모든 것을 주실 것이다. 삶이 실망스러울 때 당신이 바라는 것들이 하나님을 기쁘시게 하는 것들인지 확인해보라.

의지하는 복(The blessing of depending, 12절) 하나님의 순례자들은 '힘에 힘을' 얻고 '믿음에서 믿음으로' 나아간다(롬 1:17). 주님을 신뢰할 때 그분은 우리에게 '은혜와 영광'을 주시는데, 그것은 주님이 우리의 태양(공급자)이시고 방패(보호자)이시기 때문이다. 주님은 인생이라는 순례길을 가는 우리에게 필요한 모든 것을 공급해주신다. 삶이 실망스러울 때 우리에게 정말 필요한 주님을 의지하라.

◦ 시편 85편

회복(Restoration, 1-3절). 하나님이 어떤 위기 속에서 하나님의 백성들을 구해주셨는지는 알 수 없다. 아마도 바벨론 포로 생활이었을 것이다. 하나님의 진노가 끝났고, 그들의 죄가 용서되었으며, 다시 고국으로 돌아오게 되었다. 하나님의 징계를 받을 때 시편 30편 5절을 기억하라.

부흥(Revival, 4-7절). 귀환한 포로들의 형편은 어려웠고, 그들은 거의 포기할 지경이었다. 하나님이 그들의 죄를 용서하셨다. 그렇다고 그들의 삶이 낙원이 된 것은 아니었다. 그들은 하나님 안에서 기뻐할 수 있는 새로운 삶을 원했다. 새로운 시작은 새로운 삶을 경험하는 것으로 이어져야 한다.

"지나간 날들을 두고 기도할 필요는 없다. 지금 있는 곳에서 똑바로 서서 현재를 과거보다 더 낫게 만들라. 하나님과의 관계를 모든 것의 기초로 삼고 앞으로 나아가라. 그러면 앞으로의 시간들이 지난 과거보다 훨씬 더 좋다는 사실을 곧 알게 될 것이다."

오스왈드 챔버스(Oswald Chambers)

책임(Responsibility, 8-13절). 하나님을 경외하고 섬기도록 하나님이 우리를 용서하신다(시 130:4). 우리는 하나님의 말씀을 듣고, 순종하며, 하나님을 신뢰해야 한다. 세상 죄를 위해 돌아가신 주님의 고난 속에서 자비와 진리가 만났다. 의와 평강의 왕이신 주님 안에서 의와 평강이 만난다(히 7:1-3).

하나님의 징계는 우리의 유익을 위한 것이다. 그리고 하나님은 그 징계가 끝날 때까지 우리와 함께하신다. 하나님은 하나님의 영광을 위해 새롭게 시작할 수 있도록 우리를 도우실 것이다.

● 시편 86편

"내 영혼을 보존하소서"(Preserve my life, 1-10절). 다윗은 다시 곤경에 처했다. 언제나 그랬듯이 그는 하나님을 향해 도움을 구했다. 그리고 하나님이 자신의 기도에 응답해주셔야 하는 이유들을 말씀드렸다. 하나님은 그의 하나님이었고, 그는 하나님의 종이었기 때문이었다. 하나님은 자비로운 분이시고, 그에게는 하나님의 자비가 필요했기 때문이었다. 그는 승리를 통해 하나님 홀로 영광 받으시기를 바랐다. 하나님은 선하시고, 광대하시며, 기꺼이 돕는 분이시다.

"한마음이 되게 하소서"(Unite my heart, 11-13절). 두 마음은 분쟁으로 이어질 뿐이다(약 1:5-8). 왜냐하면 우리는 두 주인을 섬길 수 없기 때문이다(마 6:22-24). 한마음으로 하나님을 경외하고, 하나님께 배우며, 순종하고, 하나님의 이름을 찬양하라.

"힘을 주소서"(Strengthen my hand, 14-17절). 다윗의 힘과 경험으로는 적을 상대할 수 없었다. 그에게는 주님의 능력이 필요했다. 다윗은 자신의 신학을 알고 있었고(15절, 출 34:6, 느 9:17), 그것이 기도하는 데 도움이 되었다. 하나님을 더 잘 알면 알수록 우리의 필요를 가지고 하나님께 더 가까이 나아갈 수 있다.

시편 87편

시온 산은 하늘의 시온, 즉 하나님의 도성과 구원받은 하나님의 백성들을 보여주는 하나의 모형이다(갈 4:21-31, 히 12:18-24). 이 시편을 묵상하면서 자신의 영적인 삶을 점검해보라.

당신은 어떤 토대 위에 삶을 세우고 있는가?(On what are you building?, 1-3절) 당신은 하나님의 기초 위에 서 있는가(고전 3:11)? 이 세상에서 하나님의 은혜로운 역사는 이스라엘을 통해 오기 때문에(창 12:1-3) 구원은 유대인에게서 나온다(요 4:22). 성경은 유대인의 책이고, 구세주는 유다 지파를 통해 오셨다. 교회가 탄생했을 때 성령은 예루살렘 성전에 있던 유대인 신자들에게 임하셨다. 하나님께 순종하는 것은 무너지지 않는 기초 위에 삶을 세우는 것이다(마 7:21-29).

당신의 시민권은 어디에 있는가?(Where is your citizenship?, 4-6절) 태어난 곳을 자랑하는 사람들이 있다. 그러나 육체적인 탄생에는 거듭나는 탄생에 따르는 복이 따르지 않는다. 그리스도를 믿는 믿음을 통해 하나님의 자녀들은 하늘의 시온에 이름이 등록된다(눅 10:20, 빌 3:20, 4:3). 그리고 하나님 아버지와 영원히 함께 살 것이다.

당신의 기쁨은 무엇인가?(What are your joys?, 7절) 예루살렘은 강가에 건설되지 않은 몇 되지 않은 고대 도시 가운데 하나다. 시편 기자는 그의 모든 기쁨을 예루살렘에서 찾았다. 그 외에는 더 이상 바라는 것이 없었다. 믿음으로 우리는 하나님의 기쁨의 샘물을 마시고(시 36:8, 46:4) 만족을 얻을 수 있다.

"사람에게 필요한 것은 아래에서 올라오는 것이 아니라 위에서 내려오는 탄생이다."

밴스 해브너(Vance Havner)

시편 88편

이 시편은 영광스러운 승리로 끝나지 않는 시편 가운데 하나다. 헤만이 이 시편을 썼을 때 그는 심한 고통을 겪고 있었음에도, 하나님이 어떤 위안도 주시지 않았다. 그러나 그는 계속 기도하며 하나님을 신뢰했다(1-2, 9, 13절).

"내가 어떻게 느끼는지를 아는 사람은 아무도 없어"라고 말하고 싶을 때 이 시편을 읽어보라. 헤만은 어떻게 느꼈는가? 그는 자신이 깊은 웅덩이에 묻혀 죽은 사람처럼 느껴졌다. 차가운 파도와 큰 물결 아래로 빠져 들어가는 사람처럼 느껴졌다. 모든 사람이 다 도망치고 혼자 남게 된 부정한 사람처럼 느껴졌다. 무엇보다 그는 하나님께 버림받은 불운한 사람처럼 느껴졌다.

그러나 그는 포기하지 않았다. 그는 믿음을 가지고 이적을 행하시는 인자하신 하나님을 바라보았다(10-12절). 그는 하나님께 부르짖었고, 자신이 어떻게 느끼고 있는지를 말씀드렸다. 우리의 감정은 달라질 수 있지만, 하나님은 변함이 없는 분이시다. 어둠 속에서도, 심지어는 익사할 것같이 느껴지는 순간에도 우리는 하나님을 신뢰할 수 있다.

하나님은 우리가 어떻게 느끼는지 알고 계신다(히 4:14-16). 그리고 우리를 위한 자신의 목적을 이루어가신다. 아직 우리 '시편'의 마지막 구절을 쓰지 않았다 할지라도 하나님은 이미 알고 계신다. 그러므로 하나님을 기다리라. 기다릴 만한 충분한 가치가 있다!

시편 89편

하나님은 다윗의 후손들이 언제나 보좌에 오를 것이며, 다윗의 뒤를 잇는 계보가 영원히 통치하게 될 것이라고 다윗에게 약속하셨다(삼하 7장). 그러나 에스라 사람인 에단에게 문제가 있었다. 다윗의 뒤를 이은 왕들 가운데 전쟁에 패하고 보좌를 잃은 사람이 있었기 때문이었다(38-45절). 에단에게는 하나님이 그분의 언약을 파기하신 것처럼 보였고(3, 28, 34, 39절), 따라서 하나님의 백성들에게 신실하지 않으신 것처럼 보였다.

성실하심이 이 시편의 핵심 단어다(1, 2, 5, 8, 24, 33절). 하나님은 대대로(1-4절) 하나님의 백성들(5-10절)과 창조 세계(11-13절)와 세상 나라들(14-18절)과 다윗과 그의 집(19-37절)에서 그 성실하심을 보여주셨다. 에단은 그 모든 것을 알고 있었다. 왜냐하면 그는 성경을 알고 있었기 때문이었다. 그러나 최근에 일어난 사건들은 언약의 진실성과 하나님의 성실하심을 부인하고 있는 것처럼 보였다.

에단의 문제는 영적 근시안에서 비롯된 것이었다. 다윗이 받은 언약의 궁극적인 성취는 다윗의 자손, 예수 그리스도로 성취되었다(마 1:1). 그리고 그리스도가 영원히 다스리실 것이다(눅 1:26-33). 하나님의 성실하심에는 실패가 없다.

예루살렘의 몰락을 돌아보는 예레미야는 왕이 패배하고, 왕위에서 폐위되는 것을 보면서 에단과 같은 기분을 느꼈을 것이다. 그러나 그는 하나님의 성실하심을 의심하는 대신 "주의 성실이 크도소이다"(애 3:23)라고 단언했다. 우리의 보는 것과 느끼는 것을 기초로 하나님의 성실하심을 판단하지 말라. 하나님의 약속은 반드시 이루어진다(고후 1:18-20).

시편 90편

이 시편의 어두운 분위기는 가데스 바네아에서 백성들이 불신앙으로 반역했을 때 모세가 쓴 것임을 암시해주고 있다(민 13-14장). 하나님이 20세 이상 된 사람들은 모두 광야에서 죽게 될 것이라고 말씀하셨다. 모세가 "우리 날 계수함을 가르치사"(12절)라고 기도한 것은 그리 놀랄 일이 아니다.

우리는 우리의 햇수를 계수한다. 그러나 우리 날수를 계수하는 것이 지혜로울 것이다. 왜냐하면 우리는 하루하루 살아가기 때문이다. 인생은 잠깐 자는 것처럼, 또는 아침에 돋는 풀처럼 그렇게 짧다(3-6절). 이스라엘 진영에서 20세 이상인 사람들은 60세 이상 살 수 없게 될 것이고, 그보다 나이가 많은 사람들은 80세 이상 살 수 없게 될 것이다(10절). 광야에서의 생활은 40년 동안의 장례 행렬이었다!

영원이라는 관점에서 볼 때(1-4절) 우리가 아무리 오래 산다 해도 인생은 짧은 것이다. 우리의 날을 지혜롭게(12절) 그리고 즐겁고 기쁘게(14-15절) 사용하기 위해서는 하나님의 도우심이 필요하다. 하나님의 뜻을 행하고(14절, 요일 2:17), 하나님의 영광을 드러내며(16절), 하나님의 아름다우심 속에서 자라갈 때 참된 만족을 누릴 수 있다(17절). 인생의 짧음과 무거운 짐들에도 불구하고, 하나님을 신뢰할 때 삶은 살 만한 가치가 있다.

◆ 산 자의 땅 ◆

찰스 스펄전은 임종을 앞둔 그리스도인 친구에게 "잘 가게! 산 자의 땅에서는 자네를 다시 보지 못하겠군!"이라고 말한 사람에 대해 이야기했다. 임종을 앞둔 그 친구는 "내가 가게 될 산 자의 땅에서 자네를 다시 보게 될 걸세. 죽어가는 자의 땅은 바로 이곳이라네!"라고 대답했다.

○ 시편 91편

이 시편으로 넘어오게 된 것은 그리고 어두움에서 벗어나 햇빛이 비치는 곳으로 나오게 된 것은 얼마나 다행스러운 일인가! 시편 90편의 어두운 진술에 비추어볼 때, 우리는 시편 91편의 숭고한 확신에 더욱더 감사하게 된다.

이 시편의 주제는 안전이다. 하나님은 그분 안에 거하며 하나님을 사랑하는 사람들을 지켜주신다. 이 약속은 위험할 때만 하나님께 달려오는 사람들이 아니라 하나님과 함께 동행하며(1절), 지성소를 그들의 거처로 삼는 사람들을 위한 것이다(9절).

우리가 직면하게 되는 위험에는 어떤 것들이 있는가? 올무와 염병(3절), 화살(5절), 재앙(10절), 돌(11-12절), 사자와 독사(13절, 아마도 사탄을 언급하는 것일 것이다) 등이다. 유대인들이 여행하면서 겪었던 이 고대의 위험들과 비슷한 현대의 위험들을 쉽게 생각할 수 있을 것이다.

주님 안에 거하는 삶(1-4절)은 확신하는 삶(5-13절)이고, 풍성한 삶으로 인도하는 두려움이 없는 삶(14-16절)이며, 승리와 평안의 삶이다. 이 세상에서 가장 안전한 곳은 전능자의 날개 그늘 아래다.

● 시편 92편

하나님이 주신 매일의 삶을 인하여 하나님께 감사하라(1-4절). 하루를 시작하면서 믿음으로 앞을 내다보고 하나님의 인자하심을 찬양할 수 있다. 그리고 하루를 마친 후에는 그날을 되돌아보면서 하나님의 성실하심을 찬양할 수 있다.

우리가 영원의 일부가 되었음을 하나님께 감사하라(5-9절). 우리가 영원을 다 이해할 수는 없지만, 그리스도께 대한 믿음을 통해 영생을 얻을 수는 있다. 그리고 영원을 위해 살아갈 수 있다(요일 2:17). 고린도전서 15장 58절을 묵상하라. 노년이 된 것에 대해서도 하나님께 감사하라(10-15절). 그리스도를 위해 사는 사람들은 노년에도 신선하고(10절), 번성하며(12-13절), 결실할(15절) 수 있다. 그들은 불평하는 대신 하나님을 찬양하고 하나님을 증거한다.

> "나이 들면서 까다로워지는 것은 아무 도움도 되지 않는다. 나는 과거 속에 머물러 있는 사람들에게 애석함을 느낀다. 그들은 딱딱하게 마른 만나를 먹으며 왜소해져간다."
>
> D. L. 무디(D. L. Moody)

● 시편 93편

파도가 거세질 때(3절) 다음 세 가지 닻을 붙잡으라. 당신은 흔들리지 않을 것이다.

하나님의 보좌(God's throne, 1-4절). 오늘 무슨 일이 일어나건 간에 "주님이 통치하신다!" 하나님은 주권자시며 모든 것을 다스리신다. 하나님의 엄위하신 보좌는 견고하고 강하며 영원하다. 하나님의 보좌는 큰 파도보다 위대하다. 그러나 하나님은 고난 속에서도 우리와 함께하시며, 그 고난을 감당하게 하실 것이다(사 43:1-2).

하나님의 증거(God's testimonies, 5 상반절). 하나님의 말씀은 반드시 이루어지기 때문에 우리는 그 말씀을 신뢰할 수 있다(수 21:45, 23:14). 하나님의 증거를 가까이 하고(시 119:31), 믿음으로 큰 파도를 견디어내라.

하나님의 성전(God's temple, 5 하반절). 하나님의 보좌는 지성소에 있는 속죄소다(시 99:1). 그리고 그곳에 하나님의 영광이 머문다. 사탄은 하나님의 자리를 찬탈할 수 없다. 그리고 그 자리를 차지하려는 인간의 노력은 헛수고일 뿐이다(시 2:1-3). 폭풍우가 몰아치고 큰 파도가 일 때도 평안할 수 있는 것은 하나님이 여전히 성전에 계시고, 온 천하가 그 앞에서 잠잠해질 것이기 때문이다(합 2:20).

● 시편 94편

하나님만이 악인을 심판하시고 징벌하실 수 있다(1-3절). 그러나 하나님의 백성들은 진리를 위해 싸워야 한다(16절). 군사가 되는 것보다 관객이나 조언자가 되는 것이 훨씬 더 쉽다. 악과 맞서 싸울 때 하나님을 의지하라.

하나님은 적을 잘 알고 계신다(God knows all about the enemy, 1-11절). 하나님은 적들의 은밀한 대화를 들으시고, 그들의 악한 행동을 보신다. 그리고 그들을 심판하실 것이다. 우리 구원의 대장이 방심하시는 일은 없을 것이다.

하나님은 우리가 해야 할 일을 가르치실 것이다(God will teach you what to do,

12-15절). 기초가 되는 '전쟁 지침서'는 하나님의 말씀이다. 그리고 하나님이 우리가 알아야 할 것들을 가르치실 것이다. 하나님이 기드온을 부르셨을 때 그는 평범한 농부였다. 그러나 하나님이 그를 가르칠 수 있도록 해드렸기 때문에 큰 용사가 되었다(삿 6-7장). 적을 피해 숨기는 했지만 하나님이 그를 '큰 용사'라고 부르셨다(삿 6:11-12).

하나님은 싸울 수 있도록 우리를 도우실 것이다(God will help you fight, 16-23절). 하나님이 대적하시는 것을 우리도 대적한다면 하나님이 우리 편에 서실 것이다. 그리고 싸울 때 우리를 도우실 것이다. 우리가 미끄러질 때 우리를 붙잡아 주실 것이다. 염려할 때 위로해주실 것이다. 그리고 공격을 받을 때 방어해주실 것이다.

하나님 편에 서 있는 사람은 누구인가? 당신도 그 사람인가?

◦ 시편 95편

위대하신 하나님(God is great, 1-7 상반절). 하나님은 위대하시다. 그래서 우리는 그저 예배에 참여하는 정도가 아니라 즐겁게 예배드릴 수 있는 것이다. 하나님이 '즐거이 부르며' '굽혀 경배하도록' 우리를 초청하신다. 하나님은 위대한 창조주시며 큰 왕이시다. 그리고 우리에게는 그분의 백성이 되는 특권이 있다.

슬퍼하시는 하나님(God is grieved, 7 하-11절). 하나님을 기쁘시게 하는 예배와 상반되는 강퍅한 마음은 하나님의 마음을 슬프게 한다. 하나님이 하시는 놀라운 일을 보고도 하나님께 기꺼이 복종하지 않는 사람들을 상상해보라! 믿지 않는 유대인들은 그들이 범한 죄의 비싼 대가를 치렀다. 그들은 광야에서 죽었고, 약속의 땅에 결코 들어가지 못했다(히 3-4장).

믿음의 삶을 누리고 싶은가? 그렇다면 하나님의 위대하심을 보고 그분을 찬양하는 시간을 가지라. 하나님이 우리를 위해 계획하신 모든 것들을 받고 싶은가? 그렇다면 하나님을 예배하고 찬양하라. 강퍅한 마음은 힘겨운 삶으로 이어질 것이다. 그러므로 하나님 앞에서 마음을 부드럽게 하라.

시편 96편

하나님을 예배하라는 이 시편의 초청에는 다음 세 가지 지시 사항이 있다.

하나님을 찬양하라(Sing to the Lord, 1-6절). 하나님과 함께한 새로운 경험이 있으므로 새 노래로 하나님을 찬양하라. 하나님은 영광스러운 분이시며(3절) 광대한 분이시므로(4-5절) 하나님을 찬양하라. 세상 사람들은 구원의 복된 소식을 들어야 할 필요가 있다. 그러므로 복음 성가를 부르라. 승리의 노래를 부르며 하나님의 능력을 알리라. 헌신의 노래를 부르며 하나님의 아름다우심을 알리라.

하나님께 드리라(Give to the Lord, 7-10절). 마음과 입술로 하나님을 영화롭게 하라. 그리고 손으로 예물을 드리라. 하나님이 우리의 예물을 필요로 하셔서가 아니라(행 17:24-25) 하나님께 예물을 드려야 할 필요가 우리에게 있기 때문이다. 하나님은 가장 좋은 것을 받으시기에 합당한 분이시다(말 1:6-14).

하나님을 기다리라(Look for the Lord, 11-13절). 모든 자연은 주님의 재림을 열망하고 있다. 왜냐하면 그때 모든 피조물이 자유롭게 될 것이기 때문이다(롬 8:18-25). 예수 그리스도가 통치하기 위해 돌아오실 때 억압받던 사람들의 정당성이 입증될 것이며, 악인들은 심판받게 될 것이다. 하나님의 백성들은 그리스도와 함께 다스리며 주님을 찬양하게 될 것이다. 할렐루야!

시편 97편

"여호와께서 통치하시나니!" 시편 기자는 "여호와께서 통치하실 것이니"라고 말하지 않고, "여호와께서 통치하시나니"라고 말한다. 지금 통치하신다! 다른 시편에서 하나님은 "나의 왕을 내 거룩한 산 시온에 세웠다"(시 2:6)라고 선포하셨다. 우리는 왕의 자녀들이다.

땅으로 즐거워하게 하라(Let the earth be glad, 1-6절). 오늘날 이 세상에서는 의와 공평을 그리 많이 볼 수 없다. 그러나 그렇다고 해서 하나님이 폐위되신 것은 아니다. 우리가 온전히 이해할 수 없는 어떤 이유 때문에 악한 사람들이 세상과 세상 사람들을 착취하도록 하나님이 허락하신다. 그러나 하나님이 영광과 능력으로 임하셔서 바로잡으실 날이 올 것이다.

이스라엘로 기뻐하게 하라(Let Israel be glad, 7-9절). 이스라엘은 하나님의 영광스러운 구원 계획 속에서 중요한 역할을 하고 있다. 참 하나님을 증거하고 성경과 구세주를 우리에게 전해주었다. 이스라엘은 많은 어려움을 겪었다. 그러나 메시아이신 이스라엘의 왕이 영광 중에 다시 돌아와 족장들에게 하신 약속들을 이루실 날이 올 것이다.

의인들로 기뻐하게 하라(Let the righteous be glad, 10-12절). 의인들에는 하나님의 백성들, 예수 그리스도를 믿는 믿음으로 의롭다 하심을 얻은 죄인들이 모두 포함된다(롬 3:21-4:8). 그들은 하나님을 사랑하고 하나님 안에서 기뻐한다. 하나님께 복종하고 있다면 기뻐해야 할 충분한 이유가 있다. 그러므로 세상을 향해 "하나님이 통치하신다!"라고 기쁘게 선포하라.

"만유의 주 앞에서"

만유의 주 앞에서 다 경배하여라!
감사를 드리고 개선가를 부르자.

영원한 나라 주 다스리시니
생명의 열쇠는 주의 것이라.

서 원수 망하고 나 죄 짐 벗은 후
내 맘에 영원한 기쁨이 넘친다.

참 소망 가지고 그날을 기리며
주 다시 오실 때 기쁘게 맞으리.

네 맘 열어 한 소리로

기뻐 주를 찬양하라.

찰스 웨슬리(Charles Wesley)

○ 시편 98편

하나님을 찬양해야 하는 이유는 무엇인가?(Why should we praise the Lord?) 하나님의 구원(1절)과 의로움에 대한 계시(2절) 그리고 하나님의 자비를 기억하기(3절) 때문이다. 이 이유들만으로도 우리는 오랫 동안 하나님을 찬양하는 노래를 부르기에 부족함이 없을 것이다!

하나님을 어떻게 찬양해야 하는가?(How should we praise the Lord?) 즐거운 소리와 노래로(4절), 또 악기들을 솜씨 있게 연주하면서(5-6절) 하나님을 찬양할 수 있다. 악기 연주에 맞추어 목소리로 하나님을 찬양하자! 단순히 종교적인 감흥이 아니라 하나님을 찬양하는 즐거운 표현이 되게 하자.

누가 하나님을 찬양해야 하는가?(Who should praise the Lord?) 세상 모든 사람들과 자연 세계 전체가 하나님을 찬양해야 한다(7-9절). 다시 오실 주님께 대한 기대가 창조 세계를 일깨운다. 우리도 그 흥분에 동참해야 한다.

기쁘다 구주 오셨네. 만 백성 맞아라!

◆ 새 노래 ◆

시편 기자들은 우리에게 '새 노래로 노래'할 것을 권하고 있다(시 33:3, 40:3, 96:1, 98:1, 144:9, 149:1). '새'라는 말로 번역된 단어는 '질적으로 새롭고 신선한'이라는 뜻을 갖는다. 오래된 노래일지라도 주님 안에서의 성장과 하나님의 은혜를 새롭게 경험함으로써 새로운 의미와 축복이 담긴 노래로 새롭게 부를 수 있다. 그것은 우리가 고난당하는 것을 하나님이 허락하시는 이유를 설명해준다. 우리가 하나님을 새롭게 찬양할 수 있도록 고난을 통해 우리를 조율하시는 것이다.

시편 99편

"그는 거룩하시도다"(3, 5, 9절). 그리고 광대하시고 높으시다(2절). 그러므로 하나님께 합당한 경배를 드려야 한다.

하나님을 경외하라(Fear Him, 1-3절). 하나님의 광대하심은 땅을 요동케 한다. 그리고 사람들도 떨게 만든다(사 64:1-5). 귀신들도 하나님을 생각하며 떤다(약 2:19). 많은 사람들이 하나님에 대해 그리고 하나님을 향해 경솔하게 말하는 것은 참으로 두려운 일이다. 마치 하나님이 아무 책임도 묻지 않으실 것처럼 경솔하게 살아가는 사람들이 많다는 것은 더욱더 두려운 일이다.

하나님을 높이라(Exalt Him, 4-5절). 하나님의 능력과 공의와 거룩하심을 찬양해야 한다. 하나님을 높이는 한 방법은 예배다. 그러나 그 예배는 일관성 있는 삶을 통해 뒷받침되어야 한다. 우리 주위에 있는 사람들에게 그리스도가 얼마나 위대한 분인지를 알릴 수 있도록 우리의 몸을 통해 그리스도께 영광을 돌려야 한다(고전 6:19-20, 빌 1:19-26).

하나님께 부르짖으라(Call on Him, 6-9절). 우리의 기도 생활을 격려하기 위해 기도의 영웅 세 사람의 이름이 언급되었다. 그들은 완전한 사람들이 아니었다. 그러나 그들은 하나님의 말씀을 듣고 순종했으며, 그들이 부르짖을 때 하나님이 응답해주셨다. 하나님의 말씀과 기도는 서로 떨어질 수 없다(요 15:7, 행 6:4). 그리고 기도와 순종 역시 서로 떨어질 수 없는 것이다(시 66:18).

시편 100편

송영으로 잘 알려져 있는 '구 백편(old Hundredth, 찬송가 1장)'이라 불리는 찬송가는 이 시편을 기초로 한 것이다. 하나님께 감사하는 것은 우리의 입술뿐 아니라 우리의 삶으로 해야 한다. 그렇다면 우리는 어떻게 삶으로 예배할 수 있는가?

섬김으로(By serving, 2절). 예배당 문 위에는 "예배하기 위해 이 문 안에 들어서고, 섬기기 위해 이 문을 나가라"고 잘 보이게 쓰여 있어야 한다. 너무나 많은 사람들이 주님이 아니라 자신을 섬긴다. 또한 '기쁨으로' 주님을 섬기지 않는 경우가 너무 많다. 주님은 기쁘게 섬기는 종을 사랑하신다.

복종함으로(By submitting, 3절). 피조물로서 우리는 우리를 지으신 창조주께 복종해야 한다. 양 떼로서 우리는 우리를 위해 돌아가시고, 우리를 의의 길로 인도하시는 우리의 목자께 복종해야 한다. 하나님은 우리를 창조하셨을 뿐 아니라, 우리가 하나님께 복종할 때 우리를 만들어가신다(엡 2:10). 복종은 완성을 뜻하는 것이다.

희생함으로(By sacrificing, 4-5절). 제사장으로서 우리는 하나님께 영적 제사를 드릴 수 있는 특권을 가지고 있다(벧전 2:5). 그 제사에는 우리의 찬양(히 13:15)과 선행(히 13:16)과 물질적인 예물(빌 4:15-18)이 포함된다. 하나님의 성품(5절)과 하나님이 우리를 위해 하신 일들 때문에 하나님은 우리의 감사를 받으시기에 합당한 분이시다.

'구 백편'

온 땅에 거하는 사람들아
여호와께 즐거이 부를지어다.
기쁨으로 여호와를 섬기며
노래하면서 그 앞에 나아갈지어다.

여호와가 우리 하나님이신 줄 너희는 알지어다.
그는 우리의 도움 없이 우리를 지으신 자시오,
우리는 그의 것이니 그의 백성이요,
그의 기르시는 양이로다.

감사함으로 그 문에 들어가며
찬송함으로 그 궁정에 들어가서

그에게 감사하며 늘 그 이름을 송축할지어다.
그렇게 하는 것이 당연하기 때문이로다.

여호와는 선하시고
그 인자하심이 영원하며
그 진실하심이 언제나 견고하고
그 성실하심이 대대에 미치기 때문이로다.

윌리엄 키드(William Kethe, 1560-61년 발표)

○ 시편 101편

다윗이 15번이나 "내가… 하리로다"라고 말하고 있는 이 시편은 결단과 헌신을 특징으로 한다. 그는 사특한(뒤틀린) 마음이나(4절) 교만한 마음(5절)이 아니라, 완전한(흠이 없는) 마음을 원했다(2절). 하나님 앞에서 완전하다는 것은 죄가 없다는 뜻이 아니다. 정직하고 가식이 없는 것을 말한다. 사도 요한은 그것을 '빛 가운데 행하는' 것으로 설명했다(요일 1:5-10).

다윗은 땅과 예루살렘 성에 공평이 있기를 바랐다(8절). 그러나 시민들의 의는 마음과 가정에서부터 시작되어야 한다(2, 7절). 우리에게는 법을 공평하게 시행하는 정직한 사람들이 있어야 한다. 그리고 가정에서부터 거룩한 삶을 살아가는 경건한 사람들이 있어야 한다.

우리는 무엇을 보고(3절), 무엇을 듣고(5절), 누구와 사귈 것인지(6-7절) 조심해야 한다. 헛된 것으로 가득 찬 세상에서 거짓을 피하고, 하나님의 지혜 속에서 살아가야 한다(2, 7절). 다윗과 달리 우리에게는 악한 자를 심판할 권세가 없다. 그러나 만일 우리의 마음과 가정이 하나님이 원하시는 모습이라면, 도시와 나라에 미치는 우리의 영향력이 느껴질 것이다.

"힘 있는 성품은 일터에서 얻어지겠지만, 아름다운 성품은 가정에서 습득되는 것이다. 우리는 가정에서 애정을 배운다. 가정에서 온유함을 훈련하고, 진정한 천국에서의 삶을 습득한다. 한 마디로 가정은 그리스도인들을 지도하는 최고의 지휘자 역할을 한다."

필립스 브룩스(Phillips Brooks)

◦ 시편 102편

하나님은 영원을 누리신다. 그러나 우리는 짧은 생애를 살며(23-24절) 괴로운 날들(2절)과 연기처럼, 풀처럼, 그림자처럼(3, 4, 11절) 사라지는 날들을 살아가고 있다. 우리는 광야의 외로운 새처럼, 병원에서 죽어가는 병자처럼 혼자 앉아 있다(5-9절). 이 얼마나 울적한 일인가!

그런 날들을 경험해보았는가? 그렇다면 조심하라. 그런 자신을 바라본다면 당신의 감정은 더 걷잡을 수 없을 것이다. 이 참회의 시를 쓴 기자처럼 믿음으로 하나님을 바라보라. 자신을 바라보는 대신 하나님을 바라보며 "그러나 주님은"이라고 말할 때 모든 것이 달라지게 될 것이다.

"주는 영원히 계시고"(But You shall endure, 12-22절). 믿음으로 예수 그리스도를 알고 있는 사람에게는 영생이 있다(요일 5:11-13). 그러므로 죽고 부패하는 세상 속에서 살아가는 것을 두려워할 필요가 없다. 왜냐하면 주님과 함께 영원히 살게 될 것이기 때문이다(살전 4:13-18).

"주는 여상하시고"(But You are the same, 25-28절). 나이가 들어가면서 변화를 거부하는 자신을 아마도 보게 될 것이다. 사랑하는 사람들이 멀리 이사를 가거나 세상을 떠나고, 몸은 쇠약해지고 세상은 변한다. 그래서 두려움과 비통함을 느끼기 쉽다. 그러나 하나님은 한결같으시다(히 13:5-8). 하나님은 마지막까지 우리의 친구와 안내자가 되신다(시 73:24).

일시적인 것들은 변할 것이다. 그러나 영원한 것들은 지속될 것이다(고후 4:11-18).

'주여, 나와 함께하소서'

때 저물어 날 이미 어두니 구주여, 나와 함께하소서.
내 친구 나를 위로 못할 때 날 돕는 주여, 함께하소서.

내 사는 날이 속히 지나고 이 세상 영광 빨리 지나네.
이 천지 만물 모두 변하나 변찮는 주여, 함께하소서.

주 홀로 마귀 물리치시니 언제나 나와 함께하소서.
주같이 누가 보호하리까 사랑의 주여, 함께하소서.

이 육신 쇠해 눈을 감을 때 십자가 밝히 보여주소서.
내 모든 슬픔 위로하시고 생명의 주여, 함께하소서.

헨리 프란시스 라이트(Henry Francis Lyte)

● 시편 103편

이 시편에서 다윗은 아무 요청도 하지 않았다. 그저 세 가지 놀라운 복을 주신 주님을 찬양하고 있을 뿐이다. 3-5절에서 그 복들을 열거하고 있으며, 나머지 구절들에서는 그 복들을 설명하고 있다.

용서(Forgiveness, 3, 10-14절). 용서는 병을 낫게 하고(벧전 2:24), 무거운 짐을 벗게 하며(11-12절, 레 16:20-22, 요 1:29), 해를 가한 사람과 화목하는 것과 같다(13-14절). 이 모든 것은 예수님이 십자가에서 우리 죄를 대신하셨고, 우리가 주님을 신뢰하기 때문에 가능한 것이다.

구원(Redemption, 4, 6-9절). 하나님은 속박에서 그리고 가나안을 향해 가는 여정에서 만나는 모든 어려움에서 이스라엘을 구해주셨다. 그리고 우리를 자유하게 하사 우리의 주님이 되시고, 우리를 영원히 돌보아주신다. 주님이 면류관을 주실 때 우리는 노예에서 왕으로 변화될 것이다(롬 5:17). 이 얼마나 놀라운 은혜인가!

만족(Satisfaction, 5, 15-18절). 인간은 약하고 제한적이다. 그러나 신자들은 '영원한 청춘'과 영적 부흥을 누린다. 다윗은 신자들을 새로운 힘을 가지고 늘 높이 치솟아 오르는 독수리에 비유하고 있다(사 40:31).

우리는 모든 것을 다스리시는 왕께 속한 사람들이다(19절). 천사들이 그분을 송축한다(20-22절). 우리도 천사들과 함께 하나님을 송축하는 것이 어떻겠는가?

◆ 새롭게 함 ◆

하나님이 지면을 새롭게 하시고 새로운 생명과 아름다움을 주시는 것처럼(시 104:30), 우리가 허락해드리기만 한다면 하나님은 우리의 삶도 새롭게 하실 수 있다. 그것은 성령께 하나님의 말씀을 우리에게 가르칠 수 있게 해드릴 때(엡 4:23, 골 3:10) 새로워진 우리의 마음으로부터 시작된다(롬 12:1-2). 예배하며 하나님 앞에서 기다리라. 하나님이 새 힘을 주실 것이다(사 40:31). 우리가 믿음으로 산다면, 변화하는 삶 속에서도 지속적으로 새로워지는 경험을 하게 될 것이다(고후 4:16-18). '새 생명 가운데서 행할' 때 늘 새로운 것들을 누리게 될 것이다(롬 6:4).

○ 시편 104편

시편 104편은 온전하신 창조주 하나님을 찬양하고 있고, 시편 105편은 신실하신 구원의 하나님을 찬양하고 있다. 그리고 시편 106편은 하나님의 백성들을 용서하시는 은혜로우신 하나님을 찬양하고 있다. 하나님이 창조하신 세상을 우리는 너무 쉽게 당연한 것으로 받아들인다. 우리는 결점을 볼 뿐 은총을 보지 못한다. 그리고 하나님이 우리에게 주신 곳이 어떤 곳인지를 잊고 있다.

세상은 인간의 위대함이 아니라 하나님의 위대하심을 보여주는 놀라운 곳이다(1-9절). 시편 기자는 창조를 집을 짓는 것에 - 기초를 놓고, 들보를 얹고, 휘장을 치고, 수로를 만드는 것에 - 비유하고 있다. 지혜롭고 위대하신 하나님만이 그런 세상을 만드실 수 있다.

세상은 좋은 곳이다(10-30절). 하나님이 생명과 물과 먹을 양식과 사람들과 짐승들과 새들이 거할 처소를 제공해주시고, 그들이 보살핌을 받을 수 있게 하신다. 창조 세계 속에 있는 모든 것은 우리가 누릴 수 있도록 우리에게 주신 하나님의 선물이다(딤전 6:17).

세상은 기뻐하는 곳이다(31-35절). 하나님은 창조 세계를 기뻐하셨다(31절). 그리고 우리도 '주님 안에서 즐거워해야' 한다(34절). 창조 세계는 우리 자신을 비추어볼 수 있는 거울이 아니라, 하나님을 볼 수 있는 창문이다. 하나님을 더 많이 바라보면 볼수록 우리는 그만큼 더 행복해져야 한다. 그렇게 될 때에만 우리는 하나님의 창조 세계를 잘 관리하는 선한 청지기가 될 수 있다.

'참 아름다와라'

참 아름다와라 주님의 세계는
저 아침 해와 저녁 놀
밤하늘 빛난 별
망망한 바다와 늘 푸른 봉우리
다 주 하나님 영광을 잘 드러내도다.

말트비 D. 뱁콕(Maltbie D. Babcock)

○ 시편 105편

시편 104편은 창조주 하나님을 높이고 있는 반면, 이 시편은 구원의 하나님과 하나님의 백성, 이스라엘을 돌보시는 하나님의 섭리를 노래하고 있다.

하나님의 행사(His deeds, 1-6절). 이스라엘의 역사를 읽으면, 하나님의 능력과 하나님의 도우심을 필요로 하는 사람들을 위해 하나님이 행하시는 일들을 보고 힘을 얻게 된다(롬 15:4). 그리고 하나님을 찬양하고, 하나님 안에서 즐거워하며, 하나님을 찾고, 다른 사람들에게 하나님에 대해 이야기하고 싶어진다.

하나님의 언약(His covenant, 7-15절). 하나님은 이스라엘 단 한 나라에 맹세하심으로 자신을 구속하셨다. 하나님은 아브라함에게 약속하시고(창 12:1-3), 그 약속을 후손들에게 재확인시켜주셨다. 언약은 그들이 땅을 기업으로 받게 될 것이라는 사실을 확신시켜주는 것이었다. 하나님의 새 언약 백성은 그들에게 장래의 기업이 보장되어 있다는 사실을 확신할 수 있다(마 26:26-29, 히 8:6-13).

하나님의 종(His servants, 16-45절). 하나님이 야곱의 가정을 보존하셔서 그들을 통해 한 나라가 형성될 수 있게 하시려고 요셉을 애굽으로 보내셨다. 그리고 하나님의 백성들을 구원하시려고 모세를 애굽으로 보내셨다. 뿐만 아니라 죄를 범한 백성들을 위해 대제사장으로 섬기며 모세를 보조할 수 있도록 아론을 보내셨다. 하나님은 일이 이루어져야 할 때가 되면 보내야 할 사람들을 언제나 예비하신다. 그리고 우리가 "내가 여기 있나이다 나를 보내소서"(사 6:8)라고 말하기를 기다리신다.

○ 시편 106편

이스라엘에 베푸신 하나님의 선하심에 비추어볼 때 우리는 당연히 그들이 하나님께 순종하고, 감사하며, 하나님을 섬겼을 것이라 생각하지 않을 수 없다. 그러나 그들은 죄를 범했고, 여러 차례 징계를 받아야 했다. 하지만 그들을 판단하기 전에 우리도 그들과 같은 죄를 범하고 있는 것은 아닌지 점검해보아야 한다.

하나님은 애굽에서 이스라엘을 구원하셨다. 그러나 그들은 곧 하나님의 자비를 잊고 하나님의 명령을 무시했다(6-23절). 하나님이 그들에게 만나를 주셨다. 그러나 그들은 고기를 먹고 싶어했다. 그들은 지도자들을 비난하고 금으로 만든 우상을 섬겼다. 모세가 그들을 위해 기도하지 않았더라면 그들은 멸절되었을 것이다.

그들은 약속의 땅 언저리에 이르러서도 그 땅에 들어가기를 거부했다(24-27절). 광야를 배회하면서도 그들은 이방 족속들과 타협했다(28-31절). 그들의 완고함은 모세까지 죄를 범하게 만들었다(32-33절). 약속의 땅에 들어간 후에도 그들은 사악한 나라들과 타협했고, 하나님은 거듭 그들을 징계하시지 않을 수 없었다(34-43절).

그들과 언약을 맺지 않으셨다면 하나님은 그들을 멸망시키셨을 것이다. 그러나 그들을 용서하시고, 그들이 다시 시작할 수 있는 기회를 계속해서 허락해주셨다. 그럼에도 결국 그들을 이방인들 가운데로 흩어지게 하셨다(47절).

바울 사도는 고린도전서 10장 1-13절에서 이 이야기의 대부분을 언급하고 있다. 마음 깊이 새기라!

● 시편 107편

우리는 하나님의 자비를 당연한 것으로 받아들이기가 매우 쉽다. 감사하지 않는 것이 죄인들의 마음에는 자연스러운 것처럼 보인다(8, 15, 21, 31절, 롬 1:21 이하). 다음은 죄인들을 향한 하나님의 자비와 그들의 반응을 보여주는 그림들이다.

나그네(Travelers, 4-9절). 광야에서 먹을 음식도, 마실 물도 없이 배회하는 것은 소름끼치는 경험이 될 것이다. 그러나 하나님이 그런 그들을 구원하시고 안전한 성으로 인도하셨다. 그들은 하나님께 감사하는 시간을 가졌는가?

갇힌 자(Prisoners, 10-16절). 그들은 하나님의 뜻을 거역했기 때문에 감옥에 갇혀 있었다. 그들은 고통을 받아 마땅했다. 그러나 그들이 부르짖자 하나님은 그들의 탄식을 들으시고 자유케 해주셨다. 그들은 하나님께 감사하는 시간을 가졌는가?

고통받는 자(Sufferers, 17-22절). 이 구절에서 우리는 감옥에서 이동하여 어리석게 살았기 때문에 죽어가는 사람들이 있는 병원으로 옮겨가게 된다. 그들은 '자신의 침상을 스스로 만들었고' 그 침상에서 죽어야 했다. 그러나 하나님은 자비롭게 그들을 치유해주셨다. 그들은 하나님의 자비로우심에 감사하는 시간을 가졌는가?

항해자(Sailors, 23-32절). 바다에서의 위험은 보통 땅에서 맞이하는 위험보다 훨씬 더 심각하다. 왜냐하면 거센 폭풍우 속에서 도움을 구할 수 있는 곳을 찾을 수 없기 때문이다. 위를 바라볼 수밖에 없다. 그들도 그렇게 했다. 그리고 하나님이 그들을 구해주셨다. 하나님이 폭풍우를 잠잠케 하셨고, 그들이 가고 싶어 하는 목적지까지 데려다주셨다(요 6:15-21).

농부(Farmers, 33-38절). 광야를 농경지로 만드는 비를 내릴 수 있는 분은 하나님 한 분뿐이시다. 또 가축들을 번식시킬 수 있는 분도 하나님뿐이시다. 우리는 배부르게 먹고 있다. 그렇다면 먹을 것을 주시는 하나님께 감사드리는 시간을 갖고 있는가(신 6:10-13)? 하나님의 인자하심을 깨닫고 지혜롭게 행하라.

● 시편 108편

이 시편은 시편 57편 7-11절(1-5절)과 60편 5-12절(6-13절)을 개작한 것이다. 이 시편은 용사의 노래이며, 이 시편 속에서 다윗은 다음 세 가지를 단언하고 있다.

"나는 찬양할 것이다"(I will praise, 1-6절). 신실한 마음은 노래할 수 있다. 왜냐하면 하나님에 대한 확신이 있으면 노래할 수 있기 때문이다. 다윗은 하나님을 향해 노래하기 위해 아침 일찍 일어났다. 예배는 전투를 준비하는 좋은 방법이다.

"나는 들을 것이다"(I will listen, 7-9절). 하나님이 다윗의 목소리를 들으셨다. 그리고 다윗은 하나님의 음성에 귀를 기울였다. 그것은 전투에 나가는 왕에게 주시는 확신의 말씀이었다. "모든 나라는 나의 것이다. 내가 원하는 대로 그들에게 할 수 있다."

"나는 정복할 것이다"(I will conquer, 10-13절). 하나님이 우리를 전쟁터로 인도하시고, 적의 요새를 점령하도록 도우시며, 승리하게 하신다. 13절은 빌립보서 4장 13절을 다윗 자신의 말로 표현한 것이다. 그 고백이 다윗에게 그대로 되었던 것처럼 우리도 그럴 것이다.

◦ 시편 109편

사람들이 거짓을 퍼트리고, 적대적인 말을 하면서 선을 악으로 갚을 때 이 시편을 읽으라. 마음이 상하고(22절) 오해를 바로잡을 길이 없을 때 그것을 하나님께 맡기고, 당신의 마음을 하나님께 말씀드리라.

5-20절은 다윗 왕이 드린 저주의 기도다(시편 58편의 설명을 보라). 그는 자신에 대해 거짓을 말하는 사람(6-8절)과 그의 자녀들(9-13절)까지 하나님이 심판해 주시기를 기도하고 있다. 그리고 그 열조의 죄까지 하나님이 심판하시고(14-16절), 그가 뿌린 거짓말대로 거두게 하실 것을 구하고 있다(18-20절).

자신이 다윗처럼 느껴질 때 그 상처받은 마음을 하나님이 치유해주실 수 있도록 기회를 드리라(시 147:3). 하나님이 해를 가한 사람들을 어떻게 다루시건 하나님을 찬양하라. 그리고 하나님이 죄인들을 - 우리 자신을 포함해 - 오래 참으신다는 사실을 기억하라. 적을 제거하는 가장 좋은 방법은 그를 하나님께 맡기는 것이다.

◦ 시편 110편

이 시편은 다른 어떤 시편보다 신약 성경에 자주 인용되었다. 예수님(마 22:41-46)과 베드로(행 2:32-36)와 히브리서 기자가 이 구절을 여러 번 인용하거나 언급했다.

주(The Lord, 1절). 예수님은 "그리스도가 다윗의 자손이라면 어떻게 그리스도가 다윗의 주가 될 수 있는가?"라고 질문하시며 문제의 핵심을 지적하셨다. 그 질문에는 한 가지 대답밖에 없었다. 즉, 그리스도가 다윗의 가계를 통해 사람으로 오셔야 한다는 것이다. 그리스도는 영원한 하나님이시며 또한 인간이시다. 그분은 영광과 권세의 자리에 앉아 계신다.

왕(The King, 2-3절). 적들을 물리친 그리스도의 승리를 보여준다. 최종적인 승리는 아직 이루어지지 않았다. 그러나 적들 가운데서 여전히 그리스도가 다스리신다. 당신은 죄와 맞서 싸우는 그 전투에 자원하고 있는가?

제사장(The Priest, 4절). 히브리서 7-10장은 이 구절을 상세하게 설명하고 있다. 그리고 그 배경은 창세기 14장에 있다. 멜기세덱과 예수 그리스도는 하나님이 인정하시는 유일한 왕 - 제사장이다. 왕이신 예수님은 우리의 환경들을 다루실 수 있다. 그리고 제사장이신 예수님은 우리의 감정들과 연약함을 도와주실 수 있다.

재판관(The Judge, 5-7절). 주 예수님이 적들을 단번에 그리고 영원히 다루실 진노의 날이 다가오고 있다(계 19:11-20:15). 주가 승리를 거두시고 머리를 높이 드실 날이 올 것이다.

예수님을 하나님의 아들과 대제사장으로 알고 있다면 그분을 왕으로 모시고 순종하라. 그리고 재판관으로 오시기 전에 다른 사람들을 그리스도께로 인도하라.

◎ 시편 111편

시편 111편은 공부하는 사람들을 위한 시편이다. 이 시편은 어떻게 주님을 기쁘시게 하고, 진리를 이해하는 일에서 자라가는 학생이 될 수 있는지를 설명해 주고 있다.

예배로부터 시작하라(Start with worship, 1절). 주님 앞에서 더 낮게 엎드릴수록 주님이 더 잘 가르쳐주실 것이다. 지식의 원천 앞으로 바로 나아가라.

하나님이 하신 일 속에서 하나님을 보라(See God in His works, 2-6절). 과학이건 역사건 간에 그런 학문들을 통해 우리는 하나님이 이 세상에서 하신 일들을 살펴보고 있다. 하나님이 하신 일들은 위대하고 영광스러우며, 하나님의 능력과 지혜를 드러내 보여준다. 창조 세계를 보았음에도 창조주를 무시하는 것은 우상 숭배와 죄를 향해 나아가는 것이다(롬 1:18 이하).

"모든 사람은 알고 싶어하는 타고난 열망이 있다. 그러나 하나님을 경외하지 않는 지식이 무슨 소용이 있겠는가?"

토마스 아 캠피스(Thomas a Kempis)

하나님의 말씀 속에서 하나님을 보라(See God in His Word, 7-9절). 하나님의 말씀과 자연이라는 책은 서로 상반되지 않는다. 왜냐하면 저자가 같기 때문이다. 학자들의 이론들은 생겨났다 없어지지만, 하나님의 말씀은 영원하다.

하나님의 가르침에 순종하라(Obey what God teaches you, 10절). 진리를 추구하는 것은 단순히 학문적인 노력으로 끝나는 것이 아니다. 전 인격적인 것이 되어야 한다. 만일 우리가 하나님의 진리를 좇아 행하고자 한다면 하나님이 가르쳐 주실 것이다(요 7:17). F. W. 로벗슨(F. W. Robertson)은 "순종은 영적 지식의 오르간이다"라고 말했다.

모든 진리는 하나님의 진리다. 진리를 사랑하고, 진리를 배우고, 진리를 따라 산다면 진리가 우리를 자유케 할 것이다(요 8:31-32).

● 시편 112편

"여호와를 경외하며 그 계명을 크게 즐거워하는 자는 복이 있도다"라고 1절은 말하고 있다. 그리고 7절과 8절에서는 "두려워 아니할 것이라!"고 선언하고 있다. 하나님을 경외할 때 우리는 아무것도 두려워할 필요가 없다. 하나님을 경외할 때 두려움은 정복된다.

그것은 가정(2절)과 재물(3절)에 대한 두려움과 심지어는 어둠에 대한 두려움(4절)에도 적용된다. 만일 결정을 내리는 것을 두려워한다면 하나님이 도와주실 것이다(5-6절). 하나님을 경외하는 사람은 흉한 소식도 두려워할 필요가 없다(7-8절). 왜냐하면 그는 하나님이 모든 것을 통치하신다는 사실을 알고 있기 때문이다(롬 8:28).

다른 사람들에게 주는 것도 두려워할 필요가 없다. 왜냐하면 하나님이 우리의 예물을 사용하시고 보상해주실 것이기 때문이다(9절). 그리고 적을 보아도 놀라지 말라. 하나님이 그들도 다루실 것이다(10절).

이사야는 "만군의 여호와 그를 너희가 거룩하다 하고 그로 너희의 두려워하며 놀랄 자를 삼으라"고 선포했다(사 8:13).

○ 시편 113편

이 시편은 예배에 대한 간결한 지침을 보여준다.

예배드려야 하는 사람(Who should worship, 1절). '여호와의 종들'에는 하나님의 백성들이 모두 포함된다. 왜냐하면 하나님을 의뢰하는 사람들은 분명히 하나님을 위해 살고 싶어할 것이기 때문이다.

예배드리는 시간(When we worship, 2절). 지금부터 영원까지! 언제나 하나님을 찬양할 수 있다. 숨 쉬는 순간마다 하나님을 찬양하라.

예배드리는 곳(Where we worship, 3절). 우리가 어디에 있건 간에 해 돋는 데서부터 해 지는 데까지 하루 종일 하나님의 이름이 찬양을 받으셔야 한다. 만일 당신이 하나님을 찬양할 수 없는 곳에 있다면, 그곳은 당신이 있어야 할 곳이 아닐 것이다.

예배드리는 이유(Why we worship, 4-9절). 하나님의 성품(4-6절)과 하나님이 하신 일(7-9절) 때문에 하나님을 예배해야 한다. 하나님을 더 잘 알면 알수록 하나님을 더욱더 예배하게 될 것이다. 일상생활 속에서 하나님의 은혜를 더 많이 경험하면 할수록 더욱더 하나님을 찬양하게 될 것이다.

해 돋는 데서부터 해 지는 데까지 하나님을 찬양하는 것이 문제가 된다면, 앞으로 영원토록 무엇을 할 것인가?

> ◆ **하나님을 찬양하라!** ◆
>
> 마리아의 즐거운 찬양 노래(눅 1:46-55)에는 시편 113편 7-9절이 반영되어 있다. 하나님의 은혜는 궁핍한 자들을 왕들이 되게 하고, 잉태하지 못하던 여자들을 즐거운 어머니들이 되게 한다. 하나님을 찬양하라!

○ 시편 114편

이 아름다운 시는 이스라엘의 출애굽을 축하하고 있다. 하나님의 백성들이 승리의 행진을 하는 동안 바다와 강과 산들과 언덕들이 그들을 위한 길이 되었다. 바위들도 이스라엘의 종이 되어 그들에게 물을 내어주었다.

하나님이 우리를 이끌어내시고(1절), 이끄시며(3절), 인도하신다(4절). 하나님을 따를 때 죄와 불신앙 외에는 그 어떤 장애도 하나님이 우리를 위해 정하신 목적에서 우리를 벗어나게 할 수 없다.

우리가 하나님의 뜻 안에 있을 때 온 세상이 하나님의 목적을 이룰 수 있도록 우리를 위해 일한다. 우리는 하나님의 성전이다(고전 6:19-20). 하나님의 성소로 삼으실 수 있게 해드리라(2절).

○ 시편 115편

이 시편의 메시지는 우리가 대답해야 할 몇 가지 중요한 질문들을 던지고 있다.

"우리 하나님은 어디 계시는가?"(Where is your God?) 예루살렘을 방문하는 이방인들은 우상을 볼 수 없다는 사실을 알게 될 것이다. 그들의 본국에서 그들은 자신들의 신들을 가리키며, 그 우상들을 만든 기술자들을 소개할 수 있다. 당신의 하나님은 하늘에서 모든 것을 다스리시는 분인가? 당신은 그 하나님보다 못한 다른 존재를 의지하고 있는 것은 아닌가?

"우리 하나님은 어떤 분이신가?"(What is your God like?) 조심하라! 우리는 우리가 섬기는 우상처럼 된다(8절). 살아 계신 하나님은 우리를 보시고, 우리의 기도를 들으시며, 우리와 함께하시고, 우리를 도우신다. 그리고 자신의 말씀을 통해 우리에게 말씀하실 수 있다.

"당신은 하나님을 찬양하는가?"(Do you praise your God?) 하나님이 우리에게 복을 주고 계시다. 그 하나님을 찬양하는가? 하나님이 우리에게 약속하셨다. 그 하나님을 신뢰하는가? 그분은 살아 계신 하나님이시다. 당신의 삶을 통해 그분을 영화롭게 하고 있는가?

◆ 살아 계신 하나님 ◆

성경은 하나님의 신적인 속성을 설명하기 위해 인간적인 예증을 사용하고 있다. 하나님은 영이시다. 따라서 몸이 없는 분이시다. 그러나 하나님은 우리를 보시고, 들으시며, 우리와 함께하실 수 있다. 우리는 보고 듣고 살아간다. 그리고 우리는 하나님의 형상대로 지어졌다. 우리가 하나님을 신뢰하지 않고 예배하지 않는다면, 우리는 죽은 우상을 숭배하는 것이나 마찬가지다! 살아 계신 하나님을 신뢰하는 살아 있는 믿음을 가지고 있는가?

◆ 우리 하나님의 선한 손 ◆

하나님이 세상을 창조하고 싶으셨을 때 하나님은 단지 손가락을 사용하시면 되었다(시 8:3). 타락한 죄인을 구원하기 위해 하나님은 팔뚝을 걷어 부치셔야 했다(사 53:1). 그리고 일을 성취하고 싶으실 때 자신의 능한 손을 사용하신다(스 7:6, 9, 28, 느 2:8).

○ 시편 116편

위험에서 구원으로(From danger to deliverance). 시편 기자는 거의 죽을 뻔했다 (3절). 아마도 그에 대해 거짓을 말한 사람들 때문이었을 것이다(11절). 그러나 그가 하나님께 부르짖었을 때 하나님이 그를 구원하셨다(8절). 하나님은 신자의 죽음을 귀하게 여기신다. 신자가 그저 우연한 사고로 죽는 것을 허락하지 않으실 것이다(15절). 그렇다고 해서 하나님이 자신에게 속한 사람의 죽음을 기뻐하신다는 것은 아니다. 그보다는 그분에게 속한 사람의 죽음을 정해놓으셨을 만큼 그를 그렇게 소중하게 여기신다는 말이다. 그것은 하나님이 사랑을 위해 세우신 계획 가운데 하나다(시 31:15, 139:16).

동요에서 평안으로(From agitation to rest). 시편 기자는 심한 고통에 휩싸여 있었고, 자신의 미래를 염려하고 있었다. 그러나 하나님이 그에게 평안을 주셨다 (7절).

기도에서 찬양으로(From prayer to praise). 찬양은 하나님이 기도에 응답해주시고, 어려움을 극복할 수 있게 해주실 때 나타나는 자연스런 반응이다. "내가… 행하리로다"(19절), "내가… 감사제를 드리고 여호와의 이름을 부르리이다"(17절), "나의 서원을 여호와께 갚을지라"(18절), "내가 평생에 기도하리로다"(2절) 등과 같은 말로 표현된 시편 기자의 각오에 주목하라.

○ 시편 117편

이 짧은 시편에 모든 나라가 여호와를 찬양하도록 돕는 큰 주제가 들어 있다. 하나님이 세상 모든 나라들을 위해 복의 근원이 되도록 이스라엘을 부르셨다 (창 12:1-3). 그것은 세상 끝까지 복음을 전하도록 하나님이 교회들을 부르신 것과 같다(마 28:18-20).

거짓 신을 섬기고 있는 나라들이 많이 있다. 그들에게 참 하나님에 관해 무슨 이야기를 해주어야 하는 것인가? 바로 하나님의 자비가 무궁하며 하나님의 진리가 영원하다는 것을 알려주어야 한다. 하나님이 하시는 일은 자비로우시고,

하나님이 말씀하신 것은 믿을 수 있다는 사실을 알려주어야 한다.

하나님은 우리가 다른 사람들에게 - 우리가 매일 만나는 사람들뿐 아니라 천국에 갈 때까지 결코 보지 못하게 될 사람들에게도 - 복이 될 수 있도록 우리에게 복을 주신다. 세상 사람들이 예수님을 알 수 있도록 돕고 있는가?

> "그리스도의 영은 선교의 영이다. 주님을 더 가까이 하면 할수록 그만큼 더 열정적인 선교사가 되어야 한다."
> 헨리 마틴(Henry Martin)

○ 시편 118편

유대인들은 유월절에 시편 113편부터 118편까지를 노래로 불렀다. 그러므로 이 시편도 예수님이 기도하러 동산에 가시기 전에 부르셨던 노래 가운데 하나였다(마 26:30). 당신이라면 부당하게 죽임을 당하게 될 것을 알면서도 하나님을 찬양하는 노래를 부를 수 있겠는가?

이 시편은 또 메시아에 관한 시다. 예수님이 종려 주일에 성전을 향해 올라가고 계실 때 군중들이 25절과 26절을 외쳤다(마 21:9). 그리고 예수님은 종교 지도자들과 논쟁하시며 22절과 23절을 인용하셨다(마 21:33-46).

또한 이 시편은 어려운 상황에서 구원해주신 하나님을 찬양하고 감사하는 노래이기도 하다(10-14절). 여호와의 이름(10-12절)과 여호와의 손(15-16절)이 우리에게 필요한 승리를 주실 수 있다. 적에게 둘러싸여 있을 때(10-12절) 하나님께 부르짖으라. 하나님이 '광활한 곳'(5절)에 세워주실 것이다. 하나님이 우리를 위해 문을 여시고, 새로운 자유를 누리게 해주실 것이다(19-20절).

24절의 고백을 날마다 선포하라.

✦ 믿음의 노래 ✦

"여호와는 나의 능력과 찬송이시요 또 나의 구원이 되셨도다"(시 118:14). 이스라엘 백성들은 그들을 추격하던 애굽 군대로부터 구출되었을 때 홍해 앞에서 이 노래를 불렀다(출 15:2). 그리고 하나님이 그들을 불러모으시고 고국으로 다시 돌아오게 하셨을 때에도 이 노래를 부르게 될 것이다(사 11:10-12:2). 또 오늘날 우리가 믿음으로 부를 수 있는 노래이기도 하다.

○ 시편 119편

이 독특한 시편의 주제는 하나님의 말씀이다. 다섯 절을 제외하고는(84, 90, 121, 122, 132절) 각 절마다 하나님의 말씀을 언급하고 있다. 하나님의 말씀이 무엇이며, 그 말씀이 우리 삶 속에서 어떤 일을 할 수 있는지 이야기하고 있다. 이 시편의 구성 역시 독특하다. 이 시편은 22부분으로 나뉘어 있는데, 각 부분은 8줄로 이루어져 있다. 그리고 각 부분의 줄들은 히브리 알파벳 순서대로 시작하고 있다. 즉, 첫 8줄은 Alephs로 시작하고, 그 다음 8줄은 Beth로 시작한다. 이런 식으로 22개의 알파벳이 순서대로 모두 사용되었다. 이런 구성 방법은 사람들이 시편을 암송할 수 있도록 돕기 위한 방편으로 사용되었을 것이다.

시편 기자는 하나님의 말씀을 깊이 사랑했고, 하나님께 순종하면서 죄에 맞섰기 때문에 핍박을 받았다. 대부분의 구절들은 하나님의 도우심을 구하는 기도이거나, 어려움에도 불구하고 하나님의 진리에 대한 시편 기자의 믿음을 보여주는 확신으로 이루어져 있다. 이 시편을 묵상함으로써 우리는 하나님의 말씀을 사랑하고 소중하게 여기며, 더욱 자원함으로써 순종해야 한다.

하나님의 말씀이 우리 삶에 미치는 특별한 영향에 주의를 기울이며, 각 부분별로 살펴보기로 하자.

> ### ✦ 하나님의 말씀 ✦
>
> 시편 119편에는 하나님의 말씀을 언급하는 각기 다른 10개의 용어가 – 말씀, 법, 증거, 법도, 율례, 계명, 규례, 도, 길, 판단 – 사용되었다. 각각의 용어는 말씀이 무엇인지 그리고 그 말씀에 어떻게 반응해야 하는지를 보여준다. 시편 기자는 하나님의 말씀을 물(9절)과 재물(14, 72, 127, 162절)과 모사(24절)와 노래(54절)와 꿀(103절)과 빛(105, 130절)과 기업(111절)에 비유했다. 그 비유들을 묵상하면서 믿음으로 살아가는 개인의 삶에 어떤 의미가 있는지를 살펴보라.

● 시편 119:1-8

하나님의 말씀을 알고 순종할 때 복을 받을 것이다. 그 복이 어떤 것인지는 이 시편의 뒤에 이어지는 부분들에 나타나 있다. 하나님이 주시는 복을 받기 위해서는 그저 성경을 공부하는 것으로만 끝나는 것이 아니라 정직하게 하나님을 찾아야 한다. 우리를 주님 안에서 자라게 하는 것은 머리 속에 있는 지식이 아니라 마음속에 있는 진리다. 시편 1편을 복습하라.

● 시편 119:9-16

첫 번째 복은 하나님의 말씀이 우리를 깨끗케 할 수 있다는 것이다. 하나님의 말씀을 지키고(9절) 하나님의 말씀을 마음에 두어야 한다(11절). 캠벨 모건(Campbell Morgan)은 11절을 "최고의 목적을 위해 가장 좋은 곳에 있는 최고의 책"이라고 설명했다. 또 하나님의 말씀을 기뻐하고, 그 안에서 즐거워하며 묵상해야 한다. 묵상이 우리 속사람에게 미치는 영향은 소화가 우리 몸에 미치는 영향과 같다.

◆ **거룩한 묵상** ◆

우리가 하나님의 말씀을 정말로 기뻐할 때, 우리는 말씀을 묵상하고 그 말씀을 삶의 한 부분으로 삼고 싶은 열망을 갖게 될 것이다. 시편 119편에서 시편 기자는 '즐거움'과 '묵상'을 연결시키고 있다(15-16, 23-24, 47-48, 77-78절). 하나님의 말씀에 대한 열의를 개발하라.

시편 119:17-24

하나님의 말씀이 인생의 순례길에서 우리를 인도할 것이다. 우리는 나그네다(19절, 벧전 2:11). 때문에 가야 할 길을 알기 위해 '지도'가 필요하다. 그 지도는 바로 성경이다. 당신의 눈을 열어 말씀을 보게 해주시기를 기도하라(18절). 그리고 하나님의 말씀에서 눈을 떼지 말라(21절, 잠 3:1-6, 4:25-27). 성경을 당신의 조언자로 삼으라(24절).

시편 119:25-32

하나님의 말씀은 우리를 소성케 한다(25절). 왜냐하면 말씀에는 생명력이 있고(히 4:12), 생명을 주며(벧전 1:23-25), 생명을 키우는 힘이 있기 때문이다(벧전 2:1-3). 하나님의 말씀은 우리가 진토에 붙어 있을 때에도 우리를 소생시키고, 일으켜 세울 수 있다(28절). 이 시편에서 기자는 9번이나 소성케 해주시기를 기도했다(25, 37, 40, 88, 107, 149, 154, 156, 159절). 진토에 붙어 있을 필요가 없다. 하나님의 말씀에 우리를 살리는 힘이 있기 때문이다.

시편 119:33-40

진정한 가치를 원한다면 하나님의 말씀에서 찾으라(37절). 많은 사람들이 보잘것없고 무가치한 것들에 시간과 돈과 힘을 낭비하고 있는 것은 매우 애석한 일이다(사 55:2). '허탄한 것'이라고 번역된 히브리 단어는 '가짜이기 때문에 아무 가치도 없는 것'이라는 뜻을 가지고 있으며, 우상을 언급할 때 사용되었다. 우리는 마음으로 갈망하는 것을(36절) 눈으로 보게 될 것이다. 그리고 잘못된 결정을 내리게 될 것이다. 그것이 바로 롯에게 일어난 일이었다(창 13장).

> ◆ **정말 중요한 것** ◆
>
> 시편 기자는 올바른 가치관을 가지고 있었다. 그는 먹는 것(103절)이나 잠(55, 62, 147-148절)이나 돈(14, 72, 127, 162절)보다 하나님의 말씀을 더 원했다.

○ 시편 119:41-48

자유는 우리가 하나님의 말씀을 사랑하고 순종할 때 하나님이 우리에게 주시는 또 하나의 복이다(45절). 하나님의 말씀은 진리이고(43절), 그 진리가 우리를 자유케 한다(요 8:32). 불순종이 자유처럼 보일 수도 있지만, 불순종은 속박일 뿐이다(벧후 2:19). 하나님의 말씀에 순종할 때 진정한 자유를 누리게 되는데, 그 이유는 하나님의 말씀은 '자유의 율법'이기 때문이다(약 2:12). 율법과 자유는 서로 적이 아니다. 그 둘은 우리 삶 속에서 우리의 성품을 개발하고 기쁨을 가져다주는 협력자의 역할을 한다.

○ 시편 119:49-56

하나님의 말씀은 우리에게 위로를 준다. 시편 기자는 그의 믿음 때문에 고난을 당하며 핍박을 받고 있었다. 그러나 하나님의 말씀이 그에게 위로와 소망을 주었다. 낮이 고통스럽고 밤이 길게 느껴질 때, 하나님의 약속과 하나님의 이름을 기억하라. 하나님이 위로해주실 것이다(참조 - 76, 82, 92절).

시편 119:57-64

당신이 하나님의 말씀에 충실하다면, 정말 좋은 친구를 갖게 될 것이다(63절). 솔로몬도 잠언 2장에서 같은 교훈을 가르치고 있다(잠 13:20 참조). 악한 사람들과 어울리면 그들에게 결박당할 것이다(61절). 그러나 하나님의 백성들과 동행하면 생명과 자유를 누릴 수 있도록 그들이 도와줄 것이다. 하나님의 말씀을 사랑하는 사람들이 보고 기뻐하며(74절) 도와줄 것이다(79절).

시편 119:65-72

하나님의 말씀이 고난 속에 있는 우리를 격려해줄 수 있다(67, 71절, 참조 - 50, 92절). 인생은 우리 안에 무엇을 품고 있는지에 따라 달라진다. 우리 마음속에 하나님의 말씀이 있다면 고난은 우리 속에 있는 최선을 이끌어낼 것이다. 그러나 그렇지 않다면 우리 속에 있는 최악을 이끌어낼 것이다. 고난이라는 학교를 졸업할 수 있는 학생은 아무도 없다. 그러므로 하나님께 가르쳐달라고 기도하라. 하나님은 우리가 배워야 할 것들을 가르쳐주고 싶어하신다.

시편 119:73-80

하나님이 우리를 만드셨고, 또 우리가 어떻게 살아가야 하는지를 가장 잘 알고 계신다. 성경은 성공하는 삶에 대한 안내서다(73절). 성경은 우리의 몸과 마음을 어떻게 사용하고, 우리의 시간과 돈을 어떻게 다루며, 어떻게 올바른 결정을 내려야 하는지를 말해준다. 성경의 가르침에 순종할 때 곤경에 처하는 것을 피하게 되고, 우리 자신과 다른 사람들에게 해를 가하는 일을 멀리하게 된다. '모든 일에 다 실패' 할 때까지 성경 읽기를 미루지 말라! 그때는 너무 늦을 수도 있다!

시편 119:81-88

하나님의 말씀이 적을 이기고 승리할 수 있도록 도와줄 것이다(84-87절). 우리 눈이 보지 못하고 우리 영혼이 지칠 때, 하나님의 말씀이 힘과 위로를 줄 것이다. 다 끝난 것처럼 보일 때 하나님의 말씀이 새롭게 시작할 수 있는 힘을 줄 것이다. 우리의 가장 큰 적은 우리 안에 있다. 그러므로 하나님의 말씀이 우리 안에서 일하실 수 있게 하라.

시편 119:89-96

하나님의 말씀에 순종하면 그 어떤 안정감도 주지 못하는 이 세상에서 튼튼한 토대를 갖게 될 것이다. 하나님의 말씀은 영원히 서 있다. 그 어떤 것도 하나님의 말씀을 바꾸거나 파괴할 수 없다(152절, 마 24:35). 하나님은 신실하시다. 그리고 하나님의 말씀은 신뢰할 수 있다. 세상을 창조하고(90절) 세상을 운행하는 (91절) 그 하나님의 말씀이 또한 우리의 삶도 다스리고 안전하게 할 것이다.

시편 119:97-104

하나님의 말씀을 사랑하고 순종하는 사람들은 실제적인 지혜를 갖게 된다. 적에게 배우는 것은 위험한 일이다(98절). 그리고 교사들이나 나이든 사람들도 우리가 알아야 할 것들을 모르고 있을 수 있다(99-100절). 모든 좋은 자원들로부터 배울 수 있는 것들을 배우라. 그러나 사람이 아니라 하나님을 교사로 삼으라 (요 14:26, 16:13-15).

"보수적인 사람들이 있는 곳에서는 어디에서나 성령의 깨우침을 받는 사람들이 아니라 성경을 아는 사람들을 볼 수 있다. 그들은 진리를 그들이 마음으로 터득할 수 있는 것으로 생각한다. 그들은 기독

교 신앙의 기초를 지키는 사람은 진리를 알고 있는 사람으로 여긴
다. 그러나 그렇지 않다. 성령과 무관한 진리는 있을 수 없기 때문
이다."

A. W. 토저(A. W. Tozer)

● 시편 119:105-112

어두운 세상에서 하나님의 말씀은 적이 놓은 올무에 걸리지 않게(110절) 해주는 빛이 될 수 있다(105절). 하나님은 우리가 발걸음을 옮길 때 필요한 빛을 주신다. 더 많은 빛을 원한다면 하나님의 말씀에 순종해야 한다. 그렇게 할 때 더 많은 빛이 비치게 될 것이다(요 7:17). 하나님이 우리 마음에 빛을 비춰주시고(130절) 우리에게 필요한 지혜를 주신다.

● 시편 119:113-120

두 마음을 품은 사람들은 변하기 쉬운 사람들이다(약 1:8). 그리고 그런 사람들은 결국 실패하게 된다. 하나님의 말씀을 중시할 때 그 말씀이 우리를 붙들어주고, 넘어지지 않게 해줄 것이다(116-117절, 벧후 3:17-18, 유 20-25절). 하나님을 두려워하는 거룩한 경외감을 개발하라(120절). 그러면 소망이 부끄럽지 않게 될 것이다(116절).

● 시편 119:121-128

하나님의 말씀은 우리에게 확신을 주고 적의 압제를 감당할 수 있게 해줄 것이다(121-122절). 하나님의 백성들은 적지에서 외국인이다. 그리고 하나님의 말씀만이 억압자의 거짓으로부터 그들을 보호해줄 수 있다. 그러나 하나님이 모든 것에 대해 말씀하시는 것을 모두 받아들여야 한다. 진리를 사랑한다면 거짓

을 미워해야 한다(128절).

◦ 시편 119:129-136

하나님의 말씀을 따를 때 우리는 놀라운 삶을 살게 된다. 왜냐하면 하나님의 말씀이 놀랍기 때문이다(129절). 성령이 놀라운 일들을 보여주시고(18절), 하나님의 놀라운 일들을 묵상할 수 있게 해주신다(27절). 하나님이 우리의 마음을 변화시켜주시고, 우둔하게 세상을 따라가지 않을 수 있는 힘을 주신다(롬 12:1-2). 우리가 어두운 세상을 비추는 빛이 될 수 있도록(빌 2:14-16) 하나님의 빛이 우리 속에서 빛나고(130절), 하나님의 얼굴이 우리 위에서 비춘다(135절).

◦ 시편 119:137-144

이 부분의 핵심 단어는 '의(righteousness)'다. 우리가 하나님의 진리에 대해 아무리 열정적이라 할지라도(139절), 성공하려면 하나님의 의가 있어야 한다. 하나님의 말씀은 우리가 악한 세상에서 의를 실천하는 데 도움이 된다. 하나님의 말씀을 사랑하고 순종하는 데서 나오는 순전함을 대신할 수 있는 것은 아무것도 없다.

◦ 시편 119:145-152

여기에서 시편 기자는 하나님께 부르짖으며 하나님의 뜻 안에서 기도하는 데 하나님의 말씀이 도움이 된다는 사실을 상기시켜주고 있다. 하나님의 말씀과 기도를 분리해서는 안 된다(행 6:4). 그럴 때 우리는 균형을 잃게 될 것이다. 하나님의 말씀을 잘 알면 알수록 그만큼 더 효과적으로 기도하게 될 것이다(요 15:7). 그리고 더 효과적으로 기도하면 할수록 하나님의 말씀을 그만큼 더 잘 배우게 될 것이다.

시편 119:153-160

믿음으로 살 때 가장 힘든 일 가운데 하나는 사탄과 믿지 않는 사람들의 비난을 받게 되는 것이다. 시편 기자는 "나의 원한을 펴시고"라고 기도했고(154절), 하나님은 그를 변호해주셨다. 적이 비난할 때 하나님의 말씀을 통해 확신을 가지라(슥 3장). 하나님의 말씀은 진리다(160절, 요 17:17). 사탄이 당신을 법정으로 끌고가려 한다면, 로마서 8장 31-39절을 읽으라.

시편 119:161-168

하나님의 말씀을 알고 순종하면 기쁨을 얻게 될 것이다. 그 기쁨은 숨겨진 보화를 찾았을 때나(162절) 기업을 상속받았을 때(111절)와 같은 그런 기쁨이다. 물질적인 풍요를 목표로 하고 있다면 하나님의 말씀은 기쁨이 되지 않을 것이다. 그러나 돈보다 하나님의 말씀을 더 사랑한다면(127절) 우리는 영원한 영적 보화를 갖게 될 것이다. 기쁨과 함께 사랑(163, 167절)과 평안(165절)과 소망(166절)을 - 돈으로 살 수 없는 보화들을 - 얻게 될 것이다.

시편 119:169-176

하나님의 말씀을 우리의 삶에서 가장 중요하게 여긴다면, 우리는 노래할 이유들을 갖게 될 것이다(171, 172, 175절). 자연스럽게 하나님의 말씀을 노래하고 있는 자신을 보게 될 것이다. 하나님의 율례를 노래로 바꾸어 부르게 될 것이다(54절). 하나님의 계명을 즐거워할 때(174절) 우리의 입술은 하나님을 찬양하지 않을 수 없다(마 12:34). 우리는 우리가 사랑하는 것들에 대해 이야기하기 마련이다. 하나님의 말씀이 우리의 마음을 채울 때 마땅히 해야 할 말이 우리 입에서 나오게 될 것이다(골 3:16, 4:6).

'성전에 오르며 부르는 노래'

시편 120편부터 135편까지는 '성전에 오르며 부르는 노래'로 알려져 있다. 아마도 유대인 순례자들이 일 년에 세 번씩 절기를 지키기 위해 예루살렘을 향해 올라가며 노래로 불렀을 것이기 때문이다. 이 부분을 선택한 사람이 누구이건 간에 그는 다윗이 쓴 시편 가운데서 4편을 골랐고, 솔로몬이 쓴 시편 가운데서 1편을 골랐다. 그리고 나머지는 모두 익명의 시편들이다.

◆ 하나님의 말씀을 높이라 ◆

지금까지 우리는 하나님의 말씀이 우리 삶 속에서 일하실 수 있도록 허락한다면 그 말씀이 우리를 위해 무엇을 하게 될지에 대해 생각해보았다. 이제는 하나님의 말씀을 가지고 어떻게 해야 하는지를 알아보아야 할 때다. 단지 읽는 것만으로는 충분하지 않다. 말씀을 사랑하고(97절), 소중하게 여기고(72절), 배우고(26-27절), 외우고(11절), 묵상하고(15절), 믿고(42절), 실천해야 한다(1-4절). 성경을 대하는 태도가 곧 하나님을 대하는 태도가 된다. 왜냐하면 성경은 우리에게 주신 하나님의 말씀이기 때문이다.

'오르다'라는 말로 번역된 히브리 단어에는 '도(degree)'라는 뜻도 있다. 그래서 이 특별하게 모아놓은 15편의 시편들을 이사야 38장에 기록된 히스기야 왕과 그의 경험과 연결시키는 학자들도 있다. 그들은 15편의 시편은 그의 수명이 연장된 15년을 나타내고, 익명으로 된 10편의 시편은 일영표가 10도 뒤로 물러갔던 일을 상기시켜주는 것으로 본다.

이 '시편 중의 시편'은 고난과 환난 속에서도 시온 산에 거하시는 하나님을 향한 신뢰를 강조하고 있다. 이 시편 기자들은 시련과 하나님의 백성들의 승리를 묘사하고 있으며, 어떤 어려움 속에서도 하나님의 백성들과 함께하시는 하나님을 보여주고 있다.

시편 120편

구원(Deliverance, 1-4절). "돌과 몽둥이로 내 뼈를 부러지게 할 수는 있다. 그러나 욕설로는 결코 나에게 상처를 줄 수 없다"라는 문장이 있다. 그러나 언제나 그런 것은 아니다. 우리는 말에 큰 상처를 받을 수 있다. 시편 기자는 말로 인한 상처의 고통을 예리하게 느끼고 있었다. 하나님만이 우리를 거짓말과 거짓말의 파괴적인 힘으로부터 구원하실 수 있다. 그리고 하나님만이 거짓말쟁이를 심판하실 수 있다. 삶 속에서 '진리를 위해 담대' 하라(렘 9:3).

인내(Endurance, 5-7절). 하나님이 시편 기자의 환경을 바꾸어주시지는 않았다. 그는 여전히 그를 미워하고, 그에 대해 거짓을 말하는 사람들 가운데 남아 있어야 했다. 그러나 하나님이 억압 속에서도 신실함을 지키기 위해 그에게 필요한 인내를 주셨다. 하나님은 우리의 환경을 쉽게 바꾸실 수 있다. 그러나 우리를 바꾸셔야 한다면 우리의 도움을 필요로 하신다. 하나님이 우리를 구원하시기 전에 먼저 우리에게 인내를 주셔야 한다.

시편 121편

하나님은 우리를 돕는 분이시다(God is you Helper, 1-2절). 산을 만드신 하나님이 바로 우리를 도와주시는 하나님이시다. 하나님은 산과 평지의 하나님이시고(왕상 20:23-30), 하나님의 도우심은 그분을 부르는 모든 사람들에게 미친다.

하나님은 우리를 지키는 분이시다(God is your Keeper, 3-8절). 고대의 순례자들은 안전과 교제를 위해 함께 여행했다. 왜냐하면 여행길이 위험했기 때문이었다. 현대 사회도 그때 못지않게 위험하다. 그러나 하나님이 우리보다 앞서 가신다(3-4절). 그리고 우리를 인도하시고, 우리의 길을 보호하시기 위해 깨어 계신다. 하나님이 우리 옆(5절)과 우리 위(6절)에 계신다. 그리고 우리를 안전하게 시온으로 데려가실 것이다(7-8절).

> ◆ 크신 하나님을 보라 ◆
>
> 우리를 돌보시는 위대한 하나님을 볼 수 있을 만큼 믿음을 가지고 높은 곳을 향해 눈을 들라. 가나안을 정탐하러 갔던 열 명의 정탐꾼들은 충분할 만큼 높이 바라보지 않았다. 그들은 장대한 사람들과 성벽들을 보기는 했지만, 그런 것들보다 훨씬 높은 곳에 계시는 하나님은 보지 못했다(민 13:28-33). 이 땅에 있는 것들이 우리가 감당할 수 없을 만큼 너무 커 보일 때 이사야 40장을 묵상하면서(26절에 주목하라) 눈을 들어 하나님을 바라보라. 하나님은 하실 수 있다!

시편 122편

"올라가자"(Let us go, 1절). 하나님의 집에 올라가서 하나님을 예배할 수 있는 기회를 갖게 될 때 정말 기뻐하는가? 오늘날 우리는 예배드릴 수 있는 곳까지 아주 쉽게 갈 수 있다. 그러나 고대의 유대인들은 먼 거리를 걸어가야 했다. 그럼에도 순례자들은 하나님의 집을 향해 나아가는 것을 기뻐했다.

"찬양하자"(Let us praise, 2-5절). 이스라엘 백성들은 예루살렘을 사랑했다. 성전이 있었기 때문에 그곳은 거룩한 곳이었고, 다윗의 왕좌가 있었기 때문에 그곳은 명예로운 곳이었으며, 각 지파들이 모여 하나님의 위대하심과 선하심을 찬미했기 때문에 그곳은 즐거운 곳이었다.

"기도하자"(Let us pray, 6-9절). '하나님의 집'에 속한 사람들의 평안과 형통함을 위해 기도하는가? 하나님의 백성 이스라엘을 위해 기도하는가? 평화의 왕이 그 백성들을 다스리시고, 예루살렘에 평화가 있기 전까지는 이 세상에 평화가 있을 수 없다.

시편 123편

역사 속에서 유대인들은 종종 적국들의 조롱과 멸시를 감수해야 했다. 세상은 하나님의 백성들을 사랑하지 않는다. 시온으로 향하는 좁은 길을 걸을 때 우리는 우리와 반대 방향으로 가고 있는 무리들과 충돌하게 된다.

하나님의 하늘을 바라보라(Look to God's heaven, 1절). 적을 바라보면 우리는 용기를 잃게 될 것이다. 그러므로 하늘에서 통치하시는 우주의 하나님을 믿음으로 바라보라. 시편 121편은 우리에게 어떻게 해야 하는지를 보여준다.

하나님의 손을 바라보라(Look to God's hand, 2절). 하나님은 주인이시고 우리는 종이다. 그리고 하나님은 자신의 종들을 친절하게 돌보신다. 주인의 명령이 무엇이건 그 명령에 귀를 기울이라.

하나님의 도우심을 바라라(Look for His help, 3-4절). 우리가 느끼는 고통을 극복하기에 적절한 하나님의 자비가 늘 준비되어 있다. 하나님의 능력의 말씀으로 적의 조롱을 몰아내라.

● 시편 124편

사람들이 우리를 삼키고 싶어할 때(1-3절), 우리의 환경이 우리를 휩쓸어버리려 할 때(4-5절), 사탄이 우리를 속이려 할 때(6-8절) 주님이 우리 편에 계신다.

우리는 대개의 경우 사람들의 분노를 감지할 수 있고, 우리를 짓누르는 환경을 느낄 수 있다. 그러나 사탄의 올무는 우리가 방심하고 있을 때 우리를 덮친다. 예수 그리스도는 죽음과 부활과 승천을 통해 우리를 사탄의 올무에서 자유케 하셨을 뿐 아니라, 그 올무를 끊으시고, 우리가 허락하지 않는 한 다시는 사탄이 우리를 잡을 수 없게 하셨다.

우리는 새처럼 자유롭다. 그러므로 믿음의 날개를 펴고 하늘의 삶을 누리라!

● 시편 125편

하나님을 신뢰하는 것은 안전과 안정을 의미한다(1-2절). 시온 산 위에 세워지고 산들로 둘러싸인 예루살렘은 견고한 요새였다. 위험한 여행을 마치고 도착한 순례자들은 그곳에서 안전함을 느낄 수 있었다. 하늘의 시온 성에 속한 시민으로서 우리는 하나님의 돌보심 속에서 안전하게 거할 수 있다.

하나님을 신뢰하는 것은 또 의로운 홀을 잡고 계시는 하나님께 절하는 것을 의미한다(3절). 이 세상의 악함은 의인들에게도 유혹이 된다. 그러므로 변함없이 하나님께 복종하라.

정결함은 하나님을 신뢰할 때 나타나는 세 번째 결과다(4-5절). 믿음으로 살 때 의인의 길에서 떠나도록 유혹하는 위험한 우회로를 피하게 된다. 하나님은 우리가 순종하고, 그 순종을 통해 구별된 삶을 살아갈 수 있도록 우리를 안전하게 하신다. '행함이 없는 믿음은 헛것' (약 2:20)이다.

● 시편 126편

이 노래는 히스기야 당시 앗수르 군대의 침략으로부터 예루살렘이 보호받게 된 것을 축하하고 있는 것으로 보인다(왕하 18-19장). 그 일이 너무나 순식간에 일어났기 때문에 사람들은 꿈을 꾸고 있는 것처럼 생각했고, 다른 나라들마저도 하나님의 위대하심을 인정하지 않을 수 없었다.

그러나 구원은 시작에 불과한 것이었다. 하나님은 언제나 그 이상을 원하신다. 하나님은 우리를 축복의 강으로 - 우기가 되면 세찬 급류가 넘쳐흐르는 사막의 마른 개울처럼 - 만들고 싶어하신다(4절). 하나님이 '복을 소나기처럼 부어 주실' 때 그 복을 다른 사람들과 나누라.

하나님은 또 우리가 추수하기를 원하신다(5-6절). 밭을 가는 일이건(눅 9:62), 씨를 뿌리는 일이건, 곡식 단을 묶는 일이건 우리가 해야 할 일을 주셨다. 눈물로 씨를 뿌린다면 기쁨으로 거두어들이게 될 것이다. 그것이 추수의 법칙이다.

◆ **하나님의 은혜** ◆

하나님의 은혜를 경험한 많은 사람들은 "하나님이 놀라운 일을 하셨다!"고 말한다. 사무엘은 하나님이 행하신 큰 일을 가르쳤고(삼상 12:24), 다윗은 큰 일을 이루신 하나님께 감사했으며(삼하 7:21, 23), 마리아는 하나님의 큰 일을 노래했다(눅 1:49). 귀신 들렸다 치유된 사람은 하나님이 하신 큰 일을 모든 사람들에게 이야기했다(눅 8:39).

◦ 시편 127편

하나님을 잊지 말라(Do not forget the Lord, 1-2절). 예수님은 "나를 떠나서는 너희가 아무것도 할 수 없음이라"(요 15:5)고 경고하셨다. 그런데 그 진리를 이 시편에서도 볼 수 있다. 하나님이 우리와 함께하시지 않는다면 수고하고, 지키고, 잠에서 깨는 것이 다 무슨 소용이 있겠는가? 하나님이 복 주시지 않는다면 오래 일하며 밤을 세우는 것도 무익한 것이다. 이 시편이 게으름을 칭찬하는 것은 아니다. 왜냐하면 하나님은 우리가 수고하고 지킬 것을 기대하시기 때문이다. 다만 하나님은 우리 안에서 하나님이 친히 일하시고, 하나님의 뜻을 이루고 싶어 하신다(빌 2:12-13).

가정을 등한시하지 말라(Do not neglect your family, 3-5절). 행복한 가정의 기쁨을 잃게 된다면 아름다운 집과 많은 수입이 무슨 소용이 있겠는가? 자녀들은 선물이고 기업이다. 그러므로 자녀들이 있음에 감사하고 자녀들을 잘 보호하라. 자녀들은 열매와 같다. 그러므로 사랑스럽게 키우라. 자녀들은 주님의 전투를 위한 화살이 될 수 있다. 그러므로 잘 갈고 닦아서 바른 방향을 향해 날아갈 수 있게 하라. 집이 아니라 가정을 세우는 일에, 현재뿐 아니라 미래를 세우는 일에 힘쓰라.

◦ 시편 128편

시편 112편과 비슷한 이 시편은, 우리가 하나님을 경외하고 하나님의 말씀에 순종하는 삶을 살 때 하나님이 주시는 복을 상기시켜주고 있다.

하나님은 우리가 하는 일을 통해 기쁨을 누리게 하실 것이다(2절). 그러므로 우리의 일이 저주가 아니라 복이 될 것이다. 그리고 우리의 일이 곧 주님을 섬기는 사역이 될 것이다.

하나님이 가족의 중심(배우자)으로부터 시작해서 식탁에 둘러앉은 모든 사람들에게 이르기까지 가정에 복을 주실 것이다. 그러므로 가정은 황폐한 광야가 아니라 열매가 풍성한 정원처럼 될 것이다.

그리고 그 은총이 도시와 나라로 퍼져 나가게 되고, 대대로 이어질 것이다(5-6절).

"가정의 아름다움은 질서에 있다. 가정의 복은 만족함에 있다. 가정의 영광은 접대에 있다. 가정의 면류관은 경건함에 있다."

벽난로 위에 걸려 있는 오래된 격언

● 시편 129편

이 시편은 이스라엘이 겪고 있는 괴로움을 밭을 경작하는 것에 비유하고 있다. 밭을 가는 사람이 등을 갈아 고랑을 만든다면 그 고통이 어떨지 생각해보라! 그런 상황이 닥친다면 어떻게 해야 하는가?

첫째, 주님께로부터 온 것으로 받아들이라. 사람들이 우리의 등을 갈아 고랑을 만드는 것을 하나님이 허락하신다면, 그것은 하나님이 추수하기로 계획하셨기 때문에 일어나는 것이다. 우리가 해야 할 일은 올바른 씨앗을 심는 것이다. 분노나 원한을 심는다면 하나님께로부터 오는 복을 추수할 수 없게 될 것이다.

둘째, 우리를 도우시는 하나님을 신뢰해야 한다. 하나님의 때에 하나님이 경작을 멈추게 하시고, 줄을 끊어 그들이 더 이상 밭을 갈 수 없게 만드실 것이다. 그렇게 되면 그들의 모든 노력은 헛수고가 될 것이다.

셋째, 적을 심판하실 하나님을 기다려야 한다. 하나님이 그들을 부끄럽게 하시고 지붕의 풀처럼 시들게 하실 것이다. 반면에 하나님의 백성들은 복이 선포되는 것을 귀로 듣고, 두 손으로 그 복을 받게 될 것이다.

경작하는 때가 생산하는 때가 될 수 있다.

○ 시편 130편

이 시편을 생각하면서 네 가지 다른 상황에 처한 자신을 보라. 그리고 하나님의 자비를 의뢰한다는 것이 뜻하는 바를 배우라.

깊은 곳에서(In the depths, 1-2절). 깊은 절망감에 압도된다. 깊은 물 속으로 빠져 들어가면서 할 수 있는 것은 하나님께 부르짖는 것뿐이다. 하나님이 들으신다. 그리고 구원해주신다!

법정에서(In the court, 3-4절). 자신의 죄를 마주 대한 채 변호해주는 사람 없이 법정에 서 있다. 그런데 판사가 벌금을 대신 내주고 당신은 죄를 용서받게 된다!

어둠 속에서(In the dark, 5-6절). 인내하며 기다리고 있지만 아침은 오지 않을 것처럼 보인다. 그러나 태양이 떠오르고 하나님이 새날의 여명을 허락해주신다.

팔 것으로 내놓인 곳에서(On the block, 7-8절). 자신의 죄에 묶인 노예로 서 있다. 무시무시한 주인에게 곧 팔려가게 될 것이다. 그러나 구세주가 오셔서 값을 지불하시고 자유롭게 해주신다!

이 얼마나 놀라운 구원인가!

○ 시편 131편

대부분의 아이들은 본능적으로 젖을 떼는 것을 거부한다. 왜냐하면 아이들은 어머니의 특별한 관심과 그 관심에 따르는 안전을 계속 누리고 싶어하기 때문이다. 그리스도인들은 이유기의 충격적인 경험이 성숙과 자유를 향해 나아가는 첫걸음이라는 사실을 잘 알고 있다.

태어나서 죽을 때까지 인생은 젖을 떼는 일의 연속이다. 그리고 하나님은 우리에게 더 나은 것을 주시지 않고는 그 어떤 것도 우리에게서 빼앗아가지 않으신다. 우리는 눈물을 흘리며 과거를 붙잡고 싶어할 수도 있다. 그러나 하나님은 친절하게 우리를 미래로 인도해가신다.

젖을 뗀 아이들은 자신이 누구이며, 무엇을 할 수 있는지를 알아간다. 그리고 편안한 마음을 갖게 되고, 더 이상 갓난아기 시절로 되돌아가고 싶어하지 않는다. 그들은 미래를 향해 살아가며, 성장하는 아이들이 맞이할 수 있는 특별한 것들을 기대한다. 그리고 순종을 배우게 된다. 그렇게 할 때에만 그들은 아버지가 그들을 위해 마련한 모든 것들을 온전히 경험할 수 있다.

주님 안에서 성숙해가면서 우리는 '어린아이의 일을' 버려야 한다(고전 13:11). 하나님이 특정한 것들을 우리에게서 떼어내실 때 불평해서는 안 된다. 하나님은 우리를 위해 그보다 더 나은 것을 준비해두고 계시기 때문이다.

○ 시편 132편

이 시편은 유대인들이 바벨론에서 고향으로 귀환한 후에 쓴 시라고 생각하는 사람들이 있다. 그런 주장은 이 시편에 왜 다윗이 언급되어 있는지를 설명해준다. 유대인들이 성전과 도시와 나라를 다시 건설하려 했을 당시는 매우 힘든 시기였다. 그리고 다윗 왕은 그 모든 수고를 감당했던 사람이었다. 돌아온 포로들은 하나님이 다윗과 맺으신 언약을 기억하시고, 그들의 땅을 회복시켜주시기를 바랐다.

성전(The temple, 1-9절). 다윗은 성전을 짓고 싶어했다. 그러나 하나님은 다윗 대신 그의 아들 솔로몬을 택하셨다. 그러자 다윗은 성전 건축의 식양을 준비하고, 건축에 필요한 많은 물자들을 준비했다(대상 28:11-19). 다윗에게 그렇게도 소중했던 성전을 다시 지으려는 하나님의 백성들을 하나님이 저버리시겠는가?

보좌(The throne, 10-12절). 다윗의 후손들이 보좌를 계속 이을 것이라고 하나님이 약속하셨다(삼하 7장). 그러나 지금 이스라엘에는 왕이 없다. 실제로 예수님이 오실 때까지 왕이 없을 것이다. 그리고 그들은 예수님마저 거부할 것이다. 그러나 어느 날 예수님이 다시 오셔서 다윗의 보좌를 회복하실 것이다(눅 1:30-33, 행 15:14-18).

도성(The city, 13-18절). 비록 파괴되기는 했지만 예루살렘은 다윗의 도성이었고, 하나님께 잊혀질 수 없는 성이었다. 하나님이 거하시며 백성들에게 복과 기쁨을 주실 곳이었다. 하나님이 권세(뿔)와 빛(등)을 회복하시고, 예루살렘을 만방 중에 증거로 삼으실 것이다.

어려운 상황에 처하게 될 때 죄가 무너뜨렸던 것을 회복하기 위해 희생했던 연약한 유대인들을 기억하라. 그들은 그들의 성과 성전에 오셔서 세상 죄를 위해 목숨을 바치신 하나님의 아들을 위해 길을 예비하였다.

◦ 시편 133편

절기를 지키기 위해 사람들이 함께 예루살렘을 향해 여행하는 것과 그들이 매일 함께 사는 것은 별개의 문제다. 아브라함과 롯, 이삭과 그의 가족, 야곱과 라반, 요셉의 형들 이들 모두는 가족이라고 해서 언제나 조화를 이루며 살아가는 것은 아니라는 사실을 보여준다.

조화를 이루며 동거하는 것은 아론의 수염에 흘러내려 그의 흉배에 달려 있는 열두 보석을 적신 기름처럼(출 29:5-7), 또는 산에 내리는 이슬처럼 위로부터 오는 것이다. 사람들을 조종하고 압력을 가함으로 획일성을 만들어낼 수는 있지만, 진정한 연합은 성령을 통해 하나님 한 분만으로부터 올 수 있는 것이다.

연합은 이슬처럼 좋은 것이고 열매를 맺게 한다. 또 기름처럼 즐거운 것이며 사랑스러운 향기를 발한다. 하나님의 백성들의 분열은 연합과는 정반대의 결과를 불러올 것이다. 에베소서 4장 1-6절의 명령에 귀를 기울이고 있는가?

시편 134편

야간 근무를 하는 사람들에게 감사해본 적이 있는가? 그들이 없다면 우리는 밤에 물이나, 전기나, 연료나, 경찰의 보호나, 병원에서의 응급 처치 등과 같은 혜택을 누릴 수 없다. 우리가 잠잘 때 일하는 사람들이 있다. 감사하는 마음을 가지라!

야간 근무를 하는 사람들은 감사하며 살아가고 있는가? 아마도 아닐 것이다. 시편 기자는 성전에서 제사장들이 밤에 하나님과 하나님의 백성들을 섬길 때 감사할 것을 촉구하고 있다. 그것은 외로운 사역이 될 수도 있었다. 그러나 매우 중요한 사역이었다.

하늘에 있는 우리의 대제사장은 밤낮으로 우리를 위해 중재하신다. 그분은 지치거나 조급해하시는 일이 결코 없다. 그 신실한 사역에 감사드린 적이 있는가? 야간 근무를 할지라도 기꺼이 그분처럼 다른 사람들을 섬기고자 하는가?

시편 135편

시편 기자는 하나님을 네 번 찬양하면서 그의 노래를 시작하고 있다(1-3절). 그리고 네 번 하나님을 찬미하면서 노래를 마치고 있다(19-21절). 시작과 끝 사이에서 그는 하나님이 왜 우리의 진심 어린 찬양을 받아 마땅한 분이신지 그 이유를 잘 설명하고 있다.

먼저 하나님은 구원의 하나님이시기 때문이다(4절). 하나님은 자신의 은혜로 우리를 선택하셨고, 그 자비로 우리를 특별한 소유로 삼으셨다. 우리는 하나님께 속해 있으며, 하나님은 우리를 소중히 여기시고 사랑하신다.

하나님은 창조의 하나님이시기 때문이다(5-7절). 즉, 하나님은 매일 우리의 필요를 채워주시고, 우리에게 필요한 것들을 공급해주신다. 하나님은 폭풍우를 다스리시며, 자신의 완전한 뜻을 이루시기 위해 그것을 사용하신다.

하나님은 역사의 하나님이시기 때문이다(8-14절). 유대인들은 하나님이 특별히 그들을 위해 일하신다는 사실을 자랑스럽게 여긴다. 하나님은 이스라엘을 위해 일하시고, 자신의 놀라운 구원 계획을 이루시기 위해 이스라엘을 통해 일하신다.

하나님은 찬양을 받으시는 하나님이시기 때문이다(15-18절). 이 구절은 시편 115편과 비슷하다. 그리고 이방 나라의 죽은 우상들과는 상반되는 살아 계신 하나님의 위대하심을 보여주고 있다. 오늘 하나님을 찬미하라! 하나님의 거룩하신 이름을 찬양하라!

○ 시편 136편

두 합창단이 이 시편을 노래했다. 한 편이 각 구절의 첫 줄을 노래하고, 다른 한 편이 "그 인자하심이 영원함이로다"라고 화답했다. 그저 의미 없이 그렇게 반복한 것이 아니었다(마 6:7). 두 번째 합창단은 하나님을 향해 영감된 찬양을 드렸다. 하나님의 인자하심에 대해서는 아무리 이야기해도 결코 지나치지 않을 것이다.

하나님은 우리가 사용하고 누릴 수 있는 놀라운 창조 세계를 우리에게 주심으로 그분의 인자하심을 드러내신다(4-9절). 생각해보라. 하나님이 세계를 지으셨을 때 우리의 첫 번째 조상을 위해 모든 것을 준비하셨다. 하나님의 창조 세계라는 선물을 잘 관리하지 못하는 청지기들이 상당히 많다는 것은 매우 애석한 일이다. 우리가 살고 있는 놀라운 세상을 당연한 것으로 여기지 말라.

하나님은 우리가 전투를 수행하고 적을 물리칠 수 있게 도우시며, 우리를 돌보심으로 그분의 인자하심을 드러내신다(10-25절). 이스라엘이 하나님께 언제나 신실했던 것은 아니었다. 그러나 그 때문에 하나님의 인자하심이 더욱 빛을 발한다. 하나님은 그들에게 언제나 인자하셨다.

하늘의 하나님이 이 땅에서 우리를 돌보신다! 하나님의 인자하심이 영원함이로다!

시편 137편

이 시편은 이스라엘의 바벨론 유배를 통해 나오게 되었고, 오늘날 우리의 영적 생활을 점검하는 데 활용될 수 있다.

우리를 울게 만드는 것은 무엇인가?(What makes you weep?, 1절) 유대인들은 과거를 기억하며 눈물을 흘렸다. 그러나 그들은 자신들의 죄에 대해서는 슬퍼하지 않았다. 그들이 운 것은 그들이 죄를 지었기 때문이 아니라, 그들이 지은 죄의 대가를 치르게 되었기 때문이었다.

우리를 노래 부르게 만드는 것은 무엇인가?(What makes you sing?, 2-4절) 그들은 노래를 잃었다. 그래서 비파를 손에 들었다. 다윗도 비슷한 경험을 했다(시 32:1-7). 힘겨운 환경에도 하나님을 찬양하는 노래를 부를 수 있는가(행 16:25)? 언제나 하나님을 찬양할 수 있는가?

우리를 사모하게 만드는 것은 무엇인가?(What makes you yearn?, 5-6절) 마음을 아프게 하는 것은 무엇인가? 그 어떤 것보다 가장 사모하는 것은 무엇인가? 그것은 하나님의 뜻 안에 있는 것인가?

우리를 화나게 만드는 것은 무엇인가?(What makes you angry?, 7-9절) 하나님이 바벨론을 심판하실 것이라고 약속하셨다(사 13장, 특히 16절을 보라). 그래서 그들은 하나님의 뜻 안에서 기도했다. 그러나 간절함이 없었다('저주의 시'에 관한 설명을 위해 시편 58편의 서두를 보라). 하나님을 사랑한다면 악을 미워해야 한다(시 97:10, 롬 12:9). 그러나 심판은 하나님께 맡겨야 한다(롬 12:17-21).

시편 138편

'환난 중에' 다닌다는 사실이 시편 기자의 찬양을 막을 수는 없었다(1-3절). 오히려 환난은 그가 하나님께 기도드리고, 하나님을 더욱더 찬양하는 데 도움이 되었다. 다윗은 성전에 갈 수 없었다. 그래서 그는 '성전을 향해' 하나님을 예배했다. 그리고 하나님이 그를 도우셨다.

다윗이 당한 환난은 그의 증인 됨을 막을 수 없었다(4-6절). 이 시편을 썼을 때 다윗은 이방인들 중에 있었을 것이다. 그러나 그는 하나님의 말씀을 전하고, 그들에게 하나님을 찬양하는 노래를 가르치기 위해 신중을 기했다. 시련은 복음을 전할 수 있는 문을 열어주시는 하나님의 방법이 될 수 있다.

다윗이 당한 환난은 그의 삶을 방해하지 못했다(7-8절). 하나님이 다윗을 소생시키셨고, 그의 적들을 물리칠 수 있게 하셨다. 무엇보다 하나님은 다윗을 향한 하나님의 계획을 이루시고, 그를 더 나은 사람으로 만드셨다(엡 2:10, 빌 2:12-13).

우리는 시련 때문에 하나님을 위해 살아가는 삶을 멈출 수도 있다고 생각할 수 있다. 그러나 이 시편은 그것은 핑계일 뿐이라는 사실을 말해주고 있다. 이 시편을 다시 읽고 다윗이 보여준 본보기를 따르라.

● 시편 139편

하나님께 신실하다면, 이 시편을 통해 격려를 받게 될 것이다. 그러나 하나님을 피해 달아나려 하고 있다면, 이 시편이 지는 싸움을 싸우고 있다는 사실을 깨닫게 해줄 것이다.

하나님은 우리가 무엇을 하고 있는지 알고 계신다(He knows what you do, 1-6절). 하나님은 우리 각자를 개인적으로 그리고 상세하게 알고 계신다. 그러므로 하나님을 속이려 하지 말라. 하나님 앞에서 솔직하라. 그리고 하나님의 사랑 안에서 안식하라(요일 4:18). 하나님이 우리를 지켜보신다. 우리가 두려워해야 할 것은 아무것도 없다.

하나님은 우리가 어디로 가는지 알고 계신다(He knows where you go, 7-12절). 하나님이 우리와 함께하시며 우리를 돌보신다는 것은 우리에게 큰 위로가 된다. 올라가거나 내려가거나, 동쪽으로 가거나 서쪽으로 가거나 간에 하나님이 우리와 함께하신다(히 13:5). 죄인들은 하나님을 피해 숨으려 하지만, 신자들은 하나님 앞에서 피난처를 찾는다.

하나님은 우리가 누구인지 알고 계신다(He knows what you are, 13-16절). 하나

님이 우리를 지으셨고, 우리의 잠재력을 계획하셨으며, 우리의 날들을 정하셨다. 그렇다고 해서 우리를 마비시키는 맹목적인 운명주의에 빠질 필요는 없다. 왜냐하면 그것은 우리에게 무엇이 최선인지를 잘 아시고 사랑하시는 하나님 아버지의 지혜로운 계획이기 때문이다. 자신을 하나님이 주신 선물로 받아들이라. 그리고 자신을 하나님께 드리는 선물로 지혜롭게 사용하라. 우리 각자는 독특하다. 하나님이 우리를 그렇게 만드셨다.

하나님은 우리의 생각을 알고 계신다(He knows what you think, 17-18절). 시편 기자는 하나님의 생각을 묵상하면서 하나님과 함께하는 삶을 발전시켰다. 우리는 하나님의 생각들을 묵상해야 한다(빌 4:8).

하나님은 우리가 무엇을 사랑하는지 알고 계신다(He knows what you love, 19-22절). "여호와를 사랑하는 너희여 악을 미워하라"(시 97:10), "이 세상이나 세상에 있는 것들을 사랑치 말라"(요일 2:15-17). 이런 조언들을 마음에 새기라.

하나님은 우리가 무엇을 바라는지 알고 계신다(He knows what you desire, 23-24절). 우리는 우리가 생각하는 것처럼 그렇게 우리 마음을 잘 알지 못한다(렘 17:9-10). 하나님이 당신의 마음을 살피시고, 당신을 불안하게 만드는 것들을 다루어주실 수 있게 해드리라. 하나님이 인도하시게 하라. 하나님은 우리가 어디로 가야 하는지 잘 알고 계신다.

◦ 시편 140편

사탄은 하나님의 뜻을 행하는 사람이라면 누구와도 전쟁을 벌인다. 다윗도 예외는 아니었다. 우리는 그리스도인 지도자들을 위해 특별히 기도해야 한다. 왜냐하면 그들은 악한 자의 중요한 표적이기 때문이다. 적이 좋아하는 무기가 두 개 있는데, 그 중 하나는 독을 품은 혀(1-3절)이고, 또 하나는 함정이다(4-5절). 그는 하나님이 세우신 지도자들을 중상하고(때로는 그리스도인이라고 말하는 입술을 사용해서), 그들이 걸려 넘어지기를 바라며 올무를 놓는다.

다윗은 기도(6-11절)와 하나님의 약속(12절)과 찬양(13절)을 의지했다. 하나님은 거짓말하는 입술을 미워하신다(잠 6:17). 그리고 거짓으로 다른 사람의 명예를 훼손하는 사람들을 심판하실 날이 올 것이다. 그때까지 하나님 앞에서 자신을 지키고 세상의 평판은 하나님께 맡기라. 그렇게 살아간다면, 거짓으로 우리를 중상하는 사람들의 말을 사람들이 믿지 않게 될 것이다.

● 시편 141편

"**내 음성… 나의 손**"(My voice… my hands, 1-2절). 다윗은 하나님의 집에서 멀리 떠나 있었다. 그러나 그는 제사장이나 제단 없이도 하나님을 예배할 수 있다는 것을 알고 있었다. 그의 기도는 금 제단에서 향을 피우는 것과 같았다(출 30:1-10). 그리고 찬양하며 들어올린 그의 두 손은 놋 제단에 올려놓은 번제의 제물과 같은 것이었다(출 29:38-41, 히 13:15). 어느 곳에 있든지 하나님을 예배하라!

"**내 입… 내 입술**"(My mouth… my lips, 3-4절). 악이 다가올 때 그리고 악한 사람들이 유혹할 때 잘못된 말을 하기 쉽다. 보호되어야 하는 것은 마음이다(마 12:34-37).

"**내 머리**"(My head, 5-7절). "친구의 통책은 충성에서 말미암은 것"이다(잠 27:6). 친구의 통책이 상처가 될 수도 있지만, 그 통책에는 기름처럼 치유하는 힘이 있다. 거짓에서 나오는 원수의 입맞춤을 경계하라(4절).

"**내 눈**"(My eyes, 8-10절). 믿음의 눈으로 주님을 바라보라. 주님이 인도하시며 발걸음을 지켜주실 것이다.

다윗은 자신을 저녁에 드리는 제물로 하나님께 드렸다(롬 12:1-2). 그것은 최고의 예배이며 최상의 특권이다.

● 시편 142편

다윗의 '동굴' 시편 가운데 하나인(시 57편, 참조 - 삼상 22:1-2, 24:1 이하) 이

142편은 우리가 어려움에 처할 때 주장할 수 있는 확신들로 가득 차 있다.

하나님이 우리의 기도를 들으신다(God hears your prayers, 1-2절). 기도가 예배가 되는 때가 있고(시 141:1), 또 전쟁이 되는 때가 있다. 맹렬한 전투 속에서 하나님께 마음을 쏟아놓고 어떤 기분을 느끼고 있는지 그리고 무엇이 필요한지를 하나님께 말씀드리라. 동굴을 지성소로 만들라.

하나님이 우리의 길을 아신다(God knows your path, 3절). 다윗은 하나님의 뜻 안에서 행했다. 그러나 적들은 그를 비방하고 그를 사로잡기 위해 올무를 쳐놓았다. 주님을 의지하고 한 걸음씩 나아가라. 주님이 끝까지 인도하실 것이다(시 16:11, 잠 3:5-6).

하나님이 우리의 고통을 느끼신다(God feels your pain, 4절). 다윗은 완전히 버림받은 기분이었다. 그러나 그는 하나님이 자신과 함께하신다는 사실을 알고 있었다(딤후 4:16-18). 아무도 없다고 느껴질 때 하나님이 돌보신다는 사실을 기억하라(벧전 5:7).

하나님이 우리의 분깃이 되신다(God is your portion, 5절). 우리에게 하나님이 있다면 무엇이 더 필요하겠는가? 하나님이 함께하시는 사람이 승리한다. 그러므로 하나님으로 온전히 만족하라.

하나님이 찬양을 받으실 것이다(God will be praised, 6-7절). 당장은 그렇게 보이지 않을 수도 있지만, 어느 날 우리의 고난이 우리의 유익과 하나님의 영광으로 나타나게 될 것이다. 지금부터 믿음으로 하나님을 찬양하기 시작하라. 그날 그 음이 조율될 것이다.

● 시편 143편

주님의 전투에 참여하지 않는 한 이 시편의 기도를 이해할 수 없을 것이다. 왜냐하면 이 시편은 전쟁터에 있는 병사의 부르짖음이기 때문이다.

"들으소서"(Hear me, 1-6절). 자신의 의가 아닌 하나님의 은혜와 신실하심을 의지하라. 무슨 일이 벌어지고 있는지를 말씀드리라. 다윗은 흑암이 가득한 곳에 있었다. 그는 자신이 광야에서 목이 말라 죽어가는 사람처럼 느껴졌다.

"응답하소서"(Answer me, 7-9절). 하나님이 기도에 응답하지 않으실 때는 마치 하나님이 얼굴을 돌리신 것처럼 느껴지고, 우리는 무덤 속으로 내려가는 것처럼 느껴진다. 응답된 기도 속에서 힘과 기쁨을 얻고 있는가?

"가르치소서"(Teach me, 10절). 다윗은 매일 아침 하나님을 뵙고 그날의 명령을 받았다. 그 명령이 없으면 어떻게 행해야 하는지 그는 알지 못했다. 하나님께 자신을 맡기고, 인도하시는 하나님의 성령을 의뢰하라.

"살리소서"(Revive me, 11-12절). 다윗은 흑암 속에 있었다(3절). 그리고 하나님만이 그를 들어 올리실 수 있었다. 다윗은 주님의 전투에서 싸우고, 이 땅에 공의를 세우고 싶었다. 진정한 기도는 하나님이 우리를 섬기시는 것이 아니라, 우리가 하나님을 섬기는 것을 의미한다(12절).

● 시편 144편

이 시편은 우리가 영적 전투를 할 때 우리에게 도움이 되는 전투 노래 가운데 하나다.

하나님이 전투 전에 우리를 훈련시키실 수 있게 해드려야 한다(1-4절). 우리는 아무것도 아니다. 그러나 하나님이 우리를 사랑하시고, 우리 앞에 놓인 일들을 위해 우리를 준비시키신다. 하나님은 우리를 어떻게 준비시키시는지에 대해 언제나 우리에게 설명하시지는 않는다. 그러므로 믿음으로 하나님의 훈련을 받아들이라. 다윗은 하나님이 거인과 싸우게 하시기 전에 먼저 곰과 사자와 싸웠다. 매일 아침 하나님의 전신 갑주를 입고 나팔 소리를 기다리며 준비하라(엡 6:10-18).

하나님이 전투 중에 우리를 도우실 수 있게 해드려야 한다(5-8절). 하나님의 손이 우리를 구원하시고, 우리에게 힘을 주시기 위해 그곳에서 우리와 함께하신다. 그러므로 싸우기를 두려워하지 말라. 우리는 주님의 전투에 참여하고 있는 것이다. 주님이 우리를 버리지 않으실 것이다(대하 20:14-19).

전투가 끝난 후 하나님을 찬양하라(9-15절). 하나님이 우리 각자를 위해(9-11절) 그리고 우리 가족(12절)과 나라를 위해(13-15절) 하신 일들에 감사하라.

● 시편 145편

다윗은 하나님의 광대하심(3절)과 은혜(8, 17절)와 선하심(9절)과 영광(11-12절)과 풍성하심(15-16절)을 찬양했다. 오늘 하나님을 찬양하기가 힘들다면 이 시편이 찬양을 시작하는 데 도움이 될 것이다. 하나님의 백성들은 하나님을 영원히 찬양하게 될 것이다. 그러므로 매일 하나님을 찬양하는 것을 배우라(2절).

다윗은 다른 사람들을 격려하기 위해 하나님을 찬양했다. 각 세대는 하나님을 찬양하는 것을 배울 필요가 있다(4-7절). 우리의 찬양은 다음 세대에게 귀감과 증거가 된다. 당신 때문에 다른 사람들이 예배드리는 일에 자라가고 있는가?

다윗은 하나님이 하신 모든 일들이 하나님을 찬양하고 있는 소리를 듣고 있었다(10절). 그 사실을 깨닫게 될 때 우리는 자연 속에서 새로운 의미와 새로운 아름다움을 찾을 수 있다(시 19:1-6).

찬양하는 삶을 살 때 우리는 모든 상황 속에서 하나님의 도우심을 받게 된다. 넘어지면 하나님이 일어날 수 있게 도와주신다(14절). 그리고 배가 고플 때는 먹을 것을 주실 것이다(15-16절). 하나님을 부르면 우리를 가까이 하실 것이다(18절). 다윗이 하나님을 그렇게 많이 찬양한 것은 너무도 당연한 일이었다!

● 시편 146편

찬양은 생명을 보여주는 증거다(1-2절). 육체적인 생명뿐 아니라 마음속에 있는 하나님의 생명을 보여주는 것이다. 하늘에서는 찬양이 끊이지 않는다. 그러나 지옥에는 찬양이 없다. 우리는 이 땅에서 그 둘 가운데 하나를 선택해야 한다.

찬양은 믿음이 자라도록 격려해준다(3-4절). 누군가를 믿으면 - 예를 들어 의사를 믿으면 - 우리는 다른 사람들에게 그 사람을 칭찬한다. 믿음이 약할 때는 찬양이 서서히 가라앉게 될 것이다. 그러나 찬양에 익숙해지면 믿음이 자라게 될 것이다.

찬양은 소망을 갖도록 격려해준다(5-7절). 하나님께 소망을 둘 때 우리는 어떤 환경에서도 하나님을 찬양할 수 있다. 믿음은 위를 바라보는 것이다. 그리고 소망은 앞을 바라보는 것이다.

찬양은 사랑하도록 격려해준다(8-10절). 찬양은 하나님과 다른 사람들에 대한 우리의 사랑과 우리를 향한 하나님의 사랑에 힘을 더해준다. 누군가를 사랑하면 우리는 그 사람을 신뢰한다. 그리고 그 사람을 신뢰하면 할수록 그 사람을 더 사랑하게 된다.

생명과 믿음과 소망과 사랑, 이 모든 것이 찬양 속에 함께 엮여 있다.

● 시편 147편

하나님을 찬양하는 것은 우리가 드릴 수 있는 최고의 예배다. 하나님은 찬양받기에 합당한 분이시다. 그리고 찬양이 우리 삶 속에서 무언가를 성취한다고 생각하건, 하지 않건 간에 우리는 하나님을 찬양해야 한다. 하나님을 예배하는 사람들이 찬양을 통해 누릴 수 있는 몇 가지 복이 있다.

찬양은 하나님의 백성들을 영적으로 아름답게 한다(1절, 시 27:4, 29:2, 149:4). 하나님의 일을 세우며, 하나님의 백성들을 연합하게 한다(2절). 그리고 속사람을 치유하고(3절), 넘어진 사람들을 일으켜 세운다(6절). 찬양은 좋은 약이다!

찬양은 하나님의 세상을 우리에게 실제적이고 개인적인 것으로 만들어주고(7-9, 15-18절), 적으로부터 보호해준다(12-14절). 찬양은 하나님을 기쁘시게 하고, 하나님이 우리 삶 속에서 일하실 수 있게 해드린다(10-11절).

찬양을 하나님으로부터 복을 받기 위한 실용적인 도구로 삼아서는 결코 안 된다. 그러나 진심으로 하나님을 찬양할 때 복을 받게 될 것이다. 찬양은 변화를 불러온다. 사람들을 변화시킨다.

> ◆ 상한 마음을 치유하려면 ◆
>
> 하늘의 별들을 세시고, 그 이름을 붙이신 하나님은 우리의 상한 마음을 아시고 치유할 수 있는 분이시다. 상한 조각들을 모두 하나님께 맡기라. 하나님이 치유해주실 것이다(시 147:3-4).

○ 시편 148편

시편 기자는 하나님을 찬양하도록 모든 피조물을 초청하고 있다.

하늘(The heavens, 1-6절). 먼저 천사들로부터 시작해서 천상의 존재들과 심지어는 구름들까지 불러내고 있다! 하나님이 그 모든 것들을 창조하시고, 통제하시며, 보존하신다. 때문에 마땅히 하나님을 찬양해야 한다. 그리고 그렇게 하고 있다!

땅(The earth, 7-10절). 깊은 바다나, 높은 산이나, 바람이나, 열매맺는 나무나 모두 하나님을 찬양해야 한다. 그리고 그렇게 하고 있다! 날씨가 좋지 않을 때 폭풍우까지도 하나님의 말씀을 성취하고 있다는 사실을 기억하라(8절).

인간(Mankind, 11-14절). 하나님의 형상대로 지어진 인간에게는 이 세상의 그 어떤 것들보다 하나님을 찬양해야 할 이유가 충분하다. 그리고 하나님의 은혜로 구원받았다면 그 이유는 더 충분할 것이다. 하나님을 찬양하라!

○ 시편 149편

하나님의 백성들은 찬양하는 사람들이어야 한다. 하나님이 그들의 구세주이시고(1절), 그들의 창조주이시며, 왕이시기 때문에(2절) 그들은 성전에서 찬양해야 한다(1-4절). 이 시편은 우리의 찬양이 하나님을 기쁘시게 하고, 하나님의 백성들을 아름답게 한다는 사실을 상기시켜주고 있다(4절, 시 147:1, 11).

가정에서, 심지어는 침상에서도 찬양해야 한다(5절). 아침에 눈을 떴을 때, 낮잠을 잘 때 그리고 잠자리에 들 때 하나님을 찬양하라. 병상에 누워 있다면 더욱더 하나님을 찬양하라.

전쟁터에서 하나님을 찬양하라(6-9절). 하나님의 말씀은 우리의 검이다(엡 6:17, 히 4:12). 그 검은 우리 손에 있어야 할 뿐 아니라 우리의 입술에도 있어야 한다. 찬양은 적을 물리칠 수 있는 놀라운 무기다.

시편 150편

하나님을 찬양하도록 초대하는 노래로 히브리 찬송가의 마지막을 장식하는 것은 당연한 것이다. 이 시편에서는 찬양이라는 단어가 13번 사용되었다.

어디서 하나님을 찬양해야 하는가?(Where should we praise Him?) 성소에서 그리고 궁창에서 하나님을 찬양해야 한다(1절). 다시 말해 어느 곳에서나 하나님을 찬양해야 한다!

왜 하나님을 찬양해야 하는가?(Why should we praise Him?) 하나님이 하신 일들과 하나님의 성품 때문에 하나님을 찬양해야 한다(2절). 하나님의 성품과 하나님이 하신 일들을 더 잘 알면 알수록 하나님을 더 많이 찬양하게 되고, 찬양하는 것을 더욱더 즐거워하게 될 것이다.

어떻게 하나님을 찬양해야 하는가?(How should we praise Him?) 목소리와 소고를 포함한 모든 악기로 그리고 우리 몸으로 우리 안에서 느끼는 기쁨을 표현해야 한다(3-5절). 우리는 전 인격으로 하나님을 찬양하는 산 제물이 되어야 한다.

누가 하나님을 찬양해야 하는가?(Who should praise Him?) '호흡이 있는 자마다' (6절) 찬양해야 한다. 호흡이 없는 것들도 하나님을 찬양한다(시 148:7-9). 따라서 우리는 마땅히 하나님을 찬양해야 한다. 우리의 호흡은 하나님께로부터 온 것이다(행 17:25). 그러므로 하나님의 이름을 찬양하는 일에 우리의 호흡을 사용해야 한다. 호흡은 우리에게 있는 가장 약한 것이다. 그러나 하나님을 찬양하는 최고의 예배에 우리의 호흡을 바칠 수 있다.

잠언

Proverbs

잠언은 '오랜 경험을 바탕으로 한 짧은 진술'이라고 규정되어왔다. '잠언'이라는 말로 번역된 히브리어 단어는 '~처럼 되다'라는 뜻이다. 그리고 많은 잠언은 대조나 비유로 되어 있다. 잠언은 삶의 도덕적, 윤리적 면들을 다루고 있으며, 사색적이기보다는 실제적이다. 그리고 경건한 성품과 성취하는 삶으로 나아가는 길을 보여주고 있다.

잠언의 주제는 지식을 올바로 사용하는 지혜다. 이 지혜는 지적인 추구 그 이상이다. 그리고 하나님께 대한 헌신이 포함된다. 지혜로운 사람은 하나님을 경외하고, 의뢰하며, 하나님의 뜻에 순종하고자 한다. 잠언에 묘사된 지혜는 영적인 '육감'과 같은 것이다. 그 지혜는 주변의 환경과 사람들을 평가하고, 바른 결정을 내릴 수 있게 해준다.

잠언은 일반적인 사실들의 진술이므로 하나님의 약속으로 받아들여서는 안 된다. 예수님과 다윗은 하나님을 기쁘시게 했다. 그러나 여전히 적과 싸워야 했다(잠 16:7). 그리고 하나님께 순종한 자녀들 중 어린 나이에 세상을 떠난 사람들도 있다(잠 10:27). 경건한 사람 모두가 다 집에 많은 보물을 가지고 있었던 것은 아니다(잠 15:6). 그리고 악인들 중에서도 잘 먹고 호사를 누리며 산 사람들이 많이 있다(잠 13:25). 영원에 비추어볼 때 아무리 성공한 것처럼 보인다 할지라도 악인들은 패배자들이다. 그러나 잠언은 다음 세상이 아니라 이 세상에 주로 초점을 맞추고 있다.

잠언은 일상생활에 도움이 될 수 있도록 '중류한 진리'다. 하나님을 경외하고 하나님을 기쁘시게 하고자 할 때 잠언 속에서 유익한 원리와 경고와 조언들을 찾을 수 있을 것이다. 잠언은 탐욕스러운 사람들의 독자적인 승리를 위한 도구가 아니라, 경건한 사람들을 위한 지침서다.

잠언에는 다른 사람들이 쓴 글들도 있지만(22:17, 24:23, 30:1, 31:1), 대부분 솔로몬이 쓴 것들이다(1:1, 참조 - 왕상 4:32). '히스기야의 신하들' (25:1)이 아마도 현재의 형태로 이 책을 편집했을 것이다.

잠언은 광범위한 주제들을 다루고 있으며, 구절들은 주제별로 배열되어 있지 않다. 이 책에서는 각 장이 중요하게 강조하고 있는 점들에 초점을 맞출 것이다. 그리고 때때로 공통적인 주제와 관계가 있는 구절들을 함께 모아볼 것이다.

○ 잠언 1장

지혜의 중요성(The importance of wisdom, 1-6절). 하나님의 지혜가 우리에게 있을 때 성공을 위해 필요한 모든 것이 우리 것이 된다. '성공'은 생계를 유지하는 것 이상이다. 그것은 하나님을 높이고 다른 사람들을 섬기는 삶을 사는 것을 의미한다. 지혜는 재물이나 권세보다 더 중요하다(잠 8:12-21). 왜냐하면 지혜는 영원을 위해 준비할 수 있게 하기 때문이다.

지혜가 주는 교훈(The instruction of wisdom, 7-19절). '하나님을 경외하는 것'은 하나님을 경외하고 하나님의 말씀을 존중하는 것, 즉 듣고 신속하게 순종하는 것을 의미한다. 하나님은 우리에게 지혜를 가르치시려고 다른 사람들을 사용하신다. 그리고 우리는 모든 교훈에 기민해야 한다. "떠나지 말라!" "좇지 말라!" "함께 다니지 말라!" 이런 경고들에 주의하라.

◆ 지혜로운 사람은 누구인가? ◆

지혜로운 사람은 하나님의 말씀을 듣고(잠 1:5), 순종하고(잠 12:15), 학식을 더하고(잠 9:9, 10:14), 사람을 얻고(잠 11:30), 악을 떠나고(잠 14:16), 혀를 제어하고(잠 10:19, 16:23), 근면하다(잠 10:5). 지혜로운 사람은 영광을 기업으로 받고(잠 3:35), 다른 사람들을 기쁘게 하고(잠 10:1, 15:20), 자신의 필요를 채우고(잠 21:20), 싸울 힘을 갖게 될 것이다(잠 24:5-6).

지혜의 초대(The invitation of wisdom, 20-33절). 지혜는 큰 잔치에 배고픈 사람

들을 초대하는 여인과 같다(잠 1:20-33, 8:1 이하, 9:1 이하). 어리석음은 무지한 자를 유인해 죄를 짓게 만드는 악한 여인과 같다(5:1 이하, 6:20 이하, 7:1 이하). 지혜의 초대를 받아들이라. 복을 받게 될 것이다. 그러나 어리석음의 초대를 받아들인다면 멸망하게 될 것이다.

○ 잠언 2장

지혜는 알아야 할 사람일 뿐 아니라(1장), 가야 할 길이기도 하다. 이 장에서는 길이라는 단어가 7번 사용되었다. 그것은 길을 갈 때와 마찬가지로 우리가 살아가는 데는 방향과 결정과 결단이 포함된다는 것을 암시해준다. 우리가 해야 할 부분을 우리가 한다면(1-5절), 하나님이 하셔야 할 부분을 하나님이 하실 것이다(6-9절).

◆ 어리석은 자의 길 ◆

지혜는 세 부류의 사람들에게 – 어리석은 자, 망령된 자, 미련한 자에게 – 말하고 있다. 어리석은 사람들은 모든 것을 믿는 사람들이다(잠 14:15). 그들에게는 지혜가 없다(잠 7:7, 9:4). 그리고 그들 앞에 놓인 길을 보지 못한다(잠 22:3, 27:12). 망령된 사람들은 자신들이 모든 것을 다 알고 있다고 생각한다(잠 21:24). 그래서 그들은 지혜를 얻지 못한다(잠 14:6). 또 책망을 통해서도 유익을 얻지 못한다(잠 9:7-8, 13:1, 15:12). 그들은 분쟁을 야기하는 사람들로서(잠 22:10) 빌을 빚아야 한디(잠 19:29, 21:11). 미련한 사람들은 자기 확신에 차 있는 사람들이다(잠 12:15, 28:26). 그리고 배우기를 싫어한다(잠 1:7, 22, 23:9). 그들은 교만하게 말하고(잠 10:18, 14:3), 싸우기를 좋아한다(잠 18:6-7, 27:3). 또 참견하기를 좋아하고(잠 20:3), 생각 없이 말하며(잠 18:13, 19:11), 죄를 가볍게 여긴다(잠 14:9). 징계도 그들에게는 도움이 되지 않고(잠 17:10, 27:22), 결국은 패망하게 될 것이다(잠 10:8, 10, 14).

지혜의 길은 보호받는 길이다(8절). 그리고 생명(19절)과 의(20절)를 향해 나아가는 좋은 길이다(9절). 어리석음의 길은 어둡고(13절) 죽음으로 나아가는(18절) 패역한 길이다(15절).

하나님의 지혜라는 길을 따라 걷고 싶다면, 1-5절의 조언에 귀를 기울이라.

○ 잠언 3장

마음(Your heart, 1-8절). 우리의 마음에 따라 우리의 삶이 결정된다(잠 4:23). 하나님의 말씀을 받아들이는(3절, 고후 3:1-3) 순종적인 마음(1절)과 신뢰하는 마음(5-6절)을 개발하라. 5절은 마음이나 상식을 무시하라는 것이 아니라, 그런 것들만을 의지하면서 하나님의 방법을 거부하는 일이 없도록 하라고 제안하는 것이다.

재물(Your possessions, 9-20절). 무엇보다 먼저 하나님을 위해 재물을 사용하라(마 6:33). 그리고 돈으로는 살 수 없는 것들을 먼저 생각하라(13-18절). 하나님이 잘못을 지적해주실 때 그것을 하나님의 사랑을 보여주시는 증거로 받아들이라(히 12:5-6).

행실(Your conduct, 21-26절). 하나님의 지혜로 모든 행실을 통제하라(롬 12:1-2). 잠은 하나님께 대한 믿음과 순종을 말해주는 하나의 시금석이다(시 4편).

이웃(Your neighbors, 27-35절). 하나님이 당신의 가정에 복 주시기를 원한다면 주위에 있는 사람들에게 복이 되는 사람이 되라. 가진 것을 나누고, 다른 사람에게 해를 가하는 악을 결코 도모하지 말라(12:9-21).

○ 잠언 4장

지혜로운 사람은 다른 사람들이 하나님의 말씀에 귀를 기울이고 지혜를 찾을 수 있도록 격려해준다. 이 아버지는 그의 소년 시절에 지혜를 얻었고, 자신의 자녀들에게도 그렇게 할 것을 권하고 있다. 우리의 조언과 본보기가 다른 사람들에게 영향을 미치고, 그들이 지혜롭게 살아갈 수 있도록 돕는 삶을 살아야 한다.

지혜가 있으면 보호받을 수 있고(6절) 영화를 누릴 수 있다(8-9절). 그리고 전진할 수 있는 자유를 갖게 될 것이다(12절). 하나님의 말씀에 순종할 때 인생의 행로를 비춰주는 빛이 더 밝게 빛날 것이다(18절). 그러나 악인의 길을 따른다면 그렇지 않을 것이다.

또다시 솔로몬은 하나님의 말씀으로 전 인격을 다스릴 것을 강조하고 있다(20-27절, 골 3:16). 그렇게 할 때 의의 길을 가며 잘못된 길로 우회하지 않게 될 것이다.

◆ 잘못된 길로 들어선 삼손 ◆

삼손은 타고난 능력의 소유자였지만, 잠언 1-4장에 주어진 교훈들을 무시했던 사람이었다. 사사기 13-16장을 읽고, 그가 하나님의 지혜를 구하지 않고 자신의 길을 고집했다는 사실에 주목하라. 그는 그가 가야 할 길에서 눈을 돌렸고, 결국 어둠과 죽음의 길을 가게 되었다. 그는 잘못된 친구들을 선택했고, 지혜 대신 어리석음을 따랐다. 하나님의 말씀으로 그의 전 인격을 다스렸다면, 그는 복을 받고 하나님께 영광을 돌릴 수 있었을 것이다.

◎ 잠언 5장

이 경고는 성(性)을 상업화하고 간음을 오락처럼 여기는 우리 사회에 절실하게 필요하다. 오늘날 성적인 죄에 비극적인 결과가 따른다고 생각하는 사람은 많지 않다. 그러나 솔로몬은 그 결과가 어떤 것들인지를 열거하고 있다.

◆ 성적인 죄 ◆

성적으로 부도덕하게 행동하는 것은 죽음(잠 2:16-22)과 지옥(잠 5:5)으로 이어지는 길을 걸어가는 것과 같다. 고의로 불을 질러 자신에게 상처를 입히는 것과 같고(잠 6:20-35), 동물처럼 살육당하는 것과 같다(잠 7:6-27). 눈을 감고 구덩이 속으로 떨어지는 것과 같다(잠 22:14, 23:26-28). 히브리서 13장 4절을 묵상하라.

처음에는 '감미로웠던' 것이 점차 쓴 것으로 바뀐다. '생명' 이었던 것이 죽음이 되고, 그 끝은 지옥이다(4-5절). 명성과 부와 기쁨을 상실하고(7-14절), 자유라고 생각했던 것이 실제로는 최악의 사슬로 드러난다(21-23절). 결국 쇠폐한 육체를 바라보며 한탄하게 될 것이다(11절).

부부의 성생활은 깨끗한 우물에서 퍼올린 시원한 물을 마시는 것과 같아야 한다. 반면에 부정은 하수구에서 물을 퍼마시는 것과 같다(15-20절). 19절에서 '연모하라' 고 번역된 히브리 단어는 '취하다' 라는 뜻이다. 부부가 하나님이 그들에게 원하시는 대로 서로를 사랑할 때 물이 포도주로 변하게 된다(요한 2:1-11 참조).

○ 잠언 6장

자신을 구하라(Deliver yourself, 1-5절). 악을 행하면 우리는 함정에 빠지게 된다(잠 5:22). 무모한 말도 마찬가지다. 약속은 조심스럽게 해야 한다. 거절을 배우지 않는다면 결국 노예가 될 것이고, 값비싼 대가를 치르게 될 것이다. 자신을 낮추고 자유롭게 되는 것이 교만으로 자신을 망치는 것보다 훨씬 낫다.

배우라(Teach yourself, 6-11절). 자연 세계를 통해 배우라(잠 30:15-31). 개미들은 미래를 준비할 수 있는 기회들을 잘 살린다. 그러나 게으른 사람들은 아무 목적도 없이 나태하게 지내다가 결국 가난하게 된다. 만일 '자장가와 이별' 이라는 제목을 붙여 설교를 한다면 이 본문을 잘 활용한 것이다.

자신을 지키라(Guard yourself, 12-35절). 악한 사람(12-19절)과 사악한 여인(20-35절)을 경계하라. 하나님이 미워하시는 것을 미워하고, 하나님이 사랑하시는 것을 사랑하라. 그렇게 하면 하나님이 기뻐하시는 것을 기뻐하게 될 것이다.

> ❖ 게으른 사람 ❖
>
> 게으른 사람은 잠자기를 좋아하고(잠 6:6-11, 24:30-34) 모든 사람이 자기를 섬길 것이라 기대한다(잠 12:27, 19:24). 그는 부자가 되기를 꿈꾸지만, 결국 가난에 떨어진다(잠 13:4, 21:25-26). 그는 핑계는 잘 대지만(잠 20:4, 22:13, 26:13-16), 일은 제대로 하지 못한다(잠 10:26). 그는 세우는 자가 아니라 망가뜨리는 자다(잠 18:9).

○ 잠언 7장

지혜를 가까이 할 때 유혹하는 여자에게 속지 않게 될 것이다(1-5절, 시 119:11). 그녀의 집 근처에 가지 않게 될 것이다. 그리고 그녀가 쫓아오면 그녀의 유혹을 간파하고, 그녀를 가까이 하려는 마음을 갖지 않게 될 것이다.

값비싼 벽걸이 융단으로 죄의 흉악함을 가릴 수 없고, 향기로운 향신료로도 죄의 악취를 향기로 바꿀 수 없다(16-17절). 어떤 유혹을 받게 되더라도 그 겉모습만 보지 말고, 그것의 실체를 잘 간파하라.

우리는 하나님의 형상대로 지음받았다. 그러나 죄가 우리를 짐승의 수준으로 끌어내리고(22-23절), 결국 사탄의 수준으로까지 끌어내릴 수 있다(27절)!

○ 잠언 8장

경청하라!(Listen!) 지혜가 외치는 소리는 먼저 광장에서 들렸다(1:20 이하). 그러나 이제 지혜는 '사거리'에 서 있다(2절). 진리를 마주 대할 때 우리는 결정을 내려야 한다. 그리고 우리가 내리는 결정에는 피할 수 없는 결과가 따르게 될 것이다. 귀를 열고 하나님의 지혜에 귀를 기울이라(6, 32, 34절).

사랑하라!(Love!) 지혜는 "나를 사랑하는 자들이 나의 사랑을 입으며"(17절)라고 말한다. 재물보다 지혜를 사랑하라(10-11, 18-21절). 지혜는 영원히 우리를 부유하게 하기 때문이다. 22-31절은 하나님의 지혜이신 예수 그리스도를 생각나게 한다(고전 1:30, 골 2:3). 지혜를 사랑하는 것은 그리스도를 사랑하는 것이고, 그리스도를 사랑할 때 우리는 그리스도를 위해 사는 것이다.

머물러라!(Linger!) 매일 하나님의 말씀을 읽고 그 진리를 묵상하면서 지혜의 문 곁에서 시간을 보내라. 14절에 의하면 하나님이 조언(해야 할 것)과 참 지식(어떻게 할 것)과 명철(해야 하는 이유)과 능력(할 수 있는 힘)을 주실 것이다. 노예처럼 섬기는 대신 왕처럼 다스리게 될 것이다(15-16절).

잠언 9장

와서 먹으라!(Come and dine!) 두 집과 두 초대를 볼 수 있다. 지혜가 떡과 고기와 술로 잔치를 베풀고 초대하고 있다. 또 어리석음이 훔친 떡과 물로 초대하고 있다. 지혜는 생명을 약속하고 있다. 그러나 어리석음이 차린 식탁에서 먹는다면 죽게 될 것이다. 어느 집으로 들어가겠는가?

와서 배우라!(Come and learn!) 거만한 사람들은 너무 많은 것을 알고 있기 때문에 그들을 가르칠 수 있는 사람은 아무도 없다. 그러나 지혜로운 사람은 책망을 통해 배운다. 책망을 좋아할 수는 없을 것이다. 하지만 책망을 통해 유익을 얻을 수 있다(시 141:5 참조).

와서 살라!(Come and live!) 지혜는 생명의 날들을 많아지게 한다(11절). 죄로 몸을 오용하는 사람들은 일반적으로 자신들의 수명을 단축시킨다. 그러나 지혜를 따르면 그 삶의 연수를 더할 수 있다. 그리고 연수에 생명력을 더할 수 있다! 하나님은 자신에게 순종하는 사람들에게 풍부한 경험을 주신다.

◆ **책망** ◆

비판이나 책망에 어떤 반응을 보이는지는 우리가 어떤 사람인지를 드러내준다(잠 9:7-9). 거만한 사람들은 책망에 귀를 기울이지 않을 것이다(잠 13:1). 그리고 책망하는 사람들을 좋아하지 않을 것이다(잠 15:12). 지혜로운 사람은 책망이 사랑을 보여주는 증거라는 사실을 알고 있다(잠 27:5). 그리고 책망을 소중하게 여기고(잠 25:12), 책망을 통해 명철을 얻게 될 것이다(잠 19:25). 잠언 27장 6절을 묵상하라.

잠언 10장

지혜와 의가 이 장의 핵심 단어다. 그리고 지혜와 의는 공존한다. 왜냐하면 지혜는 의를 실천하고, 의는 지혜 안에서 자라기 때문이다.

지혜로운 사람들은 부모에게 슬픔이 아니라 기쁨을 준다(1절). 그들은 하나님이 주신 기회들을 살릴 것이다(5절). 그리고 명령에 순종할 것이다(8절). 지혜로운 사람들은 지식을 간직하고(14절), 그것을 다른 사람들과 나눈다(13, 21, 31절). 그들은 또 침묵해야 할 때를 안다(19절). 그리고 죄를 즐거워하지 않는다(23절). 대신 하나님께 순종하는 것을 중요하게 여긴다.

의인들에게는 하나님의 보호하심과 공급하심이 있다(2-3, 24-25절). 그리고 하나님이 그들이 사는 동안 그리고 죽은 후에도 그들의 삶을 형통케 하신다(6-7절). 의인의 입은 생명 샘이다(11, 20-21, 31-32절). 그리고 그들이 하는 일은 번창한다(16절). 그들의 미래는 안전하고(30절) 즐겁다(28절).

우리가 지혜롭고 의로운 사람들이라면, 우리가 하는 일을 통해서뿐 아니라 우리가 하는 말을 통해서도(6, 11, 14, 20-21, 31-32절) 지혜로운 사람과 의인의 특징들이 드러나게 될 것이다.

◆ 의인의 혀 ◆

지혜로운 사람의 말은 천은(잠 10:20)과 같고 생명나무(잠 15:4)와 같으며, 양식(잠 10:21)과 시원한 물(10:11, 18:4)과 양약(잠 12:18)과 같다. 그들의 말은 소금으로 고르게 한 것 같아야 하고(골 4:6), 파괴하는 것이 되어서는 안 된다(약 3:1-12).

◦ 잠언 11장

의인과 악인이 대조되어 있다. 하나님은 의인들을 기뻐하시고(20절), 정욕(6절)과 죽음(4절)과 환난(8절)과 뜬소문(9절)으로부터 그들을 구원하신다. 하나님은 또 그들의 가족도 구원하신다(21절).

하나님이 정직한 자들을 인도하신다(3절). 그들이 하나님이 원하시는 것들을 소원하기 때문이다(23절). 그들은 의를 심고(18절), 무성한 나무처럼 번성한다(28, 30절). 의인은 다른 사람들에게 복이 되고(10-11절), 또 상급을 받을 것이다(18절).

이 장을 읽고, 악인에게는 어떤 일들이 일어나게 되는지를 주의하여 보라.

◦ 잠언 12장

하나님은 의인의 입을 통해 구원하신다(6절). 그러나 악인의 입은 속박을 불러온다(13절). 정직한 말은 의인의 생각(5절)과 배우기를 좋아하는 마음(1절)에서 나온다. 그러나 악인은 훈계를 좋아하지 않는다.

정직한 말은 다른 사람들에게 유익을 준다(잠 10:21). 그리고 그 자신에게도 유익이 된다(14절, 잠 13:2). 우리는 말에 상처를 받은 사람들(18절)과 거짓 때문에 고통받는 사람들의 치유를 도울 수 있다(19-22절). 또 낙심하고 염려하는 사람들에게 기쁨을 줄 수 있다(25절).

깨어 있으라. 그래서 오늘 하루 동안 상한 사람들을 치유하는 말을 할 수 있도록 하나님이 주시는 기회들을 놓치지 말라.

◆ 거짓말 ◆

하나님은 진리의 하나님이시기 때문에 거짓말하는 혀를 미워하신다(잠 6:17, 12:22). 사람들은 거짓말로 자신의 솔직한 감정을 숨기고(잠 10:18) 가식을 조장한다(잠 26:23-26). 거짓말은 오래 가지 못한다(잠 12:19). 그러나 오랜 기간에 걸쳐 심한 손상을 입힐 수 있다. 거짓으로 얻은 재물은 쉽게 사라지고(잠 21:6), 거짓을 말한 모든 자들이 벌을 받게 될 날이 올 것이다(잠 19:5, 9). 하나님이 거짓말을 미워하신다면 우리도 그래야 한다(잠 13:5). 에베소서 4장 17-32절을 묵상하라.

○ 잠언 13장

이 장은 지혜로운 사람이 되려면 어떻게 해야 하는지에 대한 실제적인 조언을 해주고 있다. 먼저 훈계와 꾸지람에 귀를 기울여야 한다(1절). 그리고 조언(10절)과 징계(24절)를 받아들이는 것을 배워야 한다(10절). 지혜로운 사람들과 함께하며, 그들의 대화를 경청해야 한다(14절). 그러면 좀 더 그들처럼 되어갈 것이다. 하나님의 말씀을 묵상하면서 지혜로운 사람들과 함께하라. 성경을 경시하지 말라(13절).

이 장은 또한 재물에 대한 조언도 하고 있다. 근면한 사람들은 일을 하고 재물을 얻는다(4절). 그들은 정직하지 못한 방법으로 재물을 얻으려 하지 않는다(11절). 7절은 돈으로 살 수 없는 것들을 무시하면서, 돈으로 살 수 있는 것들을 통해 부자가 되려 하지 말라고 경고하고 있다. 정말 중요한 것에 관해서는 부자들이 더 가난한 경우가 많다.

◆ 징계 ◆

"매를 아껴라. 그러면 아이를 망치게 될 것이다"라는 영어 격언은 그와 비슷한 라틴 격언에서 유래되었다. 잠언 13장 24절도 그와 비슷한 주장을 하고 있다. 부모가 자녀들을 사랑으로 징계할 때 그것은 주님의 교훈을 실천하는 것이다(잠 3:11-12, 히 12:5-6, 계 3:19). 징계의 목적은 분노를 터뜨리기 위한 것이 아니라 자녀들을 바로잡기 위한 것이다(잠 22:15). 그리고 징계하는 부모는 오직 자녀의 행복만을 바라야 한다(잠 19:18, 23:13-14, 29:15, 17).

⊙ 잠언 14장

어리석은 사람들을 보라(7절)! 지혜는 세우지만 어리석음은 허물어뜨린다(1절). 경건한 사람들의 장막이 악인의 집보다 더 튼튼하다(11절). 하나님의 말씀에 순종할 때 우리는 견고한 기초 위에 집을 세울 수 있다(마 7:21-27).

어리석은 사람들을 보라! 그들의 말은 사람을 괴롭힌다(7절). 왜냐하면 그들의 말은 상처를 주는 매와 같기 때문이다(3절). 그들의 말은 믿을 수 없다(8절). 그들은 죄를 심상히 여기고(9절), 방자하여 스스로를 믿는다(16절). 그들의 분노와 조급함을 경계하라(17, 29절). 그것은 사람을 곤경에 빠트릴 수 있기 때문이다.

하나님을 경외할 때 우리는 정직히 행하게 되고(2, 16절), 확신을 갖게 되며(26절), 보호받을 수 있다(27절). 하나님을 경외하는 것이 어리석은 사람들의 어리석음을 따르는 것보다 훨씬 더 낫다.

⊙ 잠언 15장

우리는 말을 통해 우리가 지혜로운 사람인지 어리석은 사람인지를 드러낸다. 지혜로운 사람들은 지식을 베풀고, 많은 사람들이 먹을 수 있는 많은 열매를 맺는 나무와 같다(4절). 어리석은 사람들은 아무것도 이루지 못하는 말들을 쏟아낸다(2절).

지혜로운 사람들은 분노를 제어할 줄 안다(18절). 그리고 분노에 어떻게 반응해야 하는지도 안다(1절). '유순한 대답'은 아첨이나 속임수가 아니라 적절한 때에(23절) 바른 마음으로(1절) 적절하게 대답하는 것이다(28절).

입에서 나오는 것은 마음으로부터 시작된 것이다(마 12:35). 그러므로 하나님 앞에서 즐거운 마음을 유지하라(13, 15절). 그리고 하나님의 진리로 마음을 채우라(14절). 하나님이 우리 마음을 보신다. 그러므로 하나님께 아무것도 감추려 하지 말라(11절).

무엇보다, 옳은 말을 할 수 있도록 도와주시기를 기도하라(8, 29절). 시편 141

편 3-4절에 있는 다윗의 기도는 그 기도를 시작하는 데 도움이 될 것이다.

○ 잠언 16장

준비된 마음(A prepared heart, 1-3, 23절). 준비된 마음은 하나님의 진리를 받아들이고 하나님의 뜻에 복종하는 마음이다. 우리의 마음속에 있는 것들이 입으로 나온다. 때문에 우리의 마음이 준비되어 있을 때 하나님이 우리의 말을 인도해주실 수 있다(마 10:19-20).

교만한 마음(A proud heart, 5, 18-19절). 교만은 하나님이 특별히 미워하시는 죄 가운데 하나다. 교만은 온갖 문제를 야기시키고, 우리에게서 하나님이 주신 복을 빼앗아간다.

목적을 추구하는 마음(A purposeful heart, 7, 9, 25절). 우리의 마음이 하나님의 목적에 헌신되어 있지 않으면, 그 마음이 우리를 타락시킬 것이다. 생각하고, 기도하고, 하나님의 말씀을 묵상하고, 계획을 세우고 그리고 우리를 인도해주시는 하나님을 신뢰하기 위한 시간을 가지라.

신중한 마음(A prudent heart, 20-24절). 지혜가 우리의 양식과 물이 될 때 우리는 신중한 결정을 내릴 수 있다. 신중한 마음은 지혜의 말을 하는 입술로 드러난다.

뒤틀린 마음(A perverse heart, 27-30절). 마음속에 있는 것은 결국 삶 속에서 드러나기 마련이다. 그리고 이 구절에서 설명하고 있는 삶은 아름답거나 유익하지 않다. 잠언 4장 23절이 하나님의 말씀에 포함된 것은 진혀 이상하지 않다. 그 말씀에 유의하고 있는가?

○ 잠언 17장

영적인 점검을 위해 이 장을 사용하라. 하나님은 여러 가지 방법으로 우리 마음을 연단하신다(3절).

무엇을 듣고 있는가?(What do you listen to?, 4절) 우리 마음이 원하는 것들을 우리 귀로 듣게 될 것이다. 그러므로 마음으로 원하는 것들을 경계하라.

무엇을 즐거워하는가?(What do you rejoice in?, 5절) 다른 사람들이 고통당하는 것을 보고 즐거워하는가? 다른 사람들의 곤경을 자신에게 유리하도록 이용하는가?

무슨 말을 하는가?(What do you talk about?, 9절) 뜬소문을 좋아하는가? 그리고 다른 사람들에게 그것을 퍼뜨리며 즐거워하는가? 죄를 덮어주고 하나님이 그 죄를 다루시게 하는 것이 가장 좋은 방법이다.

무엇 때문에 화를 내는가?(What do you get angry at?, 10, 13-14절) 비판을 수용하는가? 아니면 비판하는 사람들에게 화를 내는가? 복수할 방법을 생각하는가? 아니면 아예 처음부터 의견 차이를 막으려고 노력하는가?

무엇에 굴복하는가?(What do you give in to?, 23절) 세상 사람들은 "누구에게나 각자의 가격표가 있다"라고 말한다. 그러나 신자들에게는 해당되지 않는 말이다. 자신의 양심을 팔려고 내놓겠는가?

○ 잠언 18장

친구들(Friends). 우정에도 그에 따르는 위험이 있다(19절). 그러나 홀로 격리된 사람은 지혜로운 사람이 아니다(1절). 우리는 서로에게 속해 있고 서로를 필요로 한다(14절). 아는 사람들이 많을 수도 있을 것이다. 그러나 진정한 친구를 가진 사람들은 그리 많지 않다. 친구가 너무 많은 사람들은 해를 당할 수 있다(24절). 진정한 친구가 되어주라. 그러면 하나님이 평생 우리를 떠나지 않을 진정한 친구들을 주실 것이다.

◆ 진정한 친구 ◆

진정한 친구는 믿을 수 있고(잠 11:13, 17:9), 우리가 어려움에 처할 때에도 우리를 떠나지 않는다(잠 17:17, 25:19). 그들은 우리를 너무나 사랑하여 우리가 제멋대로 행동하는 것을 간과하지 않는다(잠 27:6, 17). 그리고 친구들의 조언은 우리에게 도움이 된다(잠 27:9). 진정한 친구들은 대를 이어 서로에게 유익을 준다(잠 27:10). 좋은 친구가 될 수 없는 사람들도 있다. 그들은 죄를 짓고(잠 1:10 이하), 탐식하고(잠 28:7), 술에 취하고(잠 23:20-21), 험담하고(잠 20:19), 화를 내고, 난폭하게 행동하고(잠 16:29, 22:24-25), 아첨하도록(잠 27:14) 유혹한다. 가장 좋은 친구가 될 수 있는 사람들은 예수 그리스도를 친구로 삼고, 그분을 닮아 가려고 노력하는 사람들이다(요 15:12-15).

어리석은 사람들(Fools). 그들은 여러 가지 이유 때문에 좋은 친구를 사귀지 못한다. 그 한 이유는 그들은 말하기를 너무 좋아해서 다른 사람들이 말하는 것을 듣지 않기 때문이다(2절). 그들의 어리석은 말은 싸움을 일으키고(6-7절), 고통을 야기한다(8절). 그들은 참지 못하고 말하기 때문에 성급한 결론을 내리고(13, 17절), 그 때문에 문제를 일으킨다(5절). 말하기를 멈추고 지혜에 귀를 기울이는 것만이 어리석은 사람들이 소망을 가질 수 있는 유일한 길이다(15절).

> "적어도 한 사람은 자신을 정말로 이해해줄 것이라 생각할 수 없는 사람은 그 누구도 이 세상에서 풍성한 삶을 누릴 수도, 개발해나갈 수도 없다."
>
> 폴 트루니에(Paul Tournier)

○ 잠언 19장

부와 가난(Rich and poor). 물질적으로는 가난하고 성품은 풍성한 것이 좋다. 특히 거짓으로 부를 획득하는 경우라면 더욱 그렇다(1, 22절). 재물을 기초로 한 우정은 진정한 우정이 아니다(4, 6-7절). 진정한 우정은 그보다 훨씬 더 깊다. 가난한 사람들을 함부로 대하지 않도록 조심하라. 왜냐하면 하나님이 그들을 돌보시기 때문이다(17절).

지혜와 어리석음(Wish and foolish). 지혜로운 사람들은 하나님께 복종하고 정직한 삶을 살아간다. 그러나 어리석은 사람들은 하나님과 다투며 비뚤어진 삶을 살아간다(3절). 부는 지혜를 보여주는 증거가 아니다(10절). 어리석은 사람은 실제로 재물을 허비한다.

✦ 가난한 사람들 ✦

잘못된 가치관 때문에(잠 16:16), 게으르기 때문에(잠 10:4, 14:23), 악한 쾌락을 따르기 때문에(잠 21:17, 23:21), 좋은 조언을 따르지 않기 때문에(잠 13:18), 계획을 잘 세우지 않기 때문에(잠 21:5) 가난해지는 사람들이 있다. 그러나 어쩔 수 없는 상황 때문에 가난하게 살아가는 사람들도 있다. 그들은 불공평한 사회의 희생자이거나(잠 22:22-23), 성공을 가로막는 무거운 빚 때문에 가난에서 벗어나지 못하는 사람들일 수도 있다(잠 22:7). 우리는 가난한 사람들에게 자비를 베풀어야 한다(잠 14:21, 31, 19:17, 21:13). 왜냐하면 동일한 하나님이 우리 모두를 지으셨기 때문이다(잠 22:2).

아버지들과 아들들(Fathers and sons). 아버지라면 누구나 자식들이 물려받은 유산을 잘 사용하기를 바란다(13-14절). 게으른 아들은 가난을 불러올 뿐이다(15절). 아들을 징계하는 아버지는 아들이 훌륭한 성품을 개발하도록 돕는 것이다(18절). 그러나 아버지를 구박하는 아들은 부끄러움과 능욕을 불러온다(26절). 아버지(그리고 하나님 아버지)의 교훈을 따르는 아들들은 바른 길을 가게 될 것이다(27절, 이 구절은 어머니들과 딸들에게도 적용된다).

● 잠언 20장

지혜로운 사람이라면 자신의 결정과 행동에 따르는 결과를 고려할 것이다. "그후에는 어떻게 될 것인가?"라고 자문할 것이다.

독주에 취하는 것(1절)은 즐거운 일이 아니다. 그리고 문제를 일으키는 것(2절)은 위험을 초래할 수 있다. 처음부터 다툼을 멀리하는 것이 좋다(3절).

◆ 게으른 사람들 ◆

잠언에는 게으름을 좋게 말하는 구절이 하나도 없다. 약한 개미들도 게으른 사람들보다 더 근면하다(6:6-11). 할 일이 있는데 잠을 자고 있는 것은 부끄러운 일이다(10:4-5, 24:30-34). 게으른 사람들도 먹을 것을 구하기(잠 19:15) 위해 일하지 않을 수 없는 날이 오게 될 것이다(잠 10:24). 게으른 사람들은 일을 하지 않기 위해 여러 가지 핑계들을 생각해낼 수 있다(잠 20:4, 22:13, 26:13-16). 그리고 그 누구의 말도 그들에게 아무 유익이 되지 않을 것이다.

잠은 건강을 위해 필수적인 것이다. 그러나 너무 많은 잠을 자게 되면 가난하게 될 것이다(4, 13절). 정직하지 못한 거래로 금전적인 이익을 얻을 수도 있다. 그러나 뒷맛이 개운치 않을 것이다(17절). 지금 물려받은 상속으로 당장은 즐거움을 누릴 수 있다. 그러나 그것은 나중에 유익이 되기보다는 해가 될 것이다(21절). 탕자에게 일어났던 일을 생각해보라(눅 15:11 이하).

경솔하게 한 약속은 나중에 후회로 이어질 것이다(25절, 전 5:1-7). 그러나 사랑의 징계는 후에 그 사람을 새롭게 개선시킬 것이다. 히브리서 12장 3-11절을 묵상하고, 특히 11절에 주목하라.

● 잠언 21장

하나님이 사람의 마음을 움직이시고(1절) 그분의 목적을 이루신다. 또 우리의 마음을 알아보시려고 시험하실 수도 있다(2절). 하나님은 종교적인 행사나 의식이 아니라(3절, 삼상 15:22, 막 12:38-44), 의과 공평을 원하신다. 공평이 강조되어 있음에 주목하라(3, 7, 15절).

하나님은 악한 사람들을 - 그들의 교만(4절)과 강포(7절)와 악한 마음(10절)과 잘못된 확신(12절)과 악한 뜻으로 바치는 제물(27절)과 고집스러운 마음(29절)을 - 아시고 적절한 때가 이르면 그들을 심판하실 것이다.

악인들은 술책으로 하나님을 이겨보려 할 것이다. 그러나 하나님께는 하나님의 길이 있다(30절, 잠 19:21). 사람들이 어떤 자원들을 의존하건 간에 성공을 주실 수 있는 분은 하나님 한 분뿐이시다(31절). 하나님이 공급해주시는 수단이 어떤 것이건 그것을 사용하라. 그러나 하나님 한 분만을 의뢰하라.

ο 잠언 22장

재물로 삶을 평가한다면 실망하게 될 것이다. 하나님이 가난한 사람들과 부자들을 모두 만드셨다(2절). 그리고 그들 모두는 하나님께 소중하다(눅 6:20-26, 약 2:1-13).

큰 재물보다 좋은 성품을 - 명예를 - 택하라(1절). 돈으로 명성을 살 수는 있을 것이다. 그러나 좋은 성품을 살 수는 없다. 교만하다면, 당신이 얻을 수 있는 전부는 돈뿐이다. 그러나 겸손하다면, 명예와 장수와 부를 하나님이 주고 싶은 만큼 주실 것이다(4절).

빚 때문에 종이 되는 일이 없게 하라(7절). 또 돈을 사랑하기 때문에 다른 사람들을 억압하는 일이 없게 하라(16, 22-23절). 부자들의 호의를 얻기 위해 그들에게 선물을 준다면 결국은 가난하게 될 것이다.

가난하건 부하건 정말 중요한 것은 정결한 마음이다. 아마도 이 땅에서 가장 부유한 왕조차도 그런 마음을 가진 사람에게 주의를 기울일 것이다(11, 29절). 그리고 어느 날 우리가 그 앞에 가서 서게 될 왕 중의 왕을 잊지 말라.

◆ **재물에 대한 바른 견해** ◆

잠언은 재물에 대해 엄한 경고를 하고 있다. 재물은 우리에게 평안(15:16)이나 지혜(16:16)를 줄 수 없다. 오히려 사람을 교만하게 만들고(18:11, 23), 문제를 일으키며(15:6, 27), 우정을 오랫동안 지키지 않을 친구들을 사귀게 만들 수 있다(14:20). 우리는 하나님을 경외하고(22:4), 하나님이 우리에게 주신 것들을 다른 사람들과 나누어야 한다(11:24-25, 19:17). 빨리 부자가 되게 해주겠다고 약속하는 사람들을 경계하라. 왜냐하면 그들은 오히려 역공을 계획하며 가난에서 벗어나지 못하게 하기 때문이다(20:21, 28:20, 22). 수고와 하나님을 향한 신실함을 통해 재물을 얻어야 한다(10:4, 22).

○ 잠언 23장

반복해서 나오는 '말라'는 말은 하나님이 그분의 자녀들이 하지 않기를 바라시는 것들이 있음을 말해준다.

호사를 바라지 말라(1-3절). 부자들이 사치품들을 준다 해도 그런 것들을 바라지 말라. 그런 것들에 욕망을 품고서 부를 성취하기 위한 삶을 목표로 삼게 될 수 있다(4-5절). 재물은 쉽게 날아갈 수 있는 반면, 성품은 영원히 남는다. 또한 인색한 사람들을 가까이 하지 말라(6-8절). 그들이 아무리 많은 것을 준다 해도 그들의 마음은 다른 곳에 가 있다. 우정을 참되고 오래 지속시키는 것은 식탁에 차린 음식이 아니라 마음속에 있는 사랑이다.

어리석은 사람들이 있는 곳에서 함부로 말하지 말라(9절). 왜냐하면 그들은 그 말을 오해하고 잘못 인용해 우리를 곤경에 빠뜨릴 것이다. 하나님과 사람들이 정한 지계석을 옮기지 말라(10-11절, 22:28, 신 19:14). 그것은 강탈하고 억압하는 것이다. 그리고 하나님이 그 일을 심판하실 것이다.

◆ 진리를 중시하라 ◆

"진리를 사고 팔지 말라"는 것이 잠언 23장 23절의 조언이다. 롯은 도성에 있는 집을 위해 진리를 팔았다(창 13:1-13). 그리고 에서는 팥죽을 위해 진리를 팔았다(창 25:29-34). 사울 왕은 사람들의 지지를 얻기 위해 진리를 팔았다(삼상

15:24-35). 유다는 은 삼십 전을 위해 진리를 팔았다(마 26:14-16). 빌라도는 군중들의 동의를 얻으려고 진리를 팔았다(막 15:15). 그러나 그 모든 것은 헛될 뿐이었다!

◆ 독주를 경계하라 ◆

성경이 전적인 금욕을 요구하는 것은 아니다. 그러나 술에 취하는 죄를 확대하여 말하며 경고하고 있다. 독주는 사람을 떠들게 만든다(잠 20:1). 그리고 재물을 약속하지만 오히려 가난하게 만든다(잠 21:17, 23:20-21). 즐거움을 약속하지만 오히려 고통을 준다(잠 23:29-35). 잠시 동안은 기분 좋게 만들지만, 얼마 가지 못한다. 하나님의 은혜로 술에서 벗어나 변화될 수 있다(고전 6:9-11). 우리의 행위가 다른 사람들을 넘어지게 하지 않도록 조심해야 한다(롬 14:14-21).

자녀들이 지혜를 얻고, 우리는 그들을 통해 지혜를 얻을 수 있도록(15-16절) 자녀들을 징계하기를 두려워하지 말라(13-14절). 다른 가정에서는 어떻게 하건 죄인들을 부러워하지 말고(17-18절), 하나님을 신뢰하며 순종하라. 부모를 공경함으로 자녀들에게 좋은 본을 보이라(22절).

술을 즐기고 먹기를 탐하는 사람들처럼 되지 않도록 그런 사람들과 어울리지 말라(19-21절). 수치를 당하지 않고 상처를 입지 않으려면 술을 쳐다보지도 말라(29-35).

진리를 그 무엇과도 바꾸지 말라(23절)! 진리를 따라 살아가기 위해서는 대가를 지불해야 한다. 그러나 진리를 저버린다면 더 큰 대가를 치르게 될 것이다.

○ 잠언 24장

지혜로운 사람은 다른 사람들이 부수어버릴 때(1-4절) 건축하고, 삶의 여러 전투들에서 강건하다(5-6절). 낙담할 필요가 없다(10절). 그리고 만일 쓰러진다 해도, 넘어져 있을 필요가 없다(15-16절, 참조 - 시 37:23-24).

◆ 꿀 ◆

꿀은 유대인들의 식단에서 가장 단 음식 가운데 하나였다. 솔로몬은 중요한 교훈을 가르치기 위해 꿀을 사용했다. 그는 비통함만을 가져다줄 창기의 달콤한 말을 경계하도록 경고했다(잠 5:3). 공부하는 것이 쉽지 않을 수도 있을 것이다. 그러나 지식은 꿀과 같다. 그러므로 배우기를 좋아할 수 있도록 훈련하라(잠 24:13-14). 사람들의 칭찬은 꿀을 먹는 것과 같다(잠 25:27). 그러므로 너무 많이 먹지 말라! 꿀을 너무 많이 먹게 되면 토하게 될 것이다(잠 25:16). 그러므로 꿀 없이도 만족하는 것을 배우라(잠 27:7). 꿀을 주식으로 먹으며 살아갈 수는 없다. 마찬가지로 칭찬을 주식으로 먹으며 살아갈 수는 없다.

지혜로운 사람은 부당하게 유죄 판결을 받은 사람들을 구하기 위해 노력한다(11-12절). 우리가 도움을 줄 수 있을 때 머리를 파묻고 돕지 않는다면 하나님이 우리를 심판하실 것이다(약 4:17). 또한 적이 패배할 때 기뻐하지 않도록 조심하고(17-18절), 악인이 형통할 때 불평하거나(19-20절), 상처를 준 사람들에게 보복하려 하지 말라(28-29절).

지혜로운 사람은 기회 있을 때 수고한다(27절). 그리고 쾌락이나 안일함을 추구하지 않는다(30-34절, 6:6-11). 우리 주님을 본받으라(요 9:4).

● 잠언 25장

지도자(Leaders, 1-7절). 권세를 가진 사람들은 무슨 일이 어떻게 돌아가고 있는지를 알고 있어야 한다. 하나님은 일을 숨기실 권리가 있다. 그러나 그 누구도 지도자에게 숨겨서는 안 된다. 지혜로운 지도자는 자신의 생각을 어떻게 지키고 있어야 하는지를 알며(3절), 적절한 때에 어떻게 자신의 계획을 알려야 하는지를 안다.

지혜로운 지도자는 악한 사람들을 제거하고 옳은 일을 행한다. 6-7절은 누가복음 14장 7-8절에 기록된 우리 주님의 비유를 상기시켜준다. 겸손은 명예를 가져다준다. 그러나 교만은 수치를 불러온다.

이웃(Neighbors, 8-19절). 이웃과의 문제는 그 이웃과 직접 해결하고, 법정으로 가져가지 말라(마 5:21-26). 적절하고(11-12절) 도움이 되는(13절) 말을 하고, 약속을 지키라(14절). 이웃을 성가시게 하는 사람이나(17절) 문제를 일으키는 사람이 되지 말라(18절). 믿을 만한 사람이 되라(19절)!

원수(Enemies, 21-22절). 바울 사도는 로마서 12장 20절에서 이 구절을 인용했고, 엘리사는 이 구절을 실천했다(왕하 6:8-23). 예수님도 그렇게 하셨고, 초대교회 신자들도 그렇게 했다(눅 22:49-51, 행 7:59-60).

◆ 논쟁을 다루기 ◆

논쟁은 논쟁을 멈추어야 할 때 시작된다(잠 17:14, 30:32-33). 가능한 한 논쟁이 시작되지 않게 하라(잠 20:3). 평화에 기여하는 사람들이 있는(잠 12:20) 반면, 전쟁에 기여하는 사람들도 있다(잠 22:10, 26:21). 그리고 그 누구와도 사이좋게 지내지 못하는 사람들도 있다(잠 29:9). 하나님은 화평케 하는 사람들에게 복을 주신다(마 5:9). 그러므로 하나님의 지혜를 따르고, 화평케 하는 일에 기여하는 사람이 되라(약 3:13-18).

● 잠언 26장

솔로몬은 우리가 피해야 할 사람들을 보여주고 있다. 그 첫 번째가 미련한 사람이다(1-12절). 미련한 사람은 명예나(1, 8절) 채찍(3절), 훈계로도(4-5절) 변화시킬 수 없다. 미련한 사람에게 대답하면서 어리석은 그의 수준에 맞추어 몸을 굽히지 말라. 그렇게 하면 그는 자신이 지혜로운 사람으로 높임을 받고 있다고 생각하게 될 것이다. 아무리 훈계한다 해도 그는 자신의 어리석음으로 곧장 되돌아간다(11절, 벧후 2:22).

두 번째는 무슨 일에나 핑계를 대는 게으른 사람이다(13-16절). 그는 시늉을 하기는 하지만 아무런 진전도 이루지 못한다(14절). 그는 심지어 자기 입에 음식을 넣기도 괴로워한다(15절)! 그를 도우려 하는 것은 시간을 낭비하는 것이다(16절, 27:22).

세 번째는 문제를 일으키는 사람이다(17-28절). 이 부류에는 상관없는 일에 간섭하는 사람(17절), 장난과 희롱을 일삼는 사람(18-19절), 소문을 퍼뜨리는 사람(20-22절), 사기꾼(23-28절) 등이 포함된다.

이 장에서 말하고 있는 부류에 속하지는 않는지 자신을 살펴보라.

잠언 27장

진정한 우정은 거짓이나 질투 위에 세워질 수 없으며(4절), 사랑 가운데서 진리를 말하기 때문에(엡 4:15) 때로는 진정한 우정에 마음이 상할 수도 있다(5-6절).

> ◆ **아첨에 속지 말라** ◆
>
> 솔직한 칭찬은 격려가 될 수 있다. 그러나 아첨은 해를 끼칠 뿐이다(잠 26:28). 원수의 입맞춤을 경계하라(잠 27:6, 삼하 20:9-10, 마 26:48-50). 아첨만이 우정을 지킬 수 있는 유일한 길인 것처럼 보일 때가 있다. 그러나 나중에 후회하게 될 것이다(잠 28:23). 아첨은 그물을 펼치는 사냥꾼과 같다(잠 29:5). 그러므로 조심하라.

친구들은 사랑의 조언(9절)과 정직한 칭찬(2절)으로 서로를 격려해야 한다. 그러나 아첨하지 않도록 조심하라(14절)! 칭찬에 반응하는 방법이 우리의 성품을 보여준다. 그것은 보석을 다루는 사람의 용광로가 보석의 종류를 보여주는 것과 같다(21절). 칭찬이 다윗에게서는 그의 최선을 이끌어냈지만, 사울에게서는 그의 최악을 이끌어냈다(삼상 18:1-16). 우리는 어떤 것을 드러내고 있는가?

친구들은 서로에게 신실해야 한다(10절, 17:17). 또 가족과 이웃들에게도 충실해야 한다(10절). 우리에게 그들이 필요할 때가 언제인지, 또 그들에게 우리가 필요할 때가 언제인지 아무도 알 수 없다. 모든 사람이 다 친한 친구가 되지는 않을 것이다. 그러므로 다른 사람들을 무시할 정도로 지나치게 배타적이 되지 말라.

"아첨은 대화가 아니라 속임수다."

잠언 28장

범죄가 증가하면 정부는 더 많은 법령을 통과시키고, 그 법령을 시행하기 위해 더 많은 사람들을 고용하게 된다(2절). 하나님의 율법을 어길 때 우리는 악을 조장하는 것이다. 반대로 하나님의 율법에 순종할 때 우리는 의를 장려하는 것이다(4절). 그리고 그 때문에 하나님이 우리의 기도에 응답해주실 수 있다(9절). 로마서 13장을 읽고, 그리스도인들에게 하나님이 어떻게 말씀하시는지를 확인해보라.

악한 통치자는 의인을 숨게 만드는(12, 28절) 사나운 짐승과 같다(15절). 무지한 통치자나 돈을 좇는 통치자들도(16절) 악한 통치자에 포함된다. 그 당시 사람들은 지도자를 교체하거나 법을 바꿀 수 없었다. 따라서 그들이 할 수 있는 일은 스스로 자신을 보호하는 것뿐이었다.

법과 지도자들이 공평하지 않으면 일반적으로 가난한 사람들은 고통을 당하고, 부자는 이익을 보게 된다. 그러나 가난한 사람도 성실함(6절)과 명철함(11절)을 가지고 그의 필요를 채워주실 하나님을 신뢰할 수 있다(27절).

오늘 당신이 도와주어야 할 사람이 있는가?

● 잠언 29장

정직한 사람들이 법을 강화하면 사람들이 기뻐하고(2절), 안전하고 질서가 지켜지는 사회가 이루어진다(4절). 법을 무시하는 지도자들은 위험을 초래할 수 있다. 그러므로 지혜로운 사람들은 행동할 준비를 하고 있어야 한다(8절). 물론 지혜로운 지도자들도 변화시킬 수 없는 사람들이 있다(9절).

지도자들은 거짓이 아니라 진리를 기초로 행동해야 한다(12, 14절). 하나님의 진리가 법의 기초가 되어야 한다. 그리고 하나님의 말씀이 선포되고, 그 말씀에 사람들이 순종하는 곳에 행복이 있을 것이다(18절). 지도자들이 백성들을 기쁘게 하려 하거나, 백성들을 두려워한다면 곤란을 당하게 될 것이다. 대신 하나님께 순종한다면 하나님이 그들에게 복을 주실 것이다(25-27절).

모든 사람은 자신의 감정(11, 22절)과 말(20절)을 절제해야 한다. 우리가 정부를 운영할 수는 없다. 그러나 우리 마음속에 있는 나라는 우리가 운영할 수 있다(잠 16:32, 25:28).

◆ 뇌물 ◆

뇌물은 법과 나라의 근간을 좀먹는 것이다(잠 29:4). 따라서 원수처럼 미워해야 한다(잠 15:27). 뇌물은 재판을 굽게 하고(잠 17:23), 정직하지 못한 사람들이 직책을 맡게 하며(잠 18:16), 호의를 입게 하고(잠 19:6), 문제를 해결하지 않은 채 사람들을 달랜다(잠 21:14). 자신의 성실함을 팔려고 내어놓는 사람은 정부의 지도자로 합당치 못한 사람이다.

● 잠언 30장

하나님(2-4절)과 하나님의 말씀(5-6절)을 경외하는 아굴의 자세는 그에게 귀를 기울여볼 만큼 그가 지혜로운 사람이라는 것을 입증해준다. 그는 재물(7-9절, 빌 4:10)과 가족(17절)에 대한 바른 자세를 가지고 있다. 그리고 하나님께 등을 돌린 세대를 염려하고 있었다(11-14절). 그는 우리에게 몇 가지 교훈을 말해주고 있다.

결코 만족하지 못하는 것들이 있다(Some things are never satisfied, 15-16절). 거머리는 피를 더 많이 원하고, 무덤은 죽은 사람들을 더 많이 원한다. 아이를 낳지 못하는 여인은 아이를 갖고 싶어하고, 땅은 물을 원하며, 불은 더 많은 연료를 원한다(잠 26:20-21). 불만은 우리가 사는 세상에서 많은 문제들을 야기한다.

경이로움을 잃지 말아야 하는 것들이 있다(Some things must never lose their wonder, 18-19절). 과학은 새들의 비행과 뱀의 움직임과 해류와 인간의 성에 대해 설명할 수 있을 것이다. 그러나 그렇다고 해서 그런 것들의 경이로움까지 앗아가지는 못한다. 생명과 사랑은 실험실에서 할 수 있는 실험이나, 전문가들의 편리한 공식으로 설명되지 않는다. 살아가면서 경이로움을 느끼는 감각을 잃지 말라.

언제나 문제를 일으키는 것처럼 보이는 것들이 있다(Some things always seem to cause trouble, 21-23절). 종들은 왕의 권세와 호사를 어떻게 다루어야 하는지 잘 알지 못한다(잠 19:10). 그래서 그들은 문제를 해결하는 대신 문제를 야기한다. 어리석음과 미움은 먹거나 결혼을 한다고 해서 달라지지 않는다. 오히려 더 악화될 뿐이다. 창세기 16장은 하녀가 높아지면 어떤 일이 일어나게 되는지를 잘 보여준다.

작지만 매우 지혜로운 것들이 있다(Some small things are very big in wisdom, 24-28절). 개미에게는 준비하는 지혜가 있고, 사반에게는 자신을 보호하는 지혜가 있으며, 메뚜기에게는 협력하는 지혜가 있고, 거미에게는 가장 좋은 곳을 골라 집을 짓는 지혜가 있다. 우리가 따라야 할 좋은 본보기들이다!

명예를 위해 지어진 것들이 있다(Some things are made for honor, 29-33절). 사자와 사냥개와 숫염소는 왕처럼 당당하다. 하나님이 그렇게 만드셨기 때문이다. 개는 사자가 아니고 염소는 멋진 개가 아니다. 그러나 그 각각은 나름대로의 명예를 지니고 있다. 왕은 당당하다. 왜냐하면 신하들과 장식을 한 마구들이(군대와 같은) 있기 때문이다. 스스로 자신을 높이면(32절) 그것은 인공적인 명예에 불과할 뿐이다. 그러나 하나님이 계획하신 하나님의 목적을 우리 안에서 이루실 수 있게 해드린다면 우리는 진정한 명예를 얻게 될 것이다.

> ◆ **가정에서의 공경** ◆
>
> 잠언은 가정에 대해 많이 언급하고 있다. 지혜로운 자녀들은 부모에게 기쁨이 된다(10:1, 15:20, 17:21, 25, 19:26, 23:24-25). 자녀들이 부모를 공경하지 않고(23:22, 30:17), 부모를 저주하며(20:20), 잘못된 친구들을 사귀면서 돈을 낭비하고(28:7, 29:3), 부모의 물건을 훔치는 것은(28:24) 비극적인 일이다. 자녀들이 어릴 때 징계하는 것은 그들이 부모의 권위를 존중하고, 부모의 사랑에 감사하는 것을 배울 수 있는 기회가 된다(13:24, 19:18, 22:15).

○ 잠언 31장

잠언은 악한 여성들에 대한 경고로 시작해서 경건한 여성에 대한 묘사로 끝이 난다. 이 경건한 여성은 모든 면에서 칭찬할 만하다.

그녀의 손을 보라. 그녀는 부지런하게 일하는 사람이다(13, 19절). 그리고 많은 수확을 거두어들인다(31절). 그녀는 음식을 만들고, 바느질을 하며, 재산을 관리하고, 밭을 가꾸기까지 한다. 그녀의 가족들에게는 부족한 것이 없다. 그리고 그녀는 가난한 사람들을 후하게 돕는다(20절).

그녀의 입은 지혜를 말한다(26절). 그녀는 가족들과 친구들에게 지혜로운 조언을 해준다. 기회를 놓치지 않고(13, 16절) 가족들의 필요를 돌보기 위해(27절) 그녀의 눈은 늘 대기 상태로 있다.

무엇보다 중요한 것은 그녀의 마음이 하나님과 남편에게 충실하다는 것이다(11-12, 30절). 자녀들과 남편으로부터(28-29절), 또 그녀가 한 일들 때문에 그녀가 칭찬을 받는 것은(31절) 전혀 놀랄 일이 아니다.

30절과 베드로전서 3장 1-6절을 비교해보고, 어떤 아름다움이 정말로 오래 지속될 수 있는지를 알아보라.

전도서
Ecclesiastes

전도서에 솔로몬의 이름이 언급되어 있지는 않지만, 아마도 솔로몬 왕이 전도서를 썼을 것이다. 그는 자신을 '전도자'라고 불렀다. 전도자란 '집회를 열어 주제를 논의하는 사람'이라는 뜻이다. 집회에 해당하는 헬라어 단어는 에클레시아(ekklesia, 신약 성경에서 '교회'를 뜻하는 말로 사용된 단어)다. 전도서(Ecclesiastes)라는 책의 제목은 바로 그 단어에서 나온 것이다. 그 당시 가장 지혜롭고, 가장 부유하며, 가장 큰 권력을 가지고 있던 솔로몬에게는 분명히 전도서에서 언급하고 있는 일들을 할 수 있는 기회와 자원들이 충분히 있었을 것이다.

이 책에서 솔로몬은 "산다는 것은 의미 있는 것인가?"라는 질문에 대한 대답을 찾고 있다. 먼저 그는 문제를 진술하고 부정적인 의견들을 제시하고 있다(1-2장). 그런 다음 그는 여러 각도에서 문제를 살펴보고(3-10장), 긍정적인 의견들을 제시하고 있다. 그는 하나님을 최우선으로 하고 하나님의 말씀에 순종한다면, 인생은 살 만한 가치가 있는 것이라는 결론을 내린다(11-12장).

염세적인 책이라 불리는 전도서는 사실상 매우 현실적인 책이다. 솔로몬은 삶과 죽음, 성공과 실패, 시간과 사건들을 살펴보고, 모순되고 공허해 보이는 세상에서 어떻게 의미 있는 삶을 살아갈 수 있는지에 대한 지혜로운 조언들을 기록했다. 하나님을 배제하고 보면('해 아래서') 인생은 실제로 '헛된'(공허한) 것이다. 그러나 그리스도를 위해 살 때 인생은 결코 '헛된' 것이 아니다(고전 15:58).

솔로몬은 주어진 인생을 향유하고, 하나님이 주신 선물들에 감사하라고 6번이나 조언하고 있다(2:24, 3:12-15, 22, 5:18-20, 8:15, 9:7-10, 11:9-10). 전도서는 쾌락을 추구하는 에피쿠로스 학파("먹고, 마시고 즐기자. 왜냐하면 우리는 곧 죽게 될 것이다")의 철학이 아니라, 인생을 하나님의 영광을 위해 사용하고 향유하도록 하나님이 주신 선물로 받아들이는 신자의 즐거운 견해다(딤전 6:17-19).

◦ 전도서 1장

논의를 시작하면서 솔로몬은 인생을 헛된 것이라 확신했다. 때때로 우리도 같은 이유 때문에 그렇게 느낄 수 있다. 주위를 돌아보면 창조 이래 똑같은 기능을 반복하고 있는 자연을 보게 될 것이다(1-8절). 그리고 과거를 돌아다보면 반복되고 있는 역사를 보게 될 것이다(9-11절). 내면을 들여다보면 우리의 지혜와 경험으로는 인생의 신비를 설명하거나, 인생의 문제를 해결할 수 없다는 사실을 깨닫게(솔로몬이 그랬던 것처럼) 될 것이다(12-18절). 헛되고 헛되도다!

솔로몬이 범한 큰 실수는 무대 위에서 하나님을 배제하고, 하나님이 창조 세계 속에서 새로운 일을 하고 계신다는 사실을 잊었던 것이다. 하나님은 여호수아를 위해 해를 멈추셨고(수 10:12), 히스기야를 위해 뒤로 물러나게 하셨다(사 38:8). 하나님은 자신의 백성들을 위해 바다(출 14장)와 강(수 3장)을 여셨다. 하나님이 세상과 인간의 역사를 다스리신다. 그리고 하나님이 하시는 일은 '헛되지' 않다.

지혜의 하나님과 하나님의 지혜를 배제한다면 지식 때문에 슬픔이 더 커질 수 있다. 사탄은 하나님이 배제된 지식을 약속했다(창 2:17, 3:1-5). 그러나 그 지식은 죄와 사망을 불러왔을 뿐이다. 지식이 더해지는 동안 우리는 은혜 안에서 자라가야 한다(벧후 3:17-18). 그렇지 않으면 지식 때문에 비판적이 되고 냉소적이 될 것이다.

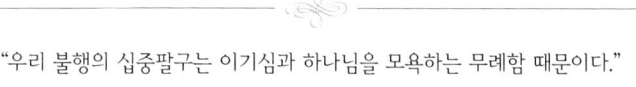

"우리 불행의 십중팔구는 이기심과 하나님을 모욕하는 무례함 때문이다."

G. H. 모리슨(G. H. Morrison)

◦ 전도서 2장

하나님은 누리고 투자하도록 인생을 만드셨다(딤전 6:17-19). 그리고 솔로몬은 그것을 실험해보기로 했다. 그는 쾌락(1-3절)과 일(4-6절)과 부의 획득(7-9절)

으로 자신의 마음을 시험해보았다. 그리고 그런 것들이 만족을 줄 수 없다는 사실을 알게 되었다. 그런 것들은 어느 정도의 즐거움을 줄 수는 있지만, 시간이 지나고나면 공허감만 남게 된다(10-11절). 하나님 없는 즐거움은 오락에 불과한 것이다. 우리는 오락에 의존해 살아갈 수 없다.

그 결과 솔로몬은 냉소적이 되었다. 산다는 것이 싫어졌다(12-23절, 참조 - 시 34:11-14, 벧전 3:10-12). 그는 "결국 죽게 될 텐데 이 모든 것들이 다 무슨 소용이란 말인가? 누가 날 기억할 것인가?"라고 물었다. 그의 질문에 대한 바울 사도의 대답을 고린도전서 15장 58절에서 볼 수 있다. 그리고 요한일서 2장 17절에서는 요한 사도의 대답을 볼 수 있다.

우리가 소유하지 못한 것들에 대해 불평하는 대신, 하나님이 우리에게 주시고 누리게 하신 것들에 대해 감사하자(24-26절).

◆ 빈정대는 사람 ◆

헨리 워드 비처(Henry Ward Beecher)는 빈정대는 사람을 "좋은 것은 결코 보지 못하고 나쁜 것은 놓치지 않고 보는 사람이다. 그는 어둠 속에서 밤을 지키며 낮에는 앞을 보지 못하고, 좋은 사냥감을 결코 보지 못하고 해충만 잡아먹는 올빼미와 같은 사람이다"라고 묘사했다.

○ 전도서 3장

균형(Balance, 1-8절). 극히 어려운 상황에 처하면 우리는 한쪽 면만을 보기 쉽다. 이 장에서 솔로몬은 하나님이 인생을 다스리시며, 모든 것의 균형을 유지하고 계신다는 사실을 상기시켜주고 있다. 사별에는 고통이 따른다. 그러나 출생에는 기쁨이 따른다. 우리는 언제나 울기만 하는 것도 아니고, 언제나 웃기만 하는 것도 아니다. 욥은 이 원리를 알고 있었고, 따라서 그는 고난 속에서 힘을 얻을 수 있었다(욥 1:21).

아름다움(Beauty, 9-17절). 지금은 아름답게 보이지 않지만, 하나님이 모든 것을 아름답게 하실 것이다(롬 8:28, 사 61:1-7). 씨가 어떻게 생겼건 꽃은 아름답다. 그러므로 하나님께 일하실 시간을 드리라. 우리는 영원을 위해 지어졌다. 그리스도 안에서 우리는 지금 그 영원한 생명, 즉 하나님의 생명을 공유하고 있다(요일 5:9-13).

매장(Burial, 18-22절). 솔로몬은 죽음이라는 사실을 마주 대하고 있다. 이 책에서 그는 몇 차례 그런 경험을 하게 될 것이다. 사람과 동물 모두 죽어 묻힌다. 그리고 그 시체들은 똑같이 흙으로 돌아간다. 사람의 영혼은 하나님을 만나기 위해 위로 올라간다(21절). 어느 날 하나님이 흙 속에서도 아름다움을 이끌어내실 것이다(고전 15:35-58)! 오늘을 향유하면서 하나님이 주신 모든 것에 감사하라.

전도서 4장

당신을 둘러싼 모든 것에서 벗어날 수 있으면 좋겠다고 생각해본 적이 있는가? 주위 사람들은 당신의 신경을 거스르고, 환경은 계획을 어긋나게 만든다. 문제를 해결할 수 있는 가장 좋은 해결책은 아무것과도 상관없이 사는 것처럼 보인다. 그러나 그것이 정말 가장 좋은 해결책인가?

인생의 문제들을 보면서 솔로몬은 온갖 역경과 불평등을 보았다(1-6절). 그는 또 아무도 혼자 살 수 없다는 것도 알게 되었다. 혼자 일하는 사람은 이익을 다 가질 수 있다. 그는 돈을 버는 데 너무 열중하느라 그 돈을 즐길 시간이 없다(7-8절). 무덤 속에서 그가 얼마나 부유할 수 있겠는가?

사람들이 모여 사는 사회에는 보상도 있고 위험도 있다. 그러나 보상이 더 크다. 넘어져 다리가 부러지거나, 위험에 처하게 되었을 때 옆에서 도와줄 친구가 있다면 고마울 것이다(9-12절). 우리는 모두 혼자 있어야 할 필요가 있다. 그러나 그 누구도 다른 사람을 의존하지 않고 살 수는 없다. 우리를 격려해주는 친구들이 있을 때에도 산다는 것은 그리 만만치 않다. 그런데 혼자 살아가야 한다면 어떻겠는가?

"외로움은 하나님이 좋지 않게 보셨던 첫 번째 것이었다"(창 2:18 참조).

존 밀턴(John Milton)

○ 전도서 5장

성급하게 말하지 말라(Do not speak rashly, 1-7절). 우리의 입이 우리에게 죄를 범하게 만들 수 있다. 특히 위선적으로 기도하거나 하나님께 성급하게 약속할 때 더욱 그렇다. 하나님은 성급한 말과 거짓말을 기뻐하지 않으신다. 또 약속을 지키지 않고 변명할 때 그 변명들을 용납하지도 않으실 것이다. 말만 앞세우는 종교적인 환상이라는 꿈 속 세상에서 살지 말라. 하나님 앞에서 솔직하라(요일 1:5-10).

악행을 보고 놀라지 말라(Do not marvel at wrongs, 8-9절). 그렇다고 악행을 인정해주라는 뜻은 아니다. 그런 일들이 일어날 때 놀라지 말라는 뜻이다. 솔로몬 당시 가난한 유대인들은 도움을 주기 전에 먼저 대가를 요구하는 이기적인 관료들의 횡포를 견뎌야 했다.(지금은 달라졌는가?) 정의가 이루어지는 것을 보기 위해 노력해야 한다. 그리고 그 노력들이 실패한다고 해서 낙심하지 말라.

재물을 탐하지 말라(Do not covet wealth, 10-20절). 가난한 사람들은 돈이 더 있으면 자신들의 모든 문제가 해결될 것이라 생각한다. 그런데 부자들은 그들의 돈 때문에 곤경에 처한다! 돈은 만족을 주지 못한다(10절). 또 평온함을 보장해주지도 못한다(12절). 평안은 돈으로 살 수 없다. 하나님의 선물들을 우리와 공유하실 뿐 아니라, 우리가 그것들을 향유할 수 있게 하시는 하나님께 감사하라. 누구나 다 그렇게 할 수 있는 것은 아니다.

"아 하나님, 우리가 바꿀 수 없는 것들을 받아들일 수 있는 평온함과 바꾸어야 할 것들을 바꿀 수 있는 용기와 그 둘을 구분할 수 있는 지혜를 주옵소서."

라인홀드 니버(Reinhold Niebuhr)

● 전도서 6장

이미 자신에게 있는 것을 인정하라(Accept what you have). 다른 것을 찾기 위해 두리번거리는 대신(9절) 이미 자신에게 있는 것을 하나님이 주신 선물로 받아들이라. 그러나 게으르거나 체념하라는 말은 아니다. 하나님은 우리가 하나님에게서 받은 것들을 잘 활용하기 바라신다(마 25:14-30).

가진 것을 즐기라(Enjoy what you have). 재물을 가지고 오래 살면서도 그것을 누리지 못한다면 얼마나 비극이겠는가! 가난한 사람은 더 갖고 싶어하는 반면, 부자는 자신이 가진 것의 일부라도 누릴 수 있기를 바란다(잠 15:16-17).

가진 것을 오늘 즐기라(Enjoy what you have TODAY). 인생은 그림자처럼 지나가고 우리는 미래를 알 수 없다(12절). 하나님의 뜻 안에서 오늘 주어진 기회와 복들을 잘 활용하라. 그러면 앞으로 오게 될 것들을 잘 맞이할 수 있을 것이다.

"사람의 부(富)는 그가 어느 정도 만족할 수 있는지에 따라 결정된다."

헨리 데이빗 소로우(Henry David Thoreau)

● 전도서 7장

훌륭한 삶(The better life, 1-12절). 훌륭한 삶에도 슬픔이나 책망과 같은 '쓰라린 것들'이 포함되어 있다. 그러나 그 쓰라린 것들이 삶을 더 좋게 만들 수 있다. 우리는 태어나면서 이름을 갖게 된다. 그리고 죽음과 함께 그 이름은 악취를 풍길 수도 있고 향기를 발할 수도 있다. 그것은 어떻게 살았는지에 따라 달라진다.

아름다운 이름을 남길 수 있다면 죽음이 출생보다 나을 것이다. 왜냐하면 그 어떤 것도 그 이름에 손상을 가할 수 없기 때문이다. 그런 점에서 끝이 시작보다 낫다(8절). 슬픔과 책망은 다른 방법으로는 배울 수 없는 교훈들을 우리에게 가르쳐줄 수 있다(잠 27:5-6, 12).

균형 잡힌 삶(The balanced life, 13-24절). 하나님은 형통과 역경을 모두 주신다. 그리고 얼마나 많이, 얼마나 오랫동안 주셔야 하는지도 잘 알고 계신다. 미래를 미리 보려 하는 대신(14 하반절) 현재에 충실하고, 고통과 즐거움을 통해 어떻게 유익을 얻어야 하는지를 배우라(빌 4:10-13). 16-17절에서 솔로몬은 신중을 기하면서 양쪽으로부터 최상의 것을 얻어내라고 제안하는 것이 아니다. 히브리 본문에 사용된 동사들의 시제가 그 의미를 보여준다. "의인이라고 또는 지혜자라고 주장하지 말라"는 뜻이다. 우리의 삶은 여전히 진행 중에 있으며 아직 다 마친 것이 아니다(빌 3:12-16). 그렇기 때문에 하나님이 시련과 승리를 통해 우리 삶의 균형을 맞추어주시는 것이다. 그 때문에 우리는 교만하지 않게 되고, 우리에게 주어진 길을 가게 되는 것이다.

◆ **어떻게 반응하는가?** ◆

솔로몬은 "사람들이 말하는 것을 모두 마음에 담아두지 말라"고 조언한다(전 7:21). 교만한 사람은 다른 사람들이 자신에 대해 말하는 것에 예민하게 반응하면서 신속하게 응수한다. 그런 반응은 불을 계속 타오르게 하고, 모든 사람에게서 평안과 기쁨을 빼앗아간다. 찰스 스펄전은 "사람들의 혀를 멈추게 할 수 없다. 그러므로 귀를 막고 그들이 하는 말에 신경 쓰지 않는 것이 최선이다"라고 조언했다.

● 전도서 8장

언제나 우리가 원하는 대로 얻을 수는 없다. 그러므로 의견 차를 지혜롭게 다루는 법을 배우라. 밝은 얼굴이 굳은(뻔뻔스러운) 얼굴보다 낫고, 밝은 얼굴을 지니는 것도 지혜다. 미소짓는 것을 배우라. 그리고 웃는 것도 배우라!

가능한 한 권위에 복종하라. 지시 받은 것을 행하고 약속을 지키라. 노를 발하지 말고 순응하라. 그러나 잘못된 일에 동참하지 말라. "사람보다 하나님을 순종하는 것이 마땅하다"(행 5:29). 지혜로운 사람은 분별력을 가지고 말하고, 행동해야 할 적절한 때를 안다(6절, 약 1:5).

세상에는 불공평한 일들(10-13절)과 불가사의한 일들(14-17절)이 많이 있다. 그런 일들은 하나님께 맡기고, 하나님이 맡기신 일에 충실하라. 자기 자신을 자신이 기쁘게 해야 할 가장 중요한 사람으로 여기지 않는다면, 이 세상에는 우리가 누릴 수 있는 많은 것들이 있다. 하나님을 최우선순위에 두고 다른 사람들을 섬기라. 그러면 삶이 의미 있고 즐거울 것이다.

> "사람들과 사건들과 상황들을 자신에게 미치는 영향이라는 관점에서만 고려하는 것은 지옥문 앞에서 사는 것이다."
>
> 토마스 머튼(Thomas Merton)

○ 전도서 9장

죽음은 인생의 한 부분이다. 우리는 죽음에 대한 생각을 회피할 수도 있다. 그러나 죽음을 피할 수는 없다(히 9:27). 죽음을 준비할 수 있는 유일한 길은 예수 그리스도를 믿는 믿음을 통해 영생이라는 하나님의 선물을 받고(요 3:16, 롬 6:23, 요일 5:9-13), 하나님이 부르실 때까지 그분의 뜻에 순종하는 것이다.

죽음이 우리 삶의 기쁨을 앗아가게 할 필요는 없다. 하나님은 우리가 잔치(7-8절)와 가족(9절)과 하나님이 우리에게 주신 일들(10절)을 즐겁게 누리기 바라신다. 인생은 예측할 수 없다(11절). 그렇다고 비합리적인 것도 아니다. 하나님이 그분의 영광에 합당할 수 있도록 매일 우리에게 지혜를 주실 수 있게 해드리라(16-18절). 죽음에 대한 생각은 우리를 마비시키는 것이 아니라 우리에게 활력을 주어야 한다(빌 1:19-26, 딤후 4:6-8).

● 전도서 10장

　당신이 지혜로우면 지혜로울수록 작은 어리석음이라도 당신의 성품과 명성에 큰 손상을 가할 수 있다. 세상은 어리석은 사람들을 높이고, 높임을 받아야 할 사람들을 낮추는 것처럼 보인다(5-7절). 그러나 그렇다고 해서 어리석게 살려 해서는 안 된다.

　성경이 기록된 당시 오른편은 명예를 뜻하고, 왼편은 치욕을 뜻했다(마 25:33, 41). 2절은 솔로몬이 잠언 4장 23절에서 말한 것을 다른 방식으로 표현한 것이다. 마음을 지키면 어리석은 말(11-14절)이나 행동(8-10절)을 피할 수 있다. 10절은 "힘들게 일하지 말고 영리하게 일하라!"는 말을 솔로몬이 자신의 방식으로 표현한 것이다. 연장의 날이 무디어지지 않게 하라!

　자신을 위해 사는 지도자들은 시간과 자원과 섬길 수 있는 기회를 낭비하는 것이며, 그것은 어리석은 것이다(16-19절). 그들은 사람들의 희생을 대가로 인생을 즐기지만, 결국 그들의 어리석음이 그들을 추월하게 될 것이다.

　향내나는 삶 속에서 제거되어야 할 '죽은 파리'가 당신의 삶 속에 자리잡고 있는 것은 아닌지 확인해보라.

● 전도서 11장

　믿음으로 살라(Live by faith, 1-2절). 솔로몬은 무역선을 여러 척 소유하고 있었고(왕상 9:26-28), 그것들은 큰 재물을 얻는 데 많은 도움이 되었다. 인생도 그와 같다. 우리 인생이 어딘가를 향해 가고자 한다면 믿음으로 항해를 시작해야 한다. 배 한 척만을 의지한다면 실패할 수 있을 것이다. 그러므로 여러 노력들을 하며, 그 가운데서 우리를 인도하시는 하나님을 신뢰하라.

　핑계대지 말라(Avoid excuses, 3-5절). 농부는 날씨가 좋지 않아도 자신이 해야 할 일을 한다. 태어나지 않은 아기가 어떻게 자라는지 우리는 설명할 수 없다. 그러나 그렇다고 해서 사람들이 가정을 갖지 않는 것은 아니다.

열심히 일하라(Work hard, 6-8절). 아침 일찍 일을 시작하고, '아무도 일할 수 없는'(요 9:4) 밤이 오고 있다는 사실을 기억하라. 점점 나이가 들어갈 것이다. 그리고 많이 일할 수 없는 날이 오게 될 것이다. 그러므로 할 수 있을 때 기회를 살려 일하라. 이른 아침에 기분 좋게 하루를 시작하면 밤에는 단잠을 자게 될 것이다(전 5:12).

"얼마나 멋진 하루였는지를 확인하기 위해서는 밤이 될 때까지 기다려야 한다."

소포클레스(Sophocles)

하나님을 기쁘시게 하라(Please God, 9-10절). 슬픔을 제거할 수 있는 가장 좋은 방법은 악을 피하고 하나님을 경외하며 살아가는 것이다. 빨리 그렇게 하면 할수록 그만큼 더 행복한 삶을 살게 될 것이다. 어린 시절과 청년기는 덧없이 지나간다. 삶의 근간이 될 중요한 기초를 놓을 이 시간은 그리 길지 않다. 그러나 새롭게 시작하기에 늦은 때는 결코 없다. 그리고 지금 바로 그렇게 할 수 있다.

○ 전도서 12장

당신은 지금 어떤 삶을 살아가고 있는가?

노년의 삶(Days of decline, 1-8절). 마지막으로 솔로몬은 늙기 전에 그리고 폭풍우가 오기 전에 가능한 한 모든 기회들을 잘 활용해야 한다고 주장하고 있다(2절). 노년에 대한 그의 시적 묘사는 상당히 생생하다. 떨리는 팔다리와 잘 보이지 않는 눈(3절), 잘 듣지 못하는 귀와 신경과민(4절), 두려움과 흰머리와 떨어진 식욕 그리고 마침내 맞이하게 되는 죽음(5-7절, 고후 4:16-18)을 묘사하고 있다.

배우는 삶(Days of learning, 9-12절). 나이에 상관없이 하나님이 말씀하시는 것을 듣고 주의를 기울여야 한다. 너무 늙어 더 이상 지혜로워질 수 없거나, 아니면 너무 늙었다고 어리석게 행동하지 않는 것도 아니다. 많은 주제들에 관한 많은 책들을 읽을 수 있을 것이다. 그러나 하나님의 말씀을 이해하고 지혜로운 삶을 살아가는 일에 주력하라. 하나님의 말씀은 의지할 수 있는 잘 박힌 못과 같다. 하나님의 말씀은 하나님의 뜻을 행하도록 우리를 자극하는 채찍이다.

순종하는 삶(Days of obedience, 13-14절). 하나님을 경외한다면 그것으로 충분하다. 하나님 아버지의 뜻 안에서 안전할 것이다. 하나님이 책으로 출판하실 수 있는 그런 삶을 살아가라. 그 책을 온 세상이 다 읽어도 부끄럽지 않을 것이다. 영원을 염두에 두고 살아가라. 시간이 남긴 황폐한 자취에 괴로워하지 않게 될 것이다.

아가

The song of solomon

유대인들의 전승은 아가서를 이스라엘을 향한 여호와의 사랑을 그린 것으로 본다. 또한 그리스도인들은 그것을 신자 개개인뿐 아니라(요 14:21-24) 교회를 향한 하나님의 사랑(엡 5:23-33)을 설명하고 있는 것으로 본다.

'줄거리'는 미천한 소녀를 향한 솔로몬 왕의 사랑이다. 구애(1:1-3:5)는 결혼으로(3:6-5:1) 그리고 부부애의 기쁨과 시련으로(5:2-8:14) 이어진다. 이 책은 실제로 남편과 아내의 사랑을 아름답게 보여주고 있는데, 그것은 유대인들이 성생활을 하나님이 주신 소중한 선물로 그러면서, 결혼한 사람들의 진정한 헌신을 말해주는 거룩한 표현으로 받아들였기 때문이다.

아가서는 또 신자와 구세주의 사랑스런 관계를 표현하고 있다. 그리스도는 우리를 그분과의 심오한 교제 속에서 즐거워할 수 있도록 인생의 하찮은 것들로부터 불러내신다. 그리스도와 나누는 교제에도 어려움과 징계가 없는 것은 아니다. 그러나 그 교제는 보다 행복하고 거룩한 삶으로 우리를 이끌어간다.

> "역사서는 성전의 바깥뜰에 비유할 수 있다. 복음서와 서신서와 시편은 우리를 성소 또는 제사장의 뜰로 데려간다. 그러나 아가서는 가장 거룩한 곳으로 - 알지 못하는 많은 신자들에게는 여전히 휘장이 드리워 있는 지성소 안으로 - 우리를 안내한다."
>
> 찰스 해돈 스펄전(Charles Haddon Spurgeon)

아가서를 읽을 때는 그 속에서 말하고 있는 다양한 사람들을 구분해야 한다. 최근 번역된 성경 가운데는 독자들을 위해 그들이 누구인지를 밝혀놓은 것들도 있다. 그리고 아가서는 성숙한 사람들을 위한 시라는 사실도 염두에 두어야 한다. 동양적인 이미지를 풍부하게 사용하고 있으므로 읽을 뿐 아니라 '느껴야' 한다. 솔로몬은 탐구하는 정신을 위해 전도서를 썼고, 순종하려는 의지를 위해 잠언을 썼다. 그리고 사랑하는 마음을 위해 아가서를 썼다. 균형 잡힌 삶을 위해서는 세 가지 모두 필요하다.

○ 아가 1장

우리가 우리 자신을 어떻게 보건 그리스도는 우리를 사랑하신다(5-6, 8, 15절). 그리스도를 향한 우리의 사랑은 말(2-3, 16절)과 행동(요 14:21-24)으로 표현되어야 한다. 주님과 함께 시간을 보내라. 그리고 먹고 마시고(2, 12절) 달콤한 향유의 향내를 즐기듯이(3, 12-13절, 요 12:1-8) 주님의 사랑을 즐거워하라.

주님과 사랑을 나누는 관계가 정체되어서는 안 된다. 왜냐하면 주님은 우리가 더 깊은 경험을 할 수 있도록 주님의 침궁(4절)과 잔칫집(2:4)으로 우리를 인도하고 싶어하시기 때문이다. 주님을 따라가는 것을 두려워하지 말라. 주님의 사랑은 우리를 결코 나쁜 길로 이끌지 않으신다. 주님과 교제하는 동안 즐거움과 풍성함은 우리의 것이 될 것이다.

동시에 자신의 일을 소홀히 하지 말라(6절). 신실한 섬김은 주님께 우리의 사랑을 보여드릴 수 있는 한 방법이다. 마리아와 마르다 둘 중의 하나를 선택하려 하지 말라(눅 10:38-42). 섬기는 것과 사랑하는 것은 둘 다 균형 잡힌 그리스도인의 삶에 속한 것이다. 그리고 다른 사람들로부터 격리되는 일이 없게 하라. 주님의 양 떼와 주님의 발자국을 따라가라. 그러면 사랑스런 교제의 길을 따라 걷게 될 것이다(요 21:15-25).

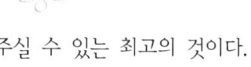

> "사랑은 하나님이 우리에게 주실 수 있는 최고의 것이다. 왜냐하면 하나님이 사랑이시기 때문이다. 그리고 사랑은 우리가 하나님께 드릴 수 있는 최고의 것이기도 하다."
>
> 제레미 테일러(Jeremy Taylor)

○ 아가 2장

그리스도를 향한 사랑이 성장해감에 따라 우리는 기쁨과 고통 모두를 포함하는 다양한 경험들을 예상해야 한다. 우리는 주님의 그늘(3절)과 잔치(4-5절)와 부드러운 사랑의 표현(6절)을 즐거워하게 될 것이다. 그러나 또 산(8절)과 벽(9절)과 겨울(11절)과 살살 기어들어와 우리의 일을 망가뜨리려 하는 적들(15절)을 만나리라는 것을 예상해야 한다.

주님이 교제를 위해 언제 오실지 우리는 알 수 없다. 그러므로 늘 깨어 있어야 한다. 우리가 가장 기대하지 않고 있을 때 주님이 오셔서(8절), 서서 보시며(9절), 말씀하실(10절) 것이다. 우리 스스로 쌓아올린 것 외에는 그 어떤 장애도 주님과 우리 사이를 가로막지 못한다. 주님은 우리와 함께하시며, 우리를 더 높이 들어올리고 싶어하시기 때문에 산들도 뛰어넘으신다(14절).

그리스도와 사랑의 교제를 나눌 때 그 시간은 겨울이 지나고 찾아오는 봄과 같고(10-13절), 새날이 밝아오는 이른 아침과 같다(17절).

'구주를 생각만 해도'

구주를 생각만 해도 내 맘이 좋거든
주 얼굴 뵈올 때에야 얼마나 좋으랴.

만민의 구주 예수여 귀히신 이름은
천지에 온갖 이름 중 비할 데 없도다.

> 클레르보의 버나드(Bernard of Clairvaux)가
> 작시한 12세기 라틴 찬송가.
> 에드워드 캐스웰(Edward Caswall) 번역.

아가 3장

찾음(Seeking, 1-3절). 주님이 우리를 찾아오실 때가 있다(2:8). 그러나 또 우리가 하나님을 찾아가야 하는 때도 있다. 침상의 안락함과 안전함을 뒤로하고 위험한 길로 나가는 것은 쉬운 일이 아니었다. 그러나 사랑은 사랑하는 사람을 찾을 때까지 쉬지 못한다. 그런 사랑을 하고 있는가?

발견함(Finding, 4-5절). 그녀는 성 안을 순찰하는 자들이 전해준 정보에 만족하지 않았다. 그녀는 사랑하는 사람과 개인적인 교제를 나누고 싶었다. 예수님에 대해 다른 사람들이 하는 말을 듣는 것이 도움이 될 수는 있지만, 그것만으로는 충분하지 않다. 주님을 개인적으로 만나 그분과 나누는 교제를 누릴 수 있을 때까지 포기하지 말라.

즐거워함(Enjoying, 6-11절). 당당하고 아름다운 결혼 행렬 속에서 솔로몬은 자신의 신부를 요구하고 그녀를 집으로 데려간다. 교회는 주님의 영광스러운 재림을 기다리고 있다. 그러나 기다리면서 또 주님의 사랑과 기쁨을 경험한다(10-11절, 요 15:9-11). 오늘 주님 안에서 기뻐하라. 천국에서는 더 큰 기쁨을 누리게 될 것이다.

아가 4장

하나님의 사랑을 경험하고 싶은가?

하나님의 말씀에 귀를 기울이라(Listen to His words, 1-8절). 하나님은 우리가 하나님의 은혜 때문에 하나님이 보시기에 얼마나 아름다운지를 말씀해주고 싶어 하신다(엡 1:6). 다른 사람들이 하는 말을 들으면 길을 잃게 되고, 자신의 말에 귀를 기울이면 낙심하게 될 것이다. 하나님의 말씀을 믿고, 하나님의 사랑을 의지하라. 하나님의 음성에 마음을 기울이라.

사랑 안에서 하나님을 바라보라(Look to Him in love, 9-11절). 하나님을 육체적으로 볼 수는 없다. 그러나 우리는 여전히 하나님을 사랑할 수 있다(벧전 1:8). 하나님의 말씀과 하나님이 만드신 세상 속에서 그리고 매일 우리의 필요를 채워주시는 하나님의 돌보심 속에서 하나님을 바라보라. 하나님을 사랑한다고 하나님께 말씀드리라!

하나님을 기쁘시게 하는 삶을 살라(Live to please Him, 12-16절). 동산과 우물과 샘은 막아두면 사용할 수 없는 것들이다. 그러므로 하나님께 우리를 열어드리고, 하나님이 기뻐하시고 다른 사람들에게 도움이 되는 모든 것들을 끌어내실 수 있게 해드리라. 때때로 하나님은 최상의 것을 이끌어내시기 위해 우리에게 시련을 주셔야 한다(16절). 우리 각자는 하나님의 독특한 동산이고, 하나님은 사랑 많은 정원사이시다(요 20:15). 그분이 우리의 삶을 경작하시고, 그분과 교제하는 동안 많은 열매를 맺게 하실 것이다(요 15:1-8).

주님이 우리의 정원에 찾아오실 때 우리의 사랑을 누리실 수 있게 해드리자(5:1, 요 20:11-18).

○ 아가 5장

어디에서 무엇을 하건 하나님께 시선을 고정하고, 하나님의 음성에 민감해야 한다. 주님이 우리와 교제하기 위해 우리를 찾아오실 때가 언제인지 우리는 알 수 없다.

주님이 오시면 말씀하시고 문을 두드리실 것이다. 그때 우리는 즉각 응답해야 한다. 핑계는 통하지 않을 것이다! 신부는 문 두드리는 소리와 신랑의 목소리를 들었다. 그리고 그의 손을 보았다. 그러나 그를 맞이하려 하지 않았다. 마침내 그녀가 문을 열었을 때 징표를 남겨놓기는 했지만, 그는 가고 없었다(5절). 사랑하는 사람이 주는 선물을 받는 것보다 사랑하는 사람과 함께 있는 것이 훨씬 더 낫다.

사랑하는 마음은 어떤 대가를 지불하더라도 주님을 찾을 것이다(6-8절). 그녀가 그의 음성을 처음 들었을 때 그에게 반응했더라면 얼마나 더 좋았을 것인가! 그러나 그녀는 사랑하는 사람을 탓하지 않았다. 대신 다른 사람들에게 그가 얼마나 훌륭한 사람인지를 즐겁게 이야기했다(10-16절).

애정 어린 마음은 사랑하는 사람의 음성에 신속하게 반응하는 기민한 마음이다.

○ 아가 6장

신부의 친구들은 그녀가 사랑하는 사람이 보이지 않는다는 것을 알고 어떻게 된 일인지를 물었다(1절). 우리가 주님과 나누는 교제를 소홀히 할 때 종종 다른 사람들이 먼저 그 사실을 알아차린다. 물론 우리는 주님이 어디 계시는지(2절) 그리고 주님과 화해하기 위해 어떻게 해야 하는지를 알고 있다(요일 1:9). 우리는 우리가 주님께 속해 있고(3절), 우리가 주님께 사랑스럽게 응답하지 않는다 할지라도 주님은 여전히 우리를 사랑하시고, 우리 속에 있는 아름다움을 보신다는 사실을 알고 있다(4-10절). 3절을 2장 16절 그리고 7장 10절과 대조하여 보라.

신부는 용서받고 교제를 회복하기 위해 사랑하는 사람이 있는 곳으로 갔다(11절). 우리가 주님과 화해하고 주님과의 교제를 다시 누리기 위해서는 우리가 주님을 떠났던 곳으로 되돌아가야 한다(창 13:3). 매를 맞는 대신(5:7) 그녀는 앞서 가는 수레에 당당하게 앉아 영광스러운 승리의 행렬에 참여하게 된다(10-12절, 고후 2:14)!

그녀의 친구들은 그녀의 아름다움을 볼 수 있도록(13절) 그 자리에서 떠나지 말 것을 부탁한다. 오늘날 하나님의 백성들이 그 아름다움과 그리스도를 닮은 모습으로 세상 사람들을 감동시키고 있는가? 우리도 우리를 사랑하시는 분의 정원에서 그분을 다시 만나야 할 필요가 있다.

○ 아가 7장

주님은 우리에게 탄복하신다(He admires you, 1-5절). 사랑하는 사람은 또다시 아내에게 그녀가 얼마나 매력적인지를 이야기한다. 그것은 부부가 서로의 사랑을 자주 표현하고, 자유롭게 서로에게서 기쁨을 찾아야 한다는 사실을 상기시켜준다. 오늘날 우리는 다른 비유들을 사용할 것이다. 그러나 이 장에서 말하고 있는 각각의 묘사들은 그 당시 사람들에게 매우 의미 있는 표현들이었다.

"주 예수님, 주님이 사랑하시는 제 안에서 주님을 향한 측량할 수 없는 충동과 무한한 사랑과 자연스러운 열망과 신중함을 바람에 날려 버리는 열정을 일깨워주십시오!… 너무 사랑하기 때문에 죽은 사람보다 더 복된 사람은 없을 것입니다. 하나님을 사랑하는 데 지나침은 없습니다."

리차드 롤(Richard Rolle)

✦ 아름다운 발 ✦

일반적으로 우리는 발을 매력적인 신체의 한 부분이라 생각하지 않는다(아 7:1). 그러나 우리 주님은 우리에게 영적으로 아름다운 발이 있길 원하신다. 우리의 발은 깨끗하고(요 13:1-11), 신을 신고 있어야 하며(눅 15:22, 엡 6:15), 구원의 복된 소식을 부지런하게 전해야 한다(사 52:7, 롬 10:15). 불결한 발과 불순종하는 발은 주님의 마음을 근심케 하고, 주님이 원하시는 만큼 우리와 교제하시는 것을 어렵게 만들 것이다.

주님은 우리를 열망하신다(He desires you, 6-13절). 주님의 생명을 우리와 같은 죄인들과 공유하고 싶어하시는 주님의 사랑은 정말 놀라운 사랑이 아닌가(요일 3:1)! 10절은 2장 16절과 6장 3절을 발전시킨 것이다. 왜냐하면 그것은 단순히 주님과 우리의 교제에만 초점을 맞추고 있는 것이 아니라, 우리를 향한 주님의 열망에 초점을 맞추고 있기 때문이다. 주님께 사랑을 드릴 수 있는 특별한 곳으로 주님을 초대하라(11-13절). 주님이 우리를 초대하실 때가 있다(2:10 이하). 그러나 우리가 주님을 초대할 때 주님은 그것을 기뻐하신다.

○ 아가 8장

공상적인 사랑(Imagining love, 1-2절). 누군가를 사랑할 때 우리는 그 사람을 생각하고 그 사람과 함께할 수 있는 좋은 일들을 상상한다. 그러나 진정한 사랑은 마음속에만 머무르지 않는다. 삶 속에서 이루어진다. 그리스도를 향한 공상적인 사랑은 그리스도인의 활기찬 삶에 치명적인 것이다.

경험적인 사랑(Experiencing love, 3-5절). 주님을 향한 사랑은 우리가 만들어내는 것이 아니라 살아 있고 성장하는 경험이 되어야 한다. 우리는 개인적인 예배를 통해 주님과 교제하고, 광야에서 주님을 의지하며, 정원에서 주님을 즐거워할 수 있다. 어느 곳에서나 주님은 우리의 사랑을 기다리신다.

소중히 여기는 사랑(Cherishing love, 6-7절). 솔로몬은 참 사랑을 보여주기 위해 세 가지 이미지를 사용했다. 도장은 소유를 뜻한다. 사랑하는 두 사람은 죽음으로 헤어지게 될 때까지 서로에게만 속해 있게 된다. 따라서 그것은 사랑의 영속성을 말해준다. 불은 그 어떤 것으로도 끊을 수 없는 사랑의 힘을 의미한다. 그리고 재물은 사랑의 소중함을 보여주는 것이다.

보호하는 사랑(Protecting love, 8-11절). 결혼할 수 있을 만큼 자랄 때까지 어린 딸을 보호하는 가정의 모습을 보여준다. 그녀가 '문'이라면(모든 사람에게 열려 있는) 그녀는 보호받아야 한다. 그러나 그녀가 '성벽'이라면 그녀는 스스로 자신을 보호하는 온전함을 지니고 있는 것이다.

귀를 기울이는 사랑(Listening for love, 12-14절). 구세주는 우리의 음성에 귀를 기울이신다(13절, 2:14). 그리고 우리는 주님의 음성에 귀를 기울여야 한다(2:8, 5:2). 주님은 하나님의 말씀과 성령을 통해 우리에게 말씀하실 것이다. 그러므로 경청하라.

이사야

Isaiah

이사야서는 두 부분으로 되어 있기 때문에 구약과 신약으로 이루어진 성경 전체에 비교될 수 있다. 구약 성경 부분에서(1-39장) 선지자는 유다의 죄를 책망하고 다가오는 심판을 경고하고 있다. 신약 성경 부분에서는(40-66장) 유다가 바벨론 유수에서 해방될 것을 예언하고 있다. 두 부분을 통해 그는 영광스러운 하나님 나라의 수립을 선포하고 있다. 앞부분은 주로 율법과 죄의 선고를 강조하고 있는 반면, 뒷부분은 은혜와 영광스러운 구원을 강조하고 있다. '이스라엘의 거룩한 자'는 이사야가 즐겨 사용한 하나님의 이름 가운데 하나다.

이사야라는 이름은 '여호와의 구원'이라는 뜻이다. 이사야는 네 종류의 각기 다른 구원을 다루고 있다. (1) 유다가 다른 나라들의 공격으로부터 구출되는 국가적 차원의 구원, (2) 바벨론 포로 생활에서 귀환하는 유다의 구원, (3) 유대인들의 나라가 수립될 때 이루어지게 될 미래의 구원, (3) 구세주를 믿는 죄인들의 개인적인 구원.

이사야는 그리스도가 오시기 700년 전 국제적인 긴장감이 팽배해 있던 시기에 예언했다. 애굽과 수리아와 이스라엘(북 왕조)과 바벨론과 앗수르는 모두 유다를 주목하고 있었고, 유다의 지도자들은 전쟁을 피하려는 시도로 다른 두 나라를 싸움에 붙이려 했다. 이사야는 그들에게 정치적 책략을 믿지 말 것을 경고하면서, 하나님을 신뢰하고 하나님의 말씀에 순종할 것을 촉구했다. 그러나 그들은 이사야의 말을 외면했고, 결국 유다는 바벨론의 포로가 되었다. 이사야서는 바벨론 유수 기간 중 그리고 그 이후 포로들을 인도하고 위로하는 책이 되었다.

이사야서를 읽는 동안 우리는 신자들이 국제적인 분쟁과 국가의 정치적 부패와 종교 지도자들을 포함한 백성들의 종교적 타락에 어떻게 반응해야 하는지를 보게 될 것이다. 이사야는 '종교'가 사람들의 인기를 얻고 있지만 영적이라 할 수 없게 되었을 때, 성전에서의 예배가 형식에 불과한 것으로 전락하게 되었을 때 선지자로 활동했다. 나라는 전체적으로 부패했지만 하나님의 신실한 남은 자들이 있었다.

므낫세 왕이 이사야 선지자를 톱으로 잘라 죽게 했다는 전승이 전해내려오고 있다. 히브리서 11장 37절은 이사야의 죽음을 언급하고 있는 것으로 알려져 있다.

○ 이사야 1장

이사야는 네 명의 왕을 거쳤다. 그러나 그의 가장 큰 관심사는 지도자들의 정치적 성공이 아니라 나라의 영적 상태였다. 외교와 정치적 수완을 필요로 하는 곳이 있다. 왜냐하면 하나님이 인간의 정부 제도를 제정하셨기 때문이다. 그러나 지도자들은 인간의 계획이 아니라 하나님의 진리를 믿고 행동해야 한다.

외적으로 유다는 번창하고 있었고, 신앙적으로 경건한 듯 보이기도 했다. 그러나 하나님은 그렇게 보지 않으셨다. 하나님의 백성들은 거역하는 자녀들이었고 짐승보다 못했다(1-3절). 그들은 죄 때문에 성한 곳이 하나도 없이 병들어 있었다(4-6절). 그리고 그들의 '기름진 땅'은 소돔과 고모라처럼 되어가고 있었다(7-9절).

그들이 좋아하는 종교 집회는 무익한 것이었고, 하나님을 탄식하게 만드는 것이었다(10-15절). 실제로 그들의 종교 활동은 사람들을 깨끗하게 하는 대신 오히려 부패하게 만들었다(16-20절, 마 23:25-28). 여호와의 아내가 창기가 되었고(21절), 그들의 보화는 싸구려가 되었다(22-26절). 또 그들의 농작물은 불에 타 없어질 운명에 처해 있었다(27-31절).

죄는 하나님의 마음을 찢어놓는다. 그리고 한 나라와 한 개인을 천하게 만들고, 하나님의 심판을 불러오게 만든다. 그러나 우리가 회개하면 하나님은 자비롭게 용서해주신다(18-20절).

> ### ♦ 정결함이라는 미덕 ♦
>
> "나를 정결케 하소서"라고 기도하는 것은 좋은 것이다(시 51:7). 그러나 하나님이 "너희는 스스로 씻으며 스스로 깨끗케 하여"라고 말씀하신다는 사실을 잊지 말라(사 1:16). 바울 사도는 "자신을 깨끗케 하자"라고 말했다(고후 7:1). 그 조언을 따라 자신을 깨끗케 하라!

○ 이사야 2장

하나님의 집(The house of the Lord, 1-4절). 앞 장에서 이사야는 나라를 들여다보았다. 그러나 여기서는 하나님이 그분의 백성들에게 약속하신 미래의 영광스러운 나라를 내다보고 있다. 성전은 부패한 예배를 드리는 장소가 되는 대신, 유대인들과 이방인들을 위한 진리와 축복의 중심지가 될 것이다. 국제적인 분쟁 대신 평화가 있을 것이다. 세상을 보고 괴로울 때 세상이 언제나 그 상태로 남아 있지는 않을 것이라는 사실을 기억하라.

하나님의 빛(The light of the Lord, 5-9절). 유다는 이방 나라들로부터 새로운 종교적 개념을 빌려오면서 하나님의 진리를 따르지 않게 되었다. 그들은 하나님이 아니라 물질적인 발전을 신봉했다. 그들은 하나님의 말씀이라는 빛으로 다시 돌아가야 할 절실한 필요를 안고 있었다. 오늘날 우리 시대는 점성학과 동양 종교가 성경을 대신하고 있고, 돈을 버는 것을 주님을 섬기는 것보다 더 중요하게 여기고 있다.

하나님의 날(The day of the Lord, 10-22절). 이것은 국부적으로는 유다에게 그리고 마지막 때에는 전 세계에 적용될 수 있는 하나님의 심판의 때를 말한다. 인간의 교만은 수치를 당하게 될 것이고, 교만하게 살았던 사람들은 멸망하게 될 것이다. 사람들이 진리를 거부하고 반역하는 동안 하나님은 인내하며 기다리신다. 그러나 결국 죄는 심판을 받게 되고, 하나님이 영광을 받으실 것이다(11, 17절). 심판의 날에 하나님이 그분을 믿는 남은 자들을 보호하실 것이다(살전

1:10, 5:9-10).

◦ 이사야 3장

유다의 지도자들은 심판의 날에 도움이 되지 않을 대용품을 의지했다. 그들은 자연 자원, 재물, 군사력, 정치적 경험뿐만 아니라 심지어는 '종교'(1-3절)까지 의지했다. 사람들의 마음속에서 하나님을 몰아낸 그 모든 것들에 대해 하나님이 진노하시며 다 제거하실 것이다.

그러나 그것이 다가 아니다. 하나님이 교만한 지도자들을 허약하고, 능력도 없으며, 백성들을 억압할 비천한 사람들로 대체하실 것이다(4-8절). 그것은 그들이 죄를 지었을 뿐 아니라 공공연하게 그 죄를 자랑했기 때문이다!

이사야는 재물과 유행에 푹 빠진 채 영적인 성품보다 사회적인 지위에 더 많은 관심을 둔 부녀들 때문에 특히 슬퍼했다. 그들의 인위적인 매력이 다 사라지고, 그들이 티끌 위에 앉게 될 날이 올 것이다(벧전 3:1-6 참조). 많은 남자들이 다가오는 전쟁에서 죽게 될 것이다. 그래서 여자들은 남편을 얻기 위해 무슨 짓이든 다 하려 할 것이다(사 4:1).

대용품에 의지해서 살아가지 않도록 조심하라!

◦ 이사야 4장

'그 날'은 주님이 높임을 받으시는 나라가 임하게 될 때를 말한다(사 2:11, 17). 이사야는 임박한 위기만을 보지 않고, 언젠가 이스라엘에게 임하게 될 영광을 내다보았다.

그 날은 예수 그리스도[여호와의 '의로운 가지'(사 11:1, 렘 33:15)]가 통치하실 것이기 때문에 수치가 아니라 영광의 날이 될 것이다(2절). 그리고 그 날에 백성들은 씻기워지고 정결케 될 것이다(5-6절). 시온 산에 있는 모든 가정이 하나님의 영광이 드리운 특별한 기둥을 가진 '하나님의 성막'이 될 것이다(출

40:34 이하).

그러나 하나님이 지금 주실 수도 있는 그 복을 왜 그때까지 기다려야 하는 것인가? 하나님은 우리를 깨끗하게 씻기시고(사 1:18), 하나님을 위해 구별하시며, 하나님이 함께하시는 가정에서 우리에게 복을 주실 것이다. 아마도 지금이 밴스 해브너(Vance Havner)의 조언을 따르고 '오는 나라'에서 살아가기 시작해야 할 때일 것이다.

ο 이사야 5장

이 장에는 노래(1-7절)와 애도(8-23절)와 심판(24-30절)이 들어 있다.

이스라엘은 하나님이 정성들여 가꾸신 포도원이었다(마 21:33-46). 그러나 백성들은 배은망덕하고, 그들이 받은 복을 당연한 것으로 여기며 이기적으로 사용하는 죄를 범했다. 하나님을 섬기는 대신 그들은 자신들을 섬겼다. 그 결과 나라는 부패하게 되었다.

애도에는 오늘날 사람들도 범하고 있는 것과 같은 이스라엘 백성들의 구체적인 죄들('들포도'(2절)]이 열거되어 있다. 부자들이 가난한 사람들에게서 훔치고(8-10절), 사람들은 경건하게 사는 대신 감각적인 쾌락을 추구했다(11-17절). 자신들의 명철을 확신하면서(21절) 하나님의 지시에 이의를 제기했고(18-19절), 뇌물을 받고 하나님의 말씀을 왜곡했다(20-23절). 악한 지도자들이 하나님 말씀의 진리를 버렸기 때문에 나라에는 정의가 없었다.

하나님이 진노하셨다. 하나님이 백성들을 향해 심판의 손을 펴셨다(25절, 9:12, 17, 21, 10:4, 14:27). 침략한 적들이 땅을 정복했을 때(26-30절) 그 심판은 나무의 그루터기를 태우는 불과 같았다(24절).

오늘날 하나님은 회개하도록 죄인들을 초청하시며 사랑의 손을 펴신다(사 65:2, 롬 10:21). 그러나 진노의 손을 펼치실 날이 곧 오게 될 것이다.

◆ 중요한 포도나무 ◆

성경에는 세 개의 상징적인 포도나무가 나온다. 과거의 포도나무는 이스라엘이다(시 80편, 사 3:14, 5:1-7, 렘 2:21, 12:10, 겔 15장, 호 10:1). 현재의 포도나무는 그리스도와 그리스도의 교회다(요 15장). 미래의 포도나무는 심판을 받게 될 마지막 날의 부패한 세상 체제를 뜻하는 '세상의 포도나무'다(계 14:14-20).

○ 이사야 6장

시각: 하나님을 보았다(Sight: he saw the Lord, 1-4절). 이사야는 그의 삶을 변화시키신 예수 그리스도를 보았다(요 12:38-41). 유다의 왕위는 주인이 바뀌었다. 그러나 하나님은 여전히 그분의 보좌 위에 계시며, 모든 것을 완벽하게 다스리고 계셨다. 예배드릴 때 하나님의 거룩하심과 주권과 영광에 초점을 맞추라. 땅에 있는 것들이 실망을 안겨줄 때 하늘의 관점으로 그것들을 보기 시작하라.

통찰력: 자신을 보았다(Insight: he saw himself, 5-7절). 이사야는 사람들에게 재앙을 선포했다. 그러나 여기서 그는 "화로다 나여!"라고 외쳤다. 그는 자신이 죄인임을 인정했고 자신의 죄를 자백했다. 그리고 하나님이 그를 깨끗하게 해주셨다. 제단 위에 있는 제물이 아니었다면, 우리는 보좌 위에 계신 분께 결코 다가갈 수 없었을 것이다.

◆ 하나님의 위엄 ◆

"하나님의 위엄과 비교해보기 전까지 인간은 자신이 보잘것없는 존재라는 사실에 실제로 그렇게 놀라거나 충격을 받지 않는다"라고 존 칼빈(John Calvin)은 말했다. 이사야뿐 아니라 욥(욥 42:5-6)과 다니엘(단 10:16-17)과 베드로(눅 5:8)와 요한(계 1:17)도 그렇기는 마찬가지였다.

비전: 필요를 보았다(Vision: he saw the need, 8-13절). 참 예배는 섬김으로 이

어진다. 하나님의 부르심을 듣고 순종으로 반응한다. 하나님은 이사야를 환영할 만한 사람들에게 그를 보내지 않으셨다. 또 사람들에게 전하기 쉬운 메시지를 전하게 하신 것도 아니었다. 그러나 하나님을 보고 하나님의 손길을 느낄 때 우리는 두려움 없이 하나님의 뜻에 순종할 수 있다.

◆ **임마누엘** ◆

이사야 7-12장은 종종 '임마누엘의 책'이라 불린다(사 7:14, 8:8, 10). 임마누엘은 "하나님이 우리와 함께하신다"라는 뜻이다. 하나님이 '다윗의 집'에 이 예언을 하셨다(사 7:13). 그것은 아하스 왕을 언급한 것일 뿐 아니라 궁극적으로 주 예수 그리스도를 언급한 예언이었다(마 1:18-25). 주 예수 그리스도는 하나님이시며 '우리와 함께하는 하나님'이시다.

○ 이사야 7장

두려움(Fear). 아하스 왕은 크게 두려워했다(2, 4, 16절). 수리아와 이스라엘이 연합해 그를 왕위에서 물러나게 하고, 유다에 새로운 왕을 세우려 했기 때문이었다. 앗수르와 애굽 역시 움직이고 있었다. 이렇게 상황이 심각하게 돌아가고 있는 시기였다. 상황이 우리를 위협할 때 우리는 어떻게 하는가? 아하스는 자신의 명철을 믿고 앗수르 왕과 조약을 맺었지만, 결국은 스스로 그 조약을 깨고 말았다.

믿음(Faith). 이사야가 왕에게 한 말은 하나님으로부터 온 것이었고, 믿을 만한 것이었다. 아하스는 징조를 구하지 않겠다고 거부하며 매우 영적인 체했지만, 그것은 사실 하나님과 하나님의 사자를 거부하는 행동이었다. 우리가 하나님의 말씀을 믿고 그것을 기초로 행동할 때 그 말씀의 능력이 나타나게 된다. 아하스는 그저 말만 앞세우고 있었다.

성취(Fulfillment). 수리아와 이스라엘은 결국 이사야가 약속했던 대로 무대에서 사라졌다. 그러나 앗수르가 새로운 위협으로 등장했다. 기원전 722년 이스라엘은 앗수르의 침공을 받고 무너졌다. 앗수르 군대는 히스기야 왕 당시 유다를 침공했지만, 하나님이 그들을 물리치셨다. 그러나 하나님의 백성들이 그분의 말씀을 신뢰하지 않았기 때문에 유다는 앗수르에게 수치를 당했다. 우리에게 승리를 가져다주는 것은 사람들과 맺은 조약이 아니라 하나님께 대한 믿음이다.

◆ 전도자 이사야 ◆

이사야는 '전도하는 선지자'로 불린다. 왜냐하면 그는 예수 그리스도에 관해 많이 이야기하고 있기 때문이다. 이사야는 그리스도의 탄생(7:14, 마 1:23)과 세례 요한의 사역(40:1-6, 마 3장)과 그리스도의 사역(61:1-2, 눅 4:17-19)과 백성들에게 거절당하신 것(6:9-13, 마 13:10-15, 요 12:38)과 거치는 돌이 되신 것(8:14, 28:16, 마 21:42, 롬 9:32-33, 벧전 2:6)과 이방인들에게 행하신 사역(49:6, 눅 2:32, 행 13:47)과 이루어질 그리스도의 나라(11:1-9, 계 12:10)와 대속을 위한 십자가에서의 죽음(53:1 이하, 막 10:25)에 대해 썼다.

◆ 예수님의 탄생 ◆

예수 그리스도의 동정녀 탄생은 기독교 신앙의 기초가 되는 교리다. 왜냐하면 하나님의 아들은 결코 우리가 태어나듯이 태어나실 수 없었기 때문이다. 모든 아기는 새로운 창조물이다. 그러나 예수 그리스도는 영원 전부터 계셨다. 그분은 태어나셨을 뿐 아니라 '세상에 오셨다'(요 3:17, 10:36, 16:28). 이사야 9장 6절에 의하면 아기(그리스도의 인성)는 태어났고, 아들(그리스도의 신성)은 세상에 주어졌다. 하나님의 거룩한 아들은 죄를 범한 인간의 본성에 참여하실 수 없었다. 그분의 몸은 기적적으로 성령에 의해 마리아의 태에 잉태되셨다(눅 1:26-38, 히 10:5). 그리스도는 죄를 범하지 않으셨다(벧전 2:22). "그에게는 죄가 없느니라"(요일 3:5). 그분은 죄를 알지도 못하셨다(고후 5:21). 할렐루야, 이 얼마나 놀라운 구세주이신가!

이사야 8장

두 강(Two rivers, 1-10절). 1절에 나오는 긴 이름은 '빨리 빼앗기다' 라는 뜻을 가지고 있다. 그 이름은 앗수르가 수리아(다메섹)와 이스라엘(사마리아)을 이기고 거둘 승리를 언급하는 것이었다. 그 결과 앗수르는 쉽게 유다로 향할 수 있었다. 따라서 아하스의 조약은 소용이 없게 되었다. 그는 천천히 흐르는 실로아 물(예루살렘의 우물을 말함)을 버리고, 흉용하고 창일한 유프라테스의 큰 하수(앗수르를 말함)를 택했다. 하나님의 지혜는 평화를 가져다준다. 그러나 인간의 지혜는 혼란을 불러온다(약 3:13-18).

두 두려움(Two fears, 11-15절). 하나님을 경외하면 인간의 위협을 두려워할 필요가 없다. 예수님이 주인이 되시게 하라. 그러면 주님이 두려움을 맡아주실 것이다(벧전 3:13-17). 그리스도는 하나님의 백성들을 위해 도피성이 되어주신다. 그러나 하나님을 거역하는 사람들에게는 올가미가 되신다.

두 권세(Two authorities, 16-22절). 신자들은 비록 환경의 방해를 받는다 할지라도 하나님 말씀의 권위만을 인정한다. 이사야 당시 지도자들은 무당의 조언을 따르기도 했다(신 18:10-12)! 하나님의 말씀을 어두운 세상에서 우리의 길을 밝혀주는 빛으로 삼아야 한다(시 119:105).

이사야 9장

예수 그리스도가 오셔서 우리의 죄를 위해 돌아가신 것이 우리의 삶에 얼마나 놀라운 변화를 일으켰는가! 그리고 다시 오셔서 다윗의 보좌에 앉으사 의와 공평으로 다스리실 때 세상에 얼마나 놀라운 변화가 일어나게 될 것인가!

예수님은 어둠을 빛으로, 죽음을 생명으로 바꾸는 분이시다(2절). 그리고 슬픔을 기쁨으로, 억압을 자유로 바꾸는 분이시다(3-4절). 예수님의 재림을 기다리면서 당신의 삶을 주님이 다스리시게 하라. 주님으로 하여금 그분의 이름이 선포하고 있는 모든 것이 되실 수 있게 해드리라. 왜냐하면 주님의 이름 하나하나는 바로 그분이 나누어주시는 복이기 때문이다.

교만한 사람들은 앗수르의 침공을 받아 멸망한 이스라엘(북 왕조)처럼 심판을 받게 될 것이다(8-21절). 하나님은 먼저 사랑으로 그들을 징계하실 것이다. 그래도 그들이 순종하지 않는다면 심판하실 것이다(13-14절). 그들은 그들을 옳은 길로 인도해야 할 사람들에 의해 타락하게 될 것이다(16절, 애 4:13).

우리 하나님은 은혜와 진리의 하나님이시다(요 1:17). 하나님의 진리를 인정하면 하나님의 은혜를 받을 수 있다(시 51:3-4). 그러나 그 진리를 거부하면 하나님이 심판의 손을 펼치실 것이다. 어느 쪽을 택할 것인가?

이사야 10장

탐욕(Greed, 1-4절). 이스라엘의 지도자들은 곡식을 탐했다. 그들은 자신들의 이기적인 수완을 옹호하기 위해 법을 부당하게 사용하면서 가난한 사람들을 착취했다. 하나님의 심판이 내리기 직전 부자들은 더 부하게 되었고, 가난한 사람들은 가난에 더 시달리게 되었다. "너희에게 벌하시는 날에… 너희가 어떻게 하려느냐?"(3절) 이 질문에 우리 모두는 대답해야만 한다. 하나님을 만날 준비가 되어 있지 않다면 모든 재물이 다 무슨 소용이겠는가?

교만(Pride, 5-19절). 앗수르는 이스라엘을 벌하기 위한 하나님의 도구였다(5, 15절). 도구는 자신이 하는 일을 자랑할 수 없다. 그러나 수리아는 정복으로 교만해졌다. 때문에 하나님은 그들을 낮추시고 그들의 악행을 심판하셔야 했다. 군대는 산불에 타 없어지는 나무처럼 사라지게 될 것이다. 앗수르의 수도 니느웨는 기원전 612년에 바벨론에 의해 정복되었다. 나라들이 그들 자신을 자랑할 수는 있을 것이다. 그러나 마지막 결정권은 하나님의 손에 있다.

소망(Hope, 20-34절). 하나님이 은혜로 남은 자들을 구원하시고 그들의 귀환을 허락하셨다. 하나님은 또 앗수르가 예루살렘을 취하지 못하게 될 것이라고 유다에게 약속하셨다(24-27절, 사 37장). 키가 크고 교만한 나무(앗수르)는 가지가 꺾이고 찍힐 것이다(33-34절)! 진노 중에서도 하나님은 그분의 백성들에게 소망을 주신다.

이사야 11-12장

통치(Reign, 11:1-10). 하나님이 큰 나무를 넘어뜨리셨다(사 10:33-34)! 그러나 작은 가지로 큰 나라를 세우실 것이다(1절). 우리의 구세주는 다윗의 집이 초라해졌을 때 겸손하게 시작하셨다. 그러나 결국 그 나라가 세상의 모든 권세보다 우세하게 될 것이다. 그분은 땅에 평화를 이룩하시고, 하나님의 영광이 온 땅을 덮게 될 것이다. "하나님의 나라가 임하시옵소서!"라고 기도하고 있는가?

귀환(Return, 11:11-16). 낮은 뿌리가 이제 군대를 지휘한다. 그는 적을 물리치고 그 백성들을 본국으로 귀환시킨다. 그리고 그를 찾는 이방인들을 불러 모은다. 이것은 하나님이 그분의 백성들을 위해 강을 가르시고 대로를 만드시는 또 한 번의 '출애굽'을 보여주는 그림이다. 그러나 이번에는 그들이 광야에서 배회하지 않을 것이다!

기쁨(Rejoicing, 12:1-6). 예배드리는 사람들은 그들을 구원하시고 다시 본국으로 돌아오게 하신 하나님을 찬양하며 감사한다. 증거하는 사람들은 하나님의 광대하심을 열방에 알린다. 2절을 출애굽기 15장 2절과 시편 118편 14절과 비교해보라. 그리고 그 노래를 자신의 노래로 삼으라.

이사야 13장

13-23장에서 이사야는 유다와 이스라엘뿐 아니라 이방 열 나라에 대한 하나님의 심판을 선포하고 있다. 그는 앗수르를 삼키고 유다를 포로로 잡아간 다음, 메대와 바사에게 망하게 될 바벨론으로부터 시작하고 있다(17-22절). 나라의 흥망성쇠는 하나님의 손에 달려 있다(단 4:25, 32, 행 17:26). 하나님은 자신의 일을 이루시기 위해 이방 군대를 사용하실 수도 있고, 그들을 '나의 거룩히 구별한 자'(3절)라고 부르실 수도 있다. 하나님은 주권자시다.

바벨론의 멸망에서 이사야는 세상이 하나님의 심판을 당하게 될 마지막 날의 모습을 보았다. 하나님은 죄인들을 오래 참으신다. 그러나 하나님의 심판이 임할 날이 오고 있다. 바벨론에 대한 이사야의 메시지는 성취되었고, 그 도시와 제국은 더 이상 존재하지 않게 되었다.

성경에서 바벨론은 하나님에 맞서 동맹하고 있는 세상의 제도를 상징한다(창 11장). 이사야 당시의 바벨론처럼 이 시대의 세상도 크게 성공하고 아무도 이길 수 없을 것처럼 보인다. 그러나 모든 제도가 무너질 날이 올 것이다(계 17-18장). 그래서 하나님은 하나님의 백성들이 그런 세상으로부터 구별될 수 있도록 그들을 부르시는 것이다(고후 6:14-18).

○ 이사야 14장

바벨론의 멸망은 교만한 왕이 축출되고(3-11, 16-21절) 거대한 도시가 멸망된 것(22-23절) 그 이상의 의미가 있었다. 바벨론의 악한 제도 뒤에는 하나님의 원수 루시퍼('계명성')가 있었다(12-15절). 하나님이 바벨론 왕을 조롱하셨을 때 그것은 그를 부추기고 움직이게 만들었던 사탄을 조롱하신 것이었다.

루시퍼는 하나님을 거역하고 하나님만 받으셔야 할 예배를 자신이 받고 싶어 했던 타락한 천사였다. "가장 높은 구름에 올라 지극히 높은 자와 비기리라"(14절). 이것이 악한 자의 야망이었고, 그가 인간을 유인했던 유혹이었다(창 3:5). 오늘날 세상은 '피조물을 조물주보다 더 경배하고' 있다(롬 1:25). 인간이 스스로 자신의 신이 되고, 자신만을 섬기고 숭배하면서 악한 자의 술수에 넘어가고 있다.

그리스도인의 대망은 모든 면에서 예수 그리스도처럼 되는 것이다. '아들의 형상을 본받는' 것이다(롬 8:29). 사탄의 방식과 하나님의 방식이 어떻게 다른지 보고 싶다면, 이사야 14장 12-15절과 빌립보서 2장 1-11절을 비교해보라.

○ 이사야 15-16장

모압은 롯과 그의 딸들과의 근친상간을 통해 탄생된 나라였다(창 19:30-38). 모압은 이스라엘의 하나님을 높이는 대신 자신들의 요새를 믿었던 교만한 나라였다. 교만은 하나님이 미워하시는 죄이고(잠 6:16-17), 그 죄는 심판으로 이어진다.

앗수르가 침략했을 때 교만하던 모압이 통곡하며(15:1-4) 도망치게 되었다(15:5-9). 그들은 자신들의 요새를 의지했다. 그러나 모든 것이 허사였다. 이사야 2장 10-11절과 비교해보라. 그들은 유다와 평화를 유지하고(16:1-2) 보호받기 위해 예루살렘으로 갔어야 했다. 하나님이 앗수르 군대로부터 유다를 지키실 것이라고 약속하셨다(10:24 이하). 왜냐하면 그곳에 다윗의 보좌가 있었기 때문이었다(16:5).

선지자는 그 사건을 통해 하나님의 아들이 다윗의 보좌에 앉아 의와 공평으로 다스리게 될 때를 내다보았다(16:5). 하나님은 모압 없이도 할 수 있는 분이시다. 그러나 하나님은 다윗과 언약을 맺으셨고(삼하 7장) 그 언약에 충실하실 것이다. 유다는 그 백성들이 하나님을 신뢰했기 때문에 안전했다.

● 이사야 17장

북 왕조 이스라엘은 수리아(다메섹)와 동맹을 맺었고, 두 나라는 모두 앗수르에게 멸망당했다. 우리가 신뢰하는 사람들이 하나님을 믿지 않는다면, 그들에게 임하는 심판이 곧 우리에게 임하는 심판이 될 것이다.

이스라엘에 대한 하나님의 심판은 이삭을 줍는 사람이 아무것도 주울 수 없는 밭(5-6절)과 일몰과 살진 몸이 파리해진 사람(4절)으로 비유되었다. 이스라엘은 소망을 가질 수 없었고, 회복하기 위한 모든 노력은 아무 소용없게 되었다(10-11절).

일몰 전에, 혹은 질병으로 몸이 쇠약해지기 전에, 아니면 마름병이 농작물에 해를 주기 전에 하나님께 돌아오기만 했더라면 그들은 멸망되지 않았을 것이다. 그러나 그들은 자신들의 우상을 섬기며 참 하나님을 섬기지 않았다(7-8절). 우리 손을 만드신 하나님보다 우리 손으로 한 일을 더 신뢰하기가 얼마나 쉬운지 모른다!

심판은 홍수에 떠밀려 내려가는 집들처럼(12-13 상반절) 바람에 날리는 겨와 회전초처럼(13 하반절) 그들을 휩쓸어갔다. 이스라엘은 천천히 흐르는 실로아의 물을 가질 수도 있었다(8:6). 그러나 그들은 앗수르의 거센 물결을 선택했다. 하나님의 뜻 안에 있을 때 우리는 가장 안전하다.

이사야 18장

구스 사람들은 앗수르와 맞설 수 있는 강력한 동맹 관계를 맺기 희망하며 이스라엘에 사절단을 파견했다. 그러나 그 모험은 실패로 끝났다. 왜냐하면 하나님의 뜻에 반하는 인간의 모든 영리한 생각은 무가치한 것이기 때문에 하나님이 그 일에 함께하지 않으셨다(고전 3:18-20). 먼저 하나님의 뜻을 발견하고 그리고 그 뜻대로 행하라!

앗수르의 침공은 하나님의 계획이었다. 그리고 하나님의 목적을 이루실 때까지 개입하지 않으실 것이었다. 하나님은 여름 일광처럼 그리고 아침 안개처럼 조용히 감찰하실 것이다(3-4절). 그러나 때가 되면 수확물을 거두어들이시고(5절), 시체는 들짐승들에게 남겨놓으실 것이다(6절). 보기 좋은 광경이 아니다. 그러나 오늘날 문명 세계가 그 방향을 향해 나아가고 있다(마 24:28, 계 19:17-21).

말쑥하게 수염을 깎은 그 사절단은 하나님께 드릴 예물을 들고 예루살렘으로 갔어야 했다. 그리고 거만한 협상자가 아니라 겸손한 예배자가 되어(7절) 군대나 조약이 아닌 이스라엘의 하나님을 신뢰했어야 했다(시 20:7).

이사야 19장

유다의 유력한 당파는 애굽에게 도움을 청하도록 왕에게 권유했다(사 31장). 그러나 이사야는 애굽은 그들을 도울 수 없을 것이라고 경고했다. 왜냐하면 하나님이 애굽인들을 단념시키고 분산시키실 것이었기 때문이다(1-2절). 또한 그들의 조언은 사탄으로부터 나온 것이며(3절), 스스로 억압받는 길로 나아가는 것이었기 때문이었다(4절). 더 나아가 그들의 경제가 곧 무너질 것이기 때문이었다(5-10절). 그런데 어떻게 그들이 도울 수 있겠는가?

애굽의 모사들은 매우 지혜로운 사람들이어야 했지만, 하나님은 그들을 어리석고 우준하다고 말씀하셨다(11-13절). 하나님의 백성들은 세상이 아니라 하나님께 지혜를 구해야 한다(약 1:5). 애굽의 지혜는 그들을 혼비백산하게 만들고, 수치스러운 패배를 불러올 것이다(14-15절).

16-25절에서 선지자는 유다와 애굽의 미래를 - 하나님이 그분의 나라를 세우실 때 - 보았다. 상황은 역전될 것이다. 애굽이 이스라엘에게 도움을 청하게 될 것이다(16-17절). 애굽인들이 이스라엘의 하나님을 섬기게 될 것이다(18-21절)! 나라들이 더 이상 전쟁을 벌이지 않을 것이다. 대신 하나님의 대로를 통해 서로 방문하게 될 것이다.

✦ 애굽으로 내려감 ✦

가나안에서 기근을 만났을 때 아브라함은 도움을 구하기 위해 애굽으로 내려갔다가 하마터면 아내를 잃을 뻔했다(창 12:10-13:4). 출애굽 이후 하나님은 자신의 백성들을 인도하셨고, 그들은 다시 애굽으로 돌아가는 것을 원하지 않았다(출 13:17-22). 그러나 광야에서 생활하는 동안 그들은 다시 애굽으로 돌아가고 싶어 했다(민 11, 14장). 그러나 하나님이 허락하지 않으셨다. 이사야도 애굽으로 내려가지 말라고 경고했다(32:1 이하). 그리고 예레미야도 같은 경고를 했다(렘 42-43장). 히브리서 기자도 신자들이 불신앙에 빠지지 않고 믿음을 가지고 전진하도록 경고하기 위해 애굽으로 내려가는 이미지를 사용하였다(히 3:7-19, 6:1).

● 이사야 20장

이 짧은 장은 부정한 동맹을 맺지 말아야 한다는 사실을 확신시켜주기 위해 하나님이 교훈으로 사용하신 두 가지 예를 기록하고 있다.

그 첫 번째는 앗수르에게 패한 아스돗의 멸망이었다. 그 블레셋 성읍의 사람들은 애굽과 구스를 의지하려 했지만, 아무런 도움을 받지 못했다. 그런데 왜 하나님의 백성들이 애굽과 구스를 의지하려 하는 것인가? 역사를 통해 우리가 배울 수 있는 한 가지 사실은 우리가 역사를 통해 배우지 못한다는 것이다. 우리는 "지금은 그런 일이 일어날 수 없다!"라고 생각한다.

두 번째는 3년 동안 선지자의 복장을 하지 않은 이사야 선지자를 통해 의인화되었다. 그는 마치 전쟁 포로처럼 보였고, 그것은 애굽과 구스가 결국 그렇게 될 것을 보여주는 것이었다(3-4절). 그러나 하나님의 백성들은 주의를 기울이지 않았고, 결국 바벨론으로 끌려가게 되었다.

하나님은 우리가 올바른 결정을 내릴 수 있도록 도우시려고 우리가 보고 들을 수 있는 것들을 사용하신다. 하나님이 사용하시는 것들에 주의를 기울이고 있는가?

○ 이사야 21장

이 장에는 신실한 사역이 어떤 것인지를 보다 잘 이해하는 데 도움이 되는 세 가지 그림이 소개되어 있다.

산고를 겪고 있는 여인(The woman in travail, 1-4절). 하나님의 부르심에 신실하다면 사역은 그리 쉽지 않을 것이다. 이사야는 하나님이 하시는 일을 보고 괴로워했다. 그는 자신이 마치 산고를 겪고 있는 여인처럼 느껴졌다(3절). 메시지를 전하는 것이 그에게 매우 고통스러운 일이 되었다.

타작 마당(The threshing floor, 10절). 이사야는 바벨론 성읍이 무너진 것을(도시가 멸망한 것이 아니라 적에 의해 일시적으로 점령된 사건) 보고 왜 괴로워한 것인가? 이사야는 바벨론이 앗수르의 전진을 막아 유대인들이 고통받지 않게 되기를 바랐다. 그는 유대인들이 적들에 의해 흩날리고 짓눌리는 것을 보았다. 그는 조용한 밤을 맞이하고 싶었다(4절). 그런데 그와는 달리 끝까지 괴로움을 주는 짐을 지고 가야 했다.

파수꾼(The watchman, 5-9, 11-17절). 선지자가 사람들에게 경고하기 위해 열심히 망을 보고 있는 동안, 나라의 지도자들은 자신들만을 생각하며 태평하게 잔치를 즐겼다(5절). 파수꾼은 밤(곤경)과 아침(복)을 모두 보고 있다. 그리고 예수님이 오실 때까지 그 둘을 늘 보게 될 것이다. 가장 중요한 일은 닥쳐오는 위험을 경고하기 위해 파수꾼이 성실하게 망을 보는 것이다(겔 25:12-14).

"아무것도 희생하지 않는 설교는 아무것도 이루지 못한다."

존 헨리 조웨트(John Henry Jowett)

○ 이사야 22장

이사야가 본 이상은 아마도 앗수르의 예루살렘 공격이었을 것이다(36-37장). 그리고 위기가 닥칠 때 사람들은 각기 다르게 반응한다는 것이 이 장이 전하는 메시지 가운데 하나다.

선지자는 사건들을 영적인 관점에서 보고 크게 고통스러워했다(1-4절). 성읍의 지도자들은 그들의 울타리를 의지했고(8-11절), 금식하며 기도할 것을 사람들에게 요구하지 않았다. 그들은 잔치를 하며 최악을 기다리고 있었다. 그들은 하나님을 의뢰하지 않았다(12-14절, 고전 15:32).

셉나는 개인적인 이익을 얻기 위해 자신의 지위를 이용했지만(15-19절), 결국 그에게 돌아온 것은 수치뿐이었다. 성읍의 자원들을 조사하면서 누군가 그의 사기 행위를 발각해 폭로했다. 명예로운 퇴직과 안전과 훌륭한 장례를 누리는 대신 그는 포로로 잡혀 이국 땅으로 끌려가 외롭게 죽어야 했다.

위기는 엘리아김에게서 최선의 것들을 이끌어냈다(20-25절). 그는 사람들에게 아버지와 같은 종이었고, 권세(열쇠)를 맡길 수 있는 사람이었다. 그리고 백성들이 그들의 짐을 맡길 수 있는 단단하게 박힌 견고한 못 같은 사람이었다. 오늘날 우리에게도 그런 사람이 필요하다.

이사야 23장

두로와 시돈은 해운업과 무역으로 나라에 큰 부를 벌어들이는 베니게의 성읍들이었다. 그렇게 성공을 거둔 경제가 무너져내린다는 것은 있을 수 없는 일처럼 보였다. 그러나 선지자가 경고한 대로 그 일이 벌어졌다. 놀라서 말을 못하는 사람들이 있는 반면(2절), 또 어떤 사람들은 슬피 울며 그들의 슬픔을 표현했다(1, 6, 14절). 어떤 일이 벌어져도 울지 않던 사람들이 돈 문제 때문에 우는 경우를 우리는 본다. 기쁨이 성읍을 떠났다(7절).

앗수르는 70년 동안 두로와 시돈의 경제를 마비시켰다. 그리고 그 이후 두 성읍은 다시 회복되었다.

하나님은 두로와 시돈에서 이루어지는 경제 거래를 우상 숭배로 보셨다(17절, 계 17:1-2). 그들은 스스로를 높이는 기생이었고, 높은 가격에 자신들을 팔 준비가 되어 있었다(16절). 그러나 그들이 무역으로 쌓은 것들은 하나님의 성전 재건을 돕는 일에 사용될 것이다(18절, 스 3:7).

사람들은 그들 자신이 경제와 그들이 얻는 이익들을 조정할 수 있다고 생각한다. 그러나 하나님이 최후의 결정을 내리실 것이다.

이사야 24장

이제 각 나라나 성읍이 아니라 온 땅에 초점이 맞추어지고 있다. 하나님은 땅을 만드셨고, 온 땅을 다스리는 왕이시다(시 47:2). 그러므로 원하는 대로 하실 수 있는 권리가 하나님께 있다. 하나님은 죄인들이 하나님의 언약을 존중하지 않기 때문에(5절, 창 9:8-17), 또는 하나님의 선물을 신실하게 관리하는 청지기로서 땅을 돌보지 않기 때문에 그들을 벌하실 것이다. 그들은 하나님의 뜻을 거역하고 땅을 자신들의 것이라고 주장하면서 이기적으로 남용했다.

심판의 때가 오면 하나님은 각 사람의 경제적 또는 사회적 지위는 조금도 고려하지 않으실 것이다(2-3절). 즐거운 잔치는 장례식이 되고(7-13절), 피하려는 사람들은 올무에 걸리며(17-18절), 교만한 지도자들은 옥에 갇히게 될 것이다

(21-23절). 하나님이 '높은 자'(4절)와 '땅의 왕들'(21절)을 낮추실 것이다.

그러나 이사야는 결말을 승리로 기록한다. 주님이 영광스럽게 다스리실 것이다(23절)! 당신도 그분과 함께 다스릴 것인가?

● 이사야 25장

선지자는 이제 백성들 대신 하나님을 향한다. 그리고 하나님의 성품과 하나님이 하신 일 때문에 그분을 찬양한다. 이사야는 하나님의 진리를 아는 지식이 있었지만 교만하지 않았다. 오히려 그는 그 때문에 겸손했고, 하나님을 섬겼다.

하나님은 심판자이시다(God is Judge, 1-3, 10-12절). '성읍'은 궁극적으로 바벨론을 말한다(계 18:1-19:5). 그러나 하나님께 도전하기 위해 인간이 만들어 사용하는 모든 것을 말하는 것이기도 하다. 하나님이 한 나라를 멸망시키거나 한 도시를 무너뜨리는 데는 그리 오래 걸리지 않는다.

하나님은 피난처이시다(God is Refuge, 4-5절). 고난은 폭풍우 같다. 그러나 하나님이 피난처가 되신다. 고난은 사막에 내리쬐는 폭양 같다. 그러나 하나님이 그 뜨거운 광선을 막아주는 구름이 되신다. 하나님은 적들의 소음을 그치게 하시고 평화를 주신다.

하나님은 잔치의 주인이시다(God is Host, 6-9절). 유대인들은 미래의 나라를 하나님이 주인이 되어 베푸시는 큰 잔치와 같은 것으로 보았다(마 8:10-12, 계 19:6-9). 그러나 그 잔치는 생명을 유지하는 것 그 이상이 될 것이다. 생명을 줄 것이다. 왜냐하면 죽음이 영원히 멸망될 것이기 때문이다(계 20:11-15, 21:4).

9절에 표현된 찬양을 함께 부를 수 있겠는가?

● 이사야 26-27장

'그 날에'라는 말은 26장과 27장을 이어주면서(26:1, 27:1, 2, 12, 13), 약속된 나라에서 하나님이 친히 얻으실 그분의 영광에 초점을 맞추고 있다(26:15). 미래가 주님 안에서 안전하다는 사실을 알 때 우리는 고난의 시기에도 격려받을 수 있다(롬 8:18-25, 고후 5:1-8).

하나님께 노래하는 이스라엘(Israel sings to the Lord, 26장). 교만한 적은 낮아졌고(5-6절), 하나님은 자신의 백성들에게 평화를 주셨다(3, 12절). 구세주가 다스리실 예루살렘 성은 약하고 더럽혀진 후 다시 강하고 의롭게 되었다. 그리고 고난의 때는 끝이 날 것이다. 그것은 유대인들이 그들의 힘으로 할 수 있는 일이 아니었다. 왜냐하면 그들은 산고의 고통을 겪으면서도 바람 같은 것을 낳은 여인과 같을 것이기 때문이었다(16-18절). 하나님이 하실 것이다. 그리고 하나님의 백성들은 그분의 자비를 찬양하게 될 것이다.

이스라엘에 대해 노래하시는 하나님(The Lord sings about Israel, 27:1-5). 5장에서 하나님은 실패한 포도원, 이스라엘에 대해 노래하셨다. 그러나 여기서는 그들이 맺게 될 과실과 그들을 돌보시는 하나님이 주제가 되고 있다. 그 날에, 부강했던 나라들은 무너지게 될 것이다(1절). 그리고 하나님이 자신의 백성들을 다시 그들의 땅으로 불러모으실 것이다(12-13절). 이스라엘로부터 온 세상으로 복이 흘러가게 될 것이다(6절).

◆ 하나님의 평강 ◆

예수 그리스도를 우리를 구원하시는 분으로 믿을 때 우리의 죄는 용서받고(골 2:13) 하나님과 화목하게 된다(롬 5:1). 그리스도가 심판을 내리시기 위해 우리를 부르시는 일은 결코 없을 것이다(요 5:24, 롬 8:1). 우리는 또 기도하고(빌 4:6-7) 우리의 마음으로 굳게 의뢰할 때(사 26:3, 빌 4:8-9, 골 3:1 이하) '하나님의 평강'을 누리게 된다. 하나님의 평강은 문제가 없는 상태를 말하는 것이 아니라 문제 속에서도 하나님이 함께하시므로 넉넉함을 누릴 수 있는 상태를 말한다(사 26:4, 빌 4:13, 19). 조지 모리슨(George Morrison)은 "평강은 충분한 자원들을 소유한 상태다"라고 말했다. 그리고 우리의 마음과 생각을 주님께 맡길 때 주님께로부터 그 자원들이 오게 된다.

이사야 28장

1-13절에서 선지자는 북쪽 지파(에브라임)에게 메시지를 선포하면서 그들을 술에 빠진 자들이며(1-8절) 깨닫지 못하는 자들이라고(9-13절) 불렀다. 종교 지도자들은 이사야에게 자신들을 어린아이처럼 취급하지 말 것을 경고했다(9-10절). 사실 그들은 율법을 알고 있는 사람들이었다. 그러나 하나님이 이스라엘 백성들이 이해하지 못하는 언어를 사용하는 앗수르인들을 통해 그들에게 말씀하셨다. 하나님의 말씀에 귀를 기울이지 않는다면, 하나님의 백성들은 평강을 이야기하지 않고 사랑을 보이지 않는 외국인들의 목소리에 귀를 기울이게 될 것이다.

당시 이스라엘은 자신만만했다. 그러나 그들의 번영은 쇠잔해가는 꽃처럼 사라지고(1, 3-4절), 큰 물과 광풍에 휩쓸려가며(2절), 얼른 따먹히는 열매같을 것이다(4절). 심판이 임박해 있었다(6절).

그런 다음 이사야는 거짓 신을 섬기는(14-15절) 유다의 죄를 고발했다(14-29절). 예수 그리스도는 하나님의 돌이시고, 그리스도만이 폭풍우를 피할 수 있는 확실한 피난처시다(사 8:14, 마 21:42-44, 엡 2:20). 거짓말로 자신을 보호하려는 것은 담요로 머리만 숨기려 하는 것과 같다! 하나님은 수확물을 거두고 싶어하신다. 그리고 토양과 씨앗을 어떻게 다루어야 하는지 정확하게 알고 계신다(23-29절). 밭을 갈고 곡식을 떠는 일이 하나님의 백성들에게 힘든 일이 될 수도 있다. 그러나 그 모든 수고를 하기에 충분한 가치가 있는 결과를 거두게 될 것이다.

이사야 29장

선지자는 예루살렘 성 아리엘['하나님의 사자(lion of God)']을 세 가지로 묘사하고 있다.

포위된 성(A besieged city, 1-8절). 이 구절은 앗수르를 물리친 하나님의 승리를 언급하고 있다(사 36-37장). 그러나 궁극적으로는 마지막 날에 하나님이 예루살렘을 포위할 군대들을 물리치시게 될 것을 보여준다(슥 14:1-3). 적들은 겨와 티끌처럼 될 것이다. 그들은 성공을 바랐던 그들의 꿈이 패배라는 악몽이 되었다는 사실을 깨닫게 될 것이다. 하나님은 하나님의 백성들을 어떻게 그리고 언제 구원하셔야 하는지를 잘 알고 계신다.

보지 못하는 성(A blind city, 9-16절). 하나님의 백성들은 술에 취해 자면서 인봉된 책을 읽으려는 소경들이었다! 그들은 영적인 것을 전혀 이해하지 못했고, 성령 안에서 하나님을 섬기지도 않았다(마 15:8-9). 더군다나 그들은 자신들의 계획(정치적 동맹)을 꾀하며 하나님이 그 사실을 알지 못하실 것이라 생각했다(15-16절). 토기가 토기장이보다 더 많은 것을 알 수 있겠는가(롬 9:20)? 피조물이 창조주를 우롱할 수 있겠는가?

복받은 성(A blessed city, 17-24절). 주님이 다시 오셔서 그분의 나라를 세우실 때 모든 것이 달라질 것이다! 하나님의 백성들은 진리를 보고 듣고 즐거워하며, 이스라엘의 거룩한 자를 높일 것이다. 그러나 우리는 그때까지 기다릴 필요가 없다. 우리의 마음을 주님께 드리고, 토기장이가 원하시는 대로 우리를 빚을 수 있게 해드리자.

● 이사야 30-31장

앗수르가 유다를 위협하자 유다의 지도자들은 도움을 구하기 위해 하나님을 찾지 않고 외교 정책을 의지하려 했다. 그들의 사신들은 애굽으로 가기 위해 위험한 지역을 통과했다(30:6-7). 그러나 애굽은 유다를 도울 수 없었다. 애굽은 그 늪처럼(30:1-5), 곧 무너질 성벽처럼(30:12-13), 또는 깨진 토기 조각처럼(30:14) 아무 도움도 되지 않았다. 애굽인들은 하나님이 아니라 인간일 뿐이었다(31:1-3). 우리가 도움을 청하러 오기를 주님이 기다리고 계신 동안 우리는 도움을 줄 수 없는 것들을 의지하려 하고 있지는 않은가(시 30:15, 18)?

도움을 얻기 위해 주님을 의지하는 사람들은 응답된 기도(30:18-19)와 하나님의 인도하심(30:20-21)과 정결함(30:22)과 풍성함(30:23-26)과 승리(30:27-33,

31:4-9)와 노래(30:29) 등과 같은 복을 누리게 될 것이다.

애굽의 말들은 결코 하나님의 병거를 대신할 수 없다(시 20:7-8).

이사야 32장

믿을 만한 사람들(Dependable people, 1-2절). 이 구절을 하나님에 관한 묘사로 볼 수도 있다(사 25:4). 그러나 선지자는 나라의 지도자들에 대해 언급하고 있다. 그들은 안전함과 풍성함을 제공해주는 바위와 강이 되어야 한다. 바위는 움직이거나 변하지 않는 반면, 강은 늘 움직이면서 변화한다. 지도자들은 바위의 신실함과 강의 풍성함을 결합시킨 일관성과 융통성을 모두 갖추어야 한다.

지혜로운 사람들(Wise people, 3-8절). 이사야 당시에는 어리석은 사람들과 불량배들과 음모를 꾸미는 사람들이 많았고, 그들은 나라를 허약하게 만들었다. 하나님은 눈과 귀와 마음이 영적 진리에 민감한 사람들 그리고 그 영적 진리를 다른 사람들에게 명료하게 전할 수 있는 사람들을 찾으신다.

근심하는 사람들(Concerned people, 9-15절). 이사야는 안일하게 지내고 있는 여인들에게 특별히 마음을 썼다(사 3:16 이하, 참조 - 암 6:1 이하). 왜냐하면 아내들과 어머니들은 선과 악 모두에 지대한 영향을 미칠 수 있기 때문이었다. 그들은 하나님의 심판이 임하기 전에 편안하게 살고 있었다. 그러나 그들의 행복한 가정은 곧 무너지게 될 것이다. 그런데 그들은 아무 신경도 쓰지 않는 것처럼 보였다.

평화로운 사람들(Peaceful people, 16-20절). 선지자는 미래의 나라의 평화와 번영을 묘사하면서 이 장을 마쳤다. 의가 없이는 평화가 지속될 수 없다. 그리고 예수 그리스도가 우리의 '의의 왕'이시며 '평강의 왕'이시다(히 7:1-3).

이사야 33장

멀리 내다보고 있던 선지자는 땅을 정복하러 다가오고 있는 약탈자들을 보았다. 그리고 그 심판을 야기한 사람들을 둘러보았다. 그들은 돈에 팔린 반역자들(1절)과 애굽에서 도움을 찾으러 했던 사신들(7절)과 하나님을 섬기는 척하는 종교적 위선자들이었다(14절, 1:10-20, 29:13). 모든 것들이 이사야의 용기를 잃게 했지만, 그에게 힘을 준 것이 한 가지 있었다. 그것은 하나님을 신뢰하고 나라를 위해 기도하는(2-4, 14-15절) 경건한 남은 자들이 있다는 사실이었다. 기도할 때 우리는 높으신 하나님을 보고(5-6절), 격려하시는 하나님의 말씀을 들으며(10-13절), 능력과 영광의 왕을 목도한다(17-24절). 당신은 바라보아야 할 방향을 바라보고 있는가? 중보 기도를 드리는 경건한 남은 자들의 부류에 속해 있는가?

◆ 한 약속 ◆

모든 약탈자들이 오히려 약탈을 당하고, 모든 반역자들이 오히려 반역을 당하게 될 것이다(사 33:1). 우리는 우리가 뿌린 대로 거둔다(갈 6:7-8).

이사야 34장

하나님은 하나님의 백성들에게 임할 심판에서 온 세상에 임할 심판으로 옮겨 경고하신다. 그 심판으로 온 군대가 살육을 당하고(3절), 하늘이 말리며(4절), 사람이 동물처럼 희생 제물이 될 것이다(5-7절).

하나님이 또 땅을 심판하시고(8-17절) 황무지로 만드실 것이다. 요한계시록 6-19장이 묘사하고 있는 심판을 읽으면서 우리는 이 땅의 폐허가 얼마가 극심할지를 볼 수 있다. 이사야는 오랫동안 이스라엘의 적이 되어온 애돔을 구체적으로 언급하고 있다. 그러나 그 심판을 피할 수 있는 나라는 하나도 없다.

이 진노의 이유는 '시온의 송사를 위해서' 이다(8절). 하나님의 백성들이 불순종하면 하나님이 그들과 싸우신다. 그러나 그 징계가 목적을 달성하게 되면 하나님은 그들을 위해 싸우실 것이다. 아브라함과 그리고 아브라함의 자손들과 맺으신 언약을 지키실 것이다(창 12:1-3).

● 이사야 35장

하나님은 또다시 심판과 영광의 균형을 잡으신다. 하나님은 죄인들이 회개하고, 신자들이 격려받을 수 있기를 바라신다. 예수 그리스도가 통치하러 오실 때 놀라운 변화가 일어나게 될 것이다.

폐허였던 황무지가 아름다운 동산이 될 것이다(1-2, 7절). 인간의 역사는 동산에서 시작되었다. 그러나 인간의 죄가 동산을 황무지로 만들었다. 하나님의 창조 세계가 죄의 억압에서 자유롭게 될 때 기쁨을 누리게 될 것이다(사 55:12-13, 롬 8:18-25).

약한 사람들은 강해지고, 장애는 모두 사라지게 될 것이다(3-6절). 배회하던 사람들은 그들이 걷던 길에서 벗어나 거룩함이라는 하나님의 대로에서 안전하게 걷게 될 것이다(8-9절). 그리고 슬퍼하던 사람들의 애통이 기쁨으로 바뀌게 될 것이다(10절).

이런 복들을 기다리는 동안에도 우리는 영적으로 그 복들을 누릴 수 있다. 하나님께 순종할 때 하나님이 구원과 풍성한 삶과 힘과 거룩함과 기쁨을 우리에게 주실 수 있다.

'만 입이 내게 있으면'

만 입이 내게 있으면 그 입 다 가지고
내 구주 주신 은총을 늘 산송하겠네.

내 죄의 권세 깨뜨려 그 결박 푸시고
이 추한 맘을 피로써 정결케 하셨네.

찰스 웨슬리(Charles Wesley)

> ♦ 광야에 꽃이 필 것이다 ♦
>
> 보울더(후버) 댐을 건설하던 중 89명의 인부들이 사고로 목숨을 잃었다. 그들을 추도하는 명판에는 '이 사람들 덕분에 사막에 꽃이 필 것이다'라고 적혀 있다. 세상 죄를 위해 십자가에서 돌아가신 예수 그리스도 덕분에 광야에서 하나님의 영광이 꽃피게 될 날이 올 것이다.

○ 이사야 36장

36-39장은 히스기야 왕에게 닥친 세 가지 시험을 - 적의 침략(36-37장), 병(38장), 아첨(39장) - 묘사하고 있는 역사적 기록이다. 자료를 추가로 더 얻으려면 열왕기하 18-19장과 역대하 32장을 보라.

선지자는 앗수르 군대가 다가오고 있음을 이미 경고한 바 있다. 그리고 이제 그들이 예루살렘을 에워싸고 있다.

앗수르는 이스라엘을 정복했고, 성벽에 둘러싸인 성읍들을 점령하며 유다로 진입해 들어왔다. 랍사게(군대 장관)의 말을 통해 우리는 영적인 대적인 사탄과의 전투에 대해 많은 것을 배울 수 있다.

사탄은 교만하고, 자신의 승리를 자신한다. 그는 우리를 항복하도록 위협한다. 그리고 우리가 무엇을 믿고 있는지를 그가 잘 알고 있다는 사실이 무엇보다 중요하다(4절). 세상이나 자신을 의지하고 있는가? 아니면 하나님을 의지하고 있는가(6-7절)?

적은 자기 말을 들으면 그 대가로 무언가를 주겠다고 한다(8, 16절). 그러나 그 제안에는 언제나 '~때까지'라는 조건이 붙어 있다(17절). 그는 그가 주는 선물이 하나님이 주시는 선물보다 더 좋을 것이라고 그리고 하나님이 우리를 도우실 수 없을 것이라고 생각하도록 우리를 속인다(14-15, 18절).

적의 불화살을 피하기 위해 믿음의 방패를 사용하라(엡 6:16). 그리고 사탄과는 절대 타협하지 말라(21절). 히스기야가 그랬던 것처럼 하나님의 도우심을 구하고 하나님의 말씀을 신뢰하라.

○ 이사야 37장

모든 승리가 다 이 장에서 볼 수 있는 것처럼 그렇게 극적인 것은 아니다. 그러나 히스기야의 경험은 적의 공격을 받을 때 어떻게 해야 하는지를 우리에게 보여준다.

짐을 하나님께 맡기라(Take your burdens to the Lord). 다른 사람들과 상의하는 것은 좋은 일이다. 그러나 하나님만이 우리 마음속에서 일하시며 두려움을 믿음으로 바꿔주실 수 있다. 하나님은 적이 사용하는 말과 글을 아신다. 그리고 완벽한 계획을 가지고 계신다. 믿음으로 기도하며 모든 것을 하나님께 맡기라.

하나님의 메시지에 귀를 기울이라(Listen for God's message). 적의 말은 우리를 낙심시킨다. 그러나 하나님의 말씀은 우리를 격려해주신다. 하나님의 말씀은 우리에게 "두려워 말라"(6절)고 명한다. 하나님이 모든 것을 다스리시기 때문이다.

하나님께만 영광을 돌리라(Seek to glorify God alone). 무엇보다 히스기야는 하나님의 영광에 마음을 썼다(4, 16-20절). "주님의 이름이 거룩히 여김을 받으시옵소서"가 우리의 으뜸가는 기도가 되어야 한다.

일하시는 하나님을 의뢰하라(Trust God to work). 산헤립은 이스라엘의 하나님을 조롱했다. 그리고 그를 보호해줄 수 없는 그의 신이 있는 집에서 죽었다. 하나님은 우리보다 적을 훨씬 더 잘 다룰 수 있는 분이시다.

승리 후에 하나님을 신뢰하라(Trust God after the victory). 앗수르는 땅을 황폐시켰다. 그러나 하나님은 자신의 백성들을 먹이시고 추수할 것을 주겠다고 약속하셨다. 우리의 미래는 하나님의 손에 달려 있다.

"미래는 하나님의 약속만큼 밝다."

윌리엄 캐리(William Carey)

이사야 38장

히스기야는 인생의 중요한 시기에(10절) 몸에 종기가 생겨(21절) 죽게 되었다(1절). 그 일은 36장과 37장에 기록된 사건들이 일어나기 전에 발생했다(6절). 그러나 그는 앗수르가 오리라는 것을 알고 있었다. 이 얼마나 곤란한 처지인가! 왕이 기도한 것은 정상적인 반응이었다. 대부분의 신자들은 좀 더 오래 살며 하나님을 섬기고 싶어한다. 그는 또한 앗수르의 진군을 생각하며 나라의 미래를 염려하고 있었다. 결국 하나님은 그의 기도에 응답해주셨을 뿐 아니라, 그의 믿음을 격려하시기 위해 특별한 징조까지 보여주셨다.

> "발이 걸려 넘어진다면 그때는 무릎을 꿇고 기도할 때다."
>
> 프레드릭 벡(Frederick Beck)

히스기야는 죽음을 문을 통과하는 것으로 묘사했다(10절). 그리고 장막을 걷는 것(12절)과 베를 걷어 마는 것(12절)과 짐승의 공격을 받는 것(13절)으로 묘사했다. 그러나 그는 하나님의 말씀을 붙들고(17절) 하나님이 하신 모든 일을 찬양했다(16-20절).

힘겨운 경험을 통해 우리는 삶에 대한 새로운 감사와 하나님을 위해 살고자 하는 새로운 열망을 가질 수 있어야 한다.

이사야 39장

바벨론에서 온 사자들이 히스기야에게 임한 세 번째 시험이었는데(대하 32:31), 그는 그 시험에 비참하게 실패했다. 군대나 질병을 통해 이루어질 수 없었던 일이 그들의 아첨을 통해 이루어졌다. 사탄은 사자로 성공하지 못하면 그 다음에는 뱀으로 나타난다. "친구의 통책은 충성에서 말미암은 것이나 원수의 자주 입맞춤은 거짓에서 난 것이니라"(잠 27:6).

입맞춤(The kisses). 바벨론 왕은 앗수르와의 전쟁에 유다가 협조해주기를 바랐다. 적은 거짓말쟁이고, 우리의 삶에 관여하기 위해 모든 수단을 다 동원한다. 히스기야가 그들을 환대하고 궁중의 보물을 보여준 것은 어리석은 행동이었다. 그러나 교만해진 히스기야는 분별력을 잃었다. 에베소서 4장 17-32절에는 우리가 사탄에게 틈을 줄 수 있는 요소들이 열거되어 있다.

상처(The wounds). 이사야는 왕을 두려워하지 않았고, 그래서 바벨론이 진짜 적이며 그들이 유다를 정복하게 될 날이 올 것이라고 직고했다. 그러나 히스기야는 회개하는 대신 그 심판이 자기 당대에 임하지 않게 된 것을 다행으로 여겼다. 믿음의 사람이 이렇게까지 근시안적으로 생각할 수도 있는 것이다! 그는 자기 백성들의 장래에 아무 관심도 없었던 것인가?

◆ 진리에 상처받다 ◆

하나님의 메시지가 필요한 사람들에게 그 메시지를 전하는 것이 언제나 쉬운 일은 아니다. 친구를 통책하는 데는 용기가 필요하다. 나단은 다윗의 잘못을 분명하게 지적해주었고(삼하 12장), 이사야는 아하스(사 7장)와 히스기야(사 39장)의 잘못을 책망했다. 바울 사도는 담대하게 베드로의 실수를 지적했다(갈 2:11 이하). "거짓말하는 자는 자기의 해한 자를 미워하고 아첨하는 입은 패망을 일으키느니라"(잠 26:28). 사랑 안에서 참된 것을 말하라(엡 4:15). 그리고 상처 입은 사람의 상처를 싸매어주라.

● 이사야 40장

음성(Voices, 1-11절). 이사야서는 유다가 패망하기 한 세기 전에 기록되었다. 그러나 유다 백성들이 바벨론에 포로로 끌려가 그곳에서 이사야서를 읽었을 때 그들은 큰 격려를 받았다. 위로의 음성(1-5절)은 우리를 얼마나 징계하셔야 하는지를 하나님이 알고 계시며, 우리를 용서하시고 새롭게 시작할 수 있게 해주신다고 말한다. 확신의 음성(6-8절)은 인간의 연약함에도 불구하고 하나님의 말씀은 변하지 않는다는 확신을 심어준다. 승리의 음성(9-11절)은 다른 사람들에게 좋은 소식을 전하는 우리의 음성이다. 그 음성을 높이라!

이상(Vision, 12-24절). 귀환해서 나라를 재건한다는 것이 포로들에게는 불가능한 일처럼 보였다. 그래서 이사야는 하나님의 광대하심을 보라고 그들을 초청했다. 하나님은 우리가 감당해야 하는 모든 짐들과 우리에게 닥치는 모든 도전들보다 더 큰 분이시다. 바벨론은 하나님께 물동이에 들어 있는 한 방울 물과 같다! 세상의 거짓 신들은 위대하신 하나님의 일을 방해할 수 없다. 그러므로 우리를 끝까지 보살피시는 하나님을 신뢰하라.

승리(Victory, 25-31절). 우리는 풀(6-8절)처럼, 양 무리(11절)처럼, 티끌(15절)처럼, 메뚜기(22절)처럼, 심지어는 지렁이(41:14)처럼 약할 수 있다. 그러나 하나님의 능력을 의뢰할 때 우리는 독수리와 달리는 사람과 인내하는 순례자(28-31절)와 같을 수 있다. 하나님은 비상시에 날아오를 수 있도록 우리를 도우시고, 판에 박힌 일상 속에서 인내하며 살아갈 수 있도록 우리를 도우신다. 둘 다 하나님의 놀라우신 능력으로 행하시는 일이다(엡 3:20-21).

◆ 종 ◆

이사야서 후반부의 핵심 개념은 '종'이다. 종은 이스라엘(41:8-9)과 바벨론을 무너뜨린 바사의 왕 고레스(41:2, 44:28-45:1)와 세상 죄를 위해 돌아가신 하나님의 '고난의 종' 주 예수 그리스도(52:13-53:12)를 가리킨다.

○ 이사야 41장

귀환을 준비하면서 유대인들은 그들 주위에 있는 다른 나라들을 돌아보며 두려워했다(1-7절). 그러나 하나님이 나라들을 다스리시며 하나님의 명령을 수행할 고레스 왕을 세우셨다(2, 25절). 다른 나라들의 거짓 신들은 이스라엘의 참 하나님의 상대가 될 수 없었다.

그리고 그들은 서로를 바라보며 "우리가 우리 땅으로 돌아가서 나라를 다시 세울 수 있을까?"라고 물었다(8-20절). 그러나 하나님이 그들에게 확신을 주셨다. "너는 나의 종이다! 두려워 말라. 내가 너와 함께함이니라! 내가 너를 도와주리라!" 하나님은 이빨이 없는 벌레를 이가 날카로운 새 타작 기계로 변화시킬 수 있는 분이시다(15절)! 그리고 메마른 사막을 동산으로 바꾸실 수도 있다(17-20절).

마지막으로 그들은 앞을 내다보며 장차 어떤 일이 벌어질 것인지를 생각했다(21-29절). 하나님이 미래를 알고 계신다(우상들은 그렇지 못하다). 그리고 모든 것을 다스리신다. 그러므로 걱정할 필요가 없다.

자신이 처한 상황을 묵상하고, 알 수 없는 미래에 직면하면서 하나님을 의뢰하는가? 하나님은 여전히 "내가 너를 도와주리라!"고 약속하신다(10, 13, 14절). 그리고 그 약속을 지키실 것이다!

◆ **두려워 말라** ◆

이사야서에는 하나님의 백성들이 왜 두려워할 필요가 없는지를 말해주는 다양한 이유들과 함께 "두려워 말라"는 명령이 자주 반복되어 나타나고 있다. 어떤 환경에서건 하나님이 우리와 함께하시고, 어떤 일이건 그 일을 할 수 있는 힘을 주시며 도우신다(41:10). 우리를 붙드신다(41:13-14). 하나님은 우리를 만드시고 구원하셨기 때문에 우리를 버리지 않으실 것이다. 우리는 하나님의 것이고(43:1, 5), 하나님은 우리가 태어나기 전부터 우리와 함께하셨으며, 이 세상에서 우리를 위해 이루셔야 할 목적을 가지고 계신다(44:2). 하나님의 말씀이 확실하고, 하나님이 우리 구원의 반석이 되시는데 어떻게 두려워할 수 있겠는가(44:8)?

○ 이사야 42장

하나님은 하나님의 종 예수 그리스도를 도우셨다(God helped His Servant, Jesus Christ, 1-13절). 마태복음 12장 18-21절은 이 땅에서 가난한 자들을 섬기신 우리 주님을 언급한 것이다. 그리스도는 하나님이 택하셨고 능력을 부여해주셨다. 그래서 낙심하거나 포기하지 않으셨다. 예수 그리스도는 자신의 필요를 채워주시는 하나님 아버지를 신뢰하는 믿음으로 섬기며 사셨다. 때문에 오늘날 우리도 그렇게 살아야 한다. 하나님이 우리에게도 능력을 부여해주신다.

하나님은 하나님의 종 이스라엘을 도우셨다(God helped His servant, Israel, 14-25절). 이스라엘은 연약했고, 포로 생활을 하다 고향 땅으로 돌아왔다. 그들은 영적으로 어두웠고 완고했다. 그러나 하나님이 그들을 인도하시며 그들을 위해 일하셨다.

하나님은 지금도 하나님의 종들을 도우신다(God helps His servants today). 당신이 하나님의 가족이라면, 당신의 아버지는 당신을 용서하시고 회복시킬 준비가 되어 있으시다. 삶을 처음부터 다시 시작한다는 것이 불가능하게 보일 수 있다. 그러나 우리가 허락해드린다면 주님이 우리를 위해 일하시고(9절), 새로운 길로 인도하시며(16절), 새로운 노래를 부르게 해주실 것이다(10절).

● 이사야 43장

하나님이 우리를 위해 행하신 일들을 깨닫게 될 때 두려워해야 할 이유가 사라진다. 하나님이 우리를 조성하셨고(1절), 하나님(21절)과 그분의 영광을 위해 우리를 만드셨다(7절). 우리가 예수 그리스도를 믿게 되었을 때 하나님이 우리를 구속하셨고(1절), 우리의 죄를 모두 도말하셨다(25절). 하나님은 "여호와 너희의 거룩한 자요 이스라엘의 창조자요 너희의 왕"이시다(15절). 하나님은 우리를 사랑하시고(4절), 우리의 이름을 아신다(1절). 그렇게 광대하시고 은혜로우신 분의 소유가 된다는 것은 얼마나 큰 특권인가!

더 나아가 하나님은 우리와 함께하시고(5절), 우리가 물을 건널 때나 불 가운데로 지날 때나 우리와 함께하시며 보호하실 것이라고(2절) 약속하신다. 출애굽 당시 하나님은 이스라엘 백성들이 홍해를 건널 수 있도록 그들을 인도하셨고, 애굽 군대를 물리쳐주셨다(16-17절). 세 사람의 히브리인 영웅들은 활활 타는 풀무 앞에서 이 약속을 주장했을 것이다(단 3장).

하나님이 우리와 늘 함께하심에도 불구하고 하나님은 우리처럼 피곤해하지 않으신다(40:28). 그러나 우리가 공허한 종교적 행사와 죄로 하나님을 지치시게 만들 수 있다(22-24절). 우리는 하나님께 소중한 사람들이다(4절). 그러므로 하나님께 불순종하면서 자신의 가치를 떨어뜨리지 말라.

○ 이사야 44장

하나님의 신실하심(The faithfulness of God, 1-8절). 하나님은 다시 그분의 백성들에게 하나님이 그들을 지으셨고, 선택하셨으며, 도우실 것을 상기시켜주셨다. 하나님이 우리의 모든 필요를 채워주시고(2-5절) 모든 약속을 지키시기 때문에(6-8절) 두려워할 필요가 없다. 하나님은 앞으로 일어날 모든 일들을 알고 계시며, 우리를 도우셔서 우리가 그 일들을 맞이할 수 있게 하신다.

우상을 숭배하는 어리석음(The folly of idolatry, 9-20절). 이스라엘은 바벨론에서 우상 숭배가 얼마나 무익하고 어리석은 것인지를 배웠다. 하나님 대신 다른 것들을(우리가 만든 것들을 포함해) 섬기는 것은 참으로 쉽다. 거짓 신들을 섬기는 사람들은 두려워하게 될 것이다(11절). 그리고 그들이 섬기는 신처럼 될 것이다(18절, 시 115:1-8). 그들은 몸에 좋은 음식을 먹는다(19절). 그러나 그들의 영혼은 재를 먹고 있다(20절). 그들은 대용품을 주식으로 먹고 있다.

이스라엘의 장래(The future of Israel, 21-28절). 바벨론을 벗어나게 되었을 때는 애굽에서 벗어나게 되었을 때처럼(출 14-15장) 이스라엘 백성들에게 구원과 기쁨의 때였다. 그리고 하나님이 그들에게 하나님의 말씀을 확인시켜주실 것이다. 예루살렘은 회복되고 성전이 재건될 것이다. 그리고 자신의 목적을 이루시기 위해 하나님은 이방의 통치자까지 사용하실 것이다! 하나님은 불가능을 가능케 하는 분이시다. 그러므로 하나님이 명하신 대로 행하라.

♦ 이방의 통치자까지 사용하시는 하나님 ♦

열방의 신들은 미래에 대해 예언할 수 없었다. 그러나 하나님은 이스라엘 백성들에게 어떤 일이 일어나게 될지를 말씀하셨다. 고레스라는 통치자가 바벨론을 정복하고 유대인들이 고향으로 귀환하도록 허락할 것이다(44:28, 45:1). 고레스는 기원전 539년에 바벨론을 멸망시키고 바사 제국을 창건했다(단 5:30). 그 이듬해 그는 유대인들의 귀환과 성전 재건을 허락한 유명한 조서를 발표했다(스 1:1-6). 하나님이 자신의 백성들을 지키시고, 자신의 말씀을 성취하시기 위해 이방인 통치자를 사용할 수 있는 분이시라면, 사람들이 무슨 말을 하고 무슨 일을 하건 하나님의 백성들에게는 두려워할 이유가 전혀 없다. 점성가들이나 다른 '선지자'들의 예측은 한갓 재와 같다. 그러나 하나님의 말씀은 어둠을 밝히는 참 빛이다(벧후 1:19-21).

○ 이사야 45장

하나님이 고레스(1-7절)와 유다(8-19절)와 이방 나라들(20-25절)에게 선포하셨다. 그리고 그 메시지를 통해 우리 시대를 살아가고 있는 하나님의 백성들에게도 말씀하신다.

고레스에게 말씀하신 메시지는 하나님의 유일무이하심에 초점을 맞춘 하나님의 주권이었다. 여호와는 창조주이시며 역사의 주인이시다. 고레스는 하나님을 알지도 못했다. 그러나 하나님이 그의 이름을 부르시고, 하나님의 목적을 이루기 위해 그를 사용하셨다. 인생이 무너져내리는 것처럼 보일 때 하나님이 보좌 위에 계시며, 주권자시라는 사실을 기억하라.

♦ 지금 보라! ♦

영국의 유명한 설교가 찰스 해돈 스펄전(1834-92)은 이사야 45장 22절 말씀을 기초로 한 어느 평신도의 설교를 듣고 그리스도께 회심했다. 나중에 스펄전은

"그는 교육을 받지 못한 사람이었다. 그래서 많은 말을 할 수 없었던 그는 본문에 충실할 수밖에 없었다. 나는 그것을 하나님께 감사한다"라고 말했다. 그 사람은 어린 스펄전을 보고 "젊은이, 자네는 아주 불쌍하구려. 젊은이, 보게나! 하나님의 이름으로 보게나. 그리고 지금 보게나!"라고 말했다. 스펄전은 "그래서 나는 보았다. 하나님을 찬미하라! 그때 그곳에서 나는 내가 보았다는 것을 알았다. 그리고 보잘것없었고 자포자기하고 있던 사람에게 기쁨과 소망이 넘치게 되었다"라고 말했다. 당신은 믿음으로 그리스도를 바라보고 그분이 주시는 구원의 선물을 받았는가?

이스라엘에게 보내신 하나님의 메시지는 순종을 강조하고 있다. 하나님은 비구름에게도 어떻게 해야 할 것을 말씀할 수 있는 분이시다. 그러나 하나님의 백성들은 하나님을 거부했다. 그것은 토기가 토기장이에게 명령하는 것과 같은 것이었다(렘 18장). 또는 아이가 그 부모를 꾸짖는 것과 같은 것이었다. 이스라엘이 하나님을 신뢰했더라면 그들은 하나님이 하시는 놀라운 일에 참여할 수 있었을 것이다. 고레스는 하나님을 알지도 못했지만 하나님께 협력했다!

이방 나라들에게 보내신 메시지는 구원이었다. 하나님의 목적은 이스라엘을 통해 모든 나라가 복을 받게 되는 것이다(창 12:1-3). 하나님이 그분의 백성들을 모으시고, 그분의 나라를 세우실 날이 올 것이다. 그때 열방들은 참 하나님을 알게 되고 구세주를 신뢰하게 될 것이다. 그때까지 우리는 구원의 메시지를 모든 나라와 족속에게 전해야 한다.

● 이사야 46-47장

선지자는 바벨론에게 그들이 지은 많은 죄 때문에 심판이 임할 것이라고 경고한다.

선지자는 그들의 우상 숭배로부터 시작해서(46장) 여호와와 바벨론의 신들을 비교한다. 우상들은 사람들이 떠메고 다녀야 하지만, 여호와는 그의 백성들을 이끄는 하나님이시다. 거짓 신들은 미래를 예언하거나 역사를 주관할 수 없지만, 여호와는 그 모두를 하신다. 우상들은 모두 다 똑같지만, 여호와는 유일한 참 하나님이시고 유일무이한 분이시다. 살아 계신 참 하나님을 섬길 수 있다는 것을 기뻐하라(시 115편)!

◆ 대용품은 없다 ◆

우상은 사람들이 하나님보다 더 소중하게 생각하고 섬기면서 하나님을 대신하려는 대용품이다. 그들은 우상을 믿고 우상에게 제사를 드린다. 그러나 결국 우상은 그들에게 아무런 유익도 줄 수 없다. 이사야는 열방들의 우상들을 조롱하고, 여호와만이 살아 계신 참 하나님이라고 거듭 강조한다(40:18-20, 41:5-7, 44:9-20, 45:15-21, 46:1-7). 마틴 루터는 "기술이나, 지혜나, 능력이나, 고결함이나, 재물이나, 명예나, 권세 같은 것들을 믿고 의지하는 것"은 우상을 섬기는 죄라고 말했다.

하나님은 그들이 교만하고(47:1-3), 무자비하며(47:4-7), 쾌락을 추구하고(47:8-9), 미신을 좇고 있다고 지적하시며 그들의 죄를 책망하셨는데(47:10-15), 그런 죄는 지금도 여전히 널리 퍼져 있다. '열국의 주모'가 자녀가 없는 과부처럼 티끌에 앉을 것이다. 그리고 하늘을 살피고 별을 보며 예언하던 자들은 그 그루터기까지 다 타 없어지게 될 것이다. 그들은 왜 불이 오고 있는 것을 보지 못하는 것인가?

열방들과 족속들마다 그들의 전성기가 있다. 그러나 하나님이 왕으로 다스리신다. 바벨론 사람들의 행위를 배우지 않도록 경계하라.

● 이사야 48장

책망(Rebuke). 건전한 조언에 귀 기울이지 않았던 것 때문에 곤경에 처해 있을 때 가장 만나고 싶지 않은 사람은 "내가 그렇게 될 거라고 했지!"라고 말하는 사람일 것이다. 그런데 하나님이 이 장에서 이스라엘 백성들에게 그렇게 말씀하신다. 하나님은 그들의 죄가 심판을 불러오게 될 것이라고 경고하셨다. 그러나 그들은 목을 굳게 하고 귀를 막으며 듣지 않았다. 이제 그들이 회개하고 용서를 구할 때였다.

연단(Refining). 포로 생활은 거의 끝나가고 있었고, 이제 백성들을 연단할 때가 되었다(10절, 욥 23:10, 벧전 1:7). 그들은 우상을 버리고 여호와만을 섬겨야 한다는 것을 이미 알고 있었다. 하나님을 거역하면 불에 타 딱딱하게 될 것이다. 그러나 하나님께 순종하면 불에 녹아 부드럽게 될 것이다.

회복(Renewing). 하나님은 새 일을 선포하시고(사 42:9), 새 일을 행하신다(사 43:19). 그리고 하나님의 백성들은 새 일에 대해서 들을 수 있다(6절). 20절은 고린도후서 6장 14-18절과 같은 내용이다. 우리가 하나님께 순종하는 동안 하나님이 우리를 인도하시고(17절), 우리에게 평강을 주시며(18절), 우리의 필요를 채워주신다(21절). 비록 약하지만 우리는 하나님을 의지할 수 있다(2절).

이사야 49장

이 장에서 언급하고 있는 좋은 몇 개의 의미 있는 이름으로 불리고 있는 주 예수 그리스도를 말한다.

그분은 적을 정복하고(1-2절, 히 4:12, 계 1:16, 19:15) 열방에 구원을 베풀기 위한 하나님의 무기시다. 그분은 또 이스라엘이 실패한 일, 즉 하나님의 구원을 이방에 전하는 일을 성취하시는 하나님의 이스라엘이다(3절).

그분은 이방인들을 하나님께 인도하는(눅 1:79, 행 13:47) 빛이시고(6절), 하나님이 열조에게 하신 약속들을(사 42:6, 롬 15:8-13, 고후 1:20) 성취하시는 하나님의 언약이다(8절). 이스라엘의 귀환은 메시아가 오실 때 이루어질 그들의 마지막 귀환을 보여주는 그림이다(8-13절).

하나님이 우리를 정말 돌보고 계신지를 의심하게 될 때도 있을 것이다(14절). 그러나 하나님은 우리를 결코 잊지 않으신다고 분명하게 말씀하신다. 우리는 하나님이 사랑하시는 그분의 자녀들이다(15절, 시 27:10). 그리고 하나님은 우리의 이름을 결코 잊지 않으실 것이다(16절). 하나님이 자신의 가족들을 모으시고 본향으로 인도해가실 것이다(19-23절).

○ 이사야 50장

부정한 아내(The unfaithful wife, 1-3절). 이스라엘이 시내 산에서 하나님의 언약을 받아들였을 때 그들은 '여호와와 결혼한' 것이었다. 그러나 그들은 결국 우상을 섬기며 영적 간음을 행하고, 자신들을 노예로 팔았다. 하나님은 그들을 내버리셔야 했다(호 1-4장). 그러나 오늘날 죄를 회개하고 순종하는 사람들을 하나님이 용서하시고 회복하시는 것처럼, 하나님의 택한 백성들을 회복시켜주실 날이 올 것이다(약 4:1-10).

신실한 종(The faithful servant, 4-9절). 이 종은 열린 귀와 준비된 혀(4-5절)와 부싯돌같이 굳은 얼굴(7절, 눅 9:51)과 고난받는 몸(6절)을 가진 우리 주 예수 그리스도시다. 하나님을 섬기려고 하는 우리가 본받아야 할 본보기가 되는 분이시다(롬 12:1-12).

어찌할 바를 모르는 제자(The perplexed disciple, 10-11절). 하나님을 경외하고 순종하는 사람들도 혼란이라는 어둠 속에 남아 있을 수 있다. 그렇게 되면 그들은 자신들의 불을 밝히고 스스로 자신의 길을 찾으려 한다. 그러나 그렇게 하지 말라. 대신 하나님을 신뢰하고 하나님을 기다리라. 하나님이 우리에게 필요한 빛을 우리에게 필요한 때에 비춰주실 것이다.

○ 이사야 51장

바벨론을 떠나 본국으로 귀환하기 위한 준비를 하고 있던 이스라엘 백성들은 여호와 하나님을 신뢰하는 믿음을 굳게 다질 필요가 있었다. 하나님이 다음과 같은 지시를 하셨다.

뒤를 돌아보라!(Look back!) 하나님은 하나님의 백성들에게 그들의 영적 뿌리(1-2절)와 출애굽(9-10, 15절)을 기억하라고 강력하게 권하셨다. 그들은 언약 백성이고, 하나님이 그분의 약속들을 지키실 것이다. 그들은 구원받은 백성이고, 하나님이 그들을 돌보실 것이다. 자신의 영적 뿌리를 기억해보라. 믿음의 격려를 받게 될 것이다.

위를 바라보라!(Look up!) 하나님은 "눈을 들라!"고 말씀하신다(6절, 창 15:1-6). 이사야는 또다시 백성들에게 하나님의 창조 세계를 생각하고, 하나님이 얼마나 광대한 분이시며 하나님의 말씀이 얼마나 영구적인 것인지를(40:6-8, 12-14절) 기억하라고 말한다. 어떤 일들로 쉽게 속을 태우는 편이라면, 창조주가 아버지가 되시고 우리가 두려워할 것은 아무것도 없다는 사실을 기억하라.

앞을 내다보라!(Look ahead!) 광야는 에덴 동산이 될 것이다(3절). 그리고 백성들은 바벨론에서 벗어나 기뻐하며 시온으로 돌아가게 될 것이다(11절). 이 예언은 나라가 확고하게 서고 이스라엘의 모든 적이 물러나게 될 때 궁극적으로 성취될 것이다.

● 이사야 52장

하나님의 백성들이 깨어나야 할 새날이다(1절, 51:9, 17, 롬 13:11-14). 시련의 밤은 끝이 났고, 하나님이 그들을 위해 새 일을 하실 것이다. 우리에게도 새날이다. 그러므로 하나님의 은총을 받기 위해 깨어나라(애 3:22-23).

또 옷을 입어야 할 때다(1절). 왜냐하면 잔치가 곧 시작될 것이기 때문이다. 하나님이 자신의 백성들을 용서하시고, 그들을 고향으로 인도하시는 즐거운 때다(9절, 눅 15:22-24).

하나님이 자신의 백성들을 위해 하신 일들을 세상에 알리며 외칠 때다(7-10절). 바울 사도는 구원받지 못한 사람들에게 복음을 전하면서 이 구절을 적용했다(롬 10:15).

정결케 해야 할 때다(11-12절). 바벨론을 떠나면서 포로들은 자신들을 더럽히지 않고 거룩한 기구들을 정결하게 시온으로 가져가야 했다. 하나님의 백성들이 자신들을 깨끗하게 유지하고자 할 때 피해야 할 새로운 '바벨론'은 늘 기다리고 있을 것이다(계 18:1-8). 하나님이 우리의 앞과 뒤에서 우리를 지키신다. 그러므로 적을 두려워할 필요가 없다.

● 이사야 53장

이 장은 세상 죄를 속하기 위해 하나님의 완전한 제물이 되신 예수 그리스도를 보여준다(행 8:26-40). 이 장은 실제로 하나님의 뜻을 행하기 위해 고난을 받지만, 그럼에도 하나님이 높여주시는 종에 대해 선지자가 말하고 있는 52장 13절부터 시작된다. 낮아짐과 높아짐, 고난과 영광이 이 예언의 중심 주제다.

그리스도의 탄생과 그분의 삶 속에서 볼 수 있는 겸손(1-3절)과 고난과 시련 그리고 죽음에서 볼 수 있는 겸손(4-9절)을 생각해보라. 우리를 위해 그리스도가 십자가에서 사신 구원의 영광을 생각해보라(10-12절). 하나님 아버지는 아들이 고난을 받았기 때문이 아니라, 그분의 희생으로 영원한 구원이 성취되었기 때문에 기뻐하셨다. 아들의 희생으로 하나님의 공의는 만족되었고, 믿는 죄인들은 의롭다 하심을 얻을 수 있게 되었다(11절, 롬 3:21-31).

채찍에 맞은 종(52:13-14), 뿌리(53:2), 죄 없는 어린 양(53:7), 속건 제물(53:10), 영적인 '씨'의 탄생을 위해 산고를 겪는 여인(53:10-11), 승리한 대장(53:12)으로 그려진 구세주의 모습을 생각해보라. 할렐루야! 이 얼마나 놀라운 구세주인가!

그러나 여전히 사람들은 그분을 믿지 않고 있다(1절). 대신 그들은 그분을 멸시하고 거부한다(2절). 그리고 십자가의 메시지를 조롱한다(고전 1:18-25). 그러나 하늘은 하나님의 어린양을 찬양하고(계 5장), 땅 위에 있는 그분의 백성들은 그분의 십자가에 영광을 돌린다(갈 6:14). 당신도 그들 가운데 한 사람인가?

✦ 주님이 대가를 지불하셨다 ✦

이사야 53장은 신약 성경에 자주 인용되고 언급되었다(그리스도의 고난과 죽음과 장사를 묘사하고 있는 복음서 구절들, 참조 - 요한복음 1:29, 12:38, 사도행전 8:26-40, 로마서 10:16, 히브리서 9:28, 베드로전서 2:21-25, 요한계시록 5장). 이 장은 죄가 없으신 하나님의 아들이 죄인들을 대신해서 죗값을 치르신 대속을 보여주고 있다. 우리가 십자가 위에서 이루어진 '거룩한 화해'에 관련된 모든 것을 다 이해하지는 못한다 할지라도, 그 사건을 통해 타락한 세상을 위한 구원이 성취되었다는 사실만은 분명히 알 수 있다.

○ 이사야 54장

이스라엘 백성들을 다시 불러 모아 회복시키는 것은 시련과 고난이 끝난 후 하나님이 이루실 놀라운 변화를 보여주는 것이다.

자녀를 생산치 못하던 여인이 장막을 넓혀야 할 만큼 자녀를 많이 낳게 될 것이다(1-3절). 과부는 더 이상 수치를 당하지 않게 될 것이며, 여호와와 다시 혼인하게 될 것이다(4-6절). 폭풍우는 끝났고 하나님이 평강을 주신다(7-15절). 그리고 언약을 상징하는 무지개가 하늘에 떠 있다(10절).

징계와 고난의 때가 우리에게는 영적으로 무력한 때인 것처럼 보일 수도 있다. 그러나 하나님은 복을 주시기 위해 그때를 사용하신다. 슬픔과 책망의 때는 고통스럽다. 그러나 슬픔과 책망이 큰 기쁨을 가져다줄 수 있다. 폭풍우는 무서운 것이다. 그러나 그것은 하나님의 보석들을 윤기나게 만들고(11-12절), 하나님을 영화롭게 한다. 풀무를 통과하는 것은 고통스럽다(16-17절). 그러나 하나님은 우리를 더 강하고 더 나은 도구로 만들기 위해 그 고통을 사용하신다.

최선에는 아직 이르지 않았다!

"우리는 '슬픔, 재난, 참화'라고 말한다. 그러나 하나님은 '징계'라고

말씀하신다. 징계라는 말이 우리 귀에는 거슬릴 수 있다. 그러나 하나님께서는 그렇지 않다. 책망을 받을 때 나약해지지 말라. 그리고 하나님의 징계를 멸시하지 말라. 인내하며 자신의 영혼을 다스려라."

오스왈드 챔버스(Oswald Chambers)

○ 이사야 55장

선지자는 죄를 버리고 구세주를 믿는 사람들의 삶 속에서 하나님이 일으키시는 변화들을 서술하고 있다.

대용품을 원래의 것으로(From substitutes to reality, 1-2절). 타락한 죄인은 만족을 주지 못하는 것들을 위해 모든 것을 사용하기 때문에 파산하게 된다. 하나님의 말씀을 듣고 순종하면 예수 그리스도 안에서 찾을 수 있는 생수와 생명의 떡을 누리기 시작한다(요 4, 6장).

죽음을 생명으로(From death to life, 3-5절). 3절을 요한복음 5장 24절과 비교해 보라. 예수님은 하나님이 다윗과 맺으신 언약의 성취시다(삼하 7장, 행 13:34). 주님을 신뢰할 때 주님의 생명과 승리에 동참하게 된다.

죄를 용서로(From guilt to pardon, 6-7절). 죄인이 회개하고 믿음으로 그리스도를 신뢰할 때 하나님이 자비를 베푸시고 용서하신다. 그러나 지체하지 말라(잠 1:20-33)!

두려움을 확신으로(From fear to certainty, 8-11절). 하나님의 방법은 인간의 이해를 넘어선다. 그러나 우리는 하나님이 그분이 정하신 때에 그분의 목적을 이루실 것을 확신할 수 있다. 하나님의 말씀이 아무 쓸모 없이 내리는 눈이나 비처럼 보일 수도 있지만, 이 땅에서 하나님의 뜻은 이루어질 것이다.

광야를 낙원으로(From wilderness to paradise, 12-13절). 죄는 동산을 광야로 바꾸었다(사 5:3-6, 32:12-15). 그러나 은혜는 광야를 즐겁고 풍성한 동산으로 바꾼다. 풍족한 만족과 용서와 기쁨은 하나님의 은혜로운 초대를 받아들이는 모든 사람들을 위한 것이다.

이사야 56장

이스라엘을 통해 이방인들에게 참 하나님 자신과 그분의 구원을 알리시려는 것이 하나님의 목적이었다(창 12:1-3). 그런데 이스라엘이 이방인들의 거짓 신들을 받아들였다! 지도자들은 눈먼 파수꾼이 되었고, 짖지 못하는 탐욕스러운 경비견이 되었으며, 자신만을 생각하는 이기적인 목자가 되었다(9-12절). 백성들이 포로로 잡혀가게 된 것도 그리 이상한 일이 아니었다! 그리고 그것은 오늘날 영적 지도자들을 향한 경고가 되고 있다!

그러나 하나님은 이방인들을 포기하지 않으셨다. '의지할 곳 없는' 이방인들은 받아들여지고(6-8절), 고자들도 환영받게 될 것이다(3-5절, 신 23:1). 예수 그리스도 안에서 유대인과 이방인을 갈라놓았던 벽이 무너져내린다. 그리고 어떤 죄인이라도 구세주 앞에 나와 용서받고 용납될 수 있다(엡 2장).

예수님은 예루살렘 성전을 깨끗케 하시며 7절을 인용하셨다(마 21:13). 종교 지도자들이 예배 장소를 도둑의 소굴로 만든 것은 얼마나 비극적인 일인가! 시장처럼 되어버린 이방인의 뜰을 보고 그들이 이스라엘의 하나님을 알 수 있었겠는가? 오늘 처음 예배에 참석한 사람들이 교회 안에서 무엇을 보게 될 것이라 생각하는가(고전 14:23-25)?

이사야 57장

퇴보(Deterioration, 1-2절). 하나님의 백성들을 심판하실 때 하나님은 종종 경건한 지도자들을 제거하신다. 그리고 그들은 나라가 퇴보하고 심판이 임하는 것을 목도하는 고통을 받게 된다(1-2절, 3:1-5). 하나님이 영적 지도자로 세워주신 사람들에게 감사하고 있는가? 그들을 격려하고 있는가?

고발(Denunciation, 3-13절). 불경한 유다 사회에 대한 이 묘사는 오늘날의 상황과 매우 비슷하다. 하나님은 우상을 숭배하고, 거짓을 말하며, 성적인 죄를 행하고, 자녀들을 제물로 바치며, 경건한 사람들을 조롱하는 그들의 죄를 고발하셨다. 그들은 하나님이 즉각 심판하지 않으셨기 때문에 하나님을 두려워하지 않왔다. 그러나 심판의 날이 다가오고 있었다.

헌신(Dedication, 14-21절). 불경한 사회 속에서도 하나님과 교제하는 헌신된 사람들이 곳곳에 있었다. 하나님은 자신의 백성들과 함께하기를 간절히 바라신다(요 14:21-24). 그리고 그들이 겸손하게 통회하면 그들과 함께하실 것이다(시 51:17, 사 66:2). 당신의 마음은 하나님이 '편하게 거하실 수 있는' 곳인가(엡 3:14-21)?

○ 이사야 58장

영적인 사람이 되려고 노력할 때 우리는 '형식과 실체' 사이에서 벌어지는 싸움을 끊임없이 싸우게 된다. 마음으로 하나님을 사랑하고, 그 사랑이 다른 사람들의 삶에 미칠 수 있게 하는 것보다 종교라는 외부적인 활동에 열중하기가 훨씬 더 쉽다. 그러나 그 둘은 이것 아니면 저것의 문제가 아니라, 이것과 저것 둘 다의 문제다. 마음으로 하나님을 예배하고, 사랑으로 다른 사람들을 섬겨야 한다. 야고보는 '행함이 없는 믿음은 헛것' (약 2:20)이라고 했다.

그 당시 유다에는 정통과 믿음이 대중적인 것이었고, 사람들은 하나님의 말씀을 배우고 금식하기를 좋아했다(2-3절). 그러나 그 행사가 끝나고나면 그들은 사람들을 착취하면서 자신들을 만족시키는 일로 되돌아갔다.

회개하고 주님께 나아갈 때 일어나는 변화는 놀라운 것이다(8-12절)! 우리는 어둠 대신 빛을, 질병 대신 고침을, 불결함 대신 의를, 치욕 대신 영광을 얻게 될 것이다. 그리고 우리의 삶은 음산한 습지 대신 물댄 동산같이 될 것이다.

○ 이사야 59장

이 장에서 볼 수 있는 다음 형상들은 중요한 영적 진리들을 가르쳐주고 있다.

손(Hands, 1-3절). 우리의 손이 죄로 더럽혀져 있을 때는 하나님의 손이 일을 하실 수 없다. 그래서 우리의 기도는 아무것도 이룰 수 없다(시 66:18). 그리고 우리의 삶 속에서 그리고 우리의 사역 속에서 하나님의 능력이 나타나지 않게 된다.

독(Poison, 4-5절). 거짓말은 공기 중에 울리는 소리나 종이에 적힌 문장, 그 이상이다. 거짓말에는 생명이 있고, 온갖 종류의 문제를 야기한다. 거짓말을 기초로 살아가는 것은 자신을 독살하는 것과 같다. 거짓말이 마침내 부화하게 되면 그것은 당신을 깨물 것이다. 그리고 죽일 수도 있다(약 1:13-16).

거미집(Spider's webs, 6-8절). 거짓말과 가식적인 종교 뒤에 숨으려는 것은 거미집을 옷으로 입으려 하는 것과 같다. 이 구절이 말하고 있는 죄는 종교적인 사람들이 범하는 죄다. 하나님이 그들에게 복을 주시지 않는 것은 당연한 일이다! 하나님이 오늘날에도 그렇게 하고 계신 것은 아닌가?

교통 체증(Traffic jam, 9-15절). 어둡다. 길을 걸어가는 사람들은 소경이고 마치 짐승처럼 행동한다. 진리는 땅에 떨어졌고 진보도 멈추었다. '교통 경찰들'은 (의와 공평) 멀리 서 있다. 왜냐하면 사람들이 그들의 권위를 행사하지 못하게 막고 있기 때문이다.

범인 수색(Manhunt, 16-21절). 하나님은 자신의 백성들을 위해 기도할 한 사람을 찾으셨다. 그러나 아무도 찾을 수 없으셨다. 그래서 하나님이 직접 하셨다. 당신은 중보 기도하는 사람인가? 하나님의 일을 방해하고 하나님의 영광을 훔쳐가는 '교통 체증'을 염려하며 부담을 느끼고 있는가?

"하나님은 엘리야에게 복을 주시고 이스라엘에 비를 내려주셨다. 그러나 엘리야가 먼저 비를 위해 기도해야 했다. 선택된 백성이 형통하기 위해서는 사무엘이 먼저 기도해야 했다. 유대인들이 구원받기 위해서는 다니엘이 중재해야 했다. 하나님은 바울에게 복을 주셨고, 이방인들은 회심하게 되었다. 그러나 바울이 먼저 기도해야 했다… 나를 위해 여러분이 기도한다면 나는 무엇이든 할 수 있을 것이다. 그러나 여러분의 기도가 없다면 나는 아무것도 할 수 없다!"

찰스 해돈 스펄전(Charles Haddon Spurgeon)

이사야 60장

빛(Light, 1-3, 19-22절, 계 21-22장). 이사야가 구속된 백성들과 회복된 시온 성을 내다보았을 때 그를 가장 감동시킨 것은 영광이었다(1, 2, 7, 9, 13, 19, 21절). 이스라엘에 새날이 밝아오게 될 것이다. 요한복음 17장 22-24절과 로마서 8장 18절과 베드로전서 5장 10절을 묵상하라.

연합(Unity, 4-9절). 열방들이 이스라엘의 빛으로 나아올 것이다. 그리고 유대인들과 이방인들이 함께 하나님을 섬기며 예배하게 될 것이다. 지금 세상은 분열과 분쟁에 시달리고 있다. 그러나 하나님이 평강을 주실 날이 올 것이다.

기쁨(Joy, 10-18절). 하나님이 자신의 백성들을 아름다움과 기쁨으로 둘러싸시며, 풍성한 은혜와 자비를 베푸실 것이다. 시온의 백성들은 하나님을 알고, 하나님을 찬양하게 될 것이다.

이사야 61장

해방(Release, 1-3절). 예수님은 나사렛에서 설교하시며 이 구절을 본문으로 삼으셨다(눅 4:16 이하). 그리고 은혜의 해[희년(레 25장)]를 전파하시는 것이라고 말씀하셨다. 희년은 노예들을 해방하고, 모든 빚을 탕감해주며, 다시 새롭게 시작하는 해다. 오늘날 그리스도를 믿는 사람들은 그들의 희년을 누리고 있고, 그리스도를 거부한 사람들은 심판을 맞이하고 있다.

회복(Renewal, 4-6절). 유다는 바벨론 침공으로 폐허가 되었다. 그러나 다시 쌓고 중수하도록 하나님이 백성들을 도우실 것이다. 나라 전체가 하나님의 제사장(벧전 2:5, 9)과 하나님의 종이 될 것이다.

기쁨(Rejoicing, 7-11절). 수치 대신 즐거움과 영원한 기쁨을 누리게 될 것이다. 장례식에서 혼인 잔치로 옮겨가는 것과 같을 것이다(눅 5:27-39). 그리고 광야에서 아름다운 동산으로 옮겨가는 것과 같을 것이다.

희년을 누리고 있는가?

이사야 62장

하나님의 약속은 우리의 기도가 되어야 한다. 이사야는 예루살렘이 회복되기를 기도했고(1절), 파수꾼들과 하나님의 백성들에게도 그렇게 기도할 것을 강하게 촉구했다(6-7절). 시편 기자도 '예루살렘의 평강'을 위해 기도했다(시 122:6). 예루살렘에 평강이 있을 때 온 세상에도 평강이 있게 될 것이다.

나라의 회복은 혼인 잔치처럼 즐거울 것이다(4-5절, 61:10). 뿔라는 '결혼한'이라는 뜻이고, 헵시바는 '나의 기쁨이 그녀에게 있다'라는 뜻이다. 백성들은 충성스럽지 못했기 때문에 '이혼'된 상태였고, 하나님은 그들을 기뻐하지 않으셨다. 그러나 하나님이 그들의 죄를 깨끗하게 하실 때 달라지게 될 것이다.

지금 왕이 시온을 향해 오고 계신다. 그러므로 준비해야 할 때다(10-12절, 마 21:5, 계 22:12)!

이사야 63장

진노(Indignation, 1-6절). 예수 그리스도가 그 나라를 세우기 위해 돌아오실 때는 정복하는 용사(계 19:11-21)로 오실 것이다. 이 땅에 처음 오셨을 때는 죄인들을 위해 피를 흘리는 종으로 오셨다. 그러나 다음에 오실 때에는 죄인들이 그분 앞에서 무익하게 자신들을 방어하려 애를 쓰며 피를 흘리게 될 것이다. 희년은 '하나님의 신원의 날'이 될 것이다(사 61:1-2).

긍휼(Compassion, 7-14절). 예수님이 적들을 물리치실 것이다. 그러나 하나님의 백성들은 구원하실 것이다(8절). 하나님의 인애와 선하심과 자비와 사랑이 강조되어 있다. 하나님은 자신의 자녀들을 돌보시고 그들에게 영광을 약속하신다(살전 5:9-10). 모세 당시 그들을 구원하셨듯이 나중에도 그들을 구원하실 것이다.

중보 기도(Intercession, 15-19절). 이사야는 백성들을 위해 계속 기도했다(62:1). 아버지에게 간청하는 아이처럼 그는 하나님이 오셔서 적을 물리쳐주시기를 간청했다. 그는 성전이 재건되고, 백성들이 하나님께 순종하는 것을 간절히 보고 싶어했다. 당신도 그 기도에 동참하고 있는가?

◆ 불가항력적인 시련을 맞이하고 있는가? ◆

이사야는 "(하나님이) 그들의 모든 환난에 동참하사"(63:9)라고 말했다. 하나님은 어려울 때에 우리와 함께하실 뿐 아니라(사 43:2) 우리가 어떻게 느끼는지도 아신다. 우리의 대제사장은 인생의 시련과 유혹을 경험하셨기 때문에 우리와 공감하며 동정하실 수 있다(히 2:17-18, 4:14-16). "너희 염려를 다 주께 맡겨 버리라 이는 저가 너희를 권고하심이니라"(벧전 5:7).

● 이사야 64장

보이지 않는 증거(The missing demonstration, 1-4절). 예루살렘이 적의 공격을 받았을 때 하나님이 개입하지 않으셨다. 유대인들은 적에게 패하고 그 앞에서 수치를 당했다. 오늘날 하나님의 백성들이 처한 입장과 비슷해 보이지 않는가? 역사서에서는 하나님의 능력이 나타나는 것을 자주 볼 수 있다. 그런데 오늘날에는 하나님의 백성들 사이에서 하나님의 능력을 찾아보기가 그리 쉽지 않다. 왜 그런 것인가?

보이지 않는 중보 기도(The missing intercession, 5-7절). 이사야는 기도의 중요성을 또다시 강조하고 있다(62:1, 6-7, 63:15-19). 하나님은 중재가 없는 것을 이상하게 여기셨다(사 59:16). 죄를 회개하고 하나님의 얼굴을 구해야 한다는 절실한 마음을 가지는 사람이 하나도 없었다. 우리가 기도하고 하나님과의 관계를 바로 하기 전까지는 하나님이 그분의 능력을 드러내지 않으실 것이다(대하 7:14).

보이지 않는 순종(The missing submission, 8-12절). 토기는 토기장이의 뜻을 따라야 한다. 자녀들은 아버지께 순종해야 한다(사 29:16, 45:9-10, 렘 18장, 롬 9:20-21). 성전과 도성과 나라가 황폐해진 된 것은 당연한 것이었다. 왜냐하면 하나님은 하나님을 거역하는 사람들에게 복을 주실 수 없기 때문이다. 하나님이 능력으로 임하실 때 우리는 하나님께 복종하며 무릎을 꿇어야 한다.

◆ 비교할 수 없이 부유한 ◆

바울 사도는 고린도전서 2장 9절에서 이사야 64장 4절을 인용했다. 이 구절이 천국을 언급하고 있다고 생각하는 사람들도 있지만, 바울 사도는 지금 이 땅에서 살아가는 그리스도인의 삶에 적용시켰다(고전 2:10). 하나님의 말씀을 읽고 성령이 깨닫게 하실 때 우리는 하나님이 우리를 위해 행하신 놀라운 일들과 우리가 하나님을 신뢰하고 순종할 때 하나님이 우리를 위해 행하실 놀라운 일들을 깨닫게 된다. 성경은 천국의 은행 '통장'이다. 그 통장은 우리가 예수 그리스도 안에서 얼마나 부유한지를 말해준다(엡 1:3, 7, 18, 2:7, 3:8, 16).

○ 이사야 65장

반역자들(The rebels, 1-7절). 하나님이 자신의 백성들에게 죄를 버리고 하나님께 돌아오라고 간청하셨다. 그러나 그들은 거절했다. 그들은 경건한 것처럼 행동했지만 우상을 섬기고, 마술적인 풍습들을 따르며, 음식에 관한 규정을 어기고, 하나님을 모독하는 등 많은 죄를 범했다. 만일 그들이 하나님의 부르심을 거절한다면 이방인들이 그들을 대신하게 될 것이다(롬 10:20-21, 마 21:43).

남은 자들(The remnant, 8-16절). 하나님은 추수 후에 남는 약간의 포도처럼 그분의 신실한 자들을 언제나 남겨두신다(신 24:21). 그리고 하나님이 그들을 새로운 시작의 핵으로 사용하신다. 반역자들은 심판을 받을 것이다. 그러나 남은 자들은('나의 종들') 복을 받게 될 것이다.

새 하늘과 새 땅(The regeneration, 17-25절). 예수님은 새 하늘과 새 땅을 하나님이 그분의 백성들을 위해 예비하신 나라라고 부르셨다(마 19:28). 이 구절에 열거된 복들은 신명기 28장 15절 이하에 열거된 저주와 정반대 되는 것들이다. 하나님이 주시는 복이 사람들의 방해를 받지 않고 흐르게 되는 때는 기쁨과 만족의 때가 될 것이다.

> "천국을 염두에 두고 살아야 한다. 왜냐하면 그곳에서 남은 우리의 삶을 살아야 하기 때문이다."
>
> 찰스 F. 케터링(Charles F. Kettering)

○ 이사야 66장

떨림(Trembling, 1-6절). 하나님이 모든 것을 만드셨는데, 어떻게 다른 누군가가 하나님의 집을 지을 수 있겠는가(사 40:25-26)? 하나님은 땅을 발등상으로 사용하실 만큼 광대한 분이시다(1절)! 그러나 그 광대하심에도 불구하고 하나님은 겸손한 사람들(2절, 57:15), 즉 하나님의 말씀을 인하여 떨며 하나님의 영광을 구하는 사람들과 함께 거하기로 작정하셨다(5절).

◆ 하나님의 말씀을 인하여 떪 ◆

"하나님의 말씀을 인하여 떤다"(사 66:2, 5)는 것은 하나님이 하신 말씀을 존중하고, 두려워하며, 순종한다는 것을 의미한다(시 119:120). 유대인들은 에스라가 그들의 죄를 지적했을 때(스 9:4, 10:3) 떨리는 경험을 했고, 하박국 선지자는 하나님의 심판에 관한 이상을 보고 떨리는 경험을 했다(합 3:16). 다소의 사울은 주님을 만났을 때 떨었다(행 9:6). 그러나 여호야김 왕은 하나님의 말씀을 인하여 떨지 않았다. 대신 그 말씀을 제거해버리려 했고(렘 36장), 그 결과 죽임을 당했다(잠 13:13). 바울 사도는 "두렵고 떨림으로 너희 구원(그리스도인의 삶)을 이루라"(빌 2:12)고 명했다.

산고(Travailing, 7-13절). 이스라엘의 재건은 아기의 탄생과 같이 불시에 그리고 즐겁게 이루어질 것이다. 그들이 겪은 시련의 산고가 영광을 낳고, 하나님이 어머니처럼 그들을 사랑하실 것이다(13절). 그때는 평강과 기쁨의 때가 될 것이다.

승리(Triumphing, 14-24절). 하나님이 적들을 물리치시고(14-17절), 이방 나라들을 영광에 참여하도록 불러 모으실 것이다(18-19절). 그리고 이스라엘을 하나님께 드리는 거룩한 예물이 되게 하실 것이다(20-24절). 이사야는 이스라엘의 종교적 외식을 고발하며 그의 예언을 시작했다(1장). 그러나 이스라엘의 예배가 결국은 하나님이 받으시기에 합당하게 되리라는 것을 약속하며 예언을 마쳤다.

예레미야

Jeremiah

예레미야 선지자는 유다 말기에 40년 동안(기원전 627년부터 582년까지) 유다에서 활동했다. 그는 신실하게 하나님의 말씀을 선포했음에도 불구하고 백성들이 바벨론의 포로로 끌려가고, 예루살렘과 성전이 무너질 때까지 나라가 쇠퇴해가는 모습을 지켜보아야 했다. 그는 예레미야애가를 통해 자신의 슬픔을 생생하게 표현하고 있다.

그는 선지자라 불리는 제사장이었고, 왕들과 거짓 선지자들과 위선적인 제사장들과 맞서야 했던 섬세하고 민감한 사람이었다. 사람들 앞에서는 담대했지만, 하나님 앞에서는 상하고 깨진 사람이었다. 우리는 그를 '눈물의 선지자'라 부른다. 예수님이 이 땅에 계셨을 때 사람들은 예수님을 예레미야 선지자와 동일시했다(마 16:14). 예레미야의 삶은 쉽지 않았을 뿐 아니라, 그의 사역도 성공적으로 보이지 않았다. 그러나 그는 하나님을 신실하게 섬겼고, 하나님의 뜻을 완수했다.

> "예레미야는 약 60년을 살았다. 그 기간 동안 그는 움츠러들거나 부패한 흔적을 찾아볼 수 없다. 그는 언제나 새로운 지경을 탐사하며 현실이라는 경계선을 밀어냈다. 그리고 거짓과 위선과 부도덕에 도전하고 맞서면서 격렬하게 싸웠다."
>
> 유진 H. 피터슨(Eugene H. Peterson)

예레미야는 자신의 소명을 묘사한 후(1장) 백성들에게 회개할 것을 주장하며, 유다를 향해 그가 전하는 메시지를 기록했다(2-33장). 그는 자신의 개인적인 고난들을 이야기했고(34-45장), 이방 국가들을 향해 훈계했다(46-51장). 마지막 장에서는 도성과 나라의 멸망을 회고하고 있다(52장).

예레미야는 자신의 메시지를 전달하기 위해 그림을 그리듯이 생생하게 보여 주는 비유적 표현의 달인이었다. 그의 예언을 읽으면서 상상력을 발휘해 그가 말하고 있는 내용들을 '보라.' 그리고 때때로 개인적인 일들을 털어놓고 있는 부분들, 특히 선지자 자신의 솔직한 감정들에 주목하라. 그는 하나님의 아픈 마음을 전하면서 자신의 마음도 드러내고 있다.

● 예레미야 1장

왕들과 통치자들은 이 세상에 왔다 간다. 그러나 하나님의 말씀은 남아서 이 세상에서 하나님의 일을 이룬다. 그런데 하나님께는 그 말씀을 선포할 목소리가 필요하다. 그러나 자신이 그 일을 하기에 적합한 사람이라고 느끼는 사람은 아무도 없다.

들음(Hearing, 1-10절). 하나님은 예레미야에게 "너는 내가 원하는 사람이 되고, 내가 너를 보내고자 하는 곳으로 가며, 내가 네게 말하기 원하는 것을 말하게 될 것이다. 내가 너의 생각을 관리 감독할 것이다. 내가 너를 구별하여 거룩하게 했고, 이제 너를 임명한다"라고 말씀하셨다. 하나님이 부르셨다면 하나님의 말씀을 믿고 순종하라. 해낼 수 없을 것처럼 느낄 수도 있을 것이다. 그러나 그 일에 우리가 적합한지의 여부는 우리 자신이 아니라 하나님께 있다.

◆ 준비되어 있는가? ◆

하나님이 모세를 부르셨을 때 모세는 자신을 그 부르심에 적합한 사람이라 생각하지 않았다. 그러나 하나님이 그에게 확신을 주셨다(출 3-4장). 그리고 바울 사도는 "누가 이것을 감당하리요?"(고후 2:16)라고 물었다. 그리고 그 질문에 "우리의 능력은 하나님께로부터 오는 것"(고후 4:5-6)이라고 대답했다. 하나님은 우리를 일꾼으로 부르실 때 그 일을 하기에 적합한 사람이 되어 있을 것을 우리에게 요구하지 않으신다. 대신 하나님을 위해 우리 자신을 헌신할 준비가 되었는지 그것만을 확인하신다.

봄(Seeing, 11-16절). 하나님의 종들은 귀가 열려 있어야 할 뿐 아니라, 눈도 뜨고 있어야 한다. 왜냐하면 하나님이 그들이 보는 것을 통해 '말씀' 하실 수도 있기 때문이다. 히브리어로 '아몬드(almond, 한글 성경에는 살구)' 와 '보다(watch)' 라는 두 단어는 서로 비슷하다. 하나님은 자신이 말씀하신 것을 성취하기 위해 자신의 말씀을 지켜보신다. 우리가 할 일은 선포하는 것이고, 하나님의 일은 성취하시는 것이다. 바벨론은 북으로부터 와서 유다와 예루살렘을 멸망시켰다.

행함(Doing, 17-19절). 젊은 예레미야가 고발하는 메시지로 장로들을 책망한다는 것은 힘든 일이었다. 그러나 하나님이 그를 만드셨고, 그와 함께하셨다. 하나님의 사자는 흐르는 모래가 아니라 성벽이 되어야 한다.

✦ 하나님이 손을 대심 ✦

하나님이 손을 대시는지의 여부가 성공과 실패를 결정한다. 하나님은 이사야를 정결케 하시기 위해 그의 입술에 손을 대셨다(사 6:1-7). 그리고 예레미야에게는 능력을 주시기 위해 그의 입에 손을 대셨다(렘 1:9-10, 눅 21:15). 하나님은 야곱의 둔부에 손을 대시고 환도뼈를 꺾으셨다(창 32:25). 그리고 그가 '하나님과 함께하는 왕자' 가 될 수 있도록 그를 도우셨다. 하나님은 다니엘에게 손을 대시고 일으켜 세우셨고(단 8:18), 또 그를 강건케 하셨다(단 10:18). 그리고 사역을 위해 그의 입을 열어주셨다(단 10:15-16). 하나님이 부르시는 것과 손을 대시는 것이 늘 함께해야 한다. 그렇지 않으면 우리는 실패할 것이다.

● 예레미야 2장

유다에 심판이 임한 이유는 무엇인가? 그것은 그들이 하나님께 신실하지 못했고, 여호와와 함께 이방의 우상들을 섬겼기 때문이었다. 종교는 널리 퍼져 있었지만, 그들은 전혀 영적이지 않았다.

유다는 '결혼의 약속'을 저버린 부정한 아내였다(2, 32절, 계 2:4). 백성들은 적이 삼켜버린 수확 없는 추수였고(3절), 하나님이 그들을 위해 하신 일을 잊고 거짓 신을 섬겼다(4-8절). 그것은 깨끗한 우물을 더럽고 물이 새는 웅덩이와 바꾸어버린 격이었다(9-13절).

그들은 멍에를 싫어하는 고집스런 동물들이고(20절), 아무 열매도 맺지 않는 퇴화된 나무였다(21절, 사 5장). 그들의 죄는 너무 깊어서 씻어낼 수 없었다(22절). 성욕이 동한 들짐승처럼(23-25절) 그들은 죄의 정욕에 빠져 있었다. 그러나 그들은 자신들이 죄를 범했다는 사실을 부인했다(33-36절).

마지막 그림은 두 손을 머리 위에 얹은 채 끌려가는 전쟁 포로들을 보여주는 그림이다(37절). 사람들이 자유라고 생각했던 것이 속박으로 바뀌었다.

● 예레미야 3장

이 장에서는 배역이라는 단어가 7번이나 사용되었다. 유다는 서서히 하나님을 떠났고, 사랑으로 부르시는 하나님을 무시했다. 배역이란 무엇인가?

◆ **배역** ◆

배역 또는 패역이라는 단어는 구약 성경에서 이사야(57:17)와 예레미야와 호세아(11:7, 14:4) 세 사람만이 사용한 용어이며 '충실하지 못함' '신의가 없음'을 의미한다. 대부분의 그리스도인들은 죄에 껑충 뛰어들면서 하나님의 뜻을 거역하지는 않는다. 대신 서서히 타락하면서 곤경에 처하게 된 자신을 보며 어떻게 그렇게 된 것인지 의아해한다. 그들은 첫사랑을 잃어버리고(계 2:4) 영이 아니라 육을 위해 살아가기 시작한다(갈 3:1-3). 그래서 우리 주님이 깨어 기도하라고(마 26:41) 말씀하셨던 것이다. 우리가 가장 기대하지 않을 때 죄라는 병균이 조직 속으로 파고 들어올 수 있다.

배역은 매춘과 같은 것이다(Backsliding is like harlotry). 이스라엘은 하나님이 언약을 주신 시내 산에서 여호와와 '혼인' 하였다. 그러나 유다는 사랑이 식어버린 충실하지 못한 아내가 되었고(렘 2:2), 하나님 대신 다른 많은 것들을 사랑하였다. 하나님은 부정하게 된 아내와 '이혼' 하실 수도 있었다. 그러나 그렇게 하신다면 그녀는 다시 하나님께 돌아올 수 없게 될 것이다(신 24:1-4). 그래서 그녀와 이혼하는 대신 하나님은 그녀에게 경고하셨다(3, 6-10절). 그럼에도 그녀는 듣지 않았다. 돌아오는 것만이 배역에 대한 유일한 구제책이었기 때문에 하나님은 돌아올 것을 애원하셨지만, 그녀는 거부했다.

배역은 질병과 같은 것이다(Backsliding is like sickness, 22절). 배역은 죄라는 은밀한 '감염' 으로부터 시작되어 영적인 식욕을 잃게 만들고, 서서히 타락하게 만든다. 그리고 치료하지 않으면 죽음으로 이어진다. 그러나 하나님의 진단을 솔직하게 받아들이고 겸손하게 하나님께 돌아간다면, 하나님은 배역이라는 질병을 고쳐주실 것이다.

● 예레미야 4장

예레미야는 40년 이상 백성들에게 하나님께 돌아올 것을 외쳤다. 하나님께 돌아오는 것이 어떤 것인지를 설명하기 위해 그는 여러 가지 이미지들을 사용하고 있다.

그것은 경작하는 것과 같다(1-3절). 굳은 마음이 말씀이라는 씨를 받아들이고 열매를 맺기 위해서는 먼저 경작되어야 할 필요가 있다.

그것은 수술하는 것과 같다(4절). 유대인들은 종교적인 행사를 믿었을 뿐 그들의 마음속에서 일하시는 하나님을 신뢰하지 않았다(신 10:12-16, 30:6, 롬 2:28-29). 하나님은 중심의 진실함을 원하신다(시 51:6).

그것은 군대에 합류하는 것과 같다(5-6, 19-21절). 배역하는 사람은 적을 섬기는 것이다. 나팔 소리를 듣고 자신이 배역했다는 사실을 깨달은 후, 자신의 사령관에게 복종하기 위해 돌아가야 한다.

그것은 목욕하는 것과 같다(14절). 우리가 죄를 자백하면 하나님이 우리를 깨끗하게 하신다(요일 1:9). 그리고 새로 시작할 수 있게 해주신다(시 51:1-2, 10-11).

그것은 성장하는 것과 같다(22절). 신자들은 어린아이들과 같아야 한다. 그러나 어른답지 못하게 유치해서는 안 된다(마 11:16-17). 배역하는 사람들은 불순종하면서 스스로 해를 초래하는 불순종하는 아이들처럼 어리석다.

하나님이 배역한 하나님의 백성들에게 거듭 "돌아오라! 돌아오라!"고 부르신 것은 전혀 이상한 일이 아니다.

● 예레미야 5장

사람을 찾으심(Looking for a man, 1-9절). 하나님이 의인 열 사람을 찾을 수 있으셨다면 소돔을 멸하지 않으셨을 것이다(창 18:26-32). 그러나 예루살렘을 구하기 위해서는 한 사람만을 찾기로 하셨다! 그러나 예레미야는 예루살렘 성에서 영적인 지도자들이었던 '귀인들' 중에서조차 한 사람의 의인도 찾을 수 없었다. 하나님을 위해 거룩하게 살아가는 한 사람의 중요성을 결코 과소 평가하지 말라. 가정에서 또는 직장에서 우리 각자가 그 '의인 한 사람'이 될 수 있다.

진실을 찾으심(Looking for truth, 3절). 하나님은 하나님과 자신의 말씀에 신실한 사람들을 찾으신다. 그들은 사역을 하고 있을 수도 있고, 핍박을 받고 있을 수도 있다. 그러나 그들은 하나님의 백성이고 하나님이 그들에게 복을 주실 것이다.

찾지만 보지 못함(Looking but not seeing, 20-25절). 영적 지도자들의 눈은 하나님과 하나님이 하시는 일을 보지 못했다(사 6:10, 마 13:15). 그들은 또 나라에 임할 심판도 보지 못했다. 파도는 어디에서 멈추어야 하는지 안다. 그러나 유다의 지도자들은 하나님이 정해놓으신 한계를 넘어섰다. 그들은 아마도 명성을 얻고 부유한 삶을 살았을 것이다. 그러나 그 부유한 삶이 그들을 파멸시킬 것이었다.

♦ 의인 ♦

헨리 바알레이(Henry Varley)는 전도자 무디(Moody)에게 "세상은 하나님을 향해 온전히 헌신한 사람과 함께 그리고 그 사람을 위하여, 그 사람을 통하여 또한 그 사람 안에서 그리고 그 사람에 의해 하나님이 행하실 일들을 아직 보지 못했다"라고 말했다. 무디는 자신을 그 사람으로 만들어주시기를 하나님께 기도했고, 하나님은 그 기도에 응답해주셨다. 하나님은 놀라운 방법으로 무디를 사용하셨고, 무디가 한 일은 여전히 세상 곳곳에서 축복이 되고 있다.

○ 예레미야 6장

파수꾼(The watchman). 선지자는 침입자들이 오고 있는 것을 보고 백성들에게 경고했다. 그러나 그들은 선지자의 말에 귀를 기울이지 않았다(10절). 아름답고 묘한 땅(예루살렘)이 멸절될 것이다(2절). 날이 기울고(4-5절) 죄의 열매를 거두게 될 것이다(9절).

의사(The physician). 예레미야는 유다가 병들고 상처 입은 것을 보았고, 그들이 치유받을 수 있는 유일한 근원이 되시는 하나님께로 백성들의 주의를 환기시켰다(3:22). 그러나 거짓 선지자들은 피상적인 진단과 잘못된 처방을 내렸다(14절). 그리고 그것은 심판을 불러왔다(애 2:14). 표면만을 보고 문제의 핵심을 결코 보지 못하는 종교 지도자들을 경계하라.

안내자(The guide, 16절). 예레미야는 어느 길로 가야 하는지 알고 싶어하는 사람들을 보았다. '새로운 종교들'은 그들을 혼란에 빠뜨렸다. 그래서 예레미야는 하나님의 말씀으로 돌아가도록 그들을 불렀다. 하나님의 말씀이라는 '오래된 길'을 찾으라. '좋았던 옛 시절'로 되돌아가려 하지 말고, 하나님의 뜻을 행하며 앞으로 나아가라.

분석가(The assayer, 27-30절). 예레미야의 말은 귀금속과 불순물을 가려내는 불과 같았다(23:29). 그러나 백성들은 귀중한 금과 은이 되는 대신 값싼 합금이 되기로 했다. 하나님의 모든 심판이 수포로 돌아갔다.

◆ 마음에 든 병 ◆

유다에 있던 거짓 선지자들은 오늘날의 거짓 교사들처럼 사회의 문제를 피상적으로만 다루었다. 그러나 예레미야는 심령을 다루었다. 그는 그의 예언에서 심령 또는 마음이라는 단어를 60번 이상 사용하였고, '심상'이라는 말은 그가 좋아하는 표현 가운데 하나였다. 마음은 '거짓되고 부패한 것'이고(렘 17:9), 하나님만이 그 마음을 바꾸실 수 있다(렘 31:31-34). 신실한 의사의 정직한 진단이 회복으로 나아가는 첫걸음이다. 그러나 "평강하다, 평강하다!"라고 말하는 피상적인 격려를 선호하는 사람들이 너무 많다.

○ 예레미야 7장

하나님은 예레미야에게 성전 문 앞에서 설교하면서 백성들이 잘못된 것들을 신뢰하고 있기 때문에 그들의 확신이 근거가 없는 것임을 알리라고 말씀하셨다. 거짓 선지자들은 "예루살렘에는 성전이 있기 때문에 그 어떤 일도 일어나지 않을 것이다"(4절), "우리는 하나님께 제사드리기 때문에 안전할 것이다"(21절), "우리에게는 하나님의 보좌인 언약궤가 있고"(3:16) "하나님의 율법이 있다. 그러므로 안전할 것이다"(8:8)라고 말했다.

성전과 제사와 언약궤와 율법은 중요하다. 그러나 하나님을 향한 백성들의 진정한 헌신이 없다면 그런 것들도 하나님을 기쁘시게 하는 데 사용될 수 없다. 백성들은 종교 뒤에 자신들의 죄를 숨기고 있었다(8-15, 21-27절). 요시야 왕이 주도한 개혁(왕하 22-23장)은 피상적인 개혁일 뿐이었다. 왜냐하면 그 개혁이 사람들의 마음을 바꾸지 못했기 때문이다.

피상적인 종교에 절대 만족하지 말라. 하나님이 우리 마음속에서 일하신다는 사실을 믿고 하나님께 심령으로 순종해야 한다는 사실을 명심하라(엡 6:6). 확신을 가질 수 있는 유일한 길은 반석 위에 서는 것이다(마 7:21-29). 그리고 반석

위에 설 수 있는 유일한 길은 하나님의 말씀에 순종하는 것이다.

✦ 확신의 근거 ✦

무엇을 근거로 확신을 갖는가? 낙관적인 거짓 교사들의 거짓말(렘 7:4, 8)이나, 재물(시 52:7)이나, 중요한 사람들(시 146:3-4, 암 6:1)이나, 자신의 직감(잠 28:26)이나, 뛰어난 장비(사 31:1)나, 자신의 경험과 전문성(시 44:6)을 근거로 확신하는가? 아니면 하나님의 말씀을 근거로 확신하는가(시 118:8-9, 잠 3:21-26)?

● 예레미야 8장

이 장에서 예레미야는 "왜?"라는 질문을 네 번 하면서 그 질문에 답변하고 있다.

그들은 왜 배역했는가?(Why are they backsliding?, 1-12절) 그 대답은 간단하다. 거짓말을 믿고 하나님의 진리에 귀를 기울이지 않았기 때문이다. 그들은 자신들의 죄를 인정하거나 회개하지 않을 것이다. 그들은 거짓 선지자들의 피상적인 말(11절)과, 죄를 범하고 있으면서도 종교적인 사람이라는 인정을 받게 해주는 명분에 만족하고 있었다.

그들은 왜 가만히 앉아 있었는가?(Why are they sitting still?, 13-17절) 적이 쳐들어오고 있다는 것을 정말로 믿지 않았기 때문이다! 그들은 거짓말에 근거한 잘못된 확신을 가지고 있었다. 그래서 그들은 태평스럽게 지내고 있었다.

그들은 왜 하나님을 화나게 만들었는가?(Why did they provoke God?, 18-19절) 그들은 하나님과 우상을 둘 다 섬길 수 있다고 생각했기 때문이다. 그들이 하나님을 버린 것은 아니었다. 다만 많은 신들 가운데 하나로 여겼을 뿐이었다. 그러나 하나님은 유일한 하나님이시기 때문에 다른 신들과 동등하게 여겨지는 것을 결코 용납치 않으신다. 신실하지 못한 남편이나 아내가 그 배우자를 화나게 만드는 것처럼, 하나님의 신실하지 못한 자녀들은 그분의 마음을 심히 고통스럽게 한다.

왜 회복할 수 없는 것인가?(Why is there no recovery?, 20-22절) 백성들이 하나님의 경고를 귀담아 듣지 않았고, 하나님의 오래 참으심이 그 한계에 도달했기 때문이었다. 그들이 자신들의 마음을 경작했더라면(4:3) 회개라는 추수를 거둘 수 있었을 것이다. 그러나 이제 너무 늦었다. 병이 너무 깊어 그 어떤 약도 소용이 없게 되었다.

하나님이 돌아오라고 부르실 때 너무 오래 지체하지 말라. 하나님을 만날 수 있을 만한 때에 하나님을 찾아야 한다(사 55:6-7).

○ 예레미야 9장

대부분의 백성들은 울음을 멈추었다. 그러나 예레미야는 더 울고 싶었다. 백성들에 대한 부담이 너무나 컸기 때문이었다. 그가 할 수 있는 가장 쉬운 일은 도망치는 것이었을 것이다(시 55:6-7). 그러나 참된 목자처럼 그는 백성들을 떠나지 않았다. 그리고 그들을 섬길 방법을 모색했다.

예레미야는 혼자 울지 않게 될 것이다. 왜냐하면 나라의 멸망을 슬퍼하는 여인들이 곡하는 날을 보게 될 것이기 때문이었다(17-21절). 백성들은 그들의 혀를 마치 활처럼 사용했다(3절). 그들은 거짓의 화살을 쏘며(8절) 점점 더 악해졌.

담대하게 진리 편에 선 사람들과 함께 서 있는가(3절)? 그렇다면 영광을 받으실 분은 오직 하나님 한 분뿐이시라는 사실을 알고 있을 것이다(24절). 승리를 거둘 수 있는 길은 우리의 명철과 용맹과 돈이 아니라(23절), 하나님을 믿는 우리의 믿음과 하나님을 영화롭게 하려는 우리의 열망이다.

◆ 순례자의 진보 ◆

인생은 결코 멈추어 있지 않는다. 유대인들은 '악에서 악으로' 진행했다(렘 9:3). 예수 그리스도를 믿는 사람들은 '믿음에서 믿음으로'(롬 1:17), '힘을 얻고 더 얻

> 어'(시 84:7), '영광으로 영광에'(고후 3:18) 이르게 된다. 그것이 하나님의 순례자들이 이루어야 할 진보다.

○ 예레미야 10장

예레미야는 이스라엘(이미 포로 생활을 하고 있는)과 유다에게 그들이 살아계신 참 하나님, 즉 그들이 머지않아 "주와 같은 자 없나이다"(6-7절)라고 말하게 될 영원한 왕께(10절) 속한 자들이라는 사실을 상기시켜주었다. 하나님은 모든 것을 만드신 창조주이시다(11-13절).

그런데 왜 다른 나라의 신들을 두려워하며 그들의 도움을 구하려 하는 것인가? 우상들은 숨을 쉬지 않는다. 그러므로 죽은 것이다. 그들은 말도 할 수 없다. 그리고 힘이 없기 때문에 버팀목을 대주거나 옮겨주어야 한다(참조 - 시 115편, 사 40:18-20). 그들은 정말로 무익하다!

돈이나, 돈으로 살 수 있는 것들이나, 지위나 권세나 명예 등 오늘날 사람들이 섬기고 있는 우상들은 훨씬 더 미묘하다. 그러나 생명이라는 점에서 볼 때 그것들도 무익하기는 매한가지다. 하나님 외에 다른 것을 믿고 섬길 때 우리는 우상을 숭배하는 것이다.

우리는 "자녀들아 너희 자신을 지켜 우상에서 멀리하라"(요일 5:21)는 명령을 따라야 한다.

○ 예레미야 11장

구원(Deliverance, 1-5절). 하나님은 애굽에서 하나님의 백성들을 구원하신 것과 시내 산에서 그들과 맺으신 언약을 거듭 상기시켜주셨다. 그리고 그들에게 약속의 땅을 주신 은혜도 상기시켜주셨다. 모든 복이 하나님으로부터 오는데 왜 우상을 섬기려는 것인가?

불순종(Disobedience, 6-8절). 이스라엘은 언약을 받았다(출 19:8). 그러나 하나님의 율법에 불순종했다. 새로운 세대는 신명기에서 볼 수 있는 것처럼 언약을 받아들이고 약속의 땅에 들어갔다. 그러나 결국은 우상을 섬겼다.

재앙(Disaster, 9-17절). 바벨론 군대가 와서 나라를 정복하고 예루살렘과 성전을 무너뜨릴 것이다. 그러나 하나님이 자신의 백성들을 방어해주지 않으실 것이다. 그리고 그들이 섬기는 거짓 신들은 그들을 보호할 수 없을 것이다. 하나님이 자신의 종들의 기도에도 응답하지 않으실 것이다.

방어(Defense, 18-23절). 선지자의 친구들과 친척들이 그의 입을 막으려 했다. 그리고 죽이려 했다. 그러나 하나님이 자신의 종을 보호하셨다. 예레미야는 하나님의 말씀을 선포하며 자신의 생명을 하나님께 맡겼다. 아무도 그를 막을 수 없었다. 그는 하나님 앞에서 깨졌기 때문에 사람들 앞에서 담대할 수 있었다.

◆ **유순한 양** ◆

예레미야와 예수님은 도살장으로 끌려가는 양과 같았다(렘 11:19, 사 53:7). 그들은 맞서 싸우지 않았다. 대신 자신들을 하나님께 의탁하고 하나님이 일하실 것을 신뢰했다(벧전 2:18-24).

○ 예레미야 12장

혼란(Perplexity, 1-4절). "악한 자의 길이 형통한 것은 무슨 연고니이까?" 예레미야만 이 질문을 한 것은 아니었다. 욥(욥 21:7)과 아삽(시 73편)과 또 하나님께 신실했기 때문에 고난을 받아야 했던 많은 신자들도 같은 질문을 했다. 악인은 예레미야를 마치 희생양처럼 대했다(11:19). 예레미야는 그들이 하나님의 저주를 받게 되기를 바랐다(3절)! 그러나 그것으로 문제가 해결될 것인가?

관점(Perspective, 5-6절). 하나님의 대답은 하나님의 종이 앞에 놓인 고난을 준비하는 데 도움이 되었다. 하나님을 섬기는 것은 복된 특권이다. 그러나 또 힘든 일이기도 하다. 그리고 점점 더 힘들어질 수 있다. 예레미야는 사람들과 함께 달리다 말들과 함께 달리게 될 것이다. 그리고 평화로운 땅에서 요단의 덤불 숲으로 가게 될 것이다. 그것이 우리가 삶과 섬김에서 성장할 수 있는 유일한 길이다.

"하나님의 약속들은 그저 벽에 걸어놓기 위한 표어가 아니라 현금으로 바꿀 수 있는 수표다."

밴스 해브너(Vance Havner)

약탈(Plunder, 7-13절). 백성들은 성전을 의지했다(7:4). 그러나 하나님이 성전을 버리셨다. 적들이 농작물을 먹어 치우는 들짐승들처럼(9절), 또는 포도원이나 정원을 짓밟는 외국인들처럼(10-13절) 몰려오게 될 것이다.

약속(Promise, 14-17절). 하나님이 징계하신다. 그러나 또한 긍휼히 여기신다(애 3:22-24). 침입한 나라들을 심판하시고, 유다를 그 포로 생활에서 자유케 하시며, 귀환하게 하실 것이라고 약속하셨다. 그리고 하나님은 그 약속을 지키셨다.

선지자는 설명을 요구했다. 그러나 하나님은 그에게 약속하심으로 그의 필요를 채워주셨다. 하나님의 방법을 설명할 수 없을 때에도 우리는 하나님의 약속을 신뢰할 수 있다.

● 예레미야 13장

예레미야는 때때로 구체적인 실례를 드는 설교와 비슷한 행동을 통한 비유 등을 사용하였다. 우리 주님의 비유처럼 그의 그런 설교들도 사람들의 관심을 모았고, 무관심한 사람들의 마음을 일깨웠다.

허리띠(The sash, 1-11절)는 아마도 제사장이 입는 의복의 일부로, 특별히 그를 거룩하게 만드는 역할을 했을 것이다. 백성들이 겸손하게 순종하며 하나님을 떠나지 않는 한, 하나님이 영광을 받으실 것이다. 그러나 교만으로 스스로를 더럽히면 그들은 바위 틈에서 썩어버린 허리띠처럼 파멸하고 무익하게 될 것이다. 회개할 수 없을 만큼 교만해진 유다는 결국 어둠 속에 묻히게 되었다 (15-17절).

병들(The bottles, 12-14절)은 영적으로 텅 빈 삶을 살아가는 지도자들과 백성들을 나타낸다. 하나님이 심판을 상징하는 술로 그들을 채우실 것이다(25:15-25). 그런 다음 그 병들을 깨뜨리며 불쌍히 여기지 않으실 것이다.

양 떼(The flock, 15-22절)는 하나님의 백성들을 보여주는 그림으로 잘 알려져 있다(시 100:3). 그들의 지도자들은 사랑하는 목자와 같아야 한다. 그러나 그들은 이기적인 삯꾼이 되었다. 양 떼는 침략자들에 의해 살육당하게 될 것이다.

구스인과 표범(The Ethiopian and the leopard, 23절)은 유다의 죄가 살갗 아래로 깊이 박혀 피상적인 방법으로는 쉽게 제거될 수 없음을 상기시켜주는 것들이다. 불순종이 사람의 습관처럼 그들의 자연스러운 일부가 되었다.

그들은 쓸모없게 되고, 깨지고, 살육을 당했다. 왜냐하면 제거할 수 없을 만큼 죄가 깊이 박혀 있었기 때문이었다. 그것은 교만과 불순종이 불러온 슬픈 결과였다.

○ 예레미야 14장

소망이 없음(No hope, 1-6절). 하나님이 자신의 백성들을 회개하게 하시려고 유다에 기근을 보내셨다. 그러나 그 징계는 소용이 없었다. 백성들은 메마른 땅 때문에 탄식하기는 했지만, 자신들의 죄 때문에 통회하지는 않았다. 곤경을 당한 것을 유감스럽게 생각했지만, 자신들의 악한 행실에 대해서는 유감스럽게 생각하지 않았다.

소망(Hope, 7-9절). 그들의 유일한 소망은 하나님께 있었다. 그러나 그들이 하나님께 돌아오기 위해 회개하지 않는 한 하나님은 그들을 위해 아무것도 하지 않으실 것이다. 하나님이 왕으로 거하시는 대신 땅을 지나는 여행객과 도울 수 없는 용사가 되실 것이다. 하나님이 우리와 함께하시지 않으면 모든 것이 우리를 대적하게 될 것이다.

거짓 소망(False hope, 10-22절). 그들의 종교적인 활동들로는 그들은 구원받을 수 없었다. 왜냐하면 그들의 마음이 하나님을 멀리 떠나 있었기 때문이었다. 거짓 선지자들의 메시지는 백성들에게 평안에 대한 거짓 소망만을 안겨주었을 뿐, 그 어떤 치료도 이루어지지 않았다(19절). 그들은 우상들에게 기도했다. 그러나 우상들은 비를 보낼 수 없었다.

하나님이 땅을 두루 다니시는 여행객이 되실 때 우리가 할 수 있는 전부는 예레미야처럼 혼자 떨어져 우는 것이다. 통회하는 마음으로 하나님을 기다리는 것이다(17, 22절).

"소망의 하나님이 모든 기쁨과 평강을 믿음 안에서 너희에게 충만케 하사 성령의 능력으로 소망이 넘치게 하시기를 원하노라."

바울(로마서 15:13)

◎ 예레미야 15장

이 장은 영적 사역을 수행하는 예레미야의 몇 가지 역할들을 보여주고 있다.

슬퍼하는 사람(The mourner, 1-9절). 예레미야는 백성들이 포로로 잡혀가거나 죽게 될 것을 슬퍼했다. 그는 상한 마음을 가진 사람이었다. 그는 백성들이 그런 운명을 자초했다는 것을 잘 알고 있었다. 그러나 그것이 그를 고통스럽게 했다. 예수님도 예루살렘을 볼 때 우시며 같은 고통을 느끼셨다(눅 19:41-44). 세상의 악함을 볼 때 마음이 상하고 찢어지는 것을 느끼는가?

분쟁을 야기하는 사람(the troublemaker, 10-14절). 예레미야는 거짓 선지자들처럼 '듣기 좋은 말'을 선포하지 않았다(12:6). 그가 메시지를 선포했을 때 사람들은 그를 저주했다. 때때로 우리는 문제를 해결할 수 있기 전에 먼저 문제를 일으켜야 한다.

고통받는 사람(The sufferer, 15-18절). 선지자는 지도자의 외로움과 사역에 따르는 고민을 경험했다. 그러나 그가 하나님의 말씀을 먹는 동안 하나님이 그를 격려해주셨다. 하나님이 우리 마음의 고통을 제거해주지 않으실 수도 있다. 그러나 하나님의 기쁨으로 그 고통을 완화해주신다.

분리하는 사람(The separator, 19-21절). 선지자는 하나님의 참 진리만을 선포하고, 그 진리에 거짓 선지자들이 전하는 거짓말이 뒤섞이지 않게 하기 위해 조심해야 했다. 그는 벽이 되어 그 둘을 나누어놓았다. 그러나 하나님이 사람들의 공격으로부터 그를 보호하실 것이다. 하나님은 그를 전쟁터에서 떠나게 하지 않으셨다. 대신 이겨낼 수 있게 하셨다.

"사람들을 섬기는 진정한 사역을 하기 위해서는 언제나 새로운 기쁨과 새로운 고뇌를 받아들여야 한다. 그 둘은 점점 더 가까워지고 분리할 수 없도록 점점 더 연합되고 끝없이 깊어지면서, 더 심오하고 영적인 사역을 할 수 있게 한다. 다른 사람들을 위해 자신을 내어주는 사람은 결코 슬픈 사람이 될 수 없다. 그러나 환하게 기뻐하기만 하는 사람도 될 수 없다."

필립스 브룩스(Phillips Brooks)

⊙ 예레미야 16장

하나님이 자신의 종에게 다음 네 가지를 금하셨다.

아내를 취하지 말라(Do not take a wife). 경건한 아내는 사역자에게 큰 격려가 될 수 있다. 그러나 예레미야는 혼자 섬겨야 했다. 그의 독신은 가정이 파괴되리라는 것을 백성들에게 보여주는 하나의 증거였다(고전 7:25-33 참조).

슬퍼하지 말라(Do not mourn). 기근 때문에 백성들이 죽어가고 있었다. 그러나 예레미야는 그들과 함께 슬퍼해서는 안 되었다. 왜냐하면 죽어가는 사람들은 적에게 포위되어 멸망하게 될 사람들보다 더 낫기 때문이었다. 선지자는 하나님의 위로가 그분의 백성들에게서 떠났다는 것을 보여주는 산 증거였다.

축하하지 말라(Do not celebrate). 장례식뿐 아니라 결혼식도 있었다. 그러나 죽음이 임박했다는 사실 앞에서 결혼식이 무슨 기쁨이 될 수 있겠는가? 사람들이 예레미야에게 그의 이상한 행동들에 대해 물을 때 그는 하나님의 말씀을 선포할 수 있는 기회를 갖게 될 것이다.

돌아보지 말라(Do not look back). 예레미야는 회복된 나라의 장래가 출애굽보다 더 놀라울 것이라는 희망의 메시지로 끝을 맺었다. 삶이 우리를 낙심시킬 때에도 하나님은 그분의 목적을 성취하신다. 그러므로 하나님께 피하라.

● 예레미야 17장

조각가(The engraver, 1-4절). 죄를 범할 때 우리는 그 죄를 우리 마음에 쓰는 것이다. 그리고 우리가 그 죄를 회개하고 하나님을 신뢰할 때 하나님만이 그 죄를 지워주실 수 있다. 우리가 죄를 이길 수 있도록 하나님이 그분의 말씀을 우리 마음에 새기신다(시 119:11, 고후 3:1-3). 제단은 죄를 기록하는 곳이 아니라 죄를 용서하는 곳이 되어야 한다. 그러나 이스라엘 백성들의 죄는 제단에까지 새겨져 있었다.

농부(The farmer, 5-8절). 하나님께 대한 믿음은 우리를 가뭄에도 견디는 뿌리 깊은 나무가 되게 한다. 사람들에 대한 믿음은 우리를 광야에서 자라는 덤불이 되게 된다.

의사(The doctor, 9-11절). 마음에 '병'이 들었다. 위대한 의사만이 그 병을 신단하고 필요한 치료를 할 수 있다. "내 마음을 알 수만 있었다면!" 이라고 말하게 될 때 예레미야 17장 9절을 생각하라. 하나님이 마음을 어떻게 보고 계시는지 알고 놀라게 될 것이다.

예배드리는 사람(The worshiper, 12-18절). 유다의 왕위는 쇠했다. 그러나 선지자는 하나님의 높고 영광스러운 보좌를 보았기 때문에 희망을 가졌다. 하나님의 보좌가 있는 곳이 우리의 지성소다. 그리고 하나님은 필요한 도움을 얻기 위해 하나님의 보좌 앞으로 나아오는 우리를 환영하신다.

> ◆ **어디에 기록되어 있는가?** ◆
>
> 하나님을 믿지 않는 사람들은 구원받지 못할 뿐 아니라 안전하지도 않을 것이다. 그리고 그들은 "흙에 기록되어 있다"(렘 17:13). 하나님을 믿는 사람들은 하늘(눅 10:20)에, 어린양의 생명 책(계 21:27)에 기록되어 있다. 우리 주님이 땅에 글을 쓰셨을 때(요 8:6, 8) 어쩌면 그것은 예레미야 17장 13절을 주목하게 하신 것이 아니었을까?

○ 예레미야 18-19장

그릇을 다시 만드심(Mending the vessel, 18:1-11). 모든 신자는 하나님의 그릇이다(행 9:15, 고후 4:7). 그러나 이 구절은 세상에 하나님의 복을 전하기 위해 선택된 그릇인 이스라엘을 언급한 것이다. 로마서 9장 1-5절은 하나님이 그릇에 무엇을 담으시는지를 말해주고 있다. 역사를 보면 이스라엘이 하나님께 복종하지 않았을 때 하나님은 여러 차례 그들을 다시 만드셨다. 이스라엘은 망가졌지만 여전히 하나님의 손 안에 있었다. 그리고 망가졌지만 여전히 가능성이 있었다. 망가졌지만 하나님이 다시 만드셨다. 하나님의 뜻에 복종하는 사람이라면 누구에게나 그렇게 하실 것이다(롬 9:19-21).

그릇을 깨뜨리심(Breaking the vessel, 19:1-13). 그러나 토기가 굳어지면 그릇을 다시 만들 수 없다. 그릇을 깨뜨리는 길밖에 다른 도리가 없다. 바벨론이 유다를 정복했을 때 하나님이 하신 일이 바로 그것이었다. 그들은 회복될 수 없는 상태였다. 힌놈의 아들 골짜기는 이방 신을 섬기는 곳이었다. 그러나 요시야가 그곳을 쓰레기더미로 만들었다(왕하 23:10). 헬라어로는 신약 성경에서 '지옥'을 뜻하는 말로 사용된 게헨나이다. 도벳(12-13절)은 '타고 있는'이라는 뜻이다. 예레미야는 그곳에 '살육의 골짜기'라는 새 이름을 붙였다(6절).

굳은 마음과 곧은 목을 가진 사람들은(19:15) 쉽게 깨질 수 있다.

◆ 질그릇 ◆

우리는 질그릇에 영적 보화를 담고 있다(고후 4:7). 그래서 다른 사람들과 그 보화를 나눌 수 있다. 그릇 자체가 그릇을 만들지는 못한다. 다만 담고 있거나 나눌 수 있을 뿐이다. 하나님은 우리에게 깨끗하게 빈 상태로 담길 준비가 되어 있을 것만을 요구하신다. 나머지는 하나님이 하실 것이다.

● 예레미야 20장

예레미야는 기쁨에서(13절) 슬픔으로(14-18절), 담대한 선포에서(1-6절) 부담을 안은 기도로(7-12절) 옮겨간다. 하나님의 종들도 사람이다. 그들도 감정의 변화를 경험한다. 예레미야가 처했던 위험에 우리가 처한다면, 아마 우리도 그처럼 느끼고 행동했을 것이다.

유사장이었던 바스훌은 성전에 해악을 끼친 사람들을 징벌하는 일을 맡고 있었는데, 그는 예레미야를 자신의 주된 표적으로 삼았다. 주님을 신뢰하는 구원의 믿음이 없는 종교적인 사람들은 진정한 경험과 메시지를 가진 사람들을 적대시한다. 예수님은 종교적이었던 바리새인들에 의해 십자가에 달려 돌아가셨고, 예수님의 제자들은 회당에서 채찍질을 당했다(마 10:17).

예레미야는 바스훌에게 '사방으로 두려워 함'이라는 새로운 이름을 붙여주었다. 그는 성전에서 성공한 사람이었지만, 그의 성공은 적들이 공격해 들어올 때 사라지게 될 것이다. 문제를 일으키는 사람들을 하나님께 맡기라.

또다시 선지자는 사람들 앞에서 담대해지고 하나님 앞에서 깨졌다. 언제나 자신이 어떻게 느끼는지를 하나님께 말씀드리고, 하나님이 마음에 약을 발라주실 수 있게 해드리라. 하나님이 기도에 응답해주실 때 하나님을 찬양하라! 적들은 우리가 넘어지기를 기다리고 있다(10-11절). 그러나 하나님이 우리를 붙잡아 주실 것이다(유 24-25절).

◆ 애도 ◆

욥은 고난 속에서 "나의 난 날이 멸망하였더라면!" 더 나았을 것이라고 느꼈다(욥 3장). 예레미야 역시 같은 탄식을 하고 있다(참조 - 렘 20:14-18, 15:10). 그러나 그렇게 말할 때 우리는 우리가 살면서 누렸던 모든 놀라운 은혜들을 잊고 있는 것처럼 보인다. 고난은 행복했던 기억들을 지워버리고 대신 슬픈 기억들을 살려낸다. 그러나 하나님의 자비를 기억하라. 그것은 고난의 때에 우리에게 큰 힘을 준다.

'세상 모든 풍파 너를 흔들어'

세상 모든 풍파 너를 흔들어 약한 마음 낙심하게 될 때에
내려주신 주의 복을 세어라 주의 크신 복을 네가 알리라
받은 복을 세어보아라 크신 복을 네가 알리라
받은 복을 세어보아라 주의 크신 복을 네가 알리라.

존슨 오트만 2세(Johnson Oatman, Jr.)

● 예레미야 21장

선지자는 세 개의 메시지를 전했다. 첫 번째는 왕에게 전한 것이었다(1-7절). 유다의 마지막 왕이 된 시드기야는 바벨론에게 반기를 들었지만 결국 포로로 잡히고 말았고, 아들이 죽임당하는 것을 보아야 했다(왕하 24-25장). 그는 믿음의 사람은 아니었지만 하나님의 도우심을 받고 싶어했다. 예레미야는 그에게 "왕에게 맞서 싸우는 것은 바벨론이 아니라 하나님이시다!"라고 말했다. 백성들은 하나님의 도우심이 절실하게 필요할 때까지 하나님을 외면했다. 그리고 그들의 적이 되신 하나님을 보게 되었다.

두 번째 메시지는 백성들을 향한 것으로(8-10절) 그들에게 생명과 죽음 중 하나를 선택하라는 것이었다. 이 권고 때문에 예레미야는 매국노로 몰리게 되었다. 그러나 그것은 백성들을 향한 하나님의 말씀이었고, 그 말씀에 순종한 사람들은 생명을 구할 수 있었다.

세 번째 메시지는 다윗의 집, 즉 유다의 왕들에게 전한 것이었다(11-14절). 요시야는 유다의 마지막 선한 왕이었다. 그의 뒤를 이은 네 왕은 악한 사람들이었고, 예레미야는 그들에게 파멸을 선포했다. 그 왕들이 백성들을 회개하도록 이끌었다면 하나님이 자비를 베푸셨을 것이다. 그러나 그들은 끝까지 죄를 범했다. 예레미야는 인기 있는 설교자가 아니었다. 하지만 그의 메시지는 신실했다. 그의 말에 귀를 기울인 사람들은 생명을 구했다. 그러나 거부했던 사람들은 생명을 잃었다.

● 예레미야 22장

선지자는 마지막 왕 시드기야로부터 시작해서, 그 이전에 통치했던 세 명의 왕들에게 차례로 설교했다.

예레미야는 시드기야에게(1-9절) 그가 다윗의 왕위에 올랐지만, 다윗처럼 다스리지 않았다는 사실을 상기시켜주었다. 시드기야의 궁궐이 파괴될 뿐 아니라, 다윗의 집(왕조)에도 메시아가 오실 때까지 왕이 없게 될 것이다.

예레미야는 살룸[여호아하스(10-17절)]에게 그의 아버지 요시야는 경건한 왕이었지만, 그는 아버지의 본을 따르지 않았다는 사실을 상기시켜주었다. 탐심은 그의 몸에 배어 있는 죄였다(17절). 그는 애굽으로 잡혀가기 전까지 석 달밖에 통치하지 못했고, 애굽에서 죽었다.

여호야김(18-23절)은 하나님의 음성을 듣지 않을 것이다. 동물들도 창조주를 알고 순종하는데(사 1:2-3) 다윗의 왕위를 물려받은 후사가 다윗의 하나님께 순종하지 않을 것이다. 정상적인 국장을 치르는 대신 여호야김은 치욕스럽게 매장될 것이다.

고니야(여고냐, 여호야긴(24-30절))는 많은 인기를 누렸던 것이 분명하다. 그러나 그 우상은 넘어져 깨질 것이다. 그에게는 여러 명의 자녀가 있었지만, 그 누구도 다윗의 왕위를 계승하지 못하게 될 것이다. 고니야는 쫓겨났다(26, 28절). 그의 죄가 그 자신과 가족과 나라의 미래를 망쳐놓았다.

과거를 통해 배우지 못하거나, 하나님의 말씀을 듣고 순종하지 않을 때 우리는 우리의 미래를 망치는 것이다.

● 예레미야 23장

하나님은 나라의 지도자들이 백성들을 사랑하고 인도하고 돌보는 목자가 될 것을 기대하신다. 그러나 그 당시 유다의 목자들은 이기적이었고, 하나님의 언약에 불충했다.

왕들(The kings, 1-8절)은 백성들을 흩어지게 했고, 그들을 보호하지 않았으며, 그들의 필요를 공급해주지도 않았다. 그러나 하나님이 세우신 왕이 그들을 다시 모아 의의 나라를 세우게 될 날이 올 것이다. 우리가 예수 그리스도를 더욱 닮아갈수록 다른 사람들을 사랑으로 더 잘 섬기게 될 것이다.

선지자들과 제사장들(The prophets and priests, 9-40절)은 백성들에게 영적 방향을 제시해주지 못했다. 또 좋은 귀감이 되지도 못했다. 영적인 지도를 받지 못한 사람들은 영적인 분별력을 갖지 못한 채 아무것이나 믿게 될 것이다. 거짓 선지자들은 자신들의 이상을 만들어내 그것이 하나님으로부터 온 메시지인 것처럼 사람들에게 전했다. 그러나 그들은 하나님께 메시지를 받은 것이 아니었다. 그들이 말한 것은 쭉정이에 불과한 것이었다(28절).

거짓 선지자들이 인기를 누린 것은 당연한 일이었다! 악한 인간의 마음은 하나님의 말씀이라는 불과 망치에 데이거나 깨지는 것을 원치 않는다. 대신 아무 영양가 없는 쭉정이를 선호한다.

영적인 조언을 해주는 사람들이 하나님의 부르심을 받고, 하나님과 동행하며, 하나님의 말씀에 순종하는지 잘 살펴보라. 거짓 선지자들의 꿈은 결국 악몽이 될 것이다.

예레미야 24장

처음 익은 실과는 하나님의 선하심에 감사하는 제물로 하나님께 드려야 했다. 이스라엘은 하나님께 첫 열매와 같아야 했다(렘 2:3). 그러나 그들은 하나님께 온전히 헌신하지 않았다. 본문에 나오는 무화과 두 광주리처럼 대부분의 백성들은 좋지 않았고, 남은 자들만이 좋았는데 그것은 그들이 하나님께 순종했기 때문이었다.

우리가 어떤 삶을 사는지는 우리가 어떤 사람인지에 따라 달라진다. 경건한 남은 자들은 유배 기간 동안 하나님으로부터 오는 선한 것들을 경험했다. 그러나 경건치 못한 사람들은 불행에 휩싸였다. 경건한 남은 자들은 하나님을 신뢰했기 때문에 좋지 않은 환경을 참아내고, 그 환경에 굴복하지 않았다(롬 8:28).

중요한 것은 하나님을 알고 하나님께 전적으로 헌신하는 마음이다(7절). 우리가 환경을 통제할 수는 없어도 그 환경에 대해 그리고 하나님에 대해 어떻게 반응할 것인지는 우리 자신이 통제할 수 있다. "무릇 지킬 만한 것보다 더욱 네 마음을 지키라 생명의 근원이 이에서 남이니라"(잠 4:23). 오늘날 신자들은 '조물 중에 첫 열매'(약 1:18)가 되어야 하고, 우리는 하나님께 가장 좋은 것을 드리기 원한다.

예레미야 25장

23년 동안 설교했지만 눈에 보이는 결과를 하나도 얻을 수 없는 상황을 상상해보라! 예레미야는 사람들이 그를 적대시하고, 하나님의 말씀에 귀 기울이지 않는다 할지라도 자신의 소명에 충실했다. 하나님은 외적인 성공이 아니라 우리의 신실함에 따라 우리를 판단하신다. 사람의 기준으로 보면 예레미야는 실패자로 여겨졌을 것이다(고전 4:1-5).

♦ 유다에 내리신 벌 ♦

역대하 36장 20-21절에 의하면 하나님이 유다를 70년 동안 벌하셨다. 70년은 그들이 지키지 않았던 안식년의 수였다(레 25:1-7). 백성들은 매주 안식일을 지키지 않았고(렘 17:19-27), 칠 년마다 한 번씩 땅을 쉬게 하지도 않았다(레 26:27-35). 하나님께 속한 것을 우리가 취할 때 결국 우리는 그것을 잃게 되고, 그 과정 속에서 고통을 겪게 될 것이다.

바벨론 유수는 반역을 벌하시고, 경건한 남은 자들을 정결케 하시기 위한 하나님의 방법이었다. 백성들은 하나님의 말씀을 들으려 하지 않았다(4, 7, 8절). 그러나 하나님의 말씀은 이스라엘에서뿐 아니라, 하나님이 선지자들을 통해 말씀을 보내신 모든 나라들에서도 그 목적을 이루었다.

하나님은 불순종하는 백성들을 오래 참으시며, 그들에게 회개할 기회를 많이 주셨다. 그러나 결국 하나님이 행동을 취하셔야 했다. 하나님이 손님들을 술에 취하게 만드는 연회장처럼(15-29절), 양 떼를 습격하는 이리처럼(30-31, 34-38절), 나라를 휩쓸며 파괴하는 회오리바람처럼 되실 것이다(32-33절).

○ 예레미야 26장

우리를 오래 참으시는 하나님의 인내는 정말 놀랍다! 그분은 우리에게 계속 말씀하시며 귀를 기울이라고 간청하신다. "듣고 돌아서라. 듣고 유의하라!" 이것이 우리를 사랑하시는 하나님의 메시지다. 그 메시지에 순종하겠는가?

인간의 심성은 하나님의 말씀에 저항하려는 성향이 매우 강하다. 지도자들은 금식하며 기도할 것을 백성들에게 요구해야 했다. 그런데 그들은 오히려 하나님의 선지자를 처형할 것을 요구했다. 당신은 "듣기는 속히 하고 말하기는 더디 하며 성내기도 더디"(약 1:19) 하는가? 당신 자신과 나라를 위해 바른 일을 하고자 하는가? 아니면 인기를 얻고자 하는가?

✦ 특별한 가족 ✦

하나님이 예레미야를 구하기 위해 사반의 아들 아히감을 사용하셨다. 사반은 요시야 왕이 성전을 보수했을 때 율법책을 찾아낸 사람이었다(왕하 22:3-13). 그의 아들 그마랴는 여호야김 왕에게 예레미야가 쓴 책을 불사르지 말 것을 간청했다(렘 36:25). 그의 온 가족이 하나님의 말씀에 헌신했고, 하나님은 자신의 종들을 돕는 일에 그들의 헌신을 사용하셨다.

과거를 통해 교훈을 얻는 사람들은 매우 현명한 사람들이다! 장로들은 하나님의 말씀과 조국의 역사를 알고 있었다. 그리고 그들은 백성들을 올바르고 정의로운 길로 나아가도록 인도할 수 있었다.

모든 것이 하나님을 거스르는 것처럼 보일 때에도 하나님께 신실한 사람들은 안전하다! 예레미야는 흔들리지 않았고, 하나님은 그를 보호하셨다. 우리야는 도망을 치다 잡혀 죽임을 당했다. 세상에서 가장 안전한 곳은 하나님의 뜻 안에 있다. 왜냐하면 그 안에서 우리는 살 준비도 되어 있고, 죽을 준비도 되어 있기 때문이다.

● 예레미야 27-28장

바벨론에 항복해야 한다는 메시지를 유다에 전하기 위해 예레미야는 멍에를 멨다(28:10). 그는 세 차례에 걸쳐 '멍에 설교'를 했다. 첫 번째는 동맹국의 사신들에게 했고(27:1-11), 그 다음에는 시드기야 왕에게 했으며(27:12-15), 마지막으로는 제사장들과 백성들에게 했다(27:16-22).

거짓 선지자들은 백성들에게 거짓 소망을 갖게 했고, 예레미야는 그들에게 진실을 말했다. 느부갓네살은 하나님의 뜻을 행하는 하나님의 종이었다. 그리고 열방들은 그에게 굴복해야 했다. 그 멍에를 받아들인다면 그들은 살게 될 것이다. 그러나 만일 거부한다면 죽게 될 것이다.

하나님이 멍에를 지게 하신다. 하나님이 지게 하시는 멍에는 누가 그것을 우리 어깨에 올려놓건 간에 우리 각자에게 잘 맞는 것이다. 하나님은 우리가 하나님을 뜻을 행하도록 도우시려고 구원받지 않은 사람들까지도 사용하실 수 있다. 모든 멍에를 하나님이 주시는 멍에로 받아들이라. 하나님이 그 멍에를 속박에서 축복으로 바꾸어주실 것이다. 가벼운 멍에를 부러뜨리면 더 무거운 멍에를 메게 될 것이다. 누구나 멍에를 메야 한다.

◆ 멍에 ◆

이스라엘 백성들은 죄로 하나님의 멍에를 부러뜨렸다(렘 2:20, 5:5). 그러자 그 죄가 무거운 멍에가 되었다(애 1:14). 그리고 그들은 결국 바벨론 유수라는 더 무거운 멍에를 지게 되었다. 그러나 하나님이 무거운 멍에를 제거하시고 다시 시작하게 하실 것이라고 약속하셨다(렘 30:8-11). 젊은 시절은 멍에 메는 것을 배우기에 가장 좋은 때다(애 3:27). 하나님이 '부러뜨리고' 다스리실 수 있게 해드리라. 그러면 밝은 미래를 맞이하게 될 것이다. 예수님은 "내 멍에는 쉽고 내 짐은 가벼움이라"고 말씀하셨다(마 11:28-30).

● 예레미야 29장

기원전 597년 바벨론 군사들이 유대인들을 바벨론으로 유배시키기 시작했다. 유배를 가는 사람들에게 보낸 예레미야의 편지는 우리가 어려운 상황을 만났을 때 어떻게 타개해나갈 수 있는지를 배우는 데 도움이 된다.

받아들이라(Accept it). 가능한 한 정상적인 삶을 살면서 불평하지 말고 불편함을 참아내라. 다른 사람들에게 복이 되기 위해 노력하라. 문제를 일으키는 사람이 되지 말고 화평케 하는 사람이 되라.

인내하라(Be patient). 하나님의 시간표가 있다. 그리고 하나님의 계획은 결코 실패하지 않는다. 하나님은 어려운 상황이 얼마나 오랫동안 지속되어야 하는지, 또 얼마나 심각해야 하는지를 잘 알고 계신다.

하나님을 의뢰하라(Trust God). 11절은 '유배 중'에 있을 때 주장할 수 있는 유력한 약속이다. 하나님이 우리 각자를 친히 생각하시고, 우리를 위한 계획을 가지고 계신다. 하나님의 계획은 전쟁이 아니라 평화를 주시는 것이다. 그러므로 미래를 두려워할 필요가 없다. 하나님의 계획에는 목적이 있다. 그러므로 하나님이 하나님의 뜻을 행하실 수 있게 해드리라. 처한 상황이 아무리 힘들어도 하나님께 저항함으로 그 고난을 허비하는 일이 없게 하라.

거짓 소망을 피하라(Avoid false hopes). 거짓 소망에 마음을 두고 작은 지푸라기라도 잡고자 하는 것이 인간이다. 그러나 그것은 절망으로 이어질 뿐이다. 거짓 소망을 말하는 거짓 교사들의 애매한 목소리를 피하라. 하나님의 말씀이 무엇을 해야 하는지를 알려주실 것이다.

♦ 집에서 멀리 떨어져 ♦

하나님의 백성으로 이 시대를 살고 있는 우리는 바벨론에 유배되었던 유대인들과 흡사하다. 왜냐하면 우리는 천국이라는 본향에서 멀리 떨어져 우리의 삶의 방식을 인정하지 않는 사람들 속에서 살아가고 있기 때문이다. "그 성읍이 평안하기를 힘써라"(렘 29:7)는 것은 이 땅에서 나그네로 살아가는 우리들이 따라야 할 훌륭한 조언이다. 베드로는 베드로전서 2장 11절-3장 19절에서 그렇게 하려면 어떻게 해야 하는지를 설명하고 있다.

● 예레미야 30장

예레미야는 유배라는 사건 속에서 유대인들이 고난을 겪게 될 나라의 미래상['야곱의 환난의 때'(7절)]을 내다보았다. 그리고 그들의 귀환 속에서 훗날 이스라엘을 다시 모으시리라고 하시는 약속을 보았다.

유다는 죄를 범했다. 그러므로 하나님이 사랑으로 그들을 바로잡으셔야 했다. 그러나 유다의 적들이 그들을 이용하는 것을 허락하지는 않으실 것이다. 하나님의 백성들이 하나님께 신실하지 않을 때에도 하나님은 그들에게 신실하시다(딤후 2:12-13).

우리를 치유하시기 위해 하나님은 우리를 징계하신다(12-17절). 하나님이 보내시는 시련이 쓴 약과 같을 수도 있지만, 그 시련에는 악한 마음을 고치는 힘이 있다. "무릇 징계가 당시에는 즐거워 보이지 않고 슬퍼 보이나 후에 그로 말미암아 연달한 자에게는 의의 평강한 열매를 맺나니"(히 12:11).

고난의 때에는 '후에' 있을 기쁨을 바라보며 그 고난을 잘 감당하라.

○ 예레미야 31장

하나님이 우리에게 되고 싶어하시는 하나님이 되실 수 없게 만드는 것이 죄가 불러오는 비극이다.

하나님은 우리의 연인이시다(He is our Lover, 1-6절). 예레미야서와 호세아서에서는 결혼의 이미지가 자주 나타난다. 하나님께 불순종할 때 우리는 하나님의 율법을 어기는 것일 뿐 아니라, 하나님의 사랑을 거스르는 것이다. 우리가 하나님이 미워하시는 것을 사랑할 때 그것은 하나님의 마음을 아프게 하는 것이다.

하나님은 우리의 아버지이시다(He is our Father, 7-9절). 이스라엘은 하나님의 장자다. 하나님이 그들을 애굽에서 구속하셨다(출 4:22). 하나님은 우리에게 아버지가 되고 싶어하신다(고후 6:14-16). 그러나 우리의 죄 때문에 방해를 받으신다.

하나님은 우리의 목자이시다(He is our Shepherd, 10-14절). 이스라엘이라는 양 떼는 매를 맞고 흩어졌다. 그러나 하나님은 변함없이 그들을 돌보셨다. 날이 아무리 어두워도 목자는 양 떼를 찾아 인도하고 노래 부르게 한다.

하나님은 우리의 위로자이시다(He is our Comforter, 15-40절). 가정들이 깨지고 백성들이 이국 땅으로 끌려가게 되었을 때 그 슬픔이 얼마나 컸을 것인가! 그러나 하나님이 다시 집으로 돌아오게 될 것이라는 위로의 말씀을 해주셨다. 그들의 마음을 변화시킬 새 언약을 주기로 약속하셨다. 예수 그리스도 안에 있는 우리에게도 그 언약이 있다(히 8장, 10:1-25).

○ 예레미야 32장

미국 사람들은 "당신이 설교한 대로 실천하라"는 뜻으로 "당신의 입이 있는 곳에 당신의 돈을 넣어라"고 말한다. 예레미야는 유대인들이 유배에서 돌아오게 될 날이 올 것이라고 설교해왔다. 그래서 하나님은 그가 정말로 하나님의 약속을 믿고 있다는 사실을 입증하게 하셨다. 하나님의 말씀을 사람들에게 전할 때마다 그것을 점검받게 될 것을 예상하라. 그것이 하나님의 말씀을 전하는 사람의 믿음이 진정한 것인지를 사람들이 알 수 있는 유일한 방법이기 때문이다.

적에게 점령된 도시에 있는 땅을 산다는 것은 어리석은 일이다! 그러나 그 땅에 미래가 있다고 믿는다면 주저하지 않고 살 것이다. 하나님의 백성들은 미래 시제 속에서 살아간다. 그리고 미래의 확실성에 비추어 오늘의 결정을 내린다.

믿음의 발걸음을 내디딘 후 실망해본 적이 있을 것이다. 그럴 때가 바로 기도해야 할 때다. 그리고 하나님이 말씀하시고 확신을 주시도록 요청해야 할 때다. 사람들은 비웃을 수도 있다. 그러나 하나님을 신뢰하고 하나님이 격려해주시기를 기다리라.

○ 예레미야 33장

사람들이 하나님의 종의 입을 막을 수도 있다. 그러나 그들이 하나님의 말씀까지 막을 수는 없다(딤후 2:9). 우리의 마음이 하나님을 향해 열려 있다면 우리가 어느 곳에 있던지 하나님의 말씀은 우리에게 올 것이다. 때때로 하나님이 '두 번째' 메시지를 보내실 수도 있다. 그러므로 깨어 있어야 한다.

하나님이 옥에 갇힌 선지자에게 격려의 메시지를 보내셨다. '병든' 나라가 건강하게 되고, 더럽혀진 나라가 깨끗하게 되며, 전쟁이 평화에게 길을 내어주고, 하나님의 진리가 거짓 선지자들의 거짓말을 정복할 날이 올 것이다. 장송곡이 아니라 결혼을 축하하는 노래가 있을 것이다. 공의가 다윗의 보좌에서 다스리게 될 것이다.

그날이 언제 올 것인가? 다윗의 아들 예수 그리스도가 땅을 다스리시고(23:5-

6) 예루살렘을 의의 도성으로 만드실 때 올 것이다. 그때까지 주님이 우리 삶 속에서 다스리시는 동안 우리는 그분의 종이 될 수 있고, 그와 같은 복을 필요로 하는 사람들을 섬기는 사역자가 될 수 있다. 우리를 통해 주님은 다른 사람들에게 영적으로 건강해지고, 깨끗해지며, 평화로워지고, 삶을 변화시키는 메시지를 전하실 수 있다. 그리고 그들은 죄가 허물어내렸던 것들을 다시 쌓을 수 있게 될 것이다.

● 예레미야 34장

적에게 얽매이는 속박(Bondage to the enemy, 1-7절). 적이 마침내 성벽을 뚫고 쳐들어왔을 때, 시드기야 왕은 도망치려 했지만 실패하고 말았다(왕하 25:1-7). 예레미야는 바벨론에 항복할 것을 왕에게 권고했다. 그러나 그는 들으려 하지 않았다. 결국 그는 눈이 빠지고 결박된 채 바벨론으로 끌려가 그곳에서 죽게 되었다. 죄에 얽매였던 그의 속박이 적에게 얽매이는 속박으로 이어졌다. 그는 스스로 자신을 파멸시켰다.

형제들에게 가한 속박(Bondage to the brethren, 8-22절). 유대인들은 자기 동족을 종으로 삼을 수 없었다. 그리고 칠 년마다 종들을 풀어주어야 했다(출 21:1-11, 신 15:12-18). 예루살렘 사람들은 포위 기간 동안 이 규정에 순종했다. 그러나 애굽 군대 때문에 바벨론 군대가 물러나자(21절, 37:5-10) 사람들은 다시 자기 동족을 종으로 삼았다! 주인들은 상황이 어려워지면 하나님을 달래보려는 희망을 가지고 순종했다. 그러나 상황이 좋아지면 다시 마음을 바꾸었다(시 66:13-14).

순종은 내면의 헌신으로부터 비롯되어야 한다(엡 6:6). 그리고 주변 환경에 좌우되어서는 안 된다. 그 주인들은 하나님을 기쁘시게 하려 하지 않았기 때문에 그들의 종들보다 더 심하게 얽매어 있었다.

● 예레미야 35장

레갑 족속의 시조는 예후를 도와 이스라엘에서 바알 숭배를 제거하는 일에 참여했다(왕하 10:15-17). 그러므로 그들은 경건한 유산을 가지고 있었다. 바벨론 군대가 침입해 들어오자 그들은 자신들의 유목 생활을 버리고, 안전을 찾아 예루살렘 성으로 들어갔다.

그들은 자신들의 장막을 버렸다. 그러나 그들의 가치 기준은 버리지 않았다. 하나님의 선지자와 함께 하나님의 집에 있었지만, 그들은 술 마시기를 거부했다. 그들은 다른 사람들에게 자신들의 전통에 동의해줄 것을 요구하지 않았다. 그러나 그들은 또 자신들의 전통을 깨려고도 하지 않았다. 그들은 충성스러운 족속이었다.

전통이 하나님의 진리를 대체하거나, 하나님의 진리에 위배되지 않는 한 그것은 나쁘지 않다(마 15:1-20). 다른 사람들의 전통에 동의하지 않을 수도 있다. 그러나 그들이 그들의 전통에 헌신하고 있는 것만큼 그렇게 우리는 하나님의 말씀에 헌신하고 있는가? 유대인들은 하나님의 율법에 순종하기를 거부했다. 그러나 레갑 사람들은 자신들의 전통을 따랐다. 그것은 참 하나님을 안다고 주장하는 유대인들의 잘못을 지적하는 힘 있는 고발이었다! 그리고 그것은 이 시대를 살아가는 우리를 향한 고발이기도 하다.

● 예레미야 36장

기록된 하나님의 말씀(God's Word written, 1-4절). 다른 책들과 달리 성경은 성령의 감동을 받아 기록된 하나님의 말씀이다(딤후 3:13-17, 벧후 1:19-21). 그러므로 믿을 수 있고 또 순종해야 한다.

선포된 하나님의 말씀(God's Word announced, 5-10절). 하나님이 자신의 말씀을 사람들에게 선포하시기 위해 사람을 도구로 사용하셨다. "전파하는 자가 없이 어찌 들으리요"(롬 10:14).

소멸된 하나님의 말씀(God's Word destroyed, 11-26절). 왕은 율법을 친히 베껴

써야만 했다(신 17:18-20). 그리고 그 메시지를 따라야 했다. 그런데 왕이 예레미야가 전하고 바룩이 받아 적은 말씀을 불에 태웠다. 성경을 소멸시키려 시도할 수는 있다. 그러나 성공하지는 못할 것이다.

보존된 하나님의 말씀(God's Word preserved, 27-32절). 왕과 그 가족들은 죽었다. 왕이 소멸시키려 했던 책이 없었다면 그와 가족은 모두 잊혀졌을 것이다. "여호와여 주의 말씀이 영원히 하늘에 굳게 섰사오며"(시 119:89). "천지는 없어지겠으나 내 말은 없어지지 아니하리라"(마 24:35).

> "불멸의 책은 친구들의 태만, 그 위에 세워진 잘못된 체계 그리고 그 책을 미워하는 사람들이 벌이는 전쟁이라는 이 세 가지 큰 위험 속에서도 살아 남아왔다."
>
> 아이작 테일러(Isaac Taylor)

● 예레미야 37장

'이용당하게' 될 것을 예상하라(Expect to be 'used', 1-10절). 시드기야는 하나님의 사람이 중재하기를 원했다. 그러나 하나님의 말씀이 가르치고 있는 교훈은 원치 않았다. 그는 그 둘을 분리시키지 말았어야 했다(요 15:7, 행 6:4). 그는 하나님이 자신의 종이 되어 성을 구해주시기를 바랐다. 그러나 자신은 하나님이 종이 되려 하지 않았고, 하나님의 말씀에 순종하지도 않았다. 비상시에만 도움을 얻기 위해 기도하는가? 아니면 매일 하나님의 인도하심을 구하는가?

오해받게 될 것을 예상하라(Expect to be misunderstood, 11-15절). 예레미야는 자기 고향으로 여행하던 중 아무 죄도 없이 붙잡혀 매를 맞고 옥에 갇혔다(행 16:16-24 참조). 악인들은 의인들을 핍박할 수 있는 기회만 엿보고 있다.

무시당하게 될 것을 예상하라(Expect to be ignored, 16-17절). 하나님의 종이 부당하게 옥에 갇혀 비참하게 고통받고 있다는 사실을 왕은 아무렇지도 않게 생각했다. 왕은 예레미야를 보지 않으려 했다. 그러나 여전히 그의 도움은 받고 싶어 했다.

하나님이 돌보실 것을 예상하라(Expect to be cared for by God, 18-21절). 하나님은 오래전에 예레미야를 돌보실 것이라고 그에게 약속하셨다(1:8, 19). 그리고 그 약속을 지키셨다. 예레미야는 쉽고 편안한 삶을 살지 않았다. 그러나 그의 마음은 평안을 누렸다. 그것은 자신이 하나님께 신실했다는 사실을 알고 있었기 때문이었다.

○ 예레미야 38장

시드기야는 하나님 앞에서 옳은 삶을 사는 것보다 친구들에게 인기를 얻는 삶에 더 많은 관심을 가졌던 약한 왕이었다. 그는 두 마음을 품고 있었기 때문에 그가 하는 모든 일에는 정함이 없었다(약 1:8).

먼저 그는 그의 친구들이 예레미야를 붙잡아 구덩이에 던져 넣는 것을 묵인했다. 그리고 그는 에벳멜렉과 30명의 시위대에게 예레미야를 구출해 안전한 곳으로 데려가게 했다. 그런 다음 시드기야는 도움을 구하기 위해 예레미야를 은밀히 만났다! 왕이 하나님의 메시지를 받아들이고 순종했더라면, 믿지 않는 친구들에게 용감하게 대항하고 옳은 일을 할 수 있었을 것이다.

예레미야는 구덩이에 던져졌다(6절). 그러나 왕은 그보다 더 깊은 곳(22절)에 빠졌다. 그의 두려움(19절)과 불신앙이 그를 파멸시켰다. 그가 하나님께 복종했다면 자신과 백성들을 구할 수 있었을 것이다. 그러나 그는 친구들을 믿었고, 그들이 그를 치욕과 패배라는 구덩이 속으로 끌고 들어갔다.

○ 예레미야 39장

하나님이 시드기야의 악을 벌하셨다(1-10절). 그는 도망칠 수 있을 것이라 생각했다. 그러나 적들이 그를 사로잡았다. 시드기야가 마지막으로 본 것은 자기 아들들의 처형이었다. 그후 그는 두 눈을 잃게 되었다. 그는 눈에 보이는 것들을 의지하고 살다가 결국 어둠 속에서 생을 마치게 되었다. 그리고 자신을 섬기기 위해 살다가 모든 것을 잃어버렸다. 그는 "너희 죄가 정녕 너희를 찾아낼 줄 알라"(민 32:23)는 말이 자신에게 해당하는 말이라는 사실을 알게 되었을 것이다.

하나님이 예레미야의 신실하심을 보상해주셨다(11-14절). 40년 동안 백성들이 순종하기를 거부했음에도 불구하고 그는 담대하게 하나님의 말씀을 선포했다. '결과'로 사역을 평가한다면 예레미야는 실패한 사람이었다. 자유로운 몸이 되자 그는 백성들과 함께 남아 그들을 섬기기로 결심했다. 그는 목자의 마음을 가지고 있었다.

하나님이 에벳멜렉의 친절을 보상해주셨다(15-18절, 38:7-13). 이제 우리는 이 외국인이 예레미야를 구한 이유를 알게 될 것이다. 그는 이스라엘의 하나님을 믿었다(18절). 아마도 그는 예레미야의 증거를 통해 하나님을 믿게 되었을 것이다. 외국인이 이스라엘의 하나님을 믿었다. 그런데 유대인들은 하나님을 신뢰하지 않았다!

○ 예레미야 40-41장

자유(Liberty, 40:1-6). 인생이 위기에 처해 있을 때 하나님이 주시는 말씀이 있다. 그러므로 귀를 기울이라. 이 경우에는 예레미야의 예언을 알고 있는 바벨론 관리의 입을 통해 왔다. 원하는 곳으로 갈 수 있다면 어디로 가고 싶은가? 예레미야는 상한 백성들과 함께 남아 있기로 했다. 그 결정이 백성들에게 얼마나 큰 위로가 되었겠는가!

권위(Authority, 40:7-12). 하나님은 사람들을 권위 아래서 살게 하셨다(롬 13장). 그렇지 않으면 대혼란이 벌어질 것이다. 그다랴는 백성들에게 예레미야가 조언한 그대로 말했다. 적에게 복종하고 정상적인 삶을 살아가라는 것이었다. 권위를 가진 사람들을 위해 기도하는가(딤전 2:1-3)? 그들의 임무는 쉽지 않고, 그들에게는 하나님의 도우심이 필요하다.

변절(Treachery, 40:13-16). 그다랴가 좀 순진했던 것인가? 인간의 본성을 너무 믿었던 것인가? 아마도 그랬을 것이다. 그러나 그는 적어도 자신의 생명을 보호하기 위해 조심했어야 했다. 이스마엘은 시드기야에게 충성했고(41:1), 총독의 역할을 받아들이지 않았다. 타락한 왕에 대한 그의 사랑이 하나님과 다른 사람들과 나라를 향한 사랑보다 더 컸다. 이스마엘은 의보다는 보복에 더 마음을 쓰고 있었다. 한 사람의 악 때문에 평화로운 변화가 될 수도 있었던 상황이 내전으로 번지게 되었다.

○ 예레미야 42장

이스라엘 백성들은 어려움이 닥칠 때마다 "애굽으로 돌아가자!"라고 외쳤다. 모세(출 16:3, 17:3, 민 11:4-6, 14:1-5)와 이사야(사 30:1-5, 31:1-3) 당시에 그랬을 뿐 아니라, 바벨론에게 정복당한 이후 맞이한 괴로운 시기에도 그랬다(41:17). 하나님이 그들이 있는 곳을 떠나지 말라고 말씀하셨지만, 그들은 그 말씀에 순종하기를 두려워했다.

그들은 이미 가기로 마음을 정했다. 그러나 선지자에게 그들을 위해 기도해 줄 것을 요청하는 것이 좋을 것이라 생각했다. 그리고 그들은 "우리를 위해 기도하라! 우리가 순종할 것이다"라고 말했다. 그 말은 상당히 경건한 것처럼 들렸다(마 15:7-9 참조). 경건해 보이는 기도와 약속으로 하나님의 종들을 속이려 한 적은 없었는가?

예레미야는 기도하고 열흘을 기다렸다. 어쩌면 하나님은 백성들을 위해 다른 계획을 가지고 있으셨을지도 모른다. 아니다. 하나님의 계획은 달라지지 않았다. 하나님은 그들에게 두려워하지 말라고 말씀하셨다. 그곳에 머물러 하나님의 돌보심을 의뢰하라고 말씀하셨다. 그러나 하나님은 또한 예레미야에게 지도자들은 위선자들이며, 믿을 만하지 못한 사람들이라고 말씀하셨다.

믿음과 인내는 늘 함께한다(히 6:12, 10:36). "믿는 자는 급절하게 되지 아니하리로다"(사 28:16).

> "진지한 기도와 열광적인 헌신도 진심이 결여된 것이라면 단지 되풀이되는 위선에 불과하다."
>
> 윌리엄 로우(William Law)

● 예레미야 43장

예레미야가 예언한 모든 것은 성취되었다. 그러나 백성들은 그를 거짓 선지자라 불렀다! 하나님께 불순종하기로 일단 마음을 정하면 하나님의 진리를 거부하기 위한 핑곗거리들은 얼마든지 찾아낼 수 있다. 바룩과 예레미야는 그들이 오랫동안 도와주었던 사람들이 오만하게 그들을 비방할 때 견디기 힘들었을 것이다. 예수님도 같은 경험을 하셨다. 그러므로 예레미야는 '고난에 참예'(빌 3:10)하는 경험을 하고 있었다.

애굽으로 내려간다면 그것은 죽음의 행진이 될 것이라고 하나님이 분명히 말씀하셨다. 유일하게 안전한 곳은 하나님의 뜻 안이다. 유대인들이 도망쳐 나온 바로 그곳에서 애굽으로부터 온 군대가 그들을 심판할 것이다. 왜냐하면 그 누구도 문제를 피해 달아날 수 없기 때문이다.

● 예레미야 44장

하나님이 자신의 백성들에게 복을 주시고 즐거워하실 수 있는 곳으로 어떻게 그들을 인도하실 것인가? 하나님은 하나님의 말씀과 함께 하나님의 종들을 보내셨다. 그러나 백성들은 귀를 기울이지 않았다. 하나님이 그들을 기근으로 징계하셨지만, 그들은 회개하지 않았다. 그래서 하나님은 그들이 적들로부터 굴욕당하는 것을 허락하셨다. 그럼에도 백성들은 여전히 하나님의 뜻에 순종하지 않았다.

애굽에서는 다를 수도 있었을 것이다. 그러나 그렇지 않았다. 지리적인 변화가 그들의 마음을 바꾸어주지는 않았다. 그들은 애굽에서도 우상을 섬겼고 우상을 보호하기까지 했다! 요시야 왕이 개혁을 단행하기 전 그들은 자신들이 우상에게 절을 하며 지냈을 때 "식물이 풍부하며 복을 받고 재앙을 만나지 아니하였다"(17절)고 말했다. 마치 그런 것들이 진리를 증명해주는 것처럼 그렇게 말했다! 악인이 형통할 수도 있다. 그렇다고 해서 죄를 범해도 되는 것은 결코 아니다.

하나님은 자비를 베푸시고, 소수의 남은 자들을 구원하실 것이다. 그 외 다른 사람들은 그들이 안전하다고 생각한 나라에서 죽임을 당하게 될 것이다. 하나님이 그들을 지켜보고 계셨는가? 그렇다. 그러나 복을 주시기 위해서는 아니었다(27절).

○ 예레미야 45장

이 짧은 장은 예레미야의 고난과 슬픔을 함께 나누었던 그의 신실한 서기 바룩에게 초점이 맞추어져 있으며, 바룩이 예레미야의 예언을 두 번째 기록했을 때 일어난 사건을 기록하고 있다. 바룩이 예레미야의 예언을 기록한 첫 번째 두루마리는 여호야김이 불태워버렸다(36장).

하나님은 우리가 하고 있는 일을 지켜보고 계신다(God sees your work). 바룩이 그가 기록한 모든 것이 연기로 사라졌다는 소식을 들었을 때 얼마나 실망했겠는가! 우리가 하는 일이나 증거가 아무 쓸모 없는 것처럼 보일 때, 우리는 우리가 누구를 위해 일하고 있는지를 기억해야 한다.

하나님은 우리가 겪고 있는 시련을 알고 계신다(God knows your trials). 바룩은 좀 더 편안하게 살 수도 있었을 것이다. 그러나 그는 그 당시 나라에서 가장 인기 없던 사람과 함께하기로 했다. 그것은 그가 하나님을 믿었고 하나님의 말씀을 의지했기 때문이었다.

하나님은 우리가 하는 말에 귀를 기울이신다(God hears your words). 다른 하나님의 종들처럼 바룩에게도 모든 것이 무너져내리는 듯 느껴지는 힘든 날들이 있었다. 하나님은 바룩의 탄식 속에서 '큰 일'에 대한 위험한 열망이 있음을 보셨다. 그가 선지자와 함께하지 않았다면 아마도 상당히 큰 일을 도모하는 사람이 되었을 것이다!

하나님은 우리의 필요를 채워주신다(God meets your needs). 바룩이 위대한 사람이 되었을 것이라 생각하는가? 그렇다면 어느 나라에서 위대한 사람이 되었을 것인가? 바룩은 예레미야와 함께했기 때문에 보살핌을 받으며 살 수 있었다. 큰 일을 하고자 한다면 자신을 위해서가 아니라 하나님을 위해서 그 일을 도모해야 한다.

◆ **존경할 만한 종, 바룩** ◆

왕실의 시종장이었던 스라야와 바룩은 형제였다(렘 32:12, 51:59). 따라서 스라야는 바룩을 관직에 임명할 수도 있었을 것이다. 그러나 하나님이 바룩을 하나님의 종으로 그리고 하나님의 종의 종으로 택하셨다. 하나님의 뜻과는 상반되는 곳을 향해 달려나가려는 이기적인 야망을 경계하라. 우리를 성공하게 하는 분은 하나님이시다(마 20:20-28 참조).

◉ 예레미야 46장

예레미야는 유다뿐 아니라 열방의 선지자였다(1:5). 그리고 그의 책은 애굽으로부터 시작해서 열방에 관한 예언들로 끝이 나고 있다.

유다의 마지막 경건한 왕이었던 요시야는 그가 애굽과 맞서 싸웠던 갈그미스에서 죽임을 당했다(대하 35:20-27). 그러나 애굽은 갈그미스에서 바벨론에게 패배하게 될 것이다. 애굽인들은 자신들이 적을 삼키기 위해 크게 불어나는 나일 강과 같다고 생각했다. 그러나 그들은 패하게 될 것이다(7-10절).

하나님은 애굽인들을 크고 무서운 강으로 보지 않으셨다. 오히려 바벨론 파리에게 물어뜯기는 암송아지로 보셨다(20절). 그리고 애굽의 동맹국들은 도살장을 향해 가는 살진 송아지로 보셨다(21절, 참조 - 10절). 바벨론 군대는 그 수가 메뚜기 떼같을 것이다(23-24절). 그리고 애굽은 마치 놀란 뱀처럼 달아나게 될 것이다(22절). 여호와의 말이다!

하나님은 포로로 잡혀 있던 하나님의 백성들에게 그들이 본국으로 돌아가 다시 시작하게 될 것이라는 평화의 메시지를 주셨다(27-28절). 그들은 사랑의 징계를 받아야 했다. 그러나 파멸되지는 않을 것이다. "내가 너를 구원할 것이다… 내와 너와 함께할 것이다." 얼마나 큰 격려가 되는 말씀인가! 지금 그 약속을 주장하라!

● 예레미야 47-48장

애굽이 블레셋을 물리쳤다. 그러나 바벨론이 블레셋(47장)과 모압(48장)을 멸망시킬 것이다. 바벨론 군대는 창일하는 시내(47:2)와 하나님의 손에 들린 칼(47:6)과 같을 것이다.

모압은 교만한 족속으로 잘 알려져 있었다(48:29, 42). 그래서 하나님이 그들을 낮추셨다. 그들은 거짓 신을 섬기며 재물을 의지했다(48:7). 그래서 그들의 신은 붙잡혔고, 그들의 재물은 약탈당했다. 그들은 자신들이 의지하던 모든 것을 다 잃었다.

모압은 또 술로 잘 알려져 있었다. 그러나 그릇들이 비워지고 깨지게 될 것이다. 그리고 그 백성들은 하나님의 진노를 마시게 될 것이다(48:12, 26, 38). 바벨론은 모압이 전에 맛보지 못했던 '새 맛'을 보게 할 하나님의 '술 일꾼'이었다(48:11). 하나님은 우리를 하나님이 원하시는 사람으로 만들기 위해 때때로 우리를 '이 그릇에서 저 그릇으로' 옮기셔야 한다.

병들이 깨졌고(48:12), 지팡이는 부러졌으며(48:17), 그들의 팔도 부러졌다(48:25). "아하 모압이 파괴되었도다!"(48:39) 모압이 하나님 앞에서 먼저 깨져 있었다면 하나님이 모압을 깨뜨리지 않으셨을 것이다.

◎ 예레미야 49장

암몬과 모압은 롯의 자손들이다(창 19:30-38). 그리고 유대인들의 적이었다. 밀곰(몰렉)은 암몬의 신이었고, 암몬 족속들은 자식을 재물로 바치는 행위를 일삼던 끔찍한 주신제를 통해 그를 섬겼다. 그의 이름은 '군림하는 자'라는 뜻이다. 그러나 그는 더 이상 군림할 수 없게 될 것이다. 모든 거짓 신들이 그랬던 것처럼 사로잡힘을 당해도 그는 자신을 구하지 못할 것이다.

에돔은 야곱의 형, 에서의 자손들이었다(창 36장). 그리고 그들 역시 유대인들을 미워하였다. 그들은 지혜 있는 자들로 알려져 있었다(옵 8절). 그러나 바벨론 침공을 막을 수 있을 만큼 지혜롭지는 못했다.

그들이 받을 심판은 포도 열매를 싹 쓸어가는 것과 같고(9절), 술에 취한 것과 같으며(12절), 소돔과 고모라의 멸망과 같고(18절), 요단 수풀에서 올라온 사자의 공격과 같으며(19절), 날개를 펴고 덮치는 독수리와 같을 것이다(22절). 아무도 피할 수 없을 것이다!

다메섹은 해산하는 여인처럼 힘이 빠지고 두려워하게 될 것이다(24절). 게달과 하솔과 엘람은 겨처럼 바람에 흩날리게 될 것이다(32, 36절). 모든 교만한 나라들은 하나님을 거부하면서 안전하다고 느꼈다. 하나님은 오랫 동안 고통받으시며 그들을 참아오셨다. 그러나 이제 더 이상 기회는 오지 않을 것이다. 그리고 오로지 하나님이 하실 수 있는 것은 그들을 심판하시는 것뿐이다.

◆ 자비로우신 우리 하나님 ◆

진노 중에도 하나님은 자비를 기억하신다(합 3:2). 하나님은 유대인들(46:27-28)과 모압(48:47)과 암몬(49:6)과 엘람 사람들(49:39)에게 약속하셨다. 그 나라들은 유대인들이 본국으로 돌아가게 될 때에는 다시 무대 위에 등장하지 않게 될 것이다. 그러나 그리스도가 오셔서 백성들을 회복시키시고, 그분의 나라를 세우실 때에는 그들도 포함될 것이다.

예레미야 50-51장

이 예언은 시드기야 4년에 주어졌고, 예레미야는 이 예언이 공개적으로 선포될 수 있도록 바룩의 형 스라야의 손에 들려 바벨론으로 보냈다(51:59-64). 성경에서 바벨론은 하나님을 거스리는 인간이 만든 세속적인 제도를 상징한다(창 11:1-9, 계 17-18장).

바사가 북쪽에서 와서 바벨론을 패배시키고 황폐케 할 것이다(50:3). 이제까지 바벨론은 하나님의 심판을 악한 나라에 임하게 하는 방망이(50:23)와 잔(51:7)과 철퇴(51:20-23) 역할을 해왔다. 그러나 이제 바벨론의 죄가, 특히 이스라엘을 무자비하게 대했던 죄가 심판을 받게 될 것이다(51:34-35).

이 예언을 통해 하나님은 여전히 유배 생활을 하고 있는 하나님의 백성들에게 소망의 말씀을 주셨다. 이스라엘과 유다가 다시 연합하게 되고, 그들의 땅을 회복하게 될 것이다(50:4-5). 흩어진 양 떼들이 다시 모이고(50:6-7, 17), 죄 많던 나라가 용서받게 될 것이다(50:19-20). 그들은 죄를 범했지만 재판관이신 하나님이 그들을 변호하실 것이다(50:33-34). 버림받았던 아내가 남편과 다시 결합하게 되고(51:5), 백성들의 혐의가 풀리게 될 것이다(51:10).

이 모든 일이 어떻게 이루어질 것인가? 이방 나라의 죽은 신들과는 다른 이스라엘의 하나님의 능력으로 이루어지게 될 것이다(51:15-19). 하나님의 백성들은 악한 제도를 피하고(51:6, 45-48), 주님을 위해 자신들을 온전히 구별해야 한다(고후 6:14-7:1, 계 18:4).

바벨론은 여전히 황폐하다. 그리고 그 폐허는 하나님이 이 세상 나라들을 통치하는 분이시며, 열방의 심판자이심을 상기시켜주는 것이다. 이스라엘은 그들의 하나님이 만물의 창조자이시기 때문에 여전히 열방들 가운데 남아 있는 것이다(51:19).

예레미야 52장

예레미야의 예언은 "내가 내 말을 지켜 그대로 이루려 함이니라"(1:12)고 하신 하나님의 말씀으로 시작해서, 하나님이 이루겠다고 하신 모든 것이 이루어졌음을 보여주는 증거로 끝이 난다. 이 장은 열왕기하 24-25장 그리고 예레미야 39장과 비슷하다. 그리고 예레미야애가를 읽을 수 있는 무대를 만들어주고 있다.

시드기야는 바벨론 왕에게 반역했을 뿐 아니라 하나님을 거역했다. 그리고 그 두 싸움 모두에서 패배했다. 그는 그의 아들들과 신하들을 죽음으로 몰아갔고, 자신은 두 눈을 빼앗긴 채 어둠과 속박 가운데 갇혔다(삿 16:20-21). 예레미야를 핍박했던 종교 지도자들도 적에게 죽임을 당했다(24-27절).

성전은 거짓 선지자들의 약속에도 불구하고 약탈을 당했다(27:19-28:4). 성벽은 무너졌고 도성과 성전은 불에 탔다. 하나님은 자신의 백성들이 성공적으로 죄를 짓도록 내버려두느니 차라리 하나님의 도성과 집을 무너뜨리셨다. 그들이 순종하면서 하나님께 영광을 돌리지 않는다면, 결국 심판을 받으면서 하나님을 영화롭게 해야 한다.

유다 백성들은 70년 동안 유배되어 포로 생활을 했다(25:1-14). 그 고난의 세월 동안 예레미야의 말은 그들에게 소중했다. 그것은 오늘날 이 세상에서 '유배 생활' 하는 하나님의 백성들이 그분의 말씀을 소중히 여겨야 하는 것과 같다. 예레미야가 보여준 훌륭한 본보기를 따르고, 기쁘게 하나님의 말씀을 먹으며 살아가라(15:16).

예레미야애가

Lamentations

책 제목이 말해주고 있듯이, 이 책은 기원전 586년 예루살렘이 멸망한 후 예레미야가 쓴 애가다. 그는 마음이 찢어지는 듯했고, 그의 슬픔은 하나님의 찢어진 마음을 보여주고 있다. 하나님은 자신의 백성들을 징계하셔야 했고, 그것은 하나님을 슬프시게 했다.

1-2장과 4-5장의 구절들은 히브리 알파벳 순서를 따르고 있다. 3장은 66절로 되어 있는데, 세 구절로 이루어진 22개의 조가 히브리 알파벳 순서대로 시작되고 있다. 예레미야가 여기저기서 믿음과 소망을 표현하고 있기는 하지만, 3장에서 그의 슬픔이 전환기를 맞이하게 된다.

죄는 비싼 대가를 요구한다. 하나님은 죄를 벌하셔야만 한다. 그러나 하나님의 자비는 결코 다함이 없다. 이런 것들이 예레미야애가 속에서 찾을 수 있는 주된 교훈들이다.

○ 예레미야애가 1장

죄는 지을 만한 가치가 있는 것인가?(Is sin worth it?) 죄는 우리를 풍성하게 해 줄 것이라고 약속한다. 그러나 결국에는 하나님이 우리에게 주신 좋은 것들을 훔쳐갈 뿐이다. 예루살렘은 평판이 좋은 공주였다. 그러나 외로운 과부와 종이 되었다(1-2절). 한때는 눈부신 명성을 누렸지만, 그 영광은 이제 사라져버렸다(6절). 남은 것은 기억들뿐이었고(7절), 그 기억들은 고통을 더 가중시킬 뿐이었다. 그녀는 하나님께 순종하는 멍에를 거부했다(렘 27-28장). 그러나 결국 적의 멍에를 메지 않을 수 없게 되었다(14절, 렘 5:5).

관심을 갖는 사람이 있는가?(Does anybody care?) 백성을 위로하는 사람이 아무도 없었다(2, 9, 16-17, 21절). 폐허를 본 사람들도 아무 염려하지 않았다(12

절). 그녀를 칭찬하던 친구들이 이제는 그녀를 멸시하는 적이 되었다(2, 8절). 하나님도 마치 적처럼 백성들을 대하셨다. 죄를 범하도록 우리를 부추기던 사람들은 우리가 고통당할 때 우리를 낙담시킬 것이다.

하나님께 이의를 제기할 수 있는 사람이 있는가?(Can anybody question God?) "여호와는 의로우시도다." 그러나 그의 백성들은 패역하였다(18, 20절). 이 장을 다시 읽으면서 그들의 죄를 설명하기 위해 사용된 단어들을 눈여겨보라. 예레미야는 그들에게 경고했다. 그러나 그들은 거짓 선지자들에게 귀를 기울였다(2:14, 4:13). 하나님은 거룩한 분이시다. 그리고 죄는 반드시 심판을 받아야 한다.

◆ 지나가는 사람들 ◆

예레미야애가 1장 12절은 때때로 십자가에 달리신 우리 주 예수 그리스도께 적용된다. 십자가 옆에 있었던 소수의 사람들을 제외하고는 아무도 주님을 동정하는 사람이 없었다. 그들은 주님을 조롱하면서 고통을 가중시켰다. 그러나 주님은 우리를 위해 고난을 받으셨다! 우리가 지은 죄에 대한 하나님의 진노를 당하셨다. 고난받는 사람들을 측은히 여기는가? 아니면 '피하여' 지나가는가(눅 10:25-37)?

○ 예레미야애가 2장

죄는 파멸을 불러온다(Sin brings destruction, 5-6, 8-9, 11, 22절, 렘 5:6, 10, 17). 역사는 바벨론을 적으로 기록하고 있지만, 예레미야는 하나님이 유다와 원수가 되셨다고 말했다(4-5절). 하나님이 예루살렘 성벽과 성곽(5, 8-9절)과 성전의 파괴(6-7절)를 지휘하셨고, 백성들을 파멸(10-12절)에 빠뜨리셨다. 바벨론은 그저 하나님이 사용하신 철퇴였을 뿐이었다(렘 51:20-23).

죄는 치욕을 불러온다(Sin brings disgrace, 15-16절). 지나가던 사람들은 아무런 위로도 하지 않았을 뿐 아니라(1:12), 오히려 예루살렘을 비웃고 조롱했다(15절). 적은 큰 승리를 자랑했지만, 그 영광을 하나님께 돌리지 않았다. 신실하게 남은 자들이 할 수 있는 것은 하나님의 목적을 신뢰하면서(17절) 그분의 자비를 구하며 부르짖는 것뿐이었다(18-20절).

○ 예레미야애가 3장

예레미야애가의 이 가운데 장에서 그의 슬픔과 기도는 전환기를 맞이한다. 자신을 바라보고 있는 동안(1-18절) 그는 어둡고 굽은 길 위에서 사자의 추격을 받고 있는 한 노인을 보았다. 그는 자신의 상태를 깊이 생각하면 할수록 점점 더 절망적으로 느껴졌다.

그러다가 그는 자신을 벗어나서 믿음으로 주님을 바라보았다(19-39절). 그리고 "오히려 소망이 있다"(21절)고 말할 수 있게 되었다. 그것은 하나님의 자비와 긍휼과 신실하심 때문이었다. "주께서 인생으로 고생하며 근심하게 하심이 본심이 아니시로다"(33절, 호 11:8-9). 그리고 "주께서 영원토록 버리지 않으실 것임이라"(31절). 하나님은 자신의 백성들을 징계하시는 것을 즐거워하지 않으신다. 그러나 사랑하는 아버지로서 징계하지 않을 수 없으신 것이다(잠 3:11-12).

마지막으로 예레미야는 백성들을 바라보았다(40-66절). 그리고 기도하며 죄를 자백할 것을 촉구했다. '눈물의 선지자'(48-49절)는 백성들에게 마음과 손을 하나님께 들어올리고, 용서와 자비를 구할 것을 간청했다.

하나님은 고난받는 하나님의 종을 위해 무엇을 하셨는가? "내가 주께 아뢴 날에 주께서 내게 가까이 하여 가라사대 두려워 말라 하셨나이다"(57절). 하나님 앞에서 기다리라(25-26절). 그러면 하나님이 그분의 말씀을 통해 말씀하실 것이다.

◆ 새날 ◆

만일 하나님의 긍휼이 '아침마다 새롭다'(애 3:23)면, 매일 그 주장을 할 수 있는 권리가 우리에게 있다. 아침마다 새날이 되게 하라. 그 전날 아무리 많은 실

> 수를 했다 해도 다시 시작하라. 하나님의 자비가 무궁하다면 매일 그 자비를 의지하라. 하나님은 신실하시다. 그리고 하나님의 신실하심은 멈추지 않을 것이다.

○ 예레미야애가 4장

죄가 가장 크게 파괴하는 것은 건물이 아니라 사람이다. 하나님의 백성들은 하나님께 금과 보석과 같았다(출 19:5). 그러나 이제 값싼 질그릇이 되었다. 사치품에 익숙했던 백성들이 필수품도 찾을 수 없게 되었다(5절). 건강했던 젊은 이들은 걸어다니는 시체처럼 되었고, 차라리 죽는 것이 더 나을 것처럼 되었다(7-9절). 자신과 다른 사람들을 값싸게 만들고 싶다면, 죄가 그것을 도와줄 것이다.

부모가 죄를 범할 때 종종 그렇듯이 어린아이들이 가장 큰 고통을 받았다(4, 10, 2:20). 그리고 그 모든 것은 지도자들이 하나님의 말씀을 거역하고 거짓 교사들의 말을 들었기 때문이었다(13절, 2:14). 여호수아에게 하신 하나님의 말씀은 지금도 동일하며(수 1:8), 하나님은 지금도 자신의 약속을 지키신다.

> "나는 죄를 적대시한다. 내게 발이 있는 한 죄를 발로 걷어찰 것이다. 그리고 주먹이 있는 한 죄와 싸울 것이다. 머리가 있는 한 머리로 박고, 이가 있는 한 물어뜯을 것이다. 내가 늙어 수족을 쓰지 못하고 이가 빠져 없게 된다면, 영광의 집에 이를 때까지 잇몸으로 죄를 씹어 지옥에 떨어뜨릴 것이다."
>
> 빌리 선데이(Billy Sunday)

예레미야애가 5장

기억(Remember). 4장에는 기도가 나오지 않았다. 그러나 이 장에서는 백성들이 하나님을 향해 기도하며, 그들이 경험한 징계를 묘사한다. 그들은 자유와 기쁨과 기업을 잃었고, 그저 살아남기 위해 값비싼 대가를 치르고 있었다. 그 모두가 조상들이 범한 죄 때문이었다. 하나님은 우리의 필요를 아신다. 그리고 우리를 잊지 않으실 것이다(사 49:14-18).

통치(Rule). 그들은 면류관을 잃었다(16절). 그러나 하나님이 여전히 보좌 위에 계신다(19절). 유다의 멸망은 바벨론의 거짓 신들의 승리가 아니었다! 아무리 절망적으로 느껴진다 해도, 현재 상황이 아무리 힘들다 해도 하나님이 여전히 우주를 다스리고 계신다. 그리고 우리를 버리지 않으실 것이다.

새로워지고 회복됨(Renew and restore). 하나님의 징계는 하나님이 우리를 사랑하시고 우리를 버리지 않으셨다는 사실을 보여주는 증거다(히 12:5-11). 하나님이 우리를 풀무에서 꺼내 다시 시작하게 해주실 날이 올 것이다. 하나님이 그분의 방법대로 하실 수 있게 해드린다면, 우리는 새로워지고 보다 나은 사람이 될 것이다.

에스겔

Ezekiel

예레미야가 유다에서 백성들을 섬기는 동안 에스겔은 바벨론에서 유배된 사람들을 섬기고 있었다. 에스겔은 기원전 597년에 있었던 제2차 바벨론 유수 때 포로로 잡혀갔다. 그리고 5년 후 하나님의 부르심을 받았다(기원전 592년). 예레미야처럼 그도 선지자로 부름받은 제사장이었고, 또 예레미야처럼 사람들의 주목을 끄는 행동으로 메시지를 전했다.

에스겔서는 (1) 하나님의 부르심을 받은 에스겔(1-3장), (2) 예루살렘에 대한 하나님의 심판(4-24장), (3) 열방들에 대한 하나님의 심판(25-32장), (4) 하나님의 백성들을 회복하시는 하나님(33-48장), 이렇게 네 부분으로 구성되어 있다.

에스겔의 예언은 하나님의 영광과 하나님 이름의 명예를 강조하고 있다. 에스겔서에서는 '나 주 여호와' 라는 말이 67번이나 나온다. 그리고 하나님은 자신의 거룩한 이름이 만홀히 여김을 받지 않으시도록, '하나님의 이름을 위하여' 일하시는 분으로 몇 번에 걸쳐 언급되고 있다. 유다 백성들이 하나님의 영광을 구했더라면 하나님은 그들이 적들에게 수치를 당하는 일이 일어나지 않게 하셨을 것이다.

○ 에스겔 1장

성전에서 섬기는 일을 시작할 수도 있었던 서른 살에(민 4:3) 에스겔은 바벨론에서 하나님의 선지자로 부르심을 받았다. 그는 포로로 이국 땅에 유배되어 있었다. 그러나 그렇다고 해서 그가 하늘이 열리고 하나님의 영광을 보는 데 방해받지는 않았다(계 1:9 이하).

그는 하나님의 섭리를 보았다(He saw God's providence, 1-21절). 에스겔이 본

이상은 하나님이 그분의 세계 안에서 어떻게 일하시는지를 보여주고 있다. 우리에게는 폭풍처럼 보이는 것이 하나님의 섭리를 보여주는 도구였다. 바퀴들이 바퀴들 안에서 돌아갔고, 생물들이 빛처럼 이리저리 움직였다. 우리가 그 모든 것을 다 이해할 수는 없다. 그러나 그렇다고 해서 하나님이 다스리실 수 없는 것은 아니다. 로마서 8장 28절은 지금도 여전히 변함없다!

그는 하나님의 보좌를 보았다(He saw God's throne, 22-27절). 폭풍과 바퀴들과 생물들과 창공보다 훨씬 더 높은 곳에 모든 것을 다스리시는 하나님의 보좌가 있었다. 느부갓네살이 모든 것을 통치하고 있는 것처럼 보였다. 그러나 하나님이 여전히 하나님의 보좌 위에 계셨다. "여호와께서 영영토록 왕으로 좌정하시도다"(시 29:10). 폭풍우가 닥칠 때 높이 들린 하나님의 보좌를 볼 수 있을 만큼 높이 바라보라.

그는 무지개를 보았다(He saw the rainbow, 28절). 폭풍우가 끝나면 보통 무지개를 볼 수 있다(창 9:8-17). 그런데 에스겔은 폭풍우 속에서 무지개를 보았고, 무지개는 보좌를 완전하게 에워싸고 있었다! 하나님의 은혜를 보여주는 상징인 무지개는 하나님이 우리와 함께하시며, 우리를 버리지 않으신다는 - 특히 폭풍우를 만날 때 우리를 버리지 않으신다는 - 사실을 확신시켜준다.

● 에스겔 2-3장

이상이 있은 후 목소리가 들렸다. 이상이 사라진 후에도 하나님의 말씀은 지속된다(벧후 1:16-21). 에스겔에게는 하나님을 성공적으로 섬길 수 있는 모든 자질들이 있었다.

그는 하나님의 영광을 보고 겸손하게 경배하며 엎드렸다(1:28). 하나님의 영광스러운 보좌를 보는 것 그 자체가 우리로 하여금 어려운 상황을 견딜 수 있게 해준다.

◆ 신실한 파수꾼 ◆

파수꾼이 된다는 것은 중대한 일이다. 왜냐하면 소중한 영혼들의 운명을 위험에 처하게 할 수 있기 때문이다(겔 3:16-21, 33:1-9). 파수꾼은 늘 깨어 있어야 하고, 경고하기를 두려워해서는 안 된다. 거짓 파수꾼들은 신실하지 않다(사 56:10-12). 그들은 심판 때에 자신들이 신실하지 않은 것에 대한 책임을 지게 될 것이다. 바울 사도는 "모든 사람의 피에 대하여 내가 깨끗하니 이는 내가 꺼리지 않고 하나님의 뜻을 다 너희에게 전하였음이라"(행 20:26-27)고 말할 수 있을 만큼 신실한 파수꾼이었다.

에스겔은 일어섰고 성령으로 충만해졌다. 그리고 하나님의 말씀을 들었다(2:1-5). 그는 말씀을 먹었다. 그것은 하나님의 말씀을 전하는 데 필요한 것을 그에게 채워주었다(2:6-3:3). 그 점에서 그는 예레미야(렘 15:16)와 요한(계 10:9)과 예수님(마 4:4)과 비슷하다.

그는 하나님의 뜻을 행하기 위해 얼굴을 굳게 했다(3:4-11, 사 50:7, 눅 9:51). 에스겔서에서 하나님은 몇 차례에 걸쳐 그에게 "얼굴을 굳게 하라"고 말씀하셨다. 에스겔은 자신을 강하게 하기 위해 하나님의 손을 의지했다(3:12-14). 그는 사람들과 함께 앉아 그들의 고통을 나누었다(3:15). 그리고 하나님의 말씀이 그에게 임하기를 인내하며 기다렸다(3:16-23).

하나님은 에스겔을 파수꾼으로 삼으시고, 전해야 할 메시지를 받을 때까지 조용히 집에 머물라고 말씀하셨다. 그의 고독과 침묵은 하나님의 말씀을 거부한 백성들에게 하나님이 진노하셨음을 보여주는 표시였다.

에스겔은 어려운 시기에 다루기 힘든 사람들과 함께, 어려운 일을 하도록 자신이 부르심을 받았다는 사실을 알았다. 그러나 그는 하나님께 순종했다. 물론 그는 자신이 파수꾼으로서 어떤 대가를 지불해야 하는지에 대해서는 거의 모르고 있었다. 그러나 그는 자신의 임무에 충실했다.

에스겔 4-5장

에스겔은 예루살렘을 향한 하나님의 심판을 선포하는 네 가지 행동으로 그의 사역을 시작했다. 첫째, 그는 성이 포위될 것을 보여주기 위해 '전쟁놀이'를 했다(4:1-3). 전철은 하나님과 하나님의 백성들을 가로막고 있는 장애를 나타내는 것이었다(애 3:43-44). 바벨론의 공격을 막을 수 있는 것은 아무것도 없을 것이다.

그런 다음 그는 몸을 돌릴 수 없도록 줄에 매인 상태로 390일은 좌편으로 누워 있었고, 40일은 우편으로 누워 있었다. 그날들은 이스라엘과 유다가 범죄한 햇수를 보여주는 것이었다. 그 기간 동안 하나님은 얼마나 참으셨고 얼마나 가슴 아프셨겠는가(6:9)!

그 14개월 열흘 동안 에스겔은 정해진 양의 음식과 물을 먹어야 했는데, 그것은 예루살렘에 남은 사람들이 먹게 될 음식을 보여주는 것이었다. 4장 14절과 사도행전 10장 14절을 비교해보라. 에스겔은 제사장으로 섬기지는 않았지만 여전히 제사장의 예법을 따랐다. 매일 그를 보는 사람들이 그의 이상한 행동에 대해 다른 사람들에게 이야기했을 것은 의심의 여지가 없다. 그리고 그것은 메시지가 퍼져나가는 데 도움이 되었을 것이다.

네 번째 행동은 머리털과 수염을 깎는 것이었는데, 유대인에게 그것은 대단한 희생이었다. 머리털은 기근과 칼에 죽임을 당하거나, 유배를 가게 될 예루살렘 사람들을 상징하는 것이었다(신 28:47-57). 그러나 남은 자들은 하나님이 보호하시고 구원하실 것이다.

하나님이 자신의 백성들에게 진노하신 이유는 무엇인가? 그것은 그들이 하나님의 규례를 어기고(5:6), 하나님의 성전을 더럽히며(5:11), 그들 주변에 있는 이방 나라들보다 더 가증스러운 악을 행했기 때문이었다(5:6-7). 그들은 하나님을 영화롭게 하지 않으면서 죄를 조장하는 일에 하나님이 주신 모든 복을 사용했다.

390년은 긴 세월이다! 그렇게 오래 참으실 수 있는 하나님이 그저 놀라울 뿐이다(벧후 3:1-9).

○ 에스겔 6-7장

폐허(Ruin, 6:1-7, 11-14). 행동으로 알리는 신호는 끝이 났다. 이제 선지자는 두 번의 설교를 한다. 사람들이 우상을 숭배하는 산들과 골짜기들에 심판이 임할 것이다. 모든 제단과 시설들이 파괴되고, 사람들도 살육을 당하게 될 것이다. 모든 것이 끝날 것이다!

회개(Repentance, 6:8-10). 하나님이 자비를 베푸셔서 하나님을 기억하고 그들의 죄를 회개할 자들을 남겨두실 것이다. 하나님의 마음을 찢어지게 하는 죄 앞에서 우리의 마음도 찢어져야 한다.

보응(Repayment, 7:1-27). 하나님이 "내가 보응하리라"고 네 차례(NKJV의 경우)나 말씀하셨다(7:3-4, 8-9, 참조 - 갈 6:6-8). 유다가 믿었던 모든 것들이 그들을 도와주지 않을 것이다. 돈(7:19)도, 우상들(7:20-22)도, 그들의 지도자들(7:23-27)도 모두 도움이 되지 않을 것이다.

끝이 될 것이다. "끝났도다!"(7:2, 3, 6) 그런즉 "그들이 나를 여호와인 줄 알리라"(7:27).

○ 에스겔 8장

8-11장은 하나님이 더럽혀진 성전(8장)과 죽임을 당한 백성들(9절)과 하나님의 집을 떠나는 하나님의 영광(10-11장)을 에스겔에게 이상으로 보여주신 내용으로 구성되어 있다. 그 이상에 부담을 느낀 에스겔은 기도하게 되었고(9:8), 하나님의 말씀을 전하기 위해 자신을 준비하였다(11:25). 하나님이 악한 세상을 심판하실 날이 올 것이다. 그 사실이 우리에게는 어떤 동기를 부여해주는가?

성전에서 일어난 일은 나라에서 일어나게 될 일을 암시하는 것이었다. 나라는 우상 숭배에 물들어 있었다. 문 어귀에는 우상들이 있었고, 내실 벽에는 우상을 숭배하는 그림들이 걸려 있었다. 남자 여자 할 것 없이 모두 노골적으로 우상을 숭배했다. 또 '방 안 어두운'(12절) 곳에서 우상을 숭배하는 사람들도 있었지만, 그들 역시 죄를 면할 수는 없었다. 죄가 한 사람의 인생이라는 문 어귀에 도달하게 되면 결국은 내실까지 침투해 접수하게 된다. 잠언 4장 23절을 묵상하라.

우상 숭배는 또 나라에 강포를 불러왔고(17절), 하나님의 집에서 하나님의 영광을 떠나게 만들었다(6절). 이 얼마나 비참한 죄의 대가인가!

◉ 에스겔 9장

하나님의 영광이 지성소에서 나와 성전을 떠나기 시작했다. "이가봇 - 영광이 떠났다"(삼상 4:19-22, 렘 7:1-15). 하나님의 영광이 떠난 성전은 그저 하나의 건물에 불과했고, 하나님이 함께하시지 않으면 우리 역시 다른 사람들과 다를 바 없다(출 33:12-16).

하나님의 심판은 하나님의 백성들로부터 시작되었다(6절, 벧전 4:17). 왜냐하면 큰 특권에는 큰 책임이 따르기 때문이다. 우리가 우리 죄를 심판하지 않으면 하나님이 심판하실 것이다(고전 11:31).

하나님은 진노 중에도 자비를 베푸시고, 하나님의 백성들이 범한 죄를 '슬퍼하며 탄식하는' 남은 자들을 구원하신다. 우리도 슬퍼하며 탄식하는가? 에스겔처럼 중보하며 하나님의 자비를 구하고 있는가?

◉ 에스겔 10장

보좌(The throne, 1절). 나라의 죄를 바라보고만 있다면 결국 크게 낙심하고 말 것이다. 선지자가 했던 것처럼 하라. 눈을 높이 들고 하나님의 보좌라는 새로운 비전을 바라보라(렘 17:12).

숯불(The fire, 2-17절). 제단의 숯불은 이사야를 깨끗하게 했다(사 6:6-7). 그러나 예루살렘에는 심판을 불러왔다. 제단은 죄가 대속되는 곳이다. 왜냐하면 그곳에서 죄가 심판을 받기 때문이다. 백성들이 하나님의 자비를 구하고, 하나님의 말씀에 순종했다면 숯불이 그들을 깨끗하게 했을 것이다. 그러나 무시무시한 심판 속에서도 하나님의 '바퀴들'은 여전히 돌아갔고, 하나님의 목적들은 이루어지고 있었다.

영광(The glory, 18-22절). 하나님은 자신의 영광을 우상들과 나누지 않으실 것이다(사 42:8). 따라서 하나님이 자신의 집을 버리셔야 했다. 하나님의 영광이 다시 떠날 준비를 하며 동쪽 성문에 머물렀다(11:22-23). 백성들이 순종하면서 하나님을 영화롭게 하지 않는다면, 그들은 심판을 받으면서 하나님을 영화롭게 하게 될 것이다.

◆ 성령 충만 ◆

구약 성경 당시에는 하나님의 신이 특별한 목적을 위해 일시적으로 사람들에게 임하셨다. 그러나 예수님은 성령이 그리스도의 교회와 영원히 함께하실 것이라고 약속하셨다(요 14:16). 하나님이 사울 왕에게서 하나님의 신을 떠나게 하셨고(삼상 16:14), 다윗은 하나님의 신이 자신에게서 떠나지 않으시도록 기도했다(시 51:11). 우리도 우리가 성령을 근심케 하지 않도록(엡 4:30), 성령께 거짓말을 하지 않도록(행 5장), 또는 성령을 소멸치 않도록(살전 5:19) 기도해야 한다. 그리고 하나님을 섬기며 살아가기 위해 매일 성령의 충만을 받아야 한다(엡 5:18 이하).

○ 에스겔 11장

가마솥(The caldron, 1-13절). 예루살렘의 지도자들은 두 가지 잘못을 범했다. 첫째, 그들은 유배가 끝났기 때문에 더 이상 끔찍한 일은 일어나지 않을 것이며, 예루살렘은 안전할 것이라는 잘못된 확신을 가지고 있었다. 두 번째 잘못은 자신들은 '좋은 고기'이고, 그들이 제거한 사람들은(9장 4절의 '탄식하며 우는 자들') 찌꺼기에 불과하다고 생각한 것이었다. 그들은 교만과 잘못된 확신으로 거만하게 되었다.

그러나 하나님은 다르게 말씀하신다. 제거된 사람들은 '좋은 고기'이고, 예루살렘의 지도자들은 찌꺼기라고 말씀하신다. 악한 사람들은 칼을 피해 도망쳤지만, 하나님이 변경에서 그들을 국문하실 것이다. 도망칠 수 있을 것처럼 보이는 때에 예루살렘 성은 하나님의 진노가 쏟아지는 가마솥이 될 것이다(24장).

성소(The sanctuary, 14-21절). 남은 자들은 그들의 성과 성전을 떠나 흩어지게 될 것이다. 그러나 하나님이 그들과 함께하실 것이다. 그리고 그들은 다시 모이게 되고, 새롭게 되며, 본토로 돌아오게 될 것이다. 그들에게는 언제나 소망이 있을 것이다.

영광(The glory, 22-25절). 하나님의 영광이 성에 머무르는 한 심판이 임할 수 없다. 따라서 영광이 감람산을 떠났다. 이 부분을 마태복음 23장 38절-24장 3절과 비교해보라.

우리가 우리의 행위와 성품 속에서 하나님의 영광을 가장 중요하게 여긴다면 하나님의 심판을 두려워할 필요가 없다.

○ 에스겔 12장

사람들의 눈과 귀가 영적으로 멀게 되면 하나님은 자신의 말씀을 전하시기 위해 별난 방법들을 사용하신다. 에스겔은 백성들에게 하나님의 심판이 임박했다는 사실을 경고하기 위해 두 가지 행동을 취했다. 그는 자신이 선포하는 메시지를 몸으로 실천했다.

그가 아침에 한 행동은 유배를 떠나기 위해 짐을 싸는 사람들을 보여주는 것이었고, 저녁에 한 행동은 도망치려는 시드기야 왕의 헛된 시도를 보여주는 것이었다. 하나님은 무슨 일이 일어날지 알고 계셨고, 아무도 하나님의 계획을 바꿀 수 없었다.

식탁에서 에스겔이 보인 행동은 최악은 다 지나갔다고 안심하는 사람들의 생각에도 불구하고, 그들이 겪게 될 공포를 보여주는 것이었다. 거짓 선지자들은 에스겔이나 예레미야 같은 선지자들에 대해 '불길한 일을 예언하는 사람들'이라고 말하며, 그들의 무시무시한 예언은 일어나지 않을 것이라고 주장했다. 그러나 하나님의 말씀은 결코 실패하지 않으며, 때가 되면 그 목적을 이루신다.

하나님은 에스겔에게 요구하셨던 것과 같은 이상한 행동을 우리에게 요구하시지는 않는다. 그러나 다른 사람들이 우리의 생활 방식을 보고 예수님이 다시 오셔서 세상을 심판하실 날이 오리라고 우리가 믿고 있음을 보여줄 수 있어야 한다(벧후 3:10-18). 당신의 삶은 하나님의 진리에 눈과 귀가 먼 사람들의 관심을 집중시킬 수 있는 설교가 되고 있는가?

에스겔 13장

거짓 선지자들(False prophets). 설교하는 사람들을 반대하는 설교를 하도록 부르심을 받은 사람을 상상해보라! 그 선지자들이 그렇게 위험한 이유는 무엇인가? 왜냐하면 그들은 자신들이 메시지를 만들었고, 하나님의 입에서 나온 메시지를 전하지 않았기 때문이었다. 그들은 양 떼를 신실하게 인도하는 목자가 아닌 찌꺼기를 먹고사는 여우들이었다. 영적으로 말해서 거짓 선지자들은 그들이 자초한 폐허 속에서 사는 종교적인 청소부였다.

거짓 평안(False peace). 예레미야 역시 거짓 평안을 경고했다(렘 6:14, 8:11). 그러나 백성들은 그 경고를 거부했다. 요나는 하나님을 피해 달아나면서도 폭풍우 속에서 잠을 잤다(욘 1:5). 우리의 감정을 믿는 확신과 하나님으로부터 오는 확신은 다른 것이다.

거짓 보호(False protection). 성벽이 아무리 강해 보여도 폭풍우를 견딜 수 없을 것이다. 하나님은 눈같이 희게 씻어주고 싶어하셨다(사 1:18). 그러나 거짓 선지자들은 희게 회칠을 했다. 대부분의 사람들은 거짓 선지자들이 하는 위로의 말에 기뻐했다. 그러나 '탄식하며 우는 자들'은 그들의 말에 근심했다(22절).

요한 사도는 "내 자녀들이 진리 안에서 행한다 함을 듣는 것보다 더 즐거움이 없도다"(요삼 4절)라고 말했다.

○ 에스겔 14장

예루살렘 성전 안에 있는 우상들을 보았던(8장) 선지자는 이제 바벨론에 있는 장로들의 마음속에 있는 우상들을 보았다(3, 4, 7절). 하나님은 그들을 유다에서 바벨론으로 유배시키심으로 그들을 징계하셨다. 그리고 자비를 베푸셔서 그들을 살려두셨다. 그러나 그 모든 일에도 불구하고 그들은 회개하지 않았다. 오히려 에스겔에게 물으며 영적인 사람들인 체했다. 그러나 하나님은 그들의 마음을 보시고 하나님의 종에게 진실을 말씀해주셨다(히 4:13).

◆ 예수님의 의 ◆

죄인들은 그들의 의로운 행위 때문이 아니라(딛 3:4-7), 세상의 구세주이시며, 하나님의 아들이신 예수 그리스도의 의 때문에 하나님의 영원한 진노로부터 구원받는다(사 53:6, 고후 5:21). 그뿐 아니라 그리스도는 지금도 하나님 보좌 우편에서 하나님의 백성들을 위해 중재하고 계신다(히 4:14-16, 요일 2:1-2). 그렇다고 해서 우리가 죄를 범해도 되는 것은 아니다. 다만 이 사실은 그리스도가 우리를 위해 십자가에서 하신 일과 지금 하늘에서 하고 계시는 일 때문에 우리의 미래가 안전하다는 것을 확신하는 격려로 삼아야 한다.

자비, 나를 위한 자비가 아직도 남아 있을까?
나의 하나님이 나를 참아주실 수 있을까?
죄인의 괴수 나를 살려주실 수 있을까?

거기 못 자국 난 두 손을 앞으로 내미시고
구세주가 나를 위해 서 계시네.
하나님은 사랑이시라!

예수님이 눈물을 흘리시며
여전히 나를 사랑하시는 것을
나는 알고 있네. 나는 느낄 수 있네.

— 찰스 웨슬리(Charles Wesley)

심판은 - 기근과 굶주린 짐승들과 전쟁과 역병(계 6:1-8)은 - 불가피했다. 노아는 가족들을 구했고(히 11:7), 다니엘은 친구들을 구했으며(단 2장), 욥은 세 친구를 위해 기도하고 그들을 구했다(욥 42:7-10). 그러나 그 누구의 중재로도 예루살렘이나 그 성 안에 있는 어떤 사람도 구할 수 없을 것이다. 사람의 의는 자기 자신을 구할 수 있을 뿐이다. 그 사람의 의로 다른 사람을 구할 수는 없을 것이다.

마음속에 품고 있는 죄는 삶 속에서 범죄로 나타나게 될 것이다. "그 마음의 생각이 어떠하면 그 위인도 그러한즉"(잠 23:7). 시편 139편 23-24절은 우리 모두에게 좋은 기도의 모범이다.

에스겔 15-16장

열매맺지 않음(Unfruitfulness, 15장). 포도나무는 이스라엘을 상징하는 것으로 잘 알려져 있다(시 80:8-13, 사 5:1-7). 포도나무는 열매를 수확하거나 아니면 땔감으로 쓰인다. 포도나무로 집을 짓는 사람은 없다. 왜냐하면 잘라서 모양을 만들기에 적절치 않기 때문이다. 나무가 열매를 맺지 않으면 그 나무는 쓸모가 없다. 그런데 에스겔 당시 하나님의 백성들이 그런 상태였다. 예수 그리스도를 믿는 믿음을 통해 하나님의 생명에 동참하고 있다면, 하나님의 영광을 위해 우리가 맺는 열매 속에서 그 생명이 드러나게 해야 한다.

신실하지 않음(Unfaithfulness, 16장). 이스라엘은 하나님의 은혜와 사랑 때문에 여호와의 아내가 될 수 있었다. 하나님이 그녀를 부르시고 구원해주셨을 때 그녀는 비참한 상태였다. 하나님이 그녀에게 선물을 듬뿍 주셨다. 그러니 그녀는 이방 나라들의 우상을 섬기면서 영적 간음을 행하는 데 그 선물들을 사용하였다. 그녀는 혼인 서약을 깨뜨린 부정한 아내였고, 다른 사람들을 이끌어 자신과 함께 범죄케 한 창기였다. 하나님이 소돔과 이스라엘(사마리아, 북 왕조)을 심판하셨다. 그러나 그것으로도 유다의 범죄를 단념시킬 수 없었다. 하나님이 진노하시고 백성들을 심판하신 것은 이상한 일이 아니었다.

로마서 7장 4절에서 바울 사도는 이 두 이미지를 신자들에게 적용했다. 우리는 "다른이 곧 죽은 자 가운데서 살아나신 이에게 가서 우리로 하나님을 위하여 열매를 맺히게 하려 함이니라." 예수 그리스도는 우리가 우리의 사랑을 그분과 나누며 순전한 마음으로 헌신하기를 바라신다(고후 11:2-3).

> "주님, 제가 쓸모없는 삶을 살지 않게 도와주십시오."
> 존 웨슬리(John Wesley)

○ 에스겔 17장

하나님은 관심을 불러일으키고 주목을 끌기 위해 우화를 사용하셨다. 예수님도 그와 같은 목적으로 비유를 사용하셨다(마 13:10-17).

큰 독수리(느부갓네살)가 예루살렘(레바논)으로 와서 백향목 높은 가지(여호야긴 왕)를 취하여 바벨론으로 가져갔다. 그러나 종자(시드기야 왕)를 남겨두었다. 그 종자는 낮게 자랐다. 시드기야는 바벨론에 충성하기로 약속했지만, 그 약속을 깨뜨리고(15, 16, 18절) 애굽에게 도움을 구하려 했다(7-8절, 렘 37장). 그 결과 바벨론 왕이 다시 와서 유다의 낮은 포도나무를 뽑아버렸다(9-10절).

백향목은 다윗 왕조를 나타내는 것이다. 하나님이 다윗 계보의 낮고 연한 가지(예수 그리스도)를 통해 하나님의 영광스러운 나라를 세우실 날이 올 것이다(사 11:1-9). 그러나 그리스도는 그 영광에 들어가시기 전에 먼저 세상 죄를 위해 고난을 받으셔야 했다.

"엎드려 절하세, 주 예수 그리스도께!"

○ 에스겔 18장

공평하지 못하다고 하나님을 비난한 적이 있었는가? 유대인들이 그랬다(25, 29-30절). 그리고 자신들의 그 주장을 뒷받침하기 위해 잘 알려진 잠언을 인용했다(2절, 렘 31:29-30). 선조들이 죄를 범했는데 왜 그 자손들이 고통을 받아야 하는가? 조상의 죄를 그 자손들에게 벌하시는 하나님은 불공평한 분이 아니신가?

그러나 하나님은 그렇게 하지 않으신다. 그리고 심판하시며 기뻐하는 분도 아니시다(23, 32절). 죄인들이 회개하기만 한다면 기꺼이 용서하실 것이다. 하나님은 조상들이 무엇을 했건 상관없이 각 개인을 그 사람이 한 일에 따라 심판하신다(4, 20절). 우리는 조상들의 의를 우리의 의로 주장할 수도 없고, 조상들의 죄 때문에 우리가 벌을 받을 수도 없다. 조상들의 죄로 인해 벌을 받는 경우가 있기는 있을 것이다. 그러나 그것은 다른 문제다(신 5:9).

무엇보다 가장 필요한 것은 그리스도를 믿는 믿음을 통해서만 올 수 있는 '새 마음과 새 영이다'(31절). "돌이켜 살라!" 이것이 오늘날 죄인들을 부르시는 하나님의 사랑의 음성이다. 중요한 것은 공평의 문제가 아니라 은혜라는 문제다.

◆ **죄에 대한 형벌** ◆

하나님은 죄가 없는 사람을 - 하나님의 아들의 경우를 제외하고는 - 벌하지 않으신다. 예수님은 십자가에서 우리 죄를 대신해 형벌을 받으셨다. 하나님은 악인의 죽음을 기뻐하지 않으신다. 그러나 "여호와께서 그로 상함을 받게 하시기를"(사 53:10) 원하셨는데, 그것은 "그리스도께서도 한번 죄를 위하여 죽으사 의인으로서 불의한 자를 대신하셨으니 이는 우리를 하나님 앞으로 인도하게"(벧전 3:18) 하기 위해서였다.

◉ 에스겔 19장

예레미야가 애가를 쓴 유일한 선지자는 아니다. 에스겔은 예루살렘이 함락되기 5년 전에 이 애가를 썼다. 그는 왕들의 운명에 관해 이야기하면서 이스라엘을 상징하는 익숙한 두 개의 이미지를 사용하였다.

암사자(The lioness, 1-9절). 사자는 왕을 상징하는 동물이고, 에스겔은 나라의 통치자들, 즉 애굽에서 죽은 여호아하스 왕(2-4절, 렘 22:11-12)과 눈을 잃고 바벨론으로 끌려간(렘 39장) 시드기야 왕(5-9절)에 대해 말하고 있다.

유다의 '사자 새끼들' 중 그 누구도 나라를 다스리지 못하게 되었는데, 그것은 그들이 하나님의 말씀을 거부했기 때문이었다.

포도나무(The vine, 10-14절). 이스라엘을 상징하는 이 이미지는 이미 몇 차례 사용되었다. 지금까지 선지자는 시드기야에 관해 이야기해왔다. 그러나 여기서는 시드기야에게 아름답고 무성한 포도나무가 동풍에 마르고(12, 17:10) 뽑힌 다음, 바벨론에 심겨지게 될 것이라고 말하고 있다. 그것으로 다윗의 가계가 끝나게 될 것이다. 다윗의 아들 예수 그리스도가 탄생하시기 전까지는(마 1:1, 눅 1:30-33) 왕의 홀이 될 수 있는 튼튼한 가지가 더 이상 나오지 않을 것이다! 유다가 대신 그 홀을 공급하게 될 것이다(창 49:8-10).

사람들은 대개의 경우 모든 것이 최악의 상태에 이른 후에야 최종 결정권이 하나님께 있으며, 하나님의 그 '최종 결정권'은 그분의 아들 예수 그리스도시라는 사실을(히 1:1-2) 기억한다.

● 에스겔 20장

역사(History, 1-32절). 유다의 장로들에게 보내는 메시지에서 에스겔은 조국의 역사를 되돌아보며 출애굽(1-9절)과 광야 시절(10-17절)과 가나안 정복(18-32절)을 언급하고 있다. 그 속에서 그는 두 가지 사실을 지적하고 있다. (1) 그들은 계속해서 하나님을 거역하는 죄를 범하였고(8, 13, 21절), (2) 하나님은 하나님 자신의 이름을 위해 자신의 일들을 행하셨다(9, 14, 22절). 하나님은 그들을 쉽게 멸하실 수도 있었다. 그러나 그렇게 한다면 이방 나라들이 이스라엘의 하나님을 어떻게 생각하겠는가?

◆ **하나님의 이름을 높이라** ◆

하나님은 하나님의 이름을 위해 우리의 죄를 용서하시고(요일 2:12), 우리를 인도하시며(시 23:3, 31:3), 우리를 선대하시고(시 109:21), 우리를 살리신다(시 143:11). 우리는 하나님의 이름을 위해 하나님을 섬기고(요삼 7절, 계 2:3), 하나님을 위해 희생하며(마 19:29), 기꺼이 핍박을 받아야 한다(마 10:22, 24:9). 그 모두는 하나님의 이름을 높이고 하나님께 영광을 돌리기 위한 것이 되어야 한다(고전 10:31).

하나님의 뜻을 계속 거역하는 것은 매우 위험하다. 하나님은 오래 참으신다. 그러나 우리는 하나님의 오래 참으심을 당연한 것으로 받아들여서는 결코 안 된다. 하나님이 자신의 이름을 위해 거역하는 그 백성들을 징계하실 것이다. 하나님의 명령에 순종하면서 하나님을 영화롭게 하지 않는다면, 결국 우리는 하나님의 징계에 굴복하면서 하나님께 영광을 돌리지 않을 수 없게 될 것이다(히 12장).

소망(Hope, 33-49절). 하나님은 우리를 회복시키기 위해 우리를 징계하신다. 그래서 언제나 희망이 있다. "내가… 하리라"고 반복해서 말씀하시는 것은 하나님이 우리를 대적하시는 것이 아니라, 우리를 위해 일하고 계신다는 사실을 확신시켜주는 것이다. "내가 너희의 악한 길과 더러운 행위대로 하지 아니하고 내 이름을 위하여 행한 후에야 너희가 나를 여호와인 줄 알리라"(44절).

○ 에스겔 21장

예레미야는 바벨론을 하나님의 철퇴라 불렀고(렘 51:20-23), 에스겔은 바벨론을 하나님의 칼이라 불렀다(이 장에서는 칼이라는 단어가 12번 이상 사용되었다). 하나님이 칼집에서 칼을 빼시고(1-7절) 날카롭게 마광하신(8-17절) 다음, 예루살렘(18-27절)과 암몬(28-32절)을 향해 휘두르셨다. 암몬은 바벨론과 맞서기 위해 유다와 동맹을 맺었고 때문에 침략을 당하지 않았지만, 결국은 심판을 받게 될 것이다.

하나님은 자신의 목적을 이루시기 위해 믿지 않는 사람들을 사용하신다. 그리고 그들이 내린 결정들을 뒤엎으실 수도 있다(18-23절, 잠 16:33). 하나님의 백성들은 하나님의 선포된 뜻에 순종하지 않았다. 그러나 이방 나라들은 하나님의 뜻에 순종하면서도 자신들이 하나님의 뜻을 따르고 있다는 사실을 깨닫지 못했다. 이 얼마나 기이한 일인가!

이 메시지에 대한 선지자의 반응은 사람들의 주목을 끌었다. 왜냐하면 그가 탄식하며(6-7절) 슬피 울었기 때문이었다(12절). 다가오는 하나님의 심판을 알리는 메시지에 우리는 어떤 반응을 보이는가(벧후 3:10-18)?

○ 에스겔 22장

이 장에서는 네 개의 형상이 두드러지게 나타나 있다.

법정(The court, 1-16절). 선지자는 지도자들과 백성들이 모두 하나님의 율법을 어긴 죄를 입증하며 유다의 죄를 고발하는 검사가 되었다.

풀무(The furnace, 17-22절). 바벨론 군대가 예루살렘을 에워쌀 때 예루살렘은 실제로 풀무처럼 될 것이다. 그러나 도성 안에는 좋은 금속이 하나도 없었다. 모두 찌꺼기뿐이었다. 죄 때문에 나라의 값이 형편없이 깎이게 되었다.

혼란(The jungle, 23-27절). 선지자들은 사자처럼 되었고, 통치자들은 이리처럼 되었다. 그들은 자신들이 원하는 것을 얻기 위해 백성들을 위협하고 있었다. 제사장들은 동물처럼 거룩한 것과 부정한 것을 구별하지 않았다(마 7:6).

성벽(The wall, 28-31절). 선지자들은 거짓 이상과 메시지로 나라의 죄를 호도하고 나라의 잘못을 덮으려 했다(겔 13장 참조). 하나님은 강한 성벽을 쌓을 수 있을 뿐 아니라, 위험한 때에 갈라진 틈을 메우고 서서 직접 성벽이 될 수 있는 사람들을 지금도 찾고 계신다.

◆ **갈라진 틈을 메우는 사람들** ◆

이스라엘의 역사 속에서 하나님은 갈라진 틈을 메우고 서서 심판을 막아낼 수 있는 사람들을 일으켜 세우셨다. 모세와 비느하스(시 106:23, 30)와 요셉(시 105:17)과 사무엘(삼상 3장)이 그런 사람들이었다. 백성들이 예레미야가 전한 메시지에 귀를 기울였더라면 하나님은 그들을 용서하셨을 것이다. 그러나 그들은 순종하려 하지 않았다. 하나님은 지금도 옳은 일을 위해 홀로 설 수 있는 용기를 가진 사람들을 필요로 하신다.

에스겔 23장

유다는 여호와와 혼인한 나라이기 때문에 그들이 우상을 섬기는 것은 간통을 행하는 것과 같은 일이었다. 그런데 그들은 이방의 신들을 섬기며 매춘과 간음을 행했다. 그 때문에 하나님은 자신의 백성들을 심판하셨다.

오홀라('그녀의 장막')는 북 왕조 사마리아를 뜻하고, 오홀리바('내 장막이 그녀 안에 있다')는 남 왕조 유다를 뜻한다. 사마리아인들은 자신들의 종교를 만들었다. 그러나 하나님은 유다에 거하셨다. 그것은 다윗과 맺은 하나님의 언약 때문이었다. 그들이 하나님의 전에서 행한 일들은 하나님을 크게 근심케 했다(36-39절, 고전 6:19-20). 기원전 722년 앗수르가 사마리아인들을 포로로 잡아가게 하심으로써 사마리아를 심판하셨다. 그러나 유다는 사마리아의 멸망을 보고도 교훈을 얻지 못하고 계속 죄를 범했다. 그래서 하나님이 그들도 심판하셔야 했다.

하나님이 다른 사람들을 심판하시는 것을 보고 "저런 일이 나에게는 절대 일어나지 않을 거야! 나는 죄를 지어도 무사할 거야"라고 말하지 말라. 하나님은 우리가 회개하기를 기다리신다. 그러나 우리가 하나님의 인내를 시험하려 해서는 안 된다(전 8:11). 결국 죄의 벌을 받게 될 것이다. 그리고 하나님이 주님이시라는 사실을 생생하게 배우게 될 것이다(49절). 하나님은 자신의 신부에게 온전한 헌신을 원하신다(고후 11:1-4, 약 4:1-10).

에스겔 24장

도시의 죽음(The death of a city). 에스겔은 먼 나라 바벨론에 가 있었다. 그러나 그는 예루살렘에서 무슨 일이 일어나고 있는지 알고 있었다(암 3:7, 요 15:15). 가마의 비유(11:3)는 도시의 악을 보여주는 것이었다. 심판의 불이 점점 뜨거워지는 동안에 오직 거품만 일었다. 그리고 가마와 그 안에 있는 모든 것이 다 소멸되었다. 느부갓네살이 예루살렘을 포위하기 시작한 날은 기원전 588년 1월 15일이었다.

아내의 죽음(The death of a wife). 에스겔은 사역하는 동안 자신이 전하는 설교를 행동으로 보여주며 그에 따르는 대가를 지불해야 했다(12장). 그러나 이번의 경우처럼 그렇게 큰 희생을 요구한 적은 없었다. 우리의 삶은 우리가 전할 수 있는 가장 위대한 설교다. 예루살렘 성은 유대인들의 기쁨이었다. 그러나 그 성이 묻히게 될 것이다. 그것은 그들이 받아 마땅한 결과였다. 에스겔이 여러 해 동안 유다 백성들이 사랑하는 도성이 멸망하게 될 것이라고 말해온 것처럼, 아침에 그의 아내가 죽게 될 것이라고 사람들에게 말했다. 그리고 저녁에 그 말대로 아내가 죽었다.

만일 백성들이 슬퍼하고자 했다면 그들은 자신들의 도성과 성전을 잃게 된 것 때문이 아니라, 자신들의 죄 때문에 슬퍼해야 했다. 그러나 이미 너무 늦었다. 그들은 "너희는 여호와를 만날 만한 때에 찾으라"(사 55:6)고 한 조언에 귀를 기울였어야 했다.

에스겔 25장

하나님의 심판은 하나님의 백성들로부터 먼저 시작된다(겔 9:6). 하나님의 백성들이 그들의 죄 때문에 심판을 받는다면, 하나님을 알지 못하는 사람들에게는 어떤 일이 벌어질 것인가(벧전 4:17-18)?

25-32장에서 에스겔은 유다를 둘러싸고 있는 이방 나라들에 대한 하나님의 심판을 묘사했다. 유대인들은 하나님의 사랑과 율법을 저버리는 죄를 범했다.

그러나 이방 나라들은 하나님의 백성들을 대적하는 죄를 범했다. '그러므로' 라는 말이 반복해서 나오는 것에 주목하라. 하나님의 심판은 정당한 것이다.

암몬 족속은 유다가 멸망하고 그 백성들이 포로로 잡혀가는 것을 보고 기뻐했다(1-7절). 그래서 하나님은 그들을 멸하실 것이라고 약속하셨다. 모압(8-11절)은 유대인들도 다른 나라와 다를 바 없다고 말했다(20:32). 그것은 그들이 여호와를 경외하지 않는다는 의미였다. 그들은 여호와를 다른 나라들이 섬기는 우상들과 같을 뿐이라고 생각했다(시 115편 참조)!

에돔 족속(12-14절)은 그들의 친척인 유다를 돕는 대신 바벨론을 도왔다(시 137:7, 옵 11-14절). 블레셋은 과거의 빚을 갚고, 하나님의 백성들에 대한 미움을 분출할 수 있는 기회를 엿보았다.

유다가 죄를 짓기는 했지만 그들은 여전히 하나님의 백성들이었다. 하나님이 그들이 지은 죄를 변호해주지는 않으실 것이다. 그러나 그들을 지키시고, 하나님의 허락 없이는 그 누구도 손대지 못하게 하실 것이다. 인간의 복수는 미움에서 나오는 반면, 하나님의 징계는 하나님의 사랑에서 나온다. 때문에 다윗은 사무엘하 24장 14절과 같이 기도했던 것이다.

◆ "이 사람을 회복시켜주십시오" ◆

다른 신자들이 하나님의 징계를 받고 있거나, 그들이 범한 죄에 대한 대가를 치르고 있을 때 당신은 그들을 향해 어떤 자세를 취하는가? 그들을 위해 기도하면서 그들이 하나님을 찾고, 하나님의 뜻을 따를 수 있도록 격려하는가? 아니면 그들의 고통을 가중시키는가? 갈라디아서 6장 1-5절, 히브리서 12장 12-17절, 마태복음 7장 12절을 묵상하라.

● 에스겔 26-28장

부유하고 교만한 두로와 시돈에 대한 심판이 이 세 장의 주제이며, 그림을 보여주듯 생생하게 묘사되어 있다.

말갛게 된 반석(The scraping of a rock, 26장). 두로는 난공불락의 견고한 도시처럼 보였다. 그러나 느부갓네살이 그 도시를 포위했고, 알렉산더 대왕이 기원전 332년에 완전히 멸망시켰다. 두로는 물고기 그물을 말리는 곳에 불과한 말간 반석이 될 것이다(4, 14절). 교만한 도시에 얼마나 잘 어울리는 심판인가!

침몰한 배(The sinking of a ship, 27장). 에스겔은 두로를 모든 나라와 교역하며 부를 축적하고 재물을 쌓는 아름답고 값비싼 배로 묘사했다. 그러나 그 배가 깨지고 가라앉게 될 것이다. 그리고 모든 상인들이 큰 재물을 잃고 슬퍼하게 될 것이다. 탐욕에 얼마나 잘 어울리는 심판인가!

폐위된 왕(The dethroning of a king, 28장). 두로의 왕은 자신을 신이라 생각했다. 그리고 그의 마음은 교만으로 부풀어 있었다. 그것은 분명 사탄이 야기한 일이었다(창 3:5). 실제로 11-19절에서 하나님은 사탄을 향해 말씀하셨을 것이다. 왜냐하면 그 묘사가 사탄과 잘 맞아떨어지기 때문이다. 교만이 그를 추켜세웠다. 그러나 하나님이 그를 내던지셨다. 하나님의 자리를 취하려는 그의 교만한 시도에 얼마나 잘 어울리는 심판인가!

○ 에스겔 29-32장

이 네 장은 유대인들이 하나님 대신 신뢰했던 나라, 애굽에 초점을 맞추고 있다(사 30:1-7, 31:1-3). 에스겔은 애굽이 받을 심판을 네 가지 모습으로 자세하게 설명하고 있다.

포획된 괴물(The capturing of a monster, 29장). 애굽 왕은 자신을 강을 지키는 큰 괴물이라 생각했다. 그러나 하나님은 그를 강가에 있는 약한 갈대에 불과하다고 말씀하셨다(29:6-7). 하나님이 괴물을 잡으실 것이다. 그리고 나일 강의 주인은 하나님이시며, 하나님이 원하시는 대로 그 강을 다루실 수 있다는 사실을 바로에게 보여주실 것이다. 바벨론 군대가 쳐들어와 애굽을 약탈할 것이며, 바로는 그들을 멈추게 할 수 없을 것이다.

부러진 팔(The breaking of arms, 30장). 하나님이 바로의 팔을 부러뜨리시고 낫지 않게 하실 것이다. 그러나 느부갓네살의 팔을 강하게 하시고, 그가 애굽과 애굽의 많은 동맹국들을 쳐서 이기게 하실 것이다. 하나님의 백성들이 더 이상 애굽에게 도움을 구하려 하지 않게 될 것이다.

쓰러진 큰 나무(The cutting down of a great tree, 31장). 이 메시지는 애굽은 파괴될 수 없을 것이라 생각하는 바로를 향한 것이었다. 앗수르 역시 한때 그런 생각을 했었다. 그러나 하나님이 그들에게 어떻게 하셨는지 보라. 하나님이 바로의 교만을 책망하시고, 그의 나라를 무너뜨려 지옥에 내던지실 것이다(15, 17절).

덫에 걸린 동물(The trapping of animals, 32장). 애굽은 젊은 사자처럼 강하고 활동적이었다. 그러나 하나님의 덫에 걸려 그 지역의 다른 모든 강한 나라들과 함께 깊은 구덩이에 빠지게 될 것이다.

하나님이 온 나라를 그 기뻐하시는 대로 다스리시는 통치자이시며 왕이시라는 사실을 기억하라. 하나님이 하시는 일에는 위대한 목적이 있다. 그것은 하나님이 여호와이신 줄 모두 나라들이 알게 되는 것이다(29:6, 9, 30:8, 19, 26). 따라서 나라들과 통치자들이 자신들을 신이라 생각하기 시작할 때 하나님은 그들에게 하나님만이 모든 땅의 하나님이시라는 사실을 가르쳐주셔야 한다. 느부갓네살 역시 이 교훈을 배우지 않을 수 없었다(단 4장).

에스겔 33장

경고하시는 하나님(God warns, 1-11절). 하나님이 에스겔을 파수꾼으로 세우셨다(3:16 이하). 이제 백성들이 각각 그들의 파수꾼들을 세워야 한다. 핵심이 되는 세 단어는 칼, 나팔, 피다. 칼이 오는 것을 보면 나팔을 불어 사람들에게 경고해야 한다. 그렇지 않으면 그들의 피에 대한 책임을 파수꾼이 지게 될 것이다(행 20:26-27, 참조 - 잠 24:10-12).

공평하신 하나님(God is fair, 12-20절). 에스겔이 그분의 백성들을 심판하시는 하나님의 공평하심을 변호하고 있는 18장을 복습하라. 이 경고는 회개를 촉구하는 탄원이다. 왜냐하면 하나님은 우리 각자가 통회하는 마음을 갖기 원하시기 때문이다(시 51:17). 우리가 하나님을 판단해서는 안 된다. 대신 하나님이 우리를 판단하시도록 해드려야 한다(참조 - 미 7:18-19, 히 10:11-18).

심판하시는 하나님(God judges, 21-29절). 선지자는 메시지를 전달할 때를 제외하고는 7년 동안 침묵해왔다(3:26). 예루살렘에 대한 그의 예언이 성취된 후에 그는 일상적인 대화를 다시 할 수 있게 되었다. 그러나 그가 한 첫 번째 이야기는 나라의 죄에 관한 것이었다! 하나님의 율법 앞에서 유죄 선고를 받은 사람들이 어떻게 하나님을 불공평하다고 말할 수 있는 것인가?

마음을 보시는 하나님(God sees the heart, 30-33절). 파수꾼의 경고를 '아주 아름다운 노래'라고 말하는 사람들을 상상해보라! 그들은 하나님의 말씀을 진지하게 받아들이지 않았다. 그랬더라면 그들은 순종했을 것이다(약 1:21-27). 설교자를 칭찬하는 것과 주님께 순종하는 것은 별개의 일이다(참조 - 사 29:13, 마 15:8-9).

에스겔 34장

파수꾼은 위험한 시기에 백성들을 섬긴다. 그러나 목자는 매일 그들을 보살핀다. 그리고 우리에게는 파수꾼과 목자 둘 다 필요하다. 정치적, 종교적 지도자들에게는 백성들을 먹이고, 그들을 연합시키며, 적으로부터 그들을 보호하면서 나라를 보살펴야 할 의무가 있다. 그러나 이스라엘의 지도자들은 자신들의 배를 불리기 위해 양 떼를 착취하였고, 그들을 흩어지게 했으며, 위험으로부터 그들을 보호해주지 않았다. 사도행전 20장에서 신실한 목자의 본보기를 보여주고 있는 바울의 모습을 살펴보라.

하나님이 자신의 백성들을 찾아 그들의 본토로 돌려보내시고, 친히 그들의 목자가 되시는 날이 올 것이다. 이 장에서 "내가… 하리라"고 하신 말씀에 주목하고, 그 말씀이 오늘 우리에게 어떤 확신을 주는지 확인해보라.

지금 예수 그리스도가 양 떼의 목자장이 되셔서(히 13:20-21) 자신의 양 떼를 돌보신다. 마른땅에 '복된 장마비'를 내리시고 마른땅을 초원이 되게 하신다(26, 29절). 주님이 다스리실 때 나타나는 놀라운 변화다!

에스겔 35장

하나님은 야곱에게 복을 선포하셨다. 그러나 야곱의 형 에서의 자손 에돔에게는 심판을 선포하셨다(25:12-14). 오늘날에도 에돔 족속이 저질렀던 것과 같은 죄가 여전히 행해지고 있다.

원한(Hatred, 5절). 그들의 원한은 창세기 27장으로까지 거슬러 올라간다. 그들은 용서하지도 않았고, 잊지도 않았다. 형제가 연합하여 동거하지 못하는 것은 얼마나 큰 비극인가(시 133편)!

◆ 원한 ◆

어머니들이 아기들을 키우는 것처럼 그렇게 원한을 키우는 사람들이 있다. 그들은 원한을 사랑하고, 소중히 여기며, 그것 없이는 살아가지 못한다. 그러나 그들은 그 원한이라는 아이가 자라서 그들을 공격하고 멸망시킬 수도 있다는 사실을 까맣게 잊고 있다. 원한은 그 원한을 키우면서 그것으로부터 얼마나 큰 기쁨을 얻을 수 있건 간에 대단히 많은 비용을 치르게 한다. 마태복음 5장 21-26절과 43-48절을 묵상하라.

분노와 질투(Anger and envy, 11절). 미워하는 사람들이 성공하면 그들을 질투하고 분노하게 된다. 에돔 족속은 예루살렘을 유린하는 바벨론을 도우며 그들의 분노를 드러냈다(옵 10-14절). 다른 사람들이 성공하면 그들을 질투하고, 그들이 실패할 때 은근히 즐거워하는가? 그렇다면 원한을 품고 있는 것일 수 있다. 조심하라! 원수에게 내리기 원하는 심판이 당신에게 내릴 수도 있다(15절)!

교만(Pride, 12절). 에돔 족속은 바위로 둘러싸여 있는 자신들의 안전을 자랑했다(옵 1-4절). 그러나 하나님이 그들을 낮추시고 수치를 당하게 하실 것이다(렘

49장). 하나님은 여전히 교만한 사람을 - 나라이건 개인이건 - 물리치신다. 그러나 겸손한 사람들에게는 은혜를 베푸신다(벧전 5:5).

● 에스겔 36장

이 장에서부터 선지자는 땅에 다시 사람들이 살고, 성전이 재건되며, 나라에 하나님의 영광이 회복되는 일에 초점을 맞추고 있다.

하나님이 황폐한 땅을 다시 기경하시는 은혜를 베푸실 것이다(33-36절). 그리고 흩어진 하나님의 백성들을 다시 모으시고(24절), 더러워진 것을 깨끗하게 하실 것이다(25-29절). 백성들이 당한 수치를 제거하시고, 하나님의 이름이 큰 영광을 받게 하실 것이다(20-23절). 하나님은 "내가 너희와 함께 하리니"(9절)라고 말씀하신다. "하나님이 우리를 위하시면 누가 우리를 대적"(롬 8:31)할 수 있겠는가?

완고하게 죄를 고집하는 사람들에게는 미래가 없다. 그러나 죄를 자백하고 버리는 사람들은 언제나 자비를 베푸시는 하나님을 만날 수 있다(잠 28:13).

◆ 죄를 자백함 ◆

죄를 인정하는 것과 죄를 자백하는 것은 상당히 다른 것이다. 우리가 하나님께 우리의 죄를 진심으로 자백할 때 우리는 그 죄를 혐오하고 버리는 것이다. 죄에 대한 기억마저도 우리를 당황하게 만든다(겔 36:31, 참조 - 6:9). 죄에 대한 기억이 즐겁게 느껴지고 때때로 '그 맛'(시 10:7)을 즐긴다면, 그 죄를 정말로 하나님께 자백한 것이 아니다. 거짓 자백은 자백하지 않은 것보다 더 해롭다.

● 에스겔 37장

부활(Resurrection, 1-14절). 나라는 마치 사막에 버려진 해골들처럼 소망이 없어 보였다. 그러나 하나님은 하나님의 말씀(4, 7절)과 하나님의 신(14절, '신'으로 번역된 히브리어는 '영'을 뜻하기도 한다)을 통해 생명을 주실 수 있다. 이스라엘이 영적으로 부활하고, 그들의 하나님을 알게 될 날이 올 것이다.

화해(Reconciliation, 15-28절). 죽은 나라가 다시 살아날 뿐 아니라 나뉘었던 나라가 평화 협정을 통해 연합하게 될 것이다. '에브라임'이나 '유다'는 더 이상 존재하지 않을 것이다. 한 왕과 하나의 성전이 있는 하나의 나라가 될 것이다.

에베소서 2장에 의하면 하나님은 지금도 그 일을 하고 계신다. 죄인들을 죽음에서 살리시고(엡 2:1-10), 유대인과 이방인을 한 성전 안에서 하나가 되게 하신다(엡 2:11-22). 이 영적인 기적은 우리가 성령 안에서 생명을 주시는 하나님의 말씀을 다른 사람들에게 전할 때 일어난다.

> ◆ 생기 ◆
>
> 하나님이 사람을 지으시고 하나님의 생기를 그에게 불어넣으셨다(창 2:7). 그리고 말씀이 기록되었을 때 그 말씀에 생기를 불어넣으셨다(딤후 3:16). 또 제자들에게 사역의 능력을 부여해주시기 위해 하나님의 생기를 불어넣으셨다(요 20:22). 하나님의 생기가 그분의 선택된 백성들을 엄습하고, 그들을 새로운 나라로 만들게 될 날이 올 것이다. 그때까지 하나님은 그분의 교회에 '부흥의 바람'을 보내고 싶어하신다. 만일 우리가 하나님의 말씀을 따르고, 기도하며, 하나님의 성령을 의지한다면 그렇게 하실 것이다.

● 에스겔 38-39장

하나님의 백성들은 하나님의 나라가 이루어지는 그날까지 적을 피할 수 없을 것이다. 이 두 장은 이스라엘 백성들이 그들의 땅에서 평화를 누리고 있을 때(38:14) 이방 나라들이 동맹을 맺고 이스라엘을 공격하는 끝 날을 묘사하고 있다(38:16). 하나님이 지진(38:19-20)과 폭풍우(38:22)와 적들이 서로를 죽이기 시작하는 혼란(38:21)으로 그 침략자들을 퇴각시키실 것이다.

하나님이 그렇게 하시는 이유는 무엇인가? 하나님이 여호와이시며(39:6) 하나님의 이름이 거룩하시다는 것을(39:7) 그들에게 알리시려는 것이다. 그리고 그렇게 하심으로 이스라엘도 하나님이 그들의 하나님이신 것을 알게 될 것이다 (39:21 이하). 하나님이 그들을 벌하심으로 하나님의 얼굴을 가리셨다(23-24절). 그러나 이제 그들에게 하나님을 드러내실 것이다. 그리고 그들은 하나님의 신을 받게 될 것이다(29절).

하나님의 백성들을 위해 모든 적이 다 패하고, 모든 죄가 다 씻겨나가며, 모든 신자들이 그 아들의 영광스러운 통치에 동참하는 날이 올 것이다. 그 얼마나 영광스러운 날이 될 것인가!

에스겔 40-43장

예루살렘 성과 성전은 파괴되었고, 땅은 바벨론에 점령당했으며, 백성들은 흩어지거나 포로로 끌려갔다. 좋은 소식을 기대할 때가 아니었다. 그러나 에스겔은 하나님의 백성들이 환난 때에 언제나 가져야 할 자세를 취했다. 그는 하나님이 계획하신 영광스러운 미래를 내다보았다. 흩어진 백성들이 다시 모이고, 부정한 백성들이 다시 정결케 될 날이 올 것이다. 땅은 다시 열매를 맺고 아름답게 될 것이다. 그리고 새 도성과 새 성전과 거룩하게 하나님을 섬기는 새 제사장이 세워지게 될 것이다.

영광스러운 땅과 선전에 대한 이 이상은 백성들이 그들의 죄를 회개할 수 있도록(43:10) 그들에게 선포되어야 했다(40:4). 오늘날 우리는 그 일들의 중요성을 잘 알지 못한다. 그러나 이스라엘은 그날에 그 모든 것을 이해하고, 그 이해를 통해 그들의 삶이 변화될 것이다.

영광스러운 미래에 대한 확신은 고난 속에서 하나님의 백성들을 떠받쳐주는 힘이 된다(요 17:22-24, 벧전 1:1-9). 나아가 거룩한 삶을 살도록 격려해주는 것이 되어야 한다(NKJV의 경우, 에스겔 41-48장에서는 '거룩'이라는 단어가 35번이나 사용되었다). 그리스도인들에게 천국은 그들이 가야 할 목적지일 뿐 아니라 동기다. 천국에 가게 될 것을 알고 있다면 그것을 모르고 있었을 때와는 다른 삶을 살아야 한다.

성전은 제사와 찬양을 드리는 곳이 될 것이다. 그리고 하나님의 영광이 거하는 곳이 될 것이다(43:1-5). 에스겔은 영광이 옛 성전에서 어떻게 떠나갔는지를 앞에서 설명했다(11:22-23). 그러나 여기서는 그 영광이 어떻게 돌아와 성전을 채우게 될 것인지를 묘사하고 있다(43:1-5, 44:4). 하나님이 함께하시지 않는다면 성전의 아름다움과 위엄은 아무것도 아니다.

오늘날은 하나님의 백성들(고전 6:19-20)과 하나님의 교회(엡 2:19-22)가 하나님의 성전이다. 하나님이 예루살렘에 있는 성전을 위해 아름다운 계획을 가지고 계셨듯이, 하나님의 백성 한 사람 한 사람(엡 2:10)과 하나님의 교회 전체를 위해서도 아름다운 계획을 가지고 계신다. 우리는 하나님께만 헌신된 거룩한 성전이 되어야 한다. 그리고 우리는 하나님의 영광을 빛내야 한다.

○ 에스겔 44-46장

새 성전에서 섬길 사람이 있어야 했다. 그래서 하나님이 에스겔에게 레위인과 제사장들과 하나님이 원하시는 예배 예절에 관한 것들을 지시해주셨다. '내 성소, 내 떡, 내 언약, 내 성물' 등등 '나의'라는 말이 강조되어 있음을 주목하라. 성전이 파괴된 한 이유는 제사장들과 레위인들이 성전이 하나님의 집이라는 사실을 망각하고 성전에서 그들이 원하는 대로 행했기 때문이었다.

◆ 미래의 제사 ◆

예수 그리스도가 그 몸을 드려 구약 성경이 요구하는 모든 제사를 단번에 다 성취하셨는데(히 10:1-18), 왜 하나님이 미래의 성전 예배에서 그 제사들을 다시 복원시키려 하시는 것인가? 죄를 해결하기 위한 목적 때문은 아닐 것이다. 왜냐하면 그리스도의 희생으로 단번에 그리고 영구적으로 그 문제가 해결되었기 때

> 문이다. 그리고 황소나 염소의 피로는 결코 죄를 씻어낼 수 없기 때문이다(히 10:1-4). 이 미래의 제사들은 오늘날 성찬처럼 예수님이 하신 일을 기념하기 위한 것일 것이다. 그 제사들은 유대인들에게 그들의 고대 종교의 의미를 십자가에 비추어 가르쳐줄 것이다.

하나님을 섬기는 것은 얼마나 놀라운 특권인가! 이스라엘 백성들이 왜 자신들의 특권을 다른 사람들에게, 특히 자격을 갖추지 못한 사람들에게 주고 싶어 했던 것인지 우리는 궁금할 수밖에 없다(44:4-9). 하나님께 속한 사람으로 하나님을 섬기게 된 것에 대한 경이로움을 결코 잃어버리지 말라(말 1:6-2:9). 그 경이로움을 잃어버릴 때 우리는 언제나 죄의 자리로 인도받게 된다.

신실하게 섬기지 않는다면 특권을 상실할 수 있다(44:10-14). 신실함은 하나님을 섬기기 위해 하나님께 가까이 나아갈 수 있음을 뜻한다(44:15 이하). 제사장들은 입고 먹고 마시는 것과 외관을 조심해야 했다. 그들이 구별하는 것을 실천하지 않는다면, 어떻게 백성들에게 구별하는 것을 가르칠 수 있겠는가(44:23)?

왕은 문 벽 곁에 서서 예배를 드리고, 백성들은 문 입구에서 예배를 드리게 될 것이다(46:2-3). 그러나 오늘날 우리에게는 하나님 보좌 앞에까지 들어갈 수 있는 특권이 있다(히 10:19-25). 단, 왕처럼 우리도 예배를 드리기 위해 들어올 때와 똑같이 나가서는 안 된다. 하나님을 만난 후에는 달라져야 한다(46:9). 그리고 매일 드리는 번제를 잊어서도 안 된다(46:13, 롬 12:1-2).

● 에스겔 47-48장

깊이(Depths, 47:1-12). 이 강은 생명을 주고 치유하시는 하나님의 성령의 능력을 나타낸다(요한복음 7장 37-39절과 스가랴 14장 8절을 비교해보라). 하나님을 얼마나 깊이 알고 싶건 간에 하나님을 알 수 있는 기회가 있다. 깊은 물 속에서 즐거워할 수 있음에도 불구하고, 얕은 곳을 떠나지 못하고 꾸물거리는 사람들이 너무 많다는 것은 애석한 일이다.

넓이(Dimensions, 47:13-48:35). 하나님이 우리의 기업을 정하시고(시 47:4) 아브라함에게 하신 약속을 지키실 것이다(창 13:14-17, 15:17-21). 그리고 이스라엘에게 그들의 땅을 주실 것이다.

◆ 여 호 와 ◆

여호와 삼마는 구약 성경에서 볼 수 있는 하나님의 특별한 이름 9개 가운데 하나다. 나머지 8개는 다음과 같다. 여호와 이레(Jehovah - Jireh) - '예비하시는 여호와'(창 22:14), 여호와 라파(Jehovah - Rophe) - '치유하시는 여호와'(출 15:26), 여호와 닛시(Jehovah - Nissi) - '여호와, 우리의 깃발'(출 17:15), 여호와 므카디쉬(Jehovah - M'kaddesh) - '거룩케 하시는 여호와'(레 20:8), 여호와 샬롬(Jehovah - Shalom) - '여호와, 우리의 평강'(삿 6:24), 여호와 치드케누(Jehovah - Tsidkenu) - '여호와, 우리의 의'(렘 23:6), 여호와 로이(Jehovah - Rohi) - '여호와, 우리의 목자'(시 23:1), 여호와 체바오트(Jehovah - Sebaoth) - '만군의 여호와'(시 46:7). 우리에게 필요한 것이 무엇이든 하나님은 우리에게 필요한 모든 것이 되신다.

구별(Distinction, 48:35). 땅에서 중요한 것은 강이나 경계가 아니라 그곳에 거하시는 하나님의 영광이다. 예루살렘 성의 새 이름은 여호와 삼마 - "여호와께서 거기 계시다!" - 가 될 것이다. 백성들의 죄 때문에 하나님이 예루살렘을 떠나셨다. 그러나 다시 돌아오셔서 그곳에 거하시며 그들에게 복을 주실 것이다. 이 땅에서 일어나는 일들 때문에 낙심될 때 요한계시록 21장 1-8절을 묵상하며 눈을 들어 하늘을 보라.

이렇게 생각하라. 우리는 하나님이 계시는 곳에서 영원히 살 것이다! 그 미래의 도성을 믿음으로 바라보고 있는가(히 11:13-16)?

다니엘
Daniel

　기원전 605년에 유다 정복을 시작한 느부갓네살은 그 당시 아마도 십대 청소년이었을 다니엘과 그의 친구들을 포함해, 다수의 유대인들을 바벨론으로 유배시켰다. 하나님이 다니엘에게 복을 주시고, 세 왕조를 대표하는 네 명의 통치자들 아래서 일할 수 있는 중요한 직위를 허락해주셨다. 다니엘서를 통해 우리는 적국에서 하나님을 충실하게 섬기면서 하나님을 영화롭게 했던 사람을 만날 수 있다.

　다니엘서는 국가들 사이에서 벌어지는 사건들에 주권을 가지고 개입하시는 하나님의 뜻을 강조하고 있다(4:25). 하나님은 약속된 나라가 이 땅 위에 세워질 때까지 이어질 이방 역사의 진로를 꿈과 이상들을 통해 다니엘에게 보여주셨다.

　1장과 6장은 역사적인 사건이며, 그 속에서 다니엘의 경건한 순전함이 드러나는 것을 볼 수 있다. 2-5장은 다른 사람들의 꿈과 이상에 대한 다니엘의 해석을 기록하고 있다. 7-12장에서는 다니엘이 하나님으로부터 받은 이상과 그 의미를 우리에게 알려주고 있다.

　바벨론이 예루살렘을 점령하면서 '이방인들의 시대'(눅 21:24)가 시작되었고, 그 시대는 예수 그리스도가 영광스러운 하나님의 나라를 세우기 위해 다시 오실 때까지 계속될 것이다. 하나님이 역사를 주관하시고 그분의 완전한 계획을 수행해나가실 것이다. 하나님은 또 다니엘의 삶을 다스리셨던 것처럼 우리의 삶도 다스리고 싶어하신다. 그리고 다니엘처럼 하나님을 신실하게 섬기기로 우리 마음을 정한다면, 하나님이 우리의 삶을 다스리실 것이다. 다니엘은 하나님을 경외하며 섬겼기 때문에 아무것도 두려워할 것이 없었던 온전한 사람이었다.

○ 다니엘 1장

세상은 언제나 최고의 것을 원하지만(3-4절), 이 젊은이들은 자신들의 최고의 것을 하나님께 드리기로 결심했다. 하나님을 섬기는 것은 바벨론에서도 가능한 일이었다. 애굽에서 하나님을 섬겼던 요셉과 바사에서 하나님을 섬겼던 에스더를 생각해보라. 하나님이 우리를 두신 곳에 대해 불평해서는 안 된다. 대신 그곳에 있는 동안 하나님이 우리를 사용하시도록 기도해야 한다.

세상은 우리를 변화시켜 '세상을 따르는 사람들'로 만들고 싶어한다. 그러나 하나님은 우리가 '세상을 변화시키는 사람'이 되도록 우리를 도우신다(롬 12:1-2). 다니엘과 그의 친구들은 새로운 집과 낯선 새 이름을 갖게 되었고, 새로운 교육을 받게 되었다. 그리고 음식조차 새로운 것이었다. 그러나 그들은 하나님께 헌신하는 그들의 마음을 간직했다(잠 4:23).

하나님은 각기 다른 곳에서 우리가 은혜를 입게 하실 수 있다(9절). 다니엘은 그를 감시하는 사람들을 예의바르게 대했고, 그들에게 곤란한 문제들을 일으키지 않았다. 그는 예레미야의 조언(렘 29장)과 요셉의 본보기(창 39:4)를 따랐다.

모든 것이 우리를 당황하게 만들고, 우리가 어찌할 수 없는 새로운 환경에 처하게 될 때 그 모든 것을 하나님께 맡기고, 하나님이 계획하신 일들을 이루어가실 수 있게 해드려야 한다. 우리의 마음이 하나님과 바른 관계를 맺고 있다면, 하나님의 손이 우리를 위해 일하실 것이다.

다니엘처럼 되는 용기를 가지라

다니엘처럼 되는 용기를 가지라.
혼자 설 수 있는 용기를 가지라.
목적을 확고히 하는 용기를 가지라.
그 목적을 알릴 수 있는 용기를 가지라!

필립 P. 블리스(Philip P. Bliss)

◦ 다니엘 2장

느부갓네살은 여러 나라들을 정복할 수 있었다. 그러나 자신의 분노는 정복하지 못했다(12절, 3:13, 19, 잠 16:32). 그는 적을 어떻게 물리쳐야 하는지 알고 있었다. 그러나 하나님의 메시지는 이해할 수 없었다. 다니엘은 인내하고 절제하며 하나님의 비밀을 설명할 수 있었다. 순전한 마음이 권세를 가진 보좌보다 낫다.

다니엘과 그의 친구들은 자비롭고(18절), 기도에 응답하시며(19-23절, 약 1:5), 비밀을 알리시고(28절), 통치자들을 세우시며(37절), 어느 날 나라를 세우시게 될(44절) '하늘의 하나님'을 알고 있었다. 그 네 사람은 하나님의 보좌 앞에 나아갈 수 있었기 때문에, 느부갓네살의 보좌를 두려워할 필요가 없었다.

꿈을 설명하면서 다니엘은 하나님께 영광을 돌렸고, 세 친구들과 명예를 나누었다. 그는 또 왕의 술사들(갈대아인들)이 사기꾼들임을 폭로할 수 있었기 때문에 그들의 생명을 구하기도 했다. 예수님을 믿는 자들의 존재가 예수님을 믿지 않는 사람들의 구원을 뜻할 수도 있다(욥 42:7-10, 행 27:21-25). 그리고 우리는 원수를 용서해야 한다. 결국 우리는 그들을 그리스도께로 인도하기를 원하기 때문이다.

◆ 진보? ◆

인간의 관점으로 보면 이 세상 나라들은 마치 강한 철처럼 보일 수 있다. 그러나 하나님의 관점으로 보면 그들은 마치 짐승들처럼 보인다(단 7장). 역사가 펼쳐지면서 철의 가치가 떨어지고, 결국 나라들은 철과 진흙을 섞어놓은 것처럼 약해지고 만다(단 2:41-43). 하나님은 사람들이 하는 일 속에서 '진보'를 보지 않으신다. 단지 점점 약해져만 가는 것을 보신다.

◦ 다니엘 3장

이 사건에는 세 부류의 사람이 연루되어 있는데, 그 세 부류는 지금도 여전히 볼 수 있는 사람들이다.

순응하는 사람들(Conformers, 1-7절). 느부갓네살은 '금 머리'가 되는 것에 만족하지 않았다(2:38). 그는 금 신상으로 자신을 표현하고 싶었다! 그가 목숨을 살려주고 필요한 것들을 제공해주기만 하면, 그가 원하는 대로 행하며 즐겁게 따르는 사람들이 있었다.

정보를 누설하는 사람들(Informers, 8-12절). 다니엘과 그의 친구들은 갈대아 술사들의 목숨을 구해주었다. 구원받지 못한 사람들이 그들을 위해 신자들이 하는 일에 언제나 감사하는 것은 아니다. 그 갈대아 술사들은 왕의 호의를 받아 자신들도 왕이 세 유대인에게 준 것과 같은 높은 지위를 얻는 것에만 관심이 있었다(2:49).

변화를 일으키는 사람들(Transformers, 13-30절, 롬 12:1-2). 다니엘의 세 친구는 하나님이 그들을 구해주실지 잘 모르고 있었다. 그러나 하나님이 구해주시지 않는다 할지라도 그들은 하나님께 순종할 것이었다. 그리고 왕이나 왕의 우상을 섬기지 않을 것이었다. 그들은 이사야 41장 10절과 43장 2절을 믿고 있었던 것인가? 풀무불은 그들에게 두 가지 복을 가져다주었다. 주님이 오셔서 그들과 함께 하셨다. 그리고 그들은 결박에서 풀려나게 되었다. 만약 우리가 하나님께 헌신되어 있다면, 풀무불 가운데서 주님과의 교제와 자유를 발견하게 될 것이다.

다니엘 4장

느부갓네살의 두 번째 꿈은 세 가지 일을 성취했다. 그 꿈은 왕에게 그의 교만이 심판을 불러오게 되리라는 사실을 경고해주었고(37절, 잠 16:18), 그의 술사들의 무능력을 폭로했으며(6-7절), 하늘의 하나님께 영광을 돌릴 수 있는 기회를 다니엘에게 주었다.

다니엘이 왕에게 꿈을 해석해주기는 쉽지 않았을 것이다. 느부갓네살은 성마른 사람이었고, 다니엘을 죽이라고 명할 수도 있었다. 다윗에게 그의 죄를 지적했던 나단도 그와 비슷한 상황에 처했었다(삼하 12장). 그러나 우리가 하는 일이 하나님을 기쁘시게 하는 일이라면 어떤 적도 두려워할 필요가 없다(잠 16:7).

하나님이 왕에게 회개할 수 있도록 일 년의 기회를 주셨다(29절). 그러나 그는 계속 죄를 범했다. 그러자 하나님이 그를 낮추셨다. 왕은 그가 배워야 할 교훈을 배우고 회복하게 되자 하나님께 영광을 돌렸다.

우리가 어떤 자리에 있건 그 자리는 하나님이 우리에게 주신 것이다. 그리고 하나님은 주권자시다. 사람이 하나님의 자리를 취하려 하면 그는 짐승처럼 된다. 하나님은 지금도 교만한 자를 물리치시고 겸손한 자에게 자비를 베푸신다(잠 3:34).

다니엘 5장

이 장에 기록된 사건들은 4장에 기록된 사건들이 일어난 뒤 몇 년 후에 일어났다. 벨사살은 그의 아버지 나보니두스와 함께 나라를 다스리고 있었다. 그것은 다니엘이 그 나라에서 왜 셋째 가는 통치자가 되었는지를 설명해준다(29절).

왕은 바뀌었지만 교만과 자만이라는 죄는 그대로였다. 그 당시 다리우스가 바벨론을 포위했다. 그러나 벨사살은 자신이 방어할 수 있을 것이라 확신하면서 여호와를 조롱하고 바벨론의 거짓 신들을 찬양했다. 잠언 16장 7절이 다시 반복되고 있었다.

하나님이 느부갓네살에게는 일 년을 주시고 회개하게 하셨다. 그러나 벨사살은 바로 그날 밤에 심판하셨다. 그는 이전 왕들을 통해 아무런 교훈도 배우지 못했고, 다니엘도 그것을 지적했다(17-23절). 그러나 때는 너무 늦었다!

자기 확신에 차 있던 죄인은 그보다 더 잘 알고 있었어야 했다(눅 11:16-21). 그리고 "평안하다, 안전하다!"라고 말하는 교만한 세상 역시 그랬어야 했다(살전 5:1-11). 노아 당시와 아브라함 당시에도 사람들이 심판을 전혀 생각하지 않고 있었을 때 그들에게 심판이 임했다(눅 17:26-32). 그리고 그런 일이 다시 일어나게 될 것이다.

◎ 다니엘 6장

다니엘은 세 가지 영역에서 위기를 맞이했고, 하나님이 그 각각을 이겨낼 수 있게 해주셨다.

일터에서(The work crisis, 1-5절). 다니엘이 승진했다는 소식을 들은 다른 관리들은 그를 시기하며 제거해버리고 싶어했다. 믿지 않는 세상은 신자들이 유능하고 재능을 가지고 있다 해도 그들이 지위에 오르는 것을 원치 않는다. 빛은 언제나 어둠 속에서 일어나는 일들을 폭로한다(엡 5:8-13).

기도 생활에서(The prayer crisis, 6-17절). 관리들이 '모든' 이라는 단어를 사용한 것은 거짓말이었다. 왜냐하면 그 말은 왕에게 다니엘이 그들과 동의하고 있다고 생각하게 만들 수 있기 때문이었다. 그러나 그 어떤 율법이나 금령으로도 다니엘이 기도하는 것을 막을 수는 없었다. 당신도 기도를 삶과 죽음이 달린 중요한 문제로 여기고 있는가? 다니엘은 그랬다.

믿음 생활에서(The faith crisis, 18-28절). 다니엘이 사자굴에 던져지는 것을 하나님이 막지는 않으셨다. 대신 사자굴 안에서 그를 보호하셨다. 그것은 다니엘이 하나님을 믿었고(23절, 히 11:33), 하나님을 향해 신실했기 때문이었다(시 18:17-24). 아마도 다니엘은 시편 37편 1-15절과 잠언 11장 8절을 묵상했을 것이다.

사자가 공격하려 하는가? 하나님을 신뢰하고 하나님의 약속을 주장하라.

◎ 다니엘 7장

세계 역사에 관한 이상(A vision of world history, 1-8절). 사람들은 세상 나라들을 강한 철처럼 보지만(2장), 하나님은 서로 싸우며 괴롭히는 짐승처럼 보신다. 인간의 역사는 하나님을 무시하다 결국 하나님의 아들에게 패배당하게 될 악한 지도자(적그리스도)의 통치를 받는 전세계에 걸친 나라로 최고조를 이루게 될 것이다.

하늘에 관한 이상(A vision of heaven, 9-14절). 땅 위에서 짐승들이 싸우는 동안 하나님은 하늘에서 재판을 여신다. 그리고 모든 것은 하나님의 통제 아래 있다. 예수 그리스도가 그 누구도 전복시킬 수 없는 의의 나라를 세우실 날이 오게 될 것이다.

◆ 다니엘의 이상 ◆

7장에 기록된 다니엘의 이상은 느부갓네살이 그의 꿈에서 본 것(2장)과 비슷하다. 사자(4절)는 금 머리인 바벨론이고, 곰(5절)은 은 가슴과 팔인 메데 바사다. 표범(6절)은 놋 넓적다리인 헬라다. 무서운 짐승(7절)은 철 종아리인 로마다. 작은 뿔(8절)은 철과 진흙으로 된 발가락인 적그리스도와 그의 나라를 나타낸다. 옛적부터 항상 계신 재(9-14절)는 뜨인 돌에 비유된다.

◆ 성경의 예언 ◆

하나님의 예언의 말씀을 이해하게 된 신자들은 어떻게 반응해야 하는가? 다니엘은 이상을 보고 번민했고, 힘이 빠졌으며, 얼굴을 땅에 대고 엎드렸다(7:15, 28, 8:17-18, 27, 10:8). 성경의 예언을 알고도 교만한 사람은 아마도 그 예언이 말하는 바를 배우기는 했지만, 그 의미를 배우지는 못한 사람일 것이다. 계시에는 언제나 책임이 따른다. 만약 우리가 성경이 말하는 바를 정말로 믿고 있다면, 하나님이 우리에게 말씀하시는 대로 따르고 순종할 것이다.

땅에 있는 성도들에 관한 이상(A vision of saints on earth, 15-28절). 이 '성도들'은 심판이 시작되기 바로 전인 마지막 때를 사는 신자들이다. 그러나 다니엘이 그들에 대해 이야기한 것은 오늘날 신자들에게 영적으로 적용될 수 있다. 그들은 전쟁에 참여하고(21절) 핍박을 받지만(25절), 결국 그 나라를 받고(18절) 그리스도와 함께 다스리게 될 것이다(27절).

세상 역사의 흐름을 보고 낙심하게 될 때 하늘의 관점으로 모든 사건을 바라보라.

다니엘 8장

다니엘은 바사의 수도에 있었고, 바사는 바벨론을 이어 세계를 제패한 강국이었다. 하나님은 바사를 숫양으로 보셨고, 헬라(바사를 이어 세워지게 될 나라)를 숫염소로 보셨다(19-22절). 세상은 야생의 짐승들로부터 길들여진 짐승들로 옮겨가고 있다.

'현저한 뿔'(5절)은 알렉산더 대왕이다. 그는 바사에 포함한 여러 나라를 정복하고 거대한 제국을 세웠다. 그가 죽은 후 나라는 그의 네 장군들에 의해 네 부분으로 나뉘었다(8절). '작은 뿔'(9-14절)은 악한 장군, 안티오커스 에피파네스다. 그는 블레셋을 공격하고 유대인들의 성전을 더럽힌 다음, 유대인들을 노예로 삼았다. 그는 오게 될 세상의 지도자, 적그리스도를 보여주는 하나의 그림이다(15-26절).

다니엘은 그 이상을 보고 너무 놀라 여러 날을 앓으며 일을 할 수 없었다! 그는 하나님의 백성들을 향한 그분의 계획을 알게 된 후 결코 이전과 같을 수 없었다. 성경의 예언이 우리에게는 어떤 영향을 미치고 있는가?

다니엘 9장

깨달음(Insight, 1-2절). 하나님께 이상을 받고 꿈을 해석할 수 있었지만, 다니엘은 여전히 성경을 읽으며 이해하려 노력했다. 예레미야 25장을 읽고 묵상하면서 그는 70년 동안의 유배 생활이 곧 끝나리라는 것을 알게 되었다. 세상에서 일어나는 모든 일들마다 예언적인 중요성이 있는 것은 아니다. 그러나 하나님의 백성들은 언제나 깨어 있어야 한다.

중보(Intercession, 3-19절). 기도와 금식이 병행되는 것처럼(행 13:3) 하나님의 말씀과 기도도 병행되어야 한다(행 6:4). 이 기도를 느헤미야 9장과 에스라 9장과 비교해보라. 다니엘은 자신과 자기 동족들의 죄악과 하나님의 의를 강조하면서 하나님의 용서를 구했다. 그가 특히 예루살렘을 위해 기도한 것에 주목하라. 다니엘이 예레미야 29장 10-14절과 30장 10-24절을 읽었던 것일까?

◆ 70주 ◆

70주는 7주(49년)와 62주(434년)와 한 주(7년)의 세 기간을 뜻한다. 첫 번째 기간은 유대인들이 그들이 본토로 돌아가 성을 재건하는 것을 허락해준 조서가 내려진 기원전 444년에 시작된다. 두 번째 기간인 62주는(434년) 그리스도의 때가 오기 전까지의 기간이다(24, 26절). 그리고 70번째 주는 마지막 때에 이루어지고, 요한계시록 6-19장에 해당한다. '장차 올 한 왕의 백성'(26절)은 유대인들을 7년 동안 보호하기로 그들과 약속을 맺게 될 적그리스도다. 3년 반이 지난 후 그는 그 약속을 깨고 세상에 큰 환난을 불러오게 될 것이다. 그 7년의 마지막은 그리스도가 다시 오셔서 원수들을 물리치시고, 하나님의 나라를 세우심으로 절정을 이루게 될 것이다(마 24:29-31, 계 19장). 신약 성경은 "예로부터 이것을 알게 하시는 주의 말씀"(행 15:18)이라고 선포하고 있다.

가르침(Instruction, 20-27절). 하나님이 다니엘에게 유대 역사를 보여주셨다. 예루살렘 성과 성전이 재건될 것이다. 메시아가 오셔서 목숨을 바치실 것이다. 악의 왕이 유대인들과 맺은 약속을 깨고 세상을 황폐하게 만들 것이다. 그러나 하나님이 승리를 거두시고 예루살렘을 거룩한 성으로 만드실 것이다. 인간은 자유롭게 결정할 수 있다. 원한다면 심지어는 하나님을 거역할 수도 있다. 그러나 하나님은 그분의 목적을 이루실 것이다. 우리는 확신을 가지고 "주의 나라를 임하게 하옵소서"라고 기도할 수 있다.

● 다니엘 10장

다니엘이 이 경험을 하게 되었을 때는 유배되었던 유대인들이 귀환해서 성전을 재건하고 있을 때였다. 그는 3주 동안 금식했고, 천사의 이상은 그를 더욱더 약하게 만들었다. 하나님을 깊이 경험하기 위해 기도할 때는 치루어야 할 대가가 따르게 될 것을 알라.

확신을 주시는 하나님(God assures us). 다니엘은 하나님의 '은총을 크게 받은 사람'(11, 19절)이었다. 하나님은 자신의 아들을 사랑하시는 것처럼 우리를 사랑하신다(요 17:23). 그리고 하나님의 사랑을 우리에게 알리고 싶어하신다(요 14:21-23). 하나님은 또 "두려워하지 말라"(12, 19절)고 말씀하신다. 우리는 하나님의 사랑과 두려워할 필요가 없다고 말씀하시는 하나님의 약속을 믿고 평안을 누릴 수 있다.

만지시는 하나님(God touches us). 하나님은 다니엘이 깨어 일어나(10절) 말하고(16절), 강건할 수 있도록(18-19절) 그를 만지셨다. 하나님은 그분의 말씀을 통해 우리에게 필요한 평안과 힘을 주신다(19절).

가르치시는 하나님(God instructs us). 천사가 다니엘에게 오기까지 왜 그렇게 오래 걸린 것인가? 영적 전투가 벌어졌기 때문이었다(12-13, 20절, 엡 6:10 이하). 기도할 때 우리는 영적 전투에 참여하는 것이다. 그러므로 기도하는 시간을 가볍게 여기지 말라. 천사 역시 다니엘에게 백성들의 미래를 알려주었고, 11-12장에서 그 미래를 설명해주었다.

다니엘의 동료들은 그 환상을 보지 못했고, 그 소리를 듣지 못한 채 황망히 달아났다. 하나님은 다니엘처럼 하나님의 영광을 보고, 하나님의 말씀을 들으며, 하나님의 손짓을 느끼고 그리고 영적인 전투에 참여하는 사람들을 여전히 필요로 하신다.

● 다니엘 11장

하나님이 다니엘에게 이제 하나의 나라로 회복된 하나님의 백성들에게 일어날 일들을 요약해 보여주셨다. 그리 쉽지는 않을 것이다! 이 장은 헬라뿐 아니라, 북방(수리아)과 남방에서 온 군대(애굽)와의 전쟁을 묘사하고 있다(3-4절). 군대, 전쟁, 천사, 궤휼 등의 단어들이 역사의 진로를 말해주고 있다. 그 이후 세상은 얼마나 달라졌는가?

36절에서 천사는 나중에 있을 적그리스도의 계획을 묘사하고 있다. 데살로니가후서 2장과 요한계시록 13장을 읽어보라.

다투고 파괴하는 때에 하나님의 백성들은 어떻게 해야 하는가? 주님 안에서 강해야 한다. 담대하게 믿음으로 행하고, 핍박과 죽임을 당한다 할지라도 다른 사람들에게 진리를 전해야 한다(32-33절). 어려운 시기는 선한 사람들에게 도전의 때가 된다.

ㅇ 다니엘 12장

이 예언은 마지막 때를 사는 유대인들과 관련된 것이다. 그러나 또한 악의 세력에도 불구하고 하나님이 다스리시며, 그분의 목적들을 이루실 것이라는 사실을 모든 세대의 하나님의 백성들이 알 수 있도록 격려해주고 있다.

하나님은 살아 있는 신자들이 구원을 받게 되고(1절), 죽은 신자들은 영광 중에 빛을 발하기 위해 부활할 것을(2절, 마 13:43) 하나님의 종에게 확신시켜주셨다. 우리에게 어떤 환난이나 고난이 닥친다 해도 여전히 하나님이 다스리고 계신다.

그렇다면 우리는 어떻게 해야 하는가? 다른 사람들을 그리스도께 인도하고(3절), 감추어진 것은 하나님께 맡기며(8-9절), 거룩한 삶을 살고(10절), 하나님 안에서 평안을 누리며 주님을 기다려야 한다(12-13절). 그것이 성경의 예언을 받은 우리가 마땅히 행해야 할 바다.

소선지서

The Minor Prophets

요나와 아모스와 호세아 선지자는 북 왕조(이스라엘, 에브라임)가 기원전 722년 앗수르에 의해 멸망하기 전에 북 왕조에서 활동했다. 요엘과 미가와 스바냐와 나훔과 하박국과 오바댜는 바벨론 유수 전에 남 왕조(유다)에서 활동했다. 대선지자로 여겨지는 에스겔과 다니엘은 바벨론 유수 기간 동안 활동했다. 학개와 스가랴와 말라기 선지자는 귀환한 유대인들을 위해 활동했다. 그들의 메시지가 내용 면에서 중요하지 않았던 것은 결코 아니었다. 그들이 소선지자로 여겨지는 것은 그들이 전한 메지시의 양 때문이다. 소선지자들의 대부분은 백성들의 죄와 임박한 하나님의 심판과 이스라엘의 회복을 전하고 있다. 심판의 메시지 속에도 소망에 대한 약속이 들어 있다.

호세아

Hosea

호세아는 나라가 외적으로는 번성하고 있었지만, 내적으로는 썩어들어가면서 심판을 피할 수 없게 된 북 왕조에서 예언했다. 그는 비유적 표현의 대가다. 호세아서를 읽으면서 그가 사용하고 있는 여러 비유들(예를 들면 '마른 땅같이' 또는 '아침 구름같이' 등)에 주목해보라.

호세아서에서 볼 수 있는 가장 중요한 비유는 '결혼'이다. 호세아는 세 자녀를 낳은 후 그를 버리고 창기가 된 여인과 결혼했다. 결국 그는 노예 시장에서 그녀를 다시 사와야 했다(3:1-2)! 호세아가 겪은 고통스러운 경험은 이스라엘을 향한 설교였다. 이스라엘은 여호와와 혼인하였지만, '영적인 간음'을 행하고 우상을 섬겼다. 그것은 결국 도덕적 타락으로 이어졌다. 이스라엘은 그 죄로 고통받게 될 것이다. 그러나 하나님이 이스라엘을 구속하시고 회복하실 것이다.

호세아서는 호세아의 결혼(1-3장), 이스라엘의 죄(4-7장), 이스라엘에 임할 심판(8-10장), 미래의 이스라엘의 회복(11-14장)으로 구성되어 있다.

오늘날 교회도 세상과 타협하는 매춘을 행하면서도 여전히 하나님께 신실하다고 착각하기가 쉽다(약 4:4-10). 요한계시록 2장 4-5절의 경고를 명심해야 한다!

○ 호세아 1장

호세아가 고멜과 결혼했을 때 고멜은 창기가 아니었다. 그러나 하나님은 그녀가 신실하지 않을 것이라고 그에게 경고하셨다. 호세아는 자신의 삶을 통해 하나님의 메시지를 백성들에게 전해야 했다. 그것은 쉬운 일이 아니었다. 다른 사람들을 섬길 때 희생을 치르게 될 것을 예상하라(고후 1:3-11).

세 자녀의 이름은 이스라엘의 영적 역사를 요약하는 것이었다. 이스르엘은

'하나님이 심으실 것이다'(2:22-23)라는 뜻이며, 예후가 그의 적들을 이스르엘에서 살육한 것을 언급한 것이다(왕하 9-10장). 그의 열의는 너무 과했고, 그의 후손들은 이스라엘이 앗수르에게 정복될 때 그로 인한 고통을 겪게 될 것이다. 하나님이 너무나 오랫동안 기다리시는 것처럼 보인다 할지라도 하나님의 심판은 임할 것이다.

로루하마는 '긍휼히 여김을 받지 못하는 자'라는 뜻이며, 이스라엘의 상황을 말해주는 것이었다(3:4). 비록 하나님이 주권적으로 유대인의 나라를 인도하심에도 불구하고, 그들은 예전처럼 하나님이 베푸시는 긍휼을 누리지 못하고 있었다.

로암미는 '내 백성이 아니다'라는 뜻이며, 이스라엘의 죄 때문에 하나님이 일시적으로 그들을 거부하시는 것을 말한다.

◆ 이스르엘 ◆

이스르엘 골짜기는 여러 군대의 전쟁터가 되어왔다. 사울이 그의 마지막 전투를 이스르엘 골짜기에서 시작했고(삼상 29:1), 예후는 그곳에서 아합의 집과 무죄한 사람들을 살육했다(왕하 9-10장). 앗수르가 이스라엘을 공격하면서 이스르엘 평지에서 싸웠고, 하나님은 그곳에서 예후가 피 흘리게 한 무죄한 사람들의 원한을 갚으셨다. 그러나 호세아는 이스르엘을 위한 새로운 미래를 보았다(1:11-2:1). 이스라엘과 유다는 연합하게 되고 땅을 회복하게 될 것이다. 그리고 하나님의 은혜를 경험하게 될 것이다. 하나님이 자신의 영광을 위한 열매를 맺을 수 있도록 그들을 그 땅에 '심으실' 것이다(2:21-23). 하나님만이 옛 이름에 새로운 의미를 부여해주시고, 옛 장소에 결부되어 있는 고통을 제거해주실 수 있다. 야간이 죽은 아골 골짜기마저도(수 7:16-26) 소망의 문이 될 것이다(2:15).

호세아는 희망을 단언하면서 마치고 있다(1:10-2:1). 하나님이 자신의 백성들을 모으시고 그들에게 자비를 베푸실 것이다. 자녀들의 이름은 '나의 백성'과 '긍휼'로 바뀌게 될 것이다. 아무리 암울한 상황이라도 진심으로 회개하면서 하나님께 돌아가면 하나님은 소망을 약속해주신다.

호세아 2-3장

하나님이 네 가지 선언을 하셨다.

긍휼히 여기지 않을 것이다(I will not have mercy, 2:1-8). 이스라엘은 하나님이 주시는 선물들을 받았다. 그러나 그들은 그것을 우상을 섬기는 데 사용하였다. 우리도 하나님이 주신 선물을 하나님의 마음을 슬프게 하는 일에 사용하고 있지는 않은가? 하나님은 긍휼을 거두시고 이스라엘이 깊은 죄 속에 빠져들어가는 것을 내버려두셨다. 얼마나 비극적인 일인가!

벌할 것이다(I will punish her, 2:9-13). 복을 제거하심으로, 특히 땅의 열매를 제거하심으로 이스라엘을 벌하셨다. 백성들은 여전히 외적으로는 하나님을 예배하고 있었다(2:11). 그러나 마음으로는 우상을 섬기고 있었다.

유인해낼 것이다(I will allure her, 2:14-20, 3:1-5). 호세아가 그의 아내를 되찾았던 것처럼 하나님이 자신의 백성들을 되찾으시고 '혼인 서약'을 갱신하시며, 다시 백성들에게 복을 주실 날이 올 것이다(렘 3:1-20). 이런 일들은 이스라엘이 이방인들의 손에 큰 고통을 당한 후에 일어나게 될 것이다. 소망이 있다!

심을 것이다(I will sow her, 2:21-3:5). 이스르엘은 '하나님이 심으실 것이다'(1:4-5)라는 뜻으로, 하나님이 자신의 백성들을 사랑하시고 그들에게 복을 주실 그들의 땅에 다시 그들을 심으실 것을 말한다. 그들의 이름도 바뀌게 될 것이다(2:23)!

"내가 본 남편에게 돌아가리니"라고 말하는 신실하지 못한 아내의 고백에 주목하라(2:7, 눅 15:18). 우리의 첫사랑으로 되돌아갈 때(계 2:4-5) 우리는 처음 받았던 복을 다시 누릴 수 있다.

호세아 4-5장

무지(Ignorance, 4:1-10). 우리의 무지가 우리를 해칠 수 있다! 제사장들과 선지자들은 백성들에게 하나님의 말씀을 가르치지 않았고, 백성들이 하나님을 알 수 있도록 돕지도 않았다. 종교 예식은 인기를 끌고 있었지만, 백성들에게는 진정한 영적 지식이 없었기 때문에 그들은 죽어가고 있었다. 종교 예식은 그저 하나의 관례일 뿐이었다(마 15:1-9).

우상 숭배(Idolatry, 4:11-19). 핵심 단어는 우상 숭배를 보여주는 간음이다. 호세아의 아내 고멜처럼 이스라엘은 참 하나님을 버리고 우상을 좇았다. 하나님은 이렇게 반응하셨다. "버려두라!"(4:17)

진노(Indignation, 5:1-15). 신실한 남편이 자신을 더럽힌 부정한 아내에게 분노할 것이다(3절). 이스라엘을 따라다니느니 차라리 하나님은 뒤로 물러서시며 복을 거두시고(5:6, 4:17), 그들이 뿌린 대로 거두도록 내버려두셨다. 결국 물이 둑 안에 고이기 시작했다(10절). 그리고 좀이 소리 없이 사회를 파먹어 들어가고 있었다(12절). 뼈가 썩어들어가며 죽음을 불러오고 있었다(12-13절). 마침내 앗수르라는 사자가 뛰어올라 그 나라를 집어삼킬 것이다(14절).

우리가 잃어버린 것이 무엇인지를 깨닫고, 하나님이 우리에게 다시 돌아오시기를 원하도록 하나님이 뒤로 물러서신다(5:15). 우리가 진심으로 하나님을 찾는다면 그분은 우리를 받아주실 것이다. 그러므로 넘어지거나(4:5, 5:5) 완강하게(4:16) 버텨야 할 아무런 이유가 없다.

○ 호세아 6-7장

비처럼(Like the rain, 6:1-3). 우리가 하나님께 돌아가면 하나님이 신선한 비로 새날을 시작하게 하신다. 우리를 징계하시는 하나님은 또 우리를 치유하시고 회복시키신다. 그것을 미루는 이유는 무엇인가? 미루기를 좋아하는 우리의 성향 때문이다!

아침 구름과 이슬처럼(Like a morning cloud and the dew, 6:4-11). 이스라엘의 충성은 오래 가지 않았다. 대신 구름처럼 쉽게 사라졌고, 이슬처럼 쉽게 증발해 버렸다. 그들은 제사를 드리고 종교 행사에 참여했지만, 그런 일들이 그들의 삶에는 아무런 영향도 미치지 않았다. 그들은 제사로 순종을 대신하고 있었다(삼상 15:21-23, 암 5:21-24).

화덕처럼(Like an oven, 7:1-7). 죄의 욕망은 화덕 안에서 타오르는 불처럼 연기를 피우다가 기회가 오면 확 타오를 수 있다. '불타는 욕망'을 안고 있다면 하나님의 통제를 받지 않는 한 그 불이 우리를 삼켜버릴 것이다.

뒤집지 않은 전병처럼(Like a cake not turned, 7:8-10). 불을 잘 조절하지 않으면 전병이 타게 되고, 탄 전병은 버려야 한다. 백성들은 '반쯤 구워진' 전병과 같았다. 그들의 종교적 경험에는 깊이가 없었다. 나라는 늙어가고 있었지만, 그 사실을 깨닫지 못하고 있었다. 나라의 멸망은 백성들이 인식하고 있는 것보다 훨씬 더 빠르게 다가오고 있었다.

어리석은 비둘기처럼(Like a silly dove, 7:11-12). 관리들은 애굽과 앗수르 사이를 오락가락하는 외교 정책으로 저울질을 하고 있었다. 결국 나라는 덫에 걸리고 말았다. 하나님을 신뢰하고 하나님의 말씀에 순종하는 대신 그들은 정략을 의지하다 실패하게 되었다.

속이는 활처럼(Like a deceitful bow, 7:13-16). 하나님은 자신의 백성들을 의지하실 수 없었다. 그들은 하나님께 죄를 범했고, 하나님을 속이려 했으며, 징계를 통해서도 유익을 얻지 못했다. 하나님이 그들을 바로잡으려 하셨지만, 그들은 수준 이하가 되는 쪽을 더 선호했다. 악과 싸우는 전투에서 우리는 하나님이 의지하실 수 있는 그런 무기인가?

호세아 8장

임박한 전투를 알리는 나팔이 이스라엘에 울려퍼졌다(민 10:9). 앗수르가 오고 있었고, 피할 길이 없었다. 이스라엘은 하나님을 안다고 주장하면서(2절) 하나님을 거역했다(딛 1:16). 그들은 하나님의 뜻을 구하지 않고 왕들과 통치자들을 세웠으며, 하나님을 무시하고 우상을 섬겼다. 독수리가 덮치고(1절), 광풍이 몰아치게 되면(7절) 유명한 사마리아의 송아지가 괴멸될 것이다(왕상 12:28-30). 오늘은 부드럽고 상쾌한 바람처럼 느껴지는 것이 내일은 광풍으로 바뀔 수 있다(행 27:13-15).

이스라엘은 쓰레기 더미에 버려진 쓸모없는 그릇처럼 되었다(8절). 그들은 자신들을 보호하기 위해 이방 나라들을 의지하면서 그들의 계획에서 하나님을 배제시켰다(9-10절). 이스라엘은 제단을 많이 쌓았고(11절, 10:1), 유다는 견고한 성읍을 많이 쌓았지만(14절), 둘 다 심판을 피할 수는 없었다. 이스라엘은 앗수르에게, 유다는 바벨론에게 점령당했다. 그리고 하나님의 심판이 악한 자들에게 임하게 될 것이다.

하나님이 나팔을 부실 때 자리에서 일어나 귀를 기울이는 것이 좋을 것이다.

● 호세아 9-10장

에브라임이라는 이름은 '갑절의 열매를 맺다'라는 뜻이다. 호세아는 이 두 장에서 그 이름의 의미를 그가 전하는 메시지의 기초로 사용하였다. 추수 때 거두어들일 열매가 없을 것이다(9:1-9). 왜냐하면 기근이 임할 것이고, 하나님이 땅을 심판하실 것이기 때문이다(신 28:38-42). 추수의 기쁨을 더 이상 누리지 못하게 될 것이다(9:1). 에브라임은 더 이상 열매를 풍성히 맺는 땅으로 알려지지 않게 될 것이다.

가정에서도 열매를 맺지 못하게 될 것이다(9:10-17). 우상이나 섬기면서 침략하는 앗수르 군대에게 죽게 될 자녀들을 왜 잉태하게 하시겠는가? 유대인들은 자녀를 많이 잉태하는 태를 언제나 복된 것으로 여겼다(시 127:3-5, 128:3-4). 그러나 이제 유산하는 태를 복되다 하게 될 것이다.

이스라엘에게 무엇이 잘못된 것인가? 그들은 두 주인을 섬기려 했고(10:1-2), 하나님을 속이려 했으며(10:4), 우상을 섬겼다(10:5-6). 그리고 그들의 마음은 딱딱하게 굳어서 기경되어야 했다(10:12). 그들은 잘못된 땅에 잘못된 씨를 부렸다. 그러고는 풍성한 추수를 기대하고 있었다!

갈라디아서 6장 7-8절을 최근에 묵상해본 적이 있는가?

○ 호세아 11-12장

이 두 장은 호세아가 이스라엘과 유다의 역사를 되돌아보면서 백성들의 죄를 드러내는 역사적인 교훈의 장이다.

배은망덕(Ingratitude, 11:1-4). 이스라엘은 하나님이 그들을 선택하셨다는 사실을 망각하고, 하나님과 맺은 언약 관계를 당연한 것으로 여겼다(신 7:6-11). 하나님이 사랑으로 애굽에서 어린아이를 구원하시고, 그 아이를 돌보시고 먹이시며, 걷는 것과 일하는 것을 가르치셨다. 그런데 그 아이가 우상을 섬기기 위해 하나님을 버렸다. 이 얼마나 배은망덕한 일인가!

완고한 마음(Hardness of heart, 11:5-11). 이스라엘은 자신들의 계획을 따르며 하나님의 뜻은 안중에도 두지 않았다. 하나님이 책망하셨지만 그들은 회개하지 않았다. 그들의 마음 밭은 굳어 있었다(10:12). 그러나 그들을 향한 하나님의 마음은 부드러웠다. 하나님은 평지의 도시들을 멸망시키셨던 것처럼(창 14:2, 8) 그들을 멸망시킬 수 없었다. 하지만 어느 날 사자가 울부짖는 것처럼 그들을 부르실 날이 올 것이다. 그때 그들은 떨리는 마음으로 나아오게 될 것이다.

기만(Deceitfulness, 11:12-12:6). 이 메시지에는 이스라엘과 유다(남 왕조)가 모두 포함되어 있다. 선지자는 그들의 선조 야곱의 역사를 돌아보면서 그 후손들에게 그의 간교함이 있음을 보았다. 야곱은 태어나면서 에서를 넘어뜨리려 했고(창 25:26), 하나님과 싸웠다(창 32:22-32). 그러나 벧엘로 돌아와 다시 하나님의 복을 받았다(창 35장). 이제 이스라엘과 유다가 하나님께 돌아가 그들의 죄를 회개할 때가 되었다(12:6).

자랑(Boasting, 12:7-14). "나는 부자다!"라고 그들은 자랑했다. 그러나 그 자랑은 공허한 것이었고, 바람 같은 것이었다(12:1). 그것은 그들이 가난한 사람들을 속이면서 기만적으로 돈을 벌었기 때문이었다. 그렇게 모은 재산은 결코 오래 갈 수 없다. 요한계시록 3장 14-22절을 읽고 묵상하라.

호세아 13-14장

에브라임은 이스라엘에서 뛰어난 지파였다(창 48:10-20). 그런데 이제 마치 구름과 안개와 겨와 연기처럼 되었다(13:3). 그러나 하나님은 그 백성들에게 사자와 표범과 곰처럼 되실 것이다(13:7-8)!

하나님이 그들을 애굽과 광야에서 구하셨다. 그리고 앗수르로부터 구하실 수도 있었다. 그러나 그들은 자신들의 재물과 왕들과 외교 정책들을 믿었다. 이제 동풍이 그들을 마르게 할 것이다(13:15). 그리고 '갑절의 열매를 맺던' 에브라임이 아무 열매도 맺지 못하게 될 것이다.

우리는 회개를 촉구하시며 사랑으로 부르시는 하나님의 음성을 언제나 들을 수 있다. 하나님께 돌아가면 하나님은 우리를 받으시고(14:2-3), 회복시키시며(14:4), 소생시키실 것이다(14:5-9). 사막이 열매를 맺고 뿌리를 깊이 내리는 동산이 될 것이다. 아름다움이 황량함을 대신하게 될 것이다. 악취 대신 향기가 나게 될 것이다. 하나님께 순종할 때 일어나는 얼마나 놀라운 변화인가!

하나님은 제물보다 '우리 입술'의 열매를 원하신다(14:2, 히 13:15). 솔직하고 진지한 우리 마음에서 나오는 말을 듣고 싶어하신다. 그리고 하나님의 자비만을 의지하는 믿음을 보고 싶어하신다. 거쳐 넘어지는(14:1, 9) 죄인이 되고 싶은가? 아니면 용서받은 죄인이 되고 싶은가?

요엘

Joel

요엘 선지자는 가뭄과 메뚜기 천재로 생활이 피폐하게 되었을 때 유다에서 활동했다. 그는 그들이 겪고 있는 재난(1:1-2:27)과 온 세상에 임하게 될 심판(2:28-3:21)을 설명하기 위해 '여호와의 날'이라는 표현을 사용하였다(1:15, 2:1, 11, 31, 3:14). 하나님의 군대인 메뚜기 떼는(2:11, 20, 25) 마지막 때에 쳐들어오게 될 군대를 보여주는 그림일 뿐이었다. 요엘은 백성들에게 회개할 것을 촉구했고(2:12-17), 하나님이 그들을 용서하시고 복 주실 것이라고 약속했다(2:18-27). 그는 또 이스라엘의 고난이 끝나는 마지막 때에 임하게 될 복도 약속했다(2:28-32, 3:18-21). 심판에 대한 하나님의 메시지가 소망에 대한 약속과 함께 주어졌다.

캠벨 모건(Campbell Morgan)은 "언제나 여호와의 날이다"라고 말했다. 사람들에게 또는 나라에 어떤 재앙이 임하건 하나님이 언제나 다스리신다. 그리고 그 재앙들은 우리에게 임할 더 큰 재앙을 상기시켜준다.

○ 요엘 1장

선지자는 어려운 상황에 처했을 때 우리가 - 개인이나 국가가 - 유념하고 따라야 할 다음 네 가지 사항을 지시하고 있다

경청하라(Hear, 1-4절). 하나님의 말씀에 귀를 기울이고, 하나님이 해석해주시도록 기다리라. 하나님께로 돌이켜 그분의 도움을 청하도록 우리를 격려해줄 사람들을 하나님이 일으켜 세우신다.

각성하라(Awake, 5-7절). 죽어가는 포도나무와 다른 나무들을 보고 요엘은 술 취한 사람들에게 깨어 울라고 말한다. 그러나 그들은 술이 없어졌기 때문이 아니라, 그들의 죄가 땅에 심판을 불러온 사실에 슬퍼하며 눈물을 흘려야 했다.

슬퍼하라(Lament, 8-18절). 밭과 농장과 포도원과 가축과 양 떼가 모두 망가졌

다. 요엘은 농부들에게는 슬퍼할 것을(11절) 그리고 제사장들에게는 회개할 것을(13-14절) 촉구했다. 하나님을 찾아야 할 때였다.

부르짖으라(Cry out, 19-20절). 선지자는 하나님께 자비와 도우심을 부르짖음으로써 백성들에게 부르짖는 본보기를 보였다. 그는 아마도 역대하 7장 14절에 기록된 하나님의 약속을 주장했을 것이다. 우리의 죄로 인한 비참한 결과들을 슬퍼하는 것만으로는 충분하지 않다. 우리의 죄에 대해서도 슬퍼해야 한다.

○ 요엘 2장

경고의 나팔(The trumpet of warning, 1-11절). 우리를 덮치는 재앙을 보고, 우리는 각성하며 하나님이 다스리신다는 사실을 상기해야 한다. 메뚜기 떼는 하나님의 군대였다(11, 20, 25절). 그리고 그 날은 '여호와의 날'이었다. 그것은 정신이 번쩍 들게 하는 진리다. 그러나 또 위로가 되는 진리이기도 하다(삼하 24:14). 상하게 하신 하나님이 또한 치유해주실 것이다(호 6:1).

◆ **회복** ◆

하나님은 "메뚜기와… 먹은 햇수대로 너희에게 갚아주리니"(욜 2:25)라고 말씀하셨다. 하나님은 그들에게 가뭄과 메뚜기 천재로 그들이 잃은 모든 것을 보상해줄 수 있는 풍작을 약속하셨다. 찰스 스펄전은 "잃어버린 세월은 결코 되돌릴 수 없다. 한번 지나간 시간은 영원히 다시 오지 않는다… 시간을 되돌릴 수는 없다. 그러나 하나님께는 우리가 낭비한 복을, 우리가 여러 해 동안 안타까워했던 익지 않은 열매들을 되돌려주실 수 있는 놀랍고도 이상한 방법이 있다. 낭비된 세월의 열매들이 우리의 것이 될 수 있다"라고 말했다.

슬픔의 나팔(The trumpet of weeping, 12-17절). 선지자는 금식하고 자백하면서 하나님께 돌아가도록 백성들을 소집했다. 솔직하게 그리고 겸손하게 하나님께 나아가는 것을 결코 두려워하지 말라. 왜냐하면 하나님은 "은혜로우시며 자비로우시며 노하기를 더디하시며 인애가 크신"(13절) 분이시기 때문이다. 기도하면서 죄가 야기한 고통에서 벗어나는 것뿐 아니라, 하나님의 영광을 찬미하는 것에 대해서도 생각하라(17절).

복 주실 것에 대한 약속(The promise of blessing, 18-32절). 하나님은 그들에 대한 책망을 거두시고 땅에 주시는 복을 회복하실 것이라고 약속하셨다. 하나님이 행하시는 '큰 일'(21절)이 끔찍한 일을(20절) 대신하게 될 것이다. 그리고 기쁨이 두려움을 대신하게 될 것이다. 28-32절은 특히 미래의 여호와의 날을 언급하고 있다. 그러나 베드로가 오순절에 이 구절을 사용한 것은(행 2:16-21) 이 구절이 오늘날 우리에게도 영적으로 적용될 수 있음을 말해주는 것이다.

○ 요엘 3장

다음의 네 가지 생생한 그림이 하나님이 장래에 그분의 백성들과 나라들을 어떻게 하실 것인지 보여주고 있다.

법정(The court, 1-8절). 마지막 때에 하나님은 이방 나라들을 법정에 소환하시고, 그들이 이스라엘에게 범한 죄를 심판하실 것이다. 그들은 이스라엘 백성들을 흩어지게 했고, 그들의 땅을 갈라지게 했으며, 그들을 노예처럼 다루고, 그들의 재물을 강탈했다. 이 심판은 오랫동안 미루어져왔다. 그러나 곧 심판이 임할 것이다.

추수(The harvest, 9-13절). 하나님이 나라들을 불러 싸우게 하시고, 마지막 추수를 거두게 하실 것이다(사 63:1-6, 계 14:14-20). 그러나 하나님의 백성들은 강해질 것이다. 그리고 하나님이 그들의 정당함을 인정해주실 것이다.

폭풍우(The storm, 14-17절). 열방들은 하나님의 진노를 경험하게 될 것이다. 그러나 하나님은 자신의 백성들을 위한 피난처와 능력이 되어주실 것이다(시 46, 91편 참조).

동산(The garden, 18-21절). 요엘서는 가뭄과 기근으로 시작했다. 그러나 젖과 꿀이 흐르는 땅에 대한 묘사로 끝이 난다. 하나님이 자신의 백성들을 용서하시고, 그들과 함께 거하시는 인애를 베푸실 것이다. 새롭게 시작하게 하실 것이다.

◆ 평화가 아니라 전쟁 ◆

요엘 3장 10절은 이사야 2장 4절과 미가 4장 3절과 반대되는 생각을 표현하고 있다. 이사야와 미가는 전쟁이 아니라 평화를 누리게 될 장래의 영광스러운 나라를 설명하고 있다. 그러나 요엘은 "전쟁을 준비하라"고 촉구하고 있다(3:9)!

어떤 미래를 맞이할 것인지는 하나님과 맺고 있는 우리의 관계에 달려 있다. 예수 그리스도를 구세주로 믿고 신뢰한다면 법정에 소환되지 않을 것이다(요 5:24, 롬 8:1-4). 그리고 폭풍우를 두려워할 필요도 없을 것이다.

아모스

Amos

아모스 선지자는 유다 출신이다. 그러나 북 왕조 이스라엘에서 주로 활동했다. 그는 목자이자 농부였다(7:14-15). 아모스서에는 시골에 대한 암시가 많이 포함되어 있다. 그는 선지자로서의 공식 훈련을 받지는 않았지만 하나님이 그를 부르셨고, 그는 하나님의 말씀을 효과적으로 전파했다.

여호보암 2세 당시 북 왕조는 평화와 번영을 누리고 있었다. '종교'에 관한 관심도 높았다. 그러나 '부흥'은 피상적인 것이었고, 백성들의 일상생활에는 아무런 영향도 미치지 못했다. 부자들은 점점 더 부자가 되었고, 가난한 사람들은 그들을 변호해줄 사람을 찾을 수 없었다. 아모스는 하나님이 이스라엘과 그 주변 국가들을 심판하실 것이라고 경고했다. 그리고 기원전 722년 앗수르가 그 심판을 몰고왔다.

아모스서에는 열방들에 대한 8가지의 고발(1-2장)과 이스라엘의 죄를 지적하는 3개의 메시지(3-6장)와 장차 임할 심판에 대한 5개의 이상(7-9장)이 포함되어 있다. 그리고 하나님의 백성들의 회복을 약속하는 것으로 끝이 난다(9:11-15, 참조 - 행 15:14-17).

아모스라는 이름은 '눌린'(2:13)이라는 뜻이다. 그는 동족들의 죄에 눌려 있었던 것이 분명하다.

○ 아모스 1-2장

아모스는 유다(2:4-5)와 이스라엘(2:6-16)에 대한 심판을 경고하기 전에 먼저 주변 여섯 나라의 죄를 책망했다. 하나님이 율법을 이방 나라들에게 주신 것은 아니었다. 그러나 그럼에도 그들은 그들의 죄에 대한 책임을 져야 한다. 이스라엘과 유다는 하나님의 율법을 어기고(2:4), 하나님의 사랑을 저버리는(2:9-12) 죄를 범했다. 그러나 이방 나라들은 그들 안에 있는 율법, 곧 그들의 양심을 거스르는 죄를 범했다(롬 2:12-16).

이방인들은 사람들에게 죄를 범했다. 아모스는 그들의 잔인성과 억압과 복수와 살인과 도적질을 책망했다. 나라들은 죄를 짓고도 아무렇지도 않은 것처럼 보였다. 그러나 하나님이 결국 그들을 추적해 따라잡으실 것이다. 하나님은 오래 참으신다. 또한 하나님은 거룩한 분이시다.

하나님의 선택된 백성인 이스라엘과 유다에게는 하나님 앞에서 더 막중한 책임이 따랐다. 그들은 십계명을 어겼다. 그리고 그것은 하나님이 그들을 심판하셔야 함을 뜻하는 것이었다(2:13-16).

하나님이 타락한 사람들을 그들의 죄 때문에 심판하신다면, 하나님을 안다고 주장하는 사람들은 더욱 엄하게 심판하시지 않겠는가? 특권에는 의무가 따른다(눅 12:48). 그리고 의무에는 책임이 따르게 된다. 이스라엘과 유다의 백성들은 아모스가 그들의 이웃 나라들을 책망하는 것을 듣고 즐거워했다. 그러나 아모스는 하나님의 백성들의 죄도 지적하며 그들을 책망했다. 하지만 그들은 그 책망을 받아들이지 않았다.

하나님이 우리를 향해 오래 참고 계시는가? 다른 사람들에게 임한 하나님의 심판을 우리를 경고하는 도구로 삼고 있는가? 그 경고에 귀를 기울이고 있는가?

아모스 3장

과거(Past, 1-2절). 특권에는 책임이 따른다는 사실을 상기시켜주고 있다. 하나님은 애굽에서 이스라엘을 구원하시고, 자신의 특별한 백성으로 삼으셨다. 그 때문에 그들을 벌하시는 것이었다. 하나님이 자비하심으로 이스라엘을 선택하신 것은 그들에게 불순종할 수 있는 권리를 주시려는 것이 아니었다. 같은 진리가 오늘날 교회들에도 적용된다. 선택에는 책임이 포함되어 있다(요 15:16, 엡 1:4, 벧전 2:4-5, 9).

현재(Present, 3-10절). 아모스 같은 평범한 목자가 무슨 권리로 자기 동족을 고발하고, 다가올 심판을 경고할 수 있는 것인가? 그와 하나님은 뜻을 같이 했기 때문에(3절) 동행했다. 하나님은 사자처럼 부르짖으시고(4, 8절, 1:2), 죄인들을 위해 덫을 놓으셨다(5절). 아모스는 백성들을 경고하기 위해 나팔을 불었다(6절). 하나님이 자신의 비밀을 그에게 알리셨기 때문이었다(7절, 시 25:14). 비천한 태생에도 불구하고 아모스는 하나님의 종이었다.

미래(Future, 11-15절). 동물을 잃게 되면 목자는 들짐승이 그 동물을 죽인 것을 입증할 수 없는 한 그 동물의 값을 지불해야 했다. 들짐승에게 당한 것을 입증하기 위해서는 죽은 동물의 시체 일부를 주인에게로 가져가야 했다. 이스라엘은 사자가 부르짖는 소리를 들을 수 있었다. 그러나 그들은 회개하지 않았다. 따라서 곧 남은 자들만 있게 될 것이다.

> ◆ **종교** ◆
>
> 아모스는 백성들의 사치를 책망하면서, 가난한 사람들을 돌볼 것을 강력하게 역설했다. 그는 특히 값비싼 집(3:15, 5:11)과 음주(4:1)와 자기 만족(6:1)과 화려한 잔치들(6:3-6, 8:10)을 책망했다. 부자들은 가난한 사람들을 착취해 돈을 벌었다(5:11-15). 그러나 그 부자들은 '종교적'이었고, 성실하게 성전 제사에 참석했다(4:4-5, 5:21-27). 그들의 '종교'는 자신들의 죄를 덮기 위한 가면과 겉치레에 불과했다. 오늘날에도 신자라고 고백하는 사람들이 이와 같은 죄를 범하고 있지는 않는가?

○ 아모스 4장

이 장에서는 "너희가 내게로 돌아오지 아니하였느니라"(6, 8, 9, 10, 11절)는 슬픈 후렴구가 반복되어 나타나고 있다. 하나님의 징계는 백성들을 회복시키고 진정한 회개로 이끄시기 위한 것이다.

하나님은 가뭄과 기근과 농작물의 질병과 메뚜기와 황충과 전쟁과 재앙 등 몇 가지를 징계의 수단으로 사용하셨다(11절). 그럼에도 불구하고 백성들은 깨닫지 못했다. 그들은 하나님의 징계를 받았고, 이제 남은 일은 하나님을 만나는 것이었다(12절). 하나님이 친히 그들을 심판하기 위해 오실 것이다.

사치스러운 삶 가운데(1-3절) 종교적인 의무들을 수행하면서(4-5절) 하나님의 부르심을 외면하는 것은 큰 비극이다. 아모스가 부유한 여인들을 '암소'라 부르며 도살장으로 끌려가는 모습으로 묘사하는 데는 상당한 용기가 필요했을 것이다. 사람들은 안락함과 풍요 속에서 자신들이 심판에 면역되어 있다고 생각했다. 그러나 그들에게도 심판은 임했다.

하나님을 만날 준비가 되어 있는가?

○ 아모스 5장

애가(Lamentation, 1-3절). 죽었지만 묻히지 못한 채 땅에 던져져 있는 나라를 위한 애가다. 앗수르인들이 와서 이스라엘을 점령할 것이다. 이스라엘은 자신들을 아름다운 처녀라고 생각했다. 그러나 그녀는 쓰러져 죽은 채 썩도록 버려진 시체에 불과했다. 아모스가 눈물을 흘린 것은 그리 이상한 일이 아니었다!

초대(Invitation, 4-15절). 그러나 하나님이 여전히 은혜를 베푸시고 초청하신다. "너희는 나를 찾으라 그리하면 살리라"(4, 6, 14절). 백성들은 제물을 가지고 거룩한 곳에 모였다. 그러나 그것이 그들을 구원하지는 못할 것이다. 나라는 하나님의 종들에게 귀를 기울이지 않았고(10절), 하나님은 그분의 종들에게 잠잠하라고 말씀하셨다(13절). 하나님은 우리의 죄를 알고 계신다. 그러나 여전히 자비를 베푸시며 하나님께 나아와 깨끗함을 받으라고 초청하신다. 얼마나 자비로우신 하나님인가!

◆ 예수님의 오심 ◆

"하나님의 나라가 임하게 하옵소서"라고 기도할 때 정말 그런 뜻으로 기도하고 있는 것인지를 확인하라. 예수님이 정말 오늘 다시 오시기를 바라는가? 아니면 예수님이 오신다면 당신이 세운 계획이 방해를 받게 될 것이라 생각하는가? 하나님의 백성들 중에도 예수님을 만나 수치를 당하게 될 사람들이 있을 것이다(요일 2:28). 반면에 기쁨으로 예수님을 환영하게 될 사람들도 있을 것이다(살전 2:19-20).

예수님이 오시기를 기대하며 즐겁게 기다리는 마음은 거룩한 삶을 살아가며(요일 3:1-3), 신실하게 하나님을 섬기는(눅 12:35-48) 위대한 동기가 된다.

유죄 선고(Condemnation, 16-27절). 아모스는 여호와의 날, 심판과 어둠과 절망의 날이 다가오고 있음을 보았다. 백성들은 '여호와의 날'이 그들에게 복된 날이 될 것이라는 잘못된 확신을 가지고 있었다(18-20절). 그들은 오늘날 예수님의 재림을 천국으로 탈출하는 것으로 생각하는 신자들과 같았다. 하나님은 그들의 종교 활동과 후하게 바치는 제물에도 불구하고, 그들을 심판하실 것이다(사 1:12-23). 그리고 하나님은 여전히 제사가 아니라 순종을 원하신다.

◆ 공의 ◆

아모스 5장 24절이 아모스서의 핵심 구절이다. 부자들은 가난한 사람들을 착취했고, 종교 지도자들은 그런 일을 보고도 모른 척했기 때문에 불법 행위가 점점 더 성행했다. 하나님은 공의가 악한 사회를 씻어내고, 모든 것을 새롭게 하는 큰 강물이 되기를 바라신다.

○ 아모스 6장

국가 전체가 거짓된 확신을 낳는 자만이라는 죄에 빠져 있었다(1-2절). 그들은 하나님이 아니라 군사 지도자들을 신뢰했다. 백성들은 방종에 빠져 있었고, 고통받는 사람들을 돌보지 않았다(3-8절). 그들은 심판의 날은 아직 멀었다고 생각했다! 정말 그런 것인가?

하나님이 죽음(9-10절)과 파괴(11-13절)와 패배(14절)라는 세 가지 심판을 내리셨다. 잔치를 베풀던 사람들은 시체가 될 것이다. 큰 집들이 파괴될 것이다. 얼마 전 거둔 승리를 자랑하는 지도자들을(13절) 앗수르가 패배시킬 것이다.

바위 절벽에서 말들은 안전하게 달릴 수 없다. 또 황소들은 그곳을 기경할 수 없다. 그러나 이스라엘은 동물들보다 더 미련했다. 왜냐하면 그들은 불순종하면서 하나님의 심판을 피해보려는 불가능한 일을 시도하고 있었기 때문이다. "우리는 예외다!"라고 말하는 것은 자만에 찬 자랑일 뿐이다. 그들은 피할 수 없었다. 그들의 죄가 그들을 찾아냈다.

● 아모스 7장

자기 동족에 대한 변호(Defending his people, 1-9절). 아모스서의 마지막 3장은 이스라엘의 미래를 보여주는 5개의 이상을 기록하고 있다. 선지자는 하나님을 11번이나 '주 여호와'라고 불렀다. 그것은 하나님이 모든 것을 다스리시는 전능한 통치자라는 뜻이었다. 처음 두 이상을 본 후 아모스는 백성들을 위해 중보했고, 그 기도를 들으신 하나님은 마음을 누그러뜨리셨다. 그러나 세 번째 이상을 본 후에는 아모스도 더 이상 중보하지 않았는데, 그것은 나라가 이미 기준에 미치지 못하는 것으로 판명되었기 때문이었다. 하나님은 그분의 기준에 따라 우리를 평가하신다(잠 21:2, 단 5:27). 그리고 그 평가는 언제나 정확하다.

자신의 사역에 대한 변호(Defending his ministry, 10-17절). 제사장과 선지자 사이에, 제도와 종족 사이에 충돌이 있었다. 제사장은 과거를 유지하려 했고, 선지자는 미래를 위해 현재에 위협을 가했다. 또 조직과 사역 사이에도 충돌이 있었다. 아마샤는 높은 지위에 있었고, 아모스는 하나님의 위임을 받은 미천한 농부였다. 그러나 아모스는 물러서지 않았다. 그는 자신의 소명에 충실했고, 아마샤를 하나님께 맡겼다.

영적 지도자로 아모스와 아마샤 중 한 사람을 선택해야 한다면 누구를 택할 것인가? 그 이유는 무엇인가?

◆ 하나님의 부르심 ◆

아모스는 바울 사도가 기록한 고린도전서 1장 26-29절에 해당하는 좋은 본보기다. 하나님은 소위 중요한 사람들이라 불리는 사람들 대신 겸손하고 약한 사람들을 부르신다. 물론 하나님은 재능이 있고, 세상에서 높은 지위에 있는 사람들을 사용하실 수도 있다. 그러나 그런 사람들만 사용하시는 것은 아니다. 모세(행 7:22)와 바울(행 26:24)은 둘 다 교육을 잘 받은 사람들이었다. 그러나 예수님의 제자들 중 적어도 7명은 평범한 어부들이었다(요 21:1-3). R. A. 토레이(R. A. Torrey)는 명석한 사람이었고, 타고난 전도자였다. 그는 거의 교육을 받은 적이 없는 전도자 드와이트 무디(Dwight L. Moody)와 친하게 지냈고, 두 사람은 함께 일했다. 하나님이 두 사람을 놀랍게 사용하셨는데, 그 이유는 두 사람 다 자신들이 가진 전부를 하나님께 드렸기 때문이었다.

○ 아모스 8장

아모스가 본 네 번째 이상은 그 메시지가 분명했다. "이스라엘이 끝에 이르렀다!" 농부가 익은 과일을 따듯이 하나님이 이스라엘을 따실 것이다. 하나님은 오랫동안 그들을 참아오셨다. 그러나 이제 심판의 날이 되었다. 부자들은 하나님과 사람들에게 죄를 범했다. 그들은 종교적인 의무에 싫증이 났고, 다시 돈을 벌 수 있게 될 때를 기다리며 안식일을 겨우 견디냈다. 그들은 가난한 사람들을 착취하고, 값싸게 만들어 비싸게 팔기 위해 하나님의 기준을 바꾸기까지 했다. 하나님이 그들에게 진노하신 것도 무리가 아니었다.

아모스는 지진(8절, 1:1)과 대낮에 임하는 어둠(9절)과 죽음(10절)과 기근(11-14절)을 예상하라고 말했다. 하나님의 말씀은 우리 영혼의 양식이다(마 4:4, 벧전 2:2). 그리고 그 양식을 대체할 수 있는 것은 아무것도 없다. 하나님의 백성들이 하나님의 말씀을 거부할 때 하나님은 종종 자신의 말씀을 거두시고, 대체물에 의존해 살면서 굶주리도록 버려두심으로써 그들을 심판하신다.

아모스 9장

심판(Judging, 1-4절). 아모스는 사람들이 위선적인 예배를 드리는 벧엘에서 하나님을 보았다. 하나님이 그 예배 처소와 그곳에서 예배하는 사람들을 멸망시키실 것이다. 아무도 피할 수 없을 것이다. 피하려 하는 사람은 누구든지 잡혀 죽임을 당하게 될 것이다. 심판이 하나님의 집에서 시작되는 것은 기본적인 원리다(벧전 4:17, 참조 - 겔 9:6)

이동(Sifting, 5-10절). 하나님이 벧엘의 예배 처소를 멸하실 것이다. 그러나 그분의 백성들을 완전히 멸하지는 않으실 것이다. 그들을 이방인들에게 보내시고, 가짜 중에서 진짜를 가려내실 것이다. 하나님의 은혜로 남은 자들을 보존하심으로 나라가 계속될 수 있게 하실 것이다.

축복(Blessing, 11-15절). 다윗 왕조는 무너진 장막같았다. 그러나 하나님이 다시 세우시고, 보수하시며, 회복시키실 것이다. 하나님의 백성들은 그들의 땅으로 되돌아가 하나님이 주시는 복을 다시 누리게 될 것이다(사 11장). 하나님은 유대인과 이방인들 가운데서 하나님의 교회를 소집하신다(행 15:6-21). 우리의 임무는 모든 사람에게 복음을 전하는 것이다.

오바댜
Obadiah

바벨론이 예루살렘을 점령했을 때 에돔 족속은 기뻐하며, 그들의 형제를 돕는 대신 적에게 도움을 주었다(창 25:21-26, 시 137:7-9). 그것은 에서와 야곱 때부터 시작된 오래된 갈등이 재현된 것이었다. 그것은 또 영과 육의 싸움을 상징하는 것이기도 하다.

에돔의 죄는 무엇인가? 교만이 그들의 가장 큰 죄였다. 그리고 하나님은 교만한 자를 낮추실 것이라고 약속하셨다(1-4절). 그들은 또한 약탈을 일삼았는데(13절), 하나님은 그들이 약탈을 당할 것이라고 말씀하셨다(5-7절). 그들은 또 난폭했고(10절), 냉담했으며(11절), 유대인들의 곤경을 보며 즐거워했다(12절, 잠 24:17-18). 그러나 하나님은 그들이 멸망하게 될 날이 올 것이라고 경고하셨다(8절). 그들은 다른 사람들에게 행한 대로 되갚음을 받게 될 것이다(15절). 그리고 그것을 피할 수 없을 것이다(참조 - 렘 50:29, 마 7:12, 갈 6:7-8).

그러나 이스라엘에게는 밝은 미래가 있을 것이다(17-21절). 왜냐하면 그들은 '자기 기업을 누릴'(17절) 것이기 때문이다. 바벨론은 예루살렘 성과 성전을 불태웠다. 그러나 이스라엘이 적을 태우는 불이 될 것이다. "나라가 여호와께 속하리라!"(21절)

◆ '고개를 돌리다' ◆

형제에게 도움이 필요할 때 '고개를 돌리고' 외면하는 것은 무자비한 일이다. 제사장과 레위인은 해를 당한 나그네를 돕는 대신 고개를 돌리고 피해 지나갔다(눅 10:31-32). 우리에게 도울 힘이 있다면 도와야 한다(잠 24:11-12). 그리고 우리는 말로 선행을 대신하려 해서는 안 된다(약 2:14-17, 요일 3:16-19).

요나
Jonah

요나 선지자는 이야기에 나오는 가상 인물이 아니라 실제 인물이다(왕하 14:25, 마 12:39-41). 하나님이 그를 앗수르 제국의 수도 니느웨로, 유대인들이 경멸하는 사람들에게로 보내셨다. 요나는 그 도시가 회개하고 살아남을 수 있는 기회를 갖는 대신 파멸되기를 바랐다. 앗수르 사람들은 적에게 자비를 베풀지 않는 무자비한 사람들이었다. 요나는 그들이 이 땅에서 사라지기를 바랐다.

요나서는 니느웨와 요나를 향한 하나님의 은혜를 강조하고 있다. 니느웨가 악한 도성이기는 했지만, 하나님은 그 거민들에게 살 수 있는 기회를 주셨다. 요나는 거역한 종이었지만 하나님이 그를 용서하시고, 사용하시며, 그가 자신의 분노를 극복할 수 있도록 자상하게 도와주셨다. 요나서는 1장 - 거역: 내려가는 요나, 2장 - 회개: 올라가는 요나, 3장 - 회복: 길을 가는 요나, 4장 - 분노: 밖으로 나가는 요나로 구성되어 있다.

이 책의 주인공은 선지자도 아니고, 큰 물고기도 아닌 하나님이시다. 요나서에서는 하나님이 38번이나 언급되었다(NKJV의 경우). 요나서는 "하나님의 말씀과 뜻에 어떻게 반응하고 있는가?"라는 중요한 질문을 제기하고 있다.

● 요나 1장

요나는 자신에게 선택권이 있다고 생각했다. 하나님의 뜻은 선택 사항이 아니라 의무이며, 기회라는 사실을 그는 잊고 있었던 것이다. 하나님의 뜻에서 달아난다면 우리는 언제나 아래로 내려갈 뿐이다(3, 5, 15, 17절, 2:6). 위험을 위해 안전을 희생하고, 폭풍우를 위해 평온함을 희생하게 될 수도 있다.

하나님의 선지자보다 '이방' 선원들이 더 나은 성품을 보였다. 요나가 자고 있는 동안 그들은 그들의 신들에게 부르짖었고, 위기를 극복하기 위해 최선을 다했다(13절). 요나는 유대인이었고, 유대인들은 온 세상에 복이 되어야 했다(창 12:1-3). 그러나 구원받지 못한 사람들을 구해야 할 사람이 오히려 그 사람들에 의해 목숨을 유지하고 있었다!

하나님과의 교제에서 벗어난 신자는 큰 문제를 야기할 수 있다. 요나는 선원들을 위험에 빠지게 했고, 니느웨 사람들에게는 희망의 메시지를 들을 수 있는 기회를 빼앗았다. 하나님은 우리가 도망치도록 버려두지 않으실 만큼 우리를 깊이 사랑하신다. 그래서 우리를 징계하시고(히 12:1-11), 우리가 하나님께 복종할 때까지 우리를 계속 다듬으신다.

> "두려우신 하나님 앞에 서는 것은 하나님을 경외하는 것이고, 하나님을 피해 달아나는 것은 하나님을 두려워하는 것이다."
>
> 캐럴 E. 심콕스(Carroll E. Simcox)

● 요나 2장

하나님이 요나를 부르셨을 때 요나는 그 맡기신 일을 수행할 수 있도록 도우심을 구하는 기도를 했어야 했다. 만약 그랬더라면 징계를 피할 수 있었을 것이다. 그리고 구원을 위해 하나님께 울부짖어야 할 일도 없었을 것이다. 너무 늦어 버린 후에야 선지자는 기도했다. 그러나 하나님이 자비롭게 그를 용서하시고 구출하셨다.

구약 시대 당시 유대인들은 기도할 때 예루살렘의 성전이 있는 쪽을 바라보았다(4, 7절, 단 6:10). 아마도 요나는 오늘날 우리가 요한일서 1장 9절을 주장하듯이 열왕기상 8장 46-53절의 약속을 주장했을 것이다. 하나님은 자신의 자녀들을 향해 자비로우시며 기꺼이 용서를 베푸신다(시 86:5).

요나가 어쩌다 이 지경이 된 것인가? 그는 하나님을 잊은 채 기도를 게을리 했고(7절), 거짓말을 믿었다(8절). 그는 하나님의 뜻에서 벗어날 수 없다는 사실을 어렵게 배웠다. 그러나 그는 하나님께 돌아가 용서를 구할 만큼 지혜로웠다!

요나 3장

실패한 우리에게 새로운 기회를 다시 주시는 하나님은 얼마나 자비로운 분이신가(시 103:8-14)! 하나님은 자신의 일에 마음을 쓰시는 것 못지않게 그 일을 맡은 사람들에게도 마음을 쓰신다. 하나님은 니느웨에 다른 사람을 보내실 수도 있었다. 그러나 그랬다면 요나는 그가 배웠어야 할 교훈을 배울 수 없었을 것이다. 하나님은 우리를 통해 일하실 뿐 아니라, 또한 우리 안에서 우리를 빚는 일을 하신다.

길을 잃은 죄인들에게 이 얼마나 자비로운 하나님이신가! 거룩하신 하나님이 왜 타락한 니느웨 사람들에게 회개할 기회를 주려 하셨던 것일까? 하나님은 '아무도 멸망치 않고'(벧후 3:9) '구원을 받는 데'(딤전 2:4) 이르기를 바라시기 때문이다. 구원받기에 적합해 보이지 않는 세상 사람들에게 복음을 전해야 한다는 부담을 느끼고 있는가? 우리도 누군가로부터 복음을 전해 받았다는 사실을 기억하라!

불완전한 종의 사역에 복을 주시는 하나님은 얼마나 자비로운 분이신가! 요나는 자신이 하나님의 말씀을 전파한 사람들을 사랑하지 않았다. 그러나 하나님은 도시 전체가 회개하도록 그의 메시지를 사용하셨다. 하나님의 말씀에는 죄인 중의 괴수에게도 그 죄를 깨닫게 하고 회심하게 할 수 있는 힘이 있다.

요나 4장

하나님이 단지 니느웨 성을 구원하고 싶으셨다면 요나서는 3장으로 끝났을 것이다. 그런데 아직 해결되어야 할 일이 남아 있었다. 하나님은 그분의 종을 그 자신으로부터 구하고 싶으셨던 것이다. 니느웨가 멸망하는 것을 보고 싶었던 요나는 화를 내고 있었다(1, 2, 4, 9절). 그는 탕자의 비유에 나오는 큰아들처럼 밖에 나가 분노를 터뜨리고 있었다(눅 15:25-32).

　문제는 요나가 하나님께 온전히 굴복하지 않은 것이었다. 그는 하나님의 진리를 알고 있었다. 그리고 하나님의 명령에 순종했다. 그러나 '마음으로' 부터 하나님의 뜻을 행한 것은 아니었다(엡 6:6). 그는 하나님이 자신에게 하실지도 모를 일이 두려웠기 때문에 그저 순종했던 것이다. 그는 사랑의 사역자가 아니었다.

　하나님께 화를 내고 있을 때 모든 것에 대한 균형 있는 시각을 잃게 되고, 이기적으로 말하고 행하게 된다. 그리고 사람들보다 다른 것들을 더 중요하게 여기고, 사역보다 안락함을 더 중시하게 된다.

　그러나 하나님은 오래 참으시며, 우리를 하나님께 돌아오게 하시려고 우리를 친절하게 다루신다. 하나님의 뜻을 기뻐하는 것은 기독교 사역의 기본이다. 우리 각자는 "나의 하나님이여 내가 주의 뜻 행하기를 즐기오니 주의 법이 나의 심중에 있나이다"(시 40:8)라고 말할 수 있어야 한다.

미가

Micah

미가는 이사야(사 1:1)와 호세아(호 1:1)와 같은 시대를 산 사람이었고, 유다와 이스라엘(사마리아)에 관해 예언했다. 그의 책에서 그는 들으라는 촉구로 시작되는 세 개의 메시지를 전하고 있다. 그는 임박한 심판(1-2장)과 장래에 이루어질 나라(3-5장)와 하나님께 돌아오도록 백성들을 부르시는 하나님의 초청(6-7장)을 선포하고 있다. 그는 유다의 백성들이 이스라엘의 슬픈 경험을 통해 배울 수 있기를 바랐다. 그러나 그들은 그 기대를 저버렸다. 그는 자비와 희망이 섞여 있는 심판의 메시지를 전했다. 미가의 이름은 '여호와와 같은 자가 누구인가?' 라는 뜻이다. 예레미야 선지자는 미가의 말을 근거로 목숨을 건질 수 있었다(렘 26:18, 미 3:12).

○ 미가 1장

소송(The lawsuit, 1-7절). 미가는 재판을 열고 이스라엘에 대한 여호와의 판결을 이렇게 선포했다. "심판이 다가오고 있다!" 앗수르가 기원전 722년에 북 왕조를 침입해 사마리아 성을 폐허 더미로 만들었다. 그들의 우상 숭배는 하나님을 저버린 간음이었다. 그리고 그 배반은 심판을 받아야 했다.

애통(The lament, 8-16절). 앗수르는 기원전 701년에 유다를 침략해 거의 50개의 성읍을 파멸시켰다. 그들은 예루살렘도 정복하려 했지만 성공하지 못했다(사 36-37장). 그것은 하나님이 다윗을 위해 예루살렘을 남겨두셨기 때문이었다(사 37:35).

선지자는 백성들에게 일어나게 될 끔찍한 일을 보며 슬피 울었다. 그는 "당연한 대가를 받는 것이다!"라고 말하지 않았다. 대신 장례를 치르는 사람처럼 슬퍼하며 애통해했다. 임박한 심판에 대한 확신 때문에 길을 잃은 죄인들을 위해 슬퍼하며, 그들을 그리스도께로 인도하기 위한 노력하고 있는가?

◆ 히브리어 재담 ◆

미가 1장 10-16절의 히브리어 원문에서는 선지자가 자신의 요점을 전달하기 위해 재치 있는 재담을 사용하고 있다. 베들레아브라(Beth Aphrah)는 '티끌의 집'이라는 뜻이고, 사빌(Shaphir)은 '아름다운'이라는 뜻이다. 사아난(Zaanan)은 '나가다'라는 뜻이며, 벧에셀(Beth Ezel)은 '가까운 집'이라는 뜻이다. 마롯(Maroth)은 '비통'이라는 뜻이고, 라기스(Lachish)는 '한 팀의 말'이라는 뜻을 가진 단어와 발음이 비슷하며, 악십(Achzib)은 '거짓말'이라는 뜻이고, 마레사(Mareshah)는 '상속'이라는 뜻이다. 이 단어들의 의미와 선지자가 그 성읍들에 대해 진술한 내용들을 연결시켜보라.

○ 미가 2장

미가는 우상 숭배와도 같은(골 3:5) 탐욕(1-5절)을 비롯해 백성들이 범하고 있는 죄를 지적하고 있다. 부자들은 가난한 사람들을 착취하고도 어떤 벌도 받지 않고 있었다. 그러나 침략자가 쳐들어오게 되면 그 누구의 경계선도 인정받지 못하게 될 것이다.

또 다른 죄는 하나님의 말씀을 거부하는 것이었다(6-11절). 거짓 선지자들은 멸망을 선포하는 미가의 입을 막으려 했다. 그들은 안전하다 말하면서 술에 대해 이야기하는 듣기 좋은 메시지를 원했다. '형통을 설교하는 사람들'은 일반적으로 사람들에게 인기가 있는 반면, 하나님의 말씀을 선포하는 사람들은 종종 핍박을 받는다. 그러나 하나님의 말씀은 선을 행하고 하나님께 순종하려는 사람들의 삶에 유익한 것이다.

백성들은 우상 숭배와 간음으로 땅을 더럽혔다(레 18:24-30). 이제 땅이 그들을 멸할 것이다. 한 개인의 죄는 언제나 사회 전체에 영향을 미친다.

소망의 약속으로 끝을 맺으시는 하나님은 자비로우시다(12-13절). 하나님은 남은 자들을 지키시고(4:7, 5:7-8, 7:18) 그들을 장래에 이루어질 나라로 불러 모으실 것이다. 그들의 왕이 그들의 목자가 될 것이다!

◦ 미가 3장

"들으라!"는 말이 지도자들을 향한 미가의 두 번째 메시지를 소개한다. 그들의 죄 때문에 백성들이 하나님을 거역하고, 결국 심판을 받게 되었다(애 2:14, 4:13). 그들의 죄를 묘사하기 위해 미가는 세 개의 그림을 사용하였다.

사냥꾼(Hunters, 1-4절). 지도자들은 백성들을 돌보는 대신 그들을 짐승처럼 대하며 탐식했다. 그 지도자들이 하나님께 울부짖지만 하나님이 응답하시지 않는 날이 오게 될 것이다.

목자(Shepherds, 5-7절). 지도자들은 양 떼를 하나님의 길로 인도하는 대신 거짓 평화를 전하는 메시지로 그들을 타락시켰다(11절, 렘 6:14). 그들의 기만은 어둠을 불러올 것이며, 그들에게는 소망이 없게 될 것이다.

건축자(Builders, 8-12절). 지도자들은 하나님의 율법을 기초로 도성을 세우는 대신, 율법을 어기고 학살 위에 도성을 세웠다. 그것은 더 많은 돈을 취하기 위해서였다(딤전 6:9-10). 그러나 그들이 지은 모든 것은 무너져내릴 것이다. 그리고 그들의 돈은 쓸모없게 될 것이다.

참 지도자는 백성들을 보호하고, 그들을 하나님의 뜻으로 인도하며, 사사로운 이익을 생각하지 않고 백성들을 섬긴다.

◦ 미가 4장

미가는 이스라엘의 적들에 대한 심판과 장래에 세워질 나라를 네 개의 그림으로 보여주고 있다.

도성(A city, 1-5절). 예루살렘은 바벨론에 의해 파괴되었지만, 다시 나라의 수도가 될 것이다. 그때는 모든 사람이 하나님에 대해 알고 싶어하고, 하나님의 뜻대로 행하고 싶어하는 평화의 때가 될 것이다.

양 떼(A flock, 6-8절). 하나님이 그분의 양 떼들(남은 자들)을 모으시고, 다리를 저는 양들과 고통받는 양들을 돌보실 것이다. 그들의 목자가 왕이 될 것이다. 그리고 의로 다스릴 것이다.

출생(A birth, 9-10절). 임신한 여인이 아기를 출산하지 않을 수 없는 것처럼 유다는 바벨론에게 점령될 것이다. 고통의 때가 이를 것이다. 그러나 결국은 그 고통이 복을 불러오게 될 것이다. 하나님이 그들을 구원하시고 회복시키실 것을 약속하셨다.

추수(A harvest, 11-13절). 하나님의 백성들이 그들을 멸하려는 적들을 물리치게 될 날이 올 것이다. 그날 곡식을 떠는 것과 같은 일이 벌어질 것이다. 그리고 그 수확물은 하나님께 드려지게 될 것이다.

○ 미가 5장

이스라엘의 구원자, 주 예수 그리스도께 초점이 맞추어져 있다.

두 도시(Two cities, 1-2절). 미가는 바벨론의 포위 공격을 받고 있는 큰 예루살렘과 영원하신 분이 백성들을 구하기 위해 태어나실 작은 베들레헴을 비교하고 있다. 하나님의 구원 계획의 미래는 낮은 베들레헴에 묻혀 있었다(눅 2:1-20, 참조 - 사 9:6).

두 탄생(Two births, 3-4절). 메시아의 탄생은 이스라엘에 소망을 가져다줄 것이다. 그러나 그들은 그분을 영접하지 않을 것이다. 메시아는 그들을 회복하기 위해 다시 오실 때까지(롬 9장) 그들을 포기하셔야 했다(눅 13:34-35). 그들의 구원은 나라의 탄생이 될 것이다(사 66:8). 그리고 세상 끝까지 평화가 임하게 될 것이다.

두 승리(Two victories, 5-15절). 메시아는 원수를 이기고 승리하실 것이다. 그리고 그분의 백성들이 승리하게 하시고(사자같게) 열매맺게(이슬같게) 하실 것이다. 또 백성들의 죄를 깨끗게 하실 것이다(10-15절). 그들이 의지하던 것들이 -

병거와 견고한 성과 마술과 우상들이 - 제거될 것이다. 그리고 그들은 하나님을 신뢰하는 것을 배우게 될 것이다.

하나님은 우리가 하나님의 평강을 누릴 수 있도록 우리 각자의 삶 속에 있는 무언가를 제거하기 원하신다.

○ 미가 6장

우리는 다시 법정에 서 있다.

고발(The indictment, 1-5절). 하나님은 산들에게 이스라엘을 고발하는 하나님의 증인이 될 것을 요청하신다. 하나님의 백성들은 하나님이 그들에게 어떻게 하셨기에 하나님의 말씀을 거역하고 죄를 범해야 했던 것인가(사 5장 참조)? 그들은 하나님이 그들을 위해 하신 모든 일을 다 잊은 것인가? 하나님이 우리에게 자비를 베푸셨던 일들을 돌아보고 하나님께 감사하는 것은 우리에게 큰 유익이다.

자백(The confession, 6-8절). 백성들은 "우리가 죄를 범하였다!"라는 말밖에 다른 말을 할 수 없었다. 재판관은 제사를 원치 않았다. 대신 순종을 원했다(사 1:10-18). 8절은 하나님의 용서를 받은 하나님의 백성으로(신 10:12) 우리가 어떻게 살아야 하는지를 말해주고 있다.

선고(The sentence, 9-16절). 그들은 그들이 범한 죄 때문에 심판의 막대기를 경험하게 될 것이다. 그리고 그들의 노력은 저주를 받게 될 것이다. 오므리와 아합은 이스라엘을 통치한 가장 악한 두 왕이었다(왕상 16:21-22:40). 그리고 온 백성이 그들을 따랐기 때문에 고통을 받았다.

재판관은 구세주였다. 그러나 구세주라도 하나님을 고집스럽게 거역하는 사람들은 구하실 수 없다.

✦ '숭고한 계시' ✦

미가서 6장 8절은 복음이 아니다. 그 구절에 순종한다고 구원받는 것은 아니다. 그러나 구원받지 않고는 그 구절에 순종할 수 없다. 성령께 순종하는 동안 우리의 성품이 성령에 의해 단련되지 않는다면 우리의 종교적인 말과 행위(6-8절)는 아무 의미가 없다. 조셉 파커(Joseph Parker)는 "모든 논쟁과 모든 주지주의와 모든 이기적인 계산과 모든 부도덕한 정치적 기독교는 숭고한 계시 앞에서 다 무너져내려야 한다"고 말했다.

○ 미가 7장

신실하신 하나님(A faithful God, 1-7절). 선지자는 모든 백성이 거짓에 속고 있는 모습을 보고 역겨워했다. 그는 신실한 사람을 한 사람도 찾을 수 없었다(왕상 19:10, 시 12:1, 사 57:1). 사람들 때문에 실망하게 될 때 하나님은 언제나 신실한 분이시라는 사실을 기억하라. 선지자가 "우러러 보며, 기다리고, 기도할 것이라"고 했던 것처럼 그렇게 하라(7절 참조).

의로우신 하나님(A righteous God, 8-13절). 하나님은 넘어진 사람들을 일으켜 세워주시고, 어둠 속에 있는 사람들에게 빛을 주신다. 우리의 죄 때문에 우리를 징계하셔야 할 때에도 하나님은 최선을 행하신다. 인내하라. 하나님이 적을 물리치시고 우리에게 복을 주실 날이 올 것이기 때문이다.

용서하시는 하나님(A pardoning God, 14-20절). 하나님은 자비를 베풀기를 기뻐하신다! 우리가 하나님께 우리 죄를 자백하면 하나님은 우리를 용서하시고, 우리의 죄를 마치 패배한 원수처럼 짓밟으시며, 깊은 바다 속에 집어던지시고, 더 이상 보이지 않게 하신다(참조 - 시 103:12, 사 38:17, 렘 31:34, 행 3:19).

하나님의 용서

우리는 떨리는 기쁨과 놀라움으로,
예수 그리스도의 보혈로,
극악무도한 죄를 사면하시는
하나님의 용서를 받아들인다.
누가 하나님처럼 용서할 수 있겠는가?
누가 그런 풍성한 은혜를 자유롭게 베풀 수 있겠는가?

사무엘 데이비스(Samuel Davies)

나훔

Nahum

요나는 앗수르 제국의 수도 느니웨로 보내졌다. 그곳 사람들에게 회개할 기회를 주기 위해서였다. 그러나 나훔에게는 그들에게 심판이 임박했음을 선포하는 일이 맡겨졌다. 니느웨는 기원전 612년에 메데와 바벨론에게 멸망당했다. 스바냐 선지자도 니느웨의 멸망을 예언했다(습 2:13-14).

나훔이라는 이름은 '위로' 라는 뜻이다. 그리고 그의 메시지는 무자비한 앗수르의 위협을 두려워하고 미워하던 유대인들에게 분명 위로가 되었다. 나훔서는 죄를 벌하지 않으실 수 없는 하나님의 거룩하신 성품에 초점을 맞추고 있다. 1장에서 나훔은 니느웨의 몰락을 선포했다. 2장에서는 그 몰락을 묘사했고, 3장에서는 그 몰락을 옹호했다.

● 나훔 1장

질투하시는 하나님(God is jealous, 1-2절). 하나님이 질투하시는 분이라는 표현은 하나님이 전적인 순종을 요구하시고, 또 그 어떤 적수도 용납하지 않으신다는 뜻이다. 그것은 아내에 대한 남편의 질투나, 자녀에 대한 부모의 질투와 같은 것이다. 하나님은 하나님의 백성들에 대해 그리고 하나님의 영광을 위해 질투하신다. 그러므로 죄를 심판하셔야 한다.

노하기를 더디 하시는 하나님(God is long-suffering, 3 상반절). 하나님은 화를 터뜨리는 분이 아니시다. 죄인들이 하나님의 말씀을 듣고 회개하기를 인내하며 기다리신다. 출애굽기 34장 6절과 민수기 14장 18절과 로마서 9장 22절을 보라.

통치하시는 하나님(God is sovereign, 3 하-6절). 하나님의 방법이 최선이기 때문에 그리고 하나님이 전적으로 통제하시기 때문에 하나님은 자신의 방법대로 행하신다. 하나님은 자연을 다스리신다. 그리고 하나님의 진노 앞에 설 수 있는 사람은 아무도 없다.

선하신 하나님(God is good, 7-15절). 니느웨는 홍수(8절)와 불(10절)로 망하게 될 것이다. 그러나 하나님의 백성들은 그들의 피난처인 여호와 하나님 안에서 안전할 것이다(시 46편). 유다는 앗수르의 공격을 받았지만 멸망하지 않았고, 그 결박은 끊어질 것이다(12-13절). 유다는 니느웨가 멸망되었다는 좋은 소식을 듣게 될 것이다(참조 - 사 40:9, 52:7, 롬 10:15).

● 나훔 2장

이 장은 침략(1-4절)과 전투(5-7절)와 승리(8-10절)와 하나님과 적 앞에서 낮아진 니느웨의 굴욕(11-13절)을 생생하게 보여주는 극적인 그림이다! 앗수르를 멸망시킨 것은 바벨론도 메데도 아닌, 이스라엘의 여호와 하나님이셨다(사 10:5-19).

성벽을 지키는 파수꾼은 적의 군대가 붉은 옷을 입고 붉은 방패를 든 채, 병거를 빨리 몰며(3-4절) 다가오는 것을 보았다(1절). 장군은 최강의 군대를 성벽에 세웠다. 그러나 그들은 서로 걸려 넘어졌고, 빠르게 움직일 수 없었다(5절).

침략자들은 강의 수문을 열어 성벽과 궁궐을 무너뜨렸다(6절, 1:8). 백성들은 도망치기 시작했지만, 많은 사람들이 포로로 잡혔고 도성은 약탈되었다(7-10절).

앗수르는 그들의 많은 조각품들 가운데서 볼 수 있는 사자처럼 묘사되었다(11-13절). 그러나 앗수르의 사자는 더 이상 먹이를 삼키지 못할 것이다. 왜냐하면 그 사자가 삼킴을 당했기 때문이다! 앗수르는 더 이상 으르렁거리지도 못하고 죽이지도 못할 것이다. 그러나 유다는 회복되어 하나님의 복을 누리게 될 것이다(2절).

나훔 3장

창기(The harlot, 1-7절). 창기는 진리를 저버린 채 재물을 얻고 쾌락을 누리기 위해 자신들을 죄에 넘기는 사람들의 이미지로 성경에 자주 사용된다. 앗수르의 여신은 창기 이스달(Ishtar)이었다. 하나님은 앗수르의 수치를 드러내시고 수치를 당하게 하실 것이다.

술고래(The drunkard, 8-11절). 술에 취한 군인들이 어떻게 전쟁에서 이길 것이라 희망할 수 있겠는가! 나라는 하나님의 진노의 잔을 마시지 않을 수 없었다(렘 25:15-29).

무화과나무(The fig tree, 12-13절). 나무를 흔들면 익은 무화과들이 쉽게 떨어질 것이다. 그리고 그 무화과들은 농부의 입 속으로 들어갈 것이다. 니느웨는 충분히 방어하지 못할 것이며, 니느웨는 적의 손에 떨어지게 될 것이다.

메뚜기 떼(The locusts, 14-17절). 앗수르는 떼를 지어 다른 나라들을 덮치고 약탈했다. 그러나 이제 한 군대가 그들을 덮쳐 사람들과 재물이 넘쳐나던 도시를 텅 빈 도시로 만들 것이다. 위대한 앗수르의 지도자들은 인사불성의 차가운 메뚜기 떼처럼 될 것이다. 그러나 불이 붙으면 깨어나 도망치려 할 것이다. 강한 무적의 나라가 약한 곤충 떼처럼 될 것이다.

양 떼(The flock, 18절). 목자들(지도자들)은 죽었고 양 떼는 흩어졌다. 그들을 돌보는 사람도 없고, 그들을 모으는 사람도 없을 것이다.

희생자(The victim, 19절). 다치고 상한 나라는 곧 죽게 될 것이다. 치유할 길이 없었다. 에레미아도 하나님의 백성들을 다치고 상한 나라로 묘사했다. 그러나 그는 하나님이 그들을 치유하실 것이라고 약속했다(렘 30:12-17). 니느웨를 위해서는 그런 소망의 약속을 찾아볼 수 없다.

하박국

Habakkuk

하박국이라는 이름은 '포옹하다'라는 뜻을 가진 히브리 단어에서 파생되었을 것이다. 이 책에서 하박국은 심각한 문제를 붙잡고 싸우고 있으며, 모든 것이 다 무너지는 것처럼 보일 때 믿음으로 하나님을 붙잡았다.

하박국은 임박한 바벨론의 침공을 보았고, 그는 하나님이 그 악한 나라를 하나님의 선택한 백성을 벌하기 위해 사용하시는 것을 의아해했다. 이 책은 하박국의 경험을 다음 세 단계로 묘사하고 있다. 1) 곤혹스러움 - 흔들리는 믿음(1장), 2) 진상의 파악 - 주시하는 믿음(2장), 3) 인내 - 예배하는 믿음(3장).

핵심 본문은 "의인은 그 믿음으로 말미암아 살리라"고 한 2장 4절이다. 이 구절은 로마서 1장 7절, 갈라디아서 3장 11절, 히브리서 10장 38절에 인용되었다. 로마서의 주제는 '의'이며, 하나님 앞에서 어떻게 의롭다 하심을 받을 수 있는지를 보여주고 있다. 갈라디아서는 의인이 어떻게 '살아야' 하는지를 말해주고 있으며, 히브리서는 '믿음으로' 사는 삶을 강조하고 있다. 구약 성경의 본문 하나를 설명하기 위해 신약 성경의 서신서 세 권이 동원되었다.

○ 하박국 1장

응답되지 않은 기도(An unanswered prayer, 1-4절). 하박국은 유다 백성들의 사악함을 보고 하나님께 기도했다. 그러나 하나님은 듣지 않으시는 것처럼 보였다. 선지자는 하나님이 그 땅을 회복시키시는 것을 보고 싶었지만, 그의 기도는 응답되지 않았다. 혹은 응답되지 않았다고 그는 생각했다.

예상치 못했던 계획(An unexpected plan, 5-11절). 하나님은 하나님의 종에게 그의 기도가 그가 예상치 못하는 방법으로 응답될 것이라고 말씀하셨다. 하나님이 바벨론을 들어 유다를 치시고, 그분의 백성들을 징계하실 것이다. 인간의 관점에서 보면 나라가 침략을 당하고 백성들이 포로로 끌려가는 것은 비극처럼 보일 것이다. 그러나 그것은 하나님의 일이었다.

해결되지 않은 문제(An unsolved problem, 12-17절). 이제 선지자에게는 더 큰 문제가 생겼다. 어떻게 거룩하신 하나님이 그분의 선택된 백성을 벌하시기 위해 악한 나라를 사용하실 수 있는 것인가? 하나님의 종이 울부짖을 때 하나님은 입술을 꽉 물고 계시는 것처럼 보였다(13절). 그러나 곧 응답이 왔다. 그 응답은 하박국이 예상했던 것이 아니었다. 그럼에도 그 응답은 결국 그에게 평안을 주었다.

우리를 혼란스럽게 하는 문제들을 가지고 하나님과 씨름하는 것은 좋은 일이다. 그러나 하나님의 음성을 들을 수 있을 만큼 충분히 오랫동안 말을 멈출 수 있어야 한다.

"세상에서 일어나는 일을 보고 즐거워하지 말고 그리스도 안에서 즐거워하라. 하나님의 말씀과 하나님의 율법을 즐거워하라… 믿음이 깨어 있는 한 그리스도인의 마음에는 평안과 고요함이 있을 것이다. 그러나 믿음이 잠을 자고 있다면 위험에 빠지게 될 것이다."

성 어거스틴(St. Augustine)

○ 하박국 2장

하박국은 하나님이 이 세상에서 하시는 일에 대해 올바른 인식을 가질 필요가 있었다. 그것에 대해 기도하는 것은 좋은 일이다. 그러나 "너희는 가만히 있어 내가 하나님 됨을 알지어다"(시 46:10)라고 하신 말씀을 따르는 것 역시 좋은 일이다. 하나님은 그분 자신에 관한 두 가지 사실을 강조하셨다.

하나님은 공의로우시다(God is just). 다섯 가지의 재앙은 하나님의 백성들이 범한 죄를 하나님이 알고 계시며, 때가 되면 그들을 다루실 것이라는 사실을 분명하게 보여주고 있다. 하나님은 교만과 탐욕과 이기심과 살인과 술 취함과 정욕과 우상 숭배를 미워하신다.

하나님은 신실하시다(God is faithful). 세 개의 핵심 구절(4, 14, 20절)이 하나님의 신실하심을 드러내 보여주고 있다. 하나님은 변함이 없는 분이시며, 그분의 말씀은 반드시 이루어지기 때문에(4절) 우리는 하나님을 신뢰할 수 있다. 지금은 그렇게 보이지 않을 수도 있을 것이다. 그러나 하나님의 영광이 온 땅 위에 드러나게 될 날이 올 것이다(14절). 그때까지 하나님이 보좌 위에서 모든 것을 통제하신다(20절). 그러므로 주위를 돌아보면서 하나님께 많은 질문을 하는 대신, 위를 바라보고 하나님이 주시는 확신을 붙잡으라.

하박국 3장

요청(Request, 1-2절). 하나님은 하나님이 일하셨다고 말씀하셨다(1:5). 그래서 선지자는 하나님이 계속 일해주시기를 그리고 죄를 범한 하나님의 백성들에게 자비를 베풀어주시기를 간청했다(2절). 기도는 하나님께 그분이 하신 약속들을 상기시켜드리고, 그 약속들을 주장하는 것을 뜻한다.

회고(Review, 3-15절). 하박국은 과거에 하나님이 하신 일들을 돌아보며 하나님의 광대하심과 능력을 기억했다. 하나님은 유대 역사 속에서 언제나 그분의 백성들을 위해 일하셨다. 앞으로도 그들을 저버리지 않으실 것이다. 바벨론의 침공과 바벨론 유수는 고통스러운 경험이었다. 그러나 하나님이 그분의 영광과 그 백성들의 유익을 위해(롬 8:28) 그 일들을 사용하실 것이다.

기쁨(Rejoicing, 16-18절). 하박국은 깊은 골짜기에서 시작했다(1장). 그리고 망대 위로 올라갔다(2장). 그러나 이제 산 위에 있는 자신을 보게 되었다! 믿음은 언제나 우리를 높이 들어올리고 우리를 기쁘게 한다. 기뻐할 수 없는 경제적인 어려움 속에서도 우리는 주님 안에서 기뻐할 수 있다!

하나님의 인도하심

불신은 썩 물러가라! 내 구세주가 가까이 계신다.
내 구원은 분명히 이루어질 것이다.
나는 기도하며 씨름할 것이다. 그리고 주님이 행하실 것이다.
그리스도와 한 배를 탄 나는 폭풍 속에서도 미소지을 수 있다.

내가 가는 길이 비록 어두워도 주가 날 인도하신다.
내가 할 일은 순종하는 것이고, 예비하는 일은 주님이 하신다.
모든 것이 다 사라지고 모든 사람이 다 실패한다 해도
하나님이 하신 말씀은 반드시 이루어질 것이다.

존 뉴턴(John Newton)

◆ 영광스러운 발 ◆

하나님은 그분의 백성들이 자신과 교제할 수 있도록 발을 씻기 바라신다(요 13:1-11). 그리고 우리가 다른 사람들에게 복음을 전하는 아름다운 발을 갖기 원하신다(롬 10:15). 또 인생의 장애물을 극복하기 위해 높은 곳을 다니는 발(합 3:19)을 갖기 원하신다.

스바냐
Zephaniah

아마도 스바냐는 선지자 가운데 왕족의 혈통을 가진 유일한 사람이었을 것이다. 그러나 그가 요시야 왕과 혈족 관계에 있다고 해서 왕이 종교 개혁을 추진하고 있을 때 심판의 메시지를 전해야 하는 그의 임무를 저버리지 않았다(왕하 22-23장). 예레미야와 스바냐는 그 '개혁'이 백성들의 마음을 결코 변화시키지 못했기 때문에 그것을 진정한 개혁으로 보지 않았다. 왜냐하면 그것은 왕이 추진했고, 백성들은 대중적인 흐름을 따라 움직였을 뿐이기 때문에 피상적인 개혁에 불과했던 것이다.

선지자는 요엘서와 아모스서에서 우리가 접했던 '여호와의 날'을 강조했다. 그날은 역사적인 면에서 기원전 606년에 일어난 바벨론 침공을 의미할 수 있다. 그러나 예언적인 면에서 그날은 마지막 때에 임할 심판의 날을 말한다.

하박국처럼 스바냐는 하나님의 진노와 자비를 둘 다 보았다. 그는 심판이 예루살렘과 유다에 임할 것(1장)과 이방 나라들에 임할 것(2장)을 선포했다. 그러나 하나님이 남은 자들에게 긍휼을 베푸실 것이다(3장). 하나님은 진노 중에서도 긍휼을 기억하실 것이다(합 3:2).

○ 스바냐 1장

종교 개혁이 진행되고 있을 때 심판의 메시지를 전한다는 것은 쉬운 일이 아니었을 것이다. 그러나 참 선지자는 앞을 내다볼 뿐 아니라 깊이 들여다본다.

진멸할 것이다(I will consume, 1-7절). 하나님의 진노가 하나님의 피조물들(2-3절)과 위선자들을 삼킬 것이다(4-6절). 바벨론을 위해 준비된 축제가 될 것이다(7절, 렘 46:10, 계 19:17-21).

벌할 것이다(I will punish, 8-11절). 선지자는 왕궁으로부터 시작해서 성을 두루

다니며 자신과 함께 슬퍼하도록 백성들을 초대했다. 특별히 부정한 수단으로 얻은 재물들을 빼앗기게 될 상인들이 크게 슬퍼할 것이다.

찾을 것이다(I will search, 12-13절). 예루살렘 거민들은 숨으려 할 것이다. 그러나 침략한 군대가 그들을 찾아내 처형할 것이다. 스스로 만족해하던 사람들은 자신들의 신학이 모두 잘못되었다는 사실을 알게 될 것이다. 그 얼마나 돌연한 깨달음이 될 것인가!

고통스럽게 할 것이다(I will bring distress, 14-18절). 환난, 고통, 황무, 패괴, 어둠, 경고 등을 비롯해 그날을 묘사하고 있는 단어들에 주목하라. 사람들이 못 쓰게 된 물건처럼 취급될 것이다!

예루살렘을 멸망시키는 불 뒤에는 자신의 백성들을 사랑하시는 하나님의 질투의 불이 있었다(18절, 나 1:2). 그 사랑 때문에 하나님은 어떤 적수도 용납하지 않으시고, 어떤 반란도 허락하지 않으신다.

● 스바냐 2장

유다의 주변 국가들 역시 그들의 죄 때문에 하나님의 진노를 받게 될 것이다. 다른 선지자들은 그들에게 심판이 임박해오고 있다고 경고했다(사 14-20장, 렘 46-49장, 암 1-2장). 그러나 그 이방인들은 회개하지 않았다. 스바냐 선지자는 그들에게 임박한 심판을 설명하기 위해 겨(2절), 뿌리 채 뽑힌 나무(4절), 황무케 하는 찔레(9절), 사막같이 메마른 땅(13절) 등 농사와 관련된 몇 가지 이미지를 사용하였다.

하나님이 그분의 백성들을 학대하고(8절, 창 12:1-3), 교만하며(10절), 거짓 신을 숭배한(11절) 그들의 죄를 벌하실 것이다. 오늘날에도 하나님은 이러한 죄들을 벌하신다.

하나님은 백성들에게 죄를 버리고 돌아서서 하나님을 찾을 것을 촉구하셨다(1-3절). 겸손한 사람들은(하나님의 남은 자들, 3:12) 진노의 날에 하나님 안에서 보호를 받고, 보살핌을 받게 될 것이다(살전 1:10, 5:9-10, 계 3:10). 당신은 겸손한 사람들 가운데 하나인가? 아니면 교만한 사람들 가운데 하나인가(10절)?

스바냐 3장

반역자들(The rebellious, 1-7절). 예루살렘의 지도자들은 하나님의 종들에게 귀를 기울이지 않을 것이다. 하나님의 경고도 듣지 않을 것이다. 하나님이 그들의 잘못을 지적하실 때 그들은 더 큰 죄를 범했다. 하나님이 그들을 심판하실 때가 왔다. 하나님의 오래 참으심을 시험하거나, 하나님을 시험하는 것은 전혀 도움이 되지 않는다.

회복된 사람들(The restored, 8-13절). 선지자는 백성들이 다시 모이고 회복될 마지막 때를 내다보았다. 그들은 하나님을 기다리고, 섬기며, 아무것도 두려워하지 않게 될 것이다.

기뻐하는 사람들(The rejoicing, 14-20절). 징계가 끝났고, 적들이 패배했으며, 하나님이 이스라엘을 다스리시는 왕이기 때문에 백성들은 기뻐하며 노래하게 될 것이다(17절)! 하나님은 사랑하는 아버지처럼 두려워하는 자녀들을 그 품에 안으시고, 사랑으로 그들을 안위하신다. 하나님이 "내가… 하리라"고 말씀하시는 약속들에 주목하라.

우리가 하나님을 기뻐하고 하나님께 순종하면, 하나님도 우리를 기뻐하시고, 하나님의 가장 좋은 것을 우리에게 주실 것이다. 만약 죄를 지었다면, 우리를 사랑으로 징계히실 것이다. 우리가 회개하고 하나님께 돌아가면 하나님이 우리를 용서하시고, 기쁨과 평안을 회복시켜주실 것이다. "내가 저희의 패역을 고치고 즐거이 저희를 사랑하리니"(호 14:4).

학개
Haggai

기원전 538년 약 5만 명가량의 유대인들이 성전을 재건하고 나라를 회복하기 위해 바벨론을 떠나 본국으로 귀환하였다. 536년에 그들은 성전의 기초를 놓았다. 그러나 그 일은 적들의 반대로 중단되었고, 520년 학개와 스가랴의 권고를 바탕으로 다시 재개되었다(에스라 1-6장을 보라).

학개서는 4개월 동안 학개가 전한 네 개의 메시지로 구성되어 있다. 그의 목적은 성전이 완성될 때까지 일꾼들이 일터로 돌아가 계속 일할 수 있게 하는 것이었다. 그의 첫 번째 메시지는 정직할 것을 촉구하고(1:1-15), 하나님의 집을 자신들의 집보다 더 중요하게 여길 것을 깨닫게 하는 것이었다. 그런 다음 그는 그들에게 강하고(2:1-9), 깨끗하며(2:10-19), 담대할(2:20-23) 것을 호소했다.

하나님의 일이 소홀하게 다루어질 때마다 하나님의 말씀을 알리는 사역을 통해 다시 하나님의 일은 활기를 띠게 된다.

> "교인들이 '정말 좋은 설교였다' 라고 말하며 교회 문을 나서는 것이 아니라, '이제 무언가를 할 것이다!' 라고 말하며 교회 문을 나서는 것이 설교자를 평가하는 기준이 되어야 한다."
>
> 프린시스 드 살레(Francis de Sales)

○ 학개 1장

우선순위(Priorities, 1-4절). 학개가 만일 신약의 본문을 설교에 사용할 수 있었다면, 그는 아마도 마태복음 6장 33절을 인용했을 것이다. 하나님의 일을 할 때 그것은 결코 희생이 아니다. 우리가 희생할 때는 우리 자신을 위해 일할 때다.

역경(Adversities, 5-11절). 우리가 하나님을 최우선으로 여길 때 하나님은 우리를 돌보겠다고 약속하셨다. 그러나 우리 자신을 하나님보다 앞세운다면 우리는 하나님이 주시는 복을 잃게 되고, 또 우리를 위해 사용한 것이 무엇이건 간에 그것도 잃게 된다! 이스라엘 백성들은 하나님의 언약을 알고 있었다. 하나님은 그들이 하나님의 말씀에 순종하면 그들에게 복을 주시고, 불순종하면 그들을 징계하실 것이라고 약속하셨다(레 26장). 하나님을 최우선으로 여기라. 결코 실패하지 않을 것이다.

사역(Ministries, 12-15절). 하나님이 지도자들과 백성들을 일깨우기 위해 자신의 말씀을 사용하셨다. 그리고 그들은 성전 재건을 시작했다. 하나님의 일을 수행하는 데는 하나님의 감동하심을 받고, 하나님을 경외하는 지도자들과 일꾼들이 필요하다.

다윗은 "터가 무너지면 의인이 무엇을 할꼬?"(시 11:3)라고 물었다. 일을 시작하고 다시 터를 닦으라.

○ 학개 2장

이 장에는 세 개의 메시지가 들어있다.

강하라!(Be strong!, 1-9절) 어려운 시기였다. 백성들은 가난했고, 지도자들은 용기를 잃었다. (건축 사업이 쉬운 경우도 있었는가?) 재건된 성전은 솔로몬의 성전에 비해 매우 보잘것없을 것이었다. 그리고 백성들은 "성전을 짓는 일이 정말 가치 있는 것인가?"라고 생각하기도 했을 것이다. 그들은 영광의 하나님이 재건된 성전에서 일하실 것이라는 사실을 깨닫지 못하고 있었다. 화려했던 과거에 대한 기억 때문에 현재 주어진 기회를 놓치지 않도록 조심하라.

정결하라!(Be clean!, 10-19절) 제사장들은 거룩함을 전하는 대신 죄를 퍼뜨렸다. 백성들이 부정하게 되었기 때문에 하나님은 그들에게 복을 주실 수 없었다. 그러나 이제 그들은 하나님께 돌아왔고, 하나님은 그들에게 복을 주실 것을 약속하셨다.

담대하라!(Be encouraged!, 20-23절) 이 구절은 주 예수 그리스도의 모형인 그들의 총독에게 말하고 있다. 마지막 때에 하나님이 이방 권세를 타도하시고, 스룹바벨이 속한 다윗의 가계를 회복하실 것이다(마 1:12). 성전이 너무 초라해 보였거나, 나라가 너무 작고 약했기 때문에 총독은 아마도 자신의 역할이 그리 중요하지 않다고 생각했을 수도 있다. 그러나 그는 메시아가 이 땅에 오시는 계획의 한 부분을 이루고 있었다.

하나님의 나라를 이루는 우리 각자의 역할은 우리에게 그 역할이 어떻게 보이건 간에 중요하지 않거나, 대수롭지 않은 일은 하나도 없다. 담대하라. 그리고 계속 일하라!

"오늘날 하나님의 집은 영적인 집이다. 그러나 물질적인 것들이 여전히 영적인 것들을 보여주는 실제적인 상징이 된다. 하나님의 교회가 어느 지역에 또는 어느 곳에 있건 간에 물질적인 부분에, 즉 예배 처소와 교회가 행하는 일들에 소홀함을 보일 때 그것은 교회의 생명력이 쇠퇴하고 있음을 보여주는 증거이고 징후다."

G. 캠벨 모건(G. Campbell Morgan)

스가랴

Zechariah

스가랴 선지자는 유대의 남은 자들에게 성전 재건을 격려하면서 학개 선지자와 함께 활동했다. 하나님은 스가랴에게 예루살렘과 유대인들에 관한 여덟 개의 이상을 보여주시고(1-6장), 나라의 미래에 관한 경고(9-14장)를 두 차례에 걸쳐 말씀해주셨다. 7장과 8장은 금식에 관한 문제를 다루고 있다.

스가랴서는 예루살렘에 초점을 맞추고 있으며, 예루살렘을 40번 이상이나 언급하고 있다. 핵심 본문은 "내가 예루살렘을 위하여 시온을 위하여 크게 질투하며"(1:14)이다. 예루살렘 성은 마치 버림을 받은 듯했다. 그러나 하나님이 그 백성들을 기억하시고 약속을 지키실 것이다(스가랴는 '하나님이 기억하신다'라는 뜻이다). 하나님의 백성들에게 최상의 날은 아직 오지 않았다!

학개와 스가랴는 함께 일했다. 그러나 각자의 사역은 독특했다. 학개서에는 이상이 기록되어 있지 않고 짧막하다. 그러나 스가랴서는 길고, 여덟 개의 이상이 포함되어 있다. 학개는 백성들의 현재 일에 초점을 맞춘 반면, 스가랴는 앞을 내다보도록 백성들을 격려하고 있다. 그 당시 하나님의 백성들이 일할 수 있도록 격려해주기 위해서는 그 두 사역 모두 필요했고, 오늘날에도 마찬가지다. 에스겔과 예레미야처럼 스가랴도 제사장이었다(1:1, 느 12:1-4, 16).

○ 스가랴 1장

하나님의 진노가 다음 세 표적을 향했다.

과거 세대(The previous generation, 1-6절). 그들의 죄는 나라의 멸망을 불러오는 데 기여했고, 새로운 세대는 그들과 똑같은 죄를 범하고 있었다. 죄는 우리가 가는 길에 풀어놓은 들짐승처럼 우리를 따라다니다 결국 우리를 덮치고 만다. 회개할 때가 따로 정해져 있는 것이 아니다.

현세대(The present generation, 12절). 70년의 포로 생활 동안 나라는 하나님의 진노를 경험했다. 그러나 이제 하나님이 자비를 보여주실 때가 되었다. 하나님의 징계는 그 목적을 이루었고, 하나님이 이제 그분의 백성들을 치유하시고 회복시키실 것이다.

자기 만족에 빠진 나라들(The complacent nations, 7-21절). 하나님의 천사들이 땅을 두루 다니며 하나님의 백성들을 위해 일하고 있다(히 1:14). 열강들은 평안을 누리고 있었지만, 이스라엘은 여전히 고통 속에 있었다. 하나님이 이스라엘을 벌하시기 위해 다른 나라들을 사용하셨을 때 그들은 지나치게 무자비했고, 이제 하나님이 그 무자비함을 되갚으실 것이다. 뿔들은 세력을 뜻하는 상징이었는데, 하나님이 열강의 세력들을 깨뜨리실 것이다.

연약하지만 성전을 재건하고 있는 남은 자들은 긍휼을 베푸시고, 그들을 돕겠다고 말씀하신 하나님의 약속에 큰 격려를 받았을 것이다(14-17절). 하나님의 약속들을 주장하고 있는가?

● 스가랴 2장

약속(Promise, 1-5절). 측량하는 행위는 하나님이 도성을 소유하고 계시며, 도성을 위한 계획을 가지고 계시다는 사실을 보여주는 것이다. 유대의 남은 자들이 얼마나 낙심하고 있건 그들은 자신들의 일이 결코 헛되지 않다는 사실을 확신할 수 있었다. 예루살렘이 누리게 될 영광스러운 미래가 있기 때문이었다.

선포(Proclamation, 6-7절). 바벨론에 남아 있던 많은 유대인들은 본국으로 돌아갔어야 했다. 바벨론은 멸망하게 될 운명에 처해 있었다(렘 50-51장). 그러나 예루살렘은 다시 시작될 것이었다. 유죄 선고를 받은 도시에 왜 남아 있을 것인가? 그러나 오늘날에도 여전히 세상에 남아 있기로 선택하는 신자들이 있다(고후 6:14-18, 계 18:1-8).

◆ 침묵 ◆

하나님이 유대인들에게는 노래할 것을 그리고 이방 나라들에게는 잠잠할 것을 명하셨다(2:13). 그것은 그들의 죄 때문에 하나님이 그들에게 진노를 쏟아부으실 것이기 때문이었다. 그 잠잠함은 폭풍우가 몰아치기 전에 나타나는 일시적 소강상태와 같은 것이었다(참조 - 합 2:20, 습 1:7).

보호(Protection, 8-9절). 하나님이 자신의 백성들을 돌보실 것이라고 말씀하시며 약속하셨다. 눈동자는 소중한 기관이다. 고통을 예리하게 느끼는 신체의 한 부분으로, 하나님이 우리를 돌보시는 것은 우리가 하나님께 눈동자처럼 소중하기 때문이다(신 32:10, 시 17:8, 잠 7:2).

찬양(Praise, 10-13절). 그들의 한숨은 노래로 바뀌게 될 것이다. 왜냐하면 하나님이 그들에게 오셔서 그들과 함께 거하실 것이기 때문이다. 하나님은 그들을 하나님의 기업으로 주장하시고(출 19:5), 그들은 하나님을 알며, 하나님을 섬기게 될 것이다. 아브라함과 맺으신 언약(창 12:1-3)은 이스라엘에 있는 하나님의 영광 때문에 이방 나라들이 하나님을 찾아 나아오게 될 때 성취될 것이다.

● 스가랴 3장

우리가 용서받기 위해 하나님께 나아갈 때 하나님은 우리를 위해 어떤 일을 하시는가?

적들을 꾸짖으신다(He rebukes the enemy, 1-2절). 사탄은 참소하는 자다(계 12:10). 그러나 그리스도는 변호해주신다(요일 1:9-2:2). 우리는 하나님의 택함을 받은 하나님께 속한 사람들이다. 그리고 원수는 우리를 정죄할 수 없다(롬 8:31-39). 우리가 하나님께 돌아갈 수 있도록 성령이 사랑으로 우리의 죄를 깨닫게 하신다. 사탄은 우리가 하나님의 도우심을 받지 못하게 하려고 우리의 죄를 추궁한다. 이 두 소리를 잘 구별하라.

죄악을 제거하신다(He removes the iniquity, 3-5절). 더러운 옷은 죄로 더럽혀진 나라를 상징한다. 대제사장은 하나님 앞에서 자신을 늘 정결케 해야 했다. 하나님은 우리의 죄를 제거하시고 새 옷을 입혀주신다. 왜냐하면 예수님이 우리의 죄를 위해 대신 돌아가셨고, 다시 사셔서 우리를 위해 중보하시기 때문이다.

사역을 회복시키신다(He restores the ministry, 6-10절). 하나님은 대제사장 여호수아를 제외시키지 않으셨다. 왜냐하면 회복의 목적은 사역이기 때문이다. 하나님은 그에게 돌아가서 백성들을 섬기고 그들에게 오실 메시아, 즉 순(the BRANCH)에 대해 말할 것을 명하셨다. 여호수아가 깨끗해지고 회복된 것처럼, 메시아가 통치하기 위해 다시 오실 때 이스라엘도 깨끗해지고 회복될 것이다(9-10절, 12:10-13:1).

◆ **스가랴의 예언 속에서** ◆

스가랴의 예언 속에서 주 예수 그리스도는 순(3:8, 6:12, 사 11:1)과 돌(3:9, 10:4, 사 28:16)과 왕(9:9, 14:9, 16-17)과 거절당한 목자(11:12, 13:7)로 묘사되어 있다.

○ 스가랴 4장

스가랴는 어려운 일을 완수하기 위해 애를 쓰고 있는 낙담한 백성들을 위해 사역했다. 포기하고 싶은 마음이 든다면 하나님이 그분의 일꾼들에게 주시는 확신을 생각해보라.

하나님은 능력을 주신다(God provides power, 1-6, 11-14절). 기름은 하나님의 성령을 상징한다. 그리고 하나님만이 일을 마칠 수 있는 힘을 주실 수 있다. 하나님을 의지하고 있는가? 아니면 자신의 경험과 전문성을 의지하고 있는가? 에베소서 3장 20-21절을 묵상하라.

하나님은 장애물을 제거하신다(God removes obstacles, 7절). 불신앙은 흙더미를 산이 되게 한다. 그러나 하나님을 믿는 신앙은 산을 평지로 만든다! 지도자들은 온갖 장애물에 부딪혔다. 그러나 하나님이 그들을 위해 길을 여셨다(참조 -

사 41:15, 마 17:20).

하나님은 약속하신다(God gives promises, 9절). 하나님은 자신이 시작하신 일을 마치신다(빌 1:6, 히 12:1-2). 그러므로 우리는 반대에 부딪힐 때에도 하나님을 신뢰할 수 있다. 성전 재건은 여러 해 동안 지연되었다. 그러나 결국 모든 작업을 마칠 수 있도록 하나님이 그들을 도우셨다.

하나님은 우리가 하는 일을 기뻐하신다(God rejoices over our work, 10절). 백성들이 보기에 성전 재건 사업은 보잘것없는 일에 불과했다(학 2:3). 그러나 하나님이 보시기에 그 일은 큰 기쁨의 원천이었다. 하나님을 기쁘시게 하기 위해 일하라. 그리고 최종 판단은 하나님께 맡기라(고전 4:5).

◆ **보잘것없는 것들** ◆

하나님은 보잘것없는 것들도 흔쾌히 사용하신다. 모세의 지팡이(출 4:2)와 다윗의 물매(삼상 17장)와 턱뼈(삿 15:15)와 망치와 말뚝(삿 4:17-24)과 밧줄(수 2:15-21)과 바구니(행 9:23-25)와 떡과 물고기(요 6:9)와 냉수 한 그릇(마 10:42)과 심지어는 진흙(요 9:6-7)까지도 사용하신다.

◦ 스가랴 5-6장

책망받은 죄악(Wickedness condemned, 5:1-4). 두루마리의 크기는 약 가로 4.5미터, 세로 9미터였기 때문에 사람들이 쉽게 보고 읽을 수 있었을 것이다. 하나님은 도둑질하는 사람들과 거짓말하는 사람들을 정죄하셨다(사탄은 도둑이고 거짓말하는 자다, 요 8:44). 그 두 죄는 십계명의 세 번째와 여덟 번째 계명을 어기는 것이다(엡 4:25-28).

제한받은 죄악(Wickedness confined, 5:5-11). 마지막 때에 악한 세상 체계의 마지막 표현이라 할 수 있는 바벨론에 악이 집중될 것이다(계 17-18장). 히브리어에서 죄악이라는 단어는 여성 명사다. 그것은 이 장에서 여성이 사용된 이유를 설명해준다.

통제받은 죄악(Wickedness controlled, 6:1-8). 이 이상은 스가랴 1장 7-11절과 비슷하고, 땅을 순찰하는 하나님의 천사들을 상기시켜준다. 유대인들은 자주 북쪽으로부터 침략을 당했다. 그러나 하나님이 온 나라를 지키셨기 때문에 남은 자들은 계속해서 성전을 재건할 수 있었다.

◆ 메시아 칭호 ◆

'순'은 메시아의 중요한 한 칭호이며, 다윗의 줄기에서 나오신(사 11:1) 우리 주님을 뜻한다. '순'인 메시아는 왕(렘 23:5, 33:15)과 하나님의 종(슥 3:8)과 '순'이라 이름하는 사람(슥 6:12)과 여호와의 싹(사 4:2)이다. 이 네 칭호가 사복음서와 일치한다고 보는 사람들도 있다. 마태복음은 다윗의 가지, 곧 왕을 보여주고 있고, 마가복음은 종을 보여주고 있으며, 누가복음은 인자를 그리고 요한복음은 하나님이 육체를 입고 오신(요 20:30-31) '여호와의 싹'을 보여주고 있다.

정복당한 죄악(Wickedness conquered, 6:9-15). 세 유대인이 바벨론에서 성전을 위해 금과 은을 가지고 예루살렘에 왔다. 그러나 하나님은 스가랴에게 면류관을 만들어 그것을 여호수아에게 씌우고 그를 제사장 겸 왕으로 임명하라고 말씀하셨다! 유대인 제사장 중 왕이 된 사람은 아무도 없었다. 그리고 그 어떤 왕도 제사장의 역할을 하지 못하도록 되어 있었다(대하 26:16-21). 그 모든 것은 왕과 제사장으로 오셔서 미래의 영광스러운 성전에서 통치하실(겔 40장 이하) 메시아를 상징하는 것이었다(시 110:4, 히 7:1-3). 멀리서 예물을 가지고 온 세 사람처럼 이방인들이 성전 재건을 돕기 위해 선물을 가지고 오게 될 것이다(사 60:4-7).

학개가 백성들에게 매일 그들이 해야 하는 일을 계속하도록 격려했던 것처럼, 스가랴도 백성들에게 '미래 시제' 속에서 살고 일할 것을 권하고 있는데, 그것은 그들이 바로 하나님의 영광스러운 미래의 한 부분이기 때문이었다. '복된 소망'은 신실하게 하나님을 섬길 수 있게 해주는 훌륭한 동기가 된다(딛 2:11-15).

스가랴 7장

유대인들은 바벨론에 있는 동안 예루살렘의 멸망을 기억하기 위해 다섯 번째 달의 제 구일에 금식을 행하는 새로운 전통을 만들어 지켰다. 그러나 남은 자들은 이제 도성과 성전을 재건하고 있었고, 선지자들은 더 나은 도성과 성전은 아직 도래하지 않았다고 말했다. 그 금식은 계속되어야 하는 것인가?

하나님의 말씀에 어긋나지 않는 한 전통들을 지키는 것은 잘못이 아니다. 그러나 때때로 전통들을 점검해보고, 그 의미를 확인해보는 것이 좋다.

주님을 위한 것인가?(Are we doing this unto the Lord?) 아니면 그저 정기적으로 행하는 하나의 의식에 불과한 것인가? 주님이 배제된 전통이라면, 그것은 생명도 의미도 없는 것이다(롬 14:1-9 참조).

다른 사람들을 섬기는 데 유익한 것인가?(Does doing this help us serve others?) 하나님이 원하시는 금식은 정기적으로 시행하는 의식이 아니라 날마다 삶을 사는 방식이다. 그것은 가난한 사람들과 의지할 데 없는 사람들에게 자비를 베풀고 그들을 돕는 것을 의미한다. 하나님은 제사가 아니라 인애를 원하신다(호 6:6, 암 5:21-24, 미 6:8, 마 15:1-9).

하나님의 말씀에 순종하게 만드는 것인가?(Does doing this make us obedient to His Word?) 과거 세대는 전통을 지켰다. 그러나 하나님의 말씀에 대해서는 완고한 마음을 가지고 순종하지 않았다. 우리는 지금 어떻게 하고 있는가?

스가랴 8장

스가랴는 여전히 금식에 관한 질문에 대답하고 있다. 그러나 그는 백성들이 그들의 일을 계속하도록 격려하기 위해 이 기회를 활용하고 있다. "두려워 말지니라"(13, 15절)는 이 간결한 메시지의 강조어로서, 스가랴는 백성들을 격려하기 위해 세 가지 약속을 하고 있다.

하나님이 예루살렘을 회복하실 것이다(God will restore Jerusalem, 1-8절). 그는 메시아가 오셔서 하나님의 나라를 세우시고, 예루살렘을 진리와 평화의 도시로 만드실 날을 내다보고 있다. 나이든 사람들은 햇빛이 비치는 거리에서 안전하게 앉아 있게 될 것이다. 또 아이들은 아무 두려움 없이 놀게 될 것이다.

하나님이 형통케 하실 것이다(God will prosper your work, 9-17절). 백성들은 하나님께 신실하지 않았다. 그래서 하나님은 그들에게 주실 복을 거두어가셨다(학 1:1-11). 그러나 이제 하나님이 그들의 수고에 복을 주시고, 형통케 하시며, 그들을 복의 근원이 되게 하실 것이다(고전 15:58).

금식을 잔치로 바꾸실 것이다(God will turn fasting into feasting, 18-23절). 미래의 나라에서는 금식할 필요가 없을 것이다. 과거의 사건들은 하나님을 예배하는 영광 속에서 잊혀지게 될 것이다. 예수님은 우리에게 슬픔이 아니라 기쁨을 주기 위해 오셨다(마 9:14-17).

◆ 전통들 ◆

하나님이 유대인들에게 요구하신 유일한 금식은 대속죄일 하루뿐이었다(레 16:29). 스가랴 8장 19절에 언급된 네 금식은 예루살렘 성벽이 훼파된 것과 성전이 불에 탄 것과 그다랴가 암살된 것(렘 41장)과 예루살렘이 포위된 사건들을 기념하기 위한 것이었다. 그들은 새로운 종교적 전통을 세우고 그 전통에 순응해나갔다. 그러나 하나님의 말씀에 순종하는 일에는 더 나아지지 않았다.

○ 스가랴 9-14장

스가랴는 다가올 이스라엘의 역사에 대한 예언으로 자신의 메시지를 마무리했다.

9-11장은 기본적으로 그리스도가 자기 백성들을 찾아오셨지만(9:9) 거절당하시는(11:12) 그리스도의 초림을 다루고 있다. 그리스도의 오심으로 이어지는 사건들에는 알렉산더 대제의 정복(9:1-8)과 기원전 168-134년 사이 마카비 시대에 일어난 분쟁(9:14-17) 등이 포함되어 있다. 다니엘 8장 9-14절 역시 이 당시를 언급하고 있다. 로마의 통치를 받게 될 이스라엘은 11장에서 볼 수 있다.

12-14장은 메시아의 재림과 그분의 영광스러운 나라를 강조하고 있다. 핵심 구는 '그 날에'다. 스가랴는 그리스도가 이 땅에 다시 돌아오실 '그 날에' 일어나게 될 일들을 묘사하고 있다. 예루살렘을 공격하기 위해 나라들이 동맹할 때 그리스도가 능력으로 임하셔서 그 백성들을 구원하실 것이다. 하나님의 백성들은 그리스도를 알아보고, 회개하며, 정결케 될 것이다. 그리고 예수 그리스도가 예루살렘에서 왕으로 통치하실 것이다.

상징적 표현들이 9-14장에서 종종 나타나고 있는 것을 볼 수 있다. 그리고 선지자가 주님의 초림과 재림을 연속되는 구절로 언급하고 있는데, 그것은 예언 문학에서 흔히 볼 수 있는 것이다(예를 들어 이사야 9장 6절을 보라). 스가랴 9-14장을 읽으면서 은혜와 영광의 그리스도를 보고, 그분이 약속하신 승리를 기뻐하라.

스가랴 9장

알렉산더 대왕의 제국이 확장된 것은(1-8절) 주 예수 그리스도의 탄생을 예비하는 데 도움이 되었다. 하나님은 역사를 다스리시고, 자신의 목적을 이루기 위해 역사를 사용하신다. 오늘날 뉴스에서 보도되는 사건들이 비록 암울해 보인다 할지라도, 모두 하나님의 손 안에 있다.

9절은 예수님이 예루살렘에 입성하실 때 성취되었다(마 21:1-11). 10절은 그리스도가 재림하셔서 나라를 세우실 때까지 이루어지지 않을 것이다. 이스라엘은 그들의 왕을 거절했고, 오늘날 사람들이 말하듯이 "우리에게는 가이사 왕밖에 없다!"라고 말했다.

11-17절은 미래에 성취될 하나님의 백성들의 구원에 초점을 맞추고 있다. 그것은 갇힌 자들을 풀어주는 것과 같을 것이며(11절), 흩어진 양 떼들을 모으고, 면류관에 보석을 달며, 정복하는 군대를 소집하는 것과 같을 것이다(16-17절). 그 얼마나 영광스러운 날이 될 것인가!

12절에서 하나님은 아직 바벨론에 남아 있는 유대인들에게 그들의 동족들과 본국으로 돌아갈 것을 촉구하신다. 하나님은 그분께 순종하는 사람들에게 갑절의 복을 약속하신다. 그러므로 당신은 지금 하나님이 당신을 위해 선택하신 곳에 있는지를 확인하라.

○ 스가랴 10-11장

이 두 장은 이스라엘을 하나님의 양 떼로, 그들의 지도자들을 목자로 묘사하고 있다.

신실한 목자(The faithful Shepherd, 10장). 양 떼는 그들을 돌보는 목자가 없었기 때문에 곤경에 처해 있었다. 그러나 하나님이 돌아오셔서 그들의 목자가 되실 것이다. 하나님은 그 백성들을 구하시고, 강하게 하시며, 평안을 주실 것이다.

거짓 목자들(The false shepherds, 11:1-14). 지도자들은 하나님과 백성들에게 진실하지 못했다. 그래서 하나님이 그들을 폐허가 되게 하셨다(1-3절). 양 떼들은 살육을 당하게 되었고(70년에 로마에 의해 정복되었고), 분열되어(부러진 막대기) 이방인들 가운데로 흩어졌다. 선지자는 양 떼를 돌보고, 거짓 목자들에게 거절되며, 종처럼 팔려가는 참 목자를 보여주는 그림이다(12-13절, 출 21:32, 마 26:14-16).

어리석은 목자(The foolish shepherd, 11:15-17). 그는 세상의 마지막 통치자 적그리스도다. 이스라엘은 그를 친구로 영접할 것이다. 그는 이스라엘을 지켜줄 것이라고 약속하지만, 그 약속을 지키지 않을 것이다(단 9:27). 참된 것을 거부하면 거짓된 것을 훨씬 쉽게 받아들이게 된다(요 5:43). 그러나 하나님이 거짓 목자들을 치시고 심판하실 것이다(계 19:11-21).

예레미야는 "걸음을 지도함이 걷는 자에게 있지 아니하니이다"(렘 10:23)라고 말했다. 우리 모두 바른 길로 가기 위해 목자가 필요하다. 참 목자를 따르고 있는지 확인해보라.

◆ 하나님의 힘 ◆

하나님이 그분의 백성들에게 힘을 주실 때 그들은 승리자가 된다. 양이 전쟁터를 달리는 말과 같이 되고(슥 10:3), 벌레가 타작하는 기계처럼 된다(사 41:14-16). 하나님의 능력을 덧입고 나아갈 때 가장 연약한 사람도 다윗과 같은 영웅이 될 수 있다(슥 12:8).

○ 스가랴 12장

12-14장에서 자주 사용된 '그 날에'라는 말은 마지막 때를 언급하는 것이다. 그것은 예수 그리스도가 재림하셔서 적들을 물리치시고, 이스라엘을 구원하시며, 하나님의 나라를 이루실 '여호와의 날'을 뜻한다.

예루살렘은 세상의 관심이 집중되는 중심지가 될 것이다. 선지자가 예루살렘을 표현하기 위해 사용하고 있는 비유들을 보라. 예루살렘은 열방을 취하게 하는 독주의 잔(2절)과 열방들을 궤멸시키는 무거운 돌(3절)과 열방들을 삼키는 화로와 횃불(6절)이 될 것이다. 이스라엘을 공격하는 자는 자멸하게 될 것이다. 왜냐하면 하나님이 이스라엘을 지키기로 약속하셨기 때문이다(창 12:1-3).

이스라엘 백성들이 메시아를 보게 될 때(10절) 이스라엘 백성들은 그들이 찌른 그분을 알아보고(마 24:30, 계 1:7) 회개하게 될 것이다. 그리고 깨끗하게 되고 용서받게 될 것이다. 그들의 슬픔은 경건한 왕 요시야가 비참하게 죽었을 때 경험했던 슬픔보다 더 큰 슬픔이 될 것이다(11절, 대하 35:20-27).

하나님의 백성 이스라엘처럼 우리도 많은 고난과 시련을 겪는다. 그러나 하나님이 우리를 지키시고, 그분의 나라와 그분의 영광에 참여하게 해주실 것이다(행 14:22).

○ 스가랴 13장

샘(The fountain, 1-6절). 더러워진 자들의 죄가 씻겨질 것이다(렘 31:31-34). 그리고 속았던 자들이 모든 우상을 버리고 거짓 선지자들로부터 돌아서게 될 것이다. 6절은 예수 그리스도를 가리키는 것이 아니라, 종교적인 의식을 통해 자신의 몸에 상처를 낸 거짓 선지자를 언급한 것이다(왕상 18:28). 그는 심판을 피하기 위해 자신이 선지자가 아니라는 사실을 입증하려는 것이다.

양 떼(The flock, 7절). 선한 목자는 양 떼를 구하기 위해 고난을 받고 죽임을 당해야 한다(사 53:4, 10, 마 26:31). 믿음 때문에 고난을 당하게 될 때 우리는 우리의 목자가 우리보다 앞서 고난을 받으셨다는 사실을 기억해야 한다(마 5:38-42, 10:16-26).

풀무(The furnace, 8-9절). 마지막 때에 이스라엘이 겪게 될 심한 고통은 참된 것과 거짓된 것을 구분하는 풀무와 같을 것이다(사 48:10). 하나님의 뜻 안에서 받는 고난은 우리가 하나님께 영광을 돌릴 수 있을 때 우리를 정화하는 시간이 될 것이다.(욥 23:10)

○ 스가랴 14장

선지자는 우리가 아마겟돈 전쟁이라 부르는(계 14:17-20, 16:14-16) 대전투를 묘사하고 있다. 그때 예루살렘을 공격하기 위해 세상 나라들이 모여들 것이다.

하나님의 능력이 나타나는 것을 보라! 하늘(6-7절)과 땅(3-5절)에 변화를 일으키시고, 적을 놀라게 하며, 파멸시킬 재앙을 보내실 것이다(12-15절). 그리고 땅을 회복하고 새롭게 할 강이 흐르게 하실 것이다(겔 47장).

스가랴는 "여호와께서 천하의 왕이 되시리니"(9절)라고 선포했다. 하나님의 나라가 임하기를 바라는 우리의 기도는 응답될 것이다. 그리고 우리도 하나님과 함께 다스리게 될 것이다(계 5:10, 20:6). 나라들이 '왕 만군의 여호와께 숭배하며' (16-17절), 솥이나 주발같이 평범한 것들도 하나님을 위해 거룩하게 될 것이다. 하나님의 거룩한 성전을 더럽힐 수 있는 것은 하나도 없게 될 것이다

(21절).

초막절은 이스라엘의 가장 기쁜 절기였다(레 23:33-44). 그러므로 그 왕국 시대는 하나님을 섬기고 예배하는 기쁨과 거룩함의 때가 될 것이다.

말라기

Malachi

그리스도가 오시기 약 4세기 전에 활동한 말라기는 에스라 9-10장과 느헤미야 8-13장에 기록된 것과 같은 종교적 상황 속에 처해 있었다. 백성들은 타락했고, 제사장들은 세속적이었으며, 나라는 하나님을 멀리 떠나 있었다. 말라기라는 이름은 '나의 사자(messenger)' (2:7, 3:1)라는 뜻이다.

약속된 나라가 곧 이루어지지 않았기 때문에 유대인들은 하나님의 사랑(1:2)과 공의(2:17)에 이의를 제기했고, 백성들을 다루시는 그분의 방법에 불만을 표시했다. 제사장들은 얼마 지나지 않아 그들의 임무를 소홀히 하기 시작했고, 백성들은 그들의 좋지 않은 본보기를 따랐다.

말라기서는 다음과 같이 요약될 수 있다.

1. 하나님이 그들의 사랑에 이의를 제기하심(1:1-5).
2. 하나님이 그들의 죄를 지적하심(1:6-2:17).
    a) 하나님의 이름을 경멸함(1:6-14).
    b) 하나님의 언약을 남용함(2:1-17).
3. 하나님이 그들에게 회개를 촉구하심(3:1-4:6).

우리는 말라기에 대해서는 아는 바가 없다. 그는 선지자들이 일반적으로 하는 것과는 달리 자기 아버지의 이름도 밝히지 않고 있다. 그러나 그는 사자였다. 그리고 사자에게 중요한 것은 그가 전하는 메시지다. 말라기의 관심은 유명해지는 것이 아니라 신실하게 자신의 임무를 수행하는 것이었다.

○ 말라기 1장

하나님은 자신의 성품과 명성을 뜻하는 자신의 이름을(6, 11, 14절) 여섯 번이나 언급하셨다. 하나님은 온 땅 위에서 자신의 이름이 높아지기를 원하신다(5절). 그러나 제사장들은 하나님의 이름을 무시했고, 그 때문에 하나님은 그들을 책망하셨다. 우리는 하나님의 이름을 어떻게 무시하고 있는가?

우리는 하나님의 사랑을 의심하면서 하나님의 이름을 경시한다(1-5절). 힘든 시기를 보내고 있던 이스라엘 백성들은 자신들의 힘든 상황을 하나님 탓으로 돌렸다. 그러나 사실 그들의 문제를 야기한 것은 그들의 죄였다(학 1장). 그리고 그들이 회개한다면 하나님은 기꺼이 그들에게 복을 주실 것이다.

우리는 하나님의 일을 경솔하게 함으로써 하나님의 이름을 경시한다(7-11절). 이스라엘 백성들은 그들이 받은 복에 겨워 있었고, 하나님의 일을 수행하는 데 지쳐 있었다.

우리는 또 하나님께 우리의 최선보다 못한 것을 드림으로써 하나님의 이름을 경시한다(12-14절). 이스라엘 백성들은 친구들에게는 절대로 주지 않을 상한 짐승을 하나님께 제물로 바쳤다. 그들은 심지어 훔친 것을 제물로 드리기까지 했다! 다윗은 "내가 여호와께 드리려고 네 물건을 취하지 아니하겠고 값 없이는 번제를 드리지도 아니하리라"(대상 21:24)고 말했다.

받은 축복이 따분해지고 사역의 특권이 당연한 것으로 여겨지기 시작할 때 조심하라. 하나님이 그 은혜를 거두어가실 수도 있다.

○ 말라기 2장

이 장에는 언약이 강조되어 있다(4, 5, 8, 10, 14절). 그리고 다음의 세 언약이 구체적으로 언급되어 있다.

레위 지파와 맺은 언약(The covenant with Levi, 1-9절). 하나님이 레위 지파에게 제사장 직분을 맡기셨다. 그리고 하나님의 율법을 가르치고 순종할 것을 말씀하셨다. 그러나 그들은 언약을 저버리고 하나님의 말씀에 불순종했다. 따라서 하나님은 그들에게 주신 복을 저주하심으로써 그들을 심판하실 수밖에 없었다(민 6:23-27). 결국 이스라엘은 세상에 복의 근원이 되는 대신 분쟁을 일으키게 되었다(신 28장).

이스라엘과 맺은 언약(The covenant with Israel, 10-12절). 이 언약은 이스라엘이 '여호와와 혼인' 하게 된 시내 산에서 맺은 것이었다(출 19-20장). 그러나 여호와의 신부는 이방 신들과 간음을 행하며 여호와께 신실하지 못했다. 예레미야는 그 일을 경고했고(렘 2장), 호세아서의 중요한 주제가 되기도 했다.

혼인 서약(The covenant of marriage, 13-17절). 남자들은 아내를 버리고 이방 여인들과 결혼을 하고 있었다(출 34:10-17, 스 10장). 그 죄는 솔로몬 왕이 우상을 섬기게 된 원인이 되었다(왕상 11장). 혼인 서약에는 신랑과 신부뿐 아니라 하나님도 포함되어 계시다. 그리고 하나님은 우리가 신실할 것을 기대하신다. 신실하지 않은 신랑이 탄식하며 제물을 드릴 수도 있을 것이다(13절). 그러나 하나님은 그 제물을 받지 않으실 것이다.

우리는 하나님이 그분의 약속을 신실하게 지키실 것을 기대한다. 그러면서 우리는 왜 우리의 약속을 지키지 않아도 되는 특권을 가지고 있다고 생각하는 것인가?

◆ **복과 저주** ◆

하나님은 저주를 복으로 바꾸실 수도 있고(느 13:2), 복을 저주로 바꾸실 수도 있다(말 2:1-2). 하나님이 우리에게서 그분의 복을 거두시는 것만으로도 충분히 고통스러운 일이 될 수 있다. 그러나 하나님이 복을 저주로 바꾸실 때 그 고통은 훨씬 더 심할 것이다.

◆ **죄의 범위** ◆

"우리는 한 아버지를 가지지 아니하였느냐?"(말 2:10) 이것은 누구나 다 하나님의 자녀이며, 따라서 누구나 다 천국에 가게 될 것이라는 뜻이 아니다. 본문은 매우 유대인다운 것이다. 하나님은 이스라엘을 세우시고, 이스라엘을 하나님의 장자로 삼으셨다(사 63:16, 출 4:22). 유대인 남자가 이방 여인과 결혼하기 위해 아내와 이혼할 때 그것은 하나님께 죄를 범하는 것일 뿐 아니라, 자기 동족에게 죄를 범하는 것이었다(살전 4:1-8).

말라기 3장

연단(Refining, 1-5절). 선지서들에서 종종 볼 수 있었던 것처럼, 우리 주님의 초림에 관한 사건들이(1절) 주님이 재림하실 때 일어나게 될 사건들과 연결되어 있다(2-5절). 사자는 주님을 위해 길을 예비했던(사 40:3, 요 1:23) 세례 요한이었다(마 11:7-10). 그리스도가 재판장으로 오실 때는 이스라엘을, 특히 제사장들을 정결케 하실 것이다. 그리고 죄인들을 심판하실 것이다.

회복(Returning, 6-7절). 하나님은 변치 않으신다. 그러므로 언약을 지키시고, 비록 이스라엘이 멸망받아 마땅할지라도 이스라엘을 멸망케 하지 않으실 것이다. 하나님의 신실하심으로 우리를 보존하신다(애 3:22-24).

도둑질(Robbing, 8-15절). 백성들은 하나님께 상한 짐승을 제물로 드렸을 뿐 아니라, 율법이 명하는 십일조와 예물을 드리지도 않았다. 결국 하나님은 복을 저주로 바꾸시고(2:2), 그들의 농작물을 못 쓰게 만드셨다. 하나님의 것을 도둑질하는 것은 우리 자신을 강탈하는 것이다. 하나님께 속한 것은 그 어떤 것도 우리가 취할 수 없다.

기억(Remembering, 16-18절). 하나님을 경외하고, 하나님께 순종하며, 하나님의 진리를 묵상하고, 영적인 분별력을 발휘하면서 하나님을 신실하게 섬기는 남은 자들이 언제나 있다. 하나님은 그런 사람들을 보시고 그들의 이름을 기록해 주신다. 그들은 하나님의 보석이다. 그들은 다가오는 심판의 날에 그 심판을 면하게 될 것이다.

말라기 4장

풀무(Burning, 1절). 주의 날은 극렬한 심판의 때가 될 것이다. 악인은 뿌리 채 타게 될 것이다. 하나님의 진노의 불이 타오르게 될 것이다(습 1:18).

❖ 불 ❖

성경에서 불은 종종 심판과 연관되어 있는데, 그것은 하나님의 거룩한 진노를 상징하기 때문이다. 불은 하나님의 적들을 삼켰고(왕하 1장), 불순종하는 하나님의 종들을 삼켰다(레 10:1-3). 하나님은 세상을 불로 심판하실 것이다(벧후 3:10). 지옥은 불못(계 20:10, 14, 21:8)과 풀무(마 13:42, 50)로 비유되어 있다. 예수님은 예수님을 믿지 않는 사람들을 기다리고 있는 불 심판에 대해 종종 말씀하셨다(마 5:22, 18:8-9, 25:41, 막 9:44-48). 세상을 심판하기 위해 다시 오실 때 예수님은 '불꽃 중에' 나타나실 것이다(살후 1:8). 우리는 준비하고 있어야 한다. 그리고 우리에게는 다른 사람들에게 복음을 전해야 할 의무가 있다.

치유(Healing, 2-3절). '의로운 해'는 예수 그리스도를 뜻하는 칭호다(시 84:11). 예수 그리스도와 그분의 백성들의 관계는 해와 은하수의 관계와 같다. 해는 모든 것의 중심이 되고 생명과 빛의 원천이다(요 1:4). 죄인을 불태우게 될 그 태양이 구원받은 사람들에게는 축복이 될 것이다.

순종(Obeying, 4-6절). 말라기는 율법과 계명으로 돌아가 그것에 순종하고, 하나님이 하실 일을 위해 준비해야 할 것을 이스라엘 백성들에게 명하고 있다. 그런 다음 그는 세례 요한에게서 그 영적 의미가 성취된 엘리야의 사역으로 넘어갔다(눅 1:16-17, 마 17:10-13). 엘리야가 요한계시록 11장 1-13절이 묘사하고 있는 두 증인 가운데 한 사람이라면, 그의 사역은 아마 완수되었을 것이다.

구약 성경은 저주라는 두려움을 불러일으키는 말로 끝이 난다. 그러나 신약 성경은 '다시 저주가 없으며'(계 22:3)라는 약속으로 끝이 난다. 왜 그런 것인가? 그것은 예수 그리스도가 십자가에서 그 저주를 받으시고 우리를 속량하셨기 때문이다(갈 3:13).

"사람들이 지옥에 있는 것은 하나님이 그들에게 진노하셨기 때문이 아니다. 그들이 어둠과 진노 속에 있게 되는 것은 시력을 잃은 사람이 태양빛을 알아보지 못하는 것처럼, 하나님으로부터 무한히 흘러나오는 빛을 알아보지 못하기 때문이다."

윌리엄 로우(William Law)

사복음서

The Four Gospels

　복음이란 말은 '좋은 소식' 이라는 뜻이다. 예수 그리스도가 그분을 믿는 모든 죄인들을 용서하신다는 것이 바로 그 좋은 소식이다(고전 15:1-11, 갈 1:6-9). 복음은 또 신약 성경에서 구세주의 삶과 가르침을 보여주고 있는 네 권의 책을 말하는 것이기도 하다. 타락한 죄인들에게 예수 그리스도 - 그분 자신과 그분의 가르침과 그분이 행하신 일들 - 외에 또 다른 좋은 소식이란 있을 수 없다(행 4:12).

　사복음서는 흔히 말하는 전기가 아니다. 또 예수님에 관한 모든 것을 다 말해 주고 있지도 않다(요 20:30-31). 저자들은 성령의 인도하심을 따라 그들이 쓴 책의 목적을 완수하는 데 도움이 되는 자료들을 선택했다.

　마태는 주로 유대인들을 위해 썼고, 예수 그리스도를 구약 성경의 예언을 성취한 메시아로 설명했다. 마가는 로마인들을 대상으로 책을 썼고, 예수님을 활동적인 하나님의 종으로 묘사했다. 누가는 헬라인들을 위해 책을 썼고, 예수님을 완전하고 동정심 많은 인자로 소개했다. 요한은 온 세상을 생각하며 책을 썼고, 예수님을 하나님의 아들과 세상의 구세주로 나타내고 있다.

　마태, 마가, 누가가 쓴 세 복음서는 예수님의 생애를 비슷하게 기록하고 있기 때문에 '공관 복음(synoptic Gospels)'이라 불리기도 한다(공관이란 말은 '함께 보다'라는 뜻이다). 요한이 쓴 복음서는 공관 복음보다 훨씬 후에 기록되었고, 다른 복음서의 저자들이 쓴 이야기들을 보충해주는 내용들을 포함하고 있다. 각 복음서는 저마다 독특하며, 예수 그리스도의 생애와 가르침과 사역에 대한 균형 잡힌 관점을 갖는 데 필요한 자료들을 제공해주고 있다.

마태복음

Matthew

마태('하나님이 선물'이라는 뜻)는 그리스도의 부르심에 순종하여 열두 사도 가운데 한 사람이 된 유대인 세리였다(마 9:9-13). 그의 본래 이름은 레위였다(눅 5:27).

마태는 특별히 유대인들을 위해 그의 복음서를 썼고, 예수 그리스도가 다윗의 보좌를 물려받으실 수 있는 합법적인 다윗의 자손, 메시아시라는 사실을 입증하고 있다. 그의 복음서에는 구약 성경을 인용하거나 암시하고 있는 부분이 최소한 129번 나온다. 그리고 천국이라는 말이 50번 이상 나온다. 마태복음은 신약 성경의 맨 앞에 나오면서 옛 언약과 새 언약, 이스라엘과 교회, 예언과 예언의 성취를 완벽하게 이어주는 역할을 하고 있다.

왕이 백성들을 찾아오셨지만(1-10장), 종교 지도자들에게 거절당하셨다(11-13장). 그래서 왕은 제자들과 함께 군중들로부터 벗어나 자신의 고난과 죽음을 위해 제자들을 준비시키셨다(14-20장). 그리고 백성들에게 거절당하시고 십자가에 못 박히셨다(21-27장). 그러나 죽음에서 다시 사셨고, 복음을 온 세상에 전하는 일을 제자들에게 위임하셨다(28장).

마태복음을 읽으면서 질병과 귀신과 자연 환경과 심지어는 죽음까지 다스리시는 예수 그리스도의 권세에 감동을 받게 될 것이다. 우리의 삶을 다스리실 수 있는 권세도 예수 그리스도께 있다. 우리는 순종하며 그분을 따라야 한다.

○ 마태복음 1장

특별한 책(A special book, 1절). 구약 성경은 '아담의 계보'다(창 5:1). 그러나 신약 성경은 '예수 그리스도의 계보'다. 실제로 예수 그리스도의 계보는 마태복음 1장과 누가복음 3장 23-38절에 기록된 것이 전부다. 중요한 것은 우리의 첫 번째 출생이 아니라 두 번째 출생이다(요 3장).

특별한 섭리(A special providence, 2-17절). 어려운 이름들이 나열되어 있어서 우리가 읽기에는 어려울 수도 있는 이 부분이 실제로는 하나님이 그분의 아들을 이 땅에 보내시기 위해 오랜 세월에 걸쳐 하신 일들을 기록하고 있다. 하나님은 다스리시고, 자신의 놀라운 약속들을 성취하셨다. 마찬가지로 하나님은 앞으로도 자신의 약속들을 지키시고, 예수님을 다시 보내실 것이다.

특별한 아기(A special Child, 18-25절). 예수님의 탄생은 다른 아기들의 탄생과 다르다. 예수님은 성령으로 마리아에게 잉태되셨고, 본질적으로 죄가 없는 분으로 태어나셨다. 그분은 '우리와 함께하시는 하나님' 이시다. 그리고 우리와 같은 하나님이시기도 하다. 왜냐하면 인간의 속성을 가지고 인간 세상에 오셔서 인간의 삶을 사셨기 때문이다. 얼마나 놀라운 구세주이신가!

◆ **동정녀 탄생** ◆

예수 그리스도의 동정녀 탄생은 복음이 내포하는 진리의 핵심이다(사 7:14). 예수 그리스도는 하나님이시기 때문에 마리아보다 먼저 존재하셨다. 그러므로 다른 아기들처럼 그렇게 잉태될 수 없으셨다. 예수 그리스도는 태어나셨을 뿐 아니라 "이 세상에 오셨다"(요 18:37). 그분은 하나님이시다. 동시에 사람이셨고, 죄가 없는 하나님의 어린양이셨다(벧전 1:19). 마태는 '우리와 함께하시는 하나님' 으로 시작해서 '우리와 함께하시는 하나님' 으로 끝을 맺었다(1:23, 28:20).

○ 마태복음 2장

예수님의 탄생에 세상은 어떤 반응을 보였는가?

창조 세계(Creation)는 왕이 나셨다는 사실을 세상에 알리기 위해 하늘에서 기적의 별이 빛을 발하는 반응을 보였다.

이방인(The Gentiles)들의 반응은 왕을 예배하고 선물을 드리는 것이었다. 마태는 예수님이 유대인뿐 아니라 이방인들도 구원하기 위해 오셨다는 사실을 책 앞부분에서 보여주고 있다. 동방박사들은 하늘을 관찰하는 천문학자들이었다. 별이 그들을 성경으로 안내했다. 그리고 성경이 그들을 구세주께로 이끌었다(시 19편 참조). 하나님은 우리가 이해할 수 있는 방법으로 우리에게 말씀하신다.

헤롯(Herod)은 자신의 두려움을 드러내며 속임수를 썼다. 그는 자신의 통치에 위협을 가하는 그 어떤 새로운 왕도 원치 않았다.

제사장과 서기관들(The chief priests and scribes)은 바른 정보를 제공했지만, 잘못된 반응을 보였다. 그들은 메시아로부터 약 8 킬로미터 정도밖에 떨어지지 않은 가까운 곳에 있었다. 그러나 찾아가려 하지 않았다! 삶에 아무런 변화도 미치지 않는다면 성경의 예언을 알고 있다는 것이 무슨 소용이 있겠는가?

◆ 동방박사 ◆

동방박사들은 과학자들이었다. 그러나 그들은 과학과 성경 사이에서 그리고 진리를 탐구하는 것과 구세주를 예배하는 것 사이에서 서로 상반되는 그 어떤 모순도 보이지 않았다. 헌신된 그리스도인들도 마음뿐 아니라 이성을 가지고 주님을 예배할 수 있다(마 22:37). 아인슈타인은 "종교가 배제된 과학은 불완전한 것이다. 그리고 과학이 배제된 종교는 맹목적인 것이다"라고 말했다.

○ 마태복음 3장

세례 요한은 모범이 되는 설교자였다. 그는 주님을 위한 길을 예비하기 위해 길을 닦는 사람이었다(3절, 사 40:3). 그리고 죄의 뿌리를 파헤쳐 드러내는 나무꾼이었다(10절). 그는 사람들을 두려워하지 않았고, 심판에 대해서도 두려움 없이 설교했다(12절). 그리고 주님의 뜻에 순종하면서 모든 일 가운데서 주님을 부각시켰다(요 3:30).

하나님의 말씀을 듣고 자신들의 죄를 회개하는 사람들이 있었다(5-6절). 반면에 말씀을 듣고 자신들의 죄를 감추는 사람들도 있었다(7-9절, 잠 28:13). 전자에 속한 사람들은 하나님의 자녀가 되었다. 그러나 후자에 속한 사람들은 마귀의 자녀들이었다(7절, 요 8:44).

예수님은 하나님의 아들이시다. 이 진리는 성경(3절)과 세례 요한(11절)과 성령(16절)과 하나님 아버지(17절)가 모두 증거하고 있다.

◆ 세례의 중요성 ◆

예수님은 죄를 자백하기 위해 세례를 받으신 것이 아니었다(5절). 왜냐하면 예수님은 죄가 없는 분이셨기 때문이다. 예수님이 세례를 받으신 것은 모든 심판의 '파도와 물결'이 몰려들게 될 십자가에서의 세례를 보여주는 것일 뿐 아니라(마 20:22, 시 42:7), 이스라엘에게 자신을 드러내시기 위한 것이었다(요 1:31). 세례 요한이 베푼 세례는 메시아의 도래를 내다보는 것이었다(행 19:1-7). 오늘날 그리스도인들이 받는 세례는 예수 그리스도의 죽음과 장례와 부활을 되돌아보고, 그리스도와 연합하였음을 증거하는 것이다(골 2:12, 행 10:47-48).

● 마태복음 4장

승리자(The Victor, 1-11절). 공중 사역은 개인적인 승리 위에 세워진다. 우리 주님이 시험받으셨던 것은 하나님의 인정을 받기 위해서가 아니었다. 왜냐하면 아버지가 이미 예수님을 인정하셨기 때문이다(3:17). 예수님이 시험을 받으신 것은 우리를 위한 것이었다. 시험을 직접 경험하심으로 우리가 시험받을 때 우리를 도우실 수 있기 위해서였다(히 2:17-18, 4:15). 마귀를 물리치기 위해 예수님도 지금 우리가 사용할 수 있는 것과 같은 무기를 사용하셨다. 그 무기는 하나님의 말씀('기록되었으되')과 성령의 능력(1절, 눅 4:1)과 기도(눅 3:21, 고전 10:13)다.

주(The Master, 12-22절). '강한 자'를 물리치신 예수님은 그의 집으로 들어가 그의 세간들을 못쓰게 만드셨다(12:24-30). 예수님은 말씀에 순종하셨고(15-16절, 사 9:1-2), 그 말씀을 가르치시며 예수님의 제자가 되도록 사람들을 부르셨다. 모든 사람은 그리스도를 따를 것인지, 아니면 마귀와 흥정할 것인지를 결정해야 한다(8-10절). 당신의 선택은 무엇인가?

치유자(The Healer, 23-25절). 우리 주님의 중요한 사역은 가르치고 전하는 것이었다. 그러나 긍휼히 여기는 마음을 가지신 예수님은 사람들의 육체적인 필요들도 채워주셨다. 예수님을 따르던 대부분의 사람들이 예수님의 돌보심을 바라면서도 그분이 베푸시는 구원을 원치 않았던 것과, 선물은 받고 싶어하면서도 선물을 주시는 분은 원치 않았던 것은 너무나 비극적인 일이었다. 그리고 지금도 우리 주변에서 그런 사람들을 볼 수 있다.

"유혹을 받지 않는다고 해서 자신을 거룩하다고 생각해서는 안 된다. 왜냐하면 거룩하고 고귀할수록 더 많은 유혹을 받기 때문이다. 산이 높으면 높을수록 바람은 더 거세다. 그리고 고귀한 삶을 살면 살수록 원수의 유혹은 그만큼 더 강하다."

존 위클리프(John Wycliffe)

산상수훈

산상수훈은 사도들을 위한 주님의 '서품 설교(ordination sermon)'였다(눅 6:12 이하). 설교의 주제는 서기관들과 바리새인들의 가식적인 의와 현저하게 다른 하나님의 의다(5:17-20, 마 23장). 산상수훈은 새로운 계명을 담고 있는 제2의 율법이 아니다. 산상수훈은 외적인 행동뿐 아니라 내적인 자세까지 다루고 있기 때문에 율법보다 훨씬 더 깊다. 그리고 진정한 의인의 모습과 그 의인의 삶을 통제하는 영적 원리들을 보여주고 있다.

예수님은 참 의인에 대한 묘사로 산상수훈을 시작하셨다(5:1-16). 그런 다음 죄가 무엇인지를 규정하시고(5:21-49), 예배(6:1-18)와 재물(6:19-34)이라는 영역에서 어떻게 하는 것이 참다운 의인지를 설명해주셨다(6:1-18). 그리고 위선적인 판단에 대한 경고에 이어(7:1-12), 거짓 선지자(7:13-20)와 하나님의 뜻에 순종하지 않는 것에 대한(7:21-29) 경고로 끝을 맺으셨다.

우리는 십계명을 지키려고 노력함으로써 구원받는 것이 아닌 것처럼, 산상수훈에 순종하려고 노력함으로써 구원받는 것도 아니다. 산상수훈은 내적인 자세까지 다루고 있기 때문에 모세 율법의 계명들을 지키기보다 산상수훈의 계명들을 따르기가 훨씬 더 어렵다. 예수 그리스도를 믿는 참된 신자만이 산상수훈을 실천할 수 있다(롬 8:1-4).

○ 마태복음 5장

시민(Citizens, 1-12절). 우리는 거듭남으로써 하나님 나라에 들어가게 된다(요 3:1-16). 그러나 하나님을 기쁘시게 하려는 목적을 위해 살기 때문에 천국의 삶을 누리게 된다(6:33). 세상은(그리고 세속적인 신자는) 그리스도가 말씀하신 복 있는(행복한) 사람에 대한 설명에 동의하지 않을 것이다. 그러나 그 설명은 사실이다. 하나님은 성품을 중시하신다. 우리도 그래야 한다.

빛과 소금(Salt and light, 13-16절). 맛을 잃은 소금과 가려진 빛은 아무 쓸모가 없다! 소금은 부패를 방지하고, 빛은 어둠을 몰아낸다. 소금의 맛은 보이지 않지만, 빛은 눈으로 볼 수 있는 것이다. 세상은 빛과 소금 둘 다 필요하다. 그리고 빛과 소금은 둘 다 세상을 섬기기 위해 자신을 내어주어야 한다.

예배드리는 사람들(Worshipers, 17-26절). 분노를 품고는 하나님을 예배할 수 없다. 그러므로 분노를 신속하게 제거하라. 분노의 감정은 분노의 말과 행동을 불러오고, 그 결과는 살인이 될 수도 있다(엡 4:25-32).

외과 의사(Surgeons, 27-32절). 물론 예수님이 외과 의사에 대해 말씀하신 것은 아니다. 왜냐하면 진짜 문제는 마음에 있기 때문이다(28절). 이 구절은 죄가 얼마나 끔직한 것인지를 생생하게 보여주기 위한 것이다. 때문에 성한 몸으로 지옥에 가는 것보다 불구로 살아가는 것이 훨씬 더 낫다. 죄는 철저하고 과감하게 다루어야 한다!

아버지의 자녀들(Children of the Father, 33-48절). "남보다 더 하는 것이 무엇이냐?"(47절) 우리는 다른 사람들이 아니라 하나님의 기준에 비추어 우리를 평가해야 한다(48절). 그 평가에는 우리의 말(33-37절)과 상해에 대한 우리의 반응(38-42절)과 적을 다루는 우리의 방식(43-48절)이 포함된다.

> "복수하는 사람은 그 원수와 다를 바 없다. 그러나 용서하는 사람은 그 원수보다 훌륭한 사람이 된다."
> 프란시스 베이컨(Francis Bacon)

● 마태복음 6장

찬양(Praise, 1-4절). 우리는 하나님만을 찬양하고 하나님의 칭찬만을 받아야 한다. 다른 사람들의 칭찬을 받고자 하거나, 우리 자신을 드러내고자 한다면(3절), 우리는 사람들의 칭찬이라는 일시적인 보상을 받게 될 것이다. 그러나 영원한 보상을 잃게 될 것이다. 보상을 두 번 받을 수는 없다. 그러므로 어떤 보상을 받고 싶은지 각자 결정해야 한다.

기도(Prayer, 5-15절). 개인적으로 하는 기도는 공개적인 자리에서 하는 기도 못지않게 중요하다. 그리고 개인적인 기도는 은밀하고(5-6절), 진실하며(7-8절), 질서 정연하게(9-13절) 해야 한다. 주님의 기도는 우리가 본받아야 할 기도의 모범이다. 그 기도를 따를 때 우리는 하나님의 관심사를 최우선시 하게 되고, 다른 사람들을 용서하는 것을 잊지 않게 될 것이다.

재물(Possessions, 16-34절). 우리가 살아가는 데 필요한 것들이 있다(32절). 그리고 하나님이 그 모든 것들을 공급해주신다(33절). 그러나 재물을 취하는 것이 인생의 중요한 목적이 되어서는 안 된다. 물질적인 것들이 우리의 마음을 사로잡고(19-21절), 우리의 마음을 분열시키며(22-23절), 우리의 의지를 지배할 때(24절) 우리는 물질을 위해 살아가게 되고, 그 결과 염려에 빠지게 된다. 해결책은 하나님을 가장 우선으로 여기고, 영원한 가치를 바라보며 살아가는 것이다.

◆ 하늘에 쌓은 보화 ◆

우리에게 있는 모든 것은 하나님께 속한 것이며, 하나님의 의와 그분의 나라를 위해 그것들을 사용할 때 우리는 하늘에 보화를 쌓게 된다(마 6:33). 그것은 단순히 헌금하는 것보다 훨씬 더 깊은 의미를 지니고 있다. 하나님이 우리의 삶을 온전히 다스리시고 하나님께 영광 돌리는 것이 우리의 열망이 되는, 청지기의 삶을 살아가는 것을 의미한다. 그리고 그것이 염려에 빠지지 않는 온전한 삶을 사는 비결이다(마 6:24).

○ 마태복음 7장

재판관(Judges, 1-12절). 우리의 죄를 덮으려는 가장 손쉬운 방법 가운데 하나가 바로 다른 사람들을 비판하는 것이다. 분별력을 갖는 것은 나쁜 것이 아니다(6절). 그러나 그것은 자기 자신으로부터 시작해야 한다. 다른 사람들이 범하고 있다고 생각하는 죄가 바로 우리 자신의 죄일 경우가 상당히 많다(롬 2:1-3). 우리 형제자매들의 '눈 수술'을 성공적으로 시술하기 위해서는 사랑과 기도가 필요하다. 그리고 그들이 우리를 대접해주기를 바라는 것처럼 우리도 그들을 대접해주어야 한다.

순례자(Pilgrims, 13-14절). 참된 삶으로 들어가는 문은 좁고 그 길은 험하다. 그러므로 필요 이상의 짐을 지고 가지 말라. 거짓 교사들은 가기 편하고 사람들에게 인기 있는 길을 만든다. 정말로 예수 그리스도를 따르려면 그 대가를 지불해야 한다. 그리고 그 길은 종종 외로운 길이 될 수도 있다.

나무(Trees, 15-20절). 생명은 열매를 맺는다. 그리고 좋은 나무는 좋은 열매를 맺는다. 서기관과 바리새인들은 공언을 많이 했다. 그러나 영적인 열매를 맺고 있다는 증거는 그들에게서 찾아볼 수 없었다.

건축자(Builders, 21-29절). '반석 위에' 집을 짓는다는 것은 하나님의 말씀에 순종하는 것을 의미한다. 말만으로는 충분하지 않다. 행동이 따라야 한다(약 1:22-

25). 자신을 예수 그리스도의 제자라고 말한다면, 그 고백이 진심인지를 확인하는 시험을 거치게 될 것을 예상하라. 자신에게 유리할 때만 나타나는 믿음은 그 시험을 통과하지 못할 것이다.

◐ 마태복음 8-9장

이 두 장에서 마태는 우리 주님이 행하신 기적들을 모아 정리하면서, 그 기적들을 예수님이 약속된 메시아시라는 사실을 입증해주는 증거들로 기록하였다(고전 1:22, 사 35:4-6). 마태는 8장 17절에서 이사야 53장 4절을 인용하면서 그 구절을 그리스도가 이 땅에서 행하신 치유 사역에 적용했다. 그 기적들 속에서 유익한 몇 가지 교훈들이 분명하게 나타난다.

◆ 믿음이 자람 ◆

'믿음이 없는' 사람도 있고(막 4:40), '믿음이 작은' 사람도 있다(마 6:30). 하나님은 우리가 '큰 믿음'을 갖기 원하신다(마 8:10, 15:28). 믿음은 마음속에 심겨, 싹이 트고 자라는 씨앗과 같다(마 17:20). 하나님의 말씀은 믿음을 격려해준다(롬 10:17). 시련과 역경 속에서 믿음을 실천할 때 믿음이 자라게 되고, 하나님을 영화롭게 할 수 있다(약 1:1-8, 벧전 1:1-9). 우리에게 승리를 가져다주는 것은 느낌이 아니라 믿음이다(요일 5:1-5).

하나님은 각 개인에게 관심을 보이신다(God is concerned with individuals). 예수님은 무리들을 대상으로 일하셨을 뿐 아니라(8:1, 9:36), 각 개인에게도 시간을 할애하셨다. 예수님은 다른 사람들 때문에 가려지게 된 사람들에게 긍휼을 베푸셨다. 베드로와 요한에게도 그와 같은 마음이 있었다. 그들은 수천 명을 대상으로 일하면서도(행 2장) 구걸하는 한 사람에게 그들의 시간을 내주었다(행 3장).

하나님은 모든 필요를 채워주실 수 있다(God can meet every need). 하나님이 너무 힘들어서 하실 수 없는 일은 없다(렘 32:17). 하나님은 병든 사람들과 괴로

위하는 사람들을 치유하실 수 있고, 폭풍우를 잠잠케 하실 수 있으며, 귀신을 쫓아내실 수 있고, 심지어는 죽은 사람을 살리실 수도 있다. 모든 염려를 하나님께 다 맡기고 있는가(벧전 5:7)?

◆ 베드로와 예수님 ◆

베드로의 장인을 고쳐주신 것은 예수님이 특별히 베드로를 위해 행하신 몇 가지 기적 가운데 첫 번째였다. 두 번째 기적은 베드로가 많은 고기를 잡을 수 있게 하셨던 일이었다(눅 5:1-11, 요 21:1-8). 그리고 동전을 물고 있는 물고기를 낚아 올릴 수 있도록 도와주기도 하셨다(마 17:24-27). 또 베드로가 물 위를 걸을 수 있게도 하셨다(마 14:22-33). 베드로가 말고의 귀를 베었을 때는 말고를 치유해 주셨다(눅 22:50-53). 그리고 베드로를 감옥과 죽음에서 구해주셨다(행 12장). 베드로가 "너희 염려를 다 주께 맡겨 버리라 이는 저가 너희를 권고하심이니라" (벧전 5:7)고 한 것은 너무도 당연한 것이다.

하나님은 믿음에 반응하신다(God responds to faith). 백부장에게는 큰 믿음이 있었던(8:10) 반면, 제자들은 믿음이 적은 자들이라는 꾸중을 들어야 했다(8:26). 친구를 데려온 사람들은 협력하는 믿음을 실천했다(9:2). 반면에 병든 여인은 거의 미신적인 믿음을 보였다(9:21). 그리스도가 두 소경에게 질문하셨던 것과 똑같은 질문을 우리에게도 던지신다. "내가 능히 이 일 할 줄을 믿느냐?"(9:28) 당신은 어떤 대답을 할 것인가?

하나님은 죄인들의 구원에 가장 깊은 관심을 보이신다(God's greatest concern is the salvation of sinners). 병든 사람을 고치는 것은 놀라운 기적이다. 그리고 죽은 사람을 다시 살리는 것은 그보다 더 놀라운 기적이다. 그러나 타락한 영혼을 구원하는 것은 모든 기적 가운데 가장 놀라운 기적이다. 예수님은 죄인들을 치유하기 위해 오신 위대한 의사이시며(9:12-13), 죄인들을 결혼 잔치에 초대하는 신랑이시고(9:14-17), 발버둥치는 양을 불쌍히 여기시는 목자(9:35-36)이시다.

하나님은 죄인들을 구원하는 일에 동참하도록 우리를 부르신다(God calls us to help Him reach the lost). 베드로는 그의 집을 공개했고, 그곳에서 예수님은 많은 사람들을 고쳐주셨다(8:14-16). 그리고 마태는 그의 친구들에게 예수님을 소개하기 위해 자기 집을 사용했다(9:9-17). 고침을 받은 소경은 예수님에 관한 소식을 온 마을에 퍼뜨렸다(9:31). 예수님은 그분의 일을 완수하실 수 있도록 예수님을 도울 제자들(8:18-22)과 추수할 일꾼들을(9:37-38) 찾으신다.

마태복음 10장

일꾼들을 위해 기도하기 시작했다면(9:38) 조심하라. 자신이 그 기도의 응답이 될 수도 있기 때문이다! 기도하고 그리고 보냄을 받게 된다!

이 장의 교훈들은 주로 사도들에게 적용되었다(5-15절). 그리고 예수님이 돌아오시기 바로 직전에 섬기는 사람들에게 적용된다(16-23절). 그러나 그 영적 원리는 하나님의 종 모두를 위한 것이다.

그리스도가 부르시고 준비시키신다(Christ calls and equips). 주님이 우리를 부르신다면 주님이 원하시는 일을 할 수 있도록 우리를 준비시키실 것이다. "하나님의 은혜가 우리를 지킬 수 없는 곳으로 우리를 보내시는 것은 하나님의 뜻이 아니다."

그리스도는 쉬운 삶을 약속하지 않으신다(Christ does not promise an easy life). 왕을 위한 사신이 된다는 것은 놀라운 특권이다. 그러나 그에 따르는 대가가 있다. 우리는 이리 가운데 보내진 양이고(16절), 검을 들고 있는 사람들이며(34-36절), 십자가를 지고 가는 사람들이다(37-39절). 세상은 그리스도를 미워하기 때문에 우리도 미워할 것이다(24-25절, 빌 3:10).

그리스도는 우리가 다른 사람들에게 값없이 주기를 원하신다(Christ wants us to give freely to others, 8절). 사도들에게는 기적을 행할 수 있는 능력이 있었다. 그러나 찬물 한 그릇을 주는 것도 주님을 섬기는 것이 될 수 있다(42절). 우리에게 있는 모든 것은 주님이 주신 선물이다(요 3:27, 고전 4:7). 그리고 그 선물은 다른 사람들과 사랑스럽게 나누어야 한다. 우리는 믿음으로 살면서 우리의 필요를 채워주시는 주님을 신뢰해야 한다.

그리스도는 모든 두려움을 제거해주실 수 있다(Christ can take away all fear). 하나님을 경외하면 다른 것은 아무것도 두려워할 필요가 없다(27-31절, 시 112편). 우리는 우리 하나님 아버지께 소중한 사람들이다. 그리고 하나님이 우리를 돌보실 것이다. 하나님의 종들은 그들에게 맡겨진 일을 마칠 때까지 죽지 않을 것이다.

이 장을 복습하고 오늘 주장할 수 있는 약속들을 확인해보라.

마태복음 11장

세례 요한은 당황했으며, 어쩌면 힘이 빠지기도 했을 것이다. 그는 하나님을 신실하게 섬겼다. 그러나 감옥에 갇히게 되었다. 그의 사역은 끝이 났다. 그는 예수님이 정당한 방법으로 일하실 것이라 확신했다. 그와 비슷한 상황에 처한다면 요한이 했던 것처럼 하라. 예수님께 알리고 그 대답을 기다리라(4-6절, 사 35:4-6). 이사야 50장 10절은 실망이라는 암울함 속에서 주장할 수 있는 놀라운 약속이다.

세례 요한의 제자들은 예수님이 그들의 지도자를 칭찬하는 것을 듣지 못했다. 요한은 타협하는 사람(갈대)이 아니었다. 또 인기몰이를 하는 사람도 아니었다. 그는 하나님의 위대한 선지자였다. 그러나 무자비한 왕과 그리고 어린아이들처럼 순전하게 행동하는 대신(25절) 어리석게 행동하는 무리들 때문에(16-19절) 요한은 감옥에 갇혀 있었다.

판단을 하나님께 맡기고(20-24절), 자신의 완전한 계획을 이루실 하나님을 기다리라. 아마도 당신은 실패했다고 생각할 수도 있을 것이다. 그러나 하나님은 그것을 축복이 되게 하실 것이다. 요한은 죽어 장사되고 난 후에도 오랫동안 사람들을 예수님께로 인도했다(요 10:40-42)! 그리스도의 사랑의 멍에를 메라. 그러면 그리스도의 완전한 평안을 경험하게 될 것이다(25-30절).

○ 마태복음 12장

적대감(Hostility, 1-8절). 종교 지도자들은 예수님을 공격할 수 있는 기회가 오기를 기다리고 있었다. 그리고 예수님은 의도적으로 그 기회를 그들에게 제공해 주셨다. 진정한 안식을 누릴 수 있는데도 불구하고 율법주의에 짓눌려 있어야 한다는 것은 비참한 일이다(11:28-30)! 예수님이 삶의 주인이 되실 때 삶 전체가 안식일이 되고, 모든 곳이, 심지어는 곡식 밭까지도 하나님의 성전이 된다.

가식(Hypocrisy, 9-14절). 바리새인들은 안식일을 지키는 것에 마음을 쓰고 있었다. 그러나 장애를 가진 사람에게 사랑을 보이고 실천하는 일에는 전혀 관심이 없었다. 예수님은 제사가 아니라 자비를 원하신다(7절, 호 6:6, 미 6:6-8). 당신은 사람들을 이용하는가? 아니면 그들을 섬기는가?

승리(Victory, 15-32절). 예수님은 사탄의 집을 침략해 그를 결박하시고, 그의 무기를 빼앗으시며, 전리품을 주장할 수 있는, 강한 자보다 더 강한 자이시다(엡 1:15-23, 골 2:15). 무장을 하고 주님의 승리에 동참하라(엡 6:10 이하).

중립(Neutrality, 43-50절). 무의미한 삶을 경계하라! 그것은 사탄을 초청하는 것과 같기 때문이다. 오늘날 벌어지고 있는 영적 싸움에서 중립을 선언할 수는 없다! 우리는 주님 편에 서 있어야 한다. 그렇지 않으면 주님을 적대하는 편에 서 있게 될 것이다.

◆ 용서받을 수 없는 죄 ◆

용서받을 수 없는 죄는 예수님에 관한 증거를 거부하고, 성령의 일을 시샘하는 사람들이 범하는 죄다. 그 죄는 입술의 죄가 아니라 마음의 죄다. 왜냐하면 우리가 하는 말은 우리의 마음에서 나오는 것이기 때문이다(마 12:33-37). 종교 지도자들이 세례 요한이 붙잡혀 죽임당하는 것을 허용했을 때, 그들은 세례 요한을 보내신 하나님 아버지께 죄를 범한 것이었다. 그들이 그리스도를 십자가에 못 박았을 때, 그들은 하나님의 아들에게 죄를 범한 것이었다. 예수님은 그들이 용서받을 수 있도록 기도하셨다(눅 23:34). 그리고 하나님이 그들에게 한 번 더 기회를 주셨다. 그들이 사도들을 핍박하고 스데반을 죽였을 때, 그것은 사도들과 스데반을 통해 일하시는 성령을 거스르는 죄였다(행 7:51). 성령을 거스른 그 죄는 나라의 멸망을 불러왔다. 하나님은 그분의 아들을 거부하는 죄를 제외한 모든 죄를 다 용서하실 수 있다(요 3:36). 하나님의 자녀들은 용서받을 수 없는 죄를 범할 수 없다. 왜냐하면 그들의 모든 죄는 예수 그리스도를 믿을 때 모두 용서받기 때문이다(요 3:18, 롬 8:1, 골 2:13).

마태복음 13장

이 비유들은 하나님이 이 세상에서 어떻게 일하시는지를 설명해준다. 이 비유에서 말하는 하나님의 나라는 참된 교회를 뜻하는 것이 아니다. 왜냐하면 그 나라에는 참과 거짓, 구원받은 사람과 구원받지 못한 사람이 모두 포함되어 있기 때문이다. 그 나라는 왕에게 충성을 고백하는 모든 사람들로 구성되어 있다.

하나님은 사람들의 마음에 자신의 말씀을 뿌리시고 열매를 기대하신다(1-9, 18-23절). 그리고 하나님의 백성들이 추수를 거둘 수 있는 세상에 그들을 뿌리신다(24-30, 36-43절). 세상 끝에서 하나님은 참된 것과 거짓된 것을, 선한 것과 악한 것을 구분하실 것이다.

그리스도께 대한 고백은 참된 것인가?(Is your profession of Christ authentic?) 아니면 세상 끝 날에 가짜로 드러나게 될 것인가(마 7:21-29 참조)?

하나님의 말씀을 마음으로 받아들이고 있는가?(Does your heart receive the Word?) 씨앗에는 생명과 힘이 있다. 그리고 씨앗은 생명의 축복이라는 소산물을 맺을 수 있다. 그 씨앗에 귀를 기울이고 있는가?

당신은 하나님이 원하시는 곳에 '심으실' 수 있는 씨앗인가?(Can God 'plant you' where He wants you?) 우리는 하나님의 생명을 담고 있는 씨앗이다. 그러나 열매를 맺기 위해 씨앗은 땅에 심겨져야 한다(요 12:23-28).

하나님이 가르쳐주신 것을 다른 사람들에게 알리고 있는가?(Do you share with others what He teaches you?, 51-52절) 진리를 감추어두어서는 안 된다. 진리는 다른 사람들도 구원을 받고 믿음 안에서 세워질 수 있도록 전해져야 한다.

◆ 진리를 받아들이라 ◆

비유(parable)라는 말은 '옆으로 던지다'라는 뜻을 가진 헬라어 단어에서 파생된 것이다. 예수님은 익숙하지 않은 것들을 가르치시려고 익숙한 것들을 사용하셨다('새 것과 옛 것', 마 13:52). 진리를 숨기기 위해서가 아니라 진리에 대한 관심을 불러일으키기 위해 그렇게 하셨다(마 13:13-15). 예수님은 사람들이 눈을 뜨고 귀를 열어 그들의 나태한 마음에 진리를 받아들이도록 만들고 싶어하셨다.

◎ 마태복음 14장

예수님께 말씀드리라(Tell it to Jesus, 1-12절). 세례 요한의 제자들은 어안이 벙벙했다. 그리고 그들의 슬픔을 예수님께 알렸다. 살다보면 실망하게 될 때도 있다. 그리고 우리는 그런 때를 어떻게 다루어야 하는지 배워야 한다. 예수님이 도와주실 것이다(시 55:22, 벧전 5:7).

예수님께 가져가라(Bring it to Jesus, 13-21절). 열두 제자는 "저들을 보내세요!"라고 말했다. 그러나 예수님은 "내게 가져오라"고 말씀하셨다. 가진 것을 다 주님께 가져가라. 그러면 주님이 우리의 필요를 채우시기 위해 그것들을 사용하실 것이다. 우리가 주님께 무엇을 드리던, 주님은 그것을 가지고 불가능한 일을 하실 수 있다. 예수님의 손길을 필요로 하는 사람들까지도 예수님께로 데려갈 수 있다(35절).

예수님을 바라보라(Look to Jesus, 22-33절). 우리의 불순종 때문에 몰아닥치는 폭풍우도 있다. 그러나 이 폭풍우는 예수님께 순종했기 때문에 맞이하게 된 폭풍우였다. 베드로는 물 위로 걸었다. 그러나 주변에서 일어나는 위험 때문에 혼란스러워지자, 예수님을 바라보던 그의 시선이 흩어지게 되었다. 주님의 말씀을 신뢰할 때 우리는 믿음으로 주님을 바라볼 수 있다(히 12:1-3). 당신을 혼란스럽게 만드는 것들을 경계하라!

> "주님은 계시지 않는 것처럼 보일 때 우리 바로 옆에 계신다. 보지 않으시는 것처럼 보이지만 다 보고 계신다. 아무것도 하지 않으시는 것처럼 보일 때 부지런히 일하고 계신다."
>
> G. 캠벨 모건(G. Campbell Morgan)

마태복음 15장

우리 주님의 제자들은 무슨 일이 일어날지 전혀 모르고 있었다. 그들이 다음의 세 가지 상황 속에서 어떻게 대처했는지 살펴보면서, 어려움이 닥칠 때 당신은 어떤 반응을 보이게 될지 점검해보라.

기분이 상한 사람들(Offended people, 1-20절). 예수님은 서기관들과 바리새인들이 지키고 있던 사람들이 만든 전통을 거부하셨다. 왜냐하면 그 전통들은 인간의 내면을 무시하고 외적인 것들에만 초점을 맞추고 있었기 때문이었다. 그들은 하나님이 심으신 사람들이 아니었다(13:24-30). 대신 그들은 사람들을 잘못된 길로 인도하는 소경들이었다. "그들을 그냥 내버려두라"는 것이 주님의 조언이었다.

끈기 있는 사람들(Persistent people, 21-31절). 제자들은 또 잘못을 범했다. 예수님이 여인을 무시하시는 것처럼 보였다. 그러나 예수님은 그녀의 믿음을 더해주고 싶으셨던 것뿐이었다. 예수님이 지체하시는 것은 거절을 뜻하는 것이 아니다. 예수님은 이방인들이 사는 지역에서 사역하셨다. 그리고 그곳 사람들은 "이스라엘의 하나님께 영광을 돌렸다"(31절).

굶주린 사람들(Hungry people, 32-39절). 제자들은 5천 명이 먹게 된 기적을 벌써 다 잊고 있었다! 위기가 닥칠 때 하나님이 과거에 보여주셨던 자비를 돌아보는 시간을 가지라. 그리고 하나님은 변함이 없는 분이시라는 사실을 기억하라.

예수님이 사람들을 대하셨던 것처럼 그들을 대하려고 노력하라. 그리고 분별력을 주시도록 기도하라.

◦ 마태복음 16장

다음에 대해 오해하고 있는 것은 아닌지 살펴보라.

때에 대해(About the times, 1-4절). 사람들은 일기 예보를 믿는다. 그러나 하나님의 말씀은 믿지 않는다! 그들은 하나님이 이 세상에서 하시는 일을 보지 못한다. 눈을 뜨고 하나님의 계획을 이해할 수 있는 지혜를 구하라.

거짓 교훈에 대해(About false doctrine, 5-12절). 예수님은 거짓 교훈을 누룩에 비유하셨다. 누룩은 작고 보잘것없는 것처럼 보인다. 그러나 소리 없이 퍼지면서 모든 것들 속으로 침투해 들어간다(갈 5:9). 유일한 해결책은 누룩을 제거하는 것이다(고전 5:6-7).

예수 그리스도에 대해(About Jesus Christ, 13-20절). 무리들은 예수님에 대해 혼동하고 있었다. 그들을 본받지 말라. 대신 하나님 아버지가 구세주를 계시해주실 수 있게 해드리고(11:25-27), 다른 사람들 앞에서 구세주를 인정하라. 그분은 하나님의 아들이시다.

◆ **베드로** ◆

베드로라는 이름은 '반석'이라는 뜻이다(요 1:40-42). 하나님의 백성들은 모두 '산 돌'이다. 그러나 예수님은 머릿돌이시다(벧전 2:4-8, 행 4:11-12, 시 118:22). 그리고 하나님의 교회는 그 머릿돌 위에 서 있다(고전 3:11). 그리스도께 대한 믿음을 고백하는 사람은 누구나 영적인 성전을 짓고 있는 산 돌이 된다(엡 2:19-22). 베드로에게 주어진 것은 하늘의 열쇠들이 아니라 '천국의 열쇠들'(마 16:19)이었다. 왜냐하면 하늘의 열쇠들은 예수님이 가지고 계시기 때문이다(계 1:18). 베드로에게는 오순절에 유대인들에게(행 2장) 그리고 사마리아인들과(행 8:14) 이방인들에게(행 10장) '믿음의 문'을 여는 특권이 주어져 있었다(행 14:27).

제자도에 대해(About discipleship, 21-28절). 예수님의 고난과 죽음을 막아보려는 잘못된 시도를 하면서 반석인 베드로가 장애물 베드로가 되었다. 그리스도께 대한 고백은 그리스도를 따르는 것으로 이어져야 한다. 세상은 우리 마음대로 하도록 우리를 부추긴다. 그러나 주님은 우리 자신을 부인하라고 말씀하신다. 살 수 있는 유일한 길은 자신에 대해서는 죽고, 믿음으로 그리스도를 따르는 것이다.

● 마태복음 17장

왕께 귀를 기울이라!(Listen to the King!, 1-13절) 이 사건은 도래할 나라를 보여주는 그림이다(16:27-28). 그리고 예수 그리스도가 살아 계신 하나님의 아들이심을 보여주는 하나의 증거다. 율법(모세)과 선지자(엘리야)는 모두 그리스도 안으로 모아진다(히 1:1-2). 그러나 베드로가 가장 잘 기억했던 것은 변하지 않는 하나님의 말씀에 대한 강조였다(벧후 1:16-21). 비전에 대한 기억은 희미해지게 될 것이다. 그러나 말씀은 영원할 것이다. 주님께 귀를 기울이라.

왕을 신뢰하라!(Trust the King!, 14-21절) 예수님은 제자들에게 귀신을 물리칠 수 있는 권세를 주셨다(10:1, 8). 그러나 그들의 불신앙과 부족한 기도(20-21절) 때문에 그들은 필요로 했던 권세를 빼앗기고 말았다. 우리는 영광의 산 위에서만 머물러 있을 수 없다. 채워져야 할 필요들이 골짜기에 있기 때문이다.

왕께 순종하라!(Obey the King!, 22-27절) 세금은 성전을 지원하기 위해 유대인 남자들에게 해마다 부과되는 것이었다(출 30:11-16). 예수님은 동전과 물고기를 사용하셔서 자신의 왕 되심을 확증하셨다. 그러나 또 사람들의 요구를 따르심으로 자신의 종 되심을 확인시켜주셨다. "저희로 오해케 하지 않기 위하여"(27절)라고 하신 말씀은 우리의 권리는 포기하되 하나님의 진리는 포기하지 않기 위해 조심해야 할 때 우리가 기억해야 할 좋은 원리가 될 수 있다(15:12-14).

● 마태복음 18장

위대함(Greatness, 1-14절). 어린아이는 전적으로 다른 사람들을 의지하는 믿음으로 살아간다. 정상적인 아이는 자신의 상황을 받아들이고, 그 상태를 누리며, 다른 사람처럼 행동하려 하지 않는다(시 131편). A. H. 맥닐(A. H. McNeil)은 "자신을 위대하다고 전혀 생각하지 않는 사람이 가장 위대한 사람이 될 것이다" 라고 말했다.

아이들을(영적으로 어린 사람들을 포함해서) 대하는 방식은 우리가 얼마나 겸손한지를 보여주는 척도가 된다. 그들을 그대로 인정해주는가? 아니면 그들을 업신여기는가(10절)? 어린아이처럼 살아가고 있는가(3-4절)? 아니면 아이들에게 좋지 않은 본을 보이며 그들을 넘어지게 만들고 있는가(6-9절)? 잘못된 길로 가는 것은 새끼 양이 아니라 다 자란 양이다(10-14절).

진실함(Truthfulness, 15-20절). "사랑 안에서 참된 것을 하는"(엡 4:15) 것이 그리스도인이 교제를 유지할 수 있는 비결이다. 이 말씀을 거부하면 할수록 더 많은 사람들과 부딪히며 문제를 일으키게 될 것이다(마 5:21-26). 조화를 이루려면 겸손함과 정직함이 함께 작용해야 한다.

용서(Forgiveness, 21-35절). 베드로는 그가 예수님이 가르치신 정신 안에 있지 않음을 보여주는 규정을 따르고 싶어했다(롬 12:8-10). 이 비유는 구원에 관한 것이 아니라 하나님의 백성들 사이에서 실천되어야 하는 용서에 관한 것이다. 우리는 하나님이 우리를 용서해주셨기 때문에, 그것도 엄청난 대가를 치르시고 우리를 용서해주셨기 때문에 다른 사람들을 용서해야 한다(엡 4:32, 골 3:13). 용서를 받아들이고도 그것을 마음으로 깊게 경험하지 못하는 사람들도 있다. 그렇기 때문에 다른 사람들을 용서하기가 힘든 것이다.

용서하지 않는 마음을 가지고 있을 때 우리는 자기 자신을 영적이고 감정적인 감옥에 가두는 것이다. 유감을 품고 다니는 사치는 값비싼 비용을 치르게 한다. 그럴 만한 가치가 있는 것인가?

"용서하지 못하는 사람은 자신이 통과해야 할 다리를 끊어버리는 것이다."

조지 허버트(George Herbert)

○ 마태복음 19장

예수님이 결혼 생활을 치유해주실 수 있게 하라(Let Jesus heal your marriage, 1-12절). 합법적이기는 하지만 성경이 가르치고 있는 교훈에는 어긋나는 관례들도 있다. 성경이 말하고 있는 원리들을 따르라. 하나님의 원래 계획은 평생 한 남자와 한 여자가 연합하는 것이다(창 2:18-25). 그러나 하나님은 이스라엘을 위해 양보하시고 이혼을 허락하셨다(신 24:1-4). 이혼은 문제를 해결하기 위한 해결책으로 주신 것이 아니었다. 새롭게 시작하기 위해서는 두 사람의 마음이 달라져야 한다. 그리고 예수님만이 그 마음의 변화를 일으키실 수 있다. 도망치기 전에 하나님 앞에 나아가 그분의 도우심을 구하라.

예수님이 가정에 복을 주실 수 있게 하라(Let Jesus bless your family, 13-15절). 아이들은 예수님께 나아가고 싶어한다(14절). 그러나 어른들이 방해가 되는 경우가 아주 많다. 가장 좋은 부모는 자녀들이 쉽게 그리스도께 나아가 그분을 사랑하고, 그분이 주시는 복을 받아들일 수 있게 해주는 부모다.

예수님이 모든 것의 주인이 되실 수 있게 하라(Let Jesus have your all, 16-30절). 부자 청년에게는 좋은 점들이 많이 있었다. 그러나 그는 자신을 너무 높이 평가하고 있었고, 그래서 하나님 앞에서 솔직하지 못했다. 그와 구원 사이를 돈이 가로막고 있었다. 그는 회개하지 않았고 자신의 거짓 신을 버리지 않았다. 모든 것을 주님께 드릴 때 우리는 아무것도 잃지 않는다. 왜냐하면 주님은 이 세상에서 그리고 오는 세상에서 복을 주시는 분이기 때문이다.

> "참된 결혼은 두 사람이 체결하는 계약이 아니라 세 사람이 맺는 거룩한 언약이다. 결혼식에 그리스도를 초대하지 않는 경우가 너무 많다. 그리고 가정에서도 그리스도를 위한 자리를 찾을 수 없는 경우가 너무 많다."
>
> 도날드 T. 카우프만(Donald T. Kauffman)

마태복음 20장

"우리가 무엇을 얻으리이까?"(What shall we have?, 19:27-20:16) 이 비유는 구원에 관한 비유가 아니다. 왜냐하면 우리는 구원을 위해 일할 수 없기 때문이다. 또 상급에 관한 비유도 아니다. 왜냐하면 모두 다 똑같은 상급을 받을 수 없기 때문이다. 이야기는 베드로의 질문에 함축되어 있는 이기적인 태도를 다루고 있다. 비유의 핵심은 가장 먼저 고용된 일꾼이 계약을 맺고, 자신이 얼마를 받게 될 것인지를 알려달라고 주장했던 점이었다. 다른 일꾼들은 지주를 믿었다. 하나님께 계약을 요구한다면, 그것은 우리 자신을 스스로 강탈하는 것일 뿐이다. 왜냐하면 하나님은 자신의 일꾼들에게 관대하시기 때문이다. 우리는 자신의 일에 충실하되, 다른 일꾼들을 주시하는 일을 피해야 한다. 그러면 하나님이 우리를 관대하게 대하실 것이다.

"무엇을 원하느뇨?"(What do you wish?, 20:17-28) 살로메는 예수님의 약속을 기억하고(19:28) 두 아들을 위해 그 약속을 주장했다. 그러나 그녀는 예수님이 십자가에 대해 조금 전에 하신 말씀을 잊고 있었다(20:17-19). 그녀는 고난을 통해서만 영광에 이를 수 있다는 사실을 알았어야 했다(벧전 5:10). 보좌를 위해 기도하지 말라. 그 대가를 지불해야 한다. 이기적인 기도를 경계하라. 주님이 이기적인 기도에 응답해주실 수도 있을 것이다. 야고보는 가장 먼저 순교한 사도가 되었다(행 12:1-2). 그리고 요한은 로마의 죄수로서 큰 시련을 겪어야 했다(계 1:9).

"너희에게 무엇을 하여 주기를 원하느냐?"(What do you want Me to do for you?, 20:29-34) 그들은 자신들이 무엇을 원하는지 알고 있었다. 그리고 그것을 위해 주님을 신뢰했다. 주님께 기도할 때 자신이 원하는 것이 무엇인지 알고 기도하는가? 다른 사람들이 당신의 용기를 꺾어도 포기하지 않고 끈질기게 구하는가? 우리에게는 히브리서 4장 16절 안에 있는 놀라운 약속이 있다!

◆ 마지막 주 ◆

주님이 이 세상에 계셨던 마지막 주에 일어났던 사건들은 다음과 같다. 주일 – 왕으로 예루살렘에 입성하심. 월요일 – 성전을 정결케 하시고, 무화과나무를 저주하심. 화요일 – 유대인 지도자들과 변론하시고, 감람산에서 설교하심(마 24-25장). 수요일 – 안식하심. 목요일 – 마지막 만찬을 하시고, 동산에서 잡히심. 금요일 – 십자가에 달려 돌아가시고, 장사되심. 토요일 – 무덤에 계심. 주일 – 죽음에서 살아나심. 유대인의 하루는 해가 지는 것과 함께 시작되므로 그들의 금요일은 목요일 저녁부터 시작된다는 사실을 기억하라.

○ 마태복음 21:1-22:14

왕(The King, 21:1-11). 사람들은 성경을 깨닫지 못하고 있었다(슥 9:9). 그들은 시편 118편 26절을 외치며 하나님을 찬양하기는 했지만, 예수님이 나중에 인용하신 22-23절은 보지 못했다(42절). 성경을 알면서도 우리 가운데서 일하시는 주님을 알아보지 못하는 일이 없도록 조심해야 한다.

심판자(The Judge, 21:12-22). 예수님은 성전을 청결하게 하시고 무화과나무를 저주하셨다. 그 두 가지 일은 심판이 아닌 구원을 위해 오신(사 28:21) 주님이 행하신 '보기 드문' 행동이었다. 이스라엘은 성전처럼 내적으로 부패해 있었고, 무화과나무처럼 열매를 맺지 못하고 있었다. 우리 죄를 감추기 위해 찾아가는 곳이 교회라면 교회가 '강도의 굴혈'이 될 수 있다(사 56:7, 1:10-20, 렘 7:11). '잎사귀밖에 없는' 삶을 사는 사람은 심판의 위험 앞에 처해 있는 것이다. 왜냐하면 예수님은 열매를 찾으시기 때문이다(마 7:15-20).

아들(The Son, 21:23-41). 예수님께는 하나님의 아들의 권세가 있으셨다! 포도원은 아들에게 존경을 표하지 않는 지도자들이 있는 이스라엘이다(사 5장). 그들은 세례 요한의 증거를 거부하면서 하나님 아버지를 거부했고, 결국은 아들도 거부하려 하고 있었다.

돌(The Stone, 21:42-46). 유대인 지도자들은 자신들에게 스스로 형을 선고했다. 예수님은 그들의 죄가 예수님의 승리를 막지 못할 것이라는 사실을 입증하시기 위해 시편 118편 22-23절을 인용하셨다(사 8:14-15, 단 2:34, 행 4:11, 벧전 2:9). 그들이 주님을 대적하는 대신 어린아이처럼 주님을 찬양했다면 얼마나 좋았을 것인가(마 21:15-16, 시 8:2)!

신랑(The Bridegroom, 22:1-14). 거부당한 아들은 부활하셔서 영광 중에 다스리신다. 그분은 모든 사람을 자신의 잔치에 초대하고 싶어하는 신랑이시다. 그 초대를 거부한 이스라엘은 예루살렘의 멸망을 불러왔다(7절). 그 초청은 지금도 계속 되고 있다. 자신을 의롭다고 생각하지 말라(사 64:6). 주님이 주시는 의를 덧입어야 한다(사 61:10, 고후 5:21).

○ 마태복음 22:15-46

예수님의 적들은 예수님이 로마와 충돌을 일으키게 되길 바라며 질문을 던졌다. 유월절이 지난 후 그들은 예수님을 붙잡아 심문할 수도 있었을 것이다. 그러나 유한한 인간이 어떻게 하나님과 겨루어 이기겠다고 희망할 수 있겠는가(욥 38:1-3)? 그 얼마나 오만하고 무지한 태도인가!

예수님은 "누가 너희의 주이냐?"는 중요한 질문을 던지셨다(41-46절, 시 110편). 예수 그리스도를 우리의 주로 섬긴다면 다른 질문들은 아무 문제도 되지 않을 것이다. 우리는 선한 시민이 될 것이다(15-22절, 롬 13장). 우리는 미래를 염려하지 않게 될 것이다(23-33절). 그리고 하나님과 이웃을 사랑하게 될 것이다(34-40절).

논쟁하기를 좋아하는 사람들은 일반적으로 겸손하지 않은 편이다. 그리고 그들은 그리스도께 복종해야 할 필요가 있다(빌 2:1-11). 인생의 중요한 문제들에 대해 깊이 생각하는 것은 좋은 일이다. 뿐만 아니라 우리의 무지를 인정하고 "지혜와 지식의 모든 보화가 감추어져"(골 2:3) 있는 그리스도를 예배하는 것 또한 좋은 일이다.

◦ 마태복음 23장

비록 하나님의 말씀을 가르치는 사람들은 온전하지 못할지라도, 하나님의 말씀에는 권세가 있다(1-3절). 주님은 우리가 주님의 진리를 행하는 것과 가르치는 것 둘 다를 평가하신다(5:17-20, 살전 2:10-12). 가식적인 사람들은 자신들의 인품을 좀먹고, 다른 사람들에게 막대한 해를 가한다. 사람들의 눈을 어둡게 만들어 주님과 자기 자신과 다른 사람들을 보지 못하게 만드는 것은 가식이 불러오는 비참한 결과다(16-19, 24, 26절).

바리새인들의 하나님은 성경이 말하는 하나님이 아니다. 그들의 하나님은 자신에게 한 대로 되갚는 엄격한 입법자다. 그는 '모든 은혜의 하나님' (벧전 5:10)이 아니다. 또 자녀들을 사랑하고 돌보는 하나님 아버지도 아니다(시 103:1-14).

바리새인들은 자신들을 보지 못했다. 그들은 자신들은 옳고, 다른 사람들은 모두 옳지 않다고 생각했다. 또 외적인 것들에 초점을 맞추었기 때문에 자신들의 마음속에 있는 썩은 것들을 보지 못했다(25-28절). 그리고 작고 사소한 것들에 몰두했기 때문에 하나님의 말씀이 가르치고 있는 중요한 원리들을 무시했다(23절).

가식적인 사람들은 다른 사람들에게 가해진 손상을 - 축복의 문을 닫고(13절), 그들과 접촉하는 사람들을 부정하게 만들며(27절), 잘못된 가치관을 갖게 하는(16-22절) 등 - 결코 보지 못한다. 예수님이 우셨던 것도 무리가 아니었다! 그 '화'는 분노가 아니라 고뇌에서 나온 것이었다. 어쩌면 예수님은 지금도 우리를 보시며 울고 계실지 모른다.

✦ 가식 ✦

목표에 이르지 못하거나, 우리가 원하는 사람이 되지 못하는 것은 가식이 아니다. 대신 다 이룬 것처럼 가장하는 것이 가식이다. 가식을 뜻하는 영어 단어는 배우가 쓰는 가면이라는 헬라어 단어에서 파생되었다. 가식적인 사람이란 다른 사람들에게 자신을 원래의 자신보다 더 영적인 사람으로 보이게 하기 위해 의도적으로 가장하는 사람이다. 가식을 치료할 수 있는 해결책은 자기 자신에게 솔직하고, 하나님 앞에서 정직해지는 것이다(요일 1:5-10).

감람산 강화

성전 파괴에 대한 우리 주님의 말씀(23:37-39)을 들은 제자들은 예루살렘 성과 성전과 이스라엘의 미래에 대해 주님께 질문했다. 24장 1-35절의 주제는 마지막 때에 세상에 임하게 될 환난('주의 날')이다. 예수님은 환난의 전반부(24:1-14)와 후반부(24:15-28)에 일어날 사건들에 대해 설명해주셨다. 그런 다음 환난이 끝난 후 주님이 오실 것을 선포하셨다(24:29-35).

24장 1-35절의 강조점은 주님이 세상에 오시는 것을 보여주는 징조들에 있으며, 주님은 이스라엘 백성들에게 기다리며 준비하라고 말씀하셨다(15-28절). 그러나 그 말씀은 오늘날 교회들을 향한 메시지이기도 하다. 왜냐하면 "앞으로 일어날 일들은 그 일들이 일어나기 전에 먼저 그 그림자를 드리우기" 때문이다. 우리는 징조가 아니라 주님을 바라보아야 한다(빌 3:20). 왜냐하면 주님은 어느 때나 오실 수 있기 때문이다. 우리는 세상에서 일어나는 일들을 바라보면서 곧 오실 주님을 기대하는 격려를 받을 수 있다.

마태복음 24장 36절-25장 46절은 이스라엘보다는 교회에 초점을 맞추고 있다. 이 부분에서는 징조가 아니라 예수님이 언제든지 오실 수 있다는 사실을 강조하고 있다(24:36, 44, 50). 예수님은 오셔서 그 종들과 회계하시고, 신실한 종들에게 보상하실 것이다. 때문에 우리는 늘 준비하고 있어야 한다.

○ 마태복음 24장

뉴스를 통해 세상에서 일어나는 문제들과 긴박한 정세들을 보게 될 때 주님이 경계하신 다음의 경고들을 되새기라.

속지 말라(Do not deceived, 4, 11절). 사람들은 대단해 보이는 주장들과 약속들을 하면서 다른 사람들을 속이려 할 것이다. 우리에게는 우리를 깨우치시는 하나님의 말씀(사 8:20)과 우리를 가르치시는 성령(요 16:13-15)이 계시다. 그러므로 잘못된 길로 나아가서는 안 된다(요일 2:18-29).

낙심하지 말라(Do not be discouraged, 6절). 정치적 혼란이나 자연 재해는 언제나 세계 역사의 한 부분이었다. 그러므로 그런 것들 때문에 낙심하지 말라. 그것은 '재난의 시작' 일 뿐이다(8절). 재난이라는 말로 번역된 단어는 혼란과 고통을 의미한다. 세상에서는 언제나 불행한 일이 일어날 수 있다. 그러나 하나님이 여전히 다스리신다!

좌절하지 말라(Do not be defeated, 13절). 이 경고는 주님이 다시 돌아오시기 전까지 시험을 견딜 수 있는 신실함에 관련된 것이다. 주변에서 일어나는 불법적인 일들 때문에 열정을 잃지 말라(12절). 우리 주변의 타락한 세상은 복음을 들어야 한다(14절). 그러므로 부지런히 일하라!

의심하지 말라(Do not be doubtful, 34-35절). 종교 지도자들은 오기도 하고 가기도 할 것이다. 서기도 하고 넘어지기도 할 것이다. 그러나 하나님의 말씀에는 변함이 없다. 다른 사람들이 어떻게 말하고 어떻게 행동하든 구애받지 말고, 하나님의 말씀을 믿고, 그 말씀에 순종하며, 그 말씀을 붙들라. 성경은 어두운 세상을 비추는 하나님의 빛이다(벧후 1:19-21).

주의를 흐트러뜨리지 말라(Do not be distracted, 42절). 주님이 어느 때나 오실 수 있다는 사실을 기억하고 깨어 있을 때 우리는 예비할 수 있다. 주님의 재림이 늦어질 것이라 생각할 때(48절) 우리는 효율성을 잃게 되고, 증거하는 일을 소홀히 할 수 있다. 계속 깨어 일하라!

● 마태복음 25장

예수 그리스도가 돌아오실 때 모든 것이 구분될 것이다. 지혜로운 자와 어리석은 자가 구분되고, 신실한 종과 신실하지 못한 종이 구분되며, 복된 자(양)와 저주받은 자(염소)가 구분될 것이다. 지혜로운 처녀들은 기름을 가지고 신랑을 맞을 준비를 하고 있었다. 그리스도인이라고 고백하면서도 거듭나지 않은 상태로 성령이 내주하시지 않는 사람들이 많이 있다(롬 8:9). 그들은 구원받은 사람들과 함께 어울리겠지만, 실제로 그들은 구원받지 못했다. 그들은 결혼 잔치에 들어갈 수 없게 될 것이다.

예수님의 재림은 또 평가를 뜻한다. 주님이 다시 돌아오실 것을 기다리며 우리는 우리의 삶을 투자해 하나님의 영광을 위해 이익을 남겨야 한다. 그리스도가 우리의 능력에 맞는 기회를 우리에게 주신다. 그리고 한 달란트를 가진 종은 다섯 달란트 가진 종 못지않게 중요하다. 중요한 것은 신실함이다(고전 4:2). 왜냐하면 하나님은 다른 종과 비교해 우리를 평가하시는 것이 아니기 때문이다. 이 비유가 선행을 통한 구원을 가르치고 있는 것은 아니다. 그리스도의 양은 자신이 양이라는 사실을 알고 있다(요 10:14, 27-30). 그러나 그들의 섬김이 그리스도께 어떤 의미가 있는지를 언제나 알고 있는 것은 아니다. 우리는 그날에 놀라운 일들을 경험하게 될 것이다!

> "큰 봉사는 우리의 가능성을 보여준다. 그러나 작은 봉사는 우리의 헌신을 보여준다."
>
> 조지 모리슨(George Morrison)

● 마태복음 26장

살아가면서 우리는 많은 기회를 얻는다. 그 기회들에 어떻게 반응하는지는 우리가 무엇을 사랑하고, 무엇을 추구하며 사는지에 따라 달라진다.

유대인 지도자들은 예수님을 없앨 수 있는 기회를 찾았다. 반면에 예수님은 하나님 아버지의 뜻에 순종하면서 그분을 영화롭게 할 수 있는 기회를 기대하셨다.

마리아는 그리스도께 대한 자신의 헌신을 표현할 수 있는 기회를 활용했다. 그러나 가룟 유다는 그녀를 비난하는 데 그 기회를 사용했다. 예수님께 사랑으로 드리는 것은 그 어떤 것도 낭비되지 않는다. 결국 자신의 삶을 낭비한 사람은 바로 가룟 유다였다!

예수님은 자신의 제자들 중 한 사람은 예수님을 배신할 것이고, 또 한 사람은 예수님을 부인할 것이며, 다른 모든 제자들이 예수님을 저버리게 되리라는 사실을 알고 계셨음에도 불구하고, 그들과 함께 있을 수 있는 기회를 간절히 기대하셨다. 예수님은 그들이 곧 다가올 고난을 맞이할 수 있도록 그들을 준비시키고 도울 수 있는 길을 모색하셨다.

베드로는 담대한 승리자가 될 수 있는 기회를 잃었다. 그는 귀를 기울여야 했을 때 호언 장담을 했고(32-35절), 기도해야 했을 때 잠을 잤으며(36-46절), 복종해야 했을 때 싸웠고(47-56절), 안전을 위해 도망쳐야 했을 때 뒤를 따랐다(57-75절, 특히 31절에 주목하라). 그러나 회개할 기회가 주어졌을 때 그는 울며 회개했다.

다른 사람들이 어떻게 하건 예수님이 다스리셨다. 그리고 모든 기회들을 어떻게 살려야 하는지 알고 계셨다. "나의 원대로 마옵시고 아버지의 원대로 하옵소서"(39절). 하나님이 우리 각자에게 많은 기회를 주실 것이다. 그 기회들을 지혜롭게 활용하라!

> "하나님이 주시는 가장 좋은 선물은 물질이 아니라 기회다. 우리가 역경이라 부르는 것들을 하나님은 기회라 부르신다."

○ 마태복음 27장

예수님은 우리가 부당하게 고통당할 때 본받아야 할 모범이 되신다(벧전 2:18-23).

비난에 응수하지 않으셨다(He did not reply when accused, 11-14절). 그렇게 하심으로 예수님은 이사야 53장 7절을 성취하셨다. 말해야 할 때와 침묵해야 할 때가 있다(전 3:7). 그리고 분별력을 가져야 한다. 한 가지 확실한 것은 예수님이 어떤 말씀을 하시더라도 그들은 예수님을 믿지 않았으리라는 사실이었다.

보복하지 않으셨다(He did not retaliate when abused, 15-31절). 예수님은 자신을 조롱하는 사람들을 제거할 수 있는 권세가 있는 분이셨다. 실제로 천사들이 예수님을 구할 수도 있었다. 그러나 예수님이 고난받으셨던 것처럼 고난받는 것이 아버지의 뜻이었고, 예수님은 아버지의 뜻에 순종하셨다.

포도주를 마시지 않으셨다(He did not accept the cup, 32-38절). 마취제가 든 술을 마시면 고통을 덜 느낄 수 있다. 그러나 예수님은 그것을 거부하셨다. 대신 예수님은 고난의 잔을 드셨다.

십자가에서 내려오지 않으셨다(He did not come down from the cross, 40-44절). 예수님이 십자가에서 내려오셨더라도 사람들은 여전히 예수님을 믿지 않았을 것이다. 그리고 예수님이 친히 자신을 구하셨다면 다른 사람들을 구할 수 없으셨을 것이다(요 12:23-28). 고난 뒤에는 영광이 따른다. 그리고 십자가 뒤에는 면류관이 따른다. 쉬운 길을 가고 싶은 유혹을 느낄 때 그 사실을 기억하라.

> "십자가를 제거한다면 그것은 기독교를 제거하는 것이다. 예수님의 보혈로 인한 속죄는 기독교의 진리의 팔이 아니라 진리의 심장이다."
>
> 찰스 해돈 스펄전(Charles Haddon Spurgeon)

○ 마태복음 28장

빈 무덤이 전해주는 메시지는 이것이다. '두려워하지 말라!'

그분은 원수를 정복하신다(He overcomes His enemies, 1-5절). 죽음과 부활을 통해 주님은 세상(요 16:33)과 육체(롬 6:1-7)와 이 세상 임금(요 12:31)과 죽음(고전 15:50-58)을 정복하셨다. 우리는 산 자나, 죽은 자나, 시간이나, 영원을 두려워할 필요가 없다(계 1:17-18).

그분은 약속을 지키신다(He keeps His promises, 6-7절). 부활의 약속을 잊고 있었기 때문에 예수님의 제자들은 기뻐하는 대신 슬퍼하고 있었다. 우리 눈앞에 보이는 것이 아무리 암울해 보일 때에도 주님은 언제나 약속을 지키신다.

그분은 우리보다 앞서 가신다(He goes before you, 7-10절). 여인들이 소식을 알리려고 달려가다 주님을 만났다. 순종하는 길에서는 언제나 주님을 만나게 된다. 목자들은 양 떼를 몰고 앞서 나가며 양 떼를 위해 길을 연다(요 10:4). 우리에게는 모든 것을 다스리시고 승리하시는 살아 계신 구세주가 계신다. 그분을 신뢰하라!

그분은 우리의 주님이시다(He is our Lord, 11-20절). 주님께 모든 권세가 있다. 그리고 주님이 모든 족속에게 복음을 전하도록 우리에게 명하셨다. 그리고 늘 우리와 함께하실 것이라고 약속하셨다. 그런데 무슨 확신이 더 필요하겠는가? 우리는 주님의 대사들이다(고후 5:20). 그리고 무엇을 하든 언제나 주님께 신실해야 한다.

◆ 부활 ◆

예수 그리스도의 부활은 복음에 없어서는 안 될 핵심이다. 왜냐하면 돌아가신 그리스도는 아무도 구원하실 수 없기 때문이다(고전 15:1-19). 빈 무덤은 예수님이 하나님의 아들이시라는 사실(롬 1:4)과, 신자들에게는 장래의 기업이 있다는 사실(벧전 1:3 이하)과, 이미 죽은 그리스도인들을 다시 만나게 될 것이라는 사실(살전 4:14-18)과, 우리가 감당하는 사역이 헛된 것이 아니라는 사실(고전 15:50-58)과, 예수 그리스도가 타락한 죄인들을 심판하실 날이 올 것이라는 사실(행 17:30-31)을 입증해주는 증거다. 초대 교회 교인들은 예수 그리스도의 부활을 알리는 증인들이 되었다(행 1:22, 4:2, 33). 그리고 오늘날 우리도 그들과 같은 증인이 되어야 한다.

마가복음

Mark

요한 마가는 바나바의 사촌이었고(골 4:10, 행 4:36-37, 11:19-30), 예루살렘 교회에서 손꼽히던 여인 마리아의 아들이었다(행 12:12). 그는 바울과 바나바와 제1차 선교 여행에 동행했지만(행 12:25-13:5), 어떤 이유 때문인지 끝까지 그들과 함께하지 못했다(행 13:13). 그 실패 때문에 바울과 바나바는 헤어지게 되었고, 바나바는 마가에게 새로운 기회를 주었다(행 15:36-41). 그러나 나중에 마가는 바울의 동역자가 되었고(몬 24절), 바울은 그의 일을 칭찬했다(딤후 4:11). 모든 것이 다 잘 마무리되었다.

베드로전서 5장 13절은 요한 마가가 베드로의 사역을 통해 회심하였다는 사실을 암시하고 있다. 예수 그리스도를 하나님의 종으로 보여주고 있는(막 10:45) 마가복음은, 베드로가 보고한 그리스도의 사역을 마가가 기록한 것으로 보는 성경학자들이 많다. 마가는 '곧'이라는 단어를 자주 사용하였는데, 그것은 그가 아버지께 순종하며 열심히 사람들의 필요를 채워주고 있는 종의 일을 묘사했기 때문이었다(1:10, 12, 20-21절 등). 마가는 일의 성취를 높이 평가하는 활동적인 로마인들을 생각하며 책을 기록했다.

마가복음은 간단한 머리말에 이어(1:1-13) 갈릴리에서 행하신 그리스도의 사역(1:14-9:50)과, 예루살렘을 향해 가시던 도중에 일어났던 일들(10장)과, 십자가에 달리신 일로 절정을 이룬 예루살렘에서의 사역(11-15장)과, 부활과 승천(16장)을 이야기하고 있다.

● 마가복음 1장

종에게도 자격증이 있어야 하는데, 우리 주님께는 최고의 자격증이 있었다. 주님이 세상에 오실 것을 이사야(40:3)와 말라기(3:1)가 예언했고, 주님이 오신 것을 세례 요한이 선포했다. 그리고 하나님 아버지와 성령이 주님을 칭찬하셨고(9-11절), 사탄은 주님을 좌절시킬 수 없었다(12-13절). 주님은 우리가 믿을 수 있는 종이시다.

그렇다면 주님은 무엇을 하실 수 있는가? 주님의 일은 무엇인가? 주님은 우리의 삶을 인도하시고 성공하게 하실 수 있다(16-20절). 사탄을 물리치시고(21-28절), 병을 고치시며(29-34, 40-45절), 타락하고 궁핍한 세상에 구원의 메시지를 전하는 일에 우리를 사용하실 수 있다(35-39절). 우리는 종의 종이 되어 종의 놀라운 일을 전할 수 있다.

종은 어디에서 능력을 얻으셨는가? 그분은 성령(12절)과 기도(35절)를 의지하셨다. 그리고 그 어떤 일도 새 힘을 얻기 위해 필요한 시간을 빼앗아가지 못하게 하셨다. 하나님의 거룩한 아들이 기도하셔야 했다면 우리에게 그것은 얼마나 더 필요한 일이겠는가! 기도하면서 주님의 사역을 할 때 우리는 활기를 잃어버리지 않게 될 것이다(사 40:28-31 참조).

○ 마가복음 2장

하나님의 종 예수 그리스도의 독특한 사역들을 생각해보라.

우리의 죄를 용서하신다(He forgives our sins, 1-12절). 그런 권세를 가진 종을 상상해보라! 몸을 고치는 치유는 놀라운 기적이다. 그러나 그것이 다는 아니다. 죄의 용서는 하나님이 행하시는 가장 큰 기적이다. 왜냐하면 하나님의 용서는 영구적인 것이며, 가장 놀라운 선을 이루기 때문이다. 종은 우리를 용서하시고 기적에 대한 대가를 지불하셨다!

❖ 새 생명이라는 옷 ❖

아담과 이브는 그들이 직접 만든 옷으로 그들의 죄를 가리려 했다(창 3:7). 그러나 하나님은 그 방법을 인정하지 않으셨다. 대신 동물의 피를 흘리게 하시고(히

9:22) 그 가죽으로 옷을 지어 그들에게 입히셨다(창 3:21). 예수님은 우리 삶의 여기저기를 땜질해주기 위해 오신 것이 아니라, 우리를 온전하게 만들기 위해 오셨다. 우리는 죽음에서 살아났다(엡 2:1-10). 그러므로 나사로처럼 수의를 벗고 새 생명이라는 옷을 입어야 한다(요 11:44, 골 3:1 이하).

'죄인들'과 교제하신다(He fellowships with 'sinners', 13-22절). 그것은 그들이 병자이기 때문이다. 예수님은 그들을 치유해주실 수 있는 유일한 의사이시다. 그들은 굶주렸고 외로웠다. 예수님은 혼인 잔치에 그들을 초대하는 신랑이시다. 그들의 삶은 갈가리 찢어졌다. 그리고 예수님은 그들에게 의의 새 옷을 입혀주고 싶어하신다. 여기저기 땜질해줄 수 있는 사람들이 있을 수 있다. 그러나 새로운 삶을 주실 수 있는 분은 예수님 한 분뿐이시다.

우리를 자유케 하신다(He frees us from bondage, 23-28절). 예수님은 안식일의 주인이시며, 안식을 주는 분이시다(마 11:28-30). 인간이 만든 종교적인 전통은 족쇄라는 끔찍한 멍에가 될 수 있다. 그러나 주님을 따를 때 우리는 자유와 안식을 누리게 될 것이다.

○ 마가복음 3장

종을 거부하는 사람들(Some resist the Servant, 1-6, 20-30절). 종교 지도자들은 어려운 상황에 처한 사람들을 돕는 대신, 자신들의 전통을 지키는 일에 더 많은 신경을 쓰고 있었다. 예수님이 말씀하시고 행하신 모든 일들에도 불구하고 그들은 냉담하게 주님의 사역을 거부했고, 예수님이 사탄과 결탁했다는 비난까지 했다. 결국 악과 타협한 것은 그들이었다!

종을 돕는 사람들(Some assist the Servant, 7-19절). 따르는 무리가 너무 많았기 때문에 예수님은 제자들이 도울 수 있도록 그들에게 권한을 위임해주셨다. 예수님이 사용하실 수 있도록 작은 배를 빌리는 일과 같이 단순한 일이라 할지라도(9절) 각 사람에게 주어진 일들이 있다. 주님을 돕고 싶다면 주님과 함께하는 것이 가장 중요하다는 사실을 기억하라(14절). 주님은 "나를 떠나서는 너희가 아무것도 할 수 없음이라"고 말씀하셨다(요 15:5).

종을 의심하는 사람들(Some mistrust the Servant, 31-35절). 예수님이 탄생하신 후 마리아는 다른 자녀들도 낳았다. 그러나 그들은 예수님을 믿지 않았다(요 7:1-5). 마리아조차도 지도자들을 분노하게 만드는 자신의 '인기 있는' 아들을 의심했던 것으로 보인다. 그러나 예수님은 하나님의 뜻을 행하셨다. 우리도 그래야 한다(35절).

◎ 마가복음 4장

하나님의 말씀을 받아들임(Receiving God's Word, 1-25절). 성경을 읽으면서도 우리는 우리 마음에 말씀하시는 하나님의 음성을 들어야 한다. 성경을 다른 책들처럼 대하지 말라(살전 2:13). 예수님은 듣는 일에 주의를 기울이고(9절), 무엇을 들으며(24절), 어떻게 듣는지를(눅 8:18) 조심해야 한다고 경고하신다. 더 많은 말씀을 듣고 전할수록 하나님이 우리에게 더 많은 말씀을 주실 것이다.

하나님의 곡식을 추수함(Reaping God's harvest, 26-34절). 우리가 할 일은 씨를 뿌리는 것이다. 우리는 씨에서 싹을 틔워 열매를 맺게 만들 수 없다. 분주한 농부도 잠을 자야 하고, 하나님이 일하실 수 있도록 해드려야 한다! 그러나 추수할 준비가 되면 우리는 방심하지 말고 곡식을 거두어들여야 한다. 그렇지 않으면 열매를 잃게 될 수도 있다(요 4:35-38).

하나님의 능력을 의지함(Relying on God's power, 35-41절). 하나님의 말씀에 대한 믿음은 인생의 폭풍우라는 시련을 통해 점검받는다. 제자들이 하나님의 말씀을 정말로 믿었다면(35절) 그렇게 기겁을 하지 않았을 것이다. 그리고 그들을 돌보지 않으신다고 주님을 비난하지도 않았을 것이다. 하나님의 말씀은 결코 헛되지 않기 때문에 우리는 그 말씀을 신뢰할 수 있다.

○ 마가복음 5장

우리에게 오신 종(The Servant comes to us, 1-20절). 예수님은 폭풍우를 뚫고 자신의 도움을 필요로 하는 귀신들린 두 사람에게 가셨다(마 8:28). 귀신들은 구덩이에 자신들이 던져지지 않게 해달라고 간청했고(10절), 사람들은 예수님께 그 지방에서 떠나실 것을 요청했다(17절). 그리고 고침을 받은 한 사람은 예수님과 함께 갈 수 있도록 허락해주시기를 간청했다(18절). 사람들은 영적 유익보다 금전적 이익에 더 많은 신경을 쓰고 있었다. 예수님께 떠나달라고 요청하는 그들을 상상해보라!

우리가 다가갈 수 있는 종(We can come to the Servant, 21-34절). 온갖 사람들이 예수님의 발 앞에 다 모여들었다. 잘 알려진 회당장도 있었고, 예수님의 도움을 받게 된 이름을 알 수 없는 병든 여인도 있었다. 그 여인의 믿음은 어쩌면 약간 미신적인 것이었을 수도 있다. 그러나 주님은 그 믿음을 귀하게 보셨다. 주님의 손을 잡을 수 없다면 그 옷자락이라도 잡으라. 믿음의 첫걸음은 비록 미약할지라도 큰 복으로 이어질 것이다.

우리와 함께 가시는 종(The Servant will go with us, 35-43절). 예수님이 일하실 수 없을 만큼 절망적인 상황은 없다. 질병, 지체되는 것, 심지어는 죽음까지 모두 주님이 다스리신다. 예수님은 실망과 슬픔의 자리에 우리와 함께 가신다. 그리고 우리의 필요를 채워주신다. 우리가 처한 상황이 아무리 절망적으로 보인다 할지라도 주님은 "두려워 말고 믿기만 하라"(36절)고 말씀하신다. 그 종은 우리를 위해 일하신다.

○ 마가복음 6장

일할 수 없는 종(The Servant cannot work, 1-29절). 사람들은 예수님이 하신 말씀을 듣고, 행하시는 일을 보며 놀라움을 금치 못했다. 그러나 예수님은 더 많은 일을 할 수 없게 만드는 그들의 불신앙에 놀라셨다. 주님은 "너희 믿음대로 되라"(마 9:29, 시 78:41)고 말씀하신다. 하나님을 영화롭게 해드릴 수 있도록 믿음을 강하게 해주시기를 기도하라(롬 4:20-21). 그들의 불신앙에 대한 주님의 반응은 제자들을 일터로 내보내시는 것이었다. 헤롯은 목소리 하나를 잠잠케 할 수 있었다. 그러나 하나님의 말씀을 잠잠케 할 수는 없었다(골 4:2-4).

쉴 수 없는 종(The Servant cannot rest, 30-44절). 하나님의 종들도 일하다보면 지치기 마련이다(요 4:6). 그들도 자신들의 몸을 돌보아야 한다. 그러나 긍휼의 마음이 있을 때 우리는 게을러질 수 없다. 우리 주님은 사람들의 필요를 채워주기 위해 휴가 중에도 일하셨다. 그러나 주님은 지금 아무것도 중단할 필요가 없으시다. 왜냐하면 우리를 돌보시는 것이 주님이 끊임없이 하시는 일이기 때문이다(히 7:25).

기도할 수 없는 종(The Servant cannot pray, 45-56절). 힘든 사역을 마치신 후 예수님은 기도하기 위해 홀로 계셔야 했다(46절, 1:35). 그러나 다시 방해를 받으셨다. 이번에는 바다 한가운데서 제자들이 처한 곤경 때문이었다(48절). 그리고 놀란 것은 제자들이었다(51절)! 예수님은 우리를 위해 중재하시고 우리가 처한 상황을 잘 알고 계신다. 그분은 우리에게 오실 것이다. 그리고 우리를 돌보시고 우리에게 평안을 주실 것이다.

○ 마가복음 7장

모독(Defilement, 1-23절). 조심하지 않으면 종교적 의식들이 심각한 문제를 야기시킬 수 있다. 그 의식들이 하나님의 말씀과 같은 권세를 가지고(7절) 하나님의 말씀을 대신할 수도 있기 때문이다(9절). 그리고 외적으로 하는 일들이 내적인 변화를 일으킬 것이라고 생각하는 잘못된 확신을 줄 수도 있다. 그러나 마음이 변화되어야 한다. 외적인 의식들은 마음을 변화시킬 수 없다. 마음은 믿음으로만 정화될 수 있다(행 15:9).

먼 거리(Distance, 24-30절). 예수님은 백부장의 종(마 8:1-13)과 이 여인의 귀신 들린 딸을 먼 곳에서 고쳐주셨다. 두 사람 모두 이방인이었다. 그리고 이방인들은 영적으로 '멀리' 있었다. 그러나 예수님은 십자가에서 그 거리를 제거하셨다

(엡 2:11-22). 우리와 멀리 있는, 또는 주님과 멀리 있는 사람들을 위해 기도할 때 주님은 하나님의 말씀을 멀리서도 보내시고 놀라운 일을 하실 수 있다는 사실을 기억하라(시 107:20).

구출(Deliverance, 31-37절). 이 듣지도 보지도 못하던 자가 치유된 기적은(8:22-26) 마가복음에만 기록되어 있다. 두 사건 모두 이방인 지역에서 일어났고, 그것은 로마인 독자들의 관심을 불러일으킬 만한 것이었다. 두 사건 모두 무리들로부터 떨어진 곳에서 일어났고, 어려움에도 불구하고 이루어진 일이었다. 좋은 멀리서도, 또는 우리가 사람들을 주님께로 데려갈 때 일하실 수 있다. 그리고 절대 실패하지 않으신다.

◉ 마가복음 8장

부족한 믿음(Defective faith, 1-10절). 제자들은 굶주린 무리들을 어떻게 해야 할지 몰랐다. 그러나 그들은 예수님이 5천 명을 먹이시는 것을 보았다(6:30-44). 그들은 "주님이 하신 일을 곧 잊었고, 주님의 조언을 기다리지도 않았던"(시 106:13, NKJV) 것이 분명하다. 주님이 하신 각각의 일들을 보고, 우리는 우리의 다음 문제를 해결할 수 있도록 주님이 도우신다는 믿음을 갖게 된다. 주님의 자비는 오래 기억하고, 자신의 실패는 오래 기억하지 말라.

부족한 이해(Defective understanding, 11-21절). 제자들은 예수님이 말씀하신 누룩의 의미를 깨닫지 못했다(13-21절). 바리새인들의 무지에는 놀라지 않을 수도 있다(11-12절). 그러나 예수님의 제자들이 그렇게 무지한 데는 놀라지 않을 수 없다. 과거의 이스라엘 백성들처럼 제자들은 예수님의 행동을 보기는 했지만, 그 도를 이해하지는 못했다(시 103:7). 영적 통찰력을 주시도록 하나님께 기도하라.

부족한 시력(Defective sight, 22-26절). 이 사건은 여행 중에 행하신 유일한 치유 기적이었다. 벳새다는 심판 아래에 있었다(마 11:21-24). 그래서 예수님은 그곳에서 그 사람을 이끌어내시고 다시 돌아가지 말라고 말씀하셨다. 예수님과 예수님의 자비에 눈을 뜬 사람들을 보낼 때는 어디로 보낼 것인지 조심해야 한다.

부족한 헌신(Defective devotion, 27-38절). 베드로는 한 순간 하늘의 감동을 받았지만(마 16:17), 바로 그 다음 순간 그의 혀에 지옥 불이 점화되었다(33절, 약 3:6). 베드로는 십자가에서 수치만을 보았다. 그러나 예수님은 영광을 보셨다. 베드로는 실패를 보았지만, 예수님은 큰 승리를 보셨다. 예수님의 제자로서 십자가를 지는 것을 두려워하거나 부끄러워하지 말라. 예수님이 먼저 지셨기 때문이다.

마가복음 9장

그리스도인의 삶 속에서 볼 수 있는 다음의 역설들을 깊이 생각해보라.

고난을 통해 얻는 영광(Glory out of suffering, 1-13절). 변화산 위에서 일어난 일은 베드로의 증거를 확인해주는 것이었다. 그러나 또한 십자가의 영광을 보여주는 것이기도 했다(갈 6:14). 영광을 받기 전에 먼저 고난을 받아야 한다. 베드로전서를 읽다보면 베드로가 교훈을 아주 잘 배웠다는 사실을 발견하게 된다(1:6-8, 11, 4:12-16, 5:1, 10). 사탄은 우리에게 고난 없는 영광을 약속한다(마 4:8-10). 그러나 그것은 결국 영광 없는 고난이 되고 말 것이다.

실패를 통해 얻는 승리(Victory out of defeat, 14-29절). 소년을 구하지 못한 제자들의 실패는 주님을 슬프게 했고, 원수에게 도움을 주었으며, 하나님의 영광을 잃게 만들었다. 아홉 명의 제자들은 그들의 영적 훈련을 게을리했고, 때문에 능력을 잃게 되었다(29절, 6:7). 실패했음을 알게 될 때 승리를 위해 주님을 바라보라. 그리고 어디서 잘못되었는지를 발견하라.

섬김을 통해 얻는 위대함(Greatness out of service, 30-41절). 이 구절이 마가복음의 핵심 구절이다. 왜냐하면 섬김의 중요성을 강조하고 있기 때문이다. 인간적으로 높아지기를 구하지 말고, 예수 그리스도처럼 되는 것을 목표로 삼으라. 다른 종들에 비추어 자신을 평가하지 말고(38-41절), 예수 그리스도에 비추어 자신을 평가하라.

잃음으로써 얻는 유익(Gain out of loss, 42-50절). 죄의 욕구를 채우고 있다면 '소금'으로서의 맛을 잃고, 그리스도를 위해 다른 사람들에게 영향을 미칠 수 없게 될 것이다. 종양을 제거해내는 외과 의사처럼 죄를 철저하게 다루어야 한다. 우리는 잃음으로써 얻는다.

> "죄가 무성해지는 한 이유는 죄를 방울뱀처럼 대하는 대신 슈크림처럼 대하기 때문이다."
>
> 빌리 선데이(Billy Sunday)

● 마가복음 10장

얼마나 멀리 갈 수 있는가?(How far can I go?, 1-16절) 랍비들은 이혼에 관한 규정을(신 24:1-4) 각기 다르게 해석했다. 관대한 학파도 있었고, 엄격한 학파도 있었다. 우리에게는 우리가 듣고 싶은 것을 말해주는 사람들을 따르고 싶어하는 유혹이 있다. 우리 주님은 바리새인들에게 하나님의 원래 계획을 보여주시고, 그들을 위해 그 계획을 해석해주셨다.

얼마나 지킬 수 있는가?(How much can I keep?, 17-27절) 부자 청년은 양편 모두에게 좋은 타협안을 찾고 있었다. 그러나 그는 실패할 수밖에 없었다. 계산과 십자가는 서로 일치하지 않는다. 갈보리에서는 그 어떤 타협도 없었다. 모든 것을 다 내어주신 예수님밖에 없었다.

얼마나 얻게 될 것인가?(How much will we get?, 28-45절) 예수님은 예수님을 신실하게 따른 모든 사람들에게 상급을 약속하셨다. 그러나 상급만을 생각하고 섬기는 것을 경고하셨다. 예수님의 제자라면 십자가와 쓴잔과 세례를 예상해야 한다. 왜냐하면 주인보다 더 큰 종은 없기 때문이다. 중요한 질문은 "우리가 얼마나 드릴 수 있는가?"이다.

> "주님께 당신의 마음을 내어드렸는가? 아마도 주님이 그곳에 거하실 수 있을 것이다. 그러나 주님이 그곳에서 주인의 역할을 하고 계시는가?"
>
> 밴스 해브너(Vance Havner)

마가복음 11장

영광(Honor, 1-11절). 나귀는 왕족들이 사용하는 동물이었다. 그리고 이 일은 대관식 축하 행사였다(왕상 1:32-40). 이 일은 우리 주님이 유일하게 공개적으로 자신의 영광이 드러나는 것을 허락하시고, 예언을 성취하시며(슥 9:9), 사람들의 마음을 하나님의 말씀으로 되돌아가게 하신 사건이었다. 그들은 듣지 않았다. 오늘 우리가 예배드리는 곳에 주님이 오신다면, 그분은 어떤 변화를 일으키실 것인가?

굶주림(Hunger, 12-14, 20-26절). 무화과나무는 자리만 차지하고 아무 열매도 맺지 않는(눅 13:6-9) 이스라엘을 보여주는 것이었다. 더 이상 열매를 맺지 않는다면 문제는 언제나 뿌리로부터 시작된다(20절, 마 3:10). 예수님은 우리가 기도할 때 믿음과 용서가 우리에게 있어야만 한다는 사실을 상기시켜주신다. 그렇지 않으면 하나님이 응답하지 않으실 것이다.

거룩(Holiness, 15-19절). 시편 기자는 "거룩함이 주의 집에 합당하여 영구하리이다"(시 93:5)라고 선포했다. 그러나 거룩하지 못함이 성전을 강도의 굴혈로 만들었다! 지도자들은 기도하는 대신 착취했고, 종교를 돈벌이 수단으로 이용했다.

정직(Honesty, 27-33절). 지도자들은 세례 요한에게 정직하지 못했다. 그리고 그들은 예수님 앞에서도 정직하기를 거부하고 있었다. 우리가 순종할 때 하나님은 우리에게 더 많은 것을 가르쳐주신다(요 7:17). 그러나 불순종할 때 우리는 하나님의 진리로 나아가는 문을 우리 스스로 닫아버리게 된다.

◎ 마가복음 12장

첫 달 열흘에 각 가정은 유월절 어린 양을 취해 십사 일이 될 때까지 흠이 없는지를 잘 살펴보아야 했다(출 12:1-6). 하나님의 어린양(요 1:29)은 공중 사역의 마지막 주에 다양한 방법으로 점검을 받으셨고, 모든 시험에 통과하셨다. 그분의 입에서는 그 어떤 교활함도 찾을 수 없었다(사 53:9).

예수님은 대답을 통해 자신이 누구인지를 가르쳐주셨다. 그러나 그들은 그 사실을 받아들이지 않았다. 예수님은 하나님의 보내심을 받은 아들이었고(1-9절), 건축자에게 버림받은 돌이었다(10-11절, 시 118:22-23, 행 4:11). 예수님의 적들은 예수님을 없애는 일에 너무 몰두하고 있었기 때문에 그들이 스스로를 멸망시키고 있다는 사실을 깨닫지 못했다.

"예수 그리스도가 당신의 주인이신가?(35-37절) 그리고 그분을 사랑하는가?"(28-34절)라는 가장 중요한 질문에 비추어볼 때 모든 정치적 질문들(13-17절)과 가정을 바탕으로 한 교리상의 질문들은(18-27절) 하찮은 것에 불과하다.

이 장에서 영적인 사람을 선택해야 한다면 경건한 서기관들을 택하겠는가(38-40절)? 아니면 가난한 과부를 택하겠는가(41-44절)? 요한계시록 2장 9절과 3장 17절을 읽어보라.

◆ 헌금 ◆

하나님은 우리가 어떻게 헌금하는지를 살펴보시고(막 12:41-44) 우리 마음의 동기를 섬섬하신다(마 6:1-4). 또 우리가 얼마나 헌금하는지를 보시고 헌금하는 액수가 아니라 비율에 따라 평가하신다(고전 16:2). 누군가 자신의 비문에 이렇게 적었다. "내게 남아 있는 것은 내가 다른 사람들에게 주었던 것이다. 그리고 내가 사용한 것은 내가 소유했던 것이다. 그러나 내가 간직했던 것은 다 잃어버렸다."

마가복음 13장

이 장은 감람산 강화(마 24-25장)를 마가가 이방인들을 염두에 두고 기록한 것이다(14절). 마지막 때를 예비하며 신실하게 살아가려면 예수님의 훈계를 명심해야 한다.

속지 말라(Take heed that no one deceives you, 5절). 정치적 또는 지역적 혼란은 거짓 선지자들과 거짓 그리스도에게 사람들을 속일 수 있는 아주 좋은 기회가 될 것이다. 하나님의 백성들에게 가해지는 핍박은 그들을 강하게 할 수도 있고, 또 약하게 만들 수도 있다.

예수님이 가르치신 것들을 명심하라(Take heed to what Jesus taught, 23절). 하나님의 말씀은 어두운 세상에서 의지할 수 있는 유일한 빛이다(벧후 1:19). 예수님은 무엇을 기대하고 무엇을 피해야 하는지를 미리 말씀해주셨다. 우리는 그 말씀을 명심하고 지켜야 한다. 하나님의 말씀은 믿을 수 있고 영원하다. 그러므로 그 말씀을 믿고 의지하라.

깨어 기도하라(Take heed, watch, and pray, 33절). 환난의 때에는 다양한 징조들이 그리스도의 재림을 알려줄 것이다. 그러나 오늘날 신자들은 징조들이 아니라 구세주를 바라보아야 한다. 그리고 주님은 "깨어 기도하라! 내가 맡긴 일을 하라"고 말씀하신다. 주님이 오실 때 신실한 사람으로 드러나고 싶을 것이다. 주님이 오늘 오실 수도 있다.

마가복음 14장

배신을 위한 준비(Preparation for betrayal, 1-2, 10-11절). 가룟 유다는 제사장들을 예수님에게 인도하기로 약속함으로써 그들의 문제를 해결해주었다. 그러나 하나님의 아들을 어떻게 손쉽게 배신할 수 있겠는가? 그것은 모든 면에서 큰 손실을 감수해야 하는 노력이 되지 않겠는가?

장례를 위한 준비(Preparation for burial, 1-9절). 주님을 예배한 마리아의 행위는 그분의 마음을 기쁘시게 한 반면, 그녀가 사용한 돈을 갖고 싶어했던 가룟 유다의 마음에는 원한을 품게 하는 것이었다(요 12:6). 다른 여인들은 예수님이 무덤에 묻히신 후 예수님께 기름을 바르기 위해 무덤을 찾아갔다(16:1). 그러나 마리아는 예수님이 그녀의 사랑으로 인해 힘을 얻으실 수 있을 때 그 일을 했다.

교제를 위한 준비(Preparation for fellowship, 12-26절). 예수님은 그 시간을 제자들과 함께 보내시는 것을 뜻깊게 여기셨다. 예수님은 그들을 사랑하셨고(요 13:1), 그들과 함께 있으신 것으로 격려를 받으셨다. 유월절 떡과 잔을 자신의 피와 살을 기념하는 것으로 삼으셨다. 왜냐하면 예수님은 제자들이 자신을 기억하기 원하셨기 때문이었다.

위험에 대비하기 위한 준비(Preparation for danger, 27-31, 66-72절). 다락방에서 나눈 좋은 교제 때문에 제자들은 밖에서 그들을 기다리고 있는 위험을 잊었다. 그래서 예수님은 그들에게 경고하셨다. 자만하고 자신감을 보였던 사람은 베드로 한 사람만이 아니었다. 마가는 "모든 제자도 이와 같이 말하니라"(31절)고 기록했다. 예수님의 경고를 명심하라. 예수님은 무슨 일이 일어날지 알고 계신다.

죽음을 맞이할 준비(Preparation for death, 32-65절). 예수님의 기도는 십자가 위에서 세상 죄를 담당하실 일을 앞에 두고 있는 거룩한 영혼 속에서 일어난 갈등을 보여준다. 겟세마네 동산에서와 같은 일을 경험하게 될 때 예수님이 기도하셨던 것처럼 "나의 원대로 마옵시고 아버지의 원대로 하옵소서"(36절)라고 기도하라. 베드로는 칼을 잡았고, 예수님은 잔을 드셨다. 하나님 아버지가 우리를 위해 예비하신 잔은 두려워할 필요가 없다. 예수님은 이미 아버지의 뜻에 복종하셨기 때문에 인간의 학대를 받아들이실 수 있었다.

마가복음 15장

악한 세상의 공격을 받게 될 때 예수님을 기억하라. 세상은 "자신을 변호하라!"고 말한다. 그러나 예수님은 침묵하셨다(1-5절). 세상은 "자신의 욕망을 채워라!"고 말한다. 그러나 예수님은 몰약을 탄 포도주를 거부하셨다(23절). 세상은 "자신을 구원하라!"고 말한다. 그러나 예수님은 십자가에 머무셨고, 아버지가 맡기신 모든 일을 다 이루셨다(30절).

◆ 시몬과 십자가 ◆

구레네 시몬은 아마도 유월절 절기를 지키기 위해 예루살렘에 와 있다가(행 2:10) 하나님의 어린양을 만났을 것이다! 그는 회심했고, 그의 두 아들을 그리스도께 인도하기 위해 집으로 돌아갔던 것으로 보인다. 그와 그의 두 아들은 마가가 염두에 두고 있었던 로마인 독자들이었다. 그러므로 그들은 분명히 교회의 지도자가 되었을 것이다(롬 16:13). 계획이 방해를 받게 되고, 또 하나의 십자가를 져야 하는 일이 생길 때 시몬이 예수님을 위해 했던 일을 기억하라. 그리고 예수님이 시몬을 위해 하신 일을 기억하라.

◆ 자신을 내어주신 예수님 ◆

마귀는 예수님에게 "이 돌들이 떡덩이가 되게 하라!"(마 4:3-4)고 말했다. 베드로는 "주여 그리 마옵소서!"(마 16:21-23)라고 말했다. 예수님의 믿지 않는 친척들은 "자신을 세상에 나타내소서!"(요 7:4)라고 말했다. 갈보리에 모인 무리들은 "너를 구원하여 십자가에서 내려오라!"고 말했다. 그러나 예수님은 그 모든 주장에 귀를 막으시고 자신을 내어주셨다.

제사장들은 시기하는 죄를 범했고(10절), 빌라도는 타협하는 죄를 범했다(15절). 그들의 죄는 악을 행한 사람을 풀어주었고(15절), 죄 없는 사람을 당황하게 만들었으며(21절), 선하신 분의 죽음을 초래했다(25절). 그런데도 오늘날 시기와 타협이 그리 무서운 죄로 여겨지지 않고 있다. 그것이 맞는 것인가?

인간은 최악을 행했지만, 하나님은 최선을 행하시며 약속을 지키셨다(28, 34절). "죄가 더한 곳에 은혜가 더욱 넘쳤다"(롬 5:20). 그리고 우리를 위해 그렇게 하셨다!

마가복음 16장

그는 부활하셨다(He arose, 1-8절). 여인들은 부활의 약속을 잊고 있었기 때문에 슬퍼하며 "누가 돌을 굴려 주리요?"라고 말하며 염려했다. 예수님이 다시 살아나셨다는 사실을 알게 되었을 때 그들이 보인 첫 반응은 믿음이 아니라 두려움이었다. 그러나 그들은 부활의 소식을 가장 먼저 알린 사람들이 되었다. 여전히 자신의 죄를 슬퍼하고 있었던 것이 분명한 베드로에게 천사가 특별히 전한 소식이 있었다(7절). 살아 계신 그리스도가 우리가 기뻐하고, 이야기하고, 기대할 수 있는 것들을 우리에게 주신다. 그분이 우리 앞에서 가신다!

◆ 믿음으로 구원받음 ◆

죄인들은 그리스도를 믿는 믿음을 통해 구원받는다(엡 2:8-9). 그리고 세례를 통해 그 믿음을 증거한다(막 16:16, 행 10:47). 마가복음 16장 17-18절에 기록된 이적들이 사도행전에 기록된 사도 시대 당시에 일어났다. 그 이적들은 사도들의 자격 증명서였다(히 2:1-4, 롬 15:19, 고후 12:12). 그러므로 오늘날 모든 신자들에게도 동일한 능력이 있을 것이라고 생각해서는 안 된다. 독을 마시거나 독뱀을 잡으며 하나님을 시험하는 것은 어리석은 일이다. 그러나 하나님의 뜻에 순종하는 동안 하나님이 허락하시는 위험한 상황에 처하게 될 때 그분을 신뢰하는 것은 어리석은 것이 아니다. 무모함은 우리를 죽일 수도 있다. 그러나 믿음은 우리를 구원할 수 있다.

그는 나타나셨다(He appeared, 9-18절). 이 부분은 부활하신 예수님이 나타나신 일을 요약하고 있다. 예수님의 모습을 본 모든 사람은 예수님의 부활을 증거하는 증인이 되었다(행 1:22). 우리도 그래야 한다(롬 6:4, 빌 3:10).

그는 승천하셨다(He ascended, 19-20절). 좋은 아버지의 오른편에서 다스리는 주권자이시다! 그분은 순종하며 자신을 낮추셨고, 하나님은 그분을 높여 영화롭게 하셨다(빌 2:5-11). 그러나 그분은 나태하게 계시는 분이 아니다. 그분의 사람들이 모든 족속에게 복음을 전하는 동안 그들과 함께 일하신다. 그것은 우리 주님을 증거하는 증인들에게 얼마나 큰 격려인가!

누가복음

Luke

누가는 의사였고, 아마도 헬라인이었을 것이다(골 4:10-11, 14). 그는 선교 여행에 바울과 동행했다(사도행전 16:10, 20:5, 21:1, 27:1에 '우리'라는 일인칭 복수형이 사용된 것을 보라). 그는 누가복음과 사도행전을 기록했는데(눅 1:1-4, 행 1:1-3), 두 책 모두 여행을 - 예루살렘을 향해 가는 그리스도의 여행(눅 9:51)과 로마를 향해 가는 바울의 여행 - 기록하고 있다.

의사 누가는 헬라인들을 염두에 두고 책을 썼으며, 예수 그리스도를 완전한 인자와 동정심 많은 구세주로 소개하고 있다(눅 19:10). 그는 복음서에서 여자들과 아이들과 가난한 사람들을 자주 언급했고, 기쁨과 즐거움이 여러 차례 반복해서 나타나는 것을 볼 수 있다. 또 기도와 세상을 향한 하나님의 사랑을 강조하고 있다. 누가는 두 책 모두에서 믿음의 기초가 필요했던 로마인 신자였고, 아마도 로마의 고위 관리였을 데오빌로('하나님을 사랑하는 사람')를 언급하고 있다.

누가의 접근 방법은 단순하다. 그는 우리 주님의 탄생과 어린 시절(1-2장), 세례와 시험(3:1-4:13), 갈릴리 사역(4:14-9:17)과 예루살렘으로 가는 길에서 행하신 사역(9:18-19:27) 그리고 예루살렘에서 보낸 마지막 한 주 동안의 사역(19:28-24:53)을 기록하고 있다.

누가복음을 읽으면서 도움을 필요로 하는 사람들을 돌보시고, 구원의 메시지를 온 세상에 전하고 싶어하시는 동정심 많은 인자를 사랑하게 될 것이다.

● 누가복음 1장

섬김(Serving, 1-25절). 사가랴는 아들을 갖지 못한 것에 대한 실망이 있었음에도 불구하고 하나님을 섬기는 일을 멈추지 않았다. 충성하라. 하나님의 천사가 언제 어떻게 찾아올지 아무도 알 수 없다. 사가랴에게는 인내하며 기도하는 믿음이 있었다. 그러나 기도가 응답되었을 때 믿음으로 그 응답을 받아들이지 않았다. 그는 하나님의 능력을 바라보는 대신 자신의 한계를 바라보았다. 불신앙은 침묵을 불러온다(시 116:10, 고후 4:13). 그러나 믿음은 입을 벌려 하나님을 찬양하게 한다.

복종(Submitting, 26-38절). 메시아의 어머니로 선택된 것은 얼마나 영광스러운 일인가! 하나님이 약속을 지키실 것이라는 믿음이 있었기 때문에 마리아는 하나님의 뜻에 겸손히 복종했다. 그 결정으로 그녀는 슬픔과 고통을 겪어야 했다. 그러나 그녀는 기꺼이 감수했다. 하나님의 은혜를 받은 자였기 때문에 그녀는 "여자들 중에 복된 자"였다(28, 30절). 그리스도를 구세주로 믿는 모든 사람들은 하나님의 큰 은혜를 받은 사람들이다(엡 1:6).

◆ 큰 자이신 예수님 ◆

"저가 주 앞에 큰 자가 되며"라고 한 것은 세례 요한을 언급한 것이었다(눅 1:15). 그러나 예수님에 대해서는 "저가 큰 자가 되고"라고 말했다(눅 1:32). 예수님은 큰 선지자이시고(눅 7:16), 크신 하나님과 구세주이시며(딛 2:13), 큰 대제사장이시고(히 4:14), 양의 큰 목자이시다(히 13:20).

◆ "두려워 말라" ◆

누가복음에는 "두려워 말라"고 격려하는 말이 자주 나온다. 왜냐하면 구원의 메시지는 두려움을 기쁨으로 바꾸기 때문이다. 사가랴(1:13), 마리아(1:30), 목자들(2:10), 베드로(5:10), 야이로(8:50), 제자들(12:7, 32)을 비롯해 온갖 부류의 사람들이 그 격려의 말을 들었다.

노래(Singing, 39-80절). 가난한 목수와 정혼했고, 임신한 나사렛의 유다 처녀에게 노래할 만한 이유가 무엇이 있었겠는가? 그녀는 주님에 대해 그리고 주님이 자신(46-49절)과 하나님을 경외하는 모든 사람들(50-53절)과 하나님의 백성 이스라엘(54-55절)을 위해 하신 일들을 노래했다. 하나님은 약한 자에게 힘을 주시고, 낮은 자를 높이시며, 배고픈 자에게 먹을 것을 주신다. 그러나 강한 자와 부자와 높은 자는 빈손으로 가게 하신다.

사가랴는 하나님이 그분의 백성 이스라엘을 위해 하시는 일을 찬양했다. 새로운 날이 밝아오고 있었다(78-79절). 왜냐하면 메시아가 곧 태어나실 것이기 때문이었다. 하나님은 약속을 지키시고 언약에 신실한 분이시다.

누가복음 2장

아무도 예수 그리스도를 피할 수 없다.

예수님의 탄생은 가이사의 정책(1-3절)과 천사들의 사역(8-15절)과 보통 사람들의 활동(15-20절)에 영향을 미쳤다. 그 당시 목자들은 사회적으로 멸시받는 사람들이었다. 그러나 하나님이 메시아의 탄생을 알리는 첫 번째 사람들로 그들을 선택하셨다. 예수님의 탄생은 예배하는 사람들(21-38절)과 심지어는 학자들(39-52절)까지 감동시켰다.

천사들은 예수님을 노래했고, 예수님은 지금도 여전히 가장 위대한 음악의 주제가 되신다. 누가는 예수님에 대해 썼고, 예수님은 지금도 여전히 위대한 문학 작품들의 주제가 되신다. 목자들은 서둘러 예수님을 보러 갔고, 예수님은 지금도 여전히 가장 훌륭한 예술의 중심이 되신다. 교사들은 예수님의 교훈을 듣고 놀랐고, 예수님은 지금도 여전히 모든 진리와 지혜의 중심이 되신다.

예수님은 지적으로(지혜) 신체적으로(키) 영적으로(하나님께 사랑스러움) 그리고 사회적으로(사람에게 사랑스러움) 완전한 균형을 이루며 성장하셨다. 그리고 지금도 여전히 모든 아이들과 젊은이들의 최고의 모범이 되신다.

예수님만이 우리의 예배를 받으시기에 합당한 분이시다!

오라! 그 앞에 엎드려 절하자!

누가복음 3장

예언(Prophecy). 그날 하나님의 메시지는 그 어떤 '위대한 지도자'에게도 임하지 않았다. 대신 하나님의 가장 위대하고 맨 마지막 선지자였던 세례 요한에게 임했다. 이사야 선지자는 세례 요한의 사역을 예언했다(4-6절, 사 40:3-5). 요한은 예언의 주체가 된 선지자였다!

사역(Ministry). 세례 요한은 사람들이 메시아를 맞이할 수 있도록 그들을 준비시키고, 그들에게 메시아를 소개하는 특권을 누렸다. 그는 죄를 책망하면서 회개할 것을 촉구했다. 그리고 회심한 사람들에게 어떻게 믿음을 실천해야 하는지를 구체적으로 알려주었다. 그는 열매들을 면밀하게 살폈고(8절), 죄의 뿌리까지 드러내면서(9절) 임박한 진노를 경고했다(7, 17절). 당신은 그런 사역을 인정하고 받아들일 수 있겠는가?

신비(Mystery). 하나님의 아들이 세례를 받으셨고, 성령이 비둘기처럼 그분께 임하였다. 그리고 하나님 아버지가 하늘에서 승인하셨다. 우리의 구원에 거룩한 삼위 일체가 모두 참여하신다는 사실을 잊지 말라(엡 1:1-14).

역사(History). 이 계보(23-38절)는 헬리의 딸 마리아의 계보다. 요셉을 예수님의 생물학적 아버지라고 생각하는 사람들도 있었지만, 그것은 사실이 아니다(요 1:45, 6:42). 요셉의 계보는 마태복음 1장에서 볼 수 있다. 여자의 계보에 주의를 기울이는 것은 그 당시 그리 흔한 일이 아니었다. 그것은 사회에서 소홀하게 취급당하는 사람들에 대한 의사 누가의 관심과 배려를 보여주는 것이다. 이방인의 역사(1절)와 유대인의 역사(23-38절)는 하나님의 목적을 이루시는 전능하신 하나님의 손에 달려 있다.

누가복음 4장

정복자(The Conqueror, 1-13절). 우리는 성령으로 충만할 수 있고(1절), 하나님의 뜻에 순종할 수 있다. 그러면서도 시험과 유혹을 받을 수 있다. 예수님도 적과 맞서 적을 정복하셨기 때문에 우리가 시험을 받을 때 우리가 어떤지를 아시고, 우리가 승리할 수 있도록 도우실 수 있다(히 2:17-18). 유혹을 받는 것은 죄가 아니다. 왜냐하면 예수님도 유혹을 받으셨기 때문이다. 그러나 유혹에 넘어가는 것은 죄다. 사탄은 "다 네 것이 되리라"(7절)고 약속한다. 그러나 예수 그리스도 안에서 우리는 이미 모든 것을 다 가지고 있다(고전 3:21-23). 그리고 사탄은 우리에게 아무것도 줄 수 없다.

설교자(The Preacher, 14-30절). 성령은 우리에게 승리를 주실 뿐 아니라 우리를 인도하시고(14절), 섬길 수 있는 힘을 주신다(18절). 주님은 이사야 61장 1-2절을 본문으로 설교하셨다. 그 본문은 예수님이 이 땅에 오셔서 하실 일과 오늘날 우리 삶 속에서 하시는 일들을 묘사하고 있다. 회당에 있던 사람들은 죄를 깨닫게 하는 설교가 아니라 위로를 주는 설교를 듣고 싶어했다. 예수님이 이방인들을 향한 하나님의 자비를 말씀하시자(23-27절) 그들은 화를 내며 예수님을 내쫓으려 했다! 그들은 주님의 말씀을 거부했기 때문에 주님이 주시는 복을 잃고 말았다.

치유자(The Healer, 31-44절). 예수님은 병을 고쳐주시고, 가난하고 궁핍한 사람들에게 권세 있는 하나님의 말씀을 전하심으로써 자신의 임무를 행하셨다(18-19절). 예수님이 사탄을 개인적으로 정복하실 수 없었다면, 공개적으로도 정복하실 수 없었을 것이다. 하나님의 말씀을 전하시는 것이 예수님의 가장 중요한 사역이었던 반면(42-44절), 예수님은 또 병든 사람들을 불쌍히 여기시고 그들의 병을 고쳐주셨다. 우리에게 치유의 능력은 없을 것이다. 그러나 도움을 필요로 하는 사람들을 돕고 위로해줄 수는 있다. 그리고 그 일들을 예수님의 이름으로 할 수 있다(마 25:34-40).

누가복음 5장

복종에 대한 예수님의 반응(Jesus responds to submission, 1-11절). 밤새도록 애를 쓰고도 고기를 한 마리도 잡지 못했다면 다시 고기를 잡으러 나가고 싶겠는가? 예수님이 몇 사람의 어부들을 제자로 부르신 까닭은 그들이 결코 포기하지 않는 사람들이었기 때문이다! 아마 베드로는 고기잡이에 관한 한 자신이 예수님보다 베테랑이라고 생각했을 것이다. 그러나 그는 예수님의 말씀을 따랐다. 그리고 주님은 그의 순종하는 믿음을 높이 사셨다. 다시 시작하기 위해 주님을 찾아간다면 그 어떤 실패도 극복할 수 있다.

병에 대한 예수님의 반응(Jesus responds to sickness, 12-14절). 문둥병자는 사람들에게 가까이 갈 수 없었다. 그러나 그 사람은 간절한 마음으로 예수님께 나아왔고, 예수님은 그를 고쳐주셨다. 예수님이 말씀하신 예물은 레위기 14장에 기록되어 있고, 주님의 구원 사역을 보여주는 것이다. 깊이 묵상해보라.

성공에 대한 예수님의 반응(Jesus responds to success, 15-16절). 무리들은 예수님을 찾았지만, 예수님은 기도하고 아버지와 교제하기 위해 그들로부터 물러나셨다. 예수님은 사람들의 인기에 좌우되어 하나님의 뜻에서 벗어나는 일을 결코 허락하지 않으셨다. 밴스 해브너는 "성공은 둥지를 너무나 편안하게 만들어주기 때문에 어떻게 날아야 하는지를 잊게 만든다"고 말했다.

죄인들에 대한 예수님의 반응(Jesus responds to sinners, 17-39절). 예수님은 어느 중풍병자와 세리였던 마태와 '죄인들의 친구'(마 11:19)였던 예수님을 믿은 마태의 친구들을 용서하셨다. 그러나 예수님은 바리새인들과 서기관들을 용서하실 수 없었다. 왜냐하면 그들은 자신들이 병들었으며, 새 옷을 입어야 할 필요가 있다는 사실을 인정하지 않으려 했기 때문이다!

◆ "모든 것을 다 버렸다" ◆

베드로와 그의 동료들은 이전에 주님을 만나(요 1:35-42) 갈릴리 지역에서 사역하시던 주님과 동행했다(막 1:16-20). 그러나 그들은 다시 고기 잡는 일로 되돌아갔다. 그리고 이제 그들은 모든 것을 버려두고 주님의 사도로 주님을 따르라는 부르심을 받았다(눅 5:9-11).

누가복음 6장

참 자유(True liberty, 1-11절). "합법적인 것인가?"라는 기준에만 맞추어 사는 사람들은 "사랑인가?"라는 우리 주님의 원리를 이해하지 못한다. 바리새인들과 서기관들은 복된 날인 안식일을 속박의 날로 바꾸어놓았다. 그래서 예수님은 의도적으로 안식일에 사람들을 고치시면서 그들에게 도전하셨다. 선한 일을 하고 사람들의 필요를 채워주는 것은 언제나 옳은 것이다(미 6:8). 왜냐하면 사랑이 율법을 이루기 때문이다(롬 13:8-10).

참 가치(True values, 12-26절). 사도들을 안수하는 설교에서 예수님은 바리새인들의 거짓된 가치와 대조되는 참된 영적 가치를 강조하셨다(마 23장). 그리스도인의 삶이 언제나 안락하기만 한 것은 아니다.

참 사랑(True love, 27-45절). 하나님의 백성들에게도 대적하는 사람들이 있다. 심지어는 예수님에게도 있었다. 그들을 대할 때는 예수님이 하셨던 것처럼 해야 한다. 그들을 용서하고 그들에게 베풀어야 한다. 그리고 그들을 위해 기도해야 한다. 하나님께 대적들을 멸망시켜달라고 기도하는 것이 아니라, 그들을 변화시켜달라고 기도해야 한다. 대적을 정복하는 가장 좋은 방법은 그들을 친구로 만드는 것이다. 하나님 앞에서 늘 바른 마음을 가지라(45절). 그러면 하나님이 좋은 열매를 맺게 하실 것이다.

참 순종(True obedience, 46-49절). 참 순종은 말뿐만 아니라 행동으로 나타난다. 그리고 참 순종에는 말씀을 듣고 그 말씀을 따르는 것이 포함된다(살전 2:13). 유다는 예수님이 말씀하신 어휘는 알았다. 그러나 그분의 뜻을 행하지 않았다. 그리고 폭풍우가 밀어닥치자 그가 지은 집은 무너져내렸다.

누가복음 7장

그는 합당치 않았다(He did not deserve it, 1-10절). 겸손한 백부장은 "감당치 못하겠나이다"라고 고백했다. 그리고 그는 "말씀만 하옵소서!"라는 믿음의 고백을 했다. 말씀만으로도 일하실 수 있는 그리스도를 신뢰하는 것은 놀라운 믿음이다. 우리는 주님의 은혜를 받기에 합당치 않다. 그러나 우리는 믿음으로 그 은혜를 구할 수 있다.

> ◆ **참 안식** ◆
>
> 안식을 얻기 위해 나아오라고 주님이 초청하신 것은(마 11:28-30) 누가복음 7장 36-50절보다 먼저 있었던 일이었다. 죄를 범한 여인은 그 초청을 듣고 주님께 나아가지 않을 수 없었고, 그래서 안식을 얻었다. 그녀는 자신의 과거를 부끄러워했다. 그러나 구세주나 자신의 눈물을 부끄러워하지는 않았다.

그녀는 기대하지 않았다(She did not expect it, 11-17절). 예수님이 오셔서 장례식을 중단시키시리라고는 아무도 생각지 못했다! 절망하지 말라. 주님은 마지막 순간에 우리를 놀라게 하시고 불가능한 일들을 행하시기 때문이다.

그는 이해하지 못했다(He did not understand it, 18-35절). 주님이 하실 것이라고 기대하는 일을 주님이 행하지 않으실 때, 그것을 주님께 말씀드리고 그분의 말씀에 귀를 기울이라. 우리는 사역이 실패했다고 느낄 수도 있을 것이다. 그러나 재판관은 우리가 아니다. 마지막 결정을 주님께 맡기라.

그녀는 숨길 수 없었다(She could not hide it, 36-50절). 죄를 범한 여인은 그리스도를 신뢰했고, 그리스도는 그녀를 구원하셨다. 이제 그녀는 주님께 자신의 사랑을 표현하고 싶었다. 참 믿음은 숨길 수 없다. 참 믿음은 사랑과 예배로 표현되기 때문이다. 바리새인 시몬은 자기 자신도, 주님도, 그 여인도 볼 수 없었다. 그는 자신에게 갚아야 할 빚이 있다는 사실을 깨닫지 못하고 있었다.

● 누가복음 8장

주님의 말씀을 듣는 무리들(A multitude hearing Him, 1-25절). 예수님은 자신을 따르는 많은 무리들을 보고 감탄하지 않으셨다. 왜냐하면 그들의 영적 상태를 알고 계셨기 때문이었다. 씨뿌리는 자의 비유는 우리가 말씀에 어떻게 반응하고 있는지를 점검하는 데 유익하다. 말씀을 듣는 것만으로는 충분하지 않다(8, 18절). 들은 말씀에 순종해야 한다(21절). 그리고 시련이 닥칠 때 그 말씀을 신뢰해야 한다(22-25절).

주님을 거부하는 무리들(A multitude rejecting Him, 26-39절). 예수님이 거라사 지방의 귀신들린 자를 치유하신 것을(마 8:28) 본 사람들은 당연히 예수님을 사랑하고 존경해야 했다. 그러나 그들은 사람과 자비보다 돈과 돼지에 더 마음을 쓰고 있었다. 예수님과 함께 가게 해달라고 청한 사람은 그들 중 가장 분별 있는 사람이었다!

주님을 환영하는 무리들(A multitude welcoming Him, 40절). 갈릴리 바다 건너편에 있던 가버나움 사람들은 예수님을 환영했다. 그것은 아마도 그들이 예수님을 사랑했기 때문이 아니라, 예수님이 행하시는 기적을 많이 보았고, 자신들의 필요를 채워주시기 바랐기 때문이었을 것이다. 오늘 예수님이 오신다면 당신은 예수님을 환영할 것인가? 그 이유는 무엇인가?

주님께 모여든 무리들(A multitude thronging Him, 41-56절). 사람들은 예수님의 도우심을 받기 위해 예수님 가까이로 가고 싶어했다. 그렇게 주님께 모여들기는 했지만, 그들에게는 병을 앓고 있던 여인과 같은 믿음이 없었다. 군중들 속에 함께 있다고 해서 복을 받을 수 있는 것은 아니다. 하나님은 우리의 필요를 채워주시기 위해 때로는 우리를 군중들로부터 벗어나게 하셔야 한다(51절).

● 누가복음 9장

우리를 준비시키시는 그리스도(Christ equips us, 1-6절). 주님은 우리에게 필요한 것을 먼저 주시지 않고는 우리를 일하러 보내지 않으실 것이다. 우리에게는 우리의 소유를 의지하려는 속성이 있다. 그러나 우리는 주님만을 의지해야 한다. 주님의 뜻을 따를 때 우리는 주님이 공급해주시는 것을 경험하게 될 것이다.

우리에게 능력을 주시는 그리스도(Christ enables us, 7-17절). 열두 사람이 어떻게 오천 명을 먹일 수 있었겠는가? 권능을 주시는 주님을 통해서만 가능한 일이었다. 왜냐하면 주님이 기적을 행하셨기 때문이다. 그들은 음식을 나누어주었을 뿐이었다. 그리스도는 그분이 채우실 수 있도록 아무것도 쥐고 있지 않은 깨끗한 손을 찾고 계신다.

우리를 격려하시는 그리스도(Christ encourages us, 18-36절). 그리스도를 하나님의 아들과 구세주로 고백한다면 십자가를 지고 주님을 따르라. 주님이 그분의 나라와 영광을 보여주실 것이다. 하나님의 영광을 경험한다면 주님을 따르는 데 요구되었던 모든 것들이 축복이 될 것이다. 그리고 그 때문에 기쁘게 순종하며 나아갈 수 있게 될 것이다.

우리를 참으시는 그리스도(Christ endures us, 37-62절). 예수님은 "내가 얼마나 너희와 함께 있으며 너희를 참으리요?"(41절)라는 상당히 낯선 말씀을 하셨다. 주님은 우리의 실패와 불신앙(37-42절)과 영적 무지(43-45절)와 교만(46-48절)과 부족한 사랑(49-56절)과 부족한 헌신(57-62절)을 참고 견디신다. 당신은 주님이 복을 주시는 사람인가? 아니면 주님이 참고 견뎌야 하는 사람인가?

누가복음 10장

이 장은 개인적인 점검의 방법으로 네 가지 질문을 던지고 있다.

섬기는 이유는 무엇인가?(What makes you serve?, 1-16절) 예수님은 열두 제자로 한정하지 않으셨다. 다른 70명의 사람들이 예수님의 뜻을 따르며 추수를 도왔다. 그러나 여전히 일꾼들이 부족했는데, 누가복음 9장 57-62절이 그 이유를 말해주고 있다. 사역이 힘들고 위험했기 때문이었다. 그러나 상급이 기다리고 있는 일이기도 했다. 당신은 주님의 부르심에 순종하고 있는가?

기뻐하는 이유는 무엇인가?(What makes you rejoice?, 17-24절) 제자들이 성공적인 사역에 기뻐하자, 예수님은 그들이 하늘의 시민이라는 것 때문에 기뻐하라고 말씀하셨다. 그들이 언제나 성공을 거두지는 않을 것이다. 그러나 그들이 구원받은 사실에는 변함이 없다. 예수님은 그들의 삶 속에서 하나님의 뜻이 이루어지고 있었기 때문에 기뻐하셨다. 당신은 무엇 때문에 기뻐하는가?

멈추는 이유는 무엇인가?(What makes you pause?, 25-37절) 선한 이웃에 대해 추상적으로 논쟁하는 것은 그리 어렵지 않다. 그러나 진정한 이웃이 되기 위해서는 대가를 지불해야 한다. 불공평한 대우를 받고, 해를 입은 사람들을 보면 그들을 돕기 위해 멈추는가? 아니면 제사장이나 레위인처럼 도망칠 궁리를 하는가? 다른 사람들의 고통을 함께 느끼고 그들을 도우려 하지 않는다면, 결코 그리스도를 닮은 사람이라 할 수 없다.

무엇에 귀를 기울이는가?(What makes you listen?, 38-42절) 예수님의 발 앞에 앉아 그분의 말씀에 귀를 기울이는 시간을 갖는 것은 모든 사역의 기초다. 주님을 섬기고 다른 사람들을 섬기는 것은 중요하다. 그러나 주님과 함께 시간을 보내며 주님을 기쁘시게 하는 것은 그보다 더 중요하다. 주님을 섬기느라 너무 바빠서 주님을 사랑하고, 주님의 말씀에 귀 기울일 시간을 내지 못하고 있는 것은 아닌가?

주님을 섬김

나는 주님의 명령에 충실하면서도,
더 나은 쪽을 선택할 것이다.
그것은 마르다의 조심스러운 손과
마리아의 사랑하는 마음을 가지고 섬기는 것이다.

칠스 웨슬리(Charles Wesley)

"공의는 사실의 시비를 밝히려 한다. 그러나 동정심은 상대의 필요만을 생각한다."

클레르보(Clairvaux)의 버나드(Bernard)

누가복음 11장

주님의 관대하심(His generosity, 1-13절). 예수님과 세례 요한과 열두 제자 모두에게 기도해야 할 필요가 있었다면, 우리에게는 그 필요가 훨씬 더 크지 않겠는가? 기도는 우정이 아니라 자녀라는 신분을 기초로 하기 때문에 하나님의 관심사를 가장 먼저 고려해야 한다(2-4절). 하나님은 투덜대는 이웃이 아니라 사랑하는 아버지이시다. 하나님은 우리에게 필요한 것을 주신다. 그리고 졸지도 않으시고 주무시지도 않으신다. 또 우리가 도움을 구할 때 귀찮아하며 짜증을 내지도 않으신다(약 1:5).

주님의 권위로우심(His authority, 14-36절). 적대적인 것보다 더 위험한 것이(14-22절) 이도 저도 아닌 자세를 취하는 것이다(23-26절). 왜냐하면 그것은 사탄에게 들어와 자리를 차지할 수 있는 기회를 주기 때문이다. 우리에게 필요한 유일한 표적은 '요나의 표적', 곧 우리 주님의 부활이다(행 2:22-36). 예수님은 어둠의 권세를 이기고 승리하셨다. 사탄에게 순종하는 것은 빛 대신 어둠 속으로 자신을 몰아넣는 것이다. 그리고 곧 빛과 어둠을 구분하지 못하게 될 것이다(마 6:22-23).

주님의 정직하심(His honesty, 37-54절). 주님은 손님이셨지만 진리를 피하기 위해 주인이나 다른 손님들에게 아첨하지 않으셨다. 주님은 그들의 가식을 폭로하시고 그들의 죄를 지적하셨다(마 23장). 그들은 하나님의 거룩한 사람들인 것처럼 행동하면서 다른 사람들을 부정하게 만들고(44절), 그들에게 짐을 지우며(46절), 문을 가로막았다(52절). 회개하고 용서받을 수 있는 기회를 취하는 대신 그들은 예수님을 적대시하며 공격했다. 얼마나 어리석은 일인가!

> "기도는 하늘에서 인간의 뜻을 이루기 위한 것이 아니라, 땅에서 하나님의 뜻을 이루기 위한 강력한 수단이다."
>
> 로버트 로우(Robert Law)

누가복음 12장

두려움(A fearful heart, 1-12절). 사람들을 두려워하면 숨기기 시작하고, 결국 가식적인 사람이 된다. 그리스도께 솔직하게 자신을 열고 성령을 의지하지(8-12절) 못하면 그분의 증인이 될 수 없다. 하나님을 두려워하면 그 어떤 것도 두려워할 필요가 없다. 그래서 담대하게 그리스도를 증거할 수 있게 된다. 당신은 하나님께 중요하다. 하나님 보시기에 소중한 사람이다. 그러므로 다른 사람들이 무슨 말을 하건, 또 그들이 어떻게 행동하건 두려워하지 말라.

탐심(A greedy heart, 13-21절). 돈을 더 많이 벌 수 있는 도움을 구하기 위해 설교를 방해할 정도로 탐욕스러운 사람을 상상해보라. 잡초가 그 사람의 마음속에서 자라고 있었던 것이 분명하다(마 13:22). 살아가기 위해 우리 모두에게는 어느 정도의 돈이 필요하다. 그러나 돈이 우리의 안전을 보장해주는 것은 아니다. 돈은 사람을 어리석게 만드는 거짓된 확신을 심어줄 뿐이다.

두 마음(A divided heart, 22-34절). '염려'(22절)라는 말로 번역된 단어는 '잡아끊어지다'라는 뜻이 있다. 그것이 바로 염려가 우리에게 하는 일이다. 그리스도가 우리 마음의 중심에 계시고, 우리가 주님을 온전히 신뢰한다면(31절) 하나님만을 경외하는 한 마음을 갖게 될 것이다(시 86:11). 우리의 보화가 천국에 있다면 걱정할 필요가 없다. 그 누구에게도 빼앗기지 않을 것이기 때문이다!

냉담한 마음(A cold heart, 35-59절). 우리는 하나님의 종이다. 그리고 하나님은 예수 그리스도가 다시 돌아오실 때까지 우리가 맡은 일을 충성스럽게 감당할 것을 기대하신다. 그리스도의 재림을 바라보고, 기대하며(딤후 4:8), 열망하지 않는다면(계 22:20), 우리 마음은 냉담해지고 세속적이 될 것이다. 주님이 다시 돌아오셔서 부주의하고 경솔한 종들을 책망하실 것이다. 그러므로 준비하고 있어야 한다.

누가복음 13장

비극(Tragedy, 1-9절). 비극적인 상황에 처한 사람들을 보고 질문을 던지면서도 아무것도 배우지 못하기가 아주 쉽다! 중요한 것은 "왜 사람들이 비극적으로 그리고 무의미하게 죽는 것인가?"라고 묻는 것이 아니라, "하나님이 왜 나를 살게 하시는 것인가? 내게 정말 그럴 만한 가치가 있는 것인가? 나는 열매를 맺고 있는가? 아니면 그저 자리만 차지하고 있는 것인가?"라는 질문에 대답하는 것이다.

가식(Hypocrisy, 10-17절). 회당장은 동물을 사람보다 더 잘 대우하는 가식적인 사람이었다. 그 여인이 다른 날 회당을 찾아왔다고 생각해보라. 그가 그녀를 고칠 수 있었겠는가? 물론 아니다! 사랑과 도움을 구하기 위해 교회에 찾아왔다가 실망만 하고 돌아가는 사람들이 얼마나 많은지 생각해보라.

> "어제는 말소된 수표다. 내일은 약속 어음이다. 오늘만이 우리에게 있는 유일한 현금이다. 그러므로 오늘을 지혜롭게 투자하라."

기회(Opportunity, 18-35절). 하나님의 나라가 이 땅에서 이루어지고 있다. 그런데 기회를 잃고 있는 사람들이 너무나 많다. 하나님 나라에 들어가는 대신 하나님 나라에 대해 질문만 하고 있는 사람들이 있다. 구원은 논쟁해야 할 이론이 아니라 경험해야 하는 기적이다. 구원받을 수 있는 기회를 그냥 흘려버리는 사람들을 보고 예수님이 눈물을 흘리신 것은 조금도 이상한 일이 아니다. 기회가 오기를 기다리지 말라. 기회는 이미 와 있다.

● 누가복음 14장

사람들을 이용하고 있는가?(Do I exploit people?, 1-14절) 식사 시간은 사랑의 교제를 나누고, 하나님을 기뻐하며, 감사드리는 시간이 되어야 한다. 그러나 바리새인들은 식탁을 덫으로 삼고 사람들을 이용했다. 그들은 예수님을 함정에 빠뜨리기 위해 불구가 된 사람을 이용했다. 그들은 오로지 명예를 얻기 위해 잔치에 참석했다. 그리고 자신들의 호의를 되갚을 수 있는 사람들만 잔치에 초대했다. 접대는 다른 사람들을 돕고, 하나님께 영광을 돌리려는 마음이 있을 때에만 섬기는 사역이 될 수 있다.

사람들을 초대하고 있는가?(Do I invite people?, 15-24절) 구원은 장례식이 아니라 잔치다(5:33-39). 그리고 하나님은 하나님의 집이 사람들로 가득 차기를 바라신다. 하나님의 종으로서 우리는 세상을 향해 "오소서 모든 것이 준비되었나이다"(17절)라고 말할 수 있는 특권을 가지고 있다. 그 초대를 거부하는 사람들을 만나더라도 계속 잔치 소식을 알리라. 자신을 가장 합당치 않다고 생각하는 사람들이 바로 주님이 잔치에 부르고 싶어하시는 사람들이다.

사람들을 따르고 있는가?(Do I follow people?, 25-35절) 군중들과 함께 인기 있는 예수님을 따르기는 쉽다. 그러나 그런 사람은 진정한 제자가 아니다. 주님은 십자가를 지고 주님을 따르도록 우리를 그들로부터 불러내신다. 죄인들을 구원하는 일과 관련해서 하나님은 그분의 집이 가득 차기를 바라신다. 그러나 제자를 삼는 일과 관련해서 그리스도는 사람들을 솎아내신다. 자기를 부인하고 주님을 위해 살 수 있는 사람들만을 원하신다.

● 누가복음 15장

이 비유들을 통해 그리스도는 왜 자신이 죄인들과 함께 어울리고 그들과 함께 식사까지 하시는지를 설명하시며, 자신의 사역을 변호하신다.

그리스도는 그들이 어떤 사람들인지를 아셨다(He saw what they were). 그들은 그들을 집으로 데려다줄 목자가 필요한 길 잃은 양들이었다. 그들은 다시 유통되어야 할 하나님의 형상이 새겨져 있는 잃어버린 동전들이었다. 그들은 자신의 유산을 탕진하고 아버지가 있는 집으로 돌아가야 할 불순종한 아들들이었다.

그리스도는 그들이 왜 그렇게 되었는지를 아셨다(He saw how they got that way). 양은 어리석은 동물이고 그래서 길을 잃기 쉽다. 그러나 이스라엘의 영적 목자들이 그들을 성실하게 돌보지 않고 있었다(렘 23장, 겔 34장). 여인은 부주의했기 때문에 동전을 잃어버렸고, 탕자는 제멋대로 했기 때문에 모든 것을 다 잃어버렸다. 아버지는 아들을 찾지 않았다. 대신 그가 경험을 통해 배우고, 아버지 집에 있는 것이 얼마나 좋은 것이었는지를 스스로 깨닫게 되길 바랐다(롬 2:4 참조).

그리스도는 그들이 어떻게 될 수 있는지를 아셨다(He saw what they could be). 예수님은 언제나 사람들 속에 있는 가능성을 보셨다. 양은 양 떼에게 돌아가 목자에게 기쁨을 줄 수 있고, 잃어버린 동전은 찾은 사람에게 기쁨을 줄 수 있으며, 아들은 집으로 돌아가 사랑스럽게 아버지를 섬길 수 있다. 모든 죄인들에게 희망이 있는 것은 예수님이 모든 사람을 환영하시기 때문이다.

● 누가복음 16장

이 장의 주제는 돈이다. 목적은 돈의 적절한 역할을 우리에게 가르치기 위한 것이다.

우리는 돈을 낭비할 수 있다(We can waste money, 1절). 청지기들은 자신의 즐거움이 아니라 주인의 유익을 위해 재물을 사용해야 한다(고전 4:2). 하나님은 우리가 하나님이 주신 선물들을 누리기 원하신다(딤전 6:17). 또한 하나님은 우리가 그 선물들을 지혜롭게 사용하기 원하신다.

우리는 돈으로 하나님을 섬길 수 있다(We can serve God with money, 2-9절). 청지기는 불쾌한 사실 하나를 갑자기 깨닫게 되었다. 자신의 청지기 직분에 대해 책임을 져야 한다는 사실이었다(롬 14:10-12, 고후 5:10). 그때 그는 사람들과 미래에 재물을 투자해야 한다는 지혜를 얻게 되었다. 우리는 돈으로 친구를 살 수 없다. 그러나 돈을 지혜롭게 사용함으로 주님을 위해 친구들을 사귈 수 있다. 당신이 수행한 청지기 직분을 통해 복음을 듣고 구원받은 사람들이 천국에서 당신을 환영해줄 날을 기대하고 있는가?

"할 수 있는 모든 것을 하라. 구할 수 있는 모든 사람들을 구하라. 줄 수 있는 모든 것을 주라."

존 웨슬리(John Wesley)

"돈은 훌륭한 종이고, 끔찍한 주인이며, 지긋지긋한 신이다."

우리는 하나님과 돈을 함께 섬기려 할 수 있다(We can try to serve God and money, 10-18절). 바리새인들이 그랬다. 그러나 그것은 불가능한 일이었다. 의로운 것과 의롭지 않은 것을 어떻게 동시에 섬길 수 있겠는가? 가장 고결한 것과 가장 비열한 것을 어떻게 동시에 섬길 수 있겠는가? 하나님이 인정하시는 것과 혐오하시는 것을 어떻게 동시에 섬길 수 있겠는가? 세상은 얼마나 많은 것을 가지고 있는지에 따라 사람을 평가하려 한다. 그러나 하나님은 얼마나 많이 주는지에 따라 사람을 평가하신다.

우리는 돈을 우리의 신으로 섬기려 할 수 있다(We can let money be our god, 19-31절). 부자는 그가 부자였기 때문에 음부에 간 것이 아니다. 그것은 재물을 그의 신으로 삼았기 때문이었다. 아브라함도 부자였다. 그러나 그는 낙원에 있었다. 돈은 사람들을 천국에 가도록 도울 수도 있고(9절), 또 지옥에 가도록 도울 수도 있다.

● 누가복음 17장

믿음은 씨앗과 같다. 씨앗은 작고 약해 보인다. 그러나 땅에 뿌려지면 싹이 터서 자라게 되고, 그 힘을 드러내게 된다. 우리는 우리 삶의 많은 영역에서 믿음으로 행해야 한다.

용서하는 믿음(Faith to forgive, 1-4절). 사람들이 거듭 죄를 범할 때 그들을 포기하기 쉽다. 그러나 우리는 그들을 용서하고, 그들의 삶 속에서 일하시는 하나님을 신뢰해야 한다. 우리는 장애물이 아니라 디딤돌이 되어야 한다.

섬기는 믿음(Faith to serve, 5-10절). 밭을 가는 일이건, 가축을 돌보는 일이건, 식사를 준비하는 일이건 우리의 임무를 다하기 위해서는 믿음이 있어야 한다. 산을 옮기는 것과 같은 엄청난 일을 하기 위해서도 믿음이 있어야 한다.

기도하는 믿음(Faith to pray, 11-19절). 열 사람은 예수님이 그들을 도와주실 수 있다고 믿었다. 사마리아 사람은 예수님을 기쁘시게 해드렸을 뿐 아니라 구원을 받았다. "네 믿음이 너를 구원하였느니라!" 하나님이 우리의 기도에 응답하실 때 "감사합니다!"라고 말하는 것을 잊지 말라.

주님이 오실 때를 준비하는 믿음(Faith to be ready when He comes, 20-37절). 중요한 것은 날짜를 정하는 것이 아니라, 주님이 오실 때 준비된 상태로 주님을 맞이하는 것이다. 참된 믿음은 신실함으로 이어지기 때문이다. 죄가 점점 더 번성하는 주변을 돌아보면 낙심하게 될 것이다. 그리고 뒤를 돌아보면(롯의 아내처럼) 죽게 될 수도 있다. 그러므로 위를 바라보고 주님이 다시 오시기를 간절히 기대하라.

누가복음 18장

확신에 찬 기도(Confident prayer, 1-8절). 불의한 재판관이 가난한 과부를 도왔다면 사랑의 아버지 하나님이 그 자녀들의 필요를 채워주실 것은 두 말할 필요도 없지 않겠는가? 우리는 하나님의 은혜라는 보고(寶庫) 앞에 나아가(롬 5:2) 하나님의 자비로운 약속들을 주장할 수 있다(눅 11:9-10). 그러므로 우리는 믿음과 확신을 가지고 기도해야 한다. 논쟁할 필요가 없다. 그냥 나아가라!

거만한 기도(Arrogant prayer, 9-17절). 참된 기도를 드렸다면 우리는 더 겸손해지고, 다른 사람들을 더 사랑하게 되어야 한다. 우리는 고발하는 검사가 아니라 아버지 앞에 나아가는 자녀와 같아야 한다. 기도가 기도하는 사람에게 복이 되지 않는다면 그 기도는 누구에게도 도움이 되지 않을 것이다.

무지한 기도(Ignorant prayer, 18-34절). 그 젊은이에게는 훌륭한 자질이 많이 있었다. 그러나 그는 영적으로 무지했다. 그는 자기 자신이나, 예수님이나, 자신이 처해 있는 위험을 보지 못했다. 왜냐하면 부자였기 때문이었다. 세리는 의롭다는 인정을 받고 떠났지만(14절), 그 젊은이는 근심하며 떠났다(23절). 기도를 마쳤을 때 우리에게는 어떤 일이 일어나는가?

끈질긴 기도(Persistent prayer, 35-43절). 소경은 저지당하지 않았다! 그에게는 절호의 기회였고, 그는 그 기회를 그냥 놓치려 하지 않았다. 우리 주님이 멈추시고, 보시고, 들으셨다. 그리고 고쳐주셨다! 예수님은 우리에게 귀를 기울일 수 없을 만큼 분주하게 지나가지 않으신다. 우리는 전심으로 간절히 기도하기만 하면 된다.

> "기도하면서 우리가 구하는 것이 우리의 영적 상태를 드러내준다. 때때로 우리는 하나님께 모욕이 되는 것을 구하기도 한다. 그것은 우리가 예수 그리스도가 아닌 우리 자신이나 가능성을 바라보며 기도하기 때문이다."
>
> 오스왈드 챔버스(Oswald Chambers)

○ 누가복음 19장

구원의 날(The day of salvation, 1-10절). 10절은 삭개오의 경험을 통해 예증되었다. 예수님이 그에게 오셨고, 그를 찾으셨고, 그를 구원하셨다. 그는 많은 사람들에게 둘러싸여 있었지만 예수님은 그를 찾기 위해 시간을 내셨고, 나무 위에 있는 그를 보셨다! 예수님은 여전히 찾으시는 구세주이시다. 그러나 지금 예수님은 그 일을 위해 우리의 눈과 입술을 사용하신다.

평가의 날(The day of evaluation, 11-27절). 왕과 맺을 수 있는 세 가지 가능한 관계가 있다. 왕의 통치를 거부하고 적이 될 수 있다. 그러나 그것은 심판으로 이어지게 될 것이다. 왕의 통치를 받아들이기는 하지만 충성하지 않을 수 있다. 그러나 그렇게 하면 상급을 잃게 될 것이다. 아니면 왕의 통치를 받아들이고, 왕의 뜻을 충실하게 이행한 후 그의 상급을 받을 수 있다. 우리가 해야 할 일은 하나님이 우리에게 주신 것을 쌓아두는 것이 아니라, 하나님의 영광을 위해 그것을 투자하는 것이다.

방문의 날(The day of visitation, 28-44절). 유대인들이 그들의 왕이 방문했을 때 그분을 알아보지 못했던 것은 얼마나 비극적인 일이었는지 모른다! 그렇다면 그분이 다시 오실 때 '세상에서 믿음을'(18:8) 보실 수 있을 것인가? 우리 주님이 우셨다. 왜냐하면 그 도성과 사람들에게 임박한 끔찍한 심판을 보셨기 때문이었다.

◆ 찾으시는 하나님 ◆

하나님이 찾으시는 것은 무엇인가? 하나님은 잃은 자를 찾으신다(눅 19:10). 예배하는 자(요 4:23)와 우리가 맺는 열매(눅 13:7)와 충성된 종(겔 22:30)을 찾으신다. 당신은 하나님이 찾으시는 사람인가?

○ 누가복음 20장

그 지도자들은 그들의 교활하고 가식적인 대답에도 불구하고 과거에서 벗어날 수 없었다(1-8절). 그들은 세례 요한의 사역을 거부했다. 그리고 그것은 예수 그리스도를 거부하는 것으로 이어졌다. 우리는 우리가 내렸던 결정들을 잊을 수도 있다. 그러나 그 결정들은 결코 우리를 잊지 않을 것이다. 우리는 그 결정들을 묻어버리려 할 수도 있다. 그러나 그 결정들은 우리에게 책임을 묻기 위해 되살아날 것이다.

그 지도자들은 미래의 심판도 피할 수 없었다(9-19절). 그들은 하나님의 아들을 거부했다. 그 결과 멸망을 불러오게 되었다. 그리스도는 우리를 구원하시거나 심판하신다. 그 둘 사이의 중간 지대는 없다.

"진리는 명백하다. 두렵기 때문에 진리를 거부할 수도 있다. 무지하기 때문에 진리를 조롱할 수도 있다. 악의 때문에 진리를 왜곡할 수도 있다. 그러나 진리는 언제나 진리다."

윈스턴 처칠(Winston Churchill)

그 지도자들은 현재의 책임에서 벗어날 수도 없었다(20-47절). 예수님께 비열한 질문들을 하면서 그들은 예수님이 비난받을 만한 말을 하시기를 바랐다. 그러나 예수님의 대답은 오히려 그들의 어리석음을 드러내고 그들의 잘못을 밝혀내셨다. 그들은 패하는 싸움을 하면서도 항복하려 하지 않았다.

● 누가복음 21장

성전 유지(Maintaining the temple, 1-4절). 많은 종교 지도자들은 타락해 있었다. 그러나 성전은 여전히 하나님이 그분의 이름을 두신 곳이었고, 진실한 사람들이 하나님을 예배할 수 있는 곳이었다. 예수님은 사람들이 성전 사역을 지지하는 것에 대해 책망하지 않으셨다(마 23:1-3). 그러나 그들이 바치는 것에는 주목하셨다. 중요한 것은 액수가 아니라 비율이었다. '과부의 동전' 과 같은 헌금을 하는 사람들은 그들이 가진 전부를 바치는 것이었다. 그래서 비록 적은 돈이었지만, 결코 적은 것이 아니었다.

성전 파괴(Destroying the temple, 5-36절). 이 구절은 마태복음 24-25장과 마가복음 13장에서도 볼 수 있는 감람산 강화에 대한 누가의 기록이다. 그는 서기 70년에 일어난 예루살렘 멸망에 대한 주님의 예언을 다룬 유일한 복음서 기자다. 그의 기록은 예수 그리스도가 재림하시기 전 마지막 때에 일어날 사건들을 묘사하고 있다. 그때는 시험과 증거의 때가 될 것이다. 그리고 억압과 기회의 때, 복수와 승리의 때가 될 것이다.

성전 사역(Ministering in the temple, 37-38절). 예수님은 열두 살 때 성전에서 하나님의 말씀에 대해 논의하셨다(2:41-50). 그리고 세상을 떠나시기 전 마지막 주를 아버지의 집에서 보내시며 말씀을 가르치셨다. 예수님은 종교 지도자들에게 미움을 받으셨고, 성전은 강도의 굴혈이 되어 있었다. 그러나 가난한 사람들이 그곳에 있었고, 예수님은 그들을 가르치셨다. 예수님은 기회를 놓치지 않으셨고, 사람들은 예수님의 말씀을 들을 수 있게 된 것을 기뻐했다.

● 누가복음 22장

성전 안에 있는 사탄(Satan in the temple, 1-6절). 유다가 종교 지도자들과 약속했을 때 그는 사탄의 부추김을 받고 있었다. 사탄은 거짓말쟁이고 살인자다(요 8:44). 그리고 그는 속임수로 유다를 부추겼다. 그러나 사탄은 유다 또한 속였다. 결국 예수님의 전 제자였던 유다는 자살하고 말았다. 사탄과 거래하는 것은 극히 위험한 일이다.

다락방 안에 있는 사탄(Satan in the Upper Room, 7-38절). 사탄이 이미 유다를 조종하고 있었다. 그러나 그는 제자들을 '흔들고', 베드로를 유혹하기 위해 허락을 받아야 했다(욥 1:12, 2:6). 사탄은 전능자가 아니다. 그리고 그는 하나님이 정하신 경계를 벗어날 수 없다(고전 10:13). 사도들은 그날 밤 놀라운 축복을 경험했다. 그러나 가까운 곳에 위험이 도사리고 있었다. 풍성한 영적 경험을 누리게 될 때 조심하라. 사탄이 공격할 태세를 취하고 있기 때문이다. 특히 누가 가장 큰 자인지를 결정하려 할 때 조심해야 한다!

동산 안에 있는 사탄(Satan in the Garden, 39-53절). 예수님은 자신을 붙잡으려고 온 사람들에게 말씀하셨다. "그러나 이제는 너희 때요 어두움의 권세로다(53절)." 예수님은 계속 기도해오셨고, 아버지의 뜻에 순종하셨기 때문에 그분은 그 상황에 준비되어 계셨다. 그러나 제자들은 그렇지 않았다. 만약 예수님의 사역이 막을 내린 것처럼 보였던 적이 있다면, 그것은 이 동산에서였을 것이다. 그러나 그 순간 예수님은 아버지의 뜻 안에서 그분의 전력을 다하고 계셨다.

법정 안에 있는 사탄(Satan in the courts, 54-71절). 사탄은 베드로를 흔들기 위해 법정 뜰에 서 있었고, 사람들을 타락시키기 위해 회의실 안에 서 있었다. 베드로를 넘어지게 했던 그의 승리는 일시적인 것에 불과했다. 왜냐하면 베드로는 곧 울며 회개하고 회복되었기 때문이다. 그러나 종교 지도자들을 넘어뜨린 그의 승리는 완전한 것이었다. 왜냐하면 그는 그들의 눈을 어둡게 해 진리를 보지 못하게 만들었고(고후 4:3-6), 그들의 메시아에게 유죄 판결을 내리게 만들었기 때문이다.

누가복음 23장

빌라도(Pilate)는 가능한 한 빨리 그리고 가능한 한 손쉽게 예수님을 제거하고 싶어했다. 그러나 그는 심각한 결정을 피할 수 없었다. 빌라도는 결국 무죄한 사람에게 형을 선고했고, 죄를 범한 자를 오히려 놓아주고 악한 자들의 친구가 되었다. 법을 지키고 백성들에게 공의를 베풀어야 할 책임을 맡은 로마 통치자가 남긴 이 얼마나 어이없는 기록인가!

헤롯(Herod)은 예수님이 기적을 행하시는 것을 보고 싶어했다. 그 악한 왕은 하나님의 아들을 궁중에서 흥을 돋구는 연예인으로 만들려 했다. 예수님은 그 앞에서 아무 기적도 행하지 않으셨다. 아무 말씀도 하지 않으셨다. 헤롯은 침묵하시는 하나님 앞에 있었고, 그에게 남은 것은 하나님의 심판뿐이었다.

바라바(Barabbas)는 죽어 마땅했다. 그러나 예수님이 그를 대신하셨기 때문에 풀려났다. 바라바는 갈보리로 가서 자신을 대신해 돌아가신 하나님의 아들을 보았을까? 아마도 아닐 것이다. 그는 사형을 면하게 된 것을 기뻐하며 그의 옛 생활로 돌아갔을 것이다. 그는 자유를 얻었지만 여전히 죄의 사슬에 묶여 있었다.

그리고 다른 많은 사람들(And for those people and many more)을 위해 예수님은 기도하셨다. "아버지여 저희를 사하여 주옵소서 자기의 하는 것을 알지 못함이니이다"(34절). 이 얼마나 놀라운 자비인가!

강도(The thief)는 예수님께 자신을 기억해주실 것을 요청하며 놀라운 믿음을 발휘했다. 그때 예수님은 그 누구도 구원하실 수 있을 것처럼 보이지 않았기 때문이었다.

요셉(Joseph)은 사람들 앞에서 예수님의 시체를 십자가에서 내리는 놀라운 용기를 발휘했다. 그는 유월절 동안에 자신을 부정하게 했다. 그러나 그것은 조금도 중요하지 않았다. 그는 하나님의 어린양을 만났다. 그것이 중요한 것이었다.

○ 누가복음 24장

주님의 말씀을 망각함(Forgetting His word, 1-12절). 돌이 굴러 옮겨졌고, 예수님의 시체는 사라졌으며, 여인들은 어찌할 바를 몰랐다. 그것은 그들이 주님의 말씀을 잊고 있었기 때문이었다. 오늘날 천사들이 주님의 말씀을 상기시켜주기 위해 우리를 찾아오지는 않는다. 성령이 그 일을 행하신다(요 14:26). 성령께 순종하면서 우리 마음에 힘을 주는 말씀을 상기시켜주실 수 있게 해드리라.

말씀을 배움(Learning the Word, 13-35절). 두 사람은 며칠 동안 걸으면서 이야기했지만, 실망을 떨쳐버릴 수 없었다. 그것은 그들에게 다음과 같이 구약 성경을 열 수 있는 열쇠가 없었기 때문이었다. 메시아는 그분의 영광에 들어가시기 전에 고난을 받으시고 죽임을 당하셔야 했다. 그분이 성경을 가르쳐주셨을 때 그들의 마음이 뜨거워졌다. 그리고 곧 슬퍼하던 사람들이 선교사들이 되어 다른 사람들에게 좋은 소식을 알렸다. 성령이 가르쳐주실 수 있도록 허락해드리고 있는가(요 16:13-15)?

말씀을 받음(Receiving the Word, 36-45절). 그들은 혼란스러웠고, 두려웠으며, 의심했다. 그러나 주님은 주님의 말씀을 그들에게 재확인시켜주셨다. 우리는 오늘날 주님의 몸을 보거나 느낄 수 없다. 그러나 우리에게 성경을 통해 주님을 실제적인 분으로 만들어주시는 성령이 계신다. 마음이 혼란스럽거나 두려울 때 말씀 안에 계신 예수님을 보라(요 14:1-6). 믿음이 약해질 때 말씀 안에 계신 예수님을 보라(롬 10:17). 평안을 누리는 첫걸음은 말씀을 받아들이는 것이다.

말씀을 나눔(Sharing the Word, 46-53절). 하나님이 우리의 눈을 여시고(31절) 깨닫게 하신다(45절). 그러므로 하나님이 성경을 우리에게 깨닫게 해주실 때(27, 32절) 우리는 입을 열어 다른 사람들에게 주님에 대해 말할 수 있다(48절). 예수님은 우리에게 권한과 능력과 메시지를 주신다. 침묵해야 할 이유가 없다! 기쁨에 넘친 예배를 경험할 때(52-53절) 우리는 아무 거리낌 없이 세상 사람들을 향해 기쁨에 넘친 증언을 하게 될 것이다.

요한복음

John

　요한은 두 가지 목적을 가지고 그의 복음서를 썼다. 하나는 예수 그리스도가 하나님의 아들이시라는 사실을 입증하는 것이었고, 다른 하나는 사람들이 예수 그리스도를 믿고 구원받을 수 있도록 그들을 초청하는 것이었다(20:30-31). 예수 그리스도의 신성에 대해 그가 제시한 증거는 (1) 그리스도가 행하신 기적들, (2) 그리스도가 하신 말씀, (3) 그리스도를 아는 사람들의 증언 이 세 가지다.

　요한복음을 읽으면서 예수님이 말씀하시는 것을 듣고(7:46), 능력으로 행하시는 것을 보며, 예수님의 말씀과 행하시는 일에 사람들이 어떻게 반응하는지를 보게 될 것이다. 일곱 명의 증인이 예수님을 하나님의 아들이라 선포하고 있는데 그들은 세례 요한(1:34), 나다나엘(1:49), 베드로(6:69), 날 때부터 소경이었던 사람(9:35-38), 마르다(11:27), 도마(20:28), 사도 요한(20:31)이다. 예수님은 또한 자신의 신성을 선언하셨다(5:25, 10:36).

　마태는 유대인들을 대상으로 썼고, 마가는 로마인들을 대상으로 썼으며, 누가는 헬라인들을 대상으로 썼다. 그러나 요한은 온 세상을 생각하며 복음서를 썼고, 세상이라는 단어를 자주 사용했다. 그렇지만 그는 구약 성경을 100번 이상 암시하면서 유대인 독자들을 염두에 두고 있었음을 보여주고 있다.

　공관 복음은 "와서 들으라!"고 초청하고 있다. 그러나 요한복음에서는 "와서 보라!"고 초청하고 있다. 보는 것에 대해 67번 언급했고, 듣는 것에 대해서도 58번이나 언급하고 있다. 예수님이 행하신 일과 예수님의 말씀은 그분이 진실로 하나님의 아들이시라는 사실을 입증해주고 있다.

　서론을 마친 후(1:1-18) 요한은 백성들(1:19-12:50)과 제자들(13-17장)과 세상(18-21장)을 향한 그리스도의 사역을 설명하고 있다. 첫 부분에서는 예수님이 기적을 행하시는 분으로, 두 번째 부분에서는 가르치시는 분으로 그리고 세 번째 부분에서는 승리자로 묘사되어 있다. 물론 요한복음 전체를 통해 예수님은 구세주와 주님으로 나타나 있다.

○ 요한복음 1장

창조주가 오셨다(The Creator came, 1-14절). 이 구절을 창세기 1장과 비교해보고, 빛과 생명이 강조되어 있는 사실에 주목하라. 모세는 옛 창조에 대해 썼고, 요한은 새 창조에 대해(고후 5:17) 썼다. 예수님은 우리에게 하나님 아버지를 드러내주시는 창조하시는 말씀이시고, 살아 계신 말씀이시다. 예수님은 그 행하신 기적들 속에서 창조주로서의 능력을 보여주셨다. 예수님은 신실한 창조주이시고, 우리는 우리의 생명을 주님께 의탁할 수 있다(벧전 4:19).

구세주가 오셨다(The Savior came, 15-34절). 예수님은 율법과 심판이 아니라 은혜와 진리로 오셨다. 그리고 아버지 하나님을 보여주셨고, 예수님을 믿는 사람들에게 성령을 주셨다. 예수님은 하나님의 어린 양으로 유일하게 세상의 죄를 대속할 수 있는 분이시다. 어린양의 피는 유대인들의 죄를 덮었지만, 그리스도의 보혈은 온 세상의 죄를 대속한다(29절, 4:42).

주님이 오셨다(The Master came, 35-51절). 예수님은 자신을 따르도록 몇 사람을 부르셨다. 그리고 그들의 삶을 변화시키시고, 다른 사람들의 삶을 변화시키는 데 그들을 사용하셨다. 시몬의 새 이름은('반석'이라는 뜻의 베드로) 새로운 시작을 상징하는 것이었다. 그는 은혜의 풍성함에 동참하는 새 창조의 일부가 되었다(16절). 예수님은 각 사람을 개별적으로 부르시고, 또 각기 다른 방법을 사용하신다. 그러나 같은 주님이 부르신다. 그분의 부르심에 주목하고 있는가?

◆ **예수님의 형상** ◆

요한은 우리 주님의 죽음을 어린양이 살해되는 것(1:29)과 성전이 파괴되는 것(2:19)과 뱀이 들리는 것(3:14)과 목자의 자발적인 죽음(10:11-18)과 씨앗이 땅에 떨어져 죽는 것(12:20-25)으로 묘사하고 있다.

왕이 오셨다(The King came, 49절). 예수님은 자신이 지으신 세상에 오셨고, 만물이 예수님께 순종했다. 그러나 백성들은 그분을 영접하지 않았다(11절, 12:37-41). 빌라도 앞에서 심문을 받으시는 동안 예수님의 왕권이 중요한 논점이 되었다(18:33-19:22). 그리고 오늘날에도 여전히 그것이 중요한 논점이 되고 있다. 당신을 다스리는 왕은 누구인가?

◉ 요한복음 2장

예수님을 보라!

그는 기뻐하는 분이시다(He is joyous, 1-12절). 유대인의 잔치는 즐거운 행사였고, 예수님은 그 즐거움 속에서 편안하셨다. 예수님은 '질고를 아는'(사 53:3) 분이시다. 그러나 또한 큰 기쁨을 경험하셨다(눅 10:21). 그분은 우리의 기쁨과 슬픔에 함께하신다(11장). 세상이 주는 기쁨은 결국 끊어지게 될 것이다. 그러나 주님이 주시는 기쁨은 영원할 것이다. 주님을 초청하고 그분의 말씀에 순종하라.

그는 의로운 분이시다(He is righteous, 13-17절). 다른 복음서들은 예수님이 사역의 마지막 시기에 성전을 청결케 하셨던 일을 기록하고 있다. 그러나 요한은 예수님이 성전을 청결케 하시며 사역을 시작하셨다고 말하고 있다. 심판은 하나님의 집에서 시작된다(벧전 4:17). 그 당시 성전은 '장사하는 집'(16절)이 되어 있었고, 3년 뒤에는 '강도의 굴혈'(마 21:13)이 되었다. 내적인 변화가 없는 외형적인 개혁은 일시적일 뿐이다.

그는 승리하는 분이시다(He is victorious, 18-25절). 유대인들은 예수님께 거듭 표적을 요구했다(고전 1:22). 그리고 예수님이 보여주시는 증거들을 거부했다(12:37-41). 예수님의 부활은 그분의 신성을 입증하는 가장 큰 증거였지만(마 12:38-40), 유대인들은 예수님이 무슨 말씀을 하시는지 이해하지 못했다(8:42-45). 그들은 예수님을 십자가에 못 박음으로 성전을 파괴할 것이다. 그러나 예수님은 부활하심으로 승리하실 것이다.

✦ 하나님의 진리를 아는 것 ✦

요한은 그의 복음서에서 구원받지 못한 사람들은 예수님의 가르침을 이해하지 못한다는 사실을 지적했다. 영적인 진리를 밝히기 위해 예수님이 상징적인 표현을 사용하셨을 때 그들은 그 표현을 글자 그대로 받아들였다. 예수님이 성전(2:18-22)과 거듭남(3:1-9)과 생수(4:7-15)와 예수님의 살을 먹고 피를 마시는 것(6:51-52)에 대해 말씀하셨을 때에도 그들은 그 상징적인 의미를 이해하지 못했다. 성령이 없이는 우리도 주님의 말씀을 이해할 수 없다(고전 2:6-16).

✦ 기적 ✦

예수님이 행하신 많은 기적들 중에서 요한은 예수님의 영광을 드러내고, 예수님의 신성을 입증하기 위해 일곱 가지 기적을 선택했다. 그 일곱 가지 기적은 물을 포도주로 바꾸신 일(2:1-11), 왕의 신하의 아들을 고치신 일(4:46-54), 38년 된 병자를 고치신 일(5장), 5천 명을 먹이신 일(6:15-21), 폭풍우치던 바다 위를 걸으신 일(6:15-21), 날 때부터 소경이었던 사람의 눈을 뜨게 하신 일(9장) 그리고 죽은 나사로를 살리신 일(11장)이었다. 물고기를 잡으신 일(21장)은 부활하신 후의 일이다.

○ 요한복음 3장

위로부터 온 출생(A birth from above, 1-9절). 우리의 첫 번째 출생은 '육'과 '물'로 태어난다. 그러나 두 번째 출생에서는 '성령으로 거듭나게' 된다. 첫 번째 출생은 죽음으로 이어지지만, 두 번째 출생은 영생으로 이어진다. 거듭난다는 것은 '새 생명'(롬 6:4)이라는 결과를 불러오는 새로운 시작이다.

위로부터 온 구세주(A Savior from above, 10-21절). 예수님은 하늘에서 내려오신 하나님의 아들이시다. 예수님은 모세가 기록한 뱀이시고(민 21:4-9), 아버지가 사랑으로 주시는 선물이시며(16절), 어두운 세상을 비추는 빛이시다(19절).

뱀처럼 예수님은 높이 들리셨고, 세상 죄를 대속하기 위해 십자가에 달려 돌아가셨다. 믿음으로 그분을 바라보는 모든 사람은 영생을 얻는다.

위로부터 온 증거(A witness from above, 22-36절). 세례 요한의 사역은 하늘로부터 주어진 것이었다(27절). 그의 임무는 예수님을 증거하는 것이었다(1:6-8). 예수님은 말씀이시고, 세례 요한은 말씀을 선포하는 한 소리일 뿐이었다(1:23). 예수님은 신랑이시고, 세례 요한은 신랑의 들러리일 뿐이었다. 세례 요한은 기적을 행치 않았다. 그러나 사람들을 그리스도께로 인도하기 위해 그의 증언이 사용되었고, 그것이 그가 죽은 후에도 마찬가지였다(10:40-42). 당신도 "그는 흥하여야 하겠고 나는 쇠하여야 하리라"(30절)고 정직하게 말할 수 있겠는가?

◆ **니고데모** ◆

니고데모는 밤에 예수님을 찾아왔지만 마침내 빛 가운데로 나아가게 되었고, 주 예수님과 연합할 수 있게 되었다(19:38-42). 니고데모는 예수님의 말씀에 귀를 기울였고(7:42-52), 말씀을 살펴보았으며 그리고 신자가 되었다.

○ 요한복음 4장

목마름(Thirst, 1-26절). 예수님은 사람이셨기 때문에 피로와 배고픔과 목마름을 느끼셨다. 그러나 예수님이 깊이 열망하셨던 것은 죄를 범한 여인이 구원을 받는 것이었다. 예수님은 자신의 육체적인 필요는 뒤로 세쳐두시고 그녀의 영적인 필요에 관심을 집중하셨다. 예수님은 그녀에게 자신을 '유대인'으로(9절), '야곱보다 더 큰 자'로(12절), '선지자'로(19절), '메시아'로(25, 29절) 드러내셨다. 그녀는 예수님을 믿었다. 그리고 곧바로 다른 사람들에게 복음을 전할 만큼 그녀는 변화되었다(20:30-31).

배고픔(Hunger, 27-42절). 하나님의 뜻은 우리의 위장을 상하게 하는 약이 아니라, 우리에게 영양을 공급해주는 음식이 되어야 한다. 제자들은 먹을 음식으로 만족했다. 그러나 예수님은 하나님으로부터 와서 만족을 주는 영적 양식을 원하셨다. 하나님의 뜻은 우리 주변에 있는 큰 추수 밭에서 일하는 데 필요한 힘을 우리에게 준다.

건강(Health, 43-54절). 구원과 우리 속사람의 관계는 건강과 우리 몸의 관계와 같다. 예수님이 개입하셔서 건강을 회복시켜주지 않았다면 그 소년은 죽었을 것이다. 그의 아버지는 그리스도인들이 일반적으로 경험하는 것처럼 듣고(47절) 믿고(50절) 알았다(53절).

예수님은 그 여성을 거두어들이셨고, 그녀는 많은 사마리아인들을 거두어들였으며, 그 아버지는 온 집안 식구들을 거두었다. 당신은 추수 때에 분주한가?

● 요한복음 5장

사역(Works, 1-21절). 하나님 아버지는 두 죄인을 돕기 위해 안식일을 '범하셨다'(창 3:8 이하). 그리고 예수님은 그 본보기를 따르셨다. 자연 세계에서 하나님은 병을 고치시고, 식량을 증식시키시며, 물을 포도주로 바꾸시는 등의 일을 하신다. 하나님은 보통 그런 일들이 이루어지는 데 오랜 시간이 걸리게 하셨다. 그러나 우리 주님의 기적은 아버지가 하신 그 일들을 한순간에 행하신 것이다. 한순간에 이루어지건, 점진적으로 이루어지건 간에 그 일들은 모두 하나님이 행하시는 놀라운 일들이다.

진노(Wrath, 22, 24-30절). 지금, 예수님은 구원자시다. 그러나 미래에는 심판자가 되실 것이다(계 20:11-15). 죽음도 죄인을 그 심판에서 구해주지 못할 것이다. 왜냐하면 주님이 그들을 죽음에서 일으키실 것이기 때문이다. 예수 그리스도를 믿는 믿음 외에는 그 심판을 피할 수 있는 길이 없다(5:24).

예배(Worship, 23절). 하나님 아버지를 예배하면 아들도 예배해야 한다. 아들의 명예를 손상시키는 것은 아버지의 명예를 손상시키는 것이다. 하나님을 예배한다고 주장하면서 아들을 무시하는 사람들은 하나님을 예배하는 것이 아니다! 그들은 그저 자신들을 속이고 있는 것뿐이다.

증거(Witness, 31-47절). 세례 요한(31-35절)과 기적들(36절)과 아버지(37절, 막 1:11)와 성경(38-39절) 등 수많은 증거들이 예수님이 하나님의 아들이시라는 사실을 입증해주고 있는데 어떻게 그 사실을 부인할 수 있는 것인가? 예수님을 믿을 때 사람들은 그들 속에 증거를 갖게 된다(39-47절, 요일 5:9-13).

○ 요한복음 6장

제자들은 예수님을 따르는 큰 무리들 때문에 세 가지 난관에 부딪혔다.

큰 무리를 먹임(Feeding the multitude, 1-14절). 빌립은 돈이 있어야 한다고 생각했고, 안드레는 도시락을 들고 있는 소년에게서 해답을 찾았다. 해결할 수 없을 것처럼 보이는 문제에 직면하게 될 때 6절의 약속을 주장하고, 가진 것을 예수님께 드리라. 그리고 예수님이 하라고 말씀하시는 대로 행하라.

큰 무리를 떠남(Leaving the multitude, 15-21절). 이 사건은 예수님의 인기가 절정에 올랐을 때 일어났다. 제자들은(특히 유다는) 권세를 환영할 것이다. 그래서 예수님은 그들을 폭풍우 속으로 내보내셨다. 인기를 누리던 그들이 위험에 빠지게 되었다. 그러나 그들은 큰 무리와 함께 있을 때보다 폭풍우 속에 있을 때 더 안전했다. 그리고 예수님이 오셔서 그들의 필요를 채워주셨다(사 43:2). 예수님께 동의할 수 없을 때에도 예수님의 뜻에 순종할 수 있겠는가?

큰 무리를 잃음(Losing the multitude, 22-71절). 사람들은 주님이 그들의 영적인 필요가 아니리 물질적인 필요들을 채워주시기를 기대했다. 만나(출 16장)는 유대인들에게만 내렸고, 그들의 육체적인 생명을 유지해주었다. 그러니 예수님은 온 세상을 위해 오셨고, 영원한 생명을 주신다. 음식을 몸 속에 받아들이듯이 그리스도를 삶 속에 받아들이라. 그러면 주님과 연합하게 될 것이다. 제자들은 무리들과 함께 떠날 수도 있었을 것이다. 그러나 그들은 예수님과 함께 머물렀다.

요한복음 7장

세상이 생각하는 방식(How the world thinks, 1-9절). 아버지의 뜻을 행하고 계셨기 때문에 예수님은 하나님의 일정표에 따라 사셨다(30, 2:4, 8:20, 13:1). 그리고 우리도 그렇게 해야 한다(시 31:14-15). 세상은 하나님의 뜻을 이해하지 못한다. 그리고 하나님의 뜻에 상반되는 조언들을 할 것이다. 하나님의 일정표에 따라 살아가라. 그러면 언제나 하나님의 도우심을 받게 될 것이다.

세상이 결정하는 방식(How the world decides, 10-36절). 이 구절은 사람들의 혼란과 불신을 보여준다. 어떤 사람들은 예수님이 행하시는 기적 때문에 예수님 편에 섰다. 그러나 다른 사람들은 예수님이 안식일 규정을 어기셨기 때문에 예수님에게 이의를 제기했다. 또 어떤 사람들은 지도자들이 어떻게 하는지를 보기 위해 기다렸는데(26절), 그들의 지도자들은 예수님을 죽이고 싶어했다. 그들은 외관을 보고 판단했고(24절), 그 결과 길을 잃게 되었다.

세상이 필요로 하는 것(What the world needs, 37-53절). 초막절 기간 중에 성전에 물을 붓는 의식이 행해졌다. 그것은 광야에서 하나님이 이스라엘에게 물을 주셨던 일을 기념하는 것이었다. 마실 물은 그리스도를 믿는 사람들에게 주시는 성령을 보여준다. 세상은 목마르다. 그리고 그리스도께 나아옴으로써만 그 갈증을 해소할 수 있다.

✦ 생명 ✦

생명은 요한복음의 핵심 주제다. 그는 생명이라는 단어를 거의 50번 가량 사용했다. 예수님은 생명이시고(14:6), 생명의 빛이시며(1:4, 8:12), 생명의 떡이시다(6:48). 그리고 예수님은 생수를 주신다(7:37-39). 예수님은 우리가 생명을 얻을 수 있도록 자신의 생명을 버리셨다(10:14-18, 27-30).

요한복음 8장

유죄 판결(Condemnation, 1-11절). 그 여인은 죄를 범했다. 그러나 그 남자는 어디로 간 것인가? 율법에 의하면 두 사람 다 죽어야 했다(레 20:10). 그들의 요구는 함정이었고, 예수님은 그것을 알고 계셨다. 예수님은 결국 함정을 판 사람들이 함정에 빠지게 만드셨다. 예수님은 자신이 율법을 쓰신 분이라는 사실을 상기시켜주기 위해 땅에 글을 쓰셨던 것인가(출 31:18)? 아니면 그들에게 예레미야 17장 13절을 상기시켜주기 위해 그렇게 하셨던 것인가(눅 10:20 참조)? 성경은 "이제 그리스도 예수 안에 있는 자에게는 결코 정죄함이 없나니"(롬 8:1)라고 말하고 있다. 이제 우리에게는 그 놀라운 확신이 있다.

빛(Illumination, 12-29절). 종교 지도자들은 자신들이 어디를 향해 가고 있는지, 또 예수님이 어디를 향해 가고 계시는지 전혀 모르고 있었다. 그것은 그들이 영적인 어둠 속에 있었기 때문이었다. 그들에게는 율법이라는 빛(5절, 잠 6:23)과 양심이라는 빛(9절)이 있었다. 그러나 생명의 빛은 없었다. 따라서 그들은 아버지를 몰랐을 뿐 아니라, 예수님의 가르침을 이해하지도 못했다.

자유(Liberation, 30-59절). 백성들은 로마의 지배를 받고 있었고, 모세 율법에 얽매여 있었다. 그러나 그들은 자유롭다고 말했다! 35절에서 예수님은 아마도 이삭과 이스마엘을 언급하셨을 것이다(창 21:8-21). 왜냐하면 유대인들이 아브라함을 언급했기 때문이었다(33절). 아들이 우리를 자유케 하신다(36절). 그러므로 그분을 신뢰하고 따르라. 그분의 진리가 우리를 자유케 하신다(32절). 그러므로 그 진리를 공부하고, 믿고, 그 진리에 순종하라. 사탄은 자유처럼 보이는 굴종을 강요한다(벧후 2:19). 그러나 예수님은 우리를 자유롭게 하는 멍에를 지게 하신나(마 11:28-30).

◆ 누구의 자녀인가? ◆

예수님이 세리들과 죄인들을 '마귀의 자식'이라 부르신 기록은 그 어디에도 없다. 예수님은 외식하는 바리새인들에게 그 호칭을 사용하셨다. 우리는 모두 '진노의 자식들'이다. 그리고 우리는 우리의 선택으로 '불순종의 자식들'이 되었다(엡 2:1-3). 예수 그리스도를 영접할 때 우리는 하나님의 자녀가 된다(요 1:12-13). 그러나 그리스도를 거부하고 잘못된 의를 주장한다면(롬 9:30-10:13) '마귀의 자녀'가 될 위험에 처하게 되는 것이다. 왜냐하면 사탄은 모방하는 자이기 때문이다(고후 11:13-15). 사탄이 아버지가 된다면 지옥에서 살게 될 것이다.

요한복음 9장

짜증(Irritation, 1-12절). 그 사람의 눈에 진흙을 바르신 예수님은 그에게 순종할 것을 요구하시고 안식일에 가서 씻게 하셨다. 때때로 예수님은 우리를 깨우치시기 전에 먼저 우리를 짜증스럽게 만드신다. 예수님은 기적을 행하시는 데 흙이나 물과 같은 평범한 것들을 사용하실 수 있을 만큼 놀라운 능력을 지니셨다. 그 사람은 들을 수는 있었지만 볼 수는 없었다. 그리고 주님의 말씀이 믿음을 낳았다(롬 10:17).

질문(Interrogation, 13-34절). 이웃 사람들(10절)과 바리새인들(15, 19, 26절)이 그에게 질문했다. 바리새인들은 진리와 진리를 통해 얻을 수 있는 자유(8:32)를 추구하는 대신, 진리를 부인하고 결국 속박에서 벗어나지 못했다. 순종하려는 의지를 가지고 진지하게 질문한다면 주님은 우리를 진리로 인도하실 것이다 (7:17). 하나님 앞에서 정직하지 않다면 하나님은 결코 우리에게 하나님의 빛을 보여주지 않으실 것이다.

확인(Identification, 35-41절). 바리새인들은 그 사람을 내쫓은 거짓 목자들이었다. 그러나 예수님은 그를 받아들이신 참 목자이셨다. 그 사람은 예수님이 '예수라 하는 그 사람'(11절)이라는 것과 '선지자'(17절)라는 것과 '하나님께로부터 온'(33절) 사람이라는 것을 알게 되었다. 그러나 그는 그분이 '하나님의 아들'(35절)이신 것을 알아야 할 필요가 있었다. 그는 믿고 구원을 받았다. 참된 구원을 가로막는 영적 경험들을 경계하고 조심하라.

● 요한복음 10장

하나님의 백성들은 하나님의 양 떼다(시 100:3, 행 20:28). 그리고 그들은 타인(5절)과 도적(1, 10절)과 삯군(12절)이 누구인지를 알고 있어야 한다. 예수님은 자기의 양 떼를 알고(14-15절) 그들에게 말씀하시는(27절) 참 목자이시다. 그러므로 타인과는 다르다. 예수님은 양 떼를 보호하신다(28-29절). 그러므로 도적과도 다르다. 또 예수님은 양을 위해 목숨을 바치신다. 그러므로 위험이 닥칠 때 도망치는 삯군과도 다르다(11-13절).

선한 목자를 믿을 때 그분은 우리를 잘못된 무리에서 올바른 무리로 인도해가신다(3-4, 16절). 예수님이 우리 앞에 가시며 말씀으로 우리를 인도하시고(4절), 영의 양식을 찾을 수 있는 곳으로 우리를 이끄신다(9절).

많은 교회들이 있다. 그러나 '한 무리와 한 목자'(16절)가 있을 뿐이다. 당신은 '다른 양들'을 주님께 인도하기 위해 주님이 사용하시는 사람인가?

◆ 선한 목자의 무리 ◆

주님은 왜 주님의 사람들을 양 떼에 비유하신 것인가? 양들은 길을 잃기 쉽다(사 53:6). 그래서 그들을 인도하는 목자가 필요하다. 양은 깨끗한 동물이다(벧전 2:25, 벧후 2:20-22). 그리고 제사에 사용되었다(롬 8:36, 12:1). 그들은 함께 무리를 이루고(행 4:32), 젖과 고기와 털을 제공해주기 때문에 유용한 동물이다. 선한 목자는 자신의 양을 즉시 알아보고 양들의 이름을 부른다. 그리고 그들을 보호하고 그들에게 필요한 것들을 공급해준다(시 23편). 그분의 양이 된다는 것은 더할 나위 없이 좋은 일이다!

● 요한복음 11장

그 일은 베다니 가족에게 힘든 일이었다. 그러나 하나님의 사랑이라는 빛에 비추어 그 일을 바라보라(3, 5, 36절).

사랑은 듣는다(Love hears, 1-3절). 두 자매는 예수님께 소식을 전했다. 왜냐하면 그들은 주님이 그들을 배려하고 돌보는 분이신 것을 알고 있었기 때문이었다. 우리를 사랑하시는 하나님은 우리의 부르짖음을 들으시려고 그 귀를 열어 놓으신다(시 34:12-16).

사랑은 기다린다(Love waits, 4-6절). 사랑은 즉시 행동해야 한다고 우리는 생각한다. 그러나 때때로 지체하는 것이 더 큰 복이 될 수 있다. "하나님이 지체하시는 것은 거절이 아니다." 예수님은 그들이 기다리는 동안 그들을 격려해주시기 위해 한 가지 약속을 해주셨다(4절). 그 약속은 이루어질 것처럼 보이지 않았다. 그러나 예수님은 자신이 하시는 일을 정확히 알고 계신다.

사랑은 위험을 감수한다(Love risks, 7-16절). 예수님이 유대로 다시 돌아가시는 것은 위험한 일이었다. 그러나 예수님은 개의치 않으셨다. 나사로를 살리신 것은 죽음으로 나아가시는 예수님의 계획을 진전시키는 데 도움이 되었다(45-57절).

사랑은 위로한다(Love comforts, 17-32절). 예수님은 자매에게 오셔서 그들의 말에 귀를 기울이시고, 말씀으로 확신을 심어주셨다. 예수님은 우리가 "주께서… 하셨더라면"(21, 32절)이라고 이의를 제기하는 수준에서 "주여… 내가 믿나이다"(27절)라고 고백하는 수준으로 나아갈 때까지는 우리를 도와주실 수 없다.

사랑은 함께 운다(Love weeps, 33-37절). 예수님은 우리와 함께 슬퍼하신다(히 4:15-16). 예수님은 죽은 나사로를 살리실 것이다. 그러나 그럼에도 그 자매와 그들의 친구들과 함께 우셨다.

사랑은 섬긴다(Love serves, 38-44절). 오늘날 우리는 죽은 사람을 살릴 수 없다. 그러나 사람들이 골짜기를 지날 때 그들을 섬길 수는 있다(롬 12:15). 사랑하는 마음은 다른 사람들의 짐을 나누어질 수 있는 방법을 언제나 찾아낼 것이다(갈 6:2).

"하나님이 매주 죽은 사람들을 살리시는 일을 하신다면 그것을 보기 위해 교회를 찾아오는 사람들이 끊이지 않을 것이다. 그렇게 되면 빈 교회를 찾아볼 수 없게 될 것이다. 빈 예배당을 어떻게 채워야 하는지 알고 싶은가? 그 대답은 바로 이것이다. 나사로와 같은 사람들이 있게 하라."

사무엘 채드윅(Samuel Chadwick, 감리교 설교자이자 교육자, 1860-1932)

○ 요한복음 12장

향기(Fragrance, 1-11절). 당신은 이 땅에서 살 수 있는 날이 6일밖에 남지 않았다는 사실을 알게 된다면 무엇을 하고 싶은가? 예수님은 사랑하는 친구들을 방문해 그들과 교제하는 시간을 가지셨다. 마리아의 행동은 예수님을 향한 그녀의 사랑을 보여주는 것이었을 뿐 아니라, 예수님의 마음을 기쁘시게 하며, 유다의 죄를 드러내고, 교회가 따라야 할 본보기를 보여주는 것이었다. 당신 때문에 그리스도의 향기로 가득 차게 되는 곳이 있는가(고후 2:15-16)?

절기(Festival, 12-19절). 예수님은 자신을 왕으로 드러내시기 위해(슥 9:9) 사람들이 많이 모이는 유월절 절기를 활용하셨다. 예수님은 유대인 지도자들을 가만히 있을 수 없게 만드셨다. 왜냐하면 예수님이 유월절에 돌아가시는 것이 하나님이 뜻이었기 때문이었다. 무리들은 예수님과 함께 머물지 않았다. 십자가 옆에 서 있는 것보다 외치는 사람들의 자리에 서 있기가 훨씬 더 쉽다.

열매맺음(Fruitfulness, 20 36절). 예수님은 자신의 죽음을 하나님을 영화롭게 할 수 있는 기회로 보셨다(23, 28절). 우리도 고난 앞에서 그와 같은 자세를 취하는가? 예수님은 자신을 죽여서 많은 열매를 맺는 씨앗으로 보셨고, 사탄을 물리치는 정복자로 보셨다(31절, 골 2:14-15). 십자가는 유대인과 이방인 모두를 위한 구원의 길을 열어줄 것이다(32절).

믿음 없음(Faithlessness, 37-50절). 예수님은 말씀과 사역을 통해 이스라엘에 빛을 보여주셨다. 그러나 그들은 어둠 속에서 거하기로 선택했다. 그들에게는 사람들의 칭찬이 하나님의 칭찬보다 더 중요했다(5:44). 주님의 말씀을 가지고 어떻게 할 것인지 신중해야 한다. 왜냐하면 구세주를 만나는 날 그 말씀을 다시 듣게 될 것이기 때문이다(48절).

○ 요한복음 13장

예수님이 아셨던 것(What Jesus knew, 1-11절). 예수님은 그분이 알고 계셨던 것 때문에 제자들의 발을 씻기셨다. 예수님은 자신이 어디에서 와서 어디로 가고 있는지를 알고 계셨다. 그리고 아버지가 모든 것을 다 주셨다는 사실도 알고 계셨다(3:35). 만일 우리가 만물을 다 가지고 있다면(고전 3:21-23), 수건을 두르는 데 아무 문제가 없을 것이다. 예수님은 제자들에게 교제에 대해 그리고 주님 앞에서 그들 자신을 깨끗이 할 것에 대해 교훈하셨다(요일 1:5-2:1).

제자들이 알았던 것(What the disciples knew, 12-20절). 예수님은 제자들에게 두 번째 교훈을 말씀하셨다. 그것은 참된 기쁨은 겸손한 섬김을 통해 온다는 것이었다. 예수님은 그들에게 오늘날 우리가 따라야 할 본보기를 보여주셨다(빌 2:1-11). 그런데 슬프게도, 그 교훈을 들은 직후 제자들은 누가 가장 큰 자인지를 놓고 서로 다투었다(눅 22:24-30).

◆ 성령 ◆

성령은 우리에게 주신 하나님 아버지의 선물로서, 결코 다시 거두어가지 않으실 것이다(요 14:16). 성령은 아버지 하나님과 아들처럼 인격체이시며, 하나님이시다. 그리고 하나님의 백성들 안에 거하신다(14:17). 성령은 우리에게 그리스도를 증거할 수 있게 하시고(15:26-27, 행 1:8), 우리의 증거를 통해 잃어버린 사람들의 죄를 깨닫게 하신다(16:7-11). 또 우리에게 하나님의 말씀을 가르치시고(14:26), 그리스도를 영화롭게 하기 위해 우리의 삶 속에서 그 말씀을 사용하신다(16:12-15).

유다가 알았던 것(What Judas knew, 21-30절). 예수님은 유다의 비밀을 폭로하지 않으셨다. 예수님은 그를 다른 제자들과 똑같이 대하셨고, 제자들은 아무것도 감지하지 못했다. 자신을 배신할 사람을 보호하셨을 뿐 아니라, 그의 발까지 씻겨주셨던 예수님의 사랑은 얼마나 놀라운 사랑인가! 수건을 두르신 예수님은 겸손을 보여주는 완벽한 본보기다. 반면에 빵을 들고 있는 유다는 가식과 배신을 보여주는 완벽한 그림이다.

세상이 알아야 하는 것(What the world must know, 31-38절). 서로 사랑하는 것이 참된 제자들의 가장 두드러진 특징이다(요일 2:7-11). 그리고 세상이 볼 수 있는 것도 바로 그런 사랑이다. 예수님은 우리에게 서로 사랑하라고 명하셨고, 그 명령에 순종할 수 있는 힘을 우리에게 주신다(롬 5:5).

○ 요한복음 14장

제자들이 근심한 것은 당연한 일이었다(1, 27절). 예수님이 그들을 떠나실 것이다. 그들 중 한 사람이 예수님을 배신할 것이다. 베드로는 예수님을 부인할 것이다. 예수님은 그런 그들에게 자신과 아버지에 대해 말씀하시며 그들을 격려하셨다.

예수님은 우리를 아버지께로 데려가신다(Jesus takes us to the father, 1-6절). 우리가 이 세상을 떠날 때 우리는 천국에 있는 집으로 가게 될 것이다. 그리고 예수님과 하나님을 만날 것이다. 제임스 M. 그레이(James M. Gray)는 "집으로 가는 길이라면 누가 그 여행길을 마다하겠는가?"라고 말했다. 얼마나 복된 확신인가!

예수님은 아버지를 보여주신다(Jesus reveals the Father, 7-11절). 이 땅에서 사셨던 동안 예수님이 하신 말씀(7:16)과 하신 일들(5:19) 속에서 예수님은 하나님을 보여주셨다. "나와 아버지는 하나이니라"(10:30). 예수님과 같으신 하나님을 어떻게 사랑하지 않을 수 있겠는가?

예수님은 아버지를 영화롭게 하신다(Jesus glorifies the Father, 12-18절). 예수님은 하나님의 사람들이 하나님의 일을 하고, 하나님의 계명을 지키는 동안 그들을 통해 하나님을 영화롭게 하신다. 성령과 기도의 능력 없이 우리는 결코 하나님을 영화롭게 할 수 없다.

예수님과 아버지는 우리 안에 거하신다(Jesus and the Father dwell with us, 19-31절). 우리가 천국에 가는 것과 천국이 우리에게 오는 것은 별개의 문제다. 하나님을 사랑하고, 하나님을 추구하며, 하나님께 순종하는 사람들은 아들과 그리고 아버지와 깊은 교제를 나눈다. 우리는 사랑 안에서 하나님과 아들과 함께 교제하면서 하나님의 평안을 경험한다.

예수님은 아버지께 이르는 길이다. 예수님은 아버지에 관한 진리를 드러내시고, 아버지의 생명을 우리에게 주신다. 그런데 우리가 왜 근심해야 하는가?

○ 요한복음 15장

주님의 생명(His life, 1-8절). 가지의 중요한 역할은 열매를 맺는 것이다. 가지 그 자체는 약할 수도 있지만, 나무와 생명을 나누며 열매를 맺을 수 있다. 그리스도 안에 거한다는 것은 그리스도와 교제하고, 우리의 삶을 통해 주님을 기쁘시게 하는 것을 말한다. 우리는 아버지가 우리를 다듬으시며, 가장 좋은 열매를 맺을 수 있도록 가지치기를 하실 때 우리가 주님 안에 거하고 있다는 사실을 알 수 있다. 우리는 열매로, 많은 열매로, 아주 많은 열매로 하나님을 영화롭게 한다.

주님의 사랑(His love, 9-17절). 거하는 것은 순종에 달려 있고, 순종은 사랑에 달려 있다. 사랑과 기쁨은 동반되며, 이 때문에 우리는 하나님의 뜻에 기꺼이 순종할 수 있다. 우리는 주님을 사랑하고, 주님의 뜻을 사랑하며, 서로를 사랑해야 한다. 사랑(10절)과 기쁨(11절)과 평안(14:27)이 '성령의 열매'(갈 5:22)라는 것에 주목하라.

주님의 이름(His name, 18-27절). 우리는 그리스도의 사랑과 형제의 사랑을 누리고 있다. 그러나 또 우리는 주님의 이름을 위해 세상의 미움을 감수해야 한다. 우리가 그리스도를 닮으면 닮을수록 세상은 우리를 적대시할 것이다. 성령의 능력을 의지하라. 그러면 열매맺는 신실한 그리스도인이 될 것이다(26-27절).

◎ 요한복음 16장

세상의 반대(The world's opposition, 1-15절). 주님은 제자들에게 세상이 그들을 적대시할 것이라고 경고하셨다. 종교적인 사람들에게 핍박을 받게 될 때 놀라지 말라(2절). 왜냐하면 가인이 아벨을 죽인 이후 늘 그래왔기 때문이다(창 4장, 눅 11:47-51). 성령은 우리가 세상에 증인이 되고, 그리스도를 세상 앞에서 영화롭게 할 수 있도록 우리를 도와주신다(행 4:8 이하). 그러므로 그분을 의지하라.

세상의 기쁨(The world's joy, 16-24절). 예수님이 십자가에 달려 돌아가시고 장사되셨을 때 세상은 기뻐했다. 왜냐하면 그들의 적이 제거되었기 때문이었다. 그러나 지금 예수님은 살아 계신다. 그래서 우리에게는 기뻐해야 할 충분한 이유가 있다! 주님은 우리의 슬픔을 기쁨으로 대체하지 않으신다. 대신 우리의 슬픔을 기쁨으로 바꾸어주신다. 아기가 비록 어머니에게 고통을 주기도 하지만 또한 기쁨을 준다. 세상의 기쁨은 일시적인 것이다. 그러나 믿는 자의 기쁨은 영원하다(시 16:11).

세상의 패배(The world's defeat, 25-33절). 몇 시간 동안 제자들에게는 세상이 산산조각 난 것처럼 보였을 것이다. 그러나 예수님은 그들에게 예수님만이 승리자시라는 사실을 확신시켜주셨다. "내가 세상을 이기었노라"고 말씀하신 것은 약속이 아니라 사실이었다. 그리고 그 사실은 오늘 우리에게도 적용된다. 우리는 예수님을 통해 세상을 이긴다(요일 5:1-5).

◎ 요한복음 17장

이 대제사장으로서의 기도에서 예수님은 자신을 위해(1-5절), 제자들을 위해(6-19절) 그리고 모든 주님의 교회를 위해(20-26절) 기도하셨다.

이 기도는 우리 주님의 영적 우선순위를 보여준다. 예수님은 아버지의 영광(1

절)과 교회의 연합(21-23절)과 교회의 성결(17절)과 잃어버린 사람들의 구원(18-19절)을 중요하게 생각하셨다. 당신의 삶에서도 이런 것들이 중요한 우선순위가 되고 있는가?

이 기도는 또 주님이 자신의 사람들에게 주신 선물들, 곧 영생(2-3절)과 말씀(8, 14절)과 주님의 영광(22절)을 보여준다. 그러나 예수님이 아버지가 우리에게 주신 선물이신 것처럼(3:16), 신자들은 아버지가 아들에게 주신 선물이라는 사실(2, 6, 9, 11-12절)에 주목하라. 놀라운 하나님의 은혜일 뿐이다.

세상이라는 단어가 이 장에서 19번 나오는데(NKJV의 경우) 그 이유는 이 기도가 '어떻게 세상을 이겨야 하는지를'(16:33) 우리에게 말해주고 있기 때문이다. 우리는 하나님의 영광을 먼저 구하고(1-5절), 주님의 기쁨을 경험하며(13절), 하나님의 말씀으로 거룩해지고(17절), 잃어버린 사람들을 찾아야 하며(18-19절), 하나님의 백성들의 연합을 격려해야 한다(20-23절).

◆ 가룟 유다 ◆

유다는 열두 제자 중 한 사람이었지만 구원받지 못했다. 그는 예수님을 믿지 않았다(6:66-71). 따라서 그는 죄 씻음을 받지 못했다(13:11). 그는 그리스도께 택함을 받지 못했고(13:18), 따라서 보존받지도 못했다(17:12). 유다는 천국에 그렇게 가까이 있으면서도 구원받지 못한 사람이 될 수 있음을 보여주는 무서운 실례다.

영광이라는 단어 역시 이 장의 핵심 단어다. 그리스도는 세상에 오시기 위해 영광을 내려놓으셨고(5 하반절), 이 땅에서 하나님을 영광스럽게 하셨으며(4절), 하늘로 돌아가시며 영광을 받으셨다(5 상반절). 그리스도는 그분의 교회 안에서 영광을 받으시고(10절), 그리스도의 영광을 교회와 공유하신다(22, 24절). 우리는 이미 영광을 받았고, 그 영광이 온전히 드러나게 되기를 기다리고 있다(롬 8:18-21, 30).

스코틀랜드의 개혁자 존 녹스(John Knox)는 임종을 앞둔 병상에서 매일 이

기도를 읽었다. 우리 또한 지금부터 이 기도를 읽고 묵상함으로써 유익을 얻을 수 있다. 너무나 소중한 진리의 보고다!

◦ 요한복음 18장

유다는 숫자의 힘을 의지했고, 베드로는 자기 팔의 힘을 의지했으며, 안나스와 가야바는 지위의 힘을 의지했다. 그러나 예수님은 아버지를 향한 사랑과 헌신의 힘을 의지하셨다. 손에는 칼이 아니라 잔을 드셨지만, 그 잔은 예수님의 홀이었다. 예수님이 온전히 다스리셨다.

반면에 베드로는 복종했어야 할 때 싸웠고, 달아나야 했을 때 따라갔다. 복종하고 달아나는 것은 패배처럼 보일 수도 있다. 그러나 그것이 아버지의 뜻이었고, 베드로는 그 뜻을 따라야 했다. 예수님이 대제사장에게 자신을 변론하시는 동안 베드로는 주님을 부인했다. 예수님과 베드로 중 누가 성공적인 증인이었는가?

로마 총독으로서 빌라도는 다른 나라의 위협을 염려했다. 36절은 베드로의 본을 따르고 있는 신자들을 향한 책망이 분명하다. 오순절에 베드로는 성령의 검을 휘두르며 승리를 거두었다.

◦ 요한복음 19장

면류관(The crown, 1–16절). 예수님과 빌라도는 나라에 대해 이야기했다. 따라서 왕에게 면류관을 쓰게 하는 것은 당연한 일이었다. 그러나 그것은 조롱하기 위한 것이었다. 그리고 거기에는 메시지가 있었다. 왜냐하면 예수님이 아담의 죄로 인한 결과를 가시 면류관으로 쓰셨기 때문이었다(창 3:17-19). 그러나 그 면류관은 승리의 상징이었다. 예수님은 세상을 이기셨다!

십자가(The cross, 17–27절). 예수님이 십자가를 지고 가기 시작하셨다. 그러나 시몬이 예수님을 위해 십자가를 지도록 선발되었다(막 15:21). 우리는 왜 그 일이 일어났는지 알 수 없다. 그러나 전승에 의하면 예수님이 넘어지셨고, 십자가를 지고 가실 수 없었다고 한다. 예수님이 겪으신 모든 고초를 생각해볼 때 믿기 어려운 말은 아니다. 범죄자는 죄를 범한 표시로 십자가를 지고 갔다. 그런데 예수님은 죄를 범하지 않으셨다!

정복(The conquest, 28-42절). "다 이루었다." 정복자의 외침이었다. 예수님은 구약의 제사로 이룰 수 없었던 모든 일을 다 이루셨다(히 10:1-18). 선지자들과 모형들은 다 성취되었고, 죄 사함을 위한 제사도 단번에 영원히 이루어졌다. 요셉과 니고데모가 무덤에 매장한 예수님은 순교자가 아니라 승리자였다.

◆ 마지막 상환 ◆

"다 이루었다"라고 번역된 헬라어 단어는 그 당시 일반적으로 사용되던 단어다. 부채를 마지막으로 다 상환하게 되면 은행원이 그 단어를 사용했다. 예수님이 우리가 지고 있던 부채를 다 갚으셨다. 그리고 그 부채는 더 이상 우리에게 영원히 기억되지 않을 것이다. 할렐루야, 너무나 놀라운 구세주이시다!

● 요한복음 20장

혼란(Confusion, 1-10절). 마리아는 속단했고, 그 때문에 베드로와 요한은 달려갔다. 그들은 급히 달렸지만 할 말도 없었고, 아무것도 이루지 못했다. 그들은 부활의 증거를 보았다. 그러나 그것이 그들의 삶을 변화시키지는 못했다. 그들은 살아 계신 그리스도를 만나야 할 필요가 있었다.

사랑(Love, 11-18절). 불신은 우리 눈을 멀게 해 주님을 보지 못하게 만든다. 주님이 우리에게 말씀하실 때 믿음과 사랑이 다시 불타게 된다. 마리아가 살아 계신 주님을 만났을 때 그녀는 슬퍼하던 사람에서 선교사로 바뀌었다.

평안(Peace, 19-23절). 잠긴 문은 우리에게 평안을 주지 못할 것이다. 또 사랑의 주님을 들어오시지 못하게 할 것이다. 주님은 십자가에서 행하신 주님의 희생이 토대가 된 평안의 메시지를 가지고 오신다(20절, 롬 5:1).

믿음(Faith, 24-31절). 주님은 우리의 의심과 불신을 친절하게 다루신다. 오늘날 우리가 주님을 보거나 주님의 상처를 만질 수는 없다. 그러나 우리에게는 확신을 주시는 하나님의 말씀이 있다(9, 30-31절). 믿음이 흔들릴 때 표적을 구하지 말라. 하나님의 말씀을 펴고 주님께로부터 확신을 받으라.

요한복음 21장

방문자 예수님(Jesus the Stranger, 1-4절). 베드로는 옛 생활로 돌아가면서 여섯 사람을 함께 데려갔다. 그러나 그들이 하는 일에는 별 성과가 없었다(15:5). 주님이 그들과 함께 계시지 않았기 때문이었다. 우리가 주님께 불순종하고 실패했음에도 우리를 찾아오시는 주님께로부터 확신을 받으라.

통치하시는 예수님(Jesus the Master, 5-8절). 예수님이 일을 맡으시면 실패도 성공으로 바뀐다. 우리가 얼마나 승리에 가까이 다가서 있는지 우리는 결코 알 수 없다. 그러므로 실패를 인정하고 주님이 지시하시는 대로 순종하라. 주님은 결코 실패하지 않으신다.

대접하시는 예수님(Jesus the Host, 9-14절). 그물을 끌어올리는 데 여섯 사람이 매달려야 했다(8절). 그러나 주님이 명하셨을 때 베드로는 혼자 그 일을 해냈다(11절). 우리는 '하나님의 명령은 곧 하나님의 능력'이라는 사실을 언제나 기억해야 한다. 숯불은 베드로에게 주님을 부인했던 자신을 기억나게 해주었을 것이다(18:18 이하). 그리고 기적적으로 낚아올린 물고기는 주님이 그를 부르셨던 일을 상기시켜주었을 것이다(눅 5:1-11). 그의 죄를 다루시기 전에 베드로에게 조반을 먹게 하신 주님은 얼마나 친절한 분이신가!

목자이신 예수님(Jesus the Shepherd, 15-17절). 사역에서 가장 중요한 것은 그리스도를 사랑하는 것이다. 왜냐하면 모든 사역은 그 사랑으로부터 흘러나오기 때문이다. 어부 베드로는 양 떼와 어린양들을 돌보는 목자가 될 것이다.

주님이신 예수님(Jesus the Lord, 18-25절). 예수님은 "나를 따르라"고 말씀하심으로 베드로를 사도로 회복시키셨다. 그러나 베드로는 주위를 돌아보며 주님에게서 눈을 돌렸다(마 14:30). 그래서 예수님은 그를 책망하셔야 했다. 다른 누군가의 사역에 간섭하고 싶은 유혹을 받게 되면, "네게 무슨 상관이냐 너는 나를 따르라"(22절)고 하신 주님의 말씀을 기억하라.

베드로는 주님의 뒤를 따라 흥미진진한 사도행전 속으로 곧장 넘어갔다.

사도행전

Acts

'교회를 통한 성령의 행전'이라는 제목이 아마 더 적합할 것이다. 이 이야기는 하나님의 백성들이 복음을 온 세계에 전파하라고 하신 주님의 명령에 어떻게 순종했는지를 말해주고 있다. 누가는 그의 복음서와 한 벌로 이 책을 썼다(1:1-3, 눅 1:1-4). 그리고 예수님이 승천하신 후 계속된 그분의 사역과 가르침들을 묘사하고 있다.

베드로의 사역이 이 책 전반부의 대부분을 차지하고 있다(1-12장). 그런 다음 누가는 바울의 사역에 초점을 맞추고 있다(13-28장). 이 두 사람의 사역과 고난은 서로 비슷하다. 베드로는 믿음의 문을 유대인들(2장)과 사마리아인들(8장)과 이방인들(10장)에게 열어주기 위해 '열쇠'를 사용했고(마 16:19), 바울은 로마 제국에 있는 이방인들에게 복음을 전했다.

복음이 예루살렘으로부터(1-7장) 유다와 사마리아(8-9장)와 세상 끝까지(10-28장) 전파되었기 때문에 사도행전 1장 8절이 책 전체의 내용을 요약해주고 있다. 사도행전은 유대인들을 향한 사역에서 이방인들을 향한 사역으로 넘어가는 과정을 묘사하고 있으며, 복음이 어떻게 예루살렘에서 로마로 전해지게 되었는지를 설명해주고 있다.

이 책은 성령의 능력을 경험히고 예수 그리스도를 '땅 끝까지' (1:8) 전하고 싶어하는 모든 그리스도인들을 위한 것이다. 지금 있는 자리에서 시작하라. 그리고 복음이 온 세상에 전파되는 일에 당신이 어떤 역할을 담당해야 하는지를 하나님께 여쭈어보라. "주님, 제가 무엇을 하기 원하십니까?" (9:6)

○ 사도행전 1장

120명의 평범한 사람들로는 훌륭한 군대를 구성할 수 없을 것처럼 보였다. 그러나 며칠 후 그들은 오늘날까지도 느낄 수 있는 엄청난 영향을 세상에 미쳤다. 하나님이 그들에게 주셨던 자원들은 지금 우리도 사용할 수 있다.

살아 계신 주님(A living Lord, 1-3절). 교회의 머리이신 그리스도(엡 1:22, 4:15)가 그 몸에 생명을 공급해주시고, 그 백성들에게 능력을 주시며, 방향을 제시해주신다. 그리스도가 행하고 가르치기 시작하셨던 것을 교회는 그분의 인도하심을 받아 지속해나가고, 성령을 통하여 권능을 받는다.

성령의 능력(The power of the Spirit, 4-8절). 하나님의 뜻을 행하고 하나님의 증인이 되고자 하는 하나님의 사람들에게는 하나님의 능력이 함께한다. 성령의 능력을 받기 위해 반드시 사도가 되어야 하는 것은 아니다(엡 5:18).

재림에 대한 약속(The promise of His return, 9-11절). 그리스도는 이 세상에서 하나님의 목적을 행하시는 역사의 주인이시다. 교회는 때로 전투에서 패할 수도 있다. 그러나 결국 전쟁에서 승리하게 될 것이다!

◆ 하나님의 인도하심을 신뢰하라 ◆

하나님의 말씀을 신실하게 읽고, 공부하고, 묵상하고, 그 말씀에 순종한다면 결정을 내려야 할 때 하나님이 우리를 인도하실 것이다. 우리가 기도하며 하나님의 뜻을 구할 때 성령은 우리를 가르치시고(요 14:26, 16:13-14) 인도하신다. 성령은 무지가 아니라 진리를 사용하신다. 그러므로 우리가 사실들을 더 잘 알고 있으면 있을수록 더 좋다. 우리의 상식을 사용해야 한다. 그러나 그 상식을 의지하려 해서는 안 된다(잠 3:5-6). 왜냐하면 우리는 눈에 보이는 것이 아니라 믿음을 따라 살아가기 때문이다. 우리가 잘못된 길로 나간다면 주님이 우리에게 그것을 알려주실 것이다(행 16:6-10, 빌 3:15). 그러므로 두려워할 필요가 없다. 신자들이 함께 하나님의 마음을 추구하면서, 하나님의 말씀을 읽고 기도하는 것은 유익하다.

기도의 능력(The power of His prayer, 12-14, 24-26절). 우리가 기도하면서 하나님의 도우심을 구할 때 하나님은 자신의 능력을 우리와 공유하신다. 누가가 사도행전을 통해 기도를 강조하고 있음에 주목하라. 초대 교회는 기도하는 교회였다.

성경의 안내(The guidance of Scripture, 15-23절). 하나님의 말씀은 등불이고 빛이다(시 119:105). 그리고 우리는 그 말씀에 순종해야 한다. 하나님은 자신의 백성들이 기꺼이 따르고자 할 때 그들을 인도하신다.

○ 사도행전 2장

성령이 오신 것은 신자들이 기도했기 때문이 아니라, '교회의 탄생일'로 정해진 날인 오순절이 도래했기 때문이었다(레 23:15-21). 성령은 신자들이 한몸이 되는 세례를 베푸셨다(고전 12:13). 그래서 그들은 승천하신 그들의 머리와 연합되었다. 누가복음 2장은 주님의 육체적 탄생을 묘사하고 있고, 사도행전 2장은 주님의 영적 몸의 탄생을 묘사하고 있다.

성령은 또 신자들에게 충만히 임하시고 권능을 주셔서 증인이 될 수 있게 하신다. 베드로에게는 말씀에 대한 통찰력과 말씀 안에 계신 그리스도를 사람들에게 보여줄 수 있는 능력을 주셨다. 그리고 성령은 잃어버린 사람들에게 죄를 깨닫게 하기 위해 예수님이 말씀하셨던 것처럼 교회의 증인 됨을 사용하셨다(요 16:7-10).

◆ 방언의 은사 ◆

신자들은 함께 참석한 사람들이 이해할 수 있는 언어인 '방언'으로 하나님을 찬양했다(행 2:6-11). 사도들은 방언으로 하나님을 찬양하고 예배했다(11절). 그러나 설교할 때는 유대인들이 이해할 수 있는 아람어를 사용했다. 유대인에게서 이방인에게로 사역이 옮겨가는 동안 베드로는 유대인들(2:1-4)과 사마리아인들(8:14 이하)과 이방인들(10:44-48) 중에서 매번 방언의 은사를 사용했다. 모든 신자들이 다 방언을 하는 것은 아니다(고전 12:30). 그리고 방언의 은사가 가장 중요한 은사로 여겨지는 것도 아니다(고전 12:7-11).

교회 안에서도 동일한 성령이 신자들의 교제를 도우셨다(40-47절). 새로운 신자의 수가 원래 있던 신자 수보다 더 많아졌다. 그러나 교회 안에는 여전히 조화가 이루어졌다. 그들은 매일 예배를 드렸고, 매일 전도했다. 그리고 "주께서 구원받는 사람을 날마다 더하게"(47절) 하셨다. 매일 주님을 경험하고 있는가?

○ 사도행전 3장

우선순위(Priorities). 베드로와 요한이 각 개인을 위해 시간을 낼 수 없을 만큼 그렇게 많은 무리들에게 열중하고 있었던 것은 아니었다. 또 기도할 수 없을 만큼 사역에 분주한 것도 아니었다. 그들은 주 예수님의 본보기를 보고 배운 사람들이었다(막 1:35, 눅 8:40 이하).

능력(Power). 3-4장은 예수님의 이름(3:6, 13, 16, 20, 26, 4:2, 7, 10, 12, 17-18)을, 모든 이름 위에 뛰어난 그 이름(빌 2:9-11)을 강조하고 있다. 예수님의 이름을 믿는 믿음에서 삶을 변화시키는 능력이 나온다. 주님의 이름으로 기도하고 사역한다는 것은 그분의 권세를 요청하거나, 그것을 가지고 일한다는 것을 의미한다(마 28:18-20). 그러므로 그분 홀로 모든 영광을 받으셔야 한다.

선포(Proclamation). 오순절에 급하고 강한 바람 같은 소리가 사람들을 끌어당겼다(2:2, 6). 그러나 여기서는 변화된 삶이라는 증거가 사람들을 끌어모았다. 결국 베드로에게는 설교할 수 있는 기회가 주어졌고, 그 일로 2천 명이 회심했다. 개인에게 전도하라(7절). 그러면 하나님이 더 큰 추수를 거둘 수 있는 기회를 주실 것이다(요 4:28 이하).

"중요한 것은 개인적인 접촉이다. 예수님은 큰 무리를 사랑하시는 것이 아니라, 그 무리를 이루는 각 사람을 사랑하신다."

에이미 카마이클(Amy Carmichael)

사도행전 4장

오순절 설교에서 베드로는 성경을 통해 예수님이 살아 계시다는 사실을 입증했고, 또 구걸하던 사람의 변화된 삶을 통해 그 사실을 입증했다. 그 사람은 예수님의 이름의 능력으로 치유되었다. 사두개인들은 부활을 믿지 않았다(23:6-8). 그래서 그들은 사도들의 사역을 저지하려 했다. 그것이 그리스도인들을 향한 공식적인 핍박의 시초였다.

사람들이 복음을 전하지 못하게 할 때 당신은 어떻게 하는가? 사도들은 어떻게 했는가? 그들은 예수 그리스도의 말씀을 기억하고(마 10:16-26), 그들을 도우시는 성령을 의지했다. 더 나아가 그들은 그리스도를 향한 사랑으로 그리고 전해야 할 메시지로 충만했기 때문에 사람들에게 그리스도에 관해 이야기하는 것을 멈출 수 없었다!

그들은 만물을 지으시고 모든 것을 행하실 수 있는 전능하신 하나님께 기도했다(23-31절). 그들은 시편 2편을 기초로 간청했다. 시편 2편은 우리가 비난받을 때 힘을 주는 놀라운 말씀이다.

핍박하던 사람들로부터 풀려난다면 어디로 갈 것인가(23절)? 어려움을 당할 때는 누구에게로 향할 것인가?

사도행전 5장

거짓(Pretending, 1-11절). 바나바가 가져온 선물(4:36-37)은 마리아의 선물이 유다의 죄를 드러냈던 것처럼(요 12장) 아나니아와 삽비라의 죄를 드러냈다. 아나니아와 삽비라는 성령과 교회와 베드로에게 거짓말을 했고, 그 거짓말은 결국 그들의 목숨을 앗아갔다. 그들의 죄는 하나님의 돈을 취한 것이 아니라, 사실이 아닌 것을 사실처럼 가장한 것이었다.

순종(Obeying, 12-16절). 교회에서 죄를 다루는 일은 종종 교회에 새로운 힘을 부여해준다. 사람들이 함께하기를 두려워할 만큼 그렇게 영적인 교회를 상상할 수 있겠는가? 베드로의 그림자에조차 권세가 있었다!

"우리가 결정한다. 그리고 그 결정으로 인한 결과는 방향을 바꾸어 우리에게 영향을 미치게 된다."

F. W. 보햄(F. W. Boreham)

반대(Opposing, 17-32절). 사두개인들은 부활의 능력을 입증해주는 증거들을 허용할 수 없었기 때문에 사도들을 다시 잡아들여 조용히 할 것을 요구했다. "사람보다 하나님을 순종하는 것이 마땅하다"(29절)는 제자들의 주장은 하나님의 말씀 편에 서 있는 사람들이 취할 수 있은 유일한 입장이다.

망설임(Hesitating, 33-42절). 가말리엘은 중립을 취하라고 조언했다. 그것은 진리를 피하고 사탄을 들어오게 하는 것이다(마 12:30, 43-45). 그들이 본 모든 증거에 의하면 중립적인 자세를 취하는 것은 정직하지 못한 행동이었다. 우리 삶의 어느 영역에서건 - 과학, 요리, 재정 등 - 가말리엘의 조언을 따른다면 무기력해지고, 결국은 죽음에 이르게 될 것이다.

"우유부단한 것 외에는 그 어떤 것에도 일관성이 없는 사람보다 더 불쌍한 사람은 없다."

윌리엄 제임스(William James)

◉ 사도행전 6장

하나님의 뜻을 따를 때 어떤 도전이 우리에게 닥칠지 알 수 없다.

음식을 나누어줌(Serving tables, 1-7절). 그리스도를 닮은 종에게는 중요하지 않은 사역이 없다. 왜냐하면 예수님이 "나는 섬기는 자로 너희 중에 있노라"(눅 22:27)고 말씀하셨기 때문이다. 음식 나누어주는 일을 다른 사람들이 맡아 함으로써 사도들은 기도와 말씀에 전념할 수 있었다. 그리고 그 결과 회심하는 사람들이 늘어나게 되었다(7절). 성령으로 충만한 사람들은 그 어떤 일도 작은 일로 보지 않고, 그 어떤 지위도 높은 지위로 보지 않는다. 그들은 주님만을 바라보고 주님을 영화롭게 할 수 있는 기회만을 찾는다.

표적을 행함(Doing wonders, 8절). 음식을 나누어주는 일을 하다 기적을 행하는 일로 나아갔다! 스데반은 잃어버린 사람들을 찾아가 그들을 그리스도께로 인도했다. 작은 일에 충성한다면 주님이 큰 일도 맡기실 것이다(마 25:21).

적과 맞섬(Facing enemies, 9-15절). 믿지 않는 사람들은 산헤드린이 예수님을 대했던 것처럼 스데반을 대했다. 그들은 스데반을 잡아 날조된 죄를 뒤집어씌우고, 거짓 증인들을 고용했다. 스데반은 그리스도의 '고난에 참예하는' 경험을 했다(빌 3:10). 그리고 주님을 증거하다 핍박을 받게 될 때 우리도 같은 경험을 하게 될 것이다(마 5:11-12). 그들은 스데반이 모세를 거슬렀다고 말했다. 그러나 그의 얼굴은 모세의 얼굴이 빛났던 것처럼 빛났다(출 34장)!

◆ 전통 아니면 진리? ◆

그들은 스데반에게 이단이라는 비난을 가했다(행 6:13). 그러나 어제의 정설이 오늘의 이설이 되었고, 공회는 시대에 뒤떨어져 있었다! 율법은 도말되었고 십자가에 못 박혔다(골 2:14). 그리고 성전의 휘장은 둘로 찢어졌다. 수년 내에 성전과 도성도 사라지게 될 것이다. 그리고 호세아 3장 4절 말씀이 성취될 것이다. 당신은 사람이 만든 전통을 따르고 있는가? 아니면 하나님의 진리를 따르고 있는가?

"주님을 위해 위대한 일을 하고자 하는 사람들은 많다. 그러나 주님을 위해 기꺼이 작은 일이라도 하려는 사람들은 별로 없다."

D. L. 무디(D. L. Moody)

● 사도행전 7장

스데반이 전한 메시지의 요점은 이스라엘이 진리에 저항하면서 하나님이 그들에게 보내신 구원을 거부했다는 것이었다. 그들은 모세에게 반대하면서 거듭 애굽으로 돌아가고 싶어했다. 그들은 요셉을 버렸지만, 요셉은 나중에 그들의 구원자가 되었다! 그들은 또한 그들에게 경고하고, 하나님의 길로 되돌아오도록 부르기 위해 하나님이 보내신 선지자들을 거부했다. 그리고 마침내 메시아를 거부하고 그분을 십자가에 못 박았다.

이스라엘의 역사는 하나님의 인내와 인간의 완고한 마음을 보여준다. 그러나 또 희망의 광선도 보여준다. 이스라엘이 처음에는 그들의 구세주를 배척했지만, 나중에는 맞이하였다. 모세와 요셉을 맞이했고, 예수님이 재림하실 때 예수님도 맞이하게 될 것이다(슥 12:10).

스데반의 죽음은 이스라엘 역사에서 일어난 세 번째 살인이었고, 하나님이 이스라엘을 다루시는 전환점이 되었다. 그들은 세례 요한의 죽음을 허용함으로써 하나님 아버지를 거부했고, 예수님을 십자가에 매달 것을 요구함으로써 하나님의 아들을 거부했으며, 이제 성령을 거부했다. 더 이상의 용서는 없을 것이다(마 12:31-32). 한계를 넘어섰고, 복음은 유다와 사마리아로 퍼져갔다.

◆ 스데반 ◆

스데반이라는 이름은 '면류관'이라는 뜻이다. 그는 죽을 때까지 충성했기 때문에 생명의 면류관을 썼다(계 2:10).

● 사도행전 8장

스데반의 죽음은 교회의 패배처럼 보였다. 그러나 그 죽음은 주님을 위한 놀라운 승리가 되었다. 신자들은 어디를 가든지 복음을 전했고, 많은 사람들이 구세주를 믿었다(1-7절, 11:19). 스데반의 증거는 사울에게 깊은 인상을 주었고, 그가 회심하는 데 큰 역할을 했다(22:20). 원수가 이기는 것처럼 보인다고 해서 포기하지 말라. 그때가 가장 멋진 승리의 때가 될 수 있다.

> "나는 영혼들을 위해 그리고 영원을 위해 살아간다. 나는 사람들을 그리스도께 인도하고 싶다. 만일 당신이 이 일을 원하고, 이 일을 위해 산다면 영원이 그 결과를 말해줄 것이다."
>
> D. L. 무디(D. L. Moody)

스데반처럼 빌립 역시 집사였고 전도자였다. 하나님은 그를 사마리아로 보내서 유대인들을 적대시하던 사람들을 전도하게 하셨다(요 4:9). 베드로와 요한이 와서 성령의 세례를 줌으로써 사마리아 신자들과 예루살렘에 있는 성도들이 연결되었고, 오랫동안 지속되었던 단절이 회복되었다. 원수를 친구로 만들 수 있는 한 가지 방법은 그리스도 안에서 그와 형제자매가 되는 것이다.

하나님이 씨를 뿌리는 곳 어디에서나 사탄이 가라지를 뿌린다(마 13:24-30, 36-43). 베드로처럼 우리도 경계하고 분별력을 발휘해야 한다.

빌립은 한 사람과 이야기하기 위해 많은 수확물을 두고 떠났다. 그것이 참된 종의 표시다. 우리는 하나님이 보내시는 곳으로 가서 하나님이 말씀하시는 대로 행하고, 결과는 하나님께 맡겨야 한다.

● 사도행전 9장

사울의 회심은 교회 역사의 한 전환점이 되었고, 그의 삶을 변화시키기 위해 하나님이 몇몇 사람들을 사용하셨다. 우리는 바울을 기억한다. 그러나 그를 도왔던 사람들에 대해서는 쉽게 잊어버린다.

스데반의 증거는 사울이 핍박했던 사람들의 기도와 증거처럼(마 5:44) 중요한 것이었다(22:20). 아나니아가 세례를 주고 그를 격려했다. 그리고 다메섹에 있던 제자들이 그의 목숨을 구해주었다. 예루살렘 교회가 사울을 받아들이기를 두려워했을 때 바나바('위로의 아들')가 다리 역할을 했다. 바나바는 나중에 안디옥 교회에서 바울이 섬길 수 있도록 그들의 지지를 얻어냈다(11:25-26). 그리고 이방인들에게 복음을 전하러 간 전도 여행에 바울과 동행했다(13:1-3).

우리는 사울처럼 확연히 드러나는 사역에 부름받지는 않을 것이다. 그러나 하나님이 우리에게 맡겨주신 일을 하면서 다른 사람들을 격려하는 사람이 될 수 있다. 우리는 사울이 다메섹을 빠져나갈 수 있도록 도와주었던 용감한 사람들의 이름을 알 수 없다(25절). 그러나 바구니를 매놓은 줄을 잡고 있는 것은 중요한 일이었다!

● 사도행전 10장

베드로는 이방인들에게 믿음의 문을 열면서 세 번째이자 마지막으로 그의 '열쇠'를 사용하였다. 하나님의 공급하심은 얼마나 놀라운 것인가! 이방인의 사도인 바울은 자신의 임무를 행할 준비가 되어 있었다. 그리고 베드로는 곧 유대인과 이방인을 갈라놓고 있던 오래된 장벽을 무너뜨릴 것이다. "예로부터 이것을 알게 하시는 주의 말씀이라"(15:18).

그러나 하나님은 베드로와 고넬료를 준비시키셔야 했다. 하나님은 고넬료가 기도하고 있을 때 그에게 말씀하셨고, 베드로에게는 그가 쉬고 있을 때 말씀하셨다. 하나님이 우리에게 언제 말씀하실지 우리는 알 수 없다.

"주여 그럴 수 없나이다… 언제든지 먹지 아니하였삽나이다"(14절). 이 말은 헛된 대답이었다. 하나님은 새로운 일을 하실 것이다. 그런데 베드로는 순종하기를 거부하고 있었다! 그러나 하나님은 친절하게 베드로를 가르치셨고, 사도는 하나님의 뜻을 따랐다.

베드로는 그의 설교를 끝마칠 필요가 없었다. 그가 "저를 믿는 사람들이 다 그 이름을 힘입어 죄 사함을 받는다 하였느니라"(43절)고 말했을 때, 그들은 믿었고 구원을 받았다. 설교를 중단하기 정말 좋은 방법이다!

"우리는 '주여' 라고 부를 수 있다. 그리고 '그럴 수 없나이다!' 라고 말할 수 있다. 그러나 '주여, 그럴 수 없나이다!' 라고 말할 수는 없다."

W. 그레이엄 스크로지(W. Graham Scroggie)

○ 사도행전 11장

일을 일으키는 사람들이 있다(Some people make things happen). 주님은 베드로를 사용하실 수 있었고, 공식적으로 이방인 신자들을 교회 안으로 불러들이는 일에 그를 사용하셨다. 유대인과 이방인 사이를 가로막고 있던 벽이 허물어져 내렸다(엡 2:11)! 유대인 신자들에게 그것은 매우 놀라운 소식이었다. 그들은 이방인들이 그리스도인이 되려면 먼저 유대인으로 개종해야 한다고 생각했다. 베드로가 그런 일을 일으키는 사람이었다는 사실에 하나님께 감사하라!

그 일이 일어났다는 소식을 듣는 사람들이 있다(Some people hear that things happen). 우리들 대부분은 이 범주에 속한다. 하나님이 새로운 일을 하셨다는 소식을 듣게 될 때 당신은 어떻게 반응하는가? 진지하게 사실을 알아보려 하는가? 아니면 소문을 의지하는가? 우리는 "범사에 헤아려 좋은 것을 취하고 악은 모든 모양이라도"(살전 5:21-22) 버려야 한다.

그런 일이 일어나는 것에 반대하는 사람들이 있다(Some people oppose things happening). 예루살렘 공회의 유대인들 중에는 베드로가 이방인들과 함께 음식을 먹은 것에 대해 비난하는 사람들이 있었다. 그래서 그는 하나님이 어떻게 자신을 인도하셨는지 설명했다. 그는 성경을 통해(16절, 1:5) 그것이 하나님의 뜻이었다는 것을 입증했다. 그리고 그의 설명은 그를 비난하던 사람들을 당분간 잠잠케 만들었다. 그러나 교회 안에서 형식에 얽매여 있던 사람들이 다시 일어나(15장) 복음의 자유를 제한하려 했다.

일을 일으키는 사람들을 돕는 사람들이 있다(Some people help other people

make things happen). 바나바는 사울을 안디옥 교회에 정착해서 일할 수 있게 했다(25-26절). 그리고 이방인들에게 구원의 메시지를 전하기 위한 전도 여행에 사울과 동행했다. 바나바는 '위로의 아들'이라는 그의 이름에 부합하는 삶을 살았다.

> ◆ **그는 위대한 의사를 위해 일했다** ◆
>
> 존 칼빈(John Calvin)의 주치의는 그에게 일을 멈추지 않으면 죽을 것이라고 말했다. 그러자 칼빈은 이렇게 반문했다. 그러면 "내 주님이 오실 때 내가 빈둥거리고 있는 모습을 보여드리라는 말입니까?"

● 사도행전 12장

주님의 뜻은 언제나 선하고 지혜롭다. 그러나 그 뜻을 언제나 예측할 수 있는 것은 아니다. 하나님이 베드로는 살게 하시고, 야고보는 죽임을 당하게 하셨다. 그리고 마지막 순간까지 베드로를 감옥에서 구해주지 않으셨다. 헤롯이 야고보를 죽이도록 허용하셨다. 그러나 왕이 신처럼 행동하는 것은 허용하지 않으셨다. 당신도 그렇게 했을 것이라 생각하는가?

어떤 그리스도인들은 욥의 친구들과 흡사하다. 그들은 하나님이 하시는 일과 하나님이 하실 일과 하시고 싶어하시는 일들을 자신들이 정확하게 알고 있다고 생각한다. 그러나 그렇지 않을 것이다. 누군가의 삶에서 자신이 '하나님의 역할을 하고' 싶은 유혹을 받게 된다면, 이사야 55장 8-9절을 묵상하라.

비록 믿음이 너무 약해 응답된 기도를 보며 놀라게 된다 해도 기도하는 것은 언제나 옳은 것이다! 계속 문을 두드리라. 하나님이 문을 여실 것이다.

● 사도행전 13장

주님을 열심히 섬기는 사람들에게 기회가 온다(Opportunities come to people

busy serving the Lord). 하나님은 주님을 예배하고 섬기는 데 시간을 보내는 사람들을 부르신다. 하나님의 인도하심을 받고 싶다면 지금 있는 곳에서 부지런히 일하라. 그러면 다음 단계를 보여주실 것이다.

기회는 보통 반대를 불러온다(Opportunities usually produce opposition, 고전 16:9). 가라지 비유(마 13:24-30, 36-43)의 또 한 예가 여기 있다. 하나님은 좋은 씨(바울과 바나바)를 뿌리시고, 사탄은 가라지를 뿌린다.

기회는 성품을 드러낸다(Opportunities reveal character). 바울과 바나바는 사역을 계속했다. 그러나 요한 마가는 집으로 돌아갔다. 우리는 그 이유를 알 수 없다. 또 그를 비난해서도 안 된다(고전 10:12). 바나바는 요한 마가를 다시 불렀고(15:36-41), 바울도 나중에는 결국 그를 받아들였다(딤후 4:11).

기회는 지도자를 만든다(Opportunities develop leadership). 여행을 떠날 때는 '바나바와 사울'(2절)로 시작했다. 그러나 나중에는 '바울과 및 동행하는 사람들'(13절)이 되었다. 바나바는 하나님이 바울을 놀랍게 사용하시는 것을 보고 기뻐했다(롬 12:9-11). 그것은 함께 일하는 동역자로서의 노력이었고, 중요한 것은 하나님의 영광이었다.

◆ 영원한 하나님의 말씀 ◆

사도행전 13장은 하나님의 말씀을 강조하고 있다(5, 7, 15, 26, 44, 46, 48-49절). 바울은 설교하면서 사무엘과 이사야와 하박국과 시편을 인용했다. 그는 하나님이 죽음에서 일으키신 예수 그리스도를 믿는 믿음으로 인한 구원에 대해 설교했다(38-39절). 우리의 말은 일시적이다. 그러나 주님의 말씀은 영원하다.

◎ 사도행전 14장

바울은 움직이는 사람이었다. 그러나 어려움 때문에 쉽게 동요하는 사람은 아니었다. "나의 생명을 조금도 귀한 것으로 여기지 아니하노라"(20:24). 이것이 그의 고백이었다. 그리고 그는 그렇게 살았다.

비시디아의 안디옥에서 쫓겨나게 되었을 때 바울과 바나바는 발에서 티끌을 떨어내고 이고니온으로 갔다(13:50-52, 눅 10:11). 그곳 사람들이 돌을 던지려 하자 두 사람은 루스드라로 갔고, 그곳에서는 사람들이 그들을 신처럼 대했다(그것은 핍박보다 더 위험한 것이었다). 군중은 변덕스럽다. 그들은 곧 마음을 바꾸고 바울에게 돌을 던졌다. 그러자 바울은 그곳을 떠나 더베로 갔다.

그뿐만이 아니다. 바울과 바나바는 그들이 지나온 곳으로 다시 돌아가 새 그리스도인들을 돕고 격려할 수 있었다! 그리고 고향으로 돌아간 그들은 자신들이 겪은 고난이 아니라 주님이 하신 일들을 교회에 보고했다.

바울과 바나바는 자신들보다 그리스도와 다른 사람들을 먼저 생각했다. 그들에게는 할 일이 있었고, 하나님의 은혜로 그 일을 하기로 작정했다. 우리는 하나님의 뜻을 따르는 데 얼마나 충실한가?

> "참고 인내하는 의지가 종종 성공과 실패라는 차이를 만들어낸다."
>
> 데이빗 사노프(David Sarnoff)

사도행전 15장

하나님이 문을 여실 때(14:27) 그 문을 닫기 위해 원수가 편리하게 사용할 수 있는 사람이 있다. 이 경우에는 유대에서 안디옥 교회를 방문해 이방인들은 그리스도인이 되기 전에 먼저 유대인이 되어야 한다고 주장했던 사람들이었다. 그들의 가르침은 믿음을 통해 은혜로 주어지는 구원을 부인하는 것이었다(10:43, 엡 2:8-9).

정통파 유대인에게는 하나님이 그들에게 주신 영광스러운 종교 제도가 그리스도 안에서 성취되었고, 이제 구식이 되었다는 사실을 받아들이기 어려웠다(그래서 히브리서가 기록되었다). 옛것을 버리는 대신 그들은 새것과 혼합시키려 했다(마 9:14-17).

그리스도인들이 서로 다른 의견을 가지고 있을 때 그들은 교회에서 하나님이 하시는 일을 보고, 하나님의 말씀이 그 차이에 대해 어떻게 말씀하시는지를 함께 찾아보아야 한다. 베드로와 바울과 바나바는 하나님이 유대인들 가운데서 하시는 일을 보고했고, 야고보는 그 일을 하나님의 말씀과 연결시켰다(암 9:11-12).

교리적인 타협은 없었지만 실제적으로 고려해야 할 사안들이 있었다. 교회는 이방인들에게 유대인들을 의도적으로 거스르지 말 것을 당부했다. 우리는 로마서 14-15장과 고린도전서 8-10장에서 그 원리가 확장되어 나타난 사랑의 근원적인 원리를 볼 수 있다.

○ 사도행전 16장

바울은 "모든 일에 하나님의 일군으로 자천하여 많이 견뎠다"(고후 6:4)고 썼다. 바울이 인내했던 다음의 경우들을 보라.

조력자를 기다리는 인내(In waiting for a helper, 1-5절). 디모데가 요한 마가를 대신하면서 바울에게 믿음의 참 아들이 되었다. 하나님은 적기에 가장 적절한 사람을 준비시켜주신다. 그러므로 인내하라.

하나님의 뜻을 구하며 기다리는 인내(In seeking God's will, 6-10절). 바울은 사도였다. 그러나 하나님이 자신을 어디로 인도하고 싶어하시는지 늘 알았던 것은 아니었다. 그가 발걸음을 내딛었지만 하나님이 문을 닫으셨다. 그래서 그는 기다렸다. 그후 하나님이 그에게 길을 보여주셨다.

말씀으로 섬기기 위해 기다리는 인내(In ministering the Word, 11-15절). 증거할 곳을 찾기 전에 그들은 '수 일'을 기다렸다. 그리고 그 기다리는 동안 하나님이 사람들의 마음을 준비시켜주셨다.

성가신 일을 참는 인내(In bearing annoyance, 16-18절). 바울은 귀신의 난동을 참을 수 있는 한 참았다. 그런 다음 그 귀신을 쫓아냈다. 바울은 자신의 행동이 문제를 일으킬 수 있다는 것을 알고 있었고, 실제로 그랬다.

고난을 견디는 인내(In enduring suffering, 19-25절). 바울은 고난에서 자신을 보호하기 위해 로마 시민권을 사용하지 않았다(22:22-29). 그러나 나중에 새 교회를 보호하기 위해서는 그 권리를 사용했다(35-40절). 고난을 받을 때는 밤에 하나님을 찬송하는 노래를 부를 수 있게 해달라고 기도하라(시 42:8).

잃어버린 영혼을 얻기 위한 인내(In winning a lost soul, 26-34절). 바울은 간수를 눈여겨보았고, 그에게 친절을 베풀며 그를 그리스도께 인도했다. 누군가를, 특히 우리에게 해를 가한 사람을 주님께 인도하기 위해 우리는 얼마나 고난을 감수하며 인내하는가?

"기다림은 능력이다. 시간과 기다림을 통해 뽕잎이 명주실이 된다."

중국 격언

● 사도행전 17장

새로운 것에 대한 거부(Rejecting the new, 1-9절). 데살로니가 유대인들은 바울이 전하는 새로운 믿음이나 '새 왕'에 관심을 보이지 않았다. 그러나 '경건한' 이방인들은 복음을 받아들이고 구원되었다. 그들이 경험한 변화를 보려면 데살로니가전서 1장을 보라.

새로운 것에 대한 탐구(Investigating the new, 10-15절). 그 옆 마을은 정반대였다! 베뢰아 유대인들은 시간을 내어 바울이 한 말에 대한 증거를 조사하고, 성경을 공부했다. 어느 나라에나 편견을 갖지 않은 사람들이 있고, 하나님은 그들이 누구인지 알고 계신다.

새로운 것에 대한 추구(Looking for the new, 16-34절). 아덴 사람들은 "가장 새로 되는 것을 말하고 듣는 이외에 달리는 시간을 쓰지 않다"(21절). 우리 시대와 매우 흡사하다! 새롭고 신기한 것에 대한 추구는 진실에 대한 추구를 그늘지게 한다. 바울의 설교는 기지와 교훈을 살린 명작이었다. 그는 그들에게 부활을 통한 '새 생명'(롬 6:4)을 제시했다. 그러나 그 말씀을 들은 대부분의 사람들은 그 새 생명을 거부했다.

○ 사도행전 18장

장막 만드는 사람(The tentmaker, 1-3절). 모든 유대 랍비들은 돈을 받고 가르치지 않았기 때문에 장사를 통해 생계를 유지했다. 바울은 자신과 동역자들의 생활비를 위해 열심히 일했다. 그는 믿지 않는 사람들이 돈을 벌기 위해 복음을 전한다고 비난할 수 없을 만큼 열심히 일했다(고전 9장). 복음의 진보를 위해 당신은 오늘 어떤 희생을 감수하고 있는가?

파수꾼(The watchman, 4-6절). 이 개념은 에스겔 3장 16-21절로부터 나온 것이다. 신실한 파수꾼처럼 바울은 죄인들에게 임한 진노를 그들에게 경고했다. 그래서 그는 그들의 멸망에 대한 책임으로부터 자유로울 수 있었다.

◆ 우리와 함께하시는 주님 ◆

"내가 너와 함께" 있을 것이라는 약속은 하나님이 이삭(창 26:24)과 야곱(창 28:15)과 바벨론에서 돌아온 유대의 남은 자들(사 41:10, 43:5)과 예레미야(렘 1:8, 19, 15:20)와 성전을 재건하던 유대인들에게(학 1:13, 2:4) 하신 말씀이었고, 또 예수님이 우리에게 약속하신 말씀이다(마 28:20). 예수님은 "내가 과연 너희를 버리지 아니하고 과연 너희를 떠나지 아니하리라"(히 13:5)고 말씀하셨다.

전도자(The evangelist, 7-10절). 바울은 회당 옆으로 옮겨 계속 복음을 전했다! 그는 전쟁터에서도, 추수 밭에서도 도망칠 사람이 아니었다. 주님이 "내가 너와 함께 있으매"라고 말씀하셨다(10절). 그것은 하나님이 많은 사람들에게 하신 약속이었고, 오늘날 우리에게도 주시는 약속이다(사 41:10, 마 28:20).

◆ **경건한 부부** ◆

사도 시대의 역사 속에서 몇 차례 등장하는 아굴라와 브리스길라 부부는 초대 교회의 중요한 일꾼들이었다. 그들은 한 팀이었기 때문에 두 사람은 언제나 함께 언급된다. 유대인이었던 그들은 로마에서 쫓겨났고, 그 결과 그들은 고린도에서 바울을 만나 자신들의 집을 개방해주었다. 바울은 에베소에 그들을 남겨두었고, 그곳에서 그들은 아볼로가 복음을 이해할 수 있도록 도왔다(행 18:18-28). 그들은 로마로 다시 돌아갔고, 그곳에서 자신들의 집을 예배 처소로 삼았다(롬 16:3-5). 우리는 그들이 바울을 위해 어떻게 생명의 위협까지 받았는지 알 수 없다. 그러나 그들이 한 일들은 그들이 바울을 얼마나 사랑했는지를 보여준다. 그들은 바울이 고린도전서를 쓰던 당신 그와 함께 에베소에 있었다(고전 16:8, 19). 따라서 사도행전 19장에 기록된 소동과 관계가 있을 것으로 보인다. 바울은 그의 마지막 서신서에서 그들에게 사랑이 담긴 안부를 전했다(딤후 4:19). 모든 목사들은 마음과 손과 가정을 온전히 하나님께 드린 브리스길라와 아굴라 같은 부부들로 인하여 하나님께 감사한다.

세우는 사람(The builder, 11-28절). 바울은 잃어버린 사람들을 주님께 인도했을 뿐 아니라, 회심한 사람들에게 하나님의 말씀을 가르침으로써 교회를 세웠다(고전 3:9-23). 실제로 그는 마태복음 28장 18-20절의 명령을 따랐다. 바울은 그의 고향과도 같은 안디옥 교회에 보고한 후, 교회들을 믿음 안에서 세우기 위해 다시 그들을 방문했다.

○ 사도행전 19장

이 장에서 우리는 "주의 말씀이 힘이 있어 흥왕하여 세력을 얻으니라"(20절)고 기록된 것을 볼 수 있다. 언제 그런 일이 일어나는가?

우리의 믿음을 굳게 할 때(When we confirm our faith, 1-10절). 예수 그리스도를 믿을 때 우리는 성령을 선물로 받게 된다(행 10:43-48, 롬 8:9). 회심했다고 생각하지만 성령을 그 증거로 갖지 못한 사람들이 많이 있다(요일 5:9-13). 바울은 영적인 경험이 충분하지 못한 사람들을 바탕으로 교회를 세울 수 없었다. 그리고 그것은 우리에게도 마찬가지다. 우리는 하나님 앞에서 정직해야 한다.

우리의 죄를 자백할 때(When we confess our sins, 11-20절). 사탄은 뛰어난 모방자다. 그러나 이 경우 그의 시도는 굴욕적인 실패로 끝이 났다. 신자들이 그들의 은밀한 죄를 지적받고 자백했기 때문에 하나님이 그들의 유익을 위해 사탄의 시도를 사용하셨다. 그러자 성령이 놀라운 능력으로 일하실 수 있었고, 말씀이 흥왕하여 세력을 얻게 되었다.

우리의 원수와 맞설 때(When we confront the enemy, 21-41절). 바울은 아데미 신전에 울타리를 치거나 주 정부에 탄원서를 제출하면서 공개적으로 우상 숭배를 공격하지 않았다. 그는 그저 말씀을 전했다. 그러자 사람들이 변화되었다. 물론 진짜 문제는 종교가 아니라 돈이었다. 우리는 바울의 용기에 감탄한다. 그러나 이 경우 그가 극장 안으로 들어가지 않았던 것은 매우 현명한 행동이었다. 그 소동은 복음에 대해 사람들의 주의를 일깨우는 계기가 되었고, 신자들에게는 전도할 수 있는 더 많은 기회를 주었다.

하나님이 일하실 수 있도록 맡겨드릴 때 장애물처럼 보이는 환경들이 실제로는 기회가 된다.

● 사도행전 20장

일반적으로 소동은 시간이 지나면 가라앉는다. 그러므로 인내하라. 그러나 그 다음 전투를 위해 준비해야 한다.

바울은 예루살렘을 향해 가기로 결정했다. 가는 길에 그는 친구들을 만나 말씀으로 그들을 섬기고, 조용한 여행과 상쾌한 산책을 즐기기도 했다(13절). 하나님의 종들에게는 사람들로부터 물러나 혼자 생각하고, 묵상하고, 기도하는 시간이 필요하다. 바울은 자신이 예루살렘에서 위험에 처하리라는 것을 알고 있었다(22-23절). 그리고 그는 영적으로 자신을 준비하고 싶었다.

장로들에게 고한 고별사에서 바울은 자신의 과거 사역들을 회상하고(18-21

절), 현재의 관심사들을 알리며(22-24절), 장래에 있을 위험들을 말해주었다(28-31절). 바울의 마음을 알고 싶다면 "주를 섬긴 것과… 꺼림이 없이 너희에게 전하여 가르치고… 하나님의 은혜의 복음 증거하는 일을 마치려 함에는… 주는 것이 받는 것보다 복이 있다 하심을 기억하여야 할지니라"고 한 그의 고백들을 깊이 생각해보라.

어느 날 삶이 끝나게 될 것이다. 그리고 우리도 우리의 고별사를 하게 될 것이다. 그때 후회 없이 과거를 돌아보고, 두려움 없이 앞으로 나아갈 수 있겠는가? 다른 사람들이 슬퍼할 때에도 당신이 달려야 할 경주를 기쁨으로 기꺼이 마치겠는가?

◆ 바울의 역할 ◆

바울은 사도행전 20장 24-26절에서 자신의 사역을 돌아보며 자신을 회계하는 사람("나의 생명을 조금도 귀한 것으로 여기지 아니하노니"), 달리는 사람("나의 달려갈 길"), 청지기("주 예수께 받은 사명"), 증인("복음 증거하는 일"), 전달자 ("하나님 나라를 전파하였으나"), 파수꾼("모든 사람의 피에 대하여 내가 깨끗하니")으로 보고 있다. 하나님의 종에게는 이렇게 엄청난 책임이 따른다!

○ 사도행전 21장

여행자(The traveler, 1-14절). 마지막 여행을 하며 바울은 기쁨과 슬픔을 모두 맛보았다. 인생은 그런 것이다. 그는 앞으로 자신에게 어떤 일이 벌어지게 될지 알고 있었지만, 계속 그 길을 가기로 했다(눅 9:51). 오래전에 주님이 그에게 예루살렘 밖으로 나가라고 말씀하셨다(22:18). 그런데 다시 예루살렘으로 돌아가는 것은 잘못된 것인가?

중재인(The peacemaker, 15-25절). 바울은 "주의 뜻대로 이루어지이다"(14절)에서 "우리의 말하는 이대로 하라"(23절)로 옮겨갔다. 교회 안에서 유대인과 이방인이 서로 연합하는 일을 몹시 열망했던 바울은 그들의 계획에 동의했다. 그는 '위로부터 오는 지혜'를 따른 것인가? 아니면 '세상 지혜'를 따른 것인가(약 3:13-18)? 우리의 모든 결정이 다 평화를 불러오는 것은 아니다.

죄수(The prisoner, 26-40절). 계획대로 일이 이루어졌다. 그러나 마지막에 문제가 생기기 시작했다(27절). 물론 그들의 주장은 모순된 것이었다. 그러나 군중은 사실이 아니라 추측에 따라 움직인다. 바울은 성 안에서 그 어떤 소요도 야기하지 않도록 조심해왔다(24:10-13). 그러나 그의 노력은 수포로 돌아갔다. 그 후 그는 5년 동안 로마 감옥에 갇혀 지냈다.

때때로 우리의 계획과 좋은 의도들이 문제만을 야기하는 것처럼 보이기도 한다. 그러나 여전히 하나님이 다스리신다! 하나님은 자신의 목적을 이루시기 위해 바울의 고난을 사용하셨고, 하나님의 종을 로마로 가게 하셨다(23:11). 하나님은 지금도 자신의 백성들을 위해 그와 같은 일을 하실 수 있다. 믿음으로 행하라!

● 사도행전 22장

바울의 변론은 자신이 유대인임을 밝히는 것으로 시작되었다(1-16절, 고전 9:19-23). 그의 출생과 그가 받은 교육과 랍비로서의 초기 활동들은 모두 정통 유대인의 방식을 철저하게 따른 것이었다. 그는 자신의 회심을 '율법에 의하면 경건한 사람'(12절)인 아나니아와 연결시켰다. 그는 매우 주도면밀했다. 그러나 접점을 찾기 위해서는 그런 기지가 필요하다.

바울이 이방인이라는 단어를 사용한 것이(21절) 그 변론의 전환점이 되었다. 그 단어를 사용하지 않았더라면 바울은 풀려날 수도 있었을 것이다. 그러나 그는 이방인들에게 복음을 전해야 한다는 사명으로 가득 차 있었다(엡 3:1-13). 바울은 사람들의 종교적인 완고함 때문에 체포되었다. 그들은 하나님이 세상에서 새로운 일을 하고 계시다는 사실을 깨닫지 못하고 있었다.

결국 채찍의 위협이 가해졌고, 바울이 로마 시민권을 주장함으로 그 위협을 피하면서 바울의 변론은 끝이 났다(22-29절). 그 이후 이런저런 공회가 이어졌고, 그는 가이사랴에서 2년을 지체했다. 그러나 하나님은 그분의 때에 그분의 뜻을 행하신다. 그리고 바울은 기꺼이 그때를 기다렸다.

> "하나님은 정황을 다루시는 일에 대가이시다. 우리는 우리가 행해야 할 부분을 선택하려 해서는 안 된다. 우리는 다만 '이 상황이 하나님을 기쁘시게 하는 것이라면 그대로 따라야 한다'라고 말하며 우리에게 주어진 역할을 잘 감당하는 일에만 마음을 써야 한다."
>
> 제레미 테일러(Jeremy Taylor)

● 사도행전 23장

바울은 위험에 처해 있었다. 로마인들이 그를 가두지 않았다면 유대인들이 그를 죽이려 했을 것이다(22:22). 하나님은 바울을 돕기 위해 어떤 수단들을 사용하셨는가?

순전함(Integrity, 1-5절). 바울은 감출 것이 없었고, 그의 양심은 깨끗했다. 바울을 치게 한 아나니아의 행동은 그의 직무에 위배되는 것이었다. 그러나 바울은 사람이 아니라 직무에 존경을 표했다.

전략(Strategy, 6-10절). 전략을 잘 써서 바울이 풀려날 수 있었던 것은 아니었다. 그러나 그의 전략은 적의 진영을 갈라놓았고, 로마인들로 하여금 그들의 죄수를 좀 더 잘 보호할 수 있게 했다.

지지(Advocacy, 11절). 바울에게는 매우 뛰어난 법률가가 있었다! 그가 고린도에 있을 때 그리스도가 그에게 확신을 주셨다(18:9-11). 그리고 또다시 확신을 주실 것이다(27:21-25, 딤후 4:16-18). 바울은 '하나님이 우리를 위하시면'(롬 8:31) 아무도 우리를 대적할 수 없다는 사실을 잘 알고 있었다.

기회(Opportunity, 12-22절). 바울의 조카가 그 도시에 살고 있었고, 하나님의 섭리로 그는 유대인들의 음모를 알아낼 수 있었다. 그런 일은 하나님만이 하실 수 있다. 하나님이 우리를 돕기 위해 어떤 친척, 어떤 친구를 사용하실지 우리는 전혀 알 수 없다.

권위(Authority, 23-35절). 바울은 로마 군인 472명의 보호를 받았다. 그리고 그 뒤에는 로마 정부의 권세가 그를 지키고 있었다. 로마 정부가 바울에게 발언의 기회를 공정하게 준 것은 아니었다. 그러나 하나님이 바울을 보호하시고 그를 로마로 데려가시기 위해 그들을 사용하셨다.

사도행전 24장

믿지 않는 사람들은 주님의 종들과 그들의 일을 어떻게 방해하는가?

더둘로는 높은 지위에 있는 많은 사람들이 감언에 약하다는 사실을 알고 (12:20-24) 아첨으로 시작했다(2-4절). 아첨은 마음이 교만해지도록 부추긴다. 그러나 우리가 우쭐해하지 않는다면, 다른 사람들이 아첨으로 우리를 자만하게 만들 수 없을 것이다. 그런데 우리는 사람들의 감언을 정말로 믿고 싶어한다!

그리고 더둘로는 바울을 중상했다(5-8절). 나폴레옹은 "아첨할 줄 아는 사람은 중상할 줄도 안다"라고 말했다. 더둘로는 마지막 무기로 바울에 대한 자신의 거짓말을 뒷받침할 거짓 증인들을 불러 세웠다(9절).

바울은 자신의 삶과 믿음과 국가에 대한 봉사 이 세 가지로 자신을 변호했다. 적들이 그들의 비난을 입증할 수 없었음에도 불구하고 바울은 풀려나지 않았다. 바울에게 가장 안전한 곳은 그 감옥이었다. 왜냐하면 하나님이 로마에서 바울이 해야 할 일을 준비해 놓으셨기 때문이있다.

하나님이 왜 거짓말이 승리를 거두게 허용하시는지 우리는 이해할 수 없다. 그러나 하나님께 맡기라. 하나님이 다스리신다. 마지막 심판은 하나님께 달려 있다.

◆ **지체하지 말라** ◆

사실상 죄수는 벨릭스였고 검사는 바울이었다. 벨릭스는 자신에게 죄가 있다는 것을 알고 있었다. 그러나 그리스도를 영접하는 대신 지체하고 있었다. 구원받을 수 있는 가장 좋은 때는 바로 지금이다(고후 6:1-2, 참조 – 사 55:6-7).

○ 사도행전 25장

베스도는 유대인들의 호감을 사기 위해 바울을 정치적 볼모로 사용하려 했다(3, 9절). 그가 성공해서 바울을 예루살렘으로 보냈더라면 바울은 죽임을 당했을 것이다. 바울은 로마 시민이라는 자신의 권리를 활용해 가이사에게 상고하는 지혜로운 선택을 했다. 신자들이 자신과 사역을 보호하기 위해 법을 사용해야 할 때가 있다.

그러나 베스도에게는 문제가 하나 있었다. 입증할 만한 죄가 바울에게 없는데 어떻게 바울을 가이사에게 보낼 수 있겠는가? 하나님의 백성들은 때때로 비록 아무 죄가 없다 할지라도 죄인처럼 여겨질 때가 있다. 우리 주 예수 그리스도는 말할 것도 없고, 요셉과 다윗과 다니엘과 예레미야를 생각해보라.

그 모든 일들 속에서 하나님은 바울이 임금들에게 주님을 증거하게 될 것이며(9:15), 결국 로마로 가게 될 것이라고(23:11) 약속하신 말씀을 이루어가고 계셨다. 죄수가 되어 공회를 거치며 인내하는 일이 바울에게는 힘겨웠다. 그러나 그는 그 기회를 지혜롭게 활용했다. 그는 "이 일이 도리어 너희에게 증거가 되리라"(눅 21:13)고 하신 예수님의 말씀을 믿고 있었다.

○ 사도행전 26장

바울은 빛을 보았다(Paul saw the light). 심문을 받게 된 바울은 그 시간을 자신을 변호하는 대신 아그립바 왕 및 그와 함께 있는 사람들에게 복음을 제시할 수 있는 기회로 삼았다(벧전 3:13-17). 바울이 다메섹 도상에서 예수님을 만났을 때 그는 중요한 결정을 내렸고, 그의 삶을 변화시킨 사실들, 곧 그의 종교는 낡은 것이고, 하나님을 위한 그의 열정은 오히려 하나님을 괴롭히는 것이었으며, 예수님은 살아 계시고, 그가 해야 할 일이 있다는 사실들을 깨닫게 되었다. 당신도 어느 순간 갑자기 깨닫게 된 사실들에 대해 이야기해보라!

이방인들에게는 빛이 필요하다(The Gentiles need the light). 바울의 큰 깨달음과 열정은 이방인들에게 복음이 전파되는 데 쓰여질 것이었다(17-18절). 잃어버린 죄인들은 영적인 어둠 속에 있고, 그리스도만이 그들에게 빛을 주실 수 있다.

아그립바는 빛을 거부했다(Agrippa rejected the light). 그는 바울을 미쳤다고 비난하며 그의 메시지를 믿지 않았고, 무시하는 대답으로 죄에 대해 자각하지 않으려 했다(28절). 그는 빛에 등을 돌렸다.

> "그리스도인이 되도록 거의 설득될 뻔한 사람은 거의 용서를 받았지만 사형된 사람과 같고, 거의 구출되었지만 화재로 숨진 사람과 같다. 거의 구원받을 뻔한 사람은 저주받은 사람이다."
>
> 찰스 스펄전(Charles Spurgeon)

○ 사도행전 27장

바울의 조언을 거부하다(Rejecting Paul's counsel, 1-13절). 장막을 만드는 유대인이 항해에 대해 얼마나 알겠는가? 그래서 전문가의 조언(11절)과 과반수의 의견(12절)을 따르기로 했다. 조바심이 나고(7절) 불편할 때(12절) 그리고 좋은 기회가 온 것처럼 보일 때(13절) 조심하라! 폭풍우가 일 수도 있다.

바울의 격려를 듣다(Hearing Paul's encouragement, 14-26절). 바울에게는 "거봐, 내가 그랬지!"라고 말할 수 있는 권리가 있었다. 그러나 그는 주님의 말씀과 믿음에서 나오는 위로의 말로 사람들을 격려했다. 그런 상황에 처한 사람들에게는 설교가 아니라 약속이 필요하다.

바울의 본보기를 따르다(Following Paul's example, 27-38절). 바울은 공개적으로 하나님께 감사하고 그들의 마음이 하나님을 향할 수 있게 했다. 그리고 그것은 모든 사람들에게 격려가 되었다. 지친 여행자들에게는 남은 길을 가기 위한 힘이 필요했다. 그것은 시간을 내어 먹어야 필요가 있음을 뜻했다. 바울은 분별력이 있었을 뿐 아니라 매우 실제적이었다.

바울은 죄수와 승객으로 여행을 시작했지만, 결국은 배의 선장이 되었다. 그 배는 길을 잃었지만, 하나님의 은혜로 그곳에 있었던 바울 덕분에 모든 승객이 목숨을 구할 수 있었다. 폭풍우를 만났을 때 믿음으로 항해할 수 있는 사람이라고 하나님이 당신을 믿으실 수 있겠는가? 다른 사람들이 당신을 그런 사람으로 믿을 수 있겠는가?

● 사도행전 28장

이 장에 기록된 다음 내용들이 당신을 놀라게 하는가?

동정을 베푸는 토인들(That the natives were kind, 1-2, 7-10절). 토인들에게는 아마도 미신이 있었을 것이다. 그러나 구원받지 못한 사람들도 도움이 필요한 사람들에게 동정심을 보일 수 있다. 이교도 선원들도 요나를 바다에 집어던지기 전에 그를 구하기 위해 열심히 수고했다(욘 1:11-16).

땔감을 모은 바울(That Paul picked up sticks, 3절). 당신이 침몰하는 배에서 276명의 사람들을 구했다면, 땔감을 구해오는 것과 같은 시시한 일들은 굳이 할 필요가 없다고 생각했을 것인가? 바울에게 고마움을 느꼈던 승객들은 분명히 바울에게 그런 일을 하지 못하게 했을 것이다! 그러나 바울은 종이었다. 그는 해야 할 필요가 있는 일을 했다(빌 2:1-11).

뱀에 물린 바울(That Paul was bitten, 3-6절). 바울이 지금까지 받은 고난으로 충분하지 않았던 것인가? 사탄은 사자가 되어 이길 수 없게 되면(벧전 5:8) 뱀이 되어 나타난다(고후 11:3). 우리는 언제나 경계하고 우리를 돌보시는 주님을 신뢰해야 한다(막 16:18).

> ### ◆ 바울의 말년 ◆
>
> 바울은 61년부터 63년까지 로마 감옥에 갇혀 있었다. 그리고 그 기간 동안 에베소서와 빌립보서와 골로새서와 빌레몬서를 썼다. 63년에서 65년까지는 사역할 수 있는 자유를 누리며 디모데전서와 디도서를 썼다. 바울은 66년에 다시 수감되어 감옥에서 디모데후서를 썼다. 그리고 66년 말이나 67년 초에 로마에서 순교했다.

사람들의 격려를 받은 바울(That Paul welcomed encouragement, 11-16절). 사도에게도 때때로 격려가 필요했다. 그리고 바울을 만난 성도들이 그를 격려해주었다. 압비오 광장에 있던 사람들은 다른 사람들보다 16킬로미터나 더 여행했다. 동료 신자를 격려하기 위해 당신은 얼마나 멀리까지 여행할 수 있겠는가?

말씀을 거부한 유대인 지도자들(That the Jewish leaders rejected the Word, 17-31절). 하나님의 택한 백성들은 성경을 더 잘 알고 있어야 했다. 그러나 결정할 때가 되자 사람들은 분열되었다. 하지만 바울은 계속 복음을 전했고, 하나님이 기뻐하시는 대로 그분이 말씀으로 복 주실 수 있게 해드렸다.

로마서

Romans

바울은 제3차 전도 여행을 하면서 로마서를 썼다. 아마도 고린도에서 썼을 것이다. 그는 로마에 있는 신자들을 만나기 위해 이미 오래전에 계획을 세웠다. 바울은 그들 중 많은 사람들을 알고 있었다(16장). 로마서는 그 방문을 준비하기 위한 것이기도 했다. 편지에서 그는 자신에 대한 잘못된 비난들에 대해 해명하고(3:8, 6:1), 자신이 로마를 방문하지 못하고 있는 이유를 설명한다(15:23-29). 그는 또 성경 그 어느 곳에서도 볼 수 없는 웅대한 기독교 교리를 당당하게 제시하고 있다.

로마서는 "의인은 그 믿음으로 살리라"고 한 하박국 2장 4절을 설명하기 위해 쓰인 세 권의 책 가운데 한 권이다(롬 1:17, 갈 3:11, 히 10:38). 기본적인 주제는 '의인'이며, 의롭게 된다는 것(하나님이 의롭다 하시는 것)과 의로운 삶을 사는 것이 뜻하는 바를 보여주고 있다. '의' 라는 말이 40번 이상 사용되었다.

로마서는 세 부분으로 - 하나님의 의와 구원(1-8장), 하나님의 의와 이스라엘(9-11장), 하나님의 의와 실제적인 그리스도인의 삶(12-16장) - 나눌 수 있다. 로마서 1장 16-17절이 중심 주제다.

로마서는 면밀하게 짜여진 논쟁으로 하나님의 의를 변호하고 있다. 바울의 논쟁은 '그러므로' 라는 말로 시작되는 구절들에(3:20, 28, 5:1, 8:1, 12:1) 주의를 기울이면서 요약할 수 있다.

칭의는 십자가에서 행하신 그리스도의 사역 때문에 예수 그리스도를 믿는 죄인들을 그분 안에서 의롭다고 선포하시는 하나님의 자비로운 행위다. 우리가 그리스도를 믿을 때 그리스도의 의가 우리에게 전가된다. 성화는 하나님이 신자 안에서 하시는 일이다. 그 일을 통해 하나님의 의를 부여해주시고, 거룩한 성품과 행실을 개발하신다. 하나님 앞에서 의롭게 되는 것이 사람들 앞에서 의롭게 살아가는 삶으로 이어진다. 우리는 우리의 선행이나 우리의 선행에 더해진 믿음으로 구원받는 것이 아니라, 선행이 뒤따르는 믿음으로 구원받는 것이다 (약 2:14-26).

○ 로마서 1장

하나님의 복음(The gospel of God, 1-17절). 하나님의 복음이 있다! 그 복음은 구약 성경에 약속되어 있고, 예수 그리스도를 중심으로 하고 있다. 예수님은 유대인으로 이 땅에 오셨고, 죽은 자 가운데서 부활하셨다. 그리고 예수님을 믿는 모든 사람들을 구원하신다. 예수님만이 구원하실 수 있다. 이 메시지는 온 세상에 전파되어야 한다. 왜냐하면 복음만이 '구원을 주시는 하나님의 능력'(16절)이기 때문이다.

바울은 복음에 붙잡혀 있었다. 그의 온 생애는 복음의 지배를 받았다. 사도로 부르심을 받았던 그는(1절) 자신이 온 세상에 빚을 지고 있다고 생각했다(14절). 하나님의 교회를 통해 하나님은 사람들을 예수 그리스도의 사람으로 부르신다(5-7절). 당신도 복음에 붙잡혀 있는가?

"종교는 인간이 하나님을 찾는 것이다. 복음은 하나님이 인간을 찾으시는 것이다. 종교는 많이 있다. 그러나 복음은 하나다."

E. 스탠리 존스(E. Stanley Jones)

◆ 영적인 빚 ◆

하나님의 백성들은 죄라는 빚에 대해서는 자유롭다. 그러나 잃어버린 세상에 복음을 증거하고(롬 1:14), 성령께 순종하며(8:13), 모든 사람을 사랑하고(13:8), 약한 형제자매를 격려하며(15:1), 이스라엘 백성들을 도와야 하는(15:25-27) 빚을 지고 있는 사람들이다. 이 영적 빚을 갚고 있는가?

하나님의 진노(The wrath of God, 18-32절). 바울의 핵심 주제는 하나님의 의다. 그러나 그는 지금 진행되고 있는 하나님의 진노라는 어두운 배경에 비추어 하나님의 의를 제시하고 있다. 인간은 창조와 양심을 통해 하나님을 알고 있다(19-20절). 그러나 하나님을 하나님으로 공경하기를 거부한다. 그들은 창조주가 아니라 창조물을 위해 살아가며, 자신들을 신으로 만들고 있다(25절, 창 3:4-5). 그래서 하나님은 그들을 버려두시고(24, 26, 28절), 그 결과로 인한 고통을 받게 하신다. 하나님이 우리에게 가하실 수 있는 가장 큰 심판은 우리를 우리 마음대로 하도록 버려두시는 것이다.

그러나 죄인들을 심판하시는 하나님이 잃어버린 죄인들을 위해 하나님의 아들을 내어주셨다(8:32)! 그것이 복음이다. 그 복음을 믿는가? 그 복음을 전하고 있는가?

◉ 로마서 2장

예수 그리스도를 구세주로 믿고 있다면 죄는 이미 십자가에서 심판을 받은 것이다(요 5:24, 롬 8:1). 그러나 우리의 행위가 심판 받게 될 그리스도의 심판대 앞에 설 준비가 되어 있는가(롬 14:10-12, 고후 5:10)? 다음 질문들을 스스로에게 물어보라.

자신을 판단하는가? 아니면 다른 사람들을 판단하는가?(Do I judge myself or others?, 1-3절) 다른 사람들을 비난함으로써 자신의 실패를 가리고 싶은 유혹이 얼마나 큰가(마 7:1-5)!

하나님의 선하심에 감사하는가?(Am I grateful for God's goodness?, 4절) 우리를 회개하게 만드는 것은 인간의 악함이 아니라 하나님의 선하심이다(눅 15:17-19). 나는 하나님의 은혜를 당연한 것으로 받아들이고 있지는 않은가?

내 믿음은 행위를 통해 입증되고 있는가?(Is my faith proved by works?, 5-11절) 바울은 행위를 통한 구원을 가르치고 있는 것이 아니었다. 그는 구원을 입증해 주는 행위에 대해 말하고 있다. 나는 하나님의 진리에 순종하면서 거룩한 삶을 계속 살아가고 있는가? 나는 완고한 마음을 가지고 있는가? 아니면 민감한 마음을 가지고 있는가?

종교 뒤에 숨어 있는 것은 아닌가?(Am I hiding behind religion?, 12-16, 25-29절) 유대인들은 율법을 자랑했다. 그러나 율법은 그들을 구해줄 수 없었다. 외적인 의식이 내적인 변화를 보장해주는 것은 아니다. 하나님은 마음을 살피신다. 하나님이 내 마음속에서 보시는 것은 무엇인가?

"우리가 우리를 평가하는 것과 똑같은 잣대로 우리 이웃을 평가하는 경우는 거의 없다."

토마스 아 캠피스(Thomas a kempis)

나는 말하는 대로 실천하고 있는가?(Do I practice what I profess?, 17-24절) 다른 사람들에게는 옳은 것을 말하면서 나는 잘못된 일을 행하고 있지는 않은가? 나 자신보다 다른 사람들에게 더 많은 것을 기대하고 있는 것은 아닌가?

하나님은 진리대로 판단하시고(2절) 외모로 판단하지 않으신다(11절). 그리고 하나님께 숨길 수 있는 것은 아무것도 없다(16절). 하나님 앞에 설 준비가 되었는가?

● 로마서 3장

검사 바울은 다음과 같이 진상을 요약하고 있다.

모든 사람은 죄인이다(All are condemned, 1-19절). 유대인과 이방인(종교적이거나 반종교적이거나)은 하나님 앞에서 모두 죄인이다. 누구도 더 낫지 않다(9절). 바울은 우리가 머리끝부터 발끝까지 죄인이라는 사실을 보여주기 위해 시편과 이사야서를 인용하고 있다. 이 문제에 대해 논쟁하고 싶은가? 그렇다면 해보라! 우리가 "죄인입니다!"라고 말하고 입을 다물 때까지 하나님은 우리를 구원하실 수 없다.

우리가 우리 자신을 구원할 수 없다(We cannot save ourselves, 20절). 율법은 우리의 죄를 보여주는 거울이다. 그리스도의 보혈만이 우리의 죄를 씻을 수 있다. 선을 행하는 것은 좋은 일이다. 그러나 그 선행이 우리를 구원할 수 있을 만큼 그렇게 선한 것이 될 수는 없다(엡 2:8-9).

하나님의 구원은 합법적이다(God's salvation is lawful, 21-31절). 거룩하신 하나님이 어떻게 죄인을 용서하실 수 있는가? 그렇게 하시는 것은 합법적인 것인가? 우리의 재판관들이 그렇게 한다면 우리 사회는 무너질 것이다. 그러나 율법을 주신 분이시고 심판관이신 하나님이 친히 그 율법에 순종하셨고, 우리를 위해 돌아가셨으며, 우리의 죄 값을 치르셨다. 심판관이 구세주가 되셨다!

입을 다물고, 예수 그리스도를 신뢰하며, 하나님이 "무죄"라고 말씀하시는 것을 들었는가?

○ 로마서 4장

아브라함은 어떻게 구원받았는가?(How was Abraham saved?, 1-4, 9-12절) 우리는 행위가 아니라 믿음으로 구원받는다(창 15:6). 구원은 우리가 버는 삯과 같은 것이 아니다. 또 우리가 자랑할 수 있는 일도 아니다. 아브라함이 율법을 지켰기 때문에 구원받은 것이 아니다. 왜냐하면 그 당시는 율법이 아직 주어지지 않은 상태였기 때문이다. 또 그가 종교적 의식을 따랐기 때문에 구원받은 것도 아니었다. 그가 구원받은 것은 하나님의 은혜 때문이었다!

다윗은 어떻게 구원받았는가?(How was David saved?, 5-8절) 다윗은 밧세바를 범하는 끔찍한 죄를 지은 후(삼하 11장) 시편 32편을 썼다. 간음과 사기와 살인이라는 죄를 범한 사람을 하나님이 어떻게 용서하실 수 있겠는가? 그렇다. 다윗이 회개하고 하나님께 돌아섰을 때 하나님은 다윗이 그 죄로 인한 쓰라린 결과들까지 피하게 해주시지는 않았지만(삼하 12장), 그를 용서해주셨다. 하나님은 의로운 자가 아니라 경건치 않은 자를 의롭다 하신다(5절, 마 9:9-13).

우리는 어떻게 구원받는가?(How can you be saved?, 13-25절) 아브라함처럼 하

나님의 약속을 믿음으로써 구원받는다. 율법과 행위가 서로 떨어질 수 없는 것처럼 믿음과 약속도 떨어질 수 없다. 아브라함은 육체적으로 유대 민족의 선조다. 그러나 영적으로 그는 모든 신자들의 '조상'이다(16절, 마 3:7-9). 갈보리에서 우리의 죄는 그리스도께 전가되었다. 그리스도를 신뢰할 때 하나님이 그리스도의 의를 우리에게 전가하신다(고후 5:21). 우리의 죄가 용서받았다는 사실을 아는 것보다 더 복된 일이 있을 수 있겠는가?

◆ 가리워진 우리의 죄 ◆

바울은 은혜로 인한 구원을 전파했기 때문에 죄를 조장한다는 비난을 받았다(롬 3:5-8). 그러나 그 비난은 잘못된 것이었다. 용서하시는 하나님의 은혜를 경험한 사람들은 죄를 짓고 싶어하지 않는다. 그리고 죄를 범한다 해도 그들은 그 죄를 주님께 자백한다(요일 1:5-2:1). 그들도 유혹을 받고(고전 10:13) 때때로 넘어지기도 하지만, 그렇게 넘어진 채 머물러 있지 않는다(시 37:23-24). 하나님이 자신의 백성들을 위해 어떤 일을 하시는지 시편 32편을 읽어보라.

○ 로마서 5장

4장에서 바울은 하나님이 죄인들을 어떻게 의롭다고 선언하시는지를 설명하기 위해 아브라함과 다윗에게로 거슬러 올라갔다. 그리고 여기서는 아담으로까지 거슬러 올라간다. 아담의 죄로 말미암아 모든 인류에게 죄와 사망이 이르게 되었다. 그러나 그리스도의 순종은 그분을 믿는 모든 사람에게 의와 생명을 주신다. 첫 번째 출생으로 우리는 유죄 선고를 받은 아담의 자녀가 되었지만, 두 번째 출생으로 용서받은 하나님의 자녀가 된다. 칭의라는 은혜에 주목하라.

부요함(Riches, 1-5절). 화평, 하나님의 은혜에 들어감, 기쁨, 소망, 사랑, 성령, 이 모든 것들은 그리스도 안에서 우리가 누릴 수 있는 선물들이다. 그리고 고난도 우리를 해하기 위한 것이 아니라 우리의 유익을 위한 것이다. 고난은 그리스도인의 성품을 개발한다. 이 풍성한 은혜에 감사하라.

화목(Reconciliation, 6-11절). 우리는 하나님과 화목하게 되었고, 두려워할 필요가 없게 되었다. 우리가 하나님의 원수였을 때 하나님이 우리를 위해 그렇게 많은 일들을 하셨다면, 우리가 하나님의 자녀가 된 지금 우리를 위해 그보다 더 많은 일들을 하시지 않겠는가!

통치(Reigning, 12-21절). 우리가 아담 아래에서 옛 창조에 속해 있었을 때는 죄와 죽음이 우리를 다스렸다. 그러나 그리스도 안에서 새 피조물이 된 우리는(고후 5:17) 은혜 아래 있고, 생명 안에서 우리가 다스린다(17절). 하나님의 은혜로 우리는 왕처럼 살 수 있다!

● 로마서 6장

그리스도인이 되는 것은 삶과 죽음의 문제다(1-11절). 하나님의 은혜를 이해하지 못하는 사람들은 "하나님이 은혜로운 분이라면 더 많은 은혜를 받기 위해 더 많은 죄를 지어야 하는 것이 아닌가?"라고 주장한다. 그리스도를 믿는 사람들은 세례가 보여주듯이, 성령을 통해 그리스도의 죽음과 장사와 부활에 동참한다. 옛 사람은 장사되었다! 그리스도인은 옛 사람을 죽은 것으로 간주하고(11절), 부활한 삶을 새롭게 살아간다.

그리스도인이 되는 것은 속박과 자유의 문제다(12-22절). 누가 당신의 주인인가? 예수 그리스도이신가? 아니면 옛 사람인가? 우리는 모세의 법 아래 있지 않다(15절). 그러나 그것이 하나님의 도덕률을 어길 수 있는 자유를 뜻하는 것은 아니다(8:1-5). 주님께 복종하라. 주님은 가장 탁월한 주인이시나. 그리고 주님이 주시는 것은 영원하다.

◆ "하나님을 향해 살아 있는" ◆

로마서 6장을 가장 생생하게 보여주는 한 예는 나사로다(요 11장). 예수님은 그를 죽은 자 가운데서 살리시고, "풀어놓아 다니게 하라"(요 11:44)고 말씀하셨다.

나사로는 무덤에서 나와 그를 동여매고 있던 수의를 벗고 새로운 삶을 시작했다(골 3:1 이하). 하나님의 백성들은 '죽은 자'이고, 또 '산 자'다(11절). 그리고 믿음에 걸맞는 삶을 살아야 한다.

그리스도인이 된다는 것은 상급과 품삯의 문제다(23절). 우리는 전도하면서 로마서 6장 23절을 자주 인용한다. 그리고 그렇게 하는 것은 적절하다. 그러나 이 구절은 원래 바울이 신자들에게 한 말이었다. 하나님이 자기 자녀들의 죄를 용서하신다. 그러나 그 고통스러운 결과까지 면하게 해주시는 것은 아니다. 죄의 삯은 죄의 쾌락으로 결코 보상받을 수 없다. 죄를 범하는 것은 보람이 따르는 일이 아니다!

● 로마서 7장

신자들은 법 아래 있지 않다. 그러나 그것이 무법자로 살 수 있는 면허장을 주는 것은 아니다. 신자들은 새로운 삶을 살며(6:1-11), 새로운 주인(6:12-23)을 섬긴다. 또 그리스도와 혼인한 새로운 사랑을 갖게 된다(1-6절). 혼인이 사랑 대신 율법을 기초로 한 것이라면 그 혼인은 불행한 가정을 만들게 될 것이다.

율법이 우리를 변화시키거나 통제할 수 없다면 무슨 유익이 있겠는가? 율법은 죄를 드러내기 위한 것이고, 그 역할을 매우 잘 하고 있다(7절). 바울은 율법이 악한 욕구를 불러일으키기까지 한다는 사실을 알게 되었다(8절). 하나님의 율법처럼 거룩한 것마저(12절) 우리 속에서 악한 욕구를 불러일으킬 수 있다면, 우리는 악한 죄인인 것이 분명하다!

율법은 우리 속에 있는 악한 것들을 이끌어내고, 사랑은 우리 속에 있는 좋은 것들을 이끌어낸다. 우리 안에 거하시는 성령은 하나님이 원하시는 대로 우리가 행할 수 있도록(롬 8:1-5) 그리고 하나님이 원하시는 사람이 될 수 있도록(갈 5:22-23) 우리를 도우신다. 주님과 맺은 사랑의 관계를 활기차고 생생하게 유지하라. 그러면 비열한 삶 대신 의로운 삶을 살게 될 것이다.

✦ 복종하는 삶 ✦

로마서 7장 21-25절은 분리된 삶을 살라고 제안하는 것이 아니다. 왜냐하면 그런 삶은 불가능하기 때문이다. 우리는 우리의 주인을 선택해야 하고(6:15-23), 우리의 신랑이신 예수 그리스도께 충실해야 한다(7:1-6). '마음'은 하나님으로부터 온 새로운 성품을 언급하는 것이고, '사망의 몸'은 아담으로부터 온 옛 성품을 말하는 것이다. 우리는 악한 옛 성품을 가지고는 하나님을 섬길 수 없다(7:18). 그러나 우리가 하나님의 뜻을 따를 수 있도록 성령이 우리를 도우신다. 인간의 몸은 악하지 않지만, 인간의 본성은 악하다.

○ 로마서 8장

바울은 "이 사망의 몸에서 누가 나를 건져내랴"(7:24)고 묻는다. 그리고 이 장에서 하나님의 성령이라고 그 질문에 대답하고 있다. 성령이 우리에게 주시는 은혜가 우리를 '넉넉히 이기게'(37절) 만든다!

생명(Life, 1-11절). 하나님이 우리를 구원하실 때 우리에게 새 율법이 아니라 새 생명을 주신다. 우리가 그 생명을 따를 때 하나님의 율법에 순종하게 된다. 하나님의 것들에 마음의 초점을 맞추라(골 3:1-4). 그리고 모든 일 가운데서 하나님을 기쁘시게 하라. 성령이 당신 안에서 사실 수 있게 해드리라.

자유(Liberty, 12-17절). 우리는 입양이 아닌 새로운 출생을 통해 하나님의 가족이 된다(요 3장). 그러나 입양은 우리에게 하나님의 가정 안에서 성인으로서의 지위를 얻게 한다. 하나님은 우리를 '어린 자녀'가 아니라 성숙한 자녀로 대하신다. 우리는 곧바로 말할 수 있고 '아바 아버지'라 부를 수 있고(15절)], 걸을 수 있으며, 우리에게 상속된 것들을 사용할 수 있다. 우리는 자유롭다. 그러나 우리는 여전히 주님께 빚진 사람들이다(12절).

소망(Hope, 18-25절). 우리가 직접 경험하는 고통이나, 이 세상에서 목격하는 고통들 때문에 우리는 좌절하지 않는다. 왜냐하면 우리에게는 소망이 있기 때문이다. 예수님이 돌아오실 때 우리는 영광스러운 자유를 누리게 될 것이다! 성령은 추수의 시작이시다. 그리고 우리에게 가장 좋은 날은 아직 도래하지 않았다는 확신을 주신다.

> "성령은 하나님의 깊은 세계를 우리에게 알려주고 싶어하신다. 그리고 우리를 통해 사랑하고, 일하고 싶어하신다. 성령을 통해 우리는 우리가 해야 할 일을 할 수 있는 힘과 모든 문제를 해결할 수 있는 지혜와 모든 슬픔 속에서 받아야 할 위로와 충만한 섬김에 필요한 기쁨을 얻을 수 있다."
>
> T. J. 바흐(T. J. Bach)

인도(Guidance, 26-30절). 하나님의 목적은 자신의 자녀들을 하나님의 아들처럼 만드시는 것이다. 그리고 그 일에 성공하실 것이다. 우리가 기도할 때 성령이 개입하시고 우리를 인도하신다. 그리고 환경이 아무리 고통스럽다 할지라도 그 환경은 우리의 유익을 위해 작용한다.

사랑(Love, 31-39절). 하나님의 성령이 하나님의 사랑을 우리에게 실제적인 것이 되게 하신다(5:5, 요 14:23-27). 아버지가 우리를 위하시고(31-32절), 아들이 우리를 위하시며(34절), 성령이 우리를 위하신다(26-27절). 우리를 하나님의 사랑에서 갈라놓을 수 있는 것은 아무것도 없다. 그런데 우리가 '넉넉히 이기지' 못할 무슨 이유가 있겠는가?

◆ 하나님의 백성 ◆

로마서 9-11장에서 이스라엘에 대한 바울의 논의는 그가 말하고 있는 주제를 중단하는 것이 아니라 하나의 예를 든 것이다. 그는 하나님의 택함을 받은 이스라엘의 과거(9장)와 거부하고 있는 그들의 현재(10장)와 받아들이게 될 그들의 미래(11절)를 설명하면서, 하나님이 이스라엘을 공정하게 다루어오셨음을 증명하고 있다. 하나님은 유대인들을 향한 자신의 목적을 실패하지 않고 이루실 것이다. 또한 하나님의 교회를 향한 목적 또한 실패하지 않고 이루실 것이다.

로마서 9장

하나님의 주권을 강조하는 있는 성경의 한 부분에서 우리는 근심하며(9:1-3), 기도하고(10:1), 예배하는(11:33-36) 바울을 볼 수 있다. 그는 하나님의 주권이 인간의 책임을 소멸시킨다고 생각하지 않았다. 마지막(잃어버린 영혼의 구원)을 정하신 하나님이 마지막에 이르는 방법도 정하신다. 그 방법은 하나님의 백성들의 기도와 증거다. 그 둘은 늘 함께한다.

하나님께 사람들을 구원하셔야 하는 의무가 있는 것은 아니다. 왜냐하면 누구나 다 유죄 선고를 받아 마땅하기 때문이다. 이스라엘이 택함을 받은 것도 하나님의 자비와 사랑 때문이었다(신 7:6-8). 그러므로 누구도 하나님을 비난하거나 불공평하다고 말할 수 없다. 오히려 우리는 죄인에게 자비를 베푸시는 하나님을 인하여 기뻐해야 한다!

이스라엘이 그리스도를 거부했다고 해서 하나님의 계획이 실패한 것은 아니다. 왜냐하면 그리스도가 복음을 기쁘게 받아들였던 이방인에게로 가셨기 때문이다(행 10:1 이하, 15:14). 그러나 하나님이 유대인들 가운데 남겨두신 자들이 있었다(27-29). 그리고 믿는 유대인들과 이방인들은 교회 안에서 하나가 된다(엡 2:11-22).

하나님의 자비는 영원하다!

하나님의 역할과 우리의 역할

하나님의 주권과 인간의 책임이 어떻게 소화를 이룰 수 있는지에 대한 질문을 받은 찰스 스펄전은 "나는 친구와 조화를 이루려고 애쓰지 않는다"라고 대답했다. 그리고 어거스틴은 "우리는 모든 것이 다 하나님께 달려 있는 것처럼 기도해야 하고, 또 모든 것이 우리에게 달려 있는 것처럼 일해야 한다"고 말했다. 이렇게 성경을 기초로 한 균형이 축복에 이바지한다.

로마서 10장

이스라엘은 왜 그리스도를 거부한 것인가? 왜냐하면 그들은 하나님이 원하시는 의를 이해하지 못했고, 그 의를 어떻게 얻을 수 있는지 알 수 없었기 때문이었다. 바리새인들처럼(그리고 오늘날의 많은 사람들처럼) 그들은 의로운 행위만을 생각했고, 믿음으로 얻는 의에 대해서는 이해할 수 없었다(13절, 욜 2:32, 행 2:21).

선교에 대한 바울의 마음은 14-17절에서 나온 것이었다. 구원은 믿음에서 나고, 믿음은 하나님의 말씀을 듣는 것으로부터 나온다(17절). 그러나 믿지 않는 죄인들은(이스라엘을 포함해서) 우리가 말해주지 않는 한 복음을 들을 수 없다. 하나님은 잃어버린 사람들에게 복음을 전해줄 아름다운 발을 가진 사람들을 필요로 하신다(사 52:7).

바울의 간절한 마음(1절)과 하나님의 뻗은 손(21절, 사 65:2)에도 불구하고 이스라엘은 믿지 않았다. 그러나 이방인들은 믿었고, 하나님이 그들을 구원하셨다! 복음을 전하며 낙심될 때 바울을 기억하라. 계속해서 섬기고, 기도하며, 복음을 전하라. 계속 아름다운 발을 유지하라!

로마서 11장

로마서 9-11장은 하나님의 은혜를 드높이고, 하나님의 주권을 찬양하고 있다. 구원의 경이로움과 하나님의 위대하심에 대한 감격을 잃지 말라. 골짜기가 아무리 깊고 전투가 아무리 격렬해도, 하나님의 위대하심을 바라볼 때 우리는 마음의 기쁨과 영혼의 힘을 얻을 수 있다. 우리는 하나님이 하시는 일을 다 이해하지 못한다 할지라도, 하나님은 자신이 하시는 일을 너무 잘 알고 계신다.

이스라엘에게도 가능성은 있다. 바울이 그 증거이고(1절, 딤전 1:16), 이스라엘의 과거 역사가 그렇다(2-10절). 아무리 시대가 암울하다 해도 남은 자들은 언제나 있었다. 교회의 장래를 생각하며 낙심하게 될 때 그리고 당신이 유일하게 남겨진 신실한 그리스도인인 것처럼 느껴질 때 열왕기상 19장을 읽고, 하나님의 광대하심에 초점을 맞추라.

우리는 하나님의 계획과 목적을 다 설명할 수 없다. 그러나 하나님을 예배하고 하나님을 찬양할 수는 있다(33-36절). 모든 성경 공부의 결과는 예배가 되어야 하고, 모든 예배의 결과는 우리가 사랑하는 하나님을 섬기는 것이 되어야 한다.

"숙명은 현재 그런 것 그리고 마땅히 그래야 하는 것을 말하므로 따라서 이미 결정되어 있다고 말한다. 그러나 참된 교리는 하나님이 숙명을 정하신다고 말한다. 그리고 하나님은 그것이 마땅한 것이기 때문이 아니라 그것이 최선이기 때문에 그렇게 정하신다. 숙명은 앞을 보지 못한다. 그러나 성경은 분명하게 앞을 내다보고 있다. 숙명은 엄격하고, 가혹하며, 인간의 슬픔을 보고 흘릴 눈물이 없다. 그러나 하나님이 정하신 것은 선하고 자비롭다."

찰스 스펄전(Charles Spurgeon)

● 로마서 12장

성경은 교리와 본분을 연결지어 가르치고 있다. 왜냐하면 우리가 어떻게 행동하는지는 우리가 무엇을 믿고 있는지에 따라 달라지기 때문이다. 이 마지막 부분에서 바울은 주님(12:1-2)과 자기 자신(12:3)과 교회(12:4-16)와 원수(12:17-21)와 정부(13장)와 의견이 다른 신자들(14-15장)과의 관계에 대해 논의하고 있다.

변화(Transformation, 1-2절). 하나님의 영은 우리의 마음을 새롭게 함으로 우리의 삶을 변화시키신다(고후 3:18). 그러나 우리가 우리 몸을 하나님께 드리지 않는다면 그렇게 하실 수 없다. 영적 예배를 통해 우리 자신을 하나님께 드릴 때 우리는 하나님의 영광에 합당한 산 제물이 된다.

평가(Evaluation, 3절). 자신을 자신보다 높게 평가하거나 낮게 평가하는 것은 죄다. 그러므로 자신이 누구인지 그리고 하나님이 주신 것은 무엇인지를 제대로 파악하라(갈 6:3-5).

협력(Cooperation, 4-16절). 우리는 각자 완수해야 할 일을 맡고 있는 그리스도의 몸을 이루고 있는 지체들이다. 그러므로 자신이 맡은 부분을 기쁘게 사랑으로 행하라.

변호(Vindication, 17-21절). 경건한 삶을 산다면 원수가 생기게 될 것이다(마 5:10-12, 딤후 3:12). 그러나 모든 판단은 주님께 맡기라. 주님께 맡긴다면 그분이 당신을 다듬으시고, 그리스도를 더욱 닮아가도록 그 원수들을 사용하실 것이다.

◦ 로마서 13장

신자들은 천국의 시민들이다. 그렇다고 이 땅에서의 책임을 회피해서는 안 된다. 신자들은 주님이 영광을 받으실 수 있도록 귀감이 되는 시민들이 되어야 한다(벧전 2:11-17).

율법(Law, 1-7절). 하나님이 인간의 정부를 제정하신 것은 사람들은 죄인이며 통제되어야 하기 때문이다. 정부의 권위는 하나님께로부터 온다. 그러므로 정부 관리를 존경할 수는 없다 할지라도, 그 직무는 존중해야 한다. 처벌이 두려워 순종하는 것은 바람직하지 않다. 그러나 혼란을 초래하는 것보다는 훨씬 낫다.

사랑(Love, 8-10절). 하나님을 사랑하고 이웃을 사랑하기 때문에 순종하는 것이 가장 바람직하다. 사랑은 옳고 바른 것을 행하고, 다른 사람들에게 가장 최선인 것을 추구한다. 천성적으로 우리에게는 그런 사랑이 없다(딛 3:3). 그러나 주님이 그 사랑을 우리에게 주신다(롬 5:5).

빛(Light, 11-14절). 그리스도인들은 주님의 재림이라는 빛에 비추어 자신의 삶을 살아간다. 바울은 "깨어나라. 옷을 입으라. 깨끗이 하라. 그리고 위를 바라보라!"고 권고하고 있다. 그 권고에 주의를 기울이고 있는가?

> "사람들을 훌륭한 그리스도인으로 만드는 것이라면, 그것은 또한 그들을 훌륭한 시민으로 만들 것이다."
>
> 대니얼 웹스터(Daniel Webster)

● 로마서 14장

우리의 사랑은 우리를 핍박하는 믿지 않는 사람들보다는 우리와 의견이 다른 그리스도인들에 의해 아마 더 많은 시험을 받게 될 것이다. 다이아몬드를 자르려면 다이아몬드가 있어야 한다. 하나님의 백성들이 어떻게 살아야 하는지에 대해 당신과 의견이 다른 신자들이 있을 때 어떻게 해야 하는가?

용납(Acceptance, 1-9절). 모든 신자가 다 성숙한 것은 아니다. 사랑은 가족 가운데 성숙한 사람이 어린 사람에게 양보할 것을 요구한다. 사랑은 사람들을 보호하고, 그들이 자랄 수 있는 기회를 제공한다. 사람들은 까다로울 수 있다. 그러나 주님을 위해 그들을 사랑으로 용납해야 한다.

책임(Accountability, 10-12절). 서로 판단하고 비난할 수 있는 권리가 우리에게는 없다. 왜냐하면 주님이 심판관이시기 때문이다. 모든 신자는 다른 사람들의 일에 간섭하지 않고 각자 자신의 책임을 잘 감당하기 위해 힘써야 할 일들이 충분히 많이 있을 것이다.

야망(Ambition, 13-23절). 모든 사람이 다 우리와 의견이 같아야 한다고 생각해서는 안 된다. 다른 사람들을 넘어지게 하는 대신 그들이 그리스도 안에서 자랄 수 있도록 도와주며, 평화를 추구해야 한다. 처음에는 마음 아프게 했던 일이(15절) 다른 사람을 성나게 만들고(21절), 약하게 만드는 것이 될 수 있다(21절). 그리고 다른 사람들을 부딪혀 넘어지게 할 수 있다(13, 21절). 그 결과 형제자매들의 믿음이 무너질 수도 있다(15, 20절). 다른 사람을 넘어지게 만들면서까지 자신의 방법을 고집하는 것이 과연 가치 있는 일이 될 수 있겠는가?

✦ 힘을 얻음 ✦

연약한 그리스도인은 예수 그리스도 안에 있는 자유를 아직 이해하지 못하고 실천하지 못한다. 모세의 율법 아래서 성장한 유대인 신자들은 새로운 삶에 적응하기가 쉽지 않았다. 하나님이 말씀하신 것들을 받아들이고, 믿음으로 그 말씀을 따를 때 양심이 예민해진다. 그러나 그렇게 되기까지는 시간이 걸린다. 그러므로 서로를 향해 인내해야 한다.

● 로마서 15장

연약한 사람들을 위해 져야 할 짐(A debt for the weak, 1-6절). 강한 사람들은 약한 사람들을 지원해주고, 그들이 자랄 수 있도록 도와주어야 한다. 그렇게 하기 위해서는 사랑과 인내가 필요하다. 자기 자신을 기쁘게 하기 위해 살아간다면, 우리는 아버지와 다른 사람들을 기쁘게 하기 위해 사셨던 그리스도의 본을 따를 수 없을 것이다.

잃어버린 사람들을 위해 져야 할 짐(A dept for the lost, 7-21절). 하나님은 유대인들이 이방인들에게 나아가 그들도 주님을 찬양할 수 있도록 인도하게 하시려고 유대인들을 구원하셨다. 그리고 다른 사람들을 주님께 인도하도록 우리를 구원하셨다. 우리에게는 갚아야 할 빚이 있다(1:14).

이스라엘을 위해 져야 할 짐(A debt for Israel, 22-33절). 이방인들은 유대인들에게 빚을 지고 있다(요 4:22). 그리고 그 빚은 유대인들을 위해 기도하고(시 122:6), 사랑으로 그들에게 그리스도를 증거하며, 그들을 돕기 위해 우리의 물질을 지원함으로써 갚을 수 있다.

"자신에게 미치는 영향에 비추어서만 사람들과 사건들을 고려하는 것은 지옥의 현관문 앞에서 사는 것이다."

토마스 머튼(Thomas Merton)

● 로마서 16장

　우리는 바울을 존경한다. 그러나 바울의 사역이 가능할 수 있도록 그를 도왔던 많은 평범한 사람들에 대해서는 잊어버리는 경향이 있다. 바울이 로마서를 입안했다. 그러나 그 편지를 대서한 것은 더디오였다(22절). 그리고 바울이 살면서 일할 수 있는 처소를 제공해주었던 사람은 가이오였다(23절). 그리고 편지를 로마로 가져간 것은 뵈뵈였다. 하나님의 가족 가운데는 하나님께 중요하지 않은 사람이 아무도 없다. 그리고 그 어떤 사역도 중요하지 않은 것이 없다. 하나님이 당신에게 맡기고 싶어하시는 일을 찾아 그 일을 충성되게 하라.
성경에 기록되지 않은 '역사의 감추어진 로맨스'가 있다. 브리스길라와 아굴라가 바울을 살리기 위해 그들의 목숨을 걸었던 때는 언제였는가? 그리고 어떻게 그 일을 수행했는가(3-4절)? 안드로니고와 유니아가 바울과 함께 감옥에 갇혔던 때는 언제인가(7절)? 루포의 어머니가 어떻게 바울의 어머니가 되었는가(13절)? 바울이 로마 성도들에게 분쟁을 일으키는 사람들이라고 경고했던 사람들은 누구인가(17-18절)? 어느 날 천국에서 이 질문들에 대한 대답들을 들을 수 있게 될 것이다!

　그때까지 중요한 것은 주님께 순종하고(19절), 다른 사람들을 '믿어 순종케'(26절) 되도록 인도하는 것이다. 인내와 안위의 하나님(15:5), 소망의 하나님(15:13), 평강의 하나님(16:20)이 복음으로 우리를 능히 견고케 하실 것이다(16:25).

"다른 사람들을 섬기는 우리의 봉사는 사실상 이 땅에서 우리가 살고 있는 집에 대해 우리가 지불하는 집세다."

윌프레드 그렌펠(Wilfred Grenfell)

고린도전서

First Corinthians

아가야의 수도 고린도는 아마도 헬라에서 가장 부유하고 중요한 도시였을 것이다. 또 가장 타락한 도시이기도 했다. 무역의 중심지였던 고린도는 온갖 종류의 종교와 철학이 집결되는 곳이었다. 바울은 제2차 선교 여행 중에 고린도 교회를 개척했고(행 18장), 그곳에서 일 년 반 동안 사역했다.

그가 떠난 후 교회 안에 심각한 문제들이 발생했고, 바울은 단호한 편지를 그들에게 보냈지만 별 성과가 없었다(고전 5:9). 바울은 고린도 교회에 분쟁이 있다는 소식을 들었다(1:11). 그리고 고린도 교회에서 파견한 대표들이 에베소에 도착했는데, 그들은 여러 구체적인 질문들에 대해 바울의 도움을 구하는 편지를 가지고 왔다. 고린도전서는 그 질문들에 대한 바울의 답변이었다.

바울은 교회 안에 있는 죄를 다루고(1-6장), 그들이 제기한 질문들에 대해 대답하고 있다(7-16장, 반복해서 나오는 '… 에 대하여는'이라는 구에 주목하라). 그는 결혼(7장)과 우상 숭배(8-10장)와 공중 예배(11장)와 영적 은사(12-14장)와 부활(15장)과 유대인들을 위해 그가 명한 특별한 헌금(16장)에 대해 설명하고 있다.

바울은 고린도 시에 교회를 개척했다. 그러나 고린도 시가 교회 안으로 들어와 있었다. 그 때문에 교회 안에 수많은 문제들이 발생했다. 고린도 교회 성도들은 로마서 12장 2절에 귀를 기울여야 했고, 그것은 지금 우리도 마찬가지다.

○ 고린도전서 1장

신자들은 모두 '그리스도 안에서 하나'(갈 3:28)이기는 하지만, 교회들은 종종 분쟁으로 인해 고통을 당한다. 그 이유는 무엇일까?

그 한 이유는 그리스도 안에서 우리를 부르신 하나님의 부르심을 잊고 있기 때문이다(2, 9, 24-29절). 우리가 부르심을 받은 것은 전적으로 하나님의 은혜 때문이다. 그리고 그 사실 때문에 우리는 겸손해야만 하고, 서로 사랑하는 일에 열심을 내야 한다(요 15:17).

또 한 가지 이유는 우리에게는 지도자들을 따르며 그들을 추앙하려는 성향이 있기 때문이다. 그리스도는 우리를 위해 돌아가셨고, 우리에게 복 주시기 위해 살아 계신다. 따라서 그리스도가 우리의 최고 지도자가 되셔야 한다.

세 번째 이유는 고린도에서 많이 볼 수 있었던 인간의 지혜와 철학을 의지하기 때문이었다. 세상의 지혜가 교회 안으로 들어왔다. 그러나 그 지혜는 하나님의 지혜와 어울릴 수 없는 것이었다(사 8:20). 다양한 신학들은 하나님의 말씀을 해석하기 위한 학자들의 노력이다. 그러나 그 신학들이 하나님의 말씀은 아니다. 신학 때문에 분쟁이 일어나게 해서는 결코 안 된다.

● 고린도전서 2장

능력(Power, 1-5절). 바울은 웅변술과 지적인 탁월함을 무기로 삼으면서 고린도 지역을 순회하는 교사들을 모방하지 않았다. 바울은 자신이 아니라 하나님을 믿었다(슥 4:6). 그는 죄인들이 그리스도의 능력을 의지하기를 바랐다. 하나님을 섬길 수 있는 능력이 없다고 생각하는 사람들도 아마 있을 것이다. 그러나 하나님은 우리의 연약함을 능력으로 바꿀 수 있는 분이시다. 복음은 여전히 그 능력을 발휘하고 있다(롬 1:16)!

지혜(Wisdom, 6-16절). 유대인들은 능력의 증거를 요구했고, 헬라인들은 지혜를 찾고 싶어했다. 그런데 그 둘 다 예수 그리스도 안에 있다(1:24). 하나님의 심오한 지혜는 성숙한 사람들을 위한 것이다(히 5:12-14). 하나님의 영이 그분의 말씀을 통해 하나님의 아들에 대해 가르쳐주실 것을 간구하라. 그리고 그분 안에서 자라가라.

지혜와 능력은 함께한다. 그 둘은 서로를 필요로 한다. 그리고 그리스도인의 삶이 균형을 유지할 수 있게 해준다.

고린도전서 3장

성숙(Maturing, 1-4절). 우리는 하나님의 말씀이라는 영양가 있는 젖을 먹지 않고는 자랄 수 없다(벧전 2:2). 또 '단단한 음식'을 먹지 않으면 튼튼하게 자랄 수 없다(히 5:12-14, 마 4:4). 우리는 먹는 것과 훈련을 통해 자란다(딤전 4:6-8). 그 둘 다 필요하다. 나이가 영적 성숙을 보장해주는 것은 아니다.

추수(Harvesting, 5-9절). 주님의 추수 밭에서는 누구에게나 할 일이 있고, 누구나 다 주님의 일을 하고 있다(요 4:34-38). 주님만이 그 일을 인정해주시고 보상해주시기 때문에 누구와 경쟁하거나 비교할 필요가 없다. 예수 그리스도가 추수의 주인이신 한 종이 누구인지는 문제가 되지 않는다.

세움(Building, 10-17절). 바울은 교회와 우리가 교회를 섬기면서 사용하는 물질에 대해 쓰고 있다(잠 2:1-5, 3:13-15). 하나님의 말씀을 인간의 지혜로 대신하는 것은 썩기 쉬운 재료로 집을 짓는 것과 같다. 그 재료들은 그리스도의 심판대 앞에서 쉽게 타버릴 것이다.

하나님을 영화롭게 함(Glorifying God, 18-23절). 고린도 교인들은 교사들(1:12)과 인간의 지혜를 자랑으로 여겼다. 따라서 그들은 하나님께 마땅히 돌아가야 할 영광을 하나님에게서 빼앗고 있었다. "누구든지 사람을 자랑하지 말라"고 한 것은 제안이 아니라 명령이다.

"지식이 부족하면 학교에 가라. 지혜가 부족하면 기도하라! 지식은 지혜가 아니다. 지혜는 지식을 적절하게 사용할 수 있는 능력이다."

밴스 해브너(Vance Havner)

고린도전서 4장

삶이란 청지기로 살아가는 것이다. 그러므로 충성하라(1-5절). 우리가 우리 자신을 그리고 다른 사람들이 우리를 판단한다. 그러나 마지막 심판자는 주님이시다. 주님만을 기쁘시게 하는 삶을 살아가라.

삶은 선물이다. 그러므로 겸손하라(6-9절). 우리의 능력과 복은 하나님으로부터 온다. 따라서 그것들을 우리의 공적으로 돌리려 해서는 안 된다. 그것들은 하나님이 주신 선물들이고, 하나님께 드리는 선물로 사용해야 한다. 그리스도인 사역자들을(1:12) 비교해서는 안 된다. 왜냐하면 하나님만이 그들의 마음을 아시기 때문이다.

삶은 전투다. 그러므로 담대하라(9-13절). 지금까지 살았던 가장 위대한 그리스도인들이었던 사도들이 세상의 더러운 것과 만물의 찌끼같이 되었다면, 자랑하기 좋아하는 고린도 교회 교인들은 어떻게 되었겠는가?

삶은 학교다. 그러므로 잘 배우라(14-21절). 바울은 자기 자신을 주님 안에서 자녀들을 가르치고 훈련시켜야 하는 아버지로 보았다. 하나님 아버지는 우리를 가르치시기 위해 많은 손과 목소리들을 사용하신다. 따라서 우리는 인생을 살아가면서 기꺼이 배우려는 자세를 가진 학생이 되어야 한다.

○ 고린도전서 5장

구별(Separation, 1-7절). 이 장의 배경은 유월절이다(출 12장). 음행한 사람의 참석으로 인해 명절이 장례식처럼 되어야 했다(2절). 그러나 교회는 그런 죄인을 통한히 여기며 우는 대신, 오히려 그런 사람이 있음을 자랑하고 있었다. 드러난 죄를 교회 안에서 용납하는 것은 유월절 절기에 허용해서는 안 될 누룩을 허용하는 것과 같은 것이었다.

명절(Celebration, 8절). 바울은 그리스도인의 삶을 '명절을 지키는 것'으로 보았다(8절). 그것은 즉, 그리스도를 양식으로 삼고, 앞으로 나아갈 준비를 하며, 죄(누룩)에 더럽혀지지 않게 하는 것을 의미한다. 어린양이 우리를 자유롭게 한다. 그리고 우리는 약속된 기업을 향해 나아간다.

격리(Isolation, 9-13절). 신자의 삶 속에 있는 죄는 믿지 않는 사람의 삶 속에 있는 죄보다 훨씬 더 해롭다. 우리는 세상으로부터 우리를 격리시킬 수 없다. 그러나 하나님이 불순종하는 신자들을 징계하실 수 있도록 그들과 거리를 유지할 수는 있다.

◆ 교제에 참여함 ◆

"이런 자를 사단에게 내어주었으니"(고전 5:5)라는 구절은 교회의 교제가 영적 안전 장치가 되어야 할 것을 제안하는 것이다. 징계를 받거나 친교에서 격리되면 사탄의 공격을 받기 쉽다. 그렇게 되기보다는 죄를 자백하고, 용서받으며, 교제를 회복하는 것이 훨씬 더 낫다.

● 고린도전서 6장

고린도 교인들은 세상과 타협했을 뿐 아니라, 이방인의 재판을 받기 위해 서로를 법정에 고소함으로써 세상에 증거해야 할 힘을 잃어가고 있었다. 바울은 거듭해서 "너희가 알지 못하느냐?"(2, 3, 15, 16, 19절)고 물었다. 그들은 그리스도인의 삶에 기초가 되는 진리를 모르고 있었다.

우리가 천사들을 심판할 것이다(We will judge angels, 1-8절). 하나님이 이렇게 놀라운 일을 하나님의 백성들인 우리에게 맡기신다면, 오늘 사소한 결정들을 내려야 하는 우리를 도와주실 수 있는 것은 말할 필요도 없지 않겠는가?

우리는 변화되었다(We have been changed, 9-12절). 우리는 과거의 우리가 아니다. 그런데 왜 과거의 삶을 다시 살아야 하는 것인가? 중요한 것은 "무엇이 합법적인가?"가 아니라, "무엇이 유익한 것인가?" 하는 것이다.

우리는 주님의 것이다(We belong to the Lord, 13-20절). 주님이 인간의 몸을 만드셨다. 그리고 성령으로 신자 안에 거하신다. 십자가로 우리를 사셨다. 신자의 몸은 하나님의 것이며, 하나님을 영화롭게 하기 위해 사용되어야 한다.

◆ 피해야 할 유혹들 ◆

"음행을 피하라"(고전 6:18). 이 말은 보디발의 아내의 유혹을 뿌리쳤던 요셉을 상기시켜준다(창 39장) "청년의 정욕을 피하라"(딤후 2:22). 이 말도 같은 훈계다. 마귀의 경우는 대적하라. 그러면 그가 피할 것이다(약 4:7). 그러나 육체의 유혹은 피해 달아나라!

○ 고린도전서 7장

혼인은 선물이다(1-9절). 그리고 누구나 다 똑같은 선물을 받는 것은 아니다. 다른 사람들보다 자제심이 강한 사람들이 있다. 여러 가지 다른 이유들 때문에 혼인하지 않는 사람들이 있다(마 19:11-12). 그리고 각 사람은 하나님의 뜻을 알아야 한다.

혼인은 사역이다(10-16절). 바울은 결혼한 후에 회심하게 된 경우 믿지 않는 배우자와 계속 살아야 하는 것인지를 알고 싶어하는 사람들에게 말하고 있다. 그는 "배우자를 그리스도께 인도할 수 있도록" 그냥 지내라고 말한다. 그리고 그리스도인 부부라 할지라도 주님 안에서 함께 성장하며, 서로 사랑하는 놀라운 사역을 할 수 있다(엡 5:22 이하).

혼인은 소명이다(17-24절). 그리스도인이 되었다고 해서 그리스도를 신뢰하기 전에 가지고 있었던 모든 것이 다 폐기되는 것은 아니다. 유대인은 여전히 유대인이고, 종은 여전히 종이며, 혼인한 사람은 여전히 혼인한 사람이다. 그러나 주님의 도우심으로 더 놀라운 방법으로 소명을 성취할 수 있다.

혼인은 도전이다(25-40절). 바울은 혼인에 따르는 유익을 부인하지 않았다. 그러나 혼인에 따르는 부담들에 - 특히 어려움이 닥칠 때에 - 대해서도 상기시켜 주고 있다. 그리스도인의 가정을 이루는 것은 중요한 사역이다. 가볍게 또는 경솔하게 시작해서는 안 된다.

"성공적인 결혼 생활에는 좋은 상대를 찾는 것 이상의 많은 일들이 포함되어 있다. 또 자신이 좋은 상대가 되는 것이 요구된다."

고린도전서 8장

양심이 통제하는 삶(Life is controlled by conscience). 양심은 옳은 일을 한 것에 대해 칭찬하고, 잘못된 일을 한 것에 대해 책망하는 재판관이다(롬 2:14-15). 양심에 거스르는 죄를 범하게 되면 우리는 속사람에게 무시무시한 해를 가하게 된다.

지식으로 강해지는 양심(Conscience is strengthened by knowledge). 영적인 지식이 자라게 되면 약한 양심이 강해지고, 그리스도 안에 있는 자유를 점점 더 누릴 수 있게 된다. 약한 신자들이 자신의 양심보다 앞서 달리려 해서는 안 된다. 그리고 강한 신자들은 약한 신자들에게 그렇게 할 것을 강요하지 말아야 한다.

사랑과 균형을 이루어야 하는 지식(Knowledge must be balanced by love). 영적 지식은 사람들을 해치는 무기가 될 수도 있고, 또 사람들을 세우는 도구가 될 수도 있다. 지식을 자랑하며 교만해지게 되면 다른 사람들을 해칠 수 있다. 사랑은 진리를 타협하지 않으면서, 다른 사람들에게 양보해야 할 때와 양보하는 방식을 알고 있다. 로마서 14-15장을 복습하라.

"지식은 너무 많은 것을 배워 교만하고, 지혜는 더 이상은 알지 못한다는 것을 알기에 겸손하다."

윌리엄 카우퍼(William Cowper)

고린도전서 9장

우리에게는 자유를 포기할 권리가 없다. 왜냐하면 그 권리는 그리스도가 사신 것이기 때문이다(갈 5:1). 그러나 우리의 권리를 포기할 자유는 우리에게 있다. 잃어버린 사람을 그리스도께 인도하기 위해(12절) 바울은 재정적인 지원을 받을 수 있는 자신의 권리를 포기했고, 고린도 교회 교인들에게도 성도들을 위해 그들의 권리를 포기해줄 것을 부탁했다.

기독교 사역은 전쟁터에서 싸우는 것과 같고, 포도원을 가꾸며, 양 떼를 돌보고, 밭을 일구는 것과 같다(7-11절). 이 일들을 생각해보고, 주님을 섬기는 것에 대해 무엇을 배울 수 있는지 찾아보라.

사역은 청지기 직무다(17절). 그리고 좋은 신실해야 한다(4:2). 그리스도를 섬기는 사람들은 정해진 규정을 지키며 달려야 하고, 그렇지 않으면 실격되는 육상 선수와 같다(24-27절).

19-23절은 증인에게 필요한 것은 타협이 아니라 지혜와 정중함이라는 사실을 보여준다. 바울이 그가 대하는 사람들처럼 된 것은 그에게 개인적인 신념이 없었기 때문이 아니었다. 그것은 벽을 쌓기 위해서가 아니라 다리를 놓기 위해 그의 신념을 사용하였다는 것을 의미한다. 그에게 일관성이 없는 것처럼 보였다면, 그것은 사람들이 그를 충분히 깊이 들여다보지 않았기 때문이었다. 그가 가졌던 하나의 큰 열망은 잃어버린 사람들을 그리스도께로 인도하는 것이었다. 그리고 그 열망에 비추어 그는 모든 결정을 내렸다.

"재치는 적을 만들지 않고 점수를 올릴 수 있는 기술이다."

하워드 W. 뉴턴(Howard W. Newton)

고린도전서 10장

자신의 권리를 계속 주장한다면 약한 신자들을 넘어뜨릴 수 있다. 그리고 자신도 곤경에 처할 수 있다. 어려운 결정을 내려야 할 때 다음 요소들을 고려하라.

하나님의 복(God's blessing, 1-5절). 우리는 세상에서 구속되었고, 예수 그리스도와 연합되었으며, 신령한 식물과 음료로 영양을 공급받고 있다. 그러나 이런 축복들이 우리의 성공을 보장해주는 것은 아니다.

하나님의 심판(God's judgment, 6-12절). 이스라엘 백성들이 죄를 범했을 때 하나님은 그들을 징계하셨다. 그리고 오늘날 하나님의 백성들에게도 그렇게 하실 것이다. 이 부분에서 언급하고 있는 죄를 범하고 있거나, 아니면 그런 죄를 용납하고 있는 것은 아닌가? 하나님은 자신의 자녀들에게 자유를 주신다. 그러나 죄를 범할 수 있는 자유는 그 자유에 포함되어 있지 않다.

하나님의 약속(God's promise, 13-22절). 하나님은 우리가 얼마나 감당할 수 있는지를 아시고 언제나 피할 길을 만들어주신다. 때로는 피하는 것이 가장 현명한 방법이 될 수 있다(14절, 6:18). 언제나 열려 있는 문과 그 너머에 있는 축복을 찾으라.

하나님의 영광(God's glory, 23-33절). 피해야 할 두 가지 극단이 있다. 하나는 그리스도인의 자유라는 이름을 빌어 방종하는 것이고, 다른 하나는 현실 세상에서 살 수 없고, 사리에 맞는 결정들을 내릴 수 없을 만큼 지나치게 까다로워지는 것이다. 다른 사람들을 세워주고 하나님을 영화롭게 하는 것을 구할 때, 무엇을 해야 할지 알게 될 것이다.

"유혹을 피해 달아날 때는 갈 곳의 주소를 남기지 말고 떠나야 한다."

○ 고린도전서 11장

이 장에서 논의하고 있는 문제들은 특정한 지역에 국한된 것들일 수 있다. 그러나 영적 원리는 오늘날 우리들에게도 적용될 수 있다. 공중 예배에 참여하게 될 때 다음 몇 가지 심각한 질문들을 스스로 해보아야 한다.

권위를 훼손하고 있는 것은 아닌가?(Do I dishonor authority?, 1-16절) 사회적 기준이 무엇이건 간에 우리는 주님의 명예를 훼손하지 않도록 조심해야 한다. 하나님은 창조 세계 속에 그리고 교회 속에 지도적인 권위를 제정하셨고, 우리는 그 권위를 존중해야 한다.

교회를 경멸하고 있는 것은 아닌가?(Do I despise the church?, 17-22절) 그리스도 안에서 그리고 사랑 안에서 하나가 된 우리는 서로를 존중해야 한다. 고린도 교회의 부유한 사람들이 애찬에 참여하는 방식은 가난한 사람들을 당혹하게 만들었고, 교회를 수치스럽게 했다.

그리스도의 몸을 분별하고 있는가?(Do I discern the body?, 23-34절) 성찬 예배에 참여할 때 우리는 각자 자기 자신을 돌아보아야 한다. 그리고 우리 죄를 자백하고 주님 앞에서 정직해야 한다. 떡을 떼며 주님의 몸을 의식해야 한다. 그리고 우리와 함께 떡을 떼는 교회의 구성원들 속에서 주님의 몸을 의식해야 한다. 주님의 성찬은 가족 잔치다. 그것은 개인적이어야 하지만, 동시에 이기적이 될 만큼 그렇게까지 개별적이 되어서는 안 된다. 주님의 성찬은 교회의 연합을 증진시키는 한 수단이 되어야 한다.

● 고린도전서 12장

고린도 교회 교인들에게는 특별히 많은 은사가 있었다(1:4-7). 그러나 신령한 은사를 신령하게 사용하지 않음으로써 문제를 야기하는 사람들이 있었다. 바울은 그들에게 다음 세 가지 기본적인 사실을 상기시켜주었다.

주님은 한 분이시다(There is one Lord, 1-11절). 성령은 자신이 아니라 그리스도를 영화롭게 하신다(요 16:14). 성령은 우리의 이기적인 즐거움을 위해서가 아니라 그리스도와 그리스도의 교회를 섬기고, '유익하게' (7절) 하기 위해 우리에게 은사들을 주신다. 성령이 주신 은사를 발견했는가? 그 은사를 주신 것에 대해 하나님께 감사하는가? 그리고 그리스도의 주권을 인정하며 그 은사를 사용하고 있는가?

우리는 한 몸이다(There is one body, 12-31절). 한 몸을 이루고 있는 지체로서 우리는 서로에게 속해 있고 서로를 필요로 한다. 혼자여도 된다고 생각하는 신자들이 어쩌면 다른 사람들을 가장 필요로 하는 사람들일 수도 있다! 한 몸인 우리는 서로 섬기고 서로 보살펴야 한다.

함께 위험해진다(There is one danger, 25절). 우리 신체 중의 한 부분이 다른 부분들로부터 독립을 선언하게 되면 그 부분은 죽기 시작할 것이고, 우리는 의사를 찾아가야 한다. 교회 내에서 벌어지는 분쟁은 교회를 약하고 병들게 만든다(1:10-17). 왜냐하면 혼자 성공할 수 있는 그리스도인은 아무도 없기 때문이다. 동료 그리스도인들을 주신 하나님께 감사하며, 그들을 돌볼 수 있는 방법을 찾고 있는가?

"연합을 이룬 사람들보다 다름의 진정한 본질을 더 잘 이해할 수 있는 사람은 없다."

요하네스 타울러(Johannes Tauler)

○ 고린도전서 13장

사랑의 노래라 불리는 이 장은 고린도 교회 안에 생긴 병을 치료하기 위해 바울이 내린 처방이다. 신자들에게는 영적인 은사가 있었다. 그러나 그들에게는 영적인 자비가 부족했고, 그리스도인의 삶에서 사랑이 왜 그렇게 중요한지를 깨달아야 할 필요가 있었다.

사랑에는 섬기는 특징이 있다(1-3절). 사랑이 있으면 말과 행동이 일치하게 되고, 다른 사람들을 돕게 된다.

사랑에는 성숙함이라는 특징이 있다(4-7절). 고린도 교회 교인들은 서로에게 인내하지 못했고, 서로를 고발하며, 교회 안에서도 죄를 용납했다. 그리고 사랑이 없었기 때문에 문제를 야기했다. 어떤 자질을 가지고 있다 하더라도 사랑이 없으면 그것은 아무것도 아니다.

사랑에는 영원함이라는 특징이 있다(8-13절). 사랑은 쇠하지 않는다. 사랑으로 한 일도 쇠하지 않는다. 사랑이 제일이다. 그리고 가장 위대한 일을 한다. 왜냐하면 '하나님은 사랑이시기'(요일 4:8) 때문이다.

> "하나님은 사랑으로 하지 않은 일들은 그것이 아무리 위대한 것일지라도 미워하신다. 반면에 사랑으로 한 일들은 아무리 작은 것이라도 기뻐하신다."
>
> D. L. 무디(D. L. Moody)

● 고린도전서 14장

교회에 가는 이유는 무엇인가? 하나님의 백성들은 하나님을 예배하기 위해 모인다. 그들은 기도와 찬양을 통해(15절) 그리고 가르치고 권면함으로써(3절) 하나님을 예배한다. 예배는 하나님을 영화롭게 하고, 하나님의 백성들에게 복이 되며(3절), 죄인들에게는 두려움을 느끼게 하고, 죄를 깨닫게 하는 것이 되어야 한다(23-25절).

그런 예배를 드리기 위해서는 예수 그리스도가 우리 삶의 주인이 되셔야 한다. 그리고 우리는 성령께 복종해야 한다. 우리의 영성을 과시하기 위해 교회에 모인다면, 그것은 우리 자신에게도 복이 되지 않을 뿐더러 다른 사람들의 복도 앗아가는 것이 된다. 우리는 하나님을 높이기 위해 모인다.

이 장의 핵심 단어는 '덕을 세우기'(3-5, 12, 17, 26절)이다. 예배는 참석한 사람들을 우쭐대게 만드는 것이 아니라, 주님을 높이고 성도들의 덕을 세우는 것이 되어야 한다.

고린도전서 15장

우리는 살아 계신 주님을 소유한다(We have a living Lord, 1-19절). 예수님은 살아 계신다. 그리고 복음의 메시지는 사실이다! 예수님을 본 증인들이 그들의 증언을 우리에게 전해주었다. 주님을 신뢰할 때 부활의 삶, 영원한 삶을 얻게 된다(요 5:24). 죽음이 더 이상 왕 노릇하지 못하게 된다.

우리는 살아 있는 소망을 소유한다(We have a living hope, 20-49절). 예수 그리스도가 다시 오실 것이다. 그리스도를 믿고 죽은 사람들은 다시 살아나게 될 것이다. 우리는 예수 그리스도의 몸과 같은 영화로운 몸을 갖게 될 것이다(요일 3:1-3). 부활은 복구가 아니라는 사실을 기억하라. 하나님이 흙으로 돌아간 몸을 다시 짜 맞추시는 것이 아니다. 심겨진 씨에서 자라는 꽃과 열매처럼 영광스럽게 된 몸은 '심겨진' 몸과 관계가 있지만, 그 몸과는 다르다.

우리는 활기찬 동력을 소유한다(We have a living dynamic, 50-58절). 예수님이 죄와 죽음을 정복하셨기 때문에 우리에게는 포기할 이유가 없다. 부활과 예수님의 재림을 정말로 믿는다면 58절이 말하고 있는 삶을 살게 될 것이다. 가장 좋은 날은 아직 오지 않았다. 그러므로 주님께 우리의 최선을 드리자.

"하나님의 세상에서는 정직한 사람들에게 실패란 있을 수 없다. 성실하게 한 일과 정직하게 한 말과 기꺼이 한 희생은 결코 헛되지 않는다."

F. W. 로벗슨(F. W. Robertson)

고린도전서 16장

가난한 사람들을 위한 사랑(Love for the needy, 1-4절). 이 부분은 유대에 있는 가난한 성도들을 돕기 위해 바울이 교회들로부터 모으고 있었던 헌금에 관한 지시다(롬 15:25-27). 이 지시에 드러난 원리들은 그리스도인의 헌금에 일반적으로 적용될 수 있다. 우리의 헌금은 자발적이어야 한다. 그리고 하나님이 주신 것

중의 일부를 규칙적으로 그리고 정직하게 헌금해야 한다.

지도자들을 위한 사랑(Love for leaders, 5-12절). 우리에게는 하나님의 종들을 위해 기도함으로써 그분의 일을 촉진시키는 특권이 있다. 바울과 디모데와 아볼로와 같은 사람들에게도 하나님의 백성들의 도움과 격려가 필요했다. 당신은 지도자들을 위해 기도하고 있는가?

교회를 위한 사랑(Love for the church, 13-18절). 사랑과 강건함과 순종은 교회를 튼튼하게 한다. 주님의 일에 헌신된 사람들과 주님 안에서 서로 힘을 얻을 수 있게 해주는 사람들이 있을 때 하나님이 복을 주실 것이다. 사랑으로 섬기는 교회 가족의 일원이 된다는 것은 큰 기쁨이다!

그리스도를 위한 사랑(Love for Christ, 19-24절). "오 주여, 오시옵소서!" 이 기도는 주님의 재림을 매일 기다렸던 바울의 기대를 보여준다. 바울은 계획을 세우면서(5-8절) 그 복된 소망을 그 안에 포함시켰다. 주님을 사랑하는가? 그리고 주님을 사랑하는 사람들을 사랑하는가(딤후 4:8)?

◆ 어떻게 기도하는가? ◆

"주께서 임하시느니라"(고전 16:22)는 아람어 마라나타(maranatha)를 번역한 것이다. 우리는 주기도문을 따라 "나라이 임하옵시며"(마 6:10)라고 기도한다. 그리고 사도 요한은 "주 예수여, 오시옵소서!"라고 기도했다(계 22:20). 우리는 주님의 오심을 열망해야 한다. 고난을 피하고 싶어서가 아니라 주님을 사랑하기 때문에 그리고 얼굴을 맞대고 주님을 보고 싶기 때문이다.

고린도후서
Second Corinthians

고린도 교회의 문제는 점점 더 악화되었고, 바울은 문제를 야기하는 사람들을 대면하기 위해 고린도를 방문하지 않을 수 없었다(고후 2:1 이하). 그리고 엄중한 편지를 써서 디도 편에 보냈다(고후 2:4-9, 7:8-12). 그후 얼마가 지나서 바울은 디도를 만났고, 디도를 통해 들은 좋은 소식에 대한 반응으로 이 고린도후서를 쓰게 되었다.

첫째, 바울은 자신의 사역을 설명하고, 그의 계획을 변경해야 했던 이유를 해명했다(1-7장). 그것은 화해를 간청하는 것이었다. 그런 다음 그는 유다에 있는 교회들을 돕기 위해 헌금을 모을 계획을 상세하게 밝혔다(8-9장). 그것은 협력을 간청하는 것이었다. 고린도 교회 교인들 가운데 바울의 권위에 의문을 제기하는 사람들이 있었기 때문에, 바울은 자신의 사도직을 변호하면서 편지를 마무리했다(10-13장). 그것은 올바른 분별과 말씀에 순종할 것을 간청하는 것이었다.

고린도후서의 핵심 단어는 이런 저런 형태로 29번이나 사용된(NKJV의 경우) '위로'라는 말이다. 그러나 또 고난에 대한 언급도 많이 나오는 것을 볼 수 있다. 매우 사적인 이 편지에서 바울은 마음을 열어 자신의 가장 큰 기쁨과 슬픔을 이야기하고 있다. 어쨌든 그리스도인들도 사람이다. 그리고 자신의 감정을 표현하는 데 솔직해야 한다.

고린도후서 1장

위로가 필요한 그리스도인(Christians need comfort). 교회를 돕기 위해 수고하는 동안 바울은 포기하고 싶을 만큼 많은 고난을 받았다(8-9절). 하나님은 자신의 백성들이, 심지어는 하나님의 뜻을 행하는 재능 있는 사도들마저도 고난을 피해 갈 수 있게 해주지 않으신다. 존 왓슨(John Watson)은 "당신이 만나는 사람들은 모두 전투를 치르고 있는 사람들이다. 그러므로 친절하라!"고 말했다.

위로받는 그리스도인(Christians receive comfort). 하나님은 '모든 위로의 하나님'(3절)이시고, 우리에게 자비가 필요할 때 그 필요한 자비를 베푸실 것이다. 고난은 우연히 일어나는 것이 아니다. 하나님이 정하시고 완벽하게 통제하시는 것이다. 기도하면서, 하나님의 약속들을 주장하면서(18-20절) 그리고 주님과 친밀하게 교제하면서 위로를 받게 될 것이다.

위로하는 그리스도인(Christians share comfort). 하나님의 위로는 주어지는 것이 아니라 대여되는 것이다. 그리고 우리는 그 위로를 다른 사람들에게 전해주어야 한다. 우리가 지금 경험하는 고통은 고난받는 다른 사람들을 격려하는 데 도움이 될 것이다. 고난받을 때 자기 연민에 빠지지 말라. 자기 연민은 우리를 통로가 아닌 저장소가 되게 한다. 하나님이 주신 위로로 다른 사람들을 위로하지 않으면 풀무 속에서의 경험은 낭비되는 것이다. 그리고 그 고난을 낭비하는 것은 비참한 일이다.

◆ 복되신 주님 ◆

고린도후서 1장 3절과 에베소서 1장 3절과 베드로전서 1장 3절의 공통점은 무엇인가? 세 구절 모두 하나님이 그 백성들을 위해 하신 일을 찬양하는 송영으로, 그리스도인의 삶에 있는 과거와 현재와 미래의 복을 다루고 있다는 점이다. 고난 속에서도 주님을 찬양하는 시간을 가지라. 그 시간은 상한 마음을 치유하는 좋은 약이 될 것이다.

"하나님은 우리를 편안하게 만들려고 우리를 위로하시는 것이 아니다.
우리를 위로하는 사람이 되게 하시려고 위로해주시는 것이다."

존 헨리 조웨트(John Henry Jowett)

◉ 고린도후서 2장

감정(Feelings, 1-5절). 사랑의 마음으로 근심하게 된 바울은 문제가 바로잡히기를 바라면서 고린도 교회에 몇 차례 편지했다. 그리고 그것이 그가 사랑하는 친구들을 근심하게 만들었고, 그 소식은 또다시 바울을 근심하게 만들었다. 그러나 그들은 문제를 야기한 사람을 징계했다. 바울은 자신의 감정을 다른 사람들과 나누는 것을 두려워하지 않았다. 감정을 느끼지 않는 사람은 현실과 격리된 사람이다.

용서(Forgiveness, 6-11절). 우리는 자신의 죄를 정말로 회개하는 사람들을 용서하고, 그들을 향한 우리의 사랑을 다시 확인시켜주어야 한다. 그렇지 않으면 그들은 낙심하게 될 것이다. 그리고 사탄에게 비난하고 공격할 기회를 주게 될 것이다(계 12:10). 사랑은 죄를 묵과하지 않는다. 그러나 하나님이 그 죄를 씻어주실 때 그 죄는 가려진다(약 5:20).

향기(Fragrance, 12-17절). 바울은 승리를 거두고 로마로 돌아오는 장군들을 환영하기 위한 행렬을 벌이는 로마의 개선식을 묘사했다. 제사장들이 들고 있는 향은 로마 군인들에게는 생명을 뜻했지만, 투기장에서 사나운 짐승들과 맞서 싸우게 될 전쟁 포로들에게는 죽음을 뜻하는 것이었다. 그리스도가 승리하셨다. 그리고 우리는 그리스도의 승전 축하 행렬에 참여하는 특권을 누리고 있다.

◉ 고린도후서 3장

안디옥과 예루살렘에서 문제를 야기한 율법주의자들이(행 15장) 고린도에 와서도 모세의 율법을 따라 살도록 신자들을 부추겼다. 바울은 새 언약 사역의 경이로움을 보여줌으로써 그들의 입장을 반박했다. 그 배경은 출애굽기 34장 29-35절이다.

새 언약은 마음을 변화시킨다(It changes hearts, 1-3절). 율법은 죄를 드러낼 뿐이지 속사람을 새롭게 하지는 못한다. 성령은 신자의 마음에 하나님의 말씀을 새롭게 새기고 싶어하신다. 그렇게 하실 수 있도록 해드리겠는가?

새 언약은 생명을 준다(It gives life, 4-6절). 율법은 죽이지만, 은혜는 생명을 주고 생명을 유지시킨다. 하나님의 자녀들은 생명의 성령을 통해 하나님과 생명력 있는 관계를 맺고 있다(롬 8:2).

새 언약은 점점 더 영광스러워진다(It gets more and more glorious, 7-16절). 율법의 영광은 - 성전과 제사장과 의식과 하나님의 능력의 장엄한 계시는 - 지나갔다. 그러나 하나님의 은혜의 영광은 남아 있고, 점점 더 영광스러워지고 있다(18절, 잠 4:18).

새 언약은 자유를 준다(It brings freedom, 17-18절). 율법은 속박한다(행 15:10). 그러나 은혜는 예수 그리스도를 더욱더 닮아가게 하는 영광스러운 자유를 준다. 매일 주님을 예배하고 성령께 순종할 때 우리 자신만의 개인적인 변화를 이룰 수 있다.

● 고린도후서 4장

구원에 따르는 영광(The glory of salvation, 1-6절). 교회에 들어온 율법주의자들과 달리 바울은 아무것도 숨기지 않았다. 유대의 종교 제도는 복음을 가렸지만, 바울은 복음을 드러내려 했다. 6절은 창세기 1장 1-3절을 바탕으로 하고 있으며, 옛 창조가 새 창조로 바뀐 것을 보여준다(고후 5:17).

섬김에 따르는 영광(The glory of service, 7-12절). 바울은 사역에 따르는 희생을 감수했다. 그러나 율법주의자들은 명예를 얻으려 했다(3:1). 우리는 질그릇일 뿐이다. 그 안에 복음이라는 보화를 담고 있는 것이 중요하다. 질그릇인 우리는 깨끗해야 하고, 하나님이 쓰실 수 있도록 준비되어 있어야 한다(딤후 2:20-21).

고난에 따르는 영광(The glory of suffering, 13-18절). 예수님은 고난을 받으시고 그 고난을 영광으로 바꾸셨다. 우리도 믿음으로 그렇게 할 수 있다. 겉사람은 사라지게 될 것이라는 사실을 인식하고 있는 한, 겉사람을 돌보는 것은 잘못이 아니다. 속사람에 초점을 맞추라. 속사람은 눈에 보이지 않고 사라지지도 않는다. 가장 좋은 날은 아직 오지 않았다!

"주님, 주님은 제가 나이 들어가고 있다는 사실을 저보다 잘 아십니다. 모든 문제에 대해 그리고 모든 상황에 대해 무언가 말해야 한다고 생각하면서 너무 말을 많이 하지 않게 도와주십시오. 모든 사람들의 일을 바로잡아주고 싶은 열망에 얽매이지 않게 도와주십시오. 때때로 제가 실수할 수 있다는 훌륭한 교훈을 가르쳐주십시오. 변덕스럽지 않고 사려 깊은 사람이 되게 하시고, 으스대지 않고 도움을 베풀 수 있는 사람이 되게 해주십시오. 말년에 제가 원하는 것은 몇몇 친구들뿐이라는 것을 주님은 잘 아십니다."

◦ 고린도후서 5장

우리는 안다(We know, 1절). 여기서 집은 우리가 주님을 만날 때 받게 될 새로운 몸이다(빌 3:20-21). 왜냐하면 하나님은 한 사람의 전부를 온전히 구원하시기 때문이다(고전 15:42-58).

우리는 탄식한다(We groan, 2-4절). 창조 세계가 탄식하고 있고, 하나님의 백성들도 주 예수님이 다시 오실 것을 열망하며 탄식하고 있다(롬 8:18-23). 우리는 죽어서 우리의 '장막'을 떠나는 것을 원하지 않는다. 그 몸이 하늘로부터 오는 하나님의 영광을 '덧입게' 되길 간절히 사모하고 있다(요일 3:1-2). 바울은 자신이 살아 있는 동안 예수님이 오시는 것을 보고 싶어했다.

우리는 확신한다(We are confident, 5-8절). 하나님의 말씀은 죽음과 그 이후에 대한 진리를 우리에게 말해주고 있다. 그리고 하나님의 자녀들은 천국에 가게 될 것을 하나님의 성령이 보증해주신다. 우리는 믿음으로 그 사실을 주장하며 확신을 가지고 살아간다. 그리고 그 확신이 놀라운 평안을 준다!

우리는 하나님을 기쁘시게 하는 것을 목표로 한다(We aim to please Him, 9-21절). 그리스도의 심판대(9-11절)와 그리스도의 사랑(12-16절)과 복음의 능력(17절)과 주님의 명령(18-21절)이 섬기는 삶을 살았던 바울의 영적 동기였다. 당신은 어떤 영적 동기를 가지고 하나님의 뜻을 행하고 있는가?

○ 고린도후서 6장

영접(Acceptance, 1-2절). 교회 안에서 문제를 야기하는 사람들은 실제로 거듭나지 않은 사람들일 경우가 상당히 많다. 그들은 자신들이 구원받았다고 생각할 수도 있지만, 사실은 그렇지 않다. 지금이 하나님의 은혜를 받을 때다. 내일은 너무 늦을 수 있다.

감사(Appreciation, 3-13절). 우리에게 복음을 전해주기 위해 다른 사람들이 감수해야 했던 희생을 우리는 잘 인식하지 못한다. 바울은 사역을 보호하는 데 도움이 되지 않는다면 자신의 고난에 대해 결코 언급하지 않았다(11:16 이하). 교회 안에서의 교제를 당연한 것으로 여기는가? 먼저 복음을 받고 길을 터놓은 사람들에게 감사하고 있는가?

동의(Agreement, 14-18절). 고린도 교회 신자들은 세상과 타협하면서 구별된 삶을 살지 않았다(시 1:1). 하나님은 우리와 친밀하게 교제하고 싶어하신다. 그러나 세상과는 함께 멍에를 메지 않으실 것이다.

○ 고린도후서 7장

깨끗케 함(Cleansing, 1절). 하나님께 우리를 깨끗케 해주시기를 구하는 것(시 51:2, 7)과 우리가 우리 스스로를 깨끗케 하고 부정한 것들을 멀리하는 것(사 1:16)은 별개의 문제다. 구별되기 위해서는 때때로 수술이 필요하다.

위로함(Comforting, 2-7절). 우리에게 기쁨을 주는 사람이 슬픔을 줄 수도 있다. 디도를 통해 고린도 교회가 죄를 범한 사람을 징계했다는 소식을 들은 바울은 크게 기뻐했다. 당신도 디도처럼 누군가의 기도에 대한 응답이 되어주었던 적이 있는가?

분명히 함(Clearing, 8-11절). 회개를 심각하게 생각한다면 분명하게 회개하기 위해 할 수 있는 일을 다 하려 할 것이다. 후회와 연민으로는 충분하지 않다. 회개에는 회복이 따라야 한다.

돌봄(Caring, 12-16절). 바울과 디도는 고린도 교회의 신자들을 돌보았다. 그리고 그 사랑이 마침내 승리를 거두었다. 다른 사람들을 사랑할 때 그것은 위험을 무릅쓰는 것이다. 왜냐하면 그들로부터 상처를 받을 수도 있기 때문이다. 그러나 예수 그리스도처럼 되기 위해 그리고 사랑하는 삶을 살기 위해 위험을 무릅쓰는 것은 그럴 만한 가치가 있다.

◆ 참 회개 ◆

후회는 주로 마음의 문제다. 그리고 자책은 감정의 문제다. 그러나 회개에는 마음의 변화와 죄를 미워하는 것과 바로잡으려는 의지가 모두 요구된다. 의지가 수반되지 않는 뉘우침만으로는 충분하지 않다.

○ 고린도후서 8-9장

고린도후서 8-9장은 유대의 가난한 신자들을 돕기 위해 바울이 모금하고 있던 헌금에 초점을 맞추고 있다. 고린도 교회는 그 모금에 참여하기로 했지만, 태만히 행하고 있었다. 바울은 그들이 한 약속을 상기시켜주면서, 동시에 그리스도인의 헌금에 관한 원리들을 설명했다.

헌금은 주님께 내어드리는 것으로부터 시작된다(It begins with surrender to the Lord, 8:1-7). 자신을 먼저 내어주지 않고는 물질도 내어줄 수 없다(5절, 롬 12:1-2). 주님께 속한 사람은 주지 않기 위한 핑곗거리를 찾아내는 대신, 줄 수 있는 기회를 찾는다.

헌금은 은혜가 그 동기가 된다(It is motivated by grace, 8:8-9). 예수님은 천국에서 부요한 분이셨다. 그러나 우리를 주님의 영원한 부요에 동참케 하시려고 이 땅에서 가난한 삶을 사셨다(십자가에서 돌아가시기까지 하셨다). 그것은 은혜로 된 일이었다. 왜냐하면 주는 것은 은혜이기 때문이다. 율법은 명령하지만, 은혜는 자발적으로 동의하고 기쁘게 행한다.

헌금에는 믿음이 요구된다(It requires faith, 8:10-15). 만나(출 16장)의 예는 하나님이 우리가 필요로 하는 것은 언제나 공급해주신다는 사실을 보여준다. 바울은 풍성한 헌금을 격려하기 위해 파종을 예로 들었다(9:6).

헌금에는 또 신실함이 요구된다(It also requires faithfulness, 8:16-24). 주님의 돈을 다루는 사람들은 헌신적이고 신실한 사람들이어야 한다. 그들은 모든 것을 정직하고 존경받을 만하게 행해야 한다.

헌금은 다른 사람들에게 증거가 된다(It is a testimony to others, 9:1-5). 일 년 전만 해도 고린도 교회의 열정을 본 사람들은 감동하여 헌금을 했다. 그런데 지금은 바울이 그들의 분발을 촉구하지 않을 수 없게 되었다. 사람들에게 칭찬받기 위해 헌금하려 해서는 안 된다(마 6:1-4). 그러나 다른 사람들 앞에서 좋은 본보기가 되어야 한다. 약속을 했다면 그 약속을 지켜야 한다.

헌금은 즐겁게 해야 한다(It must be done gladly, 9:6-15). 헌금을 통해 영적 풍요를 누리고 싶다면(9:11), 헌금할 수 있는 기회를 즐거워하고 기쁘게 해야 한다. 신실하게 헌금하는 사람들을 향한 하나님의 약속을 보라! 그 약속을 어떻게 잃을 수 있겠는가?

> "마게도냐 그리스도인들에게 헌금은 하기 싫은 일이 아니라 도전이었고, 짐이 아니라 복이었다. 피해야 할 어떤 것이 아니라 열망해야 할 특권이었다."
>
> 조지 스위팅(George Sweeting)

○ 고린도후서 10장

사탄은 사람들이 하나님의 빛을 보지 못하게 만들고(4:3-6), 하나님의 진리를 거역하게 만들며(1-6절), 하나님의 사랑을 거부하게 만든다(11:1-4). 바울은 영적인 전투에서 승리할 수 있는 실제적인 조언들을 해주고 있다.

그리스도처럼 되라(Be Christlike, 1절). 담대함은 겸손함과 균형을 이루어야 한다. 왜냐하면 하나님의 능력은 겸손을 통해 경험할 수 있기 때문이다. 우리의 원수는 사탄이지, 그가 그 힘으로 사로잡고 있는 사람들이 아니다.

영적 무기들을 사용하라(Use spiritual weapons, 2-6절). 바울은 아마도 여호수아가 이끄는 이스라엘 백성들의 믿음 때문에 여리고 성벽이 무너졌던 승리를 생각하고 있었을 것이다(수 6장). 에베소서 6장 1-20절을 읽고, 하나님의 전신 갑주를 입고 있는지 확인해보라.

주님을 바라보라(Keep your eyes on the Lord, 7-11절). 바울에게 일관성이 없다고 비난한 고린도 교회 교인들은 사탄이 그들 속에서 일할 수 있는 기회를 준 것이었다.

하나님이 맡겨주신 섬김의 영역을 받아들이라(Accept the sphere of service God gives you, 12-16절). 모든 그리스도인 군사들에게는 채워야 할 자리가 있다. 우리 모두가 주님의 명령을 따른다면 교회는 승리할 것이다.

하나님의 영광만을 구하라(Seek God's glory alone, 17-18절). 하나님만이 주실 수 있는 승리를 우리가 어떻게 자랑할 수 있겠는가? 바울은 영광이 어디로 돌아가야 하는지를 상기시켜주기 위해 예레미야 9장 24절을 인용했다.

○ 고린도후서 11장

바울은 영적 자녀들에 대한 의무를 지닌 아버지와 자신을 비교했다.

보호(Protection, 1-4절). 영적 지도자들은 그리스도를 향한 헌신을 저버리게 만드는 거짓 교사들로부터 교회를 보호해야 한다. 그리스도를 향한 사랑과 구세주를 신뢰하도록 도와준 사람들을 향한 사랑을 잃지 않도록 조심하라.

공급(Provision, 5-15절). 바울에게는 고린도 교회로부터 재정적인 도움을 받을 수 있는 권리가 있었다. 그러나 그는 그 권리를 포기하고 그들을 위해 사랑으로 희생했다. 그런데 그들은 그 희생에 감사하지 않았다! 다른 사람들이 당신을 위해 감수한 희생에 감사하고 있는가? 사람들이 감사하지 않을 때에도 그들을 위해 기꺼이 자신을 희생할 것인가?

고난(Suffering, 16-33절). 바울은 복음과 자기 사역의 권위를 변호하기 위해서만 자신의 고난을 언급했다. 거짓 교사들은 승리한 것을 자랑했다. 그러나 바울은 고난받은 것을 자랑했다.

> "사랑이 없다면 하려 하지 않았을 일을 하고, 받으려 하지 않았을 고난을 받는 것이 희생의 원리다. 사랑이 되돌아올 때 그 희생은 이 세상에서 가장 기쁜 것이 된다. 그리고 그 기쁨에 찬 희생의 삶이 천국인 것이다. 이기적인 세상에서 희생은 가장 고통스러운 일임에 분명하다. 하지만 그 고통이 승리의 원천이 된다."
>
> 윌리엄 템플(William Temple)

● 고린도후서 12장

허락(Permission). 사탄이 욥(욥 1-2장)과 베드로(눅 22:31-34)를 시험하는 것을 하나님이 허락하셨던 것처럼 바울을 공격하는 것도 허락하셨다. 하나님은 바울이 천국을 방문하는 놀라운 경험을 한 후에도 겸손하기를 바라셨다. 하나님의 사랑의 뜻 안에서, 고난에는 다른 방법으로는 이룰 수 없는 목적이 있다. 그러므로 고난을 받아들이라. 그러면 그것은 하늘로부터 오는 복이 될 것이다. 고난에 맞서 싸우라. 그러면 무거운 짐이 될 것이다.

기도(Prayer). 겟세마네 동산에서 기도하셨던 주님처럼(마 26:44) 바울도 자신을 구해주실 것을 세 번이나 기도했다. 그러나 하나님은 바울이 원하는 대로 응답해주지 않으셨다. 하지만 하나님은 그의 필요를 채워주셨고, 하나님의 종이 요청한 은혜를 주셨다. 바울은 그 은혜에 만족했을 뿐 아니라 그 은혜를 가장 중요하게 여겼다. 우리도 그렇게 할 수 있다.

곤혹(Perplexity). 바울은 자신의 육체적인 문제보다 성도들의 죄에 더 관심을 기울이고 있었다. 사랑하는 아버지처럼 그는 고린도 교회를 찾아가 사랑하는 자녀들과 함께 기쁨을 누리고 싶었다. 그러나 바울은 그들을 징계하지 않을 수 없었다. 그러나 징계마저도 사랑을 보여주는 하나의 증거다(히 12장).

> "성공이나 실패를 통해 사람들을 평가하기보다는 그들이 감당한 고난을 통해 평가해야 한다."
>
> 디트리히 본훼퍼(Dietrich Bonhoeffer)

● 고린도후서 13장

고린도로 가려는 계획을 세우면서 바울은 그곳에서 만나게 될 다루기 힘든 사람들을 마음속으로 그려보았다.

불순종하는 사람들(The disobedient, 1-4절). 하나님의 백성들이 왜 하나님께 불순종하면서(12:20) 교회에 일으키는 문제는 말할 것도 없이, 바울에게 문제를 야기하고, 주님을 비통하게 만들고 싶어했던 것인가? 불순종하는 자녀들에게는 그 잘못을 반드시 지적해주어야 한다. 바울은 그들을 위해 신실하고 사랑하는 아버지가 되기로 작정했다.

부적격자(The disqualified, 5-10절). 거듭난 적이 없는 교인들이 있었고, 그 때문에 그들은 문제를 만들고 있었다. 바울은 우리가 믿음 안에 있는지를 확인하기 위해 마음을 살펴보아야 한다고 강조하고 있다.

헌신된 사람들(The devoted, 11-13절). 이들은 주님 안에 있는 참된 형제자매들이고, 구별된 사람들(성도들)이다. 그들은 서로를 사랑하고, 교회의 평화와 순전함을 장려하는 사람들이다. 그들은 영적 성숙을 격려하는 성숙한 사람들이다.

당신은 어느 그룹에 속해 있는가?

◆ 해결책 ◆

모든 교회의 문제들은 겸손함과 정직함을 통해 그리고 고린도후서 13장 13절에 열거된 영적 자원들을 통해 해결될 수 있다. 그 자원들을 이용할 수 있겠는가? 당신은 문제를 일으키는 사람인가? 아니면 문제를 해결해나가는 사람인가?

갈라디아서
Galatians

예루살렘 공회에서 바울이 반박했던 사람들과 같은 거짓 교사들이(행 15장) 로마가 점령하고 있던 갈라디아 지역에 바울이 세운 교회들(행 13-14장) 속으로 몰려들었다. 그들은 그리스도인들을 모세의 율법 아래 얽매이도록 만들려 했기 때문에 우리는 그들을 '유대주의자들'이라고 부른다.

바울은 구원을 베푸신 하나님의 은혜를 강조하고, 그 은혜 때문에 하나님의 백성들이 누릴 수 있는 자유가 어떤 것인지를 설명하기 위해 이 편지를 썼다(갈 5:1). 이 편지는 하나님이 어떻게 예수 그리스도를 믿는 믿음을 통해 자신을 속박에서 구해내셨는지를 설명하는 개인적 증언으로 시작된다(1-2장). 그런 다음 바울은 율법과 은혜의 관계를 보여주는 교리적인 설명을 하고 있다(3-4장). 그리고 그는 은혜와 자유를 일상생활 속에서 어떻게 누려야 하는지를 설명하는 실제적인 적용으로 편지를 마치고 있다(5-6장).

그리스도인의 자유는 예수 그리스도 안에서 우리가 될 수 있는 모든 것이 되는 자유이지, 우리가 하고 싶은 것은 무엇이든 다 할 수 있는 면허증이 아니다. 우리가 경험할 수 있는 가장 최악의 속박은 자기 자신을 위해 살면서 옛 사람의 욕망에 굴복하는 것이다(롬 6장). 성 프란시스 드 살레(St. Francis de Sales)는 "우리에게는 선을 행하거나 악을 행할 수 있는 자유가 있다. 그러나 악을 행하기로 선택하는 것은 자유를 사용하는 것이 아니라 자유를 남용하는 것이다"라고 말했다. 그리스도는 우리가 우리 마음대로 하도록 우리를 자유케 하신 것이 아니다. 우리가 오직 그리스도께 속하고, 또 그리스도께만 속하도록 우리를 자유케 하신 것이다.

◦ 갈라디아서 1장

바울에게 복음은 전해야 할 메시지 그 이상이었다. 복음은 그가 경험한 기적이었다(1-5절). 복음은 '구원을 주시는 하나님의 능력' 이다(롬 1:16). 그리고 우리를 자유케 한다. 그리스도는 '우리를 건지시려고' (4절) 돌아가셨다. 그리스도를 믿었을 때 바울은 자유로운 사람이 되었다. 죄와 율법적인 종교의 사슬이 끊어졌다!

그러나 복음은 바울이 지켜왔던 보물이었다(6-17절). 바울은 복음을 만들어내거나, 다른 사람들로부터 배우지 않았다. 복음은 하나님이 그에게 주신 것이었다(고전 15:1-11). 다른 복음은 있을 수 없다. 복음에 다른 내용을 더하거나 빼거나, 또는 다른 메시지로 대신하는 것은 복음을 파괴하는 것이다. 바울이 복음을 공격하는 사람들을 공격했던 것은 이상한 일이 아니다. 복음을 잃으면 모든 것을 잃게 된다.

복음은 하나님의 백성들을 연합하게 만드는 끈이다(18-24절). 원수 사울이 형제 바울이 되었다. 그리고 그는 한때 자신이 핍박했던 사람들과 교제할 수 있게 되었다. 그리스도인들은 해석과 조직 같은 부차적인 문제들에 대해 서로 동의하지 않을 수도 있다. 그러나 복음의 메시지에 대해서는 모두 동의한다.

"복음은 의논이나 논쟁의 대상이 아니라 선포되어야 하는 것이다."

폴 S. 리즈(Paul. S. Rees)

◦ 갈라디아서 2장

달리는 사람(The runner, 1-5절). 바울은 자신을 경주하는 사람으로 보았다. 그리고 자신이 올바른 궤도를 따라 올바른 목표를 향해 달리고 있다고 확신했다. 유대주의자들은 교회에 굴레를 씌워 우회하게 만들려 하고 있었다(5:7, 행 15장).

청지기(The steward, 6-10절). 하나님은 복음을 하나님의 백성들에게 맡기셨고, 하나님의 백성들은 복음을 수호하고 다른 사람들에게 전해야 한다. 하나님이 찾으시는 사람은 인기 있는 유명 인사가 아니라 신실한 청지기다(고전 4:1-2).

파수꾼(The watchman, 11-13절). 베드로가 복음의 진리에서 벗어난 행동을 하자 바울은 두려움 없이 그의 잘못을 지적했다. 웬델 필립스(Wendell Phillips)는 "끝없이 조심하는 것은 자유가 치러야 할 대가다!"라고 말했다. 그 말은 우리의 영적 자유에도 적용된다.

파괴자(The destroyer, 14-21절). 예수님은 율법을 성취하심으로 율법을 폐하셨다(마 5:17-20). 예수님의 죽음은 성전의 휘장을 찢어놓았다(눅 23:44-45). 그리고 유대인과 이방인 사이를 가로막고 있던 벽을 허물어내렸다(엡 2:14-18). 모세의 율법으로 돌아가는 것은 예수님이 허무신 것을 다시 쌓는 것이며, 우리가 예수님을 믿었을 때 그분이 정말로 우리를 구원하신 것은 아니라고 말하는 것과 같다.

> "휫필드와 웨슬리가 나보다 복음을 더 잘 전했을 수는 있다. 그러나 그들이 더 나은 복음을 전할 수는 없다."
>
> 찰스 스펄전(Charles Spurgeon)

○ 갈라디아서 3장

조사(Examination, 1-14절). 우리의 영적 경험이 유효한 것인지를 확인하기 위해 우리 자신을 돌아보는 것이 좋다(고후 13:5). 성령이 내주하고 계시는가(롬 8:9 참조)? 성령으로 시작하고도(시작할 수 있는 유일한 방법인) 계속 육체의 능력으로 살아가고 있는 것은 아닌가? 아브라함처럼 믿음으로 구원받았는가? 그리고 지금도 아브라함처럼 믿음으로 살아가고 있는가?

설명(Explanation, 15-25절). 유대주의자들은 갈라디아 교인들이 모세에게로 되돌아가기를 바랐다. 그러나 그 정도로는 충분하지 않았다. 우리는 약속이 시작된 아브라함으로까지 되돌아가야 한다. 율법은 약속을 폐기하지 않았다. 율법은 죄를 드러내기 위해 주어진 것이며, 오실 그리스도의 길을 예비하고, 약속을 성취하기 위해 주어진 것이었다. 율법은 몽학선생이지 구세주가 아니다. 거울일 뿐 깨끗하게 해주는 것이 아니다.

권고(Exhortation, 26-29절). 조심하라! 거짓 복음이 구원을, 또 모든 신자가 그리스도 안에서 하나가 되는 하나님의 가족이라는 지위를 빼앗아갈 수 있다. 약속의 후사로서 누릴 수 있는 영적 풍요를 빼앗아갈 수 있다. 당신은 그리스도 안에서 소유하고 있는 자유를 누리고 있는가?

● 갈라디아서 4장

당신은 예수 그리스도를 믿는 믿음을 통해 하나님의 자녀가 되었는가? 그렇다면 당신은 후사이고, 그리스도께 속한 모든 것이 당신의 것이 되었다(엡 1:3)! 가족의 유산을 물려받기 위해 자녀는 성숙할 때까지 기다려야 한다. 그러나 하나님의 자녀들은 지금 하나님의 유산을 받을 수 있다(빌 4:19).

당신은 예수 그리스도를 믿는 믿음을 통해 하나님의 자녀가 되었는가? 그렇다면 당신은 자유롭다! 아이는 어른들의 보호 속에서 통제를 받는다. 그러나 성인이 된 자녀는 자유를 누린다. 율법 아래에서 사는 것은 종으로 사는 것이다. 하나님은 자신의 자녀들이 그리스도 안에서 그들이 받은 자유를 누리게 되길 바라신다.

당신은 예수 그리스도를 믿는 믿음을 통해 하나님의 자녀가 되었는가? 그렇다면 당신은 성령께 복종하면서 예수님처럼 될 수 있다(19절, 고후 3:18).

당신은 예수 그리스도를 믿는 믿음을 통해 하나님의 자녀가 되었는가? 그렇다면 당신은 약속의 자녀이기 때문에(21-31절, 창 16장) 하늘에 있는 당신의 시민권은 안전하다. 당신은 자유롭게 태어났다!

❖ 그리스도 안에 있는 자유 ❖

알레고리(allegory)는 등장 인물들과 사건들을 통해 깊은 교훈을 가르치는 이야기를 말한다. 존 번연(John Bunyan)의 「천로역정(Pilgrims's Progress)」이 그 좋은 예다. 바울은 그리스도 안에 있는 자유를 보여주기 위한 예를 들기 위해 창세기 16장을 사용했다. 하갈은 율법을 나타내는 반면, 사라는 하나님의 은혜를 나타낸다. 이스마엘은 육체를 통해 태어난 반면(첫 번째 탄생), 이삭은 하나님의 능력을 통해 태어났다(거듭남). 아브라함은 믿음을 상징한다. 따라서 이삭은 '은혜(사라)를 인하여 믿음(아브라함)으로 말미암아'(엡 2:8) 태어났다. 유대주의자들은 하갈을 다시 불러오고 싶어했지만 그녀는 추방되었다. 왜냐하면 율법과 은혜는 공존할 수 없기 때문이다. 하갈처럼 율법은 일시적으로 그 역할을 수행했던 종이었다. 아들이 온 이래로 그 역할은 끝이 났다.

◉ 갈라디아서 5장

자유롭게 서 있는가?(Are you standing free?, 1절) 그리스도 안에 있는 자유는 예수님이 목숨을 바치신 값비싼 것이다. 우리는 주님 안에서 자유롭게 설 수 있다. 율법의 멍에가 제거되었기 때문이다(행 15:6-11).

떨어지고 있는가?(Are you falling?, 4절) 은혜에서 떨어진다는 것이 구원을 잃는다는 의미는 아니다. 그것은 은혜 아래에서 율법 아래로 옮겨간다는 것을 의미한다. 또한 율법을 따르는 것으로 주님과의 인격적인 교제를 대체하는 것을 의미한다.

제 궤도를 달리고 있는가?(Are you running on course?, 7절) 아니면 거짓 교훈을 따라 궤도에서 벗어나고 있는가?

누룩이 되고 있는가?(Are you being leavened?, 9절) 예수님은 죄를 묘사하기 위해 누룩을 사용하셨다(마 16:6-12). 효모처럼 거짓 가르침은 조용하게 들어오고, 비밀스럽게 자란다. 그리고 곧 우리 삶의 모든 영역에 영향을 미친다.

다른 사람들을 섬기고 있는가?(Are you serving others?, 13절) 자유에는 섬겨야 할 책임이 따른다. 사랑은 하나님의 율법을 성취할 수 있는 동기를 부여해준다(롬 13:8-14).

성령 안에서 행하고 있는가?(Are you walking in the Spirit?, 16절) 율법이 아니라 생명이 행동을 바꾼다. 그리고 성령께 복종할 때 그리스도의 생명이 성령의 열매로 나타나게 된다.

율법은 외부로부터 오는 강요에 의해 작동된다. 그러나 은혜는 내면으로부터 나오는 동정심에 의해 작동된다.

> "우리가 '나는 성령을 믿는다'라고 말할 때마다 그것은 인간이 되셔서 인간을 변화시킬 수 있는 그리고 기꺼이 그렇게 하시는 살아 계신 하나님이 존재하신다는 사실을 믿고 있음을 의미하는 것이다."
>
> J. B. 필립스(J. B. Phillips)

○ 갈리디아서 6장

다른 사람에게 겸손하라(See others humbly, 1-2절). 다른 사람들이 넘어진 것에 대한 우리의 반응은 그것이 영적이건 아니건 간에 우리 자신을 반영해준다. 교만은 넘어진 사람들을 도와줄 수 없게 만든다. 그러나 겸손은 자신과 다른 사람들에게 복을 불러올 것이다.

자신에게 정직하라(See yourself honestly, 3-5절). 자신을 좀 더 나아 보이게 만들려고 다른 사람들이 넘어진 것을 이용하는가? 아니면 자신을 알고, 자신을 용납하며, 하나님만 기쁘시게 하려 하는가?

지도자들에게 감사하라(See your leaders appreciatively, 6-10절). 우리가 가진 것들을 우리를 섬기는 사람들과 나눌 때 그것은 열매를 맺게 될 씨를 뿌리는 것이다. 그러나 그것들을 악한 일에 사용한다면, 그것은 육체를 뿌리고 슬픔을 거두어들이게 될 것이다.

십자가를 분명히 바라보라(See the Cross clearly, 11-18절). 거짓 교사들은 세상의 찬사를 받고 싶어했다. 그래서 그들은 십자가를 피했다. 그러나 참 신자들은 십자가가 비록 세상의 미움을 받는 고통을 뜻한다 할지라도 십자가를 자랑으로 여긴다.

◆ 신실하게 회복시키라 ◆

갈라디아서 6장 1절에서 '바로잡다'라고 번역된 단어에는 '어긋난 뼈를 맞추다'라는 뜻도 있다. 은혜에서 떨어진 형제나 자매를 도우려 할 때 우리는 그들을 사랑으로 대하고 매우 친절해야 한다. 왜냐하면 우리의 행동이 그들과 그리스도의 몸에 영향을 미치기 때문이다.

에베소서

Ephesians

제2차 전도 여행 중에 바울은 에베소를 방문하면서 아굴라와 브리스길라를 그곳에 남겨두었다(행 18:19-21). 그리고 2년 후 다시 에베소를 찾아가 3년 동안 사역하며 소아시아 전 지역에 복음을 전했다(행 19장). 몇 년 후 로마에 갇히게 된 바울은(3:1, 4:1, 6:20) 에베소에 있는 신자들에게 이 편지를 썼다.

에베소서의 중요한 주제는 하나님이 교회를 통해 이 세상에서 일하시며, 모든 것을 통일되게 하신다는 것이다(1:10). 처음 세 장에서 바울은 그 일을 구원(1장)과 부활(2:1-10)과 화해(2:11-3:21)로 설명했다. 4-6장에서는 신자들의 책임을 하나님의 위대한 목적에 비추어 설명하고 있다. '행하라'는 말이 강조되어 있는 점에 주목하라.

에베소는 중요한 도시였고, 고대 사회의 7대 불가사의 가운데 하나인 아데미 신전을 큰 자랑거리로 여기고 있었다. 에베소는 우상 숭배에 골몰했다. 그것은 바울이 마귀를 물리치는 일에 대해 왜 그렇게도 할 말이 많았는지 그 이유를 설명해준다(6:10 이하).

에베소서는 그리스도인의 삶 속에서 이루어져야 할 교리(1-3장)와 의무(4-6장) 사이의 균형과 하나님의 주권과 인간의 책임 사이의 균형을 보여주고 있다. 우리는 하나님의 은혜를 받기 위해 순종하는 것이 아니라, 이미 주신 은혜에 대한 반응으로 순종하는 것이다.

에베소서 1장

하나님께 속한 구원(Salvation is of God). "구원은 여호와께로서 말미암는"(욘 2:9) 것이다. 그리고 인간은 자신을 구원할 수 없다. 우리는 하나님 아버지(1-6절)와 아들(7-12절)과 성령(13-14절)으로부터 오는 신령한 복을 받고, 예수 그리스도 안에서 살아가며 섬기는 데 필요한 모든 것을 갖게 된다.

은혜로 말미암는 구원(Salvation is all of grace). 바울은 편지 전체를 통해, 특히 2장 1-10절에서 은혜로 말미암는 구원을 강조하고 있다. 은혜는 받을 자격이 없는, 또는 받기에 합당치 않는 사람들에게 주시는 하나님의 호의다.

하나님의 영광을 위한 구원(Salvation is for God's glory). 하나님은 죄인들의 문제를 해결해주시기 위해서가 아니라, 자신을 영화롭게 하시기 위해 죄인들을 구원하신다(6, 12, 14절, 3:21). 교회는 영원토록 하나님을 영화롭게 할 것이다!

하나님의 위대하심을 드러내는 구원(Salvation reveals God's greatness, 15-23절). 하나님의 놀라운 능력을 볼 수 있게 영적인 눈을 열어주시도록 기도하라. 예수님은 살아 계시고, 모든 적을 물리치고 승리하셨다! 우리는 삶의 모든 필요를 채우기 위해 하나님의 능력을 의지할 수 있다.

◆ 하나님의 뜻에 합당한 기도 ◆

에베소서에서 볼 수 있는 두 기도는 서로를 보완해주고 있다. 에베소서 1장 15-23절은 하나님이 그리스도 안에서 우리를 위해 하신 일에 초점을 맞추고 있다. 반면 3장 14-21절은 하나님의 복을 경험하는 것에 대해 강조하고 있다. 첫 번째는 깨우침을 위한 것이고, 두 번째는 능력을 위한 것이다. 바울이 감옥에서 드린 또 다른 기도들은 빌립보서 1장 9-11절과 골로새서 1장 9-12절에서 볼 수 있다. 우리도 그가 드린 그 기도들을 하면서 하나님의 뜻에 합당한 기도를 하고 있다는 사실을 알 수 있게 될 것이다.

● 에베소서 2장

죽음에서 생명으로(From death to life). 죄인들은 그저 도움이 필요한 아픈 사람들이 아니라, 생명이 필요한 죽은 사람들이다. 하나님의 아들은 우리가 그분을 믿는 믿음을 통해 생명을 얻을 수 있도록 우리를 위해 목숨을 바치셨다(요 5:24).

속박에서 자유로(From bondage to freedom). 죄인들은 세상과 육체와 사탄에게 얽매여 있고(1-3절), 스스로 자유로워질 수 없다. 그들은 그리스도 안에서 참 자유를 얻게 된다(요 12:31-32, 갈 1:4, 5:24). 하나님은 지금 우리 안에서 일하시고, 우리를 통해 하나님의 원대한 목적을 이루어가신다(10절).

무덤에서 왕좌로(From the tomb to the throne). 우리를 무덤에 머물러 있게 하시려고 하나님이 우리에게 생명을 주시는 것이 아니다. 하나님은 승리하신 하나님의 아들과 함께 왕좌에 앉게 하시려고 우리를 들어올리신다.

분열에서 화해로(From separation to reconciliation). 예수 그리스도 안에서는 유대인과 이방인이 하나가 된다. 장벽들이 제거되었다. 신자들은 한 몸을 이루는 지체들이고, 거룩한 나라의 시민들이며, 한 성전을 이루는 산 돌들이다(벧전 2:1-10).

이 모든 것은 하나님의 놀라운 사랑(4절)과 하나님의 자비와 은혜(7절)로 말미암은 것이다. 바울이 송영으로 이 편지를 시작한 것은 당연한 일이었다(1:3).

에베소서 3장

목적(A purpose). "이러하므로"(1, 14절)는 바울이 2장 마지막 부분에서 언급한 교회를 세우는 일을 가리키는 것이다. 교회를 세우는 것이 그가 기도하고 섬기는 일 뒤에 있는 목적이었다. 예수님은 "내가… 내 교회를 세우리니"(마 16:18)라고 말씀하셨다. 그리고 그 일을 이루시기 위해 사람들을 사용하신다. 당신이 기도하고 섬기는 동기는 교회를 세우기 위한 것인가?

범위(A parenthesis). '이방'(1절)이라는 말이 바울을 감옥에 갇히게 했다(행 22:21). 하나님은 바울에게 이방인들에게 복음을 전하고, 유대인과 이방인들에게 하나님의 '신비(신령한 비밀)'를 설명하는 특별한 임무를 맡기셨다. 하나님이 이 세상에서 하나님의 교회를 세우시면서, 모든 일들이 조화를 이루게 하신다. 하나님을 돕고 있는가?

기도(A prayer). 이 기도는 하나님의 사랑과 능력의 위대하심을 보고 꼭 붙잡기 위한 영적인 비전을 구하는 것이다. 하나님은 우리가 '서로 연결된 성전' (2:21) 과 '온 가족' (3:15)과 '온 몸' (4:16)과 '모든 성도' (3:18)를 배려하고 섬기기 원하신다. 편협한 삶이 피상적이고 약한 삶으로 이어지고 있는 것은 아닌가?

○ 에베소서 4장

"마귀로 틈을 타게" (27절) 하는 것은 우리 삶에서 자백하지 않은 죄가 사탄에게 기회를 주는 것을 허용한다는 의미다. 피해야 할 다음 몇 가지 죄들이 이 장에 언급되어 있다.

불화(Disunity, 1-13절). 신자들은 "예수 안에서 하나이다"(갈 3:28). 그리고 그 영적 연합을 일상생활 속에서 실천하기 위해 노력해야 한다. 사탄은 자기 마음대로 하고 싶어하는 사람들을 이용한다.

미성숙(Immaturity, 14-16절). 영적인 출생은 예수 그리스도를 닮아가는 영적 성숙으로 이어져야 한다(벧전 1:22-2:3). 그리스도 안에서 성숙하게 되면, 사랑 안에서 참된 것을 말할 수 있게 됨으로써 그 성숙이 드러나게 될 것이다. 사탄은 거짓말쟁이고 살인자다(요 8:44). 그러나 신자들이 사랑과 진리를 실천할 때 사탄은 성공할 수 없다.

부도덕(Impurity, 17-32절). 신자들은 옛 삶에서 자유롭게 되었다. 그런데 왜 옛 죄들 속에서 살아가는 것인가? 옛 삶에 속한 악한 것들이 새로운 삶 속에 들어오게 되면 사탄에게 교두보를 내주게 된다. 바울은 거짓말과 분노와 도적질과 더러운 말과 악의와 용서하지 않는 마음 등을 들고 있다. 이런 죄들은 사탄을 우리 삶 속에 들어오게 하고, 우리 자신과 교회를 상하게 하며, 하나님의 영을 탄식하게 만든다. 그런데도 그런 죄를 지어야 하는 것인가?

○ 에베소서 5장

바울은 경건한 삶을 살도록 격려하면서 우리를 성전으로 데려가(1-7절) 예수님이 우리를 위해 자신을 제물로 드리신 제사를 상기시켜준다. 사랑을 실천하는 삶을 살게 되면 우리의 삶은 하나님께 향기로운(요 12:1-8) 산 제사가 될 것이다(롬 12:1-2, 빌 2:17). 죄는 추하고 하나님이 싫어하시는 악취다(사 3:24).

그런 다음 바울은 밭으로 가서(8-14절) 빛 가운데 살아갈 때 영적 열매를 맺게 된다는 사실을 우리에게 상기시켜주고 있다(갈 5:22-23). 빛 속에서 행한다면 우리는 어둠과 교제할 수 없다(고후 6:14-18). 바울은 시장으로 가서(15-17절) 기회를 살 줄 아는 훌륭한 상인처럼 될 것을 우리에게 상기시켜주고 있다. 지혜롭게 살아갈 때 우리는 시간을 지혜롭게 사용할 것이다.

이제 우리는 바울을 따라 연회장으로 가게 된다(18-21절). 그리고 성령 안에서 살아가며(갈 5:16-26), 기뻐하고 감사하며, 피차 복종하는 것을 배우게 된다.

바울이 마지막으로 찾아간 곳은 집이다(22-33절). 그곳에서 그는 그리스도와 교회의 관계를 보여주기 위해 혼인을 예로 들고 있다. 그리스도는 우리를 사랑하셨고, 우리를 위해 돌아가셨다. 그리고 지금 우리를 사랑하시며 우리를 돌보신다. 이 친밀한 삶은 아가서에 그려져 있고, 주님을 따르는 모든 사람들은 그렇게 살 수 있다.

◆ 성령의 영향 아래 ◆

'충만하다'라는 말은 '통제를 받다'라는 뜻이다(눅 4:28, 5:26). 오순절날 성령으로 충만해진 신자들은 술에 취했다는 비난을 받았다(행 2:13). 술에 취한 사람이 알코올의 영향 아래 있게 되는 것처럼, 신자는 성령이 영향 아래 있어야 한다. 그러나 그 둘 사이에는 중요한 차이점이 있다. 술에 취한 사람은 자제력을 잃게 된다. 그러나 성령은 신자들에게 절제할 수 있는 힘을 주신다(갈 5:23). 술에 취한 사람은 오래 지속되지 않는 인위적인 행복을 느끼는 반면, 성령으로 충만한 신자는 마음속 깊은 곳에서 느껴지는 기쁨을 주님 안에서 누리게 된다. 술에 취한 사람들은 다른 사람들에게 해가 되고, 자신을 수치스럽게 만드는 어리석은 일들을 한다. 그러나 성령으로 충만한 신자들은 다른 사람들을 돕고, 하나님을 영화롭게 하는 삶을 산다.

○ 에베소서 6장

성령으로 충만한 그리스도인들은 가정에서(1-4절), 일터에서(5-9절) 그리고 전쟁터에서(10-20절) 그리스도를 닮은 모습을 드러낼 것이다. 가정에서 순종하는 것을 배우지 못하면, 일터에서나 주님의 군대에서도 순종하려 하지 않을 것이다. 또 명령을 따르는 것을 배우지 못한다면, 부모로서 또는 고용주로서 명령해야 하는 일을 잘 하지 못하게 될 것이다.

가정에서 위험한 사람은 권위주의적이면서 영적 권위를 사랑스럽게 행사하지 않는 부모다. 직장에서 위험한 사람은 게으름을 피우면서 마음으로 순종하지 않는 종업원과, 자신이 최고 명령권자가 아니라는 사실과 주님 앞에서 책임을 평가받게 날이 오리라는 사실을 망각하고 있는 고용주다.

전쟁터에서 위험한 일은 적을 심각하게 생각하지 않은 채 전신 갑주를 입지 않고 적을 맞이하는 것이다. 매일 아침, 가장 먼저 믿음으로써 기도를 통해 전신 갑주를 입어야 한다. 마귀의 능력과 전략을 결코 과소평가하지 말라.

"십자가 군병들아"

십자가 군병들아 주 위해 일어나
네 힘이 부족하니 주 권능 믿어라
복음의 갑주 입고 늘 기도하면서
너 맡은 자리에서 충성을 다하라.

조지 더필드(George Duffield)

빌립보서

Philippians

바울의 제2차 선교 여행 때 세워진 빌립보 교회(행 16장)는 바울에게 큰 기쁨이 되었다. 바울이 로마 감옥에 있다는 소식을 들은 빌립보 교인들은 특별히 모금한 사랑의 헌금을 그에게 보냈고, 바울은 감사를 표현하기 위해 이 편지를 썼다. 그는 또 그의 사자인 에바브로디도가 왜 지체하게 되었는지를 설명하고, 교회의 연합을 위해 신자들이 함께 수고할 것을 격려하기 위해 이 편지를 썼다.

이 편지의 가장 중요한 주제는 예수 그리스도와 복음 사역이다. 그리스도는 사역의 메시지이시고(1장), 본보기이시며(2장), 동기이시고(3장), 방법이시다(4장). 기쁨 역시 편지 전체를 엮고 있는 주제다. 바울은 그가 처한 어려운 환경에도 불구하고 주님 안에서 기뻐했고, 그의 독자들에게도 그렇게 할 것을 격려했다. 주님 안에서 누리는 기쁨이 섬김의 능력이 된다(느 8:10).

○ 빌립보서 1장

바울은 "내게 사는 것이 그리스도니"(21절)라고 썼다. 그러나 그는 그렇게 쓴 것으로 그치지 않고, 그렇게 살았다. 이 장에서는 예수 그리스도가 18번이나 언급되었고, 바울이 살아온 삶의 많은 영역에 관여하신 분으로 나타나 있다.

바울의 친구들(His friends, 1-11절). 바울은 빌립보 성도들을 사랑했나. 그들에 대해 생각했고, 그들을 위해 기도했으며, 그들을 간절히 보고 싶어했다. 그리스도가 그런 교제를 가능케 해주셨다.

바울이 처한 환경(His circumstances, 12-18절). 그는 로마의 죄수가 아니라 예수 그리스도의 포로였고, '그리스도' 안에 매여 있었다(13절). 바울은 로마서 8장 28절을 실천하고 있었고, 그렇게 되었다. 어려운 환경에 처할 때 그리스도를 먼저 생각하는가?

바울의 미래(His future, 19-26절). 바울의 목숨은 위험에 처해 있었다. 만일 소송에서 패한다면 그는 로마의 적으로 여겨져 죽임을 당할 수도 있었다. 그러나 그리스도가 우리의 생명일 때 더 이상 죽음은 우리의 적이 아니다. 삶이 끝날 때 그리스도와 함께하게 될 것이라는 확신이 있기 때문이다.

바울의 적들(His enemies, 27-30절). 고난을 받을 때 그 고난이 그리스도를 위한 것이라면 우리는 우리의 대적을 두려워할 필요가 없다. 가장 중요한 것은 하나님의 백성들이 서로 싸우는 것이 아니라, 그리스도 안에서 연합하여 적과 맞서는 것이다.

◆ **그리스도께 민감한 삶** ◆

말트비 뱁콕(Maltbie Babcock)은 "산다는 것은 우리가 무엇인가에 민감하다는 것이다"라고 썼다. 스포츠광들은 따분해하다가도 곧 벌어질 경기 소식에 다시 생기가 돌고, 현장으로 달려가 그 경기를 보고 싶어한다. 배고픈 사람들은 음식이라는 말에 민감한 반응을 보인다. 그리고 쇼핑을 좋아하는 사람들은 세일 소식에 귀를 쫑긋 세운다. 그리스도인들은 예수 그리스도와 관련된 모든 것들에 민감해진다. 왜냐하면 그리스도가 바로 그들의 삶이기 때문이다.

● 빌립보서 2장

주의하라(Look out, 1-11절). 그리스도는 자신이 아니라 다른 사람들을 먼저 생각하셨다. 그렇기 때문에 그분은 그리스도인들의 삶과 섬김의 본보기가 되신다. 당신은 자기 자신만을 생각하는가? 아니면 다른 사람들의 유익을 먼저 생각하는가? 예수 그리스도가 보여주셨던 종의 자세를 가지고 다른 사람들을 위해 기꺼이 희생하는가? 다른 사람들이 채워질 수 있도록 자신을 비우는가?

이루라(Work out, 12-16절). 주님께 복종할 때 그분이 우리 안에서 그리고 우리를 통해 일하신다. 그렇게 함으로써 우리 각자를 향한 주님의 목적이 이루어지게 되는 것이다(엡 2:10). 하나님이 우리 안에서 먼저 일하시지 않고는 우리를 통해 일하실 수 없다. 그러므로 주님이 그분의 방식으로 일하실 수 있게 해드리라. 우리는 어두운 세상을 밝히는 빛이고, 죽은 세상에 살아 있는 하나님의 말씀을 전하는 사자들이다.

쏟아부으라(Poured out, 17-30절). 이 말은 제단에 쏟아부었던 전제(민 15:1-10)에 비유한 것이다. 바울은 기쁜 마음으로 주님과 교회를 위해 자신의 삶을 기꺼이 쏟아부었다. 디모데와 에바브로디도 역시 다른 사람들을 위해 자신들을 내어주는 희생과 섬김의 자세를 견지했다.

"나는 하나님의 선물들이 아래서 위로 차곡차곡 쌓여 있다고 생각했다. 그래서 그리스도 안에서 우리의 키가 자라면 자랄수록 그 선물들을 더 쉽게 가질 수 있을 것이라고 생각했다. 그러나 지금은 하나님의 선물들이 위에서 아래로 쌓여 있다는 것을 알게 되었다. 그러므로 위로 얼마나 자라는지가 아니라 아래로 얼마나 굽힐 수 있는지가 중요한 것이다."

F. B. 마이어(F. B. Meyer)

○ 빌립보서 3장

기쁨(Rejoicing, 1절). 주어진 환경 속에서 기뻐할 수 없다면, 그 환경을 다스리시는 주님 안에서는 언제나 기뻐할 수 있다. 늘 주님을 바라보라. 그분이 당신의 상황을 바꾸어주지 않으실 수도 있다. 그러나 주님이 당신을 변화시키실 것이다. 그리고 그것이 훨씬 더 좋을 것이다.

계산(Counting, 2-11절). 당신은 무엇을 중요하게 여기는가? 주님을 따르기 위해 희생했다고 생각하는가? 바울은 그리스도를 신뢰하면서 아무것도 잃지 않았다고 생각했다. 대신 그는 정말 가치 있는 모든 것을 얻었다.

푯대(Reaching, 12-16절). 주위를 둘러보거나 뒤를 돌아보지 않고 달리는 육상선수처럼 그리스도인들은 목표를 바라보고 계속 달린다. 과거의 승리나 실패를 돌아보거나, 주위 사람들이 무슨 말을 하고 무엇을 하고 있는지에 주의를 기울인다면 그것은 패배를 자청하는 것이다. 히브리서 12장 1-2절을 명심하라.

눈물(Weeping, 17-19절). 기쁨을 이야기하는 편지 속에서 유일하게 눈물이 언급된 부분이다. 바울은 그리스도인이라 말하면서 자신의 즐거움만을 추구하며 살아가는 사람들 때문에 눈물을 흘렸다. 그리스도의 마음을 품는 대신 그들은 세상 사람들과 같은 사고방식을 가지고 있었다. 지금도 그런 사람들이 우리와 함께 살아가고 있다.

기대(Looking, 20-21절). 바울은 위를 바라보았고 주님의 재림을 고대했다. 그리스도가 그를 돌봐주셨고(13절), 앞으로도 돌보실 것이다. 그리고 바울은 주님이 '하실 수 있는 분'(21절)이라는 사실을 확신하고 있었다.

● 빌립보서 4장

기독교 사역의 메시지는 그리스도의 복음이다(1장). 그리고 그리스도가 사역의 본보기가 되신다(2장). 사역의 동기는 그리스도의 상급이고(3장), 그리스도의 공급하심이 사역의 방법이 된다(4장).

동료 그리스도인들이 서로 의견이 다를 때 그리스도가 그들을 연합하게 하신다(1-5절). 그리고 걱정에 휩싸이기 쉬운 우리에게 평안을 주신다(6-9절). 기도해야 하는 대로 기도하고, 생각해야 하는 대로 생각한다면 하나님의 평강이 우리를 지키시고, 하나님의 평강이 우리와 함께하실 것이다.

살아가고 섬기는 데 필요한 능력(10-13절)과 자원들(14-20절)을 그리스도가 공급해주신다. 바울에게는 그를 지원해주는 부유한 조직이나 기관이 없었다. 그러나 아낌없이 주는 그의 친구들을 통해 모든 필요를 채워주셨던 위대한 하나님이 계셨다. 바울은 그들의 선물을 주님께 드리는 향기로운 제물로 보았고(18절), 그들이 행한 일로 인하여 주님 안에서 기뻐하였다.

◆ 잠재력을 살리라 ◆

찰스 W. 콜러(Charles W. Koller)는 그리스도를 통해 우리는 우리가 마땅히 되어야 하는 사람이 될 수 있고(빌 4:11), 마땅히 해야 할 일을 할 수 있으며(13절), 마땅히 가져야 할 것을 가질 수 있고(19절) 그리고 그 모든 것은 하나님을 영화롭게 하기 위한 것이라고 말했다.

골로새서
Colossians

바울을 통해 회심한 에바브라가 골로새 교회를 세웠다(1:7, 4:12-13). 바울은 골로새에 간 적이 없었다(2:1). 로마에 갇혀 있는 동안 거짓 교리가 교회 안에 퍼지고 있다는 소식을 들은 바울은 신자들에게 경각심을 일깨우고, 그들을 믿음 안에서 세워주기 위해 이 편지를 썼다.

중심 주제는 그리스도의 탁월하심이다(1:18). 왜냐하면 거짓 교사들이 그리스도를 하나님으로부터 나온 여러 소산물 가운데 하나에 불과한 것이라고 주장했기 때문이었다. 그들은 기독교 진리를 유대교의 율법주의 교리와 동양의 신비주의와 뒤섞었다. 골로새서는 오늘날 뉴에이지라고 불리는 신문화 운동에 대한 완벽한 대답이 될 수 있다. 왜냐하면 바울이 예수 그리스도 안에 있는 신자들은 완전하고, 하나님의 온전하심을 그들의 자원으로 가지고 있다는 사실을 단언하고 있기 때문이다(2:9-10).

1-2장은 교리적인 부분으로 예수 그리스도를 뛰어난 창조자, 구세주, 주님으로 제시하고 있다. 3-4장은 실제적인 부분으로 신자들이 일상생활 속에서 그리스도의 탁월하심을 어떻게 드러내야 하는지 보여주고 있다. 에베소서와 골로새서는 비슷한 시기에 쓰여졌기 때문에 비슷한 점들이 있다. 그러나 에베소서는 그리스도의 몸(교회)을 강조하고 있는 반면, 골로새서는 몸의 머리(예수 그리스도)를 강조하고 있다. 두 편지는 서로를 보완해준다.

● 골로새서 1장

우리 앞에 있는 소망(The hope before you, 1-12절). 골로새 교인들은 천국에 갈 것이다! 그들은 말씀을 듣고, 구세주를 믿으며, 하나님과 그분의 백성들을 향한 사랑을 통해 그들의 믿음을 증거해왔다. 하나님이 그들을 인정해주셨던 것이지

(12절), 그들 스스로 자신들을 구원한 것이 아니었다.

우리 아래에 있는 소망(The hope beneath you, 13-23절). 소망은 우리 주변에 있는 모든 것이 흔들릴 때 우리가 굳게 설 수 있는 토대가 된다. 골로새는 지진이 일어나는 지역에 위치해 있었기 때문에 바울의 훈계는 그들에게 특별히 의미 있는 것이었다(23절). 거짓 교사들은 성도들이 그들의 토대를 옮기기를 바랐다. 그러나 바울은 구세주이시고(13-14절), 영원한 하나님이시며(15절), 창조주이시고(16-17절), 교회의 머리이신(18절) 예수 그리스도를 강조했다. 얼마나 완벽한 우리 소망의 토대인가!

우리 안에 있는 소망(The hope within you, 24-29절). 천국은 목적지 그 이상이다. 그리스도가 우리 안에 살아 계시기 때문에 천국은 우리에게 동기를 부여해 준다. 천국은 우리의 생각과 행동에 영향을 미치는 산 소망이다(벧전 1:3). 그리스도가 우리 안에 살아 계시기 때문에 우리는 앞으로 일어날 일들을 두려워할 필요가 없다.

◆ 장자 ◆

"모든 창조물보다 먼저 나신 자"(골 1:15)라는 의미는 예수님은 피조물일 뿐, 영원한 하나님이 아니시라는 뜻은 결코 아니다. 또 "죽은 자들 가운데서 먼저 나신 자"(18절)라는 것이 예수님이 죽은 사람들 가운데서 가장 먼저 다시 살아나신 분이라는 뜻도 아니다. 모든 창조물보다 먼저 나신 자라는 것은 명예를 표현하는 것으로, '가장 높고, 먼저이며, 가장 중요한 자'라는 뜻이다. 예수님은 모든 창조물보다 먼저 계셨고(요 1:1-3), 창조 세계에서 가장 높은 분이시다. 그분은 죽은 자들 가운데서 살아난 가장 높은 분이시다(계 1:17-18).

◆ 감사 ◆

골로새서는 감사를 강조하고 있다(1:3, 12, 2:7, 3:17, 4:2). 예수님을 놀라우신 분으로 보게 되면 될수록 우리는 예수님과 그분의 은혜를 인하여 더욱더 감사하게 될 것이다.

골로새서 2장

바울은 골로새서에서 그리스도 안에는 "지혜와 지식의 모든 보화"(3절)와 "신성의 모든 충만"(9절)이 들어 있고, "너희도 그 안에서 충만하여졌으니"(10절) 그리스도와 너희 사이에 그 어떤 것도 들어오지 못하게 하라고 썼다. 왜 대용품으로 대신하려 하는가?

아무도 너희를 속이지 못하게 하라(Let no one deceive you, 4절). 종교적인 시스템이 좋아 보일 수 있고, 또 종교 지도자들은 말솜씨가 능란하다. 그러나 그들을 따르게 된다면 사람의 생각으로 하나님의 진리를 대신하게 될 것이다.

아무도 너희를 노략하지 못하게 하라(Let no one cheat you, 8절). 여기서 말하는 도둑은 세상을 즐겁게 하고 하나님께 버림받은 사람이 만든 철학과 전통을 말한다. 그리스도 안에서 충만해진 사람들이 왜 사람들의 허무한 철학으로 그 충만함을 대신하려 하는가?

아무도 너희를 평론하지 못하게 하라(Let no one judge you, 16절). 여기서는 율법주의(21절)가 그리스도 안에 있는 자유를 훔쳐가고, 하나님의 은혜 대신 종교적인 규정을 따라 살게 만드는 강도다.

아무도 너희 상을 빼앗지 못하게 하라(Let no on defraud you, 18절). 여기서는 종교적 신비주의가 그리스도로부터 오는 영적 자양물 대신 헛된(그러나 사람들을 흥분하게 만드는) 종교적 경험을 추구하게 만드는 범인이다.

우리는 그리스도 안에서 우리에게 필요한 모든 것을 다 가지고 있다. 대체물들을 경계하라!

"가장 위대한 철학은 불가사의하고 심오한 사람들로부터 나오는 것이 아니라, '나는 마음이 온유하고 겸손하니 내게 배우라'고 말씀하신 우리 주님의 말씀으로부터 나온다."

오스왈드 챔버스(Oswald Chambers)

골로새서 3장

지금까지 교리적 기초를 놓은 바울은 이제 개인적인 적용을 하고 있다. 왜냐하면 진리는 배워야 하는 것일 뿐 아니라, 실천해야 하는 것이기 때문이다.

죽이라(Put to death, 1-7절). 그리스도 안에서 우리는 옛 삶에 대해 죽었고, 새로운 삶으로 다시 태어났다(롬 6:1-14, 엡 2:1-10). 그러므로 새로운 삶에 초점을 맞추라. 새로운 삶에 마음을 쏟고, 당신이 그리스도 안에서 소유하고 있는 모든 것을 경험하기 위해 노력하라.

벗으라(Put off, 8-9절). 나사로처럼(요 11:44) 옛 삶에 속한 수의를 벗어버려야 한다. 믿음으로 당신을 동여매고 있는 옛 죄들을 벗어버리라. 그리스도가 당신을 자유케 하셨다.

입으라(Put on, 10-25절). 하나님은 우리가 수의를 벗고 은혜라는 옷을 입기 원하신다! 하늘에 있는 것들에 초점을 맞춘다면 이 땅에서 살아가면서, 특히 다른 사람들과 맺고 있는 관계 속에서 하나님의 뜻을 따르고 순종하게 될 것이다.

◆ 말씀으로 충만함 ◆

골로새서 3장 16절-4장 1절은 에베소서 5장 18절-6장 9절과 비슷하다. 다만 골로새서는 하나님의 말씀으로 충만해지는 것을 강조하고 있다. 하나님의 말씀으로 우리의 삶을 다스리게 될 때 우리는 기뻐하고(3:16), 감사하며(3:17), 복종하는(3:18-4:1) 삶을 살게 될 것이다. 그리고 에베소서 5장 18절-6장 9절에서 설명하고 있는 성령으로 충만한 그리스도인의 성품을 갖게 될 것이다. 하나님의 성령으로 충만해지는 것은 곧 하나님의 말씀으로 다스림을 받는 것을 의미한다.

골로새서 4장

기도(Praying, 2-4, 12-13절). 기도에는 끈기 있는 의지와 깨어 있는 사고와 감사하는 마음이 요구된다. 그리고 구체적이어야 하고, 하나님의 말씀에 합당한 것들을 간청해야 한다. 바울은 감옥문을 열어주시도록 기도하지 않았다. 대신 주님을 섬길 수 있는 길을 열어달라고 기도했다(고전 16:9, 고후 2:12, 계 3:7-8).

증거(Witnessing, 5-6절). 구원받지 못한 사람들은 하나님의 가정 밖에 있다. 그리고 그들을 하나님의 가정 안으로 데려오는 것이 우리가 해야 할 일이다. 효과적으로 증거하기 위해서는 지혜롭게 행하고, 모든 기회를 살리며, 우리가 하는 말과 말하는 방법에 주의를 기울여야 한다(벧전 3:15-17).

알림(Informing, 7-9절). 바울은 자신의 필요를 다른 사람들에게 알리는 것을 주저하지 않았다. 왜냐하면 그는 그들의 기도의 지원을 의지하고 있었기 때문이었다(롬 15:30, 엡 6:19, 빌 1:19, 살전 5:25, 몬 22절). 중요한 역할을 맡고 있는 지도자들을 위해 기도하고 있는가? 그들에게는 당신의 기도가 필요하다!

섬김(Serving, 10-18절). 바울은 그와 함께 일하며 주님 안에서 그에게 힘이 되어주었던 여섯 사람에 대해 말하고 있다. 아무리 사도라도 혼자서 일할 수 없다. 골로새에서 신실하게 섬기는 성도들 때문에 그가 얼마나 감사하고 있는지를 보라!

◆ 주님의 종 ◆

오래전 바울은 요한 마가와 함께 일하기를 거부했다(행 15:36-41). 왜냐하면 마가가 사역 도중에 하차를 했기 때문이었다(행 13:5-13). 그러나 지금 바울과 요한 마가는 다시 친구와 동역자가 되었다. 누가는 빌립보에서부터 바울과 동행했다(행 16:10). 데마는 결국 바울과 주님을 버리고 떠났다(몬 24절, 딤후 4:10). 그리스도인 지도자들과 함께 일하는 사람들이 신실하게 주님을 섬길 수 있도록 그들을 위해 기도하고 있는가?

데살로니가전·후서
The Thessalonian Epistles

사도행전 17장 1-15절은 데살로니가 교회가 어떻게 시작되었는지를 기록하고 있다. 바울은 그곳에서 잠깐 동안 사역했다. 아마도 약 한 달 정도였을 것이다. 그러나 주님이 놀라운 일을 하셨고, 데살로니가 교회의 증거는 먼 지역까지 널리 알려지게 되었다.

바울은 데살로니가를 떠나야 했고, 다시 돌아갈 수 없었다. 그래서 그는 교회가 어떻게 돌아가고 있는지를 알아보기 위해 디모데를 그곳으로 보냈다. 그리고 디모데의 보고를 받은 바울은(살전 3:6) 고린도에서 데살로니가전서를 썼다(행 18:5). 그는 그리스도인의 삶을 살아가고 있는 성도들을 격려하고, 그들을 향한 그의 사랑과 관심을 확신시켜주고 싶었다.

데살로니가후서는 몇 개월 후 교회가 핍박 속에서도 신실할 수 있도록 그들을 격려하기 위해 쓰여졌다. 데살로니가 교인들 중에는 '주님의 날'이 이미 도래했다고 생각한 사람들이 있었다. 그래서 바울은 그 문제도 데살로니가후서에서 다루었다. 이 두 편지는 모두 그리스도의 재림과 그것이 그리스도인의 삶에 미치는 실제적인 영향을 강조하고 있다.

데살로니가전서

First Thessalonians

○ 데살로니가전서 1장

데살로니가 교인들에 대한 바울의 묘사는 그들이 이상적인 교회의 표본이었음을 말해주고 있다. 스스로에게 다음과 같이 물어보라.

다른 사람들이 나 때문에 감사하고 있는가?(Are others thankful for me?, 1-4절) 바울은 데살로니가 교인들의 믿음과 소망과 사랑 때문에 감사했고, 그들이 하는 일과 수고와 인내 속에서 그리스도인의 자질들이 나타나고 있었기 때문에 감사했다. 다른 사람들이 우리를 보고 우리가 하나님께 속한 사람들이라 말할 수 있을 것인가? 우리가 영적으로 자라고 있기 때문에 그들이 감사하고 있는가?

◆ 예수님의 재림 ◆

데살로니가전서의 각 장은 예수 그리스도의 재림에 대한 언급으로 끝이 난다. 그리고 그 진리는 우리의 일상생활 속에서 적용될 수 있다. 예수님의 재림을 열망하는 것은 구원받았음을 입증해주는 증거이고(1:9-10), 다른 사람들을 그리스도께 인도하려는 마음의 동기가 되며(2:17-20), 거룩한 삶을 살아가도록 격려해주는 힘이 된다(3:11-13). 그 진리는 슬픔 속에서 위로가 되고(4:18), 주님 안에서 확신을 갖게 해주는 격려가 된다(5:23-24).

내 삶 속에서 하나님의 능력이 드러나고 있는가?(Is God's power seen in my life?, 5-7절) 하나님의 능력은 믿음으로 하나님의 말씀을 받고, 하나님의 영이 우리 마음속에서 일하실 수 있도록 해드릴 때 나타나게 된다. 또 주님을 위해 받는 고난을 감수하고, 주님이 우리에게 기쁨을 주실 수 있도록 해드릴 때 나타나게 된다.

나는 복음을 전하는 일을 쉽게 만들어주고 있는가?(Do I make it easier for others to talk about Jesus?, 8-10절) 그리스도인으로서 너무나 형편없는 본보기를 보이고 있기 때문에 믿지 않는 사람들에게 그리스도를 거부할 수 있는 구실을 만들어주는 사람들이 있다. 데살로니가 교인들은 바울이 복음 전하는 일을 쉽게 할 수 있게 해주었다! 그들의 증거가 바울보다 앞서 가면서 바울이 가는 곳에서 그를 맞아주었다.

데살로니가전서 2장

신실함(Faithfulness, 1-6절). 빌립보에서 당한 어려움 때문에 바울은 데살로니가에서 사역하는 것을 망설일 수도 있었다. 그러나 그는 주님께 신실하기 원하는 청지기였다. 그가 전하는 메시지와 그의 동기는 순수했다. 그리고 하나님이 그의 사역에 복을 주셨다. 고난을 받으면서 하나님께 인정을 받는 것이 사람들에게 칭찬을 받고 인기를 누리는 것보다 낫다. 포기하고 싶을 때에도 포기하지 말고 계속하라(고전 4:2).

온유함(Gentleness, 7-9절). 어린 신자들에게는 주님 안에서 그들을 사랑스럽게 양육해줄 영적 부모가 필요하다. 바울의 사역은 교만이나 물질적인 이익을 얻으려는 욕구가 아니라 사랑이 그 동기였다.

흠 없음(Blamelessness, 10-12절). 어린 신자들 앞에서 훌륭한 본보기가 되는 것은 매우 중요하다. 자녀들은 부모들이 하는 대로 따라 한다. 그리스도인으로서 당신은 다른 사람들이 성장하는 데 도움이 되는 좋은 본보기가 되고 있는가?

열심(Eagerness, 13-16절). 데살로니가 교인들은 하나님의 말씀을 사모했고, 그것이 그들이 성장하는 데 도움이 되었다(렘 15:16, 벧전 2:2). 하나님의 말씀을 들었을 때 그들은 그 말씀을 환영했고, 즉시 그대로 실천했다.

소망(Hopefulness, 17-20절). 바울은 사랑하는 친구들을 다시 방문하고 싶었다. 비록 이 땅에서 그들을 다시 만나지는 못했지만, 주님이 오실 때 그들은 만나게 될 것이다. 예수님이 오실 때, 당신은 그리스도 안에서 영향을 미쳤던 사람들과 함께 주님 앞에서 기뻐하게 될 것인가?

◦ 데살로니가전서 3장

우리가 사랑하는 사람들이 우리의 도움을 필요로 함에도 그들에게 갈 수 없을 때 어떻게 해야 하는가? 데살로니가 교회의 새 신자들에게는 바울의 사역이 절실하게 필요했다. 그러나 바울은 그들에게 갈 수 없는 형편이었다. 그래서 멀리서나마 그가 할 수 있는 일을 했다.

첫째, 그는 교회를 섬기도록 디모데를 보냈다. 직접 갈 수 없으면 대신 갈 만한 자질을 갖춘 사람을 보내라.

그런 다음 그는 그들을 위해 기도했다(10절). 왜냐하면 기도는 시간이나 장소의 구애를 받지 않기 때문이다. 사랑하는 사람들을 위한 우리의 기도는 우리가 생각하는 것보다 훨씬 더 유익할 수 있다. 그러므로 계속 기도하라.

바울은 적어도 두 통의 편지를 통해 그들을 격려했다. 그의 가장 큰 관심사는 그들의 안전이나 편안함이 아니라, 주님을 향한 그들의 믿음(2, 5-7, 10절)과 사랑(12절)과 순종(13절)이었다. 오늘 당신의 위로가 필요한 사람에게 편지나 카드를 써보내는 것이 어떻겠는가?

◦ 데살로니가전서 4장

'더욱 많이'(1, 10절) 힘쓰는 것은 헌신된 그리스도인들의 열망이어야 한다.

더욱 거룩해짐(More holiness, 1-8절). 우리의 몸은 하나님의 것이다. 그리고 거룩한 목적을 위해 우리의 몸을 사용하는 것이 하나님의 뜻이다. 그리스도가 우리 몸을 사셨고(고전 6:18-20), 성령이 우리 몸 안에 거하시며(8절), 하나님 아버지가 거룩케 하려고 우리를 부르셨다(7절). 불순종과 그에 따르는 형벌은 무서운 것이다!

더욱 사랑함(More love, 9-10절). 하나님(요일 4:19)과 아들(요 13:34)과 성령(롬 5:5)이 우리에게 사랑을 가르치신다. 사랑은 참된 신자의 특징이다(요일 3:14).

더욱 조용함(More quietness, 11-12절). 데살로니가 교인들 중에는 주님이 곧 돌아오실 것이라 생각하며 일하기를 멈추고, 나태하게 지내며, 쓸데없이 다른 사람의 일에 참견하는 사람들이 있었다(살후 3:6-15). 믿지 않는 사람들에게 이것이 무슨 증거가 되었겠는가?

더욱 소망함(More hope, 13-18절). 그리스도인들은 하나님이 울게 만드시기 때문에 슬퍼한다. 그러나 그 눈물은 소망 없는 세상의 슬픔과는 다르다. 예수님이 다시 오실 것이다. 그리고 예수님의 재림은 재회와 영원한 기쁨을 뜻하는 것이다!

○ 데살로니가전서 5장

거짓 평안(False peace, 1-11절). '주의 날'은 하나님이 세상에 자신의 진노를 쏟아부으시는 날이 될 것이다. 하나님의 백성들은 그 진노로부터 구원되었다. 그러므로 염려하지 않아도 된다(9절, 1:10). 그러나 세상은 자신들이 안전하다고 생각하고 있을 때 느닷없이 그 진노를 맞이하게 될 것이다. 그리스도의 재림을 맞이하기 위해 하나님의 백성들은 늘 깨어 빛 가운데 행해야 한다.

가족의 평안(Family peace, 12-22절). 교회는 하나님의 평강을 반영해야 한다. 그리고 하나님의 백성들이 권위에 순종하고, 서로 사랑하며, 성령께 복종한다면 그렇게 될 것이다. 21절은 긍정적인 것들을 강조하고, 22절은 부정적인 것들을 강조하고 있다. 그리고 그 둘 다 중요하다.

참 평안(Faithful peace, 23-28절). 거룩함과 평안은 떨어질 수 없다(사 32:17). 왜냐하면 마음을 평온케 하시는 하나님은 또한 마음을 깨끗케 해주시기 때문이다(약 3:17). 때때로 불안한 마음은 자백하지 않은 죄가 있음을 말해주는 증거가 된다. 하나님은 신실한 분이시다. 하나님이 순전한 마음과 평강을 주실 수 있게 해드리라.

◆ 성령의 사역을 환영하라 ◆

"성령을 소멸치 말라"(살전 5:19)는 명령은 그리스도인들에게 성령의 사역을 거부하거나, 그 사역에 저항하지 말라는 훈계다. 성령은 종종 불에 비유된다(사 34:4, 행 2:3, 계 4:5). 불이 빛과 열을 발하고 깨끗하게 하는 것처럼 성령도 하나님의 백성들을 깨우치시고, 능력을 주시며, 정결하게 하신다. 바울은 디모데에게 "하나님의 은사를 다시 불일 듯 하게"(딤후 1:6) 할 것을 상기시켜주었다. 그것은 "불을 다시 타오르게 한다"는 뜻이다. 불이 당신의 삶이라는 제단 위에서 꺼져가고 있는 것을 묵인하고 있는 것은 아닌가(레 6:9, 12)?

"나는 성령으로 충만한 사람은 다른 사람들 때문에 불평하는 최후의 사람이라는 사실을 알게 되었다. 그는 모든 사람을 친절하게 사랑한다. 그는 차가운 교회까지도 사랑하면서 그들을 높이기 위해 애쓰며, 그들에게 친절한 마음과 동정심을 불러일으킨다."

D. L. 무디(D. L. Moody)

데살로니가후서

Second Thessalonians

◉ 데살로니가후서 1장

데살로니가 교회는 외부로부터 핍박을 받고 있었고, 내적으로도 문제에 직면해 있었다. 믿음 때문에 심한 고난을 겪고 있는 사람들이 있었다. 또 일을 멈추고 나태해진 사람들도 있었다. 또 '주님의 날'이 이미 도래했다는 잘못된 생각을 품고 있는 사람들도 있었다. 바울은 고난받는 사람들을 격려하고(1장), 혼란에 빠진 사람들을 깨우치며(2장), 경솔한 사람들에게 경고하기 위해(3장) 이 편지를 썼다.

고난의 때에 가장 중요한 것은 믿음이다(3절). 하나님이 지켜주실 것이다. 그러므로 하나님의 약속을 믿고 신뢰하라. 다른 사람들이 지켜보고 있으며, 당신이 그들에게 격려가 될 수 있다는 사실을 기억하라(4절). 저항하고 싶은 유혹을 받을 수도 있다. 그러나 보복은 하나님께 맡기라(5-9절).

"고난이 없으면 승리도 없다. 가시가 없으면 보좌도 없다. 고통이 없으면 영광도 없다. 십자가가 없으면 면류관도 없다."

윌리엄 펜(William Penn)

구원받지 못한 사람들은 하나님의 영광으로부터 영원히 격리될 것이다(9절). 반면에 구원받은 사람들은 주님의 영광에 동참하게 될 것이다(10절). 그때까지 매일 하나님을 영화롭게 하는 삶을 살아가고 있는지 확인하라.

데살로니가후서 2장

사탄은 성도들을 흔들어 확신을 잃게 만든다. 이때 그가 가장 잘 사용하는 무기는 속임수다. 주님의 날이 이미 이르렀다고 말하는 바울의 편지가 있다고 주장하는 사람들과 성령을 통해 자신들이 직접 메시지를 받았다고 말하는 사람들이 있었다(살전 5:21). 신자들은 바울이 그들에게 가르쳐주었던 것을 망각하고 있었기 때문에(5절) 원수의 거짓말에 걸려 넘어지고 있었다.

하나님의 계획에 대한 '때와 시기'는 하나님의 결정에 달려 있고(행 1:6-8), 그분이 모든 것을 통제하신다. 이 장에 묘사된 일련의 사건들은 교회가 구원을 받고, 심판을 받지 않을 것이라는 사실을 우리에게 확신시켜주고 있다(13절, 살전 1:10, 5:9). 하나님의 성령이 하나님의 계획을, 하나님의 때에 맞게 이 세상에서 이루어가신다.

하나님의 말씀과 상반되는 주장을 하는 '선지자들'을 경계하라(15절). 하나님의 말씀 위에 서 있으면 사탄의 거짓말에 속아 넘어지지 않을 것이다. 하나님의 백성들은 하나님의 변함없는 은혜 때문에 확신과 소망을 가지고 미래를 맞이할 수 있다(13-17절).

데살로니가후서 3장

충돌(Conflict, 1-2절). 주님을 위해 살려는 사람들은 적과 맞서게 될 것이다(딤후 3:12). 그때 우리가 사용할 수 있는 무기는 기도다. 그리고 우리가 기도하는 목적은 하나님의 말씀을 전하기 위해서다(골 4:2-3). 데살로니가 교회 안에 있는 모든 사람들이 다 주님께 헌신하고 있었던 것은 아니다. 그러나 바울은 여전히 그들을 위해 기도했다.

"일은 기본적으로 사람이 살기 위해 하는 것이 아니라, 살아 있는 사람이 하는 것이다. 일은 일하는 사람의 능력이 표현되는 것이고 또

그래야만 한다. 그리고 그 속에서 그는 영적, 정신적, 육체적 만족을 얻게 된다. 일은 자신을 하나님께 드리는 통로다."

도로시 L. 세이어즈(Dorothy L. Sayers)

확신(Confidence, 3-5절). 우리를 향한 하나님의 신실하심이 하나님을 향한 우리의 신실함의 기초가 된다. 하나님을 사랑하면 우리는 하나님의 말씀을 지킬 것이다. 그리고 고난의 때에 인내하게 될 것이다.

명령(Command, 6-15절). 이 부분에 사용된 '명령'(4, 6, 10, 12절)이라는 단어는 '군사적인 명령'을 뜻한다. 그리스도의 군사 가운데 교회 안에서 계급을 무시하고 명령에 불순종하는 사람들이 있었다. 그래서 바울은 그들을 훈계하지 않을 수 없었다. 일할 수 없는 사람들은 다른 사람들이 보살펴주어야 한다. 그러나 일하지 않으려 하는 사람들은 징계를 받아야 한다. 다른 사람들의 좋지 않은 본보기 때문에 훌륭한 본보기가 되는 것을 결코 중단하지 말라.

디모데전서

First Timothy

로마에서 벌어진 공판은 바울에게 유리했고, 그는 석방되었다. 바울은 빌레몬을 방문하기 위해 골로새로 갔던 것으로 보인다(몬 22절). 아마도 골로새나 빌립보에서 디모데전서를 썼을 것이다.

유대인과 헬라인 부모에게서 태어난 디모데는(행 16:1) 경건한 가정에서 자랐다(딤후 1:5, 3:15). 그리고 바울의 사역을 통해 그리스도를 알게 되었고(딤전 1:2). 바울은 루스드라에서 디모데를 그의 팀에 합류시켰고(행 16:1-3), 그의 특별한 조력자 가운데 한 사람으로 삼았다(빌 2:19-22). 그리고 결국에는 디모데를 에베소 교회의 목사로 파송했다(딤전 1:3).

디모데전서는 목회 서신으로서 교회에 모일 때 어떻게 행동해야 하는지를 목사들과 교인들에게 말해주고 있다(3:15). 바울은 진리를 전파하는 것(1, 4장)과 기도하는 것(2장)과 자격을 갖춘 지도자들을 세우는 것(3장)을 강조하고 있다. 그는 교회 안에 있는 다양한 유형의 사람들을 어떻게 섬겨야 하는지에 대한 조언으로 편지를 마무리했다(5-6장).

○ 디모데전서 1장

에베소에서의 사역은 쉽지 않았고, 디모데는 새로운 사역지를 원했다. 그러나 바울은 그가 지금 있는 곳에서 맡은 일을 감당하도록 격려했다(1:3). 다음에 다른 곳으로 가고 싶어지면, 디모데에게 그가 있는 곳에 머물 것을 권했던 바울의 충고를 생각해보라.

일을 위해(For the work's sake, 1-11절). 바울이 에베소 장로들에게 경고했던 대로(행 20:28-30) 거짓 교사들이 교회 안으로 들어왔다. 목사의 역할은 그들을 경고하고, 사람들에게 진리를 가르치는 것이다. 양 떼들을 버린다면 디모데는 삯꾼일 뿐, 목자가 되지 못할 것이다(요 10:12-13).

주님을 위해(For the Lord's sake, 12-17절). 예수님은 죄인들을 구원하기 위해 돌아가셨다. 그리고 주님의 종들을 준비시키시고 사역할 수 있게 하시려고 살아 계신다. 바울에게 권능을 부여해주신 하나님은 디모데에게도 능력을 부여해주실 수 있다. 그리고 오늘날 우리에게도 그렇게 하실 수 있다. 하나님은 신실하시다!

우리 자신을 위해(For our own sake, 18-20절). 하나님은 디모데를 준비시키시고, 그를 부르시며, 그에게 중대한 책임을 맡기셨다. 그에게는 싸워야 할 싸움이 있었고, 도망치지 않았다. 우리가 해야 할 일을 두고 도망치게 되면 성장하고, 섬기며, 하나님을 영화롭게 할 수 있는 기회를 빼앗기게 될 것이다.

역경의 바람이 몰아칠 때 가야 할 방향을 정하고, 그리스도가 방향타를 잡으실 수 있게 해드리라. 그렇지 않으면 당신은 난파하게 될 것이다.

◆ **책임** ◆

누군가 책임을 이렇게 정의했다. "책임이란 하나님의 능력에 대한 우리의 반응이다!"

● 디모데전서 2장

교회에서 가장 중요한 사역은 무엇인가? 바울에 의하면 기도다. 기도는 세상을 다스리는 손을 움직인다. 사역의 기회와 사람들을 그리스도께 인도할 수 있는 기회가 늘 열려 있도록 정부 지도자들을 위해 기도해야 한다. 하나님의 백성들이 높은 지위에 있는 사람들을 위해 기도하지 않기 때문에 전쟁으로 선교지가 닫히고, 관리들이 필요한 비자를 발급해주지 않으며, 주님의 일이 방해를 받게 되는 것이다.

> "훌륭한 여성이 이 세상에서 가장 아름답다. 십자가를 마지막까지 지키고, 열린 무덤을 가장 먼저 찾아갔던 사람들이 여성들이었다. 가정에서 경건한 아내와 어머니들에게 우리가 지고 있는 빚은 말할 것도 없거니와, 교회에서도 그 소중함을 말로 다 표현할 수 없는 신실한 여성들에게 우리는 신세를 지고 있다."
>
> 밴스 해브너(Vance Havner)

바울은 그리스도인 여성들이 주님과 교회의 사역에 중요한 사람들이라는 사실을 남성들에게 상기시켜주고 있다. 복음은 로마 제국의 여성들에게 자유를 주었지만, 그들 중에는 그 자유를 어떻게 해야 할지 몰라 자신들의 자유를 극단적으로 주장하는 사람들이 있었다. 그래서 바울은 교회 안에서 남자들에게 주어진 영적 지도력에 대해서 상기시켜주고 있다.

정숙함과 진정한 영적 아름다움(벧전 3:1-6)과 경건함과 선행, 이런 것들이 하나님이 복 주신 여성들에게서 볼 수 있는 특징들이다.

> "가정에서 그리고 교회에서 여성들은(기혼이건 미혼이건 간에) 마지못해 하는 항복이 아니라 자발적인 복종을 통해 자기를 실현한다."
>
> 엘리자베스 엘리엇(Ellisabeth Elliot)

● 디모데전서 3장

하나님의 백성들을 이끄는 지도자가 되는 것은 중대한 일이다. 자질을 갖추지 못한 사람이나, 자신에게 주어진 직책을 교회를 돕는 일에 기꺼이 사용하고자 하지 않는 사람은 그 누구도 지도자의 직책을 맡아서는 안 된다.

감독하기(Watching, 1-7절). 감독은 장로의 직책을 묘사하는 말이다(행 20:17,

28). 하나님의 백성들은 양 떼와 같다. 그들에게는 그들을 감독하고 보호하고 인도할 목자가 필요하다. 당신의 영적 지도자들이 더욱더 하나님이 원하시는 사람들이 될 수 있도록 그들을 위해 기도하라.

일하기(Working, 8-13절). 집사라는 말은 '종' 이라는 뜻이다. 집사들은 장로들이 교회의 일을 수행할 수 있도록 그들을 돕는 역할을 한다(행 6:1-7). 장로들처럼 집사들도 영적인 자질을 갖추고, 가정에서 좋은 본보기가 되어야 한다.

예배하기(Worshiping, 14-16절). 교회는 마음이 잘 맞는 사람들이 때때로 모이는 그런 모임 이상이다. 살아 계신 하나님이 그들과 함께하시고(마 18:20), 하나님의 진리가 그들에게 맡겨져 있다! 그들은 찬양받으시기에 합당한 하나님의 아들을 예배한다! 그렇다. 교회의 일원이 된다는 것은 중대한 일이다. 그것을 그렇게 중대한 일로 여기고 있는가?

● 디모데전서 4장

조심하라(Watch yourself, 1-5절). 사탄이 거짓 교리를 퍼뜨리며 교회 안에 이미 들어와 일하고 있었다(고후 11:13-15). 하나님의 종들은 진리를 가르치고, 사탄의 거짓에 맞서 싸워야 한다. 전쟁을 선포하는 것이 우리의 인기를 높여주지는 않을 것이다. 그러나 우리의 신실함을 지키게 해줄 것이다.

훈련하라(Exercise yourself, 6-10절). 신자들이 기분 전환이나 취미 활동에 투자하는 만큼 영적인 삶에 투자한다면 큰 변화가 있을 것이다! 육체적인 훈련은 중요하다. 그러나 영적인 훈련은 그보다 더 중요하다. 경주에서 이기고 효과적인 그리스도인이 되기 위해서는 두 훈련 모두 필요하다.

전심전력하라(Give yourself, 11-16절). 그리스도인으로서 성숙하고 잘 섬기기 위해서는 많은 노력이 요구된다. 하나님은 우리가 어떤 대가를 치른다 해도 전심으로 복종할 것을 요구하신다. 바울이 디모데에게 쓴 훈계들을 잘 살펴보고, 삶 속에서 어떻게 적용할 것인지 잘 생각해보라.

✦ 전진하라! ✦

디모데전서 4장 15절에 '진보'라는 단어로 번역된 말은 '선도적 전진'을 뜻한다. 주님과 동행하면서 그분을 섬길 때 우리는 영적으로 한 상태에 머무르지 않고 새로운 영역으로 나아가야 한다. 배워야 할 새로운 진리와 싸워야 할 새로운 전투와 이겨야 할 새로운 승리가 있다. 토마스 앨바(Thomas Alba)는 "불안은 불만족한 상태를 말한다. 그리고 불만족은 진전을 이루기 위해 가장 먼저 필요한 것이다. 완전히 만족하는 사람이 있다면, 그 사람은 실패자인 것이 분명하다."

● 디모데전서 5장

교회 안에서 문제들이 야기되는 이유는 무엇인가? 보통 서로 잘 어울리지 못하는 사람들 때문일 것이다. 형제자매라고 해서 언제나 잘 연합하는 것은 아니다(시 133편).

바울은 우리가 가족을 대하는 것처럼 다른 사람들을 대해야 할 것을 제의하고 있다(1-2절). 나이든 사람들이 불평한다면 그들을 아버지와 어머니를 대하듯 하고, 어린 신자들은 형제자매를 하듯 용납해야 한다. 이것은 하나님이 우리를 사랑하신 것처럼 다른 사람들을 사랑해야 하는 우리의 사명이기 때문이다.

도움을 청하는 모든 사람이 다 도움을 받아야 하는 것은 아니다(3-16절). 자선은 가정에서부터 시작되어야 한다(4, 16). 그리고 교회 지도자들은 문제를 해결하는 대신 오히려 문제를 야기하는 일이 없도록 분별력을 가져야 한다.

때로는 입증되지 않은 보고를 믿거나(19절), 편견으로 인해(21절), 또는 사실을 다 알기 전에 결정을 내리기 때문에(22절) 문제가 생기게 된다. 교인들 모두가 다 그들의 평판만큼 그렇게 훌륭한 것은 아니다(24-25절). 그러므로 조심하라!

● 디모데전서 6장

마음의 동기를 점검하라(Watch your motives, 1-2절). 하나님의 말씀이 훼방을 받지 않도록 순종하고(1절, 딛 2:10), 상전을 경히 여기지 말라(2절). 동료 신자들을 결코 이용하려 하지 말라. 대신 그들을 돕기 위해 자신이 할 수 있는 모든 일을 하라.

태도를 점검하라(Watch your attitudes, 3-5절). 성경을 놓고 논쟁하기 좋아하는가? 그렇다면 그 뒤에 불순한 의도는 없는지 확인하기 위해 자신의 마음가짐을 살펴보라. 논쟁을 통해 사람들을 하나님의 나라로 인도하거나, 좀 더 성별된 삶을 살게 할 수는 없다.

가치관을 점검하라(Watch your values, 6-10, 17-19절). 필요한 것들이 채워지는 것에 만족하는가? 아니면 하나님이 사치품들을 주셔야 한다고 주장하는가? 하나님은 우리가 그분이 주신 선물들을 누리고(17절), 다른 사람들의 유익을 위해 그것들을 활용하기 원하신다. 혹 부자가 되는 일에 마음을 쏟고 있는 것은 아닌지 확인해보고, 그렇게 되지 않도록 조심하라(잠 15:27, 전 5:10).

증거하는 삶을 점검하라(Watch your testimony, 11-16절). 피해야 할 것과 따라야 할 것과 싸워야 할 것들을 분명히 구별하고, 그것들을 혼동하는 일이 없도록 하라. 주님의 편에 서기 힘들다면 주님이 어떻게 우리 편에 서셨는지를 기억하라.

청지기 직분을 점검하라(Watch your stewardship, 20-21절). 우리는 지키고 투자해야 할 영적 진리를 맡고 있다(1:18, 딤후 1:14, 2:2). 그리고 원수는 그것을 우리에게서 빼앗아가고 싶어한다. 하나님이 말씀하신 것 이상의 '새로운 지식'을 전해주려는 사람들을 경계하라.

◆ 타당한 행실 ◆

디모데전서는 "하나님의 집에서 어떻게 행하여야 할 것"(3:15)을 말해주고 있다. 자신을 훈련하고(4:7), 전심전력하며(4:15), 삼가고(4:16), 구원하며(4:16), 자신을 정결하게 지키고(5:22), 다툼을 피해야 한다(6:5). 주님이 지시하신 대로 행하고 있는가?

디모데후서
Second Timothy

바울의 석방 기간은 그리 길지 않았다. 그는 다시 체포되어 재판을 받기 위해 로마로 압송되었고, 결국 그곳에서 처형되었다. 그는 그가 사랑하는 믿음의 아들이 주님 안에서 강건하도록 격려하고(1-2장), 고통하는 때에 대해 설명하며(3장), 가능한 한 속히 로마로 올 것을 재촉하기 위해(4장) 이 편지를 썼다. 매우 사적인 이 편지는 충성스럽게 사역하는 것에 초점을 맞추고 있다.

바울에게는 힘든 시기였다. 그는 재판과 거의 확정된 죽음을 앞두고 있었을 뿐 아니라, 그와 함께했어야 할 신자들에게도 버림받은 상태였다(1:15, 4:16). 4장 6-8절에 기록된 그의 고백은 성경에 나오는 위대한 믿음의 고백 중 하나다.

우리는 바울이 오래전에 이야기했던 그 고통하는 때를 살아가고 있다. 이 편지는 그 시기를 어떻게 살고 어떻게 섬겨야 하는지 우리에게 가르쳐주고 있다.

● 디모데후서 1장

디모데를 공격했던 원수들이 지금 우리를 공격하며 포기시키려 하고 있다.

자기 연민(Self-pity, 4절). 에베소에서 힘든 시기를 보내야 했던 디모데는 그곳을 떠나고 싶었다(딤전 1:3). 아마도 그 때문에 눈물을 흘렸던 것으로 보인다. 자신이 가엾게 느껴지기 시작하면 다른 사람들이 당신을 위해 기도하고 있으며, 하나님이 당신의 믿음을 귀하게 보고 계신다는 사실을 기억하라.

태만(Neglect, 6절). 디모데는 자신의 영적 생활을 태만히 했다(딤전 4:14). 그래서 마음의 제단 위에서 타고 있던 불꽃이 꺼져가고 있었다. 그에게는 자신을 훈련하는 일이 필요했다(딤전 4:7-8)!

수줍음(Timidity, 7절). 이 절에 나오는 두려워하는 마음은 '비겁함' 또는 '수줍음'을 뜻한다. 디모데는 전도나 사역에 열의가 없었다. 성령은 우리가 해야 할 일을 마치는 데 필요한 자원들을 공급해주실 수 있다.

부끄러움(Shame, 8, 12, 16절). 바울은 복음이나 주님을 부끄러워하지 않았다(롬 1:16). 그의 친구 오네시보로는 바울과 동일시되는 것을 부끄러워하지 않았다(16절). 디모데도 주님이나 바울을 부끄러워하지 말아야 했다(8절).

부주의함(Carelessness, 13-14절). 바울은 디모데에게 메시지를 맡겼고, 디모데의 책임은 그 메시지를 지키고(딤전 6:20) 다른 사람들에게 전하는 것이었다(딤후 2:2). 성령이 우리가 신실하게 감당할 수 있도록 능력을 부어해주신다.

○ 디모데후서 2장

하나님의 은혜가 우리를 강하게 하고, 신실한 교사(2절)와 군사(3-4절)와 선수(5절)와 농부(6절)와 일꾼(15절)과 그릇(20-23절)과 종(24-26절)이 될 수 있게 한다. 세상은 우리를 악인으로 볼 수도 있지만, 우리는 하나님의 택함을 받고 예수님을 위해 기꺼이 죽기도 하고 살기도 한다(8-13절). 하나님의 은혜가 이 세상(4절)과 정욕(22절)과 마귀(26절)라는 큰 적들을 이길 수 있게 한다.

하나님의 은혜로 말미암아 우리는 주님의 전투에서 싸우는 동안 겪게 되는 어려움을 견딜 수 있다(3, 10절). 때문에 우리는 주님을 부인하지 않게 된다(11-13절). 그리고 하나님의 은혜는 우리가 부끄러울 것이 없는 일꾼으로 일하도록 도와주고(15절), 문제를 일으키는 사람들을 두려워하지 않고 다룰 수 있게 해준다(23-26절).

> "은혜는 시작된 영광일 뿐이고, 영광은 완성된 은혜일 뿐이다."
>
> 조나단 에드워즈(Jonathan Edwards)

○ 디모데후서 3장

1절에서 '고통하는'이라는 말로 번역된 헬라어 단어는 '어려운', '다루기 힘든', '위험한' 등의 뜻을 가진 말이다. 그 말은 마태복음 8장 28절에서 귀신 들린 사람을 묘사하면서 "심히 사나와"라고 표현했던 것과 같은 헬라어 단어다. 이런 무시무시한 때에 우리는 그리스도를 위해 어떻게 살아가야 하는가?

예상하라(Expect them, 1-9절). 이 땅에 곧 낙원이 도래할 것이라 생각하는 사람은 실망하게 될 것이다. 고통하는 때를 예상할 때 우리는 비관적인 사람이 되는 것이 아니라, 실제적인 사람이 되는 것이다. 잘못된 형태의 사랑들이 강조되어 있음에 주목하라(2, 4절).

좋은 본보기를 좇으라(Follow the right examples, 10-12절). 우리에게는 우리가 존경하고 사모하는 사람들을 모방하는 경향이 있다. 그러므로 어떤 사람을 그런 영웅으로 선택할 것인지 신중을 기하라. 현대 그리스도인 명사들은 하나님이 우리에게 원하시는 생활 방식의 좋은 본이 되지 않을 수도 있다.

성경을 가까이 하라(Stay with the Bible, 13-17절). 하나님의 말씀을 믿음으로써 우리는 구원받고(15절), 성숙한 사람으로 자라게 하며(15, 17절), 주님을 섬길 수 있는 소양을 갖추게 된다(17절). 오늘날 사탄의 속임수가 만연하면서 교회를 오염시키고 있다(13절). 거짓말쟁이를 물리칠 수 있는 유일한 무기는 하나님의 영감 어린 말씀이다.

◆ 가짜를 조심하라! ◆

얀네와 얌브레는(8절) 바로의 궁전에서 모세가 행한 기적들을 모방했던 술사들이었다(출 7:8-13). 사탄은 교회에 잠입해 분열을 일으키는 가짜 그리스도인들을 만들어내는 모방자다(5, 13절, 고후 11:13-15). 하나님의 백성들은 고통하는 때에 분별력을 가져야 한다.

● 디모데후서 4장

그리스도가 곧 오실 것이다!(Christ is coming!, 1절) 이 사실을 고려하면서 우리는 우리가 해야 할 일이 무엇인지 알고 그 일에 충실해야 한다. 고린도후서 5장

9-11절을 복습하고, 요한일서 2장 28절-3장 2절을 읽어보라.

배반하는 일이 곧 생길 것이다!(Apostasy is coming!, 2-5절) 지금도 그런 일이 일어나고 있다. 그리스도인이라고 고백하는 많은 사람들에게 하나님의 말씀을 듣는 '귀'가 없다. 그들은 종교적인 여흥을 바라고, 마음을 아프게 하는 설교 대신 귀를 간지럽히는 설교를 선호한다.

떠날 때가 곧 올 것이다!(Departure is coming!, 6-8절) 바울은 그의 임박한 죽음을 하나님께 드리는 희생 제물(6절, 빌 2:17)과 힘든 경주를 마치는 것(7절)과 영광스러운 면류관을 얻게 되는 것(8절, 계 2:10)으로 보았다. 그 면류관은 헬라의 올림픽 게임에서 승리한 사람이 받는 승자의 면류관이다.

도움을 곧 받게 될 것이다!(Help is coming!, 9-22절) 바울은 자신이 섬겼던 사람들이 그에게 등을 돌리고, 그가 갇힌 것을 부끄러워하는 것을 보고 크게 실망했다. 그는 디모데에게 가능한 한 빨리 마가를 데리고 올 것을 요청했다. 그러나 무엇보다 주님이 바울을 찾아와 격려해주셨다! 하나님의 백성들이 어떻게 하건 예수님은 결코 우리를 떠나거나 버리지 않으실 것이다(행 18:9-11, 히 13:5-6).

◆ 기회에 대한 반응 ◆

"겨울 전에 너는 어서 오라"(딤후 4:21)는 바울의 부탁은 기회는 영원히 기다려주지 않는다는 사실을 상기시켜준다. 겨울철이 시작되면 디모데가 로마까지 여행하기가 쉽지 않을 것이고, 따라서 그의 사랑하는 친구를 마지막으로 보는 일도 어렵게 될 것이다. 클레어런스 매카트니(Clarence Macartney) 박사는 '겨울 전에 오라'는 그의 유명한 설교에서 "겨울 전에 오던가, 아니면 오지 말라!"고 말했다. 그리고 "겨울 전에 하지 않으면 결코 할 수 없는 일들이 있다"라고 설명했다. 곧 영원히 사라지게 될 기회를 오늘 소홀히 여기고 있는 것은 아닌가? 지금 만나야 할 사람들과 결정해야 할 일들은 없는가? 우리가 오늘 해야 할 일들이 있다. 내일은 너무 늦을 수도 있다. 겨울 전에 오라!

디도서

Titus

디도는 바울이 그리스도께로 인도하고(딛 1:4) 사역에 참여하게 한 헬라인이었다(갈 2:3). 디도도 디모데처럼 바울 사도를 대신해 교회들을 방문했던 바울의 특별한 조력자 가운데 한 사람이었다. 바울이 이 편지를 쓰는 동안 그는 그레데에서 섬기고 있었다. 바울은 아마도 감옥에서 석방된 후 고린도에서 이 편지를 썼을 것이다.

이 편지는 선한 일을 강조하고 있다(1:16, 2:7, 14, 3:1, 8, 14). 우리는 선행을 통해 구원받는 것이 아니다(3:5). 그러나 선행은 구원받은 것을 입증해주는 하나의 증거다. 그레데 성도들은 믿음을 실천하는 것보다 믿음을 고백하는 일을 훨씬 더 잘 했던 것이 분명하다.

안부를 전한 다음(1:1-4) 바울은 장로들의 자질(1:5-9)과 의무(1:10-16)를 설명하고, 디도에게 지역 교회의 조직을 정비하고 거짓 교사들을 책망할 것을 촉구했다. 그런 다음 교회 안에 있는 다양한 사람들을 어떻게 섬겨야 하는지 설명했다(2:1-3:11). 그리고 사적인 일(3:12-14)과 작별 인사(3:15)로 편지를 마쳤다.

● 디도서 1장

그레데에서 사역하면서 어려움을 겪은 디도는 바울이 새로운 사역지로 보내주기를 바랐다. 디도처럼 포기하고 싶을 때 바울이 디도에게 해준 다음의 조언들을 따르라.

사역의 특권에 초점을 맞추라(Focus on the privileges of ministry, 1-4절). 하나님은 헌신된 사람들을 통해 하나님의 진리를 선포하신다. 그리고 하나님의 말씀을 다른 사람들에게 전할 수 있다는 것은 기쁨이다. 하늘에 있는 천사들이 우리와 자리를 바꾸고 싶어한다. 그러므로 우리는 하나님이 우리를 사용하신다는 사실에 늘 감격해야 한다.

하나님의 말씀에 순종하라(Obey the Word, 5-9절). 때때로 자질을 갖추지 못한 사람들이 지도자의 자리에 서거나, 아니면 지도자의 자리가 공석으로 남아 있기 때문에 야기되는 문제들이 있다. '바로잡고'라는 말로 번역된 헬라어 단어는 '어긋난 뼈를 맞추다'라는 뜻의 의학 용어다. 심각한 문제들을 직시하고 해결하지 않으면 교회가 고통을 받게 된다.

적에게 맞서라(Face the enemy, 10-16절). 디모데처럼(딤후 1:7) 디도 역시 적에게 맞서지 못할 만큼 소심했던 것으로 보인다. 그러나 그것은 그가 반드시 해야 할 일이었다. '미쁜 말씀'(9절)은 건전한 교리를 뜻하는 것으로, 그것을 가르침으로써 교회의 영적 건강에 기여할 수 있다. 의사가 감염과 질병을 공격해야 하는 것처럼, 교회 지도자들도 거짓 교리를 공격해야 한다.

◆ **깨끗한 마음** ◆

"깨끗한 자들에게는 모든 것이 깨끗하나"(딛 1:15)라고 한 것은 음식물 규정에 대한 거짓 가르침에 관련된 것이다(딤전 4:2-5). 그 말은 부정한 것을 만진 후에도 '깨끗한 마음'이 그 깨끗함을 유지하게 된다고 말하는 것이 아니다. 하나님의 진리가 양심을 깨우치면 우리는 옳고 그른 것을 분별하고, 악한 것을 피하게 될 것이다. 더러워진 양심은 빛이 통과할 수 없는 더러운 유리창과 같다(마 6:22-23).

● 디도서 2장

생활(Living, 1-10절). 교회에는 젊거나 나이가 들었거나, 결혼을 했거나 하지 않았거나 모든 사람이 다 필요하다. 그리고 하나님이 그들 각자에게 맡기시는 일이 있다. 다양한 사람들을 받아들이고 그들을 섬길 수 있는 능력이 교회의 영적 교제를 판단할 수 있는 하나의 시금석이 될 수 있다. 우리는 우리의 삶을 통해 하나님의 말씀을 훼방할 수도 있고(5절), 빛나게 할 수도 있다(10절). 섬기는 사람들은 본을 보여야 한다(7-8절).

배움(Learning, 11-12절). 하나님의 은혜는 우리를 구원할 뿐 아니라, 어떻게 그리스도인의 삶을 살아야 하는지를 우리에게 가르쳐준다. 하나님의 은혜를 핑계 삼아 죄를 범하는 사람은 구원하는 은혜의 능력을 결코 경험하지 못한 사람이다(롬 6:1, 유 4절). 우리를 구원한 은혜가 또한 우리를 새롭게 하여 하나님의 말씀에 순종하려는 열망을 불러일으킨다(14절).

기다림(Looking, 13-16절). 은혜로 시작한 것은 영광으로 이어질 것이다! 하나님의 백성들에게 예수 그리스도의 재림은 복된 소망 그 이상이다. 그것은 즐거운 소망이고(롬 5:2, 12:12), 하나 되게 하는 소망이며(엡 4:4), 산 소망이고(벧전 1:3), 튼튼하고 견고한 소망이며(히 6:19), 깨끗하게 하는 소망이다(요일 3:3).

"나는 아침마다 주님이 내 일을 막으시고 그분의 일을 시작하실 수도 있다는 생각을 하며 일과를 시작한다. 나는 죽음을 기다리는 것이 아니라 주님을 기다리는 것이다."

G. 캠벨 모건(G. Campbell Morgan)

○ 디도서 3장

우리 모두 다음의 사실들을 기억해야 한다.

당신이 무엇을 해야 하는지를 기억하라(Remember what you should do, 1-2절). 그리스도인들은 하늘의 시민일 뿐 아니라 이 땅의 시민이기도 하다. 그러므로 이 간단한 두 구절에서 묘사하고 있는 사람들이 되어야 한다.

당신이 어떤 사람이었는지를 기억하라(Remember what you were, 3절). 하나님이 우리의 죄를 기억하지 않으신다. 우리도 그래야 한다. 그러나 구원받지 못한 죄인이었을 때를 기억하는 것은 우리에게 유익하다(참조 - 신 5:15, 15:15, 24:18, 22, 벧전 4:1-4).

하나님이 당신을 위해 해주신 일들을 기억하라(Remember what God did for you, 4-7절). 우리는 복음을 듣고 영생을 선물로 받을 만한 자격이 있는 사람들인가? 아니다. 그것은 하나님의 자비와 사랑과 은혜 때문에 가능한 것이다. "하나님이 우리를 구원하셨다." 우리가 우리를 구원한 것이 아니다. 하나님이 우리의 죄를 씻으셨다. 그래서 우리는 하나님 앞에서 의롭다 하심을 입은 사람들로 서 있게 되었다. 그리고 하나님의 후사가 되었기 때문에 확신을 가지고 미래를 맞이할 수 있게 되었다.

하나님이 당신에게 기대하시는 것들을 기억하라(Remember what God expects of you, 8-11절). 디도서의 중요한 주제는 선행이다(1:16, 2:7, 14, 3:1, 8, 14). 주님을 위해 분주한 사람들에게는 쓸데없는 논쟁에 휩싸일 시간이 없다.

빌레몬서

Philemon

섭리(Providence). 로마 감옥에서 바울은 그가 그리스도께 인도했던 친구인 빌레몬(19절)의 종이었던 오네시모 '무익함'(11절)를 만났다. 바울은 오네시모도 그리스도께 인도했고, 그를 골로새에 있는 그의 주인에게로 돌려보냈다(골 4:7-9). 바울과 오네시모를 로마라는 대도시에서 만나게 하신 하나님의 섭리는 놀라운 것이었다! 아마도 빌레몬의 기도를 통해 두 사람이 만나게 되었을 수도 있다(22절). 빌레몬은 로마서 8장 28절이 실제로 이루어지는 것을 분명히 보았다!

우정(Friendship). 바울에게는 빌레몬에 대해 칭찬할 말이 아주 많았다. 빌레몬은 소중한 친구였고, 믿음과 사랑이 충만한 사람이었으며, 기쁨과 위로를 주는 그리스도인이었다. 그리고 기도하는 사람이었으며, 하나님의 뜻에 순종하는 사람이었다. 당신의 친구도 당신에 대해 이렇게 말할 수 있는가?

◆ 용납되고 구속되다 ◆

빌레몬서에서 볼 수 있는 이 두 진술은 예수님이 우리를 위해 하신 일들을 잘 보여주고 있다. "저를 영접하기를 내게 하듯 하라"(17절)는 말은 우리가 "사랑하시는 자 안에서"(엡 1:6) 받아들여졌다는 사실을 상기시켜준다. 그리고 "이것을 내게로 회계하라"(18절)는 말은 예수님이 우리를 구원하기 위해 그 대가를 지불하셨다는 사실을(롬 4:1-8, 고후 5:21) 상기시켜준다.

화해(Reconciliation). 로마법에 의하면 오네시모는 그가 범한 죄 때문에 처형될 수도 있었다. 그러나 그는 그리스도 안에서 형제가 되었고, 빌레몬은 그를 용서하고 받아들여야 했다. 참된 화해는 값싼 것이 아니다. 지불해야 할 대가가 있다. 바울은 그것을 잘 알고 있었고, 기꺼이 자신이 대신 그 대가를 지불하고자 했다. 하나님이 당신을 화해시키는 사람으로 사용하실 수 있는가? 당신은 그 대가를 기꺼이 지불할 것인가?

히브리서

Hebrews

히브리서를 쓴 사람이 누구인지는 알려져 있지 않다. 그러나 히브리서의 주제는 분명하다. "완전한 데(영적 성숙) 나아갈지니라"(6:2). 히브리서는 그리스도의 온전하심을 버리고 곧 소멸하게 될 종교 제도의 공허함으로 돌아가려는 유혹을 받고 있던 유대인들에게 쓴 편지였다.

잃어버린 사람들은 여전히 '애굽'에 있으며, 그리스도를 믿는 믿음을 통해 구속될 필요가 있다. 구원받은 사람들은 영적 기업('가나안')에 들어가 하나님의 '안식'에 참여하는(4:11, 마 11:28-30) 특권을 누리고 있다. 가나안에 들어간다는 것은 천국에 들어가는 것을 말하는 것이 아니라, 원수를 정복하고 믿음으로 영적 기업을 주장하는 것을 보여주는 그림이다.

그러나 구약의 이스라엘 백성들처럼 너무나 많은 신자들이 불신앙이라는 광야를 방황하면서 옛 생활로 돌아가고 싶어한다. 히브리서의 메시지는 특히 그들을 위한 것이다. "성숙을 향해 계속 나아가자!"

히브리서는 "의인은 그 믿음으로 살리라"고 한 하박국 2장 4절을 설명하기 위해 쓰여진 세 권의 신약 성경 가운데 하나다(참조 - 롬 1:17, 갈 3:11, 히 10:38). 히브리서에서는 '믿음으로'를 강조하고 있다. 하나님이 자신의 아들을 통해 말씀하셨고, 우리는 그 말씀에 반응해야 한다. 그리고 그 반응에 따라 우리가 어떤 삶을 살게 될지 그리고 영적 기업을 얼마나 주장하게 될지가 결정된다. 우리는 믿음으로 구원받았을 뿐 아니라, 또 믿음으로 살아가야 한다.

히브리서의 핵심 단어는 '뛰어남'이다. 그리스도는 천사들보다 뛰어나시고(1-2장), 모세와 아론보다 뛰어난(3-6장) 분이시다. 예수님에게는 뛰어난 제사장직(7장)과 언약(8장)과 성소(9장)와 제물(10장)이 있다. 그리고 예수님은 자기 백성들에게 뛰어난 삶(11-13장), 곧 믿음의 삶을 주신다.

이 심오한 편지를 묵상하면서 자신에게 다음과 같이 물어보라. 나는 과거의 삶을 돌아보면서 그 삶을 갈망하고 있는가? 아니면 그리스도 안에 있는 내 기업을 주장하기 위해 계속 믿음으로 나아가고 있는가? 나는 불신앙이라는 광야에서 방황하고 있는가? 아니면 예수님이 이루신 일과 신실하신 말씀을 의지하며 안식하고 있는가?

○ 히브리서 1장

"하나님이 우리에게 말씀하셨다!" 이 얼마나 대단한 진술인가? 그리고 하나님의 말씀을 통해 "너희는 삼가 말하신 자를 거역하지 말라"(12:25)는 하나님의 음성을 들었다면, 이 진술에 따르는 책임은 또 얼마나 엄청난 것인가? 하나님의 말씀을 어떻게 대하는지에 따라 하나님의 뜻을 얼마나 기뻐하고, 하나님이 주신 기업을 얼마나 주장할 수 있는지가 결정된다.

✦ 천사들 ✦

예수님은 천사들이 예배하고 섬기는 하나님의 영원한 아들이시기 때문에 천사들보다 뛰어난 분이시다. 하나님의 백성들이 천사들을 인식하지 못한다 할지라도(히 13:2, 창 18장) 천사들은 하나님의 백성들을 섬긴다(히 1:14). 천사들은 어린아이들에게 특별한 주의를 기울이고(마 18:10), 하나님의 종들에게 특별한 도움이 필요할 때 그들의 삶 속에 개입한다(행 5:17-21, 12:1-10). 신자들이 죽으면 천사들이 그들을 영광으로 호위한다(눅 16:22). 그리고 그리스도가 돌아오실 때 천사들이 그분을 수행할 것이다(마 25:31). 우리는 천사들을 숭배하거나(계 22:9), 천사들에게 기도해서는 안 된다. 그러나 우리에게 그들이 가장 필요할 때 그들을 보내시는 하나님을 신뢰할 수 있다.

예수 그리스도는 아버지의 마지막 말씀이시다. 그리스도 안에서 하나님의 계시가 완전하게 보여졌고 들려졌다. 그리스도 안에서 하나님의 계시가 완성되었다. 그리스도를 볼 때 우리는 하나님 아버지를 보는 것이다(요 14:1-11). 그리스도를 통해 우리는 만물이 어디에서 왔는지 그리고 어디를 향해 가고 있는지, 또 어떻게 보존되고 있는지 그리고 왜 존재하는지를 이해하게 된다.

우리는 또 하나님이 우리를 위해 하신 일들을 이해하게 된다. 그리스도가 우리를 위해 돌아가셨다! 그리고 지금 영광의 보좌 위에서 우리를 섬기신다(13:20-21). 하나님은 우리가 성숙하기 원하시고, 어떻게 믿음으로 살아야 하는지를 가르쳐주신다. 주님이 모든 적을 물리치시고 하나님의 의로운 나라를 이루실 날이 올 것이다.

그런 주님이 계시는데 왜 다른 대체물을 찾으려 하는 것인가?

> "다른 사람들은 진리의 끈들을 가지고 있다. 그러나 그리스도는 그 끈들을 엮어 영광스러운 옷을 지으시고 그 옷을 입으신다. 그분은 하나님의 모든 진리로 된 옷을 입고 나오신다."
>
> 찰스 해돈 스펄전(Charles Haddon Spurgeon)

히브리서 2장

그분께 귀 기울이라(Hear Him, 1-4절). 이것은 신자들에게 하나님의 말씀에 주의를 기울일 것을 권고하는 다섯 가지 엄중한 훈계 가운데 첫 번째 훈계다. 구약 성경 당시 하나님은 자신의 말씀에 불순종하는 사람들을 다루셨다. 마지막 때를 사는 우리에게는 완성된 성경이 있고, 또 예수 그리스도 안에서 밝혀진 하나님의 완전한 계시가 있기 때문에 순종해야 할 더 큰 의무가 있다. 당신은 하나님의 말씀을 진지하게 받아들이고 있는가?

◆ 확실한 약속 ◆

다음 구절들을 묵상해보라. "우리가 예수를 뵈옵고자 하나이다"(요 12:21). "예수를 보니"(히 2:9). "그(예수님)의 계신 그대로 볼 것을 인함이니"(요일 3:2). 첫 번째 구절은 죄인들의 탄원이고, 두 번째 구절은 성도의 특권이며, 세 번째 구절은 성경의 약속이다.

그분을 보라(See Him, 5-9절). '장차 오는 세상'이 있다. 그리고 오늘 어떻게 사는지가 훗날 그리스도의 나라에서 거할 곳을 결정하게 될 것이다(1:13, 10:13, 12:28). 오늘날 우리는 아담 안에서 타락한 사람들을 보고 있다. 그러나 또 믿음으로 그리스도와 그리스도의 승리를 본다. 그리스도가 영화롭게 되셨기 때문에 우리도 그리스도 안에서 영화롭게 될 것이다!

그분을 신뢰하라(Trust Him, 10-18절). 그리스도를 믿는 사람들은 영광을 향해 가고 있는(10절) 하나님의 자녀들이다(13절). 구세주가 죽음과 악을 물리치셨고, 그분은 하나님의 백성들이 시험과 고난을 당할 때 어떻게 느끼는지를 잘 아신다. 믿음으로 그리스도께 나아갈 때 우리는 우리의 모든 필요를 채워주실 수 있는 긍휼이 많으신 대제사장께 나아가는 것이다. 그분을 신뢰하라!

◆ 민감한 마음 ◆

히브리서는 훈계의 책이다(13:22). 훈계는 '격려'를 뜻한다. 그리고 '보혜사'(요 14:16, 26)이신 성령의 칭호이기도 한다. 히브리서 기자는 우리에게 말씀을 경시하지 말고(2:1-4), 말씀 앞에서 마음을 강퍅케 하지 말며(3:7-19), 하나님의 말씀 앞에서 귀머거리가 되지 말고(5:11-14), 하나님의 말씀에 도전하거나(10:26-39), 의도적으로 하나님의 말씀에 불순종하지 말 것을(12:14-19) 훈계하고 있다. 하나님의 백성들이 듣지 않고 순종하지 않을 때(12:3 이하) 하나님이 사랑으로 그들을 다루실 것이다. 그러므로 하나님의 음성에 민감한 마음을 갖기 위해 노력하라.

○ 히브리서 3장

주님을 깊이 생각하라(Consider Him, 1-6절). 히브리서는 예수 그리스도께 초점을 맞추고 있다. 히브리서 기자는 우리가 주님을 '보고'(2:9) '깊이 생각하며'

(3:1) 믿음으로 그분을 바라보게(히 12:1-2) 되기를 원하고 있다. 우리의 환경이나 우리 자신을 바라보고 싶은 유혹을 받을 때마다 믿음으로 주님을 바라보고, 주님의 신실하심을 기뻐하라.

주님께 순종하라(Obey Him, 7-15절). 히브리서 기자는 강퍅한 마음을 경고하기 위해 이스라엘의 실패를 예로 들고 있다. 신자의 마음은 어떻게 강퍅해지는가? 하나님의 말씀을 거부하고, 하나님의 일을 무시하며, 하나님의 방법을 모를 때 그렇게 된다. 죄는 기만적이다. 죄를 범하고도 아무렇지 않을 것이라고 생각하지만 죄 때문에 마음이 강퍅해지고, 하나님이 주신 복을 빼앗기게 된다.

주님을 믿으라(Believe Him, 16-19절). 이 구절에서 또다시 믿음을 가질 것을 간곡하게 권고하고 있다. 유대인들이 애굽에서 구출되었다고 해서 그것이 그들의 기업을 주장할 수 있도록 보장해주는 것은 아니다. 그들은 불순종함으로써 약속의 땅에 들어가지 못했다(민 13장). '믿지 아니하는 악심'(12절)이 하나님이 우리를 위해 계획하신 것들을 앗아갈 것이다. 바울은 "믿음은 들음에서 나며 들음은 그리스도의 말씀으로 말미암았느니라"(롬 10:17)고 했다.

❖ 듣고 있는가? ❖

강퍅한 마음을 가진 사람들은 진리를 알지만 진리를 거부하고, 진리에 순종하려 하지 않는다. 그들은 하나님이 불순종하는 자녀들을 징계하신다는 것을 알고 있지만, 하나님이 하실 일을 경시한다. 그들은 죄를 짓고도 별 일 없을 것이라 생각한다. 강퍅한 마음으로 나아가는 첫걸음은 하나님의 말씀을 진지하게 받아들이지 않고 무시하는 것이다(히 2:1-4). 하나님의 말씀을 듣거나, 아니면 마음을 강퍅케 하거나 둘 중 하나다. 선택은 우리 각자에게 달려 있다(시 95편).

○ 히브리서 4장

하나님의 안식(His rest, 1-10절). 각기 다른 세 가지의 '안식'을 볼 수 있다. 창조 후 하나님이 취하신 제칠 일의 안식(4절, 창 2:2)과 가나안 정복 후 이스라엘 백성들이 취한 안식(3절, 수 21:44)과 오늘날 신자들이 믿음으로 취하는 안식이다(1, 9-10절). 이스라엘은 애굽에서 구출되었다. 그러나 그 온 세대는 가나안에 들어가 그들에게 약속된 기업을 주장하는 일에 실패했다. 그것은 그들의 불신앙 때문이었다. '그러므로 우리는 두려워'(1절) 해야 한다.

하나님의 시야(His sight, 11-13절). 하나님은 우리의 마음을 보시고, 우리가 우리의 진정한 영적 상태를 볼 수 있도록 돕기 위해 하나님의 검을 사용하신다(렘 17:9). 매일 하나님의 말씀을 읽고, 묵상하며, 그 진리를 마음에 적용하는 시간을 가지라. 하나님의 말씀을 어떻게 대했는지에 대해 하나님 앞에서 책임져야 할 날이 오게 될 것이다. 그러므로 말씀에 충실하라.

하나님의 보좌(His throne, 14-16절). 우리의 능력이나 지혜로 우리의 기업을 주장할 수 있는 것이 아니다. 그러나 자비와 긍휼이 우리에게 필요할 때 그 자비와 긍휼을 베풀어주실 수 있는 대제사장이 계신다. 그분은 우리 삶 속에 개입하시고(7:25), 우리가 그분의 뜻을 행할 수 있도록 우리를 도와주신다(13:20-21).

> ◆ **은혜의 보좌** ◆
>
> 구원받지 못한 사람들에게 하나님의 보좌는 심판의 보좌다(계 20:11-15). 그러나 하나님의 자녀들에게는 은혜의 보좌가 된다. 유혹을 받을 때 우리는 은혜와 자비를 구하기 위해 대제사장 앞에 나아갈 수 있다. 그리고 죄를 지었을 때는 용서를 구하기 위해 우리를 변호해주시는 분 앞에 나아갈 수 있다(요일 1:9-2:2). 그 길은 언제나 열려 있다.

○ 히브리서 5장

선택된(Selected, 1-6절). 유대인 대제사장을 하나님이 세우셨던 것처럼 우리의 대제사장도 아버지가 세우셨다(시 110:4). 그리고 그분만이 그 역할을 수행하기에 합당한 분이시다. 그 누구도 하나님과 당신 사이에 끼어들지 못하게 하라. 왜냐하면 그리스도만이 유일한 중재자가 되실 수 있기 때문이다(딤전 2:5). '멜기

세덱의 반차'는 창세기 14장 18-24절과 관련된 것이다. 예수님은 유다 지파를 통해 오셨지만, 이 땅에서는 제사장으로 섬길 수 없으셨다. 그러나 지금은 천국에서 제사장으로 섬기고 계신다. 지금도 우리를 위해 그곳에서 일하고 계신다.

완전한(Perfected, 7-10절). 예수님은 하나님의 백성들이 믿음으로 살면서 경험하는 것과 같은 고난들을 경험하심으로 제사장 직분을 준비하셔야 했다(4:15). 주님은 이 땅에서 살다 돌아가셨기 때문에 우리의 필요를 아시고, 우리를 지키기 위해 은혜를 베푸실 수 있다. 주님은 이해하신다!

무시된(Neglected, 11-14절). 말씀의 '젖'은 기독교의 '초보', 즉 그리스도가 이 땅에서 우리를 위해 하신 일들을 말한다. '단단한 식물'은 그리스도가 지금 대제사장으로서 우리를 위해 천국에서 하시는 일에 관한 가르침을 말한다. 그리스도인들이 하나님의 말씀을 경시하고, 은혜 안에서 성장하는 것을 멈추는 것은 매우 슬픈 일이다.

◆ 그리스도 안에서 성숙함 ◆

성숙한 신자들은 예수 그리스도의 제사장 직분을 이해하고, 도움을 얻기 위해 어떻게 은혜의 보좌 앞에 나아가야 하는지를 알고 있다. 그들은 하나님의 진리를 그들의 개인적인 삶 속에서 능숙하게 활용할 수 있고, 또 다른 사람들에게도 가르칠 수 있다. 당신도 그렇게 할 수 있는가?

● 히브리서 6장

불가능한 것(The impossible, 1-8절). 기독교의 초보는 중요하다. 그러나 그 초보는 주차장이 아니라 발사대가 되어야 한다. 왜냐하면 '완전한 데 나아가야' 하는 도전이 우리 앞에 있기 때문이다. 하나님의 말씀에 게을러지고(12절) 둔해지면(5:11), 타락하게 되어(6절, 갈 6:1) 열매를 맺지 못하게 된다. 불순종하는 신자들이 그리스도에게 욕을 보이고 있는 한 그들이 회개한다는 것은 불가능한 일이 되고, 하나님이 그들을 그에 맞게 합당하게 다루실 것이다.

있음직 하지 않은 것(The improbable, 9-12절). 히브리서 기자는 그의 독자들이 그런 상태에 있다고 생각하지 않았다. 비록 그들이 아직 그리스도인으로서의 경험을 더 많이 해야 하지만, 그들에게 열매가 없었던 것은 아니었다. 그리스도인의 삶을 살아가려면 근면함과 믿음과 인내가 요구된다. 성숙은 저절로 이루어지는 것이 아니다.

불변하는 것(The immutable, 13-20절). 이 장은 성경에서 볼 수 있는 안전에 관한 가장 놀라운 진술 가운데 하나로 끝이 난다. 하나님의 약속과 맹세는 우리가 하나님의 것이며, 하나님이 성품이 그분의 말씀을 뒷받침하고 있다는 사실을 확신시켜준다. 우리는 떠내려가는 대신(2:1) 하나님 앞에서 섬기시는 예수님이 계신 천국을 향해 닻을 내렸고, 그 닻은 흔들리지 않을 것이다. 우리는 안전하다. 그래서 전진할 수 있다!

○ 히브리서 7장

히브리서 기자는 이 장에서부터 그리스도의 더 나은 제사장 직분을 설명하기 시작한다. 그리고 그는 뛰어난 멜기세덱의 반차(창 14장)에 대해서도 설명하고 있다.

예수 그리스도는 왕이시고 또 제사장이시다. 그리고 그분의 보좌는 은혜의 보좌다(4:16). 왕이신 예수 그리스도는 우리의 환경을 다스리실 수 있고, 제사장이신 예수 그리스도는 우리 내면의 태도를 변화시키실 수 있다. 우리는 그분께 복종할 때 의와 평강을 경험할 수 있다(2절, 시 72:7, 85:9-10, 사 32:17).

예수 그리스도는 영원한 제사장이시기 때문에 영원히 구원하신다(23-25절). '온전히'라는 말은 '완전하게', '더할 나위 없이'라는 뜻이다. 주님이 살아 계시는 한 우리는 안전하다. 그리고 그분은 영원히 살아 계신다. 우리는 그분의 영원한 생명의 능력을 덧입어 살 수 있다!

완전한 구원은 점점 더 성숙하는 삶으로 이어져야 한다. 이 땅에서의 제사장 직분으로는 아무것도 완전하게 만들 수 없다(11절). 하나님의 율법(19절)이나 제사(10:1-2)로도 그렇게 할 수 없다. 그러나 예수님은 우리가 믿음으로 살아가는 동안 우리가 영적으로 성장하도록 우리를 인도하실 수 있다(13:20-21). 예수님은 우리를 그분의 보좌 앞으로 초대하시고, 우리가 우리 자신을 이해하는 것보다 우리를 더 잘 이해하신다.

● 히브리서 8장

결말(Finality, 1절). 유대인의 성막이나 성전에는 의자가 없었다. 왜냐하면 제사장의 임무가 끝나지 않았기 때문이었다. 그러나 예수님은 구원 사역을 마치셨고(요 19:30), 보좌 위에 앉으셨다(10:11-14). 기뻐하라!

실체(Reality, 2-6절). 유대인 제사장들은 성전에서 모형과 그림자로 섬겼다. 그러나 그리스도는 땅에 있는 모형들의 실체인 천국의 성소에서 섬기신다. 그리스도를 믿을 때 실제적인 삶이 시작되고, 대체물들과는 결별하게 된다. 기뻐하라!

성숙(Maturity, 7-13절). 모세의 율법은 이스라엘 백성들이 성숙하고, 오실 메시아를 맞이할 수 있도록 그들을 돕는 교사의 역할로서 주어졌다(갈 4:1-7). 그들은 어린아이들과 같았고, 하나님은 그들의 손을 잡고 그들을 인도하셔야 했다. 그러나 새 언약은 천국의 제사장 직분과 함께 우리가 영적으로 성숙할 수 있도록 우리를 인도한다. 하나님이 우리 마음에 그분의 말씀을 두시고, 우리의 성품을 변화시키신다(고후 3:1-3, 18).

기뻐하라. 크게 기뻐하라!

● 히브리서 9장

더 나은 성소(A better sanctuary, 1-10절). 하늘에 있는 성소가 모든 면에서 땅에 있는 그 어떤 성소보다 - 예루살렘 성전을 포함해 - 낫다. 땅에 있는 성전에서 모든 기구들은 모형에 불과했고, 성전에서의 일은 결코 끝나지 않았으며, 그 사역으로는 인간의 마음을 결코 변화시킬 수 없었다. 우리는 예수님이 하늘에서의 사역을 가능케 하시려고 치르신 대가에 감사해야 한다.

더 나은 섬김(A better service, 11-15절). 유대인 대제사장은 외적인 것들만을 다룰 수 있었다. 그러나 예수님은 마음과 양심을 다루신다. 예수님이 우리를 깨끗케 하시고 온전케 하심으로(13:20-21) 우리는 하나님을 합당하게 섬길 수 있다. 매일 주님 앞에 나아가 그분의 섬김을 구하고 있는가?

더 나은 제사(A better sacrifice, 16-28절). 우리를 영원히 구속한 보혈은 억지로 흘린 동물의 피가 아니라 우리를 위해 기꺼이 자신의 목숨을 내놓으신 하나님의 아들이 흘린 피다(요 10:14-18). 흠 없는 하나님의 어린양의 죽음은 단 한 번으로 되었다. 다시 제사를 드려야 할 필요가 없다. 우리를 구원하는 그 보혈을 믿고 있는가?

> ◆ **예수님의 나타나심** ◆
>
> 히브리서 9장 24-28절은 예수 그리스도의 '나타나심'을 우리를 구원하기 위해 오셨던 과거의 나타나심(26절), 우리의 성화를 위한 현재의 나타나심(24절), 우리의 찬양을 위한 장래의 나타나심(28절)으로 세 번에 걸쳐 언급하고 있다.

○ 히브리서 10장

용서(Forgiveness, 1-18절). 옛 언약 아래에서 제물은 죄를 용서해주는 것이 아니라 죄를 상기시켜주는 것이었다. 예수님의 보혈로 우리의 죄는 단번에 그리고 영원히 해결되었다. 속죄를 위한 제물이 이제 더 이상 없기 때문에 죄 또한 더 이상 기억되지 않게 되었다(17절, 렘 31:34). 그리고 우리는 하나님 앞에서 의롭게 된 것을 기뻐할 수 있다.

신실함(Faithfulness, 19-25절). 우리를 위해 죽으신 구세주가 지금 우리를 위해 살아 계신다. 그분은 예배를 위해 또한 우리의 필요를 나누기 위해 그분의 임재 안으로 들어오도록 우리를 초청하신다. 구약 시대의 대제사장은 일 년에 한 번만 휘장 안으로 들어갈 수 있었다. 그러나 우리는 어느 때나 하나님 앞으로 나아갈 수 있다. 깨끗하게 되어 주님을 만날 준비가 되었는지 확인하라. 우리는 그분을 신뢰할 수 있다. 왜냐하면 '약속하신 이는 미쁘시기'(23절) 때문이다.

두려워함(Fearfulness, 26-39절). 하나님 앞에 나아갈 수 있는 특권에는 하나님의 뜻에 순종해야 하는 책임이 따른다. 이 구절의 권고는 하나님의 뜻을 거듭 무시하고, 하나님의 이름을 훼방하는 사람들에게 적용된다. 하나님은 자신의 자녀들을 합당하게 다루실 것이다. 그들이 반역자처럼 행동하는 것을 용납하지 않으실 것이다. 이 장은 격려의 말로 끝이 난다. 우리가 뻔뻔스럽지 않도록 하나님이 우리에게 경고하신다. 그러나 또 낙심하지 않도록 우리를 격려하신다. 강퍅한 마음에는 경고가 필요하고, 애통하는 마음에는 위로가 필요하다.

○ 히브리서 11장

믿음은 하나님을 신뢰하는 것이고, 그 신뢰는 순종으로 이어진다. 참 믿음은 하나님이 하신 말씀에 기초를 두고 있고, 우리가 하는 일 속에서 그 모습을 드러낸다. 믿음이 있는 사람들은 하나님을 위해 일하고, 하나님은 그들을 위해 일하신다.

믿음은 사치품이 아니라 필수품이다. 그것은 위대한 지도자들만을 위한 것이 아니라 평범한 사람들을 위한 것이다. 일하고(7절), 살고(8-9절), 기다리고(10-12절), 싸우기(30-34절) 위해서뿐 아니라, 예배하기 위해서도(4절) 우리에게는 믿음이 필요하다. 우리 삶의 어느 한 부분에서라도 믿음을 경시하게 되면, 우리는 죄를 범하게 될 것이다(롬 14:23).

◆ 흔들리지 않는 믿음 ◆

위대한 신학자 존 칼빈은 믿음을 "그리스도 안에서 거저 주시는 약속에 기초를 두고, 우리에게 베풀어주시는 하나님의 자비에 대한 확고하고 분명한 지식이 성령에 의해 우리 생각에 알려지고 우리 마음속에 확립된 것"이라고 정의했다. 믿음은 하나님의 진리에 기초를 두고 있으며, 성령에 의해 마음속에 증거된 것이

> 라는 사실에 주목하라. 믿음에는 객관적인 요소와 주관적인 요소가 모두 포함되어 있고, 둘 다 없어서는 안 될 본질적인 것들이다.

'또 어떤 이들은'(36절)이라는 말은 우리도 믿음으로 살면서 패배한 것처럼 보일 수 있다는 사실을 우리에게 상기시켜준다. 하나님을 믿는 모든 사람이 다 보호를 받고 구출되는 것이 아니다(36-40절). 그러나 중요한 것은 하나님의 구조를 받는 것이 아니라 하나님의 인정을 받는 것이다(39절). 하나님을 믿는 믿음은 다른 사람들이 포기할 때 포기하지 않고 견딜 수 있는 능력을 준다.

그런 믿음은 어디에서 오는 것인가? 로마서 10장 17절과 15장 4절을 읽어 보라.

"믿음은 모든 것을 가능케 하고, 사랑은 모든 것을 쉽게 만든다."

D. L. 무디(D. L. Moody)

● 히브리서 12장

경주하는 사람(Runners, 1-4절). 11장에 열거된 사람들은 우리에게 "하나님은 믿을 수 있는 분이다! 하나님의 말씀을 믿고 계속 경주하라!"고 증언하고 있는 '구름'이다. 구약 성경을 읽을 때 믿음이 자라야 한다. 왜냐하면 구약 성경에 기록된 사건들은 하나님의 약속을 용감하게 신뢰했던 사람들 속에서 그리고 그들을 통해 하나님이 하신 일들을 보여주고 있기 때문이다(롬 15:4). 그리고 복음서를 읽을 때 예수 그리스도 안에서 인내했던 위대한 사람들을 볼 수 있다.

"행동을 보고 그 사람의 믿음을 평가할 수 있다. 훈련은 교리를 보여주는 지표가 된다."

터툴리안(Tertullian)

자녀(Children, 5-11절). '징계'는 자녀가 성인으로 자랄 수 있도록 돕고 훈계하는 것을 말한다. 징계에는 불순종에 대한 징벌이 포함되는 경우도 있지만, 반드시 그것만을 뜻하는 것은 아니다. 성공한 경주자가 되기 위해서는 훈련하고 단련해야 한다. 징계하시는 주님의 손을 두려워하지 말라. 그 손은 사랑하는 마음의 통제를 받고 있다. 하나님의 목표는 우리의 성숙이다.

시민(Citizens, 12-29절). 이스라엘 백성들은 시내 산에서 놀라운 경험을 했다(출 19장). 그러나 우리는 시온 산에서 은혜와 영광을 경험한다. 우리는 천국 시민이다. 그리고 족장들과 천사들과 하나님과 교제하게 될 날이 올 것이다! 그러나 그렇다고 해서 우리를 향하신 하나님의 엄숙한 목소리를 무시할 수 있다는 뜻은 아니다. 하나님이 당신의 삶을 흔드실 때 하나님의 말씀에 귀를 기울이라. 그 말씀 속에서 흔들릴 수 없는 것들을 발견하고, 마지막까지 달릴 수 있게 될 것이다.

"우리는 너무나 자주 형벌을 불러온 죄에서 벗어나려 하는 대신, 단지 형벌로부터 벗어나기 위해 부르짖는다. 우리는 하나님을 고통스럽게 하는 것보다 우리를 고통스럽게 하는 것을 피하고 싶어한다."

G. 캠벨 모건(G. Campbell Morgan)

● 히브리서 13장

히브리서 기자는 편지를 마무리하면서 혼자 성공적으로 달릴 수 있다고 생각하지 않도록 영적 지도자들을 따라야 한다는 사실을 상기시켜주고 있다. 그렇게 할 때 우리는 형제자매들을 사랑하고(1절), 손님을 대접하며(2절), 갇힌 자들을 생각하고(3절), 음행하지 않으며(4절), 탐심을 품지 않고(5-6절), 거짓 교훈에 휩쓸리지 않게 될 것이다(9절).

그들을 기억하라(Remember them, 7-8절). 이 구절은 이미 세상을 떠났지만 그들의 사역은 계속되고 있는 지도자들을 언급하고 있다. 그들의 가르침을 기억하고, 그들이 어떻게 살았는지 그리고 무엇을 위해 살았는지를 기억하라. 교회 지도자들은 오기도 하고 가기도 한다. 그러나 예수님은 언제나 동일하시다. 그분께 우리의 시선을 고정해야 한다.

그들에게 순종하라(Obey them, 17절). 지도자들이 말씀을 가르치고 신실하게 보살펴주고 있다면 우리는 그들에게 순종해야 할 책임이 있다. 영적 지도자는 마구 밀어붙이는 독재자여서는 안 된다. 그는 앞서 가면서 길을 인도하는 목자여야 한다.

그들을 위해 기도하라(Pray for them, 18-19절). 은혜의 보좌 앞에 나아갈 때 하나님이 그분의 목자들을 신실하고 열매맺는 사람들이 되게 해주시도록 기도하라. 큰 목자가 그들을 "모든 선한 일에 온전케 하시기를" 기도하라(20-21절).

그들에게 문안하라(Greet them, 24절). 지도자들을 개인적으로 알고, 그들과 좋은 사이로 지내야 한다. 문제를 야기할 수 있는 여지를 두지 말라(12:14-15).

야고보서

Ｊａｍｅｓ

이 편지를 쓴 사람은 우리 주님의 이복 동생이었고(막 6:3), 예루살렘 교회의 지도자였다(행 1:14, 12:17, 고전 15:7). 그는 헌신된 유대인이었고, 로마 제국의 각처에 흩어져 있던 유대인 신자들에게 이 편지를 썼다. 그들은 교회 내에서 문제를 겪고 있었을 뿐 아니라, 여러 가지 시험과 시련을 당하고 있었다. 그래서 야고보는 그들이 믿음 안에서 성장할 수 있도록 돕기 위해 이 편지를 썼다(1:4, 2:22, 3:2).

야고보서는 믿음의 삶에 대해 논의하고 있는 실제적인 책으로, 산상수훈과 잠언의 매우 실제적인 교훈들이 반영되어 있다.

정말로 믿음을 실천한다면 시험을 맞이하는 모습에서(1장), 다른 사람들을 대하는 모습에서(2장), 언어 생활에서(3장), 죄를 다루는 방식에서(4장), 기도 생활 속에서(5장) 그 믿음이 드러나게 될 것이다.

○ 야고보서 1장

성숙한 삶에 없어서는 안 될 다음의 중요한 요소들에 주목하라.

하나님의 지혜(The wisdom of God, 1-11절). 시험이 닥칠 때 고통을 낭비하지 않고, 영적으로 성장하지 못하게 되는 일이 없게 하려면 지혜가 있어야 한다. 하나님을 신뢰할 때 시험은 우리를 거스르는 것이 아니라 우리를 위한 것이 된다. 그러나 하나님께 전적으로 복종하고 있는지를 확인해야 한다. 마음과 생각이 요동치고 있다면 시험 앞에서 무너지게 될 것이다.

하나님의 선하심(The goodness of God, 12-20절). 하나님이 얼마나 좋은 분인지를 안다면 원수가 제시하는 유혹에 아무 관심도 생기지 않을 것이다. 유혹을 받을 때 하나님이 주신 복들을 헤아려보라. 그러면 그 유혹을 거부할 수 있는 힘이 곧 생길 것이다.

하나님의 말씀(The Word of God, 21-27절). 하나님의 말씀은 우리에게 영적 생명을 준다(18절, 벧전 1:22-23). 그것은 마음에 심겨 영적 열매를 맺는 씨앗과 같다(21절). 또 우리 자신을 살펴보고(23-25절) 깨끗하게 하는 데 도움이 되는 거울과 같다. 하나님의 말씀을 단지 읽고 공부하는 것으로 그치는 것이 아니라, 그 말씀대로 살아야 한다. 말씀을 행할 때 복이 있다.

> "진리를 깊이 사색하지만, 그 진리를 실천하지 않는 사람은 이미 반 이상 잘못을 범하고 있는 것이다. 진리는 묵상하기 위한 것이 아니라 실천하기 위한 것이다."
>
> F. W. 로벗슨(F. W. Robertson)

✦ 생생한 문장 ✦

야고보는 자연을 통해 많은 예를 들고 있다. 1장에서 그는 의심을 파도에 비유했고(6절), 재물을 시드는 꽃에 비유했으며(9-10절), 죄를 잉태(13-15절, 시 7:14)와 풀(11절)과 더러운 것(27절)에 비유했다. 야고보서를 읽으면서 야고보가 진리를 생생하게 표현하고 기억하기 쉽게 하기 위해 어떤 그림들을 사용하고 있는지 살펴보라.

● 야고보서 2장

우리에게 참된 구원의 믿음이 있다면 사람들을 차별하지 않을 것이다(1-13절). 그리고 사람들을 외모가 아니라 성품으로 판단할 것이다. 부자들의 비위를 맞추려 하거나, 가난한 사람들을 무시하지 않을 것이다. 그리고 예수 그리스도를 위해 각 사람을 사랑할 것이다. 주님이 나를 대하신 것처럼 다른 사람들을 대하고 그리고 성령의 능력으로 그렇게 행하는 것이 바로 그리스도인의 사랑이다.

참된 구원의 믿음은 또 행함으로 드러난다(14-26절). 믿음은 우리가 말하는 것뿐 아니라, 다른 사람들을 생각하고 섬기는 삶을 살아갈 수 있도록 동기를 부여해주다. 아브라함은 믿음으로 구원받았다(창 15:6). 그리고 그는 하나님의 뜻에 순종하여 아들을 바침으로(창 22장) 그 믿음을 입증했다. 라합은 하나님을 믿는 믿음으로 구원받았다(히 11:31). 그리고 그녀는 정탐꾼들을 보호함으로 자기 믿음의 진실함을 보여주었다(수 2장, 6:17-27).

야고보와 바울은 서로 모순되지 않는다(롬 4:1-5, 5;1). 두 사람은 서로를 보완해주고 있다. 우리는 하나님 앞에서 믿음으로 의롭다 하심을 얻는다. 그러나 사람들 앞에서는 행위를 통해 믿음이 정당화된다. 하나님은 우리의 믿음을 보실 수 있다. 그러나 사람들은 우리의 행위만을 볼 수 있을 뿐이다.

○ 야고보서 3장

야고보서의 수신자들이었던 신자들은 말에 관련된 문제를 안고 있었다(1:26, 2:12, 4:1, 11-12). 물론 혀 자체가 문제는 아니었다. 문제는 마음이었다(14절, 마 12:35-37). 무슨 말이건 하기 전에 먼저 다음 질문들을 자신에게 던져보라.

누가 통제하고 있는가?(Who is in control?, 1-4절) 우리의 혀가 하나님의 통제 아래 있다면 진지하게 생각하고 말할 것이다(1절). 그리고 온 몸이 주님의 훈계를 따를 것이다(2절). 말에게는 고삐를 잡고 있는 사람이 필요하고, 배에는 키를 잡고 있는 선장이 필요하듯 우리 혀에도 혀를 다스리는 주인이 필요하다. 그리고 하나님만이 그 일을 할 수 있는 유일한 분이시다. 이 영역에서 도움이 필요하다면 시편 14편 1-4절이 좋은 기도가 될 것이다.

> "우리는 하지 않은 말에 대해서는 주인이 될 수 있지만, 일단 한 말에 대해서는 그 말의 종이 되고, 글로 써서 한 말에 대해서는 그 말의 노예가 된다"
>
> 퀘이커 교도들의 격언

어떤 결과가 올 것인가?(What will the consequences be?, 5-12절) 제어할 수 없게 번지며 큰 손해를 초래할 불을 지르고 있는가? 위험한 짐승을 풀어놓거나 시원한 우물에 독을 풀고 있는가? 일단 말을 하면 그 말은 다시 주워 담을 수 없다. 그러므로 좀 더 멀리 내다보라.

내 마음의 동기는 무엇인가?(What are my motives?, 13-18절) 원한이나 시기하는 마음을 품고 있는가? 하나님의 지혜를 말하는가? 아니면 세상의 지혜를 말하는가? 화해를 불러오는 사람인가? 아니면 분쟁을 일으키는 사람인가? 하나님 앞에서 바른 마음을 품고 있다면(히 4:12) 열매를 맺도록 하나님이 우리의 말을 사용하실 것이다.

● 야고보서 4장

초대 교회에 대해서는 사람들이 "그들이 서로를 얼마나 사랑하는지 보라!"고 말했다. 오늘날 사람들은 아마 "그들이 서로 얼마나 경쟁하는지 보라!"고 말할 것이다. 하나님의 백성들이 때때로 서로 잘 어울리기가 그렇게도 힘든 이유는 무엇인가?

이기심(Selfishness, 1-3절). 사람들 사이에서 벌어지는 싸움은 그들 내면에서 일어나는 싸움 때문이다. 우리는 다른 사람에게 해가 된다 할지라도 우리 자신을 기쁘게 하고 싶어한다. 조심하지 않는다면 우리의 기도까지도 이기적이 될 수 있다!

속된 마음(Worldliness, 4절). 아브라함은 죄를 거부했기 때문에 하나님의 친구였다(2:23). 그러나 롯은 세상의 친구가 되었다(창 13:1-13). 요한일서 2장 15-17절을 묵상하라.

교만(Pride, 5-10절). 사탄은 이브를 넘어지게 했던 것처럼(창 3:1-6) 우리를 넘어뜨리기 위해 교만을 어떻게 사용해야 하는지 잘 알고 있다. 죄 때문에 울어야 할 때 웃고 있는 것은 아닌가? 사탄에게 저항하고 있는가? 아니면 주님에게 저항하고 있는가?

"교회가 세상 안에 있는 것은 잘못된 것이 아니다. 그러나 세상이 교회 안에 들어와 있는 것은 잘못된 것이다. 바다에 떠 있는 배는 좋은 것이다. 배는 바다에 떠 있기 위한 것이기 때문이다. 그러나 배 안에 스며든 물은 배를 침몰시킨다."

헤럴드 린젤(Harold Lindsell)

"세상을 버리지 않고도 그리스도를 '영접할' 수 있다고 생각하는 그리스도인 세대가 생겨나고 있다."

A. W. 토저(A. W. Tozer)

비난(Criticism, 11-12절). 우리의 죄를 숨길 수 있는 가장 손쉬운 방법은 다른 사람들의 죄를 들추어내는 것이다. 험담과 중상은 성령을 슬프게 하고, 하나님의 가족을 분열시킨다. 하나님은 심판관이 아니라 증인이 되도록 우리를 부르셨다.

자랑(Boasting, 13-17절). 인생은 짧고 우리는 미래를 알 수 없다. 그러므로 오늘 하나님의 뜻을 행하라. 계획을 세울 때는 언제나 "주님의 뜻이라면"(잠 27:1)이라고 말하라.

○ 야고보서 5장

주님이 오시기 전인 이 마지막 때에 하나님이 우리의 삶에서 원하시는 것은 무엇인가?

우선순위(Priorities, 1-6절). 재물을 얻기 위해서만 살아간다면 그것은 진정한 재물을 자신에게서 빼앗는 것이다(딤전 6:6-10, 17-19). 그것은 예배 대신 염려를 불러온다(마 6:19-34). 하나님은 우리의 필요를 아신다. 그리고 우리가 마태복음 6장 33절을 실천한다면, 하나님이 그 모든 필요들을 채워주실 것이다.

인내(Patience, 7-12절). 씨를 뿌리면 결국은 추수를 거두게 된다. 그러므로 인내하라. 다른 사람들에게 부당하게 이용당할 때 인내하라. 하나님이 여전히 보좌 위에서 다스리신다.

기도(Prayer, 13-18절). 이 구절에서는 병든 사람을 위한 기도, 용서를 위한 기도, 나라를 위한 기도, 심지어는 날씨를 위한 기도 등등 다양한 기도들을 볼 수 있다. 기도로 해결할 수 없는 문제나, 기도로 채울 수 없는 필요는 없다.

개인적인 관심(Personal concern, 19-20절). 야고보는 다시 개인들을 섬기는 사역을 강조하고 있다(1:27, 2:1-4, 14-16). 동료 신자가 방황하기 시작하는 것을 간파할 수 있는가? 정말 관심을 가지고 배려하는가? 도와주려고 노력하는가? 오랫동안 기다려줄 수 있는가?

베드로전서

First Peter

베드로는 이방인에게 복음을 전하도록 가장 먼저 선택된 사도였다(행 10장, 15:7). 그러나 그의 사역은 주로 유대인들을 섬기는 것이었다(갈 2:1-10). 그는 로마 제국의 다섯 지역에 흩어져 있던 신자들에게 이 편지를 썼다. 그 중 두 지역은 베드로가 들어갈 수 없는 곳이었다(행 16:7). 이 두 편지를 씀으로써 베드로는 누가복음 22장 32절과 요한복음 21장 15-17절에서 그에게 위임된 임무를 완수했다.

베드로전서의 주제는 하나님의 은혜다(5:12). 베드로는 우리에게 적대적인 세상에서 어떻게 나그네로 살아가야 하는지를 말해주고 있다. 베드로후서의 주제는 영적 지식(베드로후서에는 '지식' 또는 '앎'이라는 단어가 일곱 번이나 사용되었다)이다. 그는 거짓 교사들을 경계할 것을 경고하고 있다.

베드로는 그의 독자들에게 하나님의 은혜가 그들을 구원하면서 그들을 위해 한 일들을 상기시켜주며 베드로전서를 시작하고 있다(1:1-2:10). 그런 다음 그는 하나님의 은혜가 그들의 다양한 관계 속에서(2:11-3:12) 그리고 박해를 받게 될 때(3:13-5:14) 그들을 어떻게 도울 수 있는지 보여주고 있다. 베드로는 두 편지의 주제를 베드로후서 3장 18절에 기록된 그의 축도에서 잘 요약하고 있다. "우리 주 곧 구주 예수 그리스도의 은혜(베드로전서)와 저를 아는 지식(베드로후서)에서 자라가라." 그렇게 하는 것이 이 마지막 때를 성공적으로 살아가는 유일한 길이다.

● 베드로전서 1장

구원은 부르심이다(Salvation is a calling, 1-2, 15절). 우리는 우리에게 새 생명을 주시는 하나님 아버지의 택하심을 받았다(3절). 우리는 말씀을 주시고, 하나님의 종들에게 하나님의 말씀을 선포할 수 있게 하시며(10-12절), 죄인들에게 약속을 믿는 믿음을 주시는(22절) 성령에 의해 구별되었다. 우리는 우리를 위해 돌아가셨다가 다시 살아나셨고, 우리에게 기업을 주시기 위해(3-4, 13절) 다시 오실 하나님의 아들의 보혈로 구속되었다(18-21절). 베드로가 이 편지를 찬양의 노래로 시작한 것은 당연한 일이었다(엡 1:3-14 참조).

구원은 거듭남이다(Salvation is a birth, 3, 23절). 이 거듭남이 예수님이 니고데모에게 설명하려고 하셨던 영적 탄생이다(요 3장). 예수 그리스도를 믿을 때(5, 7, 9, 21절) 우리는 위로부터 나게 된다. 그리고 소망(3-4, 13, 21절)과 그리스도(8절)와 하나님의 사람들을 향한 사랑(22절)을 갖게 된다. 우리는 하나님의 자녀이기 때문에 하나님께 순종하고 싶어한다(14-16절).

구원은 구속이다(Salvation is a redemption, 17-21절). 사도는 유월절 절기를 언급하고 있다(출 12장). 예수님은 우리를 위해 죽임을 당한 어린양이시고, 예수님의 보혈이 우리를 보호하기 위해 뿌려졌다(2절). 유대인들은 애굽을 떠날 준비를 하고 있어야 했다. 그리고 우리도 같은 자세를 취해야 한다(13절). 예수님이 다시 오실 때 우리는 이 세상을 떠나게 될 것이다!

그 모든 것은 '너희(택하심을 입은 자들)를' 위한 것이다(4, 10, 12, 13, 20, 25절). 주님을 찬양하고 있는가?

◆ 산 소망 ◆

세상의 소망은 꺾인 꽃처럼 잠시 피었다가 시들어 죽는다(벧전 1:24-25). 그러나 그리스도인의 소망은 신선하며, 열매를 맺는다. 왜냐하면 그것은 살아 계신 그리스도가 값을 주고 사셨고(3절), 살아 있는 말씀으로 약속하신(23절) '산 소망'이기(3절) 때문이다.

● 베드로전서 2장

자라감(Growing, 1-3절). 갓난아기가 어머니의 젖을 먹으려 하는 것처럼, 하나님의 자녀들은 하나님 아버지의 말씀을 먹어야 한다. 식욕을 잃은 채 자라지 않는다면, 1절에서 언급하고 있는 죄가 삶을 오염시키고 있는 것은 아닌지 확인해 보아야 한다.

세워짐(Building, 4-8절). 하나님은 산 돌로 성전을 지으신다(엡 2:19-22). 그리고 우리는 그 성전의 일부가 되는 특권을 누리고 있다. 우리는 예수 그리스도 위에 세워졌다. 그러므로 성전이 파괴되는 일은 있을 수 없다.

제사드림(Sacrificing, 9-10절). 각 신자는 하나님 앞에서 제사장이다. 그리고 예수 그리스도를 통해 하나님께 제사드릴 수 있다. 하나님을 예배하면서 우리는 하나님의 아름다운 덕을 세상에 선포한다. 그것이 바로 하나님이 이스라엘 백성들을 부르셔서 하게 하신 일이다(출 19:1-9). 그러나 그들은 그 일에 실패했다. 우리도 실패하고 있는 것은 아닌가?

삼가함(Abstaining, 11-12절). 하늘의 시민권을 가진 나그네인 우리를 세상이 면밀히 살펴보고 있다. 우리는 하나님을 영화롭게 하는 삶을 살아야 한다. 오늘날 그런 삶을 살기는 쉽지 않다. 그러나 예수님이 돌아오실 때 상급을 받게 될 것이다.

복종함(Submitting, 13-25절). 베드로는 그리스도인들에게 하나님을 영화롭게 하기 위해 선한 시민과 피고용인이 될 것을 조언했다[포로들에게 한 예레미야의 조언을 보라(렘 29장)]. 우리가 따라야 할 본보기는 죽기까지 복종하신 예수 그리스도이시다.

● 베드로전서 3장

베드로는 신자들을 양에 비유했다(2:25). 양은 온유한 동물이다. 그런 다음 그는 그리스도인들에게 온유함을 생활 속에서 실천할 것을 촉구했다.

가정에서(In the home, 1-7절). 구원받지 못한 남편과 함께 사는 그리스도인 아내들은 인위적인 매력이나 성가신 잔소리가 아니라, 진정한 영적 아름다움을 통해 남편을 그리스도께 인도하려 노력해야 한다. 외적인 매력은 사라질 것이다.

그러나 온유하고 안정한 심령은 썩지 않는다. 남편들은 아내를 값진 자기 그릇처럼 귀하게 여기며, 부드러운 사랑으로 아내를 대해야 한다.

교회에서(In the chruch, 8-12절). 그리스도인들에게 서로 사랑하고 친절하게 대할 것을 상기시켜주어야만 하는 묘한 상황을 상상해보라! 야고보서 4장에서 볼 수 있듯이 모든 교회가 다 평화롭게 지내는 것은 아니다.

세상에서(In the world, 13-22절). 잘못을 범한 사람은 누구나 고난을 받을 수 있다. 그러나 그리스도인들은 옳은 일을 함으로써 고난받는 것을 배워야 한다. 물론 예수님이 우리가 따라야 할 본보기이시다(18절, 2:18-25). 우리는 큰 소리를 내거나 저항함으로써가 아니라, 온유함과 두려움을 보임으로써 증거한다(15절). 온유한 증거는 격노하는 세상에 큰 변화를 일으킬 수 있다.

> "온유함처럼 강한 것은 없다. 그리고 진정한 힘처럼 그렇게 온유한 것도 없다."
>
> 프란시스 드 살레(Francis de Sales)

◆ 경건한 삶 ◆

베드로의 편지를 받은 그리스도인들은 다른 사람들로부터 비방을 받고 있었다(2:12, 15, 23, 3:9, 16, 4:4, 14). 베드로는 비방하는 사람들에게 맞설 수 있는 가장 좋은 무기는 그 누구도 비난할 수 없는 경건한 삶이라고 권고했다. H. A. 아이언사이드(H. A. Ironside)는 "다른 사람들이 하는 말이 옳으면 자신의 방법을 고쳐라. 그러나 그들의 말이 옳지 않다면 잊어버리고 계속 하나님을 섬겨라"고 말했다.

○ 베드로전서 4장

과거에 얽매이지 말라(Do not be controlled by the past, 1-6절). 그리스도를 믿

는 믿음으로 거듭난 베드로는(1:23) 그의 옛 생활에 얽매여서는 안 되었다. 거듭난 사람들의 과거는 묻혀졌고, 그들은 그리스도 안에서 새로운 피조물이 되었다. 불경한 삶을 살며 시간을 낭비하기에 인생은 너무 짧다. 특히 하나님 앞에 서게 될 날이 오리라는 사실을 알고 있을 때는 더욱 그렇다.

박해

베드로는 하나님의 집(교회)에서 심판이 시작된다고 말했다(벧전 4:17). 박해의 가장 중요한 목적은 교회가 잃어버린 사람들에게 증거할 수 있도록 교회를 깨끗하게 하는 것이다. 그러나 박해는 또한 잃어버린 사람들을 향한 경고이기도 하다. 하나님이 자녀들의 죄 때문에 그들을 심판하신다면, 잃어버린 사람들은 그보다 더 엄하게 심판하지 않으시겠는가(참조 - 잠 11:31, 겔 9장)!

현재에 충실하라(Be serious about the present, 7-11절). 산다는 것이 아무리 힘들어도 해야 할 일이 있다. 그리고 우리는 신실해야 한다. 기도할 시간을 가지라. 성도들에게 사랑을 표현하라. 다른 사람들을 섬기기 위해 은사와 재능을 사용하라. 우리에게 능력을 주신 하나님이 그분의 영광을 위해 그 능력을 사용할 수 있는 힘도 주실 것이다.

미래를 위해 준비하라(Be prepared for the future, 12-19절). 교회는 곧 '무서운 시련'을 겪게 될 것이다. 베드로는 그의 독자들에게 그 시련을 예상하고, 그것을 예수 그리스도를 증거하기 위한 기회로 삼으며, 모든 일 속에서 하나님을 영화롭게 하라고 말하고 있다. 교회는 그리스도인들이 로마를 불태웠다고 주장하며 그들을 비난했던 로마의 네로 황제 당시에 그 시련을 경험했다. 오늘날 교회도 핍박받고 있다. 준비하고 있는가?

● 베드로전서 5장

교회가 경험하게 될 마지막 때의 고난 외에도 신자들은 다음의 세 원수와 맞서야 한다.

세상(The world, 1-4절). 기독교 지도자들은 세상 사람들처럼 행동하면서 하나님의 백성들 위에 '군림하고' 싶은 유혹을 받고 있다(마 20:20-28). 그러나 지도자들은 목자이고, 양 떼를 몰아치는 것이 아니라 인도해야 한다. 자원해서 기꺼이 그리고 겸손하게 섬겨야 하며, 다른 사람들을 열심히 도와야 한다.

육체(The flesh, 5-7절). 우리는 원래 다른 사람에게 복종하는 것을 좋아하지 않는다. "겸손으로 허리를 동이라"는 말은 수건을 허리에 두르고 베드로의 발을 씻겨주셨던 구세주를 생각나게 한다(요 13:1-11). 주님께 복종하면 우리는 주님의 사람들에게도 복종할 것이다. 겸손은 명예로 이어지지만, 교만은 수치를 불러온다.

마귀(The devil, 8-14절). 마귀는 친구가 아니라 적이다. 장난치기 좋아하는 애완 동물이 아니라 우는 사자다. 그는 우리를 삼키고 싶어한다. 그래서 방심하지 말아야 한다. 베드로는 자신이 적을 물리칠 수 있을 것이라 생각했다. 그래서 주님의 경고에 주의를 기울이지 않았다(눅 22:31-34). 그 결과 그는 실패했고, 수치를 당했다. 하나님의 전신 갑주를 입고 성령을 의지한다면(엡 6:10-20) 믿음으로 사탄을 물리칠 수 있다.

베드로후서

Second Peter

베드로후서를 쓰면서 사도는 자신의 죽음이 가까웠다는 사실(1:13-14)과 교회가 몰래 들어온 거짓 교사들 때문에 위험에 처해 있다는 사실을 인지하고 있었다. 그는 신자들에게 소중한 하나님의 말씀을 붙들고 영적으로 성장할 것(1장)과 거짓 교사들을 확인해 멀리할 것(2장)과 그리스도의 재림에 대한 약속을 가장 먼저 생각할 것(3장)을 촉구했다. 그리고 하나님의 말씀을 통해 얻게 되는 영적 지식을 강조했다.

○ 베드로후서 1장

현재를 위한 능력(Power for the present, 1-11절). 그리스도를 신뢰할 때 그분은 우리가 경건한 삶을 살아가는 데 필요한 모든 것을 공급해주신다. 우리가 해야 할 일은 우리에게 필요한 것들을 주님의 자원으로부터 충당하는 것뿐이다. 하나님의 말씀이 영적인 내면의 성품에 자양분을 공급해주기 때문에 우리는 진리와 은혜 속에서 자랄 수 있다. 그러나 자동으로 그렇게 되는 것은 아니다. 하나님이 공급해주시는 은혜의 수단들을 부지런히 사용해야 한다.

과거를 통해 얻는 확신(Assurance from the past, 12-18절). 베드로는 곧 순교하게 될 것이다(요 21:18). 그래서 그는 독자들에게 하나님의 말씀은 신뢰될 수 있다는 사실을 상기시켜주려고 했다. 그가 변화산 위에서 놀라운 일을 경험하기는 했지만(마 17:1-13), 그런 경험들로 변함없는 하나님의 말씀을 대신할 수는 없다.

미래를 향한 소망(Hope for the future, 19-21절). 하나님의 말씀은 그리스도의 재림을 보여주면서 어두운 세상을 비추는 빛이다. '사사로이 풀 것이' 아니라는 말은 그 어떤 예언도 성경의 다른 부분들과 격리시켜 해석하거나, 예언을 우리에게 주신 성령의 인도하심과 무관하게 해석해서는 안 된다는 뜻이다. 성령이 한 권의 책을 쓰셨고, 그 책은 총괄적으로 이해되어야 한다. 신자들은 예언의 개별적인 문제들에 대해 다른 의견을 가질 수도 있다. 그러나 예수님이 다시 오실 것이라는 '한 소망' (엡 4:4)에는 모두 동의한다!

● 베드로후서 2장

거짓 교사들에 대한 베드로의 묘사는 그들을 알아보는 데 도움이 될 정도로 분명하고, 그들을 피하고 싶게 만들 정도로 생생하다. 우리는 그들의 삶의 방식과 그 뒤에 있는 위선도 거부해야 한다.

그들은 속임수를 도구로 사용한다. 그러므로 우리는 먼저 하나님의 말씀을 알아야 한다. 그리고 허탄하게 자랑하는 그들의 말(18절)과 그럴듯한 약속의 말(19절)을 듣게 될 때 분별력을 발휘해야 한다. 그들은 우리에게서 얻어갈 수 있는 것을 찾아내기 위해서만 우리와 교제하려 한다(12-14절). 그리고 우리를 쇠약하게 만들어놓고 떠날 것이다. 그들은 속이고 파괴한다. 그러므로 조심하라!

그들의 목적은 자신을 즐겁게 하고 금전적인 이익을 얻어내는 것이다. 그러나 그들은 결국 심판을 받게 될 것이다. 발람처럼(민 22-24장) 그들은 개인적인 이익을 위해 종교를 이용하면서 다른 사람들에게 죄를 범하게 만든다. 그들은 하나님의 양 떼가 아니라 양의 가죽을 쓴 돼지와 개다(잠 26:11, 마 7:15). 그리고 자신들의 속성을 드러낼 것이다. 진짜 양은 목자를 따르기 때문에 자신을 깨끗하게 한다(요 10:27-28).

● 베드로후서 3장

거짓 교사들은 속임수를 써서 그들의 사악한 목적을 이룰 수 없게 되면 하나님의 말씀을 비웃고 조롱하기 시작한다. 그들은 자신들이 비웃는 바로 그 말씀이 하나님의 세상을 다스리고 있다는 사실을 우리가 망각하게 되길 바란다. 하나님은 말씀으로 만물을 창조하셨고, 또 그 말씀으로 만물을 보존하신다(골 1:16-17, 히 1:1-2). 하나님의 말씀은 홍수를 일으키셨고(창 6-9장), 또 하나님의 말씀이 불경한 세상에 불 심판을 불러오는 날이 올 것이다(7-10절).

✦ '무서운 날' ✦

"어둠이 점점 짙어지고 하나님의 경건한 종들은 점점 그 수가 줄어들게 될 것이다. 불경함과 방탕함이 온 세상에 만연해 있고, 사람들은 이성을 잃은 돼지처럼, 들짐승처럼 살아가고 있다. 그러나 곧 우레같이 울려 퍼지는 소리가 들려올 것이다. '보라. 신랑이 오고 있다!' 하나님이 이 악한 세상을 오래 참지 않으실 것이다. 하나님의 말씀을 업신여기는 자들을 벌하는 무서운 날이 올 것이다." 현대의 예언자적 설교가 가운데 한 사람의 진술과 비슷하게 들리지 않는가? 이 말은 1483년부터 1546년까지 살았던 마틴 루터의 말이다. 그 당시 루터가 주님의 재림이 가까웠다고 느꼈다면, 오늘날 우리는 더욱더 그렇게 느껴야 하지 않겠는가!

하나님의 말씀을 빼앗아가는 사람은 미래를 빼앗아가는 사람이다. 장래의 소망이 없는 사람은 오늘을 살아야 할 아무런 동기도 가질 수 없다. 베드로가 "사랑하는 자들아, 힘쓰라"(14절), "사랑하는 자들아, 삼가라"(17절)는 말로 편지를 마친 것은 당연한 일이었다. 우리는 위험한 때를 살아가고 있다. 그러나 지금보다 더 기회가 많았던 적도 없다. 하나님은 잃어버린 영혼들이 그리스도를 믿게 되기를 인내하며 기다리신다(15절). 하나님은 그들에게 복음을 전해줄 우리를 필요로 하신다.

요한일서

First John

사도는 그의 사랑하는 '아이들(또는 자녀들)'(이 표현이 아홉 번이나 사용되었다)이 개인적인 구원을 확신할 수 있도록(5:13) 돕기 위해 이 편지를 썼다. 구원을 확신할 때 우리는 하나님과 하나님의 백성들과 교제할 수 있고(1:3), 기쁨을 경험하며(1:4), 죄를 이길 수 있다(2:1-2). 요한은 또 신자들에게 거짓 교사들을 조심하라고 경고하기 위해(2:26-27, 4:1-6) 이 편지를 썼다. 베드로와 요한은 둘 다 교회 안에서 교리가 순전하게 지켜지는 것에 많은 관심을 보였고, 우리도 그래야 한다.

1-2장은 교제에 초점을 맞추고 있으며, 말과 행실을 대조하고 있다. 그리스도인의 삶에 대해 말하기는 쉽다. 그러나 하나님이 원하시는 것은 그리스도인의 행실이다. 요한은 3-5장에서 자녀의 신분을 강조하고 있다('하나님께로서 난 자'라는 표현을 몇 차례 사용하였다). 그리고 하나님의 자녀에게서 나타나는 세 가지 특징을 보여주고 있다. 그들은 하나님의 뜻을 행하고(3장), 형제를 사랑하며(4장), 진리를 믿는다(5장).

"하나님은 빛이시다"(1:5). 따라서 하나님의 자녀들도 빛 가운데서 행해야 한다. "하나님은 사랑이시다"(4:8, 16). 따라서 하나님의 자녀들도 사랑 가운데서 행해야 한다. 성령은 "진리의 영"이시다(5:7). 따라서 하나님의 자녀들도 진리를 믿고 그 진리에 순종해야 한다.

● 요한일서 1장

하나님은 우리가 하나님과 그리고 하나님의 자녀들과 활발하게 교제하기 원하신다(1-3절). 예수 그리스도 안에서 하나님은 진정한 삶이란 어떤 것인지를 보여주셨다. 우리가 오래전 사도들처럼 하나님을 실제로 보거나 만질 수는 없지만, 성령이 하나님의 말씀을 우리 마음에 열어주실 때 하나님은 여전히 우리에게 실재하시는 분이 될 수 있다.

하나님은 우리와 즐겁게 교제하기 원하신다(4절). 하나님이 원하시는 교제는 주인과 종의 교제가 아니라 부모와 자녀의 교제다. 하나님은 자신의 자녀들을 기뻐하시고(시 18:19), 하나님의 사랑을 그들과 나누고 싶어하신다(요 14:19-24). 하나님의 뜻 안에서 행복할 때 우리는 하나님을 위한 삶을 살아가며, 하나님을 섬길 준비가 된다.

하나님은 우리와 정직하게 교제하기 원하신다(5-10절). 그것은 '빛 가운데서 행하면서' 죄를 정직하게 다루는 것을 의미한다. 구원은 삶과 죽음의 문제다. 그러나 교제는 빛과 어둠의 문제다. 하나님과 다른 사람들과 자신을 속인다면 우리는 하나님과의 교제를 상실하게 되고, 성품을 잃게 될 것이다. 경건한 성품은 어둠 속에서 개발되지 않는다.

> "혼자 외롭게 천국에 가려는 사람들이 있다. 그러나 신자들이 곰이나 사자나 혼자 방황하는 다른 동물들에 비유된 적은 한 번도 없었다. 이 점에 있어서 그리스도께 속한 신자들은 함께 어울리기 좋아하는 양들이다. 양들은 무리를 지어 산다. 그리고 하나님의 백성들도 그렇다."
>
> 찰스 해돈 스펄전(Charles Haddon Spurgeon)

◆ 그분의 생명이 나타난 바 되었다 ◆

'나타나다'라는 말은 요한이 좋아했던 단어 가운데 하나다. 예수님은 하나님의 생명을 밝히시기 위해(요일 1:2), 또한 우리의 죄를 없애고(3:5) 마귀의 일을 멸하시기 위해(3:8) 그리고 죄인들을 향한 하나님의 사랑을 드러내시기 위해(4:9) 나타나셨다.

요한일서 2장

예수 그리스도 안에 있는 우리에게는 하나님 앞에서 우리를 대신할(슥 3장) 대언자가 있다(1-2절). 죄를 범하면 그 죄를 자백하고 하나님의 용서를 받으라.

그리스도 안에 있는 우리에게는 우리가 따라야 할 본보기가 있다(3-6절). 그가 "빛 가운데 계신 것같이 우리도 빛 가운데 행해야 한다." 내주하시는 성령께 예수 그리스도를 더욱 닮아갈 수 있게 해주시기를 기도하라. 그리고 복음서를 읽을 때 그분의 생명이 흠뻑 스며들게 해주시기를 기도하라.

우리에게는 하나님의 백성들을 사랑하라는 예수 그리스도의 명령이 있다(7-11절). 하나님 아버지가 이 명령을 이스라엘 백성들에게 하셨고(레 19:18), 하나님의 아들은 이 명령을 제자들에게 하셨다(요 13:34). 그리고 지금 성령이 우리가 그 명령에 순종할 수 있도록 우리를 도우신다(롬 5:5).

예수 그리스도 때문에 우리에게는 가족이 생겼다(12-14절). 가족 구성원들의 영적 성장 정도는 다 다르다. 그러나 모두 하나님의 말씀 안에서 성장할 수 있다. '아이들'이 젊은이들이 되고, 아버지들이 된다는 것은 얼마나 멋진 일인가!

반면에 우리를 대적하는 자들과 거짓 교사들도 생기게 될 것이다(15-27절). 세상을 사랑하는 그리스도인들은 하나님 아버지의 사랑과 하나님의 뜻을 행하고자 하는 열망을 잃게 될 것이다. 우리는 하나님의 사랑으로 세상을 정복하고, 하나님의 진리로 거짓말하는 사람들을 정복한다(24-27절).

우리에게는 예수 그리스도의 재림이라는 멋진 소망이 있다(28-29절). 주님 안에 거하면 그분이 오실 때 부끄러움을 당하지 않을 것이다.

요한일서 3장

의도적으로 죄를 범하는 것은 심각한 문제다. 의도적으로 죄를 범하는 것은 우리를 사랑하시고, 우리를 위해 놀라운 계획을 가지고 계신 하나님 아버지의 마음을 슬프게 만드는 것이다(1-3절). 우리를 위해 돌아가시고, 사탄의 세력에서 우리를 구원하신 구세주를 슬프게 만드는 것이다(4-8절).

의도적으로 죄를 범하는 것은 우리 안에 사시며 우리에게 새 생명을 주시는 성령을 슬프게 만드는 것이다(9-15절). 우리는 새로운 성품을 덧입었고, 새로운 아버지가 계시다. 그러므로 새로운 삶을 살아야 한다. 요한은 사랑이 없는 것을 미워하는 것으로 보았고, 미움은 영적인 살인과 같은 것이다(마 5:21-26).

의도적으로 죄를 범하는 것은 또한 하나님의 백성들을 슬프게 만드는 것이다(16-24절). 왜냐하면 우리가 사랑과 빛 안에서 행하지 않는다면 우리가 섬겨야 하는 그들을 섬길 수 없기 때문이다. 하나님과 사람 앞에서 올바른 마음을 갖기 위해 노력하라(행 24:16). 하나님이 다른 사람들을 돕고 격려하는 사람으로 당신을 사용해주시도록 기도하라(약 2장). 사랑은 말 그 이상이다(18절).

● 요한일서 4장

사랑은 구원의 증거다. 예수 그리스도를 믿는 믿음을 통해 하나님께로부터 났다면 하나님의 성품을 갖고 있어야 한다(벧후 1:4). "하나님은 사랑이시기"(8, 16절) 때문에 하나님의 성품을 갖고 있는 하나님의 자녀들에게서도 그 사랑이 나타나야 한다. 자녀들은 아버지와 같아야 한다!

다른 사람들을 사랑할 때 하나님의 사랑은 실재가 되고, 눈에 볼 수 있는 것이 된다(12절). 그러므로 그리스도를 좀 더 잘 증거할 수 있게 된다. 그것은 또한 우리 자신에게 실재하시는 하나님, 인격적이신 하나님을 경험하게 한다. 성경 속에 나타난 하나님의 사랑을 읽기만 하는 것으로는 충분하지 않다. 그 사랑을 마음으로 경험하고, 다른 사람들에게 나누어주기 위해 노력하라.

진리로 거짓을 이길 수 있는 것처럼(1-6절), 사랑으로 두려움을 이길 수 있다(17-19절). 하나님을 사랑하는 일에 점점 자라감에 따라, 두려워할 것이 아무것도 없다는 사실을 알게 될 것이다. 왜냐하면 하나님 아버지가 모든 것을 다스리시기 때문이다. 우리는 우리를 사랑하는 사람들을 신뢰한다. 그리고 신뢰와 사랑이 두려움을 극복하는 힘을 줄 것이다.

◎ 요한일서 5장

　하나님으로부터 날 때 우리는 사랑하게 된다(1-3절). 우리에게 생명을 주신 하나님과 우리를 위해 자신의 생명을 주신 하나님의 아들을 사랑하게 될 것이다. 그리고 하나님의 자녀들을 사랑하게 될 것이다. 왜냐하면 우리는 모두 한 가정에 속한 가족이기 때문이다.

　하나님으로부터 날 때 우리는 승리하게 된다(4-5절). 우리는 첫 출생으로 죄인과 패배자가 되었지만, 두 번째 출생, 곧 거듭남으로 정복자가 된다. 세상은 우리를 유혹하고 싶어한다(2:15-17). 그리고 사탄도 우리를 타락시키고 싶어한다(창 3:6). 그러나 그리스도를 신뢰한다면 그리스도가 우리에게 필요한 승리를 주실 것이다.

　하나님으로부터 날 때 우리는 확신을 얻게 되고(6-13절), 우리에게 영생이 있다는 것을 알게 된다. 그리고 기도로 하나님 아버지와 교제하고, 하나님으로부터 우리에게 필요한 것들을 받을 수 있게 된다(14-17절).

　하나님으로부터 날 때 우리는 안전하게 되고, 악한 자가 우리를 헤칠 수 없게 된다(18-21절). 우리가 우리의 구원을 보존하는 것이 아니라, 하나님 아버지가 보존해주신다(요 10:27-30). 그러나 악한 자의 수중에 빠지지 않도록 조심해야 한다. 그리스도 안에 거할 때 우리는 하나님의 사랑과 돌보심을 경험하게 된다.

요한이서
Second John

요한은 하나님의 백성들이 예배하고 교제할 수 있도록 자신의 집을 공개한 이름을 알 수 없는 그리스도인 여성에게 이 편지를 썼다. 이 편지는 진리와 사랑을 강조하고 있다. 그리고 요한은 신자들이 피해야 할 세 가지 위험을 지적하고 있다.

진리를 알지만 실천하지 않는 것(Knowing the truth but not practicing it, 1-6절). 우리는 진리 안에서 행하고 주님의 명령을 따라야 한다. 하나님의 말씀은 알아야 하는 것뿐만 아니라 실천해야 하는 것이다. '말하고' (요일 1:6, 8, 10) 행치 않는 사람은 위선자다.

진리를 실천하지만 변호하지 않는 것(Practicing truth but not defending it, 7-8, 10-11절). 원수는 분주하다. 그리고 우리는 그를 대적해야 한다. 사랑은 진리와 균형을 이루어야 한다(엡 4:15). 그렇지 않으면 사랑이라는 이름으로 거짓말을 뒷받침하게 될 것이다(빌 1:9-11). 잘못된 사람들과 친구가 됨으로써 우리가 얻은 것들을 잃어버리기 쉽다.

진리를 넘어서는 것(Going beyond the truth, 9절). '지내쳐' 라는 말은 '정도를 넘어선' 이라는 뜻이다. 우리가 하나님의 말씀 이상으로 넘어가게 된다면, 그것은 너무 멀리 나간 것이다. 그것은 진전이 아니라 퇴보다. 성경에 추가할 것이 있다고 말하는 사람들을 경계하라.

"진리는 아무리 약해 보인다 해도 언제나 강하다. 거짓은 아무리 강해 보인다 해도 언제나 약하다."

필립스 브룩스(Phillips Brooks)

요한삼서
Third John

요한은 교회 안에서 어려운 입장에 처하게 된 그의 친구 가이오를 격려하기 위해 이 편지를 썼다. 이 편지에서도 그는 하나님의 진리를 삶의 중요한 부분으로 삼는 것에 초점을 맞추고 있다.

진리 안에서 행함(Walking in truth, 1-4절). 가이오가 진리를 사랑하고 진리에 순종하는 삶을 살았기 때문에 사람들은 그의 안에 있는 진리를 볼 수 있었다. 그것은 요한에게 큰 기쁨을 주었다. 모든 그리스도인 부모는 4절을 반영하고, 그 구절을 기도로 삼을 수 있다.

진리를 위해 일함(Working for truth, 5-8절). 하나님의 종들을 돕고 격려할 때 우리는 진리를 전파하는 일에 그들과 함께 일하는 동역자가 된다. 그 당시 그리스도인들이 베푸는 대접은 중요한 것이었고, 오늘날에도 그런 대접이 회복되어야 한다.

진리를 환영함(Welcoming the truth, 9-10절). 디오드레베가 요한 사도의 메시지를 거부했다는 것을 상상할 수 있겠는가! 그는 너무나 '격리되어 있었기' 때문에 요한의 친구들조차 영접하지 않았다. 하나님의 백성들을 환영하는 것은 하나님의 진리를 환영하는 것이다.

진리를 증거함(Witnessing for the truth, 11-14절). 모든 교인들이 다 디오드레베와 같은 것은 아니다. 진리를 사랑하고 실천하는 데메드리오 같은 사람들도 있다. 그들이 바로 교회를 건강하게 만드는 사람들이다(2절).

유다서

Jude

야고보처럼 유다도 주 예수님의 이복 동생이다(막 6:3). 그의 편지는 거짓 교사들에게 초점을 맞추고 있으며, 베드로후서 2장에서 볼 수 있는 경고를 반복하고 있다.

그들은 누구인가?(Who they are?, 1-4절) 유다는 구원에 대해 쓰고 싶었다. 그러나 침입자들에 대해 쓰도록 주님이 그를 인도하셨다. 거짓 교사들이 교회 안에 가만히 들어와 아무 제재도 받지 않고 있었다. 그들은 은혜를 핑계 삼아 죄를 짓는 터무니없고 파렴치한 사람들이었고, 육에 속한 사람들이었다(19절).

◆ 지혜를 구하라 ◆

우리는 사람들을 섬기면서, 우리가 선을 행하는 것보다 우리가 섬기는 사람들이 우리에게 해를 가하는 일이 더 많이 일어나지 않도록 조심하고 분별력을 발휘해야 한다(22-23절). 예수님은 제자들에게 바리새인들을 "그냥 두라"고 말씀하셨다(마 15:14). 하나님은 호세아 선지자에게 "에브라임이 우상과 연합하였으니 버려 두라"(호 4:17)고 말씀하셨다. 그리고 바울은 디모데에게 다툼을 일으키는 사람들을 멀리하라고 말했다(딤전 6:3-5). 믿음에서 탈선하는 사람들을 돕기 위해 하나님이 지혜를 주실 것을 기도하라.

그들은 어떤 일을 하는가?(What they do?, 5-11절) 광야를 지났던 유대인들과 타락한 천사들과 평지의 타락한 성읍들처럼 그들은 하나님의 권위를 업신여겼다. 그들은 어그러지고 부정한 말을 했다. 가인(창 4장)처럼 그들에게도 구원받는 믿음이 없었다. 그러나 종교는 있었다. 발람(민 22-24장)처럼 그들은 종교를 돈벌이 수단으로 이용했다. 그리고 고라(민 16장)처럼 하나님의 말씀과 하나님이 선택한 종들의 권위에 공공연하게 반항했다.

그들은 어떤 사람들인가?(What they are?, 12-16절) 거짓 교사들은 비를 내리지 않는 구름과 열매를 맺지 못하는 나무처럼 많은 것을 약속하지만, 실제로는 아무것도 주지 않는다. 에녹은 그들을 경건치 않은 사람들이라고 적절하게 묘사했다.

우리는 무엇을 해야 하는가?(What we must do?, 17-25절) 말씀을 기억하고 신앙 안에서 자신을 훈련하라. 참 신자는 예수 그리스도 안에서 '지키심을 입은 자들'(1절)이다. 그리고 그들은 하나님의 사랑 안에서 자기를 지킴으로 그 사실을 입증한다(21절). 그러므로 그들 앞에 거치는 것이 없도록 하나님이 그들을 보호하신다(24-25절).

요한계시록
The Revelation of Jesus Christ

하나님이 예수 그리스도의 계시를 보여주셨을 때 요한은 로마의 죄수로 밧모섬에 귀양 가 있었다. 요한계시록은 예수 그리스도를 제사장과 왕(1장)으로, 교회의 심판자(2-3장)로, 창조주(4장)로, 구원자(5장)로, 역사의 주인(6-18장)으로, 정복자(19-20장)로, 신랑(21-22장)으로 계시하고 있다. 이 책에서 예수 그리스를 칭하는 중요한 이름은 '어린양'이다. 요한은 예수님이 세상 죄를 위해 돌아가셨다는 사실을 결코 잊지 못하게 각인시켜주고 있다(요 1:29).

또 하나의 핵심 단어는 40번 이상 사용된 '보좌'라는 용어다. 요한계시록은 하늘에 있는 어린양의 보좌와 땅에 있는 사탄의 보좌 사이에서 벌어지는 전투를 묘사하고 있다. 요한은 이 책에서 하늘에서 드리는 예배와 땅에서 벌어지는 전쟁을 보여주고 있다. 그리고 주님이 승리자시라는 사실을 보여주고 있다. 시대가 아무리 암울해 보이고, 악의 세력이 아무리 강해 보여도 하나님의 어린양이 승리하신다.

요한계시록의 중심 구절은 1장 19절이다. 요한은 '네 본 것'(1장)과 현 상태(2-3장)와 이후 일어나게 될 것(4-22장)을 기록하라는 지시를 받았다.

요한계시록 6-19장은 주의 날, 또는 환난날을 묘사하고 있는 마태복음 24장과 마가복음 13장과 유사하다. 환난날의 앞부분은 6-9장에 기록되어 있고, 중간 부분은 10 14장에 그리고 마지막 부분('대환난')은 15-19장에 기록되어 있다. 훌륭하고 경건한 사람들이 요한계시록에 사용된 숫자들과 상징들을 해석하면서 상세한 부분들에 대해 서로 다른 의견을 보인다. 그러나 세상이 점점 더 악해지고, 세상의 통치자들과 주권자들이 일어나며, 사탄이 하나님의 백성들을 죽이려 하고, 반역적인 세상에 하나님의 진노가 쏟아지며, 예수 그리스도가 자기 백성을 구하시고, 하나님의 나라를 세우기 위해 재림하시는 것이 마지막 때에 나타날 특징들이라는 데는 거의 모든 사람들이 동의한다.

요한계시록을 읽으면서 세부적인 것들에 몰두하지 말고 큰 그림을 보려고 노력하라. 그리고 요한이 박해받고 있는 신자들을 격려하기 위해 이 책을 썼다는 사실을 기억하라. 그리스도인들은 이제까지 각 세대마다 그들의 적그리스도와 바벨론과 맞서 싸워왔다. 그리고 주님의 재림이라는 소망이 어려움 속에서도 포기하지 않고 계속 나아갈 수 있도록 성도들을 격려해왔다.

요한계시록은 성경의 최고점이고, 하나님이 창세기에 시작하신 일들의 완성이다. 창세기에 나오는 많은 상징들, 곧 빛과 어둠, 별들, 바벨론, 신부, 동산, 생명나무, 뱀 등이 이 매혹적인 책에서 발견된다. 그분은 '알파와 오메가'(1:8)이시다. 그분이 시작하신 일은 그분이 완성하신다.

○ 요한계시록 1장

이 책은 미래에 일어날 사건들에 대한 단순한 계시가 아니라 예수 그리스도에 대한 계시다. 마지막 때에 일어날 사건들을 묘사하기 전에 요한은 예수 그리스도를 묘사하며, 그분이 누구이신지 또 우리를 위해 어떤 일들을 해주셨는지 상기시켜주고 있다.

◆ 복된 책 ◆

요한계시록 1:3, 14:13, 16:15, 19:9, 20:6, 22:7, 14에서 일곱 개의 '지복'을 볼 수 있다. 요한계시록은 복된 책이다!

◆ 너희 빛을 비취게 하라 ◆

구약 성경에서는 일곱 가지를 가진 한 촛대가 나온다. 그러나 요한은 2-3장에서 언급된 일곱 교회를 상징하는(계 1:20) 일곱 촛대를 보았다(12절). 각 교회는 생명의 말씀을 굳게 잡고, 어둠 속에서 그 말씀을 선포하면서(빌 2:14-16) 주님을 위해 빛을 발해야 한다(마 5:16).

5절에 의하면 예수 그리스도는 충성된 증인(선지자)이시고, 죽은 자들 가운데서 먼저 나신 자(제사장)이시며, 땅의 임금들의 머리(왕)이신 분이시다. 또 자기 백성을 제사장의 나라로 만드신(출 19:1-6, 벧전 2:1-10) 구세주이시기도(5 하-6절) 하다. 예수님이 우리를 위해 흘리신 보혈과 그 보혈이 우리를 깨끗하게 하고(1:5, 7:14), 구속하며(5:9), 이기게 한다는(12:11) 사실을 잊지 말라.

요한은 다락방에서 예수님의 품에 기대어 앉아 있었다(요 13:23). 그러나 영광스럽게 된 그리스도를 보자 그는 그 발 앞에 엎드려져 죽은 사람같이 되었다(17절, 고후 5:16). 요한계시록에 기록된 하나님의 계시가 우리에게 중요한 의미가 있다면, 우리도 요한처럼 예배해야 한다.

'다시 사망이 없게 될' (21:4) 날이 올 것이다. 왜냐하면 예수님이 죽음을 정복하셨기 때문이다(18절). 예수님을 구세주와 주님으로 믿을 때 우리는 미래를 두려워할 필요가 없다. 그분이 그 손에 열쇠를 가지고 계시기 때문이다.

● 요한계시록 2-3장

심판은 '하나님의 집'에서 시작된다(벧전 4:17). 그러므로 예수님은 세상을 심판하시기 전에 먼저 일곱 교회부터 시작하신다. 그 교회들은 모든 세대, 모든 곳에 있는 좋은 교회와 그렇지 못한 교회를 보여준다. 교회를 찾고 있다면 이 일곱 교회 중 어느 교회를 선택하고 싶은가? 그 이유는 무엇인가?

에베소 교회(Ephesus, 2:1-7). 에베소 교회에는 좋은 점이 아주 많은 교회였다. 그래서 그들이 첫사랑을 잃어버렸다는 사실에 우리는 놀라움을 금할 수 없다. 밀월은 끝이 났다(렘 2:2)! 아무리 많은 재물과 그 어떤 섬김과 분별로도 주님을 향해 식어버린 사랑을 보상할 수는 없다. 니골라당은 '사람들을 정복하다'라는 뜻이다. 교회 안에서 한 무리가 당을 이루어 사람들 위에 군림하면서 '성직자들'과 '평신도들'의 구분을 조장하고 있었던 것이 분명하다(참조 - 마 21:20-27, 23:1-12).

서머나 교회(Smyrna, 2:8-11). 서머나라는 이름은 쓴 약초인 몰약에서 나온 말로, 박해를 받고 있던 교회에 잘 어울리는 이름이었다. 신자들은 두려워했는가? 아니면 충성했는가(10절)? 자신을 가난하다고 생각하는 사람들에게 고난은 그들을 부유하게 만들어줄 수 있다. 그리고 부유하다고 생각하던 사람들이 고난을 통해 가난한 사람으로 드러날 수도 있다(3:17). 우리가 주님의 인정을 받고 있다면 다른 사람들의 중상이 무슨 영향을 미칠 수 있겠는가?

버가모 교회(Pergamos, 2:12-17). 버가모 교회 교인들은 생명의 위협을 받을 때에도 믿음을 지켰다. 그러나 그들은 거짓 교리를 묵인했기 때문에 주님이 전쟁을 선포하실 만큼 심각한 위험에 처해 있었다. 발람은 이스라엘 백성들이 믿지 않는 이웃 족속들과 타협하고, 주님께 불순종하며 음행을 행하도록 그들을 유인했다(민 22-24장). 믿음을 지키기 위해 기꺼이 목숨을 바치려 한다 해도, 그것으로 믿음을 실천하는 삶을 대체할 수는 없다.

두아디라 교회(Thyatira, 2:18-29). 19절을 보면 두아디라 교회에 아무 문제도 없는 듯한 인상을 받게 된다. 그러나 계속 읽어보라! 버가모 성도들처럼 두아디라 신자들도 교회 안에서 죄를 용납하고 있었다. 우상 숭배와 음행은 일반적으로 같이 다닌다. 그리고 이세벨이 그 둘을 구체적으로 보여준다(왕상 16:29-34, 21, 왕하 9:30-37). 모든 사람이 다 죄를 범한 것은 아니었다. 그리고 주님이 죄를 범하지 않은 사람들에게까지 경고하신 것은 아니었다. 대신 주님은 진리를 지키고 충성하도록 그들을 격려하셨다.

사데 교회(Sardis, 3:1-6). 이 교회는 좋은 평판을 받고 있었다. 그러나 자세히 살펴보니 그 평판에 미치지 못하고 있다는 사실이 드러났다. 실제로 그들은 거의 죽어가고 있었다! 그 이유는 무엇 때문인가? 많은 사람들이 죄와 타협하면서 자신들을 더럽히고 있었기 때문이었다(고후 6:14-18, 약 1:27). '생명책'에는 모든 산 자의 이름이 기록되어 있다. 그리고 그리스도 없이 죽게 되면 그 사람의 이름은 그 책에서 지워진다. 신자들은 어린양의 생명책에 그 이름이 기록되어 있고, 그 책에 기록된 이름은 절대로 지워지지 않는다.

빌라델비아 교회(Philadelphia, 3:7-13). 빌라델비아는 '형제의 사랑'이라는 뜻이고, 예수님은 그들을 특별히 사랑하셨다(9절). 그들은 비록 약했지만 섬길 수 있는 문이 그들에게 열려 있었고, 주님은 그 기회를 살리도록 그들을 촉구하셨다. 하나님이 문을 여시면 아무도 그 문을 닫을 수 없다. 그러나 문이 열린 것을 외면하고 무시할 수 있다.

라오디게아 교회(Laodicea, 3:14-22). 이 교회는 자신들이 얼마나 형편없는 상태인지를 모르고 있었다! 그들은 일하고 있었다. 그러나 미지근했다. 교인들에게는 영적인 열정이 부족했다. 그들은 부유한 교회였다. 그러나 실제로 그들은 가난했다. 그들은 그 비참한 상태를 모르고 있었다. 그보다 더 안타까운 것은 주님이 교회 문 밖에 서서 들어가시려고 애를 쓰고 계시다는 사실이었다! 주님께 복종한 사람이 한 사람이라도 있었다면 라오디게아 교회는 달라질 수 있었을 것이다.

하나님의 백성들은 주님 앞에서 솔직하게 마음을 열고 있어야 한다. 그리고 주님의 영적 진단을 겸손하게 받아들여야 한다. 주님이 새롭게 하실 수 없을 만큼 멀리 벗어나 있는 교회나 그리스도인은 없다. 그러나 새롭게 되기 위해서는 기꺼이 회개하고 주님께 돌아와야 한다.

◆ 이기는 자를 위한 약속 ◆

교회들에게 보낸 이 각각의 메시지는 이기는 자를 위한 약속으로 끝이 난다. 이기는 자들은 교회의 엘리트들이 아니라, 그리스도를 신뢰하는 참 신자들이다(요일 5:1-5). 교회가 아무리 세상적이 된다 해도 그리스도는 언제나 하나님 말씀에 신실한 주님의 사람들을 높이실 것이다. 이기는 자들을 위한 약속은 구약 역사를 따라 에덴 동산(계 2:7)에서 보좌(3:21)로 이어진다.

● 요한계시록 4장

문(A door, 1절). 하나님이 문을 여시고, 나팔이 울리며, 하나님의 백성들이 하늘로 불려가게 될 날이 올 것이다(살전 4:13-18). 그때까지 우리는 하나님이 우리에게 섬길 수 있도록 허락해주신 열린 문의 기회를 활용해야 한다(3:8).

보좌(A throne, 2, 4-5절). 요한계시록은 보좌의 책이다. 요한은 보좌 위에 앉으신 하나님 아버지를 보고, 그가 본 모습을 묘사하는 데 보석들을 언급하지 않을 수 없을 만큼 압도되었다. 사탄이 이 땅에 그의 보좌를 가지고 있을 수도 있다(2:13). 그러나 하늘에 있는 하나님의 보좌가 모든 것을 다스리시고, 그 보좌는 결코 패하지 않을 것이다.

무지개(A rainbow, 3절). 녹보석 같은 무지개가 반원의 형태가 아닌 완전한 원형의 형태로 보좌를 두르고 있었다. 그것은 하나님의 은혜를 보여주는 것이다(창 9:11-17). 땅에서 우리는 폭풍우가 지나간 후에 무지개를 보게 된다. 그러나 요한은 심판이라는 폭풍우가 몰아치기 전에 그 무지개를 보았다. 하나님이 자신의 백성들에게 자비로운 약속을 해주신다. 그리고 그들은 닥쳐올 폭풍우를 두려워할 필요가 없다(3:10, 살전 1:10, 5:8).

성가대(A choir, 6-11절). 살아 있는 생물들은 창조주를 찬양하는 창조물을 상징한다(창 1:28-31). 그리고 장로들은 하나님을 예배하는 하나님의 백성들을 상징한다. 창조주에 대한 경이로움을 상실할 때 우리는 창조 세계를 관리하는 선한 청지기로서의 자격을 잃어버리게 될 것이다(11:18). 타락한 인간이 자기 자신을 찬양하며 창조주를 무시하는 동안, 창조 세계 전체가 하나님을 찬양한다.

"자연을 탐구하면 할수록 나는 창조주 앞에서 그만큼 더 감탄하게 된다."

루이스 파스퇴르(Louis Pasteur)

"세상이 세상을 지은 창조주 당신을 망각하고, 당신 대신 당신이 만든 것들과 사랑에 빠져 있습니다."

어거스틴(Augustine)

요한계시록 5장

두루마리(The scroll, 1절)는 창조 세계에 대한 권리 증서를 상징한다. 왜냐하면 예수 그리스도만이 정당한 후사이시기 때문이다(시 2:8, 히 1:2). 사탄은 자신에게 절하면 온 세상을 주겠다는 제안으로 예수님을 시험했다(마 4:8-10). 그러나 십자가에서 자신을 내어주셨을 때 예수님은 두루마리를 가질 수 있는 권리를 얻으셨다. 당신의 삶을 기록하는 두루마리를 주님의 손에 맡겨놓고 있는가?

어린양(The Lamb, 5-6절)은 죄를 위한 희생 제물로 죽임을 당하신 예수 그리스도이시다(벧전 1:18-20). 예수님은 어린양인 동시에(요 1:29) 사자이시고(창 49:8-10), 구세주이시며, 주권자이시다. 예수님은 또 다윗의 뿌리이시다. 왜냐하면 예수님은 다윗보다 먼저 계셨고, 다윗 왕의 계보를 가능케 하신 분이기 때문이다. 예수님은 어린양으로서 구원을 베푸시고, 사자로서 주님을 거부한 사람들을 심판하신다. 예수님과 그분이 하신 일들 속에 나타나 있는 다양한 면모들을 보고 어떻게 감탄하지 않을 수 있겠는가!

향(The incense, 8절)은 기도를 상징한다(시 141:1-3). 하나님의 백성들은 여러 세기 동안 "나라가 임하시오며"라고 기도해왔다. 그리고 그 기도는 곧 응답될 것이다. 땅 위에 있는 성도들은 지금 천국에 있는 성도들에게 기도하거나, 그들을 통해 기도하는 것이 아니다. 그들은 하나님 아버지께 기도하고, 아들을 통해 기도한다. 하나님의 백성들의 기도는 세상을 다스리시는 하나님의 통치에 있어서 중요한 역할을 한다.

예배(The worship, 9-14절). 하나님은 우리의 예배를 받기에 합당한 분이시다. 그분은 창조주이실 뿐 아니라(4상) 우리의 구속주이시기 때문이다. 나는 피조물이 다 주님을 예배하게 될 때까지 찬양하는 무리가 점점 커지는 것을 보라. 천국은 예배하는 곳이다. 그러므로 그 찬양에 참여하기 위해 지금부터 준비하라!

"이 세상을 가리고 있는 장막이 거두어진다면 하나님의 자녀들이 드

린 기도에 대한 응답으로 이루어진 일들을 얼마나 많이 볼 수 있을 것인가?"

로버트 머레이 맥체인(Robert Murray M'Cheyne)

○ 요한계시록 6장

땅을 통치하는 자(적그리스도)가 평화롭게 다스리면서 나라들을 정복하기 시작한다(1-2절). 그는 무기를 들고 있다. 그러나 탄약은 가지고 있지 않다. 그리고 사람들은 "평안하다, 안전하다!"라고 말한다(살전 5:1-3). 사탄은 보통 전쟁을 선포하기 전에 먼저 평화를 선포한다. 그러므로 그의 제안을 경계하라.

> ◆ 가짜 그리스도 ◆
>
> 요한계시록에는 말 탄 자가 두 번에 걸쳐 나온다. 하나는 앞부분에 나오는 적그리스도이고(6:1-2), 또 하나는 뒷부분에 나오는 그리스도이시다(19:11-16). 헬라어의 접두어 안티(anti)에는 '적대적인'이라는 뜻과 함께 '대신'이라는 뜻도 있다. 땅을 통치하는 자는 모방의 명수가 부추겨 활동하게 만든 가짜 그리스도다(고후 11:13-15). 요한은 적그리스도라는 용어를 사용하지 않았다. 대신 그를 '짐승'이라 불렀다(계 13장). 세상은 참 그리스도를 영접하지 않을 것이다. 대신 거짓 그리스도를 영접할 것이다(요 5:43).

곧 세상에는 전쟁(3-4절)과 기근과 재앙으로 인한 고통(5-8절)과 우주적인 소동(12-17절)이 벌어질 것이다. 예수님도 그런 일들이 일어날 것이라고 말씀하셨다(마 24:4-13).

순교를 당한 사람들이 '제단 아래' 있는 것이 보였는데, 그것은 제단이 바로 피가 부어지는 곳이었기 때문이다(레 4:7, 17;11). 예수님을 위해 목숨을 잃는 것은 낭비가 아니다. 그것은 제사이고 예배다. 그들은 개인적인 보복을 위해 기도한 것이 아니라, 하나님의 영광과 변호를 위해 기도했다. 하나님이 마땅히 그렇게 일하셔야 한다고 우리가 생각하는 것처럼 하나님이 일하시지 않을 때 인내하라. 그리고 하나님이 하나님의 때에 하나님의 뜻을 이루실 수 있게 해드리라.

> "처형과 순교라는 놀라운 차이를 만들어내는 것은 바로 사랑이다."
>
> 이블린 언더힐(Evelyn Underhill)

● 요한계시록 7장

폭풍우가 거세지기 시작할 때 요한은 두 무리의 사람들을 보고 힘을 냈다. 그것은 그가 환난 속에서도 하나님이 일하신다는 사실을 알았기 때문이다.

하나님께는 하나님의 메시지를 선포하고 그분의 이름을 높일 하나님의 종들이 있다(1-8절). 인 맞은 유대인들이 누구인지 우리는 알 수 없지만, 그들이 사람들에게 주님을 보여주고 있다는 것은 알 수 있다. 환난의 때는 증거할 수 있는 기회를 만들어준다(마 24:14).

> "천국을 일을 멈추고 쉬는 곳이라 생각한다면 큰 오산이다. 물론 우리는 천국에서 모든 수고와 피로와 피폐함으로부터 벗어나 쉬게 될 것이다. 그러나 일하고 열매를 맺고 섬기는 활동을 멈추는 것은 아니다. 성경은 그들이 '밤낮 하나님을 섬기매'라고 말하고 있다."
>
> B. F. 웨스트코트(B. F. Westcott)

144,000명의 유대인들은 환난이 시작될 때 인을 맞게 될 것이다. 그리고 환난이 끝날 때 구원받은 이방인의 거대한 무리가 나타나게 될 것이다(9-17절). 주님의 날은 심판과 파멸을 불러올 것이다. 그리고 또 사람들이 구원받는 것으로 끝이 날 것이다. 하나님은 진노 속에서도 자비를 기억하신다(합 3:2). 고난을 경험

할 때, 환난 중에서도 다른 사람들을 그리스도께 인도하는 일에 당신을 사용해 주시기를 기도하라.

시련은 영원히 계속되지 않는다. 어느 날 환난에서 벗어나 하나님의 은혜로운 위로를 경험하게 될 것이다. 기다리고 충성하라. 그러면 하나님이 끝까지 책임지실 것이다.

● 요한계시록 8-9장

제단에서 나오는 향(Incense at the altar, 8:1-4). 천국의 침묵은 폭풍우가 일어나기 전에 나타나는 소강 상태다(합 2:20, 습 1:7). 천상의 무리들도 곧 일어나게 될 놀라운 심판을 생각하며 예배를 멈춘다. 그러나 그 심판은 "나라이 임하옵시고"라고 기도하는 성도들의 기도에 대한 응답이다(5:8). 기도를 멈추지 말라.

제단에서 나오는 불(Fire from the altar, 8:5-9:12). 세상은 용서받기 위해 제단 앞에 나오지 않을 것이다(9:21). 그래서 제단이 심판을 보낼 것이다. 나팔 소리와 함께 하늘과 땅이 타격을 받게 될 것이다. 그리고 무저갱이 사람들을 괴롭히기 위해 흉포한 생물들을 내뿜을 것이다. 사람들은 회개하는 대신 자살을 기도하려 할 것이다. 그러나 그들은 죽을 수 없을 것이다(9:6). 그리고 계속해서 죄를 범할 것이다. 살인과 복술과 음행과 도적질을 계속할 것이다(9:20-21). 이런 일들은 우리 시대를 매우 잘 표현하고 있다.

제단에서 나오는 음성(A voice from the altar, 9:13-21). 하나님은 정해진 시간에 풀어놓으실 그의 군대를 준비해놓으셨고, 죽음으로 고통을 대신하게 하실 것이다. 사람들이 죽고 싶어할 것이다. 그래서 하나님이 그분의 종들을 보내어 그 일을 하실 것이다. 삼분의 일의 사람들이 죽임을 당하게 될 것이다(9:15). 그것은 세계 인구의 반이 죽게 되는 것을 의미한다(6:8). 세상은 삶과 죽음 중 하나를 선택해야 한다(신 30:19). 그들에게 예수 그리스도 안에 있는 생명의 선물을 주고 있는가?

◦ 요한계시록 10장

우레 소리(The voice of the thunders, 1-4절). 천사가 무슨 말을 외쳤는지, 또는 일곱 우레가 무슨 말을 했는지 우리는 알 수 없다(시 29편). 하나님이 그분의 말씀으로 구원과 경건한 삶에 대한 진리들을 충분히 알려주셨다. 그러므로 감추어진 것들을 굳이 알려 할 필요가 없다(신 29:29). 죄인들을 구원해 거룩하게 하는 것이 성경의 목적이지, 그들의 궁금증을 풀어주려는 것이 목적은 아니다.

천사의 음성(The voice of the angel, 5-7절). 천사는 "지체하지 아니하리라!"고 말했다. 이 말이 "어느 때까지 하시려나이까?"(6:9-11)라고 묻는 순교자들에게 얼마나 큰 기쁨이 되었을 것인가! 하나님의 때가 있고(전 3:1-8), 하나님은 그분의 목적을 시간표대로 이루실 것이다. 우리가 해야 할 일은 꼬치꼬치 캐묻는 것이 아니라 충성을 다하는 것이다(행 1:6-8).

사도의 음성(The voice of the apostle, 8-11절). 하나은 그분의 메시지를 사람들에게 선포할 요한을 필요로 하셨다. 그 어떤 천사도 그를 대신할 수 없었다. 하나님의 말씀을 전하기 위해서는 먼저 하나님의 말씀을 취하고, 음식처럼 내면에 받아들여 우리의 일부가 되게 해야 한다(렘 15:16, 겔 3:1-11, 살전 2:13). 말씀은 읽을 때는 달지만(시 119:103), 우리 속에 깊이 들어가 소화될 때는 쓰다.

> "진리 안에서 행할 때 우리는 그 쓴맛을 알게 된다… 우리에게는 단 것뿐 아니라 쓴 것도 필요하다. 그리고 하나님이 진리를 계시해주실 때, 그 진리 안에서 행하는 모든 사람은 적어도 순종이 얼마나 복된 것인지를 일게 된다."
>
> H. A. 아이언사이드(H. A. Ironside)

◦ 요한계시록 11장

양탄자를 깔거나 커튼을 달기 위해 집의 크기를 측정하는 집주인처럼, 무언가를 측정한다는 것은 그것을 자신의 것이라고 주장하는 것이다. 요한은 비록 적그리스도가 곧 예루살렘 성전을 취하게 될 것임에도 불구하고 하나님을 위해 성전을 주장하고 있다(살후 2:3-4). 어떤 전투에서는 하나님이 패하실 수도 있을 것이다. 그러나 결국은 하나님이 전쟁에서 승리하실 것이다. 우리는 믿음으로 살아간다.

두 증인이 누구인지 우리는 알 수 없다. 그러나 그들은 어려운 때에 주님께 충성하도록 우리를 격려하고 있다. 하나님이 그들을 보호하시고, 또한 그들이 죽임을 당하도록 허락하신다(행 12:1-10). 하나님의 종들은 자신들이 맡은 일을 마칠 때까지는 죽지 않는다. 그러나 사탄의 승리는 잠시 잠깐일 뿐이다. 왜냐하면 하나님이 그 두 사람을 하늘로 데려가시기 때문이다. 사탄의 승리는 좌절된다. 하나님은 패배하는 것처럼 보이지만 결국은 승리하신다.

원수가 땅 위에 있는 성전을 어떻게 하건 간에 하늘에 있는 성전에는 손을 댈 수 없다(19절). 악인의 기쁨은 곧 슬픔으로 바뀔 것이다(10-14절). 반면에 천상의 무리들은 예수 그리스도의 통치를 선포할 것이다(15-18절). 열방들이 분노하게 하라(시 2편). 예수 그리스도가 영원토록 다스리실 것이다.

> "하나님의 말씀 전체에서 하나님의 절대적인 주권보다 사람들의 미움을 더 크게 자극하는 교리는 없을 것이다. '주님이 통치하신다'는 사실은 논란의 여지가 없는 명백한 사실이다. 그런데 새롭게 되지 않은 인간의 마음에 극도의 반감을 불러일으키는 것이 바로 그 사실이다."
>
> 찰스 해돈 스펄전(Charles Haddon Spurgeon)

● 요한계시록 12장

살인자(The Murderer, 1-6절). 아이는 예수 그리스도이시다. 그리고 여자는 구세주를 세상에 낸 이스라엘을 상징한다. 용은 예수님이 태어나지 못하게 하고, 태어난 후에는 죽이려 했던 사탄을 상징한다. 사탄은 이 세상을 지배하고 싶어한다. 그는 왕에게 복종하지 않을 것이다(5절, 시 2:9).

사기꾼(The Deceiver, 7-9절). 이 구절은 사탄의 타락을 보여주는 그림이다(사 14:12-17). 그는 천사의 삼분의 일을 속여 그를 따르게 할 수 있다(4절). 지금 그는 자신을 숭배하도록 세상을 속이고 있다.

비난자(The Accuser, 10-12절). 사탄은 하나님의 보좌 앞에서 하나님의 백성들을 참소한다(욥 1-2장, 슥 3장). 어린양은 그가 갈보리에서 거두신 승리 때문에(롬 8:31-34, 요일 2:1-2) 그리고 하나님 말씀의 능력 때문에(엡 6:17) 그를 이기신다.

박해자(The Persecutor, 13-17절). 하늘에서는 끝났지만, 땅에서는 점점 더 격렬해지고 있다. 사탄은 분을 발하며 유대인들을 멸하고, 주님을 신뢰하는 사람들과 싸우려 한다. 하나님은 사탄의 공격에도 불구하고 하나님의 백성들을 보호하실 수 있다. 그러나 우리는 하나님의 전신 갑주를 입어야 한다(엡 6:10-18). 그리고 예수님의 보혈을 의지해야 한다.

> "나는 마귀를 두려워하지 않는다. 물론 마귀는 나를 해칠 수 있다. 그는 내가 전혀 할 줄 모르는 유도를 할 수도 있을 것이다. 그러나 나와 연합하신 분을 해칠 수는 없다. 나와 하나가 되신 분을 해칠 수는 없다. 내 속에 거하시는 분을 해칠 수는 없다."
>
> A. W. 토저(A. W. Tozer)

● 요한계시록 13장

예배(Worship). 바다에서 나온 짐승은 사탄의 마지막 그리고 가장 강력한 대표작으로, 이 세상 모든 압제자와 독재자들보다 훨씬 더 뛰어난 적그리스도다. 그는 사탄이 예수님께 제안했던 것을 받아들인다(2절, 마 4:8-10). 세상은 그를 신으로 숭배한다. 그러나 하늘은 그를 짐승으로 본다(단 7장). 가짜 그리스도가 지금 활동하고 있다!

전쟁(Warfare). 짐승은 불경한 말들(단 7:8, 11, 20, 25)과 성도들을 핍박하는 박해(7절, 단 7:25)를 통해 하나님과 싸운다. 하나님이 자신의 백성들이 패배하는 것을 허락하신다는 사실이 이상하게 보일 것이다. 그러나 그것은 하나님이 계획하신 한 부분이다(히 11:35-40). 모든 세대에서 하나님의 백성들은 악마와 같은 짐승들과 싸워야 했다.

재물(Wealth). 짐승의 '중요한 임무'는 모든 재물을 통제함으로써 세상이 자신을 숭배하게 만드는 것이다. 그것은 사느냐 죽느냐의 문제다! 정치 권력과 경제 권력과 종교 권력을 결합시킬 때 전 세계를 지배할 수 있는 공식을 얻게 된다. 게다가 타락한 세상은 돈과 권력을 숭배한다. 그러므로 세상을 지배하기는 그리 어렵지 않을 것이다.

당신에게 있는 재물은?

이 세상의 모든 재물은
마귀와 세상 왕으로부터 온 선물일 수 있기 때문에
이 세상의 것들 때문에 내가 하나님께 감사한다면
내가 마귀를 숭배하고 있는 것은 아닌지 의심해보아야 한다.
즐거운 마음이라는 셀 수 없는 금과
애정 어린 눈이라는 루비와 진주는
게으른 사람들은 결코 시장에 내놓을 수 없는 보물이고,
교활한 사람들은 결코 그들의 보고에 저장할 수 없는 보화다.

월리엄 블레이크(William Blake)

◎ 요한계시록 14장

요한은 심판의 때가 무르익었음을 알리기 위해 농사에 관련된 것들을 비유로

들었다.

처음 익은 열매(Firstfruits, 1-5절). 하나님은 추수가 시작되기 전 가장 좋은 것들을 취하신다. 우리는 7장에서 환난을 이기고 어린양을 찬양하는 노래를 부르고 있는 144,000명의 하나님이 인 치신 종들을 보았다. 4절은 영적인 의미로 받아들여야 한다. 그들은 짐승이나 그의 형상을 숭배하는 간음을 행치 않았다(출 34:15, 약 4:4).

포도주(Wine, 6-13절). '진노의 잔'은 예레미야 25장 15절 이하에서 빌려온 이미지다. 하나님이 짐승을 따르며 하나님의 진리를 거부한 사람들에게 진노를 부으신다. 13절이 죽은 모든 신자들에게 적용될 수 있기는 하지만, 악한 때에 순교한 사람들에게는 더 특별한 의미를 주게 될 것이다.

수확(Reaping, 14-20절). 하나님은 죄의 씨가 자라 그 열매를 거두어들이도록 허락하신다(14-16절). 어느 날 사람들은 그들이 뿌린 것을 거두어들이게 될 것이다. 요한은 임박한 진노를 보여주기 위해 포도 수확을 그 비유로 사용하였다(17-20절). '땅의 포도'는 익어가고 있고, 하나님이 낫을 휘두르실 날이 올 것이다. 그때까지 참 포도나무의 가지들은(요 15:1-8) 점점 더 많은 열매를 맺어야 한다.

● 요한계시록 15장

요한은 하나님의 심판과 은혜를 우리에게 가르치기 위해 구약으로 되돌아간다. 일곱 천사는 악한 세상에 쏟아부을 재앙을 담은 진노의 대접을 들고 있다. 그것들은 모세 당시 하나님이 애굽에 보내신 재앙들을 연상시킨다(출 7-12장). 16장에 묘사된 그 재앙들과 하나님이 애굽에 내리신 재앙들이 얼마나 비슷한지 살펴보라.

하나님은 이스라엘을 애굽에서 구출하셨다. 그리고 그들은 홍해에서 승리의 노래를 불렀다(출 15장). 요한은 환난을 이기고 천상의 유리 바닷가에 서서 노래하고 있는 승리자들을 보았다. 모세와 어린양이 승리의 노래 속에 함께 나온다.

하나님의 영광이 성막(출 40:34-38)과 성전(왕상 8:10-11)을 가득 메웠던 것처럼 하늘 장막이 연기로 가득 찬다. 그 영광은 하나님과 하나님의 은혜를 상징하는 것이었고, 요한이 본 영광은 악한 세상에 하나님의 진노가 곧 쏟아부어지게 될 것을 알리는 것이었다.

죄인들은 과거를 통해 배우지 않을 것이다. 그러나 신자들은 과거를 통해 격려를 받을 수 있다. 모세와 이스라엘의 하나님이 여전히 그분의 백성들을 보호하신다. 우리가 부를 새 노래가 있다.

◦ 요한계시록 16장

믿지 않는 세상 사람들이 무슨 말을 하건 하나님의 심판은 공정한 것이다(1-7절). 죄인들은 그들이 뿌린 대로 거둔다. '의와 공평이 그 보좌의 기초'(시 97:2)이기 때문에 그 누구도 하나님을 불공평하다고 비난할 수 없다.

하나님의 심판에도 불구하고 사람들의 마음은 달라지지 않는다(8-11절). 하나님은 자신의 은혜를 드러내기 위해 죄인들을 심판하시는 것이 아니라, 자신의 거룩하심을 보여주기 위해 심판하신다. 마지막 날에 죄인들은 모세 당시의 바로처럼 될 것이다. 하나님의 심판이 격화되는 동안 그들의 마음은 더욱더 강퍅해질 것이다.

심판이라는 어두움을 배경으로 하나님의 약속이 빛을 발하고 있다(12-16절). 그리스도가 곧 오실 것이다. 우리는 주님을 맞이하기 위해(요일 2:28) 열심히 그 날을 기다리면서 조심스럽게 살아가야 한다(계 3:1-6).

하나님의 심판이 완성될 날이 올 것이다(17-21절). 하나님의 오래 참으심이 마침내 끝나고 하나님의 진노가 드러나게 될 것이다. 지금 하나님의 진노가 지연되고 있는 것은 무엇 때문인가? 그 답을 찾기 위해 베드로후서 3장 9절과 15절을 읽어보라.

> "공평으로 하나님은 자신의 거룩한 사랑을 드러내시고, 공의로 죄에 대한 자신의 미움을 드러내신다… 공평이나 공의는… 변덕스러운 결정이 아니라 하나님의 깊은 속마음을 보여주는 것이다."
>
> 아우구스투스 홉킨스 스트롱(Augustus Hopkins Strong)

◆ 전쟁터 ◆

아마겟돈(계 16:16)은 '므깃도 언덕'을 뜻하는 히브리 단어다. 므깃도는 '살육의 장소'를 뜻한다. 그곳은 바락이 가나안을 물리쳤고(삿 5:19), 기드온이 미디안 족속을 물리쳤던(삿 7장) 가나안 평지다. 사울 왕은 므깃도에서 그의 마지막 전투를 치렀다(삼상 31장). 세상에서 가장 마땅한 전쟁터가 될 그곳은 적그리스도가 예수 그리스도와 맞서 싸울 군대들을 모으는 곳이 될 것이다(사 24장, 욜 3장, 슥 12-14장). 요한계시록 19장 11-21절은 그 결과를 기록하고 있다.

● 요한계시록 17장

각 사람은 음녀이거나 신부(21:9)다. 그 중간은 있을 수 없다. 여기서 여자는 불경한 세상 종교의 최후를 상징한다. 그녀는 통치자들(짐승이 이끄는)과 손을 잡고 그녀와 접촉하는 모든 것들을 타락시킨다. 신부는 예수 그리스도의 보혈로 씻음을 받고 영광을 향해 나아가는 예수 그리스도의 참된 교회다.

거짓 종교에 참여하는 것은 간음을 행하는 것과 같다. 왜냐하면 그것은 사랑을 맹세한 하나님께 충실하지 못한 것이기 때문이다(사 57:3, 렘 3:8-9, 호 2:4). 음녀는 잠시 인기를 누리지만, 결국 그녀의 '연인들'이 그녀를 공격해 멸망시킬 것이다. 적그리스도는 권력을 잡기 위해 교회를 사용할 것이다. 그리고 자신의 종교를 세울 것이다(13:11-15).

그리스도인들은 훌륭한 시민이 되어야 하고, 주님을 위해 정부에 영향을 미치려는 노력을 해야 하지만, 교회가 정치 세력들과 결탁해서는 안 된다. 정치 세력들은 자신들의 계획을 추진하기 위해 교회를 사용한 다음 버릴 것이다. 그리스도의 나라는 이 세상에 속한 나라가 아니다(요 18:33-38). 그리고 원수도 영적 원수다(엡 6:10 이하). 우리는 영적 원수와 싸우기 위해 영적 무기들(고후 10:3-6)을 사용해야 한다.

● 요한계시록 18장

음녀와 신부가 각각 한 도시와 동일시되어 있다. 음녀는 바벨론으로, 신부는 하늘의 예루살렘으로(21:9 이하) 나타나 있다. 하늘의 도성은 영원히 신부의 집이 될 것이다. 그러나 바벨론은 하나님의 심판으로 멸망하게 될 것이다. 세상의 경제도 무너지게 될 것이다.

> "좋은 의도를 가지고 세상과 결탁한다 해도 우리가 세상에 영향을 미치는 것이 아니라, 세상이 우리에게 영향을 미치게 될 것이다. 세상과 고립되어서는 안 된다. 대신 악에 접촉되지 않도록 절연된 상태로 악한 세상 속에 있어야 한다."
>
> 밴스 해브너(Vance Havner)

요한은 이 장을 쓰면서 로마를 생각하고 있었던 것이 분명하다. 그러나 그가 묘사한 형상들은 그것을 훨씬 능가하는 것이다. 바벨론은 악한 사람들의 욕구를 채워주는 불경한 세상의 제도 전체를 상징한다(요일 2:15-17). 참 신자들은 음녀와 그녀의 도성과 아무 관계가 없다. 그리고 그런 것들로부터 구별되어야 한다(4절, 렘 50:8, 51:6, 고후 6:14-18). 모든 세대의 교회들은 바벨론을 식별하고 바벨론과 구별되어왔어야 한다.

하나님이 죄인들을 심판하실 때 땅은 슬퍼하고 하늘은 기뻐한다(20절). 대부분의 사람들은 자신들의 육체적인 욕구를 만족시키는 일에 주로 마음을 쓰고 있다. 그들은 영적인 것이나 영원한 것에는 관심을 두지 않는다. 그들은 영원한 삶이 아니라 눈앞에 잠시 있는 것들을 위해 살아간다.

● 요한계시록 19장

축하(Celebration, 1-6절). 바벨론이라는 불경한 세상의 제도가 무너지게 될 때 죄인들은 탄식하지만, 성도들은 "할렐루야"를 외친다. 죄는 심판을 받고, 하나님의 종들은 그 의로움을 인정받는다. 하나님이 영광을 받으시고, 그리스도가 하나님의 나라를 예고하신다. 이런 승리를 기다리고 있는 동안에도 우리는 믿음으로 "할렐루야!"라고 외칠 수 있다.

선포(Proclamation, 7-10, 17-21절). 이 장에서는 대조되는 두 만찬을 볼 수 있다. 복을 불러오는 어린양의 결혼 만찬(9절)과 심판을 불러오는 '하나님의 큰 잔치'(17-21절)다. 신부는 그리스도의 심판대 옆에서 그녀의 '티나 주름잡힌 것'이 제거된 준비된 모습으로(엡 5:25-27) 그녀의 신실한 섬김에 대한 보상을 받는다. 그와는 반대로 주님께 패배당한 이 땅의 악한 군대들은 새들의 먹이가 된다. 그것이 요한계시록 16장 16절에서 언급하고 있는 아마겟돈 전쟁이다.

도래하는 나라

그의 나라가 임하고 있다!
아, 이야기해보라!
하나님의 깃발이 높이 들릴 것이다.
땅은 하나님의 영광과 경이로움으로 가득 차게 될 것이다.
바다를 덮고 있는 물과 같이.

무명

계시(Revelation, 11-16절). 정복하는 그리스도가 군대를 이끌고 오셔서 모든 원수들을 물리치신다! 종려주일에 예루살렘으로 입성하셨던 때와 비교해보라(마 21:1-11). 그리고 시편 2편에 기록된 아버지의 약속을 살펴보라. 또 적그리스도의 기병대와 비교해보라(6:1-2). 이 구절은 우리의 구세주가 지금 만왕의 왕이시며 만주의 주시라는 사실과, 주님이 다스리시기 때문에 우리의 미래가 안전하다는 사실을 기억하도록 우리를 격려해주고 있다.

● 요한계시록 20장

잃어버린 보좌(The lost throne, 1-3, 7-10절). 사탄이 반역한 이래로(사 14:12-15) 하나님은 그가 땅에서 일하는 것을 허락하셨다. 그러나 하나님이 언제나 그를 통제하셨다(욥 1-2장). 사탄은 자신의 보좌를 무저갱과 바꿀 것이다. 그리고 결국에는 짐승과 거짓 선지자와 예수 그리스도 대신 사탄을 따르기로 했던 사람들과 함께(마 25:41) 불바다에서 영원히 거하게 될 것이다(10절, 19:20).

하늘의 보좌(The kingdom thrones, 4-6절). 예수님이 그분의 나라를 이끄시기 전에 첫 부활이 있고, 그 첫 부활에는 그리스도를 신뢰하는 사람들만 포함된다(요 5:24-29, 살전 4:13-18). 그들은 주님과 함께 다스릴 것이고(마 19:28), 이 땅에서의 그들의 신실한 섬김에 알맞은 책임을 맡게 될 것이다(마 25:14-30).

크고 흰 보좌(The great white throne, 11-15절). 이 심판에는 구원받지 못한 사람들만 포함된다. 그리고 이어 두 번째 부활, 곧 유죄 판결을 받게 되는 부활이 그 뒤를 따른다. 그리스도를 거부한 죄인들이 그리스도를 마주 대하고(요 5:22), "내게서 떠나가라"고 말씀하시는 주님의 음성을 듣게 될 것이다(마 7:23, 25:41). 우리는 이 엄숙한 장면을 보면서 잃어버린 사람들을 위해 기도하고, 그들에게 복음을 전할 것을 결심하며, 우리를 구원하신 하나님의 은혜에 감사해야 한다!

◉ 요한계시록 21장

예수 그리스도를 믿는 사람들에게 미래는 '만물이 새롭게' 되는 것을 의미한다(5절). 그러나 그리스도를 거부한 사람들에게 미래는 오래된 똑같은 죄들이 영원히 계속되는 것을 의미한다(8, 27절, 22:11, 15).

인간의 역사는 동산에서 시작되었다(창 2:8-17). 그리고 동산과 같은 도성에서 끝나게 될 것이다. 그러나 하늘의 도성에서 가장 중요한 것은 죄가 없는 것이 아니라 모든 영광 중에 계시는 하나님이시다(3, 11, 23절). 왜냐하면 하나님이 '만물을 새롭게' 하시기 때문이다. 하나님은 성전이고(22절) 빛이시다(23절). 하나님이 계시다는 것은 죄나, 고통이나, 죽음이나, 슬픔이나, 눈물이 없다는 것을 의미한다(4절). 그리고 더 이상 저주가 없다는 것을 의미한다(22:3, 창 3:9-19). 천국은 너무나 경이적이기 때문에 요한이 천국을 묘사할 수 있는 유일한 방법은 그곳에 없는 것들을 말하는 것이었다! 그 아름다움과 복됨은 인간의 말로 표현하거나 설명할 수 있는 범위를 훨씬 능가한다.

예수님이 요한에게 이 영원한 영광을 미리 보여주신 이유는 무엇일까? 그것은 시련과 환난을 겪고 있는 하나님의 백성들을 격려하시기 위해서다. "내가 너희를 위하여 처소를 예비하러 가노니"(요 14:1-6)라고 하신 예수님의 말씀은 실의에 빠진 마음을 치료하는 가장 좋은 약이고, 떨리는 다리를 받쳐주는 가장 견고한 토대다.

"고난받는 사람들에게 천국에 대한 소망은 영혼에 부는 바람과 돛과 같다."

사무엘 루터포드(Samuel Rutherford)

"그 누구도 천국에 있는 무언가를 구하려 해서는 안 된다. 대신 이 땅에서 어떤 식으로든 천국을 얼마간 경험해야 한다."

존 오웬(John Owen)

◉ 요한계시록 22장

주님의 재림에 대한 약속에 어떻게 반응하고 있는가? 요한계시록의 마지막 장은 우리 자신을 점검해보는 데 유익하다.

하나님의 말씀을 소중히 여기고 그 말씀에 순종하는가(7절)? 하나님의 말씀은 주님이 우리에게 증거하신 메시지이고(16절), 다른 것으로 그 말씀을 대체하려 해서는 안 된다(18-19절). 순종하는 사람들을 위한 특별한 복이 있다(14절).

하나님이 당신을 부르셔서 맡기신 일을 하고 있는가(12절)? 하나님은 충성된 종들에게 상급을 약속하셨다(눅 12:35-48).

예수님이 오늘 재림하시기를 정말로 바라는가(20절)? '주님의 나타나심'을 사모하는가(딤후 4:8)? 예수님이 오늘 오신다면 당신이 세운 계획들은 틀어지게 되고, 그 때문에 당신은 실망할 것인가?

구원받지 못한 사람들에게 주님을 영접하고, 주님의 재림을 준비하라고 촉구하고 있는가(17절)? 성령은 잃어버린 사람들을 구세주께로 인도하기 위해 교회들을 통해 일하신다. 21장 8절과 22장 11절에 묘사된 사람들은 구원받고(고전 6:9-11), 새 하늘과 새 땅을 위해 준비된 새로운 피조물이 될 수 있다(고후 5:17). 당신은 지금 그들에게 이 사실을 알려주겠는가?

나 같은 죄인 살리신

나 같은 죄인 살리신 주 은혜 놀라와
잃었던 생명 찾았고 광명을 얻었네.

거기서 우리 영원히 주님의 은혜로
해처럼 밝게 살면서 주 찬양하리라.

존 뉴턴(John Newton)

워렌 위어스비의 말씀 묵상 365

1쇄 인쇄 / 2008년 12월 1일
1쇄 발행 / 2008년 12월 10일

지은이 / 워렌 위어스비
옮긴이 / 마영례
펴낸곳 / ㈜도서출판 디모데 〈파이디온선교회 출판 사역 기관〉

등록 / 2005년 6월 16일 제319-2005-24호
주소 / 서울 강남구 개포동 1164-21 파이디온 빌딩 6층
전화 / 영업부 02) 574-2630
팩스 / 영업부 02) 574-2631
홈페이지 / www.timothybook.com

값 36,000원
ISBN 978-89-388-1402-9
Copyright ⓒ ㈜도서출판 디모데 2008 〈Printed in Korea〉